실무자를 위해 엄선한 조특법 핵심 해설서

TAXNET
세무/회계 전문 재정비즈니스 포털 서비스

2025

# 에센스 조세특례제한법 실무

김수종 저

ESSENCE

ESSENCE

ESSENCE

ESSENCE

조세통람

세무 · 회계 지식서비스 분야의 선두주자 조세통람 / 국내 재경실무분야를 선도하는 No1. Knowledge Provider

# PREFACE

늘 실무자를 위한 책이 되길 바라며…

실무자를 위한 책, 실무자와 함께 할 수 있는 책이 되길 바라며 달려온 시간도 어느덧 5년 정도 되어가는 시점에 개정된 내용을 반영한 책으로 독자 여러분들과 마주하게 되었다.

매년 세법의 개정내용을 반영하기 위한 고민과 시행착오 속에서 독자들의 세법 이해도를 높이기 위한 욕심도 매년 켜켜이 쌓여가고 있다. 올해도 저자의 이러한 고민과 욕심으로 책의 분량을 늘리고 싶었지만 첫 출간 때의 초심을 잃지 않기 위해 분량의 증가는 지양하고자 하였다.

국세청 세무공무원을 대상으로 한 강의와 기업의 실무자 그리고 세무회계사무소, 세무법인, 회계법인 근무자를 대상으로 한 강의에서 느낀 점은 아무리 어렵고 복잡한 규정일지라도 해당 규정의 취지와 본질에 대한 이해가 우선되어야 한다는 점이다. 그와 더불어 계산사례를 다루어 보는 것이 내용을 정확하게 이해할 수 있는 지름길이라는 것이 저자의 변함없는 생각이다.

본서에서도 많은 사례를 다루지는 못했지만 독자가 학습한 규정의 내용을 계산사례로 검토해볼 수 있도록 사례를 구성하였고 서식도 같이 다루었다. 한정된 지면의 제약에서 독자에게 전달할 내용을 최대한 많이 담을 수 있도록 조세특례제한법과 시행령, 시행규칙은 본문에서 서술하고 중요한 질의회신 내용은 본문과 분리하여 별도로 서술하였다. 강의 시간에 일부 수강생의 경우 질의회신 중 중요한 내용은 본문에서 다루는 것이 좋겠다는 좋은 의견도 냈지만 세법 조문 본문의 내용을 충실히 다루기 위해 별도로 분리하여 서술하였고 본문의 내용을 충실히 학습한 독자는 별도로 서술한 질의회신 내용도 검토하면 학습 효과가 훨씬 더 클 것이라 생각한다.

대다수의 독자들이 어려워하는 규정 제29조의 7【고용을 증대시킨 기업에 대한 세액공제】와 제30조의 4【중소기업 사회보험료 세액공제】의 경우 2023년부터 적용된 제29조의 8【통합고용세액공제】 규정에 비해 적용 빈도가 낮아져 본문에서는 조문의 내용만 다루었고 사례연구 등은 제29조의 8【통합고용세액공제】 부분에서 다루었다. 또한 출간 시점에 발표된 세제개편안의 내용 중 통합고용세액공제 규정의 개정안이 실무자에게는 다소 주의를 요하는 내용이 있어 아직 내용을 정확히 이해하지 못하였거나 처음 접하는 독자의 경우 이 부분을 주의 깊게 학습하여 주기를 당부한다. 이는 'Chapter 5. 고용지원을 위한 조세특례 SECTION 05. 제29조의 8【통합고용세액공제】와 SECTION 07. 세액공제 적용 후 사후관리 분석'에서 상세히 다루었다.

또한 이번 개정판에서는 창업에 관한 내용 중 기본적으로 제6조【창업중소기업 등에 대한 세액감면】 규정과 비교학습할 수 있도록 제121조의 33【기회발전특구의 창업기업 등에 대한 법인세 등의 감면】 규정을 추가 반영하였다. 독자 본인이 근무하는 회사 또는 세무회계사무소 등에 근무하는 독자 중 기회발전특구 창업기업에 관한 내용이 필요한 경우라면 제6조를 먼저 학습한 후에 학습하기를 권한다.

본서 출간에 많은 지원과 관심을 가져주시는 ㈜조세통람 서원진 대표님과 매년 빠듯한 일정에도 저자에 많은 기운을 북돋아 주시는 류현수 본부장님, 이번 개정판의 편집을 새롭게 맡아주신 이은희 차장님께 감사의 마음을 전하며, 밤낮없이 늘 자식 사랑으로 응원해 주시는 어머니 최진숙님께 본서의 출간으로 감사의 마음을 전한다.

2025년 8월 10일 독자 모두의 건승을 기원하며…
저자 김 수 종

# PREFACE

첫 출간을 바라보며…

개인이나 법인은 자신의 소득에 대해 납세의무를 부담한다. 직접적인 반대급부가 주어지지 않는 세금에 대해서는 누구나 부담액을 최소화하려는 마음이 있다. 이 책에는 절세를 생각하는 이들에게 조세특례제한법상 다수의 세액감면, 세액공제 규정은 합법적 절세 방안이 되는 참으로 매력적인 내용들로 가득 차 있다. 하지만 매력적인 만큼이나 각 조항의 정확한 해석과 적용은 쉽지 않은 것이 실무자들이 직면하는 현실이다. 저자 또한 세무사로서 매일 접하는 세법 내용이지만 조세특례제한법의 세액감면, 세액공제 규정을 적용하려고 할 때에는 그 결정이 쉬운 것이 아니다. 이러한 어려움은 저자뿐만 아니라 감면, 공제 규정을 적용받으려고 하는 실무자 모두가 겪는 어려움이기도 하다. 특히 세무회계사무소나 세무법인, 회계법인 근무자들이 늘 직면하는 상황인데 이럴 때 길잡이 없이 스스로 난해한 조항을 해석하고 적용할 수 있는 해설서가 있으면 좋겠다는 생각이 늘 들었고 수년간 강의하면서 수강생들의 요구도 많았다.

이런 점들을 반영하여 일선 현장에서 어려움을 겪는 실무자들에게 길잡이가 되어줄 수 있는 해설서가 될 수 있도록 세법내용의 해설에 그치지 않고 각 개별조항의 적용 여부를 결정할 때 확인할 사항을 체계적으로 구성하여 세부내용을 읽지 않아도 주요 내용을 파악할 수 있도록 하였다. 본서에서는 개별조항을 사전적 검토사항, 사후적 검토사항, 사후관리 사항으로 구분하고 이를 다음과 같이 10가지 체크포인트를 설정하고 본서를 처음 보는 독자들이 이 체크포인트를 활용하여 개별조항들을 검토할 때 길잡이가 될 수 있도록 구성하였다.

첫째, 사전적 검토사항에서는 개별조항의 적용 여부를 결정할 수 있도록 확인할 사항들을 서술하였다.

① 조세특례제한법에서는 중소기업에 좀 더 많은 세제상 혜택을 허용하고 있다. 중소기업에만 적용되는 조항, 중소기업을 포함한 모든 기업에 적용되는 조항 그리고 개인과 법인 모두에게 적용되는 조항과 개인 또는 법인에게만 적용되는 조항을 구분할 수 있도록 중소기업 여부를 확인하기 위한 요건을 설명하였다.

② 조세특례제한법은 각 개별조항별로 적용시한이 규정되어 있으므로 적용시한을 확인할 수 있도록 하여 적용시기를 결정할 수 있게 하였다.

③ 여러 업종 중 조항별로 적용 가능한 업종을 설명하여 적용대상 업종을 확인할 수 있도록 하였다.

④ 본점 등 소재지에 따라 적용 여부 또는 세부내용의 적용에 차이가 발생하는데 이런 부분을 확인할 수 있도록 하였다.

⑤ 과세표준의 무신고, 기한 후 신고 등의 경우에는 세액감면, 세액공제의 적용을 배제하는데 적용배제 규정을 확인할 수 있도록 하였다.

둘째, 사후적 검토사항에서는 앞서 사전적 검토사항에서 적용 여부를 결정지은 후 실제 적용 시 확인할 사항들을 서술하였다.

① 조세특례제한법에서는 다수의 세액감면, 세액공제를 규정하고 있는데 다수의 조항이 동시에 적용될 경우 중복적용을 배제하는 데 이러한 중복적용 여부를 확인할 수 있도록 하였다.

② 세액감면, 세액공제를 적용하는 경우에도 최소한의 세부담을 하도록 세부담의 하한선을 최저한세 규정을 두고 있다. 이러한 최저한세 규정이 적용되는 조항과 적용되지 않는 조항을 구분하여 설명하였다.

③ 산출세액의 미달, 최저한세 규정의 적용으로 인해 당해 과세연도에 전액을 적용받지 못할 경우 미적용분에 대해 다음 과세연도로 이월하여 적용할 수 있는지를 설명하였다.

④ 농어촌특별세법에서는 조세특례제한법에 따라 세액감면, 세액공제를 적용받을 경우 감면세액, 공제세액의 20%를 농어촌특별세로 과세하는데 과세, 비과세 여부를 확인할 수 있도록 하였다.

셋째, 사후관리 사항에서는 세액감면, 세액공제 적용 후 요건을 충족하지 못한 경우 감면세액, 공제세액을 납부하여야 하는데 사후관리 요건을 확인할 수 있도록 하였다.

오로지 일선 실무자들에게 도움이 될 수 있는 해설서를 만들자는 욕심에서 출발한 지 한참의 시간이 지나 본서의 출간을 지켜보며 원고를 드디어 끝냈다는 뿌듯함과 좀 더 많은 설명, 좀 더 쉬운 설명을 하지 못한 아쉬움, 길잡이가 될 수 있는 해설서를 출간하는 설렘과 함께 세상에 나온 책을 본 독자들의 비판과 질책에 대한 두려움을 느낀다. 이 모든 느낌은 저자만이 느낄 수 있는 감정이고 책임감이라고 생각한다. 앞으로 좀 더 훌륭한 길잡이가 될 수 있는 해설서로 거듭날 수 있도록 더 많은 고민과 노력을 하리라 다짐해 본다.

본서가 출간되기까지 관심과 배려를 해주신 조세통람 서동혁 대표님과 출판팀 여러분에게 감사의 마음을 전하며, 끝으로 하늘에서 늘 감싸주시는 아버지, 늘 자식걱정이 앞서는 어머니께 감사의 마음을 전한다.

2021년 11월 11일 늦은 밤 사무실에서

저자 김 수 종

## CONTENTS

차례

**Chapter 01**

**총 칙**

Chapter 02

## 중소기업에 대한 조세특례

# CONTENTS

차례

## Chapter 04 투자촉진을 위한 조세특례



## Chapter 05 고용지원을 위한 조세특례

# CONTENTS

차례

# CONTENTS

차례

## Chapter 06 지역 간의 균형발전을 위한 조세특례

# CONTENTS

## 차례

Chapter 07

# 조세특례의 제한

# CONTENTS

## 차례

Chapter 08

# 공제감면 종합사례

# 에센스 조세특례제한법 실무

실무자를 위해 엄선한 조특법 핵심 해설서

# CHAPTER 01 총 칙

정부의 재정지출을 위한 재원조달 방안 중 큰 부분을 차지하는 조세는 담세력 있는 자에게 공평하게 부과되어야 한다. 조세는 납세자에게 직접적인 반대급부 없이 납부의무를 부여하는 것이기에 공평성은 어느 경우에도 확보되어야 하기 때문이다. 정부의 정책적 목적에 따라 일부 납세자의 조세부담 의무를 감면하는 경우에도 조세부담의 공평성을 해할 수밖에 없는데 정부의 정책적 목적에 따르는 것이라 하더라도 감면의 기준과 대상자 시기 등에 관하여는 엄격하게 적용하여야 정부의 재정수입 확보와 공평성 저해를 완화할 수 있는 것이다.

정부의 정책목표를 달성하기 위해 관련법에서 정한 경제행위를 수행하거나 수혜자격을 가질 때 경제주체들이 부담해야 할 세금을 덜어주는 제도를 통칭하여 조세지원이라고 하는데, 조세지원의 방법은 크게 비과세, 소득공제, 세액공제, 저율과세, 과세이연 등으로 구분되며 때로는 조세지출 또는 조세감면으로 불리기도 한다.* 이러한 조세지원제도의 체계적인 집행과 무분별한 조세지원을 방지하기 위해 조세특례제한법에서는 대상자, 적용 시한, 사후관리 요건을 충족하지 못한 경우 추징하는 규정 등을 두고 있다.

우리나라는 1960년대부터 경제성장을 위해 경제개발 5개년 계획을 실행하였으며, 투자재원 확보와 저축장려 및 외화획득 장려책으로 많은 조세지원책을 마련하여 적용하였다. 지속적인 조세지원은 조세부담의 공평성을 저해하고 국가 재정수입 감소라는 부작용을 유발하였으며 정부에서는 이러한 문제점을 보완하기 위해 1965년 조세감면규제법을 제정하였다. 조세감면규제법은 한시법으로 제정되었으나 개정을 거듭하면서 적용 시한이 계속 연장되었고 체계적인 조세지원제도 마련을 위해 1998년 조세특례제한법으로 전면 개정되었다.

조세특례는 적용 시 엄격한 기준을 적용하여야 하며, 이를 위해서는 조세특례제한법의 목적과 조세특례제한법에서 사용하는 용어의 뜻을 정확히 이해하여야 한다. 이하에서는 조세특례제한법의 목적, 조세특례제한법에서 사용하는 용어의 정의, 중소기업과 중견기업 및 조세지원제도의 형태를 살펴보기로 한다.

---

* 한국세제사. 제2편 주제별 역사와 평가 : 지방세 · 재산과세 · 조세지원제도, 제3권, 한국조세연구원, 2012, p245.

# SECTION 01 조세특례제한법 적용 기초



## I 조문내용해설

조세특례제한법에서는 공제와 감면뿐만 아니라 중과세도 규정하고 있으며, 개인과 법인에 대하여 모두 적용되는 규정 개인 또는 법인에게만 적용되는 규정이 있으므로 개인과 법인을 모두 규정할 수 있는 용어를 사용하고 있다. 이에 앞으로 다루게 될 내용에 있어서 조세특례제한법에서 사용하고 있는 용어의 정의를 익히는 것이 중요하다.

### 1. 내국인

「소득세법」에 따른 거주자 및 「법인세법」에 따른 내국법인을 말한다(조특법 제2조 제1항 제1호).

| 내국인 | |
|---|---|
| (1) 소득세법상 거주자<br>(소득세법 제1조의 2, 시행령 제2조 제1항 제2항) | (2) 법인세법상 내국법인<br>(법인세법 제2조) |
| ① "거주자"란 국내에 주소를 두거나 183일 이상의 거소(居所)를 둔 개인을 말한다.<br>② 주소는 국내에서 생계를 같이 하는 가족 및 국내에 소재하는 자산의 유무 등 생활관계의 객관적 사실에 따라 판정한다.<br>③ 거소는 주소지 외의 장소 중 상당기간에 걸쳐 거주하는 장소로서 주소와 같이 밀접한 일반적 생활관계가 형성되지 아니한 장소로 한다. | ① "내국법인"이란 본점, 주사무소 또는 사업의 실질적 관리장소가 국내에 있는 법인을 말한다.<br>② 비영리법인도 포함하지만 외국법인과 외국법인의 국내사업장은 제외된다. |

## 2. 과세연도

「소득세법」에 따른 과세기간 또는 「법인세법」에 따른 사업연도를 말한다(조특법 제2조 제1항 제2호).

| 과세연도 | |
|---|---|
| (1) 소득세법상 과세기간<br>(소득세법 제5조) | (2) 법인세법상 사업연도<br>(법인세법 제6조 제1항 · 제5항) |
| ① 소득세의 과세기간은 1월 1일부터 12월 31일까지 1년으로 한다.<br>② 거주자가 사망한 경우의 과세기간은 1월 1일부터 사망한 날까지로 한다.<br>③ 거주자가 주소 또는 거소를 국외로 이전(이하 "출국"이라 한다)하여 비거주자가 되는 경우의 과세기간은 1월 1일부터 출국한 날까지로 한다. | ① 사업연도는 법령이나 법인의 정관(定款) 등에서 정하는 1회계기간으로 한다. 다만, 그 기간은 1년을 초과하지 못한다.<br>② 법인이 그 신고를 하지 아니하는 경우에는 매년 1월 1일부터 12월 31일까지를 그 법인의 사업연도로 한다. |

## 3. 과세표준신고

「소득세법」 제70조, 제71조, 제74조 및 제110조에 따른 과세표준확정신고 및 「법인세법」 제60조에 따른 과세표준의 신고를 말한다(조특법 제2조 제1항 제3호).

### (1) 소득세법상 과세표준신고

① **종합소득세과세표준확정신고**(소득세법 제70조 제1항)

해당 과세기간의 종합소득금액이 있는 거주자(종합소득과세표준이 없거나 결손금이 있는 거주자를 포함한다)는 그 종합소득 과세표준을 그 과세기간의 다음 연도 5월 1일부터 5월 31일까지 납세지 관할 세무서장에게 신고하여야 한다.

② **퇴직소득과세표준확정신고**(소득세법 제71조 제1항)

해당 과세기간의 퇴직소득금액이 있는 거주자는 그 퇴직소득과세표준을 그 과세기간의 다음 연도 5월 1일부터 5월 31일까지 납세지 관할 세무서장에게 신고하여야 한다.

③ **과세표준확정신고의 특례**(소득세법 제74조)

㉠ 거주자가 사망한 경우 그 상속인은 그 상속 개시일이 속하는 달의 말일부터 6개월이 되는 날(이 기간 중 상속인이 출국하는 경우에는 출국일 전날)까지 사망일이 속하는 과세기간에 대한 그 거주자의 과세표준을 신고하여야 한다.

㉡ 과세표준확정신고를 하여야 할 거주자가 출국하는 경우에는 출국일이 속하는 과세기간의 과세표준을 출국일 전날까지 신고하여야 한다.

④ **양도소득과세표준 확정신고**(소득세법 제110조)

해당 과세기간의 양도소득금액이 있는 거주자는 그 양도소득 과세표준을 그 과세기간의 다음 연도 5월 1일부터 5월 31일까지[제105조 제1항 제1호 단서에 해당하는 경우에는 토지거래계약에 관한 허가일(토지거래계약허가를 받기 전에 허가구역의 지정이 해제된 경우에는 그 해제일을 말한다)이 속하는 과세기간의 다음 연도 5월 1일부터 5월 31일까지] 납세지 관할 세무서장에게 신고하여야 한다.

01 총칙

### (2)「법인세법」상 과세표준신고(법인세법 제60조 제1항)

납세의무가 있는 내국법인은 각 사업연도의 종료일이 속하는 달의 말일부터 3개월(제60조의 2 제1항 본문에 따라 내국법인이 성실신고확인서를 제출하는 경우에는 4개월로 한다) 이내에 그 사업연도의 소득에 대한 법인세의 과세표준과 세액을 납세지 관할 세무서장에게 신고하여야 한다.

## 4. 익금(益金)

「소득세법」 제24조에 따른 총수입금액 또는「법인세법」 제14조에 따른 익금을 말한다(조특법 제2조 제1항 제4호).

### (1)「소득세법」상 총수입금액(소득세법 제24조 제1항 제2항)

① 거주자의 각 소득에 대한 총수입금액(총급여액과 총연금액을 포함)은 해당 과세기간에 수입하였거나 수입할 금액의 합계액으로 한다.

② 금전 외의 것을 수입할 때에는 그 수입금액을 그 거래 당시의 가액에 의하여 계산한다.

### (2)「법인세법」상 익금(법인세법 제14조 제1항)

내국법인의 각 사업연도의 소득은 그 사업연도에 속하는 익금(益金)의 총액에서 그 사업연도에 속하는 손금(損金)의 총액을 뺀 금액으로 한다.

**| 법인세법 제15조(익금의 범위) |**

> ① 익금은 자본 또는 출자의 납입 및 이 법에서 규정하는 것은 제외하고 해당 법인의 순자산(純資産)을 증가시키는 거래로 인하여 발생하는 이익 또는 수입[이하 "수익"(收益)이라 한다]의 금액으로 한다.

## 5. 손금(損金)

「소득세법」 제27조에 따른 필요경비 또는 「법인세법」 제14조에 따른 손금을 말한다(조특법 제2조 제1항 제5호).

### (1) 「소득세법」상 필요경비(소득세법 제27조)

① 사업소득금액을 계산할 때 필요경비에 산입할 금액은 해당 과세기간의 총수입금액에 대응하는 비용으로서 일반적으로 용인되는 통상적인 것의 합계액으로 한다.

② 해당 과세기간 전의 총수입금액에 대응하는 비용으로서 그 과세기간에 확정된 것에 대해서는 그 과세기간 전에 필요경비로 계상하지 아니한 것만 그 과세기간의 필요경비로 본다.

### (2) 「법인세법」상 손금(법인세법 제14조)

내국법인의 각 사업연도의 소득은 그 사업연도에 속하는 익금(益金)의 총액에서 그 사업연도에 속하는 손금(損金)의 총액을 뺀 금액으로 한다.

**| 법인세법 제19조 손금의 범위 |**

> ① 손금은 자본 또는 출자의 환급, 잉여금의 처분 및 이 법에서 규정하는 것은 제외하고 해당 법인의 순자산을 감소시키는 거래로 인하여 발생하는 손실 또는 비용[이하 "손비"(損費)라 한다]의 금액으로 한다.
> ② 손비는 이 법 및 다른 법률에서 달리 정하고 있는 것을 제외하고는 그 법인의 사업과 관련하여 발생하거나 지출된 손실 또는 비용으로서 일반적으로 인정되는 통상적인 것이거나 수익과 직접 관련된 것으로 한다.

## 6. 이월과세(移越課稅)(개인⇒법인)

개인이 해당 사업에 사용되는 사업용고정자산 등(이하 이 호에서 "종전사업용고정자산 등"이라 한다)을 현물출자(現物出資) 등을 통하여 법인에 양도하는 경우 이를 양도하는 개인에 대해서는 「소득세법」 제94조에 따른 양도소득에 대한 소득세(이하 "양도소득세"라 한다)를 과세하지 아니하고, 그 대신 이를 양수한 법인이 그 사업용고정자산 등을 양도하는 경우 개인이 종전사업용고정자산 등을 그 법인에 양도한 날이 속하는 과세기간에 다른 양도자산이 없다고 보아 계산한 같은 법 제104조에 따른 양도소득 산출세액 상당액을 법인세로 납부하는 것을 말한다(조특법 제2조 제1항 제6호).

## 7. 과세이연(課稅移延)(개인⇒개인)

공장의 이전 등을 위하여 개인이 해당 사업에 사용되는 사업용고정자산 등(이하 이 호에서 "종전사업용고정자산 등"이라 한다)을 양도하고 그 양도가액(讓渡價額)으로 다른 사업용고정자산 등(이하 이 호에서 "신사업용고정자산 등"이라 한다)을 대체 취득한 경우 종전사업용고정자산 등의 양도에 따른 양도차익(讓渡差益) 중 다음의 계산식에 따라 계산한 금액(신사업용고정자산 등의 취득가액이 종전사업용고정자산 등의 양도가액을 초과하는 경우에는 종전사업용고정자산 등의 양도에 따른 양도차익을 한도로 한다. 이하 이 호에서 "과세이연금액"이라 한다)에 대해서는 양도소득세를 과세하지 아니하되, 신사업용고정자산 등을 양도할 때 신사업용고정자산 등의 취득가액에서 과세이연금액을 뺀 금액을 취득가액으로 보고 양도소득세를 과세하는 것을 말한다(조특법 제2조 제1항 제7호).

$$\text{과세이연금액} = \text{종전사업용고정자산 양도차익} \times \frac{\text{신사업용고정자산 등의 취득가액}}{\text{종전사업용고정자산 등의 양도가액}}$$

## 8. 조세특례

일정한 요건에 해당하는 경우의 특례세율 적용, 세액감면, 세액공제, 소득공제, 준비금의 손금산입(損金算入) 등의 조세감면과 특정 목적을 위한 익금산입, 손금불산입(損金不算入) 등의 중과세(重課稅)를 말한다(조특법 제2조 제1항 제8호).

## 9. 수도권(조특법 제2조 제1항 제9호)

수도권이란 수도권정비계획법 제2조 제1호에 따른 수도권을 말한다.

수도권 = 서울특별시 + 인천광역시 + 경기도(조특법 제2조 제1항 제9호)

수도권정비계획법 제2조 제1호

"수도권"이란 서울특별시와 대통령령으로 정하는 그 주변 지역을 말한다.

수도권정비계획법 시행령 제2조

「수도권정비계획법」(이하 "법"이라 한다) 제2조 제1호에서 "대통령령으로 정하는 그 주변 지역"이란 인천광역시와 경기도를 말한다.

## 10. 수도권과밀억제권역

「수도권정비계획법」 제6조 제1항 제1호에 따른 과밀억제권역을 말한다(조특법 제2조 제1항 제10호).

수도권정비계획법 제6조【권역의 구분과 지정】

① 수도권의 인구와 산업을 적정하게 배치하기 위하여 수도권을 다음과 같이 구분한다.

1. 과밀억제권역 : 인구와 산업이 지나치게 집중되었거나 집중될 우려가 있어 이전하거나 정비할 필요가 있는 지역
2. 성장관리권역 : 과밀억제권역으로부터 이전하는 인구와 산업을 계획적으로 유치하고 산업의 입지와 도시의 개발을 적정하게 관리할 필요가 있는 지역
3. 자연보전권역 : 한강 수계의 수질과 녹지 등 자연환경을 보전할 필요가 있는 지역

② 과밀억제권역, 성장관리권역 및 자연보전권역의 범위는 대통령령으로 정한다.

수도권정비계획법 시행령 제9조【권역의 범위】

법 제6조에 따른 과밀억제권역, 성장관리권역 및 자연보전권역의 범위는 별표 1과 같다.

수도권정비계획법 시행령 [별표 1] (2017.6.20. 개정)

**과밀억제권역, 성장관리권역 및 자연보전권역의 범위(제9조 관련)**

| 과밀억제권역 | 성장관리권역 | 자연보전권역 |
|---|---|---|
| 1. 서울특별시<br>2. 인천광역시[강화군, 옹진군, 서구 대곡동·불로동·마전동·금곡동·오류동·왕길동·당하동·원당동, 인천경제자유구역(경제자유구역에서 해제된 지역을 포함한다) 및 남동 국가산업단지는 제외한다]<br>3. 의정부시<br>4. 구리시<br>5. 남양주시(호평동, 평내동, 금곡 | 1. 인천광역시[강화군, 옹진군, 서구 대곡동·불로동·마전동·금곡동·오류동·왕길동·당하동·원당동, 인천경제자유구역(경제자유구역에서 해제된 지역을 포함한다) 및 남동 국가산업단지만 해당한다]<br>2. 동두천시<br>3. 안산시<br>4. 오산시<br>5. 평택시 | 1. 이천시<br>2. 남양주시(화도읍, 수동면 및 조안면만 해당한다)<br>3. 용인시(김량장동, 남동, 역북동, 삼가동, 유방동, 고림동, 마평동, 운학동, 호동, 해곡동, 포곡읍, 모현면, 백암면, 양지면 및 원삼면 가재월리·사암리·미평리·좌항리·맹리·두창리만 해당한다)<br>4. 가평군<br>5. 양평군 |

| 과밀억제권역 | 성장관리권역 | 자연보전권역 |
|---|---|---|
| 동, 일패동, 이패동, 삼패동, 가운동, 수석동, 지금동 및 도농동만 해당한다)<br>6. 하남시<br>7. 고양시<br>8. 수원시<br>9. 성남시<br>10. 안양시<br>11. 부천시<br>12. 광명시<br>13. 과천시<br>14. 의왕시<br>15. 군포시<br>16. 시흥시[반월특수지역(반월특수지역에서 해제된 지역을 포함한다)은 제외한다] | 6. 파주시<br>7. 남양주시(별내동, 와부읍, 진전읍, 별내면, 퇴계원면, 진건읍 및 오남읍만 해당한다)<br>8. 용인시(신갈동, 하갈동, 영덕동, 구갈동, 상갈동, 보라동, 지곡동, 공세동, 고매동, 농서동, 서천동, 언남동, 청덕동, 마북동, 동백동, 중동, 상하동, 보정동, 풍덕천동, 신봉동, 죽전동, 동천동, 고기동, 상현동, 성복동, 남사면, 이동면 및 원삼면 목신리 · 죽능리 · 학일리 · 독성리 · 고당리 · 문촌리만 해당한다)<br>9. 연천군<br>10. 포천시<br>11. 양주시<br>12. 김포시<br>13. 화성시<br>14. 안성시(가사동, 가현동, 명륜동, 숭인동, 봉남동, 구포동, 동본동, 영동, 봉산동, 성남동, 창전동, 낙원동, 옥천동, 현수동, 발화동, 옥산동, 석정동, 서인동, 인지동, 아양동, 신흥동, 도기동, 계동, 중리동, 사곡동, 금석동, 당왕동, 신모산동, 신소현동, 신건지동, 금산동, 연지동, 대천동, 대덕면, 미양면, 공도읍, 원곡면, 보개면, 금광면, 서운면, 양성면, 고삼면, 죽산면 두교리 · 당목리 · 칠장리 및 삼죽면 마전리 · 미장리 · 진촌리 · 기솔리 · 내강리만 해당한다)<br>15. 시흥시 중 반월특수지역(반월특수지역에서 해제된 지역을 포함한다) | 6. 여주시<br>7. 광주시<br>8. 안성시(일죽면, 죽산면 죽산리 · 용설리 · 장계리 · 매산리 · 장릉리 · 장원리 · 두현리 및 삼죽면 용월리 · 덕산리 · 율곡리 · 내장리 · 배태리만 해당한다) |

### 수도권 현황 *

(1) 권역구분 현황도

(2) 권역현황

수도권을 과밀억제권역과 성장관리권역, 자연보전권역 등 3개권역으로 구분하고 권역 특성별로 인구집중유발시설★과 대규모 개발사업★★의 입지에 대한 차등규제를 실시

★ 인구집중유발시설 : 대학, 공장, 공공청사, 업무 · 판매 · 복합 건축물, 연수시설 등

★★ 대규모 개발사업 : 택지개발사업, 공업용지조성사업, 관광지조성사업, 도시개발사업, 지역종합개발사업 등

| 권 역 | 내 용 |
|---|---|
| 과밀억제권역 | 인구와 산업이 지나치게 집중되었거나 집중될 우려가 있어 이전하거나 정비할 필요가 있는 지역 |
| 성장관리권역 | 과밀억제권역으로부터 이전하는 인구와 산업을 계획적으로 유치하고 산업의 입지와 도시의 개발을 적정하게 관리할 필요가 있는 지역 |
| 자연보전권역 | 한강 수계의 수질과 녹지 등 자연환경을 보전할 필요가 있는 지역 |

* 국토교통부 홈페이지 www.molit.go.kr → 국민참여 → 전문가제언 → e국토교통모니터단 → 자유게시판 → 국토교통상식 수도권권역제도

## 11. 인구감소지역

인구감소지역"이란 「지방자치분권 및 지역균형발전에 관한 특별법」 제2조 제12호에 따른 인구감소지역을 말한다(조특법 제2조 제1항 제10호의 2).

**지방자치분권 및 지역균형발전에 관한 특별법 제2조 【정의】**

이 법에서 사용하는 용어의 뜻은 다음과 같다.

12. "인구감소지역"이란 인구감소로 인한 지역 소멸이 우려되는 시(특별시는 제외하고 광역시, 특별자치시 및 「제주특별자치도 설치 및 국제자유도시 조성을 위한 특별법」 제10조 제2항에 따른 행정시는 포함한다) · 군 · 구를 대상으로 출생률, 65세 이상 고령인구, 14세 이하 유소년인구 또는 생산가능인구의 수 등을 고려하여 대통령령으로 정하는 지역을 말한다.

**지방자치분권 및 지역균형발전에 관한 특별법 시행령 제3조 【인구감소지역의 지정 등】**

① 법 제2조 제12호에서 "대통령령으로 정하는 지역"이란 광역시, 특별자치시 및 시 · 군 · 구 중에서 65세 이상 고령인구, 14세 이하 유소년인구 또는 생산가능인구의 수, 인구감소율, 출생률, 인구감소의 지속성, 인구의 이동 추이 및 재정여건 등을 고려하여 지방시대위원회의 심의 · 의결을 거쳐 행정안전부장관이 지정 · 고시하는 지역을 말한다.

② 행정안전부장관은 제1항에 따라 인구감소지역을 지정하려는 경우에는 관계 중앙행정기관의 장 및 관계 시 · 도지사와 협의해야 한다.

③ 시 · 도지사는 제2항에 따른 협의를 위하여 의견을 제출하려는 경우에는 미리 해당 시 · 도에 속한 시 · 군 · 구의 장의 의견을 들어야 한다.

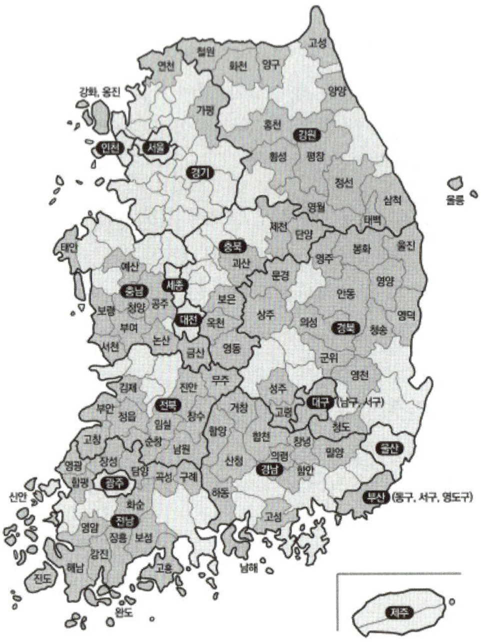


| 지 역* | |
|---|---|
| 부산(3) | 동구, 서구, 영도구 |
| 대구(3) | 남구, 서구, 군위군 |
| 인천(2) | 강화군, 옹진군 |
| 경기(2) | 가평군, 연천군 |
| 강원(12) | 고성군, 삼척시, 양구군, 영월군, 정선군, 철원군, 태백시, 홍천군, 화천군, 횡성군 |
| 충북(6) | 괴산군, 단양군, 보은군, 영동군, 옥천군, 제천시 |
| 충남(9) | 공주시, 금산군, 논산시, 보령시, 부여군, 서천군, 예산군, 청양군, 태안군 |
| 전북(10) | 고창군, 김제시, 남원시, 무주군, 부안군, 순창군, 임실군, 장수군, 정읍시, 진안군 |
| 전남(16) | 강진군, 고흥군, 곡성군, 구례군, 담양군, 보성군, 신안군, 영광군, 영암군, 완도군, 장성군, 장흥군, 진도군, 함평군, 해남군, 화순군 |
| 경북(15) | 고령군, 문경시, 봉화군, 상주시, 성주군, 안동시, 영덕군, 영양군, 영주시, 영천시, 울릉군, 울진군, 의성군, 청도군, 청송군 |
| 경남(11) | 거창군, 고성군, 남해군, 밀양시, 산청군, 의령군, 창녕군, 하동군, 함안군, 함양군, 합천군 |

(관심지역 18개)
대전 동구, 인천 동구, 부산 중구, 부산 금정구, 광주 동구, 경남 통영시, 강원 강릉시, 강원 동해시, 대전 중구, 경북 경주시, 경남 사천시, 경북 김천시, 대전 대덕구, 강원 인제군, 전북 익산시, 경기 동두천시, 강원 속초시, 경기 포천시

* 국토교통부 홈페이지 www.molit.go.kr → 국민참여 → 전문가제언 → e국토교통모니터단 → 자유게시판 → 국토교통상식 수도권권역제도

## 12. 연구개발

과학적 · 기술적 진전 또는 새로운 서비스 및 서비스전달체계 개발을 위한 체계적이고 창의적인 활동을 말하며, 다음의 활동을 제외한다(조특법 제2조 제1항 제11호, 조특령 제1조의 2).

| 연구개발에서 제외되는 활동 |
|---|
| ① 일반적인 관리 및 지원활동<br>② 시장조사, 판촉활동 및 일상적인 품질시험<br>③ 반복적인 정보수집 활동<br>④ 경영이나 사업의 효율성을 조사 · 분석하는 활동<br>⑤ 특허권의 신청 · 보호 등 법률 및 행정 업무<br>⑥ 광물 등 자원 매장량 확인, 위치 확인 등 조사 · 탐사 활동<br>⑦ 위탁받아 수행하는 연구활동<br>⑧ 이미 기획된 콘텐츠를 단순 제작하는 활동<br>⑨ 기존에 상품화 또는 서비스화된 소프트웨어 등을 복제하여 반복적으로 제작하는 활동<br>⑩ 이미 연구개발된 제품 · 기술 · 서비스 · 설계 · 디자인 등과 동일성을 유지하는 범위에서 이를 단순하게 보완 · 변형 · 개선하는 활동 |

## 13. 인력개발

내국인이 고용하고 있는 임원 또는 사용인을 교육 · 훈련시키는 활동을 말한다(조특법 제2조 제1항 제12호).

# SECTION 02 업종의 구분

## 1. 업종 판단의 중요성

### (1) 조세특례제한법상 업종의 구분기준

조세특례제한법 세액감면 및 세액공제 규정 적용 시 해당업종에 한해서 감면 및 공제를 적용하는 경우가 대부분이다. 실무자는 조세특례제한법상 세액감면 및 세액공제 규정 적용 시 기업 업종의 해당업종 여부를 반드시 확인하여야 한다. 이러한 업종의 구분기준은 조세특례제한법에서 엄격히 규정하고 있다.

**❙ 조특법 제2조 제3항 ❙**

> 이 법에서 사용되는 업종의 분류는 이 법에 특별한 규정이 있는 경우를 제외하고는 「통계법」 제22조에 따라 통계청장이 고시하는 한국표준산업분류에 따른다. 다만, 한국표준산업분류가 변경되어 이 법에 따른 조세특례를 적용받지 못하게 되는 업종에 대해서는 한국표준산업분류가 변경된 과세연도와 그 다음 과세연도까지는 변경 전의 한국표준산업분류에 따른 업종에 따라 조세특례를 적용한다.

## 2. 한국표준산업분류(KSIC)

한국표준산업분류는 산업관련 통계자료 정확성 · 비교성을 확보하기 위하여 작성된 것으로 현행 11차 개정분류를 통해 2024년 7월 1일부터 시행하고 있다.*

### (1) 한국표준산업분류코드체계

한국표준산업분류는 조세특례제한법상 업종의 판단기준이 되며 한국표준산업분류 코드체계를 이해하여야 한다. 코드체계는 다음과 같다.

* 통계청 제11차 기준 한국표준산업분류 실무 적용 가이드북 p.2. 2024년

① 코드분류는 대분류, 중분류, 소분류, 세분류, 세세분류로 구분된다.

| 분류체계 | 대분류 | 중분류 | 소분류 | 세분류 | 세세분류 |
|---|---|---|---|---|---|
| 코드 | 영문자 | 숫자 | | | |
| | 1자리 | 2자리 | 1자리 | 1자리 | 1자리 |
| 예시 | C | 14 | 1 | 1 | 2 |
| | 제조업 | 의복, 의복 엑세서리 및 모피제조업 | 봉제의복 제조업 | 겉옷 제조업 | 여자용 겉옷 제조업 |

위에서 보는 바와 같이 실무에서 여자용 겉옷 제조업의 한국표준산업분류코드는 'C14112'인 것을 확인할 수 있다.

② 한국표준산업분류의 조회

한국표준산업분류는 통계청 통계분류포털(http://kssc.kostat.go.kr)에서 조회할 수 있다.

예시 한국표준산업분류 검색 예시

➜ 통계분류포털에 접속

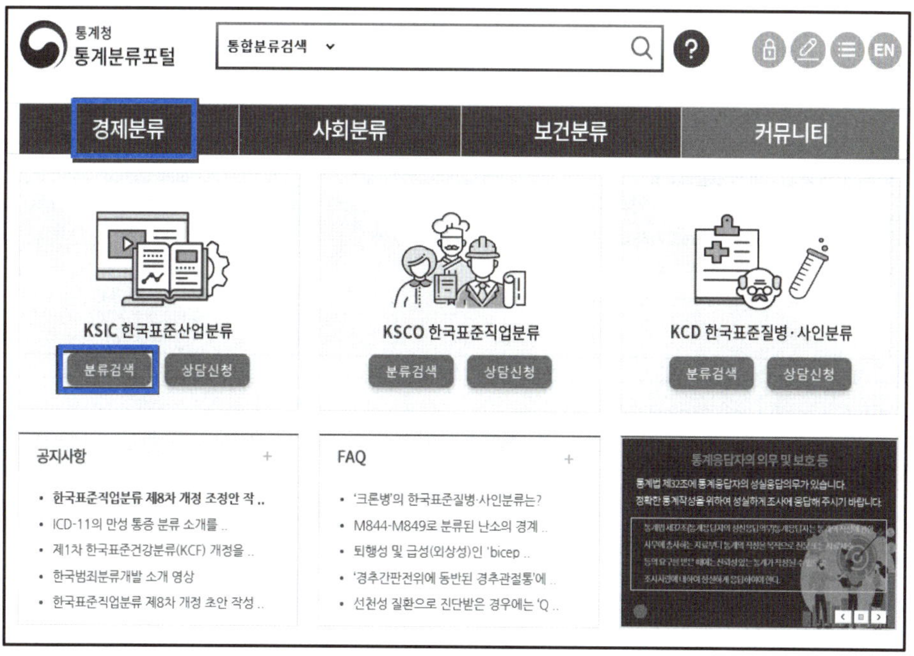


➜ 통계분류포털에 접속하면 첫 화면이 위와 같이 나타나는데 '경제분류'에서 '분류검색'을 클릭한다.

➜ 보조창에서 다음과 같이 업종분류별로 상세내역을 조회하면 최종적으로 업종분류코드를 확인할 수 있다.

➜ '분류내용보기(해설서)' 클릭 후 보조창 화면

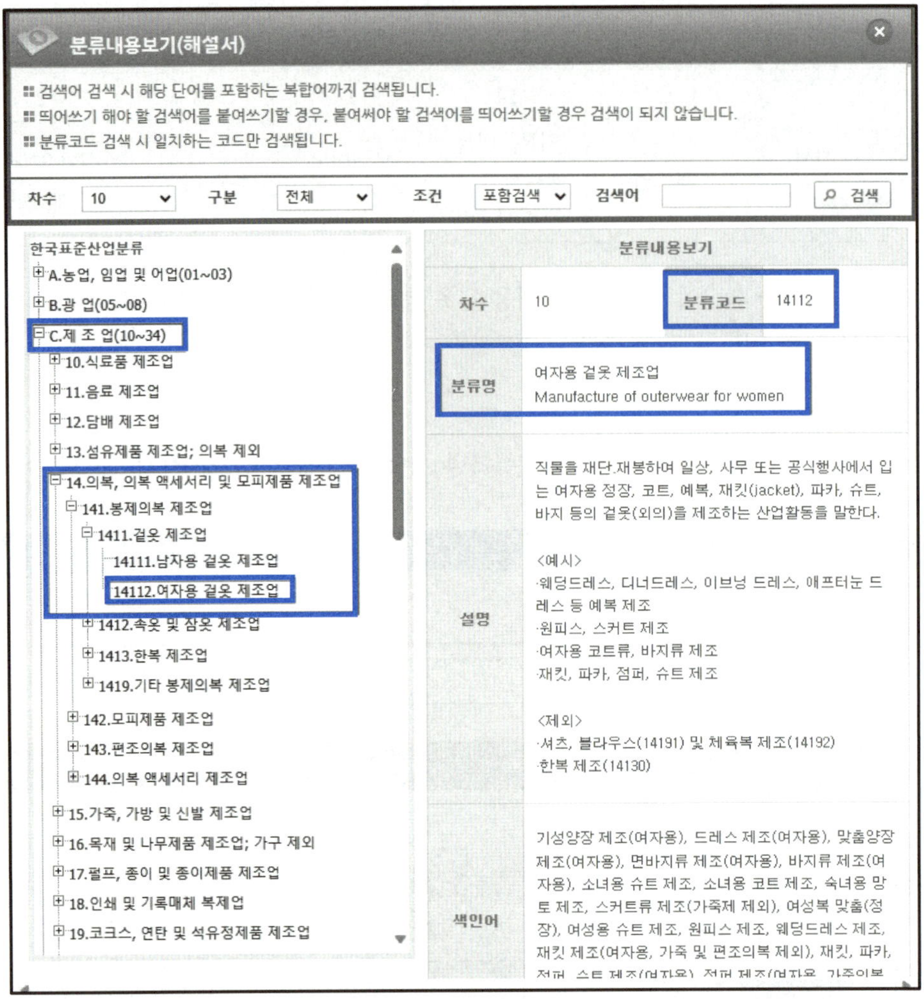


## 3. 국세청 업종코드

국세청에서 매년 발표하는 기준경비율 및 단순경비율은 소득세법 제80조 제3항 단서에 따른 소득금액 추계결정 또는 경정을 하거나 법인세법 제66조 제3항 단서에 따른 추계결정 또는 경정을 하는 경우에 적용한다. 기준경비율 또는 단순경비율은 종합소득 중 사업소득의 종목구분(코드번호)별로 적용하는데 이는 부가가치세 신고서 1면 좌측 하단의 과세표준명세, 종합소득세 신고서상 사업소득 명세서, 법인세 과세표준 및 세액신고서에 주업종코드로 기재된다.

### (1) 주업종코드의 중요성

사업자등록 신청 또는 정정 시 주업태와 주종목을 결정하여 납세자가 신청하면 세무관서에서 이에 부합되는 업종코드를 부여한다. 세무서에 제출하는 각종 신고서에는 대부분 업종코드가 기재되는데 이를 기준으로 여러 분석과 관리가 이루어진다. 그러므로 납세자는 자신의 사업체의 주업태와 주종목이 실질 내용을 올바르게 반영하고 있는지를 확인하여야 한다.

### (2) 주업종코드의 확인

홈택스에서 사업자 기본사항 조회를 실행하면 상호, 대표자명, 사업장소재지 외에 주업태와 주종목 및 주업종코드를 확인할 수 있다.

## 4. 한국표준산업분류와 국세청 업종코드의 관계

### (1) 한국표준산업분류와 국세청 업종코드 비교

국세청의 업종코드는 한국표준산업분류 체계와 유사하게 결정된다. 한국표준산업분류와 업종코드의 체계를 비교해보면 다음과 같다.

| 한국표준산업분류 | 대분류 | 중분류 | 소분류 | 세분류 | 세세분류 |
|---|---|---|---|---|---|
| | C | 26 | 3 | 2 | 2 |
| 업종 및 사업의 세부내용 | 제조업 | 전자부품, 컴퓨터, 영상, 음향 및 통신장비제조 | 컴퓨터 및 주변장치 제조업 | 기억장치 및 주변기기 제조업 | 컴퓨터 모니터 제조업 |
| 국세청 업종코드 | C | 30 | 0 | 1 | 03 |

저자주 위의 구분은 독자의 이해를 돕기 위해 국세청에서 발표한 '업종코드-표준산업분류연계표'를 참조하여 저자가 구분한 것임에 주의할 것

### (2) 한국표준산업분류와 주업종코드 일치여부 확인

실무자는 조세특례제한법의 세액감면 및 세액공제 규정을 적용할 때 한국표준산업분류를 확인하고 국세청의 사업자등록 현황에서 주업종코드가 한국표준산업분류의 내용과 동일한지를 확인하여야 한다. 한국표준산업분류와 주업종코드가 상이하다면 사업자등록 정정을 통해서 이를 일치시키도록 하여야 한다.

### (3) 업종코드 – 표준산업분류 연계표

국세청 홈페이지 메인화면에서 "산업분류"를 검색하면 하단에서 '업종코드 – 표준산업분류 연계표' 첨부파일을 확인할 수 있다.

예시 **컴퓨터 모니터제조업의 업종코드(300103)와 한국표준산업분류(C26322) 비교확인**

① 메인화면에서 검색

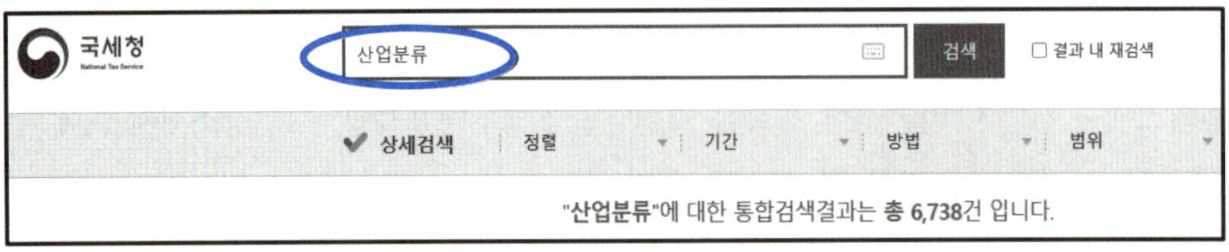


② '업종코드–표준산업분류연계표' 확인

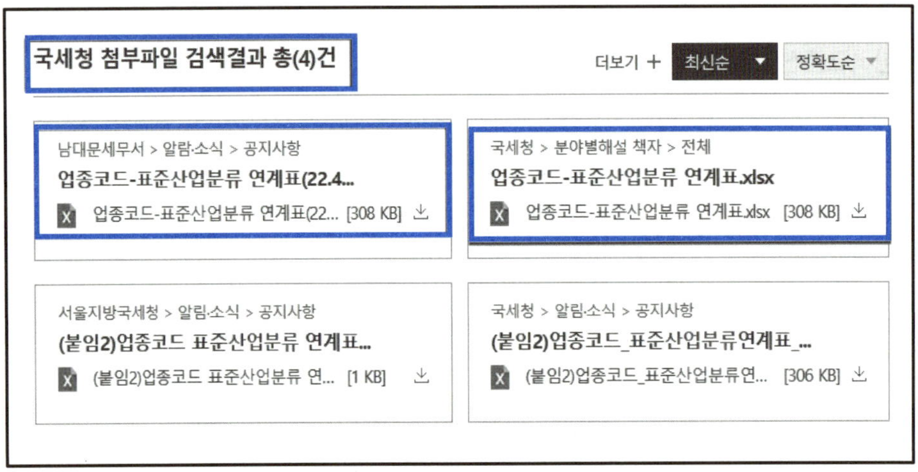


- 위의 첨부된 엑셀파일을 내려받아 내용을 확인하면 회사의 사업자등록 시 부여된 주업종코드와 연계된 한국표준산업분류를 확인할 수 있다.

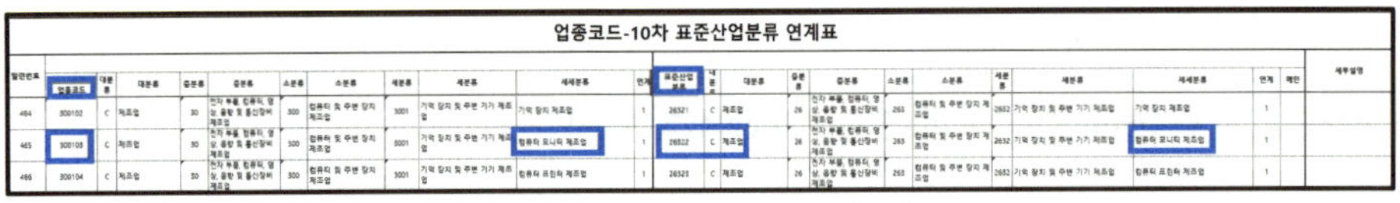


- 엑셀파일을 확인하면 좌측에는 주업종코드가 나열되어 있고 우측에는 한국표준산업분류가 비교 표시되어 있다.

### (4) 주의사항

주업종코드와 한국표준산업분류가 상이할 경우 실무자는 반드시 이를 확인하고 수정하여야 한다. 세무신고 시 상이한 내용을 수정하지 않고 조세특례제한법상 세액감면 및 세액공제 규정을 적용하지 않도록 주의한다. 즉, 납세자가 임의로 한국표준산업분류와 주업종코드가 상이한 것을 임의로 수정할 수 없다는 것이다. 다음의 국세청 질의회신자료를 요약하지 않고 원문의 내용을 인용하니 참고하기 바란다.

**국세청 질의회신**(조특, 법인세과-941, 2009.8.27.)

| 제 목 | 중소기업 업종판단 시 한국표준산업분류의 업종에 따라 분류 여부 |
|---|---|
| 요 지 | 「조세특례제한법」상 업종의 분류는 이 법에 특별한 규정이 있는 경우를 제외하고는 「통계법」 제22조의 규정에 의하여 통계청장이 고시하는 한국표준산업분류에 의하는 것임 |
| 회 신 | 「조세특례제한법」상 업종의 분류는 이 법에 특별한 규정이 있는 경우를 제외하고는 「통계법」 제22조의 규정에 의하여 통계청장이 고시하는 한국표준산업분류에 의하는 것이며, 한국표준산업분류상 상품종합중개업(분류코드 51103, 신코드 46105)은 「조세특례제한법 시행령」 제2조 제1항의 규정에 의한 도매업에 포함되는 것입니다.<br>관할 세무서장이 발급한 사업자등록증상 업종코드는 한국표준산업분류와 코드체계가 다르고, 세무서장의 정정교부 없이 한국표준산업분류상의 도 · 소매 업종코드로 수정할 수 없는 것입니다. |
| 관련법령 | 조세특례제한법 제2조【정의】 |

# SECTION 03 중소기업과 중견기업

「조세특례제한법」에서는 중소기업과 중견기업의 경우 그 외의 기업보다 세제상 혜택을 더 부여하고 있는데, 이를 정확히 적용하기 위해서는 중소기업과 중견기업의 범위를 정확히 파악하는 것이 중요하다.

## I 조문내용해설

### 1. 중소기업

「조세특례제한법」에서는 중소기업의 개념을 「중소기업기본법」의 규정을 준용하며 몇몇 규정만 달리 정하고 있다.

**중소기업요건**

| 요 건 | 내 용 |
|---|---|
| ① 업종요건 | 부동산임대업 및 소비성서비스업을 제외한 모든 업종 |
| ② 규모요건 | 업종별 당해 과세연도 매출액 규모 이내 회사만 인정 |
| ③ 독립성요건 | 실질적으로 법인이 타법인 등에 지배종속되지 않을 것을 규정 |
| ④ 졸업요건 | 업종요건, 규모요건, 독립성요건을 충족하더라도 자산총액이 일정액 이상인 경우 중소기업에서 제외 |

「조세특례제한법」상의 중소기업은 위의 '①~④'의 요건을 모두 충족한 기업을 말한다(조특령 제2조 제1항).

#### (1) 업종요건

① 부동산임대업 및 소비성서비스업을 제외한 다른 업종을 주된 사업으로 영위하는 경우 업종요건을 충족한다. 소비성서비스업이란 다음의 업종을 말하며 2 이상의 서로 다른

사업을 영위하는 경우에는 사업별 사업수입금액이 큰 사업을 주된 사업으로 본다(조특령 제2조 제1항 · 제3항, 조특령 제29조 제3항, 조특칙 제17조).

㉠ 호텔업 및 여관업(「관광진흥법」에 따른 관광숙박업은 제외한다)

㉡ 주점업(일반유흥주점업, 무도유흥주점업 및 「식품위생법 시행령」 제21조에 따른 단란주점 영업만 해당하되, 「관광진흥법」에 따른 외국인전용유흥음식점업 및 관광유흥음식점업은 제외한다)

㉢ 무도장 운영업

㉣ 기타 사행시설 관리 및 운영업(「관광진흥법」 제5조 또는 「폐광지역 개발 지원에 관한 특별법」 제11조에 따라 허가를 받은 카지노업은 제외)

㉤ 유사 의료업 중 안마를 시술하는 업

㉥ 마사지업

저자주 다음 '③ 부동산임대업'과 '④ 특정요건 내국법인'의 경우 2025.2.28. 이후 개시하는 과세연도부터 적용되므로 업종요건을 검토할 때 내국법인의 경우 3월말, 6월말, 9월말 결산법인의 경우 2025년 4월1일, 7월1일, 10월1일 개시하는 과세연도부터 적용되고, 거주자의 경우에는 2026년부터 적용받게 되므로 실무자는 판단시 주의하여야 한다.

② 부동산임대업이란 다음의 업종을 말한다(조특령 제2조 제1항 제4호, 한국표준산업분류).
주거용 건물 임대업, 비주거용 건물 임대업, 기타 부동산 임대업을 말한다.

③ 특정요건 법인
다음의 요건을 모두 갖춘 내국법인의 경우에는 업종요건을 충족하지 못하므로 중소기업으로 분류할 수 없다(조특령 제2조 제1항 제5호, 법법령 제42조 제2항).

㉠ 해당 사업연도 종료일 현재 내국법인의 「법인세법 시행령」 제43조 제7항에 따른 지배주주등이 보유한 주식등의 합계가 해당 내국법인의 발행주식총수 또는 출자총액의 100분의 50을 초과할 것

㉡ 해당 사업연도에 부동산 임대업을 주된 사업으로 하거나 다음 각 목의 금액 합계가 기업회계기준에 따라 계산한 매출액(ⓐ부터 ⓒ까지에서 정하는 금액이 포함되지 않은 경우에는 이를 포함하여 계산한다)의 100분의 50 이상일 것

ⓐ 부동산 또는 부동산상의 권리의 대여로 인하여 발생하는 수입금액(「조세특례제한법」 제138조 제1항에 따라 익금에 가산할 금액을 포함한다)

ⓑ 「소득세법」 제16조 제1항에 따른 이자소득의 금액

ⓒ 「소득세법」 제17조 제1항에 따른 배당소득의 금액

㉢ 해당 사업연도의 상시근로자 수가 5명 미만일 것

### 소비성서비스업 및 부동산임대업 업종코드 및 한국표준산업분류

| 국세청 업종코드 | | 통계청 한국표준산업분류 | |
|---|---|---|---|
| 업종코드 | 종목명 | 표준산업분류 | 세세분류, 세부설명 |
| 551001 | 호텔업 | I55101 | 호텔업 |
| 551002 | 여관업 | I55102 | 여관업 |
| 551009 | 여관업 | | 여관업(여인숙) |
| 552201 | 일반 유흥 주점업 | I56211 | 일반유흥주점업[고급주점(독립된 객실)] |
| 552202 | 일반 유흥 주점업 | | 빠, 비어홀, 극장식식당 |
| 552206 | 일반 유흥 주점업 | | 기타유흥주점 |
| 552203 | 무도 유흥 주점업 | I56212 | 무도유흥주점업 |
| 552207 | 기타 주점업 | I56219 | 단란주점 |
| 921904 | 무도장 운영업 | R91291 | 무도장 운영업 |
| 924917 | 기타 사행시설 관리 및 운영업 | R91249 | 기타 사행시설 관리 및 운영업 |
| 851908 | 유사의료업(안마시술소 운영) | Q86902 | 유사 의료업 |
| 930208 | 마사지업 | S96122 | 마사지업 |
| 701101 | 주거용건물임대업(고가주택임대) | L68111 | 주거용건물임대업(기준시가 9억 초과) |
| 701102 | 주거용건물임대업(일반주택임대) | | 주거용건물임대업 |
| 701103 | 주거용 건물 임대업(장기임대공동·단독주택) | | 국민주택 5호 이상을 5년 이상 임대한 경우(공동주택 및 단독주택) |
| 701104 | 주거용 건물 임대업(장기임대다가구주택) | | 국민주택 5호 이상을 5년 이상 임대한 경우(다가구주택) |
| 701201 | 비주거용 건물 임대업(점포, 자기땅) | L68112 | 비주거용 건물 임대업 |
| 701202 | 비주거용 건물 임대업(점포, 타인땅) | | 비주거용 건물 임대업(타인땅, 소규모점포) |
| 701203 | 비주거용 건물 임대업(지식산업센터임대) | | 비주거용 건물 임대업(지식산업센터) |
| 701204 | 비주거용 건물 임대업(광고용건물임대) | | 비주거용 건물 임대업(광고용건물임대) |
| 701205 | 비주거용 건물 임대업(공유주방) | | 비주거용 건물 임대업(공유주방) |
| 701206 | 비주거용 건물 임대업(공유오피스임대) | | |
| 701300 | 비주거용 건물 임대업(임차부동산의 전대 또는 전전대) | | 비주거용 건물 임대업 |

| 국세청 업종코드 | | 통계청 한국표준산업분류 | |
|---|---|---|---|
| 업종코드 | 종목명 | 표준산업분류 | 세세분류, 세부설명 |
| 701301 | 주거용 건물 임대업(임차부동산의 전대 또는 전전대) | L68111 | 전대 |
| 701302 | 비주거용 건물 임대업(공유오피스전대) | L68111 | |
| 701400 | 기타부동산임대업(토지임대) | L68119 | 기타부동산임대업 |
| 701501 | 비주거용 건물 임대업(자기땅) –공장재단 대여 | L68112 | 비주거용건물임대업[공장재단(자기땅)] |
| 701502 | 비주거용 건물 임대업(타인땅) –공장재단 대여 | | 비주거용건물임대업[공장재단(타인땅)] |
| 701503 | 기타 부동산 임대업(자기땅) –광업재단 대여 | L68119 | 비주거용건물임대업[광업재단(자기땅)] |
| 701504 | 기타 부동산 임대업(타인땅) –광업재단 대여 | | 비주거용건물임대업[광업재단(타인땅)] |

저자주 한국표준산업분류상으로는 여관업, 여관업(여인숙)을 동일한 분류코드를 적용하지만 국세청 업종코드는 구분하여 사용하고 있음.

국세청 업종코드 701206[비주거용 건물 임대업(공유오피스임대)]과 701302[비주거용 건물 임대업(공유오피스전대)]의 경우 국세청의 '업종코드–산업분류연계표'상 별도로 구분되어 있지 아니하나 국세청 업종코드를 참고로 하여 분류하였으니 주의할 것

**| 관광음식점 및 외국인 전용 유흥음식점업의 경우(소비성 서비스업에서 제외) |**

| 국세청 업종코드 | | 통계청 한국표준산업분류 | |
|---|---|---|---|
| 업종코드 | 종목명 | 표준산업분류(I) | 세세분류, 세부설명 |
| 552204 | 일반 유흥 주점업 | I56211 | 일반 유흥 주점업(관광음식점, 외국인 전용 유흥음식점) |

### (2) 규모요건(중소기업기준)(조특령 제2조 제1항 제1호 · 제3항, 조특칙 제2조 제4항, 통칙 6-2…1)

① 매출액이 업종별로 「중소기업기본법 시행령」 [별표 1]에 따른 규모 기준("평균매출액등"은 "매출액"으로 본다) 이내이어야 한다.

② 2 이상의 서로 다른 사업을 영위하는 경우에는 사업별 사업수입금액이 큰 사업을 주된 사업으로 본다.

③ 매출액은 과세연도 종료일 현재 기업회계기준에 따라 작성한 해당 과세연도 손익계산서상의 매출액으로 한다. 다만, 창업 · 분할 · 합병의 경우 그 등기일의 다음날(창업의 경우에는 창업일)이 속하는 과세연도의 매출액을 연간 매출액으로 환산한 금액을 말한다.

④ 법인 또는 거주자가 2 이상의 서로 다른 사업을 영위하는 경우 주된 사업을 기준으로

중소기업 해당 여부를 판정함에 있어서 영 제2조 제1항 각 호의 요건은 해당 법인 또는 거주자가 영위하는 사업 전체의 매출액을 기준으로 하여 판정한다.

**중소기업기본법 시행령 [별표 1]** (2017.10.17. 개정)

**주된 업종별 평균매출액등의 중소기업 규모 기준**(제3조 제1항 제1호 가목 관련)

| 해당 기업의 주된 업종 | 분류기호 | 규모 기준 |
|---|---|---|
| 1. 의복, 의복액세서리 및 모피제품 제조업 | C14 | 평균매출액등 1,500억원 이하 |
| 2. 가죽, 가방 및 신발 제조업 | C15 | |
| 3. 펄프, 종이 및 종이제품 제조업 | C17 | |
| 4. 1차 금속 제조업 | C24 | |
| 5. 전기장비 제조업 | C28 | |
| 6. 가구 제조업 | C32 | |
| 7. 농업, 임업 및 어업 | A | 평균매출액등 1,000억원 이하 |
| 8. 광업 | B | |
| 9. 식료품 제조업 | C10 | |
| 10. 담배 제조업 | C12 | |
| 11. 섬유제품 제조업(의복 제조업은 제외한다) | C13 | |
| 12. 목재 및 나무제품 제조업(가구 제조업은 제외한다) | C16 | |
| 13. 코크스, 연탄 및 석유정제품 제조업 | C19 | |
| 14. 화학물질 및 화학제품 제조업(의약품 제조업은 제외한다) | C20 | |
| 15. 고무제품 및 플라스틱제품 제조업 | C22 | |
| 16. 금속가공제품 제조업(기계 및 가구 제조업은 제외한다) | C25 | |
| 17. 전자부품, 컴퓨터, 영상, 음향 및 통신장비 제조업 | C26 | |
| 18. 그 밖의 기계 및 장비 제조업 | C29 | |
| 19. 자동차 및 트레일러 제조업 | C30 | |
| 20. 그 밖의 운송장비 제조업 | C31 | |
| 21. 전기, 가스, 증기 및 공기조절 공급업 | D | |
| 22. 수도업 | E36 | |
| 23. 건설업 | F | |
| 24. 도매 및 소매업 | G | |
| 25. 음료 제조업 | C11 | 평균매출액등 800억원 이하 |
| 26. 인쇄 및 기록매체 복제업 | C18 | |
| 27. 의료용 물질 및 의약품 제조업 | C21 | |
| 28. 비금속 광물제품 제조업 | C23 | |
| 29. 의료, 정밀, 광학기기 및 시계 제조업 | C27 | |

| 해당 기업의 주된 업종 | 분류기호 | 규모 기준 |
|---|---|---|
| 30. 그 밖의 제품 제조업 | C33 | |
| 31. 수도, 하수 및 폐기물 처리, 원료재생업(수도업은 제외한다) | E (E36 제외) | |
| 32. 운수 및 창고업 | H | |
| 33. 정보통신업 | J | |
| 34. 산업용 기계 및 장비 수리업 | C34 | 평균매출액등 600억원 이하 |
| 35. 전문, 과학 및 기술 서비스업 | M | |
| 36. 사업시설관리, 사업지원 및 임대 서비스업(임대업은 제외한다) | N (N76 제외) | |
| 37. 보건업 및 사회복지 서비스업 | Q | |
| 38. 예술, 스포츠 및 여가 관련 서비스업 | R | |
| 39. 수리(修理) 및 기타 개인 서비스업 | S | |
| 40. 숙박 및 음식점업 | I | 평균매출액등 400억원 이하 |
| 41. 금융 및 보험업 | K | |
| 42. 부동산업 | L | |
| 43. 임대업 | N76 | |
| 44. 교육 서비스업 | P | |

비고

1. 해당 기업의 주된 업종의 분류 및 분류기호는 「통계법」 제22조에 따라 통계청장이 고시한 한국표준산업분류에 따른다.
2. 위 표 제19호 및 제20호에도 불구하고 자동차용 신품 의자 제조업(C30393), 철도 차량 부품 및 관련 장치물 제조업(C31202) 중 철도 차량용 의자 제조업, 항공기용 부품 제조업(C31322) 중 항공기용 의자 제조업의 규모 기준은 평균매출액등 1,500억원 이하로 한다.

### (3) 독립성요건(조특령 제2조 제1항 제3호)

「독점규제 및 공정거래에 관한 법률」 제31조 제1항에 따른 공시대상기업집단에 속하는 회사 또는 같은 법 제33조에 따라 공시대상기업집단의 국내 계열회사로 편입·통지된 것으로 보는 회사에 해당하지 않으며, 실질적인 독립성이 「중소기업기본법 시행령」 제3조 제1항 제2호에 적합할 것. 이 경우 「중소기업기본법 시행령」 제3조 제1항 제2호 나목의 주식등의 간접소유 비율을 계산할 때 「자본시장과 금융투자업에 관한 법률」에 따른 집합투자기구를 통하여 간접소유한 경우는 제외하며, 「중소기업기본법 시행령」 제3조 제1항 제2호 다목을 적용할 때 "평균매출액등이 별표 1의 기준에 맞지 아니하는 기업"은 "매출액이 「조세특례제한법 시행령」 제2조 제1항 제1호에 따른 중소기업기준에 맞지 않는 기업"으로 본다.

**| 중소기업기본법 시행령 제3조 제1항 제2호 |**

2. 소유와 경영의 실질적인 독립성이 다음 각 목의 어느 하나에 해당하지 아니하는 기업일 것
   가. (삭제)
   나. 자산총액이 5천억원 이상인 법인(외국법인을 포함하되, 비영리법인 및 제3조의 2 제3항 각 호의 어느 하나에 해당하는 자는 제외한다)이 주식등의 100분의 30 이상을 직접적 또는 간접적으로 소유한 경우로서 최다출자자인 기업. 이 경우 최다출자자는 해당 기업의 주식등을 소유한 법인 또는 개인으로서 단독으로 또는 다음의 어느 하나에 해당하는 자와 합산하여 해당 기업의 주식등을 가장 많이 소유한 자를 말하며, 주식등의 간접소유 비율에 관하여는 「국제조세조정에 관한 법률 시행령」 제2조 제3항을 준용한다.
      1) 주식등을 소유한 자가 법인인 경우 : 그 법인의 임원
      2) 주식등을 소유한 자가 1)에 해당하지 아니하는 개인인 경우 : 그 개인의 친족
   다. 관계기업에 속하는 기업의 경우에는 제7조의 4에 따라 산정한 평균매출액등이 별표 1의 기준에 맞지 아니하는 기업
   라. (삭제)

위의 규정은 단일회사의 매출액 등의 요건으로는 중소기업으로 분류될 수 있지만 상호출자제한기업집단에 속해 있는 기업 등의 경우 계열회사 간의 매출액까지 고려하면 중소기업의 규모를 초과함에도 불구하고 중소기업으로 분류되어 여러 세제상의 혜택을 누리는 것을 방지하기 위한 것이고 이를 요약하여 정리하면 다음과 같다.

현행 독립성 요건은 아래의 3가지가 있으며, 이 중 어느 하나에 해당하는 경우에는 중소기업에 해당하지 않는다.*

① 「독점규제 및 공정거래에 관한 법률」에 따른 공시대상기업집단에 속하는 회사

공정거래위원회는 대기업의 경제력 집중 · 시장지배력 남용 등을 방지하기 위해 「독점규제 및 공정거래에 관한 법률」 제14조에 따라 자산총액이 5조원 이상인 기업집단을 공시대상기업집단으로 지정하고, 지정된 공시대상기업집단 중 자산 10조원 이상의 기업집단을 상호출자제한기업집단으로 지정하고 있으며, '①'에 해당하는 경우 독립성 요건이 충족되지 않은 것으로 보아 중소기업으로 보지 않는다.

※ 공시대상기업집단에 속하는 계열회사의 변동사항은 매월 1일자 기준으로 공정거래위원회 홈페이지(www.ftc.go.kr) 보도자료를 통해 발표함.

② 자산총액 5,000억원 이상인 법인(외국법인 포함, 비영리법인 등 제외)이 30% 이상 지분을 직 · 간접적으로 소유하면서 최다출자자인 기업

공시대상기업집단으로 지정된 기업집단은 아니더라도 이와 비슷한 규모의 거대 기업집

* 2022 중소기업범위해설, 중소벤처기업부, pp.31~41

단이 있을 수 있고, 이러한 규모의 기업집단은 다수의 자회사를 보유하는 경우가 많은데 공시대상기업집단이 이러한 형태의 자회사를 모두 포함하지 못하는 한계점을 보완하기 위해 '②'에 해당하는 경우 독립성 요건이 충족되지 않은 것으로 보아 중소기업으로 보지 않는다.

③ 관계기업에 속하는 기업의 경우에는 출자 비율에 해당하는 평균매출액을 합산하여 업종별 규모기준을 충족하지 못하는 기업

각 개별기업의 크기로 보면 중소기업 규모이지만 계열사와 규모를 합하면 대기업 규모의 기업이 될 수도 있는데 이러한 기업이 중소기업에 포함되는 문제점을 보완하기 위해 관계기업제도를 적용한다. 관계기업 제도는 어떤 기업이 다른 기업의 주식등을 소유하여 중요한 지배력을 행사할 수 있는 요건을 갖춘 경우 이를 지배 · 종속관계로 규정하고, 이들 기업을 서로 독립된 기업이 아닌 하나의 기업으로 간주하여 매출액을 주식등의 소유비율만큼 합산하여 중소기업 여부를 판정하고 당해기업의 매출액과 관계기업의 매출액 중 주식소유비율에 해당하는 매출액을 합산하여 업종별 규모요건을 충족하지 못할 경우 중소기업으로 보지 않는다.

- 관계기업이란 「중소기업기본법 시행령」 제3조의 2에 따른 지배 · 종속의 관계가 성립하는 기업들의 집단을 말한다. 이 경우 지배기업은 「주식회사의 외부감사에 관한 법률」 제4조에 따른 외부감사대상기업이며, 종속기업은 국내기업에 한하여 적용한다.
- 지배종속관계는 지배기업이 종속기업의 주식등을 30% 이상 소유하면서 최다출자자인 경우에 성립하며, 주식지분의 계산은 직접소유뿐만 아니라 간접소유의 경우에도 고려대상이 되며, 주식 등의 간접소유비율의 산정방식은 「국제조세 조정에 관한 법률 시행령」 제2조 제3항을 준용한다(조특칙 제2조 제7항).

※ 관계기업에 속하는 기업인지의 판단은 과세연도 종료일 현재를 기준으로 하며(조특칙 제2조 제8항), 외국법인의 자산총액은 해당 과세연도 종료일 현재 기업회계기준에 따라 작성한 재무상태표상 외화로 표시된 자산총액을 해당 과세연도 종료일 현재의 매매기준율(기획재정부장관이 정하여 고시하는 외국환 거래에 관한 규정에 따른 매매기준율을 말한다)로 환산한 금액으로 한다(조특칙 제2조 제9항).

☞ 독립성요건은 주식등의 출자관계로 인해 발생하므로 개인사업자가 아닌 법인인 기업만 적용대상이 된다.

### (4) 졸업요건(조특령 제2조 제1항)

업종요건, 규모요건, 독립성요건을 갖추더라도 자산총액이 5천억원 이상인 기업은 중소기업으로 보지 않는다. 자산총액은 과세연도 종료일 현재 기업회계기준에 따라 작성한 재무상태표상의 자산총액으로 한다(조특칙 제2조 제5항).

### (5) 유예제도(조특령 제2조 제2항)

① 최초로 중소기업에 해당하지 아니하게 된 경우

중소기업이 자산총액이 5천억원 이상이 되거나 규모요건 또는 독립성요건 중 관계기업요건을 초과하여 중소기업에 해당하지 아니하게 된 때에는 최초로 그 사유가 발생한 날이 속하는 과세연도와 그 다음 5개 과세연도(최초로 그 사유가 발생한 날이 속하는 과세연도의 종료일부터 5년이 되는 날이 속하는 과세연도의 종료일 현재 해당 기업이 「자본시장과 금융투자업에 관한 법률」에 따른 유가증권시장 또는 코스닥시장에 상장되어 있는 경우에는 7개 과세연도)까지는 이를 중소기업으로 본다.

② 유예기간 경과 후 판단

유예기간이 경과한 후에는 과세연도별로 매년 중소기업 해당여부를 판정하여야 한다. 다만, 중소기업이 다음 어느 하나의 사유로 중소기업에 해당하지 아니하게 된 경우에는 유예기간을 적용하지 아니하고, 유예기간 중에 있는 기업에 대해서는 해당 사유가 발생한 날(제2호에 따른 유예기간 중에 있는 기업이 중소기업과 합병하는 경우에는 합병일로 한다)이 속하는 과세연도부터 유예기간을 적용하지 아니한다.

㉠ 「중소기업기본법」의 규정에 의한 중소기업 외의 기업과 합병하는 경우
㉡ 유예기간 중에 있는 기업과 합병하는 경우
㉢ 실질적 독립성요건을 충족하지 못하는 경우[「중소기업기본법 시행령」 제3조 제1항 제2호 다목의 규정(관계기업 매출액 합산)은 제외한다]
㉣ 창업일이 속하는 과세연도종료일부터 2년 이내의 과세연도 종료일 현재 규모요건(중소기업기준)을 초과하는 경우

**| 중소기업 졸업유예제도 적용예시(유가증권시장, 코스닥 시장에 상장되지 않은 경우) |**

| 연도 | 2024년 | 2025년 | 2026년 | 2027년 | 2028년 | 2029년 | 2030년 | 2031년 | 2032년 | 2033년 |
|---|---|---|---|---|---|---|---|---|---|---|
| 매출액 규모 | 규모 요건 이하 | 규모 요건 초과 | 규모요건 검토 필요없음 (유예제도 적용으로 중소기업 의제) | | | | | 규모 요건 초과 | 규모 요건 이내 | 규모 요건 초과 |
| 중소기업 여부 | 여 | 여(유예제도 적용) | | | | | | 부 | 여 | 부 |

• 위의 사례에서 2025년 사업연도에 매출액이 규모요건을 초과한 경우 졸업유예제도를 적용하여 중소기업으로 인정하며, 향후 5개 사업연도(2026년 사업연도~2030년 사업연도)에는 규모요건 충족여부와 상관없이 중소기업으로 의제한다.
• 2031년 사업연도는 졸업유예기간이 경과한 사업연도이며, 규모요건을 초과하였으므로 중소기업이 될 수 없다.
• 2032년 사업연도에 매출액이 규모요건을 충족하였으므로 중소기업으로 인정한다.
• 2033년 사업연도에 매출액이 규모요건을 초과하였으며, 졸업유예제도는 적용하지 않는다. 졸업유예제도는 1회만 적용할 수 있고 향후 과세연도부터는 과세연도별로 중소기업여부를 판정한다.

### (6) 중소기업기본법 시행령 개정의 경우(조특령 제2조 제5항)

「중소기업기본법 시행령」 제3조 제1항 제2호(실질적 독립성), 별표 1(주된 업종별 평균매출액등의 중소기업 규모기준) 및 별표 2(관계기업의 평균매출액등의 산정기준)의 개정으로 새로이 중소기업에 해당하게 되는 때에는 그 사유가 발생한 날이 속하는 과세연도부터 중소기업으로 보고, 중소기업에 해당하지 아니하게 되는 때에는 그 사유가 발생한 날이 속하는 과세연도와 그 다음 3개 과세연도까지 중소기업으로 본다.



## 2. 중견기업

"중견기업"이란 다음 요건을 모두 갖춘 기업을 말한다(조특령 제6조의 4 제1항).

① 중소기업이 아닐 것

② 「중견기업 성장촉진 및 경쟁력 강화에 관한 특별법 시행령」 제2조 제1항 제1호 또는 제2호에 해당하는 기관이 아닐 것

> 중견기업 성장촉진 및 경쟁력 강화에 관한 특별법 시행령」 제2조 제1항 제1호 또는 제2호에 해당하는 기관은 「공공기관의 운영에 관한 법률」 제4조에 따른 공공기관과 「지방공기업법」에 따른 지방공기업을 말한다.

* 공공기관과 지방공기업 확인
공공기관 현황정보는 '공공기관 알리오(https://www.alio.go.kr/)'에서 확인할 수 있고, 지방공기업 현황정보는 '클린아이(https://www.cleaneye.go.kr/)'에서 확인할 수 있다.

클린아이 홈페이지(https://www.cleaneye.go.kr)

알리오 홈페이지(https://www.alio.go.kr)

③ 다음 어느 하나에 해당하는 업종을 주된 사업으로 경영하지 아니할 것. 이 경우 둘 이상의 서로 다른 사업을 경영하는 경우에는 사업별 사업수입금액이 큰 사업을 주된 사업으로 본다.

**저자주** 다음 'ⓒ 부동산임대업'과 '⑥ 특정요건 내국법인'의 경우 2025.2.28. 이후 개시하는 과세연도부터 적용되므로 업종요건을 검토할 때 내국법인의 경우 3월말, 6월말, 9월말 결산법인의 경우 2025년 4월 1일, 7월 1일, 10월 1일 개시하는 과세연도부터 적용되고, 거주자의 경우에는 2026년부터 적용받게 되므로 실무자는 판단시 주의하여야 한다.

> ㉠ 호텔업, 여관업, 일반유흥주점업, 무도유흥주점업, 단란주점업, 무도장 운영업, 기타 사행시설 관리 및 운영업, 유사 의료업 중 안마를 시술하는 업, 마사지업(중소기업배제업종)
> ㉡ 「중견기업 성장촉진 및 경쟁력 강화에 관한 특별법 시행령」 제2조 제2항 제2호 각 목의 업종 → 금융업, 보험 및 연금업, 금융 및 보험 관련 서비스업
> ㉢ 부동산임대업

④ 소유와 경영의 실질적인 독립성이 「중견기업 성장촉진 및 경쟁력 강화에 관한 특별법 시행령」 제2조 제2항 제1호에 적합할 것

> 실질적 독립성이 다음의 요건에 해당하지 않아야 한다.
> ㉠ 「독점규제 및 공정거래에 관한 법률」 제31조 제1항에 따른 상호출자제한기업집단에 속하는 기업
> ㉡ 「독점규제 및 공정거래에 관한 법률」 제38조 제2항에 따른 자산총액이 5조원 이상인 기업 또는 법인이 해당 기업의 주식 또는 출자지분의 30% 이상을 직·간접적으로 소유하면서 최다출자자인 기업

⑤ 직전 3개 과세연도의 매출액(매출액은 조특령 제2조 제4항에 따른 계산방법으로 산출하며, 과세연도가 1년 미만인 과세연도의 매출액은 1년으로 환산한 매출액을 말한다)의 평균금액이 3천억원 미만인 기업일 것

주의 매출액의 평균금액은 3천억원으로 규정하고 있지만, 연구인력개발비 세액공제 적용 시 중견기업의 매출액의 평균금액은 5천억원이다(조특령 제9조 제4항 제4호).

⑥ 특정요건 내국법인

다음의 요건을 모두 갖춘 내국법인이 아닐 것(조특령 제6조 제1항 제5호)

㉠ 해당 사업연도 종료일 현재 내국법인의 「법인세법 시행령」 제43조 제7항에 따른 지배주주등이 보유한 주식등의 합계가 해당 내국법인의 발행주식총수 또는 출자총액의 100분의 50을 초과할 것

㉡ 해당 사업연도에 부동산 임대업을 주된 사업으로 하거나 다음 각 목의 금액 합계가 기업회계기준에 따라 계산한 매출액(ⓐ부터 ⓒ까지에서 정하는 금액이 포함되지 않은 경우에는 이를 포함하여 계산한다)의 100분의 50 이상일 것

ⓐ 부동산 또는 부동산상의 권리의 대여로 인하여 발생하는 수입금액(「조세특례제한법」 제138조 제1항에 따라 익금에 가산할 금액을 포함한다)

ⓑ 「소득세법」 제16조 제1항에 따른 이자소득의 금액

ⓒ 「소득세법」 제17조 제1항에 따른 배당소득의 금액

㉢ 해당 사업연도의 상시근로자 수가 5명 미만일 것

# II 집행기준 기본통칙 질의회신

## 1. 집행기준

| 제 목 | 내 용 |
|---|---|
| 2-0-2【업종의 분류】 | ① 「조세특례제한법」에서 사용되는 업종의 분류는 이 법에 특별한 규정이 있는 경우를 제외하고는 한국표준산업분류에 따른다.<br>② 한국표준산업분류가 변경되어 「조세특례제한법」에 따른 조세특례를 적용받지 못하게 되는 업종에 대해서는 한국표준산업분류가 변경된 과세연도와 그 다음 과세연도까지는 변경 전의 한국표준산업분류에 따른 업종에 따라 조세특례를 적용한다. |
| 2-0-3【감액신청내용과 정부조사내용과의 차이 처리】 | 「조세특례제한법」에 따라 조세를 감면함에 있어서 감면신청서에 기재한 내용과 정부가 조사결정한 내용이 동일하지 아니한 경우에는 정부가 조사결정한 내용이 감면의 기초가 된다. |

## 2. 기본통칙

| 제 목 | 내 용 |
|---|---|
| 2-0…1【감액신청내용과 정부조사내용과의 차이 처리】 | 이 법에 따라 조세를 감면함에 있어서 감면신청서에 기재한 내용과 정부가 조사결정한 내용이 동일하지 아니한 경우에는 정부가 조사결정한 내용이 감면의 기초가 된다. |

## 3. 질의회신

| 제 목 | 내 용 |
|---|---|
| 중소기업 유예기간 적용 여부 | 사업개시부터 한국표준산업분류상 '자동차용 신품 의자 제조업'에 해당하는 '자동차 헤드레스트 제조업'을 주된 사업으로 영위하는 내국법인이 업종분류 착오로 해당 업종을 '자동차 및 트레일러 제조업'으로 보아 매출액이 「중소기업기본법 시행령」 별표 1에 따른 규모 기준(이하 '규모 기준')을 초과함에 따라 2015과세연도부터 「조세특례제한법 시행령」 제2조 제2항에 따른 유예기간(이하 '중소기업 유예기간')을 적용하였더라도, 한국표준산업분류상 올바른 업종분류에 따른 매출액이 사업개시 이후 2022과세연도에 최초로 규모 기준을 초과하는 경우에는 해당 과세연도부터 중소기업 유예기간을 적용할 수 있는 것임<br>조특, 서면-2021-법규법인-8479 [법규과-3311], 2022.11.15. |

| 제 목 | 내 용 |
| --- | --- |
| 중소기업 해당 여부 | 「중소기업기본법 시행령」 제3조 제1항 제2호 나목의 요건을 갖추지 못하게 되어 중소기업에 해당하지 아니하게 된 경우에는 「조세특례제한법 시행령」 제2조 제2항 각 호 외의 부분 본문에 따른 유예기간을 적용하지 아니하는 것임<br><br>조특, 서면-2022-법인-3946 [법인세과-1554], 2022.10.26. |
| 문화재감리업이 창업중소기업세액감면 대상 업종인지 | 업종의 분류는 「조세특례제한법」 제2조 제3항에 의하여 특별한 규정이 있는 경우를 제외하고는 「통계법」 제22조에 따라 통계청장이 고시하는 한국표준산업분류에 따르는 것이며, 「조세특례제한법 시행령」(2020. 2. 11. 대통령령 제30390호로 개정되기 전의 것) 제6조 제7항 규정에 의한 "엔지니어링사업(한국표준산업분류: 7212)"이란 「엔지니어링산업 진흥법」에 의한 엔지니어링활동(기술사법의 적용을 받는 기술사의 엔지니어링 활동을 포함한다)을 제공하는 사업을 말하는 것으로, 귀 법인의 사업이 여기에 해당하는지 여부는 사실 판단할 사항임<br><br>조특, 서면-2020-법인-0139 [법인세과-3076], 2020.8.4. |
| 농업회사법인에 대한 법인세 감면대상 업종 여부 | 영농조합법인 또는 농업회사법인의 법인세가 면제되는 업종인 "작물재배업"은 「통계법」 제22조에 따라 통계청장이 고시하는 한국표준산업분류의 업종분류에 따르는 것임<br><br>조특, 서면-2016-법인-4894 [법인세과-1719], 2017.6.29. |
| 농업소득(작물재배업) 해당 여부는 한국표준산업분류에 따름 | 「조세특례제한법」 제66조 제1항 및 같은 법 제68조 제1항을 적용함에 있어 법인세가 면제되는 업종인 "작물재배업"은 「통계법」 제22조에 따라 통계청장이 고시하는 한국표준산업분류의 업종분류에 따르는 것이며, 귀 법인이 영위하는 사업이 "작물재배업"에 해당하는지 여부는 아래의 통계청 해석사례를 참고하여 판단하시기 바람<br><br>* **통계청 통계기준팀-1048(2011.5.20)**<br>귀하께서 질의하신 '농가에서 배추 모종(20일가량 생육)을 구입, 농지를 임차한 후 직원(일용직)을 고용하여 일정기간(약 60일) 재배하게 하고 수확하여 도매시장, 대형유통업체, 김치공장 등에 출하하는 활동'은 주된 산업활동에 따라 다음과 같이 각각 달리 분류될 수 있습니다.<br>- 농지를 소유하거나 임차한 후 노동인력을 채용하여 노지에서 각종 채소작물을 재배하는 것이 주된 산업활동인 경우 "01121 채소작물 재배업"<br>다만, 농산물 판매활동을 주로 하는 사업체가 상기활동을 부수적으로 할 경우는 "G 도매 및 소매업"<br><br>조특, 법인세과-466, 2011.7.13. |

## III 사례연구

㈜나라의 자료를 활용하여 중소기업여부를 확인하고 중소기업에 해당하는 경우 중소기업 검토표를 작성하시오.

① ㈜나라는 LCD 모니터 제조업과 데스크톱 PC 도소매업을 영위하는 법인 사업자이다. 회사 설립일은 1997.1.7.이다. 본점은 경기도 고양시 일산서구 대화로에 소재하고 있다. 본점 소재지에는 제1공장과 사무실이 소재하고 있고, 충청남도 천안시 서북구 성환읍에 2003.9.27. 지점 사업장을 설치하고 지점 사업자등록 후 사업장을 운영하고 있으며 지점에서도 본점과 동일한 사업을 영위하고 있다.

② 사업연도는 매년 1.1.~12.31.이며, 2025년 사업연도의 법인의 재무상태표상 자산총액은 3,565,918,921원 매출액은 제품매출 7,628,403,721원 상품매출 1,839,786,400원이다.

③ 당해 법인은 다른 회사의 계열사 등은 아니다.

④ ㈜나라의 업종코드와 한국표준산업분류 코드는 다음과 같다.

| 구 분 | 업종코드 | 한국표준산업분류코드 |
|---|---|---|
| LCD 모니터 제조업 | 300103 | C26322 |
| 데스크톱 PC 도소매업 | 515050 | G46510 |

⑤ 공제시한 내 이월결손금은 없으며, 2025년 사업연도에 비과세소득, 소득공제항목은 발생하지 않았다.

조세특례제한법 중소기업 요건 충족여부를 확인하면 다음과 같다.

(1) 업종요건
㈜나라의 사업 업종은 제조업과 도소매업을 영위하고 있으며, 사업별 수입금액은 제조업 수입금액이 도소매업 수입금액을 초과하므로 주된 사업은 제조업이며 소비성 서비스업을 경영하지 않으므로 업종요건은 충족한다.

(2) 규모요건
㈜나라의 주된 사업은 제조업이며 〈중소기업기본법 시행령 별표 1〉의 주된 업종별 평균매출액등의 중소기업 규모 기준 이내이므로 규모요건을 충족한다.

(3) 독립성요건
㈜나라는 상호출자제한기업집단에 속하지 않으며 다른 회사의 계열사 등이 아니므로 독립성 요건을 충족한다.

(4) 졸업요건

2025년 사업연도 종료일 현재 자산총액은 3,565,918,921원이므로 졸업요건을 충족한다.

이상의 요건을 모두 충족하므로 ㈜나라는 2025년 사업연도에 중소기업에 해당한다.

저자주 요건을 엄밀히 적용하면 소기업에 해당하지만 사례에서는 중소기업 여부를 검토하는 것이 목적이므로 중소기업으로 판정한다.

01 총칙

[별지 제51호 서식] (2025.3.21. 개정)

※ 제3쪽의 작성방법을 읽고 작성해 주시기 바랍니다. (4쪽 중 제1쪽)

<table>
<tr><td rowspan="2">사 업<br>연 도</td><td rowspan="2">2025.01.01.<br>~<br>2025.12.31.</td><td rowspan="2">중소기업 등 기준검토표</td><td>법 인 명</td><td>㈜나라</td></tr>
<tr><td>사업자등록번호</td><td>203-81-63108</td></tr>
</table>

<table>
<tr><th colspan="2">구 분</th><th>① 요 건</th><th>② 검 토 내 용</th><th>③ 적합 여부</th><th>④ 적정 여부</th></tr>
<tr><td rowspan="4">중<br>기<br>업</td><td>⑩ 사업요건</td><td>① 부동산임대업을 주된 사업으로 영위하지 않을 것<br>②「조세특례제한법 시행령」 제29조 제3항에 따른 소비성 서비스업을 주된 사업으로 영위하지 않을 것<br>③「법인세법 시행령」 제42조 제2항 각 호의 요건을 모두 갖춘 내국법인이 아닐 것<br>※ ①·③은 2025.2.28. 이후 개시하는 사업연도분부터 적용</td><td><table><tr><td>구분 / 업태별</td><td>기준경비율 코드</td><td>사 업 수입금액</td></tr><tr><td>(01) (제조)업</td><td>(04) 300103</td><td>(07) 7,628,403,721</td></tr><tr><td>(02) (도소매)업</td><td>(05) 515050</td><td>(08) 1,839,786,400</td></tr><tr><td>(03) 그 밖의 사업</td><td>(06)</td><td>(09)</td></tr><tr><td>계</td><td></td><td>9,468,190,121</td></tr></table></td><td>(17)<br>적 합 (Y)<br>부적합 (N)</td><td rowspan="4">(26)<br>적 (Y)<br>부 (N)</td></tr>
<tr><td>⑫ 규모요건</td><td>○ 아래 요건 ①, ②를 동시에 충족할 것<br>① 매출액이 업종별로 「중소기업기본법 시행령」 별표 1의 규모기준("평균매출액등"은 "매출액"으로 봄) 이내일 것<br>② 자산총액 5천억원 미만일 것</td><td>가. 매 출 액<br>- 당 회사(10) ( 95.0억원 )<br>-「중소기업기본법 시행령」 별표 1의 규모기준(11)<br>( 1,000억원) 이하<br>나. 자산총액(12) ( 36.0억원)</td><td>(18)<br>적 합 (Y)<br>부적합 (N)</td></tr>
<tr><td>⑬ 독립성요건</td><td>○「조세특례제한법 시행령」 제2조제1항제3호에 적합한 기업일 것</td><td>·「독점규제 및 공정거래에 관한 법률」 제31조 제1항에 따른 공시대상기업집단에 속하는 회사 또는 같은 법 제33조에 따라 공시대상기업집단의 국내 계열회사로 편입·통지된 것으로 보는 회사에 해당하지 않으며, 실질적인 독립성이 「중소기업기본법 시행령」 제3조 제1항 제2호에 적합할 것<br>· 자산총액 5천억원 이상인 법인이 주식등의 30퍼센트 이상을 직·간접적으로 소유한 경우로서 최다출자자인 기업이 아닐 것<br>·「중소기업기본법 시행령」 제2조 제3호에 따른 관계기업에 속하는 기업으로서 같은 영 제7조의4에 따라 산정한 매출액이 「조세특례제한법 시행령」 제2조 제1항 제1호에 따른 중소기업기준(⑫의① 기준) 이내일 것</td><td>(19)<br>적 합 (Y)<br>부적합 (N)</td></tr>
<tr><td>⑭ 유예기간</td><td>○「조세특례제한법 시행령」 제2조제2항 및 제5항에 따른 유예기간에 있는 기업일 것</td><td>① 중소기업이 그 규모의 확대 등으로 ⑫의 기준을 초과하는 경우 최초로 그 사유가 발생한 사업연도와 그 다음 3개 사업연도[2024년 11월 12일이 속하는 사업연도에 최초로 사유가 발생한 경우부터는 5개 사업연도(「자본시장과 금융투자업에 관한 법률」에 따른 유가증권시장 또는 코스닥시장에 상장되어 있는 경우에는 7개 사업연도)]까지 중소기업으로 보고 그 후에는 매년마다 판단<br>②「중소기업기본법 시행령」 제3조 제1항 제2호, 별표 1 및 별표 2의 개정으로 중소기업에 해당하지 않게 되는 때에는 그 사유가 발생한 날이 속하는 사업연도와 그 다음 3개 사업연도까지 중소기업으로 봄<br>○ 사유발생 연도(13) ( 년)</td><td>(20)<br>적 합 (Y)<br>부적합 (N)</td></tr>
<tr><td rowspan="2">소<br>기<br>업</td><td colspan="2">⑮ 사업요건 및 독립성요건을 충족할 것</td><td>중소기업 업종(⑩)을 주된사업으로 영위하고, 독립성요건(⑬)을 충족하는지 여부</td><td>(21)<br>(Y), (N)</td><td rowspan="2">(27)<br>적 (Y)<br>부 (N)</td></tr>
<tr><td colspan="2">⑯ 자산총액이 5천억원 미만으로서 매출액이 업종별로 「중소기업기본법 시행령」 별표 3의 규모기준("평균매출액등"은 "매출액"으로 본다) 이내일 것</td><td>○ 매 출 액<br>- 당 회사(14) ( 억원)<br>-「중소기업기본법 시행령」 별표 3의 규모기준(15) ( 억원) 이하</td><td>(22)<br>(Y), (N)</td></tr>
</table>

210mm×297mm[백상지 80g/㎡ 또는 중질지 80g/㎡]

<table>
<tr><th>구 분</th><th>① 요 건</th><th colspan="4">② 검 토 내 용</th><th>③ 적합 여부</th><th>④ 적정 여부</th></tr>
<tr><td rowspan="5">중<br>견<br>기<br>업</td><td>⑩⑦「조세특례제한법」상 중소기업 업종을 주된 사업으로 영위할 것</td><td colspan="4">중소기업이 아니고,<br>중소기업 업종(⑩①)을 주된 사업으로 영위하는지 여부</td><td>(23)<br>(Y), (N)</td><td rowspan="5">(28)<br><br>적<br>(Y)<br>부<br>(N)</td></tr>
<tr><td>⑩⑧ 소유와 경영의 실질적인 독립성이 「중견기업 성장촉진 및 경쟁력 강화에 관한 특별법 시행령」 제2조 제2항제1호에 적합할 것</td><td colspan="4">·「독점규제 및 공정거래에 관한 법률」 제31조 제1항에 따른 상호출자제한기업집단에 속하는 회사에 해당하지 않을 것<br>·「독점규제 및 공정거래에 관한 법률 시행령」 제38조 제2항에 따른 상호출자제한기업집단 지정 기준인 자산총액 이상인 법인이 주식등의 30% 이상을 직·간접적으로 소유한 경우로서 최다출자자인 기업이 아닐 것(「중견기업 성장촉진 및 경쟁력 강화에 관한 특별법 시행령」 제2조 제3항에 해당하는 기업은 제외합니다)</td><td>(24)<br>(Y), (N)</td></tr>
<tr><td rowspan="3">⑩⑨ 직전 3년 평균 매출액이 다음의 중견기업 대상 세액공제 요건을 충족할 것<br>① 중소기업 등 투자세액공제[구 「조세특례제한법」 제5조 제1항(2020. 12. 29. 법률 제17759호로 개정되기 전의 것)]: 1천5백억원 미만(신규상장 중견기업으로 한정합니다)<br>② 연구·인력개발비에 대한 세액공제[「조세특례제한법」 제10조 제1항 제1호 가목 2)]: 5천억원 미만<br>③ 기타 중견기업 대상 세액공제: 3천억원 미만</td><td colspan="4">직전 3년 과세연도 매출액의 평균금액</td><td rowspan="3">(25)<br>(Y), (N)</td></tr>
<tr><td>직전 3년</td><td>직전 2년</td><td>직전 1년</td><td>평균</td></tr>
<tr><td>( 억원)</td><td>( 억원)</td><td>( 억원)</td><td>( 억원)</td></tr>
</table>

# 중소기업 요건 검토 서식

<table>
<tr><th colspan="2">검 토 사 항</th><th>적합 여부</th></tr>
<tr><td>업종기준</td><td>「조세특례제한법 시행령」 제29조 제3항에 규정된 소비성서비스업*을 주된 사업으로 영위하지 않는지 여부<br>* ① 호텔업 및 여관업(「관광진흥법」에 따른 관광숙박업 제외)<br>② 주점업(일반유흥주점업, 무도유흥주점업 및 「식품위생법 시행령」 제21조에 따른 단란주점 영업만 해당하되, 「관광진흥법」에 따른 외국인전용 유흥음식점업 및 관광유흥음식점업 제외)</td><td>예 아니오</td></tr>
<tr><td>업종별 규모기준</td><td>매출액 요건이 업종별 규모기준에 적합한지 여부
<table>
<tr><td rowspan="2">주된 업종</td><td>업종코드</td><td>300103</td></tr>
<tr><td>업종명</td><td>재조업</td></tr>
</table>
<table>
<tr><td>매 출 액</td><td>9,500백만원</td></tr>
</table>
* 중소기업기본법 시행령 [별표1]의 규모기준<br>* 중소기업기본법 시행령 [별표1]의 개정으로, 새로이<br>① 중소기업 해당 → 사유발생사업연도부터 중소기업<br>② 중소기업 미해당 → 사유발생사업연도와 그 다음 3개 사업연도까지 중소기업으로 봄<br>[참고] '24.11.12.이 속하는 과세연도에 최초로 중소기업에 해당하지 않게 된 사유가 발생하는 경우부터 중소기업 혜택을 받을 수 있는 유예기간이 연장(3→5년)되며, 코스피 · 코스닥 상장중소기업은 2년 추가 유예(총 7년)</td><td>예 아니오</td></tr>
<tr><td>졸업기준</td><td>자산총액 기준에 적합한지 여부
<table>
<tr><td>자산총액(5,000억원 미만)</td><td>3,600백만원</td></tr>
</table></td><td>예 아니오</td></tr>
<tr><td rowspan="3">독립성기준</td><td>「독점규제 및 공정거래에 관한 법률」에 따른 공시대상기업집단에 속하는 회사 또는 공시대상기업집단의 소속회사로 편입 · 통지된 것으로 보는 회사에 해당하지 않는지 여부</td><td>예 아니오</td></tr>
<tr><td>자산총액 5천억원 이상인 법인(외국법인 포함)이 지분의 30% 이상을 직접적 또는 간접적으로 소유하면서 최다출자자에 해당하지 않는지 여부</td><td>예 아니오</td></tr>
<tr><td>★ 관계기업 충족여부<br>다른 법인과 출자 관계에 있는 경우, 관계기업 간 합산한 전체 매출액이 위 규모기준의 매출액 이내인지 여부</td><td>예 아니오</td></tr>
</table>

# SECTION 04 조세지원제도의 형태



## I 조문내용해설

「조세특례제한법」에서 규정하고 있는 각종 조세지원제도는 크게 직접감면과 간접감면으로 나누어 볼 수 있다. 직접감면은 세부담액 중 일정액을 영구적으로 감면하는 것을 말하고 간접감면은 세부담액의 총액을 감면하는 것이 아니라 과세시기를 미루어 그 기간 동안의 이자상당액 만큼의 세부담을 경감하여 주는 것을 말한다.

| 구 분 | 내 용 | 적용형태 |
|---|---|---|
| 직접감면 | 영구적인 세부담 감소효과 | 비과세, 소득공제, 세액감면, 세액공제, 경감세율, 분리과세 |
| 간접감면 | 과세시기 이연으로 이자상당액만큼의 지원효과 | 일시상각충당금 및 압축기장충당금의 손금산입, 양도소득세의 이월과세와 과세이연, 특정 양도차익의 일정기간 동안 분할익금산입 |

### (1) 비과세와 소득공제

비과세와 소득공제 모두 과세표준을 구성하는 소득에서 제외하는데 이는 다음과 같은 특징이 있다.

| 구 분 | 내 용 | 적용효과(=세부담경감액) | 특 징 |
|---|---|---|---|
| 비과세 | 규정된 소득을 과세하지 않음(과세권자가 당초에 과세권을 포기) | 비과세금액 × 한계세율 | • 동일한 비과세 또는 소득공제 금액일 경우 한계세율이 높은 납세자가 더 큰 경감효과를 갖게 됨<br>• 다음 연도로 이월되지 않음 |
| 소득공제 | 과세대상 소득금액에서 일정액을 공제 | 소득공제금액 × 한계세율 | |

### (2) 세액감면과 세액공제

세액감면과 세액공제 모두 납부할 세금을 줄여준다는 점에서는 같지만 차이점도 있다.

| 구 분 | 세액감면 | 세액공제 |
|---|---|---|
| 내용 | 감면대상 소득에 세율을 적용하여 산출한 세액에 감면율을 적용한 금액을 산출세액에서 공제 | 소득 발생과 상관없이 해당 과세연도의 산출세액에서 규정된 일정액을 직접 공제 |
| 적용효과<br>(=경감액) | 법인세=법인세 산출세액×(감면소득－이월결손금 등) / 과세표준×감면율(100% 감면의 경우는 면제)<br>소득세=소득세 산출세액×감면대상소득금액 / 종합소득금액×감면율(100% 감면의 경우는 면제) | 일정투자금액 등×공제율 |
| 특징 | • 당해 과세연도에 적용받지 못한 감면액은 다음연도로 이월되지 않음<br>• 요건 충족 후 일정기간만 적용되는 기간제한이 있는 감면과 요건 충족 과세연도에는 계속 적용되는 기간 제한이 없는 감면의 형태가 있음 | 당해 과세연도에 적용받지 못한 공제액은 원칙적으로 10년간 이월공제 |

### (3) 경감세율과 분리과세

영농조합법인의 조합원에 대한 배당소득 일정 배당소득에 대해 분리과세를 적용하는 것과 창업자금에 증여세 과세특례처럼 저율과세를 적용하는 것 그리고 농업협동조합법인 등에 대한 당기순이익과세 등이 있다.

### (4) 이외에도 압축기장충당금과 일시상각충당금의 손금산입, 이월과세와 과세이연 규정도 있다.

# CHAPTER 02

# 중소기업에 대한 조세특례

국가경제 활동의 한 축을 담당하는 기업활동 중 중소기업이 차지하는 비중은 전체기업수 대비 비중이나 전체 종사자수 비중에서 볼 때 상당히 큰 비중을 차지하지만 대규모 기업에 비하여 자금이나 인력 현황 등에서는 상대적으로 그 활동력은 부족한 것이 현실이다.

**연도별 중소기업 기업체 수 및 종사자 수 추이[*]**

(단위 : 개, 명, %)

| 년도 | 전체(A) | | 중소기업(B) | | 중소기업 비중(B/A) | |
|---|---|---|---|---|---|---|
| | 기업체 수 | 종사자 수 | 기업체 수 | 종사자 수 | 기업체 수 | 종사자 수 |
| 2017 | 3,605,700 | 17,708,429 | 3,601,617 | 14,485,432 | 99.9 | 81.8 |
| 2016 | 3,550,929 | 17,468,405 | 3,547,101 | 14,357,006 | 99.9 | 82.2 |
| 2015 | 3,484,713 | 17,199,822 | 3,480,277 | 14,013,696 | 99.9 | 81.5 |
| 2014 | 3,545,473 | 15,962,745 | 3,542,350 | 14,027,636 | 99.9 | 87.9 |
| 2013 | 3,418,993 | 15,344,860 | 3,415,863 | 13,421,594 | 99.9 | 87.5 |

조세특례제한법에서는 이러한 중소기업의 기업활동에서의 중요성과 경영환경 등을 고려하여 창업과 투자 및 자금 등에 있어서 대규모 기업보다 우대하는 내용들을 규정하고 있다.

본장에서는 중소기업에게 세제상 혜택을 부여하는 규정에는 다수의 규정이 있으나 다수의 법인들이 적용신청[**] 한 제6조【창업중소기업 등에 대한 세액감면】, 제7조【중소기업에 대한 특별세액감면】에 대하여 심층적으로 살펴보기로 한다.

* 2019년 중소기업현황, p32, 중소기업중앙회, 2019

** 2019년 국세통계연보

# SECTION 01 제6조 【창업중소기업 등에 대한 세액감면】

## I 조문내용해설

### 1. 기본검토사항

| 구 분 | | 검토요건 또는 확인사항 |
|---|---|---|
| 적용 여부 검토 | ① 당해 법인의 중소기업요건 충족 확인 | 4가지(업종, 규모, 독립성, 졸업)요건 충족 중소기업 및 창업보육센터사업자 등 |
| | ② 각 조항별 적용 시한 확인 | ㉠ 2027.12.31. 이전 창업<br>㉡ 창업 후 3년 이내 2027.12.31.까지 벤처기업 확인<br>㉢ 2024.12.31까지 에너지신기술중소기업에 해당 |
| | ③ 각 조항별 규정 업종의 요건 충족 확인 | 광업, 제조업 등 한정적 열거 업종 |
| | ④ 본점 및 사업장 소재지 등 확인 | 수도권과밀억제권역내의 창업과 수도권과밀억제권역외의 지역 창업에 조세특례 차등 적용 |
| | ⑤ 감면/공제 적용의 배제 | 과세표준 무신고 시, 기한 후 신고 시 등의 경우 |
| 적용 시 검토 | ⑥ 감면/공제 중복적용 확인 | ㉠ 세액감면 간 중복적용 배제<br>㉡ 세액공제와 중복적용 배제 |
| | ⑦ 최저한세 적용대상 확인 | 최저한세 적용 대상 |
| | ⑧ 이월적용 여부 확인 | 세액감면은 당해 과세연도에 적용받지 아니할 경우 다음 과세연도에 이월하여 적용하지 아니한다. |
| | ⑨ 농어촌특별세 비과세 확인 | 농어촌특별세 비과세 |
| 사후 관리 | ⑩ 공제감면 후 사후관리 규정 | 별도의 사후관리 규정 없음 |

## 2. 적용여부 검토 세부내용

### (1) 중소기업 요건 등의 충족

#### 1) 중소기업

업종요건, 규모요건, 독립성요건, 졸업요건을 모두 충족한 중소기업을 말한다.

#### 2) 창업보육센터사업자

「중소기업창업 지원법」 제53조 제1항에 따라 창업보육센터사업자로 지정받은 내국인을 말한다(조특법 제6조 제1항).

#### 3) 청년창업중소기업(조특법 제6조 제1항)

① 2027.12.31. 이전에 개인사업자로 창업하는 경우 또는 법인으로 창업하는 경우로서 다음의 요건을 충족하는 경우를 말한다(조특령 제5조 제1항).

| 개인사업자로 창업하는 경우 | 법인으로 창업하는 경우 |
|---|---|
| 대표자가 창업 당시 15세 이상 34세 이하여야 한다.<br>• 대표자 세부요건<br>소득세법 제43조【공동사업에 대한 소득금액 계산의 특례】 제1항에 따른 공동사업장의 경우에는 손익분배비율이 가장 큰 사업자, 손익분배비율이 가장 큰 사업자가 둘 이상인 경우에는 그 모두를 말함<br>• 연령 세부요건<br>다음의 병역을 이행한 경우에는 그 기간(6년을 한도로 한다)을 창업 당시 연령에서 빼고 계산한 연령이 34세 이하인 사람을 포함한다.<br>조특령 제27조 제1항 제1호<br>가. 「병역법」 제16조 또는 제20조에 따른 현역병(같은 법 제21조, 제25조에 따라 복무한 상근예비역 및 의무경찰 · 의무소방원을 포함한다)<br>나. 「병역법」 제26조 제1항에 따른 사회복무요원<br>다. 「군인사법」 제2조 제1호에 따른 현역에 복무하는 장교, 준사관 및 부사관 | 개인사업자로 창업하는 경우의 대표자 요건을 갖추고 대표자가 지배주주 등으로서 해당 법인의 최대주주 또는 최대출자자일 것<br>• 지배주주 등이란 법인의 발행주식총수 또는 출자총액의 100분의 1 이상의 주식 또는 출자지분을 소유한 주주 등으로서 그와 특수관계에 있는 자와의 소유 주식 또는 출자지분의 합계가 해당 법인의 주주 등 중 가장 많은 경우의 해당 주주 등을 말한다(법법령 제43조 제7항). |

② 창업의 범위

창업이라 함은 중소기업을 새로이 설립하는 것을 말하는 것으로서 법인의 경우 창업일은 법인설립등기일이고 개인사업자의 경우 「소득세법」 또는 「부가가치세법」에 따른 사업자등록을 한 날이 되고 이는 사업자등록증 교부일을 말한다(집행기준 6-0-2, 소득 46011-21099, 2000.8.28.).

창업으로 보지 않는 경우를 살펴보면 다음과 같다.

<table>
<tr><th>창업으로 보지 않는 경우<br>(조특법 제6조 제10항 제1호~제4호)</th><th colspan="2">예외(창업으로 인정)<br>(조특법 제6조 제10항 제1호 가목 · 나목,<br>조특령 제19항 제20항 제21항)</th></tr>
<tr><td rowspan="2">합병 · 분할 · 현물출자 또는 사업의 양수를 통하여 종전의 사업을 승계하거나 종전의 사업에 사용되던 자산을 인수 또는 매입하여 같은 종류의 사업을 하는 경우</td><td rowspan="2">어느 하나에 해당하는 경우</td><td>• 종전의 사업에 사용되던 자산을 인수하거나 매입하여 같은 종류의 사업을 하는 경우 그 자산가액의 합계가 사업 개시 당시 토지 · 건물 및 기계장치 등 사업용자산주)의 총가액에서 차지하는 비율이 100분의 50 미만으로서 30% 이하인 경우<br><br>창업으로 인정되는 자산인수비율<br>$= \frac{\text{인수 또는 매입한 자산가액}}{\text{창업 당시(토지+감가상각자산)의 가액}} \leq 30\%$<br><br>주) "토지 · 건물 및 기계장치 등 사업용자산"이란 토지와 「법인세법 시행령」 제24조의 규정에 의한 감가상각자산을 말함</td></tr>
<tr><td>• 사업의 일부를 분리하여 해당 기업의 임직원이 사업을 개시하는 경우로서 기업과 사업을 개시하는 해당 기업의 임직원 간에 사업 분리에 관한 계약을 체결하고 사업을 개시하는 임직원이 새로 설립되는 기업의 대표자로서 법인세법시행령 제43조 제7항에 따른 지배주주등에 해당하는 해당 법인의 최대주주 또는 최대출자자(개인사업자의 경우에는 대표자를 말한다)인 경우</td></tr>
<tr><td>거주자가 하던 사업을 법인으로 전환하여 새로운 법인을 설립하는 경우</td><td colspan="2">–</td></tr>
<tr><td>폐업 후 사업을 다시 개시하여 폐업 전의 사업과 같은 종류의 사업을 하는 경우</td><td colspan="2">–</td></tr>
<tr><td>사업을 확장하거나 다른 업종을 추가하는 경우 등 새로운 사업을 최초로 개시하는 것으로 보기 곤란한 경우</td><td colspan="2">–</td></tr>
</table>

같은 종류 사업 분류는 한국표준산업분류에 따른 세분류를 따른다(조특령 제5조 제23항).

### 4) 창업벤처중소기업

「벤처기업육성에 관한 특별법」 제2조 제1항에 따른 벤처기업 중 다음 어느 하나에 해당하는 기업으로서 같은 법 제25조에 따라 창업 후 3년 이내에 2027년 12월 31일까지 벤처기업으로 확인받은 기업(조특법 제6조 제2항, 조특령 제5조 제4항 · 제5항)

① 「벤처기업육성에 관한 특별조치법」 제2조의 2의 요건을 갖춘 중소기업(같은 조 제1항 제2호 나목에 해당하는 중소기업을 제외한다)

② 연구개발 및 인력개발을 위한 비용으로서 조특령 [별표 6]의 비용(이하 이 조에서 "연구개발비"라 한다)이 당해 과세연도의 수입금액의 100분의 5 이상인 중소기업(벤처기업육성에 관한 특별조치법」 제25조의 규정에 의한 벤처기업 해당여부의 확인을 받은 날이 속하는 과세연도부터 연구개발비가 5% 비율을 계속 유지하는 경우에 한하여 적용).

[별표 6] (2025.2.28. 개정)

연구 · 인력개발비 세액공제를 적용받는 비용(제9조 제1항 관련)

1. 연구개발
   가. 자체연구개발
      1) 연구개발 또는 문화산업 진흥 등을 위한 기획재정부령으로 정하는 연구소 또는 전담부서(이하 "전담부서등"이라 한다)에서 근무하는 직원(연구개발과제를 직접 수행하거나 보조하지 않고 행정 사무를 담당하는 자는 제외한다) 및 연구개발서비스업에 종사하는 전담요원으로서 기획재정부령으로 정하는 자의 인건비. 다만, 다음의 인건비를 제외한다.
         가) 「소득세법」 제22조에 따른 퇴직소득에 해당하는 금액
         나) 「소득세법」 제29조 및 「법인세법」 제33조에 따른 퇴직급여충당금
         다) 「법인세법 시행령」 제44조의 2 제2항에 따른 퇴직연금등의 부담금 및 「소득세법 시행령」 제40조의 2 제1항 제2호에 따른 퇴직연금계좌에 납부한 부담금
      2) 1)에 해당하는 직원 및 전담요원이 가입한 법 제30조의 4 제4항 제1호부터 제5호까지의 사회보험에 대해 사용자가 부담하는 사회보험료 상당액
      3) 전담부서등 및 연구개발서비스업자가 연구용으로 사용하는 견본품 · 부품 · 원재료와 시약류구입비(시범제작에 소요되는 외주가공비를 포함한다) 및 소프트웨어(인사, 급여 등 일반 사무에 사용하는 소프트웨어로서 기획재정부령으로 정하는 것은 제외한다) · 서체 · 음원 · 이미지의 대여 · 구입비
      4) 전담부서등 및 연구개발서비스업자가 직접 사용하기 위한 연구 · 시험용 시설(제25조의 3 제3항 제2호 가목에 따른 시설을 말한다. 이하 같다)의 임차 또는 나목 1)에 따른 기관의 연구 · 시험용 시설의 이용에 필요한 비용
      5) 「클라우드컴퓨팅 발전 및 이용자 보호에 관한 법률」 제2조 제3호에 따른 클라우드컴퓨팅서비스의 이용에 필요한 비용
   나. 위탁 및 공동연구개발

1) 다음의 기관에 과학기술 및 산업디자인 분야의 연구개발용역을 위탁(재위탁을 포함한다)함에 따른 비용(전사적 기업자원 관리설비, 판매시점 정보관리 시스템 설비 등 기업의 사업운영 · 관리 · 지원 활동과 관련된 시스템 개발을 위한 위탁비용은 제외한다. 이하 이 목에서 같다) 및 이들 기관과의 공동연구개발을 수행함에 따른 비용

가) 「고등교육법」에 따른 대학 또는 전문대학

나) 국공립연구기관

다) 정부출연연구기관

라) 국내외의 비영리법인(비영리법인에 부설된 연구기관을 포함한다)

마) 「산업기술혁신 촉진법」 제42조에 따른 전문생산기술연구소 등 기업이 설립한 국내외 연구기관

바) 전담부서등(전담부서등에서 직접 수행한 부분으로 한정한다) 또는 국외기업에 부설된 연구기관

사) 영리를 목적으로 「연구산업진흥법」 제2조 제1호 가목 또는 나목의 산업을 영위하는 기업 또는 영리목적으로 연구 · 개발을 독립적으로 수행하거나 위탁받아 수행하고 있는 국외 소재 기업

아) 「산업교육진흥 및 산학연협력촉진에 관한 법률」에 따른 산학협력단

자) 한국표준산업분류표상 기술시험 · 검사 및 분석업을 영위하는 기업

차) 「산업디자인진흥법」 제4조 제2항 각 호에 해당하는 기관

카) 「산업기술연구조합 육성법」에 따른 산업기술연구조합

2) 「고등교육법」에 따른 대학 또는 전문대학에 소속된 개인(조교수 이상으로 한정한다)에게 과학기술분야의 연구개발용역을 위탁함에 따른 비용

다. 해당 기업이 그 종업원 또는 종업원 외의 자에 대한 직무발명 보상금 지급으로 발생한 금액

라. 기술정보비(기술자문비를 포함한다) 또는 도입기술의 소화개량비로서 기획재정부령으로 정하는 비용

마. 중소기업이 「과학기술분야 정부출연연구기관 등의 설립 · 운영 및 육성에 관한 법률」에 따라 설립된 한국생산기술연구원과 「산업기술혁신 촉진법」에 따라 설립된 전문생산기술연구소의 기술지도 또는 「중소기업진흥에 관한 법률」에 따른 기술지도를 받음에 따라 발생한 비용

바. 중소기업에 대한 공업 및 상품디자인 개발지도를 위하여 발생한 비용

사. 중소기업이 「산업재산 정보의 관리 및 활용 촉진에 관한 법률」 제17조 제1항에 따라 지정된 산업재산진단기관의 특허 조사 · 분석을 받음에 따라 발생한 비용

2. 인력개발

가. 위탁훈련비(전담부서등에서 연구업무에 종사하는 연구요원으로 한정한다)

1) 국내외의 전문연구기관 또는 대학에의 위탁교육훈련비

2) 「국민 평생 직업능력 개발법」에 따른 직업훈련기관에 위탁훈련비

3) 「국민 평생 직업능력 개발법」에 따라 고용노동부장관의 승인을 받아 위탁훈련하는 경우의 위탁훈련비

4) 중소기업이 「중소기업진흥에 관한 법률」에 따른 기술연수를 받기 위하여 발생한 비용

5) 그밖에 자체기술능력향상을 목적으로 한 국내외 위탁훈련비로서 기획재정부령으로 정하는 것

나. 「국민 평생 직업능력 개발법」 또는 「고용보험법」에 따른 사내직업능력개발훈련 실시 및 직업능력개발훈련 관련사업 실시에 소요되는 비용으로서 기획재정부령으로 정하는 것

다. 중소기업에 대한 인력개발 및 기술지도를 위하여 발생하는 비용으로서 기획재정부령으로 정하는 것

라. 생산성 향상을 위한 인력개발비로서 기획재정부령으로 정하는 비용

마. 기획재정부령으로 정하는 사내기술대학(대학원을 포함한다) 및 사내대학의 운영에 필요한 비용으로서 기획재정부령으로 정하는 것

바. 「산업교육진흥 및 산학연협력촉진에 관한 법률 시행령」 제2조 제1항 제3호 및 제4호에 따른 학교 또는 산업수요 맞춤형 고등학교 등과의 계약을 통해 설치 · 운영되는 직업교육훈련과정 또는 학과 등의 운영비로 발생한 비용

사. 산업수요 맞춤형 고등학교 등과 기획재정부령으로 정하는 사전 취업계약 등을 체결한 후, 직업교육훈련을 받는 해당 산업수요 맞춤형 고등학교의 재학생에게 해당 훈련기간 중 지급한 훈련수당, 식비, 교재비 또는 실습재료비(생산 또는 제조하는 물품의 제조원가 중 직접 재료비를 구성하지 않는 것만 해당한다)

아. 「산업교육진흥 및 산학연협력촉진에 관한 법률」 제11조의 3에 따라 현장실습산업체가 교육부장관이 정하는 표준화된 운영기준을 준수하는 현장실습을 실시하는 산업교육기관 등과 기획재정부령으로 정하는 사전 취업약정 등을 체결하고 해당 현장실습 종료 후 현장실습을 이수한 대학생을 채용한 경우 현장실습 기간 중 해당 대학생에게 같은 조 제3항에 따라 지급한 현장실습 지원비(생산 또는 제조하는 물품의 제조원가 중 직접 재료비를 구성하지 않는 것만 해당한다)

자. 「산업교육진흥 및 산학연협력촉진에 관한 법률」 제2조 제2호 다목에 따른 대학과의 계약을 통해 설치 · 운영되는 같은 법 제8조 제2항에 따른 계약학과등의 운영비로 발생한 비용

차. 내국인이 고용하고 있는 임직원을 위한 교육 · 훈련과정을 해당 임직원이 아닌 자에게 제공하기 위해 추가로 소요되는 비용으로서 기획재정부령으로 정하는 것

### 5) 에너지신기술중소기업(조특법 제6조 제4항, 조특령 제5조 제11항)

창업일이 속하는 과세연도와 그 다음 3개 과세연도가 지나지 아니한 중소기업으로서 2027년 12월 31일까지 고효율제품 등을 제조하는 제조업 영위 중소기업에 해당하는 경우를 말한다. 여기서 고효율제품이란 에너지 이용합리화법 제15조에 따른 에너지소비효율 1등급 제품 및 같은 법 제22조에 따라 고효율에너지 기자재로 인증받은 제품 또는 신 · 재생에너지설비로 인증받은 제품을 말한다. 감면대상이 되는 소득의 계산은 다음 산식에 의한다.

해당사업에서 발생한 소득(조특령 제5조 제15항)

$$= \text{해당과세연도의 제조업에서 발생한 소득} \times \frac{\text{해당과세연도의 고효율 제품등의 매출액}}{\text{해당과세연도의 제조업에서 발생한 총매출액}}$$

※ 고효율제품 등의 매출액은 제조업 분야의 다른 제품의 매출액과 구분경리해야 한다(조특령 제5조 제16항).

### 6) 신성장서비스업을 영위하는 기업(조특법 제6조 제5항, 조특령 제5조 제12항, 조특칙 제4조의 3)

2024년 12월 31일 이전에 수도권과밀억제권역 외의 지역에서 창업한 창업중소기업(청년창업중소기업은 제외한다), 2024년 12월 31일까지 벤처기업으로 확인받은 창업벤처중소기업 및 2024년 12월 31일까지 에너지신기술중소기업에 해당하는 경우로서 다음의 어느 하나에 해당하는 사업(이하 "신성장서비스업종"이라 한다)을 주된 사업으로 영위하는 중소기업을 말한다. 이 경우 둘 이상의 서로 다른 사업을 영위하는 경우에는 사업별 사업수입금액이 큰 사업을 주된 사업으로 본다.

**신성장서비스업종**

1. 컴퓨터 프로그래밍, 시스템 통합 및 관리업, 소프트웨어 개발 및 공급업, 정보서비스업(뉴스제공업은 제외한다) 또는 전기통신업
2. 창작 및 예술관련 서비스업(자영예술가는 제외한다), 영화 · 비디오물 및 방송 프로그램 제작업, 오디오물 출판 및 원판 녹음업 또는 방송업
3. 엔지니어링사업, 전문 디자인업, 보안 시스템 서비스업 또는 광고업 중 광고물 문안, 도안, 설계 등 작성업
4. 서적, 잡지 및 기타 인쇄물 출판업, 연구개발업, 「학원의 설립 · 운영 및 과외교습에 관한 법률」에 따른 직업기술 분야를 교습하는 학원을 운영하는 사업 또는 「국민평생 직업능력 개발법」에 따른 직업능력개발훈련시설을 운영하는 사업(직업능력개발훈련을 주된 사업으로 하는 경우로 한정한다)
5. 물류산업
   - 육상 · 수상 · 항공 운송업
   - 화물 취급업
   - 보관 및 창고업
   - 육상 · 수상 · 항공 운송지원 서비스업
   - 화물운송 중개 · 대리 및 관련 서비스업
   - 화물포장 · 검수 및 계량 서비스업
   - 「선박의 입항 및 출항 등에 관한 법률」에 따른 예선업
   - 「도선법」에 따른 도선업
   - 기타 산업용 기계 · 장비 임대업 중 파렛트 임대업
6. 「관광진흥법」에 따른 관광숙박업, 국제회의업, 유원시설업 또는 「관광진흥법 시행령」 제2조

에 따른 전문휴양업, 종합휴양업, 자동차야영장업, 관광유람선업과 관광공연장업
7. 「전시산업발전법」 제2조 제1호에 따른 전시산업
8. 기타 과학기술서비스업
9. 시장조사 및 여론조사업
10. 광고업 중 광고대행업, 옥외 및 전시 광고업

#### 7) 소규모창업기업

2027년 12월 31일 이전에 창업한 창업중소기업(청년창업중소기업은 제외한다. 이하 같다)에 대해서는 최초로 소득이 발생한 과세연도와 그 다음 과세연도의 개시일부터 4년 이내에 끝나는 과세연도까지의 기간에 속하는 과세연도의 수입금액(과세기간이 1년 미만인 과세연도의 수입금액은 1년으로 환산한 총수입금액을 말한다)이 8천만원 이하인 경우의 중소기업을 말한다(조특법 제6조 제6항).

### (2) 적용 시한(조특법 제6조 제1항 · 제2항 · 제4항 · 제6항)

① 창업중소기업(소규모창업중소기업 포함), 창업보육센터사업자, 청년창업중소기업의 경우에는 2027년 12월 31일 이전에 창업한 경우에 적용한다.
② 창업벤처중소기업은 2027년 12월 31일까지 벤처기업으로 확인받은 경우에 적용한다.
③ 에너지신기술중소기업은 2024년 12월 31일까지 해당하게 된 경우에 적용한다.

### (3) 각 조항별 규정 업종의 요건 충족 확인(조특법 제6조 제3항, 조특령 제5조 제10항)

창업중소기업과 창업벤처중소기업의 범위는 다음의 업종을 경영하는 중소기업으로 한다.

1. 광업
2. 제조업(제조업과 유사한 사업으로서 다음의 요건을 충족하는 사업을 포함한다)

자기가 제품을 직접 제조하지 아니하고 제조업체(사업장이 국내 또는 「개성공업지구 지원에 관한 법률」 제2조 제1호에 따른 개성공업지구에 소재하는 업체에 한정한다)에 의뢰하여 제조하는 사업으로서 그 사업이 다음 각 호의 요건을 충족하는 경우를 말한다(조특령 제5조 제6항, 조특칙 제4조의 2).

• 생산할 제품을 직접 기획(고안 · 디자인 및 견본제작 등을 말한다)할 것
• 해당 제품을 자기명의로 제조할 것
• 해당 제품을 인수하여 자기책임하에 직접 판매할 것

저자주 소득세법 시행령 규정과 일부 차이가 있으므로 주의 필요. 조특법과 달리 제조업체의 사업장이 국내 또는 개성공업지구에 소재하는 것으로 제한하지 않음

**소득세법 시행령 제31조【제조업의 범위】**

법 제19조에 따른 사업소득에 관한 규정을 적용할 때 자기가 제품을 직접 제조하지 아니하고 제조업체에 의뢰하여 제조하는 경우로서 다음 각 호의 요건을 모두 충족하는 경우에는 법 제19조 제1항 제3호에 따른 제조업으로 본다(2010.2.18. 개정).

1. 생산할 제품을 직접 기획(고안 및 디자인, 견본제작 등을 포함한다)할 것
2. 그 제품을 자기명의로 제조할 것
3. 그 제품을 인수하여 자기 책임하에 직접 판매할 것

3. 수도, 하수 및 폐기물 처리, 원료 재생업
4. 건설업
5. 통신판매업
6. 물류산업(조특령 제5조 제7항)

- 육상 · 수상 · 항공 운송업
- 화물 취급업
- 보관 및 창고업
- 육상 · 수상 · 항공 운송지원 서비스업
- 화물운송 중개 · 대리 및 관련 서비스업
- 화물포장 · 검수 및 계량 서비스업
- 「선박의 입항 및 출항 등에 관한 법률」에 따른 예선업
- 「도선법」에 따른 도선업
- 기타 산업용 기계 · 장비 임대업 중 파렛트 임대업

7. 음식점업
8. 정보통신업. 다만, 다음 어느 하나에 해당하는 업종은 제외한다.

- 비디오물 감상실 운영업
- 뉴스제공업
- 가상자산 매매 및 중개업

9. 금융 및 보험업 중 정보통신을 활용하여 다음의 업무를 업으로 영위하는 업종(조특령 제5조 제8항)

- 「전자금융거래법」 제2조 제1호에 따른 전자금융업무
- 「자본시장과 금융투자업에 관한 법률」 제9조 제27항에 따른 온라인소액투자중개
- 「외국환거래법 시행령」 제15조의 2 제1항에 따른 소액해외송금업무

10. 전문, 과학 및 기술 서비스업(조특령 제5조 제9항)

| 포함업종 | 제외업종 |
|---|---|
| 「엔지니어링산업 진흥법」에 따른 엔지니어링활동(「기술사법」의 적용을 받는 기술사의 엔지니어링활동을 포함) | • 변호사업 • 변리사업<br>• 법무사업 • 공인회계사업<br>• 세무사업 • 수의업<br>• 「행정사법」 제14조에 따라 설치된 사무소를 운영하는 사업<br>• 「건축사법」 제23조에 따라 신고된 건축사사무소를 운영하는 사업 |

11. 사업시설 관리, 사업 지원 및 임대 서비스업 중 다음 어느 하나에 해당하는 업종

- 사업시설 관리 및 조경 서비스업
- 사업 지원 서비스업(고용 알선업 및 인력 공급업은 농업노동자 공급업을 포함한다)

12. 사회복지 서비스업

13. 예술, 스포츠 및 여가관련 서비스업. 다만, 다음 어느 하나에 해당하는 업종은 제외한다.

- 자영예술가
- 오락장 운영업
- 수상오락 서비스업
- 사행시설 관리 및 운영업
- 그 외 기타 오락관련 서비스업

14. 협회 및 단체, 수리 및 기타 개인 서비스업 중 다음 어느 하나에 해당하는 업종

- 개인 및 소비용품 수리업
- 이용 및 미용업

15. 「학원의 설립 · 운영 및 과외교습에 관한 법률」에 따른 직업기술 분야를 교습하는 학원을 운영하는 사업 또는 「국민 평생 직업능력 개발법」에 따른 직업능력개발훈련시설을 운영하는 사업(직업능력개발훈련을 주된 사업으로 하는 경우로 한정한다)

16. 「관광진흥법」에 따른 관광숙박업, 국제회의업, 테마파크업 및 「관광진흥법 시행령」 제2조에 따른 전문휴양업, 종합휴양업, 자동차야영장업, 관광유람선업과 관광공연장업

17. 「노인복지법」에 따른 노인복지시설을 운영하는 사업

18. 「전시산업발전법」에 따른 전시산업

### (4) 본점 및 사업장 소재지 등 확인(감면율의 적용)

저자주 세법개정으로 감면율 적용에 있어 주의를 요한다. 특히 2025.12.31. 이전의 창업과 2026.1.1. 이후의 창업의 경우 감면율을 적용할 때 창업지역을 확인하는데 주의하도록 한다.

① 2025년 12월 31일 이전 창업

수도권과밀억제권역 안에서의 창업과 밖에서의 창업에 대해 감면율을 차등 적용한다. 신성장서비스업의 경우 2024.12.31. 이전에 신성장서비스업에 해당하는 경우에 다음 표와 같이 3년간 75%, 그 후 2년간 50% 감면율을 적용하므로 2025년 1월 1일 이후부터는 신성장서비스업에 해당하더라도 5년간 50% 감면을 적용한다(조특법 제6조 제1~2항 · 제4~6항 · 제11항 조특령 제5조 제2~3항 · 제13항 · 제24항).

<table>
<tr><th rowspan="2">대상기업</th><th rowspan="2">창업지역</th><th colspan="5">감면기간별 감면율</th><th rowspan="2">감면의 중단,<br>감면율 변경 등</th></tr>
<tr><th>1차연도</th><th>2차연도</th><th>3차연도</th><th>4차연도</th><th>5차연도</th></tr>
<tr><td rowspan="2">①<br>(일반)<br>창업중소기업</td><td>수도권과밀억제권역內</td><td>–</td><td>–</td><td>–</td><td>–</td><td>–</td><td rowspan="2">• 실질적 독립성 요건 등을 충족하지 못하게 되는 경우 그 사유 발생 사업연도부터 감면배제</td></tr>
<tr><td>수도권과밀억제권역外</td><td>50%</td><td>50%</td><td>50%</td><td>50%</td><td>50%</td></tr>
<tr><td rowspan="2">②<br>청년창업<br>중소기업</td><td>수도권과밀억제권역內</td><td>50%</td><td>50%</td><td>50%</td><td>50%</td><td>50%</td><td rowspan="4">• 청년창업중소기업으로서 최대주주 · 최대출자자 또는 손익분배비율이 가장 큰 사업자가 아니게 된 경우 그 사유 발생일이 속하는 과세연도부터 수도권과밀억제권역外의 창업의 경우에는 50%를 적용하고 수도권과밀억제권역內 창업중소기업의 경우에는 감면배제</td></tr>
<tr><td>수도권과밀억제권역外</td><td>100%</td><td>100%</td><td>100%</td><td>100%</td><td>100%</td></tr>
<tr><td rowspan="2">③<br>창업보육<br>센터<br>사업자</td><td>수도권과밀억제권역內</td><td>50%</td><td>50%</td><td>50%</td><td>50%</td><td>50%</td></tr>
<tr><td>수도권과밀억제권역外</td><td>50%</td><td>50%</td><td>50%</td><td>50%</td><td>50%</td></tr>
<tr><td rowspan="2">④<br>창업벤처<br>중소기업</td><td>수도권과밀억제권역內</td><td>50%</td><td>50%</td><td>50%</td><td>50%</td><td>50%</td><td rowspan="2">• 실질적 독립성 요건 등을 충족하지 못하게 되는 경우 그 사유 발생 사업연도부터 감면배제<br>• '①'~'③' 규정 적용 시 적용제외<br>• 벤처기업 확인이 취소된 경우 취소일, 벤처기업확인서 유효기간이 만료된 경우 유효기간 만료일이 속하는 과세연도부터 감면배제</td></tr>
<tr><td>수도권과밀억제권역外</td><td>50%</td><td>50%</td><td>50%</td><td>50%</td><td>50%</td></tr>
</table>

| 대상기업 | 창업지역 | 감면기간별 감면율 | | | | | 감면의 중단, 감면율 변경 등 |
|---|---|---|---|---|---|---|---|
| | | 1차연도 | 2차연도 | 3차연도 | 4차연도 | 5차연도 | |
| ⑤ 에너지 신기술 중소기업 | 수도권과밀억제권역內 | 50% | 50% | 50% | 50% | 50% | • '①'~'④' 규정 적용 시 적용제외<br>• 감면기간 중 에너지신기술중소기업에 해당하지 않게 된 경우 그 날이 속하는 과세연도부터 감면배제 |
| | 수도권과밀억제권역外 | 50% | 50% | 50% | 50% | 50% | |
| ⑥ 신성장 서비스업 영위기업 | 수도권과밀억제권역內 | 75% | 75% | 75% | 50% | 50% | 감면기간 중 신성장서비스업 이외의 업종으로 주된 사업이 변경되는 경우에는 해당 사유 발생 과세연도부터 '⑥'의 감면율을 적용하지 않고 잔존감면기간 동안 '①'~'⑤'에 따른 감면율 적용 |
| | 수도권과밀억제권역外 | 75% | 75% | 75% | 50% | 50% | |
| ⑦ 소규모 창업중소기업 | 수도권과밀억제권역內 | 50% | 50% | 50% | 50% | 50% | '④' 또는 '⑤' 규정 적용받는 경우에는 제외 |
| | 수도권과밀억제권역外 | 100% | 100% | 100% | 100% | 100% | |

주의 위의 표에서 감면1차연도란 사업개시(벤처기업 확인, 에너지신기술중소기업 해당) 후 최초로 소득이 발생한 과세연도를 말하며, 사업개시일부터 5년이 되는 날이 속하는 과세연도까지 해당 사업에서 소득이 발생하지 아니하는 경우에는 5년이 되는 날이 속하는 과세연도를 말한다.

② 2026년 1월 1일 이후 창업

2026년 1월 1일 이후 창업의 경우 감면율 적용은 다음과 같이 적용한다.

| 대상기업 | 창업지역 | 감면기간별 감면율 | 감면의 중단, 감면율 변경 등 |
|---|---|---|---|
| | | 1차연도~5차연도 | |
| ① (일반) 창업 중소기업 | 수도권外지역, 수도권인구감소지역 | 50% | • 실질적 독립성 요건 등을 충족하지 못하게 되는 경우 그 사유 발생 사업연도부터 감면배제<br>• 청년창업중소기업으로서 최대주주 · 최대출자자 또는 손익분배비율이 가장 큰 사업자가 아니게 된 경우 그 사유발생일이 속하는 과세연도부터 |
| | 수도권(수도권과밀억제권역, 인구감소지역 제외) | 25% | |
| | 수도권과밀억제권역 | 0% | |
| ② 청년창업 중소기업 | 수도권外지역, 수도권인구감소지역 | 100% | |
| | 수도권(수도권과밀억제권역, 인구감소지역 제외) | 75% | |
| | 수도권과밀억제권역 | 50% | |

| 대상기업 | 창업지역 | 감면기간별 감면율 | 감면의 중단, 감면율 변경 등 |
|---|---|---|---|
| | | 1차연도~5차연도 | |
| ③ 창업보육센터 사업자 | 지역별 차등 적용 없음 | 50% | 감면율을 100%를 50%로 75%를 25%로 50%를 0%로 변경 적용 |
| ④ 창업벤처 중소기업 | 지역별 차등 적용 없음 | 50% | • 실질적 독립성 요건 등을 충족하지 못하게 되는 경우 그 사유 발생 사업연도부터 감면배제<br>• '①'~'③' 규정 적용 시 적용제외<br>• 벤처기업 확인이 취소된 경우 취소일, 벤처기업 확인서 유효기간이 만료된 경우 유효기간 만료일이 속하는 과세연도부터 감면배제 |
| ⑤ 에너지 신기술 중소기업 | 지역별 차등 적용 없음 | 50% | • '①'~'④' 규정 적용 시 적용제외<br>• 감면기간 중 에너지신기술중소기업에 해당하지 않게 된 경우 그 날이 속하는 과세연도부터 감면배제 |
| ⑥ 소규모 창업중소 기업 | 수도권外지역, 수도권인구감소지역 | 100% | '④' 또는 '⑤' 규정 적용받는 경우에는 제외 |
| | 수도권(수도권과밀억제권역, 인구감소지역 제외) | 75% | |
| | 수도권과밀억제권역 | 50% | |

③ 추가감면율의 적용

업종별 최소고용인원주) 이상을 고용하는 창업중소기업, 창업보육센터사업자, 창업벤처중소기업 및 에너지신기술중소기업이 감면기간 중 해당 과세연도의 상시근로자 수가 직전 과세연도의 상시근로자 수(직전 과세연도의 상시근로자 수가 업종별최소고용인원에 미달하는 경우에는 업종별최소고용인원을 말한다)보다 큰 경우에는 다음 산식에 따라 계산한 세액을 추가로 감면한다 다만, 청년창업중소기업과 소규모창업중소기업으로서 100% 감면을 적용받는 경우에는 적용하지 아니한다(조특법 제6조 제7항).

- 추가감면세액=해당 사업에서 발생한 소득에 대한 소득세 또는 법인세×추가감면율
- 추가감면율= $\frac{\text{(해당 과세연도 상시근로자 수}-\text{직전 과세연도 상시근로자 수)}}{\text{직전 과세연도 상시근로자 수}}$

100분의 50(에너지신기술중소기업에 해당하여 100분의 75에 상당하는 세액을 감면받는 과세연도의 경우에는 100분의 25)을 한도로 하고, 100분의 1 미만인 부분은 없는 것으로 본다.

※ 상시근로자 관련 내용은 '제5장 SECTION2. 상시근로자 등' 내용 참고

주) 업종별 최소고용인원(조특령 제5조 제14항)

1. 광업 · 제조업 · 건설업 및 물류산업의 경우 : 10명
2. 그 밖의 업종의 경우 : 5명

④ 각 과세연도별 감면한도(조특법 제6조 제13항)

2025년 1월 1일 이후 중소기업을 창업하는 경우, 창업보육센터사업자로 지정받는 경우, 창업벤처중소기업으로 확인받는 경우, 에너지신기술중소기업에 해당하는 경우 각 과세연도별로 감면세액 합계액이 5억원을 초과하는 경우에는 그 초과금액은 감면하지 아니한다.

⑤ 감면의 중단 및 변경

㉠ 최대주주 또는 최대출자자 지위 상실 시 감면 중단(조특령 제5조 제2항 · 제22항)

ⓐ 청년창업중소기업의 대표자가 감면기간 중 최대주주 또는 최대출자자 등의 지위를 상실하는 경우 또는 개인사업자로서 손익분배비율이 가장 큰 사업자가 아니게 된 경우에는 해당 사유가 발생한 과세연도부터 감면율을 다음과 같이 적용한다.

<table>
<tr><th colspan="2">2025.12.31. 이전 창업</th><th colspan="2">2026.1.1. 이후 창업</th></tr>
<tr><td>수도권과밀억제권역 外 지역</td><td>100%를 50%로 적용</td><td>수도권外지역, 수도권인구감소지역</td><td>100%를 50%로 적용</td></tr>
<tr><td rowspan="2">수도권과밀억제권역</td><td rowspan="2">50%를 0%로 적용</td><td>수도권(수도권과밀억제권역, 인구감소지역 제외)</td><td>75%를 25%로 적용</td></tr>
<tr><td>수도권과밀억제권역</td><td>50%를 0%로 적용</td></tr>
</table>

ⓑ 사업의 일부를 분리하여 해당 기업의 임직원이 사업을 개시하는 경우로서 기업과 사업을 개시하는 해당 기업의 임직원 간에 사업 분리에 관한 계약을 체결하고 사업을 개시하는 임직원이 새로 설립되는 기업의 대표자로서 지배주주 등에 해당하는 해당 법인의 최대주주 또는 최대출자자(개인사업자의 경우에는 대표자를 말한

다)인 경우로 창업하였으나 최대주주 또는 최대출자자 요건을 충족하지 못하는 경우에는 해당 사유가 발생한 과세연도부터 감면을 적용하지 않는다.

㉡ 중소기업에 해당하지 아니하게 된 경우 감면 중단(조특령 제5조 제24항)

(일반)창업중소기업, 청년창업중소기업, 창업보육센터사업자, 창업벤처중소기업, 에너지신기술중소기업, 신성장서비스업 영위 기업, 소규모창업중소기업 및 고용인원 증가 추가 감면을 적용받은 중소기업이 「중소기업기본법」에 따른 중소기업이 아닌 기업과 합병하는 등 다음 사유에 따라 중소기업에 해당하지 아니하게 된 경우에는 해당 사유 발생일이 속하는 과세연도부터 감면하지 아니한다.

1. 「중소기업기본법」의 규정에 의한 중소기업 외의 기업과 합병하는 경우
2. 유예기간 중에 있는 기업과 합병하는 경우
3. 실질적 독립성 요건을 충족하지 못한 경우(「중소기업기본법 시행령」 제3조 제1항 제2호 다목의 규정에 의한 경우는 제외한다)
4. 창업일이 속하는 과세연도종료일부터 2년 이내의 과세연도종료일 현재 중소기업기준을 초과하는 경우

㉢ 벤처기업 확인 취소 등(조특법 제6조 제2항 제1호 · 제2호)

감면기간 중 다음 사유가 발생한 경우에는 그 사유가 발생한 날이 속하는 과세연도부터 감면을 적용하지 아니한다.

- 벤처기업의 확인이 취소된 경우 : 취소일
- 「벤처기업육성에 관한 특별조치법」 제25조 제2항에 따른 벤처기업확인서의 유효기간이 만료된 경우(해당 과세연도 종료일 현재 벤처기업으로 재확인받은 경우는 제외한다) : 유효기간 만료일

㉣ 수도권과밀억제권으로의 사업장 이전 등(조특령 제5조 제25항)

수도권과밀억제권역 외의 지역에서 창업한 창업중소기업이 창업 이후 창업한 지역보다 '(4) 본점 및 사업장 소재지 등 확인 ② 2026년 1월 1일 이후 창업'의 구분에 따른 비율이 더 낮은 지역으로 사업장을 이전하거나 해당 지역에 지점 또는 사업장을 설치(합병 · 분할 · 현물출자 또는 사업의 양수를 포함한다. 이하 이 항에서 같다)한 경우에는 해당 사유가 발생한 날이 속하는 과세연도부터 남은 감면기간 동안 해당 창업중소기업은 그 사업장을 이전하거나 지점 또는 사업장을 설치한 지역에서 창업한 창업중소기업으로 본다.

㉤ 신성장서비스업종 이외의 업종으로 주된 사업변경 시(조특령 제5조 제13항)

신성장서비스업종 이외의 업종으로 주된 사업이 변경되는 경우에는 사유가 발생한 과세연도부터 남은 감면기간 동안 다음과 같이 감면율을 적용한다.

> 3년간 75% 감면, 후속 2년간 50% 감면
> → 창업중소기업, 청년창업중소기업, 창업벤처중소기업, 에너지신기술중소기업의 감면율 적용

### (5) 감면/공제 적용의 배제

① 과세표준 무신고 시 적용배제(조특법 제128조 제2항)

「소득세법」 제80조【결정과 경정】 제1항, 법인세법 제66조【결정 및 경정】 제1항에 따라 내국인의 과세표준을 결정하는 경우와 「국세기본법」 제45조의 3【기한 후 신고】에 따라 과세표준을 기한 후 신고를 하는 경우에는 조세특례 적용을 배제한다.

② 과세표준의 경정 등의 경우 적용배제(조특법 제128조 제3항)

「소득세법」 제80조【결정과 경정】 제2항 또는 「법인세법」 제66조【결정 및 경정】 제2항에 따라 신고한 과세표준에 오류 또는 누락으로 과세표준을 경정하는 경우('③ 세법상 협력의무 불이행으로 인한 경정의 경우 제외)와 과세표준 수정신고서를 제출한 과세표준과 세액을 경정할 것을 미리 알고 제출한 경우에는 과소신고금액에 대하여 조세특례 적용을 배제한다.

③ 세법상 협력의무 불이행 등 적용배제(조특법 제128조 제4항)

사업자가 사업용 계좌의 미신고, 현금영수증 가입의무 사업자의 미가입 등의 사유가 있는 경우에는 조세특례를 적용하지 아니한다.

## 3. 적용 시 검토 세부내용

### (1) 감면 및 공제의 중복적용 확인(조특법 제127조 제4항 · 제5항)

① 세액공제와의 중복적용 배제

내국인이 동일한 과세연도에 세액공제를 동시에 적용받을 수 있는 경우에는 중복적용을 배제한다.

② 세액감면과의 중복적용 배제

내국인이 동일한 사업장에 대하여 동일한 과세연도에 2개 이상의 감면규정을 동시에 적용받을 수 있는 경우 중복적용을 배제한다.

### (2) 최저한세 검토(조특법 제132조 제1항 제4호 가목 · 나목)

최저한세 규정 적용대상이다. 다만, 청년창업중소기업과 소규창업중소기업 중 100% 감면을 적용받는 과세연도와 업종별 최소고용인원 이상 고용에 대한 추가감면을 적용받는 부분은 제외한다.

### (3) 이월여부

세액감면에 대해서는 이월적용을 허용하지 않는다.

### (4) 농어촌특별세 검토(농특법 제4조 제3호)

농어촌특별세를 비과세한다.

## 4. 사후관리의 검토

감면을 적용받은 후에 고용인원의 감소, 자산의 처분 등으로 인한 추징 등의 사후관리는 없다.

# Ⅱ 집행기준 기본통칙 질의회신

## 1. 집행기준

| 제 목 | 내 용 |
|---|---|
| 6-0-1【창업중소기업의 범위】 | ① 창업중소기업이 독립성요건을 갖추지 못하게 된 경우(조세특례제한법 집행기준 5-2-1 제3항 제3호의 기업은 제외)에는 그 사유가 발생한 날이 속하는 과세연도부터 세액감면을 적용받을 수 없는 것이나, 잔존감면기간 중에 실질적인 독립성요건을 갖추게 된 경우에는 그 사유가 발생한 날이 속하는 과세연도부터 잔존감면기간 동안 세액감면을 적용받을 수 있다. 이 경우, 잔존감면기간은 당해 사업에서 최초로 소득이 발생한 날이 속하는 과세연도부터 기산하여 계산한다.<br>② 창업중소기업이 세액감면을 받던 중 다음 각 호의 1에 해당하는 사유가 발생한 경우에는 그 발생일이 속하는 과세연도 이후부터는 감면을 적용받을 수 없다. 다만, 잔존감면기간 중 수도권 외 지역으로 다시 이전하거나 수도권지역에 설치한 지점을 폐쇄하는 경우에는 이전하거나 폐쇄한 날이 속하는 과세연도부터 잔존 감면기간 동안 세액감면을 적용받을 수 있고, 이 경우 잔존감면기간은 당해 사업에서 최초로 소득이 발생한 날이 속하는 과세연도부터 기산하여 계산한다.<br>1. 수도권과밀억제권역으로 이전하여 사업을 영위하는 경우 그 이전일<br>2. 수도권과밀억제권역에 지점을 설치한 경우 그 설치일<br>③ 창업중소기업 등에 대한 세액감면 적용대상 업종<br>「조세특례제한법」 제6조 제3항에 열거된 업종 |
| 6-0-2【창업의 범위】 | ① 창업이라 함은 중소기업을 새로이 설립하는 것을 말하는 것으로서 법인의 경우 창업일은 법인설립등기일이고 개인사업자의 경우 「소득세법」 또는 「부가가치세법」에 따른 사업자등록을 한 날이 된다.<br>② 벤처기업으로 확인받은 날은 「벤처기업육성에 관한 특별조치법」 제25조의 규정에 의하여 중소기업청장 또는 지방중소기업청장으로부터 벤처기업으로 확인받은 날(해당 규정에 의하여 발급받은 벤처기업확인서의 유효기간의 초일)을 기준으로 판단한다.<br>③ 다음 각 호의 어느 하나에 해당하는 경우 창업으로 보지 아니한다.<br>1. 합병 · 분할 · 현물출자 또는 사업의 양수를 통하여 종전의 사업을 승계하거나 종전의 사업에 사용되던 자산을 인수 또는 매입하여 같은 종류의 사업을 하는 경우. 다만, 인수 또는 매입한 자산이 창업 당시 토지와 사업용자산 총액의 30% 이하인 경우 및 사업의 일부를 분리하여 해당 기업의 임직원이 사업을 개시하는 경우로서 「조세특례제한법 시행령」 제5조 제20항 각 호의 요건을 모두 갖춘 경우에는 창업으로 본다.<br>$\text{창업으로 인정되는 자산인수비율} = \frac{\text{인수 또는 매입한 자산가액}}{\text{창업 당시(토지 + 감가상각자산)의 가액}} \leq 30\%$ |

| 제 목 | 내 용 |
|---|---|
| | 2. 거주자가 하던 사업을 법인으로 전환하여 새로운 법인을 설립하는 경우<br>3. 폐업 후 사업을 다시 개시하여 폐업 전의 사업과 같은 종류의 사업을 하는 경우<br>4. 사업을 확장하거나 다른 업종을 추가하는 경우 등 새로운 사업을 최초로 개시하는 것으로 보기 곤란한 경우<br>④ 타인의 사업 승계시 종전 사업자가 생산하는 제품과 동일한 제품을 생산하는 동종의 사업을 영위하는 경우 창업에 해당하지 아니하는 것이다.<br>⑤ 부동산임대업을 영위하는 개인사업자가 기존사업장과 다른 사업장에서 제조업을 새로이 개시하는 경우에는 창업에 해당한다.<br>⑥ 법인이 다른 사업자(이하 '폐업자'라 함)가 폐업한 사업장의 건물을 그 소유주로부터 임차하고 기계장치 등 사업용 자산을 새로이 취득하여 폐업자가 영위하던 사업과 동종의 사업을 개시하는 경우에는 「조세특례제한법」 제6조 규정에 의한 창업중소기업세액감면을 적용받을 수 있는 것이다.<br>⑦ 개인이 제조업 등을 창업하고 법인전환요건에 따라 중소기업법인으로 전환하여 개인사업의 창업일로부터 3년 이내에 벤처기업으로 확인받은 경우, 창업벤처중소기업 세액감면 가능하다. |
| 6-0-3【감면대상 소득의 범위】 | ① 창업중소기업 등에 대한 세액감면, 중소기업에 대한 특별세액감면, 수도권과밀억제권역 밖으로 이전하는 중소기업에 대한 세액감면, 농공단지 입주기업 등에 대한 세액감면, 영농조합법인 등에 대한 법인세의 면제 등, 영어조합법인 등에 대한 법인세의 면제 등, 농업회사법인에 대한 법인세의 면제 등의 조세특례를 적용함에 있어 감면대상 소득계산 시 이자수익 · 유가증권처분이익 · 유가증권처분손실 등은 포함하지 아니한다.<br>② 창업중소기업에 대한 세액감면 규정 적용 시 감면사업 관련 설비투자 과정에서 발생한 외환차익은 당해 감면사업에서 발생한 소득에 해당한다. |
| 6-0-4【창업중소기업의 합병 시 세액감면 승계】 | 창업중소기업에 대한 세액감면을 적용받고 있는 법인이 감면기간이 경과되기 전에 합병으로 소멸하는 경우 합병으로 존속하는 법인이 중소기업에 해당하는 때(조세특례제한법 집행기준 6-2-1【중소기업의 범위】①에 따른 유예기간을 포함한다)에는 소멸한 창업중소기업에서 발생하는 소득에 한하여 잔존기간에 대한 세액감면을 승계하여 적용받을 수 있다. |

## 2. 기본통칙

| 제 목 | 내 용 |
|---|---|
| 6-0…1【창업중소기업의 범위】 | ① 법 제6조 제1항에 따른 창업중소기업은 같은 조 제3항 각 호에 따른 업종으로 창업하는 자에 한하여 적용한다.<br>② 법 제6조 제1항에서 창업 당시 수도권 과밀억제권역 외의 지역이었으나 그 후 행정구역의 변경으로 인하여 수도권과밀억제권역으로 변경된 경우에는 계속하 |

| 제 목 | 내 용 |
|---|---|
| | 여 창업중소기업으로 본다.<br>③ 법 제6조 제1항의 창업중소기업이 영 제2조 제1항 제3호에 의한 실질적인 독립성 기준에 부적합하게 된 경우에는 그 사유가 발생한 날이 속하는 과세연도부터 세액감면을 적용받을 수 없는 것이나, 잔존감면 기간 중에 실질적인 독립성 기준에 적합하게 된 경우에는 그 사유가 발생한 날이 속하는 과세연도부터 잔존 감면기간 동안 세액감면을 적용받을 수 있다. 이 경우, 잔존 감면기간은 당해 사업에서 최초로 소득이 발생한 날이 속하는 과세연도부터 기산하여 계산한다. |
| 6-0…2【감면대상소득의 범위】 | 법 제6조 제1항 및 제2항 · 제7조 제1항 · 제63조 제1항 · 제64조 제1항 · 제66조 제1항 · 제67조 제1항 · 제68조 제1항에 따라 감면대상 소득계산 시 이자수익 · 유가증권처분이익 · 유가증권처분손실 등은 포함하지 아니한다. |
| 6-0…3【창업중소기업의 합병 시 세액감면 승계】 | 창업중소기업에 대한 세액감면을 적용받고 있는 법인이 감면기간이 경과되기 전에 합병으로 소멸하는 경우 합병으로 존속하는 법인이 중소기업에 해당하는 때(영 제2조 제2항에 따른 유예기간을 포함한다)에는 소멸한 창업중소기업에서 발생하는 소득에 한하여 잔존기간에 대한 세액감면을 승계하여 적용받을 수 있다. |

## 3. 질의회신

| 제 목 | 내 용 |
|---|---|
| 사업용계좌미신고 시 창업중소기업 세액감면 배제 연도 | 「소득세법」 제160조의 5 제3항에 따라 복식부기의무자에 해당하는 과세기간의 개시일부터 6개월 이내에 사업용계좌를 신고해야 할 사업자가 이를 이행하지 아니한 경우, 당해 사업자는 「조세특례제한법」 제128조 제4항 제1호에 따라 해당 과세기간에 동법 제6조 창업중소기업 등에 대한 세액감면을 적용하지 아니하는 것임.<br><br>서면-2025-소득-0348 [소득세과-1041] 2025.5.20. |
| 근무했던 법인 사업장 일부를 임차하여 창업한 경우 조특법§6⑩나목에 해당하는지 여부 | 「조세특례제한법」 제6조에 따른 창업중소기업 등에 대한 세액감면을 적용함에 있어, 사업의 일부를 분리하여 해당 기업의 임직원이 사업을 개시하는 경우로서 같은 법 시행령 제5조 제21항 각 호의 요건을 모두 갖춘 경우에도, 원시적인 사업창출의 효과가 있는 사업을 실질적으로 개시하였다고 볼 수 없는 경우에는 '창업'을 한 경우에 해당하지 않는 것이며, 이는 설립 경위, 종전 사업과 신설 중소기업의 구체적인 거래 현황, 규모 및 실태 등의 구체적인 사실관계를 종합적으로 판단할 사항임.<br><br>서면-2024-소득-2780 [소득세과-877] 2025.4.25. |
| 자산을 인수하거나 매입하지 않는 경우 창업에 해당하는지 여부 | 「조세특례제한법」 제6조 제10항 제1호에 따라 사업의 전부 또는 일부를 승계하여 동종의 사업을 영위하는 경우에 해당되는 경우에는 '창업'으로 보지 아니하는 것임. |

| 제 목 | 내 용 |
|---|---|
| | 서면-2023-소득-3921 [소득세과-790] 2025.4.14. |
| 대표자 변경 후 신설법인 설립 시 창업중소기업에 대한 세액감면 적용 여부 | 청년창업중소기업에 대한 세액감면을 적용받던 법인이 청년대표자 요건을 충족하지 못하게 되어 잔여기간 감면이 중단된 후 변경된 대표자가 기존 법인의 업종과 동일한 업종을 영위하는 법인을 새로이 설립하는 경우에도 대표자가 청년대표자 요건을 충족하더라도 신규 설립 법인이 사업의 승계, 확장 등에 해당하는 경우에는 청년창업에 해당하지 않는 것임.<br>조특, 서면-2022-법인-4398 [법인세과-1699], 2022.11.17. |
| 개인사업자의 법인전환 시 창업중소기업에 대한 세액감면 승계 여부 | 거주자가 창업중소기업에 대한 세액감면 기간이 지나기 전에 사업 양도·양수의 방법으로 법인 전환한 경우에 해당 중소기업 법인은 그 거주자의 남은 감면기간에 대하여 창업중소기업 세액감면을 적용 받을 수 있는 것임.<br>조특, 서면-2022-법인-1835 [법인세과-1575], 2022.10.31. |
| 예식장업과 음식점업을 겸영하는 내국법인의 창업중소기업 세액감면 적용 여부 | 내국법인이 예식장업과 음식점업을 겸영하면서 「조세특례제한법」 제143조에 따라 명확히 구분경리하는 경우 음식점업에서 발생한 소득에 대하여는 「조세특례제한법」 제6조에서 규정하는 창업중소기업 세액감면을 적용받을 수 있는 것임.<br>조특, 기획재정부 조세특례제도과-320, 2022.5.4. |
| 청년창업중소기업 세액감면 적용 여부 | 청년창업중소기업 세액감면을 적용받고 있는 법인에 청년이 아닌 자가 해당 내국법인의 대표로 취임하여 기존의 대표자와 공동대표를 하는 경우에는 남은 감면기간 세액감면을 적용하지 아니함.<br>조특, 서면-2021-법령해석법인-4313 [법령해석과-2712], 2021.8.6. |
| 청년창업중소기업 세액감면을 적용할 수 있는지 여부 | 청년이 100% 출자하여 법인을 설립하고, 청년과 청년이 아닌 자가 각자대표로 취임하여 사업을 운영하는 경우에는 청년창업중소기업에 대한 세액감면을 적용할 수 없음.<br>조특, 서면-2020-법령해석법인-5711 [법령해석과-2320], 2021.6.30. |
| 청년창업중소기업 세액 감면 시 연령 적용 | 「조세특례제한법」 제6조 제1항 제1호에 따른 청년창업중소기업에 대한 세액감면 적용 시 창업 당시 만 35세 미만(병역 이행기간 차감)인 대표자는 같은 법 시행령 제5조 제1항 제1호의 "창업 당시 15세 이상 34세 이하인 사람"에 해당함.<br>조특, 서면-2020-법인-5995 [법인세과-1217], 2021.6.17. |
| 위기지역 창업기업에 대한 법인세 등 감면 해당 여부 | 「조세특례제한법」 제6조 제10항 각 호의 어느 하나에 해당하는 경우에는 창업중소기업 등에 대한 세액감면이 적용되지 않고, 위기지역에 창업하거나 사업장을 신설하는 기업에 대해서는 같은 법 제99조의 9에 따른 감면이 적용되는 것이며, 이 경우 감면대상소득은 감면대상사업을 경영하기 위해 위기지역에 투자한 사업장에서 발생한 소득을 말하는 것임.<br>조특, 서면-2021-법인-2869 [법인세과-1208], 2021.6.17. |

| 제 목 | 내 용 |
|---|---|
| 청년이 수도권과밀억제권역에서 창업 후 권역 외로 이전 시 창업중소기업 등에 대한 세액감면율 변경 여부 | 창업중소기업 등에 대한 세액감면을 적용함에 있어 수도권과밀억제권역에서 창업한 청년창업중소기업이 사업장을 수도권과밀억제권역 외의 지역으로 이전하였다 해도 제1항 제1호 나목의 권역 내 감면율을 계속하여 적용하는 것임.<br><br>조특, 서면-2019-법인-1797 [법인세과-3360], 2020.9.21. |
| 다른 회사로부터 사업시행권을 양수한 경우 창업에 해당하는지 여부 | 사업의 양수를 통하여 종전의 사업을 승계하거나 종전의 사업에 사용되던 자산을 인수 또는 매입하여 동종의 사업을 영위하는 경우에는 조세특례제한법 제6조에 따른 창업으로 보지 않는 것임.<br><br>법인세과-1517, 2008.7.10. |
| 건설 중인 공장을 인수하여 사업을 하는 경우 창업에 해당하는지 여부 | 법인이 법인세법 시행령 제87조의 규정에 의한 특수관계있는 법인으로부터 건설 중인 공장을 인수하여 종전에 영위하던 동종의 사업을 계속적으로 영위하는 경우, 이는 모기업에서 분사한 형태와 유사한 것으로서 조세특례제한법 제6조의 창업중소기업 등에 대한 세액감면을 적용받을 수 없는 것임.<br><br>서면인터넷방문상담2팀-2567, 2004.12.8. |
| 신설법인이 다른 사업자에게서 종업원, 거래처, 공장용지, 기계장치 등 모든 시설을 인수하는 경우 창업에 해당하는지 여부 | 법인이 조세특례제한법 제6조 및 제26조의 규정을 적용함에 있어 창업으로 보는 요건은 타인의 사업을 승계 시, 기존 개인사업자가 생산하는 제품과 완전히 다른 제품을 생산하는 등 이종 업종을 영위하는 경우에 창업으로 보는 것으로, 이에 따른 창업중소기업에 대한 세액감면 적용여부는 사실판단할 사항임.<br><br>서면인터넷방문상담2팀-169, 2005.1.25. |
| 기존 사업장 임차 후 기계장치 등 사업용자산을 새로이 취득하여 종전사업자가 영위하던 사업과 동종의 사업을 개시하는 경우 창업에 해당하는지 여부 | 내국법인이 종전사업자의 이전으로 미사용 중인 사업장을 임차하고 기계장치 등 사업용자산을 새로이 취득하여 종전사업자가 영위하던 사업과 동종의 사업을 개시하는 경우에는 「조세특례제한법」 제6조에 따른 '창업'에 해당하는 것임.<br><br>법인세과-1041, 2011.12.28. |
| 창업중소기업 등에 대한 세액감면 여부 | 수도권과밀억제권역 내에서 도 · 소매업을 영위하는 법인이 해산 후 질의법인의 대표이사가 수도권과밀억제권역 외의 지역에 제조업을 영위하는 법인을 종전사업의 승계 또는 종전 자산의 인수에 의하지 않고 새로이 설립하는 경우 신설 법인은 「조세특례제한법」 제6조에 따라 '창업중소기업 등에 대한 세액감면'을 적용받을 수 있는 것임. 다만, 신설 법인이 같은 법 제6조에 따라 세액감면이 적용되지 아니하는 합병 · 분할 · 현물출자 또는 사업의 양수를 통하여 종전의 사업을 승계하거나 종전의 사업에 사용되던 자산을 인수 또는 매입하여 동종의 사업을 영위하는 경우에 해당하는지 여부는 창업의 경위, 정황 등을 감안하여 실질내용에 따라 사실판단할 사항임.<br><br>서면-2016-법인-6031, 2017.5.1. |

| 제 목 | 내 용 |
|---|---|
| 벤처기업확인서 유효기간 만료 후 재발급 받은 경우 | 「벤처기업육성에 관한 특별조치법」 제25조의 규정에 의하여 벤처기업으로 확인받은 기업이 「조세특례제한법」 제6조 제2항의 규정에 의한 세액감면을 적용받는 감면기간 중에 벤처기업확인서의 유효기간이 만료되어 벤처기업에 해당하지 않는 경우에는 그 사유가 발생한 날이 속하는 사업연도부터 같은 법에 의한 세액감면을 적용받을 수 없는 것이나, 잔존감면기간 중에 벤처기업확인서를 재발급 받은 경우에는 그 사유가 발생한 날이 속하는 사업연도부터 잔존감면기간 동안 창업벤처중소기업에 대한 세액감면을 적용받을 수 있는 것으로, 이 경우 잔존감면기간은 당해 사업에서 최초로 소득이 발생한 날이 속하는 사업연도부터 기산하여 적용하는 것임.<br>서이46012-11723, 2003.10.1. |

# Ⅲ 사례연구

## 1. 회사 정보 공통사항

### (1) 회사 사업내용, 설립일 및 소재지 등

① ㈜나라는 LCD 모니터 제조업을 영위하는 법인 사업자이다. 회사 설립일은 2023.1.7. 이다. 창업 당시 경기도 파주시 문발산업단지에서 본점 사업장을 설치한 이후 계속하여 동일 소재지에서 사업을 영위하고 있으며, 본점 소재지에는 공장과 사무실이 소재하고 있다. 창업일 이후 파주시에서 사업을 영위하던 중 2025년 과세연도에 경기도 고양시 일산서구로 사업장 소재지를 이전하였다.

② 사업연도는 매년 1.1.~12.31.이며, 2025년 사업연도의 법인의 재무상태표상 자산총액은 3,565,918,921원, 제품매출액은 9,468,190,121원이다.

③ 당해 법인은 다른 회사의 계열사 등은 아니다.

④ ㈜나라의 업종코드와 한국표준산업분류 코드는 다음과 같다.

| 구 분 | 업종코드 | 한국표준산업분류코드 |
|---|---|---|
| LCD 모니터 제조업 | 300103 | C26322 |

⑤ 공제시한 내 이월결손금은 없으며, 2025년 사업연도에 비과세소득, 소득공제항목은 발생하지 않았다.

### (2) 근무자 현황

㈜나라의 2025년도 근무자 현황은 다음과 같다. 2023년 사업연도 이후 2025년 사업연도 신규 입사자 외에 근무자의 중도입사나 중도퇴사는 발생하지 않았다.

| 성 명 | 생년월일 | 입사일 | 성 명 | 생년월일 | 입사일 |
|---|---|---|---|---|---|
| 김유민 | 1992.06.03. | 2022.01.07. | 이용은 | 1972.10.19. | 2022.01.07. |
| 강나라 | 1990.06.11. | 2022.01.07. | 한동진 | 1958.10.11. | 2022.01.07. |
| 장미리 | 1981.03.12. | 2022.01.07. | Jack Smith | 1968.11.13. | 2022.10.08. |
| 김형신 | 1963.12.01. | 2022.01.07. | Tom Smith | 1982.11.16. | 2022.11.01. |
| 김정운 | 1975.12.15. | 2022.01.07. | 한마음 | 1995.12.02. | 2025.04.01. |
| 고민해 | 1969.08.12. | 2022.01.07. | 김재연 | 1981.05.07. | 2025.07.01. |

김유민은 대표이사, 강나라는 이사이며 김유민의 배우자이고, 한동진은 감사이다.

### (3) 임원구성 및 주주지분

① 대표이사 김유민, 이사 강나라, 감사 한동진 모두 법인등기사항증명서상 등기 임원이다.

② 주주지분 구성

다음의 주주지분은 창업당시부터 2023년 사업연도 종료일까지 변동 없다.

| 주주명 | 생년월일 | 주식수 | 지분율 | 최대주주와의 관계 |
|---|---|---|---|---|
| 김유민 | 1994.06.03. | 9,000 | 90% | 본인 |
| 강나라 | 1990.06.11. | 500 | 5% | 배우자 |
| 김정운 | 1958.10.11. | 500 | 5% | 기타 |
| 소 계 | | 10,000 | 100% | |



## 2. 2025년 사업연도 사업장별 업종별 소득금액

㈜나라의 2025년 사업연도 소득금액은 다음과 같다.

| 구 분 | 본점 사업장 | 지점 사업장 | 합 계 |
|---|---|---|---|
| LCD 모니터 제조업 | 204,475,686 | 115,253,580 | 319,729,266 |

## 3. 요구사항

위의 자료를 바탕으로 2025년 과세연도에 제6조【창업중소기업 등에 대한 세액감면】 적용 여부를 결정하고 감면세액과 농어촌특별세 과세대상인 경우 부담할 농어촌특별세액을 계산하시오. 최저한세 규정 또한 고려하여 결정하기로 한다.

**풀이**

1. 기본검토사항

| 구 분 | | 검토요건 또는 확인사항 |
|---|---|---|
| 적용 여부 검토 | ① 당해 법인의 중소기업요건 충족 확인 | 업종요건 : 제조업 영위 요건충족<br>규모요건 : 제조업 매출액 9,468,191,121원이므로 주된 사업은 제조업으로 판단. 중소기업기본법 시행령 별표 1의 한국표준산업분류코드 C26에 따 |

| 구 분 | | 검토요건 또는 확인사항 |
|---|---|---|
| | | 른 매출액 1,000억원 이하 요건 충족<br>독립성요건 : 다른 기업의 계열사 등이 아니므로 요건 충족<br>졸업요건 : 당해 사업연도 자산총액 3,565,918,921원이므로 요건충족<br>∴ 조세특례제한법의 중소기업에 해당함 |
| | ② 각 조항별 적용 시한 확인 | 2023.01.07. 창업이므로 요건충족 |
| | ③ 각 조항별 규정 업종의 요건 충족 확인 | 제조업을 영위하므로 요건충족 |
| | ④ 본점 및 사업장 소재지 등 확인 | 수도권과밀억제권역 외의 지역에서 청년 창업이므로 요건 충족 |
| | ⑤ 감면/공제 적용의 배제 | 과세표준 무신고 시, 기한 후 신고 시 등의 경우 |
| 적용 시 검토 | ⑥ 감면/공제 중복적용 확인 | 중소기업특별세액감면 또는 통합투자세액공제 등과 중복 적용 불가 |
| | ⑦ 최저한세 적용대상 확인 | 최저한세 적용 대상 |
| | ⑧ 이월적용 여부 확인 | 세액감면은 당해 과세연도에 적용받지 아니할 경우 다음 과세연도에 이월하여 적용하지 아니한다. |
| | ⑨ 농어촌특별세 비과세 확인 | 농어촌특별세 비과세 |
| 사후 관리 | ⑩ 공제감면 후 사후관리 규정 | 별도의 사후관리 규정 없음 |

2. 감면세액의 계산

(1) 산출세액의 계산

㈜나라의 2025년 사업연도 법인세 산출세액

= 200,000,000 × 9% + (319,729,266 - 200,000,000) × 19%

= 18,000,000원 + 119,729,266 × 19%

= 18,000,000원 + 22,748,560원

= 40,748,560원

(2) 감면율의 결정

① 창업지역은 창업 시에는 수도권과밀억제권역 외의 지역(경기도 파주시, 성장관리권역)이었지만 당해 과세연도에 경기도 고양시 일산서구 지역으로 이전하였으므로 수도권과밀억제권역 내에 소재한다.

② 대표이사 김유민이 창업 당시 청년창업의 연령요건을 충족하였고, 최대주주 지분을 갖추고 있다.

③ 감면율은 수도권과밀억제권역 내의 지역 청년창업에 해당하는 50%이다.

④ 2025년 사업연도에 고용인원이 증가하였지만 최소고용인원 미달이므로 고용인원 증가에 따른 추가감면은 고려대상이 아니다.

(3) 감면세액의 계산

(기본)감면세액 = 40,748,560 × 319,729,266 / 319,729,266 × 50%
= 20,374,280원

(4) 최저한세 검증

① 최저한세 = 319,729,266 × 7%
= 22,381,048원

② 차감세액 = 40,748,560원 - 20,374,280원
= 20,374,280원

③ 적용배제세액 = 22,381,048원 - 20,374,280원
= 2,006,768원

(5) 농어촌특별세

농어촌특별세 비과세 대상이므로 농어촌특별세 부담액은 없다.

[별지 제2호의 2 서식] (2025.3.21. 개정)

# 창업 중소기업 등에 대한 감면세액계산서

| | | |
|---|---|---|
| 제출법인 | ① 법인명 ㈜나라 | ② 사업자등록번호 203-81-63108 |
| | ③ 대표자 성명 김 유 민 | ④ 생년월일 1994년 06월 03일 |
| | ⑤ 주소 또는 본점 소재지 : 경기도 고양시 일산서구 대화로37번길 102-30(법곳동) (전화번호:031-2231-7027) | |
| | ⑥ 과세연도 2025년 01월 01일부터 2025년 12월 31일까지 | ⑦창업일 2023년 01월 07일 |

| | | | |
|---|---|---|---|
| 창업 중소기업 등의 구분 | ⑧ 창업중소기업 [ ]<br>⑨ **청년창업중소기업** [✓] | ⑩ 창업보육센터사업자 [ ]<br>⑪ 창업벤처중소기업 [ ] | ⑫ 에너지신기술중소기업 [ ]<br>⑬ 신성장서비스 중소기업[ ]<br>⑭ 재창업자금 지원 중소기업 [ ] |
| 창업 지역 | ⑮ 수도권과밀억제권역 [✓] | ⑯ 수도권과밀억제권역 외의 지역 [ ] | |
| 수입금액 | ⑰ 8,000만원 이하 [ ] | ⑱ 8,000만원 초과 [✓] | |
| 최초 소득발생 과세연도 | 2023년 01월 07일부터 2023년 12월 31일까지 | | |

**감면세액계산내용**

| | | | | | |
|---|---|---|---|---|---|
| 기본 감면 (최저한세 적용) | ⑲ 감면대상 산출세액 | **40,748,560** | ⑳ 감면비율 | **50%** | **[✓]** |
| | | | | 75% | [ ] |
| | | | | 100% | [ ] |
| | ㉑ 기본 감면세액(⑲ × ⑳) | | | | **20,374,280** |

| | | | |
|---|---|---|---|
| 추가 감면 (최저한세 배제) | 1. 공제요건 : 해당 과세연도 상시 근로자수가 최소고용인원 이상인지 여부 [ ]여 **[✓]부**<br>가. 광업, 제조업, 건설업, 물류산업 : 10명 나. 그밖의 업종 : 5명 | | |
| | 2. 고용증가 인원 계산 | | |
| | ㉒ 해당 과세연도 상시근로자 수 | ㉓ 직전 과세연도 상시근로자 수 | ㉔ 증가한 상시근로자 수(㉒-㉓) |
| | 명 | 명 | 명 |

| | | | | | |
|---|---|---|---|---|---|
| 추가 감면 (최저한세 배제) | ㉕ 감면대상 산출세액 (=⑲) | | ㉖ 감면비율 (=㉙) | ㉗ 고용증가율 × 50/100 (㉔/㉓× 50/100) | % |
| | | | | ㉘ 한도율 | 50%(25%) |
| | | | | ㉙ 추가감면율 Min(㉗,㉘) | % |
| | ㉚ 추가 감면세액(㉕ × ㉖) | | | | |
| ㉛ 총 감면세액(㉑+㉚) | | | | | **20,374,280** |

「조세특례제한법 시행령」 제5조 제26항에 따라 창업 중소기업 등에 대한 감면세액계산서를 제출합니다.

2026년 03월 31일

신청인 ㈜나라 김유민 (서명 또는 인)

**고양 세무서장** 귀하

**작 성 방 법**

1. ⑰, ⑱의 연간 수입금액 기준은 2022년 1월 1일 이후 개시하는 과세연도부터 적용합니다.
2. 직전 과세연도의 상시근로자 수가 업종별 최소고용인원에 미달하는 경우에는 "㉓ 직전 과세연도 상시근로자 수"에 업종별 최소고용인원을 적습니다.
3. 「조세특례제한법」 제6조 제1항, 제2항, 제4항, 제5항 또는 제6항에 따른 세액감면은 최저한세가 적용되고, 같은 조 제1항(100% 감면받는 경우만 해당), 제6항(100% 감면받는 경우만 해당) 또는 제7항에 따른 세액감면은 최저한세가 적용되지 않습니다.

210mm×297mm[백상지 80g/㎡ 또는 중질지 80g/㎡]

## 창업중소기업 등에 대한 세액감면 검토 서식

<table>
<tr><th colspan="4">검 토 사 항</th><th>적합 여부</th></tr>
<tr><td rowspan="4">대상 요건</td><td colspan="3">① 수도권과밀억제권역 외 지역에서 창업한 중소기업(18.5.29. 이후 수도권과밀억제권역에서 창업한 청년창업기업과 수입금액 4,800만원 이하 기업 포함)</td><td rowspan="4">예 / 아니오<br>(감면대상 ①~④ 중 어느 하나에 해당 시 "예")</td></tr>
<tr><td colspan="3">②「중소기업창업 지원법」 제6조 제1항에 따라 창업보육센터 사업자로 지정받은 기업</td></tr>
<tr><td colspan="3">③「벤처기업육성에 관한 특별조치법」 제2조 제1항에 따른 벤처기업 중 같은 법 제2조의 2 요건(같은 조 제1항 제2호 나목은 제외)을 갖추거나 연구개발비가 당해 과세연도 수입금액의 5% 이상인 법인으로, 창업 후 3년 이내 벤처기업으로 확인받은 기업</td></tr>
<tr><td colspan="3">④ 창업일이 속하는 과세연도와 그 다음 3개 과세연도가 종료 전 에너지신기술 중소기업으로 인증받은 기업</td></tr>
<tr><td>창업 요건</td><td colspan="3">창업에 해당하는지 여부<br>합병 · 분할 · 현물출자 또는 사업의 양수, 법인 전환, 폐업 후 재개업, 사업 확장 및 다른 업종을 추가하는 경우는 창업에 해당하지 않음(조특령 §6 ⑥)</td><td>예 / 아니오</td></tr>
<tr><td>업종 요건</td><td colspan="3">(감면대상 ① 또는 ③ 기업의 경우) 조특법 §6 ③에 열거된 업종에 해당하는지<br>광업, 제조업, 건설업, 음식점업, 출판업, 방송업, 전기통신업, 연구개발업, 광고업, 전문디자인업 등 열거된 업종에 한정</td><td>예 / 아니오</td></tr>
<tr><td rowspan="11">감면율</td><td rowspan="3">감면대상 ①</td><td>가. '18.5.29. 이후 수도권과밀억제권역 외 지역에서 창업한 청년창업기업(조특령 §5 ①)</td><td>감면율 100%</td><td rowspan="10">예 / 아니오</td></tr>
<tr><td>나. '18.5.28. 이전 수도권 외 지역에서 창업한 청년창업기업(조특령 §5 ①)의 최초 소득발생 과세연도와 그 다음 과세연도 개시일부터 2년간의 과세연도</td><td>감면율 75%</td></tr>
<tr><td>다. 청년창업기업의 "나" 적용 후 그 다음 과세연도 개시일부터 2년간의 과세연도</td><td>감면율 50%</td></tr>
<tr><td rowspan="3">감면대상 ①, ②</td><td>라. '18.5.29 이후 수도권과밀억제권역 외 지역에서 창업한 수입금액 4천800만원 이하 기업</td><td>감면율 100%</td></tr>
<tr><td>마. 최초 소득발생 과세연도와 그 다음 과세연도 개시일로부터 4년간의 과세연도</td><td rowspan="3">감면율 50%</td></tr>
<tr><td>바. '18.5.29 이후 수도권과밀억제권역에서 창업한 수입금액 4천800만원 이하 기업</td></tr>
<tr><td>감면대상 ③, ④</td><td>사. 벤처기업 확인일(에너지신기술중소기업 해당일) 이후 최초 소득발생 과세연도와 그 다음 과세연도 개시일로부터 4년간의 과세연도</td></tr>
<tr><td rowspan="2">감면 대상 ①~④</td><td>아. '18.1.1. 이후 창업한 ①~④ 기업으로서 신성장 서비스업(조특령 §5 ⑪)을 영위하는 기업의 최초 세액감면 과세연도와 그 다음 과세연도 개시일부터 2년간의 과세연도</td><td>감면율 75%</td></tr>
<tr><td>자. "아" 적용 후 그 다음 과세연도 개시일부터 2년간의 과세연도</td><td>감면율 50%</td></tr>
<tr><td>추가 감면</td><td>차. 위 "나", "다", "마", "사", "아", "자"의 감면율에 더하여 전년 대비 고용증가율×1/2 감면(업종별 최소고용인원 충족)</td><td>감면율 25~50%</td><td>예 / 아니오</td></tr>
<tr><td colspan="4">* 감면대상, 창업, 업종 요건을 모두 충족한 사업에서 발생한 소득에 대한 법인세 세액감면 적용<br>* 2012.12.31. 이전 창업 등의 경우 "마, 사"의 4년을 3년으로 적용<br>* 전체 감면율은 100%를 초과할 수 없음</td></tr>
</table>

[별지 제8호 서식 부표 2] (2021.3.16. 개정) (앞쪽)

| 사 업 연 도 | 2025.01.01. ~ 2025.12.31. | 공제감면세액계산서(2) | 법인명 | ㈜나라 |
|---|---|---|---|---|
| | | | 사업자등록번호 | 203-81-63108 |

| ① 구 분 | | 근거법 조 항 | ② 계산명세 | ③ 감면대상 세액 | ④ 최저한세 적용감면 배제금액 | ⑤ 감면세액 (③-④) | ⑥ 적용사유 발생일 |
|---|---|---|---|---|---|---|---|
| 조세특례제한법 | 창업중소기업등세액감면(최저한세적용대상 (111)) | 법 제6조 | 40,748,560 × 319,729,266 / 319,729,266 × 50/100 | 20,374,280 | 2,006,768 | 18,367,512 | 2025-12-31 |
| | | | | | | | |
| | | | | | | | |
| | | | | | | | |
| | | | | | | | |
| | | | | | | | |
| | | | | | | | |
| | | | | | | | |
| | | | | | | | |
| | | | | | | | |
| | | | | | | | |
| | | | | | | | |
| | | | | | | | |
| | | | | | | | |
| | | | | | | | |
| | | | | | | | |
| | | | | | | | |
| 합 계 | | | | 20,374,280 | ※ 2,006,768 | 18,367,512 | |

210mm×297mm[백상지 80g/㎡ 또는 중질지 80g/㎡]

SECTION 02
# 제121조의 33 【기회발전특구의 창업기업 등에 대한 법인세 등의 감면】

## I 조문내용해설



### 1. 기본검토사항

| 구 분 | | 검토요건 또는 확인사항 |
|---|---|---|
| 적용 여부 검토 | ① 당해 법인 등의 요건 충족 확인 | 기회발전특구에서 창업, 사업장을 신설한 기업 |
| | ② 각 조항별 적용시한 확인 | 2026년 12월 31일까지 창업, 사업장을 신설 |
| | ③ 각 조항별 규정 업종의 요건 충족 확인 | 제조업 등 한정열거 업종 |
| | ④ 본점 및 사업장 소재지 등 확인 | 감면대상 사업장이 기회발전특구 내 소재하여야 함 |
| | ⑤ 감면/공제 적용의 배제 | 과세표준 무신고 시, 기한 후 신고 시 등의 경우 |
| 적용 시 검토 | ⑥ 감면/공제 중복적용 확인 | ㉠ 세액감면 간 중복적용 배제<br>㉡ 세액공제와 중복적용 배제 |
| | ⑦ 최저한세 적용대상 확인 | 최저한세 적용 대상 |
| | ⑧ 이월적용 여부 확인 | 세액감면은 당해 과세연도에 적용받지 아니할 경우 다음 과세연도에 이월하여 적용하지 아니한다. |
| | ⑨ 농어촌특별세 비과세 확인 | 농어촌특별세 과세 |
| 사후 관리 | ⑩ 공제감면 후 사후관리 | 다음의 경우 감면세액 추가납부 적용<br>㉠ 폐업, 해산, 기회발전특구외 지역 이전의 경우<br>㉡ 감면 후 2년 이내 상시근로자 감소의 경우 |

저자주 본 조항은 조세특례제한법 편제상 '제5장의 11 기회발전특구 지원을 위한 조세특례'이지만 제6조【창업중소기업 등에 대한 세액감면】 규정과 비교학습측면에서 중소기업을 위한 조세특례 파트에서 서술하였다.

## 2. 적용여부 검토 세부내용

### (1) 당해 법인 등의 요건 충족 확인(조특법 제121조의 33 제1항)

기회발전특구에서 창업하거나 사업장을 신설한 기업

저자주 '창업'의 범위는 제2장 SECTION 01. 제6조【창업중소기업 등에 대한 세액감면】 2. 적용여부 세부검토내용 3) 청년창업중소기업 ② 창업의 범위' 규정을 참조할 것(조특법 제121조의 33 제7항 ⇒ 조특법 제6조 제10항)

### (2) 조항별 적용시한 확인(조특법 제121조의 33 제1항)

2026년 12월 31일까지 창업하거나 사업장을 신설한 경우에 적용한다.

### (3) 조항별 규정 업종의 요건 충족 확인(조특령 제116조의 36 제1항)

감면대상 업종의 범위는 다음과 같다.

① 제조업(제조업과 유사한 사업으로서 다음의 요건을 충족하는 사업을 포함한다)

> 자기가 제품을 직접 제조하지 아니하고 제조업체(사업장이 국내 또는 「개성공업지구 지원에 관한 법률」 제2조 제1호에 따른 개성공업지구에 소재하는 업체에 한정한다)에 의뢰하여 제조하는 사업으로서 그 사업이 다음 각 호의 요건을 충족하는 경우를 말한다(조특령 제5조 제6항, 조특칙 제4조의 2).
> - 생산할 제품을 직접 기획(고안 · 디자인 및 견본제작 등을 말한다)할 것
> - 해당 제품을 자기명의로 제조할 것
> - 해당 제품을 인수하여 자기책임하에 직접 판매할 것

저자주 소득세법 시행령 규정과 일부 차이가 있으므로 주의 필요. 조특법과 달리 제조업체의 사업장이 국내 또는 개성공업지구에 소재하는 것으로 제한하지 않음

**소득세법 시행령 제31조【제조업의 범위】**

법 제19조에 따른 사업소득에 관한 규정을 적용할 때 자기가 제품을 직접 제조하지 아니하고 제조업체에 의뢰하여 제조하는 경우로서 다음 각 호의 요건을 모두 충족하는 경우에는 법 제19조 제1항 제3호에 따른 제조업으로 본다(2010.2.18. 개정).

1. 생산할 제품을 직접 기획(고안 및 디자인, 견본제작 등을 포함한다)할 것
2. 그 제품을 자기명의로 제조할 것
3. 그 제품을 인수하여 자기 책임하에 직접 판매할 것

② 폐기물 수집, 운반, 처리 및 원료 재생업

③ 정보통신업. 다만, 다음 각 목의 업종은 제외한다.

> ㉠ 비디오물 감상실 운영업
> ㉡ 뉴스 제공업
> ㉢ 가상자산 매매 및 중개업

④ 금융 및 보험업 중 정보통신을 활용하여 금융서비스를 제공하는 업종으로서 다음 각

목의 어느 하나에 해당하는 행위를 업으로 영위하는 업종

㉠ 「전자금융거래법」 제2조 제1호에 따른 전자금융거래
㉡ 「자본시장과 금융투자업에 관한 법률」 제9조 제27항에 따른 온라인소액투자중개
㉢ 「외국환거래법 시행령」 제15조의 2 제1항에 따른 소액해외송금

⑤ 연구개발업, 기타 과학기술 서비스업 및 엔지니어링사업
⑥ 공연시설 운영업, 공연단체, 기타 창작 및 예술관련 서비스업
⑦ 「신에너지 및 재생에너지 개발 · 이용 · 보급 촉진법」 제2조 제1호에 따른 신에너지 또는 같은 조 제2호에 따른 재생에너지를 이용하여 전기를 생산하는 사업
⑧ 「물류시설의 개발 및 운영에 관한 법률」 제2조 제4호에 따른 복합물류터미널사업
⑨ 「유통산업발전법」 제2조 제16호에 따른 공동집배송센터를 조성하여 운영하는 사업
⑩ 「항만법」 제2조 제5호에 따른 항만시설을 운영하는 사업과 같은 조 제11호에 따른 항만 배후단지에서 경영하는 물류산업
⑪ 「관광진흥법 시행령」 제2조 제1항 제2호 가목부터 라목까지, 같은 호 바목 및 사목에 따른 관광호텔업, 수상관광호텔업, 한국전통호텔업, 가족호텔업, 소형호텔업 및 의료관광호텔업. 다만, 해당 호텔업과 함께 「관광진흥법」 제3조 제1항 제5호에 따른 카지노업 또는 「관세법」 제196조에 따른 보세판매장을 경영하는 경우 그 카지노업 또는 보세판매장 사업은 제외한다.
⑫ 「관광진흥법 시행령」 제2조 제1항 제3호에 따른 전문휴양업 · 종합휴양업 · 관광유람선업 · 관광공연장업. 다만, 전문휴양업 또는 종합휴양업과 함께 「관광진흥법」 제3조 제1항 제2호 나목에 따른 휴양 콘도미니엄업 또는 「체육시설의 설치 · 이용에 관한 법률」 제10조 제1항 제1호에 따른 골프장업을 경영하는 경우 그 휴양 콘도미니엄업 또는 골프장업은 제외한다.
⑬ 「관광진흥법 시행령」 제2조 제1항 제4호 가목에 따른 국제회의시설업
⑭ 「관광진흥법 시행령」 제2조 제1항 제5호 가목에 따른 종합유원시설업
⑮ 「관광진흥법 시행령」 제2조 제1항 제6호 라목에 따른 관광식당업
⑯ 「학원의 설립 · 운영 및 과외교습에 관한 법률」에 따른 직업기술 분야를 교습하는 학원을 운영하는 사업 또는 「국민 평생 직업능력 개발법」에 따른 직업능력개발훈련시설을 운영하는 사업(직업능력개발훈련을 주된 사업으로 하는 경우로 한정한다)
⑰ 「노인복지법」 제31조에 따른 노인복지시설을 운영하는 사업
⑱ 연료용 가스 제조 및 배관공급업(천연가스, 「신에너지 및 재생에너지 개발 · 이용 · 보급 촉진법」 제2조 제1호에 따른 신에너지 또는 같은 조 제2호에 따른 재생에너지를 제조하거나 공급하는 경우로 한정한다)

### (4) 본점 및 사업장 소재지 등 확인

사업장은 기회발전특구 내 소재하여야 한다.

### (5) 감면/공제 적용의 배제

① 과세표준 무신고 시 적용배제(조특법 제128조 제2항)

「소득세법」 제80조【결정과 경정】 제1항, 법인세법 제66조【결정 및 경정】 제1항에 따라 내국인의 과세표준을 결정하는 경우와 「국세기본법」 제45조의 3【기한 후 신고】에 따라 과세표준을 기한 후 신고를 하는 경우에는 조세특례 적용을 배제한다.

② 과세표준의 경정 등의 경우 적용배제(조특법 제128조 제3항)

「소득세법」 제80조【결정과 경정】 제2항 또는 「법인세법」 제66조【결정 및 경정】 제2항에 따라 신고한 과세표준에 오류 또는 누락으로 과세표준을 경정하는 경우('③' 세법상 협력의무 불이행으로 인한 경정의 경우 제외)와 과세표준 수정신고서를 제출한 과세표준과 세액을 경정할 것을 미리 알고 제출한 경우에는 과소신고금액에 대하여 조세특례 적용을 배제한다.

③ 세법상 협력의무 불이행 등 적용배제(조특법 제128조 제4항)

사업자가 사업용 계좌의 미신고, 현금영수증 가입의무 사업자의 미가입 등의 사유가 있는 경우에는 조세특례를 적용하지 아니한다.

## 3. 법인세 면제 등의 세부내용

### (1) 기회발전특구

기회발전특구란 「지방자치분권 및 지역균형발전에 관한 특별법」 제2조 제13호에 따른 기회발전특구를 말하며, 인구감소지역 및 「접경지역 지원 특별법」 제2조 제1호에 따른 접경지역이 아닌 수도권과밀억제권역 안의 기회발전특구는 제외한다(조특법 제99조의 4 제1항 제1호 가목).

**지방자치분권 및 지역균형발전에 관한 특별법 제2조【정의】**

13. "기회발전특구"란 개인 또는 법인의 대규모 투자를 유치하기 위하여 관계 중앙행정기관과 지방자치단체의 지원이 필요한 곳으로 제23조에 따라 지정 · 고시되는 지역을 말한다.

**지방자치분권 및 지역균형발전에 관한 특별법 제23조【기회발전특구의 지정 및 지원】**

① 수도권이 아닌 지역의 시 · 도지사는 관할 행정구역의 일부를 기회발전특구로 지정받으려는 경우 산업통상자원부장관에게 기회발전특구의 지정을 신청하여야 한다. 다만, 수도권 내 인구감소지역 또는 「접경지역 지원 특별법」 제2조 제1호에 따른 접경지역으로서 지방시대위원회가 정하는 지역의 시 · 도지사는 기회발전특구의 지정을 신청할 수 있다.

② 산업통상자원부장관은 제1항에 따른 지정 신청을 받은 경우 지방시대위원회의 심의 · 의결을 거쳐 기회발전특구를 지정한다. 이 경우 지방시대위원회는 기업의 투자계획, 집적 가능성 등 대통령령으로 정하는 사항을 고려하여야 한다.

③ 산업통상자원부장관은 기회발전특구 지정 목적의 달성이 불가능하거나 지정 내용의 변경이 불가피한 경우에는 지방시대위원회의 심의 · 의결을 거쳐 기회발전특구의 지정을 변경하거나 해제할 수 있다.

④ 국가와 지방자치단체는 기회발전특구에 투자하는 개인 또는 법인에 대하여 행정적 · 재정적 지원을 할 수 있다.

⑤ 국가와 지방자치단체는 기회발전특구에 투자하는 개인 또는 법인에 대하여 「조세특례제한법」, 「지방세특례제한법」, 그 밖의 조세 관계 법률에서 정하는 바에 따라 국세 또는 지방세를 감면할 수 있다.

⑥ 제1항부터 제5항까지에서 규정한 사항 외에 기회발전특구의 지정 신청, 지정, 지정 변경 · 해제의 절차 · 방식 등에 관하여 필요한 사항은 대통령령으로 정한다.



**저자주** 기회발전특구 지정 지역*

오른쪽의 지정 지역도 2차 지정까지의 현황이며, 추가로 지정되어 늘어날 전망이다. 지정지역의 확인은 '산업통상자원부 누리집 》 예산 · 법령 》 고시 · 공고 》 고시'에서 검색하여 확인할 수 있다.

**14개 시·도 기회발전특구 지정 지역도**

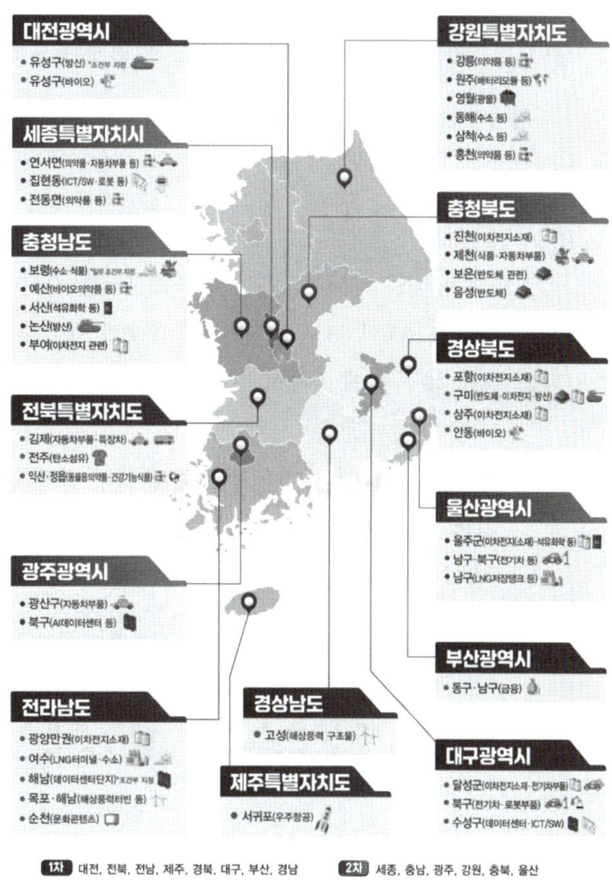


* 대통령직속 지방시대위원회(https://www.balance.go.kr/)정책자료 2024.11.12.

### (2) 감면세액의 계산

① 감면율

기회발전특구 소재 창업 또는 신설 사업장에서 발생한 소득에 대하여 감면대상사업에서 최초로 소득이 발생한 과세연도(사업개시일부터 5년이 되는 날이 속하는 과세연도까지 그 사업에서 소득이 발생하지 아니한 경우에는 5년이 되는 날이 속하는 과세연도를 말한다)의 개시일부터 5년 이내에 끝나는 과세연도까지는 소득세 또는 법인세의 100%에 상당하는 세액을 감면하고, 그 다음 2년 이내에 끝나는 과세연도까지는 소득세 또는 법인세의 50%에 상당하는 세액을 감면한다(조특법 제121조의 33 제2항, 조특령 제116조의 36 제2항).

| 최초 소득발생 과세연도부터 7년간 감면 적용 | 최초 소득발생 과세연도부터 5년간 | 이후 2년간 |
|---|---|---|
| | 소득세 · 법인세 100% 감면 | 소득세 · 법인세 50% 감면 |

② 감면한도

감면기간 동안 감면받는 소득세 또는 법인세의 총합계액은 다음과 같이 계산한다.

감면세액 총합계액
= 투자누계액 × 50% + 감면대상사업장 상시근로자 감면액

㉠ 투자누계액

감면받는 해당 과세연도까지 다음의 사업용자산에 투자한 금액의 합계액을 말한다(조특령 제116조의 36 제3항, 조특칙 제8조의 3).

ⓐ 해당 특구 등에 소재하거나 해당 특구 등에서 해당 사업에 주로 사용하는 사업용 유형자산

ⓑ 해당 특구 등에 소재하거나 해당 특구 등에서 해당 사업에 주로 사용하기 위해 건설 중인 자산

ⓒ 「법인세법 시행규칙」 별표 3에 따른 무형자산

영업권, 디자인권, 실용신안권, 상표권,특허권, 어업권, 「해저광물자원 개발법」에 따른 채취권, 유료도로관리권, 수리권, 전기가스공급시설이용권, 공업용수도시설이용권, 수도시설이용권, 열공급시설이용권, 광업권, 전신전화전용시설이용권, 전용측선이용권, 하수종말처리장시설관리권, 수도시설관리권, 철도시설관리권, 댐사용권

㉡ 감면대상사업장 상시근로자 감면액

해당 과세연도에 감면대상사업장의 상시근로자 수 1인당 다음의 감면액을 적용한 금액을 말하며, 서비스업에 대한 한도를 적용받는 기업은 서비스업과 그 밖의 사업을 각각 구분하여 경리하여야 한다(조특법 제121조의 33 제10항).

| 상시근로자 구분 | 1인당 감면액 |
|---|---|
| ⓐ 청년 및 특정 서비스업 상시근로자 | 20,000,000원 |
| ⓑ 그 외 상시근로자 | 15,000,000원 |

특정서비스업이란 다음 어느 하나에 해당하는 사업을 제외한 사업을 말한다(조특령 제116조의 36 제4항 ⇒ 조특령 제23조 제4항 · 제29조 제3항, 조특칙 제17조).

ⓐ 농업, 임업 및 어업
ⓑ 광업
ⓒ 제조업
ⓓ 전기, 가스, 증기 및 수도사업
ⓔ 건설업
ⓕ 호텔업 및 여관업(「관광진흥법」에 따른 관광숙박업은 제외한다)
ⓖ 주점업(일반유흥주점업, 무도유흥주점업 및 「식품위생법 시행령」 제21조에 따른 단란주점 영업만 해당하되, 「관광진흥법」에 따른 외국인전용유흥음식점업 및 관광유흥음식점업은 제외한다)
ⓗ 무도장 운영업
ⓘ 기타 사행시설 관리 및 운영업(「관광진흥법」 제5조 또는 「폐광지역 개발 지원에 관한 특별법」 제11조에 따라 허가를 받은 카지노업은 제외)
ⓙ 유사 의료업 중 안마를 시술하는 업
ⓚ 마사지업

상시근로자의 범위는 조특령 제23조 제10항에 따른 상시근로자, 청년 상시근로자의 범위는 조특령 26조의 8 제3항 제1호에 해당하는 사람으로 한다(조특령 제116조의 36 제6항 ⇒ 조특령 제11조의 2 제6항 · 제7항 ⇒ 조특령 제23조 제10항 · 제26조의 8 제3항 제1호).

저자주 상시근로자 등 규정은 '제5장 SECTION 02. 상시근로자, 단시간근로자, 청년 · 경력단절 여성 · 장애인 · 60세 이상 근로자의 개념' 부분을 참고할 것

### (3) 감면신청서의 제출

소득세 또는 법인세 감면을 받으려는 자는 과세표준신고를 할 때 세액감면신청서를 납세지 관할 세무서장에게 제출해야 한다(조특령 제116조의 36 제8항).

## 4. 적용 시 검토 세부내용

### (1) 감면 및 공제 중복적용 확인(조특법 제127조 제4항 · 제5항)

① 내국인이 동일한 과세연도에 세액공제를 동시에 적용받을 수 있는 경우에는 그 중 하나만을 선택하여 적용받을 수 있다.

② 내국인이 동일한 사업장에 대하여 동일한 과세연도에 2개 이상의 감면규정을 동시에 적용받을 수 있는 경우 중복적용을 배제한다.

### (2) 최저한세 적용대상 확인(조특법 제132조 제1항 제4호 · 제2항 제4호)

최저한세 규정을 적용한다. 다만, 100% 감면받는 과세연도의 경우에는 적용하지 않는다.

### (3) 이월적용 여부 확인

세액감면에 대해서는 이월적용을 하지 않는다.

### (4) 농어촌특별세 비과세 확인

감면세액에 대하여 농어촌특별세를 과세한다.

## 5. 사후관리 검토

### (1) 상시근로자 감소, 폐업 등의 경우 추가납부

#### 1) 상시근로자 수 감소의 경우

① 감면 후 2년 이내 감소시

감면받은 기업이 감면받은 과세연도 종료일부터 2년이 되는 날이 속하는 과세연도 종료일까지의 기간 중 각 과세연도의 감면대상사업장의 상시근로자 수가 감면받은 과세연도의 상시근로자 수보다 감소한 경우에는 감면받은 세액에 상당하는 금액을 소득세 또는 법인세로 납부하여야 한다(조특법 제121조의 33 제5항).

② 추가납부세액의 계산

납부해야 할 소득세액 또는 법인세액은 다음의 계산식에 따라 계산한 금액(그 수가 음수이면 영으로 보고, 감면받은 과세연도 종료일 이후 2개 과세연도 연속으로 상시근로자 수가 감소한 경우에는 두 번째 과세연도에는 첫 번째 과세연도에 납부한 금액을 뺀 금액을 말한다)으로 하며, 해당 금액을 상시근로자 수가 감소한 과세연도의 과세표준을 신고할 때 소득세 또는 법인세로 납부해야 한다(조특령 제116조의 36 제5항).

| 추가납부세액 = ⓐ − ⓑ |
|---|
| ⓐ 해당 기업의 상시근로자 수가 감소한 과세연도의 직전 2년 이내의 과세연도에 법 제121조의 33 제3항 제2호(상시근로자 감면액)를 적용하여 감면받은 세액의 합계액 |
| ⓑ [상시근로자 수가 감소한 과세연도의 감면대상사업장의 상시근로자 수 × 1천5백만원(청년 상시근로자와 법 제121조의 33 제3항 제2호의 서비스업의 경우에는 2천만원으로 한다)] |

### 2) 폐업 등의 경우

① **폐업, 해산, 기회발전특구 외의 지역으로 이전시**

감면받은 기업이 다음 어느 하나에 해당하는 경우에는 그 사유가 발생한 과세연도의 과세표준신고를 할 때 감면세액을 소득세 또는 법인세로 납부하여야 한다(조특법 제121조의 33 제8항).

㉠ 감면대상사업장의 사업을 폐업하거나 법인이 해산한 경우. 다만, 법인의 합병 · 분할 또는 분할합병으로 인한 경우는 제외한다.

㉡ 감면대상사업장을 기회발전특구 외의 지역으로 이전한 경우

② **추가납부세액의 계산**(조특령 제116조의 36 제7항)

㉠ 폐업, 해산의 경우

폐업일 또는 법인해산일부터 소급하여 3년 이내에 감면된 세액을 추가납부하여야 한다.

㉡ 감면대상사업장을 기회발전특구 외의 지역으로 이전하는 경우

이전일부터 소급하여 5년 이내에 감면된 세액을 추가납부하여야 한다.

③ **이자상당액 납부**(조특법 제121조의 33 제8항 후단 ⇒ 조특법 제12조의 2 제8항)

폐업, 해산, 기회발전특구 외의 지역 이전으로 인하여 감면세액을 추가납부하는 경우에는 다음의 금액을 납부하여야 한다.

| 이자상당액 = 이자계산기간 × 이율 | |
|---|---|
| **이자계산기간** | 감면받은 과세연도의 종료일 다음 날부터 폐업, 해산, 기회발전특구 외 지역 이전일이 속하는 과세연도 까지의 기간 |
| **이율** | 1일 22/100,000 |

# Ⅱ 집행기준 기본통칙 질의회신

## 1. 집행기준

없음

## 2. 기본통칙

없음

## 3. 질의회신

없음

# Ⅲ 사례연구

## 1. 회사 정보 공통사항

### (1) 회사 사업내용, 설립일 및 소재지 등

① ㈜나라는 자동차부품 제조업을 영위하는 법인 사업자이다. 회사 설립일은 2025.1.3.이다. 창업 당시 전북특별자치도 김제시에 본점 사업장을 설치하였다.

② 사업연도는 매년 1.1.~12.31.이며, 2025년 사업연도의 법인의 재무상태표상 자산총액은 3,565,918,921원, 제품매출액은 9,468,190,121원이다.

③ 당해 법인은 다른 회사의 계열사 등은 아니다.

④ ㈜나라의 업종코드와 한국표준산업분류 코드는 다음과 같다.

| 구 분 | 업종코드 | 한국표준산업분류코드 |
|---|---|---|
| 자동차용 신품 제동장치 제조업 | 343006 | C30392 |

⑤ 2025년 사업연도에 비과세소득, 소득공제항목은 발생하지 않았다.



### (2) 근무자 현황

㈜나라의 2025년도 근무자 현황은 다음과 같다.

| 성 명 | 생년월일 | 입사일 | 성 명 | 생년월일 | 입사일 |
|---|---|---|---|---|---|
| 김유민 | 1992.06.03. | 2025.01.03. | 이용은 | 1972.10.19. | 2022.01.07. |
| 강나라 | 1990.06.11. | 2025.01.03. | 장미리 | 1981.03.12. | 2025.01.03. |

김유민은 대표이사, 강나라는 이사이며 김유민의 배우자이다.

### (3) 임원구성 및 주주지분

① 대표이사 김유민, 이사 강나라는 법인등기사항증명서상 등기 임원이다.

② 주주지분 구성

다음의 주주지분은 창업당시부터 2025년 사업연도 종료일까지 변동 없다.

| 주주명 | 생년월일 | 주식수 | 지분율 | 최대주주와의 관계 |
|---|---|---|---|---|
| 김유민 | 1994.06.03. | 9,000 | 90% | 본인 |
| 강나라 | 1990.06.11. | 1,000 | 10% | 배우자 |
| 소 계 | | 10,000 | 100% | |

## 2. 2025년 사업연도 소득금액

㈜나라의 2025년 사업연도 소득금액은 319,729,266원이다.

## 3. 유형자산 등 현황

법인설립시 출자 자본금 중 일부의 금액으로 제조용 기계장치를 100,000,000원과 사무용 비품으로 8,000,000원 업무용 중고 승용차 15,000,000원을 취득하였다.

## 4. 요구사항

위의 자료를 바탕으로 2025년 과세연도에 제121조의 33【기회발전특구의 창업기업 등에 대한 법인세 등의 감면】 적용여부를 결정하고 감면세액과 농어촌특별세 과세대상인 경우 부담할 농어촌특별세액을 계산하시오. 최저한세 규정 또한 고려하여 결정하기로 한다.

### 풀이

1. 기본검토사항

| 구 분 | | 검토요건 또는 확인사항 |
|---|---|---|
| 적용 여부 검토 | ① 당해 법인 등의 요건 충족 확인 | 기회발전특구에서 창업하였으므로 충족 |
| | ② 각 조항별 적용시한 확인 | 2025년 1월 3일 창업이므로 충족 |
| | ③ 각 조항별 규정 업종의 요건 충족 확인 | 자동차용 신품 제동장치 제조업이므로 충족 |
| | ④ 본점 및 사업장 소재지 등 확인 | 전북특별자치도 김제시 이므로 기회발전특구 소재 충족 |
| | ⑤ 감면/공제 적용의 배제 | 기장에 의한 신고이므로 적용대상 |
| 적용 시 검토 | ⑥ 감면/공제 중복적용 확인 | ㉠ 제6조【창업중소기업 등에 대한 세액감면, 제7조【중소기업에 대한 특별세액감면】과 중복적용 불가<br>㉡ 제24조【통합투자세액공제】와 중복적용불가 |
| | ⑦ 최저한세 적용대상 확인 | 최저한세 적용 대상 |
| | ⑧ 이월적용 여부 확인 | 세액감면은 당해 과세연도에 적용받지 아니할 경우 다음 과세연도에 이월하여 적용하지 아니한다. |
| | ⑨ 농어촌특별세 비과세 확인 | 농어촌특별세 과세 |

| 구 분 | | 검토요건 또는 확인사항 |
|---|---|---|
| 사후<br>관리 | ⑩ 공제감면 후 사후관리 | 다음의 경우 감면세액 추가납부 적용<br>㉠ 폐업, 해산, 기회발전특구외 지역 이전의 경우<br>㉡ 감면 후 2년 이내 상시근로자 감소의 경우 |

2. 감면세액의 계산

(1) 산출세액의 계산

㈜나라의 2025년 사업연도 법인세 산출세액

= 200,000,000 × 9% + (319,729,266 - 200,000,000) × 19%

= 18,000,000원 + 119,729,266 × 19%

= 18,000,000원 + 22,748,560원

= 40,748,560원



(2) 감면세액의 계산

① 창업후 5년간 법인세액의 100% 감면적용

② 감면한도

= 투자누적액 × 50% + 일반상시근로자 1인당 15,000,000원

= 100,000,000 × 50% + 2명 × 15,000,000원

= 50,000,000원 + 30,000,000원

= 80,000,000원

상시근로자는 이용은과 장미리 2명(김유민, 강나라는 임원이므로 제외)이다.

(3) 최저한세 검증

창업 후 5년간 법인세액의 100% 감면 적용시 최저한세 규정은 적용하지 않는다.

(4) 농어촌특별세

농어촌특별세액 = 40,748,560원 × 20%

= 8,149,712원

[별지 제8호 서식 부표 2] (2021.3.16. 개정) (앞쪽)

| 사 업<br>연 도 | 2025.01.01.<br>~<br>2025.12.31. | 공제감면세액계산서(2) | 법인명 | ㈜나라 |
|---|---|---|---|---|
| | | | 사업자등록번호 | 203-81-63108 |

| | ① 구 분 | 근거법<br>조 항 | ② 계산명세 | ③<br>감면대상<br>세액 | ④<br>최저한세<br>적용감면<br>배제금액 | ⑤<br>감면세액<br>(③-④) | ⑥<br>적용사유<br>발생일 |
|---|---|---|---|---|---|---|---|
| 조세특례제한법 | 기회발전특구창업기업등에대한법인세등의감면(최저한세적용제외 (1D1)) | 법<br>제121조33 | **40,748,560 × 100/100** | 40,748,560 | | 40,748,560 | **2025-12-31** |
| | | | | | | | |
| | | | | | | | |
| | | | | | | | |
| | | | | | | | |
| | | | | | | | |
| | | | | | | | |
| | | | | | | | |
| | | | | | | | |
| | | | | | | | |
| | | | | | | | |
| | | | | | | | |
| | | | | | | | |
| | | | | | | | |
| | | | | | | | |
| | | | | | | | |
| **합** | | **계** | | 40,748,560 | ※ | 40,748,560 | |

210mm×297mm[백상지 80g/㎡ 또는 중질지 80g/㎡]

SECTION 03

# 제7조【중소기업에 대한 특별세액감면】



## I 조문내용해설

### 1. 기본검토사항

| 구 분 | | 검토요건 또는 확인사항 |
|---|---|---|
| 적용 여부 검토 | ① 당해 법인의 중소기업요건 충족 확인 | 4가지(업종, 규모, 독립성, 졸업) 요건 충족 중소기업 |
| | ② 각 조항별 적용 시한 확인 | 2025년 12월 31일 이전에 끝나는 과세연도까지 적용 |
| | ③ 각 조항별 규정 업종의 요건 충족 확인 | 한정적 열거된 업종에 대해서만 적용 |
| | ④ 본점 및 사업장 소재지 등 확인 | 본점 소재지에 따라 지점 등 타 사업장의 감면율도 본점 소재지에 해당하는 감면율 적용 |
| | ⑤ 감면/공제 적용의 배제 | 과세표준 무신고 시, 기한 후 신고 시 등의 경우 |
| 적용 시 검토 | ⑥ 감면/공제 중복적용 확인 | ㉠ 세액감면 간 중복적용 배제<br>㉡ 세액공제와 중복적용 배제 |
| | ⑦ 최저한세 적용대상 확인 | 최저한세 적용대상 |
| | ⑧ 이월적용 여부 확인 | 세액감면의 경우 당해 과세연도에 적용받지 못한 감면세액은 다음 과세연도로 이월적용하지 않음 |
| | ⑨ 농어촌특별세 비과세 확인 | 농어촌특별세 비과세 |
| 사후 관리 | ⑩ 공제감면 후 사후관리 규정 | 별도의 사후관리 규정 없음 |

## 2. 적용여부 검토 세부내용

### (1) 중소기업요건 확인(조특법 제7조 제1항)

업종요건, 규모요건, 독립성요건, 졸업요건을 모두 충족한 중소기업을 말한다.

### (2) 각 조항별 적용 시한(조특법 제7조 제1항)

2025년 12월 31일 이전에 끝나는 과세연도까지 적용한다.

### (3) 각 조항별 규정업종의 요건충족 확인(조특법 제7조 제1항 제1호)

다음의 열거된 업종에서 발생한 소득에 대하여 감면을 적용한다.

① 작물재배업
② 축산업
③ 어업
④ 광업
⑤ 제조업
⑥ 하수 · 폐기물 처리(재활용을 포함한다), 원료재생 및 환경복원업
⑦ 건설업
⑧ 도매 및 소매업
⑨ 운수업 중 여객운송업
⑩ 출판업
⑪ 영상 · 오디오 기록물 제작 및 배급업(비디오물 감상실 운영업은 제외한다)
⑫ 방송업
⑬ 전기통신업
⑭ 컴퓨터프로그래밍, 시스템 통합 및 관리업
⑮ 정보서비스업(가상자산 매매 및 중개업은 제외한다)
⑯ 연구개발업
⑰ 광고업
⑱ 기타 과학기술 서비스업
⑲ 포장 및 충전업
⑳ 전문디자인업
㉑ 창작 및 예술관련 서비스업(자영예술가는 제외한다)

㉒ 주문자상표부착방식에 따른 수탁생산업(受託生產業)

주문자상표부착방식에 따른 수탁생산업이란 위탁자로부터 주문자상표부착방식에 따른 제품생산을 위탁받아 이를 재위탁하여 제품을 생산 · 공급하는 사업을 말함(조특령 제6조 제1항)

㉓ 엔지니어링사업

㉔ 물류산업

㉕「학원의 설립 · 운영 및 과외교습에 관한 법률」에 따른 직업기술 분야를 교습하는 학원을 운영하는 사업 또는「국민 평생 직업능력 개발법」에 따른 직업능력개발훈련시설을 운영하는 사업(직업능력개발훈련을 주된 사업으로 하는 경우에 한정한다)

㉖ 자동차정비공장을 운영하는 사업

자동차정비공장 이란「자동차관리법 시행규칙」제131조의 규정에 의한 자동차종합정비업 또는 소형자동차정비업의 사업장을 말한다(조특령 제6조 제2항⇒ 조특령 제54조 제1항 준용⇒ 조특칙 제22조).

㉗「해운법」에 따른 선박관리업

㉘「의료법」에 따른 의료기관을 운영하는 사업

의원 · 치과의원 및 한의원은 해당 과세연도의 수입금액(기업회계기준에 따라 계산한 매출액을 말한다)에서「국민건강보험법」제47조에 따라 지급받는 요양급여비용이 차지하는 비율이 100분의 80 이상으로서 해당 과세연도의 종합소득금액이 1억원 이하인 경우에 한정한다.

㉙「관광진흥법」에 따른 관광사업(카지노, 관광유흥음식점 및 외국인전용유흥음식점업은 제외한다)

㉚「노인복지법」에 따른 노인복지시설을 운영하는 사업

㉛「전시산업발전법」에 따른 전시산업

㉜ 인력공급 및 고용알선업(농업노동자 공급업을 포함한다)

㉝ 콜센터 및 텔레마케팅 서비스업

㉞「에너지이용 합리화법」제25조에 따른 에너지절약전문기업이 하는 사업

**에너지이용 합리화법 제25조【에너지절약전문기업의 지원】**

① 정부는 제3자로부터 위탁을 받아 다음 각 호의 어느 하나에 해당하는 사업을 하는 자로서 산업통상자원부장관에게 등록을 한 자(이하 "에너지절약전문기업"이라 한다)가 에너지절약사업과 이를 통한 온실가스의 배출을 줄이는 사업을 하는 데에 필요한 지원을 할 수 있다.

1. 에너지사용시설의 에너지절약을 위한 관리 · 용역사업
2. 제14조 제1항에 따른 에너지절약형 시설투자에 관한 사업

3. 그 밖에 대통령령으로 정하는 에너지절약을 위한 사업

② 에너지절약전문기업으로 등록하려는 자는 대통령령으로 정하는 바에 따라 장비, 자산 및 기술인력 등의 등록기준을 갖추어 산업통상자원부장관에게 등록을 신청하여야 한다.

㉟ 「노인장기요양보험법」 제31조에 따른 장기요양기관 중 재가급여를 제공하는 장기요양기관을 운영하는 사업

**노인장기요양보험법 제31조【장기요양기관의 지정】**

① 제23조 제1항 제1호에 따른 재가급여 또는 같은 항 제2호에 따른 시설급여를 제공하는 장기요양기관을 운영하려는 자는 보건복지부령으로 정하는 장기요양에 필요한 시설 및 인력을 갖추어 소재지를 관할 구역으로 하는 특별자치시장·특별자치도지사·시장·군수·구청장으로부터 지정을 받아야 한다.

② 제1항에 따라 장기요양기관으로 지정을 받을 수 있는 시설은 「노인복지법」 제31조에 따른 노인복지시설 중 대통령령으로 정하는 시설로 한다.

③ 특별자치시장·특별자치도지사·시장·군수·구청장이 제1항에 따른 지정을 하려는 경우에는 다음 각 호의 사항을 검토하여 장기요양기관을 지정하여야 한다. 이 경우 특별자치시장·특별자치도지사·시장·군수·구청장은 공단에 관련 자료의 제출을 요청하거나 그 의견을 들을 수 있다.

1. 장기요양기관을 운영하려는 자의 장기요양급여 제공 이력
2. 장기요양기관을 운영하려는 자 및 그 기관에 종사하려는 자가 이 법, 「사회복지사업법」 또는 「노인복지법」 등 장기요양기관의 운영과 관련된 법에 따라 받은 행정처분의 내용
3. 장기요양기관의 운영 계획
4. 해당 지역의 노인인구 수 및 장기요양급여 수요 등 지역 특성
5. 그 밖에 특별자치시장·특별자치도지사·시장·군수·구청장이 장기요양기관으로 지정하는 데 필요하다고 인정하여 정하는 사항

④ 특별자치시장·특별자치도지사·시장·군수·구청장은 제1항에 따라 장기요양기관을 지정한 때 지체 없이 지정 명세를 공단에 통보하여야 한다.

⑤ 제23조 제1항 제1호에 따른 재가급여를 제공하는 장기요양기관 중 의료기관이 아닌 자가 설치·운영하는 장기요양기관이 방문간호를 제공하는 경우에는 방문간호의 관리책임자로서 간호사를 둔다.

⑥ 장기요양기관의 지정절차와 그 밖에 필요한 사항은 보건복지부령으로 정한다.

㊱ 건물 및 산업설비 청소업

㊲ 경비 및 경호 서비스업

㊳ 시장조사 및 여론조사업

㊴ 사회복지 서비스업

㊵ 무형재산권 임대업(「지식재산 기본법」 제3조 제1호에 따른 지식재산을 임대하는 경우로 한정한다)

**지식재산 기본법 제3조【정의】**

이 법에서 사용하는 용어의 뜻은 다음과 같다.

1. "지식재산"이란 인간의 창조적 활동 또는 경험 등에 의하여 창출되거나 발견된 지식 · 정보 · 기술, 사상이나 감정의 표현, 영업이나 물건의 표시, 생물의 품종이나 유전자원(遺傳資源), 그 밖에 무형적인 것으로서 재산적 가치가 실현될 수 있는 것을 말한다.

㊶「연구산업진흥법」 제2조 제1호 나목의 산업

**연구산업진흥법 제2조【정의】**

이 법에서 사용하는 용어의 뜻은 다음과 같다.

1. "연구산업"이란 과학기술 분야의 연구개발 활동과 관련된 다음 각 목의 산업을 말한다.
   가. 연구개발을 독립적으로 수행하거나 그 전부 또는 일부를 외부로부터 위탁받아 수행하는 산업
   나. 연구개발 기획, 연구개발의 관리 및 사업화 지원, 연구개발 관련 기술정보의 조사 · 제공 등 연구개발 활동을 지원하는 산업
   다. 연구개발에 이용되는 장비와 주변시스템 및 부품을 개발하거나 개조 · 유지 · 보수하는 산업
   라. 연구개발에 필요한 재료나 소재를 개발하여 제공하는 산업
2. "연구사업자"란 연구산업을 영위하는 자를 말한다.
3. "전문연구사업자"란 전문성을 갖추어 연구산업을 영위하는 자로서 제6조 제1항에 따라 신고한 자를 말한다.

㊷ 개인 간병 및 유사 서비스업, 사회교육시설, 직원훈련기관, 기타 기술 및 직업훈련 학원, 도서관 · 사적지 및 유사 여가 관련 서비스업(독서실 운영업은 제외한다)

㊸「민간임대주택에 관한 특별법」에 따른 주택임대관리업

㊹「신에너지 및 재생에너지 개발 · 이용 · 보급 촉진법」에 따른 신 · 재생에너지 발전사업

㊺ 보안시스템 서비스업

㊻ 임업

㊼ 통관 대리 및 관련 서비스업

㊽ 자동차 임대업(「여객자동차 운수사업법」 제31조 제1항에 따른 자동차대여사업자로서 같은 법 제28조에 따라 등록한 자동차 중 100분의 50 이상을 「환경친화적 자동차의 개발 및 보급 촉진에 관한 법률」 제2조 제3호에 따른 전기자동차 또는 같은 조 제6호에 따른 수소전기자동차로 보유한 경우로 한정한다)

### (4) 본점 및 사업장 소재지 등 확인 및 감면율의 적용

#### 1) 기본감면율(조특법 제7조 제1항 제2호 · 제3항 제2호)

산출세액에 대하여 다음의 감면율을 적용하는데 본점 또는 주사무소 소재지가 수도권에 있는 경우에는 모든 사업장이 수도권에 있는 것으로 보고 감면율을 적용한다.

| 소재지 구분 | 규모구분 | 업종구분 | 감면율 |
|---|---|---|---|
| 수도권 내 | 소기업 | 도매 소매 의료업 | 산출세액의 10% |
| | | 그 외 해당업종(일반서적출판업 포함) | 산출세액의 20% |
| | | 알뜰주유소 | 산출세액의 20% |
| | 중기업 | 일반서적출판업/알뜰주유소 | 산출세액의 10% |
| 수도권 외 | 소기업 | 도매 소매 의료업 | 산출세액의 10% |
| | | 그 외 해당업종(일반서적출판업 포함) | 산출세액의 30% |
| | | 알뜰주유소 | 산출세액의 20% |
| | 중기업 | 도매 소매 의료업 | 산출세액의 5% |
| | | 그 외 해당업종(일반서적출판업 포함) | 산출세액의 15% |
| | | 알뜰주유소 | 산출세액의 15% |

※ 통관 대리 및 관련 서비스업의 경우 위 감면율에 50%를 곱한 비율을 감면율로 적용한다(조특법 제7조 제1항 제2호 단서).

※ 알뜰주유소의 경우 2023.12.31.까지 해당 석유판매업에서 발생한 소득에 대한 소득세 또는 법인세에 대하여 감면을 적용한다(조특법 제7조 제3항).

① 소기업이란 중소기업 중 매출액이 업종별로 「중소기업기본법 시행령」 [별표 3]을 준용하여 산정한 규모 기준 이내인 기업을 말한다. 이 경우 "평균매출액등"은 "매출액"으로 본다(조특령 제6조 제5항).

중소기업기본법 시행령 [별표 3] (2017.10.17. 개정)

**▌주된 업종별 평균매출액등의 소기업 규모 기준(제8조 제1항 관련)▐**

| 해당 기업의 주된 업종 | 분류기호 | 규모 기준 |
|---|---|---|
| 1. 식료품 제조업 | C10 | 평균매출액등 120억원 이하 |
| 2. 음료 제조업 | C11 | |
| 3. 의복, 의복액세서리 및 모피제품 제조업 | C14 | |
| 4. 가죽, 가방 및 신발 제조업 | C15 | |
| 5. 코크스, 연탄 및 석유정제품 제조업 | C19 | |

| 해당 기업의 주된 업종 | 분류기호 | 규모 기준 |
|---|---|---|
| 6. 화학물질 및 화학제품 제조업(의약품 제조업은 제외한다) | C20 | 평균매출액등 120억원 이하 |
| 7. 의료용 물질 및 의약품 제조업 | C21 | |
| 8. 비금속 광물제품 제조업 | C23 | |
| 9. 1차 금속 제조업 | C24 | |
| 10. 금속가공제품 제조업(기계 및 가구 제조업은 제외한다) | C25 | |
| 11. 전자부품, 컴퓨터, 영상, 음향 및 통신장비 제조업 | C26 | |
| 12. 전기장비 제조업 | C28 | |
| 13. 그 밖의 기계 및 장비 제조업 | C29 | |
| 14. 자동차 및 트레일러 제조업 | C30 | |
| 15. 가구 제조업 | C32 | |
| 16. 전기, 가스, 증기 및 공기조절 공급업 | D | |
| 17. 수도업 | E36 | |
| 18. 농업,임업 및 어업 | A | 평균매출액등 80억원 이하 |
| 19. 광업 | B | |
| 20. 담배 제조업 | C12 | |
| 21. 섬유제품 제조업(의복 제조업은 제외한다). | C13 | |
| 22. 목재 및 나무제품 제조업(가구 제조업은 제외한다) | C16 | |
| 23. 펄프, 종이 및 종이제품 제조업 | C17 | |
| 24. 인쇄 및 기록매체 복제업 | C18 | |
| 25. 고무제품, 및 플라스틱제품 제조업 | C22 | |
| 26. 의료, 정밀, 광학기기 및 시계 제조업 | C27 | |
| 27. 그 밖의 운송장비 제조업 | C31 | |
| 28. 그 밖의 제품 제조업 | C33 | |
| 29. 건설업 | F | |
| 30. 운수 및 창고업 | H | |
| 31. 금융 및 보험업 | K | |
| 32. 도매 및 소매업 | G | 평균매출액등 50억원 이하 |
| 33. 정보통신업 | J | |

| 해당 기업의 주된 업종 | 분류기호 | 규모 기준 |
|---|---|---|
| 34. 수도, 하수 및 폐기물 처리, 원료재생업(수도업은 제외한다) | E<br>(E36 제외) | 평균매출액등<br>30억원 이하 |
| 35. 부동산업 | L | |
| 36. 전문·과학 및 기술 서비스업 | M | |
| 37. 사업시설관리, 사업지원 및 임대 서비스업 | N | |
| 38. 예술, 스포츠 및 여가 관련 서비스업 | R | |
| 39. 산업용 기계 및 장비 수리업 | C34 | 평균매출액등<br>10억원 이하 |
| 40. 숙박 및 음식점업 | I | |
| 41. 교육 서비스업 | P | |
| 42. 보건업 및 사회복지 서비스업 | Q | |
| 43. 수리(修理) 및 기타 개인 서비스업 | S | |

비고

1. 해당 기업의 주된 업종의 분류 및 분류기호는 「통계법」 제22조에 따라 통계청장이 고시한 한국표준산업분류에 따른다.
2. 위 표 제27호에도 불구하고 철도 차량 부품 및 관련 장치물 제조업(C31202) 중 철도 차량용 의자 제조업, 항공기용 부품 제조업(C31322) 중 항공기용 의자 제조업의 규모 기준은 평균매출액등 120억원 이하로 한다.

② 알뜰주유소

주유소(「석유 및 석유대체연료 사업법 시행령」 제2조 제3호에 따른 주유소)을 영위하는 중소기업으로서 다음의 감면 요건을 모두 갖춘 자에 대해서는 2023년 12월 31일까지 해당 석유판매업에서 발생하는 소득에 대하여 위 '1) 기본감면율'을 적용한 세액상당액을 감면한다(조특법 제7조 제3항).

가. 2022년 1월 1일부터 2022년 12월 31일까지의 기간 중 「한국석유공사법」에 따른 한국석유공사와 석유제품(「석유 및 석유대체연료 사업법」에 따른 석유제품을 말한다. 이하 이 호에서 같다) 공급계약을 최초로 체결할 것
나. 가목에 따른 석유제품 공급계약 기간 동안 매 분기별로 「한국석유공사법」에 따른 한국석유공사로부터의 석유제품 구매량이 같은 분기의 석유제품 판매량의 100분의 50 이상일 것
다. 상표를 "알뜰주유소"로 하여 영업할 것

※ 법 제7조 제3항의 개정규정(알뜰주유소 감면)은 2023.1.1. 이후 과세표준을 신고하는 분부터 적용함

### 2) 추가 감면율(개인사업자에게만 적용, 법인사업자는 해당사항 없음)

'1)'의 감면율을 적용함에 있어서 다음의 요건을 모두 충족한 중소기업의 경우에는 '1)'의 감면율에 110%를 적용한 감면율을 적용한다(조특법 제7조 제2항).

| 요 건 | 내 용 |
|---|---|
| 경영기간 | 해당 과세연도 개시일 현재 10년 이상 계속하여 해당 업종을 경영한 기업 |
| 소득금액 | 해당 과세연도 종합소득금액 1억원 이하 |
| 성실사업자 | 「소득세법」 제59조의 4 제9항의 성실사업자로서 조특법 제122조의 3【성실사업자에 대한 의료비 등 공제】 제1항 제1호 제2호 및 제4호의 요건을 모두 갖춘 자 |

#### 3) 감면의 한도(조특법 제7조 제1항 제3호)

감면세액의 한도는 다음 각 구분에 따른 금액으로 한다.

㉠ 해당 과세연도의 상시근로자 수가 직전 과세연도의 상시근로자 수보다 감소한 경우 : 1억원에서 감소한 상시근로자 1명당 5백만원씩을 뺀 금액(해당 금액이 음수인 경우에는 영으로 한다)

㉡ 그 밖의 경우 : 1억원

※ 상시근로자 관련 내용은 '제5장 SECTION2. 상시근로자 등' 내용 참고

### (5) 감면적용의 배제(조특법 제128조 제2항 제3항 · 제4항)

① 과세표준 무신고 시 적용배제(조특법 제128조 제2항)

「소득세법」 제80조【결정과 경정】 제1항, 법인세법 제66조【결정 및 경정】 제1항에 따라 내국인의 과세표준을 결정하는 경우와 「국세기본법」 제45조의 3【기한 후 신고】에 따라 과세표준을 기한 후 신고를 하는 경우에는 조세특례 적용을 배제한다.

② 과세표준의 경정 등의 경우 적용배제(조특법 제128조 제3항)

「소득세법」 제80조【결정과 경정】 제2항 또는 「법인세법」 제66조【결정 및 경정】 제2항에 따라 신고한 과세표준에 오류 또는 누락으로 과세표준을 경정하는 경우('③' 세법상 협력의무 불이행으로 인한 경정의 경우 제외)와 과세표준 수정신고서를 제출한 과세표준과 세액을 경정할 것을 미리 알고 제출한 경우에는 과소신고금액에 대하여 조세특례 적용을 배제한다.

③ 세법상 협력의무 불이행 등 적용배제(조특법 제128조 제4항)

사업자가 사업용 계좌의 미신고, 현금영수증 가입의무 사업자의 미가입 등의 사유가 있는 경우에는 조세특례를 적용하지 아니한다.

## 3. 적용 시 검토 세부내용

### (1) 감면 및 공제의 중복적용의 확인(조특법 제127조 제4항 · 제5항)

① 세액공제와의 중복적용 배제

내국인이 동일한 과세연도에 세액공제를 동시에 적용받을 수 있는 경우에는 중복적용을 배제한다.

② 세액감면과의 중복적용 배제

내국인이 동일한 사업장에 대하여 동일한 과세연도에 2개 이상의 감면규정을 동시에 적용받을 수 있는 경우 중복적용을 배제한다.

### (2) 최저한세 검토

최저한세 규정 적용대상이다(조특법 제132조 제1항 제4호).

### (3) 이월적용여부 확인

세액감면에 대해서는 이월적용을 허용하지 않는다.

### (4) 농어촌특별세 비과세 확인

농어촌특별세를 비과세한다(농특법 제4조 제3호).

## 4. 사후관리의 검토

감면을 적용받은 후에 고용인원의 감소, 자산의 처분 등으로 인한 추징 등의 사후관리는 없다.

# Ⅱ 집행기준 기본통칙 질의회신

## 1. 집행기준

<table>
<tr><th>제 목</th><th>내 용</th></tr>
<tr><td>7-0-3<br>【소기업의 판단기준】</td><td>
① 소기업이란 중소기업 중 매출액이 업종별로 「중소기업기본법 시행령」 별표 3을 준용하여 산정(이 경우 "평균매출액등"은 "매출액"으로 본다)한 다음의 규모 기준 이내인 기업을 말한다.
<table>
<tr><th>구 분</th><th>매 출 액</th></tr>
<tr><td>제조업, 전기 · 가스 · 수도사업 등</td><td>120억원</td></tr>
<tr><td>농업, 광업, 건설업 등</td><td>80억원</td></tr>
<tr><td>도 · 소매업, 출판업 등</td><td>50억원</td></tr>
<tr><td>전문 · 과학 · 기술서비스업 등</td><td>30억원</td></tr>
<tr><td>숙박 · 음식점업 등</td><td>10억원</td></tr>
</table>
② 법인이 2 이상의 서로 다른 사업을 영위하는 경우 소기업에 해당하는지 여부는 사업별 사업수입금액이 큰 사업을 주된 사업으로 보아 당해 법인이 영위하는 사업 전체의 매출액을 기준으로 소기업 해당여부를 판정한다.<br>
③ 종전에는 매출액 100억원 미만의 중소기업 중 업종별로 상시 종업원수가 일정 요건을 충족하는 기업을 소기업으로 보아 왔으나, 2015년 세법개정을 통하여 소기업 기준을 매출액 기준으로 변경하였으며, 이와 같이 변경된 소기업 판정기준은 2016.1.1. 이후 개시하는 과세연도부터 적용하되, 경과조치를 두어 2019.1.1.이 속하는 과세연도까지 각 과세연도별로 개정 규정에 따라 소기업에 해당하지 않으나, 종전 규정에 따른 소기업에 해당하는 경우에는 소기업으로 본다.
</td></tr>
<tr><td>7-0-4<br>【감면세액의 계산방법】</td><td>
$$감면세액 = 산출세액 \times \frac{감면대상\ 소득}{과세표준} \times 감면세액$$
감면한도 = Min(①1억원, ②상시근로자수 감소 : 1억원 − (5백만원 × 감소 인원 수))<br>
과세표준금액에 공제금액(이월결손금, 비과세소득, 소득공제)이 반영되어 있는 경우에 감면대상 소득은 다음 각 호의 금액을 공제한 금액으로 한다.<br>
1. 공제액이 감면대상소득에서 직접 발생한 경우에는 공제액 전액<br>
감면대상 소득 = 감면대상 사업의 각사업연도 소득금액 − 공제액<br>
2. 공제액이 감면대상소득에서 발생한 여부가 불분명한 경우에는 소득금액에 비례하여 안분계산한 금액
$$감면대상\ 소득 = 감면대상\ 사업의\ 각사업연도\ 소득금액 - \left[공제액 \times \frac{감면대상\ 사업의\ 각\ 사업연도\ 소득금액}{각\ 사업연도\ 소득금액}\right]$$
</td></tr>
</table>

| 제 목 | 내 용 |
| --- | --- |
| 7-0-5<br>【감면 대상소득의 계산사례】 | ① 건설업을 영위하는 중소기업이 건설용역을 대가로 수령한 공사대금을 어음으로 수령함에 있어 어음할인 등에 따른 손실보상 차원에서 공사대금에 가산하여 받는 금액과 동 어음 할인비용은 감면사업에 직접 관련하여 발생하는 부수수익 및 비용이므로 중소기업 특별세액 감면대상 소득계산 시 이를 가감한다.<br>② 잡이익과 잡손실은 직접 관련 여부에 따라 제조업 및 기타사업의 개별익금 또는 개별손금으로, 지급이자는 차입한 자금의 실제 사용용도를 기준으로 제조업 및 기타사업의 개별 또는 공통손금으로 구분하여 계산한다.<br>③ 제조업 등을 영위하는 중소기업이 관계법령에 따라 정부와 협약을 체결하여 기술개발용역사업을 수행하면서 사업비로 지급받는 정부출연금은 당해 법인의 제조업 등에서 발생한 소득에 해당하지 아니하는 것이나, 당해 법인의 기술개발사업을 수행한 용역이 한국표준산업분류상 연구 및 개발업(분류코드 73)에 해당하는 경우에는 감면소득에 해당한다.<br>④ 「부가가치세법」 제32조의 2에 따른 신용카드의 사용에 따른 세액공제액은 당해 사업에서 발생한 소득이 아니므로 중소기업에 대한 특별세액감면 대상소득에 해당하지 아니한다.<br>⑤ 건설업 영위 법인이 공사계약 파기에 따른 배상금으로 하도급업체에 지급한 금액은 감면사업(건설업)의 개별손금으로 구분하여 중소기업에 대한 특별세액 감면 규정을 적용할 때 감면소득을 계산한다.<br>⑥ 중소기업에 대한 특별세액감면 적용대상 사업인 제조업과 기타의 사업을 겸영하는 법인이 구분경리하는 경우 외화를 차입하여 감면사업인 제조업에 사용하는 기계를 수입한 경우에는 당해 외화차입금의 환율변동에 따른 환율조정차상각액은 감면사업의 개별손금에 해당하나, 당해 법인의 사업과 직접 관련없이 지출한 기부금은 감면사업과 기타의 사업의 공통손금에 해당한다.<br>⑦ 조세특례제한법 제7조의 규정을 적용받는 사업과 기타의 사업을 겸영하는 경우 감면사업과 과세사업의 소득구분 시 이월결손금은 이월된 당해 결손금의 범위 내에서 이월결손금이 발생한 사업의 소득에서 공제한다.<br>⑧ 각 사업연도소득에 대한 법인세 과세표준과 세액을 납세지 관할세무서장에게 신고한 법인이, 중소기업 등에 대한 특별세액감면 대상소득이 있는 경우에, 경정 등의 청구의 방법으로 동 감면을 적용 받을 수 있다.<br>⑨ 「법인세법」 제66조 제2항에 의하여 경정하는 경우 감면세액은 경정후의 산출세액, 과세표준, 감면대상소득을 기준으로 「법인세법」 제59조의 규정에 따라 재계산한다. |

## 2. 기본통칙

없음

## 3. 질의회신

| 제 목 | 내 용 |
|---|---|
| 사업자등록을 한 인적용역사업자가 중소기업에 대한 특별 세액감면 적용되는지 여부 | 인적용역사업자는 면세 사업자등록 유무와 관계없이 「조세특례제한법」에 따른 중소기업에 해당하지 않아 「조세특례제한법」 제7조에 따른 중소기업에 대한 특별세액감면을 적용받을 수 없는 것임.<br>서면-2025-소득-0252 [소득세과-1044] 2025.5.20. |
| 중소기업특별세액감면 대상 업종 여부 | 조세특례제한법 제7조 중소기업에 대한 특별세액감면을 위한 업종 분류는 같은 법에 특별한 규정이 있는 경우를 제외하고는 통계법 제22조의 규정에 의하여 통계청장이 고시하는 한국표준산업분류에 의하는 것임.<br>서면-2015-법인-0884 [법인세과-1215], 2016.5.18. |
| 관광호텔 내에서 운영하는 예식장 관련 수입 등이 중소기업특별세액감면 대상 업종인지 여부 | 관광호텔이 영위하는 예식장업 등이 「관광진흥법」 제3조 제1항 및 같은 법 시행령 제2조 제1항에서 규정한 관광사업에 해당하는 경우 「조세특례제한법」 제7조 제1항 제1호 고목에 따라 중소기업특별세액감면 대상 업종에 해당하나, 관광호텔 내 예식장 등의 관광사업 해당 여부는 「관광진흥법」에 따라 판단할 사항임.<br>조특, 서면-2016-법인-3560 [법인세과-1720], 2017.6.29. |
| 사업용계좌 미신고 법인의 중소기업에 대한 특별세액감면 배제 여부 | 「조세특례제한법」 제128조 제4항 제1호에 의하여 사업용계좌를 신고하여야 하는 사업자는 「소득세법」 제160조의 5에 따른 복식부기의무자로서, 법인은 소득세법에 의한 복식부기의무자가 아니며 사업용계좌의 신고 · 사용의무가 없으므로, 「조세특례제한법」 제128조 제4항 제1호에 따른 중소기업특별세액감면 배제 대상에 해당하지 아니하는 것임.<br>법인, 서면-2015-법인-1225 [법인세과-1501], 2015.7.23. |
| 고용증대세액공제를 중소기업특별세액감면으로 변경하는 수정신고 가능여부 | 제조업을 영위하는 거주자가 당초 종합소득세 과세표준 확정신고 시 「조세특례제한법」 제30조의 4 고용증대세액공제를 적용받은 이후 해당 세액공제를 배제하고 같은 법 제7조의 중소기업에 대한 특별세액감면을 적용하여 「국세기본법」 제45조에 따른 수정신고를 할 수 있는 것임.<br>국기, 서면법규과-72, 2014.1.27. |
| 과세연도 중 이전한 중소기업의 세액감면 적용 | 1. 중소기업이 과세연도 중에 수도권과밀억제권역 외 지역으로 공장을 이전한 경우 이전 전 소득에 대하여는 중소기업특별세액감면을 적용하고, 이전 후 소득에 대하여는 수도권과밀억제권역 외 지역이전 세액감면을 각각 적용할 수 있는 것임.<br>2. 이 해석은 시행일 이후에 소득세 또는 법인세를 결정(경정)하거나 신고하는 분부터 적용함.<br>재정경제부 조세지출예산과-241, 2006.4.24. |

| 제 목 | 내 용 |
| --- | --- |
| 동일사업장 내 업종별 각각 다른 세액감면의 적용 | 내국법인이 동일한 사업장에서 제조업으로 창업한 후 도매업을 추가하여 겸영하면서 명확히 구분경리하는 경우 제조업에서 발생한 소득에 대하여는 조세특례제한법 제6조에서 규정하는 창업중소기업세액감면을 적용받고 도매업에서 발생한 소득에 대하여는 조세특례제한법 제7조에서 규정하는 중소기업특별세액감면을 적용받을 수 있는 것임.<br>재정경제부 조세지출예산과-17, 2005.1.7. |
| 본사를 지방으로 이전한 후 업종이 추가된 경우 감면 중복지원 배제 여부 | 수도권과밀권역에 본사를 두고 3년 이상 도매업을 영위하던 법인이 본사를 지방으로 이전한 후 제조업을 추가 영위하며 업종별로 구분경리를 하는 경우, 도매업에서 발생하는 소득에 대해서는 「조세특례제한법」 제63조의 2에 의한 법인의 공장 및 본사를 수도권 밖으로 이전하는 경우 법인세 등 감면을 적용하고, 이전 후 추가한 제조업에서 발생하는 소득에 대해서는 「조세특례제한법」 제7조 중소기업특별세액감면을 각각 적용받을 수 있는 것임.<br>서면-2020-법인-2686 [법인세과-2447], 2020.7.10. |
| 승강기 설치 및 수리 · 유지보수업을 영위하는 업체가 중소기업에 대한 특별세액감면을 적용받을 수 있는지 여부 | 「조세특례제한법」 제7조 중소기업에 대한 특별세액감면 적용을 위한 업종 분류는 같은 법에 특별한 규정이 있는 경우를 제외하고는 「통계법」 제22조의 규정에 의하여 통계청장이 고시하는 한국표준산업분류에 의하는 것이며, 승강기 설치 및 수리 · 유지보수업은 한국표준산업분류에 따를 경우 건물용 기계 · 장비 설치 공사업(분류코드 : 42202)으로 건설업에 해당하며, 귀 법인의 사업이 여기에 해당하는지 여부는 사실 판단할 사항임.<br>사전-2022-법규법인-0355, 2022.3.31. |
| 내국법인이 중소기업에 대한 특별세액감면을 적용함에 있어 소기업 여부 판정 시 공동사업장의 매출액이 포함되는지 여부 | 내국법인이 개인과 공동사업장(개인사업자)을 운영하는 경우, 「조세특례제한법 시행령」 제6조 제5항에 따른 소기업 여부를 판정함에 있어 매출액에는 공동사업장의 매출액 중 공동사업계약에 따른 지분비율에 의하여 안분한 금액이 포함되는 것임.<br>서면-2022-법규법인-3374, 2023.5.4. |
| 소기업 판정 시 관계기업의 매출액을 합산하는지 여부 | 소기업 판정 시 「조세특례제한법」 제6조 제5항의 매출액에 관계기업의 매출액은 합산하지 아니하는 것임.<br>서면-2016-법인-5783, 2016.12.9. |
| 고용유지지원금이 조특법 제7조에 따른 중소기업에 대한 특별세액감면이 적용되는 소득에 해당하는지 여부 | 사업자가 「고용보험법」 제21조 제1항 및 동법 시행령 제19조 제1항에 따라 지급받은 고용유지지원금은 「조세특례제한법」 제7조 제1항의 소득세가 감면되는 "해당 사업장에서 발생한 소득"에 해당하지 아니하는 것임.<br>사전-2021-법령해석소득-0767, 2021.09.29. |

| 제 목 | 내 용 |
|---|---|
| 택시 운송업 영위 내국법인이 영업용으로 사용하던 택시와 함께 영업권을 양도하면서 발생한 무형자산처분이익이 중소기업에 대한 특별세액감면 대상 소득에 해당하는지 여부 | 여객운송업을 영위하는 내국법인이 영업용으로 사용하던 택시 전부와 함께 영업권을 양도함에 따라 발생한 무형자산처분이익은 「조세특례제한법」 제7조의 중소기업에 대한 특별세액감면을 적용할 때 감면대상소득에 해당하지 않는 것임.<br>기준-2018-법령해석법인-0183, 2018.9.3. |
| 택배업이 「조세특례제한법」 제7조에서 규정하는 중소기업에 대한 특별세액감면을 적용받을 수 있는 '물류산업'에 해당하는지 여부 | 한국표준산업분류상의 택배업(49401)은 「조세특례제한법」 제7조의 중소기업 특별세액감면이 적용되는 물류산업에 해당하는 것임.<br>서면-2017-법령해석소득-1510, 2017.6.30. |
| 수도권 외의 지역에서 건설업을 영위 중인 소기업인 법인이 사업연도 중 수도권 안으로 이전한 경우 조세특례제한법 제7조의 규정에 의한 중소기업에 대한 특별세액감면 적용 시 이전 전 소득에 대하여는 30%, 이전 후 소득에 대하여는 100/20을 적용하는지, 아니면 전액 20%을 적용하는지 여부 | 조세특례제한법 제7조 제1항(2001.12.29. 법률 제6538호로 개정된 것)의 규정을 적용함에 있어서 감면대상 여부 및 감면율은 사업연도 종료일 현재 본점 소재지를 기준으로 적용하는 것이며, 귀 질의와 같이 사업연도 중 본점을 수도권 안으로 이전하는 경우 이전일이 속하는 사업연도의 개시일부터 수도권 안의 지역에서 소기업을 영위하는 내국인에게 적용되는 감면율 100분의 20을 적용하는 것임.<br>서이46012-10159, 2003.1.22. |
| 수도권 안에서 제조업 및 소매업을 겸영하고 있는 중소기업인 법인으로서 주된 사업은 제조업이며 상시 사용하는 종업원 수는 15명인 경우, 제조업 및 소매업 소득 모두에 대하여 조세특례제한법 제7조의 중소기업에 대한 특별세액감면규정을 적용받을 수 있는지 여부 | 수도권정비계획법 제2조 제1호의 규정에 의한 수도권 안에서 제조업을 주된 사업으로 하고 소매업을 겸영하는 중소기업인 법인이 조세특례제한법시행령 제6조 제3항 규정에 의한 '소기업'에 해당하는 경우, 조세특례제한법 제7조의 규정에 따라 각각의 감면소득에 대하여 중소기업특별세액감면의 감면율을 적용하는 것임.<br>서면인터넷방문상담2팀-1546, 2004.7.21. |

| 제 목 | 내 용 |
|---|---|
| 주된사업이 감면대상업종이 아닌 경우의 감면적용여부 | 조세특례제한법 시행령 제2조의 규정에 의한 중소기업이 같은 법 제7조에 열거된 사업(주된 사업이 아닌 경우도 포함)을 하는 경우 당해 사업의 소득금액에 대하여 중소기업에 대한 특별세액감면을 하는 것이며, 건설업에 해당하는 아파트분양사업은 당해 사업에 대하여 법인세법 제40조에 규정된 손익의 귀속사업연도에 의하여 계산된 당해 과세연도의 소득금액에 대하여 중소기업에 대한 특별세액감면을 하는 것임.<br>서이46012-10184, 2002.1.31. |
| 「조세특례제한법 시행령」 제6조 제5항 단서 규정상 매출액이 100억원 이상인 경우 소기업을 배제하도록 규정하고 있는바, 소기업 배제 매출액 기준에 해당하는 소기업에 대하여 같은 법 시행령 제2조 제2항에 따른 유예기간 적용 대상인지 여부 | 「조세특례제한법」 제7조에 따른 중소기업에 대한 특별세액감면을 적용함에 있어 같은 법 시행령 제6조 제5항에 따른 소기업이 매출액 100억원 이상이 된 경우에는 같은 영 제2조 제2항에 따른 유예기간을 적용하지 않는 것임.<br>서면법규과-217, 2013.2.27. |
| 사업연도 중 사업장 이전 시 감면율 적용 | 「조세특례제한법」 제7조 제1항의 규정을 적용함에 있어서 감면대상 여부 및 감면율은 사업연도 종료일 현재 본점 소재지를 기준으로 적용하는 것임.<br>서면인터넷방문상담2팀-2499, 2006.12.7. |

# III 사례연구

## 1. 회사 정보 공통사항

### (1) 회사 사업내용, 설립일 및 소재지 등

① ㈜나라는 LCD 모니터 제조업과 데스크톱 PC 도소매업을 영위하는 법인 사업자이다. 회사 설립일은 1997.01.07.이다. 본점은 충청남도 천안시 서북구 성환읍에 소재하고 있다. 본점 소재지에는 제1공장과 사무실이 소재하고 있고, 충청남도 공주시 정안면 사현리 소재 농공단지에 2003.09.27. 지점 사업장을 설치하고 지점 사업자등록 후 사업장을 운영하고 있으며 지점에서도 본점과 동일한 사업을 영위하고 있다.

② 사업연도는 매년 1.1.~12.31.이며, 2025년 사업연도의 법인의 재무상태표상 자산총액은 3,565,918,921원, 매출액은 제품매출 10,628,403,721원, 상품매출 3,839,786,400원이다.

③ 당해 법인은 다른 회사의 계열사 등은 아니다.

④ ㈜나라의 업종코드와 한국표준산업분류 코드는 다음과 같다.

| 구 분 | 업종코드 | 한국표준산업분류코드 |
|---|---|---|
| LCD 모니터 제조업 | 300103 | C26322 |
| 데스크톱 PC 도소매업 | 515050 | G46510 |

⑤ 공제시한 내 이월결손금은 없으며, 2025년 사업연도에 비과세소득, 소득공제항목은 발생하지 않았다.

### (2) 근무자 현황

2024년 사업연도 상시근로자는 7명, 2025년 사업연도 상시근로자는 8명이다.

| 구 분 | 해당(직전) 과세연도의 매월 말 현재 상시근로자 수 | | | | | | | | | | | | 합계 |
|---|---|---|---|---|---|---|---|---|---|---|---|---|---|
| | 1월 | 2월 | 3월 | 4월 | 5월 | 6월 | 7월 | 8월 | 9월 | 10월 | 11월 | 12월 | |
| 2025년 | 8 | 8 | 8 | 8 | 8 | 8 | 8 | 8 | 8 | 8 | 8 | 8 | 96 |
| 2024년 | 7 | 7 | 7 | 7 | 7 | 7 | 7 | 7 | 7 | 7 | 7 | 7 | 84 |

## 2. 2025년 사업연도 사업장별 업종별 소득금액

㈜나라의 2025년 사업연도 소득금액은 다음과 같다.

| 구 분 | 본점 사업장 | 지점 사업장 | 합 계 |
|---|---|---|---|
| LCD 모니터 제조업 | 158,335,479 | 96,128,520 | 254,463,999 |
| 데스크톱 PC 도소매업 | 96,140,207 | 59,125,060 | 155,265,267 |
| 소 계 | 254,475,686 | 155,253,580 | 409,729,266 |

## 3. 요구사항

위의 자료를 바탕으로 2025년 과세연도에 제7조【중소기업에 대한 특별세액감면】 적용 여부를 결정하고 감면세액과 농어촌특별세 과세대상인 경우 부담할 농어촌특별세액을 계산하시오. 최저한세 규정 또한 고려하여 결정하기로 한다.

### 풀이

1. 기본검토사항

| 구 분 | | 검토요건 또는 확인사항 |
|---|---|---|
| 적용 여부 검토 | ① 당해 법인의 중소기업 요건 충족 확인 | • 업종요건 : 제조업 도소매업 영위 요건충족<br>• 규모요건 : 제조업 매출액 10,628,403,721원, 도소매업 매출 3,839,786,400원이므로 주된 사업은 제조업으로 판단. 중소기업기본법 시행령 별표 1의 한국표준산업분류코드 C26의 매출액 1,000억원 이하 요건 충족<br>• 독립성요건 : 다른 기업의 계열사 등이 아니므로 요건 충족<br>• 졸업요건 : 당해 사업연도 자산총액 3,565,918,921원이므로 요건충족<br>∴ 조세특례제한법의 중소기업에 해당함 |
| | ② 각 조항별 적용 시한 확인 | 2025.12.31. 이전에 끝나는 과세연도까지 적용하므로 충족 |
| | ③ 각 조항별 규정 업종의 요건 충족 확인 | 주된 사업 제조업을 영위하므로 요건충족 |
| | ④ 본점 및 사업장 소재지 등 확인 | 본점이 수도권 밖에 소재하므로 감면율 적용 시 수도권 외 업종별 감면율을 선택 적용 |

| 구 분 | | 검토요건 또는 확인사항 |
|---|---|---|
| | ⑤ 감면/공제 적용의 배제 | 정기신고를 하고, 경정이나 사업용계좌의 미가입, 신용카드 영수증, 현금영수증 등 미발행 사실이 없으므로 적용함 |
| 적용 시 검토 | ⑥ 감면/공제 중복적용 확인 | 제6조【창업중소기업세액감면】등 세액감면 제24조【통합투자세액공제】등 세액공제와 동시 적용 배제 |
| | ⑦ 최저한세 적용대상 확인 | 최저한세 규정을 적용 |
| | ⑧ 이월적용 여부 확인 | 세액감면의 경우 당해 과세연도에 적용받지 못한 감면세액은 다음 과세연도로 이월적용하지 않음 |
| | ⑨ 농어촌특별세 비과세 확인 | 농어촌특별세 비과세 대상임 |
| 사후 관리 | ⑩ 공제감면 후 사후관리 규정 | 별도의 사후관리 규정 없음 |



## 2. 감면세액의 계산

### (1) 산출세액의 계산

㈜나라의 2025년 사업연도 법인세 산출세액

= 200,000,000 × 9% + (409,729,266 − 200,000,000) × 19%

= 18,000,000원 + 209,729,266 × 19%

= 18,000,000원 + 39,848,560원

= 57,848,560원

### (2) 감면율의 결정

본점 소재지는 충청남도 천안시 서북구 성환읍에 소재하고 지점은 충청남도 공주시 정안면 사현리에 소재한다. 모든 사업장이 수도권 외 지역에 소재하므로 감면율 적용 시 수도권 외, 업종별 감면율을 적용한다.

### (3) 감면세액의 계산

① 사업별 산출세액의 안분

㉠ 제조업 산출세액 = 57,848,560 × 254,463,999 / 409,729,266
= 35,927,079원

㉡ 도소매업 산출세액 = 57,848,560 × 155,265,267 / 409,729,266
= 21,921,480원

② 감면세액의 계산

㉠ 제조업 감면세액 = 35,927,079 × 15% = 5,389,061원

㉡ 도소매업 감면세액 = 21,921,480 × 5% = 1,096,074원

㉢ 감면세액 합계 = 6,485,135원

③ 감면한도 검증

감면한도 = Min(1억원, 감소 인원수 × 5,000,000원)
= Min(1억원, 0명 × 5,000,000원)
= 1억원

∴ 감면세액이 한도액을 초과하지 않으므로 감면세액 전액 대상세액이 된다.

(4) 최저한세 검증

① 최저한세 = 409,729,266 × 7%
= 28,681,048원

② 차감세액 = 57,848,560원 − 6,485,135원
= 51,363,425원

∴ 차감세액이 최저한세액을 초과하므로 최저한세로 인한 적용배제세액은 없다.

(5) 농어촌특별세

농어촌특별세 바과세 대상이므로 농어촌특별세 부담액은 없다.

[별지 제8호 서식 부표 2] (2021.3.16. 개정) (앞쪽)

| 사 업<br>연 도 | 2025.01.01.<br>~<br>2025.12.31. | 공제감면세액계산서(2) | 법인명 | ㈜나라 |
|---|---|---|---|---|
| | | | 사업자등록번호 | 203-81-63108 |

| ① 구 분 | | 근거법 조 항 | ② 계산명세 | ③ 감면대상 세액 | ④ 최저한세 적용감면 배제금액 | ⑤ 감면세액 (③-④) | ⑥ 적용사유 발생일 |
|---|---|---|---|---|---|---|---|
| 조세특례제한법 | 중소기업에 대한특별세액감면 | 법 제7조 | 57,848,560 × 254,463,999 / 409,729,266 × 15/100 | 5,389,061 | | 5,389,061 | 2025-12-31 |
| | 중소기업에 대한특별세액감면 | 법 제7조 | 57,848,560 × 155,265,267 / 409,729,266 × 5/100 | 1,096,074 | | 1,096,074 | 2025-12-31 |
| | | | | | | | |
| 합 계 | | | | 6,485,135 | ※ | 6,485,135 | |

210mm×297mm[백상지 80g/㎡ 또는 중질지 80g/㎡]

# 중소기업에 대한 특별세액감면 검토 서식

<table>
<tr><th colspan="3">검 토 사 항</th><th>적합 여부</th></tr>
<tr><td>중소기업 기준</td><td colspan="2">[서식 5] 중소기업 여부 검토표를 충족하는지 여부</td><td>**예** / 아니오</td></tr>
<tr><td>업종 기준</td><td colspan="2">조특법 §7 ① 1호에 열거된 업종을 영위하는지 여부<br>작물재배업, 축산업, 어업, 광업, 제조업, 건설업, 도소매업, 출판업, 방송업, 전기통신업, 연구개발업, 광고업, 전문디자인업 등 열거된 업종에 한정</td><td>**예** / 아니오</td></tr>
<tr><td>소기업 기준</td><td colspan="2">매출액이 업종별로 「중소기업기본법 시행령」 [별표 3] 규모기준 이내인지 여부</td><td>예 / 1번 이동<br>**아니오 / 2번 이동**</td></tr>
<tr><td rowspan="6">감면율</td><td rowspan="3">1. 소기업</td><td>도매 및 소매업, 의료업(도매업 등)을 경영하는 사업장</td><td>10%</td></tr>
<tr><td>수도권에서 도매업 등을 제외한 업종을 경영하는 사업장</td><td>20%</td></tr>
<tr><td>수도권 외의 지역에서 도매업을 제외한 업종을 경영하는 사업장</td><td>30%</td></tr>
<tr><td rowspan="3">2. 중기업</td><td>**수도권 외의 지역에서 도매업 등을 경영하는 사업장**</td><td>**5%**</td></tr>
<tr><td>수도권에서 지식기반사업을 경영하는 사업장<br>〈지식기반산업〉<br>엔지니어링산업, 전기통신업, 연구개발업, 컴퓨터프로그래밍 · 시스템통합 및 관리업, 영화 · 비디오물 및 방송프로그램제작업, 전문디자인업, 오디오물 출판 및 원판녹음업, 광고물작성업, 소프트웨어 개발 및 공급업, 방송업, 정보서비스업, 서적 · 잡지 및 기타 인쇄물출판업, 창작 및 예술관련 서비스업(자영예술가는 제외), 보안시스템 서비스업</td><td>10%</td></tr>
<tr><td>**수도권 외의 지역에서 도매업 등을 제외한 업종을 경영하는 사업장**</td><td>**15%**</td></tr>
<tr><td>한도액</td><td colspan="2">감면한도액을 초과하여 적용하지 않았는지 여부<br>① 해당 과세연도의 상시근로자 수가 직전 과세연도의 상시근로자 수보다 감소한 경우<br>⇒ 1억원 − 감소한 상시근로자 수 × 5백만원<br>② 그 밖의 경우 : 1억원</td><td>부</td></tr>
</table>

CHAPTER 03

# 연구 및 인력개발에 대한 조세특례

우리나라는 다른 나라에 비하여 부존자원의 부족으로 전부터 외국으로부터의 수입에 대한 의존도가 높았다. 국가의 산업발전과 고부가가치 제품을 생산하기 위한 기술력 발전에 많은 투자는 선행되어야 할 요소이며, 국가뿐만 아니라 기업단위의 연구개발에 대한 투자가 절실하다. 특히 21세기 들어 세계는 첨단기술력 획득에 수많은 인력과 자원을 투자하고 있으며, 4차 산업혁명에 직면한 현재 환경에서는 더욱더 절실한 것이다. 이에 조세특례제한법에서는 기업의 연구개발을 촉진하기 위해 기업들에게 여러 세제상 혜택을 부여하고 있으며 특히, 중소기업에는 세액공제율의 확대적용 등을 통해 지원하고 있다. 최근 5년간의 연구인력개발비세액공제 신청액의 증가추이를 보면 기업들이 연구개발에 대한 투자를 증가시키고 있음을 알 수 있다.

**| 연구인력개발비 세액공제 신고 현황* |**

(금액단위 : 백만원)

| 구 분 | 중소기업 | | 일반법인 | |
|---|---|---|---|---|
| | 신고법인수 | 금액 | 신고법인수 | 금액 |
| 2014년 | 18,251 | 943,302 | 1,376 | 1,800,379 |
| 2015년 | 20,696 | 986,589 | 1,399 | 1,776,393 |
| 2016년 | 23,830 | 1,083,948 | 1,384 | 947,646 |
| 2017년 | 26,607 | 1,213,179 | 1,535 | 1,013,983 |
| 2018년 | 28,834 | 1,218,479 | 1,519 | 1,081,298 |

조세특례제한법에는 기업의 연구개발활동에 대해 여러 세제상 지원 규정이 있는데 본장에서는 제10조【연구 · 인력개발비에 대한 세액공제】에 대하여 살펴보기로 한다.

* 2019년 국세통계연보 8-3-3 연구인력개발비세액공제 신고현황

# SECTION 01 제10조【연구 · 인력개발비에 대한 세액공제】



## I 조문내용해설

### 1. 기본검토사항

| 구 분 | | 검토요건 또는 확인사항 |
|---|---|---|
| 적용 여부 검토 | ① 당해 법인의 중소기업요건 충족 확인 | 업종, 규모, 독립성, 졸업요건을 충족한 중소기업과 중견기업과 그 외 기업에 대한 공제율에 차이 있음 |
| | ② 각 조항별 적용 시한 확인 | 일반연구인력개발비는 적용 시한에 별도로 제한을 두고 있지 않지만 신성장 · 원천기술 연구개발비와 국가전략기술연구개발비의 경우 2029년 12월 31일(국가전략기술 중 반도체 분야 기술의 경우 2031년 12월 31일)까지 발생분에 대해서만 적용 |
| | ③ 각 조항별 규정 업종의 요건 충족 확인 | – |
| | ④ 본점 및 사업장 소재지 등 확인 | 본점 소재지에 따른 공제율 차등 적용 없음 |
| | ⑤ 감면/공제 적용의 배제 | 추계과세 시 배제 |
| 적용 시 검토 | ⑥ 감면/공제 중복적용 확인 | 다른 세액감면 세액공제와 중복적용 가능 |
| | ⑦ 최저한세 적용대상 확인 | 중소기업의 연구인력개발비는 적용배제 |
| | ⑧ 이월적용 여부 확인 | 10년간 이월공제 |
| | ⑨ 농어촌특별세 비과세 확인 | 농어촌특별세 비과세 |
| 사후 관리 | ⑩ 공제감면 후 사후관리 규정 | 별도의 사후관리 없음 |

## 2. 적용여부 검토 세부내용

### (1) 중소기업 및 중견기업 요건의 확인

중소기업요건(업종요건, 규모요건, 독립성요건, 졸업요건)을 충족한 중소기업과 중견기업 그 외의 기업별로 공제율에 차이가 있으므로 이를 확인하여야 한다.

### (2) 적용 시한의 확인

일반 연구인력개발비 세액공제는 적용 시한이 별도로 없지만 신성장 · 원천기술 연구개발비와 국가전략기술연구개발비는 2029년 12월 31일(국가전략기술 중 반도체 분야 기술의 경우 2031년 12월 31일) 발생분까지만 적용하므로 발생한 연구인력개발비 성격별로 적용 시한을 확인하여야 한다.

### (3) 각 조항별 규정 업종요건의 충족 확인

공제율 적용시 중소기업과 중견기업 그 외 기업으로 구분하여 세액공제율이 달리 적용되므로 실무자들의 경우 중소기업, 중견기업, 그 외 기업에 대한 확인이 필요하다.

저자주 조세특례제한법에서 중소기업과 중견기업에 관련한 규정을 살펴보면 중소기업 및 중견기업에서 배제되는 업종으로 소비성서비스업종 등을 규정하고 있고 세액공제 대상이 되는 비용은 별표에서 규정된 비용에 한정되므로 주의하여야 한다.

### (4) 본점 및 사업장 소재지 등 확인

연구인력개발비 세액공제는 본점이나 사업장 소재지에 따른 차등 적용 규정은 없다.

### (5) 감면/공제 적용배제 확인

「소득세법」 제80조【결정과 경정】 제3항 단서 또는 「법인세법」 제66조【결정 및 경정】 제3항 단서에 따라 추계를 하는 경우 세액공제를 적용하지 않는다(조특법 제128조 제1항).

## 3. 세액공제 세부내용

### (1) 연구개발의 정의(조특법 제2조 제11호, 조특령 제1조의 2)

과학적 · 기술적 진전 또는 새로운 서비스 및 서비스전달체계 개발을 위한 체계적이고 창의적인 활동을 말하며, 다음의 활동을 제외한다(조특법 제2조 제1항 제11호, 조특령 제1조의 2).

① 일반적인 관리 및 지원활동

② 시장조사, 판촉활동 및 일상적인 품질시험

③ 반복적인 정보수집 활동

④ 경영이나 사업의 효율성을 조사 · 분석하는 활동

⑤ 특허권의 신청 · 보호 등 법률 및 행정 업무

⑥ 광물 등 자원 매장량 확인, 위치 확인 등 조사 · 탐사 활동

⑦ 위탁받아 수행하는 연구활동

⑧ 이미 기획된 콘텐츠를 단순 제작하는 활동

⑨ 기존에 상품화 또는 서비스화된 소프트웨어 등을 복제하여 반복적으로 제작하는 활동

⑩ 이미 연구개발된 제품 · 기술 · 서비스 · 설계 · 디자인 등과 동일성을 유지하는 범위에서 이를 단순하게 보완 · 변형 · 개선하는 활동

**참고사항**

「기초연구진흥 및 기술개발지원에 관한 법률」 시행령 제2조【정의】 제5호에 따르면 연구개발활동은 다음과 같다.

> "연구개발활동"이란 과학기술 분야 또는 서비스 분야(별표 1의 유흥 등 관련분야는 제외한다)의 지식을 축적하거나 새로운 응용방법을 찾아내기 위하여, 축적된 창의적 지식을 활용하는 체계적이고 창조적인 활동으로서 새로운 제품 및 공정(工程)을 개발하기 위한 시험제품의 설계 · 제작 및 시험, 새로운 서비스 및 서비스 전달체계의 개발 등 사업화 전까지의 모든 과정을 말한다.

위의 정의 내용 중 과학기술 분야 또는 서비스 분야는 다음과 같이 구분할 수 있다.*

<table>
<tr><th>과학기술분야</th><th>서비스분야</th></tr>
<tr>
<td>○ 제품개발에 해당하는 건설, 금속, 기계, 생명과학, 섬유, 소재, 식품, 전기전자, 화학, 환경, 산업디자인, 기타 등의 분야–산업디자인 분야는 "제품디자인"과 "포장디자인"에 한하여 인정 가능<br>• 제품디자인: 대량생산되는 산업제품의 기능과 형태를 결정하는 디자인을 의미<br>• 포장디자인: 제품을 담을 용기나 포장지를 만들고 디자인하는 활동을 의미</td>
<td>○ 유흥 등 관련분야 6개 업종(영 〈별표 1〉)을 제외한 모든 서비스 분야 신고 가능
<table>
<tr><th>업 종</th><th>한국표준산업분류(중분류)</th></tr>
<tr><td>하수 · 폐기물처리, 원료재생 및 환경복원</td><td>36~39</td></tr>
<tr><td>도매 및 소매</td><td>45~47</td></tr>
<tr><td>운수</td><td>49~52</td></tr>
<tr><td>숙박 및 음식점</td><td>55~56</td></tr>
<tr><td>출판, 영상, 방송통신 및 정보서비스</td><td>58~63</td></tr>
<tr><td>금융 및 보험</td><td>64~66</td></tr>
<tr><td>부동산 및 임대</td><td>68</td></tr>
<tr><td>전문, 과학 및 기술 서비스</td><td>70~73</td></tr>
<tr><td>사업시설 관리, 사업 지원 및 임대 서비스</td><td>74~76</td></tr>
<tr><td>교육서비스</td><td>85</td></tr>
<tr><td>보건업 및 사회복지 서비스</td><td>86~87</td></tr>
<tr><td>예술, 스포츠 및 여가관련 서비스업</td><td>90~91</td></tr>
</table>
</td>
</tr>
</table>

'서비스 분야'에서 제외되는 유흥등 관련 분야는 기초연구진흥 및 기술개발지원에 관한 법률 시행령 [별표 1]과 같다.

* 2024 기업부설연구소 및 연구개발전담부서 신고에 관한 업무편람, pp.10~11, 한국산업기술진흥협회, 2024

■ 기초연구진흥 및 기술개발지원에 관한 법률 시행령 [별표 1] (2020.3.3. 개정)

**유흥 등 관련분야의 범위**(제2조 제5호 관련)

유흥 등 관련분야의 범위는 다음 표에 규정된 서비스 업종(「통계법」 제22조에 따라 통계청장이 고시한 한국표준산업분류에 따른 업종을 말한다)으로 한다.

| 업 종 | 한국표준산업분류코드 |
|---|---|
| 일반 유흥주점업 | 56211 |
| 무도 유흥주점업 | 56212 |
| 기타 주점업 | 56219 |
| 기타 사행시설 관리 및 운영업 | 91249 |
| 무도장 운영업 | 91291 |
| 블록체인 기반 암호화 자산 매매 및 중개업 | 63999-1 |

저자주 실무에서는 각 활동의 요건충족 여부 확인이 쉽지 않은 경우가 종종 발생한다. 이하에서 부적격 연구개발활동 유형, 적격연구활동개발사례, 부적격연구활동개발사례를 소개한다.

※ 참고 : 부적격 연구개발활동 유형*

| 비연구개발활동 | 세부내용 |
|---|---|
| 창의성·차별성 없는 일상적인 개선활동 | • 종래 기술을 단순 변용하는 수준의 일상적인 개선 활동이나 맞춤형 제작 활동<br>예 맞춤형 제품을 제작하기 위한 일상적인 가공 활동, 양산준비 활동, 정기적인 앱 업데이트, 고유디자인으로 볼 수 없는 편집 활동, 일반적인 내용이 수록된 교육자료 집필활동, 제조 작업일지를 연구노트로 작성, 범용 기술을 이용한 제품제작, 과학적 분석 없이 음식 레시피만을 단순 개선하는 활동, 관련 법령을 적용하여 사용자 매뉴얼을 작성하는 활동<br>• 관련사례 : 서울행정법원 2016구합56905, 2017.7.13, 조심2016중3124, 2017.3.29. |
| 위탁받아 수행하는 연구활동 및 용역활동 | • 위탁자에게 비용을 지급받아 수행하는 개발로 연구결과물 등의 소유권이 위탁자에게 귀속되는 용역활동으로 연구용역비 매출 발생이 확인된 경우<br>예 수탁연구활동, 일반용역활동 |
| 지식 향상을 위한 단순 조사·인용활동 | • 논문과 인터넷, 특허, 정부지원과제 결과물 등의 공지된 정보를 단순 인용하는 활동으로 실제 개발로 연결되지 않는 수준의 조사·인용<br>예 타사 정부지원과제·특허·서적의 내용을 단순 요약한 연구자료, 타사의 과거 특허를 복사하여 출원하는 활동 |
| 체계적이지 않은 연구개발 활동 (연구증거 불충분 포함) | • 제출된 연구개발보고서나 연구증빙자료(연구노트 등, 회의록, 지식재산권)를 통해 연구개발활동이 확인되지 않거나 연구개발활동을 확인하기 어려울 정도로 연구증거가 부족한 경우 |
| 일반적인 관리 및 지원활동 | • 개발/생산관리 및 지원업무<br>예 생산관리 체계 개선, 파일럿 라인 관리, 위탁과제 관리, 인증을 위한 행정업무, 양산을 위한 행정업무, 환경 안전 업무, 연구실 안전관리 업무 |
| 과세연도 이전에 수행한 연구활동 | • 과세연도 이전에 개발이 완료된 과거 연구결과물을 증빙자료로 제시한 경우<br>예 과거 출원한 특허·논문·정부과제 결과물, 양산 중인 제품에 대해 과거 개발한 개발자료, 그 외 과거 수행한 연구 증빙자료 |

* 2024년 연구·인력개발비 세액공제 사전심사 가이드라인, pp45~46, 국세청, 2024년

| 비연구개발활동 | 세부내용 |
|---|---|
| 시장조사, 판촉활동 및 일상적인 품질시험 | • 기술영업 활동<br>예 판매촉진을 목적으로 고객사 제품의 특성을 분석하고 이 결과를 토대로 자사 제품을 추천하는 활동, 고객사 프로모션용 데모장비 제작 활동<br>• 매출향상을 위한 시장조사나 마케팅 전략을 수립하는 활동<br>예 차기 제품에 적용할 색상을 선정하기 위한 시장조사 활동, 신제품 홍보 계획을 수립하는 활동, 광고용 이미지를 촬영하는 활동<br>• 연구전담요원이 반드시 수행할 이유가 없는 품질시험 활동<br>예 일상적인 품질평가, 품질보증업무, 원부자재 입출고 검사 |
| 반복적인 정보수집활동 | • 기술개발활동으로 볼 수 없는 반복적인 정보수집 활동<br>예 공개된 정보를 수집하여 정리하는 활동, 관련법을 요약하여 정리하는 활동 |
| 경영이나 사업의 효율성을 조사·분석하는 활동 | • 개발과 관련이 낮은 경영·관리 등의 분야에서 효율성을 개선하는 활동<br>예 사업확장을 위한 조사 활동, 재고관리 효율을 높이기 위한 자사 제품군 조사 및 통합 활동 |
| 전사적 기업자원 관리 설비 도입 활동 | • 구매·생산·재고·인력 및 경영정보 등 기업의 인적·물적 자원을 전자적 형태로 관리하기 위하여 사용되는 컴퓨터와 그 주변기기, 소프트웨어, 통신설비, 그 밖의 유형·무형의 설비 등의 '전사적(全社的) 기업자원 관리설비'를 도입하는 활동(조세특례제한법 제5조의 2)이거나 스마트팩토리 등을 도입하는 활동으로 자체개발과 구별되는 활동<br>• 관련 사례 : 조심-2015-부-2443, 2018.10.29. |
| 유지보수나 단순 기술지원활동 | • 양산·납품·서비스 중인 제품에 대한 유지보수나 간단한 기술적 결함에 대한 지원, 현장지원 및 영업지원 업무, 현장 교육, 영업 연장선에 있는 제품 교육 등이 포함됨 |
| 기타 불인정 활동 | • 연구개발 전담부서 등록 전이거나 취소 이후에 수행한 연구활동<br>• 수탁받은 과제를 제3자에게 재위탁하는 활동 |

※ 적격 연구활동개발사례*

| 항 목 | 내 용 |
|---|---|
| 자체 선행 연구개발활동 | • 사업화 이전 신제품 제작 및 사업 다변화를 위한 활동으로 시제품 제작 및 검증 실시, 연구노트 및 결과보고서 구비<br>• 신제품 개발에 따른 기술적 불확실성이 존재하며 위탁 또는 수탁이 아닌 자체 연구개발 과제로, 기술적 진전 및 고유성이 확인되어 연구·개발활동으로 인정 |
| 신규성 및 체계성이 인정되는 연구개발 활동 | • 원료(유효성분)의 신규성이 인정되며 개발 관련 일련의 과정에 대한 체계성 및 재현 가능성이 제출한 보고서를 통해서 확인<br>• 특허등록 및 정부지원과제 활동서류를 통해 과학적, 기술적 진전을 이루기 위한 활동이 확인되어 연구·개발 활동으로 인정 |
| 자체 연구개발활동을 통한 양산준비 활동 | • 고객사로부터 부품 생산 의뢰받아 납품하기 위한 양산준비단계 활동에 해당하여도 당사가 연구개발에 따른 책임과 위험을 부담하여 연구개발에 따른 지적재산권과 같은 성과물을 소유하는 경우 자체 연구개발 활동으로 인정 |
| 고객사 요구사항 기반 신기술 개발 활동 | • 구매 및 양산 계약 이전에 고객사 요구사항을 충족하기 위한 신기술 개발 활동은 신규성이 인정되며, 연구 증빙자료를 통해 기술적 진전을 이루기 위한 체계적이고 창의적인 시제품 제작 및 시험 활동이 확인되어 적격한 연구개발 활동으로 인정 |

* 2024년 연구·인력개발비 세액공제 사전심사 가이드라인, pp45~46, 국세청, 2024년

| 항 목 | 내 용 |
|---|---|
| 기존 프로그램을 윈도우 기반에서 모바일 기반으로 변형하는 활동 | • 기존 프로그램을 변형하는 활동이 과학적 · 기술적 진전에 해당하지 않아도 연구 증빙자료를 통해 기존 시스템들의 구조 변경 활동과 기존 데이터 무결성 보장을 위한 실험적 활동 및 결과적 불확실성과 불확실성을 해결하려는 창의적 과정을 확인하고, 프로토타입 제작 후 특정 제조공장에 시범 적용과 통합테스트 활동 및 불확실성을 해결하기 위한 체계적 활동이 확인되어 연구개발 활동으로 인정 |
| UX 인터랙션 디자인 개발 활동 | • 사용자가 제품이나 서비스를 사용하면서 경험하며 행동하는 '상호작용'을 쉽게 할 수 있도록 인터랙션 디자인을 진행한 활동<br>• 고객을 이해하고 분석하는 활동을 기초로 새로운 서비스 개발 및 서비스 전달체계를 개발하는 활동에 해당되고, 신규성 · 창의성 · 체계성이 확인되면 연구개발 활동으로 인정 |
| 제네릭 의약품 개발활동 | • 생물학적 동등성 시험을 통해 원개발 의약품과 동등함을 식약처로부터 인정받기 위해 불확실성을 내포한 의약품 개발 활동을 연구개발로 인정<br>* 제네릭 의약품 : 최초로 개발된 의약품(원개발 의약품)과 동등한 의약품 |
| 소재 합성 공정개선 및 유해성 원재료 대체 활동 | • 기존 양산 중인 소재의 제조공정 수를 줄이고, 유해성이 높은 원재료를 대체하기 위한 합성법 개발 활동은 신규성을 내포한 활동이며, 합성법 개발과정에서 기술적 불확실성을 해소하기 위한 체계적이고 창의적인 활동이 확인될 경우 연구개발 활동으로 인정 가능 |
| 프로그램의 인식률 개선을 위한 고도화 활동 | • 정상을 불량으로 인식하는 '과검'과 불량으로 인식하지 못하는 '미검' 발생 비율을 낮추기 위해 영상의 특징을 반복 학습하고, 알고리즘개선으로 인식률 향상 활동을 수행하여 목표 수치를 달성하기 위한 고도화 과정 확인<br>• 고도화에 따른 기술적 불확실성이 존재하며, 보고서에 기록된 고도화 과정에서 창의적 해결방법 및 체계적인 실험과정이 확인되어 연구개발 활동으로 인정 |
| 과세연도 이전에 등록한 특허를 적용한 개발 활동 | • 이전연도에 등록된 특허에 대해 초도양산을 목적으로 시제품 제작 및 개선 활동, 성능 확보 여부 확인을 위한 법정인증 획득 과정 확인<br>• 이전연도에 개발된 기술이라도 시제품 제작 및 양산전까지의 활동은 연구개발 활동으로 인정 |
| 공연기획 및 개발 활동 | • 기획, 컨셉설정, 3D 모델링 프로그램을 이용하여 조명, 사물, 세트, 인원배치, 시스템에 대해 다양한 각도 등 공연 공간구성 요소를 정하는 활동을 확인함<br>• 기획부터 컨셉 설정까지의 구체적인 기획서와 3D 모델링한 디자인 결과물, 시안 개발과정, 실제 공연에 적용한 결과 등 구체적으로 기록된 증빙자료를 제출하여 연구개발 활동으로 인정 |
| 기존 제품에 대한 원가절감 활동 | • 기존 제품 대비 동등 수준의 특성을 갖는 고분자 화합물 제품개발 과제임<br>• 고분자 경화반응 메커니즘 분석 결과를 활용하여 제조원가 비중이 높은 원료 W와 X를 저원가 Y와 Z로 대체하는 시험 · 평가 활동 확인됨<br>• 과제 기획 및 설계, 개발 품의서 확인되고, 설정된 시험 · 평가 방법 및 계획된 기간에 수행한 시험 · 평가 실험과 결과 내용 확인되어 연구개발 활동으로 인정 |
| 소프트웨어 개발을 위한 라이브러리 커스터마이징 활동 | • 범용 시스템에서 제공하는 라이브러리를 이용해서 자사 제품의 드론을 제어하기 위한 라이브러리를 개발하는 과제로 신청<br>• 범용 라이브러리를 응용하여 과학적 · 기술적 진보 없이 개작하는 활동은 연구개발 활동으로 인정 어려우나,<br>• 드론 제어를 위한 새로운 관제 시스템 개발과제와 라이브러리 개선과제의 개발기간과 목적이 동일하고, 관제 시스템 개발과제에 라이브러리가 활용 및 시험 · 테스트 되고 있으며, 구체적이고 명확한 버전 관리 체계가 확인되어, 새로운 관제 시스템 개발과제(Main Project)의 하위 활동으로 보아 연구개발 활동으로 인정 |

※ 부적격 연구활동개발사례*

| 항 목 | 내 용 |
|---|---|
| 측량 업무 효율성 향상 목적의 활동 | • 기관 사업 입찰을 위해 상용 측량 제품 및 드론을 이용, 지형물을 단순 촬영 및 데이터 저장 활동은 기존 측량 업무 효율성 향상에 가까우며 과학 · 기술적 진전이라 볼 수 없고, 차별성과 고유성을 지닌 결과물도 아니므로 불인정 |
| 기능적 저작물의 설계용역활동 | • 주상복합 형태의 구조물은 이용자 편의성과 실용성이 부각된 기능적 저작물로서, 창의성이 요구되는 디자인 분야에 해당되지 않으므로 연구개발 활동 불인정 |
| 연구개발 기획이나 계획 없이 개연성이 적은 연구 개발 활동 | • 외산 장비를 국내에 도입하기 위해 여러 납품 장소에 무상으로 설치하고 국내의 지리적 상황과 환경에 적용(테스트)하는 활동, 환경별 성능향상을 위한 활동, 문제해결 활동<br>– 다양한 현장(테스트) 사이트 구축 및 문제점을 해결하기 위한 활동이 확인되었으나, 대부분 설치 후 결과가 좋으면 그대로 납품(계약)까지 이어진다는 점이 확인되고, 이러한 활동은 일부 영업이나 마케팅 활동과 유사하고<br>– 문제점 발생 시 부품 변경 또는 약품의 비율 조절을 통해 단기간에 문제를 해결하는 활동은 창의성, 재현성, 불확실성이 없으며,<br>– 연구개발 활동의 명확한 목표 및 체계적인 연구개발 활동이 확인되지 않아 연구개발 활동 불인정 |
| 판매중인 제품의 반복적인 품질검사 활동 | • 과거에 개발을 완료한 후, 판매 중인 제품에 대한 유효기간 연장 및 인증 연장을 위해서 실시되는 반복적인 품질검사는 연구개발 활동에 해당되지 않아 불인정 |
| 고객사의 요청사항을 그대로 반영한 제품특성 개선 활동 | • 위탁사의 불량분석 활동을 통해 도출된 구체적인 제조공정 개선 요청사항을 그대로 반영한 활동<br>– 수탁사의 기술적 진전을 위한 자체개발 활동에 해당하지 않으며, 고객 응대 · 불만 해소 등의 사후관리와 유사한 활동에 해당하여 불인정 |
| 상용기술을 단순 적용한 연구개발 활동 | • 해당 법인이 제시한 공법은 관련 분야의 상용화된 공법으로 해당 공법을 적용하는 단계에서 기존 기술 대비 개선된 결과물을 얻기 위한 체계적인 과정이 확인되지 않고 해당 공법을 단순 적용하는 활동에 불과하므로 연구개발 활동으로 불인정 |
| 타기관 수행한 국가 R&D 과제 결과물을 복제하고 재현하는 활동 | • 국가 R&D과제로 타 업체가 이미 수행하여 결과가 공개된 기존 연구내용을 재현 및 복제한 활동은 과학적 · 기술적 진전을 위한 자체 연구개발로 불인정 |
| 기술지원 및 교육활동 | • 기업에 개발자료를 지원하거나(기술지원) 관련 장치 교육활동은 자체 연구개발 활동이 아닌 기술지원 활동이므로 연구개발 활동으로 불인정 |
| 고객사 생산현장에서 수행되는 연구개발 활동 | • 기술연구소 내 전담부서 인력이 고객사에 파견되어 제품개발을 수행한 행위는 사실상 수탁용역에 해당<br>– 자체 연구개발 활동에 해당하지 않아 불인정 |
| 소프트웨어 개선 활동 | • 성능향상 등 목표가 명확한 연구개발이라도 표준 또는 오픈 라이브러리나 소스, 프레임워크, 개발 언어 등을 업그레이드하거나 적용하는 활동<br>• 시행착오 과정을 거칠 뿐, 연구개발의 판단 기준이 되는 신규성, 창의성, 불확실성이 없는 경우 연구개발 활동으로 불인정 |
| 인테리어 모델을 현장에 적용하는 활동 | • IoT 적용 사례 및 기술조사를 통해 수집된 지식을 의뢰받은 시공 현장에 적용(설계)하는 활동을 수행하였고, 의뢰사의 요구로 관련 활동이 중단 또는 축소된 정황 확인<br>– 시장조사와 반복적인 정보수집 활동, 사업의 효율성을 조사 · 분석하는 활동 및 위탁받아 수행하는 활동은 연구개발 활동으로 불인정 |

* 2024년 연구 · 인력개발비 세액공제 사전심사 가이드라인, pp45~46, 국세청, 2024년

| 항 목 | 내 용 |
|---|---|
| 편집디자인의 단순 반복 활동 | • 독창적인 형상 · 모양 · 색채 등의 결합을 디자인한 활동이 아닌, 일정 시간이 지남에 따라 정기적으로 레이아웃 배열 변경만 진행하거나 기존에 제작된 이미지 혹은 사진들을 단순 편집하는 활동은 신규성, 창의성, 불확실성, 체계성이 낮으므로 연구개발 활동으로 불인정 |
| 타사 문헌을 인용한 연구개발 활동 | • 자사 또는 타사의 과거 발행된 문헌을 단순 인용하는 경우는 신규성 및 독창성을 확인할 수 없으며 과학적 또는 기술적 진전을 인정할 수 없어 연구개발 활동 불인정 |
| 과거 연구개발 활동 | • 법인이 제출한 활동 내용은 세액공제 대상 연구개발 활동에 해당하나, 과거에 이미 진행 완료된 연구활동들로 확인되어 당해연도 연구 · 인력개발비 세액공제 대상으로 불인정 |
| 이관받은 기술을 적용하는 활동 | • 이관받은 소프트웨어의 안정화 활동과 사용자 편의성을 위한 기능 개발, 시스템 결함 수정, 시스템 성능 고도화 활동 등은 이전받은 기술을 기반으로 한 개발 활동으로, 연구개발활동으로 불인정 |
| 원가절감 목적의 원자재 대체만을 수행한 활동 | • 원가절감 목적으로 타사에서 공급하는 동일한 구조 및 성분의 원자재로 대체하는 활동만을 수행한 신청법인의 활동은 기술적 진보를 위한 활동과 거리가 있는 일상적인 영리활동에 해당하므로, 연구개발활동으로 불인정 |
| 고객사 현장평가 및 기술지원을 통한 제품 추천 활동 | • 고객사 방문평가를 통해 도출된 결과를 해당법인의 양산제품 판매에 활용하는 활동은 매출증대, 기술 지원이 목적인 영업활동으로 연구개발활동으로 불인정 |
| 반복적인 정보수집 활동 | • 지식 습득을 위한 정보수집 활동과 사례 · 시장조사와 같은 활동은 연구개발 활동에서 제외됨<br>• 연구목표와 주요 연구내용 간에 연관성이 없으며, 연구 과정 중 다양한 아이디어 및 개발 방향 도출 및 후속 연구개발 계획이 없음<br>– 신규성, 창의성, 불확실성, 체계성을 판단할 수 없으므로 연구개발 활동으로 불인정 |
| 고객사 의뢰 양산준비 활동 | • 법인이 고객사로부터 부품 생산 의뢰받아 납품하기 위한 양산준비단계 활동은 연구 · 개발 활동에 해당하지 않으므로 연구개발 활동 불인정 |
| 기존 개발된 모델 및 방법을 활용한 컨설팅 연구 활동 | • 기존 경영 산업 및 동종업계에서 반복적으로 사용된 비즈니스 모형 · 모델을 토대로 컨설팅 연구가 진행되어 새로운 방법(신규성) 및 창의적으로 도출한 결과 등이 확인되지 않거나, 정량적(통계 및 데이터 등 근거자료) · 정성적(심층인터뷰 등) 체계적인 연구진행 활동이 확인되지 않는 경우 불인정 |
| 병원 내 연구전담부서의 연구개발활동 | • 연구개발 결과물로 제출한 논문에서 전담연구원들이 저자로 등재되어있지 않고, 전담연구원들의 전공과 경력이 의료분야 및 연구개발 분야와 무관하며, 연구 증빙자료를 통해 설문조사 · 정보수집 · 고객응대 · 고객관리한 활동을 확인<br>• 체계성 · 창의성 있는 연구개발활동 보다는 병원 내 지원업무에 해당한다고 보아 연구개발 활동으로 불인정 |
| 자원관리시스템 지원사업 참여 활동 | • 공장에너지관리시스템 보급 지원사업에 참여한 기업으로 이 시스템을 기업이 운영하는 공장에 도입하기 위한 활동임<br>• 과학적 · 기술적 진전을 이루기 위한 활동으로 볼 수 없어 연구개발 활동으로 불인정 |
| 유통기업의 상품기획, 시장조사, 품평 활동 등 신제품 개발 활동 | • 신제품 개발을 위한 경쟁제품 후기 분석과 시장조사 등을 통한 상품기획 활동과 협력사가 제작한 시제품을 이용한 품평(사용감 등) 활동, 품평 활동 결과에 따른 개선사항 도출, 수집된 내용을 정리하여 협력사에 피드백하는 활동이 확인됨<br>• 과학적 · 기술적 진전 또는 제품개발에 직접 대응되는 활동으로 볼 수 없고, 유통업자 본연의 일상적인 상품개발 활동으로 보아 연구개발 활동 불인정 |
| 반복적인 정보수집 활동 | • 지식 습득을 위한 정보수집 활동과 사례 · 시장조사와 같은 활동은 연구개발 활동에서 제외됨<br>• 연구목표와 주요 연구내용 간에 연관성이 없으며, 연구 과정 중 다양한 아이디어 및 개발 방향 도출 및 후속 연구개발 계획이 없음<br>– 신규성, 창의성, 불확실성, 체계성을 판단할 수 없으므로 연구개발 활동으로 불인정 |

| 항 목 | 내 용 |
|---|---|
| 고객사 의뢰 양산준비 활동 | • 법인이 고객사로부터 부품 생산 의뢰받아 납품하기 위한 양산준비단계 활동은 연구 · 개발 활동에 해당하지 않으므로 연구개발 활동 불인정 |
| 기존 개발된 모델 및 방법을 활용한 컨설팅 연구 활동 | • 기존 경영 산업 및 동종업계에서 반복적으로 사용된 비즈니스 모형 · 모델을 토대로 컨설팅 연구가 진행되어 새로운 방법(신규성) 및 창의적으로 도출한 결과 등이 확인되지 않거나, 정량적(통계 및 데이터 등 근거자료) · 정성적(심층인터뷰 등) 체계적인 연구진행 활동이 확인되지 않는 경우 불인정 |
| 병원 내 연구전담부서의 연구개발활동 | • 연구개발 결과물로 제출한 논문에서 전담연구원들이 저자로 등재되어있지 않고, 전담연구원들의 전공과 경력이 의료분야 및 연구개발 분야와 무관하며, 연구 증빙자료를 통해 설문조사 · 정보수집 · 고객응대 · 고객관리한 활동을 확인<br>• 체계성 · 창의성 있는 연구개발활동 보다는 병원 내 지원업무에 해당한다고 보아 연구개발 활동으로 불인정 |
| 자원관리시스템 지원사업 참여 활동 | • 공장에너지관리시스템 보급 지원사업에 참여한 기업으로 이 시스템을 기업이 운영하는 공장에 도입하기 위한 활동임<br>• 과학적 · 기술적 진전을 이루기 위한 활동으로 볼 수 없어 연구개발 활동으로 불인정 |
| 유통기업의 상품기획, 시장조사, 품평 활동 등 신제품 개발 활동 | • 신제품 개발을 위한 경쟁제품 후기 분석과 시장조사 등을 통한 상품기획 활동과 협력사가 제작한 시제품을 이용한 품평(사용감 등) 활동, 품평 활동 결과에 따른 개선사항 도출, 수집된 내용을 정리하여 협력사에 피드백하는 활동이 확인됨<br>• 과학적 · 기술적 진전 또는 제품개발에 직접 대응되는 활동으로 볼 수 없고, 유통업자 본연의 일상적인 상품개발 활동으로 보아 연구개발 활동 불인정 |
| 국가연구개발과제 참여 활동 | • 중소기업기술정보진흥원이 지원하는 인공지능 기반 기술이 적용된 제품개발 과제에 공동연구기관으로 참여함<br>• 과제협약서와 과제계획서를 통해 신청법인이 개발된 제품을 서비스할 수 있는 클라우드 플랫폼 개발과 검증, 제품 및 기술 홍보, 해외 수요기업 발굴 및 영업을 담당하기로 협약된 것을 확인함<br>• 과제 연차보고서를 통해 해당연차에 연구개발활동으로 보기 어려운 클라우드 서비스에 대한 일반적인 기술 조사 및 동향 파악과 분석한 활동이 확인되어 연구개발 활동 불인정 |

## (2) 인력개발의 정의(조특법 제2조 제12호)

내국인이 고용하고 있는 임원 또는 사용인을 교육 · 훈련시키는 활동을 말한다.

## (3) 연구인력개발비의 범위

① 세액공제 대상이 되는 연구인력개발비는 신성장 · 원천기술연구개발비와 국가전략기술 연구개발비 및 일반연구인력개발비로 구분하고 세액공제율이 달리 적용된다.

② 조특령 [별표 6]에서 규정한 연구인력개발비 중에서 다음의 금액은 공제대상이 되는 비용에서 제외한다(조특령 제9조 제1항).

- 조특법 제10조의 2 제1항에 따른 연구개발출연금등을 지급받아 연구개발비로 지출하는 금액
- 국가, 지방자치단체, 「공공기관의 운영에 관한 법률」에 따른 공공기관 및 「지방공기업법」에 따른 지방공기업으로부터 출연금 등의 자산을 지급받아 연구개발비 또는 인력개발비로 지출하는 금액

③ 새로운 서비스 및 서비스전달체계를 개발하기 위한 활동을 위하여 발생한 비용 중 과학기술분야와 결합되어 있지 아니한 금액에 대해서는 자체 연구개발을 위하여 발생한 것에 한정한다(조특법 제10조 제5항).

④ 자체 연구개발에 지출하는 연구개발비가 「기초연구진흥 및 기술개발지원에 관한 법률」 제14조의 3 제1항 각 호에 해당하는 사유 등 다음의 사유로 인하여 연구개발비에 해당하지 아니하게 되는 경우에는 다음의 날 이후 지출하는 금액에 대하여 세액공제를 적용하지 아니한다(조특법 제10조 제6항, 조특령 제9조 제18항 · 제19항).

| 연구개발비에 해당하지 않는 사유 | 공제배제 기준일 |
|---|---|
| 1. 「기초연구진흥 및 기술개발지원에 관한 법률」 제14조의 3 제1항 각 호의 어느 하나에 해당하는 사유로 기업부설연구소 또는 연구개발전담부서의 인정이 취소된 경우<br>2. 「문화산업진흥 기본법」 제17조의 3 제4항 각 호의 어느 하나에 해당하는 사유로 기업부설창작연구소 또는 기업창작전담부서의 인정이 취소된 경우 | 1. 「기초연구진흥 및 기술개발지원에 관한 법률」 제14조의 3 제1항 제1호 또는 「문화산업진흥 기본법」 제17조의 3 제4항 제1호에 따라 인정이 취소된 경우 : 인정일이 속하는 과세연도의 개시일<br>2. 「기초연구진흥 및 기술개발지원에 관한 법률」 제14조의 3 제1항 제2호, 제3호, 제5호, 제6호 및 제8호에 따라 인정이 취소된 경우 : 인정취소일<br>3. 「기초연구진흥 및 기술개발지원에 관한 법률」 제14조의 3 제1항 제4호 · 제7호 또는 「문화산업진흥 기본법」 제17조의 3 제4항 제2호에 따라 인정이 취소된 경우 : 인정취소일이 속하는 과세연도의 개시일 |

※ 인정취소 사유

| 「기초연구진흥 및 기술개발지원에 관한 법률」 제14조의 3 | 「문화산업진흥 기본법」 제17조의 3 |
|---|---|
| ① 과학기술정보통신부장관은 기업부설연구소등 또는 기업부설연구소등이 소속된 기업이 다음 각 호의 어느 하나에 해당하는 경우에는 기업부설연구소등의 인정을 취소할 수 있다. 다만, 제1호 또는 제2호에 해당하는 경우에는 그 인정을 취소하여야 한다.<br>1. 거짓 또는 그 밖의 부정한 방법으로 인정을 받거나 변경신고를 한 경우<br>2. 기업부설연구소등이 소속된 기업이 기업부설연구소등의 인정취소를 요청한 경우<br>3. 기업부설연구소등이 소속된 기업이 폐업하거나 기업부설연구소등의 폐쇄 사실을 과학기술정보통신부장관이 확인한 경우<br>4. 제14조의 2 제1항에 따른 인정기준에 미달되어 과학기술정보통신부장관이 그 보완을 명한 날부터 1개월이 지날 때까지 미달된 사항을 보완하지 아니한 경우<br>5. 제14조의 2 제3항에 따른 변경신고를 변경사유가 발생한 날부터 1년 이내에 하지 아니한 경우 | ① 문화체육관광부장관은 문화산업의 창작개발을 촉진하기 위하여 대통령령으로 정하는 인력 · 시설 등의 기준을 갖춘 기업부설의 연구기관이나 기업의 연구개발전담부서를 기업부설창작연구소 또는 기업창작전담부서(이하 이 조에서 "창작연구소등"이라 한다)로 인정할 수 있다.<br>② 제1항에 따른 창작연구소등의 인정절차 등에 관하여 필요한 사항은 대통령령으로 정한다.<br>③ 문화체육관광부장관은 창작연구소등의 운영에 필요한 지원을 할 |

| 「기초연구진흥 및 기술개발지원에 관한 법률」 제14조의 3 | 「문화산업진흥 기본법」 제17조의 3 |
|---|---|
| 6. 기업부설연구소등의 연구개발활동이 없다고 과학기술정보통신부장관이 인정한 경우<br>7. 기업부설연구소등이 제14조의 4에 따른 준수사항을 위반한 경우<br>8. 「연구실 안전환경 조성에 관한 법률」 제17조 등 다른 법률에 따라 기업부설연구소등의 연구개발활동이 제한된 경우<br>② 과학기술정보통신부장관은 제1항에 따라 기업부설연구소등의 인정을 취소하려는 경우에는 청문을 실시하여야 한다. 다만, 제1항 제2호 또는 제3호에 해당하는 경우에는 청문을 실시하지 아니할 수 있다.<br>③ 제1항 제1호에 따라 소속 기업부설연구소등의 인정이 취소된 기업은 취소된 날부터 1년이 지날 때까지 제14조의 2 제2항에 따른 인정을 신청할 수 없다. | 수 있다.<br>④ 문화체육관광부장관은 다음 각 호의 어느 하나에 해당하는 경우에는 제1항에 따른 창작연구소등의 인정을 취소할 수 있다. 다만, 제1호에 해당하는 경우에는 인정을 취소하여야 한다.<br>1. 거짓이나 그 밖의 부정한 방법으로 창작연구소등으로 인정받은 경우<br>2. 제1항에 따른 인정기준을 위반한 경우 |

### (4) 신성장 · 원천기술 연구개발비

**1) 조특령 [별표 7]에서 신성장 · 원천기술의 범위를 규정하고 있으며, 이에 발생된 연구인력개발비가 신성장 · 원천기술 연구인력개발비에 해당한다. [별표 7]에서 규정하고 있는 신성장 · 원천기술의 범위는 다음과 같다.**

① 미래형자동차

② 지능정보

③ 차세대소프트웨어(SW) 및 보안

④ 콘텐츠

⑤ 차세대전자정보디바이스

⑥ 차세대방송통신

⑦ 바이오 · 헬스

⑧ 에너지 · 환경

⑨ 융복합소재

⑩ 로봇

⑪ 항공 · 우주

⑫ 첨단소재 · 부품 · 장비

⑬ 탄소중립

⑭ 방위산업

'①~⑭' 분야에서 발생한 연구개발비는 신성장 · 원천기술 연구개발비로 분류된다.

### 2) 신성장 · 원천기술연구개발비는 다음과 같다(조특법 제10조 제1항 제1호).

신성장 · 원천기술(연구 · 인력개발비 중 미래 유망성 및 산업 경쟁력 등을 고려하여 지원할 필요성이 있다고 인정되는 기술로서 조특령 별표 7의 기술)을 얻기 위한 연구개발비를 말하며, 다음과 같이 자체연구개발의 경우와 위탁 및 공동연구개발로 구분한다.

① 자체연구개발의 경우(조특령 제9조 제3항 제1호)

㉠ 다음의 전담부서 등과 연구개발서비스업 영위 기업에서 신성장 · 원천기술연구개발업무연구업무에 종사하는 연구원 등과 이들의 연구개발업무를 직접적으로 지원하는 사람의 인건비 및 이들의 사회보험료 상당액. 여기서 사회보험이란 「국민연금법」에 따른 국민연금, 「고용보험법」에 따른 고용보험, 「산업재해보상보험법」에 따른 산업재해보상보험, 「국민건강보험법」에 따른 국민건강보험, 「노인장기요양보험법」에 따른 장기요양보험을 말한다.

저자주 인건비의 범위는 '(6) 일반연구인력개발비 ② 전담요원 및 인건비 ㉡ 인건비' 내용을 참조하기 바란다.

| 연구소 또는 전담부서<br>(조특칙 제7조 제1항 · 제2항) | 제외되는 인건비<br>(조특칙 제7조 제3항 · 제4항) |
|---|---|
| 전담부서 등이란 다음 어느 하나에 해당하는 연구소 및 전담부서를 말한다.<br>ⓐ 「기초연구진흥 및 기술개발지원에 관한 법률」 제14조의 2 제1항에 따라 과학기술정보통신부장관의 인정을 받은 기업부설연구소 또는 연구개발전담부서<br>ⓑ 「문화산업진흥 기본법」 제17조의 3 제1항에 따른 기업부설창작연구소 또는 기업창작전담부서<br>ⓒ 「산업디자인진흥법」제9조에 따른 산업디자인전문회사<br><br>연구개발서비스업 영위 기업이란 「연구산업진흥법」에 따른 전문연구사업자가 영위하는 같은 법 제2조 제1호 가목의 연구산업을 영위하는 기업을 말한다.<br><br>연구원이란 다음의 자를 말한다.<br>ⓐ 전담부서등에서 연구업무에 종사하는 「기초연구진흥 및 기술개발지원에 관한 법률 시행령」에 따른 연구전담요원 | 다음 '①'과 '②'에 해당하는 사람의 인건비<br>① 주주인 임원으로서 다음 어느 하나에 해당하는 자의 인건비는 제외한다.<br>1. 부여받은 주식매수선택권을 모두 행사하는 경우 당해 법인의 총발행주식의 100분의 10을 초과하여 소유하게 되는 자<br>2. 해당 법인의 주주로서 「법인세법 시행령」 제43조 제7항에 따른 지배주주 등 및 당해 법인의 총발행주식의 100분의 10을 초과하여 소유하는 주주<br>3. 제2호에 해당하는 자(법인을 포함한다)와 「소득세법 시행령」 제98조 제1항 또는 「법인세법 시행령」 제2조 제5항에 따른 특수관계인. 이 경우 「법인세법 시행령」 제2조 제5항 제7호에 해당하는 자가 당해 법인의 임원인 경우를 제외한다.<br>② 신성장 · 원천기술연구개발업무와 국가전략기술연구개발업무 또는 일반연구개발업무를 동시에 수행한 사람으로서 신성장 · 원천기술연구개발업무 및 국가전략 |

| 연구소 또는 전담부서<br>(조특칙 제7조 제1항 · 제2항) | 제외되는 인건비<br>(조특칙 제7조 제3항 · 제4항) |
|---|---|
| ⓑ 산업디자인전문회사의 경우 연구업무에 종사하는 「산업디자인진흥법 시행규칙」 제9조 제1항 제1호에 따른 전문인력<br>ⓒ 「기초연구진흥 및 기술개발지원에 관한 법률 시행령」에 따른 연구보조원<br>ⓓ 연구개발서비스업에 종사하는 전담요원 | 기술연구개발업무 근무시간이 전체 연구개발업무 근무시간의 50% 이하인 사람 |

㉡ 전담부서 등 및 연구개발서비스사업자가 신성장 · 원천기술연구개발업무를 위하여 연구용으로 사용하는 견본품, 부품, 원재료와 시약류 구입비(시범제작에 소요되는 외주가공비를 포함한다) 및 소프트웨어(인사, 급여 등 일반 사무에 사용하튼 소프트웨어로서 다음의 소프트웨어는 제외) · 서체 · 음원 · 이미지의 대여 · 구입비

**제외되는 소프트웨어(조특칙 제7조 제20항 → 조특칙 제12조 제3항 제7호)**

가. 인사, 급여, 회계 및 재무 등 지원업무에 사용하는 소프트웨어
나. 문서, 도표 및 발표용 자료 작성 등 일반 사무에 사용하는 소프트웨어
다. 컴퓨터 등의 구동을 위한 기본운영체제(Operating System) 소프트웨어

㉢ 전담부서등 및 연구개발서비스업자가 직접 사용하기 위한 연구 · 시험용 시설(조특령 제25조의 3 제3항 제2호 가목에 따른 시설을 말한다. 이하 같다)의 임차 또는 다음 '② 위탁 및 공동연구개발의 경우' 위탁연구기관의 연구 · 시험용 시설의 이용에 필요한 비용

**조특령 제25조의 3 제3항 제2호 가목에 따른 시설(조특칙 제13조의 10 제1항)**

영 제25조의 3 제3항 제2호 가목에서 "기획재정부령으로 정하는 시설"이란 전담부서등, 「국가과학기술 경쟁력강화를 위한 이공계지원특별법」 제18조 및 같은 법 시행령 제17조에 따라 과학기술정보통신부장관에게 신고한 연구개발서비스업자 및 「산업기술연구조합 육성법」에 따른 산업기술연구조합에서 직접 사용하기 위한 연구 · 시험용시설로서 다음 각 호의 어느 하나에 해당하는 것을 말한다. 다만, 운휴 중인 것은 제외한다.

1. 공구 또는 사무기기 및 통신기기, 시계 · 시험기기 및 계측기기, 광학기기 및 사진제작기기
2. 「법인세법 시행규칙」 별표 6의 업종별 자산의 기준내용연수 및 내용연수범위표의 적용을 받는 자산

㉣ 「클라우드컴퓨팅 발전 및 이용자 보호에 관한 법률」 제2조 제3호에 따른 클라우드컴퓨팅서비스의 이용에 필요한 비용

**클라우드컴퓨팅 발전 및 이용자 보호에 관한 법률 제2조【정의】**

이 법에서 사용하는 용어의 뜻은 다음과 같다.

1. "클라우드컴퓨팅"(Cloud Computing)이란 집적 · 공유된 정보통신기기, 정보통신설비, 소프트웨어 등 정보통신자원(이하 "정보통신자원"이라 한다)을 이용자의 요구나 수요 변화에 따라 정보통신망을 통하여 신축적으로 이용할 수 있도록 하는 정보처리체계를 말한다.
2. "클라우드컴퓨팅기술"이란 클라우드컴퓨팅의 구축 및 이용에 관한 정보통신기술로서 가상화 기술, 분산처리 기술 등 대통령령으로 정하는 것을 말한다.
3. "클라우드컴퓨팅서비스"란 클라우드컴퓨팅을 활용하여 상용(商用)으로 타인에게 정보통신자원을 제공하는 서비스로서 대통령령으로 정하는 것을 말한다.
4. "이용자 정보"란 클라우드컴퓨팅서비스 이용자(이하 "이용자"라 한다)가 클라우드컴퓨팅서비스를 이용하여 클라우드컴퓨팅서비스를 제공하는 자(이하 "클라우드컴퓨팅서비스 제공자"라 한다)의 정보통신자원에 저장하는 정보(「지능정보화 기본법」 제2조제1호에 따른 정보를 말한다)로서 이용자가 소유 또는 관리하는 정보를 말한다.

ⓜ 해당 기업이 그 종업원 또는 종업원 외의 자에 대한 직무발명 보상금 지급으로 발생한 금액

ⓑ 기술정보비(기술자문비를 포함한다) 또는 도입기술의 소화개량비로서 다음의 비용(조특칙 제7조 제5항)

다음 어느 하나에 해당하는 자로부터 산업기술에 관한 자문을 받고 지급하는 기술자문료를 말한다.

**기술자문료 수취자**

1. 과학기술분야를 연구하는 국 · 공립연구기관, 정부출연연구기관, 국내외 비영리법인(부설연구기관을 포함한다), 「산업기술혁신 촉진법」 제42조에 따른 전문생산기술연구소 등 기업이 설립한 국내외 연구기관, 전담부서등 또는 국외기업에 부설된 연구기관에서 연구업무에 직접 종사하는 연구원
2. 「고등교육법」 제2조에 따른 대학(교육대학 및 사범대학을 포함한다) 또는 전문대학에 근무하는 과학기술분야의 교수(조교수 이상인 자에 한한다)
3. 외국에서 다음 각 목의 어느 하나에 해당하는 산업분야에 5년 이상 종사하였거나 학사학위 이상의 학력을 가지고 해당 분야에 3년 이상 종사한 외국인기술자
   가. 조특령 별표 4(기술집약적 산업의 범위)의 산업
   나. 광업
   다. 건설업
   라. 조특령 제5조 제9항에 따른 엔지니어링사업
   마. 조특령 제5조 제7항에 따른 물류산업
   바. 시장조사 및 여론조사업, 경영컨설팅업 및 공공관계 서비스업, 사업시설 유지관

리 서비스업, 교육관련 자문 및 평가업, 기타 교육지원 서비스업(교환학생 프로그램 운영 등으로 한정한다), 비금융 지주회사, 기술 시험·검사 및 분석업, 측량업, 제도업, 지질조사 및 탐사업(광물채굴 목적의 조사 및 탐사를 제외한 지질조사 및 탐사활동으로 한정한다), 지도제작업, 전문디자인업, 그 외 기타 분류 안 된 전문·과학 및 기술 서비스업(지도제작, 환경정화 및 복원활동을 제외한 그 외 기타 분류 안 된 전문·과학 및 기술 서비스로 한정한다), 기타 광업 지원 서비스업(채굴목적 광물탐사활동으로 한정한다), 토양 및 지하수 정화업(토양 및 지하수 정화활동으로 한정한다), 기타 환경 정화 및 복원업[토양 및 지하수 외의 환경 정화 활동(선박유출기름 수거운반을 제외한다)으로 한정한다]

사. 「연구산업진흥법」 제2조 제1호 가목 및 나목의 연구산업

아. 「조세특례제한법」(이하 "법"이라 한다) 제7조 제1항 제1호 허목의 의료업(「국가기술자격법 시행규칙」 별표 2의 국제의료관광코디네이터로 한정한다)

ⓢ 중소기업이 「과학기술분야 정부출연연구기관 등의 설립·운영 및 육성에 관한 법률」에 따라 설립된 한국생산기술연구원과 「산업기술혁신 촉진법」에 따라 설립된 전문생산기술연구소의 기술지도 또는 「중소기업진흥에 관한 법률」에 따른 기술지도를 받음에 따라 발생한 비용

ⓞ 중소기업에 대한 공업 및 상품디자인 개발지도를 위하여 발생한 비용

ⓩ 중소기업이 「산업재산 정보의 관리 및 활용 촉진에 관한 법률」 제17조 제1항에 따라 지정된 산업재산진단기관의 특허 조사·분석을 받음에 따라 발생한 비용

② 위탁 및 공동연구개발의 경우(조특령 제9조 제3항 제2호, 조특칙 제7조 제6항)

다음의 기관에 신성장·원천기술연구개발업무를 위탁(재위탁을 포함한다)함에 따라 발생하는 비용(전사적 기업자원 관리설비, 판매시점 정보관리 시스템 설비 등 기업의 사업운영·관리·지원 활동과 관련된 시스템 개발을 위한 위탁비용은 제외한다) 및 이들 기관과의 공동연구개발을 수행함에 따라 발생하는 비용

**▌위탁연구기관 (조특칙 제7조 제6항·제7항)▐**

1. 「고등교육법」 제2조에 따른 대학 또는 전문대학
2. 국공립연구기관
3. 정부출연연구기관
4. 비영리법인(비영리법인에 부설된 연구기관을 포함한다)
5. 「산업기술혁신 촉진법」 제42조에 따른 전문생산기술연구소 등 기업이 설립한 국내외 연구기관
6. 전담부서등(신성장·원천기술연구개발업무만을 수행하는 전담부서등에서 직접 수행한 부분에 한정한다) 또는 국외기업에 부설된 연구기관

7.「연구산업진흥법」 제2조 제1호 가목 및 나목의 연구산업을 영위하는 기업 또는 영리목적으로 연구·개발을 독립적으로 수행하거나 위탁받아 수행하고 있는 국외소재 기업
8. 내국인이 의결권 있는 발행주식총수의 100분의 50 이상을 직접 소유하거나 100분의 80 이상을 직접 또는 간접으로 소유하고 있는 외국법인(외국법인에 부설된 연구기관을 포함한다), 주식의 간접소유비율의 계산에 관하여는 「국제조세조정에 관한 법률 시행령」 제2조 제3항을 준용한다.

위의 제4호부터 제7호까지의 기관에 신성장·원천기술의 연구개발업무를 위탁(재위탁을 포함한다)하는 경우(영 [별표 7] 제7호 가목 6)부터 8)까지의 규정에 따른 임상1상·임상2상·임상3상 시험, [별표 7의2] 제3호 나목부터 마목까지의 규정에 따른 비임상·임상1상·임상2상·임상3상 시험 및 같은 표 제7호 다목부터 바목까지의 규정에 따른 비임상·임상1상·임상2상·임상3상 시험의 경우는 제외한다)에는 국내에 소재한 기관으로 한정한다.

## (5) 국가전략기술연구개발비

**1) 조특령 [별표 7의 2]에서 국가전략기술의 범위를 규정하고 있으며, 이에 발생된 연구개발비가 국가전략기술연구개발비에 해당한다. [별표 7의 2]에서 규정하고 있는 국가전략기술의 범위는 다음과 같다(조특법 제10조 제1항 제2호·제6항).**

① 반도체 ② 이차전지 ③ 백신 ④ 디스플레이
⑤ 수소 ⑥ 미래형 이동수단 ⑦ 바이오의약품

**2) 국가전략기술연구개발비는 다음과 같다(조특령 제9조 제7항 제1호·제2호).**

① 자체연구개발의 경우(조특령 제9조 제6항 제1호)

㉠ 다음의 전담부서 등과 연구개발서비스업 영위 기업에서 국가전략기술연구개발업무에 종사하는 연구원 등과 이들의 연구개발업무를 직접적으로 지원하는 사람의 인건비 및 이들의 사회보험료 상당액. 여기서 사회보험이란 「국민연금법」에 따른 국민연금, 「고용보험법」에 따른 고용보험, 「산업재해보상보험법」에 따른 산업재해보상보험, 「국민건강보험법」에 따른 국민건강보험, 「노인장기요양보험법」에 따른 장기요양보험을 말한다.

저자주 인건비의 범위는 '(6) 일반연구인력개발비 ② 전담요원 및 인건비 ㉡ 인건비' 내용을 참조하기 바란다.

| 연구소 또는 전담부서(조특칙 제7조 제14항) | 제외되는 인건비(조특칙 제7조 제3항·제15항) |
|---|---|
| 전담부서 등이란 다음 어느 하나에 해당하는 연구소 및 전담부서를 말한다.<br>ⓐ 「기초연구진흥 및 기술개발지원에 관한 | 다음 '①'과 '②'에 해당하는 사람의 인건비<br>① 주주인 임원으로서 다음 어느 하나에 해당하는 자는 제외한다. |

| 연구소 또는 전담부서(조특칙 제7조 제14항) | 제외되는 인건비(조특칙 제7조 제3항 · 제15항) |
| --- | --- |
| 법률」 제14조의 2 제1항에 따라 과학기술정보통신부장관의 인정을 받은 기업부설연구소 또는 연구개발전담부서<br>ⓑ 「문화산업진흥 기본법」 제17조의 3 제1항에 따른 기업부설창작연구소 또는 기업창작전담부서<br>ⓒ 「산업디자인진흥법」제9조에 따른 산업디자인전문회사<br><br>연구개발서비스업 영위 기업이란 「연구산업진흥법」에 따른 전문연구사업자가 영위하는 같은 법 제2조 제1호 가목의 연구산업을 영위하는 기업을 말한다.<br><br>연구원이란 다음의 자를 말한다.<br>ⓐ 전담부서등에서 연구업무에 종사하는 「기초연구진흥 및 기술개발지원에 관한 법률 시행령」에 따른 연구전담요원<br>ⓑ 산업디자인전문회사의 경우 연구업무에 종사하는 「산업디자인진흥법 시행규칙」 제9조 제1항 제1호에 따른 전문인력<br>ⓒ 「기초연구진흥 및 기술개발지원에 관한 법률 시행령」에 따른 연구보조원<br>ⓓ 연구개발서비스업에 종사하는 전담요원 | 1. 부여받은 주식매수선택권을 모두 행사하는 경우 당해 법인의 총발행주식의 100분의 10을 초과하여 소유하게 되는 자<br>2. 해당 법인의 주주로서 「법인세법 시행령」 제43조 제7항에 따른 지배주주 등 및 당해 법인의 총발행주식의 100분의 10을 초과하여 소유하는 주주<br>3. 제2호에 해당하는 자(법인을 포함한다)와 「소득세법 시행령」 제98조 제1항 또는 「법인세법 시행령」 제2조 제5항에 따른 특수관계인. 이 경우 「법인세법 시행령」 제2조 제5항 제7호에 해당하는 자가 당해 법인의 임원인 경우를 제외한다.<br>② 국가전략기술연구개발업무와 신성장 · 원천기술연구개발업무 또는 일반연구개발업무를 동시에 수행한 사람으로서 국가전략기술연구개발업무 근무시간이 전체 연구개발업무 근무시간의 50% 이하인 사람 |

ⓛ 전담부서 등 및 연구개발서비스사업자가 국가전략기술연구개발업무를 위하여 연구용으로 사용하는 견본품, 부품, 원재료와 시약류 구입비(시범제작에 소요되는 외주가공비를 포함한다) 및 소프트웨어(인사, 급여 등 일반 사무에 사용하튼 소프트웨어로서 다음의 소프트웨어는 제외) · 서체 · 음원 · 이미지의 대여 · 구입비

**제외되는 소프트웨어(조특칙 제7조 제20항 → 조특칙 제12조 제3항 제7호)**

가. 인사, 급여, 회계 및 재무 등 지원업무에 사용하는 소프트웨어
나. 문서, 도표 및 발표용 자료 작성 등 일반 사무에 사용하는 소프트웨어
다. 컴퓨터 등의 구동을 위한 기본운영체제(Operating System) 소프트웨어

ⓒ 전담부서등 및 연구개발서비스업자가 직접 사용하기 위한 연구 · 시험용 시설(조특령 제25조의 3 제3항 제2호 가목에 따른 시설을 말한다. 이하 같다)의 임차 또는 다음 '② 위탁 및 공동연구개발의 경우' 위탁연구기관의 연구 · 시험용 시설의 이용에 필요한 비용

**조특령 제25조의 3 제3항 제2호 가목에 따른 시설**(조특칙 제13조의 10 제1항)

영 제25조의 3 제3항 제2호 가목에서 "기획재정부령으로 정하는 시설"이란 전담부서등, 「국가과학기술 경쟁력강화를 위한 이공계지원특별법」 제18조 및 같은 법 시행령 제17조에 따라 과학기술정보통신부장관에게 신고한 연구개발서비스업자 및 「산업기술연구조합 육성법」에 따른 산업기술연구조합에서 직접 사용하기 위한 연구 · 시험용시설로서 다음 각 호의 어느 하나에 해당하는 것을 말한다. 다만, 운휴 중인 것은 제외한다.

1. 공구 또는 사무기기 및 통신기기, 시계 · 시험기기 및 계측기기, 광학기기 및 사진제작기기
2. 「법인세법 시행규칙」 별표 6의 업종별 자산의 기준내용연수 및 내용연수범위표의 적용을 받는 자산

㉣ 「클라우드컴퓨팅 발전 및 이용자 보호에 관한 법률」 제2조 제3호에 따른 클라우드컴퓨팅서비스의 이용에 필요한 비용

**클라우드컴퓨팅 발전 및 이용자 보호에 관한 법률 제2조 【정의】**

이 법에서 사용하는 용어의 뜻은 다음과 같다.

1. "클라우드컴퓨팅"(Cloud Computing)이란 집적 · 공유된 정보통신기기, 정보통신설비, 소프트웨어 등 정보통신자원(이하 "정보통신자원"이라 한다)을 이용자의 요구나 수요 변화에 따라 정보통신망을 통하여 신축적으로 이용할 수 있도록 하는 정보처리체계를 말한다.
2. "클라우드컴퓨팅기술"이란 클라우드컴퓨팅의 구축 및 이용에 관한 정보통신기술로서 가상화 기술, 분산처리 기술 등 대통령령으로 정하는 것을 말한다.
3. "클라우드컴퓨팅서비스"란 클라우드컴퓨팅을 활용하여 상용(商用)으로 타인에게 정보통신자원을 제공하는 서비스로서 대통령령으로 정하는 것을 말한다.
4. "이용자 정보"란 클라우드컴퓨팅서비스 이용자(이하 "이용자"라 한다)가 클라우드컴퓨팅서비스를 이용하여 클라우드컴퓨팅서비스를 제공하는 자(이하 "클라우드컴퓨팅서비스 제공자"라 한다)의 정보통신자원에 저장하는 정보(「지능정보화 기본법」 제2조 제1호에 따른 정보를 말한다)로서 이용자가 소유 또는 관리하는 정보를 말한다.

② 위탁 및 공동연구개발의 경우(조특령 제9조 제7항 제2호, 조특칙 제7조 제6항)

다음의 기관에 국가전략기술연구개발업무를 위탁(재위탁을 포함한다)함에 따라 발생하는 비용(전사적 기업자원 관리설비, 판매시점 정보관리 시스템 설비 등 기업의 사업운영 · 관리 · 지원 활동과 관련된 시스템 개발을 위한 위탁비용은 제외한다) 및 이들 기관과의 공동연구개발을 수행함에 따라 발생하는 비용

**위탁연구기관**(조특칙 제7조 제6항 · 제7항)

1. 「고등교육법」 제2조에 따른 대학 또는 전문대학
2. 국공립연구기관

3. 정부출연연구기관
4. 비영리법인(비영리법인에 부설된 연구기관을 포함한다)
5. 「산업기술혁신 촉진법」 제42조에 따른 전문생산기술연구소 등 기업이 설립한 국내외 연구기관
6. 전담부서등(신성장 · 원천기술연구개발업무만을 수행하는 전담부서등에서 직접 수행한 부분에 한정한다) 또는 국외기업에 부설된 연구기관
7. 「연구산업진흥법」 제2조 제1호 가목 및 나목의 연구산업을 영위하는 기업 또는 영리목적으로 연구 · 개발을 독립적으로 수행하거나 위탁받아 수행하고 있는 국외소재 기업
8. 내국인이 의결권 있는 발행주식총수의 100분의 50 이상을 직접 소유하거나 100분의 80 이상을 직접 또는 간접으로 소유하고 있는 외국법인(외국법인에 부설된 연구기관을 포함한다), 주식의 간접소유비율의 계산에 관하여는 「국제조세조정에 관한 법률 시행령」 제2조 제3항을 준용한다.

위의 제4호부터 제7호까지의 기관에 신성장 · 원천기술의 연구개발업무를 위탁(재위탁을 포함한다)하는 경우(영 [별표 7] 제7호 가목 6)부터 8)까지의 규정에 따른 임상1상 · 임상2상 · 임상3상 시험, [별표 7의2] 제3호 나목부터 마목까지의 규정에 따른 비임상 · 임상1상 · 임상2상 · 임상3상 시험 및 같은 표 제7호 다목부터 바목까지의 규정에 따른 비임상 · 임상1상 · 임상2상 · 임상3상 시험의 경우는 제외한다)에는 국내에 소재한 기관으로 한정한다.

### (6) 일반연구인력개발비

위 '(4)'의 신성장 · 원천기술 연구인력개발비와 '(5)'의 국가전략기술연구개발비에 해당하지 않거나 납세자가 신성장 · 원천기술연구개발비 또는 국가전략기술연구개발비로 선택하지 않은 경우에는 일반연구인력개발비로 구분하며, 일반연구인력개발비는 조특령 [별표 6]에서 규정하고 있는데 이를 구체적으로 살펴보면 다음과 같다(조특법 제10조 제1항 제3호).

[별표 6] (2025.2.28. 개정)

연구 · 인력개발비 세액공제를 적용받는 비용(제9조 제1항 관련)

1. 연구개발
  가. 자체연구개발
    1) 연구개발 또는 문화산업 진흥 등을 위한 기획재정부령으로 정하는 연구소 또는 전담부서(이하 "전담부서등"이라 한다)에서 근무하는 직원(연구개발과제를 직접 수행하거나 보조하지 않고 행정 사무를 담당하는 자는 제외한다) 및 연구개발서비스업에 종사하는 전담요원으로서 기획재정부령으로 정하는 자의 인건비. 다만, 다음의 인건비를 제외한다.
      가) 「소득세법」 제22조에 따른 퇴직소득에 해당하는 금액
      나) 「소득세법」 제29조 및 「법인세법」 제33조에 따른 퇴직급여충당금
      다) 「법인세법 시행령」 제44조의 2 제2항에 따른 퇴직연금등의 부담금 및 「소득세법 시행

령」 제40조의 2 제1항 제2호에 따른 퇴직연금계좌에 납부한 부담금

2) 1)에 해당하는 직원 및 전담요원이 가입한 법 제30조의 4 제4항 제1호부터 제5호까지의 사회보험에 대해 사용자가 부담하는 사회보험료 상당액

3) 전담부서등 및 연구개발서비스업자가 연구용으로 사용하는 견본품 · 부품 · 원재료와 시약류구입비(시범제작에 소요되는 외주가공비를 포함한다) 및 소프트웨어(인사, 급여 등 일반 사무에 사용하는 소프트웨어로서 기획재정부령으로 정하는 것은 제외한다) · 서체 · 음원 · 이미지의 대여 · 구입비

4) 전담부서등 및 연구개발서비스업자가 직접 사용하기 위한 연구 · 시험용 시설(제25조의 3 제3항 제2호 가목에 따른 시설을 말한다. 이하 같다)의 임차 또는 나목 1)에 따른 기관의 연구 · 시험용 시설의 이용에 필요한 비용

5) 「클라우드컴퓨팅 발전 및 이용자 보호에 관한 법률」 제2조 제3호에 따른 클라우드컴퓨팅 서비스의 이용에 필요한 비용

나. 위탁 및 공동연구개발

1) 다음의 기관에 과학기술 및 산업디자인 분야의 연구개발용역을 위탁(재위탁을 포함한다)함에 따른 비용(전사적 기업자원 관리설비, 판매시점 정보관리 시스템 설비 등 기업의 사업운영 · 관리 · 지원 활동과 관련된 시스템 개발을 위한 위탁비용은 제외한다. 이하 이 목에서 같다) 및 이들 기관과의 공동연구개발을 수행함에 따른 비용

가) 「고등교육법」에 따른 대학 또는 전문대학

나) 국공립연구기관

다) 정부출연연구기관

라) 국내외의 비영리법인(비영리법인에 부설된 연구기관을 포함한다)

마) 「산업기술혁신 촉진법」 제42조에 따른 전문생산기술연구소 등 기업이 설립한 국내외 연구기관

바) 전담부서등(전담부서등에서 직접 수행한 부분으로 한정한다) 또는 국외기업에 부설된 연구기관

사) 영리를 목적으로 「연구산업진흥법」 제2조 제1호 가목 또는 나목의 산업을 영위하는 기업 또는 영리목적으로 연구 · 개발을 독립적으로 수행하거나 위탁받아 수행하고 있는 국외 소재 기업

아) 「산업교육진흥 및 산학연협력촉진에 관한 법률」에 따른 산학협력단

자) 한국표준산업분류표상 기술시험 · 검사 및 분석업을 영위하는 기업

차) 「산업디자인진흥법」 제4조 제2항 각 호에 해당하는 기관

카) 「산업기술연구조합 육성법」에 따른 산업기술연구조합

2) 「고등교육법」에 따른 대학 또는 전문대학에 소속된 개인(조교수 이상으로 한정한다)에게 과학기술분야의 연구개발용역을 위탁함에 따른 비용

다. 해당 기업이 그 종업원 또는 종업원 외의 자에 대한 직무발명 보상금 지급으로 발생한 금액

라. 기술정보비(기술자문비를 포함한다) 또는 도입기술의 소화개량비로서 기획재정부령으로 정하는 비용

마. 중소기업이 「과학기술분야 정부출연연구기관 등의 설립 · 운영 및 육성에 관한 법률」에 따라 설립된 한국생산기술연구원과 「산업기술혁신 촉진법」에 따라 설립된 전문생산기술연구소의

기술지도 또는 「중소기업진흥에 관한 법률」에 따른 기술지도를 받음에 따라 발생한 비용

바. 중소기업에 대한 공업 및 상품디자인 개발지도를 위하여 발생한 비용

사. 중소기업이 「산업재산 정보의 관리 및 활용 촉진에 관한 법률」 제17조 제1항에 따라 지정된 산업재산진단기관의 특허 조사·분석을 받음에 따라 발생한 비용

2. 인력개발

가. 위탁훈련비(전담부서등에서 연구업무에 종사하는 연구요원으로 한정한다)

1) 국내외의 전문연구기관 또는 대학에의 위탁교육훈련비

2) 「국민 평생 직업능력 개발법」에 따른 직업훈련기관에 위탁훈련비

3) 「국민 평생 직업능력 개발법」에 따라 고용노동부장관의 승인을 받아 위탁훈련하는 경우의 위탁훈련비

4) 중소기업이「중소기업진흥에 관한 법률」에 따른 기술연수를 받기 위하여 발생한 비용

5) 그밖에 자체기술능력향상을 목적으로 한 국내외 위탁훈련비로서 기획재정부령으로 정하는 것

나. 「국민 평생 직업능력 개발법」 또는 「고용보험법」에 따른 사내직업능력개발훈련 실시 및 직업능력개발훈련 관련사업 실시에 소요되는 비용으로서 기획재정부령으로 정하는 것

다. 중소기업에 대한 인력개발 및 기술지도를 위하여 발생하는 비용으로서 기획재정부령으로 정하는 것

라. 생산성 향상을 위한 인력개발비로서 기획재정부령으로 정하는 비용

마. 기획재정부령으로 정하는 사내기술대학(대학원을 포함한다) 및 사내대학의 운영에 필요한 비용으로서 기획재정부령으로 정하는 것

바. 「산업교육진흥 및 산학연협력촉진에 관한 법률 시행령」 제2조 제1항 제3호 및 제4호에 따른 학교 또는 산업수요 맞춤형 고등학교 등과의 계약을 통해 설치·운영되는 직업교육훈련과정 또는 학과 등의 운영비로 발생한 비용

사. 산업수요 맞춤형 고등학교 등과 기획재정부령으로 정하는 사전 취업계약 등을 체결한 후, 직업교육훈련을 받는 해당 산업수요 맞춤형 고등학교의 재학생에게 해당 훈련기간 중 지급한 훈련수당, 식비, 교재비 또는 실습재료비(생산 또는 제조하는 물품의 제조원가 중 직접 재료비를 구성하지 않는 것만 해당한다)

아. 「산업교육진흥 및 산학연협력촉진에 관한 법률」 제11조의 3에 따라 현장실습산업체가 교육부장관이 정하는 표준화된 운영기준을 준수하는 현장실습을 실시하는 산업교육기관 등과 기획재정부령으로 정하는 사전 취업약정 등을 체결하고 해당 현장실습 종료 후 현장실습을 이수한 대학생을 채용한 경우 현장실습 기간 중 해당 대학생에게 같은 조 제3항에 따라 지급한 현장실습 지원비(생산 또는 제조하는 물품의 제조원가 중 직접 재료비를 구성하지 않는 것만 해당한다)

자. 「산업교육진흥 및 산학연협력촉진에 관한 법률」 제2조 제2호 다목에 따른 대학과의 계약을 통해 설치·운영되는 같은 법 제8조 제2항에 따른 계약학과등의 운영비로 발생한 비용

차. 내국인이 고용하고 있는 임직원을 위한 교육·훈련과정을 해당 임직원이 아닌 자에게 제공하기 위해 추가로 소요되는 비용으로서 기획재정부령으로 정하는 것

이하 [별표 6]의 내용을 구체적으로 살펴보면 다음과 같다.

① **전담부서 등 및 연구개발서비스업 영위기업**(조특칙 제7조 제1항)

전담부서 등이란 다음 어느 하나에 해당하는 연구소 및 전담부서를 말한다.

㉠「기초연구진흥 및 기술개발지원에 관한 법률」 제14조의 2 제1항에 따라 과학기술정보통신부장관의 인정을 받은 기업부설연구소 또는 연구개발전담부서

㉡「문화산업진흥 기본법」 제17조의 3 제1항에 따른 기업부설창작연구소 또는 기업창작전담부서

㉢「산업디자인진흥법」 제9조에 따른 산업디자인전문회사(이하 "산업디자인전문회사"라 한다)

연구개발서비스업 영위 기업이란「연구산업진흥법」에 따른 전문연구사업자가 영위하는 같은 법 제2조 제1호 가목의 연구산업을 영위하는 기업을 말한다.

② **전담요원 및 인건비**(조특칙 제7조 제3항)

㉠ 전담요원 등 연구원 이란 다음의 자를 말한다.

ⓐ 전담부서등에서 연구업무에 종사하는「기초연구진흥 및 기술개발지원에 관한 법률 시행령」에 따른 연구전담요원

ⓑ 산업디자인전문회사의 경우 연구업무에 종사하는「산업디자인진흥법 시행규칙」 제9조 제1항 제1호에 따른 전문인력

ⓒ 기초연구진흥 및 기술개발지원에 관한 법률 시행령」에 따른 연구보조원

ⓓ 연구개발서비스업에 종사하는 전담요원

다만, 다음 어느 하나에 해당하는 자는 제외한다.

**| 제외되는 연구요원 |**

|  |  |
|---|---|
| 주주인 임원으로서 | 1. 부여받은 주식매수선택권을 모두 행사하는 경우 당해 법인의 총발행주식의 100분의 10을 초과하여 소유하게 되는 자 |
| | 2. 당해 법인의 주주로서「법인세법 시행령」 제43조 제7항에 따른 지배주주 등 및 당해 법인의 총발행주식의 100분의 10을 초과하여 소유하는 주주 |
| | 3. 제2호에 해당하는 자(법인을 포함한다)와「소득세법 시행령」 제98조 제1항 또는「법인세법 시행령」 제2조 제5항에 따른 특수관계인. 이 경우「법인세법 시행령」 제2조 제5항 제7호에 해당하는 자가 당해 법인의 임원인 경우를 제외한다. |

㉡ 인건비

세액공제 대상 연구인력개발비 중 인건비가 차지하는 비중이 적지않고 중소기업의 경우에는 대부분을 차지하는 경우도 있다. 이러한 인건비에 대해「조세특례제한법」

에서는 별도로 규정하고 있지 않고 구 기본통칙 9-8…1【연구 및 인력개발준비금의 사용기준 등】 제1항 제1호에서 "인건비"라 함은 명칭여하에 불구하고 근로의 제공으로 인하여 지급하는 비용을 말하는 것으로 규정하고 있었다. 현재도 이에 근거하여 세액공제대상 인건비의 금액을 산정하며 조특령 [별표 6]과 기본통칙에서 규정한 금액들은 제외한다.

**인건비 예시**

| 인건비에서 제외 | 인건비에 포함 |
|---|---|
| ①「소득세법」 제22조에 따른 퇴직소득에 해당하는 금액<br>②「소득세법」 제29조 및「법인세법」 제33조에 따른 퇴직급여충당금<br>③「법인세법 시행령」 제44조의 2 제2항에 따른 퇴직연금등의 부담금 및「소득세법 시행령」 제40조의 2 제1항 제2호에 따른 퇴직연금계좌에 납부한 부담금 | 전담부서등 근무자에 해당하는 직원 및 전담요원이 가입한 조특법 제30조의 4 제4항 제1호부터 제5호까지의 사회보험에 대해 사용자가 부담하는 사회보험료 상당액<br>사회보험이란 다음을 말함<br>①「국민연금법」에 따른 국민연금<br>②「고용보험법」에 따른 고용보험<br>③「산업재해보상보험법」에 따른 산업재해보상보험<br>④「국민건강보험법」에 따른 국민건강보험<br>⑤「노인장기요양보험법」에 따른 장기요양보험 |

③ **기술정보비**(기술자문비를 포함한다) **또는 도입기술의 소화개량비**(조특칙 제7조 제5항)

다음 어느 하나에 해당하는 자로부터 산업기술에 관한 자문을 받고 지급하는 기술자문료를 말한다.

**기술자문료 수취자**

1. 과학기술분야를 연구하는 국 · 공립연구기관, 정부출연연구기관, 국내외 비영리법인(부설연구기관을 포함한다),「산업기술혁신 촉진법」 제42조에 따른 전문생산기술연구소 등 기업이 설립한 국내외 연구기관, 전담부서등 또는 국외기업에 부설된 연구기관에서 연구업무에 직접 종사하는 연구원
2. 「고등교육법」 제2조에 따른 대학(교육대학 및 사범대학을 포함한다) 또는 전문대학에 근무하는 과학기술분야의 교수(조교수 이상인 자에 한한다)
3. 외국에서 다음 각 목의 어느 하나에 해당하는 산업분야에 5년 이상 종사하였거나 학사학위 이상의 학력을 가지고 해당 분야에 3년 이상 종사한 외국인기술자
   가. 조특령 별표 4(기술집약적 산업의 범위)의 산업
   나. 광업
   다. 건설업

라. 조특령 제5조 제9항에 따른 엔지니어링사업
마. 조특령 제5조 제7항에 따른 물류산업
바. 시장조사 및 여론조사업, 경영컨설팅업 및 공공관계 서비스업, 사업시설 유지관리 서비스업, 교육관련 자문 및 평가업, 기타 교육지원 서비스업(교환학생 프로그램 운영 등으로 한정한다), 비금융 지주회사, 기술 시험 · 검사 및 분석업, 측량업, 제도업, 지질조사 및 탐사업(광물채굴 목적의 조사 및 탐사를 제외한 지질조사 및 탐사활동으로 한정한다), 지도제작업, 전문디자인업, 그 외 기타 분류 안 된 전문 · 과학 및 기술 서비스업(지도제작, 환경정화 및 복원활동을 제외한 그 외 기타 분류 안 된 전문 · 과학 및 기술 서비스로 한정한다), 기타 광업 지원 서비스업(채굴목적 광물탐사활동으로 한정한다), 토양 및 지하수 정화업(토양 및 지하수 정화활동으로 한정한다), 기타 환경 정화 및 복원업[토양 및 지하수 외의 환경정화 활동(선박유출기름 수거운반을 제외한다)으로 한정한다]
사. 「연구산업진흥법」 제2조 제1호 가목 및 나목의 연구산업
아. 「조세특례제한법」(이하 "법"이라 한다) 제7조 제1항 제1호 허목의 의료업(「국가기술자격법 시행규칙」 별표 2의 국제의료관광코디네이터로 한정한다)

④ **그 밖에 자체기술능력향상을 목적으로 한 국내외 위탁훈련비**(조특칙 제7조 제8항)

연구소 및 전담부서에서 연구업무에 종사하는 「기초연구진흥 및 기술개발지원에 관한 법률 시행령」 제2조 제7호에 따른 연구전담요원이 훈련을 목적으로 지출하는 다음의 어느 하나에 해당하는 비용을 말한다.

㉠ 국내외기업(국내기업의 경우에는 전담부서등을 보유한 기업에 한한다)에의 위탁훈련비
㉡ 「산업발전법」에 따라 설립된 한국생산성본부에의 위탁훈련비

⑤ **「국민평생직업능력 개발법」 또는 「고용보험법」에 따른 사내직업능력개발훈련 실시 및 직업능력개발훈련 관련사업 실시에 소요되는 비용**(조특칙 제7조 제9항)

다음 각 호의 어느 하나에 해당하는 비용을 말한다.

㉠ 사업주가 단독 또는 다른 사업주와 공동으로 「국민평생직업능력 개발법」 제2조 제1호의 직업능력개발훈련(이하 "직업능력개발훈련"이라 한다)을 실시하는 경우의 실습재료비(해당 기업이 생산 또는 제조하는 물품의 제조원가 중 직접 재료비를 구성하지 아니하는 것에 한한다)
㉡ 「국민평생직업능력 개발법」 제20조 제1항 제2호에 따른 기술자격검정의 지원을 위한 필요경비
㉢ 「국민평생직업능력 개발법」 제33조 제1항에 따른 직업능력개발훈련교사등에게 지급하는 급여
㉣ 사업주가 단독 또는 다른 사업주와 공동으로 실시하는 직업능력개발훈련으로서 「국민평생직업능력 개발법」 제24조에 따라 고용노동부장관의 인정을 받은 훈련과정의

직업능력개발훈련을 받는 훈련생에게 지급하는 훈련수당 · 식비 · 훈련교재비 및 직업훈련용품비

⑥ 중소기업에 대한 인력개발 및 기술지도를 위하여 지출하는 비용(조특칙 제7조 제10항)

다음 어느 하나에 해당하는 비용을 말한다.

㉠ 지도요원의 인건비 및 지도관련경비

㉡ 직업능력개발훈련의 훈련교재비 및 실습재료비

㉢ 직업능력개발훈련시설의 임차비용

㉣ 중소기업이 「중소기업 인력지원 특별법」에 따라 중소기업 핵심인력 성과보상기금(내일채움공제)에 납입하는 비용. 다만 다음의 금액은 세액공제 대상에서 제외하거나 납입비용에서 차감한다.

| 세액공제대상에서 제외하는 납입비용 | 납입비용에서 차감할 환급받은 금액 |
|---|---|
| 영 제26조의 6 제2항 각 호의 어느 하나에 해당하는 사람에 대한 납입비용<br>① 해당 기업의 최대주주 또는 최대출자자(개인사업자의 경우에는 대표자를 말한다)와 그 배우자<br>② '①'에 해당하는 사람의 직계존비속(그 배우자를 포함한다) 또는 제1호에 해당하는 사람과 「국세기본법 시행령」 제1조의 2 제1항에 따른 친족관계에 있는 사람 | 중소기업 핵심인력 성과보상기금에 가입한 이후 5년 이내에 중도해지를 이유로 중소기업이 환급받은 금액(환급받은 금액 중 이전 과세연도에 빼지 못한 금액이 있는 경우에는 해당 금액을 포함한다) |

㉤ 내국인이 사용하지 아니하는 자기의 특허권 및 실용신안권을 중소기업(「법인세법」 제2조 제12호 및 「소득세법」 제41조에 따른 특수관계인이 아닌 경우에 한한다)에게 무상으로 이전하는 경우 그 특허권 및 실용신안권의 장부상 가액

㉥ 「산업발전법」 제19조 제1항에 따른 지속가능경영과 관련된 임직원 교육 경비 및 경영수준 진단 · 컨설팅 비용

⑦ 생산성향상을 위한 인력개발비(조특칙 제7조 제11항)

다음 어느 하나에 해당하는 비용을 말한다. 다만, 교육훈련시간이 24시간 이상인 교육과정의 것에 한한다.

㉠ 품질관리 · 생산관리 · 설비관리 · 물류관리 · 소프트웨어관리 · 데이터관리 · 보안관리(이하 "품질관리 등"이라 한다)에 관한 회사 내 자체교육비로서 다음의 비용에 준하는 것(조특칙 제7조 제13항)

- 교육훈련용교재비 · 실험실습비 및 교육용품비
- 강사에게 지급하는 강의료
- 사내기술대학 등에서 직접 사용하기 위한 실험실습용 물품 · 자재 · 장비 또는 시설의 임차비
- 사내기술대학 등의 교육훈련생에게 교육훈련기간 중 지급한 교육훈련수당 및 식비

㉡ 다음 각 기관에 품질관리 등에 관한 훈련을 위탁하는 경우의 그 위탁훈련비. 다만, 「국민평생직업능력 개발법」에 따른 위탁훈련비와 「산업발전법」에 따라 설립된 한국생산성본부에의 위탁훈련비를 제외한다.

- 국가전문행정연수원(국제특허연수부에서 훈련받는 경우에 한한다)
- 「산업표준화법」 제32조에 따라 설립된 한국표준협회
- 「산업디자인진흥법」 제11조에 따라 설립된 한국디자인진흥원
- 품질관리 등에 관한 교육훈련을 목적으로 「민법」 제32조에 따라 설립된 사단법인 한국능률협회
- 「상공회의소법」에 따라 설립된 부산상공회의소의 연수원

㉢ 「문화산업진흥 기본법」 제31조에 따라 설립된 한국콘텐츠진흥원에 교육을 위탁하는 경우 그 위탁교육비용

㉣ 「항공안전법」에 따른 조종사의 운항자격 정기심사를 받기 위한 위탁교육훈련비용

㉤ 해외 호텔 및 해외 음식점에서 조리법을 배우기 위한 위탁교육훈련비용

⑧ **사내기술대학(대학원을 포함한다) 및 사내대학의 운영에 필요한 비용(조특칙 제7조 제12항 · 제13항)**

사내기술대학(대학원을 포함한다)과 사내대학의 운영에 필요한 비용은 다음의 것을 말한다.

㉠ 사내기술대학

- 사내기술대학(대학원을 포함한다)의 경우 : 과학기술분야의 교육훈련을 위한 전용교육시설 및 교과과정을 갖춘 사내교육훈련기관으로서 교육부장관이 기획재정부장관과 협의하여 정하는 기준에 해당하는 사내교육훈련기관
- 사내대학의 경우 : 「평생교육법」에 따라 설치된 사내대학업

㉡ 사내대학의 운영에 필요한 비용

- 교육훈련용교재비 · 실험실습비 및 교육용품비
- 강사에게 지급하는 강의료
- 사내기술대학 등에서 직접 사용하기 위한 실험실습용 물품 · 자재 · 장비 또는 시설의 임차비
- 사내기술대학 등의 교육훈련생에게 교육훈련기간 중 지급한 교육훈련수당 및 식비

⑨ **산업수요 맞춤형 고등학교 등과 맺는 사전 취업계약**(조특칙 제7조 제18항)

다음 어느 하나에 해당하는 계약을 말한다.

| 다음 요건을 모두 갖춘 산업체 맞춤형 직업교육훈련계약 | 다음 요건을 모두 갖춘 취업인턴 직업교육훈련계약 |
|---|---|
| • 산업수요 맞춤형 고등학교 등에 교육부장관이 정하는 산업체 맞춤형 직업교육훈련과정을 설치할 것<br>• 해당 내국인의 생산시설 또는 근무장소에서 산업수요 맞춤형 고등학교 등 재학생에 대하여 교육부장관이 정하는 기간 이상의 현장훈련을 실시할 것<br>• 산업체 맞춤형 직업교육훈련과정 이수자에 대한 고용요건 등이 포함될 것<br>• 위의 3가지 요건에 관한 사항이 포함된 교육부장관이 정하는 계약서에 따라 산업체 맞춤형 직업교육훈련계약을 체결할 것 | • 산업수요 맞춤형 고등학교 등 또는 직업교육훈련기관에 교육부장관이 정하는 취업인턴 직업교육훈련과정을 설치할 것<br>• 해당 내국인의 생산시설 또는 근무장소에서 산업수요 맞춤형 고등학교 등 재학생에 대하여 교육부장관이 정하는 기간 이상의 현장훈련을 실시할 것<br>• 취업인턴 직업교육훈련과정 이수자에 대한 고용요건 등이 포함될 것<br>• 위의 3가지 요건에 관한 사항이 포함된 교육부장관이 정하는 계약서에 따라 취업인턴 직업교육훈련계약을 체결할 것 |

⑩ **사전취업약정**(조특칙 제7조 제19항)

다음의 요건을 모두 갖춘 약정을 말한다.

- 대학교 등에 「산업교육진흥 및 산학연협력촉진에 관한 법률」 제11조의 3에 따라 교육부장관이 정하는 표준화된 운영기준(이하 "표준운영기준"이라 한다)을 준수하는 현장실습 과정을 설치할 것
- 현장실습 산업체의 생산시설 또는 근무장소에서 대학교 재학생에 대하여 「산업교육진흥 및 산학연협력촉진에 관한 법률」 제11조의 3에 따라 교육부장관이 정하는 기간 이상의 현장실습을 실시할 것
- 표준운영기준을 준수하는 현장실습의 이수자에 대한 고용조건 등이 포함될 것

### (7) 공제세액의 계산

신성장 · 원천기술연구개발비와 국가전략기술연구개발비 및 일반 연구인력개발비에 대해 공제율을 차등 적용한다(조특법 제10조 제1항).

① **신성장 · 원천기술 연구인력개발비의 공제율**(조특법 제10조 제1항 제1호)

기업유형에 따른 공제율과 매출액 대비 개발비 비율을 합한 비율을 공제율로 적용한다.

공제율 = 기업유형별 비율 + 매출액 대비 연구인력개발비 비율

㉠ 기업유형별 비율

| 중소기업 | 중소기업에 최초로 해당하지 아니하게 된 경우주) | 그 외의 경우 |
|---|---|---|
| 30% | 최초로 중소기업에 해당하지 아니하게 된 과세연도 개시일부터 3년 이내에 끝나는 과세연도까지 25% | 20% |

주) 최초로 중소기업에 해당하지 아니하게 된 경우란 다음 어느 하나에 따른 기간이 지난 경우를 말한다(조특령 제9조 제20항).

① 2024년 12월 31일이 속하는 과세연도 직전 과세연도의 종료일 이전에 자산총액이 5천억원 이상이 되거나 규모요건 또는 독립성요건 중 관계기업 요건을 초과하여 중소기업에 해당하지 않게 된 사유가 발생한 경우 : 최초로 그 사유가 발생한 날이 속하는 과세연도와 그 다음 3개 과세연도

② 2024년 12월 31일이 속하는 과세연도의 개시일 이후에 자산총액이 5천억원 이상이 되거나 규모요건 또는 독립성요건 중 관계기업 요건을 초과하여 중소기업에 해당하지 않게 된 사유가 발생한 경우 : 최초로 그 사유가 발생한 날이 속하는 과세연도와 그 다음 5개 과세연도(최초로 그 사유가 발생한 날이 속하는 과세연도의 종료일부터 5년이 되는 날이 속하는 과세연도의 종료일 현재 해당 기업이 「자본시장과 금융투자업에 관한 법률」에 따른 유가증권시장 또는 코스닥시장에 상장되어 있는 경우에는 7개 과세연도)

③ 「중소기업기본법 시행령」 제3조 제1항 제2호, 별표 1 및 별표 2의 개정으로 중소기업에 해당하지 않게 된 사유가 발생한 경우 : 그 사유가 발생한 날이 속하는 과세연도와 그 다음 3개 과세연도

㉡ 매출액 대비 연구인력개발비 비율(조특법 제10조 제1항 제1호 나목, 조특령 제9조 제5항)

Min(ⓐ, ⓑ)

ⓐ (신성장 · 원천기술 연구개발비 ÷ 해당 과세연도 수입금액주)) × 3

ⓑ 10%

주) 해당 과세연도 수입금액이란 법인법 제43조의 기업회계기준에 따라 계산한 매출액을 말함

② 국가전략기술연구개발비의 공제율(조특법 제10조 제1항 제2호)

기업유형에 따른 공제율과 매출액 대비 개발비 비율을 합한 비율을 공제율로 적용한다.

공제율 = 기업유형별 비율 + 매출액 대비 연구인력개발비 비율

㉠ 기업유형별 비율

| 중소기업 | 중소기업에 최초로 해당하지 아니하게 된 경우주) | 그 외의 경우 |
|---|---|---|
| 40% | 최초로 중소기업에 해당하지 아니하게 된 과세연도 개시일부터 3년 이내에 끝나는 과세연도까지 35% | 30% |

주) 최초로 중소기업에 해당하지 아니하게 된 경우란 다음 어느 하나에 따른 기간이 지난 경우를 말한다(조특령 제9조 제20항).

① 2024년 12월 31일이 속하는 과세연도 직전 과세연도의 종료일 이전에 자산총액이 5천억원 이상이 되거나 규모요건 또는 독립성요건 중 관계기업 요건을 초과하여 중소기업에 해당하지 않게 된 사유가 발생한 경우 : 최초로 그 사유가 발생한 날이 속하는 과세연도와 그 다음 3개 과세연도

② 2024년 12월 31일이 속하는 과세연도의 개시일 이후에 자산총액이 5천억원 이상이 되거나 규모요건 또는 독립성요건 중 관계기업 요건을 초과하여 중소기업에 해당하지 않게 된 사유가 발생한 경우
: 최초로 그 사유가 발생한 날이 속하는 과세연도와 그 다음 5개 과세연도(최초로 그 사유가 발생한 날이 속하는 과세연도의 종료일부터 5년이 되는 날이 속하는 과세연도의 종료일 현재 해당 기업이 「자본시장과 금융투자업에 관한 법률」에 따른 유가증권시장 또는 코스닥시장에 상장되어 있는 경우에는 7개 과세연도)

③ 「중소기업기본법 시행령」 제3조 제1항 제2호, 별표 1및 별표 2의 개정으로 중소기업에 해당하지 않게 된 사유가 발생한 경우 : 그 사유가 발생한 날이 속하는 과세연도와 그 다음 3개 과세연도

㉡ **매출액 대비 연구인력개발비 비율**(조특법 제10조 제1항 제2호 나목, 조특령 제9조 제5항)

Min(ⓐ, ⓑ)

ⓐ (국가전략기술연구개발비 ÷ 해당 과세연도 수입금액주)) × 3

ⓑ 10%

주) 해당 과세연도 수입금액이란 법인법 제43조의 기업회계기준에 따라 계산한 매출액을 말함

③ **일반연구인력개발비의 공제율**(조특법 제10조 제1항 제3호)

㉠ 위 '①'의 신성장 · 원천기술연구개발비 또는 '②' 국가전략기술연구개발비에 해당하지 아니하거나 신성장 · 원천기술연구개발비 또는 국가전략기술연구개발비 공제를 선택하지 않은 경우에는 다음의 공제율을 적용한다. 다만, 해당 과세연도의 개시일부터 소급하여 4년간 일반연구 · 인력개발비가 발생하지 아니하거나 직전 과세연도에 발생한 일반연구 · 인력개발비가 해당 과세연도의 개시일부터 소급하여 4년간 발생한 일반연구 · 인력개발비의 연평균 발생액보다 적은 경우에는 당해연도 발생액 기준에 해당하는 금액을 공제액으로 한다.

<table>
<tr><th rowspan="2">구 분</th><th colspan="2">직전년도 발생액 초과액 기준</th><th colspan="2">당해연도 발생액 기준</th></tr>
<tr><td colspan="2">해당 과세연도에 발생한 일반연구 · 인력개발비가 직전 과세연도에 발생한 일반연구 · 인력개발비를 초과하는 경우 초과발생액에 공제율 적용</td><td colspan="2">해당 과세연도에 발생한 일반연구 · 인력개발비에 공제율 적용</td></tr>
<tr><th rowspan="3">공제액</th><td rowspan="3">해당 과세연도 일반연구인력개발비<br>−<br>직전 과세연도 일반연구인력개발비</td><td>중소기업 50%</td><td rowspan="3">해당 과세연도 일반연구 인력개발비 발생액</td><td>중소기업 25%</td></tr>
<tr><td>중견기업 40%</td><td rowspan="2">중소기업이 대통령령으로 정하는 바에 따라 최초로 중소기업에 해당하지 아니하게 된 경우에는 다음 구분에 따른 비율주)</td></tr>
<tr><td>그 외 기업 25%</td></tr>
</table>

주) "중소기업이 대통령령으로 정하는 바에 따라 최초로 중소기업에 해당하지 아니하게 된 경우에는 다음 구분에 따른 비율"은 다음을 말한다(조특법 제10조 제1항 제3호 나목).

| 구분 | 비율 |
|---|---|
| ㉠ 최초로 중소기업에 해당하지 아니하게 된 과세연도의 개시일부터 3년 이내에 끝나는 과세연도까지 | 20% |
| ㉡ '㉠'의 기간 이후부터 2년 이내에 끝나는 과세연도까지 | 15% |
| ㉢ 중견기업이 '㉡'에 해당하지 아니하는 경우 : | 8% |
| ㉣ '㉠'부터 '㉢'까지의 어느 하나에 해당하지 아니하는 경우 | Min(ⓐ, ⓑ)<br>ⓐ 해당 과세연도의 수입금액에서 일반연구 · 인력개발비가 차지하는 비율 × 50%<br>ⓑ 2% |

※ 최초로 중소기업에 해당하지 아니하게 된 경우란 **다음 어느 하나의 경우를 말한다**(조특령 제9조 제8항).

① 중소기업 유예기간 적용대상의 경우
중소기업이 자산총액이 5천억원 이상이 되거나 규모요건 또는 독립성요건 중 관계기업 요건을 초과하여 중소기업에 해당하지 아니하게 된 때에는 최초로 그 사유가 발생한 날이 속하는 과세연도와 그 다음 5개 과세연도(최초로 그 사유가 발생한 날이 속하는 과세연도의 종료일부터 5년이 되는 날이 속하는 과세연도의 종료일 현재 해당 기업이 「자본시장과 금융투자업에 관한 법률」에 따른 유가증권시장 또는 코스닥시장에 상장되어 있는 경우에는 7개 과세연도)까지는 이를 중소기업으로 본다.

② 중소기업기본법 개정의 경우
「중소기업기본법 시행령」 제3조 제1항 제2호, 별표 1및 별표 2의 개정으로 중소기업에 해당하지 않게 된 사유가 발생한 경우: 그 사유가 발생한 날이 속하는 과세연도와 그 다음 3개 과세연도 까지는 이를 중소기업으로 본다.

㉡ 4년간의 일반연구 · 인력개발비의 연평균 발생액은 다음과 같이 계산한다(조특령 제9조 제9항).

해당 과세연도 개시일부터 소급하여 4년간 발생한 일반연구 · 인력개발비의 합계액/해당 과세연도 개시일부터 소급하여 4년간 일반연구 · 인력개발비가 발생한 과세연도의 수(그 수가 4 이상인 경우 4로 한다) × 해당 과세연도의 개월 수/12

해당 과세연도 개시일부터 소급하여 4년간 발생한 일반연구 · 인력개발비의 합계액을 계산할 때 합병법인, 분할신설법인, 분할합병의 상대방법인, 사업양수법인 또는 기획재정부령으로 정하는 현물출자주)를 받은 법인(이하 이 항에서 "합병법인 등"이라 한다)의 경우에는 합병, 분할, 분할합병, 사업양도 또는 기획재정부령으로 정하는 현물출자(이하 이 항에서 "합병 등"이라 한다)를 하기 전에 피합병법인, 분할법인, 사업양도인 또는 현물출자자(이하 이 항에서 "피합병법인 등"이라 한다)로부터 발생한 일반연구 · 인력개발비는 합병법인 등에서 발생한 것으로 본다. 다만, 피합병법인 등이 운영하던 사업의 일부를 승계한 경우로서 합병등을 하기 전에 피합병법인등의 해당 승계사업에서 발생한 일반연구 · 인력개발비를 구분하기 어려운 경우에는 피합병법인 등에서 합병 등을 하기 전에 발생한 일반연구 · 인력개발비에 각 사업연도의 승계사업의 매출액이 총매출액에서 차지하는 비율과 각 사업연도말 승계사업의 자산가액이 총자산가액에서 차지하는 비율 중 큰 것을 곱한 금액을 피합병법인 등에서 발생한 일반연구 · 인력개발비로 본다(조특령 제9조 제10항).

> **주)** 기획재정부령으로 정하는 현물출자란 사업장별로 그 사업에 관한 권리(미수금에 관한 것을 제외한다)와 의무(미지급금에 관한 것을 제외한다)를 포괄적으로 출자하는 것을 말한다(조특칙 제7조의 2).
>
> 계산식을 적용할 때 개월 수는 월력에 따라 계산하되, 과세연도 개시일이 속하는 달이 1개월 미만인 경우에는 1개월로 하고, 과세연도 종료일이 속하는 달이 1개월 미만인 경우에는 산입하지 않는다(조특령 제9조 제11항).

### ④ 구분경리

내국인은 신성장 · 원천기술연구개발비 및 국가전략기술연구개발비와 일반연구 · 인력개발비를 각각 별개의 회계로 구분경리해야 한다. 이 경우 신성장 · 원천기술연구개발비가 일반연구 · 인력개발비와 공통되는 경우에는 해당 비용을 다음에 따라 신성장 · 원천기술연구개발비 및 일반연구 · 인력개발비로 안분하여 계산한다(조특법 제10조 제4항, 조특령 제9조 제12항, 조특칙 제7조 제16항).

1. 인건비에 해당하는 공통비용의 경우

<table>
<tr><th colspan="2">전담부서등 근무 직원 및 전담요원의 근무시간을 신성장 · 원천기술개발업무, 국가전략기술개발업무 및 일반연구개발업무로 각각 구분하여 기록 · 관리한 경우</th><th>전담부서등 근무직원 및 전담요원의 근무시간을 국가전략기술개발업무, 신성장 · 원천기술개발업무 및 일반연구개발업무로 구분할 수 없는 경우</th></tr>
<tr><th>일반연구개발업무 근무시간이 전체 연구개발업무 근무시간의 100분의 50 미만인 경우</th><th>일반연구개발업무 근무시간이 전체 연구개발업무 근무시간의 100분의 50 이상인 경우</th><td rowspan="2">전액 일반연구개발비</td></tr>
<tr><td>전체 인건비를 신성장 · 원천기술개발업무 근무시간, 국가전략기술개발업무 근무시간 및 일반연구개발업무 근무시간으로 각각 안분한 비용. 이 경우 국가전략기술연구개발업무 근무시간이 전체 연구개발업무 근무시간의 100분의 50 이하인 사람의 국가전략기술연구개발업무 근무시간은 신성장 · 원천기술개발업무 근무시간으로 본다.</td><td>전액 일반연구개발비</td></tr>
</table>

2. 위탁 · 공동연구개발비에 해당하는 공통비용

| 일반연구 · 인력개발비와 신성장 · 원천기술연구개발비 또는 국가전략기술연구개발비의 공통비용 | 신성장 · 원천기술연구개발비와 국가전략기술연구개발비의 공통비용 |
|---|---|
| 전액 일반연구 · 인력개발비 | 전액 신성장 · 원천기술연구개발비 |

3. 인건비 및 위탁 · 공동연구개발비에 해당하는 공통비용 외의 공통비용
다음의 각목의 구분에 따른다.

가. 신성장 · 원천기술연구개발비 : 다음의 계산식에 따른 비용

$$\text{인건비 및 위탁·공동연구개발비에 해당하는 공통비용 외의 공통비용} \times \frac{\text{신성장·원천기술연구개발업무 인건비 및 사회보험료 상당액}}{\text{신성장·원천기술연구개발업무 인건비 및 사회보험료 상당액} + \text{국가전략기술연구개발업무 인건비 및 사회보험료 상당액} + \text{일반연구인력개발비 중 인건비 및 사회보험료 상당액}}$$

나. 국가전략기술연구개발비 : 다음의 계산식에 따른 비용

$$\text{인건비 및 위탁·공동연구개발비에 해당하는 공통비용 외의 공통비용} \times \frac{\text{국가전략기술연구개발업무 인건비 및 사회보험료 상당액}}{\text{신성장·원천기술연구개발업무 인건비 및 사회보험료 상당액} + \text{국가전략기술연구개발업무 인건비 및 사회보험료 상당액} + \text{일반연구인력개발비 중 인건비 및 사회보험료 상당액}}$$

다. 일반연구 · 인력개발비 : 인건비 및 위탁 · 공동연구개발비에 해당하는 공통비용 외의 공통비용에서 가목 및 나목의 비용을 제외한 비용

### (8) 연구개발계획서의 작성 등

세액공제를 적용받으려는 내국인은 연구개발계획서, 연구개발보고서 및 연구노트 등 증거서류를 기획재정부령으로 정하는 바에 따라 작성 · 보관해야 한다(조특령 제9조 제13항).

### (9) 신청서 등의 제출

내국인은 과세표준신고를 할 때 세액공제신청서, 연구및인력개발비명세서 및 증거서류를 납세지 관할 세무서장에게 제출하여야 한다(조특령 제9조 제14항).

### (10) 연구개발세액공제기술심의위원회의 설치

① 다음 각 호의 사항을 심의하기 위하여 기획재정부장관 및 산업통상자원부장관이 공동으로 운영하는 연구개발세액공제기술심의위원회를 둔다(조특령 제9조 제15항).

㉠ 내국인의 연구개발 대상 기술이 신성장 · 원천기술 또는 국가전략기술에 해당되는지 여부에 관한 사항

㉡ 제21조 제4항 제1호 가목에 따른 신성장사업화시설의 인정에 관한 사항

㉢ 제21조 제4항 제2호에 따른 국가전략기술사업화시설의 인정에 관한 사항

㉣ 그 밖에 신성장 · 원천기술 또는 국가전략기술과 관련하여 심의가 필요하다고 기획재정부장관 또는 산업통상자원부장관이 인정하는 사항

② 연구개발세액공제기술심의위원회의 구성 및 운영 등에 필요한 사항은 기획재정부와 산업통상자원부의 공동부령으로 정한다(조특령 제9조 제16항).



### (11) 사전심사청구

신성장 · 원천기술연구개발비 및 국가전략기술연구개발비와 일반연구인력개발비세액공제를 적용받으려는 내국인은 과세표준 신고를 하기 전에 지출한 비용이 연구 · 인력개발비에 해당하는지 여부 등에 관해 국세청장에게 미리 심사하여 줄 것을 요청할 수 있다. 이 경우 심사 방법 및 요청 절차 등에 필요한 사항은 국세청장이 정한다(조특령 제9조 제17항).

## 4. 적용 시 검토 세부내용

### (1) 세액감면 및 세액공제의 중복적용 확인(조특법 제127조 제4항 · 제5항)

연구인력개발비세액공제는 다른 세액감면, 다른 세액공제와 중복적용이 가능하다.

### (2) 최저한세 적용대상 확인(조특법 제132조 제1항 제3호)

중소기업의 연구인력개발비 세액공제액은 최저한세를 적용하지 않는다.

### (3) 세액공제의 이월공제(조특법 제144조 제1항)

공제세액 중 해당 과세연도에 납부할 세액이 없거나 제132조에 따른 법인세 최저한세액 및 소득세 최저한세액에 미달하여 공제받지 못한 부분에 상당하는 금액은 해당 과세연도의 다음 과세연도 개시일부터 10년 이내에 끝나는 각 과세연도에 이월하여 그 이월된 각 과세연

도의 소득세[사업소득(제96조의 3 및 제126조의 6을 적용하는 경우에는 「소득세법」 제45조 제2항에 따른 부동산임대업에서 발생하는 소득을 포함한다)에 대한 소득세만 해당한다] 또는 법인세에서 공제한다.

#### (4) 농어촌특별세 비과세 확인(농특법 제4조 제12호, 농특령 제4조 제7항 제1호)

농어촌특별세를 비과세한다.

## 5. 사후관리의 검토

세액공제 적용 후 고용인원의 감소 또는 자산의 처분 등으로 인한 추징 등의 사후관리는 없다.

## Ⅱ 집행기준 기본통칙 질의회신

### 1. 집행기준

| 제 목 | 내 용 |
|---|---|
| 9-8-1【연구 및 인력개발비의 범위】 | 본문 서술내용 참고 |
| 10-0-1【연구 및 인력개발비에 대한 세액공제액 계산방법】 | 본문 서술내용 참고 |
| 10-0-2【정부출연금 등을 교부받아 연구개발비로 지출한 경우 세액공제】 | ① 연구개발출연금 등을 지급받아 연구개발비로 지출하는 금액은 연구·인력개발비 세액공제를 적용받을 수 없다.<br>② 국가, 지방자치 단체, 「공공기관의 운영에 관한 법률」에 따른 공공기관 및 「지방공기업법」에 따른 지방공기업으로부터 연구개발등을 목적으로 출연금등의 자산을 받아 연구개발비로 지출하는 금액은 연구·인력개발비 세액공제를 적용받을 수 없다. |
| 10-0-3【연구·인력개발비에 대한 세액공제】 | ① 연구 및 인력개발비에 대한 세액공제는 동 비용이 발생된 각 과세연도마다 적용한다.<br>② 연구 및 인력개발비에 대한 세액공제는 그 비용을 연구개발비 등 자산계정으로 처리한 경우에도 적용한다. |
| 10-0-4【수탁개발비 세액공제 여부】 | 내국인이 타인으로부터 수탁받은 연구개발용역수행을 위해 자신의 연구개발전담부서에서 근무하는 자의 인건비 등으로 지출하는 비용은 법 제10조의 연구 및 인력개발비에 대한 세액공제를 적용받을 수 없다. |
| 10-9-1【연구·인력개발비의 연평균 발생액 계산】 | ① 법령의 개정으로 최초로 세액공제대상이 되거나 제외되는 비용이 있는 경우 당해 과세연도 개시일부터 소급하여 4년간 발생한 연구 및 인력개발비의 합계액은 당해 과세연도와 동일한 기준에 상응하는 연구 및 인력개발비를 포함하여 계산한다.<br>② 2010년 이전부터 연구개발출연금을 연구·인력개발비에 사용한 내국법인이 2010과세연도에 직전 4년간 발생한 연구·인력개발비의 합계액을 계산하는 경우 동 연구개발출연금은 제외하고 계산한다. |
| 10-9-2【분할 등이 속하는 사업연도에 발생한 연구 및 인력개발비 계산】 | 당해 과세연도에 발생한 연구 및 인력개발비를 계산함에 있어서 내국법인이 분할·분할합병·사업양도 또는 현물출자(이하 "분할 등"이라 함)를 한 후 존속하는 경우 분할·분할합병·사업양도 또는 현물출자일(이하 "분할일 등"이라 함)이 속하는 사업연도 개시일부터 분할일 등의 전일까지 분할 등을 하기 전 분할법인·사업양도법인 또는 현물출자법인으로부터 발생한 연구 및 인력개발비는 분할 등을 한 후 분할법인·사업양도법인 또는 현물출자법인에서 발생한 것으로 본다. |

## 2. 기본통칙

| 제 목 | 내 용 |
|---|---|
| 9-8…1【연구 및 인력개발비의 용어 정의 등】 – 2024.3.15. 삭제 | ① 영 별표 6에서 규정하는 용어의 정의 및 그 적용범위는 다음 각 호와 같다.<br>1. "인건비"라 함은 명칭여하에 불구하고 근로의 제공으로 인하여 지급하는 비용을 말하며, 「소득세법」 제22조의 퇴직소득에 해당하는 금액 및 퇴직급여충당금전입액을 포함하지 아니한다.<br>2. 자체연구개발을 위한 비용 중 ②의 "연구"라 함은 「기술개발촉진법」 제2조 제1호의 "기술개발"을 말한다.<br>3. 자체연구개발을 위한 비용에는 전담부서에서 사용하는 사무용품비등 소모품비와 복리후생비를 포함하지 아니한다.<br>② 삭 제 |
| 10-0…1【연구·인력개발비에 대한 세액공제】 | ① 법 제10조에 따른 연구 및 인력개발비에 대한 세액공제는 동 비용이 발생된 각 과세연도마다 적용한다.<br>② 제1항의 규정은 해당비용을 연구개발비등 자산계정으로 처리한 경우에도 적용한다. |
| 10-0…2【수탁개발비 세액공제 여부】 | 내국인이 타인으로부터 수탁받은 연구개발용역 수행을 위해 자신의 연구개발전담부서에서 근무하는 자의 인건비 등으로 지출하는 비용은 법 제10조의 연구 및 인력개발비에 대한 세액공제를 적용받을 수 없다. |
| 10-9…2【연구·인력개발비의 연평균 발생액 계산】 | 법령의 개정으로 최초로 세액공제대상이 되거나 제외되는 비용이 있는 경우 당해 과세연도 개시일부터 소급하여 4년간 발생한 연구및인력개발비의 합계액은 당해 과세연도와 동일한 기준에 상응하는 연구및인력개발비를 포함하여 계산한다. |
| 10-9…3【분할 등이 속하는 사업연도에 발생한 연구 및 인력개발비 계산】 | 법 제10조 제1항 각 호에 따른 "당해 과세연도에 발생한 연구 및 인력개발비"를 계산함에 있어서 내국법인이 분할·분할합병·사업양도 또는 현물출자(이하 "분할 등"이라 함)를 한 후 존속하는 경우 분할·분할합병·사업양도 또는 현물출자일(이하 "분할일 등"이라 함)이 속하는 사업연도 개시일부터 분할일 등의 전일까지 분할 등을 하기 전 분할법인·사업양도법인 또는 현물출자법인으로부터 발생한 연구 및 인력개발비는 분할 등을 한 후 분할법인·사업양도법인 또는 현물출자법인에서 발생한 것으로 본다. |

## 3. 질의회신

| 제 목 | 내 용 |
|---|---|
| 연구인력개발비 세액공제 적용 시 중견기업 판정기준 | 「조세특례제한법 시행령」 제9조 제4항 제3호에 따른 소유와 경영의 실질적인 독립성 여부를 판단함에 있어, 「중견기업 성장촉진 및 경쟁력 강화에 관한 특별법 시행령」 제2조 제2항 제1호 나목에 따른 외국법인에는 외국의 정부도 포함되는 것임<br><br>조특, 서면-2021-법규법인-4819 [법규과-1638], 2022.5.26. |
| 연구인력개발비 세액공제 시 적용 배제한 정부출연금을 추후 전액 반환한 경우 경정청구 가능 여부 | 조세특례제한법 제10조의 규정에 따른 연구 · 인력개발비에 대한 세액공제 시 적용 배제한 정부출연금을 중도 포기의 사유로 전액 반환한 경우 해당 지출 비용이 동 세액공제 대상에 해당할 경우에는 국세기본법 제45조의 2에 따라 경정청구가 가능한 것임<br><br>조특, 서면-2019-법인-3906 [법인세과-4289], 2020.12.1. |
| 연구 · 인력개발비 세액공제상 주주인 임원 등인 연구소장의 인건비 공제 가능 여부 | 특수관계 없는 자를 연구소장으로 채용하면서 법인의 총발행주식의 10%와 임원(사내이사)직 중 어느 하나 또는 둘 모두를 제공하는 경우, 이는 연구인력개발비 세액공제가 가능하나 특수관계 있는 법인대표의 동생을 연구소장으로 채용하면서 법인의 총발행주식 10%와 임원직을 모두 제공할 시에는 주주인 임원으로서 지배주주등과 특수관계에 있는 자에 해당하여 연구인력개발비 세액공제 대상에서 제외됨<br><br>또한 법인대표의 동생의 아내도 4촌 이내의 인척으로 특수관계인에 해당하여 법인대표의 동생에 대한 규정이 동일하게 적용됨<br><br>다만, 연구 · 인력개발비세액공제의 공제가능여부는 주식의 보유 여부 및 임원 여부만으로 판단할 수는 없는 것으로, 귀 질의의 경우가 공제 대상에 해당하는지는 전담연구원 여부, 연구소 및 전담부서 등록여부 등을 감안하여 실질내용에 따라 사실판단할 사항임<br><br>조특, 서면-2020-법인-1132 [법인세과-2201], 2020.7.1. |
| 사업연도 중 연구전담요원에서 제외되는 경우 연구인력개발비 세액공제 대상 인건비 산정방법 | 조세특례제한법 제10조의 연구 · 인력개발비에 대한 세액공제 적용 시 법인의 전담부서에서 연구업무에 종사하는 연구요원이자 임원에 해당하는 자가 사업연도 중 당해 법인의 주식을 취득하여 그 소유지분이 총발행주식의 10%를 초과하게 되어 연구인력개발비 세액공제 대상 연구전담요원에서 제외되는 경우 그 제외사유 발생일 이전 기간에 상당하는 인건비에 대해서는 연구인력개발비 세액공제를 적용할 수 있는 것임<br><br>조특, 서면법규과-01017, 2014.9.21. |
| 사내교육과정의 연구인력개발비 세액공제 가능 여부 | 「근로자직업능력 개발법」 또는 「고용보험법」에 따른 사내직업능력개발훈련 실시 및 직업능력개발훈련 관련사업 실시에 소요되는 비용으로서 기획재정부령으로 정하는 것은 연구인력개발비 세액공제를 받을 수 있는 것으로서, |

| 제 목 | 내 용 |
|---|---|
| | "기획재정부령으로 정하는 것"이란 사업주가 단독 또는 다른 사업주와 공동으로 실시하는 직업능력개발훈련으로서 「근로자직업능력 개발법」 제24조에 따라 고용노동부장관의 인정을 받은 훈련과정의 직업능력개발훈련을 받는 훈련생에게 지급하는 훈련수당 · 식비 · 훈련교재비 및 직업훈련용품비를 말하는 것으로서 동 금액 해당여부는 제반사정을 고려하여 사실판단할 사항임<br><br>법인, 서면-2015-법인-1554 [법인세과-2084], 2015.9.23. |
| 개발품에 대해 일정 대가를 수수하는 경우 연구인력개발비 세액공제 가능 여부 | 납품업체가 자기의 책임과 비용으로 거래처의 납품의뢰에 따라서 선행개발된 기술을 바탕으로 자체기술로 상품화개발 등을 수행하는 과정에서 발생한 연구개발 전담부서의 연구개발 관련비용은 「조세특례제한법 시행령」【별표 6】 제1호 연구개발란 가목의 자체연구개발 비용에 해당하는 것임. 이 경우 연구 · 인력개발비에 해당하는 비용 중 조세특례제한법 시행령 제8조 제1항 단서규정에 해당되는 비용이 있는 때에는 동 비용을 차감하는 것이나, 납품업체가 자체연구개발에 따른 특허권 등을 소유 · 사용하면서 납품조건을 충족시키는 개발품(시제품)만을 공급하고 받은 대가는 연구 · 인력개발비에 해당하는 비용에서 차감하지 아니하는 것임<br><br>조특, 기획재정부 조세특례제도과-177 [기획재정부조세특례제도과-177], 2017.2.9. |
| 기업부설 연구소 신고 전 발생 연구개발비의 공제 가능여부 | 과학기술부장관에게 연구개발전담부서로 적법하게 신고하기 전에 동 전담부서에서 발생한 비용은 「조세특례제한법」 제10조의 연구 및 인력개발비에 대한 세액공제를 적용받을 수 없는 것임<br><br>법인세과-323, 2009.3.24. |
| 기업창작전담부서에서 근무하는 보조원의 인건비가 「조세특례제한법」 제10조에 따른 연구 · 인력개발비 세액공제 대상 비용에 해당하는지 여부 | 기업창작전담부서에서 근무하면서 다른 업무를 겸하지 아니하고 창작개발 업무만을 전담하여 수행하는 보조원의 인건비는 「조세특례제한법」 제10조에 따른 연구 · 인력개발비 세액공제 대상 비용에 해당함(다만, 주주인 임원으로서 「조세특례제한법 시행규칙」 제7조 제3항 제1호~제3호에 해당하는 자는 제외)<br><br>서면-2023-법인-1004, 2023.6.14. |
| 과세연도의 월중에 연구개발 전담부서로 인정받은 경우 연구 · 인력개발비 세액공제 대상 연구전담요원의 인건비를 일할 계산하는지 여부 및 연구개발 전담부서로 <u>인정받기 전</u>에 구입한 연구전용 기계장치의 연구 · 인력개발비 세액공제 대상 여부 | 과세연도의 월중에 「기초연구진흥 및 기술개발지원에 관한 법률」 제14조의2에 따라 연구개발 전담부서로 인정을 받은 경우 연구개발 전담부서로 인정을 신청한 날 이후 발생하는 연구전담요원의 인건비가 조세특례제한법 시행령 별표 6에 해당하는 경우 해당 인건비는 조세특례제한법 제10조에 따라 연구 · 인력개발비 세액공제를 적용받을 수 있는 것이며, 이 경우 해당 월의 인건비 중 인정을 신청한 날 이후 발생한 인건비 해당 금액을 구분하기 어려운 경우에는 인정을 신청한 날 이후 연구업무에 종사한 일수에 따라 일할 계산하는 것임<br><br>연구에 사용할 목적으로 구입한 기계장치의 구입비용은 조세특례제한법 시행령 제9조 제1항 및 [별표 6]의 연구 · 인력개발비 세액공제를 적용받는 비 |

| 제 목 | 내 용 |
|---|---|
| | 용에 해당하지 아니하는 것임<br>서면-2021-법인-7893, 2022.4.22. |
| 고용창출을 목적으로 하는 장려금을 지급받아 연구원의 급여를 지급하는 경우, 「조세특례제한법」 제10조의 2에서 규정한 출연금 등에 해당하여 지급 받은 지원금을 연구·인력개발비 세액공제 대상에서 제외하여야 하는지 여부 | 시차출퇴근제 시행에 따른 고용안정장려금은 「조세특례제한법」 제10조의 2와 동법 시행령 제9조의 2 및 동법 시행규칙 제7조의 3에서 열거하고 있는 법률에 해당하지 아니하므로 「조세특례제한법 시행령」 제9조 제1항 제1호에 해당하지 않는 것임<br>서면-2020-법인-4161, 2021.5.13. |
| 연구원을 파견 받고 파견 연구기관에 지급하는 기업부담금이 연구·인력개발비 세액공제 대상 인건비에 해당하는지 여부 | 내국법인이 중소벤처기업부에서 실시하는 중소기업 연구인력지원사업과 관련하여 공공연구기관의 소속 연구원을 지원받고 「조세특례제한법 시행규칙」 제7조에서 규정하는 전담부서등에서 연구개발 과제를 전업적으로 수행하는 해당 연구원의 인건비 중 50%에 상당하는 금액을 기업부담금으로 지출하는 경우 해당 금액은 「조세특례제한법 시행령」 별표 6의 제1호 가목 1)의 인건비에 해당하는 것임<br>사전-2021-법령해석법인-0363, 2021.7.14. |
| 내국법인이 국가로부터 연구개발 또는 인력개발이 아닌 고용창출 등을 목적으로 지급받은 각종 지원금을 사용하여 지출하는 연구·인력개발비에 대하여도 연구·인력개발비 세액공제 적용이 가능한지 여부 | 내국법인이 국가로부터 연구개발 또는 인력개발이 아닌 고용창출 등을 목적으로 지급받은 각종 지원금을 사용하여 연구개발비 또는 인력개발비로 지출하는 경우, 해당 연구·인력개발비 지출액은 「조세특례제한법 시행령」 제9조 제1항 제2호가 적용되지 않는 것임(=국가로부터 연구개발 또는 인력개발이 아닌 목적으로 지급받은 지원금을 사용하여 지출하는 연구·인력개발비는 세액공제 배제 대상에 해당하지 않음)<br>서면-2020-법령해석법인-3626, 2021.1.7. |
| 연구용 금형 제작비용이 연구·인력개발비 세액공제 대상에 해당하는지 여부 | 시제품 제조에 사용되는 연구용 금형을 제작하기 위해 지출한 외주가공비는 「조세특례제한법 시행령」 별표 6(2020.2.11. 대통령령 제30390호로 개정되기 전) 제1호 가목 2)의 '시범제작에 소요되는 외주가공비'에 포함되는 것이며, 회신일 이후 신고분(결정·경정 포함)부터 적용하는 것임<br>기획재정부 조세특례제도과-245, 2021.3.24. |
| 「국민연금법」에 따라 사용자가 부담하는 부담금이 「조세특례제한법」 제10조에 따른 연구·인력개발비 세액공제 대상 인건비에 포함되는지 여부 | 「조세특례제한법」 제10조에 따른 연구·인력개발비 세액공제 대상 인건비는 명칭여하에 불구하고 근로의 제공으로 인하여 지급하는 비용을 말하는 것으로 내국법인이 「국민연금법」에 따라 2013.1.1. 이후 납입·적립하는 사용자부담금도 「조세특례제한법」 제10조에 따른 연구·인력개발비 세액공제 대상 인건비에 포함되는 것임(=국민연금 사용자부담금은 소득세법상 비과세소 |

| 제 목 | 내 용 |
|---|---|
| | 득에서 삭제된 것에 불구하고 사용자의 입장에서 근로의 제공으로 인하여 지급하는 비용에 변동이 없으므로 연구인력개발비 세액공제 대상에 해당함)<br>기준법령법인-20, 2018.6.15. |
| 국민건강보험 사용부담금의 세액공제대상 인건비 여부 | 「조세특례제한법 시행령」 제8조 제1항과 관련한 별표 6의 제1호 사목란의 "고유디자인의 개발을 위한 비용"에는 디자인부서에 소속되어 고유디자인 개발에 직접적으로 참여한 게임소프트웨어 그래픽디자이너의 인건비를 포함하는 것이며, "고유디자인의 개발을 위한 비용"에 해당하는 그래픽디자이너의 인건비에는 「국민건강보험법」·「국민연금법」에 따라 사용자가 부담하는 부담금은 포함되는 것이나, 「소득세법」 제22조의 퇴직소득에 해당하는 금액, 복리후생비, 여비교통비 등은 포함되지 않는 것임<br>법인세과-11, 2012.1.6. |

# Ⅲ 사례연구

## 1. 회사 정보 공통사항

### (1) 회사 사업내용, 설립일 및 소재지 등

① ㈜나라는 LCD 모니터 제조업과 데스크톱 PC 도소매업을 영위하는 법인 사업자이다. 회사 설립일은 1997.1.7.이다. 본점은 경기도 고양시 일산서구 대화로에 소재하고 있다. 본점 소재지에는 제1공장과 사무실이 소재하고 있고, 충청남도 천안시 서북구 성환읍에 2003.9.27. 지점 사업장을 설치하고 지점 사업자등록 후 사업장을 운영하고 있으며 지점에서도 본점과 동일한 사업을 영위하고 있다.

② 2025년 사업연도의 법인의 재무상태표상 자산총액은 3,565,918,921원, 매출액은 제품매출 7,628,403,721원, 상품매출 1,839,786,400원이다.

③ 당해 법인은 다른 회사의 계열사 등은 아니다.

④ ㈜나라의 업종코드와 한국표준산업분류 코드는 다음과 같다.

| 구 분 | 업종코드 | 한국표준산업분류코드 |
|---|---|---|
| LCD 모니터 제조업 | 300103 | C26322 |
| 데스크톱 PC 도소매업 | 515050 | G46510 |

⑤ 공제시한 내 이월결손금은 없으며, 2025년 사업연도에 비과세소득, 소득공제항목은 발생하지 않았다.

⑥ 2025년 사업연도 사업장별 업종별 소득금액

㈜나라의 2025년 사업연도 소득금액은 다음과 같다.

| 구 분 | 본점 사업장 | 지점 사업장 | 합 계 |
|---|---|---|---|
| LCD 모니터 제조업 | 158,335,479 | 96,128,520 | 254,463,999 |
| 데스크톱 PC 도소매업 | 96,140,207 | 59,125,060 | 155,265,267 |
| 소 계 | 254,475,686 | 155,253,580 | 409,729,266 |

### (2) 임원구성 및 주주지분

① 대표이사 김유민, 이사 강나라, 감사 한동진 모두 법인등기사항증명서상 등기 임원이다.

② 주주지분 구성내용

| 주주명 | 생년월일 | 주식수 | 지분율 | 최대주주와의 관계 |
|---|---|---|---|---|
| 김유민 | 1976.06.03 | 9,000 | 90% | 본인 |
| 강나라 | 1980.06.11 | 500 | 5% | 배우자 |
| 김정운 | 1958.10.11 | 500 | 5% | 기타 |
| 소 계 | | 10,000 | 100% | |

### (3) 근무자 현황

㈜나라의 2025년도 근무자 현황은 다음과 같다.

| 성 명 | 생년월일 | 입사일 | 성 명 | 생년월일 | 입사일 |
|---|---|---|---|---|---|
| 김유민 | 1976.06.03. | 2008.10.08 | 이용은 | 1972.10.19. | 2005.10.03. |
| 강나라 | 1980.06.11. | 2010.02.01. | 한동진 | 1958.10.11. | 2004.01.05. |
| 장미리 | 1981.03.12. | 2010.03.01. | Jack Smith | 1968.11.13. | 2008.10.08. |
| 김형신 | 1963.12.01. | 2004.04.04. | Tom Smith | 1982.11.16. | 2018.10.01. |
| 김정운 | 1975.12.15. | 2007.01.05. | 한마음 | 1995.12.02. | 2024.04.01. |
| 고민해 | 1969.08.12. | 2006.05.01 | 김재연 | 1981.05.07. | 2024.07.01. |

2024년 사업연도 입사자 중 한마음, 김재연 모두 고양시 소재 본점 사업장에 입사하여 근무하고 있으며, 김재연 근무자는 종전의 회사에서 2019년 1월부터 근무하다가 출산 및 육아를 사유로 2021년 7월 31일 퇴사 후 2024년 7월에 ㈜나라에 입사하였다. 종전 근무지는 ㈜나라와 같은 단지 내에서 동일 품목을 생산 판매하는 법인이다.

## 2. 연구인력개발비 현황

### (1) ㈜나라의 연구전담부서 현황

㈜나라는 연구전담부서를 설치하여 모니터 제조에 관한 기술을 지속적으로 연구 중이며, 연구전담부서 인정일은 2010년 2월 21일이다. 등록연구원 현황은 다음과 같다.

| 연구원 | 생년월일 | 연구전담구분 |
|---|---|---|
| 강나라 | 1980.06.11. | 연구전담요원 |
| 장미리 | 1981.03.12. | 연구전담요원 |
| 김형신 | 1963.12.01. | 연구전담요원 |

### (2) 각 연구원의 급여내역은 다음과 같다.

① 연구원 인적사항 및 급여 등 내역

| 연구원 | 생년월일 | 총급여 | 식대 | 소계 |
|---|---|---|---|---|
| 강나라 | 1980-06-11 | 85,500,000 | 1,200,000 | 86,700,000 |
| 장미리 | 1981-03-12 | 34,200,000 | 1,200,000 | 35,400,000 |
| 김형신 | 1963-12-01 | 62,680,000 | 1,200,000 | 63,880,000 |
| 소계 | | 182,380,000 | 3,600,000 | 185,980,000 |

② 연구원 국민연금 등 회사부담액

| 연구원 | 국민연금 | 건강보험 | 장기요양 보험 | 고용보험 | 산재보험 | 소계 |
|---|---|---|---|---|---|---|
| 강나라 | 2,424,600 | 1,652,400 | 108,120 | – | – | 4,185,120 |
| 장미리 | 1,539,000 | 1,046,520 | 68,520 | 155568 | 66672 | 2,876,280 |
| 김형신 | 2,100,600 | 1,428,360 | 93,480 | 306040 | 131160 | 4,059,640 |
| 소계 | 6,064,200 | 4,127,280 | 270,120 | 461,608 | 197,832 | 11,121,040 |

### (3) 직전 4년간 연구인력개발비 발생현황

직전 4년간 연구인력개발비 발생현황은 다음과 같으며, 일반연구인력개발비만 발생하였다.

| 구 분 | 2024년 | 2023년 | 2022년 | 2021년 | 소 계 |
|---|---|---|---|---|---|
| 발생액 | 82,353,840 | 54,125,820 | 95,800,000 | 174,526,000 | 406,805,660 |

## 3. 요구사항

위의 자료를 바탕으로 ㈜나라의 2025년 사업연도 연구인력개발비세액공제 규정 적용여부를 판단하고 최저한세 규정을 반영하여 공제세액과 농어촌특별세 과세대상인 경우 부담할 농어촌특별세액을 계산하시오.

## 풀이

1. 적용 전 기본검토사항

<table>
<tr><th colspan="2">구 분</th><th>검토요건 또는 확인사항</th></tr>
<tr><td rowspan="5">사전적<br>검토</td><td>① 당해 법인의 중소기업요건 충족 확인</td><td>업종요건 : 제조업 도소매업 영위 요건충족<br>규모요건 : 제조업 매출액 7,628,403,721원, 도소매업 매출 1,839,786,400원이므로 주된 사업은 제조업으로 판단. 중소기업기본법 시행령 별표1의 한국표준산업분류코드 C26에 따른 매출액 1,000억원 이하 요건 충족<br>독립성요건 : 다른 기업의 계열사 등이 아니므로 요건 충족<br>졸업요건 : 당해 사업연도 자산총액 3,565,918,921원이므로 요건충족<br>∴ 조세특례제한법의 중소기업에 해당함</td></tr>
<tr><td>② 각 조항별 적용 시한 확인</td><td>일반연구인력개발비는 적용 시한에 별도로 제한을 두고 있지 않으며, ㈜나라의 경우 일반연구인력개발비만 발생하였으므로 요건 충족</td></tr>
<tr><td>③ 각 조항별 규정 업종의 요건 충족 확인</td><td>주된 사업 제조업을 영위하므로 요건충족</td></tr>
<tr><td>④ 본점 및 사업장 소재지 등 확인</td><td>본점 소재지에 따른 공제율 차등 적용 없음</td></tr>
<tr><td>⑤ 감면/공제 적용의 배제</td><td>추계과세 시 적용을 배제하나, ㈜나라의 경우 장부의 작성과 정기신고를 하므로 공제규정 적용</td></tr>
<tr><td rowspan="4">사후적<br>검토</td><td>⑥ 감면/공제 중복적용 확인</td><td>다른 세액감면 세액공제와 중복적용 가능</td></tr>
<tr><td>⑦ 최저한세 적용대상 확인</td><td>㈜나라의 경우 중소기업 요건을 충족하였으므로 최저한세 규정을 적용하지 않음</td></tr>
<tr><td>⑧ 이월적용 여부 확인</td><td>10년간 이월공제</td></tr>
<tr><td>⑨ 농어촌특별세 비과세 확인</td><td>중소기업의 연구인력개발비는 농어촌특별세 비과세 대상임</td></tr>
<tr><td>사후<br>관리</td><td>⑩ 공제감면 후 사후관리 규정</td><td>해당사항 없음</td></tr>
</table>

## 2. 공제세액의 계산

### (1) 적용대상 연구원의 검토

등록연구원 강나라, 장미리, 김형신 3명이 대상이지만 강나라는 대표이사 김유민의 배우자로서 특수관계인에 해당하고 김유민은 ㈜나라의 주주지분 중 90%를 보유하고 있으므로 강나라는 공제대상 연구인력개발비 등을 산정할 때 제외하여야 한다.

### (2) 공제대상 연구인력개발비 명세

공제대상 연구인력개발비를 산정하면 다음과 같다.

| 구 분 | 총급여 | 식대 | 국민연금 등 회사부담액 | 소 계 |
|---|---|---|---|---|
| 장미리 | 34,200,000 | 1,200,000 | 2,876,280 | 38,276,280 |
| 김형신 | 62,680,000 | 1,200,000 | 4,059,640 | 67,939,640 |
| 소 계 | 96,880,000 | 2,400,000 | 6,935,920 | 106,215,920 |

### (3) 직전 4개연도 발생연구 인력개발비 평균액

$$\text{4년간 평균 발생액} = \frac{82,353,840 + 54,125,820 + 95,800,000 + 174,526,000}{4}$$

$$= 101,701,415$$

### (4) 공제세액의 계산

= 106,215,920 × 25%

= 26,553,980

※ 직전 4개연도 동안 매년 연구인력개발비가 하였으나, 직전 과세연도 발생액이 4개년 발생액의 평균액보다 적은 경우에는 당해연도 발생액 기준에 의하여 공제액을 산출한다.

### (5) 법인세 산출세액 및 차감세액

산출세액 = 200,000,000 × 9% + (409,729,266 − 200,000,000) × 19%

= 18,000,000 + 209,729,266 × 19%

= 18,000,000 + 39,848,560

= 57,848,560

∴ 중소기업의 연구인력개발세액공제액은 최저한세 적용대상이 아니며 산출세액보다 세액공제액이 적으므로 전액 공제된다. 또한 연구인력개발비 세액공제에 대해서 농어촌특별세는 비과세이므로 부담할 농어촌특별세액은 없다.

[별지 제3호 서식(1)] (2025.3.21. 개정)

# 일반연구 및 인력개발비 명세서

(앞쪽)

| ❶ 신청인 | ① 상호 또는 법인명 : ㈜나라 | ② 사업자등록번호 : 203-81-63108 |
|---|---|---|
| | ③ 대표자 성명 : 김 유 민 | ④ 생년월일 : 1976.06.03. |
| | ⑤ 주소 또는 본점 소재지 : 경기도 고양시 일산서구 대화로37번길 102-30(법곳동) (전화번호 : 031-2231-7027) | |

| ❷ 과세연도 | 2025년 01월 01일부터 2025년 12월 31일까지 |
|---|---|

❸ 해당 연도의 연구 및 인력개발비 발생 명세

| 구 분 / 계정과목 | 자체 연구개발비 | | | | | |
|---|---|---|---|---|---|---|
| | 인건비 및 사회보험료 | | 재료비 등 | | 기 타 | |
| | 인원 | ⑥ 금액 | 건수 | ⑦ 금액 | 건수 | ⑧ 금액 |
| 급여 | 2 | 106,215,920 | | | | |
| | | | | | | |
| 합 계 | | | | | | |

| 구 분 / 계정과목 | 위탁 및 공동 연구개발비 | | 인력개발비 | | ⑪ 총 계 (⑥+⑦+⑧+⑨+⑩) |
|---|---|---|---|---|---|
| | 건수 | ⑨ 금액 | 건수 | ⑩ 금액 | |
| 급여 | | | | | 106,215,920 |
| | | | | | |
| 합 계 | | | | | 106,215,920 |

연구 및 인력개발비의 증가발생액의 계산

| ⑫ 해당 과세연도 발생액(=⑪) | ⑬ 직전 4년 발생액 계 (⑭+⑮+⑯+⑰) | 2024.01.01.~2024.12.31. ⑭ (직전 1년) | 2023.01.01.~2023.12.31. ⑮ (직전 2년) | 2022.01.01.~2022.12.31. ⑯ (직전 3년) | 2021.01.01.~2021.12.31. ⑰ (직전 4년) |
|---|---|---|---|---|---|
| 106,215,920 | 406,805,660 | 82,353,840 | 54,125,820 | 95,800,000 | 174,526,000 |
| ⑱ 직전 4년간 연평균발생액(⑬/4) | 101,701,415 | ⑲ 직전 3년간 연평균발생액 [(⑭+⑮+⑯)/3] | 77,426,553 | ⑳ 직전 2년간 연평균발생액 [(⑭+⑮)/2] | 68,239,830 |
| ㉑ 증가발생액(⑫－⑭) | | | | | |

❹ 공제세액

|  | | | | | | |
|---|---|---|---|---|---|---|
| 해당 연도 총발생 금액 공제 | 중소기업 | ㉒ 대상금액(=⑪) | ㉓ 공 제 율 | | | ㉔ 공제세액 (㉒×㉓) |
| | | 106,215,920 | 25% | | | 26,553,980 |
| | 중소기업 유예기간 종료 이후 5년 내 기업 | ㉕ 대상금액(=⑪) | ㉖ 유예기간 종료연도 | ㉗ 유예기간 종료 이후 년차 | ㉘ 공 제 율 | ㉙ 공제세액 (㉕×㉘) |
| | | | | | 종료 이후 1~3년차 15%<br>종료 이후 4~5년차 10% | |
| | 중견기업 | ㉚ 대상금액(=⑪) | ㉛ 공제율 | | | ㉜ 공제세액 (㉚×㉛) |
| | | | 8% | | | |
| | 일반기업 | ㉝ 대상금액(=⑪) | 공제율: ㉞ 기본율 | ㉟ 추가 | ㊱ 계 (㉞+㉟) | ㊲ 공제세액 (㉝×㊱) |
| | | | 0% | | | |
| 증가발생금액 공제 (직전 4년간 연구·인력개발비가 발생하지 않은 경우 또는 ⑭<⑱ 경우 공제 제외) | | ㊳ 대상금액(=㉑) | ㊴ 공제율 | ㊵ 공제세액 (㊳×㊴) | | *공제율<br>－중소기업: 50%<br>－중견기업: 40%<br>－대기업: 25% |
| | | | 50% | | | |
| ㊶ 해당 연도에 공제받을 세액 | | 중소기업 (㉔와 ㊵ 중 선택) | | | 26,553,980 | |
| | | 중소기업 유예기간 종료 이후 5년 내 기업 (㉙와 ㊵ 중 선택) | | | | |
| | | 중견기업(㉜와 ㊵ 중 선택) | | | | |
| | | 일반기업(㊲과 ㊵ 중 선택) | | | | |

210mm×297mm[백상지 80g/㎡ 또는 중질지 80g/㎡]

(뒤쪽)

❺ 출연금 등 수령명세 (「조세특례제한법 시행령」 제9조제1항 단서 관련)
= 연구 · 인력개발비용에서 제외되는 비용

| 구분 | 출연금 교부처 | 관련 법령 | 수령일 | 수령금액 | 연구개발비로 지출하는 금액 |
|---|---|---|---|---|---|
| | | | | | |
| | | | | | |
| | | | | | |
| | | | | | |

❻ 연구소/전담부서/연구개발서비스업자 현황

| 구분 | 인정일 (고시일) | 취소일 | 연구개발 인력 | | | | | | | |
|---|---|---|---|---|---|---|---|---|---|---|
| | | | 계 | | 연구전담요원 | | 연구보조원 | | 기 타 | |
| | | | 인원 | 금액 | 인원 | 금액 | 인원 | 금액 | 인원 | 금액 |
| ㈜나라 연구전담부서 | 2010-02-21 | | 2 | 106,215,920 | | | | | | |
| | | | | | | | | | | |
| | | | | | | | | | | |
| | | | 2 | 106,215,920 | | | | | | |

「조세특례제한법 시행령」 제9조제14항에 따라 위와 같이 일반연구 및 인력개발비 명세서를 제출합니다.

2026년 3월 31일

신청인 ㈜나라 김 유 민 (서명 또는 인)

**고양 세무서장** 귀하

**작 성 방 법**

※ 「조세특례제한법」 제10조제1항제3호에 따른 '일반연구 · 인력개발비'세액공제를 신청하는 경우에는 반드시 이 서식을 작성하여야 합니다.

1. "중소기업"이란 「조세특례제한법 시행령」 제2조에 따른 중소기업을 말합니다.
2. 재료비 등의 "⑦ 금액"란은 「조세특례제한법 시행령」 별표 6에 따른 자체연구개발비용 중 견본품 · 부품 · 원재료와 시약류 구입비 및 소프트웨어(문화상품제작에 한함) · 서체 · 음원 · 이미지의 대여 · 구입비를 적습니다.[별표6 제1호가목2) 항목]
3. 기타의 "⑧ 금액"란은 「조세특례제한법 시행령」 별표 6에 따른 자체연구개발비용 중 연구 · 시험용 시설 임차(이용)비용을 적습니다.[별표6 제1호가목3) 항목]
4. 인력개발비의 "⑩ 금액"란은 「조세특례제한법 시행령」 별표 6 제2호에 따른 위탁훈련비, 직업능력개발훈련 비용 등을 적습니다.
5. 공제율의 "㉟ 추가"란은 해당 과세연도의 수입금액에서 연구 · 인력개발비가 차지하는 비율에 2분의 1을 곱한 비율과 100분의 2 중 낮은 비율을 적습니다.
6. ❺, ❻의 "구분"란은 연구소 · 전담부서 또는 연구개발서비스업자를 적습니다.(연구소와 전담부서가 2개 이상인 경우 각각 구분하여 작성합니다)
7. "❺ 출연금 등 수령명세"란은 「조세특례제한법 시행령」 제9조 제1항 각 호에 따른 출연금 등의 수령명세와 연구개발비로 지출하는 금액을 적습니다.
8. "❻ 연구소/전담부서/연구개발서비스업자 현황"은 「조세특례제한법 시행규칙」 제7조 제1항에 따른 연구소 · 전담부서 또는 연구개발서비스업자의 현황과 연구 · 인력개발비 세액공제를 적용받는 인건비를 구분하여 적습니다.

210mm×297mm[백상지 80g/㎡ 또는 중질지 80g/㎡]

[별지 제3호 서식 부표(1)] (2022.3.18. 개정)

(앞쪽)

| 과 세 연 도 | 2025.01.01. ~ 2025.12.31. | 해당 연도의 일반 연구 · 인력개발비 발생 명세 | 법 인 명 | ㈜나라 |
|---|---|---|---|---|
| | | | 사업자등록번호 | 203-81-63108 |

1. 인건비 발생 명세

(단위: 원)

| ① 연구과제명 | ② 연구개발 인력 인건비 | | | |
|---|---|---|---|---|
| | 성명 | 생년월일 | 인건비지급액 | 연구전담 등 구분 |
| 합 계 | | | 106,215,920 | |
| 모니터제조기술상향화 | 장미리 | 1981-03-12 | 38,276,280 | [V]전담, [ ]보조, [ ]기타 |
| 모니터제조기술상향화 | 김형신 | 1963-12-01 | 67,939,640 | [V]전담, [ ]보조, [ ]기타 |
| | | | | [ ]전담, [ ]보조, [ ]기타 |
| | | | | [ ]전담, [ ]보조, [ ]기타 |
| | | | | [ ]전담, [ ]보조, [ ]기타 |

2. 재료비 등 발생 명세

(단위: 원)

| ③ 연구 과제명 | ④ 재료비 등 | | | | |
|---|---|---|---|---|---|
| | 계 | 견본품 등 (별표 6 1.가.2)) | 임차료 등 (별표 6 1.가.3)) | 위탁 · 공동연구비 (별표 6 1.나) | 기타 (별표 6 1.다~사) |
| 합 계 | | | | | |
| | | | | | |
| | | | | | |
| | | | | | |
| | | | | | |
| | | | | | |

3. 위탁 및 공동 연구개발비 발생 명세

(단위: 원)

| ⑤ 연구 과제명 | ⑥ 연구개발비 | | | | ⑦ 금액 | ⑧ 수탁기업 전담부서등 수행 여부 |
|---|---|---|---|---|---|---|
| | 상호 또는 성명 | 사업자번호 또는 생년월일 | 연구착수일 | 연구종료일 | | |
| 합 계 | | | | | | |
| | | | | | | |
| | | | | | | |
| | | | | | | |
| | | | | | | |
| | | | | | | |
| | | | | | | |

210mm×297mm[백상지 80g/㎡ 또는 중질지 80g/㎡]

[별지 제3호 서식 부표(3)] (2022.3.18. 개정)

| 과 세<br>연 도 | 2025.01.01.<br>~<br>2025.12.31. | 연구과제 총괄표 | 법 인 명 | ㈜나라 |
|---|---|---|---|---|
| | | | 사업자등록번호 | 203-81-63108 |

| ①<br>연번 | ② 기술<br>구분코드 | ③ 연구과제명 | ④ 기술명<br>(신성장 · 원천기술,<br>국가전략기술의 경우에만 작성) |
|---|---|---|---|
| 1 | 03 | 모니터제조기술상향화 | |
| | | | |
| | | | |
| | | | |
| | | | |
| | | | |
| | | | |
| | | | |
| | | | |

**작 성 방 법**

※ 각 과세연도에 「조세특례제한법 시행령」 제9조제14항에 따라 일반연구 및 인력개발비 명세서[별지 제3호서식(1)], 신성장 · 원천기술 연구개발비 명세서[별지 제3호서식(2)], 국가전략기술 연구개발비 명세서[별지 제3호서식(3)]를 제출해야 하는 경우 반드시 이 서식을 작성해야 합니다.

※ 연구과제별로 별지 제3호의2서식에 따른 연구개발계획서, 연구개발보고서를 작성하고 보관해야 합니다.

※ 신성장 · 원천기술과 국가전략기술에 해당하는 연구과제는 연구노트를 작성하고 보관해야 합니다.

※ 작성한 연구과제는 ①과학적 또는 기술적 진전을 이루기 위한 활동 또는 ②새로운 서비스, 서비스전달체계의 개발을 위한 활동에 해당하여야 합니다.

1. "① 연번"란에는 1부터 시작하는 숫자를 순서대로 적습니다.
2. "② 기술구분 코드"란에는 다음에 해당하는 숫자를 적습니다.

| 연구개발세액공제 종류 | 신성장 · 원천기술 연구개발비 | 국가전략기술 연구개발비 | 일반 연구 · 인력개발비 |
|---|---|---|---|
| 코드번호 | 01 | 02 | 03 |

3. "③ 연구과제명"란은 기업에서 구분하여 관리하는 연구과제별 명칭을 적습니다. 연구과제의 구분은 기업에서 자율적으로 선택할 수 있으나, 해당 과제별로 연구개발계획서, 연구개발보고서, 연구노트(신성장 · 원천기술 연구개발비, 국가전략기술 연구개발비만 해당), 투입 인력 등을 구분할 수 있어야 합니다.
4. "④ 기술명"란은 신성장 · 원천기술 또는 국가전략기술 연구개발비에 해당하는 경우 해당 기술명을 적습니다. 일반 연구 및 인력개발비에 해당하는 연구과제는 동 란을 빈칸으로 남겨둡니다.

210mm×297mm[백상지 80g/㎡ 또는 중질지 80g/㎡]

[별표 7] (2025.2.28. 개정)

**신성장 · 원천기술의 범위(제9조 제2항 관련)**

| 구 분 | 분 야 | 신성장 · 원천기술 |
|---|---|---|
| 1. 미래형 자동차 | 가. 자율 주행차 | 1)~3) 삭 제(2023.6.7.) |
| | | 4) 자율주행 기록 및 사고원인 규명 기술: 자율주행 운행 기록과 사고시점 전후의 자동차 내외부 정보를 저장하고 분석하는 기술 (2024.2.29. 개정) |
| | | 5) 탑승자 인지 및 인터페이스 기술: 탑승자의 안면인식 등을 통한 신체적 · 감정적 변화 감지 기술과 탑승자의 모션 · 음성 · 터치 등을 통해 운전 · 내부조작 등이 가능한 상호작용 기술 |
| | 나. 전기 구동차 | 1)~2) 삭 제(2023.6.7.) |
| | | 3) 전기차 초고속 · 고효율 무선충전 기술: 전기동력 자동차와 관련하여 감전위험이 없는 비접촉 무선 전력전송 방식(자기유도, 자기공명, 전자기파)으로 배터리를 충전하기 위한 전력 전송효율 90% 이상의 초고속 고효율 무선충전시스템 및 무선충전 핵심모듈(급전 인버터, 집전 픽업구조, 레귤레이터) 기술 |
| | | 4) 하이브리드자동차의 구동시스템 고효율화 기술: 하이브리드자동차(HEV)의 연비 향상, 배출가스 감축 등을 위해 엔진 열효율(공급된 연료에너지에 대해 출력되는 유효일의 비를 말한다)을 45% 이상으로 구현하기 위한 하이브리드 구동시스템 고효율화 기술 |
| 2. 지능 정보 | 가. 인공 지능 | 1) 학습 및 추론 기술 다양한 기계학습 알고리즘(algorithm), 딥러닝(deep learning), 지식베이스(knowledge base) 구축, 지식추론 등 학습 알고리즘과 모델링(modeling) 조합을 통해 지능의 정확도와 속도를 향상시키는 소프트웨어 기술 |
| | | 2) 언어이해 기술: 텍스트(text), 음성에서 언어를 인지 · 이해하고 사람처럼 응대할 수 있는 자연어 처리, 정보검색, 질의응답, 언어의미 이해, 형태소 · 구문 분석 등 언어 관련 소프트웨어 기술 |
| | | 3) 시각이해 기술: 비디오(video), 이미지(image) 등에서 객체를 구분하고 움직임의 의미를 파악하기 위한 컴퓨터 비전(computer vision), 행동 인식, 내용기반 영상검색, 영상 이해, 영상 생성 등 사람의 시각지능을 모사한 소프트웨어 기술 |
| | | 4) 상황이해 기술: 다양한 센서(sensor)를 통해 수집된 환경정보를 이해하거나, 대화 상대의 감정을 이해하고 주변상황과 연결한 자신의 상태를 이해하는 등 자신이 포함된 세계나 환경을 이해하여 적절한 행동을 결정짓는 소프트웨어 기술 |
| | | 5) 인지컴퓨팅 기술: 저전력 · 고효율로 지능정보 학습을 수행할 수 있도록 컴퓨터 시스템 구조를 재설계하거나, 인공지능 알고리즘(algorithm) 처리가 용이하도록 초고성능 연산 플랫폼(Platform)을 제공하는 컴퓨터 하드웨어 및 소프트웨어 기술 |

| 구 분 | 분 야 | 신성장 · 원천기술 |
|---|---|---|
| 2. 지능정보 | 나. 사물인터넷 (IoT: Internet of Things) | 1) IoT 네트워크 기술: 사물간의 네트워크(network)를 구성하기 위한 대량의 네트워크(Massive IoT) 구성 기술, 저전력 초경량 네트워크 기술(LPWA: Low Power Wide Area) 및 네트워크 상황에 따른 품질 보장형 협업 네트워크와 사물인터넷 전용망 기술 |
| | | 2) IoT 플랫폼 기술: 다양한 사물인터넷 기기에 대한 식별 · 통신 · 검색 · 접근 및 사물인터넷 기기를 통한 데이터 수집 · 저장 · 관리와 데이터에 대한 분석 · 가공을 지원하는 지능형 소프트웨어 플랫폼(Software Platform) 기술 |
| | | 3) 사이버물리시스템 기술: 센서와 구동체[액츄에이터(Actuator)]를 갖는 기계적 장치와 이를 제어하는 정보통신 인프라(infra)를 결합하여 물리적 환경과 가상 환경을 연결하는 것으로 물리적 환경을 실시간으로 모니터링(monitoring)하여 대량의 데이터(data)를 수집 · 분석 · 처리하고 이를 바탕으로 물리적 기계장치 또는 컴퓨팅(computing) 장치를 자동으로 제어하는 임베디드(embedded) 기반 분산제어 시스템 기술 |
| | 다. 클라우드 (Cloud) | 1) SaaS(Software as a Service) 기술: 다양한 클라우드 환경에서 인터넷을 통한 소프트웨어 사용이 실행가능하도록 상호운용성을 확보하고, 다양한 사용자 요구를 소프트웨어 자체의 변경 없이 수용하는 맞춤형 서비스 기술 및 SaaS 응용을 연계하여 새로운 서비스를 제공하는 서비스 매쉬업(mashup) 기술 |
| | | 2) PaaS(Platform as a Service) 기술: 개발자가 데이터베이스(database), 웹(web), 모바일(mobile), 데이터(data) 처리 등의 소프트웨어 개발 환경을 클라우드 상에서 손쉽게 활용하여 응용 서비스의 개발 · 배포 및 이전이 가능하도록 하는 기술 및 실행환경 제공 기술 |
| | | 3) IaaS(Infrastructure as a Service) 기술: 가상머신(Virtual Machine) 혹은 컨테이너(container, 경량화된 가상화기술) 기반으로 자원을 가상화하고, 다중 클라우드 연동을 통해 자원을 확장하는 기술 및 다양한 클라우드 인프라 서비스의 중개를 위한 클라우드 서비스 브로커리지(Cloud Service Brokerage) 기술 |
| | 라. 빅데이터 (Big Data) | 1) 빅데이터 수집 · 정제 · 저장 및 처리기술: 여러 입력 소스(source)에서 발생하는 다양한 종류의 대규모 데이터(data)를 수집 · 정제하거나, 향후 분석을 위해 고속의 저장소에 저장하고 관리하는 기술 |
| | | 2) 빅데이터 분석 및 예측 기술: 대규모 데이터(data)에 다양한 통계기법, 기계학습, 시뮬레이션(simulation) 기법 등을 활용하여 분석하고, 데이터에 내재한 의미를 추출하고 장단기 미래 동향을 예측하는 소프트웨어 기술 |
| | | 3) 데이터 비식별화 기술: 개인의 사생활을 침해하지 않으면서 인공지능 학습 등에 활용할 수 있도록 대량의 비정형데이터(이미지 · 영상 등) 및 개인정보 데이터를 비식별화하는 기술 |
| | 마. 착용형 스마트 기기 | 1) 신체 부착형 전자회로의 유연기판 제작기술 및 유연회로 인쇄기술: 스마트 착용형기기(wearable device)에 사용되는 신체 부착형 전자회로의 유연기판 제작기술 및 유연회로 인쇄기술 |

| 구 분 | 분 야 | 신성장 · 원천기술 |
|---|---|---|
| | | 2) 유연한 양 · 음극 소재 및 전극 설계 · 제조기술: 20퍼센트 이상의 변형 시에도 기계적 · 전기화학적 신뢰성 확보가 가능하며 100㎛ 후박급의 착용형기기(wearable device)에 전원용으로 사용되는 유연한(flexible) 양 · 음극 소재 설계 · 제조 기술 및 해당 전극의 조성(composition) · 형상(forming)의 설계 · 제조 기술 |
| | 마. 착용형 스마트 기기 | 3) 섬유기반 유연전원(fabric based flexible battery) 제조 기술: 유연 성능이 4.5g · ㎠/㎝ 이상으로 변형에 대한 형태 안정성이 우수한 유연전원(fabric based flexible battery)으로서, 에너지 밀도가 100Wh/kg 이상으로 고효율 · 고수명의 성능을 가진 섬유기반 유연전원을 제조하는 기술 |
| | | 4) 전투기능 통합형 작전용 첨단디지털 의류기술: 군사 및 경찰 작전 등의 특수 임무를 수행하는 데 필요한 극한기능과 신호전송기능 및 신체보호기능을 갖춘 총체적 디지털 기능 전투복 제조 기술 |
| | | 5) 생체정보 처리 및 인체내장형 컴퓨팅 기술: 생체신호 측정 및 전달 기술, 생체기능의 컴퓨터 시뮬레이션(모사) 기술, 내장형 심장 박동 기술, 인슐린 자동 분비 기술, 인공 눈/귀 등과 같이 신체의 내 · 외부에 장착되어 사용자의 생체정보 또는 기능을 인식 · 모사 · 처리하거나 신체의 기능을 보완 · 대체하는 기술 |
| 2. 지능 정보 | 바. IT 융합 | 1) 지능형 전자항해 기술: IMO(International Maritime Organization, 국제해사기구)의 e-Navigation 구현을 목적으로 장소에 구애받지 않고 4S(ship to ship, ship to shore, shore to ship, shore to shore) 통신을 구현하는 통신단말장치 제작기술과 그 통신단말장치를 기반으로 육상과의 실시간 디지털통신을 통해 입항부터 출항까지의 항해 업무를 통합적으로 처리하고 증강현실 및 3차원 전자해도를 활용한 충돌 · 좌초 회피지원기능을 갖는 선박항해시스템 설계 및 구축기술 |
| | | 2) 지능형 실시간 도시 시설물 관리시스템 기술: 도시 시설물(도로, 철도, 교량, 항만, 댐, 터널, 건축물, 전기 · 가스 · 수도 등의 공급설비, 통신시설 및 하수도시설 등)에 부착 또는 삽입하여 동 시설물들을 대상으로 통신기능 및 에너지 수확기능을 갖는 센서(sensor)를 활용하여 시설물의 운영상황 및 위험요인(물리적 · 기능적 결함여부 포함)을 실시간으로 계측 · 평가하여 유지 · 보수하는 지능형 도시 시설물 관리시스템 설계 · 구축 기술 |
| | | 3) 지능형 기계 및 자율협업 기술: 생산설비에 붙박이 형태(built-in)로 장착한 다양한 센서(sensor)나 엔코더(Encoder)로부터 수집한 생산설비의 품질(상태) 정보 및 공정조건을 실시간으로 분석하여 최적의 작업상태를 제공할 수 있는 진단 · 처방정보를 창출하는 내장형 · 외장형 소프트웨어 제작기술과, 동 정보를 바탕으로 생산설비를 원격으로 제어하는 개방형 제어기(controller), M2M Machine to Machine, Machine to Man, 기계 간의 통신 및 인간이 작동하는 기계와의 통신) 디바이스(device) 제작기술 및 내장형 · 외장형 소프트웨어와 개방형 컨트롤러 디바이스를 탑재하여 자동으로 상태감시 · 진단 · 제어기능을 하는 지능형 기계 제작기술 |

| 구 분 | 분 야 | 신성장 · 원천기술 |
|---|---|---|
| 2. 지능 정보 | 사. 블록체인 | 블록체인 기술: 모든 구성원이 분산형 네트워크(P2P Network)를 통해 정보 및 가치를 검증 · 저장 · 실행함으로써 특정인의 임의적인 조작이 어렵도록 설계된 분산 신뢰 인프라를 구현하기 위한 P2P 네트워킹기술, 합의기술, 스마트계약 검증기술, 분산저장기술, 플랫폼기술(확장성 · 성능 개선 등), 보안기술, IoT 기술, 적합성검증 기술 |
| | 아. 양자 컴퓨터 | 양자컴퓨터 제작 및 활용 기술: 양자 정보를 처리할 수 있는 메모리(큐비트, Qubit)를 구현하고, 큐비트간 연산처리가 가능한 장치의 제작 기술 및 양자컴퓨터의 구동 · 원격사용과 양자컴퓨터를 이용한 계산 등 양자컴퓨터를 활용하기 위한 기술 |
| | 자. 스마트 물류 | 지능형 콜드체인 모니터링 기술: 화물의 운송 과정에서 온도, 습도, 충격 등의 상태 데이터를 정보수집 장치를 통해 수집 및 저장하고, 이를 국제표준 ISO 27017에 따라 보안성이 검증된 클라우드 서버로 전송하여 단위 화물 정보와 연동하고 이를 소프트웨어상에서 모니터링하는 기술 |
| 3. 차세대 소프트웨어 (SW) 및 보안 | 가. 기반 소프트웨어 (SW) | 1) 융합서비스 · 제품의 소프트웨어 내재화 기술: 기존 서비스 및 제품에 지능화 · 자동화 등을 위한 지능형 소프트웨어 기술을 적용하여 신규 서비스를 창출하거나 새로운 기능을 추가하고, 신뢰성 · 고속성 · 실시간성 · 저전력 등을 통해 10% 이상 기능을 향상시키는 기술 |
| | | 2) 이기종(異機種) 멀티코아 소프트웨어 기술: 중앙연산장치(CPU)에 보조연산장치 · 연산가속장치 등의 여러 컴퓨팅 장치를 결합하여 고효율 · 고성능(전력소모량 등 비용 효율성을 10배 이상 개선하거나, 연산속도를 10배 이상 개선한 것을 말한다)을 구현하는 소프트웨어 기술 |
| | | 3) 분산병렬 소프트웨어 기술: 대규모 데이터 연산 처리를 위해 분산 컴퓨팅 환경에서 10,000개 이상의 노드(센서, 컴퓨터 등) 지원을 대규모로 분산하는 소프트웨어 기술 및 100개 이상의 병렬성에서 99.999%의 신뢰성을 보장하는 고신뢰 병렬 소프트웨어 기술 |
| | | 4) 차세대 메모리 기반 시스템 소프트웨어 기술: 기존 메모리와 다른 대용량 비휘발성 메모리를 활용하여 컴퓨터 · 서버 · 휴대단말기 등의 컴퓨팅 속도를 20% 이상 개선하거나 메모리 용량을 4배 이상 증대시키는 시스템 소프트웨어 기술 |
| | | 5) 컴퓨터 이용 설계 및 공학적 분석 소프트웨어 기술: 제품 생산에 있어 개념설계 단계 이후 제작도면 작성과 작성된 도면의 제품 성능 및 품질 검토를 수행하는 소프트웨어 기술 |
| | 나. 융합보안 | 1) 사이버 위협 인텔리전스(Intelligence) 대응기술: 인적 자원으로 불가능한 대규모 사이버 공격의 분석 또는 대응을 위해 지능정보기술(인공지능, 빅데이터 등)을 활용한 사이버 위협 자동분석 · 대응 기술 |
| | | 2) 휴먼바이오(human-bio) · 영상 기반 안전 · 감시 · 보안기술: 인간의 신체적 특성(지문, 얼굴, 홍채, 정맥 등)과 행동적 특성(서명, 음성, 걸음걸이 등)을 이용한 신원확인 기술과 영상정보를 이용하여 특정 객체(사람 · 사물)나 이상상황(범죄 · 사고 등)을 자동으로 인지하는 기술 |

| 구 분 | 분 야 | 신성장 · 원천기술 |
|---|---|---|
| 3. 차세대 소프트웨어 (SW) 및 보안 | 나. 융합보안 | 3) 미래컴퓨팅 응용 · 보안기술: 양자컴퓨팅(quantum computing) 특성에 따른 고속의 데이터 · 통신 암호화 및 암호해독방지 기술 |
| | | 4) 융합서비스 · 제품의 보안내재화 기술: 사이버 공격으로 인명이나 재산상의 손실을 끼칠 수 있는 정보통신기술(ICT) 융합서비스 · 제품(자율주행차, 인공심박기, 도어락 등)에 탑재될 수 있도록 저전력 · 경량화되면서도 외부 공격(탈취, 파괴, 위 · 변조 등)에 의해 정보가 유출 · 변경되는 것을 방지 · 대응하기 위한 기술 |
| 4. 콘텐츠 | 가. 실감형 콘텐츠 | 1) 가상현실(VR) 콘텐츠 기술: 사용자의 오감을 가상공간으로 확장 · 공유함으로써 환경적 제약에 의해 직접 경험하지 못하는 상황을 간접 체험할 수 있게 하는 가상현실(Virtual Reality) 콘텐츠 제작 기술 |
| | | 2) 증강현실(AR) 콘텐츠 기술: 디지털 콘텐츠를 현실 공간과 사물에 혼합시킴으로써 사용자에게 보다 많은 체험 서비스를 제공하게 하는 증강현실(Augmented Reality) 콘텐츠 제작 기술 |
| | | 3) 오감체험형 4D 콘텐츠 제작기술: 기존의 3D 입체영상 콘텐츠에 증강현실(Augmented Reality) 영상기술과 시각 · 후각 · 청각 · 미각 · 촉각 등의 오감체험을 통한 양방향성의 상호작용 기술이 융합된 4D 콘텐츠 제작기술 |
| | | 4) 디지털 홀로그램(Hologram) 콘텐츠 제작기술: 물체 형태에 대한 완벽한 3차원 정보를 조명광 파면(wavefront)의 간섭무늬 형태로 담고 있는 홀로그램 프린지(fringe) 패턴을 생성하고, 디지털화된 처리를 통해 3차원 영상으로 재현, 편집, 정합 또는 공간인식을 하는 기술 |
| | 나. 문화 콘텐츠 | 1) 게임 콘텐츠 제작기술: 게임엔진 · 게임저작도구 · 게임 UI(User Interface) · 게임 운영환경 등의 개발 또는 기능 개선을 통해 게임 콘텐츠를 기획 · 제작하거나 서비스를 제공하는 기술, 실시간 데이터를 활용한 시 · 청각화 관련 기술, 유저와의 상호작용을 위한 데이터 처리 및 시나리오 구현 기술, 학습 · 의료 등 분야의 기능성 게임 모델 개발 등 게임 콘텐츠 응용 기술 |
| | | 2) 영화 · 방송 콘텐츠 제작기술: 영화 · 방송 콘텐츠의 기획 · 제작을 위한 사전시각화(pre-visualization) 및 그래픽 품질 개선 기술 |
| | | 3) 애니메이션 콘텐츠 제작기술: 애니메이션 콘텐츠의 기획 · 제작을 위한 대용량 디지털 데이터 처리 관리 기술, AI 머신러닝을 통한 애니메이션 · 에셋 자동생산 기술, 게임엔진을 활용한 실시간 제작기술, 버추얼 프로덕션(virtual production) 기술 |
| | | 4) 만화 · 웹툰 콘텐츠 제작기술: 만화 · 웹툰 콘텐츠의 기획 · 제작 및 서비스를 위한 디지털 만화 저작도구 개발 기술, 만화 멀티미디어 콘텐츠 제작 기술, 플랫폼 구축 및 서비스를 위한 저작권 보호 기술 |

| 구 분 | 분 야 | 신성장 · 원천기술 |
|---|---|---|
| 5. 차세대 전자정보 디바이스 | 가. 지능형 반도체 · 센서 | 1) 고속 컴퓨팅을 위한 SoC 설계 · 제조 기술: 인간형 인식, 판단, 논리를 수행할 수 있는 뉴럴넷(Neural Network)을 구현하는 초고속, 저전력 슈퍼프로세서 기술로서 지능형 자율주행 이동체(드론 등), 지능형 로봇, 게임로봇, 고속 정보 저장 · 처리 및 통신기기, 위성체 및 군사용 무기 체계, 보안카메라, DVR (Digital Video Recoder) 등의 화상처리용 지능형 보안시스템, 복합 교통관제 시스템 등의 제작을 위해 매니코어(Many Core)를 단일 반도체에 통합한 SoC System on Chip) 설계 및 제조(7nm 이하) 기술 |
| | | 2) 초소형 · 초저전력 IoT · 웨어러블 SoC 설계 · 제조 기술: IoT, 착용형 스마트 단말기기 및 웨어러블 센서(wearable sensor) 등을 위해 장기간 지속사용이 가능하고, 초소형 · 초저전력으로 동작하며, IoT 네트워크에 지능형 서비스를 적용하기 위한 지능정보 및 데이터의 처리가 가능한 초저전력 SoC(System on Chip) 설계 · 제조 기술 |
| | | 3) SoC 파운드리 제조, 후공정 및 장비 설계 · 제조 기술: SoC(System on Chip) 반도체 개발 · 양산을 위한 핵심 기반기술로 파운드리(Foundry) 분야의 7nm 이하급 제조공정 및 공정 설계기술, 2D/2.5D/3D 패키징 등 파운드리(Foundry) 후공정 기술 및 파운드리 소재 · 장비 설계 · 제조 기술 |
| | | 4) 차세대 메모리반도체 제조기술과 소재 · 장비 및 장비부품의 설계 · 제조기술: 기존 메모리반도체인 D램(DRAM)과 낸드 플래시메모리(Nand Flash Memory)의 장점을 조합한 STT-MRAM(Spin Transfer Torque-Magnetic Random Access Memory), PRAM(Phase-change Random Access Memory), ReRAM(Resistive Random Access Memory) 등 차세대 메모리반도체 제조기술 및 관련 소재 · 장비 및 장비부품의 설계 · 제조기술 |
| | | 5) 지능형 마이크로 센서 설계 · 제조 · 패키지 기술: 물리적 · 화학적인 아날로그(analogue) 정보를 얻는 감지부와 논리 · 판단 · 통신기능을 갖춘 지능화된 신호처리 집적회로가 결합된 소자로서 나노기술, MEMS[Micro Electro Mechanical System, 기계부품 · 센서(sensor) · 액츄에이터(actuator) 및 전자회로를 하나의 기판 위에 집적화)] 기술, 바이오 기술, 0.8㎛이하 CMOS 이미지센서 기술 또는 SoC (System on Chip) 기술이 결합된 초소형 고성능 센서 설계 · 제조 및 패키지 기술 |
| | | 6) 차량용 반도체 설계 · 제조기술: 자동차 기능안전성 국제표준 ISO26262, 자동차용 반도체 신뢰성 시험규격 ACE-Q100을 만족하는 MCU(Micro controller unit), ECU(Electronic control unit), 파워IC, SOC, 전기차, 하이브리드자동차 및 자율주행용 IC 반도체의 설계 · 제조 기술 |
| | | 7) 에너지효율향상 반도체 설계 · 제조기술: 실리콘 기반의 MOSFET(MOS field- effect transistor)에 비해 저저항 · 고효율 특성을 지니며 차세대 응용분야(전기차, 하이브리드자동차, 태양광, 풍력발전 등 신재생에너지, 스마트그리드 등) 인버터 등에 탑재되는 SJ(Super Junction) MOSFET, IGBT, SiC MOSFET의 설계 · 제조 기술 |

| 구 분 | 분 야 | 신성장 · 원천기술 |
|---|---|---|
| 5. 차세대 전자정보 디바이스 | 가. 지능형 반도체 · 센서 | 8) 첨단 메모리반도체 설계 · 제조기술: 12nm 이하급 D램과 220단 이상 낸드플래시메모리 설계 · 제조 기술 |
| | | 9) 에너지효율향상 전력 반도체 BCDMOS(Bipolar/Complementary/Double-diffused metal-oxide-semiconductor) 설계 · 제조 기술: 실리콘 기반의 저저항 · 고효율 특성을 지니며 차세대 응용 분야(5G, 전기차, 하이브리드자동차, 태양광, 풍력발전 등 신재생에너지, 스마트그리드 등)에 탑재되는 아날로그, 디지털 로직, 파워소자를 원칩화한 초소형 · 초절전 전력반도체 0.13㎛ 이하 BCDMOS 설계 · 제조 기술 |
| | | 10) 전자제품 무선충전 기술: 기존 유도방식 무선충전 대비 충전 자유도가 높은 고출력 공진방식 무선 · 급속 충전 기술 및 원거리 RF(Radio Frequency) 전력전송 기술 |
| | | 11) 웨이퍼레벨 칩 패키징 공정기술: LED 칩을 미세 패턴이 가공된 열전도성이 높은 웨이퍼 위에서 일련의 공정을 통해 패키징한 후 다이싱(dicing)하여 칩 패키지를 제조하는 기술 |
| | 나. 반도체 등 소재 · 부품 | 1) 포토레지스트(Photoresist) 개발 및 제조기술: 반도체 및 디스플레이용 회로 형성에 필요한 리소그래피(lithography)용 수지로서 회로의 내열성, 전기적 특성, 현상(Developing) 특성을 좌우하는 Photoresist 및 관련 소재를 개발 및 제조하는 기술[ArF(불화아르곤) 광원용 및 EUV(극자외선) 광원용] |
| | | 2) 원자층증착법(ALD, Atomic Layer Deposition) 및 화학증착법(CVD, Chemical Vapor Deposition)을 위한 고유전체(High-k dielectric)용 전구체 개발 기술: 기존의 이산화규소(SiO2)보다 우수한 유전특성을 갖는 high-k dielectric 박막 증착을 위한 ALD 및 CVD 공정에 사용되는 전구체를 개발하는 기술 |
| | | 3) 고순도 불화수소 개발 및 제조기술: 반도체 회로형성에 필요한 순도 99.999%(5N) 이상의 고순도 불화수소를 개발 및 제조하는 기술 |
| | | 4) 블랭크 마스크(Blank Mask) 개발 및 제조기술: ArF(불화아르곤) 광원 및 EUV(극자외선) 광원을 이용하여 반도체 회로를 형성하는 데 사용되는 블랭크 마스크 원판 및 관련 소재[펠리클(Pelllicle), 합성 쿼츠, 스터러링용 타겟 등을 포함]을 개발 및 제조하는 기술 |
| | | 5) 반도체용 기판 개발 및 제조기술: 14nm 이하급 D램과 170단 이상 낸드플래시메모리 및 에피텍셜 반도체용 기판을 개발 및 제조하는 기술 |
| | | 6) 첨단 메모리반도체 장비 및 장비부품의 설계 · 제조 기술: 14nm 이하급 D램(DRAM)과 170단 이상 낸드 플래시메모리(Nand Flash Memory) 양산을 위한 장비 · 장비부품의 설계 · 제조 기술 |
| | | 7) 플렉서블 디스플레이 패널, 차세대 차량용 디스플레이 패널용 DDI 칩(Display Driver IC) 설계 및 제조 기술: 화면에 문자나 영상 이미지 등이 표시되도록 디스플레이 패널에 구동 신호 및 데이터를 전기신호로 제공하는 반도체를 설계 및 제조하는 기술 |

| 구 분 | 분 야 | 신성장 · 원천기술 |
|---|---|---|
|  | 나. 반도체 등 소재 · 부품 | 8) 고기능성 인산 제조 기술: $SiN_x$, $SiO_x$ 막질의 선택적인 식각이 가능한 고선택비(1,000이상) 인산계 식각액 제조기술 |
|  |  | 9) 고순도 석영(쿼츠) 도가니 제조 기술: 반도체 웨이퍼 제조용 용융 실리콘의 오염을 막기 위한 도가니 형태의 순도 99.999%(5N) 이상의 고순도 석영 용기 제조 기술 |
|  |  | 10) 코트막형성재 개발 및 제조 기술: 완성된 반도체 소자의 표면을 외부환경으로부터 보호하기 위해 사용하는 절연성을 가진 고감도(80mJ/㎠ 이하) 감광성 코팅 기술 또는 패키징 재배선(배선폭 7㎛ 이하) 형성 재료 제조 기술 |
| 5. 차세대 전자정보 디바이스 | 다. 유기발광 다이오드(OLED: Organic Light Emitting Diode) 등 고기능 디스플레이 | 1) 9인치 이상 능동형 유기발광 다이오드(AMOLED: Active Matrix Organic Light Emitting Diode) 패널 기능개선 및 부품 · 소재 · 장비 제조 기술: 저온 폴리실리콘(LTPS, Low Temperature Poly Silicon) 또는 산화물(Oxide) TFT(Thin Film Transistor, 전자이동도 8㎠/Vs 이상) 기판 상에 진공 증발 증착 또는 프린팅 방식으로 고화질(고해상도, 고색재현, 고균일, HRD)을 구현한 대화면(9인치 이상) AMOLED 패널을 제조하기 위해 공정별로 사용되는 기술(모듈조립공정기술은 제외한다)과 AMOLED 패널을 제조하기 위한 부품 · 소재 · 장비 제조 기술 |
|  |  | 2) 대기압 플라즈마 식각 장비 기술: 디스플레이를 제조할 목적으로 대기압에서 플라즈마(plasma)를 발생시켜 박막을 식각하는 장비 제작기술 |
|  |  | 3) 플렉서블 디스플레이 패널 · 부품 · 소재 · 장비 제조 기술: 플렉서블 디스플레이(유연성 또는 유연한 성질을 가지는 디스플레이로, 깨지지 않고 휘거나 말 수 있고 접을 수 있는 특성을 지닌 것을 말한다. 이하 같다)를 제조하기 위해 공정별[유연필름 제조, 이형과 접합, TFT(Thin Film Transistor) 제조, 화소형성, 봉지, 모듈 공정 등]로 사용되는 기술과 이와 관련한 부품 · 소재 및 장비 제조 기술 |
|  |  | 4) 차세대 차량용 디스플레이 패널 · 부품 · 소재 · 장비 제조 기술: 굴곡된 형상으로 제조 가능하고, 동작온도 −30℃∼95℃, 시인성 black uniformity 60% 이상을 만족하는 다결정 저온 폴리실리콘(LTPS−LCD) 패널 제조기술(모듈조립공정기술은 제외한다)과 이와 관련한 부품 · 소재 및 장비 제조 기술 |
|  |  | 5) 마이크로 LED 디스플레이 패널 · 부품 · 소재 · 장비 제조 기술: 실리콘(Silicon) 또는 사파이어(Sapphire) 기판에 저결함 에피공정을 적용하여 100㎛ 이하의 자발광 R/G/B 마이크로 LED 칩을 제조하는 기술과 이를 이용한 픽셀 · 패널 제조 기술 및 이와 관련한 부품 · 소재 및 장비 제조 기술 |
|  |  | 6) VR · AR · MR용 디스플레이 패널 · 부품 · 소재 · 장비 제조 기술: 가상현실, 증강현실, 혼합현실 기기에 사용되는 초고해상도(1,500 ppi이상) 디스플레이를 제조하기 위해 공정별로 사용되는 기술과 이와 관련한 부품 · 소재 및 장비 제조기술 |
|  |  | 7) 친환경 QD(Quantum Dot) 나노 소재 적용 디스플레이 패널 · 부품 · 소재 · 장비 제조 기술: 적은 소비전력으로 고색재현 및 화학적 · 열적 안정성 개선이 가능한 QD 나노 소재 적용 디스플레이를 제조하기 위해 공정별로 사용되는 기술과 이와 관련한 부품 · 소재 및 장비 제조 기술 |

| 구 분 | 분 야 | 신성장 · 원천기술 |
|---|---|---|
| 5. 차세대 전자정보 디바이스 | 라. 3D프린팅 | 3D프린팅 소재 · 장비 개발 및 제조기술: 3차원 디지털 설계도에 따라 액체수지, 금속분말 등 다양한 형태의 재료를 적층하여 제품을 생산하는 데 사용되는 소재 · 장비를 개발 및 제조하는 기술 |
| | 마. AR 디바이스 | AR 디바이스 제조기술: 실제의 이미지나 배경에 유의미한 상황 정보를 기반으로 한 영상 · 텍스트 · 소리 등의 가상정보를 나타내어 사용자의 경험이 증강되고 현실세계와 동기화할 수 있는 장비 및 관련 부품의 개발 및 제조기술 |
| 6. 차세대 방송통신 | 가. 5세대(5G: 5generation) 및 6세대(6G: 6generation) 이동통신 | 1) 5G 이동통신 기지국 장비 기술: 가입자와 연결을 위해 이동통신사업자가 구축하는 5G 이동통신 광역 및 소형 셀(cell) 기지국 장비에 적용되는 기술 |
| | | 2) 5G 이동통신 코어네트워크(Core Network, 기간망) 기술: 트래픽(traffic) 전송 · 제어, 네트워크(network) 간 연결 등을 위해 5G 이동통신 기지국 장비와 연동되는 게이트웨이(gateway), 라우터(router), 스위치(switch) 등에 적용되는 기술 |
| | | 3) 5G 이동통신 단말 특화 부품 기술: 5G 이동통신 단말을 구현하기 위해 새롭게 개발 · 적용될 통신모듈[베이스밴드(baseband, 기저대역) 모뎀, RF(radio frequency) 칩셋(chipset) 등]의 부품 · 소자에 적용되는 기술 |
| | | 4) 6G 이동통신 기술: 초저지연(μsec급) 기술을 기반으로 초고속(Tera bps급) 통신 지원을 위해 Tera-Hz 대역 활용을 가능하게 하는 신소자 RF · 안테나 및 모뎀 및 부품 · 소자에 적용되는 기술 |
| | | 5) 차세대 근거리 무선통신 기술: IEEE(Institute of Electrical & Electronics Engineers, 국제전기전자기술자협회) 802.11ac 규격보다 높은 주파수 효율과 전송속도를 제공하는 근거리 무선통신(무선랜: wireless LAN) 기술 |
| | 나. UHD (Ultra-High Definition) | 1) 지상파 UHD방송 송신기 성능 향상기술: 냉각 기술(공냉, 수냉, 질소냉각 등 포함)의 개선, 회로 설계 방식 개선 등을 통한 고효율 지상파 UHD방송용 송신기 설계 · 제조 기술 |
| | | 2) UHD 방송 통합 다중화기 기술: 신규 전송 프로토콜[ROUTE, MMT(MPEG Media Transport) 등 포함]과 기존 전송 프로토콜[MPEG-2 TS(Transport System)]로 생성된 신호를 입력받아, 국내외 UHD 방송 표준에 따른 전송 프로토콜로 출력하는 통합형 다중화기 기술 |
| | | 3) 신규 방송서비스 제공을 위한 시그널링 시스템 기술: 다양한 신규 방송서비스 제공을 위해 UHD방송 표준에 따른 시그널링(signaling) 시스템[시그널 인코더(signal encoder), 서비스가이드 인코더(service guide encoder), 시그널/서비스가이드 서버(signal/service guide server), 서비스 메타데이터(metadata) 관리서버, 통합 모니터링(monitoring) 시스템, 앱 시그널링 인코더(app signaling encoder), 콘텐츠 푸시 서버(push server, 자동제공서버) 등을 포함한다] 기술 |

| 구 분 | 분 야 | 신성장 · 원천기술 |
|---|---|---|
| 7. 바이오 · 헬스 | 가. 바이오 · 화합물 의약 | 1), 3) 삭 제(2023.8.29.) |
| | | 2) 방어 항원 스크리닝 및 제조기술: 면역 기전을 이용하여 인체질환을 방어하기 위해 항원을 스크리닝하고 이 항원을 제조하여 각종 질환을 치료하거나(치료용 백신) 예방하기 위한 백신(예방용 백신) 제조 기술 |
| | | 4) 혁신형 신약(화합물의약품) 후보물질 발굴 및 제조기술: 인체내 질병의 원인이 되는 표적 수용체(Receptor) 또는 효소(Enzyme) 등의 반응 기전(Mechanism)을 규명하고 분자설계를 통해 표적체(Target)와 선택적으로 작용할 수 있는 구조의 화합물 후보물질 라이브러리(Library)를 확보하며, 고속탐색법(HTS, High Throughput Screening) 기술을 이용하여 후보물질 라이브러리로부터 후보물질을 도출한 후 유기합성기술을 통해 안전성 및 유효성이 최적화된 신약 후보물질로 개발하는 기술 및 혁신형 신약을 제조하거나 혁신형 신약의 원료를 개발 · 제조하는 기술(2024.2.29. 개정) |
| | | 5) 혁신형 개량신약(화합물의약품) 개발 및 제조 기술: DDS(Drug Delivery System, 약물전달시스템), 염변경, 이성체 제조, 복합제 제조 및 바이오 · 나노기술과의 융합 등의 기술을 통해 기존 신약보다 안전성, 유효성, 유용성(복약순응도, 편리성 등), 효능 등을 현저히 개선시킨 개량 신약을 개발 · 제조하는 기술 및 혁신형 개량신약의 원료를 개발 · 제조하는 기술(2024.2.29. 개정) |
| | | 6) 임상약리시험 평가기술(임상1상 시험): 혁신형 신약(화합물의약품) 후보물질의 초기 안정성, 내약성, 약동학적, 약력학적 평가 및 약물대사와 상호작용 평가, 초기 잠재적 치료효과 추정을 위한 임상약리시험 평가기술 |
| | | 7) 치료적 탐색 임상평가기술(임상2상 시험): 혁신형 신약(화합물의약품) 후보물질의 용량 및 투여기간 추정 등 치료적 유용성 탐색을 위한 평가기술 |
| | | 8) 치료적 확증 임상평가기술(임상3상 시험): 바이오시밀러[R&D비용이 매출액의 2% 이상이고, 국가전략기술과 신성장 · 원천기술 R&D비용(바이오시밀러 임상비용 포함)이 전체 R&D비용의 10% 이상인 기업의 임상시험으로 한정하되, 국가전략기술 R&D비용(바이오시밀러 임상비용 포함)이 전체 R&D비용의 10% 이상인 기업의 임상시험은 제외한다], 혁신형 신약(화합물의약품) 후보물질의 안전성, 유효성 등 치료적 확증을 위한 평가기술 |
| | | 9), 10) 삭 제(2023.8.29.) |
| | 나. 의료기기 · 헬스케어 | 1) 기능 융합형 초음파 영상기술: 조기 정밀 진단을 위한 영상기술 간 융합(X-ray – 초음파, 광음향 – 초음파) 및 정밀치료를 위한 초음파 영상유도 기반의 체외충격파 치료 기술 |
| | | 2) 신체 내에서 생분해되는 소재 개발 및 제조 기술: 우수한 유연성과 고강도의 기계적 물성을 가지며, 시술에 따른 혈전증 및 재협착률을 최소화하는 생분해성 스텐트 제조 기술 |

| 구 분 | 분 야 | 신성장 · 원천기술 |
|---|---|---|
| 7. 바이오 · 헬스 | 나. 의료기기 · 헬스케어 | 3) 유전자 검사용 진단기기 및 시약의 개발 및 제조 기술: 질병의 진단이나 건강 상태 평가를 목적으로 인체에서 채취한 검체로부터 DNA(deoxyribonucleic acid), RNA(ribo nucleic acid), 염색체, 대사물질을 추출하여 분석하는 기기 및 시약의 개발 및 제조 기술 |
| | | 4) 암진단용 혈액 검사기기 및 시약의 개발 및 제조 기술: 채취한 혈액으로부터 종양 표지자의 농도를 측정하여 암발생 유무를 판단하는 데 활용되는 검사기기 및 시약의 개발 및 제조 기술 |
| | | 5) 감염병 병원체 검사용 진단기기 및 시약의 개발 및 제조 기술: 인체에서 채취된 혈액, 소변, 객담, 분변 등의 검체를 이용하여 국내에서 새롭게 발생했거나 발생할 우려가 있는 감염병 또는 국내 유입이 우려되는 해외 유행 감염병의 병원체를 검사하는 데 활용되는 기기 및 시약의 개발 및 제조 기술 |
| | | 6) 정밀의료 등 맞춤형 건강관리 및 질병 예방 · 진단 · 치료 서비스를 위한 플랫폼 기술: 서로 다른 형태의 개인건강정보(진료기록, 일상건강정보, 유전자 분석 데이터, 공공데이터 등)를 저장 · 관리하기 위한 정보 변환기술과, 수집된 정보의 분석을 통해 질병 발병도 등 건강을 예측하고 이에 따른 맞춤형 건강관리 및 질병 예방 · 진단 · 치료를 제공하는 기술 |
| | | 7) 신체기능 복원 · 보조 의료기기 기술: 생체역학 · 바이오닉스 등 첨단 의공학 기술을 통해 영구 손상된 신체기능을 원래대로 복원하여 정상적인 일상생활을 가능하게 하는 기술 |
| | 다. 바이오 농수산 · 식품 | 1) 비가열 및 고온 · 고압 전처리 기술: 초고압(1,000기압 이상), 고압전자기장[PET (Pulsed Electric Field) 1kV 이상], 전기저항가열(Ohmic Heating), 방사선 조사(irradiation)와 같은 대체 열에너지를 사용하거나, 가압 · 진공 · 과열증기(SHS, Superheated steam) 및 증기직접주입법(DSI, Direct steam injection) 등을 이용한 고온 · 고압 처리기술을 사용하여 미생물 수를 감소시키거나 사멸시키는 처리기술 |
| | | 2) 식품용 기능성 물질 개발 및 제조 기술: 동 · 식물 및 미생물 유래 기능 물질의 탐색 · 분석 · 동정(identification)과 식품용도로 사용하기 위한 안전성 · 기능성 평가 및 원료 가공 또는 대량생산 기술 |
| | | 3) 신품종 종자개발기술 및 종자가공처리 기술: 유전자원을 활용하여 부본과 모본의 교배를 통하거나 전통적인 육종기술에 유전공학 기술을 접목하여 생산성, 품질, 기능성 등이 개선된 신품종 종자를 개발하는 기술과 종자의 품질을 높이기 위한 프라이밍(priming), 코팅(coating), 펠렛팅(pelleting) 등 종자 가공처리 기술 |
| | | 4) 유용미생물의 스크리닝 기술 및 유용물질 대량생산공정 기술: 세균이나 곰팡이를 선발 · 분리하여 효용성을 평가하거나 이들 미생물을 활용한 균주개발, 최적활성 연구, 발효공정, 정제공정 등을 거쳐 유용물질을 대량으로 생산하는 기술 |

| 구 분 | 분 야 | 신성장 · 원천기술 |
|---|---|---|
| 7. 바이오 · 헬스 | 다. 바이오 농수산 · 식품 | 5) 스마트팜 환경제어 기기 제작 기술: 온실이나 축사의 온도, 습도, 이산화탄소, 악취 등을 감지하여 환경을 조절하는 센서와 이를 통해 작동하는 액추에이터(actuator) 및 제어시스템을 설계 · 제조하는 기술 |
| | | 6) 단백질 분리 · 분획 · 정제 및 구조화 기술: 물리적 · 화학적 방법을 이용하여 농 · 식품자원으로부터 단백질을 전분, 지방 등과 분리하여 용도에 맞게 분획 · 정제하는 기술, 동물세포나 조직을 배양 · 분화하는 기술 및 단백질 또는 세포를 3D 프린터, 압출식 성형방식, 지지체 등을 통해 구조화하고 이를 대량으로 생산하는 기술 |
| | | 7) 식품 냉 · 해동 안정화 기술: 수분전이제어, 원물코팅, 라디오 주파수 · 저온 Steam 해동 등을 활용하여 냉동원료 및 제품의 품질을 균일하게 제어할 수 있는 식품 냉 · 해동 안정화 기술 |
| | 라. 바이오 화학 | 1) 바이오매스 유래 바이오플라스틱 생산 기술: 재생가능한 유기자원을 이용하여 직접 또는 전환공정을 통해 당 또는 리그닌 등 유효성분을 추출 · 정제하는 기술 및 바이오플라스틱을 생산하는 기술 |
| | | 2) 바이오 화장품 소재(원료) 개발 및 제조기술: 세포활성 제어기술, 미생물 발효 및 생물전환기술, 활성성분 대량생산기술 등의 바이오 기술(bio technology)을 활용하여 화장품의 소재(원료)를 개발 및 제조하는 기술 |
| | | 3) 신규 또는 대량 생산이 가능한 바이오화학 소재 개발 및 미생물 발굴 바이오 파운드리 기술 : 바이오플라스틱, 바이오화장품 소재, 바이오생리활성 소재 등을 생산하는 미생물 확보를 위한 유전자 편집 등의 합성생물학 기술과 이를 활용한 디자인, 제작, 시험, 학습 등의 순환 과정의 바이오파운드리 기술 |
| 8. 에너지 · 환경 | 가. 에너지 저장 시스템 (ESS: Energy Storage System) | 1) 비리튬계 이차전지 소재 등 설계 및 제조기술: 흐름전지(Flow Battery)에 사용되는 전극 · 멤브레인(Membrane) · 전해질 · 저가 분리판 · 스택(Stack) 설계 및 제조 기술과 나트륨(Sodium)계 이차전지에 사용되는 소재(양극 · 음극 · 전해질) · 셀(Cell) · 모듈 설계 및 제조 기술 |
| | | 2) 전력관리시스템 설계 및 전력변환장치 설계 및 제조 기술: 전력을 제어하기 위한 전력관리시스템(PMS, Power Management System) 설계 기술과 저장장치 전력과 전력계통 간의 특성을 맞춰주는 전력변환장치(PCS, Power Conversion System) 설계 및 제조 기술 |
| | | 3) 에너지관리시스템 기술: 주파수조정, 신재생연계, 수요반응 등의 응용 분야별 제어 소프트웨어 기술을 핵심으로 하는 에너지관리시스템(EMS, Energy Management System) 기술 |
| | | 4) 배터리 재사용 · 재제조를 위한 선별 기술: 초기용량 대비 80% 이하로 수명이 종료된 전기자동차 배터리의 성능 · 안전성 평가를 통해 잔존가치를 유지한 배터리를 선별하는 기술 |
| | | 5) 고성능 리튬이차전지 기술: 265wh/kg 이상의 에너지밀도 또는 6C-rate 이상의 방전속도를 충족하는 고성능 리튬이차전지에 사용되는 부품 · 소재 · 셀(cell) 및 모듈(module) 제조 및 안전성 향상 기술 |

| 구 분 | 분 야 | 신성장 · 원천기술 |
|---|---|---|
| 8. 에너지 · 환경 | | 6) 전기동력 자동차의 에너지저장 시스템 기술: 전기동력 자동차(xEV)의 주행거리 연장, 충전시간 단축 등을 위해 차량용 이차전지 팩의 에너지 밀도를 160Wh/kg 이상으로 구현하기 위한 기술 |
| | 나. 발전 시스템 | 1) 대형가스터빈 부품 및 시스템 설계 · 제작 · 조립 · 시험 평가기술: 천연가스를 연소시킬 때 발생하는 고온 고압의 에너지로 발전기를 회전시켜 전기를 생산하는 용량 380MW 이상, 효율 43% 이상의 터빈 · 부품 설계 · 제작 · 조립 · 시험 평가 기술 |
| | | 2) 초임계 이산화탄소 터빈구동 시스템 설계 · 제조기술: 열원을 활용하여 생성된 초임계상태의 이산화탄소(supercritical $CO_2$)를 작동 유체로 터빈을 구동하는 고효율 터빈 · 압축기 · 열교환기 등 발전설비 및 시스템 개발 기술 |
| | | 3) 증기터빈 부품 및 시스템 설계 · 제작 · 조립 · 시험 평가기술: 610℃ 이상 및 270 bar 이상의 고온 · 고압의 에너지로 발전기를 3,600 RPM 이상으로 회전시켜 전력을 생산하는 터빈 · 부품설계 · 제작 · 조립 · 시험 평가기술 |
| | 다. 원자력 | 1) 원자로 냉각재 펌프(RCP, Reactor Coolant Pump) 설계 기술: 원자로에서 핵반응을 통해 발생되는 열을 제거하여 증기발생기로 보내기 위해 냉각재를 순환시키는 원자력발전소 핵심 기기인 원자로냉각재펌프의 상세설계기술, 원형 제작기술, 성능 시험기술, 신뢰성 평가기술 등 제반 핵심 설계 · 제작 기술 |
| | | 2) 내열 내식성 원자력 소재 기술: 방사선, 고온 및 부식성 환경 속에서 내부식성을 극대화시킬 수 있는 내열 · 내식성 소재[핵연료 피복관, 증기발생기 세관(340℃ · 150기압의 1차 냉각수 및 300℃ · 50기압의 2차 냉각수 노출 가능), 원자로 내부 구조물(중성자 조사 및 340℃ · 150기압의 1차 냉각수 노출 가능) 등]을 개발하는 기술 |
| | | 3) 방사선이용 대형 공정 시스템 검사기술: 철강 배관의 손상 진단 및 미세 결함 검출을 위한 와전류 자동 검사시스템 기술, X선 발생장치와 이리듐(Ir)$^{-192}$ 감마선 조사장치에 적합한 이동용 방사선투시 기술 |
| | | 4) 신형원전(Advanced Power Reactor) 표준설계 기술: 노심 및 핵연료 설계기술, 핵증기공급계통(NSSS, Nuclear Steam Supply System) 설계기술, 주기기 설계기술, 보조기기 및 플랜트종합(BOP, Balance of Plant) 설계기술, 원전제어계통(MMIS, Man-Machine Interface System) 설계기술, 안전성분석기술 등 APR+ (Advanced Power Reactor Plus) 및 SMART(System-integrated Modular Advanced Reactor)의 표준설계기술 및 표준설계인가 획득 기술 |
| | | 5) 가압경수형원전(Pressurized Water Reactor) 원전설계 핵심코드 개발 기술: 원자력발전소 독자개발 및 수출에 필수적인 핵심원천기술인 고유 노심설계코드(원자로 노심의 핵연료 배치 및 장전량을 결정하고 노심의 물리적 특성을 분석하는 데 사용되는 핵설계코드, 열수력설계코드, 핵연료설계코드 등의 전산프로그램)와 고유 안전해석코드(원전에서 발생 가능한 모든 사고를 분석하고 원전의 안전성을 확인하는 데 사용되는 계통안전해석코드, 격납건물해석코드, 중대사고 해석코드 등의 전산프로그램) 개발기술 |

| 구 분 | 분 야 | 신성장 · 원천기술 |
|---|---|---|
| 8. 에너지 · 환경 | 다. 원자력 | 6) 친환경 · 저탄소 후행 핵주기 기술: 해체 엔지니어링, 해체 원전 계통 · 기기 · 구조물 제염기술, 금속 · 콘크리트구조물 절단기술, 해체 폐기물 처리 · 감용기술, 해체현장 방사능 측정 및 부지복원 기술, 준위별 방폐물 관리비용 평가기술, 처분부지 조사기술, 처분시설 설계 · 시공 기술, 처분시설 다중방벽 장기성능 평가 기술, 피폭선량 평가 기술(처분시설 안전성 평가 기술), 처분시스템 모니터링 기술, 방폐물 인수 · 처리 기술, 방폐물 운반 · 저장 기술 및 방폐물 처분시설 운영 · 관리 기술 |
| | | 7) 가동원전 계측제어설비 디지털 업그레이드 기술: 가동원전 계측제어 설비의 안전성 및 신뢰성 강화를 위해 최신기술기준과 운전경험을 반영한 공통유형고장대응 안전 계통 · 제어기기 개발, 단일고장에 의한 발전소 정지 유발 요소제거, 심층방어 및 다양성 적용, 사이버보안 및 보안성 환경 적용, 가동원전 시뮬레이터를 이용한 설계 및 검증설비 구축, 노후화된 발전소의 신호선 및 케이블 식별 등 계측제어설비 디지털 업그레이드 기술 |
| | | 8) SMR(Small Modular Reactor) 설계 및 검증 기술: SMR 노심 설계 및 해석기술, 계통 핵심기기 설계기술, 유체계통 설계기술, MMIS(Man-Machine Interface System)용 계측제어계통 표준설계 기술, 주요기기 배치 및 구조 설계 기술, BOP(Balance Of Plant) 계통 설계 기술, 확률론적 안전성 분석(PSA; Probabilistic Safety Assessment) 기술, 중대사고 분석 및 대처 기술, SMR 노심 검증기술, 열수력 검증기술, 계통기기 검증기술, 모듈 통합 검증기술, 열수력 통합 해석기술, 필수 계통 안전 해석기술 |
| | | 9) SMR(Small Modular Reactor) 제조 기술: 탄력운전 대응 열적성능강화 핵연료집합체 개발 · 제조기술, 혁신형 제어봉집합체 개발 · 제조 기술, 무붕산 노심설계가 가능한 일체형 가연성흡수봉 설계 · 제조기술, 증기발생기 전열관 3D 벤딩 및 검사 기술, 원자로 · 증기발생기 · 가압기 등 주요 기기가 일체화된 원자로모듈을 제조하는 기술(2024.2.29. 개정) |
| | | 10) 대형 원자력발전소 제조기술: 대형 원자력발전소를 구성하는 원자로 · 내부구조물, 핵연료 취급 · 검사장비, 증기발생기 · 가압기, 원자로 냉각재펌프, 증기터빈 · 주발전기 및 보조기기를 제조하는 기술(2024.2.29. 신설) |
| | | 11) 혁신 제조공법 원전 분야 적용 기술: 분말-열간등방압성형(PM- HIP) 기술, 전자빔 용접(EBW) 기술, 다이오드 레이저 클래딩(DLC) 기술 및 원전기자재 적층제조 기술(2024.2.29. 신설) |
| | 라. 오염방지 · 자원순환 | 1) 미세먼지 제거 및 고정밀 미세먼지 · 온실가스 동시 측정 기술: 미세먼지 및 원인가스를 동시에 제거하고 세척 후 재사용이 가능한 세라믹필터 및 촉매 기술, 기액접촉층 및 습식 플라즈마(wet plasma)를 통한 무필터 정화 기술, 0.3 ㎛ 이하 고정밀 미세먼지를 수분과 구별하여 측정하는 기술 및 공정내부 미세먼지 온실가스 농도 동시 실시간 측정 기술 |
| | | 2) 차세대 배기가스 규제 대응을 위한 운송 · 저장시스템 기술: 운송 · 발전용 기관을 운전할 때 배출되는 배기가스내의 질소산화물 및 배기배출물을 과급기 하류측에서 선택적촉매환원법(SCR) 등을 사용하여 저감시키는 시스템 · 부품의 설계 · 제작 · 시험 · 평가 기술 |

| 구 분 | 분 야 | 신성장 · 원천기술 |
|---|---|---|
| 8. 에너지 · 환경 | 라. 오염방지 · 자원순환 | 3) 디젤 미립자 필터(DPF) 제조 기술: 디젤이 제대로 연소하지 않아 생겨나는 탄화수소 찌꺼기 등 유해물질을 모아 필터로 걸러낸 뒤 550℃ 이상의 고온으로 다시 태워 오염물질을 줄이는 저감장치의 제조 기술 |
| | | 4) 폐플라스틱 등의 물리적 재활용 기술: 폐플라스틱 · 폐타이어 · 폐섬유의 선별 · 세척, 파쇄 · 용융 · 배합 등 물리적 가공 과정을 거쳐 플라스틱 제품 등을 제조하는 기술 |
| | | 5) 폐플라스틱 등의 화학적 재활용을 통한 산업원료화 기술: 폐플라스틱 · 폐타이어 · 폐섬유의 해중합, 열분해 또는 가스화 공정을 거쳐 화학원료 · 고부가가치 탄소화합물 제품 등을 제조하는 기술 |
| | | 6) 생분해성 플라스틱 생산기술 : 생분해성 플라스틱 생산기술 : 바이오화학 및 석유화학 원료를 사용하여 생분해성이 향상된 플라스틱 컴파운드(「환경기술 및 환경산업 지원법」 제17조에 따라 환경표지 인증을 받거나 수출을 목적으로 하는 생분해성수지제품 및 해당 제품의 원료로 사용되는 경우로 한정한다)를 제조하고 물성을 증대하는 기술 |
| | | 7) 폐기물 저감형 포장소재 생산 기술 : 복합소재의 단일화, 오염 저감 표면처리, 수(水)분리성 강화 등 포장재의 재활용도를 개선하는 기술 및 소재 경량화, 석유계 용제 저감 등 포장재와 관련된 플라스틱 · 오염물질의 발생을 저감하는 기술 |
| | | 8) 폐수 재이용 기술: 반도체 제조공정에서 발생되는 폐수를 공업용수 수질로 재생산하여 제조공정에 사용하는 수처리 시스템 개발 기술 |
| | | 9) 폐섬유의 화학 및 생물학적 재활용 기술을 활용한 자원순환 섬유소재 제조기술: 혼합재질 폐섬유의 화학 및 생물학적 해중합, 정제 · 분리 · 원료(모노머) 회수 및 재중합 및 방사기술(2024.2.29. 신설) |
| 9. 융복합 소재 | 가. 고기능 섬유 | 1) 탄소섬유복합재의 가공장비 및 검사장비 설계 · 제조기술: 탄소섬유복합재 부품가공을 위한 복합 가공장비[관련되는 공구, 부품 고정을 위한 유연지그, 공정 모니터링 센서모듈 및 컴퓨터 수치제어기(CNC, Computerized Numerical Controller) 등을 포함한다] 설계 · 제조기술 및 탄소섬유복합재 가공 품질 검사를 위한 검사장비 설계 · 제조기술 |
| | | 2) 극한성능 섬유 제조 기술: 고탄성 · 고강도 탄소섬유 또는 섬유용 CNT(Carbon Nano Tube, 탄소나노튜브)의 제조 기술과 고탄성 · 고강도 · 고내열성(250℃ 이상) · 고내한성(-153℃~-273℃)    아라미드(Aramid) · 초고분자량폴리에틸렌(UHMWPE) · 액정섬유의 제조 기술 및 이들의 복합화 설계를 통한 초경량 · 고탄성 · 고강도 · 고내열(한)성 섬유복합체 제조 기술 |
| | | 3) 섬유기반 전기전자 소재 · 부품 및 제품 제조 기술: 전기 또는 광 신호의 생산, 저장 또는 전달이 가능한 전도성 섬유를 가공 · 변형하여 트랜지스터, 저항, 콘덴서, 안테나 등의 전자회로 소자를 직물 형태로 구현하는 기술 |

| 구 분 | 분 야 | 신성장 · 원천기술 |
| --- | --- | --- |
| 9. 융복합 소재 | 가. 고기능 섬유 | 4) 의료용 섬유 제조 기술: 생체적합성(생체재료가 생체조직이나 체액 · 혈액 등과 접촉시 거부반응이 나타나지 않는 특성)과 생체기능성(생체재료가 체내에서 존재하는 동안 목표한 기능을 완전히 수행 가능한 특성)을 갖춘 의료용 섬유 제조 기술로서, 약물전달용 나노섬유 소재, 바이러스 · 세균 감응섬유구조체, 혈액의 투석 · 정화용 섬유구조체, 손상조직을 대체 가능한 섬유구조체 또는 꼬이지 않고 계속되는 수축 · 팽창에 견딜 수 있는 인공혈관 섬유구조체의 제조 기술 |
| | | 5) 친환경섬유 제조 기술: 환경친화적 섬유 원료를 사용한 섬유 제조기술로서 생분해성 섬유고분자 제조 및 분해성 제어 기술, 열가소성 셀룰로오스 섬유 제조 기술, 바이오매스 나노섬유 제조 기술 |
| | | 6) PTFE(PolyTetraFluoro Ethylene) 멤브레인 기반 고성능 복합필터 제조기술: 공기 중의 0.3um 크기의 입자 99.97% 이상을 균일하게 포집할 수 있는 PTFE 멤브레인 기반의 고성능 복합필터 핵심 소재 · 부품 관련 제조 · 가공 기술 |
| | | 7) 특수계면활성제 제조 기술: 전자부품 제조 공정용으로 사용되는 저표면에너지(24~27 mN/m, 0.1% solution/PGMEA), 극미량의 금속함유량(100ppb 이하) 특성을 지닌 불소계 계면활성제 및 도료 및 포소화제의 기능향상을 위한 첨가제 등으로 사용되는 저표면에너지(15~18 mN/m, 0.1% 수용액), 극미량의 PFOA 함유량(1ppm 미만) 특성을 지닌 불소계 계면활성제 제조 기술 |
| | | 8) 극세 장섬유 부직포 및 복합필터 제조기술: 유해물질을 여과 · 분리 · 차단하는 1㎛이하 극세 장섬유 부직포 제조기술과 HEPA(High Efficiency Particulate Air)급 이상의 고성능 정밀여과 복합필터 제조 기술 |
| | 나. 초경량 금속 | 1) 고강도 마그네슘 부품의 온간성형기술: 미세조직 구성인자의 제어와 성형기법의 개선을 통해 저온(150℃ 이하)에서 성형 가능한 고품위 · 고강도 Mg(마그네슘) 부품 제조 기술 |
| | | 2) 차세대 조명용 고효율 경량 방열부품 생산기반기술: 알루미늄 등 경량소재를 이용하여 주조, 성형 및 표면처리를 통해 방열 부품을 제조함으로써 고열전도도, 열확산능, 친환경 특성 등의 기능을 갖게 하는 기술 |
| | 다. 하이퍼 플라스틱 | 인성특성이 향상된 고강성 하이퍼플라스틱(High Performance Plastics) 복합체 제조 및 가공 기술: 고강성 하이퍼플라스틱의 인성특성을 개선하여 고충격성(60KJ/m² 이상), 내화학성(온도 23℃의 염화칼슘 5% 용액에 600시간 담근 후 인장강도 유지율 90% 이상), 내마모성(50rpm, 150N, 측정거리 3Km 조건으로 내마모 시험 후 마모량 1.0mm3/Kgf · Km 이하) 중 하나 이상의 특성을 지닌 고강성 · 고인성 하이퍼플라스틱 복합체 제조 및 가공기술 |
| | 라. 구리합금 | 1) 고강도 구리합금 설계 · 제조기술: 인장강도 900Mpa 이상의 고강도 특성을 갖춘 주석함유 구리합금(Cu-Ni-Sn계) 설계 · 제조 기술 |
| | | 2) 구리 및 구리합금 박판 제조기술: 자동차, 전기 · 전자 분야의 고성능 · 소형화에 적용 가능한 두께 0.1mm 이하의 구리 및 구리합금 박판 제조 기술 |

| 구 분 | 분 야 | 신성장 · 원천기술 |
|---|---|---|
| 9. 융복합 소재 | 마. 특수강 | 1) 고청정 스테인레스계 무계목강관 · 봉강 제조기술: 망간 함유량 0.8% 이하 및 황 함유량 0.005%이하로 제어된 고청정 스테인리스계 합금을 활용하여 용접 이음매를 갖지 않는 강관 및 봉 형태의 철강재를 제조하는 기술 |
| | | 2) 고기능성 H형강 제품 제조기술: 고강도(420Mpa급 이상), 고인성(-40℃ 이하에서 충격값 50 Joule 이상) 특성을 갖는 고기능성 H형강 제품 제조기술 |
| | | 3) 장수명 프리미엄급 금형소재 제조기술: 기존 교체주기 5만회의 금형대비 30% 이상 수명이 향상된 합금설계, 고청정 특수강 제조 및 소성가공 기술 |
| | 바. 기능성 탄성 · 접착소재 | 1) 고기능 불소계 실리콘 제조 · 가공 기술: 내열성(온도 175℃에서 22시간동안 영구압축줄음율 30%이내), 내화학성(150℃, 240시간 내유체적변화율 10%이하) 및 저온성(-66℃이하에서 기밀력 1800psi이상)의 특성을 지닌 불소계 실리콘 고무 합성 및 분자량 제어기술 |
| | | 2) 고기능 불소계 고무 제조 · 가공 기술: 2원계 이상의 공중합체로서 불소함량이 50% 이상이며 내한성(어는점 -15℃ 이하), 내열성(200℃ 이상) 및 내화학성(온도 25℃ Fuel-C에서 체적변화율 4% 이내)을 갖춘 불소계 고무 제조 · 가공 기술 |
| | | 3) 고기능 부타디엔 고무 제조 · 가공 기술: 고상 및 액상 기능성[Cis content 90% 이상, 무니점도(ML1+4, 100℃) 40 이상] 부타디엔류 고무 제조 기술과 고내마모성(내마모도 60㎣ 이하, 구름저항 5.5 이하) 부타디엔 고무 제조 기술 |
| | | 4) 고기능 비극성계 접착소재 제조기술: Haze 1% 이하의 광학특성과 연속사용 온도 100℃의 열안정성을 갖는 실리콘계 점착 · 접착 소재 및 300℃ 이상의 고온가공성형이 가능한 아크릴레이트 함량 5~35% 또는 관능기의 함량 1.2~8%의 에틸렌계 점착 · 접착 소재 제조 기술 |
| | | 5) 고기능 에폭시 수지 접착소재 제조 기술: 에폭시 수지를 주성분으로 하여 경량 수송기기 부품의 구조접착에 사용되는 전단강도 25MPa 이상, 저온 충격강도 20N/mm 이상, T-박리강도 250N/25mm 이상의 기계적 성능을 갖는 접착소재 제조기술과 전자부품의 접착에 사용되는 WVTR(Water Vapor Transmission Rate) 0g/㎡ · 24h 이하 및 20kV/mm 이상의 전기절연성을 갖는 비할로겐형 접착소재 제조기술 |
| | 사. 희소금속 · 소재 | 1) 타이타늄 소재 제조기술과 금속재료 부품화 기술: 사염화타이타늄(TiCl4), 스폰지, 잉곳, 루타일 및 아나타제 이산화타이타늄(TiO2) 등의 소재 개발 · 제조 기술과 합금설계, 압연, 주조, 단조, 용접 등의 금속재료 부품화 기술 |
| | | 2) 고순도 몰리브덴 금속 · 탄화물 분말 및 금속괴 제조 기술: 순도 99.5% 이상의 몰리브덴 금속분말, 순도 99% 이상의 몰리브덴 탄화물 분말 및 순도 99.95% 이상의 몰리브덴 금속괴 제조 기술 |
| | | 3) 중희토 저감 고기능 영구자석 생산 기술 : 결정립도 5㎛이하 소결체 제조 및 결정립 주변 나노단위 두께의 중희토 확산층 형성 등을 통해 기존 자석 대비 중희토 함유량을 50% 이상 절감하여 고기능 영구자석을 생산하는 기술 |

| 구 분 | 분 야 | 신성장 · 원천기술 |
|---|---|---|
| 9. 융복합 소재 | 사. 희소금속 · 소재 | 4) 차세대 배기가스 규제 대응을 위한 핵심소재 생산 기술 : 포집된 이산화탄소를 활용하여 운송 · 발전 · 산업용 기관을 운전할 때 배출되는 배기가스내 질소산화물, 황산화물 등 배기배출물을 저감시키기 위해 필요한 핵심소재 제조기술 |
| 10. 로봇 | 가. 첨단제조 및 산업로봇 | 1) 고청정 환경 대응 반도체 생산 로봇 기술: 청정환경에서 450mm 대형 웨이퍼, 일반 반도체를 핸들링하며 5Port 이상 대응 가능(수평 이송범위 2,100mm 이상 및 수직 이송범위 900mm 이상)한 청정환경용 반도체 로봇 기술과 10나노급 초정밀 공정용 초정밀 매니퓰레이션 기술, 대형 웨이퍼 핸들링을 위한 진동억제 기술 |
| | | 2) 차세대 태양전지(Solar cell) 제조 로봇 기술: 고진공/고청정 환경의 태양전지 생산 현장에서 대면적 · 고중량 기판을 핸들링할 수 있는 로봇의 설계 · 제조 기술 |
| | | 3) 실내외 자율 이동 · 작업수행 로봇 기술: 광범위 거리측정센서, GPS 등을 활용하여 실내외 환경에서 경로를 계획하여 이동하고(미리 정해진 경로를 따라 이동하는 방식은 제외한다), 자율적으로 작업을 수행하는 지능형 로봇 및 기계 기술 |
| | | 4) FPD(Flat panel display) 이송로봇 기술: 일반 대기압 또는 진공 환경 하에서 고중량(400kg 이상)의 FPD 및 마스크를 이송하는 로봇 설계 · 제조 기술 |
| | | 5) 협동기반 차세대 제조로봇 기술: 사용자와 같은 공간에서 협업이 가능한 초소형(가반하중 1kg 미만) 및 중대형(가반하중 25kg 이상) 로봇, 첨단 안전기술(PL e, Cat 4 또는 이와 동일한 수준의 안전등급 이상)이 탑재된 로봇 또는 7축 이상의 다관절 로봇을 설계 · 제조 · 제어하는 기술(2024.2.29. 개정) |
| | | 6) 용접로봇 기술: 생산과정 내 용접 공정의 자동화 및 용접 품질관리를 위한 6축 이상의 용접용 수직다관절로봇, 용접전원장치, 용접용센서 설계 · 제조 기술 |
| | 나. 안전로봇 | 1) 감시경계용 서비스로봇을 위한 주변환경 센싱 기술, 실내외 전천후 위치인식 및 주행 기술: 실내외에서 외부 환경을 인식하고 이를 바탕으로 감시 경계 업무를 수행하기 위해 외부 환경에 강인한 센서융합, 위치인식, 환경인식 및 주행기술 등 기술의 선택적 적용이 유연한 개방형 자율 아키텍쳐 기술 |
| | | 2) 내단열 기능이 구비된 험지 돌파형 소형 구조로봇 플랫폼 기술: 고온 및 화염에 강하고 협소구역 돌파가 우수한 고속주행 소형이동로봇 기술로서 장비 내외부 내화 설계 기술, 강제 내화시스템 설계 기술 및 험지 이동형 고속주행 메카니즘 설계 기술 |
| | 다. 의료 및 생활 로봇 | 1) 수술, 진단 및 재활 로봇기술: 로봇기술을 이용한 진단 보조, 시술 · 수술보조와 이에 따른 환자의 조기 치유 · 재활이 목적인 의료로봇 기술 |
| | | 2) 간병 및 케어 로봇 기술: 간호사의 단순반복 업무 지원 및 환자의 정서케어 서비스 지원이 가능한 로봇 서비스 시스템 기술 |
| | | 3) 안내, 통역, 매장서비스, 홈서비스 등의 안내로봇 기술: 공공접객 장소 내에서 다양한 멀티미디어 콘텐츠를 활용한 제품 및 서비스 등을 효과적으로 안내하고 홍보하는 로봇 기술 |

| 구 분 | 분 야 | 신성장 · 원천기술 |
|---|---|---|
| | | 4) Tele-presence 로봇 기술: 자율이동기능, 진단 · 지시용 매니퓰레이터 및 얼굴모션 동기화 등의 기술구현을 통한 원격진료 · 진료자문 및 교육 등이 가능한 Tele-presence 로봇 기술 |
| | 다. 의료 및 생활 로봇 | 5) 생활도우미 응용 서비스 기술: 가정 및 사회 환경 내에서 인간과 교감하며 정보의 취득, 일상생활 및 가사노동을 지원하는 지능형 로봇 및 서비스 기술로서 심부름, 가사작업 및 이동 보조형 로봇 기술 |
| | | 6) 유치원, 초등학교에서 교사를 보조하는 교육로봇 기술: 유치원이나 초등학교에서 교과과정에 적합한 교육 컨텐츠 및 로봇플랫폼을 활용하여 교사를 보조하여 학습하는 교육로봇 기술 |
| | | 1) 실내외 소음환경에서의 대화신호 추출 기술: 잔향과 소음이 뒤섞인 실내외 환경에서 원거리에서도 고신뢰도의 음성인식이 가능하게 하고, 음성으로부터 사람의 언어를 문자형태로 인식하고, 인식된 문자정보를 바탕으로 사람과 자연스럽게 대화하면서 다양한 태스크를 수행할 수 있는 기술 |
| | | 2) 모터, 엔코더, 드라이버 일체형의 구동 기술: 로봇용 관절구성에 필요한 모터, 엔코더, 감속기, 드라이버를 모두 하나의 몸체에 넣어서 만든 관절구동형 액츄에이터(Actuator) 기술 |
| | | 3) 웨어러블 로봇 기술: 인체에 착용하여 인체 동작의도를 인식하고 추종제어 알고리즘을 통해 착용자의 신체능력 증강 및 운동을 지원하는 착용형 로봇 기술 |
| 10. 로봇 | | 4) 직관적 교시기술: 코딩(Coding) 없이 그래픽 인터페이스를 활용하거나 직관적인 방식으로 로봇의 동작을 입력하여 임무를 수행할 수 있도록 하는 소프트웨어 기술(2024.2.29. 신설) |
| | 라. 로봇공통 | 1) 무인기 지능형 자율비행 제어 시스템 기술: 무인기가 내외부의 비행 상황을 인식하고, 스스로 조종하며 임무를 수행하기 위해 필요한 비행조종컴퓨터 개발기술과 자율비행 알고리즘(algorithm) 그리고 관련 소프트웨어 기술로, 장애물 탐지 및 지상/공중 장애물 충돌회피 기술, 고장진단 및 고장허용 제어기술, 인공지능 기반 비행체 유도제어 성능향상 기술, 무인이동체 실시간 운영체제 및 소프트웨어 아키텍쳐 설계기술, 고신뢰성과 비행안전성 보장 경량 비행조종컴퓨터 기술을 포함하는 기술 |
| | | 2) 지능형 임무수행 기술: 무인기의 자율적인 비행과 임무수행 데이터 획득분석을 위한 기술로서 3차원 디지털 맵 생성 및 위치인식 기술, GPS 및 Non-GPS 기반의 항법기술, 무인기 교통관제 및 경로최적화 기술, 무인기 활용서비스용 데이터 처리 및 가공 기술을 포함하는 기술 |
| | | 3) 무인기 탑재 첨단센서 기술: 무인기의 운항 지원과 활용 목적에 따른 임무 달성 지원을 위해 첨단 센서 및 장비를 적용하는 기술로, GPS, INS(Inertial Navigation System) 등의 항법센서기술, 소형 경량레이더 기술, 충돌회피용 소형 LIDAR(Light detection and ranging) 센서 기술, 멀티스펙트럼(multi- spectrum) 카메라 기술, 360°카메라 및 송수신 기술, Non-GNSS (Global Navigation Satellite System) 융합센서기술을 포함하는 기술 |

| 구 분 | 분 야 | 신성장 · 원천기술 |
|---|---|---|
| 10. 로봇 | 라. 로봇공통 | 4) 무인기 전기구동 핵심부품 기술: 전기동력을 기반으로 무인기의 조종, 이착륙, 추진 등을 담당하는 핵심부품을 개발하기 위한 기술로서, 소형무인기용 고효율 전기모터 기술, 무인기용 저온용 배터리 및 전원관리시스템기술, 고효율 전기모터용 인버터(inverter) 기술을 포함하는 기술 |
| | | 5) 무인기 데이터링크 핵심기술: 무인기와 지상국 · 조종기간, 무인기와 타 무인이동체 간에 감시 및 추적, 정보 전달 등의 데이터 송수신을 지속적으로 유지하기 위한 기반 기술로 소형 · 경량 탑재통신장비, 정밀 추적 안테나, 무인기간 네트워크 보안을 포함하는 기술 |
| | | 6) 무인기 지상통제 핵심기술: 무인기를 지상에서 원격으로 조종하고 상황을 모니터링하기 위한 조종기, 지상국, 텔레메트리(telemetry) 장비와 관련 운영 소프트웨어 프로그램 기술로 소형무인기 조종기 개발기술, 무인기 조종훈련을 위한 시뮬레이터(simulator)기술, 실시간 무인기 상황 및 임무현황 분석기술을 포함하는 기술 |
| | | 7) 물류 배송용 드론 제조기술: 일정 중량(10kg) 이상 물품의 비가시권 비행을 100% 신뢰성을 확보하여 안전하게 운송 가능한 드론 제조 기술 및 기능개선에 필요한 소재(열전도율 5kcal/m · h 대비 10% 이상 개선) · 부품(세계 최고 CPU 속도대비 약 66% 이상 처리성능 개선) · 장비(다지점 배달용 물품 적재함, 물품배송 드론용 도킹스테이션 등의 경량화)의 설계 · 제조 기술 |
| 11. 항공 · 우주 | 가. 무인 이동체 | 8) 드론용 하이브리드 추진 시스템 기술: 전기배터리 무인기의 체공시간(120분 이상) 및 탑재량(12kg 이상) 증대를 위해 엔진 동력을 이용하여 전기모터를 동작시키는 하이브리드 추진시스템 기술 및 이와 관련한 소재 · 부품 및 장비의 설계 · 제조 기술 |
| | 나. 우주 | 1) 위성본체 부분품 개발기술: 위성본체 개발을 목적으로 하는 전력시스템, 자세제어용 센서 및 시스템, 위성탑재 컴퓨터시스템, 위성교신을 위한 송수신시스템, 위성 구조체 시스템(태양전지 포함), 추진시스템(추력기, 추진제 저장탱크, 밸브 및 제어기 등), 열제어시스템 등에 대한 기술 |
| | | 2) 위성 탑재체(정찰, 통신, 지구 탐사, 기상예보 따위와 같은 임무를 수행하기 위해 탑재되는 위성체의 구성 부분을 말한다) 부분품 개발기술: 인공위성 탑재를 목적으로 하는 광학 탑재체, 영상레이더 탑재체, 통신 · 방송 탑재체, 우주과학 탑재체, 항법 탑재체 시스템 및 위성용 영상자료처리장치, 주파수 변조기 및 안테나 등에 대한 기술 |
| | | 3) 우주발사체 부분품 개발기술: 우주발사체 개발을 목적으로 하는 액체엔진(핵심부품), 대형 구조물[추진제 탱크, 동체, 연결부, 페어링(fairing: 노출부의 보호 및 공기 저항력 감소를 위한 유선형 덮개를 말한다), 탑재부, 분리기구 등], 관성항법유도시스템, 자세제어시스템, 전력시스템, 원격측정 · 추적시스템, 비행종단시스템 등에 대한 기술 |

| 구 분 | 분 야 | 신성장 · 원천기술 |
|---|---|---|
| 11. 항공 · 우주 | 나. 우주 | 4) 위성통신 송수신 안테나 개발 기술: 통신목적 인공위성과의 안정적인 데이터 송신 및 수신을 위해 안테나가 탑재된 대상(항공기 등)이 고속으로 이동하면서 자이로센서(Gyro sensor) · GPS 정보 등을 이용하여 인공위성을 추적(Tracking)하거나, 안테나가 지향하는 인공위성이 지구의 자전 보다 빠른 속도로 이동함에 따라(중 · 저궤도 위성) 인공위성 궤도 데이터 · GPS 정보 등을 이용하여 인공위성을 추적(Tracking)하는 기능을 가진 위성통신 안테나를 제작하는 기술 |
| 12. 첨단소재 · 부품 · 장비 | 가. 첨단소재 | 1) 고기능성 알루미늄 도금강판 제조 기술: 550℃에서 200시간 유지 가능한 내열성과 SST 2400(KSD9502)시간 보증 가능한 내식성이 우수한 고성능 알루미늄 도금강판 개발을 위한 조성개발, 고온성형성 향상 기술, 특수 용접기술 등의 제조기술 |
| | | 2) 고순도 산화알루미늄 제조기술: 순도 99.9% 이상의 산화알루미늄 분말 제조를 위한 합성, 가공, 고순도화, 고밀도화 등의 제조기술 |
| | | 3) 거리감지센서용 압전결정소자 및 초음파 트랜스듀서 기술: 거리감지센서 등에 사용되는 압전결정소자 및 초음파 트랜스듀서 설계 · 제조기술 |
| | | 4) 고기능성 인조흑연 제조기술: 인조흑연 제조용 피치 및 코크스 제조 기술, 전극봉 · 등방블록 · 흑연분말 성형 및 2,800℃ 이상의 열처리를 통한 흑연화 기술 |
| | | 5) 고효율 · 고용량 이차전지 음극재 제조 기술: 나노 실리콘 결정크기(5nm 이하) 제어 및 카본코팅을 통해 부피팽창 문제 해결과 고효율(88% 이상), 고용량(1800mAh/g 이상) 음극재를 구현하는 소재 기술(2024.2.29. 신설) |
| | | 6) 전극용 탄소나노튜브 제조 및 이를 활용한 도전재 제조 공정 기술: 비철계 촉매를 사용하여 전도성이 우수한 전극용 탄소나노튜브(CNT, Carbon Nanotube)를 제조하는 기술 및 CNT를 활용하여 열화 현상을 줄이고 용량 및 수명을 개선한 도전재를 제조하는 공정 기술(2024.2.29. 신설) |
| | | 7) 고순도 리튬화합물 제조 기술: 리튬 광석 또는 염호 등 천연리튬 자원으로부터 고순도 99.5% 리튬화합물(Li2CO3, LiOH 등)을 제조하기 위한 선광 · 제련 공정 기술(2024.2.29. 신설) |
| | | 8) 니켈광 대상 니켈 회수공정 기술: 니켈광(라테라이트 등)으로부터 니켈을 회수하기 위한 선광 · 제련(고압산침출, 질산침출 등) · 추출 · 정제 기술(2024.2.29. 신설) |
| | | 9) 희토류 원료 제조공정 기술: 희토류 원광으로부터 순도 95% 이상 희토류 원료를 제조하는 기술 또는 순환자원(폐영구자석, 폐형광체, 폐촉매 등)으로부터 희토류 금속을 회수하는 회수율 85% 이상의 공정 기술(2024.2.29. 신설) |
| | 나. 첨단부품 | 1) 고정밀 롤러베어링 및 볼베어링 설계 · 제조 기술: 구름베어링의 일종으로 내외륜 사이에 다수의 볼 또는 롤러를 삽입하여 마찰을 감소시켜 고속운전을 돕거나 큰 하중에 견딜 수 있는 정밀도 P5급 이상의 기계부품 설계 · 제조 기술 |

| 구 분 | 분 야 | 신성장 · 원천기술 |
|---|---|---|
| 12. 첨단 소재 · 부품 · 장비 | 나. 첨단부품 | 2) 고압 컨트롤 밸브 설계 · 제조 기술: 유압펌프에서 발생한 330 Bar 이상 고압의 유체에너지를 작업자의 작업의도에 따라 각 유압 액추에이터, 선회 및 주행의 유압모터 등에 공급하며, B5 10,000시간 이상의 높은 내구 신뢰성을 가지는 메인 컨트롤 벨브 부품 설계 · 제조 기술 |
| | | 3) 고정밀 볼스크류 설계 · 제조기술: 회전운동을 직선운동으로 변환하는 정밀도 C3급 이상, 축방향 공차 5μm 이내의 동력전달부품 설계 · 제조 기술 |
| | | 4) 능동마그네틱 베어링 설계 · 제조기술: 자력을 이용하여 회전축을 지지하고, 윤활제가 필요 없이 극저온(-250℃ 내외) 또는 고온(300℃ 이상), 진공에서 축의 회전 궤적을 능동적으로 제어할 수 있는 부품 설계 · 제조 기술 |
| | | 5) 고성능 터보식 펌프 설계 · 제조기술: 임펠러 및 블레이드가 회전함으로써 기계의 운동에너지를 유체 · 기체의 압력에너지로 전환하여 2,500L/s 이상의 배기속도 및 $1.3\times10^{-9}$ mbar 이상의 최고 진공도를 만드는 터보식 펌프의 설계 · 제조기술 |
| | | 6) 특수 렌즈 소재 · 부품 · 장비 제조기술: 고배율[굴절률(nd) 2.0 이상], 야간 투시[원적외선(파장 8~12㎛) 투과율 50% 이상], 자외선투과[자외광(193nm) 투과율 80% 이상] 등 특수용도로 사용되는 카메라 구성에 필요한 특수 광학소재의 소재 · 부품 · 장비 제조기술 |
| | | 7) 고기능 적층세라믹콘덴서(MLCC: Multi Layer Ceramic Capacitor) 소재 · 부품 제조기술: 고용량, 고신뢰성을 갖춘 적층세라믹컨덴서의 소재 · 부품 제조기술 소재 · 부품 · 장비 제조기술 |
| | | 8) 선박용 모터(Motor) 설계 · 제조기술: 각종 펌프(Pump), 압축기, 엔진(Engine) 시동장치, 크레인(Crane), 팬(Pan) 등 일반선박용 모터의 소재 · 부품 및 액화천연가스(LNG, Liquefied Natural Gas) 추진선박, 가스(Gas) 운반선, 유조선, 화학물 취급선 등 특수선박용 방폭형 모터와 전기 추진선박, 수소 연료전지 선박 등 전기추진용 모터의 핵심 소재 · 부품을 설계 · 제작 · 시험 · 평가하는 기술 |
| | 다. 첨단 장비 | 1) 첨단 머시닝센터 설계 · 제조기술: 자동공구교환장치(Automatic Tool Changer)를 장착하여, 밀링, 드릴링, 보링가공 등 여러 공정의 작업을 수행할 수 있는 가공정밀도 5μm 이내, 동시 제어 5축 이상, 최대 스핀들 속도 12,000rpm 이상의 절삭가공장비 및 부품의 설계 · 제조 기술[가공 회전수, 축 이동, 진동 오차 제어 등 머시닝센터의 고정밀 작업을 제어하는 CNC(Computerized Numerical Controller) 모듈 관련 기술 포함] |
| | | 2) 열간 등방압 정수압 프레스 설계 · 제조 기술: 기체 또는 액체를 압력매체로 활용하여 1,500℃이상에서 작동하면서 1분당 최고 50℃의 속도로 냉각이 가능하고, 금속 소재를 모든 방향에서 100MPa 이상의 정수압 또는 등방압 조건으로 가압하는 직경 1,000mm 이상의 프레스 장비 설계 · 제조 기술 |
| | | 3) 연삭가공기 설계 · 제조 기술: 사파이어, 다이아몬드 등 고정도의 광물입자를 결합제로 고정시킨 숫돌을 이용하여 평면 · 원통 등 단순한 형태가 아닌 복잡한 형태의 가공공정을 수행하는 장비 설계 · 제조 기술 |

| 구 분 | 분 야 | 신성장 · 원천기술 |
|---|---|---|
| 12. 첨단 소재 · 부품 · 장비 | 다. 첨단 장비 | 4) 첨단 터닝센터 설계 · 제조기술: 원통형 부품의 가공을 위해 소재를 회전시키면서 절삭 공구가 상대 이동하는 가공정밀도 5μm 이내, 최대 스핀들 속도 3,000rpm 이상의 절삭가공장비 설계 · 제조 기술(ISO 7등급 이하의 기어 제조를 위한 고속 스카이빙 가공장비 관련 기술 포함) |
| | | 5) 첨단 회전 성형기 설계 · 제조 기술: 다축 정밀 동시제어시스템을 갖추고, 회전하는 주축과 롤러, 맨드릴을 이용하여 최대 성형롤 하중 60kN 이상, 최대 성형품 직경 500mm 이상, 성형 정밀도 ±0.5mm를 충족하는 성형 장비 설계 · 제조기술 |
| | | 6) 첨단 밸런싱머신 설계 · 제조기술: 회전기계의 핵심부품인 회전부의 불균일한 질량분포를 측정한 후, 베어링으로 전달되는 힘이나 진동을 국제규격(ISO 21940-21) 규정 이내가 되도록 불균일 질량을 교정하는 장비 설계 · 제조 기술 |
| | | 7) 첨단 레이저 가공장비 설계 · 제조기술: 절단, 천공, 용접, 정밀가공 등을 위해 고출력 레이저 가공헤드로 공작물을 용융 · 증발시켜서 분리하는 5축 이상의 레이저 가공장비를 설계 · 제조하는 기술 |
| | | 8) 방전가공기 장비 · 부품의 설계 · 제조기술: 공작물과 전극 사이에 불꽃 방전을 일으켜 티타늄, 초경합금 등 난삭재의 마이크로급 초정밀 가공을 수행하는 방전가공 장비 및 핵심요소부품의 설계 · 제조기술 |
| 13. 탄소중립 | 가. 탄소포집 · 활용 · 저장 (CCUS : Carbon Capture, Utilization and Storage) | 1) 연소 후 이산화탄소 포집 기술: 화력발전소, 철강, 화학공정, 시멘트공정 및 선박 등에서 화석연료 연소 후 발생되는 배기가스 중 이산화탄소를 효과적으로 분리하기 위한 흡수제, 흡착제, 분리막 등 분리소재를 제조하는 기술과 이를 이용한 이산화탄소 포집공정기술 |
| | | 2) 연소 전 이산화탄소 포집기술: 석탄가스화 후 생성된 이산화탄소와 수소 중 이산화탄소를 분리하기 위한 흡수제, 흡착제, 분리막 등 분리소재를 제조하는 기술과 이를 이용한 이산화탄소 포집공정기술 |
| | | 3) 순산소 연소기술 및 저가 산소 대량 제조기술: 기존 대량산소 제조기술인 심냉법을 대체하기 위한 이온전도성분리막(ITM, Ion Transfer Membrane), 세라믹-메탈 복합분리막(Ceramic-metal composite membrane), 흡착제 및 CLC(Chemical Looping Cycle) 등과 같이 산소를 저가로 대량생산 할 수 있는 기술과 이를 이용한 미분탄 등 화석연료의 순산소연소 공정기술 |
| | | 4) 이산화탄소 지중 저장소 탐사기술 : 이산화탄소 포집 후 지하공간에 저장하기 위해 다양한 탐사 기술을 이용하여 지하 저장소를 파악하는 기술 |
| | | 5) 이산화탄소 수송 · 저장 기술: 대량발생원에서 포집된 이산화탄소를 이송하기 위한 압축 · 액화 수송기술, 수송된 이산화탄소를 지하심부에 안정적으로 저장하기 위한 시추 및 주입기술, 주입된 이산화탄소의 거동을 관측하고 예측하는 기술, 이산화탄소의 누출시 지하 및 지표 생태계에 미치는 영향을 평가하고 모니터링함으로써 장기적 안정성을 제고하는 환경 영향평가 및 사후관리 기술 |
| | | 6) 산업 부생가스(CO, CH4) 전환기술: 제철소, 석유화학공단, 유기성 폐기물 등에서 발생하는 부생가스(CO, CH4)를 화학 · 생물 전환기술을 통해 화학원료 또는 수송연료 등을 생산하는 기술 |

| 구 분 | 분 야 | 신성장 · 원천기술 |
|---|---|---|
| 13. 탄소중립 | | 7) 이산화탄소 활용 기술: 이산화탄소를 광물화, 화학적 · 생물학적 변환을 통해 연료 · 화학물 · 건축소재 등을 재생산하는 기술 |
| | 나. 수소 | 1), 3), 7), 8) 삭 제(2023.6.7.) |
| | | 2) 부생수소 생산기술: 철강제조공정, 석유화학공정, 가성소다 생산 공정 등에서 발생하는 부생가스를 분리 정제하여 수소를 생산하는 기술 |
| | | 4) 액화수소 제조를 위한 수소액화플랜트 핵심부품 설계 및 제조기술: 액화수소 제조를 위한 수소액화플랜트의 LNG냉열 이용 예냉사이클 설계기술, 수소액화공정에 필요한 부품(압축기 · 팽창기 등) 설계 및 제작기술 |
| | | 5), 6) 삭 제(2024.2.29.) |
| | | 9) 액화수소 운반선의 액화수소 저장 · 적하역 및 증발가스 처리기술: 액화수소 운반선 내에 액화수소를 저장 · 적하역하기 위한 극저온 화물창 설계 · 제조 기술, 카고핸들링 기술 및 증발가스 처리를 위한 장치 제조 기술 |
| | | 10) 암모니아 발전 기술: 암모니아 연료를 단독으로 사용하거나 석탄 또는 천연가스와 혼합하여 전력을 생산하는 기술로 연료전지, 가스터빈, 미분탄 보일러 및 유동층 보일러에 적용 가능한 발전 시스템을 설계 · 제작하는 기술(2024.2.29. 신설) |
| | | 11) 산업용 수소 보일러 및 연소기 설계 · 제작 기술: 수소 연료를 연소(혼소 · 전소)하여 발생하는 열에너지를 직접 사용하거나 증기 · 온수를 생산하는 산업용 수소 보일러 및 이를 구성하는 수소 연소기 부품을 설계 · 제작 · 운용하는 기술(2024.2.29. 신설) |
| | | 12) 선박용 암모니아 연료기반 수소생산 시스템 및 연료전지 적용 기술: 온실가스를 배출하는 기존 선박의 추진시스템을 대체하기 위해 암모니아를 분해하여 수소를 생산하는 시스템 및 이를 활용한 연료전지 적용 기술(2025.2.28. 신설) |
| | | 13) 수소 가스터빈(혼소 · 전소) 복합발전용 암모니아 분해 기반 청정수소 생산기술: 수소 가스터빈 복합발전에 필요한 수소를 공급하기 위해 특화된 암모니아 분해 기반 청정수소 생산 · 공급 기술(2025.2.28. 신설) |
| | 다. 신재생에너지 | 1) 고체산화물 연료전지 지지형셀 · 스택 · 시스템 설계 및 제조 기술: 고체산화물 연료전지(SOFC, Solid Oxide Fuel Cell)에서 중저온(650℃ 이하)에서 작동이 가능하고 출력효율이 높은 금속 · 연료극 지지형셀, 셀 · 분리판 등이 결합되어 전기와 열을 생산하는 스택, 스택을 결합하여 대량으로 발전이 가능한 시스템(발전효율 50% 이상인 4kW급 이상)을 제조하는 기술 |
| | | 2) 삭 제(2023.6.7.) |
| | | 3) 고체산화물 연료전지(SOFC, Solid Oxide Fuel Cell) 소재 기술: 650℃이하에서 작동하는 연료전지로 다양한 연료[수소, 액화석유가스(LPG), 액화천연가스(LNG) 등]의 사용이 가능하고 전도 세라믹(Conducting Ceramic)을 이용하며 복합발전시스템이 가능한 전력변환장치로서 발전용 연료전지로 사용하는 소재 개발 · 제조기술 |

| 구 분 | 분 야 | 신성장 · 원천기술 |
|---|---|---|
| 13. 탄소중립 | 다. 신재생 에너지 | 4) 페로브스카이트(Perovskite), 페로브스카이트 · 결정질 실리콘 등 탠덤 태양전지 핵심소재 제조 및 대면적화 기술: 고효율성 및 고내구성을 가진 대면적 웨이퍼, 광활성층, 전자 · 정공수송층, 투명전극, 금속전극, 금속리본, 봉지, 경량 전후면 외장 재료 등의 핵심소재 제조기술, 대면적 · 고효율 셀 및 고출력 모듈화 기술(대면적 제조장비, 연속 공정기술 포함) |
| | | 5) 풍력에너지 생산 기술로서 회전동력을 증속시켜 발전기에 전달하는 부품 설계 및 제조기술: 블레이드(blade)로부터 전달되는 회전력을 전달받아 증속하여 발전기에 전달하는 장치를 구성하는 유성기어(planet carrier) · 축(shaft) · 베어링(bearing) · 이음쇠(coupling) · 브레이크(brake) 및 제어기(controller)의 설계 및 제조 기술 |
| | | 6) 풍력에너지 생산 기술로서 발전기(Generator) 및 변환기(Inverter) 제조기술: 동력 구동장치 증속기로부터 동력을 전달받아 회전자(rotor)와 고정자(stator)를 통해 전기를 발생시키는 발전기(generator)와 정속운전 유도발전기용 변환기, 가변속 운전 이중여자 유도발전기용 변환기 및 가변속 운전 동기발전기용 변환기의 설계 및 제조 기술 |
| | | 7) 풍력발전 블레이드 기술: 8MW급 이상의 풍력발전 블레이드(Blade) 설계 및 제조 기술 |
| | | 8) 지열 에너지 회수 및 저장 기술: 지열에너지 이용 효율 및 경제성을 향상시키는 그라우팅(grouting) 재료 제작 기술 · 보어홀(borehole) 전열저항 저감기술 · 저비용 시추기술 및 지중 축열 기술 |
| | | 9) 지열발전기술: 지하 2km 이상 깊이의 심부 지열자원을 개발하여 전기를 생산하기 위한 일련의 기술로서 지열자원탐사기술, 심부시추 기술, 심부시추공 조사기술, 인공 지열저류층 생성기술(enhanced geothermal system), 지열수 순환시스템 구축기술과 지열유체를 이용하여 전기를 생산하고 열에너지를 활용하는 기술 |
| | | 10) 바이오매스 유래 에너지 생산기술: 자연에 존재하는 다양한 자원을 이용하여 직접 또는 전환공정을 통해 연료로 사용할 수 있는 고형연료, 알코올, 메탄, 디젤, 수소, 항공유 등을 생산하는 기술(2024.2.29. 개정) |
| | | 11) 폐기물 액화 · 가스화 기술: 재생폐기물로부터 연료유 또는 가스를 생산하기 위한 열분해 · 가스화 기술 |
| | | 12) 미활용 폐열 회수 · 활용을 통한 발전 기술: 산업현장에서 사용되지 않고 버려지는 중저온(900℃ 이하) 미활용 폐열을 초임계 이산화탄소 · 유기냉매 · 열전소자 등을 통해 회수한 후 친환경 전기에너지 생산에 활용하는 발전설비 및 시스템 개발 기술 |
| | | 13) 해상풍력 발전단지 내 · 외부 전력망에 사용되는 해저케이블 시스템 기술: 대용량 전력 전송을 위한 고밀도 · 장조장 특성을 갖는 해저케이블(HVAC 345kV 이상 또는 HVDC 500kV 이상)과 이를 변전소 등에 연결하는 내부전력망용 해저케이블(semi-wet 방식, 66kV 이상) 설계 · 제조 기술 |

| 구 분 | 분 야 | 신성장 · 원천기술 |
|---|---|---|
| 13. 탄소중립 | 다. 신재생 에너지 | 14) 고효율 n형 대면적 태양전지와 이를 집적한 모듈화 기술: 효율 24% 이상의 n형 대면적(M10 이상) 결정질 실리콘 태양전지 공정기술 및 고출력(출력밀도 210W/m2이상) 모듈화 집적기술(고효율 셀 기술, 고집적 모듈 기술) |
| | 라. 산업공정 | 1) 삭 제(2024.2.29.) |
| | | 2) 함수소가스 활용 고로취입기술 : 제철소 발생 함수소가스 또는 수소가스를 고로 공정의 연료로 활용하여 철강을 제조하는 기술 |
| | | 3) 복합취련전로 활용 스크랩 다량 사용기술 : 전로 공정에서 스크랩의 사용량을 높이기 위한 상저취전로 및 노내 2차 연소기술(복합취련전로 기술)을 활용하는 기술 |
| | | 4) 이산화탄소 반응경화 시멘트 생산기술 : 시멘트의 주원료인 석회석을 탄산칼슘(CaCO3)이 없는 물질(Rankinite, Wollastonite 등)로 대체하는 공정기술과 이산화탄소에 경화되는 시멘트를 생산하는 기술 |
| | | 5) 산화칼슘 함유 비탄산염 산업부산물의 시멘트 원료화 기술 : 시멘트 산업에서 클링커 원료인 석회석을 산화칼슘(CaO)를 함유한 비탄산염 산업부산물로 대체하는 공정기술로 비탄산염 원료 전처리 기술, 공정운전 최적화 기술 |
| | | 6) 이산화탄소 저감 시멘트 생산을 위한 연 · 원료 대체기술 : 시멘트 제조공정 중 석회석 등 탄산염광물을 비탄산염 원료로 대체하는 소재 · 공정기술과 수소, 바이오매스, LNG 등 친환경 열원 및 가연성 순환자원연료를 이용하여 이산화탄소(CO2) 발생을 저감하는 소성 기술 |
| | | 7) 시멘트 소성공정 유연탄 대체 기술 : 시멘트 소성공정의 열원인 유연탄을 대체하기 위한 대체연료(가연성 폐기물, 바이오매스) 전처리 및 연료 제조기술, 고효율 연소기술 및 연소 후 후처리 기술 |
| | | 8) 석유계 플라스틱 대체 바이오 케미칼 원료 생산기술 : 바이오 매스를 처리하여 활용 가능한 당, 지질, 글리세롤 등을 바이오 플라스틱의 원료인 케미칼 원료로 전환시키는 화학적, 생물학적 기술 |
| | | 9) 전기가열 나프타 분해기술 : 전기저항/유도 가열 방식을 활용한 나프타 분해공정을 통해 에틸렌 · 프로필렌 등 석유화학 기초원료를 제조하는 기술 |
| | | 10) 반도체 · 디스플레이 식각 · 증착공정의 대체소재 제조 및 적용기술 : 반도체 · 디스플레이 제조공정에서 사용하는 식각 및 증착용 온실가스를 GWP (Global Warming Potential)가 낮은 가스로 대체하기 위한 소재를 제조하는 기술 및 이를 적용하기 위한 설비 및 부품개발, 공정설계 및 평가기술 |
| | | 11) 반도체 및 디스플레이 제조공정에서 배출되는 불소화합물 및 아산화질소 배출 저감기술 : 반도체 · 디스플레이 제조공정에서 배출되는 불소화합물 및 아산화질소 가스를 LNG, 전기 에너지 등을 활용하여 고온에서 분해하는 방법의 배출저감기술 |
| | | 12) 해상(FSRU) 및 육상 LNG터미널에서의 LNG 냉열발전 결합형 재기화 기술: LNG 냉열의 회수 공정을 이용하여 재기화 송출 용량이 750 MMSCFD (Million Metric Standard Cubic Feet per Day) 이상이고, 소요전력 20퍼센트 이상 절감 및 온실가스 20퍼센트 이상 감소 가능한 냉열 발전이 결합된 재기화 시스템의 공정 설계 및 설비 제작 기술 |

| 구 분 | 분 야 | 신성장 · 원천기술 |
|---|---|---|
| 13. 탄소중립 | 라. 산업공정 | 13) 철강 가열공정 탄소연료 대체기술: 단조, 압연 공정에 사용되는 화석연료를 저탄소 연료(수소, 암모니아)로 전환하는 기술 및 발생된 이산화탄소는 재순환시켜 에너지 효율을 향상시키는 기술 |
| | | 14) 전기로 저탄소원료(직접환원철 · 수소환원철) 활용기술: 전기로 용해공정에서 저탄소 원료인 직접환원철 또는 수소환원철로 철강을 제조하는 기술 (2024.2.29. 신설) |
| | 마. 에너지 효율 · 수송 | 1) 지능형 전력계통(Smart Grid) 설계 및 제조기술: 전력 기술과 정보 · 통신 기술의 융합을 통해 전력 공급자와 소비자가 양방향으로 실시간 정보를 교환함으로써 고신뢰도 유지 및 에너지 효율 최적화를 달성하기 위한 차세대 전력시스템 설계 및 제조기술 |
| | | 2) 지능형 배전계통 고도화 및 운용기술: 지능형 배전계통에 필요한 고신뢰성 · 고품질의 전력공급 및 지능형 배전계통을 보호 · 제어하기 위한 기술로서 보호 및 제어용 지능형전력장치(IED, Intelligent Electric Device) 기술, IED가 탑재된 배전용 개폐기 및 차단기 제조 기술, 지능형 배전계통 데이터베이스(database) 통합 관리 기술, 지능형 배전계통의 자산관리 및 운용 기술, 지능형 직류배전 공급용 기기 제조 기술, 지능형 분산전원 연계기기 제조 기술, 지능형 배전계통 전력품질 보상기기 및 지능형 배전망 운용 기술 |
| | | 3) 지능형 건축물 에너지 통합 관리시스템 기술: 개별 또는 복수의 건축물을 대상으로 해당 건축물에서 소비하는 에너지를 원격 및 통합적으로 계측 · 평가 및 관리하는 관리 시스템 설계 · 구축 기술 |
| | | 4) 지능형 검침인프라(AMI, Advanced Metering Infrastructure) 설계 · 제조기술: 양방향 통신 기반의 전자식 계량기를 활용하여 전기사용정보 등을 수집 후 통합관리하는 인프라로서 실시간으로 전력가격 및 사용정보를 소비자에게 전달하여 수요반응 등을 가능케 하고, 공급자에게는 더욱 정확한 수요예측 및 부하관리 등이 가능하게 하는 기술 |
| | | 5) 데이터센터 냉방 · 공조 및 에너지 효율화 기술 : 냉방 · 공조 시스템 및 IT 기반시설 장치를 제어하여 전체 데이터센터의 에너지 효율을 최적화하는 데이터센터 인프라 관리 기술 |
| | | 6) 극저온 액체 저장 및 이송용 펌프 설계 · 제조기술: 액화천연가스(LNG), 액화수소가스(LH2) 등 극저온 액체를 누수 없이 저장 및 이송하기 위해 사용하는 극저온용 펌프로 극저온용 밀봉 소재와 베어링(Bearing), 터미널 헤더(Terminal Heather) 등의 부품을 설계 · 제조 · 시험 · 평가 기술 |
| | | 7) 히트펌프 적용 온도 범위 확대 및 효율 향상 기술 : 친환경 냉매 개발, 열교환기 성능 향상과 사용 열원 확대를 통해 고온 · 저온의 열에너지 공급이 가능한 히트펌프 시스템 기술 |
| | | 8) 선박용 디젤엔진 제조 기술: 해상 운송의 추진, 발전용으로 사용하고, 이중연료[액화천연가스(LNG), 액화석유가스(LPG) 등의 가스연료 포함] 사용이 가능한 디젤엔진을 제조하는 기술로, 크랭크 샤프트(Crankshaft), 피스톤(Piston), 피스톤링(Piston Ring), 실린더헤드(Cylinder Head) 등 엔진의 핵심 소재 · 부품을 설계 · 제작 · 시험 · 평가하는 기술 |

| 구 분 | 분 야 | 신성장 · 원천기술 |
|---|---|---|
| 13. 탄소중립 | 마. 에너지 효율 · 수송 | 9) 친환경 굴착기 설계 · 제조기술 : 순수 전기(모터), 하이브리드(모터와 엔진), 바이오연료(엔진)로 구동할 수 있는 굴착기 생산 기술 |
| | | 10) 암모니아 추진선박의 연료공급 및 후처리 기술 : 암모니아를 연료로 추진하는 선박에 적용되는 암모니아 연료 공급 시스템 및 연소 후 배기가스 후처리 시스템 기술 |
| | | 11) 극저온 액체 저장 및 이송용 극저온 냉동기술: 극저온 액체 저장 및 이송용 극저온 냉동기술: 액화질소(끓는 점 -196℃), 액화수소(끓는 점 -253℃) 등 -196℃ 이하의 극저온 액체를 자체 증발로 인한 손실 없이 저장 및 이송하기 위해 사용하는 극저온 냉동 기술 |
| | | 12) 연료전지, 배터리 및 축발전기 모터를 적용한 선박 발전시스템: 연료전지, 배터리 및 축발전기 모터 하이브리드 전력시스템을 선박의 발전원으로 활용하는 기술(2024.2.29. 개정) |
| | | 13) 고효율 산업용 전동기 설계 · 제조 기술: IEC 60034-30-1규격의 IE4급 이상의 고효율 산업용 전동기 설계 · 제조 기술 |
| | | 14) 그린수소 생산 해양 플랫폼 설계기술: 해양풍력 발전단지와 연계하여 수소를 생산 · 저장 · 이송할 수 있는 부유식 플랫폼 설계 기술 (2025.2.28. 신설) |
| 14. 방위산업 | 가. 방산장비 | 1) 추진체계 기술: 유무인 항공기, 기동장비, 유도무기, 함정 등에 장착하는 터보제트엔진, 터보샤프트엔진, 터보프롭엔진, 터보팬엔진, 왕복엔진의 완제엔진, 부체계(엔진제어, 연료, 윤활, 기어박스 등), 구성품(팬, 압축기, 연소기, 터빈, 배기노즐 등), 소재(내열 · 경량합금, 복합재, 고온코팅 등) 등을 설계 · 제작 · 조립 · 인증 · 시험평가하는 기술 |
| | | 2) 군사위성체계 기술: 군사용 위성체계 중 감시정찰 및 통신위성의 위성체계(전력체계, 자세제어체계, 위성탑재컴퓨터, 송수신체계, 구조체 등), 구성품(위성통신송수신 안테나, 광학장비, 영상레이더, 항법체계 등), 관련 소재, 지상장비, 발사체(고체연료) 등을 설계 · 제작 · 조립 · 인증 · 시험평가하는 기술 |
| | 나. 전투지원 | 1) 유무인복합체계 기술: 유무인복합체계에 필요한 환경인식기술, 위치추정기술, 자율임무 수행기술, 유무인협업기술, 무선통신기술, 네트워크 보안기술, 의사결정지원기술, 원격통제기술 등을 활용하여 유무인복합체계를 설계 · 제작 · 조립하는 기술 |

비고 : 위 표에서 소재 · 부품 · 장비는「소재 · 부품 · 장비산업 경쟁력 강화 및 공급망 안정화를 위한 특별조치법 시행령」 제2조 제1호 또는 제2호에 해당하는 소재 · 부품 · 장비를 말한다. (2025.2.28. 신설)

[별표 7의 2] (2025.2.28. 개정)

**국가전략기술의 범위(제9조 제6항 관련)**

| 분 야 | 국가전략기술 |
|---|---|
| 1. 반도체 | 가. 첨단 메모리 반도체 설계 · 제조 기술: 15nm이하급 D램 및 170단 이상 낸드플래시메모리 설계 · 제조 기술 |
| | 나. 차세대 메모리반도체(STT-MRAM, PRAM, ReRAM, PIM, HBM, LLC, CXL, SOM) 설계 · 제조기술: 기존 메모리반도체인 D램(DRAM)과 낸드 플래시메모리(Nand Flash Memory)의 장점을 조합한 STT-MRAM(Spin Transfer Torque-Magnetic Random Access Memory), PRAM (Phase-change Random Access Memory), ReRAM(Resistive Random Access Memory), 초거대 AI 응용을 위해 CPU와 메모리 간의 병목현상 해결을 목적으로 메모리반도체에 전용 AI 프로세서를 추가한 메모리시스템인 PIM(Processing In Memory), HBM(High Bandwidth Memory), LLC(Last Level Cache), CXL(Compute eXpress Link), SOM(Selector Only Memory) 등 차세대 메모리반도체 설계 · 제조기술 (2024.2.29. 개정) |
| | 다. 고속 컴퓨팅을 위한 SoC 설계 및 제조(7nm이하) 기술: 인간형 인식, 판단, 논리를 수행할 수 있는 뉴럴넷(Neural Network)을 구현하는 초고속, 저전력 슈퍼프로세서 기술로서 지능형 자율주행 이동체(드론 등), 지능형 로봇, 게임로봇, 고속 정보 저장 · 처리 및 통신기기, AP (Application Processor), 위성체 및 군사용 무기 체계, 보안카메라, DVR(Digital Video Recoder) 등의 화상처리용 지능형 보안시스템, 복합 교통관제 시스템 등의 제작을 위해 매니코어(Many Core)를 단일 반도체에 통합한 SoC(System on Chip) 설계 및 제조(7nm 이하) 기술 |
| | 라. 차세대 디지털기기 SoC 설계 · 제조기술: IoT, 착용형 스마트 단말기기, 가전, 의료기기 및 핸드폰 등 차세대 디지털 기기 SoC의 주파수 조정 기능 반도체(RF switch 등 RF반도체), 디지털 · 아날로그 신호의 데이터 변환 반도체(인버터/컨버터, Mixed signal 반도체 등), UWB(Ultra-wideband), 메모리반도체와의 원칩화를 통한 컨트롤 IC(eNVM) 및 IoT 지능형 서비스를 적용하기 위한 지능정보 및 데이터의 처리가 가능한 IoT · 웨어러블 SoC(System on Chip)의 설계 · 제조 기술 (2025.2.28. 개정) |
| | 마. 고성능 마이크로 센서의 설계 · 제조 · 패키징 기술: 물리적 · 화학적인 아날로그(analogue) 정보를 얻는 감지부와 논리 · 판단 · 통신기능을 갖춘 지능화된 신호처리 집적회로가 결합된 소자로서 나노기술, MEMS[Micro Electro Mechanical System, 기계부품 · 센서(sensor) · 액츄에이터(actuator) 및 전자회로를 하나의 기판 위에 집적화)] 기술, 바이오 기술, 0.8㎛이하 CMOS(Complementary Metal-Oxide Semiconductor) 이미지센서 기술, HDR(High Dynamic Range) CMOS 이미지센서 기술 또는 SoC(System on Chip) 기술이 결합된 고성능 센서 설계 · 제조 및 패키징 기술 (2025.2.28. 개정) |
| | 바. 차량용 반도체 설계 · 제조기술: 자동차 기능안전성 국제표준 ISO26262, 자동차용 반도체 신뢰성 시험규격 AEC-Q100을 만족하는 MCU(Micro controller unit), ECU(Electronic control unit), 파워IC, SoC, 하이브리드/전기차 및 자율주행용 IC 반도체의 설계 · 제조 기술 |

| 분 야 | 국가전략기술 |
|---|---|
| 1. 반도체 | 사. 에너지효율향상 반도체 설계 · 제조 기술: 저저항 · 고효율 특성을 지니며 차세대 응용 분야(전기차, 하이브리드카, 태양광/풍력발전 등 신재생에너지, 스마트그리드 등)에 탑재되는 실리콘 기반의 에너지효율향상 반도체[SJ(Super Junction)] MOSFET, IGBT, 화합물(SiC, GaN, Ga2O3) 기반의 에너지효율향상 반도체(MOSFET, IGBT) 및 모듈의 설계 · 제조 기술 |
| | 아. 에너지효율향상 전력 및 전력관리 반도체[BCDMOS(Bipolar-CMOS-DMOS), UHV(Ultra High Voltage), 고전압 아날로그 IC(Integrated Circuit), PMIC(Power Management IC)] 설계 · 제조기술(0.35㎛이하): 실리콘 기반의 저저항 · 고효율 특성을 지니며 차세대 응용 분야(5G, 전기자동차, 하이브리드자동차, 차세대 디지털기기용 디스플레이, 태양광, 풍력발전 등 신재생에너지, 스마트그리드, 반도체 및 배터리)에 탑재되는 아날로그, 디지털 로직, 파워소자를 원칩화한 초소형 · 초절전 전력반도체(0.35㎛이하 BCDMOS, 800V 이상 UHV, 12V 이상 고전압 아날로그 IC, PMIC) 설계 · 제조 기술 (2025.2.28. 개정) |
| | 자. 차세대 디지털기기 · 차량용 디스플레이 반도체 설계 · 제조기술: 화면에 문자나 영상 이미지 등이 표시되도록 차세대 디지털기기 및 차량의 디스플레이(OLED, Flexible, 퀀텀닷, 롤러블, 폴더블, 마이크로LED, Mini LED, 4K · 120Hz급 이상 고해상도 LCD 등)에 구동 신호 및 데이터를 전기신호로 제공하는 반도체(DDI), 디스플레이 패널의 영상 정보를 변환 · 조정하는 것을 주기능으로 하는 반도체(T-Con), 디스플레이용 반도체와 패널에 필요한 전원 전압을 생성 · 제어하는 반도체(PMIC)를 설계 및 제조하는 기술 |
| | 차. SoC 반도체 개발 · 양산 위한 파운드리 분야 7nm 이하급 제조공정 및 공정 설계기술: SoC(System on Chip) 반도체 개발 · 양산을 위한 핵심 기반기술로 파운드리(Foundry) 분야의 7nm 이하급 제조공정 및 공정 설계기술 |
| | 카. WLP, PLP, SiP, 플립칩 기술 등을 활용한 2D/2.5D/3D 패키징 공정기술 및 패키징 관련 소재 · 부품 · 장비설계 · 제조기술: 반도체 패키징 기술(WLP, PLP, SiP, 플립칩 등)을 활용한 2D/2.5D/3D 패키징 공정기술 · 테스트 및 패키징 · 테스트 관련 소재, 부품, 장비의 설계 · 제조 기술 |
| | 타. 반도체용 실리콘 기판 및 화합물 기판 개발 및 제조기술: 15nm 이하급 D램과 170단 이상 낸드플래시메모리, 7nm 이하급 파운드리 SoC, 에피텍셜 반도체용의 실리콘 기판 및 화합물(SiC, GaN, Ga2O3) 기판을 개발 및 제조하는 기술 |
| | 파. 첨단 메모리반도체 및 차세대 메모리반도체, SoC 반도체 파운드리 소재 · 장비 · 장비부품 설계 · 제조기술: 첨단 메모리반도체(15nm급 이하 D램 및 170단 이상 낸드플래시메모리), 차세대 메모리반도체[STT-MRAM(Spin Transfer Torque-Magnetic RAM), PRAM(Phase-change RAM), ReRAM(Resistive RAM), PIM(Processing In Memory), HBM(High Bandwidth Memory), LLC(Last Level Cache), CXL(Compute eXpress Link), SOM(Selector Only Memory)] 및 SoC 반도체 파운드리의 소재, 장비 및 부품 설계 · 제조기술 (2025.2.28. 개정) |
| | 하. 포토레지스트(Photoresist) 개발 및 제조기술: 반도체 및 디스플레이용 회로형성에 필요한 리소그래피(lithography)용 수지로서 회로의 내열성, 전기적 특성, 현상(Developing) 특성을 좌우하는 포토레지스트 및 관련 소재를 개발 및 제조하는 기술[ArF(불화아르곤) 광원용 및 EUV(극자외선) 광원용] |

| 분 야 | 국가전략기술 |
| --- | --- |
| 1. 반도체 | 거. 원자층증착법 및 화학증착법을 위한 고유전체용 전구체 개발 기술: 기존의 이산화규소(SiO2)보다 우수한 유전특성을 갖는 high-k dielectric 박막 증착을 위한 원자층증착법(ALD, Atomic Layer Deposition) 및 화학증착법(CVD, Chemical Vapor Deposition)공정에 사용되는 전구체를 개발하는 기술 |
| | 너. 고순도 불화수소 개발 및 제조기술: 반도체 회로형성에 필요한 순도 99.999%(5N) 이상의 고순도 불화수소를 개발 및 제조하는 기술 |
| | 더. 블랭크 마스크 개발 및 제조기술: ArF(불화아르곤) 광원 및 EUV(극자외선) 광원을 이용하여 반도체 회로를 형성하는 데 사용되는 블랭크마스크 원판 및 관련 소재[펠리클(Pellicle), 합성 쿼츠, 스터러링용 타겟 등을 포함]를 개발 및 제조하는 기술 |
| | 러. 고기능성 인산 제조 기술: $SiN_x$, $SiO_x$ 막질의 선택적인 식각이 가능한 고선택비(1,000이상) 인산계 식각액 제조기술 |
| | 머. 고순도 석영(쿼츠) 도가니 제조 기술: 반도체 웨이퍼 제조용 용융 실리콘의 오염을 막기 위한 도가니 형태의 순도 99.999%(5N) 이상의 고순도 석영 용기 제조 기술 |
| | 버. 코트막형성재 개발 및 제조기술: 완성된 반도체 소자의 표면을 외부환경으로부터 보호하기 위해 사용하는 절연성을 가진 고감도(80mJ/㎠ 이하) 감광성 코팅 기술 또는 패키징 재배선(배선폭 7㎛ 이하) 형성 재료 제조 기술 |
| | 서. 파운드리향 IP 설계 및 검증 기술: 7nm이하 파운드리 공정을 위한 Library(Standard Cell, I/O, Memory Compiler), IP와 해당 Library, IP를 모바일, 자동차, 서버, AI 등 응용 분야별로 최적화 시킨 Derivative Library, Derivative IP의 설계 및 검증 기술 |
| | 어. 고성능·고효율 시스템 반도체의 테스트 기술 및 테스트 관련 장비, 부품 설계·제조기술: 동작속도 250MHz 이상 SoC(System on Chip) 반도체, 6GHz 이상 주파수를 지원하는 RF(Radio Frequency) 반도체, AEC-Q100을 만족하는 차량용 반도체, 4,800만화소 이상 모바일용 CMOS 이미지센서, 내전압 1,000V 이상의 전력반도체, 소스채널 900개 이상의 OLED용 DDI(Display Driver IC)의 양·불량 여부를 전기적 특성검사를 통해 판단할 수 있는 테스트 기술 및 해당 테스트에 사용되는 최대검사속도 500Mbps 이상 주검사장비, 접촉정확도 1㎛이하 프로브스테이션(Probe Station), MEMS(Micro Electro Mechanial System) 기술 기반 프로브카드의 설계·제조 기술 |
| | 저. 차세대 3D 적층형 반도체 설계·제조 및 관련 신소재 개발 기술: 메모리, 시스템 반도체 웨이퍼 및 칩을 수직 적층하는 3D 적층형 반도체 및 관련 소재, 장비 설계·제조 기술(2025.2.28. 신설) |
| 2. 이차전지 | 가. 고에너지밀도 이차전지 팩 제조기술: 전기차, 에너지저장장치 등에 사용되는 이차전지 팩의 중량당 에너지밀도를 160Wh/kg 이상으로 구현하기 위한 모듈 및 팩 설계, 제조 기술 |
| | 나. 고성능 리튬이차전지 부품·소재·셀 및 모듈 제조 기술: 이차전지 셀을 기준으로 중량당 에너지밀도가 265Wh/kg 이상 또는 1시간 기준 방전출력 대비 6배 이상의 고출력(6C-rate 이상) 또는 충방전 1,000회 이상의 장수명을 충족하는 고성능 리튬이차전지에 사용되는 부품·소재·셀 및 모듈 제조 및 안전성 향상 기술 |

| 분 야 | 국가전략기술 |
|---|---|
| 2. 이차전지 | 다. 사용후 배터리 평가 및 선별 기술: 수명이 종료(초기용량 대비 80% 이하)된 배터리의 잔존용량, 출력특성 등의 성능 평가 기술 및 안전성, 재사용 가능성 등을 평가하여 잔존가치를 유지한 배터리를 선별하는 기술 |
| | 라. 사용후배터리 재활용 기술 : 수명이 종료된 사용후 배터리를 친환경적으로 처리하고, 리튬, 니켈, 코발트, 구리 등 재자원화가 가능한 유가금속을 회수하는 기술(리튬 35% 이상, 니켈/코발트 90% 이상 회수) |
| | 마. 차세대 리튬이차전지 부품 · 소재 · 셀 및 모듈 제조 기술: 중량당 방전용량이 600mAh/g 이상인 고성능 전극 또는 고체전해질을 기반으로 하는 차세대 리튬이차전지에 사용되는 부품 · 소재 · 셀 및 모듈 제조기술 |
| | 바. 하이니켈 양극재 제조기술 : 니켈 함량이 80% 이상인 고용량 양극재 제조기술, 수명 증가를 위한 안정성 향상 기술, 리튬계 원자재, 금속전구체 등 양극재 원료기술 및 관련 장비 제조기술 |
| | 사. 장수명 음극재 제조기술: 충방전 1,000회 이상이 가능한 장수명 음극재 제조기술, 이차전지의 고온특성 향상을 위한 안정성 향상기술, 음극재 제조에 필요한 카본계 또는 금속계의 원료기술 및 이의 제작에 필요한 장비 제조기술 |
| | 아. 이차전지 분리막 및 전해액 제조기술: 수명특성, 신뢰성, 안전성을 향상시키는 분리막 및 저온특성, 장수명, 안전성을 향상시키는 전해액 제조기술과 안정성 향상기술 및 관련 원료 · 장비 제조기술 |
| | 자. 이차전지 부품 제조기술: 배터리 장기 사용을 위한 패키징 부품(파우치, 캔, 리드탭) 및 고성능 배터리를 위한 전극용 소재부품(도전재, 바인더, 집전체) 제조 · 안전성 향상 기술 및 원료 · 장비 제조기술 |
| | 차. 양극재용 고순도 금속 화합물 제조 · 가공기술: 금속이온 원료로부터 결정화, 정련, 전환 및 정제 기술을 활용하여 중간체 및 순도 99% 이상의 양극재용 금속화합물(수산화리튬, 탄산리튬, 황산니켈, 황산코발트, 황산망간)로 제조 · 가공하는 기술 (2025.2.28. 신설) |
| 3. 백신 | 가. 방어 항원 등 스크리닝 및 제조기술 : 각종 질환을 치료하거나(치료용 백신) 예방하기 위해(예방용 백신) 면역기전을 이용하여 인체질환을 방어하는 물질(항원, 핵산, 바이러스벡터 등)을 스크리닝하고 개발 · 제조하는 기술 및 이를 적용한 백신을 제조하는 기술(대량생산 공정설계 기술 포함) |
| | 나. 비임상 시험 기술 : 세포 · 동물 모델로 백신 후보물질의 안전성 · 유효성을 평가하는 비임상 시험 기술 |
| | 다. 임상약리시험 평가기술(임상 1상 시험) : 백신 후보물질의 초기 안정성, 내약성, 약동학적, 약력학적 평가 및 약물대사와 상호작용 평가, 초기 잠재적 치료 효과 추정을 위한 임상약리시험 평가기술 |
| | 라. 치료적 탐색 임상평가기술(임상2상 시험) : 백신 후보물질의 용량 및 투여기간 추정 등 치료적 유용성 탐색을 위한 평가기술 |
| | 마. 치료적 확증 임상평가기술(임상3상 시험) : 백신 후보물질의 안전성, 유효성 등 치료적 확증을 위한 평가기술 |

| 분 야 | 국가전략기술 |
|---|---|
| 3. 백신 | 바. 원료 및 원부자재 등 개발 · 제조 기술 : 백신 개발 · 제조에 필요한 원료 및 원부자재(필터, 레진, 버퍼, 배양배지 등) 또는 백신의 효능을 증가시키는 물질(면역보조제)을 개발 · 제조하는 기술 |
| | 사. 생산장비 개발 · 제조 기술 : 백신 및 백신 원료 · 원부자재(필터, 레진, 버퍼, 배양배지 등) 생산에 필요한 장비를 개발 · 제조하는 기술 |
| 4. 디스플레이 | 가. AMOLED 패널 설계 · 제조 · 공정 · 모듈 · 구동 기술: 기판(유리, 플렉시블, 스트레처블) 위에 저온폴리실리콘산화물(LTPO) · 저온폴리실리콘(LTPS) · 산화물(Oxide) TFT를 형성한 백플레인 또는 실리콘(Silicon)에 구동소자를 형성한 웨이퍼에 발광특성을 가진 유기물을 진공 증발 증착 또는 프린팅 방식으로 형성하는 FHD 이상의 고화질 또는 고성능(고휘도, 저소비전력) 패널과 구동소자, 커버윈도우 등을 가공 · 조립하는 AMOLED 패널 설계 · 제조 · 공정 · 모듈 · 구동 기술 |
| | 나. 친환경 QD(Quantum Dot) 소재 적용 디스플레이 패널 설계 · 제조 · 공정 · 모듈 · 구동 기술: 반치폭(FWHM, full width at half maximum) 40나노미터(nm) 이하인 RoHS(유럽 6대 제한물질 환경규제) 충족 QD 소재를 노광 또는 직접 패터닝 방식으로 제조한 패널과 구동소자, 커버윈도우 등을 가공 · 조립하는 친환경 QD 소재 적용 디스플레이 패널 설계 · 제조 · 공정 · 모듈 · 구동 기술 |
| | 다. Micro LED 디스플레이 패널 설계 · 제조 · 공정 · 모듈 · 구동 기술: 실리콘(Silicon) 또는 사파이어(Sapphire) 기판에 저결함(1×1015/cm3이하) 에피(Epi)공정을 적용한 단축 50㎛ 크기 이하의 R · G · B 마이크로 LED를 적용한 패널과 구동소자, 커버윈도우 등을 가공 · 조립하는 Micro LED 디스플레이 패널 설계 · 제조 · 공정 · 모듈 · 구동 기술 |
| | 라. 디스플레이 패널 제조용 증착 · 코팅 소재 기술: 전자이동도 9㎠/Vs 이상의 산화물 TFT (Thin Film Transistor)와 유기물(발광 · 공통층) 소재 및 양자점(QD) · 화소격벽 · 폴리이미드(PI) 코팅소재 등 디스플레이 패널 제조용 증착 · 코팅 소재 기술 |
| | 마. 디스플레이 TFT 형성 장비 및 부품 기술: 전자이동도 9㎠/Vs 이상의 TFT(Thin Film Transistor) 형성공정에 사용되는 노광기, 물리 또는 화학적 증착기, 이온주입기, 식각기, 검사장비 및 이와 관련 제조에 사용되는 등 디스플레이 TFT 형성 장비 및 부품 기술 |
| | 바. OLED 화소 형성 · 봉지 공정 장비 및 부품 기술: 유기증착기(Evaporation), 잉크젯장비(Inkjet), 봉지장비(Encapsulation), FMM(Fine Metal Mask) 등 OLED 화소 형성 및 봉지 공정에 사용되는 장비와 부품 제조 기술(2024.2.29. 신설) |
| | 사. 디스플레이 하이브리드 커버 윈도우 소재 기술: 디스플레이 패널을 외부로부터 보호하기 위한 두께 100μm 이하 초박형유리(Ultra Thin Glass, UTG) 및 UTG 광학증착 · 코팅 소재, 투과율 80% 이상인 초박형 유 · 무기 하이브리드 필름 등 커버 윈도우 소재 제조 기술 (2025.2.28. 신설) |
| | 아. 마이크로LED 에피(Epi) · 전사 · 접합 소재, 부품, 장비 기술: 고효율, 저결함 에피성장을 위한 고순도(99% 이상) 금속유기(Metal-Organic) 가스와 기판(substrate), 전극 형성을 위한 접합소재, 외부양자효율(External Quantum Efficiency, EQE) 청색 20%, 녹색 10%, 적색 5% 이상의 에피기판 · 칩 등 화소 형성을 위한 소재 · 부품 제조 기술 및 Micro LED 성장을 위한 에피 공정, 에피 LED 칩 제조를 위한 분리 · 보호막 공정, 백플레인 기판의 화소 영역에 칩을 전사 · 접합하는 공정 등에서 사용되는 장비 제조 기술 (2025.2.28. 신설) |

| 분 야 | 국가전략기술 |
| --- | --- |
| 5. 수소 (2023.6.7. 신설) | 가. 수전해 기반 청정수소 생산기술: 재생에너지 · 원자력에너지 등 무탄소 전원, 계통제약 전력(미활용전력) 등을 활용하여 물을 분해하여 청정 수소를 생산 · 공급하는 수전해 공정의 소재 · 부품 · 스택(stack) · 시스템 설계 및 제조기술 |
| | 나. 탄소포집 청정수소 생산기술: 천연가스 또는 액화석유가스로부터 추출수소를 생산하는 과정에서 배출되는 이산화탄소를 포집하여 청정수소를 생산하는 기술 |
| | 다. 수소연료 저장 · 공급 장치 제조기술: 수소연료로 전기를 생산하여 운행되는 이동수단에 수소연료를 저장 · 공급하는 장치 제조 기술 |
| | 라. 수소충전소의 수소 생산 · 압축 · 저장 · 충전 설비 부품 제조기술: 수소충전소의 수소 생산설비, 압축설비, 저장설비, 충전설비의 부품 설계 및 제작 기술 |
| | 마. 수소차용 고밀도 고효율 연료전지시스템 기술: 연료전지 스택 출력밀도 3.1kW/L 이상 또는 연료전지 스택 운전효율[저위발열량(LHV, Lower Heating Value)에 따라 산출된 운전효율을 말한다] 60% 이상을 만족하는 수소전기차용 고밀도 · 고효율 연료전지시스템 설계 및 제조기술 |
| | 바. 연료전지 전용부품 제조기술: 연료전지 핵심부품인 개질기, 막전극 접합체, 금속 분리판 또는 블로어 제조 기술 |
| | 사. 수소 가스터빈(혼소 · 전소) 설계 및 제작 기술: 수소를 연료로 사용하여 연소시킬 때 발생하는 고온 · 고압의 에너지로 발전기를 회전시켜 전기를 생산하는 가스터빈 부품 설계 · 제작 · 조립 · 시험 평가 기술(2024.2.29. 신설) |
| | 아. 수소환원제철 기술: 철강 제조공정에서 수소(H2)를 사용하여 철광석을 환원하고, 전기용융로에서 쇳물(용선)을 생산하는 기술(2024.2.29. 신설) |
| | 자. 수소 저장 효율화 기술: 수소를 고압기체, 액체, 암모니아, 액상 유기물 수소 저장체(LOHC) 등의 형태로 저장하거나 고체에 흡장 또는 흡착하여 저장하는 기술(2024.2.29. 신설) |
| | 차. 수소 처리 바이오에너지 생산기술: 수소(H2)와 생물유기체에서 유래한 원료를 이용하여 직접 또는 전환공정을 통해 연료나 석유화학 원료로 사용할 수 있는 디젤, 항공유, 액화석유가스, 나프타를 생산하는 기술 (2025.2.28. 신설) |
| 6. 미래형 이동수단 (2023.6.7. 신설) | 가. 주행상황 인지 센서 기술: 주행상황을 인지하는 차량탑재용 비전 센서(vision sensor), 레이더 센서(radar sensor), 라이다 센서(LIDAR sensor) 기술과 주행환경상의 전방위 물체에 대한 정확한 거리와 공간정보를 처리하는 소프트웨어 기술 |
| | 나. 주행지능정보처리 통합시스템 기술: 인지 센서를 통해 수집된 정보를 차량환경에서 고속처리하는 컴퓨팅모듈 통합시스템 설계 기술과 차량 내 · 외 통신기술 및 정밀도로지도 구축 · 정합 기술 |
| | 다. 주행상황 인지 기반 통합제어 시스템 기술: 주행상황을 인지 · 판단하여 차선 · 차로를 제어하는 주행경로 생성 기술과 고장예지 · 고장제어 · 비상운행 등의 다중안전설계기술이 적용된 차량의 구동 · 조향 · 제동 · 제어 시스템과 이를 능동적으로 제어하는 통합제어 시스템 설계 기술 |
| | 라. 전기동력 자동차의 구동시스템 고효율화 기술: 전기동력 자동차에서 전기에너지를 운동에너지로 변환시키는 모터와 구동력을 바퀴에 전달하기 위한 감속기 · 변속기 등 구동시스템을 고효율화하는 기술 |

| 분 야 | 국가전략기술 |
|---|---|
| | 마. 전기동력 자동차의 전력변환 및 충전 시스템 기술: 최대 출력 100kW급 이상, 최대 효율 92% 이상을 만족하는 전기동력 자동차 급속충전용 전력변환장치와 전기동력 자동차와 연결되는 충전 인터페이스장치를 설계 · 제조하는 기술 |
| 7. 바이오 의약품 (2023.8.29. 신설) | 가. 바이오 신약[바이오 베터(Bio Better)를 포함한다. 이하 이 호에서 같다] 후보물질 발굴 및 바이오 신약 제조 기술: 유전자재조합기술, 세포배양 · 정제 · 충전 기술 등 새로운 생명공학 기술을 이용하여 생명체에서 유래된 단백질 · 호르몬 · 펩타이드 · 핵산 · 핵산유도체 등의 원료 및 재료를 확보하여 작용기전을 증명하고 안전성 및 유효성이 최적화된 바이오 신약(단백질 의약품 · 유전자치료제 · 항체치료제 · 세포치료제) 후보물질을 발굴 · 이용 · 개발하는 기술과 바이오 신약을 제조하는 기술 |
| | 나. 바이오시밀러 제조 및 개량 기술: 바이오시밀러의 고수율(배양단계 1g/L이상) 제조공정 기술과 서열변경, 중합체 부과, 제제변형 등의 방법으로 바이오시밀러의 활성, 안정성, 지속성을 개량하여 새로운 기능 및 효능을 부여하는 기술 |
| | 다. 비임상 시험 기술: 세포 · 동물 모델로 바이오 신약 후보물질의 안전성 · 유효성을 평가하는 비임상 시험 기술 |
| | 라. 임상약리시험 평가기술(임상1상 시험): 바이오 신약, 바이오시밀러[R&D비용이 매출액의 2% 이상이고, 국가전략기술 R&D비용(바이오시밀러 임상비용 포함)이 전체 R&D비용의 10% 이상인 기업의 임상시험으로 한정한다. 이하 마목 및 바목에서 같다] 후보물질의 초기 안정성, 내약성, 약동학적, 약력학적 평가 및 약물대사와 상호작용 평가, 초기 잠재적 치료효과 추정을 위한 임상약리시험 평가기술 |
| | 마. 치료적 탐색 임상평가기술(임상2상 시험): 바이오 신약, 바이오시밀러 후보물질의 용량 및 투여기간 추정 등 치료적 유용성 탐색을 위한 평가기술 |
| | 바. 치료적 확증 임상평가기술(임상3상 시험): 바이오 신약, 바이오시밀러 후보물질의 안전성, 유효성 등 치료적 확증을 위한 평가기술 |
| | 사. 바이오의약품 원료 · 소재 제조기술: 바이오의약품을 생산하기 위한 세포 배양 관련 소재(배지, 첨가물 등), 분리 · 정제 · 농축을 위해 사용하는 바이오 필터 소재 및 완제품 생산을 위해 제형화에 필요한 원부자재 등의 제조기술 |
| | 아. 바이오의약품 부품 · 장비 설계 · 제조기술 : 바이오의약품 생산 · 제조 장비와 바이오의약품 품질 분석 및 환경관리에 필요한 장비 · 부품 설계 · 제조기술 |

비고 : 위 표에서 소재 · 부품 · 장비는 「소재 · 부품 · 장비산업 경쟁력 강화 및 공급망 안정화를 위한 특별조치법 시행령」 제2조 제1호 또는 제2호에 해당하는 소재 · 부품 · 장비를 말한다. (2025.2.28. 신설)

CHAPTER 04

# 투자촉진을 위한 조세특례

기업의 투자를 촉진하고 장려하기 위해 조세특례제한법에서는 기업의 투자를 세제상 지원하기 위해 세액공제 규정을 두고 있지만 종전의 투자관련 세액공제 규정이 각 개별조항으로 나뉘어 있었다. 각 개별조항으로 나뉘어 있던 각각의 특정 시설에 대한 세액공제 규정을 제25조에 통합하는 것으로 개정이 이루어졌다. 세액공제 대상이 되는 특정시설을 연구시험용 시설 및 직업훈련용 시설, 에너지절약시설, 환경보전시설, 안전시설, 생산성향상시설, 근로자복지 증진을 위한 시설로 구분하고 이에 대하여 세액공제율을 특정시설 종류별, 중소기업과 중견기업 및 그 밖의 기업으로 구분하여 차등하여 적용하고 있다. 특정시설 투자에 대하여 공제율을 달리 적용하여 중소기업의 특정시설에 대한 투자를 좀 더 지원하고 있다.

연구시험용 시설 및 직업훈련용 시설에 대한 투자에 대하여 중소기업, 중견기업, 그 밖의 기업별로 세액공제율을 차등하여 적용하는데, 기업의 규모가 작은 중소기업은 중견기업이나 규모가 더 큰 기업에 비해 투자 여력이 상대적으로 작을 수밖에 없어 중소기업의 연구개발 시설에 대한 투자를 지원하기 위해 공제율에 있어서 좀 더 높은 공제율을 적용한다.

에너지 소비에 대한 비용을 절감할 수 있는 시설 구축에 대한 수요가 증대하면서 기업들은 에너지 소비량을 감소시킬 수 있는 설비투자를 늘리고 있는데 조세특례제한법에서도 에너지절약시설에 대한 투자를 촉진하기 위해서 이에 대한 투자에 대하여 세액공제를 적용하고 있다.

온난화 현상, 탄소배출 증가에 따른 환경오염 등으로 인해 현재의 기업 경영환경은 친환경적 측면에 대한 다양한 요구사항들이 직면하고 있다. 조세특례제한법에서도 대기오염방지시설, 방진시설, 오수처리시설 등 친환경적인 설비(환경보전설비) 투자에 대하여 세액공제를 적용하고 있으며, 투자여력이 상대적으로 낮은 중소기업에 좀 더 높은 세액공제율을 적용하고 중견기업과 그 밖의 기업에 대하여는 낮은 공제율로 차등적용하고 있다.

생산현장 및 다중이용시설에 대한 소방설비 등 안전기준에 부합하는 설비투자의 요구가 증가되는 추세에 발맞춰 기업이 소방시설, 산업재해 예방시설, 광산안전시설, 위해요소 방지시설, 내진보강 시설 등에 투자한 경우에는 중소기업, 중견기업, 그 밖의 기업별로 공제율에 차등을 두어 세액공제를 적용한다.

근로자의 주거안정과 근무환경 개선을 위해 기업이 근로자를 위한 복지시설에 투자는 장기적으로 근로자의 삶의 질을 향상시킴은 물론 이는 곧 기업의 성과와 경영효율에 긍정적 영향을 미치게 된다. 조세특례제한법에서도 기업이 근로자의 복지증진을 위한 시설에 투자한 경우 중소기업, 중견기업, 그 밖의 기업으로 구분하여 각 구분별로 세액공제율을 차등하여 세액공제를 적용한다.

날이 갈수록 치열해지는 기업의 경영환경과 저출산 고령화 등으로 인해 국가의 경제성장률이 감소하는 추세에 기업의 생산성 증대와 첨단기술에 대한 투자를 유도하기 위해 기업이 공정개선, 자동화시설, 첨단기술시설 등에 투자한 경우 중소기업, 중견기업, 그 밖의 기업으로 구분하여 세액공제를 적용한다.

본장에서는 2020년 세법개정시 제5조【중소기업 등 투자세액공제】와 제25조【특정시설 투자 등에 대한 세액공제】를 제24조【통합투자세액공제】로 개편하였는데 이하에서는 제24조【통합투자세액공제】를 살펴보기로 한다.

# SECTION 01 제24조【통합투자세액공제】

## I 조문내용해설

### 1. 기본검토사항

<table>
<tr><th colspan="2">구 분</th><th>검토요건 또는 확인사항</th></tr>
<tr><td rowspan="6">적용 여부 검토</td><td>① 당해 법인의 중소기업 요건 충족 확인</td><td>내국인</td></tr>
<tr><td rowspan="2">② 각 조항별 적용 시한 확인</td><td>일반투자, 신성장사업화시설, 신성장연구개발시설투자 : 적용 시한 없음</td></tr>
<tr><td>국가전략기술사업화시설, 국가전략기술연구개발시설, 반도체 분야 국가전략기술사업화시설 및 반도체 분야 국가전략기술연구개발시설 투자 : 2029.12.31.까지</td></tr>
<tr><td>③ 각 조항별 규정 업종의 요건 충족 확인</td><td>소비성서비스업과 부동산임대 및 공급업 경영 시 적용배제</td></tr>
<tr><td>④ 본점 및 사업장 소재지 등 확인</td><td>㉠ 본점 및 사업장 소재지에 대한 차등적용 없음<br>㉡ 수도권 과밀억제권역 내 증설투자 등에 대해서는 투자세액공제 배제</td></tr>
<tr><td>⑤ 감면/공제 적용의 배제</td><td>소득금액 추계결정 시 적용배제</td></tr>
<tr><td rowspan="4">적용 시 검토</td><td>⑥ 감면/공제 중복적용 확인</td><td>㉠ 투자자금의 국가 등 지원액 적용배제<br>㉡ 투자자금 이자비용의 국가 등 지원액 적용배제<br>㉢ 투자세액공제 간 중복적용 배제<br>㉣ 감면과 공제 간 중복적용 배제</td></tr>
<tr><td>⑦ 최저한세 적용대상 확인</td><td>최저한세 규정 적용</td></tr>
<tr><td>⑧ 이월적용 여부 확인</td><td>10년간 이월공제</td></tr>
<tr><td>⑨ 농어촌특별세 비과세 확인</td><td>농어촌특별세 과세</td></tr>
<tr><td>사후 관리</td><td>⑩ 공제감면 후 사후관리 규정</td><td>세액공제 받은 자산에 대해서는 투자완료일부터 5년 이내 기간 중 2년(소정의 건물과 구축물은 5년)이 지나기 전에 다른 목적으로 전용하는 경우 추징</td></tr>
</table>

## 2. 적용여부 검토 세부내용

### (1) 중소기업 및 중견기업 요건의 확인

중소기업, 중견기업, 그 외 기업 모두 적용대상이며 공제율을 차등적용한다.

※ 중소기업 및 중견기업의 범위는 '중소기업 및 중견기업' 참조

### (2) 적용 시한의 확인

① 일반투자, 신성장사업화시설, 신성장연구개발시설투자의 경우 적용 시한은 별도로 제한 없다.

② 국가전략기술사업화시설, 국가전략기술연구개발시설, 반도체 분야 국가전략기술사업화시설 및 반도체 분야 국가전략기술연구개발시설투자의 경우 2029년 12월 31일까지 투자에 대하여 적용한다[조특법 제24조 제1항 제2호 가목 2)].

③ 임시투자세액공제는 2023년 12월 31일, 2024년 12월 31일, 2025년 12월 31일이 속하는 과세연도에 투자한 금액에 대하여 적용한다.

### (3) 각 조항별 규정 업종요건의 충족 확인

다음의 업종을 경영하는 경우에는 세액공제 적용을 배제한다(조특령 제21조 제1항).

① 소비성서비스업(조특령 제29조 제3항, 조특칙 제17조)

> 호텔업, 여관업, 일반유흥주점업, 무도유흥주점업, 단란주점업, 무도장 운영업, 기타 사행시설 관리 및 운영업, 유사 의료업 중 안마를 시술하는 업, 마사지업(중소기업배제업종)

② 부동산임대 및 공급업

### (4) 본점 및 사업장 소재지 등 확인

① 본점 및 사업장 소재지에 따른 차등적용은 없다.

② 수도권과밀억제권역에서의 증설투자 또는 신규투자 등의 경우 통합투자세액공제 규정의 적용을 배제한다(조특법 제130조).

### (5) 감면/공제 적용배제 확인

소득세법 제80조【결정과 경정】제3항 단서(소득금액의 추계결정)와 법인세법 제66조【결정

및 경정】 제3항 단서(소득금액의 추계결정)에 따라 추계하는 경우 통합투자세액공제 적용을 배제한다. 다만, 추계를 하는 경우에도 거주자에 대해서는 투자에 관한 증거서류를 제출하는 경우에 한하여 적용한다(조특법 제128조 제1항 단서).

## 3. 세액공제 세부내용

### (1) 공제금액의 계산

공제금액은 일반공제금액 또는 임시투자공제금액으로 하며, 일반공제와 임시투자공제를 동시에 적용받을 수 있는 경우에는 납세의무자의 선택에 따라 그 중 하나만을 적용한다(조특법 제24조 제1항 후단).

① **일반공제**(조특법 제24조 제1항 제2호)

일반공제는 기본공제액과 추가공제액의 합계액으로 한다.

투자세액공제액 = 기본공제금액 + 추가공제금액

㉠ 기본공제

기본공제금액은 다음의 산식에 따라 계산한 금액으로 한다.

기본공제금액 = 해당 과세연도 투자금액 × 공제율

<table>
<tr><th>구 분</th><th>일반<br>투자</th><th>신성장사업화<br>시설.<br>신성장연구<br>개발시설 투자</th><th>국가전략기술<br>사업화시설,<br>국가전략기술<br>연구개발시설<br>투자</th><th>반도체분야국가전략<br>기술사업화시설,<br>반도체분야국가전략<br>기술연구개발시설<br>투자</th></tr>
<tr><td>ⓐ 중소기업</td><td>10%</td><td>12%</td><td>25%</td><td>30%</td></tr>
<tr><td>ⓑ 최초로 중소기업에 해당하지 아니하게 된 경우로서 최초로 중소기업에 해당하지 아니하게 된 과세연도의 개시일부터 3년 이내 끝나는 과세연도까지의 경우※</td><td>7.5%</td><td>9%</td><td>20%</td><td>25%</td></tr>
<tr><td>ⓒ ‘ⓑ’에 해당하지 않는 중견기업</td><td>5%</td><td>6%</td><td rowspan="2">15%</td><td rowspan="2">20%</td></tr>
<tr><td>ⓓ 그 외 경우</td><td>1%</td><td>3%</td></tr>
</table>

※ 최초로 중소기업에 해당하지 아니하게 된 경우란 다음 어느 하나에 따른 기간이 지난 경우를 말한다(조특령 제21조 제15항).

① 2024년 12월 31일이 속하는 과세연도 직전 과세연도의 종료일 이전에 자산총액이 5천억원 이상이 되거나 규모요건 또는 독립성요건 중 관계기업 요건을 초과하여 중소기업에 해당하지 않게 된 사유가 발생한 경우 : 최초로 그 사유가 발생한 날이 속하는 과세연도와 그 다음 3개 과세연도

② 2024년 12월 31일이 속하는 과세연도의 개시일 이후에 자산총액이 5천억원 이상이 되거나 규모요건 또는 독립성요건 중 관계기업 요건을 초과하여 중소기업에 해당하지 않게 된 사유가 발생한 경우
: 최초로 그 사유가 발생한 날이 속하는 과세연도와 그 다음 5개 과세연도(최초로 그 사유가 발생한 날이 속하는 과세연도의 종료일부터 5년이 되는 날이 속하는 과세연도의 종료일 현재 해당 기업이 「자본시장과 금융투자업에 관한 법률」에 따른 유가증권시장 또는 코스닥시장에 상장되어 있는 경우에는 7개 과세연도)

③ 「중소기업기본법 시행령」 제3조 제1항 제2호, 별표 1및 별표 2의 개정으로 중소기업에 해당하지 않게 된 사유가 발생한 경우: 그 사유가 발생한 날이 속하는 과세연도와 그 다음 3개 과세연도

※ 신성장 · 사업화 시설이란 다음의 시설을 말한다(조특령 제21조 제4항 제1호 가목, 조특칙 제12조의 2 제1항).

1. 조특칙 제12조의 2【신성장 · 원천기술의 사업화를 위한 시설의 범위】에 따른 조특칙 별표 6(신성장 · 원천기술을 사업화하는 시설)에 따른 시설(신성장 · 원천기술을 사용하여 생산하는 제품 외에 다른 제품의 생산에도 사용되는 시설을 포함한다)로서 신성장 · 원천기술심의위원회의 심의를 거쳐 기획재정부장관과 산업통상자원부장관이 공동으로 인정하는 시설
2. 조특령 별표 7(신성장 · 원천기술의 범위) 제6호(차세대 방송통신) 가목 1) 및 2)의 기술이 적용된 5세대 이동통신 기지국(이와 연동된 교환시설을 포함한다)을 운용하기 위해 필요한 설비로서 「전기통신사업 회계정리 및 보고에 관한 규정」 제8조에 따른 전기통신설비 중 같은 조 제1호, 제2호 및 제6호에 따른 교환설비, 전송설비 및 전원설비

**전기통신사업 회계정리 및 보고에 관한 규정 제8조【사용 중인 전기통신설비의 분류】**

전기통신사업을 위하여 사용 중인 전기통신설비는 물리적 또는 기술적 형태에 따라 다음 각 호와 같이 분류한다.

1. 교환설비 : 다수의 전기통신회선을 제어 · 접속하여 회선 상호 간의 전기통신을 가능하게 하는 교환기와 그 부대설비
2. 전송설비 : 교환설비 및 단말장치 등으로부터 수신된 부호 · 문언 · 음향 또는 영상을 변환 · 재생 또는 증폭하여 유선 또는 무선으로 송신하거나 수신하는 전송단국장치, 중계장치, 다중화장치 및 분배장치 등과 그 부대설비
3. 선로설비 : 일정한 형태의 전기통신신호를 전송하기 위하여 사용하는 동선 또는 광섬유 등의 전송매체로 제작된 선조 및 케이블 등과 이를 수용 또는 접속하기 위하여 제작된 전주, 관로, 통신터널, 배관, 맨홀, 핸드홀 및 배선반 등과 그 부대설비
4. 단말설비 : 전기통신망에 접속되는 단말기기와 그 부대설비
5. 정보처리설비 : 문자, 음향 또는 영상 등의 정보를 저장 · 처리하는 장치와 그 부대설비
6. 전원설비 : 통신용 전원을 공급하기 위한 수변전장치, 정류기, 축전기, 전원반, 예비용 발동발전기 및 배선 등의 설비

※ 신성장연구개발시설이란 다음의 시설을 말한다(조특령 제21조 제4항 제1호 나목, 조특령 제25조의 3【설비투자자산의 감가상각비 손금산입 특례】 제3항 제2호 가목, 조특칙 제13조의 10【설비투자자산의 감가상각비 손금산입 특례】 제1항). 조특령 제25조의 3 제3항 제2호 가목의 시설 중 신성장 · 원천기술 연구개발을 위한 연구 · 시험용 시설(신성장 · 원천기술 외에 다른 기술의 연구개발에도 사용되는 시설을 포함한다)로서 연구개발세액공제기술심의위원회의 심의를 거쳐 기획재정부장관과 산업통상자원부장관이 공동으로 인정하는 시설을 말한다.

| 조특령 제25조의 3<br>【설비투자자산의 감가상각비 손금산입 특례】 | 조특칙 제13조의 10<br>【설비투자자산의 감가상각비 손금산입 특례】 |
|---|---|
| ③ 법 제28조의 3 제1항 제2호에서 "대통령령으로 정하는 혁신성장투자자산"이란 다음 각 호의 어느 하나에 해당하는 시설을 말한다.<br>1. 신성장사업화시설 | ① 영 제25조의 3 제3항 제2호 가목에서 "기획재정부령으로 정하는 시설"이란 전담부서등, 「국가과학기술경쟁력강화를 위한 이공계지원특별법」 제18조 및 같은 법 시행령 제17조에 따라 과학기술정보통신부장관 |

| 조특령 제25조의 3<br>【설비투자자산의 감가상각비 손금산입 특례】 | 조특칙 제13조의 10<br>【설비투자자산의 감가상각비 손금산입 특례】 |
|---|---|
| 2. 다음 각 목의 어느 하나에 해당하는 연구·시험용 시설 및 직업훈련용 시설<br>가. 연구개발을 위한 연구·시험용 시설로서 기획재정부령으로 정하는 시설 | 관에게 신고한 연구개발서비스업자 및 「산업기술연구조합 육성법」에 따른 산업기술연구조합에서 직접 사용하기 위한 연구·시험용시설로서 다음 각 호의 어느 하나에 해당하는 것을 말한다. 다만, 운휴 중인 것은 제외한다.<br>1. 공구 또는 사무기기 및 통신기기, 시계·시험기기 및 계측기기, 광학기기 및 사진제작기기<br>2. 「법인세법 시행규칙」 별표 6의 업종별 자산의 기준내용연수 및 내용연수범위표의 적용을 받는 자산 |

※ 국가전략기술사업화시설이란 다음의 시설을 말한다(조특령 제21조 제4항 제2호 가목, 조특칙 제12조의 2 제2항).
별표 6의 2(국가전략기술을 사업화하는 시설)에 따른 시설(국가전략기술을 사용하여 생산하는 제품 외에 다른 제품의 생산에도 사용되는 시설을 포함한다)로서 연구개발세액공제기술심의위원회의 심의를 거쳐 기획재정부장관과 산업통상자원부장관이 공동으로 인정하는 시설을 말한다.

※ 국가전략기술연구개발시설이란 다음의 시설을 말한다((조특령 제21조 제4항 제2호 나목, 조특령 제25조의 3【설비투자자산의 감가상각비 손금산입 특례】 제3항 제2호 가목, 조특칙 제13조의 10【설비투자자산의 감가상각비 손금산입 특례】 제1항).
조특령 제25조의 3 제3항 제2호 가목의 시설 중 국가전략기술 연구개발을 위한 연구·시험용 시설(국가전략기술 외에 다른 기술의 연구개발에도 사용되는 시설을 포함한다)로서 연구개발세액공제기술심의위원회의 심의를 거쳐 기획재정부장관과 산업통상자원부장관이 공동으로 인정하는 시설을 말한다.

※ 반도체분야 국가전략기술사업화시설이란 다음의 시설을 말한다(조특령 제21조 제4항 제3호 가목).
국가전략기술사업화시설 중 반도체 분야에 사용되는 시설

※ 반도체분야 국가전략기술연구개발시설이란 다음의 시설을 말한다(조특령 제21조 제4항 제3호 나목).
국가전략기술연구개발시설 중 반도체 분야에 사용되는 시설

ⓛ 추가공제

추가공제금액은 해당 과세연도에 투자한 금액이 해당 과세연도의 직전 3년간 연평균 투자 또는 취득금액을 초과하는 경우에는 그 초과하는 금액의 100분의 10에 상당하는 금액으로 한다. 다만, 추가공제금액이 '① 기본공제금액'을 초과하는 경우에는 기본공제금액의 2배를 그 한도로 한다.

추가공제금액 = (해당 과세연도 투자금액 − 직전 3년간 연평균 투자 또는 취득금액) × 3%(국가전략기술사업화시설투자 4%)

② 임시투자세액공제(조특법 제24조 제1항 제3호)

임시투자세액공제도 일반공제와 같이 기본공제액과 추가공제액의 합계액으로 한다.

임시투자세액공제액 = 임시투자기본공제액 + 임시투자추가공제금액

㉠ 기본공제

기본공제금액은 다음의 산식에 따라 계산한 금액으로 한다.

기본공제금액 = 해당 과세연도 투자금액 × 공제율

**2023년 12월 31일이 속하는 과세연도 공제율**

<table>
<tr><th>구 분</th><th>일반투자</th><th>신성장사업화<br>시설 투자</th><th>국가전략기술사업화<br>시설 투자</th></tr>
<tr><td>중소기업</td><td>12%</td><td>18%</td><td>25%</td></tr>
<tr><td>중견기업</td><td>7%</td><td>10%</td><td rowspan="2">15%</td></tr>
<tr><td>그 외 기업</td><td>3%</td><td>6%</td></tr>
</table>

**2024년 12월 31일이 속하는 과세연도 공제율**

<table>
<tr><th>구 분</th><th>일반투자</th><th>신성장사업화<br>시설 투자</th><th>국가전략기술사업화<br>시설 투자</th></tr>
<tr><td>중소기업</td><td>12%</td><td>14%</td><td>25%</td></tr>
<tr><td>중견기업</td><td>7%</td><td>8%</td><td rowspan="2">15%</td></tr>
<tr><td>그 외 기업</td><td>1%</td><td>3%</td></tr>
</table>

**2025년 12월 31일이 속하는 과세연도 공제율**

<table>
<tr><th>구 분</th><th>일반<br>투자</th><th>신성장사업화시설.<br>신성장연구개발<br>시설 투자</th><th>국가전략기술<br>사업화시설,<br>국가전략기술연구<br>개발시설투자</th><th>반도체분야국가전략기술<br>사업화시설,<br>반도체분야국가전략기술<br>연구개발시설 투자</th></tr>
<tr><td>중소기업</td><td>12%</td><td>14%</td><td>25%</td><td>30%</td></tr>
<tr><td>중견기업</td><td>7%</td><td>8%</td><td rowspan="2">15%</td><td rowspan="2">20%</td></tr>
<tr><td>그 외 기업</td><td>1%</td><td>3%</td></tr>
</table>

㉡ 추가공제

임시투자추가공제금액은 각 과세연도에 투자한 금액이 해당 과세연도의 직전 3년간 연평균 투자 또는 취득금액을 초과하는 경우에는 그 초과하는 금액의 100분의 10에 상당하는 금액으로 한다. 다만, 추가공제금액이 기본공제금액을 초과하는 경우에는 기본공제금액의 2배를 그 한도로 한다.

임시투자추가공제금액 = (해당 과세연도 투자금액 − 직전 3년간 연평균 투자 또는 취득금액) × 10%

### (3) 투자금액의 계산

① 투자금액은 다음 산식에 의하여 계산한 금액으로 한다(조특령 제21조 제7항).

| 투자금액 = A − B | |
|---|---|
| A = Max(ⓐ, ⓑ) | ⓐ = 투자금액에 「법인세법 시행령」 제69조 제1항에 따른 작업진행률에 의하여 계산한 금액<br>$\text{투자진행률} = \dfrac{\text{당해과세연도까지 발생한 총투자누적액}}{\text{총투자예상(예정)금액}}$ |
| | ⓑ = 해당 과세연도까지 실제로 지출한 금액 |
| B = ⓒ + ⓓ | ⓒ = 해당 과세연도 전에 통합투자세액공제를 적용받은 금액 |
| | ⓓ = 해당 과세연도 전의 투자분으로서 ⓒ의 금액을 제외한 투자분에 대하여 'A'에 따라 계산한 금액 |

② 투자가 2개 이상의 과세연도에 걸쳐서 이루어지는 경우에는 그 투자가 이루어지는 과세연도마다 해당 과세연도에 투자한 금액에 대하여 세액공제를 적용한다(조특법 제24조 제2항).

③ 3년간 연평균 투자금액의 계산

3년간 연평균 투자금액의 계산은 다음 계산식에 따른다. 이 경우 내국인의 투자금액이 최초로 발생한 과세연도의 개시일부터 세액공제를 받으려는 해당 과세연도 개시일까지의 기간이 36개월 미만인 경우에는 그 기간에 투자한 금액의 합계액을 36개월로 환산한 금액을 해당 과세연도의 개시일부터 소급하여 3년간 투자한 금액의 합계액으로 보며, 합병법인, 분할신설법인, 분할합병의 상대방법인, 사업양수법인 또는 현물출자를 받은 법인(이하 "합병법인등"이라 한다)의 경우에는 합병, 분할, 분할합병, 사업양도 또는 현물출자를 하기 전에 피합병법인, 분할법인, 사업양도인 또는 현물출자자가 투자한 금액은 합병법인등이 투자한 것으로 본다(조특령 제21조 제8항).

3년간 평균투자금액 = 해당 과세연도의 개시일부터 소급하여 3년간 투자한 금액의 합계액/3 × 해당 과세연도의 개월 수/12

3년간 투자한 연평균 투자금액이 없는 경우에는 추가공제 금액이 없는 것으로 한다(조특령 제21조 제9항).

### (4) 투자의 개시시기

투자의 개시시기는 다음 어느 하나에 해당하는 때로 한다(조특령 제21조 제12항⇒조특령 제23조 제14항).

| 투자의 개시시기 | 1. 국내 · 국외 제작계약에 따라 발주하는 경우에는 발주자가 최초로 주문서를 발송한 때<br>2. 위 '1' 규정에 의한 발주에 의하지 아니하고 매매계약에 의하여 매입하는 경우에는 계약금 또는 대가의 일부를 지급한 때(계약금 또는 대가의 일부를 지급하기 전에 당해 시설을 인수한 경우에는 실제로 인수한 때)<br>3. 당해 시설을 수입하는 경우로서 승인을 얻어야 하는 경우에는 위 '1' 및 '2' 규정에 불구하고 수입승인을 얻은 때<br>4. 자기가 직접 건설 또는 제작하는 경우에는 실제로 건설 또는 제작에 착수한 때. 이 경우 사업의 타당성 및 예비적 준비를 위한 것은 착수한 때에 포함하지 아니한다.<br>5. 타인에게 건설을 의뢰하는 경우에는 실제로 건설에 착공한 때. 이 경우 사업의 타당성 및 예비적 준비를 위한 것은 착공한 때에 포함하지 아니한다. |
|---|---|

### (5) 공제대상 자산

① 다음의 자산에 대한 투자에 대하여 세액공제를 적용한다. 다만, 중고품, 임대사업용 자산, 그밖에 타인에게 임대할 목적으로 취득한 자산 및 다음의 금융리스에 의한 투자를 제외한 리스에 대하여는 세액공제 적용을 배제한다(조특법 제24조 제1항, 조특령 제3조 · 제21조 제1항, 조특칙 제3조의 2).

※ 금융리스(조특칙 제3조의 2)

영 제3조에서 "기획재정부령으로 정하는 금융리스"란 다음 각 호의 어느 하나에 해당하는 경우의 자산 대여(이하 "리스"라 한다)를 말한다.

1. 리스기간[계약해지금지조건이 부가된 기간(명시적인 계약해지금지조건은 없으나 실질적으로 계약해지금지조건이 부가된 것으로 볼 수 있는 기간을 포함한다)을 말하며, 기간 종료시점에서 계약해지금지조건이 부가된 갱신계약의 약정이 있는 경우에는 그 약정에 따른 기간을 포함한다. 이하 이 조에서 같다] 종료 시 또는 그 이전에 리스이용자에게 해당 리스의 자산(이하 이 조에서 "리스자산"이라 한다)의 소유권을 무상 또는 당초 계약 시 정한 금액으로 이전할 것을 약정한 경우
2. 리스기간 종료 시 리스자산을 취득가액의 100분의 10 이하의 금액으로 구매할 수 있는 권리가 리스실행일 현재 리스이용자에게 주어진 경우 또는 취득가액의 100분의 10 이하의 금액을 갱신계약의 원금으로 하여 리스계약을 갱신할 수 있는 권리가 리스실행일 현재 리스이용자에게 주어진 경우

3. 리스기간이 「법인세법 시행규칙」 별표 5 및 별표 6에 규정된 리스자산의 자산별 · 업종별(리스이용자의 업종에 의한다) 기준내용연수의 100분의 75 이상인 경우
4. 리스실행일 현재 최소리스료를 기업회계기준에 따라 현재가치로 평가한 가액이 해당 리스자산의 장부가액의 100분의 90 이상인 경우
5. 리스자산의 용도가 리스이용자만의 특정 목적에 한정되어 있고, 다른 용도로의 전용(轉用)에 과다한 비용이 발생하여 사실상 전용이 불가능한 경우

㉠ 기계장치 등 사업용 유형자산. 다만, 토지와 건축물 등 조특칙 별표1의 자산은 공제대상 투자에서 제외한다(조특법 제24조 제1항, 조특령 제21조 제2항, 조특칙 제12조 제1항).

[별표 1] (2025.3.21. 개정)

**건축물 등 사업용 유형자산(제12조 제1항 관련)**

| 구분 | 구조 또는 자산명 |
|---|---|
| 1 | 차량 및 운반구, 공구, 기구 및 비품 |
| 2 | 선박 및 항공기 |
| 3 | 연와조, 블록조, 콘크리트조, 토조, 토벽조, 목조, 목골모르타르조, 철골 · 철근콘크리트조, 철근콘크리트조, 석조, 연와석조, 철골조, 기타 조의 모든 건물(부속설비를 포함한다)과 구축물 |

비고
1. 제1호를 적용할 때 취득가액이 거래단위(취득한 자가 그 취득한 자산을 독립적으로 사업에 직접 사용할 수 있는 것)별로 20만원 이상으로서 그 고유업무의 성질상 대량으로 보유하고 그 자산으로부터 직접 수익을 얻는 비품은 제1호의 비품에 포함하지 않는다.
2. 제3호를 적용할 때 부속설비에는 해당 건물과 관련된 전기설비, 급배수 · 위생설비, 가스설비, 냉방 · 난방 · 통풍 및 보일러설비, 승강기설비 등 모든 부속설비를 포함한다. 다만, 다음 각 목의 어느 하나에 해당하는 설비는 제외한다. (2025.3.21. 개정)
   가. 바이오의약품 제조 공정에 따라 기계 및 장치를 연결하는 배관시설
   나. 바이오의약품 제조 공정에 사용되는 제약용수 관련 설비(정제수설비, 제조용수시스템, 순수증기제조기, 초순수제조장치 및 과산화수소훈증기를 포함한다)
3. 제3호를 적용할 때 구축물에는 하수도, 굴뚝, 경륜장, 포장도로, 교량, 도크, 방벽, 철탑, 터널 그 밖에 토지에 정착한 모든 토목설비나 공작물을 포함하되, 기계 · 장치 등 설비에 필수적이고 전용으로 사용되는 구축물은 제외한다.

㉡ 위 '㉠ 기계장치 등 사업용 유형자산'에 해당하지 아니하는 유형자산과 무형자산으로서 다음의 자산(조특법 제24조 제1항, 조특령 제21조 제3항, 조특칙 제12조 제2항 제3항)

ⓐ 연구 · 시험, 직업훈련, 에너지 절약, 환경보전 또는 근로자복지 증진 등의 목적으로 사용되는 사업용자산으로서 다음의 자산(조특칙 제12조 제2항)

| 자 산 | 세부내용 |
|---|---|
| 1. 연구 · 시험 및 직업훈련 시설 | 조특칙 제13조의 10 제1항 및 제2항에 따른 시설<br><br>**제13조의 10【설비투자자산의 감가상각비 손금산입 특례】**<br>① 영 제25조의 3 제3항 제2호 가목에서 "기획재정부령으로 정하는 시설"이란 전담부서 등, 「국가과학기술 경쟁력강화를 위한 이공계지원특별법」 제18조 및 같은 법 시행령 제17조에 따라 과학기술정보통신부장관에게 신고한 연구개발서비스업자 및 「산업기술연구조합 육성법」에 따른 산업기술연구조합에서 직접 사용하기 위한 연구 · 시험용시설로서 다음 각 호의 어느 하나에 해당하는 것을 말한다. 다만, 운휴 중인 것은 제외한다.<br>1. 공구 또는 사무기기 및 통신기기, 시계 · 시험기기 및 계측기기, 광학기기 및 사진제작기기<br>2. 「법인세법 시행규칙」 별표 6의 업종별 자산의 기준내용연수 및 내용연수범위표의 적용을 받는 자산<br>② 영 제25조의 3 제3항 제2호 나목에서 "기획재정부령으로 정하는 시설"이란 「근로자직업능력 개발법」 제2조 제3호에 따른 직업능력개발훈련시설(내국인이 영 제2조 제1항에 따른 중소기업을 위해 설치하는 직업훈련용 시설을 포함한다)로서 제1항 각 호의 어느 하나에 해당하는 것을 말한다. 다만, 운휴 중인 것은 제외한다. |
| 2. 에너지 절약 시설 | 다음 어느 하나에 해당하는 시설<br>가. 「에너지이용 합리화법」 제14조 제1항에 따른 에너지절약형 시설투자(에너지절약전문기업이 대가를 분할상환 받은 후 소유권을 이전하는 조건으로 같은 법 제25조에 따라 설치한 경우를 포함한다) 및 에너지절약형 기자재<br>나. 「물의 재이용 촉진 및 지원에 관한 법률」 제2조 제4호에 따른 중수도 |
| 3. 환경보전 시설 | 대기오염방지시설 및 무공해 · 저공해자동차 연료공급시설 등 조특칙 별표 2에 따른 환경보전시설 |
| 4. 근로자 복지 증진 시설 | 다음 어느 하나에 해당하는 시설<br>가. 무주택 종업원(출자자인 임원은 제외한다)에게 임대하기 위한 「주택법」에 따른 국민주택 규모의 주택<br>나. 종업원용 기숙사<br>다. 장애인 · 노인 · 임산부 등의 편의 증진을 위한 시설 또는 장애인을 고용하기 위한 시설로서 별표 3에 따른 시설<br>라. 종업원용 휴게실, 체력단련실, 샤워시설 또는 목욕시설(건물 등의 구조를 변경하여 해당시설을 취득하는 경우를 포함한다)<br>마. 종업원의 건강관리를 위해 「의료법」 제35조에 따라 개설한 부속 의료기관<br>바. 「영유아보육법」 제10조 제4호에 따른 직장어린이집 |
| 5. 안전시설 | 산업재해예방시설, 화재예방 · 소방시설 등 조특칙 별표 4에 따른 안전시설 |

ⓑ 운수업을 경영하는 자가 사업에 직접 사용하는 차량 및 운반구 등 다음의 자산 (조특칙 제12조 제3항)

| 자 산 | 세부내용 |
|---|---|
| 1. 운수업을 주된 사업으로 하는 중소기업 | 차량 및 운반구(「개별소비세법」 제1조 제2항 제3호에 따른 자동차로서 자가용인 것을 제외한다)와 선박 |
| 2. 어업을 주된 사업으로 하는 중소기업 | 선박 |
| 3. 건설업 | 「지방세법 시행규칙」 제3조에 따른 기계장비 |
| 4. 도매업 · 소매업 · 물류산업 | 저온보관고, 운반용 화물자동차 등 조특칙 별표 5에 따른 유통산업합리화시설 |
| 5. 「관광진흥법」에 따라 등록한 관광숙박업 및 국제회의기획업 | 건축물과 해당 건축물에 딸린 시설물 중 「지방세법 시행령」 제6조에 따른 시설물 |
| 6. 「관광진흥법」에 따라 등록한 전문휴양업 또는 종합휴양업 | 「관광진흥법 시행령」 제2조 제1항 제3호 가목 및 제5호 가목에 따른 숙박시설, 전문휴양시설(골프장 시설은 제외한다) 및 종합유원시설업의 시설 |
| 7. 중소기업이 해당 업종의 사업에 직접 사용하는 소프트웨어 | 다음 어느 하나에 해당하는 것을 제외한 소프트웨어<br>가. 인사, 급여, 회계 및 재무 등 지원업무에 사용하는 소프트웨어<br>나. 문서, 도표 및 발표용 자료 작성 등 일반 사무에 사용하는 소프트웨어<br>다. 컴퓨터 등의 구동을 위한 기본운영체제(Operating System) 소프트웨어 |

ⓒ 중소기업 및 중견기업이 취득한 다음의 자산(조특칙 제11조 제1항에 따른 특수관계인으로부터 취득한 자산은 제외)(조특령 제21조 제3항 제3호)

- 내국인이 국내에서 연구 · 개발하여 「특허법」에 따라 최초로 설정등록받은 특허권
- 내국인이 국내에서 연구 · 개발하여 「실용신안법」에 따라 최초로 설정등록받은 실용신안권
- 내국인이 국내에서 연구 · 개발하여 「디자인보호법」에 따라 최초로 설정등록받은 디자인권

### (6) 신성장사업화시설, 국가전략기술사업화시설의 조건부 세액공제 신청(조특령 제21조 제13항 후단, 조특칙 제13조 제1항 · 제2항)

통합투자세액공제 신청 시 신성장사업화시설 또는 국가전략기술사업화시설의 인정을 받을 것을 조건으로 그 인정을 받기 전에 다음의 정하는 바에 따라 세액공제를 신청할 수 있다.

① 투자완료일이 속하는 달의 말일부터 3개월 이내에 기획재정부장관과 산업통상자원부장관에게 신성장사업화시설 또는 국가전략기술사업화시설의 인정을 신청해야 한다. 다만, 동일한 과세연도에 완료된 둘 이상의 투자에 대하여 각각 영 제21조 제13항 후단에 따라 세액공제를 신청하는 경우에는 가장 늦게 완료된 투자의 투자완료일이 속하는 달의 말일부터 3개월 이내에 인정을 신청할 수 있다.

② 투자가 2개 이상의 과세연도에 걸쳐 이루어지는 경우로서 그 투자가 이루어지는 과세연도(투자완료일이 속하는 과세연도는 제외한다)에 투자한 금액에 대하여 영 제21조 제13항 후단(조건부 세액공제 신청)에 따라 세액공제를 신청하는 경우에는 해당 과세연도 종료일부터 3개월 이내에 제1항에 따른 인정을 신청해야 한다. 다만, 다음 어느 하나에 해당하는 경우에는 해당 과세연도의 다음 과세연도 종료일(다음 과세연도가 투자완료일이 속하는 과세연도인 경우에는 투자완료일이 속하는 달의 말일)부터 3개월 이내에 인정을 신청할 수 있다.

㉠ 투자개시일이 속하는 과세연도의 경우

㉡ 직전 과세연도에 투자한 금액에 대하여 신성장사업화시설 또는 국가전략기술사업화시설의 인정을 받은 경우

## 4. 적용 시 검토 세부내용

### (1) 감면/공제 중복적용 확인

통합투자세액공제 규정 적용 시 다음의 지원사항은 중복적용을 배제한다.

① 투자금액 중 국가 등 지원액 배제(조특법 제127조 제1항)

② 투자세액공제 간 중복지원 배제(조특법 제127조 제2항)

③ 외투감면 시 중복지원 배제(조특법 제127조 제3항)

④ 세액감면과 세액공제 중복지원 배제(조특법 제127조 제4항)

### (2) 최저한세의 적용대상 확인

통합투자세액공제에 대해서는 최저한세 규정이 적용된다(조특법 제132조 제1항 제3호).

### (3) 이월적용여부 확인

공제세액 중 해당 과세연도에 납부할 세액이 없거나 제132조에 따른 법인세 최저한세액 및 소득세 최저한세액에 미달하여 공제받지 못한 부분에 상당하는 금액은 해당 과세연도의 다음 과세연도 개시일부터 10년 이내에 끝나는 각 과세연도에 이월하여 그 이월된 각 과세연도의 소득세[사업소득(제96조의 3 및 제126조의 6을 적용하는 경우에는 「소득세법」 제45조 제2항에 따른 부동산임대업에서 발생하는 소득을 포함한다)에 대한 소득세만 해당한다] 또는 법인세에서 공제한다(조특법 제144조 제1항).

### (4) 농어촌특별세 과세여부

공제받은 세액에 대하여 20%를 과세한다(농특법 제5조 제1항).

## 5. 사후관리 검토

### (1) 5년 이내 기간 중 2년 또는 5년 내 전용의 경우 추징

세액공제 규정에 따라 세액공제를 적용 받은 자산을 투자완료일로부터 5년 이내 기간 중 다음 구분에 따른 기간 내에 해당 자산을 다른 목적으로 전용하는 경우에는 세액공제액 상당액과 이자상당가산액을 가산하여 소득세 또는 법인세를 납부하여야 한다(조특법 제24조 제3항, 조특령 제21조 제5항, 조특칙 제12조의 3).

**추징대상자산과 추징사후관리기간**

| 추징대상자산 | | 추징사후관리기간 |
|---|---|---|
| 건축물 또는 구축물 | 1. 다음의 근로자 복지증진 시설<br>가. 무주택 종업원(출자자인 임원은 제외한다)에게 임대하기 위한 「주택법」에 따른 국민주택 규모의 주택<br>나. 종업원용 기숙사<br>다. 장애인 · 노인 · 임산부 등의 편의 증진을 위한 시설 또는 장애인을 고용하기 위한 시설로서 별표 3에 따른 시설<br>라. 종업원용 휴게실, 체력단련실, 샤워시설 또는 목욕시설(건물 등의 구조를 변경하여 해당시설을 취득하는 경우를 포함한다)<br>마. 종업원의 건강관리를 위해 「의료법」 제35조에 따라 개설한 부속 의료기관<br>바. 「영유아보육법」 제10조 제4호에 따른 직장어린이집<br>2. 조특칙 별표5에 따른 유통산업합리화시설 중 창고시설 등<br>3. 「관광진흥법 시행령」 제2조 제1항 제3호 가목 및 제5호 가목에 따른 숙박시설, 전문휴양시설(골프장 시설은 제외한다) 및 종합유원시설업의 시설 | 5년 |

| 추징대상자산 | | 추징사후관리기간 |
|---|---|---|
| 신성장사업화시설 또는 국가전략기술 사업화시설 | 해당 기술을 사용하여 생산하는 제품 외에 다른 제품의 생산에도 사용되는 시설 | 투자완료일이 속하는 과세연도의 다음 3개 과세연도의 종료일까지의 기간 |
| 그 외 자산 | | 2년 |

## (2) 신성장사업화시설 및 국가전략기술사업화시설 등의 전용의제

### 1) 전용의제

다음에 해당하는 경우 각 구분에서 정한 기간이 끝나는 날에 그 시설을 다른 목적으로 전용한 것으로 본다. 다만, 천재지변으로 인한 시설의 멸실 또는 해당 시설의 투자완료일부터 투자완료일이 속하는 과세연도의 다음 3개 과세연도의 종료일까지의 기간 중 화재 등으로 해당 시설이 파손되어 가동이 불가능한 경우에는 전용한 것으로 보지 않는다(조특령 제21조 제10항, 조특칙 제12조의 2 제3항).

① 신성장사업화시설과 국가전략기술사업화시설

| 신성장사업화시설의 경우 | 국가전략기술사업화시설의 경우 |
|---|---|
| 투자완료일(투자완료일이 2022년 4월 1일 이전인 경우에는 2022년 4월 1일)부터 투자완료일이 속하는 과세연도의 다음 3개 과세연도의 종료일까지의 기간동안 해당 시설에서 생산된 모든 제품의 총생산량에서 신성장 · 원천기술을 사용하여 생산한 제품과 국가전략기술을 사용하여 생산한 제품의 생산량의 합이 차지하는 비율이 100분의 50 이하인 경우 | 투자완료일(투자완료일이 2022년 4월 1일 이전인 경우에는 2022년 4월 1일)부터 투자완료일이 속하는 과세연도의 다음 3개 과세연도의 종료일까지의 기간 동안 해당 시설에서 생산된 모든 제품의 총생산량에서 국가전략기술을 사용하여 생산한 제품의 생산량이 차지하는 비율이 100분의 50 이하인 경우 |

② 신성장연구개발시설과 국가전략기술연구개발시설

| 신성장연구개발시설의 경우 | 국가전략기술연구개발시설의 경우 |
|---|---|
| 투자완료일(투자완료일이 2022년 4월 1일 이전인 경우에는 2022년 4월 1일)부터 투자완료일이 속하는 과세연도의 다음 3개 과세연도의 종료일까지의 기간 동안 해당 시설의 총 연구개발업무 사용시간에서 신성장 · 원천기술의 연구개발업무 사용시간과 국가전략기술의 연구개발 | 투자완료일(투자완료일이 2022년 4월 1일 이전인 경우에는 2022년 4월 1일)부터 투자완료일이 속하는 과세연도의 다음 3개 과세연도의 종료일까지의 기간 동안 해당 시설의 총 연구개발업무 사용시간에서 국가전략기술의 연구개발업무 사용시간이 차지하는 비율이 100분의 50 |

| 신성장연구개발시설의 경우 | 국가전략기술연구개발시설의 경우 |
|---|---|
| 업무 사용시간의 합이 차지하는 비율이 100분의 50 이하인 경우 | 이하인 경우 |

## 2) 전용의제 적용 시 공제받은 세액공제액 상당액의 계산

신성장사업화시설 또는 국가전략기술사업화시설 등을 다른 목적으로 전용한 것으로 보는 경우 “공제받은 세액공제액 상당액”은 다음 각 구분에 따라 계산한 금액으로 한다(조특령 제21조 제11항).

① 신성장사업화시설과 국가전략기술사업화시설

| 신성장사업화시설의 경우 | 국가전략기술사업화시설의 경우 |
|---|---|
| 공제받은 세액공제액 상당액<br>= 공제받은 세액공제액<br>– 해당 시설이 신성장사업화시설 또는 국가전략기술사업화시설이 아닌 시설(이하 “일반시설”)인 경우에 공제받을 수 있는 세액공제액 | 공제받은 세액공제액 상당액<br>= 공제받은 세액공제액<br>– 해당 시설이 일반시설인 경우에 공제받을 수 있는 세액공제액(해당 시설에서 생산된 모든 제품의 총생산량에서 신성장 · 원천기술을 사용하여 생산한 제품과 국가전략기술을 사용하여 생산한 제품의 생산량의 합이 차지하는 비율이 50%를 초과하는 경우에는 신성장사업화시설로서 공제받을 수 있는 세액공제액) |

② 신성장연구개발시설과 국가전략기술연구개발시설

| 신성장연구개발시설의 경우 | 국가전략기술연구개발시설의 경우 |
|---|---|
| 공제받은 세액공제액 상당액<br>= 공제받은 세액공제액<br>– 해당 시설이 신성장연구개발시설 또는 국가전략기술연구개발시설이 아닌 시설(이하 “일반연구개발시설”)인 경우에 공제받을 수 있는 세액공제액 | 공제받은 세액공제액 상당액<br>= 공제받은 세액공제액<br>– 해당 시설이 일반연구개발시설인 경우에 공제받을 수 있는 세액공제액((해당 시설의 총 연구개발업무 사용시간에서 신성장 · 원천기술의 연구개발업무 사용시간과 국가전략기술의 연구개발업무 사용시간의 합이 차지하는 비율이 100분의 50을 초과하는 경우에는 신성장연구개발시설로서 공제받을 수 있는 세액공제액) |

### (3) 이자상당가산액(조특령 제21조 제6항)

이자상당가산액 = 공제받은 세액 × 기간 × 이자율

① 이자 계산기간

공제받은 과세연도의 과세표준신고일의 다음 날부터 다른 목적으로 전용한 날이 속하는 과세연도의 과세표준신고일까지의 기간

② 적용되는 이자율

1일 22/100,000

조특칙 [별표 6] (2025.3.21. 개정)

**신성장 · 원천기술을 사업화하는 시설(제12조의 2 제1항 관련)**

| 영 별표 7의 기술 | | | 사업화 시설 |
|---|---|---|---|
| 구분 | 분야 | 신성장 · 원천기술 | |
| 1. 미래형 자동차 | 가. 삭 제(2023.6.1.) | | |
| | 나. 전기 구동차 | 1) 삭 제(2023.6.1.) | |
| | | 2) 삭 제(2023.6.1.) | |
| | | 3) 전기차 초고속 · 고효율 무선충전 기술 | 전기구동방식 자동차와 관련하여 감전위험이 없는 비접촉 무선 전력전송 방식(자기유도, 자기공명, 전자기파)으로 배터리를 충전하기 위한 전력 전송효율 90% 이상의 초고속 고효율 무선충전시스템 및 무선충전 핵심모듈(급전 인버터, 집전 픽업 구조, 레귤레이터)을 제작하는 시설 |
| | | 4) 초고효율 하이브리드 시스템 기술 | 하이브리드자동차(HEV)의 연비 향상, 배출가스 감축 등을 위해 엔진 열효율(공급된 연료에너지에 대해 출력되는 유효일의 비를 말한다)을 45% 이상으로 구현하기 위한 하이브리드 구동 시스템을 설계 · 제조하는 시설 |
| 2. 지능 정보 | 가. 인공 지능 | 인지컴퓨팅 기술 | 인공지능 알고리즘(algorithm) 처리가 용이하도록 초고성능 연산 플랫폼(Platform)을 제공하는 컴퓨터 하드웨어를 제조하는 시설(2023.3.20. 개정) |
| | 마. 착용형 스마트 기기 | 1) 신체 부착형 전자회로의 유연기판 제작기술 및 유연회로 인쇄기술 | 스마트 착용형기기(wearable device)에 사용되는 신체 부착형 전자회로의 유연기판을 제작하는 시설 |
| | | 2) 유연한 양 · 음극 소재 및 전극 설계 · 제조기술 | 20퍼센트 이상의 변형 시에도 기계적 · 전기화학적 신뢰성 확보가 가능하며 100㎛ 후박급의 착용형기기(wearable device)에 전원용으로 사용되는 유연한(flexible) 양 · 음극 소재 및 해당 전극을 제조하는 시설 |

| 영 별표 7의 기술 | | | 사업화 시설 |
|---|---|---|---|
| 구분 | 분야 | 신성장 · 원천기술 | |
| 2. 지능정보 | 마. 착용형 스마트기기 | 3) 섬유기반 유연전원(fabric based flexible battery) 제조 기술 | 유연 성능이 4.5g · ㎠/㎝ 이상으로 변형에 대한 형태 안정성이 우수한 유연전원(fabric based flexible battery)으로서, 에너지 밀도가 100Wh/kg 이상으로 고효율 · 고수명의 성능을 가진 섬유기반 유연전원을 제조하는 시설 |
| | | 4) 전투기능 통합형 작전용 첨단디지털 의류기술 | 군사 및 경찰 작전 등의 특수 임무를 수행하는 데 필요한 극한 기능과 신호전송기능 및 신체보호기능을 갖춘 총체적 디지털 기능 전투복을 제조하는 시설 |
| | 바. IT 융합 | 1) 지능형 전자항해 기술 | IMO(International Maritime Organization, 국제해사기구)의 e-Navigation 구현을 목적으로 장소에 구애받지 않고 4S(ship to ship, ship to shore, shore to ship, shore to shore) 통신을 구현하는 통신단말장치를 제작하는 시설 |
| | | 2) 지능형 기계 및 자율협업 기술 | 생산설비의 품질(상태)정보 및 공정조건을 실시간으로 분석하여 최적의 작업상태를 제공할 수 있는 진단 · 처방정보를 바탕으로 생산설비를 원격으로 제어하는 개방형 제어기(controller), M2M(Machine to Machine, Machine to Man, 기계 간의 통신 및 인간이 작동하는 기계와의 통신) 디바이스(device) 및 개방형 컨트롤러 디바이스를 탑재하여 자동으로 상태감시 · 진단 · 제어기능을 하는 지능형 기계를 제조하는 시설 |
| | 아. 양자컴퓨터 | 양자컴퓨터 제작 및 활용 기술 | 양자 정보를 처리할 수 있는 메모리(큐비트, Qubit)를 구현하고, 큐비트간 연산처리가 가능한 장치를 제조하는 시설 |
| | 자. 스마트 물류 | 지능형 콜드체인 모니터링 기술 | 화물의 운송 과정에서 온도, 습도, 충격 등의 상태 데이터를 정보수집 장치를 통해 수집 및 저장하고, 이를 국제표준 ISO 27017에 따라 보안성이 검증된 클라우드 서버로 전송하여 단위 화물 정보와 연동하고 이를 소프트웨어 상에서 모니터링하는 장치를 제조하는 시설 (2023.3.20. 신설) |
| 5. 차세대 전자정보 디바이스 | 가. 지능형 반도체 · 센서 | 1) SoC 파운드리 제조, 후공정 및 장비 제작 기술 | SoC(System on Chip) 반도체 파운드리(Foundry) 장비를 제작하는 시설 및 파운드리 분야의 7nm 이하급 제조 시설 |
| | | 2) 차세대 메모리 반도체 제조기술과 소재 · 장비 및 장비부품의 설계 · 제조 기술 | 기존 메모리반도체인 D램(DRAM)과 낸드 플래시메모리(Nand Flash Memory)의 장점을 조합한 STT-MRAM(Spin Transfer Torque-Magnetic Random Access Memory), PRAM(Phase-change Random Access Memory), ReRAM (Resistive Random Access Memory) 등 차세대 메모리반도체 제조 시설 및 이와 관련된 소재 · 장비 및 장비부품을 제조하는 시설 |
| | | 3) 지능형 마이크로 센서 기술 | 물리적 · 화학적인 아날로그(analogue) 정보를 얻는 감지부와 논리 · 판단 · 통신기능을 갖춘 지능화된 신호처리 집적회로가 결합된 소자로서 나노기술, MEMS[Micro Electro Mechanical System, 기계부품 · 센서(sensor) · 액츄에이터(actuator) 및 전자회로를 하나의 기판 위에 집적화)] 기술, 바이오 기술, 0.8㎛이하 CMOS 이미지센서 기술 또는 SoC(System on Chip) 기술이 결합된 초소형 고성능 센서를 제조하는 시설 |

| 영 별표 7의 기술 | | | 사업화 시설 |
|---|---|---|---|
| 구분 | 분야 | 신성장·원천기술 | |
| 5. 차세대 전자 정보 디바이스 | 가. 지능형 반도체 · 센서 | 4) 차량용 반도체 설계·제조기술 | 자동차 기능안전성 국제표준 ISO26262, 자동차용 반도체 신뢰성 시험규격 AEC-Q100을 만족하는 MCU(Micro Controller Unit), ECU(Electronic Control Unit), 파워IC, SOC, 하이브리드/전기차 및 자율주행용 IC 반도체를 제조하는 시설 |
| | | 5) 에너지효율향상 반도체 설계·제조기술 | 실리콘 기반의 MOSFET(MOS Field-Effect Transistor)에 비해 저저항·고효율 특성을 지니며 차세대 응용 분야(전기차, 하이브리드카, 태양광, 풍력발전 등 신재생에너지, 스마트그리드 등) 인버터 등에 탑재되는 SJ(Super Junction) MOSFET, IGBT(Insulated Gate Bipolar Transistor), SiC(Silicon Carbide) MOSFET을 제조하는 시설 |
| | | 6) 에너지효율향상 전력 반도체 BCDMOS 설계·제조 기술 | 실리콘 기반의 저저항·고효율 특성을 지니며 차세대 응용 분야(5G, 전기차, 하이브리드카, 태양광, 풍력발전 등 신재생에너지, 스마트그리드 등)에 탑재되는 아날로그, 디지털 로직, 파워소자를 원칩화한 초소형·초절전 전력반도체 0.13㎛ 이하 BCDMOS(Bipolar/Complementary/Double-diffused metal-oxide-semiconductor) 설계 및 제조를 위한 시설 |
| | | 7) 웨이퍼레벨 칩 패키징 공정기술 | LED 칩을 미세 패턴이 가공된 열전도성이 높은 웨이퍼 위에서 일련의 공정을 통해 패키징한 후 다이싱(dicing)하여 칩 패키지를 제조하는 시설 |
| | 나. 반도체 등 소재·부품 | 1) 포토레지스트 개발 및 제조기술 | 반도체 및 디스플레이용 회로형성에 필요한 리소그래피(lithography)용 수지로서 회로의 내열성, 전기적 특성, 현상(Developing) 특성을 좌우하는 Photoresist 및 관련 소재를 제조하는 시설[ArF(불화아르곤) 광원용 및 EUV(극자외선) 광원용] |
| | | 2) 원자층증착법(ALD) 및 화학증착법(CVD)을 위한 고유전체(High-k dielectric)용 전구체 개발 기술 | 기존의 이산화규소($SiO_2$)보다 우수한 유전특성을 갖는 박막제조를 위해 증착공정[ALD( Atomic Layer Deposition), CVD (Chemical Vapor Deposition)]에 사용되는 전구체(금속을 포함하고 있는 용액)를 제조하는 시설 |
| | | 3) 고순도 불화수소 개발 및 제조기술 | 반도체 회로형성에 필요한 순도 99.999%(5N) 이상의 고순도 불화수소를 제조하는 시설 |
| | | 4) 블랭크 마스크(Blank Mask) 개발 및 제조기술 | ArF(불화아르곤) 광원 및 EUV(극자외선) 광원을 이용하여 반도체 회로를 형성하는 데 사용되는 블랭크마스크 원판 및 관련 소재[펠리클(Pelllicle), 합성 쿼츠, 스터러링용 타겟 등을 포함]를 제조하는 시설 |
| | | 5) 반도체용 기판 개발 및 제조기술 | 14nm 이하급 D램(DRAM)과 170단 이상 낸드플래시 메모리 및 에피텍셜 반도체용 기판을 제조하는 시설 |
| | | 6) 첨단 메모리반도체 장비 및 장비부품의 설계·제조 기술 | 14nm 이하급 D램(DRAM)과 170단 이상 낸드 플래시메모리 양산을 위한 장비·장비부품을 제조하는 시설 |

| 영 별표 7의 기술 | | | 사업화 시설 |
|---|---|---|---|
| 구분 | 분야 | 신성장 · 원천기술 | |
| | 나. 반도체 등 소재 · 부품 | 7) 고기능성 인산 제조 기술 | 질화규소($SiN_x$), 산화규소($SiO_x$) 막질의 선택적인 식각이 가능한 고선택비(1,000 이상) 인산계 식각액 제조시설 |
| | | 8) 고순도 석영(쿼츠) 도가니 제조 기술 | 반도체 웨이퍼 제조용 용융 실리콘의 오염을 막기 위한 도가니 형태의 순도 99.999%(5N) 이상의 고순도 석영 용기(Quartz Crucible) 제조 시설 |
| | | 9) 코트막형성재 개발 및 제조 기술 | 완성된 반도체 소자의 표면을 외부환경으로부터 보호하기 위해 사용하는 절연성을 가진 고감도(80mJ/㎠ 이하) 감광성 코팅 기술 또는 패키징 재배선(배선폭 7㎛ 이하) 형성 재료를 제조하는 시설 |
| 5. 차세대 전자 정보 디바이스 | 다. 유기 발광 다이오드 (OLED: Organic Light Emitting Diode) 등 고기능 디스플레이 | 1) 9인치 이상 능동형 유기발광 다이오드 (AMOLED) 패널 · 부품 · 소재 · 장비 제조 기술 | 저온폴리실리콘(LTPS) 또는 산화물(Oxide) TFT(전자이동도 8㎠/Vs 이상) 기판 상에 진공 증발 증착 또는 프린팅 방식으로 고화질(고해상도, 고색재현, 고균일, HRD)을 구현한 대화면(9인치 이상) AMOLED(Active Matrix Organic Light Emitting Diode) 패널을 제조하기 위한 시설(모듈조립 공정기술은 제외한다)과 AMOLED 패널을 제조하기 위한 부품 · 소재 · 장비를 제조하는 시설 |
| | | 2) 대기압 플라즈마 식각 장비 기술 | 디스플레이를 제조할 목적으로 대기압에서 플라즈마(plasma)를 발생시켜 박막을 식각하는 장비를 제조하는 시설 |
| | | 3) 플렉서블 디스플레이 패널 · 부품 · 소재 · 장비 제조 기술 | 플렉서블 디스플레이(유연성 또는 유연한 성질을 가지는 디스플레이로, 깨지지 않고 휘거나 말 수 있고 접을 수 있는 특성을 지닌 것을 말한다. 이하 같다)를 제조하는 시설 및 이를 제조하기 위해 공정별로 사용되는 부품 · 소재 · 장비를 제조하는 시설 |
| | | 4) 차세대 차량용 디스플레이 패널 · 부품 · 소재 · 장비 제조기술 | 굴곡된 형상으로 제조 가능하고, 동작온도 −30℃~95℃, 시인성 black uniformity 60% 이상을 만족하는 다결정 저온 폴리실리콘(LTPS-LCD) 패널 및 이와 관련한 부품 · 소재 및 장비를 제조하는 시설 |
| | | 5) 마이크로 LED 디스플레이 패널 · 부품 · 소재 · 장비 제조 기술 | 실리콘(Silicon) 또는 사파이어(Sapphire) 기판에 저결함 에피 공정을 적용한 100㎛ 이하의 자발광 R/G/B 마이크로 LED 칩과 이를 이용한 픽셀 · 패널 및 이와 관련한 부품 · 소재 및 장비를 제조하는 시설 |
| | | 6) VR · AR · MR용 디스플레이 패널 · 부품 · 소재 · 장비 제조 기술 | 가상현실, 증강현실, 혼합현실 기기에 사용되는 초고해상도(1,500ppi 이상) 디스플레이를 제조하기 위해 공정별로 사용되는 기술과 이와 관련한 부품 · 소재 및 장비를 제조하는 시설 |
| | | 7) 친환경 QD (Quantum Dot) 나노 소재 적용 디스플레이 패널 · 부품 · 소재 · 장비 제조 기술 | 적은 소비전력으로 고색재현 및 화학적 · 열적 안정성 개선이 가능한 QD 나노 소재 적용 디스플레이를 제조하기 위해 공정별로 사용되는 기술을 적용한 시설과 이와 관련한 부품 · 소재 및 장비를 제조하는 시설 |

<table>
<tr><th colspan="3">영 별표 7의 기술</th><th rowspan="2">사업화 시설</th></tr>
<tr><th>구분</th><th>분야</th><th>신성장 · 원천기술</th></tr>
<tr><td rowspan="2">5. 차세대 전자 정보 디바이스</td><td>라. 3D 프린팅</td><td>3D프린팅 소재개발 및 장비제조기술</td><td>3차원 디지털 설계도에 따라 액체수지, 금속분말 등 다양한 형태의 재료를 적층하여 제품을 생산하는 데 사용되는 소재 및 장비를 제조하는 시설</td></tr>
<tr><td>마. AR 디바이스</td><td>AR 디바이스 제조기술</td><td>실제의 이미지나 배경에 유의미한 상황 정보를 기반으로 한 영상 · 텍스트 · 소리 등의 가상정보를 나타내어 사용자의 경험이 증강되고 현실세계와 동기화할 수 있는 장비 및 관련 부품을 제조하는 시설</td></tr>
<tr><td rowspan="4">6. 차세대 방송 통신</td><td rowspan="3">가. 5세대(5G: 5generation) 및 6세대(6G: 6generation) 이동 통신</td><td>1) 5G 이동통신 기지국 장비 기술</td><td>가입자와 연결을 위해 이동통신사업자가 구축하는 5G 이동통신 광역 및 소형 셀(cell) 기지국 장비를 제조하는 시설</td></tr>
<tr><td>2) 5G 이동통신 코어네트워크(Core Network, 기간망) 기술</td><td>트래픽(traffic) 전송 · 제어, 네트워크(network) 간 연결 등을 위해 5G 이동통신 기지국 장비와 연동되는 게이트웨이(gateway), 라우터(router), 스위치(switch) 등 장비를 제조하는 시설</td></tr>
<tr><td>3) 5G 이동통신 단말 특화 부품 기술</td><td>5G 이동통신 단말을 구현하기 위해 새롭게 개발 · 적용될 통신모듈[베이스밴드(baseband, 기저대역) 모뎀, RF(Radio Frequency) 칩셋(chipset) 등]의 부품 · 소자를 제조하는 시설</td></tr>
<tr><td>나. UHD(Ultra−High Definition)</td><td>지상파 UHD방송 송신기 성능 향상기술</td><td>냉각 기술(공냉, 수냉, 질소냉각 등 포함)의 개선, 회로 설계방식 개선 등을 통한 고효율 지상파 UHD방송용 송신기를 제조하는 시설</td></tr>
<tr><td rowspan="7">7. 바이오 · 헬스</td><td rowspan="6">가. 바이오 · 화합물의약</td><td colspan="2">1) 삭 제(2023.8.29.)</td></tr>
<tr><td>2) 방어 항원 스크리닝 및 제조기술</td><td>면역 기전을 이용하여 인체질환을 방어하기 위해 항원을 스크리닝하고 이 항원을 제조하여 각종 질환을 치료하거나(치료용 백신) 예방하기 위한 백신(예방용 백신)을 제조하는 시설</td></tr>
<tr><td colspan="2">3) 삭 제(2023.8.29.)</td></tr>
<tr><td>4) 혁신형 신약(화합물의약품) 후보물질 발굴 및 제조기술 (2024.3.22. 개정)</td><td>혁신형 신약(화합물의약품)과 혁신형 신약의 원료를 개발 · 제조하는 시설</td></tr>
<tr><td>5) 혁신형 개량신약(화합물의약품) 개발 및 제조 기술 (2024.3.22. 개정)</td><td>혁신형 개량신약(화합물의약품)과 혁신형 개량 신약의 원료를 개발 · 제조하는 시설</td></tr>
<tr><td colspan="2">6)~7) 삭 제(2023.8.29.)</td></tr>
<tr><td>나. 의료기기 · 헬스케어</td><td>1) 기능 융합형 초음파 영상기술</td><td>조기 정밀 진단을 위한 영상기술 간 융합(X−ray − 초음파, 광음향 − 초음파) 및 정밀치료를 위한 초음파 영상유도 기반의 체외충격파 치료 기술 기반 기능 융합형 초음파 영상기기를 제조하는 시설</td></tr>
</table>

| 영 별표 7의 기술 | | | 사업화 시설 |
| --- | --- | --- | --- |
| 구분 | 분야 | 신성장 · 원천기술 | |
| 7. 바이오 · 헬스 | 나. 의료기기 · 헬스케어 | 2) 신체 내에서 생분해되는 소재 개발 및 제조 기술 | 우수한 유연성과 고강도의 기계적 물성을 가지며, 시술에 따른 혈전증 및 재협착률을 최소화하는 생분해성 스텐트를 제조하는 시설 |
| | | 3) 유전자 검사용 진단기기 및 시약의 개발 및 제조 기술 | 질병의 진단이나 건강상태 평가를 목적으로 인체에서 채취한 검체로부터 DNA(deoxyribonucleic acid), RNA(Ribo Nucleic Acid), 염색체, 대사물질을 추출하여 분석하는 기기 및 시약을 제조하는 시설 |
| | | 4) 암진단용 혈액 검사기기 및 시약의 개발 및 제조 기술 | 채취한 혈액으로부터 종양 표지자의 농도를 측정하여 암 발생 유무를 판단하는 데 활용되는 검사기기 및 시약을 제조하는 시설 |
| | | 5) 감염병 병원체 검사용 진단기기 및 시약의 개발 및 제조 기술 | 인체에서 채취된 혈액, 소변, 객담, 분변 등의 검체를 이용해 국내에서 새롭게 발생하였거나 발생할 우려가 있는 감염병 또는 국내 유입이 우려되는 해외 유행 감염병의 병원체를 검사하는 데 활용되는 기기 및 시약을 제조하는 시설 |
| | | 6) 신체기능 복원 · 보조 의료기기 기술 | 생체역학 · 바이오닉스 등 첨단 의공학 기술을 통해 영구 손상된 신체기능을 원래대로 복원하여 정상적인 일상생활을 가능하게 하는 장치를 제조하는 시설 |
| | 다. 바이오 농수산 · 식품 | 1) 비가열 및 고온 · 고압 가공처리 기술 | 초고압(1,000기압 이상), 고압전자기장, 전기저항가열, 방사선 조사와 같은 대체 열에너지를 사용하거나, 가압 · 진공 · 과열증기 및 증기직접주입법 등을 이용한 고온 · 고압 처리기술을 사용하여 미생물 수를 감소 또는 사멸시키는 가공처리 시설 |
| | | 2) 식품용 기능성 물질 개발 및 제조 기술 | 동 · 식물 및 미생물 유래 기능성 물질을 가공 또는 대량 생산하는 시설 |
| | | 3) 신품종 종자 개발기술 및 종자 가공처리 기술 | 종자의 품질을 높이기 위해 프라이밍(priming), 코팅(coating), 펠렛팅(pelleting) 등 종자를 가공 처리하는 시설 |
| | | 4) 유용미생물의 스크리닝 기술 및 유용물질 대량생산공정 기술 | 세균이나 곰팡이를 선발 · 분리하여 효용성을 평가하거나 이들 미생물을 활용하여 균주개발, 최적활성 연구, 발효공정, 정제공정 등을 거쳐 유용물질을 대량으로 생산하는 시설 |
| | | 5) 스마트팜 환경제어기기 제작 기술 | 온실이나 축사의 온도, 습도, 이산화탄소, 악취 등을 감지하여 환경을 조절하는 센서와 이를 통해 작동하는 액츄에이터(actuator) 및 제어시스템을 제조하는 시설 |
| | | 6) 단백질 분리 · 분획 · 정제 및 구조화기술 | 물리적 · 화학적 방법을 이용하여 농 · 식품자원으로부터 단백질을 전분, 지방 등과 분리하여 용도에 맞게 분획 · 정제하는 시설, 동물세포나 조직을 배양 · 분화하는 시설 및 단백질 또는 세포를 3D 프린터, 압출식 성형방식, 지지체 등을 통해 구조화하고 원료 · 소재와 제품을 대량으로 생산하는 시설 |

| 영 별표 7의 기술 | | | 사업화 시설 |
|---|---|---|---|
| 구분 | 분야 | 신성장 · 원천기술 | |
| 7. 바이오 · 헬스 | 다. 바이오 농수산 · 식품 | 7) 식품 냉 · 해동 안정화 기술 | 수분전이제어, 원물코팅, 라디오 주파수 · 저온스팀(Steam) 해동 등을 활용하여 냉동원료 및 제품의 품질을 균일하게 제어할 수 있는 식품 냉 · 해동 안정화 시설 |
| | 라. 바이오 화학 | 1) 바이오매스 유래 바이오플라스틱 생산 기술 | 재생가능한 유기자원을 이용하여 직접 또는 전환공정을 통해 당 또는 리그닌을 추출 · 정제하는 시설 및 바이오플라스틱을 생산하는 시설 |
| | | 2) 바이오 화장품 소재(원료) 개발 및 제조기술 | 세포활성 제어기술, 미생물 발효 및 생물전환기술, 활성성분 대량생산기술 등의 바이오 기술(bio technology)을 활용하여 화장품의 소재(원료)를 제조하는 시설 |
| | | 3) 신규 또는 대량 생산이 가능한 바이오화학 소재 개발 및 미생물 발굴 바이오 파운드리 기술 | 바이오플라스틱, 바이오화장품 소재, 바이오생리활성 소재 등을 생산하는 미생물 확보를 위한 유전자 편집 등의 합성생물학 기술과 이를 활용한 디자인, 제작, 시험, 학습 등의 순환 과정을 수행하는 바이오파운드리 시설 |
| 8. 에너지 신 · 환경 | 가. 에너지 저장 시스템 (ESS: Energy Storage System) | 1) 비리튬계 이차전지 소재 등 설계 및 제조기술 | 흐름전지(Flow Battery)에 사용되는 전극 · 멤브레인(Membrane) · 전해질 · 저가 분리판 · 스택(Stack)을 제조하는 시설 및 나트륨(Sodium)계 이차전지에 사용되는 소재(양극 · 음극 · 전해질) · 셀(Cell) · 모듈(Module)을 제조하는 시설(2023.3.20. 개정) |
| | | 2) 전력관리시스템 설계 및 전력변환 장치 설계 및 제조 기술 | 저장장치 전력과 전력계통 간의 특성을 맞춰주는 전력변환장치(PCS, Power Conversion System)를 제조하는 시설 |
| | | 3) 배터리 재사용 · 재제조를 위한 선별 기술 | 초기용량 대비 80% 이하로 수명이 종료된 전기동력 자동차 배터리를 검사 · 분해 · 평가하는 시설 |
| | | 4) 고성능 리튬이차전지 기술 | 265wh/kg 이상의 에너지밀도 또는 6C-rate 이상의 방전속도를 충족하고 안전성이 향상된 고성능 리튬이차전지에 사용되는 부품 · 소재 · 셀(cell) 및 모듈(module)을 제조하는 시설 |
| | | 5) 전기동력 자동차의 에너지저장 시스템 기술 | 전기동력 자동차(xEV)의 주행거리 연장, 충전시간 단축 등을 위해 에너지 밀도를 160Wh/kg 이상으로 구현한 이차전지를 생산하는 시설 |
| | 나. 발전 시스템 | 1) 대형가스터빈 부품 및 시스템 설계 · 제작 · 조립 · 시험 평가기술 | 천연가스를 연소시킬 때 발생하는 고온 고압의 에너지로 발전기를 회전시켜 전기를 생산하는 용량 380MW 이상, 효율 43% 이상의 터빈 및 부품을 제조하는 시설 |
| | | 2) 초임계 이산화탄소 터빈구동 시스템 | 열원을 활용하여 생성된 초임계상태의 이산화탄소(supercritical $CO_2$)를 작동 유체로 터빈을 구동하는 고효율 터빈 · 압축기 · 열교환기 등 발전설비 및 시스템을 제조하는 시설 |

| 영 별표 7의 기술 | | | 사업화 시설 |
|---|---|---|---|
| 구분 | 분야 | 신성장 · 원천기술 | |
| 8. 에너지 신 · 환경 | 다. 원자력 | 1) 원자로 냉각재 펌프 설계 기술 | 원자로에서 핵반응을 통해 발생되는 열을 제거하여 증기발생기로 보내기 위해 냉각재를 순환시키는 원자력발전소 핵심 기기인 원자로냉각재펌프를 제조하는 시설 |
| | | 2) 내열 내식성 원자력 소재 기술 | 방사선, 고온 및 부식성 환경속에서 내부식성을 극대화시킬 수 있는 내열 · 내식성 소재(핵연료 피복관, 증기발생기 세관(340℃ · 150기압의 1차 냉각수 및 300℃ · 50기압의 2차 냉각수 노출 가능), 원자로 내부 구조물(중성자 조사 및 340℃ · 150기압의 1차 냉각수 노출 가능) 등을 생산하는 시설 |
| | | 3) 방사선이용 대형 공정 시스템 검사기술 | 철강 배관의 손상 진단 및 미세 결함 검출을 위한 와전류 자동검사 장비, X선 발생장치와 이리듐(Ir)$^{-192}$ 감마선 조사장치에 적합한 이동용 방사선투시 장비를 제조하는 시설 |
| | | 4) SMR(Small Modular Reactor) 제조 기술 (2024.3.22. 개정) | 탄력운전 대응 열적성능강화 핵연료집합체, 혁신형 제어봉집합체, 무붕산 노심설계가 가능한 일체형 가연성 흡수봉 제조시설, 증기발생기 전열관 제조 시설 및 원자로 · 증기발생기 · 가압기 등 주요 기기가 일체화된 원자로모듈을 제조하는 시설 |
| | | 5) 친환경 · 저탄소 후행 핵주기 기술 (2024.3.22. 신설) | 원전 해체, 해체 원전 계통 · 기기 · 구조물 제염, 금속 · 콘크리트구조물 절단, 해체 폐기물 처리 · 감용, 방폐물 인수 · 처리 및 방폐물 운반 · 저장에 필요한 설비를 제조하는 시설 |
| | | 6) 대형 원자력발전소 제조기술 (2024.3.22. 신설) | 원자로 · 내부구조물, 핵연료 취급 · 검사장비, 증기발생기 · 가압기, 원자로 냉각재펌프, 증기터빈 · 주발전기 및 보조기기를 제조하는 시설 |
| | | 7) 혁신 제조공법 원전 분야 적용 기술 (2024.3.22. 신설) | 분말–열간등방압성형(PM–HIP) 기술, 전자빔 용접(EBW) 기술, 다이오드 레이저 클래딩(DLC) 기술 또는 원전기자재 적층 제조 기술을 활용하여 원전 기자재를 제조하는 시설 |
| | 라. 오염 방지 · 자원 순환 | 1) 미세먼지 제거 및 고정밀 미세먼지 · 온실가스 동시 측정 기술 | 미세먼지 및 원인가스를 동시에 제거하고 세척 후 재사용이 가능한 세라믹필터 및 촉매 시설, 기액접촉층 및 습식 플라즈마(wet plasma)를 통한 무필터 정화 시설, 0.3㎛ 이하 고정밀 미세먼지를 수분과 구별하여 측정하는 시설 및 공정내부 미세먼지 온실가스 농도 동시 실시간 측정 시설 |
| | | 2) 차세대 배기가스 규제 대응을 위한 운송 · 저장시스템 기술 | 운송 · 발전용 기관을 운전할 때 배출되는 배기가스 내의 질소산화물 및 배기배출물을 과급기 하류측에서 선택적촉매환원법(SCR, Selective Catalytic Reduction) 등을 사용하여 저감시키는 시스템 · 부품을 제조하는 시설 |
| | | 3) 디젤 미립자 필터(DPF) 제조 기술 | 디젤이 제대로 연소하지 않아 생겨나는 탄화수소 찌꺼기 등 유해물질을 모아 필터로 걸러낸 뒤 550℃ 이상의 고온으로 다시 태워 오염물질을 줄이는 저감장치를 제조하는 시설 |
| | | 4) 폐플라스틱 물리적 재활용 기술 | 폐플라스틱의 분리 · 선별, 세척, 파쇄 · 용융 · 배합 등 물리적 재활용 과정을 거쳐 재생원료 및 플라스틱 제품 등을 제조하는 시설 |

| 영 별표 7의 기술 | | | 사업화 시설 |
|---|---|---|---|
| 구분 | 분야 | 신성장·원천기술 | |
| 8. 에너지 신·환경 | 라. 오염 방지·자원 순환 | 5) 폐플라스틱 등의 화학적 재활용을 통한 산업원료화 기술 | 폐플라스틱·폐타이어·폐섬유의 해중합, 열분해 또는 가스화 공정을 거쳐 화학원료·고부가가치 탄소화합물 제품 등을 제조하는 시설 (2023.3.20. 개정) |
| | | 6) 생분해성 플라스틱 생산기술 | 바이오화학 및 석유화학 원료를 사용하여 생분해성이 향상된 플라스틱 컴파운드[「환경기술 및 환경산업 지원법」 제17조에 따라 환경표지 인증을 받거나 수출을 목적으로 하는 생분해성 수지제품 및 해당 제품의 원료로 사용되는 경우에 한한다]를 제조하고 물성을 증대하는 시설 |
| | | 7) 폐기물 저감형 포장소재 생산 기술 | 복합소재의 단일화, 오염 저감 표면처리, 수(水)분리성 강화 등 포장재의 재활용도를 개선하는 포장재 생산 시설 및 소재 경량화, 석유계 용제 저감 등 포장재와 관련된 플라스틱·오염물질의 발생을 저감하는 포장재 생산 시설 |
| 9. 융복합 소재 | 가. 고기능 섬유 | 1) 탄소섬유복합재의 가공장비 및 검사장비 설계·제조기술 | 탄소섬유복합재 부품가공을 위한 복합 가공장비[관련되는 공구, 부품 고정을 위한 유연지그, 공정 모니터링 센서모듈 및 컴퓨터수치제어기(CNC, Computerized Numerical Controller) 등을 포함한다]를 제조하는 시설 및 탄소섬유복합재 가공 품질 검사를 위한 검사장비를 제조하는 시설 |
| | | 2) 극한성능 섬유 제조기술 | 고탄성·고강도 탄소섬유, 섬유용 CNT(Carbon Nano Tube, 탄소나노튜브) 또는 고탄성·고강도·고내열성(250℃ 이상)·고내한성(−153℃∼−273℃) 아라미드(Aramid)·초고분자량 폴리에틸렌(UHMWPE, Ultra-High Molecular Weight Polyethylene)·액정섬유를 제조하는 시설 및 이들의 복합화 설계를 통한 초경량, 고탄성, 고강도, 고내열(한)성 섬유복합체를 제조하는 시설 |
| | | 3) 섬유기반 전기전자 소재·부품 및 제품 제조기술 | 전기 또는 광 신호의 생산, 저장 또는 전달이 가능한 전도성 섬유를 가공·변형하여 트랜지스터, 저항, 콘덴서, 안테나 등의 전자회로 소자를 직물 형태로 구현하기 위한 소재·부품 및 제품을 제조하는 시설 |
| | | 4) 의료용 섬유 제조기술 | 생체적합성(생체재료가 생체조직이나 체액·혈액 등과 접촉 시 거부반응이 나타나지 않는 특성)과 생체기능성(생체재료가 체내에서 존재하는 동안 목표한 기능을 완전히 수행 가능한 특성)을 갖춘 의료용 섬유로서, 약물전달용 나노섬유, 바이러스·세균 감응섬유구조체, 혈액의 투석·정화용 섬유구조체, 손상조직을 대체 가능한 섬유구조체 또는 꼬이지 않고 계속되는 수축·팽창에 견딜 수 있는 인공혈관 섬유구조체를 제조하는 시설 |
| | | 5) 친환경섬유 제조기술 | 환경친화적 섬유 원료를 사용한 섬유로서 생분해성 섬유고분자, 열가소성 셀룰로오스 섬유 또는 바이오매스 나노섬유를 제조하는 시설 |

| 영 별표 7의 기술 | | | 사업화 시설 |
|---|---|---|---|
| 구분 | 분야 | 신성장 · 원천기술 | |
| 9. 융복합 소재 | 가. 고기능 섬유 | 6) PTFE(PolyTetra Fluoro Ethylene) 멤브레인 기반 고성능 복합필터 제조기술 | 공기중의 0.3um 크기의 입자 99.97% 이상을 균일하게 포집할 수 있는 PTFE 멤브레인 기반의 고성능 복합필터 핵심 소재 · 부품을 제조 · 가공하는 시설 |
| | | 7) 특수계면활성제 제조 기술 | 전자부품 제조 공정용으로 사용되는 저표면에너지(24~27 mN/m, 0.1% solution/PGMEA), 극미량의 금속함유량(100ppb 이하) 특성을 지닌 불소계 계면활성제 및 도료 및 포소화제의 기능향상을 위한 첨가제 등으로 사용되는 저표면에너지(15~18 mN/m, 0.1% 수용액), 극미량의 PFOA(Perfluorooctanoic Acid) 함유량(1ppm 미만) 특성을 지닌 불소계 계면활성제 제조 시설 |
| | | 8) 극세 장섬유 부직포 및 복합필터 제조기술 | 유해물질을 여과 · 분리 · 차단하는 1㎛이하 극세 장섬유 부직포 및 HEPA(High Efficiency Particulate Air)급 이상의 고성능 정밀여과 복합필터를 제조하는 시설 |
| | 나. 초경량 금속 | 1) 고강도 마그네슘 부품의 온간성형기술 | 미세조직 구성인자의 제어와 성형기법의 개선을 통해 저온(150℃ 이하)에서 성형 가능한 고품위 · 고강도 Mg(마그네슘) 부품을 제조하는 시설 |
| | | 2) 차세대 조명용 고효율 경량 방열 부품 생산기반기술 | 알루미늄 등 경량소재를 이용하여 주조, 성형 및 표면처리를 통해 방열 부품을 제조하는 시설 |
| | 다. 하이퍼 플라스틱 | 인성특성이 향상된 고강성 하이퍼플라스틱(High Performance Plastics) 복합체 제조 및 가공 기술 | 고강성 하이퍼플라스틱의 인성특성을 개선하여 고충격성(60KJ/m² 이상), 내화학성(온도 23℃의 염화칼슘 5% 용액에 600시간 담근 후 인장강도 유지율 90% 이상), 내마모성(50 rpm, 150N, 측정거리 3Km 조건으로 내마모 시험 후 마모량 1.0 mm³/Kgf · Km 이하) 중 하나 이상의 특성을 지닌 고강성 · 고인성 하이퍼플라스틱 복합체를 제조하는 시설 |
| | 라. 구리 합금 | 1) 고강도 구리합금 설계 · 제조기술 | 인장강도 900Mpa 이상의 고강도 특성을 갖춘 주석함유 구리합금(Cu-Ni-Sn계)을 제조 · 가공하는 시설 |
| | | 2) 구리 및 구리합금 박판 제조기술 | 자동차, 전기 · 전자 분야의 고성능 · 소형화에 적용 가능한 두께 0.1mm 이하의 구리 및 구리합금 박판을 제조 · 가공하는 시설 |
| | 마. 특수강 | 1) 고청정 스테인레스계 무계목강관 · 봉강 제조기술 | 망간 함유량 0.8% 이하 및 황 함유량 0.005% 이하로 제어된 고청정 스테인리스계 합금을 활용하여 용접이음매를 갖지 않는 강관 및 봉 형태의 철강재를 제조 · 가공하는 시설 |
| | | 2) 고기능성 H형강 제품 제조기술 | 고강도(420Mpa급 이상), 고인성(-40℃ 이하에서 충격값 50 Joule 이상) 특성을 갖는 고기능성 H형강 제품을 제조 · 가공하는 시설 |
| | | 3) 장수명 프리미엄급 금형소재 제조기술 | 기존 교체주기 5만회의 금형대비 30% 이상 수명이 향상된 합금설계, 고청정 특수강을 제조 · 가공하는 시설 |

| 영 별표 7의 기술 | | | 사업화 시설 |
|---|---|---|---|
| 구분 | 분야 | 신성장 · 원천기술 | |
| 9. 융복합 소재 | 바. 기능성 탄성 · 접착 소재 | 1) 고기능 불소계 실리콘 제조 · 가공 기술 | 내열성(온도 175℃에서 22시간 동안 영구압축줄음율 30% 이내), 내화학성(150℃, 240시간 내유체적변화율 10% 이하) 및 저온성(-66℃ 이하에서 기밀력 1800psi 이상)의 특성을 지닌 불소계 실리콘 고무 합성 및 분자량 제어 관련 제조시설 |
| | | 2) 고기능 불소계 고무 제조 · 가공 기술 | 2원계 이상의 공중합체로서 불소함량이 50% 이상이며 내한성(어는점 -15℃ 이하), 내열성(200℃ 이상) 및 내화학성(온도 25℃ Fuel-C에서 체적변화율 4% 이내)을 갖춘 불소계 고무 제조 · 가공시설 |
| | | 3) 고기능 부타디엔 고무 제조 · 가공 기술 | 고상 및 액상 기능성(Cis content 90% 이상, 무니점도(ML1+4, 100℃) 40 이상) 부타디엔류 고무 제조 기술과 고내마모성(내마모도 60㎣ 이하, 구름저항 5.5 이하) 부타디엔 고무 제조 · 가공 시설 |
| | | 4) 고기능 비극성계 접착소재 제조기술 | Haze 1% 이하의 광학특성과 연속사용온도 100℃의 열안정성을 갖는 실리콘계 점착 · 접착 소재 및 300℃ 이상의 고온가공 성형이 가능한 아크릴레이트 함량 5~35% 또는 관능기의 함량 1.2~8%의 에틸렌계 점착 · 접착 소재 제조 시설 |
| | | 5) 고기능 에폭시 수지 접착소재 제조 기술 | 에폭시 수지를 주성분으로 하여 경량 수송기기 부품의 구조 접착에 사용되는 전단강도 25MPa 이상, 저온 충격강도 20 N/mm 이상, T-박리강도 250N/25mm 이상의 기계적 성능을 갖는 접착소재 제조기술과 전자부품의 접착에 사용되는 WVTR(Water Vapor Transmission Rate) 0g/㎡ · 24h 이하 및 20kV/mm 이상의 전기절연성을 갖는 비할로겐형 접착소재 제조시설 |
| | 사. 희소 금속 · 핵심 소재 | 1) 타이타늄 소재 제조기술과 금속 재료 부품화 기술 | 사염화타이타늄($TiCl_4$), 스폰지, 잉곳, 루타일 및 아나타제 이산화 타이타늄($TiO_2$) 등의 소재를 제조 및 부품화하는 시설 |
| | | 2) 고순도 몰리브덴 금속 · 탄화물 분말 및 금속괴 제조 기술 | 순도 99.5% 이상의 몰리브덴 금속분말, 순도 99% 이상의 몰리브덴 탄화물 분말 및 순도 99.95% 이상의 몰리브덴 금속괴를 제조 · 가공하는 시설 |
| | | 3) 중희토 저감 고기능 영구자석 생산 기술 | 결정립도 5μm 이하 소결체 제조 및 결정립 주변 나노단위 두께의 중희토 확산층 형성 등을 통해 기존 자석 대비 중희토 함유량을 50% 이상 절감하여 고기능 영구자석을 생산하는 시설 |
| | | 4) 차세대 배기가스 규제 대응을 위한 핵심소재 생산 기술 | 포집된 이산화탄소를 활용하여 운송 · 발전 · 산업용 기관을 운전할 때 배출되는 배기가스내 질소산화물, 황산화물 등 배기배출물을 저감시키기 위해 필요한 핵심소재 제조시설 |

| 영 별표 7의 기술 | | | 사업화 시설 |
|---|---|---|---|
| 구분 | 분야 | 신성장 · 원천기술 | |
| 10. 로봇 | 가. 첨단 제조 및 산업 로봇 | 1) 고청정 환경 대응 반도체 생산 로봇 기술 | 청정환경에서 450mm 대형 웨이퍼, 일반 반도체를 핸들링하며 5Port 이상 대응 가능(수평 이송범위 2,100mm 이상 및 수직 이송범위 900mm 이상)한 청정환경용 반도체 로봇을 제조하는 시설 |
| | | 2) 차세대 태양전지(Solar cell) 제조 로봇 기술 | 고진공/고청정 환경의 태양전지 생산 현장에서 대면적 · 고중량 기판을 핸들링할 수 있는 로봇을 제조하는 시설 |
| | | 3) 실내외 자율 이동 · 작업수행 로봇 | 농업, 건설, 물류, 보안 · 감시 분야에서 광범위 거리측정센서, GPS 등을 활용하여 실내외 환경에서 경로를 계획하여 주행하고(미리 정해진 경로를 따라가는 방식은 제외), 자율적으로 작업을 수행하는 지능형 로봇 및 기계를 제조하는 시설 |
| | | 4) 평판 디스플레이(FPD) 이송로봇 기술 | 일반 대기압 또는 진공 환경 하에서 고중량(400kg 이상)의 FPD(Flat Panel Display) 및 마스크를 이송하는 로봇을 제조하는 시설 |
| | | 5) 협동기반 차세대 제조로봇 기술 | 사용자와 같은 공간에서 협업이 가능한 초소형(가반하중 1kg 미만) 및 중대형(가반하중 25kg 이상) 로봇을 제조하는 시설 |
| | 다. 의료 및 생활 로봇 | 1) 수술, 진단 및 재활 로봇기술 | 로봇기술을 이용한 진단 보조, 시술 · 수술보조와 이에 따른 환자의 조기 치유 · 재활이 목적인 의료로봇을 제작하는 시설 |
| | | 2) 간병 및 케어 로봇 기술 | 간호사의 단순반복 업무 지원 및 환자의 정서케어 서비스 지원이 가능한 로봇을 제작하는 시설 |
| | | 3) 안내, 통역, 매장 서비스, 홈서비스 등의 안내로봇 기술 | 공공접객 장소 내에서 다양한 멀티미디어 콘텐츠를 활용한 제품 및 서비스 등을 효과적으로 안내하고 홍보하는 로봇을 제작하는 시설 |
| | | 4) 원격현실(Tele-presence) 로봇 기술 | 자율이동기능, 진단 · 지시용 매니퓰레이터 및 얼굴모션 동기화 등의 기술구현을 통한 원격진료 · 진료자문 및 교육 등이 가능한 Tele-presence 로봇을 제작하는 시설 |
| | | 5) 생활도우미 응용 서비스 기술 | 가정 및 사회 환경 내에서 인간과 교감하며 정보의 취득, 일상생활 및 가사노동을 지원하는 지능형 로봇으로서 심부름, 가사작업 및 이동 보조형 로봇을 제작하는 시설 |
| | | 6) 유치원, 초등학교에서 교사를 보조하는 교육로봇 기술 | 유치원이나 초등학교에서 교과과정에 적합한 교육 컨텐츠 및 로봇플랫폼을 활용하여 교사를 보조하여 학습하는 교육로봇을 제작하는 시설 |
| | 라. 로봇 공통 | 1) 모터, 엔코더, 드라이버 일체형의 구동 기술 | 로봇용 관절구성에 필요한 모터, 엔코더, 감속기, 드라이버를 모두 하나의 몸체에 넣어서 만든 관절구동형 액츄에이터(Actuator)를 제작하는 시설 |
| | | 2) 웨어러블 로봇 기술 | 인체에 착용하여 인체 동작의도를 인식하고 추종제어 알고리즘을 통해 착용자의 신체능력 증강 및 운동을 지원하는 착용형 로봇을 제작하는 시설 |

| 영 별표 7의 기술 | | | 사업화 시설 |
|---|---|---|---|
| 구분 | 분야 | 신성장 · 원천기술 | |
| 11. 항공 · 우주 | 가. 무인 이동체 | 1) 무인기 전기구동 핵심부품 기술 | 전기동력을 기반으로 무인기의 조종, 이착륙, 추진 등을 담당하는 핵심부품을 제조하는 시설 |
| | | 2) 물류 배송용 드론 제조기술 | 일정 중량(10kg) 이상 물품을 100% 신뢰성을 확보한 비가시권 비행으로 안전하게 운송 가능한 드론과 기능개선에 필요한 소재(열전도율 5kcal/m · h 대비 10% 이상 개선) · 부품(세계최고 CPU 속도대비 약 66% 이상 처리성능 개선) · 장비(다지점 배달용 물품 적재함, 물품배송 드론용 도킹스테이션 등의 경량화)를 설계 및 제조하는 시설 |
| | | 3) 드론용 하이브리드 추진 시스템 기술 | 전기배터리 무인기의 체공시간(120분 이상) 및 탑재량(12kg 이상) 증대를 위해 엔진 동력을 이용하여 전기모터를 동작시키는 하이브리드 추진시스템과 관련한 소재 · 부품 및 장비를 제조하는 시설 |
| | 나. 우주 | 위성탑재체 부분품 개발기술 | 인공위성 탑재를 목적으로 하는 광학 탑재체, 영상레이더 탑재체, 통신 · 방송 탑재체, 우주과학 탑재체, 항법 탑재체 시스템 및 위성용 영상자료처리장치, 주파수 변조기 및 안테나 등을 제조하는 시설 |
| 12. 첨단 소재 · 부품 · 장비 | 가. 첨단 소재 | 1) 고기능성 알루미늄 도금강판 제조 기술 | 550℃에서 200시간 유지 가능한 내열성과 SST(Stainless Steel) 2400(KSD9502)시간 보증 가능한 내식성이 우수한 고성능 알루미늄 도금강판을 제조 · 가공하는 시설 |
| | | 2) 고순도 산화 알루미늄 제조기술 | 순도 99.9% 이상의 산화알루미늄 분말 제조를 위한 합성, 가공, 고순도화, 고밀도화 등의 제조시설 |
| | | 3) 고기능성 인조흑연 제조기술 | 인조흑연 제조용 피치 및 코크스 제조 시설, 전극봉 · 등방블록 · 흑연분말 성형 및 2,800℃ 이상의 열처리를 통한 흑연화 제조 시설 |
| | 나. 첨단 부품 | 1) 고정밀 롤러베어링 및 볼베어링 설계 · 제조 기술 | 구름베어링의 일종으로 내외륜 사이에 다수의 볼 또는 롤러를 삽입하여 마찰을 감소시켜 고속운전을 돕거나 큰 하중에 견딜 수 있는 정밀도 P5급 이상의 기계부품 설계 · 제조 시설 |
| | | 2) 고압 컨트롤 밸브 설계 · 제조 기술 | 유압펌프에서 발생한 330 Bar 이상 고압의 유체에너지를 작업자의 작업의도에 따라 각 유압 액추에이터, 선회 및 주행의 유압모터 등에 공급하며, B5 10,000시간 이상의 높은 내구 신뢰성을 가지는 메인 컨트롤 벨브 부품 설계 · 제조 시설 |
| | | 3) 고정밀 볼스크류 설계 · 제조기술 | 회전운동을 직선운동으로 변환하는 정밀도 C3급 이상, 축방향 공차 5μm 이내의 동력전달부품 설계 · 제조 시설 |
| | | 4) 능동마그네틱 베어링 설계 · 제조기술 | 자력을 이용하여 회전축을 지지하고, 윤활제가 필요 없이 극저온(−250℃ 내외) 또는 고온(300℃ 이상), 진공에서 축의 회전궤적을 능동적으로 제어할 수 있는 부품 설계 · 제조 시설 |
| | | 5) 고성능 터보식 펌프 설계 · 제조기술 | 임펠러 및 블레이드가 회전함으로써 기계의 운동에너지를 유체 · 기체의 압력에너지로 전환하여 2,500L/s 이상의 배기속도 및 $1.3 \times 10^{-9}$ mbar 이상의 최고 진공도를 만드는 터보식 펌프의 설계 · 제조 시설 |

| 영 별표 7의 기술 | | | 사업화 시설 |
|---|---|---|---|
| 구분 | 분야 | 신성장 · 원천기술 | |
| 12. 첨단 소재 · 부품 · 장비 | 나. 첨단 부품 | 6) 특수 렌즈 소재 · 부품 · 장비 제조기술 | 고배율[굴절률(nd) 2.0 이상], 야간 투시[원적외선(파장 8~12 ㎛) 투과율 50% 이상], 자외선투과[자외광(193nm) 투과율 80% 이상] 등 특수용도로 사용되는 카메라 구성에 필요한 특수 광학소재의 소재 · 부품 · 장비 제조 시설 |
| | 다. 첨단 장비 | 1) 첨단 머시닝센터 설계 · 제조기술 | 자동공구교환장치(Automatic Tool Changer)를 장착하여, 밀링, 드릴링, 보링가공 등 여러 공정의 작업을 수행할 수 있는 가공정밀도 5μm 이내, 동시 제어 5축 이상, 최대 스핀들 속도 12,000rpm 이상의 절삭가공장비 및 부품의 설계 · 제조 기술 [가공 회전수, 축 이동, 진동오차 제어 등 머시닝센터의 고정밀 작업을 제어하는 CNC(Computerized Numerical Controller) 모듈 관련 기술 포함] 제조 시설 |
| | | 2) 열간 등방압 정수압 프레스 설계 · 제조 기술 | 기체 또는 액체를 압력매체로 활용하여 1,500℃이상에서 작동하면서 1분당 최고 50℃의 속도로 냉각이 가능하고, 금속 소재를 모든 방향에서 100MPa 이상의 정수압 또는 등방압 조건으로 가압하는 직경 1,000mm 이상의 프레스 장비 설계 · 제조 시설 |
| | | 3) 연삭가공기 설계 · 제조 기술 | 사파이어, 다이아몬드 등 고정도의 광물입자를 결합제로 고정시킨 숫돌을 이용하여 평면 · 원통 등 단순한 형태가 아닌 복잡한 형태의 가공공정을 수행하는 장비 설계 · 제조 시설 |
| | | 4) 첨단 터닝센터 | 원통형 부품의 가공을 위해 소재를 회전시키면서 절삭 공구가 상대 이동하는 가공정밀도 5μm 이내, 최대 스핀들 속도 3,000rpm 이상의 절삭가공장비 설계 · 제조 시설(ISO 7등급 이하의 기어 제조를 위한 고속 스카이빙 가공장비 관련 시설 포함) |
| | | 5) 첨단 회전 성형기 설계 · 제조 기술 | 다축 정밀 동시제어시스템을 갖추고, 회전하는 주축과 롤러, 맨드릴을 이용하여 최대 성형롤 하중 60kN 이상, 최대 성형품 직경 500mm 이상, 성형 정밀도 ±0.5mm를 충족하는 성형장비 설계 · 제조 시설 |
| | | 6) 첨단 밸런싱머신 설계 · 제조기술 | 회전기계의 핵심부품인 회전부의 불균일한 질량분포를 측정한 후, 베어링으로 전달되는 힘이나 진동을 국제규격(ISO 21940-21) 규정 이내가 되도록 불균일 질량을 교정하는 장비 설계 · 제조 시설 |
| | | 7) 첨단 레이저 가공장비 설계 · 제조기술 | 절단, 천공, 용접, 정밀가공 등을 위해 고출력 레이저 가공헤드로 공작물을 용융 · 증발시켜서 분리하는 5축 이상의 레이저 가공장비를 설계 · 제조하는 시설 |
| | | 8) 방전가공기 장비 · 부품의 설계 · 제조기술 | 공작물과 전극 사이에 불꽃 방전을 일으켜 티타늄, 초경합금 등 난삭재의 마이크로급 초정밀 가공을 수행하는 방전가공 장비 및 핵심요소부품의 설계 · 제조 시설 |

<table>
<tr><th colspan="3">영 별표 7의 기술</th><th rowspan="2">사업화 시설</th></tr>
<tr><th>구분</th><th>분야</th><th>신성장 · 원천기술</th></tr>
<tr><td rowspan="16">13. 탄소 중립</td><td rowspan="7">가. 탄소 포집 · 활용 · 저장 (CCUS)</td><td>1) 연소 후 이산화탄소 포집 기술</td><td>화력발전소, 철강 · 화학공정 및 선박 등에서 화석연료 연소 후 발생되는 배기가스 중 이산화탄소를 효과적으로 분리하기 위한 흡수제, 흡착제, 분리막 등 분리소재를 제조하는 시설과 이산화탄소를 포집 · 분리하는 공정시설, 분리된 이산화탄소를 압축 · 정제하는 시설 (2023.3.20. 개정)</td></tr>
<tr><td>2) 연소 전 이산화탄소 포집 기술</td><td>석탄가스화 후 생성된 이산화탄소와 수소 중 이산화탄소를 분리하기 위한 흡수제, 흡착제, 분리막 등 분리소재를 제조하는 시설과 이산화탄소를 포집 · 분리하는 공정시설, 분리된 이산화탄소를 압축 · 정제하는 시설</td></tr>
<tr><td>3) 순산소 연소기술 및 저가 산소 대량 제조기술</td><td>공기 연소 대신 산소를 직접 연소하거나 매체순환연소(Chemical Looping Combustion)을 통해 별도의 분리공정 없이 이산화탄소를 포집할 수 있는 순산소 연소시설</td></tr>
<tr><td>4) 이산화탄소 지중 저장소 탐사기술</td><td>이산화탄소 포집 후 저장에 필요한 지하공간을 탐사하기 위한 물리탐사 및 시추시설</td></tr>
<tr><td>5) 이산화탄소 수송, 저장 기술</td><td>대량발생원에서 포집된 이산화탄소를 이송하기 위한 압축 · 액화 시설, 수송 시설, 수송된 이산화탄소를 지하심부에 안정적으로 저장하기 위한 시추 및 주입 시설, 이산화탄소의 거동 및 누출을 모니터링 하는 시설</td></tr>
<tr><td>6) 산업 부생가스($CO$, $CH_4$) 전환기술</td><td>제철소, 석유화학공단, 유기성 폐기물 등에서 발생하는 부생가스($CO$, $CH_4$)를 활용하여 화학 · 생물 전환기술을 통해 화학원료 또는 수송연료 등을 생산하는 시설</td></tr>
<tr><td>7) 이산화탄소 활용 기술</td><td>이산화탄소를 광물화, 화학적 · 생물학적 변환을 통해 연료 · 화학물 · 건축소재 등을 재생산하는 시설</td></tr>
<tr><td rowspan="9">나. 수소</td><td colspan="2">1) 삭 제(2023.6.7.)</td></tr>
<tr><td>2) 부생수소 생산기술 (2023.6.7. 개정)</td><td>철강제조공정, 석유화학공정, 가성소다 생산 공정 등에서 발생하는 부생가스를 분리 정제하여 수소를 생산하는 시설</td></tr>
<tr><td colspan="2">3) 삭 제(2023.6.7.)</td></tr>
<tr><td>4) 액화수소 제조를 위한 수소액화플랜트 핵심부품 설계 및 제조기술</td><td>액화수소 제조를 위한 수소액화플랜트의 액화천연가스(LNG, Liquefied Natural Gas) 냉열 이용 예냉사이클, 수소액화 공정에 필요한 부품(압축기 · 팽창기 등)을 설계 및 제조하는 시설</td></tr>
<tr><td colspan="2">5)~6) 삭 제(2024.3.22.)</td></tr>
<tr><td colspan="2">7)~8) 삭 제(2023.6.7.)</td></tr>
<tr><td>9) 액화수소 운반선의 액화수소 저장 · 적하역 및 증발가스 처리기술</td><td>액화수소 운반선 내에 액화수소를 저장 · 적하역하기 위한 극저온 화물창을 제조하는 시설 및 증발가스 처리를 위한 장치를 제조하는 시설 (2023.3.20. 신설)</td></tr>
</table>

| 영 별표 7의 기술 | | | 사업화 시설 |
|---|---|---|---|
| 구분 | 분야 | 신성장 · 원천기술 | |
| 13. 탄소 중립 | 나. 수소 | 10) 암모니아 발전 기술(2024.3.22. 신설) | 암모니아 연료를 단독으로 사용하거나 석탄 또는 천연가스와 혼합하여 전력을 생산하는 시설 및 연료전지, 가스터빈, 미분탄 보일러 및 유동층 보일러에 적용 가능한 발전 시스템을 설계 · 제작하는 시설 |
| | 다. 신재생 에너지 | 1) 고체산화물 연료전지 지지형셀 · 스택 · 시스템 기술 | 고체산화물 연료전지(SOFC)에서 중저온(650℃ 이하)에서 작동이 가능하고 출력효율이 높은 금속 · 연료극 지지형셀, 셀 · 분리판 등이 결합되어 전기와 열을 생산하는 스택, 스택을 결합하여 대량으로 발전이 가능한 시스템(발전효율 50% 이상인 4kW급 이상)을 제조하는 시설 |
| | | 2) 삭 제(2023.6.7.) | |
| | | 3) 고체산화물 연료전지 소재 기술 | 650℃ 이하에서 작동하는 연료전지로 다양한 연료[수소, 액화석유가스(LPG, Liquefied Petroleum Gas), 액화천연가스(LNG, Liquefied Natural Gas) 등]의 사용이 가능하고 전도세라믹(Conducting Ceramic)을 이용하며 복합발전시스템이 가능한 전력변환장치로서 발전용 연료전지로 사용하는 소재를 제조하는 시설 |
| | | 4) 페보브스카이트, 페로브스카이트 · 결정질 실리콘 등 탠덤 태양전지 핵심소재 제조 및 대면적화 기술 | 고효율성 및 고내구성을 가진 대면적 웨이퍼, 광활성층, 전자 · 정공수송층, 투명전극, 금속전극, 금속리본, 봉지, 경량 전후면 외장 재료 등의 핵심소재를 제조하는 시설 및 페로브스카이트(Perovskite), 페로브스카이트/결정질 실리콘 등 탠덤 대면적 · 고효율 셀과 고내구성 · 고출력 태양광 모듈을 제조하는 시설(대면적 제조장비, 연속 공정기술 포함) |
| | | 5) 풍력에너지 생산 기술로서 회전동력을 증속시켜 발전기에 전달하는 부품 설계 및 제조 기술 | 블레이드(blade)로부터 전달되는 회전력을 전달받아 증속하여 발전기에 전달하는 장치를 구성하는 유성기어(planet carrier) · 축(shaft) · 베어링(bearing) · 이음쇠(coupling) · 브레이크(brake) 및 제어기(controller)를 제조하는 시설 |
| | | 6) 풍력에너지 생산 기술로서 발전기 및 변환기 제조기술 | 동력 구동장치 증속기로부터 동력을 전달받아 회전자(rotor)와 고정자(stator)를 통해 전기를 발생시키는 발전기(generator)를 제조하는 시설 및 정속운전 유도발전기용 변환기, 가변속 운전 이중여자 유도발전기용 변환기 및 가변속 운전 동기발전기용 변환기를 제조하는 시설 |
| | | 7) 풍력발전 블레이드 기술 | 8MW급 이상의 풍력발전 블레이드(Blade)를 설계 및 제조하는 시설 |
| | | 8) 지열 에너지 회수 및 저장 기술 | 지열에너지 이용효율 및 경제성을 향상시키는 그라우팅(grouting) 재료를 제조하는 시설 및 지중 축열 장비를 제조하는 시설 |
| | | 9) 바이오매스 유래 에너지 생산기술 | 자연에 존재하는 다양한 자원을 이용하여 직접연소 또는 전환공정을 통해 연료로 사용할 수 있는 고형연료, 알코올, 메탄, 디젤, 수소, 항공유 등을 생산하는 시설 (2024.3.22. 개정) |

| 영 별표 7의 기술 | | | 사업화 시설 |
|---|---|---|---|
| 구분 | 분야 | 신성장·원천기술 | |
| 13. 탄소 중립 | 다. 신재생 에너지 | 10) 폐기물 액화·가스화 기술 | 재생폐기물로부터 연료유 또는 가스를 생산하기 위한 열분해·가스화 시설 |
| | | 11) 미활용 폐열 회수·활용을 통한 발전 기술 | 산업현장에서 사용되지 않고 버려지는 중저온(900℃ 이하) 미활용 폐열을 초임계 이산화탄소·유기냉매·열전소자 등을 통해 회수한 후 친환경 전기에너지 생산에 활용하는 발전설비를 제조하는 시설 (2023.3.20. 신설) |
| | | 12) 해상풍력 발전단지 내·외부 전력망에 사용되는 해저 케이블 시스템 기술 | 대용량 전력 전송을 위한 고밀도·장조장 특성을 갖는 해저케이블(HVAC 345kV 이상 또는 HVDC 500kV 이상)과 이를 변전소 등에 연결하는 내부전력망용 해저케이블(semi-wet 방식, 66kV 이상)을 제조하는 시설 (2023.3.20. 신설) |
| | | 13) 고효율 n형 대면적 태양전지와 이를 집적한 모듈화 기술 | 효율 24% 이상의 n형 대면적(M10 이상) 결정질 실리콘 태양전지 및 고출력(출력밀도 210W/㎡ 이상) 태양광 모듈을 제조하는 시설 (2023.3.20. 신설) |
| | 라. 산업 공정 | 1) 삭 제(2024.3.22.) | |
| | | 2) 함수소가스 활용 고로취입기술 | 제철소 발생 함수소가스 또는 수소가스를 고로 공정의 연료로 활용하여 철강을 제조하는 시설 |
| | | 3) 복합취련전로 활용 스크랩 다량 사용기술 | 복합취련기술을 활용한 전로공정에서 스크랩 사용량을 높임으로써 이산화탄소 배출을 저감하는 시설 |
| | | 4) 이산화탄소 반응경화 시멘트 생산기술 | 이산화탄소 반응경화 시멘트를 제조 및 양생하는 시설 |
| | | 5) 산화칼슘 함유 비탄산염 산업 부산물의 시멘트 원료화 기술 | 산화칼슘(CaO) 함유 비탄산염 원료 전처리 시설 |
| | | 6) 이산화탄소 저감 시멘트 생산을 위한 연·원료 대체기술 | 석회석 등 탄산염 광물을 비탄산염 원료로 대체하고, 수소·바이오매스·LNG 등 친환경 열원과 가연성 순환연료를 사용하는 소성시설 |
| | | 7) 시멘트 소성공정 유연탄 대체 기술 | 유연탄을 대체하기 위한 연료(가연성 폐기물, 바이오매스) 전처리 및 제조 시설, 고효율 연소를 위한 시설 및 연소 후처리 시설 |
| | | 8) 석유계 플라스틱 대체 바이오 케미칼 원료 생산기술 | 바이오 매스를 처리하여 활용 가능한 당, 지질, 글리세롤 등을 바이오 플라스틱의 원료인 케미칼 원료로 전환하여 생산하는 시설 |
| | | 9) 전기가열 나프타 분해기술 | 전기저항/유도 가열 방식을 활용한 나프타 분해공정을 통해 에틸렌·프로필렌 등 석유화학 기초원료를 제조하는 시설 |

| 영 별표 7의 기술 | | | 사업화 시설 |
|---|---|---|---|
| 구분 | 분야 | 신성장 · 원천기술 | |
| 13. 탄소 중립 | 라. 산업 공정 | 10) 반도체 · 디스플레이 식각 · 증착공정의 대체소재 제조 및 적용기술 | 반도체 · 디스플레이 제조공정에서 사용하는 식각 및 증착용 온실가스를 온난화지수(GWP, Global Warming Potential)가 낮은 가스로 대체하기 위한 소재를 제조하는 시설 |
| | | 11) 반도체 및 디스플레이 제조공정에서 배출되는 불소화합물 및 아산화질소 배출 저감기술 | 반도체 · 디스플레이 제조공정에서 배출되는 불소화합물 및 아산화질소 가스를 LNG, 전기 등을 활용하여 고온에서 분해하는 온실가스 배출저감 시설 |
| | | 12) 해상(FSRU) 및 육상 LNG터미널에서의 LNG 냉열발전 결합형 재기화 기술 | LNG 냉열의 회수 공정을 이용하여 재기화 송출 용량이 750 MMSCFD(Million Metric Standard Cubic Feet per Day) 이상이고, 소요전력의 20% 이상을 절감하고 온실가스의 20% 이상을 감소시킬 수 있는 냉열 발전이 결합된 재기화 시스템을 제작하는 시설 (2023.3.20. 신설) |
| | | 13) 철강 가열공정 탄소연료 대체기술 | 단조, 압연 공정에 사용되는 화석연료를 저탄소 연료(수소, 암모니아)로 전환하거나, 발생된 이산화탄소를 재순환시켜 에너지 효율을 향상시키는 설비를 제조하는 시설(2023.3.20. 신설) |
| | | 14) 전기로 저탄소원료(직접환원철 · 수소환원철) 활용 기술 | 전기로 용해공정에서 저탄소 원료인 직접환원철 또는 수소환원철로 철강을 제조하는 시설 |
| | 마. 에너지 효율 · 수송 | 1) 지능형 배전계통 고도화 및 운용기술 | 배전계통을 보호 · 제어하기 위한 지능형 전력장치(IED, Intelligent Electric Device)를 제조하는 시설, IED가 탑재된 배전용 개폐기 및 차단기를 제조하는 시설 및 지능형 직류배전 공급용 기기를 제조하는 시설 |
| | | 2) 지능형 검침인프라 설계 · 제조 기술 | 양방향 통신 기반의 전자식 계량기를 활용하여 전기사용정보 등을 수집 후 통합관리하는 인프라로서 실시간으로 전력가격 및 사용정보를 소비자에게 전달하여 수요반응 등을 가능케 하고, 공급자에게는 더욱 정확한 수요예측 및 부하관리 등이 가능하게 하는 설비를 제조하는 시설 |
| | | 3) 히트펌프 적용 온도 범위 확대 및 효율 향상 기술 | 친환경 냉매 개발, 열교환기 성능 향상, 사용 열원 확대를 통해 고온 · 저온의 열에너지 공급이 가능한 히트펌프 시스템을 제조하는 시설 |
| | | 4) 친환경 굴착기 개발 기술 | 순수 전기(모터), 하이브리드(모터와 엔진), 바이오연료(엔진)로 구동할 수 있는 굴착기를 설계 · 제조하는 시설 |
| | | 5) 암모니아 추진선박의 연료공급 및 후처리 기술 | 암모니아를 연료로 추진하는 선박에 적용되는 암모니아 연료 공급 시스템 및 연소 후 배기가스 후처리 시스템의 설계 · 제조 · 시험 · 평가를 위한 시설 |
| | | 6) 극저온 액체 저장 및 이송용 극저온 냉동기술 | 액화질소(끓는 점 -196℃), 액화수소(끓는 점 -253℃) 등 -196℃ 이하의 극저온 액체를 자체 증발로 인한 손실 없이 저장 및 이송하기 위해 사용하는 극저온 냉동 설비를 제조하는 시설 (2023.3.20. 신설) |

| 영 별표 7의 기술 | | | 사업화 시설 |
|---|---|---|---|
| 구분 | 분야 | 신성장 · 원천기술 | |
| 13. 탄소 중립 | 마. 에너지 효율 · 수송 | 7) 연료전지 및 배터리를 적용한 선박 발전시스템 | 연료전지 및 배터리 하이브리드 전력시스템을 선박의 발전원으로 활용하는 선박 발전시스템을 제조하는 시설 (2023.3.20. 신설) |
| | | 8) 고효율 산업용 전동기 설계 · 제조 기술 | IEC 60034-30-1규격의 IE4급 이상의 고효율 산업용 전동기를 제조하는 시설 (2023.3.20. 신설) |
| 14. 방위 산업 (2024. 3.22. 신설) | 가. 방산 장비 | 1) 추진체계 기술 | 유무인 항공기, 기동장비, 유도무기, 함정 등에 장착하는 터보제트엔진, 터보샤프트엔진, 터보프롭엔진, 터보팬엔진, 왕복엔진의 완제엔진, 부체계(엔진제어, 연료, 윤활, 기어박스 등), 구성품(팬, 압축기, 연소기, 터빈, 배기노즐 등), 소재(내열 · 경량합금, 복합재, 고온코팅 등) 등을 설계 · 제작 · 조립 · 인증 · 시험평가하는 시설 |
| | | 2) 군사위성체계 기술 | 군사용 위성체계 중 감시정찰 및 통신위성의 위성체계(전력체계, 자세제어체계, 위성탑재컴퓨터, 송수신체계, 구조체 등), 구성품(위성통신송수신 안테나, 광학장비, 영상레이더, 항법체계 등), 관련 소재, 지상장비, 발사체(고체연료) 등을 설계 · 제작 · 조립 · 인증 · 시험평가하는 시설 |
| | 나. 전투 지원 | 유무인복합체계 기술 | 유무인복합체계에 필요한 환경인식기술, 위치추정기술, 자율임무 수행기술, 유무인협업기술, 무선통신기술, 네트워크 보안기술, 의사결정지원기술, 원격통제기술 등을 활용하여 유무인복합체계를 설계 · 제작 · 조립하는 시설 |

비고 : 위 표에서 소재 · 부품 · 장비는 「소재 · 부품 · 장비산업 경쟁력 강화 및 공급망 안정화를 위한 특별조치법 시행령」 제2조 제1호 또는 제2호에 해당하는 소재 · 부품 · 장비를 말한다. (2025.3.21. 신설)

[별표 6의 2] (2025.3.21. 개정)

## 국가전략기술을 사업화하는 시설(제12조의 2 제2항 관련)

| 영 별표 7의 2의 기술 | | 사업화 시설 |
|---|---|---|
| 분야 | 국가전략기술 | |
| 1. 반도체 | 가. 첨단 메모리 반도체 설계·제조 기술 | 16nm 이하급 D램 및 128단 이상 낸드플래시 메모리 제조 시설 |
| | 나. 차세대 메모리반도체(STT-MRAM, PRAM, ReRAM, PIM, HBM, LLC, CXL, SOM) 설계·제조기술 (2024.3.22. 개정) | 기존 메모리반도체인 D램(DRAM)과 낸드 플래시메모리(Nand Flash Memory)의 장점을 조합한 STT-MRAM(Spin Transfer Torque-Magnetic Random Access Memory), PRAM(Phase-change Random Access Memory), ReRAM(Resistive Random Access Memory), 초거대 AI 응용을 위해 CPU와 메모리 간의 병목현상 해결을 목적으로 메모리반도체에 전용 AI 프로세서를 추가한 메모리시스템인 PIM(Processing In Memory), HBM(High Bandwidth Memory), LLC(Last Level Cache), CXL(Compute eXpress Link), SOM (Selector Only Memory) 등 차세대 메모리반도체 제조 시설 |
| | 다. 차세대 디지털기기 SoC 설계·제조 기술 | IoT, 착용형 스마트 단말기기, 가전, 의료기기 및 핸드폰 등 차세대 디지털 기기 SoC의 주파수 조정 기능 반도체(RF switch 등 RF반도체), 디지털·아날로그 신호의 데이터 변환 반도체(인버터/컨버터, Mixed signal 반도체 등), 메모리반도체와의 원칩화를 통한 컨트롤 IC(eNVM) 및 IoT 지능형 서비스를 적용하기 위한 지능정보 및 데이터의 처리가 가능한 IoT·웨어러블 SoC(System on Chip)의 제조 시설 |
| | 라. 고성능 마이크로 센서의 설계·제조·패키징 기술 | 물리적·화학적인 아날로그(analogue) 정보를 얻는 감지부와 논리·판단·통신기능을 갖춘 지능화된 신호처리 집적회로가 결합된 소자로서 나노기술, MEMS[Micro Electro Mechanical System, 기계부품·센서(sensor)·액츄에이터(actuator) 및 전자회로를 하나의 기판 위에 집적화)] 기술, 바이오 기술, 0.8㎛이하 CMOS 이미지센서 기술 또는 SoC (System on Chip) 기술이 결합된 고성능 센서 및 칩 패키지를 제조하는 시설 |
| | 마. 차량용 반도체 설계·제조기술 | 자동차 기능안전성 국제표준 ISO26262 및 자동차용 반도체 신뢰성 시험규격 AEC-Q100을 만족하는 MCU(Micro controller unit), ECU (Electronic control unit), 파워IC, SoC, 전기자동차, 하이브리드자동차 및 자율주행용 IC 반도체의 제조 시설 (2023.3.20. 개정) |
| | 바. 에너지효율향상 반도체 설계·제조 기술 | 에너지효율향상 반도체 설계·제조 기술: 저저항·고효율 특성을 지니며 차세대 응용 분야(전기자동차, 하이브리드자동차, 태양광/풍력발전 등 신재생에너지, 스마트그리드 등) 에 탑재되는 실리콘 기반의 에너지효율향상 반도체(SJ(Super Junction) MOSFET, IGBT, 화합물(SiC, GaN, $Ga_2O_3$) 기반의 에너지효율향상 반도체(MOSFET, IGBT) 및 모듈의 제조 시설 |
| | 사. 에너지효율향상 전력반도체(BCDMOS, UHV, 고전압 아날로그IC) 설계·제조기술(0.35㎛이하) (2023.3.20. 개정) | 실리콘 기반의 저저항·고효율 특성을 지니며 차세대 응용 분야(5G, 전기자동차, 하이브리드자동차, 차세대 디지털기기용 디스플레이, 태양광, 풍력발전 등 신재생에너지, 스마트그리드 등)에 탑재되는 아날로그, 디지털 로직, 파워소자를 원칩화한 초소형·초절전 전력반도체(0.35㎛이하 BCDMOS, 800V 이상 UHV, 12V 이상 고전압 아날로그 IC) 제조 시설 |

| 영 별표 7의 2의 기술 | | 사업화 시설 |
|---|---|---|
| 분야 | 국가전략기술 | |
| 1. 반도체 | 아. 차세대 디지털기기 · 차량용 디스플레이 반도체 설계 · 제조기술(2023.3.20. 개정) | 화면에 문자나 영상 이미지 등이 표시되도록 차세대 디지털기기 및 차량의 디스플레이(OLED, Flexible, 퀀텀닷, 롤러블, 폴더블, 마이크로LED, Mini LED, 4K · 120Hz급 이상 고해상도 LCD 등)에 구동 신호 및 데이터를 전기신호로 제공하는 반도체(DDI), 디스플레이 패널의 영상 정보를 변환 · 조정하는 것을 주기능으로 하는 반도체(T-Con), 디스플레이용 반도체와 패널에 필요한 전원전압을 생성 · 제어하는 반도체(PMIC)를 제조하는 시설 |
| | 자. SoC 반도체 개발 · 양산 위한 파운드리 분야 7nm 이하급 제조공정 및 공정 설계기술 | SoC(System on Chip) 반도체 개발 · 양산을 위한 핵심 기반기술로 파운드리(Foundry) 분야의 7nm 이하급 제조 시설 |
| | 차. WLP, PLP, SiP, 플립칩 기술 등을 활용한 2D/2.5D/3D 패키징 공정기술 및 패키징 관련 소재 · 부품 · 장비 설계 · 제조기술 | 반도체 패키징 기술(WLP, PLP, SiP, 플립칩 등)을 활용한 2D/2.5D/3D 패키징 공정기술 · 테스트 및 패키징 · 테스트 관련 소재, 부품, 장비 제조 시설 |
| | 카. 반도체용 실리콘 기판 및 화합물 기판 개발 및 제조기술 | 16nm 이하급 D램과 128단 이상 낸드플래시메모리, 7nm 이하급 파운드리 SoC, 에피텍셜 반도체용의 실리콘 기판 및 화합물(SiC, GaN, Ga2O3) 기판을 제조하는 시설 |
| | 타. 첨단 메모리반도체 및 차세대 메모리 반도체, SoC 반도체 파운드리 소재 · 장비 · 장비부품 설계 · 제조기술 | 첨단 메모리반도체(16nm급 이하 D램 및 128단 이상 낸드플래시메모리), 차세대 메모리반도체(STT-MRAM, PRAM, ReRAM) 및 SoC 반도체 파운드리의 소재, 장비 및 부품 제조 시설 |
| | 파. 포토레지스트(Photoresist) 개발 및 제조기술 | 반도체 및 디스플레이용 회로형성에 필요한 리소그래피(lithography)용 수지로서 회로의 내열성, 전기적 특성, 현상(Developing) 특성을 좌우하는 포토레지스트 및 관련 소재를 제조하는 시설[ArF(불화아르곤) 광원용 및 EUV(극자외선) 광원용] |
| | 하. 원자층증착법 및 화학증착법을 위한 고유전체용 전구체 개발 기술 | 기존의 이산화규소($SiO_2$)보다 우수한 유전특성을 갖는 high-k dielectric 박막 증착을 위한 원자층증착법(ALD, Atomic Layer Deposition) 및 화학증착법(CVD, Chemical Vapor Deposition)공정에 사용되는 전구체를 제조하는 시설 |
| | 거. 고순도 불화수소 개발 및 제조기술 | 반도체 회로형성에 필요한 순도 99.999%(5N) 이상의 고순도 불화수소를 제조하는 시설 |
| | 너. 블랭크 마스크 개발 및 제조기술 | ArF(불화아르곤) 광원 및 EUV(극자외선) 광원을 이용하여 반도체 회로를 형성하는 데 사용되는 블랭크마스크 원판 및 관련 소재[펠리클(Pellicle), 합성 쿼츠, 스터러링용 타겟 등을 포함]를 제조하는 시설 |

| 영 별표 7의 2의 기술 | | 사업화 시설 |
|---|---|---|
| 분야 | 국가전략기술 | |
| 1. 반도체 | 더. 고기능성 인산 제조 기술 | $SiN_x$, $SiO_x$ 막질의 선택적인 식각이 가능한 고선택비(1,000 이상) 인산계 식각액 제조 시설 |
| | 러. 고순도 석영(쿼츠) 도가니 제조 기술 | 반도체 웨이퍼 제조용 용융 실리콘의 오염을 막기 위한 도가니 형태의 순도 99.999%(5N) 이상의 고순도 석영 용기 제조 시설 |
| | 머. 코트막형성재 개발 및 제조기술 | 완성된 반도체 소자의 표면을 외부환경으로부터 보호하기 위해 사용하는 절연성을 가진 고감도(80mJ/㎠ 이하) 감광성 코팅 기술 또는 패키징 재배선(배선폭 7㎛ 이하) 형성 재료 제조 시설 |
| | 버. 고성능 · 고효율 시스템 반도체의 테스트 기술 및 테스트 관련 장비, 부품 설계 · 제조 기술(2023.3.20. 신설) | 1) 동작속도 250MHz 이상의 SoC(System on Chip) 반도체, 6GHz 이상의 주파수를 지원하는 RF(Radio Frequency) 반도체, AEC-Q100을 만족하는 차량용 반도체, 4,800만화소 이상의 모바일용 CMOS 이미지센서, 내전압 1,000V 이상의 전력반도체, 소스채널 900개 이상의 OLED용 DDI(Display Driver IC)의 양 · 불량 여부를 전기적 특성 검사를 통해 판단할 수 있는 테스트 시설<br>2) 1)에 따른 테스트에 사용되는 최대 검사속도 500Mbps 이상의 주검사장비, 접촉정확도 1㎛ 이하의 프로브스테이션(Probe Station), MEMS (Micro Electro Mechanial System) 기술 기반의 프로브카드를 제조하는 시설 |
| 2. 이차전지 | 가. 고에너지밀도 이차전지 팩 제조기술 | 전기차, 에너지저장장치 등에 사용되는 이차전지 팩의 중량당 에너지밀도를 160Wh/kg 이상으로 구현하기 위한 모듈 및 팩 제조 시설 |
| | 나. 고성능 리튬이차전지 부품 · 소재 · 셀 및 모듈 제조 기술 | 이차전지 셀을 기준으로 중량당 에너지밀도가 265Wh/kg 이상 또는 1시간 기준 방전출력 대비 6배 이상의 고출력(6C-rate 이상) 또는 충방전 1,000회 이상의 장수명을 충족하는 고성능 리튬이차전지에 사용되는 부품 · 소재 · 셀 및 모듈 제조 시설 |
| | 다. 사용후 배터리 평가 및 선별 기술 | 수명이 종료(초기용량 대비 80% 이하)된 전기동력 자동차 배터리를 검사 · 분해 · 평가하는 시설 |
| | 라. 사용후배터리 재활용 기술 | 수명이 종료된 사용후배터리를 친환경적으로 처리하고, 리튬, 니켈, 코발트, 구리 등 재자원화가 가능한 유가금속을 회수하는 시설(리튬 35% 이상, 니켈/코발트 90% 이상 회수) |
| | 마. 차세대 리튬이차전지 부품 · 소재 · 셀 및 모듈 제조 기술 | 중량당 방전용량이 600mAh/g 이상인 고성능 전극 또는 고체전해질을 기반으로 하는 차세대 리튬이차전지에 사용되는 부품 · 소재 · 셀 및 모듈 제조시설 |
| | 바. 하이니켈 양극재 제조기술 | 니켈 함량이 80% 이상인 고용량 양극재 및 리튬계 원자재, 금속전구체 등 양극재 원료와 관련 장비를 제조하는 시설 |
| | 사. 장수명 음극재 제조기술 | 충방전 1,000회 이상이 가능한 장수명 음극재 및 음극재 제조에 필요한 카본계 또는 금속계의 원료와 이의 제작에 필요한 장비를 제조하는 시설 |
| | 아. 이차전지 분리막 및 전해액 제조기술 | 수명특성, 신뢰성, 안전성을 향상시키는 분리막 과 저온특성, 장수명, 안전성을 향상시키는 전해액 및 이와 관련된 원료 · 장비를 제조하는 시설 |

| 영 별표 7의 2의 기술 | | 사업화 시설 |
|---|---|---|
| 분야 | 국가전략기술 | |
| 2. 이차전지 | 자. 이차전지 부품 제조기술 | 배터리 장기 사용을 위한 패키징 부품(파우치, 캔, 리드탭)과 고성능 배터리를 위한 전극용 소재부품(도전재, 바인더, 집전체) 및 이와 관련된 원료·장비를 제조하는 시설 |
| | 차. 양극재용 고순도 금속 화합물 제조·가공기술 | 금속이온 원료로부터 결정화, 정련, 전환 및 정제 기술을 활용하여 중간체 및 순도 99% 이상의 양극재용 금속화합물(수산화리튬, 탄산리튬, 황산니켈, 황산코발트, 황산망간)로 제조·가공하는 시설 |
| 3. 백신 | 가. 방어 항원 등 스크리닝 및 제조기술 | 각종 질환을 치료하거나(치료용 백신) 예방하기 위해(예방용 백신) 면역기전을 이용하여 인체질환을 방어하는 물질(항원, 핵산, 바이러스벡터 등)을 스크리닝하고 제조하는 시설 및 이를 적용한 백신을 제조하는 시설 |
| | 나. 원료 및 원부자재 등 개발·제조 기술 | 백신 개발·제조에 필요한 원료 및 원부자재(필터, 레진, 버퍼, 배양배지 등) 또는 백신의 효능을 증가시키는 물질(면역보조 제)을 제조하는 시설 |
| | 다. 생산장비 개발·제조 기술 | 백신 및 백신 원료·원부자재(필터, 레진, 버퍼, 배양배지 등) 생산에 필요한 장비를 제조하는 시설 |
| 4. 디스플레이 (2023.3.20. 신설) | 가. AMOLED 패널 설계·제조·공정·모듈·구동 기술 | 기판(유리, 플렉시블, 스트레처블) 위에 저온폴리실리콘산화물(LTPO)·저온폴리실리콘(LTPS)·산화물(Oxide) TFT를 형성한 백플레인 또는 실리콘(Silicon)에 구동소자를 형성한 웨이퍼에 발광특성을 가진 유기물을 진공 증발 증착 또는 프린팅 방식으로 형성하는 FHD 이상의 고화질 또는 고성능(고휘도, 저소비전력) 패널과 구동소자, 커버윈도우 등을 가공·조립하는 AMOLED 패널을 제조하는 시설 |
| | 나. 친환경 QD (Quantum Dot) 소재 적용 디스플레이 패널 설계·제조·공정·모듈·구동 기술 | 반치폭(FWHM, full width at half maximum) 40나노미터(nm) 이하인 RoHS(유럽 6대 제한물질 환경규제) 충족 QD 소재를 노광 또는 직접 패터닝 방식으로 제조한 패널과 구동소자, 커버윈도우 등을 가공·조립하는 친환경 QD 소재 적용 디스플레이 패널을 제조하는 시설 |
| | 다. Micro LED 디스플레이 패널 설계·제조·공정·모듈·구동 기술 | 실리콘(Silicon) 또는 사파이어(Sapphire) 기판에 저결함($1\times10^{15}/cm^3$ 이하) 에피(Epi)공정을 적용한 단축 50㎛ 크기 이하의 R·G·B 마이크로 LED를 적용한 패널과 구동소자, 커버윈도우 등을 가공·조립하는 Micro LED 디스플레이 패널을 제조하는 시설 |
| | 라. 디스플레이 패널 제조용 증착·코팅 소재 기술 | 전자이동도 9㎠/Vs 이상의 산화물 TFT(Thin Film Transistor)와 유기물(발광·공통층) 소재 및 양자점(QD)·화소격벽·폴리이미드(PI) 코팅 소재 등 디스플레이 패널 제조용 증착·코팅 소재를 제조하는 시설 |
| | 마. 디스플레이 TFT 형성 장비 및 부품 기술 | 전자이동도 9㎠/Vs 이상의 TFT(Thin Film Transistor) 형성공정에 사용되는 노광기, 물리 또는 화학적 증착기, 이온주입기, 식각기, 검사장비를 제조하는 시설 |
| | 바. OLED 화소 형성·봉지 공정 장비 및 부품 기술 (2024.3.22. 신설) | 유기증착기(Evaporation), 잉크젯장비(Inkjet), 봉지장비(Encapsulation), FMM(Fine Metal Mask) 등 OLED 화소 형성 및 봉지 공정에 사용되는 장비와 부품을 제조하는 시설 |

| 영 별표 7의 2의 기술 | | 사업화 시설 |
|---|---|---|
| 분야 | 국가전략기술 | |
| 4. 디스플레이(2023.3.20. 신설) | 사. 디스플레이 하이브리드 커버 윈도우 소재 기술 | 디스플레이 패널을 외부로부터 보호하기 위한 두께 100μm 이하 초박형 유리(Ultra Thin Glass, UTG) 및 UTG 광학증착·코팅 소재, 투과율 80% 이상인 초박형 유·무기 하이브리드 필름 등 커버 윈도우 소재 제조 시설 |
| | 아. 마이크로LED 에피(Epi)·전사·접합 소재, 부품, 장비 기술 | 고효율, 저결함 에피성장을 위한 고순도(99% 이상) 금속유기(Metal-Organic) 가스와 기판(substrate), 전극 형성을 위한 접합소재, 외부양자효율(External Quantum Efficiency, EQE) 청색 20%, 녹색 10%, 적색 5% 이상의 에피기판·칩 등 화소 형성을 위한 소재·부품 제조 시설 및 Micro LED 성장을 위한 에피 공정, 에피 LED 칩 제조를 위한 분리·보호막 공정, 백플레인 기판의 화소 영역에 칩을 전사·접합하는 공정 등에서 사용되는 장비 제조 시설 |
| 5. 수소(2023.6.7. 신설) | 가. 수전해 기반 청정수소 생산기술 | 재생에너지·원자력에너지 등 무탄소 전원, 계통제약전력(미활용전력) 등을 활용하여 물을 분해하여 청정수소를 생산·공급하는 수전해 공정의 소재·부품·스택(stack)·시스템을 설계 및 제조하는 시설 |
| | 나. 탄소포집 청정수소 생산기술 | 천연가스 또는 액화석유가스로부터 추출수소를 생산하는 과정에서 배출되는 이산화탄소를 포집하여 청정수소를 생산하는 시설 |
| | 다. 수소연료 저장·공급 장치 제조 기술 | 수소연료로 전기를 생산하여 운행되는 이동수단에 수소연료를 저장·공급하는 장치를 제조하는 시설 |
| | 라. 수소충전소의 수소 생산·압축·저장·충전 설비 부품 제조기술 | 수소충전소의 수소 생산설비, 압축설비, 저장설비, 충전설비 및 그 부품을 설계 및 제작하는 시설 |
| | 마. 수소차용 고밀도 고효율 연료전지 시스템 기술 | 연료전지 스택 출력밀도 3.1kW/L 이상 또는 연료전지 스택 운전효율[저위발열량(LHV, Lower Heating Value)에 따라 산출된 운전효율을 말한다] 60% 이상을 만족하는 수소전기차용 고밀도·고효율 연료전지시스템을 설계 및 제조하는 시설 |
| | 바. 연료전지 전용부품 제조기술 | 연료전지 핵심부품인 개질기, 막전극 접합체, 금속 분리판 또는 블로어를 제조하는 시설 |
| | 사. 수소 가스터빈(혼소·전소) 설계 및 제작 기술(2024.3.22. 신설) | 수소를 연료로 사용하여 연소시킬 때 발생하는 고온·고압의 에너지로 발전기를 회전시켜 전기를 생산하는 가스터빈의 부품 설계·제작·조립·시험·평가를 위한 시설 |
| | 아. 수소환원제철 기술(2024.3.22. 신설) | 철강 제조공정에서 수소($H_2$)를 사용하여 철광석을 환원하고, 전기용융로에서 쇳물(용선)을 생산하는 시설 |
| | 자. 수소 저장 효율화 기술(2024.3.22. 신설) | 수소를 고압기체, 액체, 암모니아, 액상 유기물 수소 저장체(LOHC) 등의 형태로 저장하거나 고체에 흡장 또는 흡착하여 저장하기 위한 시설 |
| | 차. 수소 처리 바이오에너지 생산기술 | 수소(H2)와 생물유기체에서 유래한 원료를 이용하여 직접 또는 전환공정을 통해 연료나 석유화학 원료로 사용할 수 있는 디젤, 항공유, 액화석유가스, 나프타를 생산하는 시설 |

<table>
<tr><th colspan="2">영 별표 7의 2의 기술</th><th rowspan="2">사업화 시설</th></tr>
<tr><th>분야</th><th>국가전략기술</th></tr>
<tr><td rowspan="3">6. 미래형 이동 수단 (2023.6.7. 신설)</td><td>가. 주행상황 인지 센서 기술</td><td>주행상황을 인지하는 차량탑재용 비전 센서(vision sensor), 레이더 센서(radar sensor), 라이다 센서(LIDAR sensor)를 제작하는 시설</td></tr>
<tr><td>나. 전기동력 자동차의 구동시스템 고효율화 기술 (2023.6.9. 개정)</td><td>전기동력 자동차에서 전기에너지를 운동에너지로 변환시키는 모터와 구동력을 바퀴에 전달하기 위한 감속기 · 변속기 등을 고효율화하는 구동시스템을 제조하는 시설 및 해당 고효율화 구동시스템이 적용된 전기동력 자동차를 제조하는 시설</td></tr>
<tr><td>다. 전기동력 자동차의 전력변환 및 충전 시스템 기술</td><td>최대 출력 100kW급 이상, 최대 효율 92% 이상을 만족하는 전기동력 자동차 급속충전용 전력변환장치와 전기동력 자동차와 연결되는 충전 인터페이스장치를 설계 · 제조하는 시설</td></tr>
<tr><td rowspan="4">7. 바이오 의약품 (2023.8.29. 신설)</td><td>가. 바이오 신약[바이오베터(Bio Better)를 포함한다] 후보물질 발굴 및 바이오 신약 제조 기술</td><td>유전자재조합기술, 세포배양 · 정제 · 충전 기술 등 새로운 생명공학기술을 이용하여 생명체에서 유래된 단백질 · 호르몬 · 펩타이드 · 핵산 · 핵산유도체 등을 원료 및 재료로 하는 단백질의약품 · 유전자치료제 · 항체치료제 · 세포치료제를 제조하는 시설</td></tr>
<tr><td>나. 바이오시밀러 제조 및 개량 기술</td><td>바이오시밀러를 제조하는 시설</td></tr>
<tr><td>다. 바이오의약품 원료 · 소재 제조기술</td><td>바이오의약품을 생산하기 위한 세포 배양 관련 소재(배지, 첨가물 등), 분리 · 정제 · 농축을 위해 사용하는 바이오 필터 소재, 완제품 생산을 위해 제형화에 필요한 원부자재 등을 제조하는 시설</td></tr>
<tr><td>라. 바이오의약품 부품 · 장비 설계 · 제조 기술</td><td>바이오의약품 생산 · 제조 장비와 바이오의약품 품질 분석 및 환경관리에 필요한 장비 · 부품을 설계 · 제조하는 시설</td></tr>
</table>

비고 : 위 표에서 소재 · 부품 · 장비는 「소재 · 부품 · 장비산업 경쟁력 강화 및 공급망 안정화를 위한 특별조치법 시행령」 제2조 제1호 또는 제2호에 해당하는 소재 · 부품 · 장비를 말한다. (2025. 3. 21. 신설)

조특칙 [별표 2] (2021.3.16. 개정)

**환경보전시설(제12조 제2항 제3호 관련)**

| 구 분 | 적용범위 |
|---|---|
| 1. 대기오염방지시설 및 무공해 · 저공해자동차 연료공급시설 | 가. 「대기환경보전법」에 따른 대기오염방지시설, 휘발성 유기화합물질 및 비산먼지로 인한 대기오염을 방지하기 위한 시설<br>나. 「악취방지법」에 따른 악취방지시설<br>다. 「대기환경보전법」에 따른 무공해자동차나 저공해자동차의 연료공급시설 |
| 2. 소음 · 진동방지시설 및 방음시설, 방진시설 | 「소음 · 진동관리법」에 따른 소음 · 진동방지시설, 방음시설, 방진시설 |
| 3. 가축분뇨 처리시설 | 「가축분뇨의 관리 및 이용에 관한 법률」에 따른 처리시설 |
| 4. 오수처리시설 | 「하수도법 시행령」에 따른 오수처리시설 |
| 5. 수질오염방지시설 | 「물환경보전법」에 따른 폐수배출시설로부터 배출되는 폐수를 처리하기 위한 시설 |
| 6. 폐기물처리시설 및 폐기물 감량화시설 | 「폐기물관리법」에 따른 폐기물처리시설 및 폐기물감량화시설 |
| 7. 건설폐기물 처리시설 | 「건설폐기물의 재활용촉진에 관한 법률」에 따른 건설폐기물 처리시설 |
| 8. 재활용시설 | 「자원의 절약과 재활용촉진에 관한 법률」에 따른 재활용시설 |
| 9. 해양오염방제업의 선박 · 장비 · 자재 | 「해양환경관리법」에 따른 오염방지 · 오염물질 처리시설 및 방제시설 |
| 10. 탈황시설 | 「석유 및 석유대체연료 사업법」에 따른 석유 속에 함유된 황을 제거 또는 감소시키는 시설(중유를 재가공하여 유황성분의 제거 · 분해 · 정제 과정을 통해 휘발유 · 등유 또는 경유를 생산하는 시설은 제외한다) |
| 11. 토양오염방지시설 | 「토양환경보전법」 제12조 제3항에 따른 토양오염방지시설(같은 법 시행령 제7조의 2 제2항에 따른 권장 설치 · 유지 · 관리기준에 적합한 것으로 한정한다) |
| 12. 청정생산시설 | 「환경친화적 산업구조로의 전환촉진에 관한 법률」 제4조에 따른 산업환경실천과제에 포함된 청정생산시설(투자일 현재를 기준으로 한다) |
| 13. 온실가스 감축시설 | 다음 각 목의 어느 하나에 해당하는 기술이 적용된 시설<br>가. 이산화탄소(CO2) 저장, 수송, 전환 및 포집기술<br>나. 메탄(CH4) 포집, 정제 및 활용기술<br>다. 아산화질소(N2O) 재사용 및 분해기술<br>라. 불소화합물(HFCs, PFCs, SF6) 처리, 회수 및 대체물질 제조기술 |

비고 : 각 호에 따른 환경보전시설 및 공해물질의 배출시설에 부착된 측정시설을 포함한다.

주택법 제2조【정의】

이 법에서 사용하는 용어의 뜻은 다음과 같다.

5. "국민주택"이란 다음 각 목의 어느 하나에 해당하는 주택으로서 국민주택규모 이하인 주택을 말한다.
   가. 국가·지방자치단체, 「한국토지주택공사법」에 따른 한국토지주택공사(이하 "한국토지주택공사"라 한다) 또는 「지방공기업법」 제49조에 따라 주택사업을 목적으로 설립된 지방공사(이하 "지방공사"라 한다)가 건설하는 주택
   나. 국가·지방자치단체의 재정 또는 「주택도시기금법」에 따른 주택도시기금(이하 "주택도시기금"이라 한다)으로부터 자금을 지원받아 건설되거나 개량되는 주택
6. "국민주택규모"란 주거의 용도로만 쓰이는 면적(이하 "주거전용면적"이라 한다)이 1호(戶) 또는 1세대당 85제곱미터 이하인 주택(「수도권정비계획법」 제2조 제1호에 따른 수도권을 제외한 도시지역이 아닌 읍 또는 면 지역은 1호 또는 1세대당 주거전용면적이 100제곱미터 이하인 주택을 말한다)을 말한다. 이 경우 주거전용면적의 산정방법은 국토교통부령으로 정한다.

조특칙 [별표 3] (2021.3.16. 개정)

**장애인·노인·임산부 등의 편의시설 등(제12조 제2항 제4호 다목 관련)**

| 구 분 | 적용범위 |
|---|---|
| 1. 장애인·노인·임산부 등을 위한 편의시설 | 가. 장애인용 승강기, 장애인용 에스컬레이터, 휠체어 리프트, 시각 및 청각 장애인 유도·안내설비, 점자블록, 시각 및 청각 장애인 경보·피난설비, 장애인용 화장실에 설치되는 장애인용 대변기·소변기·세면대, 장애인 등이 이용 가능한 접수대·작업대 및 장애인 등이 출입가능한 자동문<br>나. 장애인 등이 통행할 수 있는 계단·경사로, 장애인 등이 이용할 수 있는 객실·침실 및 장애인 등이 이용할 수 있는 관람석·열람석 |
| 2. 버스, 기차 등교통수단에 설치하는 편의시설 | 자동안내방송장치, 전자문자안내판, 휠체어승강설비 |
| 3. 통신시설 | 점자표시전화기, 큰문자버튼전화기, 음량증폭전화기, 보청기호환성전화기, 골도전화기(청각장애인을 위해 두개골에 진동을 주는 방법으로 통화가 가능한 전화기를 말한다) |
| 4. 장애인의 직업생활을 위한 편의시설 | 가. 장애인용으로 제작된 작업대 및 작업장비(작업물 운송 및 운반장치, 특수작업의자, 휠체어용 작업테이블, 경사각작업테이블, 높낮이 조절 작업 테이블)<br>나. 장애인용으로 제작된 작업보조공학기기(청각장애인용 신호장치, 소리증폭장치, 화상전화기, 문자전화기, 보완대체의사소통장치, 특수키보드, 특수마우스, 점자정보단말기, 점자프린트, 음성지원카드, 컴퓨터 화면확대 소프트웨어, 확대독서기, 문서인식 소프트웨어, 음성메모기, 대형모니터)<br>다. 장애인근로자의 통근용 승합자동차 및 특수설비<br>라. 의무실 또는 물리 치료실 등 장애인 고용에 필요한 부대시설(장애인근로자가 10명 이상이고 전체 근로자의 100분의 30 이상일 경우에 한정한다) |

비고 : 1. 제1호 나목에 규정된 시설의 경우에는 장애인 등이 이용 가능하도록 건물 등의 구조를 변경함에 따라 발생하는 비용에 한정한다.
2. 장애인·노인·임산부등의 편의시설은 「장애인·노인·임산부 등의 편의증진보장에 관한 법률 시행령」 별표 1에 따른 편의시설의 구조·재질 등에 관한 세부기준에 적합한 것에 한정한다.

의료법

제35조【의료기관 개설 특례】

① 제33조 제1항 · 제2항 및 제8항에 따른 자 외의 자가 그 소속 직원, 종업원, 그 밖의 구성원(수용자를 포함한다) 이나 그 가족의 건강관리를 위하여 부속 의료기관을 개설하려면 그 개설 장소를 관할하는 시장 · 군수 · 구청장에게 신고하여야 한다. 다만, 부속 의료기관으로 병원급 의료기관을 개설하려면 그 개설 장소를 관할하는 시 · 도지사의 허가를 받아야 한다.

② 제1항에 따른 개설 신고 및 허가에 관한 절차 · 조건, 그 밖에 필요한 사항과 그 의료기관의 운영에 필요한 사항은 보건복지부령으로 정한다.

제33조【개설 등】

① 의료인은 이 법에 따른 의료기관을 개설하지 아니하고는 의료업을 할 수 없으며, 다음 각 호의 어느 하나에 해당하는 경우 외에는 그 의료기관 내에서 의료업을 하여야 한다.

1. 「응급의료에 관한 법률」 제2조 제1호에 따른 응급환자를 진료하는 경우
2. 환자나 환자 보호자의 요청에 따라 진료하는 경우
3. 국가나 지방자치단체의 장이 공익상 필요하다고 인정하여 요청하는 경우
4. 보건복지부령으로 정하는 바에 따라 가정간호를 하는 경우
5. 그 밖에 이 법 또는 다른 법령으로 특별히 정한 경우나 환자가 있는 현장에서 진료를 하여야 하는 부득이한 사유가 있는 경우

② 다음 각 호의 어느 하나에 해당하는 자가 아니면 의료기관을 개설할 수 없다. 이 경우 의사는 종합병원 · 병원 · 요양병원 · 정신병원 또는 의원을, 치과의사는 치과병원 또는 치과의원을, 한의사는 한방병원 · 요양병원 또는 한의원을, 조산사는 조산원만을 개설할 수 있다.

1. 의사, 치과의사, 한의사 또는 조산사
2. 국가나 지방자치단체
3. 의료업을 목적으로 설립된 법인(이하 "의료법인"이라 한다)
4. 「민법」이나 특별법에 따라 설립된 비영리법인
5. 「공공기관의 운영에 관한 법률」에 따른 준정부기관, 「지방의료원의 설립 및 운영에 관한 법률」에 따른 지방의료원, 「한국보훈복지의료공단법」에 따른 한국보훈복지의료공단

③ 제2항에 따라 의원 · 치과의원 · 한의원 또는 조산원을 개설하려는 자는 보건복지부령으로 정하는 바에 따라 시장 · 군수 · 구청장에게 신고하여야 한다.

④ 제2항에 따라 "종합병원 · 병원 · 치과병원 · 한방병원 · 요양병원 또는 정신병원을 개설하려면 "제33조의 2에 따른 시 · 도 의료기관개설위원회의 심의를 거쳐 보건복지부령으로 정하는 바에 따라 시 · 도지사의 허가를 받아야 한다. 이 경우 시 · 도지사는 개설하려는 의료기관이 다음 각 호의 어느 하나에 해당하는 경우에는 개설허가를 할 수 없다. 준에 맞지 아니하는 경우

2. 제60조 제1항에 따른 기본시책과 같은 조 제2항에 따른 수급 및 관리계획에 적합하지 아니한 경우

⑤ 제3항과 제4항에 따라 개설된 의료기관이 개설 장소를 이전하거나 개설에 관한 신고 또는 허가사항 중 보건복지부령으로 정하는 중요사항을 변경하려는 때에도 제3항 또는 제4항과 같다.

⑥ 조산원을 개설하는 자는 반드시 지도의사(指導醫師)를 정하여야 한다.

⑦ 다음 각 호의 어느 하나에 해당하는 경우에는 의료기관을 개설할 수 없다.

1. 약국 시설 안이나 구내인 경우
2. 약국의 시설이나 부지 일부를 분할 · 변경 또는 개수하여 의료기관을 개설하는 경우
3. 약국과 전용 복도 · 계단 · 승강기 또는 구름다리 등의 통로가 설치되어 있거나 이런 것들을 설치하여 의료기관을 개설하는 경우
4. 「건축법」 등 관계 법령에 따라 허가를 받지 아니하거나 신고를 하지 아니하고 건축 또는 증축 · 개축한 건축물에 의료기관을 개설하는 경우 (2019.8.27. 신설)

⑧ 제2항 제1호의 의료인은 어떠한 명목으로도 둘 이상의 의료기관을 개설 · 운영할 수 없다. 다만, 2 이상의 의료인 면허를 소지한 자가 의원급 의료기관을 개설하려는 경우에는 하나의 장소에 한하여 면허 종별에 따른 의료기관을 함께 개설할 수 있다. (2012.2.1. 개정)

⑨ 의료법인 및 제2항 제4호에 따른 비영리법인(이하 이 조에서 "의료법인등"이라 한다)이 의료기관을 개설하려면 그 법인의 정관에 개설하고자 하는 의료기관의 소재지를 기재하여 대통령령으로 정하는 바에 따라 정관의 변경허가를 얻어야 한다(의료법인등을 설립할 때에는 설립 허가를 말한다. 이하 이 항에서 같다). 이 경우 그 법인의 주무관청은 정관의 변경허가를 하기 전에 그 법인이 개설하고자 하는 의료기관이 소재하는 시 · 도지사 또는 시장 · 군수 · 구청장과 협의하여야 한다.

⑩ 의료기관을 개설 · 운영하는 의료법인등은 다른 자에게 그 법인의 명의를 빌려주어서는 아니 된다.

### 영유아보육법

**제10조【어린이집의 종류】**

어린이집의 종류는 다음 각 호와 같다.

1. 국공립어린이집 : 국가나 지방자치단체가 설치 · 운영하는 어린이집
2. 사회복지법인어린이집 : 「사회복지사업법」 에 따른 사회복지법인(이하 "사회복지법인"이라 한다)이 설치 · 운영하는 어린이집
3. 법인 · 단체등어린이집 : 각종 법인(사회복지법인을 제외한 비영리법인)이나 단체 등이 설치 · 운영하는 어린이집으로서 대통령령으로 정하는 어린이집
4. 직장어린이집 : 사업주가 사업장의 근로자를 위하여 설치 · 운영하는 어린이집(국가나 지방자치단체의 장이 소속 공무원 및 국가나 지방자치단체의 장과 근로계약을 체결한 자로서 공무원이 아닌 자를 위하여 설치 · 운영하는 어린이집을 포함한다)
5. 가정어린이집 : 개인이 가정이나 그에 준하는 곳에 설치 · 운영하는 어린이집
6. 협동어린이집 : 보호자 또는 보호자와 보육교직원이 조합(영리를 목적으로 하지 아니하는 조합에 한정한다)을 결성하여 설치 · 운영하는 어린이집
7. 민간어린이집 : 제1호부터 제6호까지의 규정에 해당하지 아니하는 어린이집

조특칙 [별표 4] (2025.3.21. 개정)

**안전시설(제12조 제2항 제5호 관련)**

| 구 분 | 적용범위 |
|---|---|
| 1. 산업재해예방 시설 | 가. 「산업안전보건법」 제38조에 따른 안전조치 및 같은 법 제39조에 따른 보건조치를 위해 필요한 시설<br>나. 「도시가스사업법 시행규칙」 제17조에 따른 가스공급시설의 안전유지를 위한 시설<br>다. 「액화석유가스의 안전관리 및 사업법 시행규칙」 제12조에 따른 액화석유가스 공급시설 및 저장시설의 안전유지를 위한 시설<br>라. 「화학물질관리법 시행규칙」 제21조 제2항에 따른 유해화학물질 취급시설의 안전유지를 위한 시설<br>마. 「위험물안전관리법」 제5조 제4항에 따른 제조소 · 저장소 및 취급소의 안전유지를 위한 시설<br>바. 「집단에너지사업법」 제21조에 따른 집단에너지 공급시설의 안전유지를 위한 시설<br>사. 「송유관안전관리법 시행규칙」 제5조 제1호에 따른 송유관의 안전설비 |
| 2. 화재예방 · 소방 시설 | 가. 「화재예방, 소방시설 설치 · 유지 및 안전관리에 관한 법률」 제2조 제1항 제1호에 따른 소방시설<br>나. 「소방장비관리법 시행령」별표1에 따른 소방자동차(「위험물안전관리법」 제19조에 따라 자체소방대를 설치해야 하는 사업소의 관계인이 설치하는 화학소방자동차는 제외한다) |
| 3. 광산안전시설 | 「광산안전법 시행령」 제4조 제1항에 따른 안전조치를 위해 필요한 시설 및 같은 법 시행규칙 제2조 각 호의 어느 하나 해당하는 장비 |
| 4. 내진보강시설 | 「지진 · 화산재해대책법 시행규칙」 제3조의 4에 따라 내진성능 확인을 받은 건축물에 보강된 시설(기존 건물의 골조에 앵커 등 연결재로 접합 · 일체화하여 기존부와 보강부를 영구히 접합시키는 경우로 한정한다) |
| 5. 비상대비시설 | 「비상대비자원 관리법」 제11조에 따라 중점관리대상으로 지정된 자가 정부의 시설 보강 및 확장 명령에 따라 비상대비업무를 수행하기 위해 보강하거나 확장한 시설 |

## 개별소비세법

**제1조【과세대상과 세율】**

② 개별소비세를 부과할 물품(이하 "과세물품"이라 한다)과 그 세율은 다음과 같다.

3. 다음 각 목의 자동차에 대해서는 그 물품가격에 해당 세율을 적용한다.

가. 배기량이 2천시시를 초과하는 승용자동차와 캠핑용자동차 : 100분의 5

나. 배기량이 2천시시 이하인 승용자동차(배기량이 1천시시 이하인 것으로서 대통령령으로 정하는 규격의 것은 제외한다)와 이륜자동차 : 100분의 5

다. 전기승용자동차(「자동차관리법」 제3조 제2항에 따른 세부기준을 고려하여 대통령령으로 정하는 규격의 것은 제외한다) : 100분의 5

지방세법 시행규칙 제3조

제3조【기계장비의 범위】

법 제6조 제8호에서 "행정안전부령으로 정하는 것"이란 별표 1에 규정된 것을 말한다.

지세칙 [별표 1] (2021.9.7. 개정)

**과세대상 기계장비의 범위(제3조 관련)**

| 건설기계명 | 범 위 |
|---|---|
| 1. 불도저 | 무한궤도 또는 타이어식인 것 |
| 2. 굴착기 | 무한궤도 또는 타이어식으로 굴착장치를 가진 것 |
| 3. 로더 | 무한궤도 또는 타이어식으로 적재장치를 가진 것 |
| 4. 지게차 | 들어올림장치를 가진 모든 것 |
| 5. 스크레이퍼 | 흙·모래의 굴착 및 운반장치를 가진 자주식인 것 |
| 6. 덤프트럭 | 적재용량 12톤 이상인 것. 다만, 적재용량 12톤 이상 20톤 미만의 것으로 화물운송에 사용하기 위하여 「자동차관리법」에 따라 자동차로 등록된 것은 제외한다. |
| 7. 기중기 | 강재의 지주 및 상하좌우로 이동하거나 선회하는 장치를 가진 모든 것 |
| 8. 모터그레이더 | 정지장치를 가진 자주식인 것 |
| 9. 롤러 | ①전압장치를 가진 자주식인 것<br>②피견인 진동식인 것 |
| 10. 노상안정기 | 노상안정장치를 가진 자주식인 것 |
| 11. 콘크리트뱃칭플랜트 | 골재저장통·계량장치 및 혼합장치를 가진 모든 것으로서 이동식인 것 |
| 12. 콘크리트 피니셔 | 정리 및 사상장치를 가진 것 |
| 13. 콘크리트 살포기 | 정리장치를 가진 것으로 원동기를 가진 것 |
| 14. 콘크리트 믹서트럭 | 혼합장치를 가진 자주식인 것(재료의 투입·배출을 위한 보조장치가 부착된 것을 포함한다) |
| 15. 콘크리트 펌프 | 콘크리트 배송능력이 시간당 5세제곱미터 이상으로 원동기를 가진 이동식과 트럭 적재식인 것 |
| 16. 아스팔트 믹싱프랜트 | 골재공급장치·건조가열장치·혼합장치·아스팔트 공급장치를 가진 것으로 원동기를 가진 이동식인 것 |
| 17. 아스팔트 피니셔 | 정리 및 사상장치를 가진 것으로 원동기를 가진 것 |
| 18. 아스팔트 살포기 | 아스팔트 살포장치를 가진 자주식인 것 |
| 19. 골재 살포기 | 골재 살포장치를 가진 자주식인 것 |
| 20. 쇄석기 | 20킬로와트 이상의 원동기를 가진 것 |
| 21. 공기압축기 | 공기토출량이 분당 2.84세제곱미터(제곱센티미터당 7킬로그램 기준) 이상인 것 |
| 22. 천공기 | 크로라식 또는 굴진식으로서 천공장치를 가진 것 |
| 23. 항타 및 항발기 | 원동기를 가진 것으로서 해머 또는 뽑는 장치의 중량이 0.5톤 이상인 것 |
| 24. 자갈채취기 | 자갈채취장치를 가진 것으로 원동기를 가진 것 |
| 25. 준설선 | 펌프식·바켓식·딧퍼식 또는 그래브식으로 비자항식인 것 |
| 26. 노면측정장비 | 노면측정장치를 가진 자주식인 것 |
| 27. 도로보수트럭 | 도로보수장치를 가진 자주식인 것 |
| 28. 노면파쇄기 | 파쇄장치를 가진 자주식인 것 |
| 29. 선별기 | 골재 선별장치를 가진 것으로 원동기가 장치된 모든 것 |
| 30. 타워크레인 | 수직타워의 상부에 위치한 지브를 선회시켜 중량물을 상하, 전후 또는 좌우로 이동시킬 수 있는 정격하중 3톤 이상의 것으로서 원동기 또는 전동기를 가진 것 |
| 31. 그 밖의 건설기계 | 제1호부터 제30호까지의 기계장비와 유사한 구조 및 기능을 가진 기계류로서 행정안전부장관 또는 국토교통부장관이 따로 정하는 것 |

조특칙 [별표 5] (2021.3.16. 개정)

**유통산업합리화시설(제12조 제3항 제4호 관련)**

| 구 분 | 적용범위 |
|---|---|
| 1. 저온보관고 | 농수산물과 그 가공품을 위한 저온보관고 |
| 2. 운반용 화물자동차 | 적재정량 1톤 이상의 상품운반화물자동차로 냉장 · 냉동 · 보냉이나 인양장비가 된 것 |
| 3. 무인반송차 | 컴퓨터시스템에 의하여 물품을 필요로 하는 위치까지 자동으로 반송하는 기능을 갖춘 무인 반송시스템 |
| 4. 창고시설 등 | 물품의 보관 · 저장 및 반출을 위한 창고로서 「건축법 시행령」 별표 1 제18호 가목의 창고(상품의 보관 · 저장 및 반출이 자동적으로 이루어질 수 있도록 시스템화된 창고시설을 포함한다) 및 물품의 보관 · 저장 및 반입 · 반출을 위한 탱크시설(지상 또는 지하에 고정 설치된 것에 한정하고, 탱크시설에 필수적으로 부수되는 배관시설 등을 포함한다) |
| 5. 선반(랙) | 파렛트화물을 보관 · 저장하는 선반(랙) |
| 6. 파렛트트럭 | 파렛트화물을 창고내 · 외에서 운반하는 전동식 파렛트트럭 |
| 7. 컨테이너와 컨테이너 하역 · 운반장비 | 물품수송에 직접 사용되는 컨테이너, 지게차, 부두 위에 설치되어 컨테이너 선박으로부터 컨테이너를 하역하거나 부두에 있는 컨테이너를 선박에 선적하는 컨테이너크레인(Container crane)과 하버크레인(Habor crane), 장치장에 운반되어진 컨테이너를 적재 또는 반출하는 데 사용되는 트랜스퍼크레인(Transfer crane), 부두와 장치장 사이에서 야드샤시(Yard chassis)를 견인하여 컨테이너를 운반하는 야드트랙터(Yard tractor) 및 유압식 지브크레인이 설치된 형상으로 크레인 끝에 스프레이더를 장착한 컨테이너핸들러로 컨테이너를 하역하는 리치스태커(Reach Stacker) |
| 8. 초대형 화물 하역장비 | 모듈 트레일러(Module Trailer), 트랜스포터(Transporter) |

## 지방세법 시행령

**제6조【시설물의 종류와 범위】**

법 제6조 제6호 다목에서 "대통령령으로 정하는 시설물"이란 다음 각 호의 어느 하나에 해당하는 시설물을 말한다.

1. 승강기(엘리베이터, 에스컬레이터, 그 밖의 승강시설)
2. 시간당 20킬로와트 이상의 발전시설
3. 난방용 · 욕탕용 온수 및 열 공급시설
4. 시간당 7천560킬로칼로리급 이상의 에어컨(중앙조절식만 해당한다)
5. 부착된 금고
6. 교환시설
7. 건물의 냉난방, 급수 · 배수, 방화, 방범 등의 자동관리를 위하여 설치하는 인텔리전트 빌딩시스템 시설
8. 구내의 변전 · 배전시설

관광진흥법 시행령

제2조【관광사업의 종류】

① 「관광진흥법」(이하 "법"이라 한다) 제3조 제2항에 따라 관광사업의 종류를 다음 각 호와 같이 세분한다.

3. 관광객 이용시설업의 종류

가. 전문휴양업 : 관광객의 휴양이나 여가 선용을 위하여 숙박업 시설(「공중위생관리법 시행령」 제2조 제1항 제1호 및 제2호의 시설을 포함하며, 이하 "숙박시설"이라 한다)이나 「식품위생법 시행령」 제21조 제8호 가목 · 나목 또는 바목에 따른 휴게음식점영업, 일반음식점영업 또는 제과점영업의 신고에 필요한 시설(이하 "음식점시설"이라 한다)을 갖추고 별표 1 제4호 가목 (2)(가)부터 (거)까지의 규정에 따른 시설(이하 "전문휴양시설"이라 한다) 중 한 종류의 시설을 갖추어 관광객에게 이용하게 하는 업

5. 유원시설업(遊園施設業)의 종류

가. 종합유원시설업 : 유기시설이나 유기기구를 갖추어 관광객에게 이용하게 하는 업으로서 대규모의 대지 또는 실내에서 법 제33조에 따른 안전성검사 대상 유기시설 또는 유기기구 여섯 종류 이상을 설치하여 운영하는 업

## II 집행기준 기본통칙 질의회신

### 1. 집행기준

없음

### 2. 기본통칙

| 제 목 | 내 용 |
|---|---|
| 25-22의 7…1<br>【종업원용 기숙사의 범위】 | 법 제25조 제1항 제4호 나목에서의 종업원용 기숙사에는 기존건물을 증축 또는 개축하여 건립한 기숙사를 포함한다. |
| 25-22의 7…2<br>【근로자복지증진을 위한 시설투자 세액공제 대상】 | 법 제25조 제1항 제4호 각목의 근로자복지증진을 위한 시설의 투자금액 또는 취득금액은 건축물의 장부가액(부속설비를 포함)으로 하며 토지가액, 집기, 비품 등은 제외한다. |
| 146-0…2<br>【수탁가공업체에 임대형식으로 설치한 자산의 감면세액 추징배제】 | 법 제26조의 임시투자세액공제 적용자산을 수탁가공업체의 사업장에 임대형식으로 설치한 경우에도 투자기업이 시설의 유지·관리비용을 부담하거나 그 비용을 임대료 또는 가공료 등에 반영하고, 수탁가공업체는 동 자산을 투자기업의 제품생산에만 사용하여 그 제품을 투자기업에 전량 납품하는 경우에는 법 제146조에 따른 감면세액 추징사유에 해당되지 않는다. |

저자주 제24조 통합투자세액공제에 관한 기본통칙이 아닌 개정 전 제25조【특정 시설 투자 등에 대한 세액공제】와 관련된 기본통칙을 참고하였음

### 3. 질의회신

| 제 목 | 내 용 |
|---|---|
| 차량운반구(포크레인)의 공제여부 | 재활용폐기물 처리업을 영위하는 법인이 포크레인에 운반용 집게를 설치한 경우로서 동 시설(운반용 집게가 설치된 포크레인을 말함)이 「자원의 절약과 재활용촉진에 관한 법률」에 따른 재활용시설에 해당하는 경우 조세특례제한법 제24조 제1항 제1호 나목 및 같은법 시행령 제21조 제3항 제1호에 따라 통합투자세액공제 적용대상 자산에 해당하는 것임. 다만, 귀 시설이 「자원의 절약과 재활용촉진에 관한 법률」에 따른 재활용시설에 해당하는지 여부는 해당 법률에 따라 판단할 사항임.<br><br>조특, 사전-2024-법규법인-0160 [법규과-1543], 2024.6.20. |

| 제 목 | 내 용 |
|---|---|
| 수입승인이 필요한 기계장치를 수입하는 경우 통합투자세액공제의 적용방법 | 「조세특례제한법」 제24조 제1항 제1호에 따른 공제대상 자산을 수입하는 경우로서 수입승인을 얻어야 하는 경우, 해당 자산에 대하여 2025 과세연도에 수입승인을 얻기 전 '2024 과세연도에 지출한 금액'은 같은 항 본문 및 같은 법 시행령 제23조 제14항 제3호에 따라 2025 과세연도의 통합투자세액공제대상에 해당하는 것임.<br>조특, 사전-2025-법규법인-0008 [법규과-193], 2025.1.31. |
| 냉동창고 투자가 통합투자세액공제 대상인지 | 의약품 품질관리 개선시설인 냉동창고가 '건축물 등 사업용 유형자산' 등에 해당하는 경우 통합투자세액공제 대상에서 제외됨. 다만 건축물 등 사업용 유형자산에 해당하는지 여부는 사실판단할 사항임.<br>조특, 서면-2021-법규법인-3201 [법규과-2484], 2022.8.29. |
| 사업양수법인의 통합투자세액공제 적용 시 '직전 3년간 연평균 투자금액' 산정방법 | 사업양수법인이 통합투자세액공제의 추가공제를 적용하는 경우 해당 과세연도의 직전 3년간 연평균 투자금액을 산정함에 있어 사업양도를 하기 전 사업양도법인이 투자한 금액은 사업양수법인이 투자한 것으로 보는 것임.<br>조특, 기획재정부 조세특례제도과-467, 2022.6.30. |
| 통합투자세액공제 적용 여부 | 사업용 유형자산에 해당하는 기계장치는 연구개발전담부서 인정 여부와 관계없이 통합투자세액공제 대상에 해당함.<br>조특, 서면-2022-법인-1038 [법인세과-427], 2022.3.16. |
| 폐기물 수집 · 운반 · 처리업체가 구입한 덤프트럭이 사업용자산에 해당하는지 여부 | 폐기물 처리업을 주된 사업으로 영위하는 중소기업의 폐기물운반용 덤프트럭은 「조세특례제한법」 제5조 제1항 제1호의 규정에 의한 사업용자산에 해당하지 않는 것임.<br>법인세과-862, 2011.10.31. |
| 음식점업을 영위하는 중소기업이 사업에 직접 사용하기 위하여 투자하는 스무디 제조머신, 커피머신, 제빙기 등 주방장비와 테이블, 의자 등 비품의 중소기업 등 투자세액공제 대상 사업용 자산 해당 여부 | 음식점업을 영위하는 「조세특례제한법 시행령」 제2조의 중소기업이 해당 사업에 직접 사용하기 위하여 투자하는 스무디 제조머신, 커피머신 및 제빙기는 「조세특례제한법」 제5조에 따른 중소기업 등 투자세액공제 대상 사업용자산에 해당하는 것이나, 테이블 및 의자는 사업용자산에 해당하지 아니하는 것임.<br>사전-2016-법령해석법인-0150, 2017.1.12. |
| 전기공급업을 영위하는 내국법인이 투자한 전선(전력선, 통신선)이 통합투자세액공제 적용 대상 자산인 기계장치에 해당하는지 여부 | 전기공급업을 영위하는 내국법인이 투자한 전선(전력선 및 통신선)은 「조세특례제한법 시행규칙」 별표 1 제3호에 따른 구축물에 해당하는 것임.<br>서면-2021-법령해석법인-4608, 2021.11.29. |

| 제 목 | 내 용 |
|---|---|
| 내국법인이 전기료 절감을 목적으로 태양광 발전설비에 투자하는 경우 통합투자세액공제 적용 여부 | 내국법인이 전기료 절감을 목적으로 태양광 발전설비에 투자하는 경우 「조세특례제한법」 제24조에 따른 통합투자세액공제를 적용받을 수 없는 것임.<br>사전-2021-법령해석법인-1785, 2021.12.29. |
| 다른 기업이 연구개발한 신성장 · 원천기술을 사업화하는 시설에 대한 투자가 「조세특례제한법」 제24조(통합투자세액공제)에 따른 신성장사업화시설에 대한 투자에 해당하는지 여부 및 바이오의약품 생산 시 이물질 혼입 방지 기능을 하는 클린룸 설비에 대한 투자금액에 대해 통합투자세액공제를 적용받을 수 있는지 여부 | 다른 기업에서 연구개발한 신성장 · 원천기술을 사업화하기 위한 시설로서 해당 시설이 「조세특례제한법 시행령」(2022.2.15. 대통령령 제32413호로 개정되기 전의 것) 제21조 제4항 제1호 및 같은 법 시행규칙(2022.3.18. 기획재정부령 제904호로 개정되기 전의 것) 제12조의 2에 따른 시설의 요건을 충족하는 경우 해당 시설에 대한 투자는 같은 법(2021.12.28. 법률 제18634호로 개정되기 전의 것) 제24조에 따른 신성장사업화시설에 대한 투자에 해당하는 것이며, 바이오의약품 생산 시 이물질 혼입 방지 기능을 하는 클린룸 설비에 대한 투자금액도 같은 법 제24조에 따른 통합투자세액공제 대상에 해당하는 것임.<br>서면-2022-법규법인-1037, 2022.3.30. |
| 조특법 제24조 제1항 제1호의 공제대상자산을 공급한 자도 통합투자세액공제를 적용받을 수 있는지 여부 | 「조세특례제한법」 제24조에 규정된 통합투자세액공제는 같은 조 제1항의 공제대상자산(이하 '공제대상자산')에 투자한 내국인이 해당 시설의 사용자인 경우에 한하여 적용되는 것이므로, 공제대상자산을 제3자에게 공급한 자는 위 통합투자세액공제를 적용받을 수 없는 것임.<br>사전-2021-법규소득-1898, 2022.2.23. |
| 투자세액공제 받은 자산을 사후관리 경과 전에 철거한 경우 | 조세특례제한법상의 투자세액공제를 적용받은 법인이 투자를 완료한 날이 속하는 사업연도의 종료일부터 3년이 경과되기 전에 영업환경의 악화 등으로 인하여 제품 생산을 중단하고 생산라인을 철거한 후 당해 생산라인을 매각 또는 폐기하지 아니하고 창고 등에 보관하는 경우에는 같은 법 제146조의 규정에 의한 자산의 처분으로 보지 아니하는 것으로, <u>이 경우 처분이라 함은 무상 또는 유상으로 소유권이 이전되거나 폐기처분하는 것을 말하는 것임.</u><br>서면인터넷방문상담2팀-35, 2004.1.16. |
| 경제적 내용연수의 경과 또는 기술진부화로 인해 용해로설비를 투자완료일로부터 2년 이내에 폐기하고 새로운 용해로설 | 유리기판을 제조하는 법인이 임시투자세액공제 적용을 받은 용해로설비로 기술수명주기가 매우 짧은 당해 산업의 특성상 실질적인 경제적 내용연수가 경과되면 정상적인 가동이 불가능하게 되어 대체투자를 위해 폐기하는 경우에는 조세특례제한법 제146조에 규정한 "처분"으로 보지 아니하는 것이며, 귀 질의의 경우 용해로설비가 실질적인 경제적 내용연수가 경과하면 정상적 |

| 제 목 | 내 용 |
|---|---|
| 비를 대체투자하는 경우에도 조세특례제한법 제146조에 의거 감면세액의 추징사유에 해당하는지 여부 | 인 가동이 불가능하게 되어 대체투자를 하는 것인지 여부는 사실판단할 사항임.<br><br>서면인터넷방문상담2팀-1660, 2006.8.30. |
| 부동산임대업과 산업용기계장비 임대업을 겸영하는 경우 2020년 쟁점 기계장치 투자에 대해 「조세특례제한법」 제24조에 따른 통합투자세액공제를 적용받을 수 있는지 여부 | 「조세특례제한법」 제24조에 따른 통합투자세액공제는 시설에 투자한 내국인이 해당 시설의 사용자인 경우에 한하여 적용되는 것이며, 같은 법 시행규칙 제12조 제2항 제4호에 해당하는 경우와 자기가 제품을 직접 제조하지 아니하고 투자세액공제 적용 시설을 수탁가공 업체의 사업장에 설치하고 그 시설에 대한 유지 · 관리비용을 부담하면서 생산한 제품을 전량 인수하여 자기책임하에 직접 판매하는 경우에는 해당 시설을 설치한 자가 사용한 것으로 보는 것임.<br><br>서면-2021-법인-3474, 2021.7.5. |
| 휴양 콘도미니엄업을 영위하는 법인('질의법인')이 신탁회사와 관리형 토지신탁계약을 체결하고 토지 소유권 및 관광숙박업 사업권을 신탁회사에 이전한 후 신탁회사 명의로 개발사업을 진행하는 경우 신탁회사 명의로 신축된 건축물 및 시설물에 대해 질의법인('위탁자 겸 수익자')이 통합투자세액공제를 적용받을 수 있는지 여부 및 휴양 콘도미니엄업을 영위하는 법인이 사업용 유형자산인 건축물('콘도')을 공유제 계약에 따라 일반인에게 분양한 경우 투자자산의 처분으로 보아 사후관리 규정이 적용되는지 여부 | 1. 「관광진흥법」에 따른 휴양 콘도미니엄업을 영위하는 법인(위탁자 겸 수익자)이 신탁회사와 관리형 토지신탁계약을 체결하고 해당 사업을 영위하기 위해 「조세특례제한법 시행규칙」 제12조 제3항 제5호에 따른 사업용자산에 투자하는 경우 「조세특례제한법」 제24조에 따라 통합투자세액공제를 적용할 수 있는 것임.<br>2. 「관광진흥법」에 따른 휴양 콘도미니엄업을 영위하는 법인이 사업용 자산(건축물)을 공유제 계약에 따라 분양한 경우 「조세특례제한법」 제146조의 규정이 적용되는지 여부에 대해서는 기존 해석사례(재조특-90, 2010.2.9.)를 참고하기 바람.<br><br>◈ 기획재정부 조세특례제도과-90, 2010.2.9.<br>「관광진흥법」에 따른 휴양 콘도미니엄업을 영위하는 자가 당해 사업에 직접 사용하는 사업용자산(건축물)에 투자하여 「조세특례제한법」 제26조에 따른 임시투자세액공제를 적용받은 후, 해당 사업용자산을 「관광진흥법」에 따른 공유제 방식으로 분양한 경우에는 「조세특례제한법」 제146조(감면세액의 추징)의 규정을 적용하지 아니함.<br><br>사전-2022-법규법인-0832, 2023.3.8. |
| 신문, 출판업을 영위하는 법인이 사업에 직접 사용하기 위하여 투자한 카메라가 통합투자세액 | 신문, 잡지 및 정기 간행물 출판업을 영위하는 법인이 취득한 취재용 카메라는 「조세특례제한법」 제24조에 따른 통합투자세액공제를 적용받을 수 있는 사업용 유형자산에 해당하는 것임.<br><br>사전-2022-법규법인-0913, 2022.11.28. |

| 제 목 | 내 용 |
|---|---|
| 공제 대상인 사업용 자산에 해당하는지 여부 | |
| 통합투자세액공제 대상에서 제외되는 공구의 범위에 금형이 포함되는지 여부 | 금형은 「조세특례제한법」 제24조 제1호 가목 단서 및 같은 법 시행규칙 별표 1 제1호에 따른 공구에 포함되지 않는 것임.<br>서면- 2022-법규법인-0355, 2022.4.7. |
| 연구개발전담부서 인정 전에 취득한 기계장치가 연구인력개발비 세액공제 적용 대상에 해당하지 않는 경우 통합투자세액공제 적용 여부 및 범위 | 화장품 제조업을 영위하는 내국법인이 화장품 제품 개발을 위해 「조세특례제한법」 제24조 제1항 제1호 가목에 해당하는 사업용 기계장치에 투자하는 경우에는 같은 항 제2호 각 목에 따라 통합투자세액공제를 적용받을 수 있는 것임.<br>서면-2022-법인-1038, 2022.3.16. |
| 무주택종업원에게 상시 주거용으로 임대하기 위해 국민주택규모 이하의 오피스텔을 취득하는 경우 통합투자세액공제 대상에 해당하는지 여부 | 내국법인이 무주택 종업원(출자임원 제외)에게 상시 주거용으로 임대하기 위해 「주택법」에서 규정하는 국민주택 규모의 오피스텔을 취득하는 경우 「조세특례제한법」 제24조에 따른 세액공제가 가능한 자산에 해당하는 것이며, 해당 오피스텔이 무주택 종업원에게 상시 주거용으로 임대되는지 여부는 사실판단할 사항임.<br>서면-2021-법령해석법인-7339, 2021.12.30. |
| 중소기업이 투자하는 전사적 자원관리 시스템(ERP) 소프트웨어의 용도가 인사 · 재무 등 지원업무와 물류 · 가맹 등 영업업무로 구분되는 경우, 별도로 구분되는 영업업무에 사용되는 소프트웨어가 중소기업투자세액공제 대상에 해당하는지 여부 | 「조세특례제한법 시행령」 제2조에 따른 중소기업에 해당하는 내국법인이 인사, 급여, 회계 및 재무 등 지원업무에 사용하는 소프트웨어와 물류, 인테리어, 개발, 가맹 등 영업업무에 사용하는 소프트웨어를 포함한 전사적 자원관리 시스템(ERP)(이하 "해당 시스템"이라 함)에 투자하는 경우로서 해당 시스템의 사용용도 및 구축비용(투자금액)이 지원업무에 사용하는 소프트웨어와 영업업무에 사용하는 소프트웨어가 별도로 구분되는 경우, 영업업무에 사용하는 소프트웨어에 대한 투자금액에 대하여는 같은 법 시행규칙 제3조 제1항 제4호에 따라 같은 법 제5조의 중소기업 등 투자세액공제를 적용받을 수 있는 것임.<br>서면-2014-법령해석법인-21121, 2015.4.22. |
| 통합투자세액공제를 적용받을 수 있는지 여부 | 「조세특례제한법」 제24조에 따른 통합투자세액공제는 시설에 투자한 내국인이 해당 시설의 사용자인 경우에 한하여 적용되는 것이며, 같은 법 시행규칙 제12조 제2항 제4호에 해당하는 경우와 자기가 제품을 직접 제조하지 아니하고 투자세액공제 적용 시설을 수탁가공 업체의 사업장에 설치하고 그 시설에 대한 유지 · 관리비용을 부담하면서 생산한 제품을 전량 인수하여 자기 책임하에 직접 판매하는 경우에는 해당 시설을 설치한 자가 사용한 것으로 보는 것임(기계장치를 임대한 경우에는 통합투자세액공제를 적용받을 수 없음).<br>조특, 서면-2021-법인-3474 [법인세과-1317], 2021.7.5. |

## III 사례연구

### 1. 회사 정보 공통사항

#### (1) 회사 사업내용, 설립일 및 소재지 등

① ㈜나라는 LCD 모니터 제조업과 데스크톱 PC 도소매업을 영위하는 법인 사업자이다. 회사 설립일은 1997.1.7.이다. 본점은 경기도 고양시 일산서구 대화로에 소재하고 있다. 본점 소재지에는 제1공장과 사무실이 소재하고 있고, 충청남도 천안시 서북구 성환읍에 2003.9.27. 지점 사업장을 설치하고 지점 사업자등록 후 사업장을 운영하고 있으며 지점에서도 본점과 동일한 사업을 영위하고 있다.

② 사업연도는 매년 1.1.~12.31.이며, 2025년 사업연도의 법인의 재무상태표상 자산총액은 3,565,918,921원, 매출액은 제품매출 7,628,403,721원, 상품매출 1,839,786,400원이다.

③ 당해 법인은 다른 회사의 계열사 등은 아니다.

④ ㈜나라의 업종코드와 한국표준산업분류 코드는 다음과 같다.

| 구 분 | 업종코드 | 한국표준산업분류코드 |
|---|---|---|
| LCD 모니터 제조업 | 300103 | C26322 |
| 데스크톱 PC 도소매업 | 515050 | G46510 |

⑤ 2025년 사업연도 소득금액은 319,729,266원이며, 공제시한 내 이월결손금은 없으며, 2025년 사업연도에 비과세소득, 소득공제항목은 발생하지 않았다.

### 2. 2025년 사업연도 사업장별 투자현황

#### (1) ㈜나라의 2025년 사업연도 자산의 취득 및 투자현황은 다음과 같다.

| 구 분 | 본점 사업장 | 지점 사업장 | 합 계 |
|---|---|---|---|
| LCD 모니터 제조장비 | 895,000,000 | 260,128,520 | 1,155,128,520 |
| 시내 출장용 차량 | 26,125,000 | 19,500,000 | 45,625,000 |
| 소 계 | 921,125,000 | 279,628,520 | 1,200,753,520 |

본점 사업장 LCD 모니터 제조장비는 고양시의 투자지원을 받아 취득한 것으로 고양시의 투자지원액은 150,000,000원이며, 전체 투자금액 895,000,000원에 포함되어 있고, 지점 사업장은 중고 제조장비를 취득한 것이다. 또한 직원들의 업무편의를 위하여 본점사업장과 지점 사업장 각각 1대씩 승용차를 구매하였으며, 모두 중고자동차를 구매한 것이다.

### (2) 직전 3개년 투자현황

㈜나라는 수년간 기존 장비의 수선 · 유지보수 외에 별도의 투자는 하지 않았으며, 기존 LCD 모니터 제조장비는 취득 후 10년간 유지 보수 등을 하였으나 생산효율성 측면에서 처분하는 것이 비용절감 측면에서 유리한 것으로 판단되어 철거하여 처분하고 2025년도에 새로이 LCD 모니터 제조장비를 취득, 설치한 것으로 기존 장비를 철거한 라인에 설치하였다.

## 3. 요구사항

위의 자료를 바탕으로 ㈜나라의 2025년 사업연도 통합투자세액공제 규정 적용여부를 판단하고 최저한세 규정을 반영하여 공제세액과 농어촌특별세 과세대상인 경우 부담할 농어촌특별세액을 계산하시오.

**풀이**

1. 기본검토사항

| 구 분 | | 검토요건 또는 확인사항 |
|---|---|---|
| 적용여부 검토 | ① 당해 법인의 중소기업요건 충족 확인 | 업종요건 : 제조업 도소매업 영위 요건충족<br>규모요건 : 제조업 매출액 7,628,403,721원, 도소매업 매출 1,839,786,400원이므로 주된 사업은 제조업으로 판단. 중소기업기본법 시행령 별표1의 한국표준산업분류코드 C26에 따른 매출액 1,000억원 이하 요건 충족<br>독립성요건 : 다른 기업의 계열사 등이 아니므로 요건 충족<br>졸업요건 : 당해 사업연도 자산총액 3,565,918,921원 이므로 요건충족<br>∴ 조세특례제한법의 중소기업에 해당함 |
| | ② 각 조항별 적용 시한 확인 | 통합투자세액공제(일반투자)는 적용 시한에 별도로 제한을 두고 있지 않으므로 요건 충족 |

| 구 분 | | 검토요건 또는 확인사항 |
|---|---|---|
| | ③ 각 조항별 규정 업종의 요건 충족 확인 | 소비성서비스업과 부동산임대업 및 공급업의 경우 통합투자세액공제를 적용배제하나 ㈜나라의 경우 제조업과 도소매업을 영위하므로 요건 충족 |
| | ④ 본점 및 사업장 소재지 등 확인 | 본점 소재지에 따른 공제율 차등 적용 없음 |
| | ⑤ 감면/공제 적용의 배제 | 추계과세 시 적용을 배제하나, ㈜나라의 경우 장부의 작성과 정기신고를 하므로 공제규정 적용 |
| | | 고양시 본점 소재지의 LCD 모니터 제조장비 취득의 경우 수도권과밀억제권역 내의 투자이지만 사업장이 공장이고 1990.1.1. 이후 설립하여 사업을 개시한 중소기업으로서 대체투자에 해당하므로 제130조【수도권과밀억제권역의 투자에 대한 조세감면 배제】규정은 적용하지 않음 |
| 적용 시 검토 | ⑥ 감면/공제 중복적용 확인 | 본점의 투자액 중 지자체에서 투자액을 일부 지원하였으므로 지원받은 금액은 투자액에서 제외함 |
| | ⑦ 최저한세 적용대상 확인 | 최저한세 규정을 적용함 |
| | ⑧ 이월적용 여부 확인 | 10년간 이월공제 |
| | ⑨ 농어촌특별세 비과세 확인 | 통합투자세액공제액에 대해서는 농어촌특별세를 과세한다. |
| 사후 관리 | ⑩ 공제감면 후 사후관리규정 | 세액공제 받은 자산에 대해서는 투자완료일부터 5년이내 기간 중 2년(소정의 건물과 구축물은 5년)이 지나기 전에 다른 목적으로 전용하는 경우 추징하나 기존 장비 처분은 취득 후 10년이 경과하여 처분하였으므로 추징사유에 해당하지 않음 |

## 2. 공제세액의 계산

### (1) 투자세액 공제대상 투자액의 계산

① 본점 사업장

㉠ 제조장비 취득액 중 고양시 지원액을 제외한 금액을 공제대상 투자액으로 한다.

공제대상 투자액 = 895,000,000 − 150,000,000 = 745,000,000원

㉡ 승용차는 공제대상 자산에서 제외한다.

② 지점 사업장

㉠ 제조장비 취득액은 중고품에 대한 투자이므로 공제대상에서 제외한다.

㉡ 승용차는 공제대상 자산에서 제외한다.

(2) 공제세액의 계산

① 공제대상세액 = 745,000,000 × 12% = 89,400,000원

저자주 조특법 제24조 제1항 후단(일반공제와임시투자세액공제 택일)에 따라 임시투자세액공제 적용함

② ㈜나라의 2024년 사업연도 법인세 산출세액

= 200,000,000 × 9% + (319,729,266 – 200,000,000) × 19%

= 40,748,560원

③ 최저한세 적용 전 차감세액

= 40,748,560 - 89,4000,000

= −48,651,400

∴ 0원

④ 최저한세

= 319,729,266 × 7%

= 22,381,048원

⑤ 공제세액

= 40,748,560 – 22,381,048

= 18,367,512원

⑥ 세액공제 이월액

= 89,400,000 – 18,367,512

= 71,032,488원

(3) 농어촌특별세액의 계산

① 부담액

= 18,367,512 × 20%

= 3,673,502원

[별지 제8호의9 서식] (2025.6.30. 개정)

# 통합투자세액공제신청서

※ 뒤쪽의 작성방법을 읽고 작성해 주시기 바랍니다. (앞쪽)

| 접수번호 | 접수일 | 처리기간 즉시 |
|---|---|---|

| ① 신청인 | ① 상호 또는 법인명 : ㈜나라 | ② 사업자등록번호 : 203-81-63108 |
|---|---|---|
| | ③ 대표자 성명 : 김 유 민 | ④ 생년월일 : 1973년 04월 12일 |
| | ⑤ 주소 또는 본점소재지 : 경기도 고양시 일산서구 대화로37번길 102-30 (031-2231-7027) | |

| ② 과세연도 | 2025년 01월 01일부터 2025년 12월 31일까지 |
|---|---|

| ③ 신성장사업화시설 · 연구개발시설, 국가전략기술사업화시설 · 연구개발시설 인정 신청 여부 | 여[ ], 부[✓] | 미신청 투자금액 합계 | |
|---|---|---|---|
| ④ 신성장사업화시설 · 연구개발시설, 국가전략기술사업화시설 · 연구개발시설 인정 신청 인정 여부 | 여[ ], 부[✓] | 미인정 투자금액 합계 | |
| ⑤ 임시 투자 세액공제율 적용 여부 | | | 여[ ✓], 부[] |
| ⑥ 해당 과세연도 투자분에 대한 공제세액 (=㉑ + ㉖) | | | 89,400,000 |

가. 2개 이상의 과세연도에 걸쳐서 이루어지는 투자금액(=⑰)

| ⑦ 투자 종류 | ⑧ 해당기술 사용 제품 외의 제품 생산 또는 해당 기술 외에 다른 기술 연구개발에 사용 여부 (사용, 미사용) | ⑨ 총 투자 예정 금액 | ⑩ 해당 과세연도 말까지 실제 지출한 금액 | 작업진행률에 의한 투자금액 계산 | | | | ⑮누적투자 대상금액 (⑩와⑭ 중 큰 금액) | ⑯ 해당 과세연도 이전 과세연도 까지의 누적투자 대상금액 | ⑰ 투자 금액 (⑮ − ⑯) |
|---|---|---|---|---|---|---|---|---|---|---|
| | | | | ⑪ 해당 과세 연도말 총투자 누적액 | ⑫ 총 투자 예정비 | ⑬ 진행률 (⑪/⑫) | ⑭ 진행률에 의한 투자금액 (⑨×⑬) | | | |
| | | | | | | | | | | |
| | | | | | | | | | | |
| | | | | | | | | | | |
| 계 | | | | | | | | | | |

나. 그 외 투자금액(=⑱)

| 투자종류 | | ⑱ 투자금액 |
|---|---|---|
| 일반시설 | | 745,000,000 |
| 신성장사업화시설 · 연구개발시설 | ⑧이 '여'인 시설 | |
| | ⑧이 '부'인 시설 | |
| 국가전략기술사업화시설 · 연구개발시설 | ⑧이 '여'인 시설 | |
| | ⑧이 '부'인 시설 | |
| 반도체분야 국가전략기술사업화시설 · 연구개발시설 | ⑧이 '여'인 시설 | |
| | ⑧이 '부'인 시설 | |
| 계 | | 745,000,000 |

다. 기본공제금액(=㉑)

| 투자종류 | | ⑲ 공제대상 투자금액 (=⑰+⑱) | ⑳ 공제율 | ㉑ 기본공제금액 (=⑲×⑳) |
|---|---|---|---|---|
| 일반시설 | | 745,000,000 | 12% | 89,400,000 |
| 신성장사업화시설 · 연구개발시설 | ⑧이 '여'인 시설 | | | |
| | ⑧이 '부'인 시설 | | | |
| 국가전략기술 사업화시설 | ⑧이 '여'인 시설 | | | |
| | ⑧이 '부'인 시설 | | | |
| 반도체분야 국가전략기술사업화시설 · 연구개발시설 | ⑧이 '여'인 시설 | | | |
| | ⑧이 '부'인 시설 | | | |
| 합계 | | | | 89,400,000 |

210mm× 297mm[백상지 80g/㎡ 또는 중질지 80g/㎡]

(뒤쪽)

라. 추가공제금액(=㉖)

<table>
<tr><th colspan="2">투자종류</th><th>㉒ 공제대상 투자금액 (=⑲)</th><th>㉓ 직전 3년 연 평균 투자 또는 취득금액</th><th>㉔ 초과액 (=㉒-㉓)</th><th>㉕ 공제율</th><th>㉖ 추가공제금액 Min[(㉔×㉕),(㉑×2)]</th></tr>
<tr><td colspan="2">일반시설</td><td></td><td></td><td></td><td rowspan="7">10%</td><td></td></tr>
<tr><td rowspan="2">신성장사업화시설 · 연구개발시설</td><td>⑧이 '여'인 시설</td><td></td><td></td><td></td><td></td></tr>
<tr><td>⑧이 '부'인 시설</td><td></td><td></td><td></td><td></td></tr>
<tr><td rowspan="2">국가전략기술사업화시설 · 연구개발시설</td><td>⑧이 '여'인 시설</td><td></td><td></td><td></td><td></td></tr>
<tr><td>⑧이 '부'인 시설</td><td></td><td></td><td></td><td></td></tr>
<tr><td rowspan="2">반도체분야 국가전략기술사업화시설 · 연구개발시설</td><td>⑧이 '여'인 시설</td><td></td><td></td><td></td><td></td></tr>
<tr><td>⑧이 '부'인 시설</td><td></td><td></td><td></td><td></td></tr>
<tr><td colspan="2">합계</td><td></td><td></td><td></td><td></td><td></td></tr>
</table>

「조세특례제한법 시행령」 제21조 제13항에 따라 위와 같이 세액공제신청서를 제출합니다.

2026년 03월 31일

신청인 ㈜나라 김 유 민 (서명 또는 인)

**고양 세무서장** 귀하

작 성 방 법

※「조세특례제한법」 제24조에 따른 통합투자세액공제는 2021.1.1. 이후 과세표준을 신고하는 분부터 적용 가능하며 해당 세액공제를 신청한 경우 구「조세특례제한법」(2021. 1. 1. 법률 제17759호로 개정되기 전의 것) 제5조, 제25조, 제25조의4, 제25조의5 및 제25조의7(이하 "종전세액공제규정"이라 한다)은 중복으로 적용받을 수 없습니다.

1. "⑤ 임시 투자 세액공제율 적용 여부"란: 「조세특례제한법」 제24조제1항3호를 적용받는 경우에는 "여", 그렇지 않은 경우에는 "부"를 적습니다.
2. "⑦ 투자종류"란: 일반시설 투자금액, 신성장사업화시설 · 연구개발시설 투자금액, 국가전략기술사업화시설 · 연구개발시설 투자금액 및 반도체분야 국가전략기술사업화시설 · 연구개발시설 투자금액으로 구분하여 작성합니다. 신성장사업화시설 · 연구개발시설은 「조세특례제한법 시행규칙」 별표 6에 따른 신성장 · 원천기술을 사업화하는 시설 및 「조세특례제한법 시행령」 제25조의3제3항제2호가목의 시설 중 신성장 · 원천기술 연구개발을 위한 연구 · 시험용 시설로서 연구개발세액공제기술심의위원회의 심의를 거쳐 기획재정부 · 산업통상자원부장관이 공동으로 인정하는 공제대상 자산을 말하고, 국가전략기술사업화시설 · 연구개발시설은 「조세특례제한법 시행규칙」 별표 6의2에 따른 국가전략기술을 사업화하는 시설 및 「조세특례제한법 시행령」 제25조의3제3항제2호가목의 시설 중 국가전략기술 연구개발을 위한 연구 · 시험용 시설로서 연구개발세액공제기술심의위원회 심의를 거쳐 기획재정부 · 산업통상자원부장관이 공동으로 인정하는 공제대상 자산을 말하며, 반도체분야 국가전략기술사업화시설 · 연구개발시설은 반도체분야의 국가전략기술에 대한 국가전략기술사업화시설 · 연구개발시설을 말합니다.
3. "⑧ 해당기술 사용 제품 외의 제품 생산 또는 해당기술 외의 다른 기술의 연구개발에 사용 여부"란: 해당시설이 해당기술을 사용하여 생산하는 제품 외에 다른 제품의 생산에도 사용되는 시설이거나 해당기술 외에 다른 기술의 연구개발에 사용되는 시설일 경우에는 "사용", 그렇지 않은 경우에는 "미사용"을 적습니다.
4. "⑬ 진행률"란: 「법인세법 시행령」 제69조제1항에 따라 해당 과세연도말까지 발생한 총투자누적액이 총투자예정비에서 차지하는 비율로 계산합니다.
5. "⑮ 누적투자 대상금액"란: ⑩란의 해당 과세연도말까지 실제 지출한 금액과 ⑭란의 진행률에 의한 투자금액 중 큰 금액을 적고, ⑯ 해당 과세연도 이전 과세연도까지의 누적투자 대상금액란은 해당 과세연도 이전 과세연도까지의 실제지출한 금액과 해당 과세연도 이전 과세연도까지의 작업진행률에 따라 계산한 투자금액 중 큰 금액을 적습니다.
6. "⑲ 공제대상 투자금액"란: ⑰ 2개 이상의 과세연도에 걸쳐서 이루어지는 투자금액과 ⑱ 그 외 투자금액의 합계액을 적습니다.
7. "⑳ 공제율"란: 일반시설란 및 신성장사업화시설 · 연구개발시설란의 괄호 안의 공제율은 2024년 12월 31일 또는 2025년 12월 31일이 속하는 과세연도에 투자한 금액에 대하여 적용되는 공제율을 말하며, 2025년 1월 1일 이후 개시하는 과세연도에 최초로 중소기업에 해당하지 아니하게 된 경우로서 해당 과세연도의 개시일부터 3년 이내에 끝나는 과세연도까지의 경우에는 일반시설은 7.5%, 신성장사업화시설 · 연구개발시설은 9%, 국가전략기술사업화시설 · 연구개발시설은 20%, 반도체 분야 국가전략기술사업화시설 · 연구개발시설은 25%의 공제율을 적습니다.
8. "㉒ 공제대상 투자금액"란: ⑲ 공제대상 투자금액란을 그대로 옮겨 적습니다.
9. "㉓ 직전 3년 연 평균 투자 또는 취득금액"란: [(해당 과세연도 개시일부터 소급하여 3년간 투자한 금액의 합계÷3) × (해당 과세연도의 개월 수÷12)]로 계산하며 투자금액이 최초로 발생한 과세연도 개시일부터 해당 과세연도 개시일까지의 기간이 36개월 미만인 경우 그 기간에 투자한 금액의 합계액을 36개월로 환산하여 계산한 금액을 적습니다.
10. ㉖ 추가공제금액의 합계는 ㉔ 초과액의 합계에 공제율(10%)를 곱한 값과 일치해야 하며, ㉑ 기본공제금액의 2배를 초과할 수 없습니다.

210mm× 297mm[백상지 80g/㎡ 또는 중질지 80g/㎡]

| 사업연도 | 2025.01.01.~<br>2025.12.31. | 세액공제조정명세서(3) | 법 인 명 | ㈜나라 |
|---|---|---|---|---|
| | | | 사업자등록번호 | 203-81-63108 |

1. 공제세액계산(「조세특례제한법」)

| | ⑩ 구분 | 근거 법조항 | ⑫ 계산기준 | 코드 | ⑬ 계산 명세 | ⑭ 공제 대상 세액 |
|---|---|---|---|---|---|---|
| 조세특례제한법 | 중소기업 등 투자세액공제 | 구 제5조 | 투자금액 × 1(2,3,5,10)/100 | 131 | | |
| | 상생결제 지급금액에 대한 세액공제 | 제7조의4 | 지급기한 15일 이내: 지급 금액의 0.5%<br>지급기한 15일 ~ 30일: 지급 금액의 0.3%<br>지급기한 30일 ~ 60일: 지급 금액의 0.015% | 14Z | | |
| | 대·중소기업 상생협력을 위한 기금출연 세액공제 | 제8조의3 제1항 | 출연금 × 10/100 | 14M | | |
| | 협력중소기업에 대한 유형고정자산 무상임대 세액공제 | 제8조의3 제2항 | 장부가액 × 3/100 | 18D | | |
| | 수탁기업에 설치하는 시설에 대한 세액공제 | 제8조의3 제3항 | 투자금액 × 1(3,7)/100 | 18L | | |
| | 교육기관에 무상 기증하는 중고자산에 대한 세액공제 | 제8조의3 제4항 | 기증자산 시가 × 10/100 | 18R | | |
| | 신성장·원천기술 연구개발비세액공제 (최저한세 적용제외) | 제10조 제1항제1호 | (일반 연구·인력개발비)<br>'14.1.1.~'14.12.31.: 발생액 × 3~4(8,10,15,20,25,30)/100<br>또는 2년간 연평균 발생액의 초과액 × 40(50)/100<br>'15.1.1. 이후: 발생액 × 2~3(8,10,15,20,25,30)/100<br>또는 직전 발생액의 초과액 × 40(50)/100<br>'17.1.1. 이후: 발생액 × 1~3(8,10,15,20,25,30)/100<br>또는 직전 발생액의 초과액 × 30(40,50)/100<br>'18. 1. 1. 이후: 발생액 × 0~2(8,10,15,20,25,30)/100<br>또는 직전 발생액의 초과액 × 25(40,50)/100<br>(신성장·원천기술 연구개발비)<br>'17. 1. 1. 이후: 발생액 × 20(30)/100<br>(국가전략기술 연구개발비)<br>'21. 7. 1. 이후: 발생액 ×30(40)/100 | 16A | | |
| | 국가전략기술 연구개발비세액공제 (최저한세 적용제외) | 제10조 제1항제2호 | | 10D | | |
| | 일반 연구·인력개발비세액공제 (최저한세 적용제외) | 제10조 제1항제3호 | | 16B | | |
| | 신성장·원천기술 연구개발비세액공제 (최저한세 적용대상) | 제10조 제1항제1호 | | 13L | | |
| | 국가전략기술 연구개발비세액공제 (최저한세 적용대상) | 제10조 제1항제2호 | | 10E | | |
| | 일반 연구·인력개발비세액공제 (최저한세 적용대상) | 제10조 제1항제3호 | | 13M | | |
| | 기술취득에 대한 세액공제 | 제12조제2항 | 특허권등 취득금액 × 5(10)/100 *법인세의 10% 한도 | 176 | | |
| | 기술혁신형 합병에 대한 세액공제 | 제12조의3 | 기술가치금액 × 10/100 | 14T | | |
| | 기술혁신형 주식취득에 대한 세액공제 | 제12조의4 | 기술가치금액 × 10/100 | 14U | | |
| | 벤처기업등 출자에 대한 세액공제 | 제13조의2 | 주식등 취득가액 × 5/100 | 18E | | |
| | 성과공유 중소기업 경영성과급 세액공제 | 제19조 | '22.1.1. 이전 지급분: 근로자에 지급하는 경영성과급 × 10/100<br>'22.1.1. 이후 지급분: 근로자에 지급하는 경영성과급× 15/100 | 18H | | |
| | 연구·인력개발설비투자세액공제 | 구 제25조 제1항제1호 | '14.1.1.~'15.12.31. 투자분: 투자금액 × 3(5,10)/100<br>'16.1.1. 이후 투자분: 투자금액 × 1(3,6)/100<br>'19.1.1. 이후 투자분: 투자금액 × 1(3,7)/100 | 134 | | |
| | 에너지절약시설투자세액공제 | 구 제25조 제1항제2호 | '14.1.1.~'15.12.31. 투자분: 투자금액 × 3(5,10)/100<br>('16.1.1. 현재 투자진행 중인 경우 '16.12.31.까지 종전율 적용)<br>'16.1.1. 이후 투자개시분: 투자금액 × 1(3,10)/100<br>'19.1.1. 이후 투자분: 투자금액 × 1(3,7)/100 | 177 | | |

210mm×297mm[백상지 80g/㎡ 또는 중질지 80g/㎡]

| | | | | | | |
|---|---|---|---|---|---|---|
| 조세특례제한법 | 환경보전시설 투자세액공제 | 구 제25조<br>제1항제3호 | 투자금액 × 3(5,10)/100<br>'19.1.1. 이후 투자분: 투자금액 × 3(5,10)/100 | 14A | | |
| | 근로자복지증진시설투자세액공제 | 구 제25조<br>제1항제4호 | 투자금액 × 7(10)/100<br>'19.1.1. 이후 취득분: 취득금액 × 3(5,10)/100 | 142 | | |
| | 안전시설투자세액공제 | 구 제25조<br>제1항제5호 | '13.1.1.~'14.12.31. 투자분: 투자금액 × 3(7)/100<br>'15.1.1. 이후 투자분: 투자금액 × 1(3,7)/100<br>'19.1.1. 이후 투자분: 투자금액 × 1(5,10)/100 | 136 | | |
| | 생산성향상시설투자세액공제 | 구 제25조<br>제1항제6호 | '13.1.1.~'14.12.31. 투자분: 투자금액 × 3(7)/100<br>'15.1.1. 이후 투자분: 투자금액 × 1(3,7)/100<br>'20.1.1.~'20.12.31. 투자분: 투자금액 × 2(5,10))/100<br>'21.1.1.~'21.12.31. 투자분: 투자금액 × 1(5,10))/100<br>'21.1.1.~이후. 투자분: 투자금액 × 1(3,7))/100 | 135 | | |
| | 의약품 품질관리시설투자세액공제 | 구 제25조의4 | '14.1.1.~'16.12.31. 투자분: 투자금액 × 3(5,7)/100<br>'17.1.1. 이후 투자분: 투자금액 × 1(3,6)/100 | 14B | | |
| | 신성장기술 사업화를 위한 시설투자 세액공제 | 구 제25조의5 | 투자금액 × 5(7,10)/100 | 18B | | |
| | 영상콘텐츠 제작비용에 대한 세액공제<br>(기본공제) | 제25조의6 | 제작비용 × 5(10,15)/100 | 18C | | |
| | 영상콘텐츠 제작비용에 대한 세액공제<br>(추가공제) | 제25조의6 | 제작비용 × 10(15)/100 | 1B8 | | |
| | 초연결 네트워크 시설투자에 대한 세액공제 | 구 제25조의7 | 투자금액 × 2(3)/100 | 18I | | |
| | 고용창출투자세액공제 | 제26조 | '12.1.1.~12.31.: 투자금액 × {기본공제(3~4%)+추가공제(2~3%)}<br>'13.1.1.~12.31.: 투자금액 × {기본공제(2~4%)+추가공제(3%)}<br>'14.1.1. 이후: 투자금액 × {기본공제(1~4%)+추가공제(3%)}<br>(한도: 상시근로자 증가분 × 1,000만원, 1,500만원, 2,000만원)<br>'15.1.1. 이후: 투자금액 × {기본공제(0~3%)+추가공제(3~7%)}<br>'17.1.1. 이후: (한도 : 상시근로자 증가분 × 1,000(1,500)만원, 1,500(2,000)만원, 2,000(2,500)만원) | 14N | | |
| | 산업수요맞춤형고등학교등 졸업자를 병역이행 후 복직시킨 중소기업에 대한 세액공제 | 제29조의2 | 복직자에게 지급한 인건비 × 중소30(중견15)/100 | 14S | | |
| | 경력단절 여성 고용 기업 등에 대한 세액공제 | 제29조의3<br>제1항 | 경력단절 여성 재고용 인건비 × 중소30(중견15)/100 | 14X | | |
| | 육아휴직 후 고용유지 기업에 대한 인건비 세액공제 | 제29조의3<br>제2항 | 육아휴직 복귀자 인건비 × 중소30(중견15)/100 | 18J | | |
| | 근로소득을 증대시킨 기업에 대한 세액공제 | 제29조의4 | 평균 초과 임금증가분 × 5(중견10, 중소20)/100<br>정규직 전환 근로자의 임금 증가분 × 5(10,20)/100 | 14Y | | |
| | 청년고용을 증대시킨 기업에 대한 세액공제 | 제29조의5 | 청년정규직근로자 증가인원수 × 3백만원(7백만원, 1천만원) | 18A | | |
| | 고용을 증대시킨 기업에 대한 세액공제 | 제29조의7 | 직전연도 대비 상시근로자 증가수 × 4백만원(1천2백만원)<br>'21.12.31~'22.12.31.: 직전연도 대비 상시근로자 증가수 × 5백만원(1천3백만원) | 18F | | |
| | 통합고용세액공제 | 제29조의8 | 직전연도 대비 상시근로자 증가수 × 4백만원(1천4백5십만원) | 18S | | |
| | 통합고용세액공제(정규직전환) | 제29조의8 | | 1B4 | | |
| | 통합고용세액공제(육아휴직복귀) | 제29조의8 | | 1B5 | | |
| | 정규직 근로자 전환 세액공제 | 제30조의2 | 전환인원수 × 중소1천만원(중견7백만원) | 14H | | |
| | 고용유지중소기업에 대한 세액공제 | 세30조의3 | 연간 임금감소 총액× 10/100 + 시간당 임금상승에 따른 보전액 × 15/100 | 18K | | |
| | 중소기업 고용증가 인원에 대한 사회보험료 세액공제 | 제30조의4<br>제1항 | 청년(만15~29세)근로자 등 순증인원의 사회보험료(증가분의 100%)<br>청년 및 경력단절 여성 외 근로자 순증인원의 사회보험료(증가분의 50%,75%) | 14Q | | |

210mm×297mm[백상지 80g/㎡ 또는 중질지 80g/㎡]

(4쪽 중 제3쪽)

| ⑩ 구분 | 근거 법조항 | ⑩ 계산기준 | 코드 | ⑩ 계산 명세 | ⑩ 공제 대상 세액 |
|---|---|---|---|---|---|
| 중소기업 사회보험 신규가입에 대한 사회보험료 세액공제 | 제30조의4 제3항 | '20. 12. 31.까지 사회보험 신규가입에 따 른 사용자 부담액× 50% | 18G | | |
| 전자신고에 대한 세액공제(법인) | 제104조의8 제1항 | 법인세 전자신고시 2만원 | 184 | | |
| 전자신고에 대한 세액공제(세무법인 등) | 제104조의8 제3항 | 법인세 · 소득세 전자신고 대리건수 × 2만원<br>*한도: 연300만원(세무 · 회계법인 연750만원)<br>한도액계산시 부가가치세 대리신고에 따른 세액공제액 포함 | 14J | | |
| 제3자 물류비용 세액공제 | 제104조의14 | (전년대비 위탁물류비용 증가액)×3/100(중소기업은 5/100)<br>* 직전 위탁물류비 30% 미만: (당기 위탁물류비 – 당기 전체물류비 × 30%) ×3/100(중소기업은 5/100) *법인세 10% 한도 | 14E | | |
| 대학 맞춤형 교육비용 세액공제 | 구 제104조의18 제1항 | 법 제10조 연구 · 인력개발비세액공제 준용<br>*수도권 소재대학의 발생액은 50%만 인정 | 14I | | |
| 대학등 기부설비에 대한 세액공제 | 구 제104조의18 제2항 | 법 제11조 연구 · 인력개발설비투자세액공제 준용<br>*수도권 소재대학의 기부금액은 50%만 인정 | 14K | | |
| 기업의 운동경비부 설치운영 세액공제 | 제104조의22 | 설치운영비용 × 10(20)/100 | 14O | | |
| 산업수요맞춤형 고등학교 등 재학생에 대한 현장훈련수당 등 세액공제 | 구 제104조의18 제4항 | 일반 연구 · 인력개발비 세액공제 준용 | 14R | | |
| 석유제품 전자상거래에 대한 세액공제 | 제104조의25 | '13. 1. 1. ~ 12. 31.: 공급가액의 0.5%(산출세액의 10% 한도)<br>'14. 1. 1. ~ '16. 12. 31.: 공급가액의 0.3%(산출세액의 10% 한도)<br>'17. 1. 1. ~ '19. 12. 31.: 공급자는 공급가액의0.1%,수요자0.2%, (산출세액의 10% 한도)<br>'20.1.1.~'22.12.31.: 수요자만 공급가액의 0.2%(산출세액의 10% 한도) | 14P | | |
| 금 현물시장에서 거래되는 금지금에 대한 과세특례 | 제126조의7 제8항 | 산출세액×[(금 현물시장 이용금액 – 직전 과세연도의 금 현물시장 이용금액)/매출액] 또는 산출세액×[(금 현물시장 이용금액×5/100)/매출액] | 14V | | |
| 금사업자와 스크랩등사업자의 수입금액증가등 세액공제 | 제122조의4 | 산출세액×[(매입자납부익금및손금합계금액 – 직전 과세연도의 매입자납부익금및손금합계금액)×50/100]/익금및손금합계금액 또는 산출세액×[(매입자납부익금및손금합계금액×5/100]/익금및손금합계금액<br>*한도: 해당 과세연도 산출세액–직전 과세연도 산출세액 | 14W | | |
| 성실신고 확인비용에 대한 세액공제 | 제126조의6 | 확인비용 × 60/100 (150만원 한도) | 10A | | |
| 우수 선화주 인증받은 국제물류주선업자에 대한 세액공제 | 제104조의30 | 운송비용의 1% + 직전과세연도 대비 증가분의 3%(산출세액의 10%한도) | 18M | | |
| 용역제공자에 관한 과세자료의 제출에 대한 세액공제 | 제104조의32 | 과세자료에 기재된 용역제공자 인원수×300원(200만원 한도) | 10C | | |
| 이스포츠대회 운영에 대한 과세특례 | 제104조의35 | 이스포츠대회 운영비용 × 10/100 | 1F1 | | |
| 소재 · 부품 · 장비 수요기업 공동출자세액공제 | 제13조의3 제1항 | 주식 또는 출자지분 취득가액 5% | 18N | | |
| 소재 · 부품 · 장비 외국법인 인수세액공제 | 제13조의3 제3항 | 주식 또는 출자지분 취득가액 5% (중견7%, 중소10%) | 18P | | |
| 상가임대료를 인하한 임대사업자에 대한 세액공제 | 제96조의3 | 임대료 인하액의 70% | 10B | | |
| 문화산업전문회사 출자에 대한 세액공제 | 제25조의 7 | 출자금액 중 영상콘텐츠제작비용의 3% | 1B7 | | |
| 선결제 금액에 대한 세액공제 | 제99조의12 | 선결제금액 × 1% | 18Q | | |
| 통합투자세액공제(일반) | 제24조 | 기본공제: 투자금액 × 1(중견5/7.5, 중소10)/100,<br>신성장 · 원천기술 투자금액 × 3(중견6/9,중소12)/100<br>국가전략기술 투자금액 × 15(중견15/20,중소25)/100<br>국가전략기술반도체 투자금액 × 20(중견20/25,중소30)/100<br>* 국가전략기술반도체 투자금액: '25. 1. 1. 이후 투자분부터 적용<br>추가공제: 직전 3년 연평균 투자금액 초과액 × 10/100(기본공제 200% 한도)<br><br>임시 투자 세액공제<br>기본공제: 투자금액 × 1(중견7, 중소12)/100,<br>신성장사업화시설 투자금액 × 3(중견8,중소14)/100<br>국가전략기술 투자금액 × 15(중견15/20,중소25)/100<br>국가전략기술반도체 투자금액 × 20(중견20/25,중소30)/100<br>* 국가전략기술반도체 투자금액: '25. 1. 1. 이후 투자분부터 적용<br>추가공제: 직전 3년 연평균 투자금액 초과액 × 10/100(기본공제 200% 한도) | 13W | | |
| 임시통합투자세액공제(일반) | | | 1B1 | 745,000,000 ×12/100 | 89,400,000 |
| 통합투자세액공제(신성장 · 원천기술) | | | 13X | | |
| 임시통합투자세액공제(신성장 · 원천기술) | | | 1B2 | | |
| 통합투자세액공제(국가전략기술) | | | 13Y | | |
| 임시통합투자세액공제(국가전략기술) | | | 1B3 | | |
| 통합투자세액공제 (반도체분야 국가전략기술) | | | 13Z | | |
| 임시통합투자세액공제 (반도체분야 국가전략기술) | | | 1B9 | | |
| 해외자원개발투자에 대한 과세특례 | 제104조의15 | 투자금액× 3% | 1B6 | | |
| 합계 | | | 1A1 | | |

210mm×297mm[백상지 80g/㎡ 또는 중질지 80g/㎡]

## 2. 당기공제세액 및 이월액계산

| (105) 구분 | (106) 사업연도 | 공제 대상 세액 | | 당기 공제 대상 세액 | | | | | | (120) 계 | (121) 최저한세 적용에 따른 미공제액 | (122) 그 밖의 사유로 인한 미공제액 | (123) 공제세액 ((120)-(121)-(122)) | (124) 소멸 | (125) 이월액 ((107)+(108)-(123)-(124)) |
|---|---|---|---|---|---|---|---|---|---|---|---|---|---|---|---|
| | | (107) 당기분 | (108) 이월분 | (109) 당기분 | (110) 1차 연도 / (115) 6차 연도 | (111) 2차 연도 / (116) 7차 연도 | (112) 3차 연도 / (117) 8차 연도 | (113) 4차 연도 / (118) 9차 연도 | (114) 5차 연도 / (119) 10차 연도 | | | | | | |
| 통합투자세액공제(임시) | 2025 | 89,400,000 | | 89,400,000 | | | | | | 89,400,000 | 71,032,488 | | 18,367,512 | | 71,032,488 |
| | 소계 | 89,400,000 | | 89,400,000 | | | | | | 89,400,000 | 71,032,488 | | 18,367,512 | | 71,032,488 |
| | | | | | | | | | | | | | | | |
| | 소계 | | | | | | | | | | | | | | |
| 합계 | | 89,400,000 | | 89,400,000 | | | | | | 89,400,000 | ※71,032,488 | | 18,367,512 | | 71,032,488 |

### 작성방법

1. (105) 구분란: 제1쪽의 1. 공제세액계산(「조세특례제한법」)의 코드란에 적혀 있는 코드를 적습니다.
2. (106) 사업연도란: 이월된 공제 대상 세액이 발생한 사업연도와 종료월을 적습니다.
3. (107) 당기분란: (104) 공제 대상 세액란에 적힌 금액을 적습니다.
4. (108) 이월분란: (105) 구분별, 사업연도별로 직전 사업연도의 (125) 이월액을 적습니다.
5. (109) 당기분란: 당기분 세액을 적습니다.
6. (110) 1차 연도란부터 (119) 10차 연도란까지: (106) 사업연도란에 적힌 사업연도부터의 경과 연차에 해당하는 란에 (108) 이월분란에 적힌 금액을 적습니다.
7. (121) 최저한세 적용에 따른 미공제액란: 「조세특례제한법」 제144조제2항에 규정된 순서에 따라 각 란에 조정하여 적고, 합계란(※표란)에는 "최저한세조정계산서(별지 제4호서식)"의 (124) 세액공제란의 ④ 조정감란에 적힌 금액을 옮겨 적습니다.
8. 근거 법조항란 중 "구"는 2020년 12월 29일 법률 제17759호로 개정되기 전의 「조세특례제한법」을 말합니다.

210mm×297mm[백상지 80g/㎡ 또는 중질지 80g/㎡]

04 투자촉진을 위한 조세특례

에 센 스

# 조 세 특 례 제 한 법 실 무

실 무 자 를 위 해 엄 선 한 조 특 법 핵 심 해 설 서

CHAPTER 05

# 고용지원을 위한 조세특례

SECTION 01 제30조【중소기업 취업자에 대한 소득세 감면】

SECTION 02 상시근로자, 단시간근로자, 청년 · 경력단절 여성 · 장애인 · 60세 이상 근로자의 개념

SECTION 03 제29조의 7【고용을 증대시킨 기업에 대한 세액공제】

SECTION 04 제30조의 4【중소기업 사회보험료 세액공제】

SECTION 05 제29조의 8【통합고용세액공제】

SECTION 06 고용을 증대시킨 기업에 대한 세액공제 및 중소기업 사회보험료 세액공제 VS 통합고용세액공제

SECTION 07 세액공제 적용 후 사후관리 분석

국가경제에서 실업으로 유발되는 문제점은 1차적으로 경제적으로 성장률 둔화 등의 문제를 초래하지만 단순히 성장률 둔화 등의 문제만이 아닌 사회적 문제 또한 간과할 수 없을 만큼 우리나라뿐만 아니라 전 세계 국가별로 시급한 현안 과제로 대두되고 있다.

**우리나라의 2011~2017년 청년실업률** *

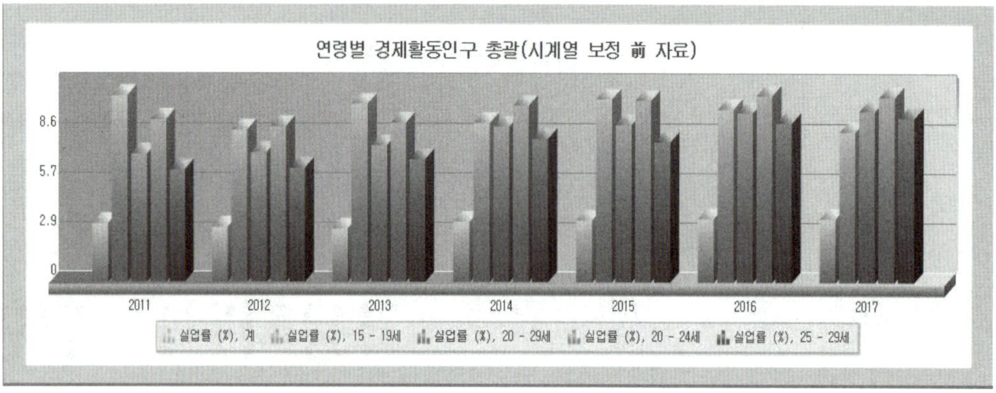


특히 우리나라의 경우 수년간 실업문제를 해소하기 위한 여러 정책들이 시행되고 있지만 민간부문의 고용이 뒷받침되지 않으면 그 정책의 큰 효과를 기대하기는 어려운 것이 현실이다. 인력을 채용하는 것은 기업에게는 인건비와 그에 부수되는 비용의 지출을 유발하게 된다. 물론 고용을 증가시키는 것은 기업의 생산능력 확대를 위해 기업이 필요로 하는 것이지만 현재 우리나라의 고용현황을 비추어 보면 고용증대와 실업률 감소를 위해서는 국가적 지원 또한 필요한 것이 사실이다. 이에 기업이 근로자를 채용하여 고용증대를 촉진하고 지원하고자 여러 조세지원책을 규정하고 있는데, 대표적인 것이 제29조의 7【고용을 증대시킨 기업에 대한 세액공제】, 제30조【중소기업 취업자에 대한 소득세 감면】, 제30조의 4【중소기업 사회보험료 세액공제】 규정 및 2023년도에 신설 적용되는 제29조의 8【통합고용세액공제】이다.

본장에서는 위의 규정에 대하여 공제 감면요건과 대상자 등에 대하여 살펴보기로 한다.

* 통계청. 경제활동인구조사. 2019

# SECTION 01 제30조【중소기업 취업자에 대한 소득세 감면】

## I 조문내용해설

### 1. 기본검토사항

| 구 분 | | 검토요건 또는 확인사항 | |
|---|---|---|---|
| 적용 여부 검토 | ① 당해 근로자 요건 충족 확인 | 청년 | 근로계약체결일 현재 연령이 15세 이상 34세 이하인 사람 |
| | | 60세 이상인 사람 | 근로계약체결일 현재 연령이 60세 이상인 사람 |
| | | 장애인 | 「장애인복지법」 등의 적용을 받는 장애인 등 |
| | | 경력단절근로자 | 법 제29조의 8 제2항에 따른 경력단절 근로자 |
| | ② 각 조항별 적용시한 확인 | 청년 | 2012.1.1.~2026.12.31. 취업일로부터 5년이 되는 날이 속하는 달까지 |
| | | 60세 이상인 사람 | 2014.1.1.~2026.12.31. 취업일로부터 3년이 되는 날이 속하는 달까지 |
| | | 장애인 | 2014.1.1.~2026.12.31. 취업일로부터 3년이 되는 날이 속하는 달까지 |
| | | 경력단절근로자 | 2012.1.1.~2026.12.31. 취업일로부터 3년이 되는 날이 속하는 달까지 |
| | ③ 각 조항별 규정 업종의 요건 충족 확인 | 근로자가 취업한 기업의 업종제한(농업, 임업 어업, 광업 등이 주된 사업이어야 함) | |
| | ④ 본점 및 사업장 소재지 등 확인 | 소재지에 따른 차등적용, 적용배제 규정 없음 | |
| | ⑤ 감면/공제 적용의 배제 | 감면의 적용배제 규정 없음 | |

<table>
<tr><th colspan="2">구 분</th><th>검토요건 또는 확인사항</th></tr>
<tr><td rowspan="4">적용 시 검토</td><td>⑥ 감면/공제 중복적용 확인</td><td>중복적용 배제규정 없음</td></tr>
<tr><td>⑦ 최저한세 적용대상 확인</td><td>최저한세 적용대상 아님</td></tr>
<tr><td>⑧ 이월적용 여부 확인</td><td>세액감면의 경우 당해연도에 적용받지 못한 세액을 이월 적용하지 않음</td></tr>
<tr><td>⑨ 농어촌특별세 비과세 확인</td><td>농어촌특별세 비과세</td></tr>
<tr><td>사후 관리</td><td>⑩ 공제감면 후 사후관리 규정</td><td>별도의 사후관리 규정 없음</td></tr>
</table>

## 2. 적용여부검토 세부내용

### (1) 당해 근로자 요건 충족 확인

#### 1) 청 년

근로계약 체결일 현재 연령이 15세 이상 34세 이하인 사람. 다만, 다음 어느 하나에 해당하는 병역을 이행한 경우에는 그 기간(6년을 한도로 한다)을 근로계약 체결일 현재 연령에서 빼고 계산한 연령이 34세 이하인 사람을 포함한다(조특령 제27조 제1항 제1호).

㉠「병역법」 제16조 또는 제20조에 따른 현역병(같은 법 제21조, 제25조에 따라 복무한 상근예비역 및 의무경찰 · 의무소방원을 포함한다)
㉡「병역법」 제26조 제1항에 따른 사회복무요원
㉢「군인사법」 제2조 제1호에 따른 현역에 복무하는 장교, 준사관 및 부사관

#### 2) 60세 이상의 사람

근로계약 체결일 현재 연령이 60세 이상인 사람(조특령 제27조 제1항 제2호)

#### 3) 장애인

다음 어느 하나에 해당하는 사람(조특령 제27조 제1항 제3호)

㉠「장애인복지법」의 적용을 받는 장애인
㉡「국가유공자 등 예우 및 지원에 관한 법률」에 따른 상이자
㉢「5 · 18민주유공자예우 및 단체설립에 관한 법률」 제4조 제2호에 따른 5 · 18민주화운동부상자
㉣「고엽제후유의증 등 환자지원 및 단체 설립에 관한 법률」에 따른 고엽제후유의증환자로서 장애등급 판정을 받은 사람

### 4) 경력단절근로자

다음의 요건을 모두 충족하는 근로자(조특령 제27조 제1항 제4호 ⇒ 조특법 제29조의 8 제2항, 조특령 제26조의 8 제12항, 제26조의 3 제4항, 조특칙 제14조의 3)

㉠ 임금을 목적으로 같은 기업에서 1년 이상 계속하여 근로를 제공(근로소득원천징수부를 통하여 근로소득세가 원천징수되었던 사실이 확인되는 경우로 한정한다)한 후 다음의 결혼 · 임신 · 출산 · 육아 · 자녀교육 · 가족돌봄의 사유로 퇴직하였을 것

1. 퇴직한 날부터 1년 이내에 혼인한 경우(가족관계기록사항에 관한 증명서를 통하여 확인되는 경우로 한정한다)
2. 퇴직한 날부터 2년 이내에 임신하거나 「모자보건법」에 따른 보조생식술을 받은 경우(의료기관의 진단서 또는 확인서를 통하여 확인되는 경우에 한정한다)
3. 퇴직일 당시 임신한 상태인 경우(의료기관의 진단서를 통하여 확인되는 경우로 한정한다)
4. 퇴직일 당시 8세 이하의 자녀가 있는 경우
5. 퇴직일 당시 「초 · 중등교육법」 제2조에 따른 학교에 재학 중인 자녀가 있는 경우
6. 퇴직일 당시 「장애인복지법」 제32조에 따라 등록한 장애인 자녀가 있는 경우
7. 퇴직일 당시 70세 이상 또는 장애인복지법」 제32조에 따라 등록한 장애인에 해당하는 직계존속(배우자의 직계존속을 포함한다)을 동거봉양하기 위해 같은 세대를 이루고 있는 경우

㉡ '㉠'의 사유로 퇴직한 날부터 2년 이상 15년 미만의 기간이 지났을 것

㉢ 해당 내국인(기업)의 최대주주 또는 최대출자자(개인사업자의 경우에는 대표자를 말한다)나 그와 「국세기본법 시행령」 제1조의 2 제1항에 따른 친족관계인 사람이 아닐 것

국세기본법 시행령 제1조의 2【특수관계인의 범위】

① 법 제2조 제20호 가목에서 "혈족 · 인척 등 대통령령으로 정하는 친족관계"란 다음 각 호의 어느 하나에 해당하는 관계(이하 "친족관계"라 한다)를 말한다.
1. 4촌 이내의 혈족
2. 3촌 이내의 인척
3. 배우자(사실상의 혼인관계에 있는 자를 포함한다)
4. 친생자로서 다른 사람에게 친양자 입양된 자 및 그 배우자 · 직계비속
5. 본인이 「민법」에 따라 인지한 혼인 외 출생자의 생부나 생모(본인의 금전이나 그 밖의 재산으로 생계를 유지하는 사람 또는 생계를 함께하는 사람으로 한정한다)

## (2) 조항별 적용시한 확인(조특법 제30조 제1항)

### 1) 청년의 경우

2012.1.1.~2026.12.31. 취업일로부터 5년이 되는 날이 속하는 달까지 적용한다.

청년으로서 대통령령으로 정하는 병역을 이행한 후 1년 이내에 병역 이행 전에 근로를 제공한 중소기업체에 복직하는 경우에는 복직한 날부터 2년이 되는 날을 말하며, 그 복직한 날이 최초 취업일부터 5년이 지나지 아니한 경우에는 최초 취업일부터 7년이 되는 날을 말한다.

※ 대통령령으로 정하는 병역이란 다음을 말한다(조특령 제27조 제1항).
① 「병역법」 제16조 또는 제20조에 따른 현역병(같은 법 제21조, 제25조에 따라 복무한 상근예비역 및 의무경찰 · 의무소방원을 포함한다)
② 「병역법」 제26조 제1항에 따른 사회복무요원
③ 「군인사법」 제2조 제1호에 따른 현역에 복무하는 장교, 준사관 및 부사관

### 2) 60세 이상인 사람

2014.1.1.~2026.12.31. 취업일로부터 3년이 되는 날이 속하는 달까지 적용한다.

### 3) 장애인

2014.1.1.~2026.12.31. 취업일로부터 3년이 되는 날이 속하는 달까지 적용한다.

### 4) 경력단절근로자

2012.1.1.~2026.12.31. 취업일로부터 3년이 되는 날이 속하는 달까지 적용한다.

## (3) 조항별 규정 업종의 요건 충족 확인(조특령 제27조 제3항)

청년 등이 취업한 중소기업체가 다음 어느 하나의 사업을 주된 사업으로 영위하여야 한다.

여기서 중소기업체란 「중소기업기본법」 제2조에 따른 중소기업(비영리기업 포함)으로서 다음 어느 하나의 사업을 주된 사업으로 영위하는 기업을 말하며 국가, 지방자치단체(지방자치단체조합을 포함한다), 「공공기관의 운영에 관한 법률」에 따른 공공기관 및 「지방공기업법」에 따른 지방공기업은 제외한다.

① 농업, 임업 및 어업
② 광업
③ 제조업
④ 전기, 가스, 증기 및 공기조절 공급업
⑤ 수도, 하수 및 폐기물처리, 원료재생업
⑥ 건설업
⑦ 도매 및 소매업
⑧ 운수 및 창고업(「관세사법」에 따른 통관업은 제외한다)
⑨ 숙박 및 음식점업(주점 및 비알코올 음료점업은 제외한다)
⑩ 정보통신업(비디오물 감상실 운영업, 가상자산 매매 및 중개업은 제외한다)
⑪ 부동산업(부동산 임대업은 제외한다)
⑫ 연구개발업
⑬ 광고업
⑭ 시장조사 및 여론조사업
⑮ 건축기술, 엔지니어링 및 기타 과학기술 서비스업
⑯ 기타 전문, 과학 및 기술 서비스업(수의업은 제외한다)
⑰ 사업시설 관리, 사업 지원 및 임대 서비스업
⑱ 기술 및 직업훈련학원
⑲ 컴퓨터학원

⑳ 사회복지 서비스업
㉑ 개인 및 소비용품 수리업
㉒ 창작 및 예술 관련 서비스업
㉓ 도서관, 사적지 및 유사 여가 관련 서비스업
㉔ 스포츠 서비스업
해당 업종에서 제외되는 업종인 통관업, 가상자산 매매 및 중개업, 부동산임대업, 수의업은 2025.2.28. 이후 취업하는 경우부터 적용함

### (4) 본점 및 사업장 소재지 등 확인

소재지에 따른 차등적용이나 적용배제 규정은 없다.

### (5) 감면 적용의 배제

근로소득자의 소득에 대한 감면으로 별도의 감면배제 규정은 없다.

## 3. 세액감면의 세부내용

### (1) 중소기업체 취업 후 근로소득에 대한 소득세의 70%(90%) 감면(조특법 제30조 제1항)

① 취업 후 3년 또는 5년간 감면

청년, 60세 이상인 사람 및 장애인 및 경력단절근로자가 중소기업체 2012년 1월 1일(60세 이상인 사람 또는 장애인의 경우 2014년 1월 1일)부터 2026년 12월 31일까지 취업하는 경우 그 중소기업체로부터 받는 근로소득으로서 그 취업일부터 3년(청년의 경우에는 5년)이 되는 날이 속하는 달까지 발생한 소득에 대해서는 소득세의 70%(청년의 경우에는 90%)를 감면한다.

② 청년이 병역을 이행한 경우

청년으로서 현역병, 상근예비역, 의무경찰, 의무소방원, 사회복무요원, 장교, 준사관, 부사관으로 병역을 이행한 후 1년 이내에 병역 이행 전에 근로를 제공한 중소기업체에 복직하는 경우에는 복직한 날부터 2년이 되는 날을 말하며, 그 복직한 날이 최초 취업일부터 5년이 지나지 아니한 경우에는 최초 취업일부터 7년이 되는 날이 속하는 달까지 발생한 소득에 대해서는 소득세의 90%를 감면한다.

### (2) 감면한도

과세기간별로 200만원을 한도로 한다(조특법 제30조 제1항).

### (3) 감면기간

① 소득세 감면기간은 소득세를 감면받은 사람이 다른 중소기업체에 취업하거나 해당 중소기업체에 재취업하는 경우 또는 합병·분할·사업 양도 등으로 다른 중소기업체로 고용이 승계되는 경우와 관계없이 소득세를 감면받은 최초 취업일부터 계산한다(조특법 제30조 제1항 후단).

② 2011년 12월 31일 이전에 중소기업체에 취업한 자(경력단절근로자는 제외한다)가 2012년 1월 1일 이후 계약기간 연장 등을 통해 해당 중소기업체에 재취업하는 경우에는 제1항에 따른 소득세 감면을 적용하지 아니한다(조특법 제30조 제8항).

### (4) 감면세액의 계산(조특령 제27조 제8항)

① 중소기업체로부터 받는 근로소득(이하 "감면소득")과 그 외의 종합소득이 있는 경우에 해당 과세기간의 감면세액은 다음 계산식에 따라 계산한 금액으로 한다.

② 감면세액은 과세기간별로 200만원을 한도로 한다.

$$\text{「소득세법」 제55조 제1항에 따른 종합소득산출세액} \times \frac{\text{「소득세법」 제20조 제2항에 따른 근로소득금액}}{\text{「소득세법」 제14조 제2항에 따른 종합소득금액}} \times \frac{\text{법 제30조 제1항에 따른 중소기업체로부터 받는 총급여액}}{\text{해당 근로자의 총급여액}} \times \text{법 제30조 제1항의 감면율}$$

### (5) 감면적용 시 근로소득세액공제 계산(조특령 제27조 제9항)

감면소득과 다른 근로소득이 있는 경우(감면소득 외에 다른 근로소득이 없는 경우를 포함한다)에는 다음 계산식에 따라 계산한 금액을 근로소득세액공제액으로 한다.

$$\text{「소득세법」 제59조 제1항에 따라 계산한 근로소득세액공제액} \times \left[1 - \text{감면세액} \div \left(\text{종합소득산출세액} \times \frac{\text{소득세법 제20조 제2항에 따른 근로소득금액}}{\text{소득세법 제14조 제2항에 따른 종합소득금액}}\right)\right]$$

### (6) 감면적용의 신청과 명단의 제출 등

① 세액감면을 적용받으려는 근로자는 원천징수의무자에게 감면 신청을 하여야 한다. 다만, 퇴직한 근로자의 경우 해당 근로자의 주소지 관할 세무서장에게 감면 신청을 할 수 있다(조특법 제30조 제2항).

② 원천징수의무자는 '①'에 따라 감면 신청을 받은 경우 그 신청을 한 근로자의 명단을 신청을 받은 날이 속하는 달의 다음달 10일까지 원천징수 관할 세무서장에게 감면 대상 명세서 제출하여야 한다(조특법 제30조 제3항, 조특령 제27조 제6항).

③ 원천징수 관할 세무서장은 '②'에 따라 감면 신청을 한 근로자의 명단을 받은 경우 해당 근로자가 감면요건(당해 근로자 요건, 중소기업체 요건)에 해당하지 아니하는 사실이 확인되는 때에는 원천징수의무자에게 그 사실을 통지하여야 한다(조특법 제30조 제4항).

④ '③'에 따라 감면 신청을 한 근로자가 감면요건(당해 근로자 요건, 중소기업체 요건)을 갖추지 못한 사실을 통지받은 원천징수의무자는 그 통지를 받은 날 이후 근로소득을 지급하는 때에 당초 원천징수하였어야 할 세액에 미달하는 금액의 합계액에 100분의 105를 곱한 금액을 해당 월의 근로소득에 대한 원천징수세액에 더하여 원천징수하여야 한다. 다만, 해당 근로자가 퇴직한 경우 원천징수의무자는 그 사실을 원천징수 관할 세무서장에게 통지하여야 한다. 관할 세무서장에게 통지할 때에는 감면 부적격 대상 퇴직자 명세서를 제출하여야 한다(조특법 제30조 제5항, 조특령 제27조 제7항).

⑤ 감면 부적격 대상 퇴직자로 통지된 근로자에 대하여는 해당 근로자의 주소지 관할 세무서장이 감면을 적용받음에 따라 과소징수된 금액에 100분의 105를 곱한 금액을 해당 근로자에게 소득세로 즉시 부과 · 징수하여야 한다(조특법 제30조 제6항).

⑥ 퇴직한 근로자가 해당 근로자의 주소지 관한 세무서장에게 감면 신청을 하였으나 감면요건에 해당하지 아니하는 사실이 확인되는 때에는 해당 근로자의 주소지 관할 세무서장이 감면을 적용받음에 따라 과소징수된 금액에 100분의 105를 곱한 금액을 해당 근로자에게 소득세로 즉시 부과 · 징수하여야 한다(조특법 제30조 제7항).

## 4. 적용 시 검토 세부내용

### (1) 감면 중복적용 확인

근로소득자의 근로소득에 대한 소득세를 감면하는 것으로 별도의 중복적용 배제 규정은 없다.

### (2) 최저한세 적용대상 확인

근로소득자의 근로소득에 대한 소득세를 감면하는 것으로 최저한세 적용 규정은 없다.

### (3) 이월적용 여부 확인

세액감면의 경우 당해연도에 적용받지 못한 세액을 이월적용하지 않는다.

### (4) 농어촌특별세 비과세 확인

농어촌특별세를 비과세한다(농특법 제4조 제12호, 농특령 제4조 제6항 제1호).

## 5. 사후관리

별도의 사후관리 규정은 없다.

# Ⅱ 집행기준 기본통칙 질의회신

## 1. 집행기준

없음

## 2. 기본통칙

없음

## 3. 질의회신

| 제 목 | 내 용 |
|---|---|
| 산학협력단이 중소기업 취업자에 대한 소득세 감면 적용대상 기업에 해당하는지 여부 | 산업교육진흥 및 산학연협력촉진에 관한 법률 제25조에 따라 설립된 산학협력단이 조세특례제한법 시행령 제27조 제3항에 열거된 사업을 주된 사업으로 영위하고, 중소기업기본법 시행령 제3조제1항의 중소기업 요건을 충족하는 경우 동 산학협력단은 조세특례제한법 제30조에 따른 중소기업 취업자에 대한 소득세 감면 적용대상 기업에 해당하는 것임.<br><br>조특, 사전-2025-법규소득-0390 [법규과-1223], 2025.6.11. |
| 사회복무요원 전환 대기 기간 및 복무 기간이 중소기업 취업 청년에 대한 소득세 감면기간 계산상 포함되는 것인지 여부 | 「조세특례제한법」 제30조 제1항에 따른 소득세 감면을 받던 자가 청년으로서 같은 법 시행령 제27조에서 정하는 병역을 이행한 후 1년 이내에 병역 이행 전 중소기업체에 복직하지 아니하고 다른 중소기업체에 취업하는 경우에는 소득세를 감면받은 최초 취업일부터 5년이 되는 날이 속하는 달까지 발생하는 소득에 대하여 세액을 감면하는 것임.<br><br>조특, 서면-2024-법규소득-2150 [법규과-3201], 2024.12.23. |
| 청년으로 중소기업 취업자 소득세 감면을 적용받은 자가 경력단절 여성으로 해당 감면을 적용받을 수 있는지 여부 | 「조세특례제한법」 제30조에 따른 중소기업 취업자에 대한 소득세 감면(이하 "쟁점감면")을 적용함에 있어서 같은 조 제1항의 "청년" 및 "경력단절 여성"에 모두 해당하는 경우에는, "청년"으로 쟁점감면을 적용받은 기간을 제외한 나머지 기간에 대해서는 "경력단절 여성"으로 쟁점감면을 적용받을 수 있는 것임<br><br>조특, 서면-2021-법규소득-5836 [법규과-3231], 2022.11.9. |
| 최대주주였던 청년이 주식양도를 통해 최대주주가 아니게 된 경우 | 「조세특례제한법」 제30조의 적용상 중소기업체에 해당하는 기업에 취업한 청년(같은 조 제1항의 적용상 '청년')이 같은 법 시행령 제27조 제2 |

| 제 목 | 내 용 |
|---|---|
| 조특법 제30조에 따른 소득세 감면 적용여부 | 항 제2호에 해당하여 중소기업 취업자에 대한 소득세 감면을 적용받지 못하던 중 동호에 해당하지 않게 된 경우에는, 감면요건이 충족된 이후 소득세를 감면받은 최초 취업일부터 계산하여 5년이 되는 날이 속하는 달까지 발생한 소득에 대해서는 소득세의 100분의 90에 상당하는 세액을 감면하는 것임.<br><br>사전-2021-법령해석소득-0351, 2021.8.20. |
| 중소기업에서 중견기업으로 변경된 법인이 다시 중소기업으로 변경된 경우, 조특법 제30조에 따른 소득세 감면 적용 | 「조세특례제한법」 제30조의 적용상 중소기업체(이하 '중소기업체')에 해당하는 기업에 취업한 청년(같은 조 제1항의 적용상 '청년')이 같은 조 제1항에 따라 소득세를 감면받던 중 위 기업이 중소기업체에 해당하지 않게 되어 소득세 감면의 적용이 배제되었으나 이후 다시 중소기업체에 해당하게 되었다면, 위 기업이 다시 중소기업체에 해당하게 된 날부터 해당 기업에 취업하여 소득세를 감면받은 최초 취업일로부터 5년이 되는 날이 속하는 달까지 발생한 소득에 대해서는 소득세의 100분의 90에 상당하는 세액을 감면하는 것임.<br><br>사전-2021-법령해석소득-0697 [법령해석과-2317], 2021.6.30. |
| 비영리법인이 조특법 제30조 제1항의 적용대상 기업인지 여부 | 비영리기업이 「조세특례제한법 시행령」 제27조 제3항에 열거된 사업을 주된 사업으로 영위하고, 「중소기업기본법 시행령」 제3조 제1항의 중소기업 요건을 충족하는 경우 동 비영리기업은 「조세특례제한법」 제30조에 따른 중소기업 취업자에 대한 소득세 감면 적용대상 기업에 해당하는 것임.<br><br>사전-2021-법령해석소득-0194 [법령해석과-560], 2021.2.18. |
| 법인으로 전환한 법인에 재취업하는 경우 중소기업 취업자에 대한 소득세 감면 여부 | 개인인 중소기업체에 취업한 60세 이상인 자가 2016.12. 위 중소기업체에서 퇴사한 후 2017.1.1. 위 개인인 중소기업체가 전환한 법인에 취업한 경우가 「조세특례제한법」 제30조 제8항의 계약기간 연장 등을 통해 해당 중소기업체에 재취업하는 경우에 해당하는지는 사실판단할 사항임.<br><br>조특, 서면-2020-법령해석소득-3171 [법령해석과-3979], 2020.12.1. |
| 조특법 제30조에 규정된 "중소기업체" 해당여부 판단 시 적용될 기준 | 「조세특례제한법」 제30조에 따른 중소기업 취업자에 대한 소득세 감면을 받기 위해서는 「중소기업기본법」 제2조(같은 조 제3항에 따라 중소기업으로 보는 경우를 포함)에 따른 중소기업으로서 「조세특례제한법 시행령」 제27조 제3항 각 호의 어느 하나에 해당하는 사업을 주된 사업으로 영위하는 기업에 취업하는 등 법정된 요건을 충족하여야 하는 것임.<br><br>사전-2021-법규소득-0891, 2022.5.25. |

| 제 목 | 내 용 |
|---|---|
| 중소기업취업자 소득세 감면 적용 대상 소득의 범위에 관한 질의 | 중소기업기본법 시행령 제3조의 3 제1항에 따르면 중소기업 여부의 적용기간은 직전 사업 연도 말일에서 3개월이 경과한 날부터 1년간으로 한다고 명시되어 있고, 민원인의 중소기업 확인서에도 유효기간이 2024.3.31.까지로 「중소기업기본법」 제2조에 의한 중소기업임을 확인한다고 되어 있는 경우 조세특례제한법 제30조에 따라 중소기업은 「중소기업기본법」 제2조에 따른 중소기업으로 명시하고 있고, 같은 조 제3항에 따르면 사유가 발생한 연도(2020년)의 다음연도부터 3년간은 중소기업으로 본다고 명시하고 있으므로 소득세 감면적용기간은 2023.12.31.까지임.<br><br>서면-2024-원천-0150, 2024.2.22. |
| 일용근로자에서 상용근로자로 전환된 경우 중소기업취업자 감면 적용 여부 | 「조세특례제한법」 제30조 제1항을 적용할 때, 건설업체에 일용근로자로 고용된 후 「소득세법 시행령」 제20조 제1항 제1호에 따라 근무기간이 1년을 경과하여 일용근로자에서 제외(상용근로자로 전환)되는 경우에는 그 일용근로자에서 제외되는 때를 취업일로 하여 중소기업 취업자 해당 여부를 판단하거나 감면기간을 계산하는 것임.<br><br>서면-2015-법령해석소득-22603, 2015.7.17. |
| 본점은 도소매업이나, 지점의 업종이 유흥주점업이 포함되었을 경우 중소기업취업자 소득세 감면 여부 | 조세특례제한법 제30조 제1항의 "대통령령으로 정하는 기업"은 같은 법 시행령 제27조 제1항 각 호에서 규정하고 있는 어느 하나에 해당하는 사업을 주된 사업(신고수입금액이 가장 큰 사업)으로 영위하는 기업을 말하는 것으로, 해당 기업의 주된 사업이 도소매업에 해당하면 본 · 지점 구분 없이 소속 근로자는 소득세 감면을 적용받을 수 있는 것임.<br><br>서면-2024-원천-0618, 2024.5.3. |
| 독립성 기준을 충족하지 못한 법인이 유예기간을 적용받아 소속직원들이 중소기업 취업자 소득세 감면을 받을 수 있는지 여부 | 조세특례제한법 제30조 규정을 적용함에 있어 중소기업은 중소기업기본법 제2조에 따른 중소기업이며, 같은 법 같은 조 제3항에 따라 중소기업이 그 규모의 확대 등으로 중소기업에 해당하지 아니하게 된 경우 그 사유가 발생한 연도의 다음연도부터 3년간은 중소기업으로 보는 것입니다. 다만, 중소기업 외의 기업과 합병하거나 같은 법 시행령 제9조(유예 제외)에 해당하는 사유로 중소기업에 해당하지 아니하게 된 경우에는 유예기간을 적용하지 않는 것임.<br><br>서면-2024-원천-1456, 2024.5.9. |
| 국민연금을 납부하지 아니하는 외국인의 중소기업 취업자에 대한 소득세 감면 적용 여부 | 국민연금법에 따른 사회보장협정 체결에 따라 국내체류 외국인의 국민연금 납부가 면제되는 경우 중소기업 취업자에 대한 소득세 감면을 적용 받을 수 있는 것임.<br><br>서면-2019-법령해석소득-3707, 2019.12.16. |

## 1. 회사 정보 공통사항

### (1) 회사 사업내용, 설립일 및 소재지 등

① ㈜나라는 LCD 모니터 제조업과 데스크톱 PC 도소매업을 영위하는 법인 사업자이다. 회사 설립일은 1997.1.7.이다. 본점은 경기도 고양시 일산서구 대화로에 소재하고 있다. 본점 소재지에는 제1공장과 사무실이 소재하고 있고, 충청남도 천안시 서북구 성환읍에 2003.9.27. 지점 사업장을 설치하고 지점 사업자등록 후 사업장을 운영하고 있으며 지점에서도 본점과 동일한 사업을 영위하고 있다.

② 사업연도는 매년 1.1.~12.31.이며, 2025년 사업연도의 법인의 재무상태표상 자산총액은 3,565,918,921원, 매출액은 제품매출 7,628,403,721원, 상품매출 1,839,786,400원이다.

③ 당해 법인은 다른 회사의 계열사 등은 아니다.

④ ㈜나라의 업종코드와 한국표준산업분류코드는 다음과 같다.

| 구 분 | 업종코드 | 한국표준산업분류코드 |
|---|---|---|
| LCD 모니터 제조업 | 300103 | C26322 |
| 데스크톱 PC 도소매업 | 515050 | G46510 |

⑤ 공제시한 내 이월결손금은 없으며, 2025년 사업연도에 비과세소득, 소득공제항목은 발생하지 않았다.

## 2. 근무자 현황

**(1)** ㈜나라의 2025년도 근무자 현황은 다음과 같다. 2023년 사업연도 신규 입사자 외에 근무자의 중도입사나 중도퇴사는 발생하지 않았다.

| 성 명 | 생년월일 | 입사일 | 성 명 | 생년월일 | 입사일 |
|---|---|---|---|---|---|
| 김유민 | 1976.06.03. | 2008.10.08. | 이용은 | 1972.10.19. | 2005.10.03. |
| 강나라 | 1980.06.11. | 2010.02.01. | 한동진 | 1958.10.11. | 2004.01.05. |
| 장미리 | 1981.03.12. | 2010.03.01. | Jack Smith | 1968.11.13. | 2008.10.08. |
| 김형신 | 1963.12.01. | 2004.04.04. | Tom Smith | 1982.11.16. | 2018.10.01. |

| 성 명 | 생년월일 | 입사일 | 성 명 | 생년월일 | 입사일 |
|---|---|---|---|---|---|
| 김정운 | 1975.12.15. | 2007.01.05. | 한마음 | 1997.12.02. | 2024.04.01. |
| 고민해 | 1969.08.12. | 2006.05.01 | 김재연 | 1983.05.07. | 2024.07.01. |

2024년 사업연도 입사자 중 한마음, 김재연 모두 고양시 소재 본점 사업장에 입사하여 근무하고 있으며, 김재연 근무자는 종전의 회사에서 2014년 1월부터 근무하다가 출산 및 육아를 사유로 2019년 7월 31일 퇴사 후 2024년 7월에 ㈜나라에 입사하였다. 종전 근무지는 ㈜나라와 같은 단지 내에서 동일 품목을 생산 판매하는 법인이다.

**(2)** 근무자 한마음은 ㈜나라 이외에 전근무지 자료는 없으며, 당해 법인에서 최초로 감면신청을 하였다.

**(3) 급여자료**

| 근무자 | 총급여 | 국민연금 | 건강보험 | 고용보험 |
|---|---|---|---|---|
| 한마음 | 30,120,000 | 1,355,400 | 1,152,000 | 240,960 |
| 김재연 | 33,600,000 | 1,512,000 | 1,285,200 | 268,800 |

김재연 근무자는 부녀자공제를 적용받을 수 있으며, 2명 모두 인적공제는 본인만 적용한다.

## 3. 요구사항

2025년 귀속 근로소득에 대하여 2024년도 입사자 한마음과 김재연의 중소기업취업자 소득세 감면 규정 적용여부를 판단하고 감면세액과 농어촌특별세 과세대상인 경우 감면세액을 전액 적용받는 것을 전제로 부담할 농어촌특별세액을 계산하시오.

## 풀이

### 1. 기본검토사항

<table>
<tr><th colspan="2">구 분</th><th colspan="2">검토요건 또는 확인사항</th></tr>
<tr><td rowspan="7">적용<br>여부<br>검토</td><td rowspan="2">① 당해 근로자 요건 충족 확인</td><td>청년</td><td>근무자 한마음은 근로계약체결일 현재 26세이므로 청년 상시근로자에 해당</td></tr>
<tr><td>경력단절여성</td><td>근무자 김재연은 근로계약체결일 현재 40세이므로 청년 등 외 상시근로자에 해당</td></tr>
<tr><td rowspan="2">② 각 조항별 적용시한 확인</td><td>청년</td><td>근무자 한마음은 2023.4.1.부터 2028.3.31.까지 (5년) 급여에 대하여 감면율 90%를 적용</td></tr>
<tr><td>경력단절여성</td><td>근무자 김재연은 2023.7.1.부터 2026.6.30.까지 (3년) 급여에 대하여 감면율 70%를 적용</td></tr>
<tr><td>③ 각 조항별 규정 업종의 요건 충족 확인</td><td colspan="2">㈜나라는 제조업과 도소매업을 영위하므로 요건 충족</td></tr>
<tr><td>④ 본점 및 사업장 소재지 등 확인</td><td colspan="2">소재지에 따른 차등적용, 적용배제 규정 없음</td></tr>
<tr><td>⑤ 감면/공제 적용의 배제</td><td colspan="2">감면의 적용배제 규정 없음</td></tr>
<tr><td rowspan="4">적용 시<br>검토</td><td>⑥ 감면/공제 중복적용 확인</td><td colspan="2">중복적용 배제규정 없음</td></tr>
<tr><td>⑦ 최저한세 적용대상 확인</td><td colspan="2">최저한세 적용대상 아님</td></tr>
<tr><td>⑧ 이월적용 여부 확인</td><td colspan="2">세액감면의 경우 당해연도에 적용받지 못한 세액을 이월적용하지 않음</td></tr>
<tr><td>⑨ 농어촌특별세 비과세 확인</td><td colspan="2">농어촌특별세 비과세</td></tr>
<tr><td>사후<br>관리</td><td>⑩ 공제감면후 사후관리 규정</td><td colspan="2">별도의 사후관리 규정 없음</td></tr>
</table>

### 2. 감면세액의 계산

(1) 한마음(90% 감면 적용)

① 총급여 : 30,120,000

② 근로소득공제 : 7,500,000 + (30,120,000 - 15,000,000) × 15% = 9,768,000

③ 근로소득금액 : 총급여 - 근로소득공제 = 30,120,000 - 9,768,000 = 20,352,000

④ 기본공제 : 1,500,000

⑤ 연금보험료공제 : 1,355,400

⑥ 보험료공제 : 건강보험료 + 고용보험료 = 1,152,000 + 240,960 = 1,392,960

⑦ 차가감소득금액 : 근로소득금액 - 기본공제 - 연금보험료공제 - 보험료공제
= 20,352,000 - 1,500,000 - 1,355,400 - 0
= 17,496,600

※ 공제받는 세액(소득)공제금액이 표준세액공제보다 작아서 표준세액공제가 적용되는 경우 건강고용보험료 등 특별소득공제는 적용받을 수 없음

⑧ 개인연금 저축 등 그 밖의 소득공제 적용 없음

⑨ 과세표준 : 차가감소득금액 - 0 = 17,496,600

⑩ 산출세액 : 14,000,000 × 6% + (17,496,600 - 14,000,000) × 15% = 1,364,490

⑪ 세액감면 : 산출세액 × 근로소득금액 / 종합소득금액 × 중소기업체로부터 받는 총급여 / 해당근로자의 총급여 × 감면율
= 1,364,490 × 20,3520,000 / 20,3520,000 × 30,120,000 / 30,120,000 × 90%
= 1,228,041

⑫ 근로소득세액공제

㉠ 세액감면 전 근로소득세액공제액
= 1,300,000 × 55% + (1,364,490 - 1,300,000) × 30%
= 734,347

㉡ 중소기업 취업자 소득세 감면후 공제액
= 감면 전 근로소득세액공제액 × (1 - 감면세액 ÷ 종합소득산출세액 × 근로소득금액 / 종합소득금액)
= 734,347 × 〔1 - 1,228,041 ÷ (1,364,490 × 20,352,000 / 20,352,000)〕
= 73,434

(2) 김재연(70% 감면 적용)

① 총급여 : 33,600,000

② 근로소득공제 : 7,500,000 + (33,600,000 - 15,000,000) × 15% = 10,290,000

③ 근로소득금액 : 총급여 - 근로소득공제 = 33,600,000 - 10,290,000 = 23,310,000

④ 기본공제 및 추가공제 : 1,500,000 + 500,000(부녀자공제) = 2,000,000

⑤ 연금보험료공제 : 1,512,000

⑥ 보험료공제 : 건강보험료 + 고용보험료 = 1,285,200 + 268,800 = 1,554,000

⑦ 차가감소득금액 : 근로소득금액 - 기본공제 - 부녀자공제 - 연금보험료공제 - 보험료공제
= 23,310,000 - 1,500,000 - 500,000 - 1,512,000 - 0
= 19,798,000

※ 공제받는 세액(소득)공제금액이 표준세액공제보다 작아서 표준세액공제가 적용되는 경우 건강고용보험료 등 특별소득공제는 적용받을 수 없음

⑧ 개인연금 저축 등 그 밖의 소득공제 적용 없음

⑨ 과세표준 : 차가감소득금액 - 0 = 19,798,000

⑩ 산출세액 : 14,000,000 × 6% + (19,798,000 - 14,000,000) × 15% = 1,709,700

⑪ 세액감면 : 산출세액 × 근로소득금액 / 종합소득금액 × 중소기업체로부터 받는 총급여 / 해당근로자의 총급여 × 감면율

= 1,709,700 × 23,310,000 / 23,310,000 × 33,600,000 / 33,600,000 × 70%

= 1,196,790

⑫ 근로소득세액공제

㉠ 세액감면 전 근로소득세액공제액 = Min(①, ②) = 735,200

① = 1,300,000 × 55% + (1,709,700 - 1,300,000) × 30% = 837,910

② Max(㉠ 740,000 - 600,000 × 0.8% ㉡ 660,000)= 735,200

㉡ 중소기업 취업자 소득세 감면후 공제액

= 감면 전 근로소득세액공제액 × (1 − 감면세액 ÷ 종합소득산출세액 × 근로소득금액 / 종합소득금액)

= 735,200 × 〔1 - 1,196,790 ÷ (1,709,700 × 23,310,000 / 23,310,000)〕

= 220,560

| 항 목 | | 한마음(90% 감면) | 김재연(70% 감면) |
|---|---|---|---|
| 총급여 | | 30,120,000 | 33,600,000 |
| 근로소득공제 | | 9,768,000 | 10,290,000 |
| 근로소득금액 | | 20,352,000 | 23,310,000 |
| 본인공제 | | 1,500,000 | 1,500,000 |
| 부녀자공제 | | – | 500,000 |
| 국민연금 | | 1,355,400 | 1,512,000 |
| 건강보험 | | – | – |
| 고용보험 | | – | – |
| 과세표준 | | 17,496,600 | 19,798,000 |
| 산출세액 | | 1,364,490 | 1,709,700 |
| 감면세액 | | 1,228,041 | 1,196,790 |
| 공제세액 | 근로소득세액공제 | 73,434 | 220,560 |
| | 표준세액공제 | 63,015 | 130,000 |
| | 세액공제계 | 136,449 | 350,560 |
| 결정세액 | | – | 162,350 |

(8쪽 중 제1쪽)

| 관리 번호 | |
|---|---|

# [ ]근로소득 원천징수영수증
# [ ]근로소득 지 급 명 세 서

([ ]소득자 보관용 [ ]발행자 보관용 [ ]발행자 보고용)

| 거주구분 | | 거주자1 / 비거주자2 | |
|---|---|---|---|
| 거주지국 | | 거주지국코드 | KR |
| 내 · 외국인 | | 내국인1 /외국인9 | |
| 외국인단일세율적용 | | 여 1 / 부 2 | |
| 외국법인소속 파견근로자 여부 | | 여 1 / 부 2 | |
| 종교관련종사자 여부 | | 여 1 / 부 2 | |
| 국적 | 대한민국 | 국적코드 | KR |
| 세대주 여부 | | 세대주1, 세대원2 | |
| 연말정산 구분 | | 계속근로1, 중도퇴사2 | |

|  |  | |  | |
|---|---|---|---|---|
| 징수 의무자 | ① 법인명(상 호) ㈜나라 | | ② 대 표 자(성 명) 김유민 | |
| | ③ 사업자등록번호 203-81-63108 | | ④ 주 민 등 록 번 호 | |
| | ③-1 사업자단위과세자 여부 | 여1 / 부2 | ③-2 종사업장 일련번호 | |
| | ⑤ 소 재 지(주소) 경기도 고양시 일산서구 대화로37번길 102-30(법곳동) | | | |
| 소득자 | ⑥ 성 명 한마음 | | ⑦ 주 민 등 록 번 호(외국인등록번호) 971202-******* | |
| | ⑧ 주 소 | | | |

| Ⅰ 근무처별소득명세 | 구 분 | 주(현) | 종(전) | 종(전) | ⑯-1 납세조합 | 합 계 |
|---|---|---|---|---|---|---|
| | ⑨ 근 무 처 명 | ㈜나라 | | | | |
| | ⑩ 사업자등록번호 | 203-81-63108 | | | | |
| | ⑪ 근무기간 | 2025.1.1.<br>~2025.12.31. | ~ | ~ | ~ | ~ |
| | ⑫ 감면기간 | 2025.1.1.<br>~2025.12.31. | ~ | ~ | ~ | ~ |
| | ⑬ 급 여 | 30,120,000 | | | | 30,120,000 |
| | ⑭ 상 여 | | | | | |
| | ⑮ 인 정 상 여 | | | | | |
| | ⑮-1 주식매수선택권 행사이익 | | | | | |
| | ⑮-2 우리사주조합인출금 | | | | | |
| | ⑮-3 임원 퇴직소득금액 한도초과액 | | | | | |
| | ⑮-4 직무발명보상금 | | | | | |
| | ⑯ 계 | 30,120,000 | | | | 30,120,000 |

| Ⅱ 비과세 및 감면소득명세 | 구 분 | 코드 | 주(현) | 종(전) | 종(전) | ⑯-1 납세조합 | 합 계 |
|---|---|---|---|---|---|---|---|
| | ⑱ 국외근로 | MOX | | | | | |
| | ⑱-1 야간근로수당 | OOX | | | | | |
| | ⑱-2 출산 · 보육수당 | QOX | | | | | |
| | ⑱-3 출산지원금 | QOX | | | | | |
| | ⑱-4 연구보조비 | HOX | | | | | |
| | ⑱-32 중소기업취업감면90% | T12 | 30,120,000 | | | | 30,120,000 |
| | ⑱-6 | | | | | | |
| | ~ | | | | | | |
| | ⑱-40 비과세식대 | P01 | 1,200,000 | | | | 1,200,000 |
| | ⑲ 수련보조수당 | Y22 | | | | | |
| | ⑳ 비과세소득 계 | | 1,200,000 | | | | 1,200,000 |
| | ⑳-1 감면소득 계 | | 30,120,000 | | | | 30,120,000 |

| Ⅲ 세액명세 | 구 분 | | | ㉗ 소 득 세 | ㉘ 지방소득세 | ㉙ 농어촌특별세 |
|---|---|---|---|---|---|---|
| | ㉓ 결 정 세 액 | | | | | |
| | 기납부 세 액 | ㉔ 종(전)근무지 (결정세액란의 세액을 적습니다) | 사업자 등록 번호 | | | |
| | | | | | | |
| | | ㉕ 주(현)근무지 | | 498,000 | 49,800 | |
| | ㉖ 납부특례세액 | | | | | |
| | ㉗ 차 감 징 수 세 액(㉓-㉔-㉕-㉖) | | | -498,000 | -49,800 | |

위의 원천징수액(근로소득)을 정히 영수(지급)합니다.

2026년 2월 28일

징수(보고)의무자 ㈜나라 김유민 (서명 또는 인)

**세 무 서 장** 귀하

05 고용지원을 위한 조세특례

(8쪽 중 제2쪽)

| 구분 | | | 항목 | 세부 | 금액 |
|---|---|---|---|---|---|
| Ⅳ 정산명세 | | | ㉑ 총급여(⑯, 외국인단일세율 적용시 연간 근로소득) | | 30,120,000 |
| Ⅳ 정산명세 | | | ㉒ 근로소득공제 | | 9,768,000 |
| Ⅳ 정산명세 | | | ㉓ 근로소득금액 | | 20,352,000 |
| 종합소득공제 | 기본공제 | | ㉔ 본 인 | | 1,500,000 |
| 종합소득공제 | 기본공제 | | ㉕ 배 우 자 | | |
| 종합소득공제 | 기본공제 | | ㉖ 부 양 가 족( 명) | | |
| 종합소득공제 | 추가공제 | | ㉗ 경 로 우 대( 명) | | |
| 종합소득공제 | 추가공제 | | ㉘ 장 애 인( 명) | | |
| 종합소득공제 | 추가공제 | | ㉙ 부 녀 자 | | |
| 종합소득공제 | 추가공제 | | ㉚ 한 부 모 가 족 | | |
| 종합소득공제 | 연금보험료공제 | | ㉛ 국민연금보험료 | 대상금액 | 1,355,400 |
| 종합소득공제 | 연금보험료공제 | | ㉛ 국민연금보험료 | 공제금액 | 1,355,400 |
| 종합소득공제 | 연금보험료공제 | ㉜ 공적연금 보험료공제 | ㉮ 공무원연금 | 대상금액 | |
| 종합소득공제 | 연금보험료공제 | ㉜ 공적연금 보험료공제 | ㉮ 공무원연금 | 공제금액 | |
| 종합소득공제 | 연금보험료공제 | ㉜ 공적연금 보험료공제 | ㉯ 군인연금 | 대상금액 | |
| 종합소득공제 | 연금보험료공제 | ㉜ 공적연금 보험료공제 | ㉯ 군인연금 | 공제금액 | |
| 종합소득공제 | 연금보험료공제 | ㉜ 공적연금 보험료공제 | ㉰ 사립학교교직원연금 | 대상금액 | |
| 종합소득공제 | 연금보험료공제 | ㉜ 공적연금 보험료공제 | ㉰ 사립학교교직원연금 | 공제금액 | |
| 종합소득공제 | 연금보험료공제 | ㉜ 공적연금 보험료공제 | ㉱ 별정우체국연금 | 대상금액 | |
| 종합소득공제 | 연금보험료공제 | ㉜ 공적연금 보험료공제 | ㉱ 별정우체국연금 | 공제금액 | |
| 종합소득공제 | 특별소득공제 | ㉝ 보험료 | ㉮ 건강보험료(노인장기요양보험료포함) | 대상금액 | 1,152,000 |
| 종합소득공제 | 특별소득공제 | ㉝ 보험료 | ㉮ 건강보험료(노인장기요양보험료포함) | 공제금액 | |
| 종합소득공제 | 특별소득공제 | ㉝ 보험료 | ㉯ 고용보험료 | 대상금액 | 240,960 |
| 종합소득공제 | 특별소득공제 | ㉝ 보험료 | ㉯ 고용보험료 | 공제금액 | |
| 종합소득공제 | 특별소득공제 | ㉞ 주택자금 | ㉮ 주택임차차입금 원리금상환액 | 대출기관 | |
| 종합소득공제 | 특별소득공제 | ㉞ 주택자금 | ㉮ 주택임차차입금 원리금상환액 | 거주자 | |
| 종합소득공제 | 특별소득공제 | ㉞ 주택자금 | ㉯ 장기주택저당차입금 이자상환액 / 2011년 이전 차입분 | 15년 미만 | |
| 종합소득공제 | 특별소득공제 | ㉞ 주택자금 | ㉯ 장기주택저당차입금 이자상환액 / 2011년 이전 차입분 | 15년~29년 | |
| 종합소득공제 | 특별소득공제 | ㉞ 주택자금 | ㉯ 장기주택저당차입금 이자상환액 / 2011년 이전 차입분 | 30년 이상 | |
| 종합소득공제 | 특별소득공제 | ㉞ 주택자금 | ㉯ 장기주택저당차입금 이자상환액 / 2012년 이후 차입분 (15년 이상) | 고정금리 이거나, 비거치상환 대출 | |
| 종합소득공제 | 특별소득공제 | ㉞ 주택자금 | ㉯ 장기주택저당차입금 이자상환액 / 2012년 이후 차입분 (15년 이상) | 그 밖의 대출 | |
| 종합소득공제 | 특별소득공제 | ㉞ 주택자금 | ㉯ 장기주택저당차입금 이자상환액 / 2015년 이후 차입분 / 15년 이상 | 고정금리이면서 비거치상환 대출 | |
| 종합소득공제 | 특별소득공제 | ㉞ 주택자금 | ㉯ 장기주택저당차입금 이자상환액 / 2015년 이후 차입분 / 15년 이상 | 고정금리 이거나, 비거치상환 대출 | |
| 종합소득공제 | 특별소득공제 | ㉞ 주택자금 | ㉯ 장기주택저당차입금 이자상환액 / 2015년 이후 차입분 / 15년 이상 | 그 밖의 대출 | |
| 종합소득공제 | 특별소득공제 | ㉞ 주택자금 | ㉯ 장기주택저당차입금 이자상환액 / 2015년 이후 차입분 / 10년~15년 | 고정금리 이거나, 비거치상환 대출 | |
| 종합소득공제 | 특별소득공제 | | ㉟ 계 | | |
| Ⅳ 정산명세 | | | ㊱ 차 감 소 득 금 액 | | 17,496,600 |
| 그 밖의 소득공제 | | | ㊲ 개인연금저축 | | |
| 그 밖의 소득공제 | | | ㊳ 소기업 · 소상공인 공제부금 | | |
| 그 밖의 소득공제 | ㊴주택마련저축소득공제 | | ㉮ 청약저축 | | |
| 그 밖의 소득공제 | ㊴주택마련저축소득공제 | | ㉯ 주택청약종합저축 | | |
| 그 밖의 소득공제 | ㊴주택마련저축소득공제 | | ㉰ 근로자주택마련저축 | | |
| 그 밖의 소득공제 | | | ㊵ 투자조합출자 등 | | |
| 그 밖의 소득공제 | | | ㊶ 신용카드등 사용액 | | |
| 그 밖의 소득공제 | | | ㊷ 우리사주조합 출연금 | | |
| 그 밖의 소득공제 | | | ㊸ 고용유지 중소기업 근로자 | | |
| 그 밖의 소득공제 | | | ㊹ 장기집합투자증권저축 | | |
| 그 밖의 소득공제 | | | ㊺ 청년형 장기집합투자증권저축 | | |
| 그 밖의 소득공제 | | | ㊻ 그 밖의 소득공제 계 | | |
| Ⅳ 정산명세 | | | ㊼ 소득공제 종합한도 초과액 | | |

| 구분 | | 항목 | 세부 | 금액 |
|---|---|---|---|---|
| | | ㊽ 종합소득 과세표준 | | 17,496,600 |
| | | ㊾ 산출세액 | | 1,364,490 |
| 세액감면 | | ㊿「소득세법」 | | |
| 세액감면 | | (51)「조세특례제한법」(52제외) | | |
| 세액감면 | | (52)「조세특례제한법」 제30조 | | 1,228,041 |
| 세액감면 | | (53) 조세조약 | | |
| 세액감면 | | (54) 세 액 감 면 계 | | 1,228,041 |
| 세액공제 | | (55) 근로소득 | | 73,434 |
| 세액공제 | | (56) 혼인세액공제 | | |
| 세액공제 | | (57) 자녀 | 공제대상자녀 ( 명) | |
| 세액공제 | | (57) 자녀 | 출산 · 입양자 ( 명) | |
| 세액공제 | 연금계좌 | (58)「과학기술인공제회법」에 따른 퇴직연금 | 공제대상금액 | |
| 세액공제 | 연금계좌 | (58)「과학기술인공제회법」에 따른 퇴직연금 | 세액공제액 | |
| 세액공제 | 연금계좌 | (59)「근로자퇴직급여 보장법」에 따른 퇴직연금 | 공제대상금액 | |
| 세액공제 | 연금계좌 | (59)「근로자퇴직급여 보장법」에 따른 퇴직연금 | 세액공제액 | |
| 세액공제 | 연금계좌 | (60) 연금저축 | 공제대상금액 | |
| 세액공제 | 연금계좌 | (60) 연금저축 | 세액공제액 | |
| 세액공제 | 연금계좌 | (60)-1 개인종합자산관리계좌 만기 시 연금계좌 납입액 | 공제대상금액 | |
| 세액공제 | 연금계좌 | (60)-1 개인종합자산관리계좌 만기 시 연금계좌 납입액 | 세액공제액 | |
| 세액공제 | 특별세액공제 | (61) 보험료 / 보장성 | 공제대상금액 | |
| 세액공제 | 특별세액공제 | (61) 보험료 / 보장성 | 세액공제액 | |
| 세액공제 | 특별세액공제 | (61) 보험료 / 장애인전용보장성 | 공제대상금액 | |
| 세액공제 | 특별세액공제 | (61) 보험료 / 장애인전용보장성 | 세액공제액 | |
| 세액공제 | 특별세액공제 | (62) 의료비 | 공제대상금액 | |
| 세액공제 | 특별세액공제 | (62) 의료비 | 세액공제액 | |
| 세액공제 | 특별세액공제 | (63) 교육비 | 공제대상금액 | |
| 세액공제 | 특별세액공제 | (63) 교육비 | 세액공제액 | |
| 세액공제 | 특별세액공제 | (64) 기부금 / ㉮ 정치자금기부금 / 10만원 이하 | 공제대상금액 | |
| 세액공제 | 특별세액공제 | (64) 기부금 / ㉮ 정치자금기부금 / 10만원 이하 | 세액공제액 | |
| 세액공제 | 특별세액공제 | (64) 기부금 / ㉮ 정치자금기부금 / 10만원 초과 | 공제대상금액 | |
| 세액공제 | 특별세액공제 | (64) 기부금 / ㉮ 정치자금기부금 / 10만원 초과 | 세액공제액 | |
| 세액공제 | 특별세액공제 | (64) 기부금 / ㉯ 고향사랑기부금 / 10만원 이하 | 공제대상금액 | |
| 세액공제 | 특별세액공제 | (64) 기부금 / ㉯ 고향사랑기부금 / 10만원 이하 | 세액공제액 | |
| 세액공제 | 특별세액공제 | (64) 기부금 / ㉯ 고향사랑기부금 / 10만원 초과 | 공제대상금액 | |
| 세액공제 | 특별세액공제 | (64) 기부금 / ㉯ 고향사랑기부금 / 10만원 초과 | 세액공제액 | |
| 세액공제 | 특별세액공제 | (64) 기부금 / ㉰ 특례기부금 | 공제대상금액 | |
| 세액공제 | 특별세액공제 | (64) 기부금 / ㉰ 특례기부금 | 세액공제액 | |
| 세액공제 | 특별세액공제 | (64) 기부금 / ㉱ 우리사주조합 기부금 | 공제대상금액 | |
| 세액공제 | 특별세액공제 | (64) 기부금 / ㉱ 우리사주조합 기부금 | 세액공제액 | |
| 세액공제 | 특별세액공제 | (64) 기부금 / ㉲ 일반 기부금(종교단체 외) | 공제대상금액 | |
| 세액공제 | 특별세액공제 | (64) 기부금 / ㉲ 일반 기부금(종교단체 외) | 세액공제액 | |
| 세액공제 | 특별세액공제 | (64) 기부금 / ㉲ 일반 기부금(종교단체 외) | 공제대상금액 | |
| 세액공제 | 특별세액공제 | (64) 기부금 / ㉳ 일반기부금(종교단체) | 공제대상금액 | |
| 세액공제 | 특별세액공제 | (64) 기부금 / ㉳ 일반기부금(종교단체) | 세액공제액 | |
| 세액공제 | 특별세액공제 | (65) 계 | | |
| 세액공제 | 특별세액공제 | (66) 표준세액공제 | | 63,015 |
| 세액공제 | | (67) 납세조합공제 | | |
| 세액공제 | | (68) 주택차입금 | | |
| 세액공제 | | (69) 외국납부 | | |
| 세액공제 | | (70) 월세액 | 공제대상금액 | |
| 세액공제 | | (70) 월세액 | 세액공제액 | |
| 세액공제 | | (71) 세 액 공 제 계 | | 136,449 |
| | | (72) 결 정 세 액(㊾-(54)-(71)) | | |
| | | (82) 실효세율(%) ((72)/㉑)×100 | | 0% |

⑱ 소득 · 세액공제 명세[인적공제항목은 해당란에 "○"표시(장애인 해당 시 해당 코드 기재)를 하며, 각종 소득공제 · 세액공제 항목은 공제를 위하여 실제 지출한 금액을 적습니다.]

| 인적공제 항목 | | | | | | 각종 소득공제 · 세액공제 항목 | | | | | | | | | | | |
|---|---|---|---|---|---|---|---|---|---|---|---|---|---|---|---|---|---|
| 관계코드 | 성 명 | 기본공제 | | 경로우대 | 출산입양 | 자료구분 | 보험료 | | | | 의료비 | | | | | 교육비 | |
| 내 · 외국인 | 주민등록번호 | 부녀자 | 한부모 | 장애인 | 자녀 | | 건강 | 고용 | 보장성 | 장애인 전용 보장성 | 일반 | 미숙아 · 선천성 이상아 | 난임 | 65세이상 · 장애인 건강보험산정특례자 | 실손 의료 보험금 | 일반 | 장애인 특수교육 |
| 인적공제 항목에 해당하는 인원수를 적습니다. | | 1 | | 0 | 0 | 국세청 계 | | | | | | | | | | | |
| | | 0 | 0 | 0 | 0 | 기타 계 | 1,152,000 | 240,960 | | | | | | | | | |
| 0 | | ○ | | | | 국세청 | | | | | | | | | | | |
| | (근로자 본인) | | | | | 기타 | 1,152,000 | 240,960 | | | | | | | | | |
| | | | | | | 국세청 | | | | | | | | | | | |
| | – | | | | | 기타 | | | | | | | | | | | |
| | | | | | | 국세청 | | | | | | | | | | | |
| | – | | | | | 기타 | | | | | | | | | | | |

| 각종 소득공제 · 세액공제 항목 | | | | | | | | | | |
|---|---|---|---|---|---|---|---|---|---|---|
| 자료구분 | | 신용카드등 사용액공제 | | | | | | | | 기부금 |
| | | 신용카드 | 직불카드등 | 현금영수증 | 도서공연등사용분 (총급여 7천만원 이하자만 기재) | | 전통시장사용분 | | 대중교통 이용분 | |
| | | | | | 1~3월 | 4~12월 | 1~3월 | 4~12월 | | |
| 국세청 계 | | | | | | | | | | |
| 기타 계 | | | | | | | | | | |
| 국세청 | | | | | | | | | | |
| 기타 | | | | | | | | | | |
| 국세청 | | | | | | | | | | |
| 기타 | | | | | | | | | | |

## 작 성 방 법

「소득세법」 제149조제1호에 해당하는 납세조합이 「소득세법」 제127조제1항제4호 각 목에 해당하는 근로소득을 연말정산하는 경우에도 사용하며, 이 경우 "⑨ 근무처명"란 및 "⑩ 사업자등록번호"란에는 실제 근무처의 상호 및 사업자번호를 적습니다. 다만, 근무처의 사업자등록이 없는 경우 납세조합의 사업자등록번호를 적습니다.

1. "거주지국"란 및 "거주지국코드"란: 근로소득자가 비거주자에 해당하는 경우에만 적으며, 국제표준화기구(ISO)가 정한 ISO코드 중 국명약어 및 국가코드를 적습니다(※ ISO국가코드: 국세청홈페이지→국세정책/제도→국제조세정보→참고자료실→국제표준화기구(ISO)가 정한 국가코드에서 조회할 수 있습니다) 예) 대한민국 : KR, 미국 : US
2. 근로소득자가 외국인에 해당하는 경우에는 "내 · 외국인"란에 "외국인 9"를 선택하고 "국적 및 국적코드"란에 국제표준화기구(ISO)가 정한 ISO코드 중 국명약어 및 국가코드를 적습니다. 해당 근로소득자가 외국인근로자 단일세율적용신청서를 제출한 경우"외국인단일세율 적용"란에 해당1을 선택합니다. 또한, 근로소득자가 종교관련종사자에 해당하는 경우에는 "종교관련종사자 여부"란에 해당1을 선택합니다.
3. 원천징수의무자가 「부가가치세법」에 따른 사업자단위 과세자에 해당하는 경우에는 ③-1에서 해당1을 선택하고, ③-2에 소득자가 근무하는 사업장의 종사업장 일련번호를 적습니다.
4. 원천징수의무자는 지급일이 속하는 연도의 다음 연도 3월 10일(휴업 또는 폐업한 경우에는 휴업일 또는 폐업일이 속하는 달의 다음 다음 달 말일을 말합니다)까지 지급명세서를 제출해야 합니다.
5. "Ⅰ. 근무처별 소득명세"란: 비과세소득을 제외한 금액을 해당 항목별로 적습니다.
6. "Ⅱ. 비과세 및 감면소득 명세"란: 지급명세서 작성대상 비과세소득 및 감면대상을 해당 코드별로 구분하여 적습니다(적을 항목이 많은 경우 "Ⅱ. 비과세 및 감면소득 명세"란의 "⑳ 비과세소득 계"란 및 "⑳-1 감면세액 계"란에 총액만 적고, "Ⅱ.비과세 소득"란을 별지로 작성할 수 있습니다).
7. 「소득세법」 제127조제1항제4호의 각 목에 해당하는 근로소득과 그 외 근로소득[주(현)란]을 더하여 연말정산하는 경우에는 "⑯-1 납세조합"란에 각각 근로소득납세조합과 「소득세법」 제127조제1항제4호 각 목에 해당하는 근로소득을 적고, 「소득세법」 제150조에 따른 납세조합공제금액을 "㊱ 납세조합공제"란에 적습니다. 합병, 기업형태 변경 등으로 존속 법인 등이 연말정산을 하는 경우에는 피합병법인에서 발생한 소득과 기업형태 변경 전의 법인에서 발생한 소득은 근무처별 소득명세 종(전)란에 별도로 적습니다.
또한, 동일회사 내 사업자등록번호가 다른 곳에서 전입 등을 하여 해당 법인이 연말정산을 하는 경우에는 전입하기 전 지점 등에서 발생한 소득은 "근무처별 소득명세 종(전)"란에 별도로 적습니다.
8. "㉑ 총급여"란: "⑯ 계"란의 금액을 적되, 외국인근로자가 「조세특례제한법」 제18조의2제2항에 따라 단일세율을 적용하는 경우에는 "⑯ 계"의 금액과 비과세소득금액을 더한 금액을 적습니다. 이 경우 소득세와 관련한 비과세 · 공제 · 감면 및 세액공제에 관한 규정은 적용하지 않습니다.
9. "종합소득 특별소득공제(㉝~㉞)"란 및 "그 밖의 소득공제(㊲~㊻)"란: 근로소득자 소득 · 세액 공제신고서(별지 제37호서식)의 공제액을 적습니다(소득공제는 서식에서 정하는 바에 따라 순서대로 소득공제를 적용하여 종합소득과세표준과 세액을 계산합니다).
10. "연금계좌(㊽~㊿-1)"란 및 "특별세액공제(㊽~㊿)"란: 근로소득자 소득 · 세액 공제신고서(별지 제37호서식)의 공제대상금액 및 세액공제액을 적습니다.

## 작 성 방 법

10. "㊼ 소득공제 종합한도 초과액"란: ㉞ 주택자금공제(㉮+㉯), ㊳ 소기업 · 소상공인 공제부금, ㊴ 주택마련저축(㉮+㉯+㉰), ㊵ 투자조합출자 등(「조세특례제한법」 제16조제1항제3호 · 제4호는 제외), ㊶ 신용카드등 사용액, ㊷ 우리사주조합 출연금, ㊹ 장기집합투자증권저축 전체를 합한 금액이 2,500만원을 초과하는 경우 적습니다.

11. "㊽ 종합소득 과세표준"란: ㊱ 차감소득금액에서 ㊻ 그 밖의 소득공제 계를 차감하고 ㊼ 소득공제 종합한도 초과액을 더하여 적습니다.

12. "⑯ 납부특례세액"란: 「조세특례제한법」 제16조의3제1항에 따라 주식매수선택권을 행사함으로써 얻은 이익에 대하여 벤처기업 또는 벤처기업이 발행주식 총수의 100분의 30 이상을 인수한 기업의 임원 또는 종업원이 원천징수의무자에게 납부특례의 적용을 신청한 경우에는 해당 과세기간의 결정세액에서 해당 과세기간의 근로소득금액 중 주식매수선택권을 행사함으로써 얻는 이익에 따른 소득금액을 제외하여 산출한 결정세액을 뺀 금액을 적습니다.

13. 파견외국법인 소속 파견근로자의 경우 기납부세액은 해당 파견근로자 개인별 근로소득에 대한 소득세로 실제 원천징수된 세액을 확인하여 적습니다. 다만, 파견근로자별로 원천징수세액을 구분하기 어려운 경우에는 사용내국법인이 파견외국법인에게 지급한 파견근로 대가에 대한 원천징수세액(2018. 6. 30.이전 17%, 2018. 7. 1.이후 19%)에 총 파견근로자의 결정세액 합계에 대한 각 파견근로자별 결정세액의 비율을 곱하여 적습니다.

14. 이 서식에 적는 금액 중 ⑫ 실효세율은 소숫점 둘째자리에서 반올림하여 소숫점 첫째 자리만 표시하고 그 외는 소수점 이하 값은 버리며, ⑰ 차감징수세액이 소액 부징수(1천원 미만을 말합니다)에 해당하는 경우 세액을 "0"으로 적습니다.

15. "⑱ 소득 · 세액공제 명세"란은 다음과 같이 작성합니다.

가. 관계코드란

| 구 분 | 관계코드 | 구 분 | 관계코드 | 구 분 | 관계코드 |
|---|---|---|---|---|---|
| 소득자 본인<br>(소득세법 §50 ① 1) | 0 | 소득자의 직계존속<br>(소득세법 §50 ① 3 가) | 1 | 배우자의 직계존속<br>(소득세법 §50 ① 3 가) | 2 |
| 배우자<br>(소득세법 §50 ① 2) | 3 | 직계비속(자녀 · 손자녀, 입양자)<br>(소득세법 §50 ① 3 나) | 4 | 직계비속(코드 4 제외)<br>(소득세법 §50 ① 3 나) | 5* |
| 형제자매<br>(소득세법 §50 ① 3 다) | 6 | 수급자(코드1~6제외)<br>(소득세법 §50 ① 3 라) | 7 | 위탁아동<br>(소득세법 §50 ① 3 마) | 8 |

* 직계비속과 그 배우자가 장애인인 경우 그 배우자는 포함하되 코드 4는 제외합니다.

※ 관계코드 4~6은 소득자와 배우자의 각각의 관계를 포함합니다.

나. 내 · 외국인란: 내국인의 경우 "1"로, 외국인의 경우 "9"로 적습니다.

다. 인적공제항목란: 인적공제사항이 있는 경우 해당란에 "○" 표시를 합니다(해당 사항이 없을 경우 비워둡니다).

라. 장애인란: 본인 또는 부양가족이 장애인인 경우 다음의 코드를 해당 항목에 적습니다.

| 구분 | 코드 |
|---|---|
| 「장애인복지법」에 따른 장애인 등 | 1 |
| 「국가유공자 등 예우 및 지원에 관한 법률」에 따른 상이자 및 이와 유사한 자로서 근로능력이 없는 자 | 2 |
| 그 밖에 항시 치료를 필요로 하는 중증환자 | 3 |

마. 국세청 자료란: 소득 · 세액공제 증명서류로 국세청 홈택스 홈페이지(www.hometax.go.kr)에서 제공하는 자료를 이용하는 경우 각 소득 · 세액공제 항목의 금액 중 소득 · 세액 공제대상이 되는 금액을 적습니다.

바. 기타 자료란: 국세청에서 제공하는 증명서류 외의 증명서류를 이용하는 경우를 말합니다(예를 들면, 시력교정용 안경구입비는 "의료비 항목"의 "기타"란에 적습니다).

사. 각종 소득 · 세액 공제 항목란: 소득 · 세액공제항목에 해당하는 실제 지출금액을 적습니다(소득 · 세액공제액이 아닌 실제 사용금액을 공제항목별로 구분된 범위 안에 적습니다).

아. 의료비(일반, 미숙아·선천성이상아, 난임, 6세이하 · 65세이상 · 장애인 · 건강보험산정특례자)란: 해당 과세기간에 지출한 의료비 총액을 적습니다. (실손의료보험금란에는 해당 과세기간에 보험회사로부터 수령한 실손의료보험금을 적습니다)

16. 해당 근로소득자가 월세액, 거주자 간 주택임차자금 차입금 원리금 상환액을 소득 · 세액공제를 한 경우에는 근로소득지급명세서를 원천징수 관할 세무서장에게 제출 시 해당 명세서를 함께 제출해야 합니다.

17. 해당 근로소득자가 주택마련저축 · 장기집합투자증권저축 소득공제, 퇴직연금 · 연금저축 · 기부금 세액공제를 한 경우에는 근로소득지급명세서를 원천징수 관할 세무서장에게 제출 시 해당 명세서(기부금세액공제가 있는 경우에는 별지 제45호서식 기부금명세서)를 함께 제출해야 합니다.

18. ㉞ 주택자금공제의 15년 이상 29년 이하, 30년 이상에는 「소득세법 시행령」 제112조제10항제5호가 해당되는 경우를 포함하여 적습니다.

19. 전통시장 사용액과 대중교통 이용액은 전통시장이나 대중교통을 이용 시 신용카드, 현금영수증, 직불카드 · 선불카드 등으로 사용한 금액의 합계액을 적습니다.

20. 도서 · 신문 · 영화관람료 · 공연 · 박물관 · 미술관(이하 이 서식에서 "문화체육사용분"이라 합니다)은 총급여가 7천만원 이하인 근로자에 한하여 적용하되, 문화체육사용분이 전통시장 사용분에도 해당할 경우 전통시장 사용분으로 공제 받습니다(신문 사용분의 경우 2021년 1월 1일 이후 사용하는 분부터 적용합니다).

21. 총급여 7천만원 초과자의 문화체육사용분은 신용카드, 현금영수증, 직불카드등 결제수단별 소득공제 금액에 포함하여 계산한 금액을 소득공제합니다.

| 관리번호 | |
|---|---|

# [ ]근로소득 원천징수영수증
# [ ]근로소득 지 급 명 세 서

([ ]소득자 보관용 [ ]발행자 보관용 [ ]발행자 보고용)

| 거주구분 | | 거주자1 / 비거주자2 | |
|---|---|---|---|
| 거주지국 | | 거주지국코드 | KR |
| 내 · 외국인 | | 내국인1 /외국인9 | |
| 외국인단일세율적용 | | 여 1 / 부 2 | |
| 외국법인소속 파견근로자 여부 | | 여 1 / 부 2 | |
| 종교관련종사자 여부 | | 여 1 / 부 2 | |
| 국적 | 대한민국 | 국적코드 | KR |
| 세대주 여부 | | 세대주1, 세대원2 | |
| 연말정산 구분 | | 계속근로1, 중도퇴사2 | |

| 구분 | | | |
|---|---|---|---|
| 징수의무자 | ① 법인명(상 호) ㈜나라 | ② 대 표 자(성 명) 김유민 | |
| | ③ 사업자등록번호 203-81-63108 | ④ 주 민 등 록 번 호 | |
| | ③-1 사업자단위과세자 여부 여1 / 부2 | ③-2 종사업장 일련번호 | |
| | ⑤ 소 재 지(주소) 경기도 고양시 일산서구 대화로37번길 102-30(법곳동) | | |
| 소득자 | ⑥ 성 명 김재연 | ⑦ 주 민 등 록 번 호(외국인등록번호) 830507-******* | |
| | ⑧ 주 소 | | |

| Ⅰ 근무처별소득명세 구 분 | 주(현) | 종(전) | 종(전) | ⑯-1 납세조합 | 합 계 |
|---|---|---|---|---|---|
| ⑨ 근 무 처 명 | ㈜나라 | | | | |
| ⑩ 사업자등록번호 | 203-81-63108 | | | | |
| ⑪ 근무기간 | 2025.1.1.~2025.12.31. | ~ | ~ | ~ | ~ |
| ⑫ 감면기간 | 2025.1.1.~2025.12.31. | ~ | ~ | ~ | ~ |
| ⑬ 급 여 | 33,600,000 | | | | 33,600,000 |
| ⑭ 상 여 | | | | | |
| ⑮ 인 정 상 여 | | | | | |
| ⑮-1 주식매수선택권 행사이익 | | | | | |
| ⑮-2 우리사주조합인출금 | | | | | |
| ⑮-3 임원 퇴직소득금액 한도초과액 | | | | | |
| ⑮-4 직무발명보상금 | | | | | |
| ⑯ 계 | 33,600,000 | | | | 33,600,000 |

| Ⅱ 비과세 및 감면소득명세 | 코드 | 주(현) | 종(전) | 종(전) | ⑯-1 납세조합 | 합 계 |
|---|---|---|---|---|---|---|
| ⑱ 국외근로 | MOX | | | | | |
| ⑱-1 야간근로수당 | OOX | | | | | |
| ⑱-2 출산 · 보육수당 | QOX | | | | | |
| ⑱-3 출산지원금 | QOX | | | | | |
| ⑱-4 연구보조비 | HOX | | | | | |
| ⑱-32 중소기업취업감면90% | T12 | 33,600,000 | | | | 33,600,000 |
| ⑱-6 | | | | | | |
| ~ | | | | | | |
| ⑱-40 비과세식대 | P01 | 1,200,000 | | | | 1,200,000 |
| ⑲ 수련보조수당 | Y22 | | | | | |
| ⑳ 비과세소득 계 | | 1,200,000 | | | | 1,200,000 |
| ⑳-1 감면소득 계 | | 33,600,000 | | | | 33,600,000 |

| Ⅲ 세액명세 구 분 | | | ㊴ 소 득 세 | ㊵ 지방소득세 | ㊶ 농어촌특별세 |
|---|---|---|---|---|---|
| ㊸ 결 정 세 액 | | | 162,350 | 16,235 | |
| 기납부 세 액 | ㊹ 종(전)근무지 (결정세액란의 세액을 적습니다) | 사업자 등록 번호 | | | |
| | ㊺ 주(현)근무지 | | 807,600 | 80,760 | |
| ㊻ 납부특례세액 | | | | | |
| ㊼ 차 감 징 수 세 액(㊸-㊹-㊺-㊻) | | | -645,250 | -64,520 | |

위의 원천징수액(근로소득)을 정히 영수(지급)합니다.

2026년 2월 28일

징수(보고)의무자 ㈜나라 김유민 (서명 또는 인)

**세 무 서 장** 귀하

(8쪽 중 제2쪽)

| 구분 | | | 항목 | 세부 | 금액 |
|---|---|---|---|---|---|
| Ⅳ 정산명세 | | | ㉑ 총급여(⑯, 외국인단일세율 적용시 연간 근로소득) | | 33,600,000 |
| | | | ㉒ 근로소득공제 | | 10,290,000 |
| | | | ㉓ 근로소득금액 | | 23,310,000 |
| | 종합소득공제 | 기본공제 | ㉔ 본 인 | | 1,500,000 |
| | | | ㉕ 배 우 자 | | |
| | | | ㉖ 부 양 가 족( 명) | | |
| | | 추가공제 | ㉗ 경 로 우 대( 명) | | |
| | | | ㉘ 장 애 인( 명) | | |
| | | | ㉙ 부 녀 자 | | |
| | | | ㉚ 한 부 모 가 족 | | |
| | | 연금보험료공제 | ㉛ 국민연금보험료 | 대상금액 | 1,512,000 |
| | | | | 공제금액 | 1,512,000 |
| | | | ㉜ 공적연금보험료공제 ㉮ 공무원연금 | 대상금액 | |
| | | | | 공제금액 | |
| | | | ㉯ 군인연금 | 대상금액 | |
| | | | | 공제금액 | |
| | | | ㉰ 사립학교교직원연금 | 대상금액 | |
| | | | | 공제금액 | |
| | | | ㉱ 별정우체국연금 | 대상금액 | |
| | | | | 공제금액 | |
| | | 특별소득공제 | ㉝ 보험료 ㉮ 건강보험료(노인장기요양보험료포함) | 대상금액 | 1,285,200 |
| | | | | 공제금액 | |
| | | | ㉯ 고용보험료 | 대상금액 | 268,800 |
| | | | | 공제금액 | |
| | | | ㉞ 주택자금 ㉮ 주택임차차입금 원리금상환액 | 대출기관 | |
| | | | | 거주자 | |
| | | | ㉯ 장기주택저당차입금이자상환액 2011년 이전 차입분 | 15년 미만 | |
| | | | | 15년~29년 | |
| | | | | 30년 이상 | |
| | | | 2012년 이후 차입분(15년 이상) | 고정금리 이거나, 비거치상환 대출 | |
| | | | | 그 밖의 대출 | |
| | | | 2015년 이후 차입분 15년 이상 | 고정금리이면서 비거치상환 대출 | |
| | | | | 고정금리 이거나, 비거치상환 대출 | |
| | | | | 그 밖의 대출 | |
| | | | 10년~15년 | 고정금리 이거나, 비거치상환 대출 | |
| | | | ㉟ 계 | | |
| | | | ㊱ 차 감 소 득 금 액 | | 19,798,000 |
| | 그 밖의 소득공제 | | ㊲ 개인연금저축 | | |
| | | | ㊳ 소기업·소상공인 공제부금 | | |
| | | | ㊴주택마련저축소득공제 | ㉮ 청약저축 | |
| | | | | ㉯ 주택청약종합저축 | |
| | | | | ㉰ 근로자주택마련저축 | |
| | | | ㊵ 투자조합출자 등 | | |
| | | | ㊶ 신용카드등 사용액 | | |
| | | | ㊷ 우리사주조합 출연금 | | |
| | | | ㊸ 고용유지 중소기업 근로자 | | |
| | | | ㊹ 장기집합투자증권저축 | | |
| | | | ㊺ 청년형 장기집합투자증권저축 | | |
| | | | ㊻ 그 밖의 소득공제 계 | | |
| | | | ㊼ 소득공제 종합한도 초과액 | | |

| 구분 | | 항목 | 세부 | 금액 |
|---|---|---|---|---|
| | | ㊽ 종합소득 과세표준 | | 19,798,000 |
| | | ㊾ 산출세액 | | 1,709,700 |
| 세액감면 | | ㊿ 「소득세법」 | | |
| | | 51 「조세특례제한법」(52 제외) | | |
| | | 52 「조세특례제한법」 제30조 | | 1,196,790 |
| | | 53 조세조약 | | |
| | | 54 세 액 감 면 계 | | 1,196,790 |
| 세액공제 | | 55 근로소득 | | 220,560 |
| | | 56 혼인세액공제 | | |
| | | 57 자녀 | 공제대상자녀 ( 명) | |
| | | | 출산·입양자 ( 명) | |
| | 연금계좌 | 58 「과학기술인공제회법」에 따른 퇴직연금 | 공제대상금액 | |
| | | | 세액공제액 | |
| | | 59 「근로자퇴직급여 보장법」에 따른 퇴직연금 | 공제대상금액 | |
| | | | 세액공제액 | |
| | | 60 연금저축 | 공제대상금액 | |
| | | | 세액공제액 | |
| | | 60-1 개인종합자산관리계좌 만기 시 연금계좌 납입액 | 공제대상금액 | |
| | | | 세액공제액 | |
| | 특별세액공제 | 61 보험료 보장성 | 공제대상금액 | |
| | | | 세액공제액 | |
| | | 61 보험료 장애인전용보장성 | 공제대상금액 | |
| | | | 세액공제액 | |
| | | 62 의료비 | 공제대상금액 | |
| | | | 세액공제액 | |
| | | 63 교육비 | 공제대상금액 | |
| | | | 세액공제액 | |
| | | 64 기부금 ㉮ 정치자금기부금 10만원 이하 | 공제대상금액 | |
| | | | 세액공제액 | |
| | | ㉮ 정치자금기부금 10만원 초과 | 공제대상금액 | |
| | | | 세액공제액 | |
| | | ㉯ 고향사랑기부금 10만원 이하 | 공제대상금액 | |
| | | | 세액공제액 | |
| | | ㉯ 고향사랑기부금 10만원 초과 | 공제대상금액 | |
| | | | 세액공제액 | |
| | | ㉰ 특례기부금 | 공제대상금액 | |
| | | | 세액공제액 | |
| | | ㉱ 우리사주조합 기부금 | 공제대상금액 | |
| | | | 세액공제액 | |
| | | ㉲ 일반 기부금(종교단체 외) | 공제대상금액 | |
| | | | 세액공제액 | |
| | | | 공제대상금액 | |
| | | ㉳ 일반기부금(종교단체) | 공제대상금액 | |
| | | | 세액공제액 | |
| | | 65 계 | | |
| | | 66 표준세액공제 | | 130,000 |
| | | 67 납세조합공제 | | |
| | | 68 주택차입금 | | |
| | | 69 외국납부 | | |
| | | 70 월세액 | 공제대상금액 | |
| | | | 세액공제액 | |
| | | 71 세 액 공 제 계 | | 350,560 |
| | | 72 결 정 세 액(50-55-71) | | 162,350 |
| | | 82 실효세율(%) (72/㉑)×100 | | 0.5% |

⑱ 소득 · 세액공제 명세[인적공제항목은 해당란에 "○"표시(장애인 해당 시 해당 코드 기재)를 하며, 각종 소득공제 · 세액공제 항목은 공제를 위하여 실제 지출한 금액을 적습니다.]

| 인적공제 항목 | | | | | | 각종 소득공제 · 세액공제 항목 | | | | | | | | | | | |
|---|---|---|---|---|---|---|---|---|---|---|---|---|---|---|---|---|---|
| 관계코드 | 성 명 | 기본공제 | | 경로우대 | 출산입양 | 자료구분 | 보험료 | | | | 의료비 | | | | | 교육비 | |
| 내 · 외국인 | 주민등록번호 | 부녀자 | 한부모 | 장애인 | 자녀 | | 건강 | 고용 | 보장성 | 장애인전용보장성 | 일반 | 미숙아 · 선천성이상아 | 난임 | 65세이상 · 장애인 건강보험산정특례자 | 실손의료보험금 | 일반 | 장애인특수교육 |
| 인적공제 항목에 해당하는 인원수를 적습니다. | | 1 | | 0 | 0 | 국세청 계 | | | | | | | | | | | |
| | | 0 | 0 | 0 | 0 | 기타 계 | 1,285,200 | 268,800 | | | | | | | | | |
| 0 | | ○ | | | | 국세청 | | | | | | | | | | | |
| | (근로자 본인) | | | | | 기타 | 1,285,200 | 268,800 | | | | | | | | | |
| | | | | | | 국세청 | | | | | | | | | | | |
| | – | | | | | 기타 | | | | | | | | | | | |
| | | | | | | 국세청 | | | | | | | | | | | |
| | – | | | | | 기타 | | | | | | | | | | | |

| 각종 소득공제 · 세액공제 항목 | | | | | | | | | | |
|---|---|---|---|---|---|---|---|---|---|---|
| 자료구분 | | 신용카드등 사용액공제 | | | | | | | | 기부금 |
| | | 신용카드 | 직불카드등 | 현금영수증 | 도서공연등사용분(총급여 7천만원 이하자만 기재) | | 전통시장사용분 | | 대중교통 이용분 | |
| | | | | | 1~3월 | 4~12월 | 1~3월 | 4~12월 | | |
| 국세청 계 | | | | | | | | | | |
| 기타 계 | | | | | | | | | | |
| 국세청 | | | | | | | | | | |
| 기타 | | | | | | | | | | |
| 국세청 | | | | | | | | | | |
| 기타 | | | | | | | | | | |

## 작 성 방 법

「소득세법」 제149조제1호에 해당하는 납세조합이 「소득세법」 제127조제1항제4호 각 목에 해당하는 근로소득을 연말정산하는 경우에도 사용하며, 이 경우 "⑨ 근무처명"란 및 "⑩ 사업자등록번호"란에는 실제 근무처의 상호 및 사업자번호를 적습니다. 다만, 근무처의 사업자등록이 없는 경우 납세조합의 사업자등록번호를 적습니다.

1. "거주지국"란 및 "거주지국코드"란: 근로소득자가 비거주자에 해당하는 경우에만 적으며, 국제표준화기구(ISO)가 정한 ISO코드 중 국명약어 및 국가코드를 적습니다(※ ISO국가코드: 국세청홈페이지→국세정책/제도→국제조세정보→참고자료실→국제표준화기구(ISO)가 정한 국가코드에서 조회할 수 있습니다) 예) 대한민국 : KR, 미국 : US
2. 근로소득자가 외국인에 해당하는 경우에는 "내 · 외국인"란에 "외국인 9"를 선택하고 "국적 및 국적코드"란에 국제표준화기구(ISO)가 정한 ISO코드 중 국명약어 및 국가코드를 적습니다. 해당 근로소득자가 외국인근로자 단일세율적용신청서를 제출한 경우"외국인단일세율 적용"란에 해당1을 선택합니다. 또한, 근로소득자가 종교관련종사자에 해당하는 경우에는 "종교관련종사자 여부"란에 해당1을 선택합니다.
3. 원천징수의무자가 「부가가치세법」에 따른 사업자단위 과세자에 해당하는 경우에는 ③-1에서 해당1을 선택하고, ③-2에 소득자가 근무하는 사업장의 종사업장 일련번호를 적습니다.
4. 원천징수의무자는 지급일이 속하는 연도의 다음 연도 3월 10일(휴업 또는 폐업한 경우에는 휴업일 또는 폐업일이 속하는 달의 다음 다음 달 말일을 말합니다)까지 지급명세서를 제출해야 합니다.
5. "Ⅰ. 근무처별 소득명세"란: 비과세소득을 제외한 금액을 해당 항목별로 적습니다.
6. "Ⅱ. 비과세 및 감면소득 명세"란: 지급명세서 작성대상 비과세소득 및 감면대상을 해당 코드별로 구분하여 적습니다(적을 항목이 많은 경우 "Ⅱ. 비과세 및 감면소득 명세"란의 "⑳ 비과세소득 계"란 및 "⑳-1 감면세액 계"란에 총액만 적고, "Ⅱ.비과세 소득"란을 별지로 작성할 수 있습니다).
7. 「소득세법」 제127조제1항제4호의 각 목에 해당하는 근로소득과 그 외 근로소득[주(현)란]을 더하여 연말정산하는 경우에는 "⑯-1 납세조합"란에 각각 근로소득납세조합과 「소득세법」 제127조제1항제4호 각 목에 해당하는 근로소득을 적고,「소득세법」 제150조에 따른 납세조합공제금액을 "㉖ 납세조합공제"란에 적습니다. 합병, 기업형태 변경 등으로 존속 법인 등이 연말정산을 하는 경우에는 피합병법인에서 발생한 소득과 기업형태 변경 전의 법인에서 발생한 소득은 근무처별 소득명세 종(전)란에 별도로 적습니다.
또한, 동일회사 내 사업자등록번호가 다른 곳에서 전입 등을 하여 해당 법인이 연말정산을 하는 경우에는 전입하기 전 지점 등에서 발생한 소득은 "근무처별 소득명세 종(전)"란에 별도로 적습니다.
8. "㉑ 총급여"란: "⑯계"란의 금액을 적되, 외국인근로자가 「조세특례제한법」 제18조의2제2항에 따라 단일세율을 적용하는 경우에는 "⑯계"의 금액과 비과세소득금액을 더한 금액을 적습니다. 이 경우 소득세와 관련한 비과세 · 공제 · 감면 및 세액공제에 관한 규정은 적용하지 않습니다.
9. "종합소득 특별소득공제(㉝~㉞)"란 및 "그 밖의 소득공제(㊲~㊻)"란: 근로소득자 소득 · 세액 공제신고서(별지 제37호서식)의 공제액을 적습니다(소득공제는 서식에서 정하는 바에 따라 순서대로 소득공제를 적용하여 종합소득과세표준과 세액을 계산합니다).
10. "연금계좌(㊿~㊿-1)"란 및 "특별세액공제(61~65)"란: 근로소득자 소득 · 세액 공제신고서(별지 제37호서식)의 공제대상금액 및 세액공제액을 적습니다.

## 작 성 방 법

10. "㊼ 소득공제 종합한도 초과액"란: ㉞ 주택자금공제(㉮+㉯), ㊳ 소기업 · 소상공인 공제부금, ㊴ 주택마련저축(㉮+㉯+㉰), ㊵ 투자조합출자 등(「조세특례제한법」 제16조제1항제3호 · 제4호는 제외), ㊶ 신용카드등 사용액, ㊷ 우리사주조합 출연금, ㊹ 장기집합투자증권저축 전체를 합한 금액이 2,500만원을 초과하는 경우 적습니다.

11. "㊽ 종합소득 과세표준"란: ㊱ 차감소득금액에서 ㊻ 그 밖의 소득공제 계를 차감하고 ㊼ 소득공제 종합한도 초과액을 더하여 적습니다.

12. "⑯ 납부특례세액"란: 「조세특례제한법」 제16조의3제1항에 따라 주식매수선택권을 행사함으로써 얻은 이익에 대하여 벤처기업 또는 벤처기업이 발행주식 총수의 100분의 30 이상을 인수한 기업의 임원 또는 종업원이 원천징수의무자에게 납부특례의 적용을 신청한 경우에는 해당 과세기간의 결정세액에서 해당 과세기간의 근로소득금액 중 주식매수선택권을 행사함으로써 얻는 이익에 따른 소득금액을 제외하여 산출한 결정세액을 뺀 금액을 적습니다.

13. 파견외국법인 소속 파견근로자의 경우 기납부세액은 해당 파견근로자 개인별 근로소득에 대한 소득세로 실제 원천징수된 세액을 확인하여 적습니다. 다만, 파견근로자별로 원천징수세액을 구분하기 어려운 경우에는 사용내국법인이 파견외국법인에게 지급한 파견근로 대가에 대한 원천징수세액(2018. 6. 30.이전 17%, 2018. 7. 1.이후 19%)에 총 파견근로자의 결정세액 합계에 대한 각 파견근로자별 결정세액의 비율을 곱하여 적습니다.

14. 이 서식에 적는 금액 중 ㊷ 실효세율은 소숫점 둘째자리에서 반올림하여 소숫점 첫째 자리만 표시하고 그 외는 소수점 이하 값은 버리며, ⑰ 차감징수세액이 소액 부징수(1천원 미만을 말합니다)에 해당하는 경우 세액을 "0"으로 적습니다.

15. "⑱ 소득 · 세액공제 명세"란은 다음과 같이 작성합니다.

가. 관계코드란

| 구 분 | 관계코드 | 구 분 | 관계코드 | 구 분 | 관계코드 |
|---|---|---|---|---|---|
| 소득자 본인<br>(소득세법 §50 ① 1) | 0 | 소득자의 직계존속<br>(소득세법 §50 ① 3 가) | 1 | 배우자의 직계존속<br>(소득세법 §50 ① 3 가) | 2 |
| 배우자<br>(소득세법 §50 ① 2) | 3 | 직계비속(자녀 · 손자녀, 입양자)<br>(소득세법 §50 ① 3 나) | 4 | 직계비속(코드 4 제외)<br>(소득세법 §50 ① 3 나) | 5* |
| 형제자매<br>(소득세법 §50 ① 3 다) | 6 | 수급자(코드1~6제외)<br>(소득세법 §50 ① 3 라) | 7 | 위탁아동<br>(소득세법 §50 ① 3 마) | 8 |

* 직계비속과 그 배우자가 장애인인 경우 그 배우자는 포함하되 코드 4는 제외합니다.

※ 관계코드 4~6은 소득자와 배우자의 각각의 관계를 포함합니다.

나. 내 · 외국인란: 내국인의 경우 "1"로, 외국인의 경우 "9"로 적습니다.

다. 인적공제항목란: 인적공제사항이 있는 경우 해당란에 "○" 표시를 합니다(해당 사항이 없을 경우 비워둡니다).

라. 장애인란: 본인 또는 부양가족이 장애인인 경우 다음의 코드를 해당 항목에 적습니다.

| 구분 | 코드 |
|---|---|
| 「장애인복지법」에 따른 장애인 등 | 1 |
| 「국가유공자 등 예우 및 지원에 관한 법률」에 따른 상이자 및 이와 유사한 자로서 근로능력이 없는 자 | 2 |
| 그 밖에 항시 치료를 필요로 하는 중증환자 | 3 |

마. 국세청 자료란: 소득 · 세액공제 증명서류로 국세청 홈택스 홈페이지(www.hometax.go.kr)에서 제공하는 자료를 이용하는 경우 각 소득 · 세액 공제 항목의 금액 중 소득 · 세액 공제대상이 되는 금액을 적습니다.

바. 기타 자료란: 국세청에서 제공하는 증명서류 외의 증명서류를 이용하는 경우를 말합니다(예를 들면, 시력교정용 안경구입비는 "의료비 항목"의 "기타"란에 적습니다).

사. 각종 소득 · 세액 공제 항목란: 소득 · 세액공제항목에 해당하는 실제 지출금액을 적습니다(소득 · 세액공제액이 아닌 실제 사용금액을 공제항목별로 구분된 범위 안에 적습니다).

아. 의료비(일반, 미숙아·선천성이상아, 난임, 6세이하 · 65세이상 · 장애인 · 건강보험산정특례자)란: 해당 과세기간에 지출한 의료비 총액을 적습니다. (실손의료보험금란에는 해당 과세기간에 보험회사로부터 수령한 실손의료보험금을 적습니다)

16. 해당 근로소득자가 월세액, 거주자 간 주택임차자금 차입금 원리금 상환액을 소득 · 세액공제를 한 경우에는 근로소득지급명세서를 원천징수 관할 세무서장에게 제출 시 해당 명세서를 함께 제출해야 합니다.

17. 해당 근로소득자가 주택마련저축 · 장기집합투자증권저축 소득공제, 퇴직연금 · 연금저축 · 기부금 세액공제를 한 경우에는 근로소득지급명세서를 원천징수 관할 세무서장에게 제출 시 해당 명세서(기부금세액공제가 있는 경우에는 별지 제45호서식 기부금명세서)를 함께 제출해야 합니다.

18. ㉞ 주택자금공제의 15년 이상 29년 이하, 30년 이상에는 「소득세법 시행령」 제112조제10항제5호가 해당되는 경우를 포함하여 적습니다.

19. 전통시장 사용액과 대중교통 이용액은 전통시장이나 대중교통을 이용 시 신용카드, 현금영수증, 직불카드 · 선불카드 등으로 사용한 금액의 합계액을 적습니다.

20. 도서 · 신문 · 영화관람료 · 공연 · 박물관 · 미술관(이하 이 서식에서 "문화체육사용분"이라 합니다)은 총급여가 7천만원 이하인 근로자에 한하여 적용하되, 문화체육사용분이 전통시장 사용분에도 해당할 경우 전통시장 사용분으로 공제 받습니다(신문 사용분의 경우 2021년 1월 1일 이후 사용하는 분부터 적용합니다).

21. 총급여 7천만원 초과자의 문화체육사용분은 신용카드, 현금영수증, 직불카드등 결제수단별 소득공제 금액에 포함하여 계산한 금액을 소득공제 합니다.

# SECTION 02 상시근로자, 단시간근로자, 청년 · 경력단절 여성 · 장애인 · 60세 이상 근로자의 개념

조세특례제한법에서는 일자리 창출을 장려하기 위해 고용인원을 증가시키는 기업에 대해서는 감면세액 계산 시 추가감면과 각종 세액공제를 적용하고, 반대로 일자리 감소에 대하여는 세액감면한도를 축소 · 적용하였던 공제세액의 추징을 규정하고 있다. 이를 이해하기 위해서는 상시근로자 개념을 정확히 이해하여야 하고 상시근로자는 개별조항마다 약간의 차이가 있지만 대개 청년 근로자, 장애인 근로자, 60세 이상 근로자, 경력단절여성 근로자로 세분화하여 공제세액 계산 시 차등적용하고 있으므로 이에 대한 이해 또한 필요하다. 이하에서는 이에 대해 구체적으로 살펴보고자 한다.

## I 상시근로자 등 구분과 개념



### 1. 상시근로자

조세특례제한법에는 고용인원 증가에 대하여 각종 세액공제 또는 세액감면에 관한 다수의 규정이 있는데 고용인원 증가여부 판단 및 증가인원의 수를 판정할 때 상시근로자의 개념이 적용된다. 상시근로자의 범위와 상시근로자 수 결정은 세액공제 또는 세액감면 규정을 적용할 때 반드시 이해하여야 하는 개념인데 조세특례제한법 각 개별조항에 규정된 범위가 모든 조항에서 동일하게 적용되지 않고 일부 차이가 있으므로 주의를 하여야 한다.

#### (1) 상시근로자

① 상시근로자의 개념

상시근로자란 「근로기준법」에 따라 근로계약을 체결한 '내국인 근로자'로 한다. 주의할 점은 '내국인 근로자'는 한국 국적을 가진 근로자를 말하는 것이 아닌 조세특례제한법의

'내국인' 정의에 부합되는 자를 말하는 것으로 소득세법상 '국내에 주소를 두고 있거나 183일 이상의 거소를 둔 개인'인 근로자로 이해하여야 한다.

근로기준법 제2조【정의】

① 이 법에서 사용하는 용어의 뜻은 다음과 같다.

1. "근로자"란 직업의 종류와 관계없이 임금을 목적으로 사업이나 사업장에 근로를 제공하는 사람을 말한다.
2. "사용자"란 사업주 또는 사업 경영 담당자, 그 밖에 근로자에 관한 사항에 대하여 사업주를 위하여 행위하는 자를 말한다.
3. "근로"란 정신노동과 육체노동을 말한다.
4. "근로계약"이란 근로자가 사용자에게 근로를 제공하고 사용자는 이에 대하여 임금을 지급하는 것을 목적으로 체결된 계약을 말한다.
5. "임금"이란 사용자가 근로의 대가로 근로자에게 임금, 봉급, 그 밖에 어떠한 명칭으로든지 지급하는 모든 금품을 말한다.
6. "평균임금"이란 이를 산정하여야 할 사유가 발생한 날 이전 3개월 동안에 그 근로자에게 지급된 임금의 총액을 그 기간의 총일수로 나눈 금액을 말한다. 근로자가 취업한 후 3개월 미만인 경우도 이에 준한다.
7. "1주"란 휴일을 포함한 7일을 말한다.
8. "소정(所定)근로시간"이란 제50조, 제69조 본문 또는 「산업안전보건법」 제139조 제1항에 따른 근로시간의 범위에서 근로자와 사용자 사이에 정한 근로시간을 말한다.
9. "단시간근로자"란 1주 동안의 소정근로시간이 그 사업장에서 같은 종류의 업무에 종사하는 통상 근로자의 1주 동안의 소정근로시간에 비하여 짧은 근로자를 말한다.

② 제1항 제6호에 따라 산출된 금액이 그 근로자의 통상임금보다 적으면 그 통상임금액을 평균임금으로 한다.

### ② 상시근로자 관련 조세특례제한법 개별규정

조세특례제한법 개별조항 중 상시근로자와 관련된 조문을 정리해보면 다음과 같다(총 27개).

- 제6조【창업중소기업 등에 대한 세액감면】
- 제7조【중소기업에 대한 특별세액감면】
- 제12조의 2【연구개발특구에 입주하는 첨단기술기업 등에 대한 법인세 등의 감면】
- 제19조【성과공유 중소기업의 경영성과급에 대한 세액공제 등】
- 제26조【고용창출투자세액공제】
- 제29조의 3【경력단절 여성 고용 기업 등에 대한 세액공제】
- 제29조의 4【근로소득을 증대시킨 기업에 대한 세액공제】
- 제29조의 5【청년고용을 증대시킨 기업에 대한 세액공제】
- 제29조의 7【고용을 증대시킨 기업에 대한 세액공제】

- 제29조의 8【통합고용세액공제】
- 제30조의 2【정규직 근로자로의 전환에 따른 세액공제】(2022.12.31. 삭제)
- 제30조의 3【고용유지중소기업 등에 대한 과세특례】
- 제30조의 4【중소기업 사회보험료 세액공제】
- 제64조【농공단지 입주기업 등에 대한 세액감면】
- 제85조의 6【사회적기업 및 장애인 표준사업장에 대한 법인세 등의 감면】
- 제99조의 9【위기지역 창업기업에 대한 법인세 등의 감면】
- 제99조의 11【감염병 피해에 따른 특별재난지역의 중소기업에 대한 법인세 등의 감면】
- 제100조의 32【투자·상생협력 촉진을 위한 과세특례】
- 제121조의 2【외국인투자에 대한 조세 감면】
- 제121조의 4【증자의 조세감면】
- 제121조의 8【제주첨단과학기술단지 입주기업에 대한 법인세 등의 감면】
- 제121조의 9【제주투자진흥지구 또는 제주자유무역지역 입주기업에 대한 법인세 등의 감면】
- 제121조의 17【기업도시개발구역 등의 창업기업 등에 대한 법인세 등의 감면】
- 제121조의 20【아시아문화중심도시 투자진흥지구 입주기업 등에 대한 법인세 등의 감면 등】
- 제121조의 21【금융중심지 창업기업 등에 대한 법인세 등의 감면 등】
- 제121조의 22【첨단의료복합단지 및 국가식품클러스터 입주기업에 대한 법인세 등의 감면】
- 제121조의 33【기회발전특구의 창업기업 등에 대한 법인세 등의 감면】

### (2) 상시근로자에서 제외되는 자

개별조항에서 상시근로자를 범위를 달리 규정하고 있는 경우가 있으므로 실무자의 경우 각 개별조항 적용 시 상시근로자에서 제외되는 근로자를 구분하여야 하는데 개별조항에서 규정하고 있는 상시근로자 제외규정을 구분하여 보면 다음과 같이 5가지 유형으로 나누어볼 수 있다.

| 구 분 | 유형 I | 유형 II | 유형 III | 유형 IV | 유형 V |
|---|---|---|---|---|---|
| 계약기간 1년 미만 | 제외 | 제외 | 제외 | 제외 | 제외 |
| 단시간근로자 | 제외 | 제외 | 제외 | 제외 | 제외 |

| 구 분 | 유형 I | 유형 II | 유형 III | 유형 IV | 유형 V |
|---|---|---|---|---|---|
| 임원 | 제외 | 제외 | 제외 | 제외 | 제외 |
| 최대주주 등<br>(=최대주주 + 배우자) | 제외 | 제외 | 제외 | 제외 | 제외 |
| 최대주주 등의 직계존비속 및 친족 | 제외 | 제외 | 제외 | 최대주주 등의 직계존비속과 그 배우자만 제외 | 미적용 |
| 원천징수 미확인 | 제외 | 제외 | 제외 | 제외 | 제외 |
| 4대보험 미확인 | 제외 | 제외 | 해당사항 없음 | 제외 | 제외 |
| 총급여 | 해당사항 없음 | 7천만원 초과자 제외 | 해당사항 없음 | 해당사항 없음 | 해당사항 없음 |
| 근로소득의 금액 | 해당사항 없음 | 해당사항 없음 | 7천(8천)만원 이상인 근로자 제외 | 해당사항 없음 | 해당사항 없음 |

저자주 표에서 '제외'는 상시근로자에서 제외되는 근로자를 의미함

### 1) 상시근로자에서 제외되는 근로자 - 유형 I

① 근로계약기간이 1년 미만인 근로자(근로계약의 연속된 갱신으로 인하여 그 근로계약의 총 기간이 1년 이상인 근로자는 제외한다)

* 근로계약의 연속된 갱신으로 근로계약의 총 기간이 1년 이상인 경우 갱신일이 속하는 월부터 상시근로자에 포함 – 조특, 서면-2022-법인-2176 [법인세과-1583], 2022.10.31.

②「근로기준법」 제2조 제1항 제9호에 따른 단시간근로자. 다만, 1개월간의 소정근로시간이 60시간 이상인 근로자는 상시근로자로 본다.

③「법인세법 시행령」 제40조 제1항 각 호의 어느 하나에 해당하는 임원

> 제40조【기업업무추진비의 범위】
> ① 주주 또는 출자자(이하 "주주등"이라 한다)나 다음 각 호의 어느 하나에 해당하는 직무에 종사하는 자(이하 "임원"이라 한다) 또는 직원이 부담하여야 할 성질의 기업업무추진비를 법인이 지출한 것은 이를 기업업무추진비로 보지 아니한다.
> 1. 법인의 회장, 사장, 부사장, 이사장, 대표이사, 전무이사 및 상무이사 등 이사회의 구성원 전원과 청산인
> 2. 합명회사, 합자회사 및 유한회사의 업무집행사원 또는 이사
> 3. 유한책임회사의 업무집행자
> 4. 감사
> 5. 그 밖에 제1호부터 제4호까지의 규정에 준하는 직무에 종사하는 자

④ 해당 기업의 최대주주 또는 최대출자자(개인사업자의 경우에는 대표자를 말한다)와 그 배우자

⑤ '④'에 해당하는 자의 직계존비속(그 배우자를 포함한다) 및 「국세기본법 시행령」 제1조의 2 제1항에 따른 친족관계인 사람

> 국기령 제1조의 2 【특수관계인의 범위】
>
> ① 법 제2조 제20호 가목에서 "혈족 · 인척 등 대통령령으로 정하는 친족관계"란 다음 각 호의 어느 하나에 해당하는 관계(이하 "친족관계"라 한다)를 말한다.
>
> 1. 4촌 이내의 혈족
> 2. 3촌 이내의 인척
> 3. 배우자(사실상의 혼인관계에 있는 자를 포함한다)
> 4. 친생자로서 다른 사람에게 친양자 입양된 자 및 그 배우자 · 직계비속
> 5. 본인이 「민법」에 따라 인지한 혼인 외 출생자의 생부나 생모(본인의 금전이나 그밖의 재산으로 생계를 유지하는 사람 또는 생계를 함께하는 사람으로 한정한다)

⑥ 「소득세법 시행령」 제196조에 따른 근로소득원천징수부에 의하여 근로소득세를 원천징수한 사실이 확인되지 아니하고, 다음 어느 하나에 해당하는 금액의 납부사실도 확인되지 아니하는 자

㉠ 「국민연금법」 제3조 제1항 제11호 및 제12호에 따른 부담금 및 기여금

㉡ 「국민건강보험법」 제69조에 따른 직장가입자의 보험료

위 '유형 I'의 상시근로자에서 제외되는 근로자 규정이 적용되는 조세특례제한법 개별조항은 다음과 같다.

① 제6조 【창업중소기업 등에 대한 세액감면】

② 제7조 【중소기업에 대한 특별세액감면】

③ 제12조의 2 【연구개발특구에 입주하는 첨단기술기업 등에 대한 법인세 등의 감면】

④ 제26조 【고용창출투자세액공제】

⑤ 제29조의 3 【경력단절 여성 고용 기업 등에 대한 세액공제】

⑥ 제29조의 5 【청년고용을 증대시킨 기업에 대한 세액공제】

⑦ 제29조의 7 【고용을 증대시킨 기업에 대한 세액공제】

⑧ 제29조의 8 【통합고용세액공제】

⑨ 제30조의 2 【정규직 근로자로의 전환에 따른 세액공제】 (2022.12.31. 삭제)

⑩ 제64조 【농공단지 입주기업 등에 대한 세액감면】

⑪ 제85조의 6 【사회적기업 및 장애인 표준사업장에 대한 법인세 등의 감면】

⑫ 제99조의 9 【위기지역 창업기업에 대한 법인세 등의 감면】

⑬ 제99조의 11【감염병 피해에 따른 특별재난지역의 중소기업에 대한 법인세 등의 감면】
⑭ 제121조의 2【외국인투자에 대한 조세 감면】
⑮ 제121조의 4【증자의 조세감면】
⑯ 제121조의 8【제주첨단과학기술단지 입주기업에 대한 법인세 등의 감면】
⑰ 제121조의 9【제주투자진흥지구 또는 제주자유무역지역 입주기업에 대한 법인세 등의 감면】
⑱ 제121조의 17【기업도시개발구역 등의 창업기업 등에 대한 법인세 등의 감면】
⑲ 제121조의 20【아시아문화중심도시 투자진흥지구 입주기업 등에 대한 법인세 등의 감면 등】
⑳ 제121조의 21【금융중심지 창업기업 등에 대한 법인세 등의 감면 등】
㉑ 제121조의 22【첨단의료복합단지 및 국가식품클러스터 입주기업에 대한 법인세 등의 감면】
㉒ 제121조의 33【기회발전특구의 창업기업 등에 대한 법인세 등의 감면】

### 2) 상시근로자에서 제외되는 근로자 - 유형Ⅱ

① 근로계약기간이 1년 미만인 근로자(근로계약의 연속된 갱신으로 인하여 그 근로계약의 총 기간이 1년 이상인 근로자는 제외한다)

* 근로계약의 연속된 갱신으로 근로계약의 총 기간이 1년 이상인 경우 갱신일이 속하는 월부터 상시근로자에 포함 – 조특, 서면-2022-법인-2176 [법인세과-1583], 2022.10.31.

② 「근로기준법」 제2조 제1항 제9호에 따른 단시간근로자. 다만, 1개월간의 소정근로시간이 60시간 이상인 근로자는 상시근로자로 본다.

③ 「법인세법 시행령」 제40조 제1항 각 호의 어느 하나에 해당하는 임원

> **제40조【기업업무추진비의 범위】**
>
> ① 주주 또는 출자자(이하 "주주등"이라 한다)나 다음 각 호의 어느 하나에 해당하는 직무에 종사하는 자(이하 "임원"이라 한다) 또는 직원이 부담하여야 할 성질의 기업업무추진비를 법인이 지출한 것은 이를 기업업무추진비로 보지 아니한다.
>
> 1. 법인의 회장, 사장, 부사장, 이사장, 대표이사, 전무이사 및 상무이사 등 이사회의 구성원 전원과 청산인
> 2. 합명회사, 합자회사 및 유한회사의 업무집행사원 또는 이사
> 3. 유한책임회사의 업무집행자
> 4. 감사
> 5. 그 밖에 제1호부터 제4호까지의 규정에 준하는 직무에 종사하는 자

④ 해당 기업의 최대주주 또는 최대출자자(개인사업자의 경우에는 대표자를 말한다)와 그 배우자

⑤ '④'에 해당하는 자의 직계존비속(그 배우자를 포함한다) 및 「국세기본법 시행령」 제1조의 2 제1항에 따른 친족관계인 사람

국기령 제1조의 2【특수관계인의 범위】

① 법 제2조 제20호 가목에서 "혈족 · 인척 등 대통령령으로 정하는 친족관계"란 다음 각 호의 어느 하나에 해당하는 관계(이하 "친족관계"라 한다)를 말한다.

1. 4촌 이내의 혈족
2. 3촌 이내의 인척
3. 배우자(사실상의 혼인관계에 있는 자를 포함한다)
4. 친생자로서 다른 사람에게 친양자 입양된 자 및 그 배우자 · 직계비속
5. 본인이 「민법」에 따라 인지한 혼인 외 출생자의 생부나 생모(본인의 금전이나 그밖의 재산으로 생계를 유지하는 사람 또는 생계를 함께하는 사람으로 한정한다)

⑥ 「소득세법 시행령」 제196조에 따른 근로소득원천징수부에 의하여 근로소득세를 원천징수한 사실이 확인되지 않고, 다음 각 목의 어느 하나에 해당하는 금액의 납부사실도 확인되지 않은 자

㉠ 「국민연금법」 제3조 제1항 제11호 및 제12호에 따른 부담금 및 기여금

㉡ 「국민건강보험법」 제69조에 따른 직장가입자의 보험료

⑦ 해당 과세기간의 총급여액이 7천만원을 초과하는 근로자

위 '유형Ⅱ'의 상시근로자에서 제외되는 근로자 규정이 적용되는 조세특례제한법 개별조항은 다음과 같다.

- 제19조【성과공유 중소기업의 경영성과급에 대한 세액공제 등】

### 3) 상시근로자에서 제외되는 근로자 – 유형Ⅲ

① 「법인세법 시행령」 제40조 제1항 각 호의 어느 하나에 해당하는 임원

제40조【기업업무추진비의 범위】

① 주주 또는 출자자(이하 "주주등"이라 한다)나 다음 각 호의 어느 하나에 해당하는 직무에 종사하는 자(이하 "임원"이라 한다) 또는 직원이 부담하여야 할 성질의 기업업무추진비를 법인이 지출한 것은 이를 기업업무추진비로 보지 아니한다.

1. 법인의 회장, 사장, 부사장, 이사장, 대표이사, 전무이사 및 상무이사 등 이사회의 구성원 전원과 청산인
2. 합명회사, 합자회사 및 유한회사의 업무집행사원 또는 이사
3. 유한책임회사의 업무집행자
4. 감사
5. 그 밖에 제1호부터 제4호까지의 규정에 준하는 직무에 종사하는 자

② 「소득세법」 제20조 제1항 제1호 및 제2호에 따른 근로소득의 금액의 합계액(비과세소득의 금액은 제외한다)이 7천만원 이상인 근로자[제100조의 32(투자상생협력 촉진을 위한 과세특례)의 경우에는 「소득세법」 제20조 제1항 제1호 및 제2호에 따른 근로소득의 금액이 8천만원 이상인 근로자]

**제20조【근로소득】**

① 근로소득은 해당 과세기간에 발생한 다음 각 호의 소득으로 한다.

1. 근로를 제공함으로써 받는 봉급·급료·보수·세비·임금·상여·수당과 이와 유사한 성질의 급여
2. 법인의 주주총회·사원총회 또는 이에 준하는 의결기관의 결의에 따라 상여로 받는 소득
3. 「법인세법」에 따라 상여로 처분된 금액
4. 퇴직함으로써 받는 소득으로서 퇴직소득에 속하지 아니하는 소득
5. 종업원등 또는 대학의 교직원이 지급받는 직무발명보상금(제21조 제1항 제22호의 2에 따른 직무발명보상금은 제외한다)

③ 기획재정부령으로 정하는 해당 기업의 최대주주 또는 최대출자자(개인사업자의 경우에는 대표자를 말한다) 및 그와 「국세기본법 시행령」 제1조의 2 제1항에 따른 친족관계인 근로자

**조특칙 제14조의 2【근로소득을 증대시킨 기업에 대한 세액공제】**

① 영 제26조의 4 제2항 제3호에서 "기획재정부령으로 정하는 해당 기업의 최대주주 또는 최대출자자"란 다음 각 호의 어느 하나에 해당하는 자를 말한다.

1. 해당 법인에 대한 직접보유비율[보유하고 있는 법인의 주식 또는 출자지분(이하 이 조에서 "주식등"이라 한다)을 그 법인의 발행주식총수 또는 출자총액(자기주식과 자기출자지분은 제외한다)으로 나눈 비율을 말한다. 이하 같다]이 가장 높은 자가 개인인 경우에는 그 개인
2. 해당 법인에 대한 직접보유비율이 가장 높은 자가 법인인 경우에는 해당 법인에 대한 직접보유비율과 「국제조세조정에 관한 법률 시행령」 제2조 제3항을 준용하여 계산한 간접소유비율을 합하여 계산한 비율이 가장 높은 개인

**국기령 제1조의 2【특수관계인의 범위】**

① 법 제2조 제20호 가목에서 "혈족·인척 등 대통령령으로 정하는 친족관계"란 다음 각 호의 어느 하나에 해당하는 관계(이하 "친족관계"라 한다)를 말한다.

1. 4촌 이내의 혈족
2. 3촌 이내의 인척
3. 배우자(사실상의 혼인관계에 있는 자를 포함한다)
4. 친생자로서 다른 사람에게 친양자 입양된 자 및 그 배우자·직계비속
5. 본인이 「민법」에 따라 인지한 혼인 외 출생자의 생부나 생모(본인의 금전이나 그밖의 재산으로 생계를 유지하는 사람 또는 생계를 함께하는 사람으로 한정한다)

④「소득세법 시행령」 제196조에 따른 근로소득원천징수부에 의하여 근로소득세를 원천징수한 사실이 확인되지 아니하는 근로자

⑤ 근로계약기간이 1년 미만인 근로자(근로계약의 연속된 갱신으로 인하여 그 근로계약의 총 기간이 1년 이상인 근로자는 제외한다)

* 근로계약의 연속된 갱신으로 근로계약의 총 기간이 1년 이상인 경우 갱신일이 속하는 월부터 상시근로자에 포함 – 조특, 서면–2022–법인–2176 [법인세과–1583], 2022.10.31.

⑥「근로기준법」 제2조 제1항 제9호에 따른 단시간근로자

위 '유형Ⅲ'의 상시근로자에서 제외되는 근로자 규정이 적용되는 조세특례제한법 개별조항은 다음과 같다.

① 제29조의 4【근로소득을 증대시킨 기업에 대한 세액공제】(7천만원 이상)

② 제100조의 32【투자 · 상생협력 촉진을 위한 과세특례】(8천만원 이상)

### 4) 상시근로자에서 제외되는 근로자 – 유형Ⅳ

① 근로계약기간이 1년 미만인 자. 다만, 법 제30조의 3 제3항을 적용할 때 근로계약의 연속된 갱신으로 인하여 그 근로계약의 총기간이 1년 이상인 근로자는 상시근로자로 본다.

* 근로계약의 연속된 갱신으로 근로계약의 총 기간이 1년 이상인 경우 갱신일이 속하는 월부터 상시근로자에 포함 – 조특, 서면–2022–법인–2176 [법인세과–1583], 2022.10.31.

②「법인세법 시행령」 제40조 제1항 각 호의 어느 하나에 해당하는 임원

제40조【기업업무추진비의 범위】
① 주주 또는 출자자(이하 "주주등"이라 한다)나 다음 각 호의 어느 하나에 해당하는 직무에 종사하는 자(이하 "임원"이라 한다) 또는 직원이 부담하여야 할 성질의 기업업무추진비를 법인이 지출한 것은 이를 기업업무추진비로 보지 아니한다.
1. 법인의 회장, 사장, 부사장, 이사장, 대표이사, 전무이사 및 상무이사 등 이사회의 구성원 전원과 청산인
2. 합명회사, 합자회사 및 유한회사의 업무집행사원 또는 이사
3. 유한책임회사의 업무집행자
4. 감사
5. 그 밖에 제1호부터 제4호까지의 규정에 준하는 직무에 종사하는 자

③ 해당 기업의 최대주주 또는 최대출자자(개인사업자의 경우에는 대표자를 말한다)와 그 배우자

④ '③'에 해당하는 자의 직계존속 · 비속과 그 배우자

⑤「소득세법 시행령」 제196조에 따른 근로소득원천징수부에 의하여 근로소득세를 원천징수

수한 사실이 확인되지 아니하고, 다음 어느 하나에 해당하는 보험료 등의 납부사실도 확인되지 아니하는 사람

㉠ 「국민연금법」 제3조 제1항 제11호 및 제12호에 따른 부담금 및 기여금

㉡ 「국민건강보험법」 제69조에 따른 직장가입자의 보험료

⑥ 「근로기준법」 제2조 제1항 제9호에 따른 단시간근로자. 다만, 1개월간의 소정근로시간이 60시간 이상인 근로자는 상시근로자로 본다.

위 '유형Ⅳ'의 상시근로자에서 제외되는 근로자 규정이 적용되는 조세특례제한법 개별조항은 다음과 같다.

• 제30조의 3 【고용유지중소기업 등에 대한 과세특례】

### 5) 상시근로자에서 제외되는 근로자 - 유형Ⅴ

① 근로계약기간이 1년 미만인 근로자(근로계약의 연속된 갱신으로 인하여 그 근로계약의 총 기간이 1년 이상인 근로자는 제외한다)

* 근로계약의 연속된 갱신으로 근로계약의 총 기간이 1년 이상인 경우 갱신일이 속하는 월부터 상시근로자에 포함 – 조특, 서면-2022-법인-2176 [법인세과-1583], 2022.10.31.

② 「근로기준법」 제2조 제1항 제9호에 따른 단시간근로자. 다만, 1개월간의 소정근로시간이 60시간 이상인 근로자는 상시근로자로 본다.

③ 「법인세법 시행령」 제40조 제1항 각 호의 어느 하나에 해당하는 임원

제40조 【기업업무추진비의 범위】

① 주주 또는 출자자(이하 "주주등"이라 한다)나 다음 각 호의 어느 하나에 해당하는 직무에 종사하는 자(이하 "임원"이라 한다) 또는 직원이 부담하여야 할 성질의 기업업무추진비를 법인이 지출한 것은 이를 기업업무추진비로 보지 아니한다.

1. 법인의 회장, 사장, 부사장, 이사장, 대표이사, 전무이사 및 상무이사 등 이사회의 구성원 전원과 청산인
2. 합명회사, 합자회사 및 유한회사의 업무집행사원 또는 이사
3. 유한책임회사의 업무집행자
4. 감사
5. 그 밖에 제1호부터 제4호까지의 규정에 준하는 직무에 종사하는 자

④ 해당 기업의 최대주주 또는 최대출자자(개인사업자의 경우에는 대표자를 말한다)와 그 배우자

⑤ '④'에 해당하는 자의 직계존비속(그 배우자를 포함한다) 및 「국세기본법 시행령」 제1조의 2 제1항에 따른 친족관계인 사람

국기령 제1조의 2【특수관계인의 범위】

① 법 제2조 제20호 가목에서 "혈족 · 인척 등 대통령령으로 정하는 친족관계"란 다음 각 호의 어느 하나에 해당하는 관계(이하 "친족관계"라 한다)를 말한다.

1. 4촌 이내의 혈족
2. 3촌 이내의 인척
3. 배우자(사실상의 혼인관계에 있는 자를 포함한다)
4. 친생자로서 다른 사람에게 친양자 입양된 자 및 그 배우자 · 직계비속
5. 본인이 「민법」에 따라 인지한 혼인 외 출생자의 생부나 생모(본인의 금전이나 그밖의 재산으로 생계를 유지하는 사람 또는 생계를 함께하는 사람으로 한정한다)

⑥ 「소득세법 시행령」 제196조에 따른 근로소득원천징수부에 의하여 근로소득세를 원천징수한 사실이 확인되지 아니하는 사람

⑦ 법 제30조의 4 제4항에 따른 사회보험에 대하여 사용자가 부담하여야 하는 부담금 또는 보험료의 납부 사실이 확인되지 아니하는 근로자

위 '유형 V'의 상시근로자에서 제외되는 근로자 규정이 적용되는 조세특례제한법 개별조항은 다음과 같다.

- 제30조의 4【중소기업 사회보험료 세액공제】

## 2. 단시간근로자

「근로기준법」 제2조 제1항 제9호에 따른 단시간근로자는 다음의 근로자이다.

"단시간근로자"란 1주 동안의 소정근로시간이 그 사업장에서 같은 종류의 업무에 종사하는 통상 근로자의 1주 동안의 소정근로시간에 비하여 짧은 근로자를 말한다.

〈예시〉

甲법인의 근로자 구성이 다음과 같고 법인의 업무종류는 1가지로 동일한 것으로 가정한다.

| 근무자 | 소정근로시간 |
|---|---|
| A, B, C | 1일 8시간 주5일 근무 |
| D | 1일 4시간 주4일 근무 |
| E | 1일 2시간 주4일 근무 |

위의 사례에서 통상 근로자는 A, B, C이며, 소정근로시간은 주40시간이다.

근무자 D의 경우 소정근로시간은 주16시간, E의 경우 주8시간이다. D, E의 경우 소정근

로시간이 통상 근로자 A, B, C에 비하여 짧기 때문에 단시간근로자에 해당한다. 한편 D의 경우 1개월 소정근로시간은 60시간 이상이므로 단시간근로자이기는 하지만 상시근로자에 포함되는 것이며, E의 경우 1개월 소정근로시간이 60시간 이하이므로 상시근로자에 포함되지 않는다. 상시근로자 수 산정 시 A, B, C는 각 1명으로 계산하고 D는 0.5명으로 계산하며 지원요건을 갖춘 경우 0.75명으로 계산한다.

※ 지원요건(조특령 제23조 제11항 제2호)

가. 해당 과세연도의 상시근로자 수(제10항 제2호 단서에 따른 근로자는 제외한다)가 직전 과세연도의 상시근로자 수(제10항 제2호 단서에 따른 근로자는 제외한다)보다 감소하지 아니하였을 것

나. 기간의 정함이 없는 근로계약을 체결하였을 것

다. 상시근로자와 시간당 임금(「근로기준법」 제2조 제1항 제5호에 따른 임금, 정기상여금 · 명절상여금 등 정기적으로 지급되는 상여금과 경영성과에 따른 성과금을 포함한다), 그밖에 근로조건과 복리후생 등에 관한 사항에서 「기간제 및 단시간근로자 보호 등에 관한 법률」 제2조 제3호에 따른 차별적 처우가 없을 것

라. 시간당 임금이 「최저임금법」 제5조에 따른 최저임금액의 100분의 130(중소기업의 경우에는 100분의 120) 이상일 것

〈상시근로자 판정 사례〉*

다음의 근무자 현황은 ㈜나라의 2025년도 근무자 현황이다. 이를 참고하여 ㈜나라의 2025년도 상시근로자에 해당하는 근로자를 구분하고 상시근로자 수를 계산하시오.

**㈜나라의 2025년도 근무자 현황**

| 근무자명 | 생년월일 | 입사연월 | 특이사항 | | |
|---|---|---|---|---|---|
| | | | 직책 등 | 국 적 | 주소지 |
| 김우리 | 1989.03.15. | 2020.01.03. | 대표이사 | 대한민국 | 서울 강남 |
| 한마음 | 1978.11.12 | 2020.02.06. | 최대주주 | 대한민국 | 서울 강남 |
| 정다운 | 1983.05.06. | 2020.03.07. | 감사 | 대한민국 | 경기 고양 |
| 노다지 | 1992.01.03. | 2021.09.06. | 직원 | 대한민국 | 경기 성남 |
| 홍길동 | 1979.12.15. | 2022.08.08. | 직원 | 대한민국 | 서울 종로 |
| 나도해 | 1985.07.05. | 2022.02.01. | 과장 | 대한민국 | 서울 강남 |
| 강바울 | 1984.02.25. | 2022.11.15. | 대리 | 대한민국 | 서울 동작 |
| 박하나 | 1982.09.13. | 2023.02.11. | 직원 | 대한민국 | 서울 서초 |
| 이초롱 | 1991.08.11. | 2025.04.21. | 직원 | 대한민국 | 서울 송파 |
| 최미리 | 1991.02.21. | 2025.06.03. | 직원 | 대한민국 | 경기 하남 |

* 상시근로자 제외유형 I 의 경우를 예시로 살펴본 것이며, 제외유형 Ⅱ~Ⅴ 경우에는 이에 따른 조건들을 개별조항 적용할 때마다 검토하여야 한다.

| 근무자명 | 생년월일 | 입사연월 | 특이사항 | | |
|---|---|---|---|---|---|
| | | | 직책 등 | 국 적 | 주소지 |
| 장연지 | 1975.06.13. | 2025.06.07. | 직원 | 대한민국 | 서울 종로 |
| Jack Smith | 1985.08.09. | 2025.06.21. | 직원 | 미국 | 경기 김포 |

※ 특이사항

위의 근무자는 모두 근로기준법에 따라 근로계약을 체결하였고 서면으로 근로계약서를 작성하였다. 근무자 중 홍길동 근무자의 소정근로시간은 주3일 근무 1일 4시간 근무조건이며 나도해 근무자의 소정근로시간은 주4일 근무 1일 5시간 근무조건으로 근로계약을 체결하였으며, 그 외 근무자는 주5일 근무 1일 8시간 근무조건으로 근로계약을 체결하였다.

### (1) 상시근로자 해당여부 판정

① 김우리

㈜나라의 대표이사로서 임원에 해당하므로 상시근로자에서 제외한다.

② 한마음

㈜나라의 최대주주에 해당하므로 상시근로자에서 제외한다.

③ 정다운

㈜나라의 감사로서 임원에 해당하므로 상시근로자에서 제외한다.

④ 노다지

근로계약을 체결하였고 다른 특이사항이 없으므로 상시근로자에 해당한다.

⑤ 홍길동

근로계약을 체결하였지만 단시간근로이므로 상시근로자에서 제외한다.

⑥ 나도해

근로계약을 체결하였고 단시간근로자이다. 다만, 월 소정근로시간이 60시간이므로 상시근로자에 포함한다.

⑦ 강바울

근로계약을 체결하였고 다른 특이사항이 없으므로 상시근로자에 해당한다.

⑧ 박하나

근로계약을 체결하였고 다른 특이사항이 없으므로 상시근로자에 해당한다.

⑨ 이초롱

근로계약을 체결하였고 다른 특이사항이 없으므로 상시근로자에 해당한다.

⑩ 최미리

근로계약을 체결하였고 다른 특이사항이 없으므로 상시근로자에 해당한다.

⑪ 장연지

근로계약을 체결하였고 다른 특이사항이 없으므로 상시근로자에 해당한다.

⑫ Jack Smith

국적은 미국인이지만 한국에 주소를 두고 있으므로 내국인에 해당하고 근로계약을 체결하였으므로 상시근로자에 해당한다.

### (2) 2025년도 상시근로자 수 계산

상시근로자에 해당하는 근로자를 월별로 정리하여 2024년도 상시근로자 수를 계산하면 다음과 같다.

<table>
<tr><th>2024년</th><th colspan="2">상시근로자 포함 근로자</th><th>상시근로자 수</th></tr>
<tr><td>1월</td><td colspan="2">노다지, 나도해, 강바울</td><td>2.5</td></tr>
<tr><td>2월</td><td colspan="2">노다지, 나도해, 강바울, 박하나</td><td>3.5</td></tr>
<tr><td>3월</td><td colspan="2">노다지, 나도해, 강바울, 박하나</td><td>3.5</td></tr>
<tr><td>4월</td><td colspan="2">노다지, 나도해, 강바울, 박하나, 이초롱</td><td>4.5</td></tr>
<tr><td>5월</td><td colspan="2">노다지, 나도해, 강바울, 박하나, 이초롱</td><td>4.5</td></tr>
<tr><td>6월</td><td colspan="2">노다지, 나도해, 강바울, 박하나, 이초롱, 최미리, 장연지, Jack Smith</td><td>7.5</td></tr>
<tr><td>7월</td><td colspan="2">노다지, 나도해, 강바울, 박하나, 이초롱, 최미리, 장연지, Jack Smith</td><td>7.5</td></tr>
<tr><td>8월</td><td colspan="2">노다지, 나도해, 강바울, 박하나, 이초롱, 최미리, 장연지, Jack Smith</td><td>7.5</td></tr>
<tr><td>9월</td><td colspan="2">노다지, 나도해, 강바울, 박하나, 이초롱, 최미리, 장연지, Jack Smith</td><td>7.5</td></tr>
<tr><td>10월</td><td colspan="2">노다지, 나도해, 강바울, 박하나, 이초롱, 최미리, 장연지, Jack Smith</td><td>7.5</td></tr>
<tr><td>11월</td><td colspan="2">노다지, 나도해, 강바울, 박하나, 이초롱, 최미리, 장연지, Jack Smith</td><td>7.5</td></tr>
<tr><td>12월</td><td colspan="2">노다지, 나도해, 강바울, 박하나, 이초롱, 최미리, 장연지, Jack Smith</td><td>7.5</td></tr>
<tr><td colspan="3">매월말 상시근로자 합계</td><td>71.00</td></tr>
<tr><td colspan="2" rowspan="2">상시근로자 수 계산</td><td rowspan="2">매월 상시근로자 수 합계 / 사업연도 월수</td><td>5.91666666666</td></tr>
<tr><td>5.91명</td></tr>
</table>

※ 상시근로자 수 계산 시 소수점 둘째자리까지 반영하고 셋째 자리 이하는 버림이므로 주의할 것

## 3. 청 년

조세특례제한법 개별조항의 청년을 판정하는 연령의 기준이 동일하지 않으므로 실무자는 이에 대한 주의를 요한다. 병역이행기간이 있는 경우 29세 이하 또는 34세 이하 판정 시 6년을 한도로 차감하여 계산하고, 해당연령의 판정은 창업일 또는 근로계약 체결일 등 현재 기

준으로 판정한다.

각 개별조항에서 청년의 나이를 규정하고 있는데 이를 분류하여 보면 다음과 같다.*

| (1) 15세 이상 34세 이하로 판정하는 개별조항 | (2) 15세 이상 29세 이하로 판정하는 개별조항 | (3) 19세 이상 34세 이하로 판정하는 개별조항 |
| --- | --- | --- |
| ① 제6조【창업중소기업 등에 대한 세액감면】<br>② 제12조의 2【연구개발특구에 입주하는 첨단기술기업 등에 대한 법인세 등의 감면】<br>③ 제29조의 6【중소기업 청년근로자 및 핵심인력 성과보상기금 수령액에 대한 소득세 감면 등】<br>④ 제29조의 8【통합고용세액공제】<br>⑤ 제30조【중소기업 취업자에 대한 소득세 감면】<br>⑥ 제64조【농공단지 입주기업 등에 대한 세액감면】<br>⑦ 제99조의 9【위기지역 창업기업에 대한 법인세 등의 감면】<br>⑧ 제100조의 32【투자·상생협력 촉진을 위한 과세특례】<br>⑨ 제121조의 8【제주첨단과학기술단지 입주기업에 대한 법인세 등의 감면】<br>⑩ 제121조의 9【제주투자진흥지구 또는 제주자유무역지역 입주기업에 대한 법인세 등의 감면】<br>⑪ 제121조의 17【기업도시개발구역 등의 창업기업 등에 대한 법인세 등의 감면】<br>⑫ 제121조의 20【아시아문화중심도시 투자진흥지구 입주기업 등에 대한 법인세 등의 감면 등】<br>⑬ 제121조의 21【금융중심지 창업기업 등에 대한 법인세 등의 감면 등】<br>⑭ 제121조의 22【첨단의료복합단지 | ① 제29조의 5【청년고용을 증대시킨 기업에 대한 세액공제】<br>② 제29조의 7【고용을 증대시킨 기업에 대한 세액공제】<br>③ 제30조의 4【중소기업 사회보험료 세액공제】<br>④ 제91조의 14【재형저축에 대한 비과세 | ① 제87조【주택청약종합저축 등에 대한 소득공제 등】<br>② 제91조의 20【청년형 장기집합투자증권저축에 대한 소득공제】<br>③ 제91조의 21【청년희망적금에 대한 비과세】<br>④ 제91조의 22【청년도약계좌에 대한 비과세】 |

* 2022년 귀속분까지 15세 이상 29세 이하로 판정하던 청년의 나이가 세법개정으로 2023년 귀속분부터는 상당수 15세 이상 34세 이하로 확대되었다.

| (1) 15세 이상 34세 이하로 판정하는 개별조항 | (2) 15세 이상 29세 이하로 판정하는 개별조항 | (3) 19세 이상 34세 이하로 판정하는 개별조항 |
|---|---|---|
| 및 국가식품클러스터 입주기업에 대한 법인세 등의 감면】<br>⑮ 제121조의 33【기회발전특구의 창업기업 등에 대한 법인세 등의 감면】 | | |

## 4. 경력단절근로자

### (1) 경력단절근로자

다음의 요건을 모두 충족하는 근로자를 말한다(조특법 제29조의 8 제2항).

① 임금을 목적으로 같은 기업에서 1년 이상 근무(근로소득원천징수부를 통하여 경력단절 여성의 근로소득세가 원천징수되었던 사실이 확인되는 경우로 한정한다)한 후 다음의 결혼 · 임신 · 출산 · 육아 · 자녀교육 · 가족돌봄의 사유로 퇴직하였을 것(조특령 제26조의 8 제12항, 조특령 제26조의 3 제4항)

㉠ 퇴직한 날부터 1년 이내에 혼인한 경우(가족관계기록사항에 관한 증명서를 통하여 확인되는 경우로 한정한다)

㉡ 퇴직한 날부터 2년 이내에 임신하거나 「모자보건법」에 따른 보조생식술을 받은 경우(의료기관의 진단서 또는 확인서를 통하여 확인되는 경우에 한정한다)

㉢ 퇴직일 당시 임신한 상태인 경우(의료기관의 진단서를 통하여 확인되는 경우로 한정한다)

㉣ 퇴직일 당시 8세 이하의 자녀가 있는 경우

㉤ 퇴직일 당시 「초 · 중등교육법」 제2조에 따른 학교에 재학 중인 자녀가 있는 경우

㉥ 퇴직일 당시 「장애인복지법」 제32조에 따라 등록한 장애인 자녀가 있는 경우

㉦ 퇴직일 당시 70세 이상 또는 나. 「장애인복지법」 제32조에 따라 등록한 장애인 해당하는 직계존속(배우자의 직계존속을 포함한다)을 동거봉양하기 위해 같은 세대를 이루고 있는 경우

② '①'의 사유로 퇴직한 날부터 2년 이상 15년 미만의 기간이 지났을 것

③ 내국인(해당 기업)의 최대주주 또는 최대출자자(개인사업자의 경우에는 대표자를 말한다)나 그와 「국세기본법 시행령」 제1조의 2 제1항에 따른 친족관계인 사람이 아닐 것

국기령 제1조의 2【특수관계인의 범위】

① 법 제2조 제20호 가목에서 "혈족 · 인척 등 대통령령으로 정하는 친족관계"란 다음 각 호의 어느 하나에 해당하는 관계(이하 "친족관계"라 한다)를 말한다.

1. 4촌 이내의 혈족
2. 3촌 이내의 인척
3. 배우자(사실상의 혼인관계에 있는 자를 포함한다)
4. 친생자로서 다른 사람에게 친양자 입양된 자 및 그 배우자 · 직계비속
5. 본인이 「민법」에 따라 인지한 혼인 외 출생자의 생부나 생모(본인의 금전이나 그밖의 재산으로 생계를 유지하는 사람 또는 생계를 함께하는 사람으로 한정한다)

### (2) 경력단절근로자 관련 개별조항

① 제29조의 8【통합고용세액공제】

② 제30조【중소기업 취업자에 대한 소득세 감면】

저자주 세법개정으로 종전의 경력단절여성 규정은 경력단절근로자 규정으로 확대되었으나 2024.12.31. 이전 취업자의 경우에는 경력단절근로자가 아닌 경력단절여성 규정이 적용되므로 이에 대한 이해도 필요하다.

경력단절여성이란 다음의 요건을 모두 충족하는 여성을 말한다(조특법 제29조의 3 제1항).

① 해당 기업 또는 해당 기업과 한국표준산업분류상의 중분류를 기준으로 동일한 업종의 기업에서 1년 이상 근무(근로소득원천징수부를 통하여 경력단절 여성의 근로소득세가 원천징수되었던 사실이 확인되는 경우로 한정한다)한 후 다음의 결혼 · 임신 · 출산 · 육아 및 자녀교육의 사유로 퇴직하였을 것(조특령 제26조의 3 제4항)

㉠ 퇴직한 날부터 1년 이내에 혼인한 경우(가족관계기록사항에 관한 증명서를 통하여 확인되는 경우로 한정한다)

㉡ 퇴직한 날부터 2년 이내에 임신하거나 「모자보건법」에 따른 보조생식술을 받은 경우(의료기관의 진단서 또는 확인서를 통하여 확인되는 경우에 한정한다)

㉢ 퇴직일 당시 임신한 상태인 경우(의료기관의 진단서를 통하여 확인되는 경우로 한정한다)

㉣ 퇴직일 당시 8세 이하의 자녀가 있는 경우

㉤ 퇴직일 당시 「초 · 중등교육법」 제2조에 따른 학교에 재학 중인 자녀가 있는 경우

② '①'의 사유로 퇴직한 날부터 2년 이상 15년 미만의 기간이 지났을 것

③ 해당 기업의 최대주주 또는 최대출자자(개인사업자의 경우에는 대표자를 말한다)나 그와 「국세기본법 시행령」 제1조의 2 제1항에 따른 친족관계인 사람이 아닐 것(조특령 제26조의 3 제5항)

경력단절여성 관련 개별조항

① 제30조【중소기업 취업자에 대한 소득세 감면】

② 제30조의 4【중소기업 사회보험료 세액공제】

05 고용지원을 위한 조세특례

## 5. 60세 이상

### (1) 60세 이상의 판정

조세특례제한법 개별조항 중 고용관련 조항에서 60세 이상을 판정하는 경우 근로계약체결일 현재를 기준으로 판정하므로 주의를 요한다.

### (2) 60세 이상 관련 개별조항

① 제26조【고용창출투자세액공제】

② 제29조의 7【고용을 증대시킨 기업에 대한 세액공제】

③ 제29조의 8【통합고용세액공제】

④ 제30조【중소기업 취업자에 대한 소득세 감면】

⑤ 제121조의 2【외국인투자에 대한 조세 감면】

## 6. 장애인

조세특례제한법 규정 중 장애인의 범위에 관하여 개별조항에서 동일하게 적용되지 않고 일부 차이가 있으므로 판정 시 주의를 요한다. 이를 유형별로 분류하면 다음과 같다.

| 구 분 | 유 형 I | 유 형 II |
|---|---|---|
| 장애인의 범위 | ①「장애인복지법」의 적용을 받는 장애인<br>②「국가유공자 등 예우 및 지원에 관한 법률」에 따른 상이자<br>③「5 · 18민주유공자예우 및 단체설립에 관한 법률」 제4조 제2호에 따른 5 · 18 민주화운동부상자<br>④「고엽제후유의증 등 환자지원 및 단체설립에 관한 법률」 제2조 제3호에 따른 고엽제후유의증환자로서 장애등급 판정을 받은 사람 | ① 근로계약 체결일 현재「장애인복지법」의 적용을 받는 장애인<br>② 근로계약 체결일 현재「국가유공자 등 예우 및 지원에 관한 법률」에 따른 상이자 |
| 개별조항 | ① 제29조의 7【고용을 증대시킨 기업에 대한 세액공제】<br>② 제29조의 8【통합고용세액공제】<br>③ 제30조【중소기업 취업자에 대한 소득세 감면】 | ① 제26조【고용창출투자세액공제】<br>② 제121조의 2【외국인투자에 대한 조세 감면】 |

# SECTION 03 제29조의 7【고용을 증대시킨 기업에 대한 세액공제】

## I 조문내용해설

저자주 제29조의 7【고용을 증대시킨 기업에 대한 세액공제】 규정은 2024.12.31. 적용기한이 종료하였으며, 2023년 과세연도부터 많은 기업들이 제29조의 8【통합고용세액공제】 규정을 적용하였다. 2025년 과세연도 이후에는 전에 적용하였던 세액공제의 사후관리 차원에서 검토할 필요만 있다. 이에 본 조항은 조항의 내용만 서술하였으며 고용인원 증가에 따른 세액공제 주요 내용은 제29조의 8【통합고용세액공제】 규정을 학습하기 바란다.

### 1. 기본검토사항

| 구 분 | | 검토요건 또는 확인사항 |
|---|---|---|
| 적용 여부 검토 | ① 당해 기업의 요건 충족 확인 | 내국인에 대하여 적용 |
| | ② 각 조항별 적용시한 확인 | 2024년 12월 31일이 속하는 과세연도까지 적용 |
| | ③ 각 조항별 규정 업종의 요건 충족 확인 | 소비성 서비스업 경영 시 적용배제 |
| | ④ 본점 및 사업장 소재지 등 확인 | 중소기업의 경우 수도권 내와 수도권 외 지역 증가인원에 대한 1인당 공제액 차등적용 |
| | ⑤ 감면/공제 적용의 배제 | 소득금액추계결정 시 적용배제 |
| 적용 시 검토 | ⑥ 감면/공제 중복적용 확인 | • 제6조(창업중소기업 등에 대한 세액감면) 제7항(고용증가 추가감면)을 적용받는 경우에는 중복적용 불가<br>• 제29조의 8(통합고용세액공제) 제1항과 중복 불가<br>• 제121조의 2(외국인투자에 대한 조세감면) 적용 시 외국인 지분율에 해당하는 부분과 중복적용 불가 |
| | ⑦ 최저한세 적용대상 확인 | 최저한세 규정 적용 |
| | ⑧ 이월적용 여부 확인 | 10년간 이월공제 적용 |
| | ⑨ 농어촌특별세 비과세 확인 | 농어촌특별세 과세 |
| 사후 관리 | ⑩ 공제감면 후 사후관리규정 | 최초 공제 적용 후 2년 이내 고용인원 감소 시 공제세액을 납부. 이자상당액 추가 납부 규정은 없음 |

## 2. 적용여부 검토 세부내용

### (1) 당해 기업의 요건 충족 확인

내국인에 한하여 적용한다(조특법 제29조의 7 제1항).

### (2) 조항별 적용시한 확인

2024년 12월 31일이 속하는 과세연도까지의 기간 중 해당 과세연도의 상시근로자의 수가 직전 과세연도의 상시근로자의 수보다 증가한 경우 적용한다(조특법 제29조의 7 제1항).

### (3) 조항별 규정 업종의 요건 충족 확인

다음의 소비성 서비스업을 영위하는 경우 적용하지 않는다(조특법 제29조의 7 제1항, 조특령 제26조의 7 제1항 ⇒ 조특령 제29조 제3항, 조특칙 제17조).

① 호텔업 및 여관업(「관광진흥법」에 따른 관광숙박업은 제외)

② 주점업(일반유흥주점업, 무도유흥주점업 및 「식품위생법 시행령」 제21조에 따른 단란주점 영업만 해당하되, 「관광진흥법」에 따른 외국인전용유흥음식점업 및 관광유흥음식점업은 제외)

③ 무도장 운영업

④ 기타 사행시설 관리 및 운영업(「관광진흥법」 제5조 또는 「폐광지역 개발 지원에 관한 특별법」 제11조에 따라 허가를 받은 카지노업은 제외)

⑤ 유사 의료업 중 안마를 시술하는 업

⑥ 마사지업

### (4) 본점 및 사업장 소재지 등 확인

1인당 공제액 적용 시 중소기업의 경우 수도권 내의 지역 증가와 수도권 밖의 지역 증가에 대한 공제액이 차등 적용된다(조특법 제29조의 7 제1항 제1호 · 제2호).

### (5) 감면 및 공제 적용의 배제

「소득세법」 제80조 제3항 단서(소득금액의 추계결정)와 「법인세법」 제66조 제3항 단서(소득금액의 추계결정)에 따라 추계하는 경우 적용을 배제한다(조특법 제128조 제1항).

## 3. 세액공제 세부내용

### (1) 상시고용인원 증가에 따른 소득세 법인세 공제

내국인의 2024년 12월 31일이 속하는 과세연도까지의 기간 중 해당 과세연도의 상시근로자의 수가 직전 과세연도의 상시근로자의 수보다 증가한 경우에는 다음 '(2) 공제세액의 계산'에 따른 금액을 해당 과세연도와 해당 과세연도의 종료일부터 1년(중소기업 및 중견기업의 경우에는 2년)이 되는 날이 속하는 과세연도까지의 소득세(사업소득에 대한 소득세만 해당한다) 또는 법인세에서 공제한다(조특법 제29조의 7 제1항).

① 내국인의 범위

다음의 업종을 영위하는 내국인은 적용대상 범위에서 제외한다(조특법 제29조의 7 제1항, 조특령 제26조의 7 제1항 ⇒ 조특령 제29조 제3항, 조특칙 제17조).

㉠ 호텔업 및 여관업(「관광진흥법」에 따른 관광숙박업은 제외)
㉡ 주점업(일반유흥주점업, 무도유흥주점업 및 「식품위생법 시행령」 제21조에 따른 단란주점 영업만 해당하되, 「관광진흥법」에 따른 외국인전용유흥음식점업 및 관광유흥음식점업은 제외)
㉢ 무도장 운영업
㉣ 기타 사행시설 관리 및 운영업(「관광진흥법」 제5조 또는 「폐광지역 개발 지원에 관한 특별법」 제11조에 따라 허가를 받은 카지노업은 제외)
㉤ 유사 의료업 중 안마를 시술하는 업
㉥ 마사지업

② 상시근로자의 범위

상시근로자는 「근로기준법」에 따라 근로계약을 체결한 내국인 근로자로 한다. 다만, 다음 어느 하나에 해당하는 사람은 제외한다(조특령 제26조의 7 제2항 ⇒ 조특령 제23조 제10항).

㉠ 근로계약기간이 1년 미만인 근로자(근로계약의 연속된 갱신으로 인하여 그 근로계약의 총 기간이 1년 이상인 근로자는 제외한다)

* 근로계약의 연속된 갱신으로 근로계약의 총 기간이 1년 이상인 경우 갱신일이 속하는 월부터 상시근로자에 포함 – 조특, 서면-2022-법인-2176 [법인세과-1583], 2022.10.31.

㉡ 「근로기준법」 제2조 제1항 제9호에 따른 단시간근로자. 다만, 1개월간의 소정근로시간이 60시간 이상인 근로자는 상시근로자로 본다.

✎ "단시간근로자"란 1주 동안의 소정근로시간이 그 사업장에서 같은 종류의 업무에 종사하는 통상 근로자의 1주 동안의 소정근로시간에 비하여 짧은 근로자를 말한다(근로기준법 제2조 제1항 제9호).

㉢ 「법인세법 시행령」 제40조 제1항 각 호의 어느 하나에 해당하는 임원

법령 제40조 【기업업무추진비의 범위】

① 주주 또는 출자자(이하 "주주등"이라 한다)나 다음 각 호의 어느 하나에 해당하는 직무에 종사하는 자(이하 "임원"이라 한다) 또는 직원이 부담하여야 할 성질의 기업업무추진비를 법인이 지출한 것은 이를 기업업무추진비로 보지 아니한다.

1. 법인의 회장, 사장, 부사장, 이사장, 대표이사, 전무이사 및 상무이사 등 이사회의 구성원 전원과 청산인
2. 합명회사, 합자회사 및 유한회사의 업무집행사원 또는 이사
3. 유한책임회사의 업무집행자
4. 감사
5. 그 밖에 제1호부터 제4호까지의 규정에 준하는 직무에 종사하는 자

㉣ 해당 기업의 최대주주 또는 최대출자자(개인사업자의 경우에는 대표자를 말한다)와 그 배우자

㉤ '㉣'에 해당하는 자의 직계존비속(그 배우자를 포함한다) 및 「국세기본법 시행령」 제1조의 2 제1항에 따른 친족관계인 사람

국기령 제1조의 2 【특수관계인의 범위】

① 법 제2조 제20호 가목에서 "혈족·인척 등 대통령령으로 정하는 친족관계"란 다음 각 호의 어느 하나에 해당하는 관계(이하 "친족관계"라 한다)를 말한다.

1. 4촌 이내의 혈족
2. 3촌 이내의 인척
3. 배우자(사실상의 혼인관계에 있는 자를 포함한다)
4. 친생자로서 다른 사람에게 친양자 입양된 자 및 그 배우자·직계비속
5. 본인이 「민법」에 따라 인지한 혼인 외 출생자의 생부나 생모(본인의 금전이나 그 밖의 재산으로 생계를 유지하는 사람 또는 생계를 함께하는 사람으로 한정한다)

㉥ 「소득세법 시행령」 제196조에 따른 근로소득원천징수부에 의하여 근로소득세를 원천징수한 사실이 확인되지 아니하고, 다음 어느 하나에 해당하는 금액의 납부사실도 확인되지 아니하는 자

가. 「국민연금법」 제3조 제1항 제11호 및 제12호에 따른 부담금 및 기여금
나. 「국민건강보험법」 제69조에 따른 직장가입자의 보험료

③ 청년등 상시근로자의 범위

청년 정규직 근로자와 장애인 근로자 및 60세 이상 근로자는 상시근로자 중 다음 어느 하나에 해당하는 사람을 말한다(조특령 제26조의 7 제3항).

㉠ 청년(조특령 제26조의 7 제3항 제1호)

ⓐ 15세 이상 29세 이하인 사람 중 다음 어느 하나에 해당하는 사람을 제외한 사람. 다만, 해당 근로자가 조특령 제27조 제1항 제1호 각 목의 어느 하나에 해당하는 병역을 이행한 경우에는 그 기간(6년을 한도로 한다)을 현재 연령에서 빼고 계산한 연령이 29세 이하인 사람을 포함한다.

㉮ 「기간제 및 단시간근로자 보호 등에 관한 법률」에 따른 기간제근로자 및 단시간근로자
㉯ 「파견근로자보호 등에 관한 법률」에 따른 파견근로자
㉰ 「청소년 보호법」 제2조 제5호 각 목에 따른 업소에 근무하는 같은 조 제1호에 따른 청소년

ⓑ 조특령 제27조 【중소기업 취업자에 대한 소득세 감면】 제1항 제1호 각 목의 어느 하나에 해당하는 병역

㉮ 「병역법」 제16조 또는 제20조에 따른 현역병(같은 법 제21조, 제25조에 따라 복무한 상근예비역 및 의무경찰 · 의무소방원을 포함한다)
㉯ 「병역법」 제26조 제1항에 따른 사회복무요원
㉰ 「군인사법」 제2조 제1호에 따른 현역에 복무하는 장교, 준사관 및 부사관

㉡ 장애인근로자(조특령 제26조의 7 제3항 제2호)

다음에 해당하는 사람을 말한다.

ⓐ 「장애인복지법」의 적용을 받는 장애인
ⓑ 「국가유공자 등 예우 및 지원에 관한 법률」에 따른 상이자
ⓒ 「5 · 18민주유공자예우 및 단체설립에 관한 법률」 제4조 제2호에 따른 5 · 18민주화운동부상자
ⓓ 「고엽제후유의증 등 환자지원 및 단체 설립에 관한 법률」 제2조 제3호에 따른 고엽제후유의증환자로서 장애등급 판정을 받은 사람

㉢ 근로계약 체결일 현재 연령이 60세 이상인 사람(조특령 제26조의 7 제3항 제3호)

④ 상시근로자의 수 계산

상시근로자 수의 계산은 다음과 같이 적용한다(조특령 제26조의 7 제8항 ⇒ 조특령 제23조 제11항 각 호 외의 부분 후단 제11항 제2호).

㉠ 상시근로자 수 계산식

1개월 소정근로시간 60시간 이상이어서 상시근로자로 보는 근로자 1명은 0.5명으로 하여 계산하되, 다음의 지원요건주)을 모두 충족하는 경우에는 0.75명으로 하여 계산한다(조특령 제26조의 7 제7항 · 제23조 제11항 · 제10항 제2호 후단).

| 청년 등 상시근로자 수 | 상시근로자 수 |
|---|---|
| 해당 과세연도 매월 말 현재 청년 등 상시근로자 수의 합 / 해당과세연도의 개월 수 (100분의 1 미만의 부분은 없는 것으로 한다) | 해당 과세연도 매월 말 현재 상시근로자 수의 합 / 해당과세연도의 개월 수 (100분의 1 미만의 부분은 없는 것으로 한다) |

주) 지원요건(조특령 제23조 제11항 제2호)

가. 해당 과세연도의 상시근로자 수(1개월 소정근로시간 60시간 이상이어서 상시근로자로 보는 근로자는 제외)가 직전 과세연도의 상시근로자 수(1개월 소정근로시간 60시간 이상이어서 상시근로자로 보는 근로자는 제외한다)보다 감소하지 아니하였을 것

나. 기간의 정함이 없는 근로계약을 체결하였을 것

다. 상시근로자와 시간당 임금(「근로기준법」 제2조 제1항 제5호에 따른 임금, 정기상여금 · 명절상여금 등 정기적으로 지급되는 상여금과 경영성과에 따른 성과금을 포함한다), 그밖에 근로조건과 복리후생 등에 관한 사항에서 「기간제 및 단시간근로자 보호 등에 관한 법률」 제2조 제3호에 따른 차별적 처우가 없을 것

라. 시간당 임금이 「최저임금법」 제5조에 따른 최저임금액의 100분의 130(중소기업의 경우에는 100분의 120) 이상일 것

㉡ 해당 과세연도 창업 등의 경우

해당 과세연도에 창업 등을 한 내국인의 경우에는 다음 구분에 따른 수를 직전 또는 해당 과세연도의 상시근로자 수로 본다(조특령 제26조의 7 제9항⇒조특령 제23조 제13항).

ⓐ 창업(조특법 제6조 제10항 제1호부터 제3호까지의 규정에 해당하는 경우는 제외한다)한 경우의 직전 과세연도의 상시근로자 수 : 0

ⓑ 조특법 제6조 제10항 제1호(합병 · 분할 · 현물출자 또는 사업의 양수 등을 통하여 종전의 사업을 승계하는 경우는 제외한다)부터 제3호까지의 어느 하나에 해당하는 경우의 직전 과세연도의 상시근로자 수 : 종전 사업, 법인전환 전의 사업 또는 폐업 전의 사업의 직전 과세연도 상시근로자 수

ⓒ 다음의 어느 하나에 해당하는 경우의 직전 또는 해당 과세연도의 상시근로자 수 : 직전 과세연도의 상시근로자 수는 승계시킨 기업의 경우에는 직전 과세연도 상시근로자 수에 승계시킨 상시근로자 수를 뺀 수로 하고, 승계한 기업의 경우에는 직전 과세연도 상시근로자 수에 승계한 상시근로자 수를 더한 수로 하며, 해당 과세연도의 상시근로자 수는 해당 과세연도 개시일에 상시근로자를 승계시키거나 승계한 것으로 보아 계산한 상시근로자 수로 한다.

가. 해당 과세연도에 합병 · 분할 · 현물출자 또는 사업의 양수 등에 의하여 종전의 사업부문에서 종사하던 상시근로자를 승계하는 경우

나. 조특령 제11조 제1항에 따른 특수관계인으로부터 상시근로자를 승계하는 경우

⑤ 중견기업의 범위

중견기업이란 중소기업이 아닌 법인으로 다음의 요건을 모두 갖춘 기업을 말한다(조특령

제6조의 4 제1항).

㉠ 중소기업이 아닐 것

㉡ 중견기업 성장촉진 및 경쟁력 강화에 관한 특별법 시행령」 제2조 제1항 제1호 또는 제2호에 해당하는 기관이 아닐 것

「중견기업 성장촉진 및 경쟁력 강화에 관한 특별법 시행령」 제2조 제1항 제1호 또는 제2호에 해당하는 기관은 「공공기관의 운영에 관한 법률」 제4조에 따른 공공기관과 「지방공기업법」에 따른 지방공기업을 말한다.

㉢ 다음 어느 하나에 해당하는 업종을 주된 사업으로 경영하지 아니할 것. 이 경우 둘 이상의 서로 다른 사업을 경영하는 경우에는 사업별 사업수입금액이 큰 사업을 주된 사업으로 본다.

ⓐ 다음의 소비성서비스업

소비성서비스업

1. 호텔업 및 여관업(「관광진흥법」에 따른 관광숙박업은 제외한다)
2. 주점업(일반유흥주점업, 무도유흥주점업 및 「식품위생법 시행령」 제21조에 따른 단란주점 영업만 해당하되, 「관광진흥법」에 따른 외국인전용유흥음식점업 및 관광유흥음식점업은 제외한다)
3. 무도장 운영업
4. 기타 사행시설 관리 및 운영업(「관광진흥법」 제5조 또는 「폐광지역 개발 지원에 관한 특별법」 제11조에 따라 허가를 받은 카지노업은 제외)
5. 유사 의료업 중 안마를 시술하는 업
6. 마사지업

ⓑ 「중견기업 성장촉진 및 경쟁력 강화에 관한 특별법 시행령」 제2조 제2항 제2호 각 목의 업종 → 금융업, 보험 및 연금업, 금융 및 보험 관련 서비스업

㉣ 소유와 경영의 실질적인 독립성이 「중견기업 성장촉진 및 경쟁력 강화에 관한 특별법 시행령」 제2조 제2항 제1호에 적합할 것

실질적 독립성이 다음의 요건에 해당하지 않아야 한다.
㉠ 상호출자제한기업집단에 속하는 기업
㉡ 자산총액이 5조원 이상인 기업 또는 법인이 해당 기업의 주식 또는 출자지분의 30% 이상을 직·간접적으로 소유하면서 최다출자자인 기업

㉤ 직전 3개 과세연도의 매출액(매출액은 조특령 제2조 제4항에 따른 계산방법으로 산출하며, 과세연도가 1년 미만인 과세연도의 매출액은 1년으로 환산한 매출액을 말한다)의 평균금액이 3천억원 미만인 기업일 것

### (2) 공제세액의 계산

청년 등 상시근로자 증가분에 대한 공제세액과 청년 등 상시근로자 외 상시근로자 증가분에 대한 공제세액을 합산한 금액을 소득세 또는 법인세에서 공제한다.

공제세액 = 청년 등 상시근로자 증가분 공제액
+ 청년 등 상시근로자 외 상시근로자 증가분 공제액

① 청년 등 상시근로자 증가분 공제세액

공제세액은 다음에 따라 계산한 금액으로 한다(조특법 제29조의 7 제1항 제1호).

공제세액 = 청년 등 상시근로자 증가 인원수 × 1인당 공제액

**증가한 인원수와 1인당 공제액**

| 증가한 청년 등 상시근로자 수 | 1인당 공제액 | |
|---|---|---|
| 증가한 상시근로자 인원수를 한도로 함 | 중소기업 | 수도권 내 1,100만원 |
| | | 수도권 외 1,200만원 |
| | 중견기업 | 800만원 |
| | 그 외 기업 | 400만원 |

다만, 2021년 12월 31일이 속하는 과세연도부터 2022년 12월 31일이 속하는 과세연도까지의 기간 중 수도권 밖의 지역에서 증가한 청년등상시근로자의 인원 수(증가한 상시근로자의 인원 수를 한도로 한다)에 대해서는 500만원(중견기업의 경우에는 900만원, 중소기업의 경우에는 1,300만원)을 곱한 금액으로 한다(조특법 제29조의 7 제1항 제1호 단서).

② 청년 등 상시근로자 외 상시근로자 증가분 공제세액

공제세액은 다음에 따라 계산한 금액으로 한다(조특법 제29조의 7 제1항 제2호).

공제세액 = 청년 등 상시근로자 외 상시근로자 증가 인원수 × 1인당 공제액

**증가한 인원수와 1인당 공제액**

| 증가한 청년 등 상시근로자 외 상시근로자 수 | 1인당 공제액 | |
|---|---|---|
| 증가한 상시근로자 인원수를 한도로 함 | 중소기업 | 수도권 내 700만원 |
| | | 수도권 외 770만원 |
| | 중견기업 | 450만원 |
| | 그 외 기업 | 없음 |

### (3) 세액공제의 신청

세액공제를 받으려는 자는 과세표준 신고와 함께 세액공제신청서 및 공제세액계산서를 납세지 관할 세무서장에게 제출하여야 한다(조특법 제29조의 7 제4항, 조특령 제26조의 7 제10항).

## 4. 적용 시 검토 세부내용

### (1) 감면 및 공제 중복적용 확인

① 제6조(창업중소기업 등에 대한 세액감면) 제7항(고용증가 추가감면)을 적용받는 경우에는 중복적용할 수 없다(조특법 제127조 제4항 단서).

② 내국인에 대하여 동일한 과세연도에 세액공제를 적용할 때 제121조의 2(외국인투자에 대한 조세감면) 또는 제121조의 4(증자의 조세감면)에 따라 소득세 또는 법인세를 감면하는 경우에는 해당 규정에 따라 공제할 세액에 해당 기업의 총주식 또는 총지분에 대한 내국인투자자의 소유주식 또는 지분의 비율을 곱하여 계산한 금액을 공제한다(조특법 제127조 제3항).

③ 제29조의 8【통합고용세액공제】 제1항(상시근로자 증가분 공제)과 중복적용할 수 없다(조특법 제127조 제11항).

### (2) 최저한세 적용대상 확인

최저한세 규정 적용대상이다(조특법 제132조 제1항 제3호).

### (3) 이월적용 여부 확인

공제할 세액 중 해당 과세연도에 납부할 세액이 없거나 제132조【최저한세액에 미달하는 세액에 대한 감면 등의 배제】에 따른 법인세 최저한세액 및 소득세 최저한세액에 미달하여 공제받지 못한 부분에 상당하는 금액은 해당 과세연도의 다음 과세연도 개시일부터 10년 이내에 끝나는 각 과세연도에 이월하여 그 이월된 각 과세연도의 소득세[사업소득(조특법 제96조의 3【상가임대료를 인하한 임대사업자에 대한 세액공제】 및 조특법 제126조의 6【성실신고 확인비용에 대한 세액공제】을 적용하는 경우에는 「소득세법」 제45조 제2항에 따른 부동산임대업에서 발생하는 소득을 포함한다)에 대한 소득세만 해당한다] 또는 법인세에서 공제한다(조특법 제144조 제1항).

### (4) 농어촌특별세 비과세 확인

농어촌특별세 과세대상이다(농특법 제3조 제1호).

## 5. 사후관리 검토

### (1) 공제적용 후 근로자 수 감소 시

소득세 또는 법인세를 공제받은 내국인이 최초로 공제를 받은 과세연도의 종료일부터 2년이 되는 날이 속하는 과세연도의 종료일까지의 기간 중 상시근로자 수가 감소할 경우 다음과 같이 처리한다(조특법 제29조의 7 제2항 전단).

**추가공제적용여부**

| ① 전체 상시근로자의 수가 최초로 공제를 받은 과세연도에 비하여 감소한 경우 | ② 청년 등 상시근로자의 수가 최초로 공제를 받은 과세연도에 비하여 감소한 경우 |
|---|---|
| 감소한 과세연도부터 세액공제 전체를 적용하지 않음 | 감소한 과세연도부터 청년 등 상시근로자 증가분 세액공제 적용하지 않음 |

### (2) 공제세액의 추가납부

상시근로자 수 감소로 세액공제 적용이 중단되는 경우에는 공제받은 세액을 납부하여야 한다(조특법 제29조의 7 제2항 후단).

### (3) 2020년 과세연도 특례

소득세 또는 법인세를 공제받은 내국인이 2020년 12월 31일이 속하는 과세연도의 전체 상시근로자의 수 또는 청년 등 상시근로자의 수가 최초로 공제받은 과세연도에 비하여 감소한 경우에는 최초로 공제받은 과세연도의 종료일부터 3년이 되는 날이 속하는 과세연도의 종료일까지의 기간에 대하여 위 '(1) 공제적용 후 근로자 수 감소 시' 각 경우에 따라 공제규정을 적용한다. 다만, 2020년 12월 31일이 속하는 과세연도에 대해서는 '(2) 공제세액의 추가납부' 규정을 적용하지 아니한다(조특법 제29조의 7 제5항 후단).

### (4) 2020년 과세연도 특례 적용 이후 2021년 과세연도 공제

위 '(3) 2020년 과세연도 특례' 규정을 적용받은 내국인이 2021년 12월 31일이 속하는 과세연도의 전체 상시근로자의 수 또는 청년 등 상시근로자의 수가 최초로 공제받은 과세연도에 비하여 감소하지 아니한 경우에는 '3. 세액공제 세부내용 (2) 공제세액의 계산'에 따른 금액을 더한 금액을 2021년 12월 31일이 속하는 과세연도부터 최초로 공제받은 과세연도의 종료일부터 2년(중소기업 및 중견기업의 경우에는 3년)이 되는 날이 속하는 과세연도까지 소득세(사업소득에 대한 소득세만 해당한다) 또는 법인세에서 공제한다(조특법 제29조의 7 제6항).

### (5) '(4) 2020년 과세연도 특례 적용 이후 2021년 과세연도 공제' 이후 과세연도

'(4) 2020년 과세연도 특례 적용 이후 2021년 과세연도 공제' 규정을 적용받은 내국인이 2022년 12월 31일이 속하는 과세연도의 전체 상시근로자의 수 또는 청년 등 상시근로자의 수가 최초로 공제받은 과세연도에 비하여 감소한 경우에는 최초로 공제받은 과세연도의 종료일부터 3년이 되는 날이 속하는 과세연도의 종료일까지 위 '(1) 공제적용 후 근로자 수 감소 시' 규정을 적용한다(조특법 제29조의 7 제7항).

### (6) 추가납부할 세액의 계산

고용인원 감소로 인해 공제받은 세액을 추가로 납부하여야 하는 경우를 구분하면 최초 공제 후 공제 2차연도와 공제 3차연도로 다음과 같이 나누어 볼 수 있다(조특법 제29조의 7 제2항 후단, 조특령 제26조의 7 제5항).

저자주 서술 편의상 공제 1차 연도와 공제 2차 연도 및 공제 3차 연도 의미는 다음과 같다.
공제 1차 연도 : 최초로 공제받는 연도
공제 2차 연도 : 최초로 공제받은 과세연도의 종료일부터 1년이 되는 날이 속하는 과세연도의 종료일까지의 기간
공제 3차 연도 : 최초로 공제받은 과세연도의 종료일부터 2년이 되는 날이 속하는 과세연도의 종료일까지의 기간

<table>
<tr><th colspan="4">추가납부 경우</th></tr>
<tr><td colspan="2">공제 2차 연도 : 최초로 공제받은 과세연도대비 상시근로자 또는 청년 등 상시근로자 수 감소 경우</td><td colspan="2">공제 3차 연도 : 최초로 공제받은 과세연도대비 상시근로자 또는 청년 등 상시근로자 수 감소 경우</td></tr>
<tr><td rowspan="2">상시근로자 수가 감소한 경우</td><td>① 청년 등 상시근로자의 감소한 인원수가 상시근로자의 감소한 인원 수 이상인 경우</td><td rowspan="2">상시근로자 수가 감소한 경우</td><td>④ 청년 등 상시근로자의 감소한 인원수가 상시근로자의 감소한 인원 수 이상인 경우</td></tr>
<tr><td>② 그 밖의 경우</td><td>⑤ 그 밖의 경우</td></tr>
<tr><td>③ 상시근로자 수는 감소하지 않으면서 청년 등 상시근로자수가 감소한 경우</td><td>–</td><td>⑥ 상시근로자 수는 감소하지 않으면서 청년 등 상시근로자수가 감소한 경우</td><td>–</td></tr>
</table>

※ 다음 산식에 따라 추가로 납부할 세액을 계산할 때 최초로 공제받은 과세연도에 청년 등 상시근로자에 해당한 자는 이후 과세연도에도 청년 등 상시근로자로 보아 청년 등 상시근로자 수를 계산한다(조특령 제26조의 7 제6항).

※ 추가납부세액의 한도

공제 2차 연도 '①, ②, ③'의 경우에는 해당 과세연도의 직전 1년 이내의 과세연도에 '3.세액공제 세부내용 (2) 공제세액의 계산' 규정에 따라 공제받은 세액을 한도로 한다(조특령 제26조의 7 제5항 제1호).

공제 3차 연도 '④, ⑤, ⑥'의 경우에는 위 '공제 2차 연도 ①, ②, ③ '에 따라 계산한 금액이 있는 경우 그 금액을 제외하며, 해당 과세연노의 직전 2년 이내의 과세연도에 '3.세액공제 세부내용 (2) 공제세액의 계산' 규정에 따라 공제받은 세액의 합계액을 한도로 한다(조특령 제26조의 7 제5항 제2호).

① 공제 2차 연도→최초로 공제받은 과세연도 대비 상시근로자수 감소→청년 등 상시근로자의 감소한 인원수가 상시근로자의 감소한 인원수 이상인 경우

[최초로 공제받은 과세연도 대비 청년 등 상시근로자의 감소한 인원 수(최초로 공제받은 과세연도에 청년 등 상시근로자의 증가한 인원 수를 한도로 한다) － 상시근로자의 감소한 인원 수] × (청년 등 상시근로자 1인당 공제액 － 상시근로자 1인당 공제액) ＋ (상시근로자의 감소한 인원 수 × 청년 등 상시근로자 1인당 공제액)

② 공제 2차 연도→최초로 공제받은 과세연도 대비 상시근로자 수 감소→그 밖의 경우

[최초로 공제받은 과세연도 대비 청년 등 상시근로자의 감소한 인원 수(상시근로자의 감소한 인원 수를 한도로 한다) × 청년 등 상시근로자 1인당 공제액] ＋ [최초로 공제받은 과세연도 대비 청년 등 상시근로자 외 상시근로자의 감소한 인원 수(상시근로자의 감소한 인원 수를 한도로 한다) × 상시근로자 1인당 공제액

③ 공제 2차 연도→최초로 공제받은 과세연도 대비 상시근로자 수는 감소하지 않으면서 청년 등 상시근로자 수가 감소한 경우

최초로 공제받은 과세연도 대비 청년 등 상시근로자의 감소한 인원 수(최초로 공제받은 과세연도에 청년등 상시근로자의 증가한 인원 수를 한도로 한다) × (청년 등 상시근로자 1인당 공제액 － 상시근로자 1인당 공제액)

④ 공제 3차 연도→최초로 공제받은 과세연도 대비 상시근로자수 감소→청년 등 상시근로자의 감소한 인원수가 상시근로자의 감소한 인원수 이상인 경우

[최초로 공제받은 과세연도 대비 청년 등 상시근로자의 감소한 인원 수(최초로 공제받은 과세연도에 청년등 상시근로자의 증가한 인원 수를 한도로 한다) － 상시근로자의 감소한 인원 수] × (청년 등 상시근로자 1인당 공제액 － 상시근로자 1인당 공제액) × 직전 2년 이내의 과세연도에 공제받은 횟수 ＋ (상시근로자의 감소한 인원 수 × 청년 등 상시근로자 1인당 공제액 × 직전 2년 이내의 과세연도에 공제받은 횟수)

⑤ 공제 3차 연도→최초로 공제받은 과세연도 대비 상시근로자수 감소→그 밖의 경우

최초로 공제받은 과세연도 대비 청년 등 상시근로자 및 청년 등 상시근로자 외 상시근로자의 감소한 인원 수(상시근로자의 감소한 인원 수를 한도로 한다)에 대해 직전 2년 이내의 과세연도에 공제받은 세액의 합계액

⑥ 공제 3차 연도→최초로 공제받은 과세연도 대비 상시근로자 수는 감소하지 않으면서 청년 등 상시근로자수가 감소한 경우

최초로 공제받은 과세연도 대비 청년등 상시근로자의 감소한 인원 수(최초로 공제받은 과세연도에 청년등 상시근로자의 증가한 인원 수를 한도로 한다) × (청년 등 상시근로자 1인당 공제액 － 상시근로자 1인당 공제액) × 직전 2년 이내의 과세연도에 공제받은 횟수

## 6. 공제 적용 후 상시근로자 감소의 경우 집중분석

저자주 2023년 과세연도부터 제29조의 8【통합고용세액공제】 규정을 적용하는 경우가 많아졌고, 제29조의 7【고용을 증대시킨 기업에 대한 세액공제】 규정은 2024년 12월 31일 적용시한이 종료되었으므로 사후관리 집중분석은 제29조의 8【통합고용세액공제】 규정에서 살펴보기로 한다.

이에 대한 사례는 다음과 같다.

## Ⅱ 집행기준 기본통칙 질의회신

### 1. 집행기준

| 제 목 | 내 용 |
|---|---|
| 29의 7-26의 7-1【고용을 증대시킨 기업에 대한 세액공제】 | 적용제외업종, 청년 등, 세액공제액 등 본문 서술내용 참고 |
| 29의 7-26의 7-2【고용증대세제 적용 시 상시근로자의 수】 | 본문 서술내용 참고 |
| 29의 7-26의 7-3【고용증대세제의 사후관리】 | 본문 서술내용 참고 |

### 2. 기본통칙

없음

### 3. 질의회신

| 제 목 | 내 용 |
|---|---|
| 정년퇴직 후 재(再)고용된 60세 이상의 근로자가 '청년 등 상시근로자'에 해당하는지 여부 | 정년퇴직으로 인하여 근로관계가 실질적으로 단절된 후 「근로기준법」에 따라 새로운 근로계약을 체결한 경우로서, 새로운 근로계약 체결일 현재 연령이 60세 이상인 상시근로자는 「조세특례제한법」 제29조의 7에 따른 세액공제를 적용함에 있어 '청년등 상시근로자'에 해당하는 것임<br>조특, 서면-2022-법규법인-3940, 2023.6.15. |
| 청년등 상시근로자 수는 감소하였으나 전체 상시근로자 수는 유지되는 경우 고용증대세액공제의 추가공제 적용방법 | 내국인이 해당 과세연도의 청년 등 상시근로자 증가인원에 대해 「조세특례제한법」 제29조의 7 제1항 제1호에 따른 세액공제를 적용받은 후 다음 과세연도에 청년 등 상시근로자의 수는 감소(최초 과세연도에는 29세 이하였으나, 이후 과세연도에 30세 이상이 되어 청년 수가 감소하는 경우를 포함)하였으나 전체 상시근로자의 수는 유지되는 경우, 잔여 공제연도에 대해서는 제29조의 7 제1항 제2호의 공제액을 적용하여 공제가 가능함<br>조특, 기획재정부 조세특례제도과-215, 2023.3.6.<br>저자주 종전의 국세청 유권해석(사전-2022-법규법인-0343, 2022.10.13.)은 2023.5.10. 기준으로 폐지되었음. |
| 고용증대세액공제 사후관리에 따른 추가납부세액 납부방법 | 「조세특례제한법」 제29조의 7에 따른 고용을 증대시킨 기업에 대한 세액공제를 신청한 내국인이 그 세액공제액 중 법인세 최저한세액에 미달하여 공제받지 못한 부분에 상당하는 금액을 이월한 후 최초로 공제를 받은 과세연도의 종료일부터 1년이 되는 날이 속하는 과세연도의 종료 |

| 제 목 | 내 용 |
|---|---|
| | 일까지의 기간 중 상시근로자 수가 최초로 공제를 받은 과세연도에 비하여 감소한 경우 「조세특례제한법 시행령」 제26조의 7 제5항 제1호에 따라 계산한 금액을 같은 법 제29조의 7 제1항에 따라 공제받은 세액을 한도로 법인세를 납부하고 나머지 금액은 이월된 세액공제액에서 차감하는 것임<br><br>조특, 서면-2020-법인-5929 [법인세과-1474], 2021.7.29. |
| 고용증대세액공제 적용 시 상시근로자 수 증가인원 계산방법 | 「조세특례제한법」 제29조의 7(고용을 증대시킨 기업에 대한 세액공제)을 적용함에 있어 개인사업자가 창업일이 속하는 과세연도에 법인으로 전환하는 경우, 개인사업자는 같은 법 시행령 제23조 제13항 제1호에 따라 직전 과세연도의 상시근로자 수를 0으로 보아 증가한 상시근로자의 인원수를 계산하며, 법인사업자의 증가한 상시근로자 수는 개인사업자가 법인으로 전환하지 않았을 경우의 해당 과세연도 전체 증가한 상시근로자의 인원수에서 법인으로 전환한 경우의 개인사업자 해당 과세연도 상시근로자 증가 인원수를 차감하여 계산하는 것임<br><br>조특, 서면-2021-법령해석법인-1922 [법령해석과-2066], 2021.6.16. |
| 수도권 내 · 외 대수의 사업장을 가지고 있는 중소기업의 고용증대세액공제 계산방법 | 수도권 내 · 외에 위치한 다수의 사업장을 가지고 있는 내국법인의 전체 상시근로자 수가 직전 과세연도 대비 증가(수도권 내 · 외 모두 증가)한 경우로서 수도권 내 · 외를 포함한 전체 청년 등 상시근로자 수는 감소하였으나, 수도권 외의 지역에서 청년 등 상시근로자 수가 증가한 경우, 해당 내국법인은 수도권 내 · 외를 구분하여 증가한 상시근로자의 인원수 한도를 적용하되, 수도권 외 청년 등 상시근로자 수 증가분에 대하여는 청년 등 상시근로자 외 상시근로자 수가 증가한 것으로 보아 「조세특례제한법」 제29조의 7 제1항에 따라 고용증대세액공제액을 계산하는 것임<br><br>조특, 서면-2020-법령해석법인-4043 [법령해석과-4117], 2020.12.14. |
| 고용증대세액공제 적용 시 기간제 근로자의 상시근로자수 포함 여부 | 「조세특례제한법」 제29조의 7에 따라 고용을 증대시킨 기업에 대한 세액공제 적용 시 상시근로자는 「근로기준법」에 따라 근로계약을 체결한 내국인 근로자로서 「조세특례제한법」 제23조 제10항 각 호의 어느 하나에 해당하지 않는 사람을 말하는 것으로, 「근로기준법」에 따라 근로계약 기간이 1년 이상인 근로자는 상시근로자에 해당되는 것임<br><br>조특, 서면-2019-법인-2363 [법인세과-3224], 2020.9.8. |
| 입사한 월의 월 근로소득에 대한 원천징수한 사실이 확인되지 아니하는 경우 상시근로자 포함여부 | 「근로기준법」에 따라 근로계약을 체결한 내국인 신규근로자가 입사한 월의 근무일수가 적어 당해 월 근로소득에 대한 원천징수한 사실이 확인되지 아니하는 경우, 입사한 월에 대한 「국민연금법」 제3조 제1항 제11호 및 제12호에 따른 부담금 및 기여금 또는 「국민건강보험법」 제69조에 따른 직장가입자의 보험료 중 하나의 납부사실이 확인되는 경우에는 「조세특례제한법 시행령」 제26조의 7 제7항을 적용함에 있어서 입사한 월 |

| 제 목 | 내 용 |
|---|---|
| | 말 현재 상시근로자 수에 포함하는 것이며, 해당 근로자가 이에 해당하는지 여부는 사실판단할 사항임<br>사전-2021-법령해석소득-0341, 2021.6.30. |
| 휴직근로자의 상시근로자 포함여부 | 「조세특례제한법」 제29조의 7에 따라 고용을 증대시킨 기업에 대한 세액공제 적용 시 상시근로자는 「근로기준법」에 따라 근로계약을 체결한 내국인 근로자로서 「조세특례제한법 시행령」 제23조 제10항 각 호의 어느 하나에 해당하지 않는 사람을 말하는 것이며, 「근로기준법」에 따라 1년 이상의 근로계약을 체결하고 근무하다가 육아휴직을 한 근로자가 이에 해당하는지 여부는 사실 판단할 사항임<br>사전-2020 -법령해석법인-0272, 2020.6.22. |
| 상시근로자 수 감소로 인해 추가납부한 후 다음연도에 상시근로자 수가 증가한 경우 세액공제 적용여부 | 조세특례제한법 제29조의 7 제1항에 따른 '고용을 증대시킨 기업에 대한 세액공제' 대상인지 여부는 매 과세기간별로 판단하는 것임. 따라서 조세특례제한법 제29조의 7 제1항을 적용받던 중 전체 상시근로자의 수가 최초로 공제받은 과세연도에 비하여 감소하여 직전 과세연도 제2항에 의해 공제받은 세액에 상당하는 금액을 납부하였더라도, 당해 과세연도의 상시근로자의 수가 직전 과세연도보다 증가한 경우 제29조의 7 제1항에 따라 별도로 공제가 가능한 것임<br>서면-2020-법인-5510, 2021.1.18. |
| 상시근로자의 판단 등 | ① 청년의 연령요건을 갖춘 근로자이나 정규직 근로자가 아닌 경우<br>–「근로기준법」에 따라 근로계약을 체결한 내국인 근로자의 근로계약기간이 1년 이상인 경우로서 「조세특례제한법 시행령」 제23조 제10항 각 호에 해당하지 않으면 상시근로자로 보는 것이며, <u>청년 정규직 근로자는 「조세특례제한법 시행령」 제26조의 7 제3항 제1호에 해당하는 근로자로 기간제근로자는 제외</u>되는 것임(청년 등 외 상시근로자로 분류함).<br>② 근로계약의 연속된 갱신으로 인하여 상시근로자 범위에 포함되는 시점<br>–「근로기준법」에 따라 근로계약을 체결한 내국인 근로자의 당초 근로계약기간이 1년 미만인 경우 상시근로자에 해당하지 않으며, <u>근로계약의 연속된 갱신으로 근로계약의 총 기간이 1년 이상인 경우 갱신일이 속하는 월부터 상시근로자에 포함</u>하는 것임. 다만, 「조세특례제한법 시행령」 제23조 제10항 각 호에 해당하는 경우에는 상시근로자에서 제외됨<br>서면-2022-법인-2176, 2022.10.31. |
| 기업 규모의 확대 등으로 중견기업에 해당하지 않는 경우 세액공제 적용여부 | 「조세특례제한법 시행령」 제4조 제1항에 따른 중견기업에 해당하는 내국법인이 해당 과세연도의 상시근로자의 수가 직전 과세연도의 상시근로자의 수보다 증가하여 같은 법 제29조의 7 제1항 각 호에 따른 세액 |

| 제 목 | 내 용 |
|---|---|
| | 공제를 적용받은 후 다음 과세연도 이후에 규모의 확대 등으로 중견기업에 해당하지 않더라도 같은 법 같은 조 제2항에 따른 공제세액 추징사유에 해당하지 않는 경우 해당 과세연도의 법인세에서 공제받은 금액을 해당 과세연도의 종료일로부터 2년이 되는 날이 속하는 과세연도까지의 법인세에서 공제하는 것임<br><br>서면-2020-법령해석법인-0487, 2020.9.28. |
| 기업 규모의 확대 등으로 중소기업에 해당하지 않는 경우 세액공제 적용여부 | 「조세특례제한법 시행령」 제2조에 따른 중소기업에 해당하는 내국법인이 해당 과세연도의 상시근로자의 수가 직전 과세연도의 상시근로자의 수보다 증가하여 같은 법 제29조의 7 제1항 각 호에 따른 세액공제를 적용받은 후 다음 과세연도 이후에 규모의 확대 등으로 중소기업에 해당하지 않더라도 같은 법 같은 조 제2항에 따른 공제세액 추징사유에 해당하지 않는 경우 해당 과세연도의 법인세에서 공제받은 금액을 해당 과세연도의 종료일로부터 2년이 되는 날이 속하는 과세연도까지의 법인세에서 공제하는 것임<br><br>서면-2020-법령해석법인-1283, 2020.9.28. |
| 세액공제 적용을 받는 중소기업이 공제기간 중 중소기업 유예기간이 종료한 경우 적용여부 | 직전 사업연도 말까지 중소기업 유예기간을 적용받던 내국법인이 당해 사업연도 말 현재 유예기간이 종료되고 중견기업에 해당하는 경우, 해당 내국법인은 「조세특례제한법」 제29조의 7에 따른 고용을 증대시킨 기업에 대한 세액공제를 적용함에 있어 중견기업 기준으로 세액공제를 적용받을 수 있으며, 같은 법 제30조의 4에 따른 중소기업 사회보험료 세액공제는 적용받을 수 없는 것임<br><br>사전-2019-법령해석법인-0635, 2019.11.8. |
| 고용증대세액공제를 적용받던 개인사업자가 사업체를 법인전환 시 세액공제 승계적용 가능여부 | 「조세특례제한법」 제29조의 7 제1항 제1호에 따른 '고용을 증대시킨 기업에 대한 세액공제'(이하 "고용증대 세액공제")를 적용받던 거주자가 영위하던 사업을 같은 법 제32조 제1항에 따라 법인으로 전환하면서 새로이 설립되는 법인(이하 "전환법인")과 사업의 포괄양수도 계약을 체결하고 그 사업에 관한 일체의 권리와 의무를 포괄적으로 양도 및 양수한 경우로서 거주자가 고용증대 세액공제를 받은 과세연도의 종료일부터 2년이 되는 날이 속하는 과세연도의 종료일까지의 기간 중 청년 등 상시근로자의 수가 공제를 받은 직전 과세연도에 비하여 감소하지 아니한 경우 전환법인은 거주자로부터 승계받은 고용증대 세액공제를 적용 받을 수 있는 것임<br><br>사전-2021-법령해석법인-0432, 2021.5.11. |
| 청년 등 상시근로자와 청년등 외 상시근로자 구분하지 않고 전원 청년 등 외 상시근로자로 보아 세액공제 적용 가능여부 | ① 「조세특례제한법」 제29조의 7 제1항 제1호의 공제(우대공제) 대상인 청년등 상시근로자 고용증대 기업이 동법 동조항 제2호의 공제(일반공제)를 선택하여 적용할 수 있는지 여부<br>– 일반공제를 선택 적용 가능함 |

| 제 목 | 내 용 |
| --- | --- |
| | ② 사후관리 기간 중 청년 근로자 수는 감소하고, 그 외 근로자의 수는 증가하여 전체 근로자의 수는 증가 또는 유지한 경우, 잔여 공제기간에 대해 우대공제액이 아닌 일반공제액이 적용되는지 여부<br>– 잔여 기간에 대해 일반공제액 적용함<br>③ 일반공제만 신청하여 적용받은 후 '청년등 상시근로자 수'와 '청년등 상시근로자 외 상시근로자 수'가 모두 감소한 경우 추가납부세액 계산방법<br>– 청년등 상시근로자 감소인원에 대해서도 일반공제액 추가납부함<br>④ 2018년 고용증대세액공제 적용 후 2020년 고용감소로 특례규정(「조세특례제한법」 제29조의 7 제5항)에 따라 사후관리를 유예받았으나, 2021년에 2020년보다 고용이 감소한 경우 추가납부세액 계산방법<br>– 2020년에 납부하였어야 할 세액을 한도로 추가납부세액 계산<br><br>기획재정부 조세특례제도과-906, 2023.8.28. |

# SECTION 04 제30조의 4【중소기업 사회보험료 세액공제】

## I 조문내용해설

저자주 제30조의 4【중소기업 사회보험료 세액공제】 규정은 2024.12.31. 적용기한이 종료하였으며, 2023년 과세연도부터 많은 기업들이 제29조의 8【통합고용세액공제】 규정을 적용하였다. 2025년 과세연도 이후에는 전에 적용하였던 세액공제의 사후관리 차원에서 검토할 필요만 있다. 이에 본 조항은 조항의 내용만 서술하였으며 고용인원 증가에 따른 세액공제 주요 내용은 제29조의 8【통합고용세액공제】 규정을 학습하기 바란다.

### 1. 기본검토사항

| 구 분 | | 검토요건 또는 확인사항 |
|---|---|---|
| 적용여부 검토 | ① 당해 법인의 중소기업요건 충족 확인 | 업종요건, 규모요건, 독립성요건, 졸업요건 충족 |
| | ② 각 조항별 적용시한 확인 | 고용인원증가 : 2024.12.31.이 속하는 과세연도까지 |
| | | 신규가입 : 2020.12.31.까지 신규가입 |
| | ③ 각 조항별 규정 업종의 요건 충족 확인 | 청년등외 상시근로자 증가 공제율 적용 시 신성장서비스업의 경우 75% 공제 |
| | ④ 본점 및 사업장 소재지 등 확인 | 본점 및 사업장소지지에 따른 차등적용 및 적용배제 규정 없음 |
| | ⑤ 감면/공제 적용의 배제 | 소득금액 추계결정 시 적용배제 |
| 적용 시 검토 | ⑥ 감면/공제 중복적용 확인 | • 제29조의 8【통합고용세액공제】 제1항과 중복적용 불가<br>• 제121조의 2【외국인 투자에 대한 조세감면】 적용 시 외국인 지분율에 해당 부분과 중복적용 불가<br>• 세액감면과 중복지원배제 |
| | ⑦ 최저한세 적용대상 확인 | 최저한세 적용대상 |
| | ⑧ 이월적용 여부 확인 | 10년간 이월공제 적용 |
| | ⑨ 농어촌특별세 비과세 확인 | 농어촌특별세 비과세 |

| 구 분 | | 검토요건 또는 확인사항 |
|---|---|---|
| 사후 관리 | ⑩ 공제감면 후 사후관리규정 | 최초 공제 후 1년 이내 고용인원 감소 시 공제세액 납부, 이자상당액 추가납부 규정은 없음 |

## 2. 적용여부 검토 세부내용

### (1) 당해 법인의 중소기업요건 확인(조특법 제30조의 4 제1항)

중소기업에 대해서만 적용한다.

### (2) 조항별 적용시한 확인(조특법 제30조의 4 제1항 · 제3항)

① 상시근로자 수 증가의 경우 2024년 12월 31일이 속하는 과세연도까지 적용한다.

② 2020년 1월 1일 현재 고용 중인 근로자의 신규가입의 경우 2020년 12월 31일까지 적용한다.

### (3) 조항별 규정 업종 요건 충족 확인(조특법 제30조의 4 제1항 제2호)

근로자 고용증가로 세액공제 시 신성장 서비스업의 경우 공제율이 달리 적용된다.

신성장서비스업은 다음의 사업을 말한다(조특령 제27조의 4 제5항, 조특칙 제14조의 4 제1항 ⇒ 조특칙 제4조의 3).

**신성장서비스업**

1. 컴퓨터 프로그래밍, 시스템 통합 및 관리업, 소프트웨어 개발 및 공급업, 정보서비스업 또는 전기통신업
2. 창작 및 예술관련 서비스업(자영예술가는 제외한다), 영화 · 비디오물 및 방송프로그램 제작업, 오디오물 출판 및 원판 녹음업 또는 방송업
3. 엔지니어링사업, 전문디자인업, 보안시스템 서비스업 또는 광고업 중 광고물 작성업
4. 서적, 잡지 및 기타 인쇄물출판업, 연구개발업, 「학원의 설립 · 운영 및 과외교습에 관한 법률」에 따른 직업기술 분야를 교습하는 학원을 운영하는 사업 또는 「근로자 직업능력 개발법」에 따른 직업능력개발훈련시설을 운영하는 사업(직업능력개발훈련을 주된 사업으로 하는 경우로 한정한다)
5. 「관광진흥법」에 따른 관광숙박업, 국제회의업, 유원시설업 또는 「관광진흥법 시행령」 제2조에 따른 전문휴양업, 종합휴양업, 자동차야영장업, 관광유람선업과 관광공연장업
6. 다음의 물류산업

가. 육상 · 수상 · 항공 운송업
나. 화물 취급업
다. 보관 및 창고업
라. 육상 · 수상 · 항공 운송지원 서비스업
마. 화물운송 중개 · 대리 및 관련 서비스업
바. 화물포장 · 검수 및 계량 서비스업
사. 「선박의 입항 및 출항 등에 관한 법률」에 따른 예선업
아. 「도선법」에 따른 도선업
자. 기타 산업용 기계 · 장비 임대업 중 파렛트 임대업

7. 다음 어느 하나에 해당하는 사업을 말한다.

가. 「전시산업발전법」 제2조 제1호에 따른 전시산업
나. 기타 과학기술서비스업
다. 시장조사 및 여론조사업
라. 광고업 중 광고대행업, 옥외 및 전시 광고업

### (4) 본점 및 사업장 소재지 등 확인

본점 및 사업장 소재지에 따른 차등적용, 적용배제 규정은 없다.

### (5) 공제 적용의 배제

「소득세법」 제80조 제3항 단서(소득금액의 추계결정)와 「법인세법」 제66조 제3항 단서(소득금액의 추계결정)에 따라 추계하는 경우 공제 적용을 배제한다(조특법 제128조 제1항).

## 3. 세액공제의 세부내용

### (1) 고용인원증가연도 공제액

중소기업이 2024년 12월 31일이 속하는 과세연도까지의 기간 중 해당 과세연도의 상시근로자[주1] 수가 직전 과세연도의 상시근로자 수보다 증가한 경우에는 다음의 금액을 해당 과세연도의 소득세(사업소득에 대한 소득세만 해당한다) 또는 법인세에서 공제한다(조특법 제30조의 4 제1항 제1호 제2호).

| 사회보험료 세액공제액 = ㉠ + ㉡ | |
|---|---|
| ㉠ 청년 등(청년 및 경력단절 여성주2)) 상시근로자고용증가 인원에 대하여 사용자가 부담하는 사회보험료 상당액 | 청년 및 경력단절 여성 상시근로자 고용증가인원주3) × 청년 및 경력단절 여성 상시근로자 고용증가인원에 대한 사용자의 사회보험료 부담금 × 100% |
| ㉡ 청년 및 경력단절 여성 상시근로자 외 상시근로자 고용증가 인원에 대하여 사용자가 부담하는 사회보험료 상당액 | 청년 및 경력단절여성 상시근로자 외 상시근로자 고용증가인원주4) × 청년 및 경력단절 여성 상시근로자 외 상시근로자 고용증가인원에 대한 사용자의 사회보험료 부담금 × 50%(신성장 서비스업을 영위하는 중소기업 75%) |

**사회보험(조특법 제30조의 4 제4항)**

사회보험이란 다음의 것을 말한다.

① 「국민연금법」에 따른 국민연금
② 「고용보험법」에 따른 고용보험
③ 「산업재해보상보험법」에 따른 산업재해보상보험
④ 「국민건강보험법」에 따른 국민건강보험
⑤ 「노인장기요양보험법」에 따른 장기요양보험

주1) 상시근로자(조특령 제27조의 4 제1항)

상시근로자는 「근로기준법」에 따라 근로계약을 체결한 내국인 근로자로 한다. 다만, 다음 어느 하나에 해당하는 사람은 제외한다.

① 근로계약기간이 1년 미만인 근로자(근로계약의 연속된 갱신으로 인하여 그 근로계약의 총 기간이 1년 이상인 근로자는 제외한다)
   * 근로계약의 연속된 갱신으로 근로계약의 총 기간이 1년 이상인 경우 갱신일이 속하는 월부터 상시근로자에 포함 – 조특, 서면-2022-법인-2176 [법인세과-1583], 2022.10.31.

② 「근로기준법」 제2조 제1항 제9호에 따른 단시간근로자. 다만, 1개월간의 소정근로시간이 60시간 이상인 근로자는 상시근로자로 본다.

   "단시간근로자"란 1주 동안의 소정근로시간이 그 사업장에서 같은 종류의 업무에 종사하는 통상 근로자의 1주 동안의 소정근로시간에 비하여 짧은 근로자를 말한다.

③ 「법인세법 시행령」 제40조 제1항 각 호의 어느 하나에 해당하는 임원

   **법법령 제40조【기업업무추진비의 범위】**
   ① 주주 또는 출자자(이하 "주주등"이라 한다)나 다음 각 호의 어느 하나에 해당하는 직무에 종사하는 자(이하 "임원"이라 한다) 또는 직원이 부담하여야 할 성질의 접대비를 법인이 지출한 것은 이를 접대비로 보지 아니한다.
   1. 법인의 회장, 사장, 부사장, 이사장, 대표이사, 전무이사 및 상무이사 등 이사회의 구성원 전원과 청산인
   2. 합명회사, 합자회사 및 유한회사의 업무집행사원 또는 이사
   3. 유한책임회사의 업무집행자
   4. 감사
   5. 그 밖에 제1호부터 제4호까지의 규정에 준하는 직무에 종사하는 자

④ 해당 기업의 최대주주 또는 최대출자자(개인사업자의 경우에는 대표자를 말한다)와 그 배우자
⑤ '④'에 해당하는 자의 직계존비속(그 배우자를 포함한다) 및 「국세기본법 시행령」 제1조의 2 제1항에 따른 친족관계인 사람

국기령 제1조의 2【특수관계인의 범위】

① 법 제2조 제20호 가목에서 "혈족 · 인척 등 대통령령으로 정하는 친족관계"란 다음 각 호의 어느 하나에 해당하는 관계(이하 "친족관계"라 한다)를 말한다.

1. 4촌 이내의 혈족
2. 3촌 이내의 인척
3. 배우자(사실상의 혼인관계에 있는 자를 포함한다)
4. 친생자로서 다른 사람에게 친양자 입양된 자 및 그 배우자 · 직계비속
5. 본인이 「민법」에 따라 인지한 혼인 외 출생자의 생부나 생모(본인의 금전이나 그 밖의 재산으로 생계를 유지하는 사람 또는 생계를 함께하는 사람으로 한정한다)

⑥ 「소득세법 시행령」 제196조에 따른 근로소득원천징수부에 의하여 근로소득세를 원천징수한 사실이 확인되지 아니하는 사람

⑦ 조특법 제30조의 4 제4항에 따른 사회보험에 대하여 사용자가 부담하여야 하는 부담금 또는 보험료의 납부 사실이 확인되지 아니하는 근로자

저자주 사회보험 가입여부에 대한 질의회신을 살펴보면 다음과 같다.

원칙적으로 사회보험 중 하나라도 가입이 누락된 경우에는 상시근로자에서 제외하지만(사전법령소득-0239, 2021.6.24.) 국민연금 · 건강보험의 가입에서 제외되는 근로자의 경우에도 고용보험 · 산재보험 등의 사용자부담금 납부사실이 확인되는 경우에는 상시근로자에 포함한다(서면-2020-법령해석소득-5976, 2021.6.17.).

주2) 청년 및 경력단절여성(조특령 제27조의 4 제2항)

① 청년 상시근로자

15세 이상 29세 이하인 상시근로자[현역병, 상근예비역, 의무경찰, 의무소방원, 사회복무요원, 장교, 준사관, 부사관으로 병역을 이행한 경우에는 그 기간(6년을 한도로 한다)을 근로계약 체결일 현재 연령에서 빼고 계산한 연령이 29세 이하인 사람을 포함한다]

② 경력단절 여성 상시근로자

다음의 요건을 모두 충족하는 여성(조특령 제27조의 4 제2항 제2호 ⇒ 조특법 제29조의 3 제1항, 조특령 제26조의 3 제4항 · 제5항 조특칙 제14조의 3)

㉠ 해당 기업 또는 해당 기업과 한국표준산업분류상의 중분류를 기준으로 동일한 업종의 기업에서 1년 이상 근무(근로소득원천징수부를 통하여 경력단절 여성의 근로소득세가 원천징수되었던 사실이 확인되는 경우로 한정한다)한 후 다음의 결혼 · 임신 · 출산 · 육아 및 자녀교육의 사유로 퇴직하였을 것

1. 퇴직한 날부터 1년 이내에 혼인한 경우(가족관계기록사항에 관한 증명서를 통하여 확인되는 경우로 한정한다)
2. 퇴직한 날부터 2년 이내에 임신하거나 「모자보건법」에 따른 보조생식술을 받은 경우(의료기관의 진단서 또는 확인서를 통하여 확인되는 경우에 한정한다)
3. 퇴직일 당시 임신한 상태인 경우(의료기관의 진단서를 통하여 확인되는 경우로 한정한다)
4. 퇴직일 당시 8세 이하의 자녀가 있는 경우
5. 퇴직일 당시 「초 · 중등교육법」 제2조에 따른 학교에 재학 중인 자녀가 있는 경우

㉡ '㉠'의 사유로 퇴직한 날부터 2년 이상 15년 미만의 기간이 지났을 것

㉢ 해당 기업의 최대주주 또는 최대출자자(개인사업자의 경우에는 대표자를 말한다)나 그와 「국세기본법 시행령」 제1조의 2 제1항에 따른 친족관계인 사람을 이 아닐 것

국세기본법 시행령 제1조의 2【특수관계인의 범위】

① 법 제2조 제20호 가목에서 "혈족 · 인척 등 대통령령으로 정하는 친족관계"란 다음 각 호의 어느 하나에 해당하는 관계(이하 "친족관계"라 한다)를 말한다.

1. 4촌 이내의 혈족

2. 3촌 이내의 인척
3. 배우자(사실상의 혼인관계에 있는 자를 포함한다)
4. 친생자로서 다른 사람에게 친양자 입양된 자 및 그 배우자 · 직계비속
5. 본인이 「민법」에 따라 인지한 혼인 외 출생자의 생부나 생모(본인의 금전이나 그 밖의 재산으로 생계를 유지하는 사람 또는 생계를 함께하는 사람으로 한정한다)

**주3)** 청년 및 경력단절 여성 상시근로자 고용증가인원(조특령 제27조의 4 제3항)
해당 과세연도에 직전 과세연도 대비 증가한 청년 및 경력단절 여성 상시근로자수(그 수가 음수인 경우 영으로 본다)를 말한다. 다만, 해당 과세연도에 직전 과세연도 대비 증가한 상시근로자 수를 한도로 한다.

Min(①,②)
① 증가한 상시근로자 수 ② Max(0, 증가한 청년 등 상시근로자 수)

**주4)** 청년 및 경력단절여성 상시근로자 외 상시근로자 고용증가인원(조특령 제27조의 4 제4항)
해당 과세연도에 직전 과세연도 대비 증가한 상시근로자 수에서 증가한 청년 및 경력단절 여성 상시근로자 수를 뺀 수(그 수가 음수인 경우 영으로 본다)를 말한다.

Max(0, 증가한 상시근로자 수 − 증가한 청년 등 상시근로자 수)

**상시근로자 수, 청년 및 경력단절 여성 상시근로자 수 계산식(조특령 제27조의 4 제6항)**
단시간근로자 중 1개월간의 소정근로시간이 60시간 이상인 근로자는 상시근로자로 보고 이 경우 1명은 0.5명으로 하여 계산하되, 다음의 '2. 지원요건'을 모두 충족하는 경우에는 0.75명으로 하여 계산하고 100분의 1 미만의 부분은 없는 것으로 한다.

1. 상시근로로자 수, 청년 및 경력단절 여상 상시근로자수 계산식

| 구분 | 계산식 |
|---|---|
| 상시근로자 수 | $\frac{\text{해당 과세연도의 매월 말 현재 상시근로자 수의 합}}{\text{해당 과세연도의 개월 수}}$ |
| 청년 및 경력단절 여성 상시근로자 수 | $\frac{\text{해당 과세연도의 매월 말 현재 청년등 상시근로자 수의 합}}{\text{해당 과세연도의 개월 수}}$ |

2. 지원요건
   ① 해당 과세연도의 상시근로자 수(1개월간의 소정근로시간이 60시간 이상이어서 상시근로자로 보는 근로자 제외)가 직전 과세연도의 상시근로자 수(1개월간의 소정근로시간이 60시간 이상이어서 상시근로자로 보는 근로자 제외)보다 감소하지 아니하였을 것
   ② 기간의 정함이 없는 근로계약을 체결하였을 것
   ③ 상시근로자와 시간당 임금(「근로기준법」 제2조 제1항 제5호에 따른 임금, 정기상여금 · 명절상여금 등 정기적으로 지급되는 상여금과 경영성과에 따른 성과금을 포함한다), 그 밖에 근로조건과 복리후생 등에 관한 사항에서 「기간제 및 단시간근로자 보호 등에 관한 법률」 제2조 제3항에 따른 차별적 처우가 없을 것
   ④ 시간당 임금이 「최저임금법」 제5조에 따른 최저임금액의 100분의 120 이상일 것

3. 해당 과세연도 창업 등의 상시근로자 수 등의 계산(조특령 제27조의 4 제7항)
   해당 과세연도에 창업 등을 한 기업의 경우에는 다음 구분에 따른 수를 직전 또는 해당 과세연도의 상시근로자 수로 본다.
   ① 창업(조특법 제6조 제10항 제1호부터 제3호까지의 규정에 해당하는 경우는 제외한다)한 경우의 직전 과세연도의 상시근로자 수 : 0
   ② 조특법 제6조 제10항 제1호(합병 · 분할 · 현물출자 또는 사업의 양수 등을 통하여 종전의 사업을 승계하는 경우는 제외한다)부터 제3호까지의 어느 하나에 해당하는 경우의 직전 과세연도의 상시근로자 수 : 종전 사업, 법인전환

05 고용지원을 위한 조세특례

전의 사업 또는 폐업 전의 사업의 직전 과세연도 청년 등 상시근로자 수 또는 상시근로자 수

③ 다음의 어느 하나에 해당하는 경우의 직전 또는 해당 과세연도의 상시근로자 수 : 직전 과세연도의 상시근로자 수는 승계시킨 기업의 경우에는 직전 과세연도 청년 등 상시근로자 수 또는 상시근로자 수에 승계시킨 청년 등 상시근로자 수 또는 상시근로자 수를 뺀 수로 하고, 승계한 기업의 경우에는 직전 과세연도 청년 등 상시근로자 수 또는 상시근로자 수에 승계한 청년 등 상시근로자 수 또는 상시근로자 수를 더한 수로 하며, 해당 과세연도의 상시근로자 수는 해당 과세연도 개시일에 상시근로자를 승계시키거나 승계한 것으로 보아 계산한 상시근로자 수로 한다.

가. 해당 과세연도에 합병 · 분할 · 현물출자 또는 사업의 양수 등에 의하여 종전의 사업부문에서 종사하던 청년 등 상시근로자 또는 상시근로자를 승계하는 경우

나. 조특령 제11조 제1항에 따른 특수관계인으로부터 청년 등 상시근로자 또는 상시근로자를 승계하는 경우

## 사회보험료 부담금

① 고용증가인원에 대한 사회보험료 사용자 부담금의 계산(조특령 제27조의 4 제8항 · 제9항)

| 구 분 | 사회보험료 부담금 |
|---|---|
| 청년 및 경력단절 여성 상시근로자 | $\dfrac{\text{해당 과세연도에 청년등 상시근로자에게 지급하는 「소득세법」 제20조 제1항에 따른 총급여액}}{\text{해당 과세연도의 청년등 상시근로자 수}}$ × 사회보험료율 |
| 청년 및 경력단절여성 상시근로자 외 상시근로자 | $\dfrac{\text{해당 과세연도에 청년등 외 상시근로자에게 지급하는 「소득세법」 제20조 제1항에 따른 총급여액}}{\text{해당 과세연도의 상시근로자 수}-\text{해당 과세연도의 청년등 상시근로자 수}}$ × 사회보험료율 |

위 산식에 따른 부담금 중 해당 과세연도에 해당 상시근로자를 대상으로 사회보험에 사용자가 부담하는 사회보험료 상당액에 대하여 국가 및 「공공기관의 운영에 관한 법률」 제4조에 따른 공공기관이 지급했거나 지급하기로 한 보조금 및 감면액의 합계액은 제외한다(조특령 제27조의 4 제8항).

소법 제20조 【근로소득】

① 근로소득은 해당 과세기간에 발생한 다음 각 호의 소득으로 한다.

1. 근로를 제공함으로써 받는 봉급 · 급료 · 보수 · 세비 · 임금 · 상여 · 수당과 이와 유사한 성질의 급여
2. 법인의 주주총회 · 사원총회 또는 이에 준하는 의결기관의 결의에 따라 상여로 받는 소득
3. 「법인세법」에 따라 상여로 처분된 금액
4. 퇴직함으로써 받는 소득으로서 퇴직소득에 속하지 아니하는 소득
5. 종업원등 또는 대학의 교직원이 지급받는 직무발명보상금(제21조 제1항 제22호의 2에 따른 직무발명보상금은 제외한다)

② 근로소득금액은 제1항 각 호의 소득의 금액의 합계액(비과세소득의 금액은 제외하며, 이하 "총급여액"이라 한다)에서 제47조에 따른 근로소득공제를 적용한 금액으로 한다.

③ 근로소득의 범위에 관하여 필요한 사항은 대통령령으로 정한다.

② 사회보험료율(조특령 제274조의 4 제10항)

사회보험료율은 해당 과세연도 종료일 현재 적용되는 다음 각 호의 수를 더한 수로 한다.

| 사회보험 | 보험료율 | 2024년 |
|---|---|---|
| ㉠ 건강보험 | 「국민건강보험법 시행령」 제44조 제1항에 따른 보험료율의 2분의 1 | 7.09% × 1/2 = 3.545% |
| ㉡ 노인장기요양보험 | 「노인장기요양보험법 시행령」 제4조에 따른 장기요양보험료율의 2분의 1 | 0.9182% × 1/2 = 0.4591% |
| ㉢ 국민연금 | 「국민연금법」 제88조에 따른 보험료율 | 4.5% |
| ㉣ 고용보험 | 「고용보험 및 산업재해보상보험의 보험료 징수 등에 관한 법률」 제13조 제4항 각 호에 따른 수를 합한 수 | 고용보험료율 참조 |
| ㉤ 산재보험 | 「고용보험 및 산업재해보상보험의 보험료 징수 등에 관한 법률」 제14조 제3항에 따른 산재보험료율 | 산재보험료율 참조 |

### 고용보험료율

| 구 분 | | 근로자 | 사업주 |
|---|---|---|---|
| 실업급여 | | 0.9% | 0.9% |
| 고용안정, 직업능력개발사업 | 150인 미만 기업 | – | 0.25% |
| | 150인 이상(우선지원대상기업) | – | 0.45% |
| | 150인 이상~1,000인 미만 기업 | – | 0.65% |
| | 1,000인 이상 기업, 국가지방자치단체 | – | 0.85% |

### 2024년도 사업종류별 산재보험료율 고시

고용노동부고시 제2024-1호

「고용보험 및 산업재해보상보험의 보험료징수 등에 관한 법률」 제14조 제3항, 제4항 및 제7항과 같은 법 시행령 제13조 및 같은 법 시행규칙 제12조 및 제12조의 2에 따라 2024년도에 적용할 "사업종류별 산재보험료율"과 "통상적 경로와 방법으로 출퇴근하는 중 발생한 재해에 관한 산재보험료율"을 다음과 같이 고시합니다.

2024년 1월 5일
고 용 노 동 부 장 관

Ⅰ. 2024년도 "사업종류별 산재보험료율"과 "통상적 경로와 방법으로 출퇴근하는 중 발생한 재해에 관한 산재보험료율"

1. 2024년도 "사업종류별 산재보험료율"은 별지와 같다.
2. 2024년도 "통상적인 경로와 방법으로 출퇴근하는 중 발생한 재해에 관한 산재보험료율"은 사업의 종류를 구분하지 아니하고 0.6/1,000로 한다.

Ⅱ. 행정사항

1. 시행일
   이 고시는 발령한 날부터 시행한다.
2. 적용례
   2024년 1월 1일부터 시행일 전까지 보험료율 적용이 필요한 경우에도 이 고시를 적용한다.
3. 유효기간
   이 고시는 2024년 12월 31일까지 효력을 가진다.

[별지]

1. 2024년도 사업종류별 산재보험료율(단위 : 천분율(‰))

| 사 업 종 류 | 요율 | 사 업 종 류 | 요율 |
|---|---|---|---|
| 1. 광업 | | 4. 건 설 업 | 35 |
| 석탄광업 및 채석업 | 185 | 5. 운수 · 창고 · 통신업 | |
| 석회석 · 금속 · 비금속 · 기타광업 | 57 | 철도 · 항공 · 창고 · 운수관련서비스업 | 8 |
| 2. 제조업 | | 육상 및 수상운수업 | 18 |
| 식료품 제조업 | 16 | 통신업 | 9 |
| 섬유 및 섬유제품 제조업 | 11 | 6. 임 업 | 58 |
| 목재 및 종이제품 제조업 | 20 | 7. 어 업 | 27 |
| 출판 · 인쇄 · 제본업 | 9 | 8. 농 업 | 20 |
| 화학 및 고무제품 제조업 | 13 | 9. 기타의 사업 | |
| 의약품 · 화장품 · 연탄 · 석유제품 제조업 | 7 | 시설관리 및 사업지원 서비스업 | 8 |
| 기계기구 · 금속 · 비금속광물제품 제조업 | 13 | 기타의 각종사업 | 8 |
| 금속제련업 | 10 | 전문 · 보건 · 교육 · 여가관련 서비스업 | 6 |
| 전기기계기구 · 정밀기구 · 전자제품 제조업 | 6 | 도소매 · 음식 · 숙박업 | 8 |
| 선박건조 및 수리업 | 24 | 부동산 및 임대업 | 7 |
| 수제품 및 기타제품 제조업 | 12 | 국가 및 지방자치단체의 사업 | 9 |
| 3. 전기 · 가스 · 증기 · 수도사업 | 7 | 10. 금융 및 보험업 | 5 |
| | | * 해외파견자 : 14/1,000 | |

2. 2024년도 통상적인 경로와 방법으로 출퇴근하는 중 발생한 재해에 관한 산재보험료율 : 전 업종 0.6/1,000 동일

* 사업종류의 세목과 내용예시 및 총칙을 규정한 사업종류 예시표는 고용노동부 홈페이지(www.moel.go.kr) 정보공개–법령정보–훈령 · 예규 · 고시란과 근로복지공단 홈페이지(www.kcomwel.or.kr) 가입 · 납부서비스–사업종류 검색–연도별 산재보험료율표에 게재

### (2) 2차연도 공제액

위 '(1)' 고용인원증가에 따른 공제를 받은 중소기업이 공제를 받은 과세연도의 종료일부터 1년이 되는 날이 속하는 과세연도의 종료일까지의 기간 중 전체 상시근로자의 수가 공제를

받은 과세연도의 전체 상시근로자 수보다 감소하지 아니한 경우에는 다음 구분에 따른 금액을 공제를 받은 과세연도의 종료일부터 1년이 되는 날이 속하는 과세연도의 소득세(사업소득에 대한 소득세만 해당한다) 또는 법인세에서 공제한다(조특법 제30조의 4 제1항).

① 청년 및 경력단절 여성 상시근로자 수가 감소하지 아니한 경우

직전연도 공제액(위 '(1)' 고용인원증가연도 공제액(사회보험료 세액공제액 = ㉠ + ㉡))에 따라 공제받은 금액 상당액

② '①' 외의 경우

직전연도 공제액(위 '(1)' 고용인원증가연도 공제액(사회보험료 세액공제액 = ㉠ + ㉡) 중 '㉡')에 따라 공제받은 금액 상당액

저자주 제29조의 7【고용을 증대시킨 기업에 대한 세액공제】의 경우에는 2차연도에 전체 상시근로자 수는 감소하지 않고 청년 상시근로자 수가 감소한 경우 2차연도 추가공제액 계산 시 최초공제 적용 시 청년 등 상시근로자 증가 수에 청년외 1인당 공제액을 적용하지만(기획재정부 조세특례제도과-214, 2023.3.6.) 이는 제29조의 7에 관한 질의회신이므로 제30조의 4에서는 적용하지 않는다.

### (3) 소규모 중소기업주1) 신규가입 공제액

중소기업 중 소규모 기업이 2020년 1월 1일 현재 고용 중인 소정근로자주2) 중 2020년 12월 31일까지 사회보험에 신규 가입하는 근로자에 대하여 신규 가입을 한 날부터 2년이 되는 날이 속하는 달까지 사용자가 부담하는 사회보험료 부담금의 50%를 해당 과세연도의 소득세(사업소득에 대한 소득세만 해당한다) 또는 법인세에서 공제한다(조특법 제30조의 4 제3항, 조특령 제27조의 4 제13항 · 제14항).

사회보험료 세액공제액 = (신규 가입자 사회보험료 부담금－국가 및 공공기관운영에 관한 법률 제4조에 따른 공공기관이 지급했거나 지급하기로 한 보험금 및 감면액 합계액) × 50%

주1) 소규모 중소기업

다음의 요건을 모두 갖춘 중소기업을 말한다(조특령 제27조의 4 제13항, 조특칙 제14조의 4 제2항).

1. 해당 과세연도의 상시근로자 수가 10명 미만일 것
2. 해당 과세연도의 소득세 또는 법인세 과세표준이 5억원 이하일 것. 이 경우 소득세 과세표준은 사업소득에 대한 것에 한정한다.

$$\text{해당 과세연도의 종합소득 과세표준} \times \left(\frac{\text{해당 과세연도의 사업소득금액}}{\text{해당 과세연도의 종합소득금액}}\right)$$

주2) 소정근로자(조특령 제27조의 4 제14항)

「근로기준법」에 따라 근로계약을 체결한 내국인 근로자 중 시간당 임금이 「최저임금법」 제5조에 따른 최저임금액의 100분의 100 이상 100분의 120 이하인 근로자를 말한다.

## 4. 적용 시 검토 세부내용

### (1) 감면 및 공제의 중복적용 확인

#### 1) 외투감면 시 중복지원 배제

① 내국인 지분율에 대해 공제적용

내국인에 대하여 동일한 과세연도에 세액공제를 적용할 때 제121조의 2(외국인투자에 대한 조세감면) 또는 제121조의 4(증자의 조세감면)에 따라 소득세 또는 법인세를 감면하는 경우에는 해당 규정에 따라 공제할 세액에 해당 기업의 총주식 또는 총지분에 대한 내국인투자자의 소유주식 또는 지분의 비율을 곱하여 계산한 금액을 공제한다(조특법 제127조 제3항).

② 공제금액의 계산

$$\text{외투감면 시 내국인지분 상당 공제세액} = \text{해당 규정상 공제세액} \times \frac{\text{내국인 자본금}}{\text{총자본금}}$$

### (2) 최저한세 검토

최저한세의 적용 대상이다(조특법 제132조 제1항 제3호).

### (3) 이월여부

공제할 세액 중 해당 과세연도에 납부할 세액이 없거나 제132조【최저한세액에 미달하는 세액에 대한 감면 등의 배제】에 따른 법인세 최저한세액 및 소득세 최저한세액에 미달하여 공제받지 못한 부분에 상당하는 금액은 해당 과세연도의 다음 과세연도 개시일부터 10년 이내에 끝나는 각 과세연도에 이월하여 그 이월된 각 과세연도의 소득세[사업소득(조특법 제96조의 3【상가임대료를 인하한 임대사업자에 대한 세액공제】 및 조특법 제126조의 6【성실신고 확인비용에 대한 세액공제】을 적용하는 경우에는 「소득세법」 제45조 제2항에 따른 부동산임대업에서 발생하는 소득을 포함한다)에 대한 소득세만 해당한다] 또는 법인세에서 공제한다(조특법 제144조 제1항).

### (4) 농어촌특별세 비과세 확인

농어촌특별세를 비과세한다(농특법 제4조 제11호의 3).

## 5. 사후관리 검토

### (1) 공제적용 후 근로자 수 감소 시

소득세 또는 법인세를 공제받은 중소기업이 최초로 공제를 받은 과세연도의 종료일부터 1년이 되는 날이 속하는 과세연도의 종료일까지의 기간 중 고용인원수가 감소할 경우 다음과 같이 처리한다(조특법 제30조의 4 제2항 전단).

**추가공제적용여부**

| ① 전체 상시근로자의 수가 최초로 공제를 받은 과세연도에 비하여 감소한 경우 | ② 청년 등 상시근로자의 수가 최초로 공제를 받은 과세연도에 비하여 감소한 경우 |
|---|---|
| 세액공제 전체를 적용하지 않음 | 청년 등 상시근로자 증가분 세액공제 적용하지 않음 |

### (2) 공제세액의 추가납부

상시근로자 수 감소로 세액공제 적용이 중단되는 경우에는 공제받은 세액을 납부하여야 하며, 추가로 납부할 세액은 다음과 같이 계산한다(조특법 제30조의 4 제2항 후단).

이때 최초공제연도에 청년등 상시근로자에 해당한 사람은 이후 과세연도에도 청년등 상시근로자로 보아 청년등 상시근로자 수를 계산한다(조특령 제27조의 4 제12항).

#### 1) 전체 상시근로자 감소의 경우(조특령 제27조의 4 제11항 제1호 가목 · 나목)

① 감소한 청년 등 상시근로자의 수가 감소한 상시근로자 수 이상인 경우(가목)

| 추가납부할 세액 = A - B + C | |
|---|---|
| A | 차감인원수에 대하여 "3. 세액공제의 세부내용"의 "(1) 고용인원증가연도 공제액"의 "㉠ 청년 등 상시근로자 공제액 계산식"을 적용하여 계산한 금액 |
| | 차감인원수<br>= 최초공제연도 대비 감소한 청년등 상시근로자 수 - 최초공제연도 대비 감소한 상시근로자 수 |
| | 최초공제연도 대비 감소한 청년등 상시근로자 수는 최초공제연도에 청년등 상시근로자가 증가한 수를 한도로 함 |
| B | 차감인원수에 대하여 "3. 세액공제의 세부내용"의 "(1) 고용인원증가연도 공제액"의 "㉡ 청년등 외 상시근로자 공제액 계산식"을 적용하여 계산한 금액 |
| C | 최초공제연도에 비해 감소한 상시근로자 수에 대하여 "3. 세액공제의 세부내용"의 "(1) 고용인원증가연도 공제액"의 "㉠ 청년 등 상시근로자 공제액 계산식"을 적용하여 계산한 금액 |

② 그 밖의 경우(나목)

| 추가납부할 세액 = A + B | |
|---|---|
| A | 최초공제연도 대비 감소한 청년등 상시근로자 수에 대하여 "3. 세액공제의 세부내용"의 "(1) 고용인원증가연도 공제액"의 "㉠ 청년 등 상시근로자 공제액 계산식"을 적용하여 계산한 금액 |
| | 최초공제연도 대비 감소한 청년등 상시근로자 수는 최초공제연도에 청년등 상시근로자가 증가한 수를 한도로 함 |
| B | 최초공제연도 대비 감소한 청년 등외 상시근로자 수 대하여 "3. 세액공제의 세부내용"의 "(1) 고용인원증가연도 공제액"의 "㉡ 청년등 외 상시근로자 공제액 계산식"을 적용하여 계산한 금액 |
| | 최초공제연도 대비 감소한 청년 등외 상시근로자 수는 최초 공제연도 대비 감소한 상시근로자 수를 한도로 함 |

### 2) 상시근로자 수는 감소하지 않으면서 청년등 상시근로자 수가 감소한 경우(조특령 제27조의 4 제11항 제2호)

| 추가납부할 세액 = A − B | |
|---|---|
| A | 최초공제연도 대비 청년감소인원수에 대하여 "3. 세액공제의 세부내용"의 "(1) 고용인원증가연도 공제액"의 "㉠ 청년 등 상시근로자 공제액 계산식"을 적용하여 계산한 금액 |
| | 청년감소인원수란 최초공제연도 대비 감소한 청년등 상시근로자 수를 말하며, 최초공제연도 대비 청년등 상시근로자가 증가한 수를 한도로 함 |
| B | 청년감소인원수에 대하여 "3. 세액공제의 세부내용"의 "(1) 고용인원증가연도 공제액"의 "㉡ 청년등 외 상시근로자 공제액 계산식"을 적용하여 계산한 금액 |

## 6. 사후관리 규정의 집중분석

저자주 2023년 과세연도부터 제29조의 8【통합고용세액공제】 규정을 적용하는 경우가 많아졌고, 제30조의 4【중소기업 사회보험료 세액공제】 규정은 2024년 12월 31일 적용시한이 종료되었으므로 사후관리 집중분석은 제29조의 8【통합고용세액공제】 규정에서 살펴보기로 한다.

# Ⅱ 집행기준 기본통칙 질의회신

## 1. 집행기준

없음

## 2. 기본통칙

없음

## 3. 질의회신

| 제 목 | 내 용 |
|---|---|
| 중소기업 사회보험료 세액공제 적용 대상 상시근로자에 해당하는지 여부 | 내국법인이 고용하고 있는 만 60세 이상 내국인 근로자 및 「국민건강보험법」 제5조 제1항에 따라 국민건강보험 가입자에서 제외되는 내국인 근로자에 대하여 「국민연금법」 제88조 제3항 및 「국민건강보험법」 제77조 제1항에 따른 사용자 부담금 납부사실이 확인되지 않으나, 국민연금 또는 국민건강보험료 외 「조세특례제한법」 제30조의 4 제4항 각 호에 따른 사회보험에 대하여 사용자가 부담하여야 하는 부담금 또는 보험료의 납부 사실이 확인되는 경우, 동 근로자는 「조세특례제한법시행령」 제27조의 4 제1항 제7호에 해당하지 않는 것임.<br>조특, 서면-2020-법령해석소득-5976 [법령해석과-2113], 2021.6.17.<br>저자주 사회보험(국민연금, 고용보험, 산업재해보상보험, 국민건강보험, 장기요양보험) 중 모두 가입한 경우에 공제 가능한 것으로 해석하되, 각 사회보험의 가입 제외 사유 등에 해당하여 일부 사회보험에 가입 · 납부하지 않은 경우에는 적용 가능한 것으로 해석함이 무방할 것으로 판단된다. |
| 중소기업 사회보험료 세액공제 적용 대상 상시근로자에 해당하는지 여부 | 내국법인이 고용하고 있는 만 60세 이상의 내국인 근로자에 대한 「국민연금법」 제88조 제3항에 따른 사용자 부담금 납부사실이 없는 경우로서 국민연금 외 「조세특례제한법」 제30조의 4 제4항 각 호에 따른 사회보험에 대하여 사용자가 부담하여야 하는 부담금 또는 보험료의 납부 사실이 확인되는 경우, 해당 내국법인의 만 60세 이상 내국인 근로자는 「조세특례제한법 시행령」 제27조의 4 제1항 제7호에 해당하지 않는 것임<br>사전-2021-법령해석법인-0366 [법령해석과-1099], 2021.3.30. |

| 제 목 | 내 용 |
|---|---|
| 중소기업 사회보험료 세액공제 적용여부 | 「조세특례제한법」 제30조의 4 제1항에 따라 중소기업 사회보험료 세액공제를 받은 중소기업이 공제를 받은 과세연도의 종료일부터 1년이 되는 날이 속하는 과세연도의 종료일까지 기간 중 전체 상시근로자의 수가 공제를 받은 과세연도의 전체 상시근로자수보다 감소하지 아니한 경우에는 같은법 제30조의 4 제2항 각 호에 따른 금액을 공제를 받은 과세연도의 종료일부터 1년이 되는 날이 속하는 과세연도의 소득세에서도 공제하는 것임<br>사전-2020-법령해석소득-0215 [법령해석과-3220], 2020.10.7. |

# SECTION 05 제29조의 8【통합고용세액공제】

## I 조문내용해설

### 1. 기본검토사항

| 구 분 | | 검토요건 또는 확인사항 | |
|---|---|---|---|
| 적용 여부 검토 | ① 당해 기업의 요건 충족 확인 | 상시근로자증가 | 내국인 |
| | | 정규직전환 | 중소기업 및 중견기업 |
| | | 육아휴직복귀 | 중소기업 및 중견기업 |
| | ② 각 조항별 적용시한 확인 | 상시근로자증가 | 2025.12.31.속하는 과세연도까지 적용 |
| | | 정규직전환 | 2024.12.31.까지 정규직 전환분에 적용 |
| | | 육아휴직복귀 | 2025.12.31.까지 복귀자에 적용 |
| | ③ 각 조항별 규정 업종의 요건 충족 확인 | 상시근로자증가 | 소비성서비스업 경영 시 배제 |
| | | 정규직전환 | 중소기업 및 중견기업에 한정하므로 소비성서비스업 및 부동산임대업 등 업종은 배제 |
| | | 육아휴직복귀 | |
| | ④ 본점 및 사업장 소재지 등 확인 | 상시근로자증가 | 중소기업의 경우 수도권내외 차등적용 |
| | | 정규직전환 | 소재지에 따른 차등적용 없음 |
| | | 육아휴직복귀 | |
| | ⑤ 감면/공제 적용의 배제 | 소득금액을 추계결정하는 경우 적용배제 | |
| 적용 시 검토 | ⑥ 감면/공제 중복적용 확인 | • 제6조(창업중소기업 등에 대한 세액감면) 을 적용받는 경우에는 중복적용 불가<br>• 제29조의 7(고용을 증대시킨 기업에 대한 세액공제)와 제1항(상시근로자 증가 세액공제)중복적용 불가<br>• 제30조의 4(중소기업 사회보험료 세액공제)와 중복적용 불가<br>• 제121조의 2(외국인투자에 대한 조세감면) 적용 시 외국인 지분율에 대한 해당하는 부분과 제1항(상시근로자 증가 세액공제) 중복적용 불가 | |

05 고용지원을 위한 조세특례

<table>
<tr><th colspan="2">구 분</th><th colspan="2">검토요건 또는 확인사항</th></tr>
<tr><td rowspan="3">적용 시 검토</td><td>⑦ 최저한세 적용대상 확인</td><td colspan="2">최저한세 규정 적용</td></tr>
<tr><td>⑧ 이월적용 여부 확인</td><td colspan="2">10년간 이월공제 적용</td></tr>
<tr><td>⑨ 농어촌특별세 비과세 확인</td><td colspan="2">농어촌특별세 과세</td></tr>
<tr><td rowspan="3">사후 관리</td><td rowspan="3">⑩ 공제감면 후 사후관리 규정</td><td>상시근로자 증가</td><td>최초 공제 적용 후 2년 이내 고용인원 감소 시 공제세액을 납부. 이자상당액 추가 납부 규정은 없음</td></tr>
<tr><td>정규직전환</td><td>정규직전환일로부터 2년 경과 전에 해당근로자 근로관계 종료 시 공제세액 납부. 이자상당액 추가 납부 규정은 없음</td></tr>
<tr><td>육아휴직복귀</td><td>육아휴직 복직일로부터 2년 경과 전에 해당 근로자 근로관계 종료 시 공제세액 납부. 이자상당액 추가 납부 규정은 없음</td></tr>
</table>

## 2. 적용여부 검토 세부내용

### (1) 당해 기업의 요건 충족 확인

① 상시근로자증가 세액공제

내국인에 대하여 적용한다(조특법 제29조의 8 제1항).

② 정규직근로자 전환 세액공제

중소기업 및 중견기업에 한하여 적용한다(조특법 제29조의 8 제4항).

③ 육아휴직 복귀자 세액공제

중소기업 및 중견기업에 한하여 적용한다(조특법 제29조의 8 제5항).

### (2) 조항별 적용시한 확인

① 상시근로자증가 세액공제

2025년 12월 31일이 속하는 과세연도까지의 기간 중 해당 과세연도의 상시근로자의 수가 직전 과세연도의 상시근로자의 수보다 증가한 경우 적용한다(조특법 제29조의 8 제1항).

② 정규직근로자 전환 세액공제

기간제근로자와 단시간근로자 및 파견근로자를 2024년 12월 31일까지 기간의 정함이 없는 근로계약을 체결한 근로자로 전환하는 경우와 사용사업주가 직접 고용하는 경우 및 원사업자가 기간의 정함이 없는 근로계약을 체결하여 직접 고용하는 경우 적용한다(조특법 제29조의 8 제4항).

③ 육아휴직 복귀자 세액공제

육아휴직 복귀자를 2025년 12월 31일까지 복직시키는 경우 적용한다(조특법 제29조의 8 제5항).

### (3) 조항별 규정 업종의 요건 충족 확인

#### 1) 상시근로자증가 세액공제

다음의 소비성 서비스업을 경영하는 경우 적용하지 않는다(조특법 제29조의 8 제1항, 조특령 제26조의 8 제1항 ⇒ 조특령 제29조 제3항, 조특칙 제17조).

① 호텔업 및 여관업(「관광진흥법」에 따른 관광숙박업은 제외)

② 주점업(일반유흥주점업, 무도유흥주점업 및 「식품위생법 시행령」 제21조에 따른 단란주점 영업만 해당하되, 「관광진흥법」에 따른 외국인전용유흥음식점업 및 관광유흥음식점업은 제외)

③ 무도장 운영업

④ 기타 사행시설 관리 및 운영업(「관광진흥법」 제5조 또는 「폐광지역 개발 지원에 관한 특별법」 제11조에 따라 허가를 받은 카지노업은 제외)

⑤ 유사 의료업 중 안마를 시술하는 업

⑥ 마사지업

#### 2) 정규직근로자 전환 세액공제

① 중소기업의 경우 위의 소비성서비스업 및 부동산임대업과 특정요건(부동산임대업이 주된 사업인 법인 등) 법인의 경우 적용하지 않는다.

② 중견기업의 경우 위의 소비서서비스업, 부동산임대업, 특정요건(부동산임대업이 주된 사업인 법인 등) 법인, 금융업, 보험 및 연금업, 금융 및 보험 관련 서비스업종의 경우 적용하지 않는다.

#### 3) 육아휴직 복귀자 세액공제

① 중소기업의 경우 위의 소비성서비스업 및 부동산임대업과 특정요건(부동산임대업이 주된 사업인 법인 등) 법인의 경우 적용하지 않는다.

② 중견기업의 경우 위의 소비서서비스업, 부동산임대업, 특정요건(부동산임대업이 주된 사업인 법인 등) 법인, 금융업, 보험 및 연금업, 금융 및 보험 관련 서비스업종의 경우 적용하지 않는다.

### (4) 본점 및 사업장 소재지 등 확인

① 상시근로자증가 세액공제

1인당 공제액 적용 시 중소기업의 경우 수도권 내의 지역 증가와 수도권 밖의 지역 증가에 대한 공제액이 차등 적용된다(조특법 제29조의 8 제1항 제1호 · 제2호).

② 정규직근로자 전환 세액공제

사업장 소재지에 따른 차등적용 규정은 없다.

③ 육아휴직 복귀자 세액공제

사업장 소재지에 따른 차등적용 규정은 없다.

### (5) 감면 및 공제 적용의 배제

「소득세법」 제80조 제3항 단서(소득금액의 추계결정)와 「법인세법」 제66조 제3항 단서(소득금액의 추계결정)에 따라 추계하는 경우 적용을 배제한다(조특법 제128조 제1항).

## 3. 세액공제 세부내용

### (1) 상시근로자 증가에 따른 소득세 · 법인세 공제

#### 1) 세액공제

내국인의 2025년 12월 31일이 속하는 과세연도까지의 기간 중 해당 과세연도의 상시근로자의 수가 직전 과세연도의 상시근로자의 수보다 증가한 경우에는 다음 '2) 공제세액의 계산'에 따른 금액을 해당 과세연도와 해당 과세연도의 종료일부터 1년(중소기업 및 중견기업의 경우에는 2년)이 되는 날이 속하는 과세연도까지의 소득세(사업소득에 대한 소득세만 해당한다) 또는 법인세에서 공제한다(조특법 제29조의 8 제1항).

① 내국인의 범위

다음의 업종을 경영하는 내국인은 적용대상 범위에서 제외한다(조특법 제29조의 8 제1항, 조특령 제26조의 8 제1항 ⇒ 조특령 제29조 제3항, 조특칙 제17조).

㉠ 호텔업 및 여관업(「관광진흥법」에 따른 관광숙박업은 제외)
㉡ 주점업(일반유흥주점업, 무도유흥주점업 및 「식품위생법 시행령」 제21조에 따른 단란주점 영업만 해당하되, 「관광진흥법」에 따른 외국인전용유흥음식점업 및 관광유흥음식점업은 제외)
㉢ 무도장 운영업
㉣ 기타 사행시설 관리 및 운영업(「관광진흥법」 제5조 또는 「폐광지역 개발 지원에 관한 특별법」 제11조에 따라 허가를 받은 카지노업은 제외)
㉤ 유사 의료업 중 안마를 시술하는 업
㉥ 마사지업

② 상시근로자의 범위

상시근로자는 「근로기준법」에 따라 근로계약을 체결한 내국인 근로자로 한다. 다만, 다음 어느 하나에 해당하는 사람은 제외한다(조특령 제26조의 8 제2항 ⇒ 조특령 제23조 제10항).

㉠ 근로계약기간이 1년 미만인 근로자(근로계약의 연속된 갱신으로 인하여 그 근로계약의 총 기간이 1년 이상인 근로자는 제외한다)

저자주 근로계약의 연속된 갱신으로 근로계약의 총 기간이 1년 이상인 경우 갱신일이 속하는 월부터 상시근로자에 포함 - 조특, 서면-2022-법인-2176[법인세과-1583], 2022.10.31.

㉡ 「근로기준법」 제2조 제1항 제9호에 따른 단시간근로자. 다만, 1개월간의 소정근로시간이 60시간 이상인 근로자는 상시근로자로 본다.

✎ "단시간근로자"란 1주 동안의 소정근로시간이 그 사업장에서 같은 종류의 업무에 종사하는 통상 근로자의 1주 동안의 소정근로시간에 비하여 짧은 근로자를 말한다(근로기준법 제2조 제1항 제9호).

㉢ 「법인세법 시행령」 제40조 제1항 각 호의 어느 하나에 해당하는 임원

법령 제40조 【기업업무추진비의 범위】

① 주주 또는 출자자(이하 "주주등"이라 한다)나 다음 각 호의 어느 하나에 해당하는 직무에 종사하는 자(이하 "임원"이라 한다) 또는 직원이 부담하여야 할 성질의 기업업무추진비를 법인이 지출한 것은 이를 기업업무추진비로 보지 아니한다.

1. 법인의 회장, 사장, 부사장, 이사장, 대표이사, 전무이사 및 상무이사 등 이사회의 구성원 전원과 청산인
2. 합명회사, 합자회사 및 유한회사의 업무집행사원 또는 이사
3. 유한책임회사의 업무집행자
4. 감사
5. 그 밖에 제1호부터 제4호까지의 규정에 준하는 직무에 종사하는 자

㉣ 해당 기업의 최대주주 또는 최대출자자(개인사업자의 경우에는 대표자를 말한다)와 그 배우자

㉤ '㉣'에 해당하는 자의 직계존비속(그 배우자를 포함한다) 및 「국세기본법 시행령」 제1조의 2 제1항에 따른 친족관계인 사람

> **국기령 제1조의 2 【특수관계인의 범위】**
> ① 법 제2조 제20호 가목에서 "혈족·인척 등 대통령령으로 정하는 친족관계"란 다음 각 호의 어느 하나에 해당하는 관계(이하 "친족관계"라 한다)를 말한다.
> 1. 4촌 이내의 혈족
> 2. 3촌 이내의 인척
> 3. 배우자(사실상의 혼인관계에 있는 자를 포함한다)
> 4. 친생자로서 다른 사람에게 친양자 입양된 자 및 그 배우자·직계비속
> 5. 본인이 「민법」에 따라 인지한 혼인 외 출생자의 생부나 생모(본인의 금전이나 그 밖의 재산으로 생계를 유지하는 사람 또는 생계를 함께하는 사람으로 한정한다)

㉥ 「소득세법 시행령」 제196조에 따른 근로소득원천징수부에 의하여 근로소득세를 원천징수한 사실이 확인되지 아니하고, 다음 어느 하나에 해당하는 금액의 납부사실도 확인되지 아니하는 자

> 가. 「국민연금법」 제3조 제1항 제11호 및 제12호에 따른 부담금 및 기여금
> 나. 「국민건강보험법」 제69조에 따른 직장가입자의 보험료

③ 청년등 상시근로자의 범위

청년 등 상시근로자는 청년 정규직 근로자, 장애인 근로자, 60세 이상 근로자, 경력단절근로자, 「북한이탈주민의 보호 및 정착지원에 관한 법률」에 따른 북한이탈주민 중 어느 하나에 해당하는 근로자를 말하며 이에 대한 구체적 내용은 다음과 같다(조특령 제26조의 8 제3항).

㉠ 청년 정규직 근로자(조특령 제26조의 8 제3항 제1호)

ⓐ 15세 이상 34세 이하인 사람 중 다음 어느 하나에 해당하는 사람을 제외한 사람. 다만, 해당 근로자가 조특령 제27조 제1항 제1호 각 목의 어느 하나에 해당하는 병역을 이행한 경우에는 그 기간(6년을 한도로 한다)을 현재 연령에서 빼고 계산한 연령이 34세 이하인 사람을 포함한다.

> ㉮ 「기간제 및 단시간근로자 보호 등에 관한 법률」에 따른 기간제근로자 및 단시간근로자

※ 기간제 및 단시간근로자 보호 등에 관한 법률

제2조【정의】

이 법에서 사용하는 용어의 정의는 다음과 같다.

1. "기간제근로자"라 함은 기간의 정함이 있는 근로계약(이하 "기간제 근로계약"이라 한다)을 체결한 근로자를 말한다.
2. "단시간근로자"라 함은 「근로기준법」 제2조의 단시간근로자를 말한다.
3. "차별적 처우"라 함은 다음 각 목의 사항에서 합리적인 이유 없이 불리하게 처우하는 것을 말한다.
   가. 「근로기준법」 제2조 제1항 제5호에 따른 임금
   나. 정기상여금, 명절상여금 등 정기적으로 지급되는 상여금
   다. 경영성과에 따른 성과금
   라. 그 밖에 근로조건 및 복리후생 등에 관한 사항

### ㈏ 「파견근로자보호 등에 관한 법률」에 따른 파견근로자

※ 파견근로자 보호 등에 관한 법률

제2조【정의】

이 법에서 사용하는 용어의 뜻은 다음과 같다.

1. "근로자파견"이란 파견사업주가 근로자를 고용한 후 그 고용관계를 유지하면서 근로자파견계약의 내용에 따라 사용사업주의 지휘 · 명령을 받아 사용사업주를 위한 근로에 종사하게 하는 것을 말한다.
2. "근로자파견사업"이란 근로자파견을 업(業)으로 하는 것을 말한다.
3. "파견사업주"란 근로자파견사업을 하는 자를 말한다.
4. "사용사업주"란 근로자파견계약에 따라 파견근로자를 사용하는 자를 말한다.
5. "파견근로자"란 파견사업주가 고용한 근로자로서 근로자파견의 대상이 되는 사람을 말한다.
6. "근로자파견계약"이란 파견사업주와 사용사업주 간에 근로자파견을 약정하는 계약을 말한다.
7. "차별적 처우"란 다음 각 목의 사항에서 합리적인 이유 없이 불리하게 처우하는 것을 말한다.
   가. 「근로기준법」 제2조 제1항 제5호의 임금
   나. 정기상여금, 명절상여금 등 정기적으로 지급되는 상여금
   다. 경영성과에 따른 성과금
   라. 그 밖에 근로조건 및 복리후생 등에 관한 사항

### ㈐ 「청소년 보호법」에 따른 청소년유해업소에 근무하는 같은 법에 따른 청소년

※ 청소년보호법

제2조【정의】

이 법에서 사용하는 용어의 뜻은 다음과 같다.

1. "청소년"이란 만 19세 미만인 사람을 말한다. 다만, 만 19세가 되는 해의 1월 1일을 맞이한 사람은 제외한다.
5. "청소년유해업소"란 청소년의 출입과 고용이 청소년에게 유해한 것으로 인정되는 다음 가목의 업소(이하 "청소년 출입 · 고용금지업소"라 한다)와 청소년의 출입은 가능하나 고용이 청소년에게 유해한 것으로 인정되는 다음 나목의 업소(이하 "청소년고용금지업소"라 한다)를 말한다. 이 경우 업소의 구분은 그 업소가 영업을 할 때 다른 법령에 따라 요구되는 허가 · 인가 · 등록 · 신고 등의 여부와 관계없이 실제로 이루어지고 있는 영업행위를 기준으로 한다.
   가. 청소년 출입 · 고용금지업소
      1) 「게임산업진흥에 관한 법률」에 따른 일반게임제공업 및 복합유통게임제공업 중 대통령령으로 정하는 것
      2) 「사행행위 등 규제 및 처벌 특례법」에 따른 사행행위영업
      3) 「식품위생법」에 따른 식품접객업 중 대통령령으로 정하는 것

4) 「영화 및 비디오물의 진흥에 관한 법률」 제2조 제16호에 따른 비디오물감상실업 · 제한관람가 비디오물소극장업 및 복합영상물제공업
5) 「음악산업진흥에 관한 법률」에 따른 노래연습장업 중 대통령령으로 정하는 것
6) 「체육시설의 설치 · 이용에 관한 법률」에 따른 무도학원업 및 무도장업
7) 전기통신설비를 갖추고 불특정한 사람들 사이의 음성대화 또는 화상대화를 매개하는 것을 주된 목적으로 하는 영업. 다만, 「전기통신사업법」 등 다른 법률에 따라 통신을 매개하는 영업은 제외한다.
8) 불특정한 사람 사이의 신체적인 접촉 또는 은밀한 부분의 노출 등 성적 행위가 이루어지거나 이와 유사한 행위가 이루어질 우려가 있는 서비스를 제공하는 영업으로서 청소년보호위원회가 결정하고 여성가족부장관이 고시한 것
9) 청소년유해매체물 및 청소년유해약물등을 제작 · 생산 · 유통하는 영업 등 청소년의 출입과 고용이 청소년에게 유해하다고 인정되는 영업으로서 대통령령으로 정하는 기준에 따라 청소년보호위원회가 결정하고 여성가족부장관이 고시한 것
10) 「한국마사회법」 제6조 제2항에 따른 장외발매소
11) 「경륜 · 경정법」 제9조 제2항에 따른 장외매장

나. 청소년고용금지업소
1) 「게임산업진흥에 관한 법률」에 따른 청소년게임제공업 및 인터넷컴퓨터게임시설제공업
2) 「공중위생관리법」에 따른 숙박업, 목욕장업, 이용업 중 대통령령으로 정하는 것
3) 「식품위생법」에 따른 식품접객업 중 대통령령으로 정하는 것
4) 「영화 및 비디오물의 진흥에 관한 법률」에 따른 비디오물소극장업
5) 「화학물질관리법」에 따른 유해화학물질 영업. 다만, 유해화학물질 사용과 직접 관련이 없는 영업으로서 대통령령으로 정하는 영업은 제외한다.
6) 회비 등을 받거나 유료로 만화를 빌려 주는 만화대여업
7) 청소년유해매체물 및 청소년유해약물등을 제작 · 생산 · 유통하는 영업 등 청소년의 고용이 청소년에게 유해하다고 인정되는 영업으로서 대통령령으로 정하는 기준에 따라 청소년보호위원회가 결정하고 여성가족부장관이 고시한 것

ⓑ 조특령 제27조【중소기업 취업자에 대한 소득세 감면】 제1항 제1호 각 목의 어느 하나에 해당하는 병역

㉮ 「병역법」 제16조 또는 제20조에 따른 현역병(같은 법 제21조, 제25조에 따라 복무한 상근예비역 및 의무경찰 · 의무소방원을 포함한다)
㉯ 「병역법」 제26조 제1항에 따른 사회복무요원
㉰ 「군인사법」 제2조 제1호에 따른 현역에 복무하는 장교, 준사관 및 부사관

㉡ 장애인근로자(조특령 제26조의 8 제3항 제2호)

다음에 해당하는 사람을 말한다.

ⓐ 「장애인복지법」의 적용을 받는 장애인
ⓑ 「국가유공자 등 예우 및 지원에 관한 법률」에 따른 상이자
ⓒ 「5 · 18민주유공자예우 및 단체설립에 관한 법률」 제4조 제2호에 따른 5 · 18민주화운동부상자

ⓓ 「고엽제후유의증 등 환자지원 및 단체 설립에 관한 법률」에 따른 고엽제후유의증환자로서 장애등급 판정을 받은 사람

㉢ 근로계약 체결일 현재 연령이 60세 이상인 사람(조특령 제26조의 8 제3항 제3호)

㉣ 경력단절근로자(조특법 제29조의 8 제2항, 조특령 제26조의 3 제4항)

경력단절근로자란 다음의 요건을 모두 충족하는 근로자를 말한다.

ⓐ 임금을 목적으로 같은 기업에서 1년 이상 계속하여 근로를 제공(소득세법 시행령 제196조 제1항에 따른 근로소득원천징수부에 의해 근로소득세를 원천징수한 사실이 확인되는 경우로 한정한다)한 후 결혼 · 임신 · 출산 · 육아 · 자녀교육 · 가족돌봄의 사유로 퇴직하였을 것(조특령 제26조의 3 제4항, 조특칙 제14조의 3)

- 퇴직한 날부터 1년 이내에 혼인한 경우(가족관계기록사항에 관한 증명서를 통하여 확인되는 경우로 한정한다)
- 퇴직한 날부터 2년 이내에 임신하거나 「모자보건법」에 따른 보조생식술을 받은 경우(의료기관의 진단서 또는 확인서를 통하여 확인되는 경우에 한정한다)
- 퇴직일 당시 임신한 상태인 경우(의료기관의 진단서를 통하여 확인되는 경우로 한정한다)
- 퇴직일 당시 8세 이하의 자녀가 있는 경우
- 퇴직일 당시 「초 · 중등교육법」 제2조에 따른 학교에 재학 중인 자녀가 있는 경우
- 퇴직일 당시 「장애인복지법」 제32조에 따라 등록한 장애인 자녀가 있는 경우
- 퇴직일 당시 70세 이상 또는 「장애인복지법」 제32조에 따라 등록한 장애인 해당하는 직계존속(배우자의 직계존속을 포함한다)을 동거봉양하기 위해 같은 세대를 이루고 있는 경우

ⓑ 'ⓐ'의 사유로 퇴직한 날부터 2년 이상 15년 미만의 기간이 지났을 것

ⓒ 해당 기업의 최대주주 또는 최대출자자(개인사업자의 경우에는 대표자를 말한다)나 그와 「국세기본법 시행령」 제1조의 2 제1항에 따른 친족관계인 사람이 아닐 것

국기령 제1조의 2【특수관계인의 범위】

① 법 제2조 제20호 가목에서 "혈족 · 인척 등 대통령령으로 정하는 친족관계"란 다음 각 호의 어느 하나에 해당하는 관계(이하 "친족관계"라 한다)를 말한다.

1. 4촌 이내의 혈족
2. 3촌 이내의 인척
3. 배우자(사실상의 혼인관계에 있는 자를 포함한다)
4. 친생자로서 다른 사람에게 친양자 입양된 자 및 그 배우자 · 직계비속
5. 본인이 「민법」에 따라 인지한 혼인 외 출생자의 생부나 생모(본인의 금전이나 그 밖의 재산으로 생계를 유지하는 사람 또는 생계를 함께하는 사람으로 한정한다)

㉤ 「북한이탈주민의 보호 및 정착지원에 관한 법률」에 따른 북한이탈주민

④ 상시근로자의 수 계산

상시근로자 수의 계산은 다음과 같이 적용한다(조특령 제26조의 8 제6항 ⇒ 조특령 제23조 제11항 각 호 외의 부분 후단 · 제10항 제2호 단서).

㉠ 상시근로자 수 계산식

1개월 소정근로시간 60시간 이상이어서 상시근로자로 보는 근로자 1명은 0.5명으로 하여 계산하되, 다음의 지원요건주)을 모두 충족하는 경우에는 0.75명으로 하여 계산한다(조특령 제26조의 8 제6항 제7항 · 제23조 제11항 · 제10항 제2호 단서).

| 청년 등 상시근로자 수 | 상시근로자 수 |
|---|---|
| 해당 과세연도 매월 말 현재 청년 등 상시근로자 수의 합 / 해당과세연도의 개월 수 (100분의 1 미만의 부분은 없는 것으로 한다) (조특령 제26조의 8 제6항) | 해당 과세연도 매월 말 현재 상시근로자 수의 합 / 해당과세연도의 개월 수 (100분의 1 미만의 부분은 없는 것으로 한다) (조특령 제26조의 8 제6항) |

주) 지원요건(조특령 제23조 제11항 제2호)

가. 해당 과세연도의 상시근로자 수(1개월 소정근로시간 60시간 이상이어서 상시근로자로 보는 근로자는 제외)가 직전 과세연도의 상시근로자 수(1개월 소정근로시간 60시간 이상이어서 상시근로자로 보는 근로자는 제외)보다 감소하지 아니하였을 것

나. 기간의 정함이 없는 근로계약을 체결하였을 것

다. 상시근로자와 시간당 임금(「근로기준법」 제2조 제1항 제5호에 따른 임금, 정기상여금 · 명절상여금 등 정기적으로 지급되는 상여금과 경영성과에 따른 성과금을 포함한다), 그밖에 근로조건과 복리후생 등에 관한 사항에서 「기간제 및 단시간근로자 보호 등에 관한 법률」 제2조 제3호에 따른 차별적 처우가 없을 것

라. 시간당 임금이 「최저임금법」 제5조에 따른 최저임금액의 100분의 130(중소기업의 경우에는 100분의 120) 이상일 것

㉡ 해당 과세연도 창업 등의 경우

해당 과세연도에 창업 등을 한 내국인의 경우에는 다음 구분에 따른 수를 직전 또는 해당 과세연도의 상시근로자 수로 본다(조특령 제26조의 8 제8항 ⇒ 조특령 제23조 제13항).

ⓐ 창업(조특법 제6조 제10항 제1호부터 제3호까지의 규정에 해당하는 경우는 제외한다)한 경우의 직전 과세연도의 상시근로자 수 : 0

ⓑ 조특법 제6조 제10항 제1호(합병 · 분할 · 현물출자 또는 사업의 양수 등을 통하여 종전의 사업을 승계하는 경우는 제외한다)부터 제3호까지의 어느 하나에 해당하는 경우의 직전 과세연도의 상시근로자 수 : 종전 사업, 법인전환 전의 사업 또는 폐업 전의 사업의 직전 과세연도 상시근로자 수

ⓒ 다음의 어느 하나에 해당하는 경우의 직전 또는 해당 과세연도의 상시근로자 수 : 직전 과세연도의 상시근로자 수는 승계시킨 기업의 경우에는 직전 과세연도 상시근로자 수에 승계시킨 상시근로자 수를 뺀 수로 하고, 승계한 기업의 경우에는 직전 과세연도 상시근로자 수에 승계한 상시근로자 수를 더한 수로 하며, 해당 과세연도의 상시근로자 수는 해당 과세연도 개시일에 상시근로자를 승계시키거나 승계한 것으로 보아 계산한 상시근로자 수로 한다.

가. 해당 과세연도에 합병 · 분할 · 현물출자 또는 사업의 양수 등에 의하여 종전의 사업부문에서 종사하던 상시근로자를 승계하는 경우

나. 조특령 제11조 제1항에 따른 특수관계인으로부터 상시근로자를 승계하는 경우

### 2) 공제세액의 계산

청년 등 상시근로자 증가분에 대한 공제세액과 청년 등 상시근로자 외 상시근로자 증가분에 대한 공제세액을 합산한 금액을 소득세 또는 법인세에서 공제한다.

공제세액 = 청년 등 상시근로자 증가분 공제액 + 청년 등 상시근로자 외 상시근로자 증가분 공제액

#### ① 청년 등 상시근로자 증가분 공제세액

공제세액은 다음에 따라 계산한 금액으로 한다(조특법 제29조의 8 제1항 제1호).

공제세액 = 청년 등 상시근로자 증가 인원수 × 1인당 공제액

**| 증가한 인원수와 1인당 공제액 |**

| 증가한 청년 등 상시근로자 수 | 1인당 공제액 | |
|---|---|---|
| 증가한 상시근로자 인원수를 한도로 함 | 중소기업 | 수도권 내 1,450만원 |
| | | 수도권 외 1,550만원 |
| | 중견기업 | 800만원 |
| | 그 외 기업 | 400만원 |

#### ② 청년 등 상시근로자 외 상시근로자 증가분 공제세액

공제세액은 다음에 따라 계산한 금액으로 한다(조특법 제29조의 8 제1항 제2호).

공제세액 = 청년 등 상시근로자외 상시근로자 증가 인원수 × 1인당 공제액

**| 증가한 인원수와 1인당 공제액 |**

| 증가한 청년 등 상시근로자 외 상시근로자 수 | 1인당 공제액 | |
|---|---|---|
| 증가한 상시근로자 인원수를 한도로 함 | 중소기업 | 수도권 내 850만원 |
| | | 수도권 외 950만원 |
| | 중견기업 | 450만원 |
| | 그 외 기업 | 없음 |

### (2) 정규직 근로자로의 전환에 따른 세액공제

#### 1) 정규직 전환(조특법 제29조의 8 제4항, 조특령 제26조의 8 제7항)

① 세액공제적용

㉠ 중소기업 또는 중견기업이 2023년 6월 30일 당시 고용하고 있는 기간제근로자 및 단시간근로자, 파견근로자를 2024년 12월 31일까지 정규직 근로자로 전환하는 경우 다음 '2) 공제세액의 계산'에 따른 금액을 해당 과세연도의 소득세(사업소득에 대한 소득세만 해당한다) 또는 법인세에서 공제한다. 다만, 해당 과세연도에 해당 중소기업 또는 중견기업의 상시근로자 수가 직전 과세연도의 상시근로자 수보다 감소한 경우에는 공제하지 아니한다.

㉡ 「근로기준법」 제74조에 따른 출산전후휴가를 사용 중인 상시근로자를 대체하는 상시근로자가 있는 경우 해당 출산전후휴가를 사용 중인 상시근로자는 상시근로자 수와 청년 등 상시근로자 수에서 제외한다.

② 정규직 근로자로의 전환이란 다음의 경우를 말한다.

㉠ 「기간제 및 단시간근로자 보호 등에 관한 법률」에 따른 기간제근로자 및 단시간근로자(이하 "기간제근로자 및 단시간근로자")를 기간의 정함이 없는 근로계약을 체결한 근로자로 전환하는 경우

㉡ 「파견근로자 보호 등에 관한 법률」에 따른 파견근로자를 사용사업주가 직접 고용하는 경우

㉢ 「하도급거래 공정화에 관한 법률」에 따른 수급사업자에게 고용된 기간제근로자 및 단시간근로자를 「하도급거래 공정화에 관한 법률」 제2조 제2항 제2호에 따른 원사업자가 기간의 정함이 없는 근로계약을 체결하여 직접 고용하는 경우

> 하도급거래 공정화에 관한 법률
>
> 제2조 【정의】
>
> ① 이 법에서 "하도급거래"란 원사업자가 수급사업자에게 제조위탁(가공위탁을 포함한다. 이하 같다) · 수리위탁 · 건설위탁 또는 용역위탁을 하거나 원사업자가 다른 사업자로부터 제조위탁 · 수리위탁 · 건설위탁 또는 용역위탁을 받은 것을 수급사업자에게 다시 위탁한 경우, 그 위탁(이하 "제조등의 위탁"이라 한다)을 받은 수급사업자가 위탁받은 것(이하 "목적물등"이라 한다)을 제조 · 수리 · 시공하거나 용역수행하여 원사업자에게 납품 · 인도 또는 제공(이하 "납품등"이라 한다)하고 그 대가(이하 "하도급대금"이라 한다)를 받는 행위를 말한다.
>
> ② 이 법에서 "원사업자"란 다음 각 호의 어느 하나에 해당하는 자를 말한다.
>
> 1. 중소기업자(「중소기업기본법」 제2조 제1항 또는 제3항에 따른 자를 말하며, 「중소기업협동조합법」에 따른 중소기업협동조합을 포함한다. 이하 같다)가 아닌 사업자로서 중소기업자

에게 제조등의 위탁을 한 자

2. 중소기업자 중 직전 사업연도의 연간매출액[관계 법률에 따라 시공능력평가액을 적용받는 거래의 경우에는 하도급계약 체결 당시 공시된 시공능력평가액의 합계액(가장 최근에 공시된 것을 말한다)을 말하고, 연간매출액이나 시공능력평가액이 없는 경우에는 자산총액을 말한다. 이하 이 호에서 같다]이 제조등의 위탁을 받은 다른 중소기업자의 연간매출액보다 많은 중소기업자로서 그 다른 중소기업자에게 제조등의 위탁을 한 자. 다만, 대통령령으로 정하는 연간매출액에 해당하는 중소기업자는 제외한다.

③ 이 법에서 "수급사업자"란 제2항 각 호에 따른 원사업자로부터 제조등의 위탁을 받은 중소기업자를 말한다.

### 2) 공제세액의 계산

① 정규직 근로자로의 전환에 따른 공제세액은 다음과 같이 계산한다.

**정규직 전환 1인당 공제액**

| 정규직 전환 근로자 수 | 1인당 공제액 | |
|---|---|---|
| | 중소기업 | 1,300만원 |
| | 중견기업 | 900만원 |

② 정규직 전환 근로자에서 제외되는 자

다음에 해당하는 사람은 정규직 전환 근로자 수 계산 시 제외한다.

㉠ 해당 기업의 최대주주 또는 최대출자자(개인사업자의 경우에는 대표자)

㉡ '㉠'과 「국세기본법 시행령」 제1조의 2 제1항에 따른 친족관계에 있는 사람

국기령 제1조의 2 【특수관계인의 범위】

① 법 제2조 제20호 가목에서 "혈족 · 인척 등 대통령령으로 정하는 친족관계"란 다음 각 호의 어느 하나에 해당하는 관계(이하 "친족관계"라 한다)를 말한다.

1. 4촌 이내의 혈족
2. 3촌 이내의 인척
3. 배우자(사실상의 혼인관계에 있는 자를 포함한다)
4. 친생자로서 다른 사람에게 친양자 입양된 자 및 그 배우자 · 직계비속
5. 본인이 「민법」에 따라 인지한 혼인 외 출생자의 생부나 생모(본인의 금전이나 그밖의 재산으로 생계를 유지하는 사람 또는 생계를 함께하는 사람으로 한정한다)

### (3) 육아휴직 복귀에 따른 세액공제

#### 1) 육아휴직자의 복귀(조특법 제29조의 8 제5항 · 제6항, 조특령 제26조의 8 제7항 · 제10항)

① 세액공제적용

㉠ 중소기업 또는 중견기업이 육아휴직 복귀자를 2025년 12월 31일까지 복직시키는 경우에는 육아휴직 복귀자 인원에 다음 '2) 공제세액의 계산'에 따른 금액을 복직한 날이 속하는 과세연도의 소득세(사업소득에 대한 소득세만 해당한다) 또는 법인세에서 공제한다. 다만, 해당 과세연도에 해당 중소기업 또는 중견기업의 상시근로자 수가 직전 과세연도의 상시근로자 수보다 감소한 경우에는 공제하지 아니한다.

㉡ 세액공제는 육아휴직 복귀자의 자녀 1명당 한 차례에 한정하여 적용한다.

㉢ 「근로기준법」 제74조에 따른 출산전후휴가를 사용 중인 상시근로자를 대체하는 상시근로자가 있는 경우 해당 출산전후휴가를 사용 중인 상시근로자는 상시근로자 수와 청년등 상시근로자 수에서 제외한다.

② 육아휴직 복귀자란 다음의 요건을 모두 충족한 사람을 말한다.

㉠ 해당 기업에서 1년 이상 근무하였을 것(「소득세법 시행령」 제196조 제1항에 따른 근로소득원천징수부를 통하여 해당 기업이 육아휴직 복귀자의 근로소득세를 원천징수하였던 사실이 확인되는 경우로 한정한다)

㉡ 「남녀고용평등과 일 · 가정 양립 지원에 관한 법률」 제19조 제1항에 따라 육아휴직한 경우로서 육아휴직 기간이 연속하여 6개월 이상일 것

> 남녀고용평등과 일 · 가정 양립 지원에 관한 법률
> 제19조 【육아휴직】
> ① 사업주는 임신 중인 여성 근로자가 모성을 보호하거나 근로자가 만 8세 이하 또는 초등학교 2학년 이하의 자녀(입양한 자녀를 포함한다. 이하 같다)를 양육하기 위하여 휴직(이하 "육아휴직"이라 한다)을 신청하는 경우에 이를 허용하여야 한다. 다만, 대통령령으로 정하는 경우에는 그러하지 아니하다.
> ② 육아휴직의 기간은 1년 이내로 한다.
> ③ 사업주는 육아휴직을 이유로 해고나 그 밖의 불리한 처우를 하여서는 아니 되며, 육아휴직 기간에는 그 근로자를 해고하지 못한다. 다만, 사업을 계속할 수 없는 경우에는 그러하지 아니하다.
> ④ 사업주는 육아휴직을 마친 후에는 휴직 전과 같은 업무 또는 같은 수준의 임금을 지급하는 직무에 복귀시켜야 한다. 또한 제2항의 육아휴직 기간은 근속기간에 포함한다.
> ⑤ 기간제근로자 또는 파견근로자의 육아휴직 기간은 「기간제 및 단시간근로자 보호 등에 관한 법률」 제4조에 따른 사용기간 또는 「파견근로자 보호 등에 관한 법률」 제6조

에 따른 근로자파견기간에서 제외한다.

⑥ 육아휴직의 신청방법 및 절차 등에 관하여 필요한 사항은 대통령령으로 정한다.

㉢ 해당 기업의 최대주주 또는 최대출자자(개인사업자의 경우에는 대표자를 말한다)나 그와 「국세기본법 시행령」 제1조의 2 제1항에 따른 친족관계에 있는 사람에 있는 사람이 아닐 것

#### 2) 공제세액의 계산

육아휴직 복귀자 1인당 세액공제액은 다음과 같다.

**| 육아휴직 복귀자 1인당 공제액 |**

| 육아휴직 복귀자 | 1인당 공제액 | |
|---|---|---|
| | 중소기업 | 1,300만원 |
| | 중견기업 | 900만원 |

### (4) 세액공제의 신청

세액공제를 받으려는 자는 과세표준 신고와 함께 세액공제신청서 및 공제세액계산서, 상시근로자 명세서를 납세지 관할 세무서장에게 제출하여야 한다(조특법 제29조의 8 제8항, 조특령 제26조의 8 제11항).



## 4. 적용 시 검토 세부내용

### (1) 감면 및 공제 중복적용 확인

① 제29조의 8【통합고용세액공제】 제1항(상시고용인원증가 세액공제)을 적용받는 경우에는 제6조【창업중소기업 등에 대한 세액감면】과 중복적용 할 수 없다(조특법 제127조 제4항 단서).

② 제29조의 8【통합고용세액공제】 제1항(상시고용인원증가 세액공제)은 제29조의 7【고용을 증대시킨 기업에 대한 세액공제】 또는 제30조의 4【중소기업 사회보험료 세액공제】 규정과 중복적용 할 수 없다(조특법 제127조 제11항).

③ 내국인에 대하여 동일한 과세연도에 제29조의 8【통합고용세액공제】 제1항(상시고용인원증가 세액공제)를 적용할 때 제121조의 2【외국인투자에 대한 조세 감면】 또는 제121조의 4【증자의 조세감면】에 따라 소득세 또는 법인세를 감면하는 경우에는 해당 규정에

따라 공제할 세액에 해당 기업의 총주식 또는 총지분에 대한 내국인투자자의 소유주식 또는 지분의 비율을 곱하여 계산한 금액을 공제한다(조특법 제127조 제3항).

### (2) 최저한세 적용대상 확인

최저한세 규정 적용대상이다(조특법 제132조 제1항 제3호 · 제2항 제3호).

### (3) 이월적용 여부 확인

공제할 세액 중 해당 과세연도에 납부할 세액이 없거나 제132조【최저한세액에 미달하는 세액에 대한 감면 등의 배제】에 따른 법인세 최저한세액 및 소득세 최저한세액에 미달하여 공제받지 못한 부분에 상당하는 금액은 해당 과세연도의 다음 과세연도 개시일부터 10년 이내에 끝나는 각 과세연도에 이월하여 그 이월된 각 과세연도의 소득세[사업소득(조특법 제96조의 3【상가임대료를 인하한 임대사업자에 대한 세액공제】 및 제126조의 6【성실신고 확인비용에 대한 세액공제】을 적용하는 경우에는 「소득세법」 제45조 제2항에 따른 부동산임대업에서 발생하는 소득을 포함한다)에 대한 소득세만 해당한다] 또는 법인세에서 공제한다(조특법 제144조 제1항).

### (4) 농어촌특별세 비과세 확인

농어촌특별세 과세대상이다(농특법 제3조 제1호).

## 5. 사후관리 검토

### (1) 상시근로자증가 세액공제의 경우

#### 1) 세액공제 적용 후 근로자 수 감소 시

소득세 또는 법인세를 공제받은 내국인이 최초로 공제를 받은 과세연도의 종료일부터 2년이 되는 날이 속하는 과세연도의 종료일까지의 기간 중 상시근로자 수가 감소할 경우 다음과 같이 처리한다(조특법 제29조의 8 제3항 전단).

**❙ 추가공제적용여부 ❙**

| ① 전체 상시근로자의 수가 최초로 공제를 받은 과세연도에 비하여 감소한 경우 | ② 청년 등 상시근로자의 수가 최초로 공제를 받은 과세연도에 비하여 감소한 경우 |
|---|---|
| 감소한 과세연도부터 세액공제 전체를 적용하지 않음 | 감소한 과세연도부터 청년 등 상시근로자 증가분 세액공제 적용하지 않음 |

### 2) 공제세액의 추가납부

상시근로자 수 감소로 세액공제 적용이 중단되는 경우에는 공제받은 세액에 상당하는 금액(제144조【세액공제액의 이월공제】에 따라 공제받지 못하고 이월된 금액이 있는 경우에는 그 금액을 차감한 후의 금액을 말한다)을 소득세 또는 법인세로 납부하여야 한다(조특법 제29조의 8 제3항 후단).

### 3) 추가납부할 세액의 계산

고용인원 감소로 인해 공제받은 세액을 추가로 납부하여야 하는 경우를 구분하면 최초 공제 후 공제 2차 연도와 공제 3차 연도로 다음과 같이 나누어 볼 수 있다(조특법 제29조의 8 제3항 후단, 조특령 제26조의 8 제4항).

**저자주** 서술 편의상 공제 1차 연도와 공제 2차 연도 및 공제 3차 연도 의미는 다음과 같다.

공제 1차 연도 : 최초로 공제받는 연도

공제 2차 연도 : 최초로 공제받은 과세연도의 종료일부터 1년이 되는 날이 속하는 과세연도의 종료일까지의 기간

공제 3차 연도 : 최초로 공제받은 과세연도의 종료일부터 2년이 되는 날이 속하는 과세연도의 종료일까지의 기간

<table>
<tr><th colspan="4">추가납부의 경우</th></tr>
<tr><td colspan="2">공제 2차 연도 : 최초로 공제받은 과세연도 대비 상시근로자 또는 청년 등 상시근로자 수 감소의 경우</td><td colspan="2">공제 3차 연도 : 최초로 공제받은 과세연도 대비 상시근로자 또는 청년 등 상시근로자 수 감소의 경우</td></tr>
<tr><td rowspan="2">상시근로자 수가 감소한 경우</td><td>① 청년 등 상시근로자의 감소한 인원수가 상시근로자의 감소한 인원수 이상인 경우</td><td rowspan="2">상시근로자 수가 감소한 경우</td><td>④ 청년 등 상시근로자의 감소한 인원수가 상시근로자의 감소한 인원수 이상인 경우</td></tr>
<tr><td>② 그 밖의 경우</td><td>⑤ 그 밖의 경우</td></tr>
<tr><td>③ 상시근로자 수는 감소하지 않으면서 청년 등 상시근로자 수가 감소한 경우</td><td>-</td><td>⑥ 상시근로자 수는 감소하지 않으면서 청년 등 상시근로자 수가 감소한 경우</td><td>-</td></tr>
</table>

※ 다음 산식에 따라 추가로 납부할 세액을 계산할 때 최초로 공제받은 과세연도에 청년 등 상시근로자에 해당한 자는 이후 과세연도에도 청년 등 상시근로자로 보아 청년 등 상시근로자 수를 계산한다(조특령 제26조의 8 제5항).

※ 추가납부세액의 한도

공제 2차 연도 '①, ②, ③'의 경우에는 해당 과세연도의 직전 1년 이내의 과세연도에 '3. 세액공제 세부내용 2) 공제세액의 계산' 규정에 따라 공제받은 세액을 한도로 한다(조특령 제26조의 8 제4항 제1호).

공제 3차 연도 '④, ⑤, ⑥'의 경우에는 위 '공제 2차 연도 ①, ②, ③'에 따라 계산한 금액이 있는 경우 그 금액을 제외하며, 해당 과세연도의 직전 2년 이내의 과세연도에 '3. 세액공제 세부내용 2) 공제세액의 계산' 규정에 따라 공제받은 세액의 합계액을 한도로 한다(조특령 제26조의 8 제4항 제2호).

① 공제 2차 연도→최초로 공제받은 과세연도 대비 상시근로자 수 감소→청년 등 상시근로자의 감소한 인원수가 상시근로자의 감소한 인원수 이상인 경우

> [최초로 공제받은 과세연도 대비 청년 등 상시근로자의 감소한 인원수(최초로 공제받은 과세연도에 청년 등 상시근로자의 증가한 인원수를 한도로 한다) − 상시근로자의 감소한 인원수] × (청년 등 상시근로자 1인당 공제액 − 청년 등외 상시근로자 1인당 공제액) + (상시근로자의 감소한 인원수 × 청년 등 상시근로자 1인당 공제액)

② 공제 2차 연도→최초로 공제받은 과세연도 대비 상시근로자 수 감소→그 밖의 경우

[최초로 공제받은 과세연도 대비 청년 등 상시근로자의 감소한 인원수(상시근로자의 감소한 인원수를 한도로 한다) × 청년 등 상시근로자 1인당 공제액] + [최초로 공제받은 과세연도 대비 청년 등 상시근로자 외 상시근로자의 감소한 인원수(전체 상시근로자의 감소한 인원수를 한도로 한다) × 청년 등외 상시근로자 1인당 공제액

③ 공제 2차 연도→최초로 공제받은 과세연도 대비 상시근로자 수는 감소하지 않으면서 청년 등 상시근로자 수가 감소한 경우

최초로 공제받은 과세연도 대비 청년 등 상시근로자의 감소한 인원수(최초로 공제받은 과세연도에 청년등 상시근로자의 증가한 인원수를 한도로 한다) × (청년 등 상시근로자 1인당 공제액 − 청년 등외 상시근로자 1인당 공제액)

④ 공제 3차 연도→최초로 공제받은 과세연도 대비 상시근로자수 감소→청년 등 상시근로자의 감소한 인원수가 상시근로자의 감소한 인원수 이상인 경우

[최초로 공제받은 과세연도 대비 청년 등 상시근로자의 감소한 인원수(최초로 공제받은 과세연도에 청년등 상시근로자의 증가한 인원수를 한도로 한다) − 전체 상시근로자의 감소한 인원수] × (청년 등 상시근로자 1인당 공제액 − 청년 등외 상시근로자 1인당 공제액) × 직전 2년 이내의 과세연도에 공제받은 횟수 + (전체 상시근로자의 감소한 인원수 × 청년 등 상시근로자 1인당 공제액 × 직전 2년 이내의 과세연도에 공제받은 횟수)

⑤ 공제 3차 연도→최초로 공제받은 과세연도 대비 상시근로자 수 감소→그 밖의 경우

최초로 공제받은 과세연도 대비 청년 등 상시근로자 및 청년 등 상시근로자 외 상시근로자의 감소한 인원수(전체 상시근로자의 감소한 인원수를 한도로 한다)에 대해 직전 2년 이내의 과세연도에 공제받은 세액의 합계액

⑥ 공제 3차 연도→최초로 공제받은 과세연도 대비 상시근로자 수는 감소하지 않으면서 청년 등 상시근로자 수가 감소한 경우

최초로 공제받은 과세연도 대비 청년등 상시근로자의 감소한 인원수(최초로 공제받은 과세연도에 청년등 상시근로자의 증가한 인원수를 한도로 한다) × (청년 등 상시근로자 1인당 공제액 − 청년 등외 상시근로자 1인당 공제액) × 직전 2년 이내의 과세연도에 공제받은 횟수

### (2) 정규직 근로자로의 전환에 따른 세액공제의 경우

세액공제 적용 후 정규직 근로자로의 전환일부터 2년이 지나기 전에 해당 근로자와의 근로관계를 종료하는 경우에는 근로관계가 종료한 날이 속하는 과세연도의 과세표준신고를 할 때 공제받은 세액에 상당하는 금액(공제금액 중 제144조【세액공제액의 이월공제】에 따라 공제받지 못하고 이월된 금액이 있는 경우에는 그 금액을 차감한 후의 금액을 말한다)을 소득세 또는 법인세로 납부하여야 한다(조특법 제29조의 8 제7항).

추가납부세액 = 공제받은 세액 − 미공제 이월액

### (3) 육아휴직 복귀에 따른 세액공제의 경우

세액공제 적용 후 육아휴직 복직일부터 2년이 지나기 전에 해당 근로자와의 근로관계를 종료하는 경우에는 근로관계가 종료한 날이 속하는 과세연도의 과세표준신고를 할 때 공제받은 세액에 상당하는 금액(공제금액 중 제144조【세액공제액의 이월공제】에 따라 공제받지 못하고 이월된 금액이 있는 경우에는 그 금액을 차감한 후의 금액을 말한다)을 소득세 또는 법인세로 납부하여야 한다(조특법 제29조의 8 제7항).

추가납부세액 = 공제받은 세액 - 미공제 이월액

## 6. 공제 적용 후 상시근로자 감소의 경우 집중분석

저자주 앞서 설명한 사후관리 규정은 조문의 내용을 소개한 것이며, 실무에서 1차연도에 상시근로자 수가 증가하여 세액공제 적용 후 2차연도, 3차연도에 상시근로자 수 감소로 인한 추가납부세액 계산은 처음 실무를 접하는 경우 이해가 쉽지 않다. 이하에서는 규정의 내용을 사례와 함께 분석하기로 한다.

### (1) 상시근로자 감소 시 추가공제의 배제와 추가납부

① 소득세 또는 법인세를 공제받은 내국인이 최초로 공제를 받은 과세연도의 종료일부터 2년이 되는 날이 속하는 과세연도의 종료일까지의 기간 중 상시근로자 수가 감소할 경우 다음과 같이 처리한다(조특법 제29조의 8 제3항 전단).

| 전체 상시근로자의 수가 최초로 공제를 받은 과세연도에 비하여 감소한 경우 | 전체 상시근로자 수는 감소하지 않으면서 청년등 상시근로자 수가 최초로 공제받은 과세연도에 비하여 감소한 경우 |
|---|---|
| 감소한 과세연도부터 세액공제 전체를 적용하지 않음 | 감소한 과세연도부터 청년 등 상시근로자 증가분 세액공제를 적용하지 않음 |

이에 대한 사례는 다음과 같다.

〈분석사례 1〉

| 2022년 | 2023년 | | 2024년 | | 2025년 | |
|---|---|---|---|---|---|---|
| 상시근로자 수 | 상시근로자 수 | 직전연도 대비 증감 | 상시근로자 수 | 직전연도 대비 증감 | 상시근로자 수 | 직전연도 대비 증감 |
| 전체 9명<br>청년 5명<br>청년외 4명 | 전체 13명<br>청년 7명<br>청년외 6명 | 4명 증가<br>2명 증가<br>2명 증가 | 전체 13명<br>청년 7명<br>청년외 6명 | 증감 없음<br>증감 없음<br>증감 없음 | 전체 11명<br>청년 6명<br>청년외 5명 | 감소 2명<br>감소 1명<br>감소 1명 |
| 1차연도공제 | ① 상황분석<br>직전연도(2022년) 대비 전체 상시근로자 수 증가하였으며, 청년 및 청년외 상시근로자 수 증가하였으므로 공제를 적용함 | | ① 상황분석<br>직전연도(2023년) 대비 전체 상시근로자 수가 증가하지 않았으므로 공제를 적용하지 않음 | | ① 상황분석<br>직전연도(2024년) 대비 전체 상시근로자 수가 증가하지 않았으므로(청년 및 청년외 상시근로자 수 모두 감소) 공제를 적용하지 않음 | |
| 2차연도공제 | | | ① 상황분석<br>최초공제연도(2023년) 대비 전체 상시근로자 수가 감소하지 않았으며, 청년 및 청년외 상시근로자 모두 감소하지 않았으므로 추가공제를 적용함 | | ① 상황분석<br>1차연도(최초공제연도 2024년)에 공제를 적용하지 않았으므로 이후 과세연도에 추가공제 또는 추가납부를 고려하지 않음 | |
| 3차연도공제 | | | | | ① 상황분석<br>최초공제연도(2023년) 대비 전체 상시근로자 수가 감소하였으며, 청년 및 청년외 상시근로자 수가 감소하였으므로 추가공제 중단하고 추가납부를 적용함 | |

〈분석사례 2〉

<table>
<tr><th>2022년</th><th colspan="2">2023년</th><th colspan="2">2024년</th><th colspan="2">2025년</th></tr>
<tr><td>상시근로자 수</td><td>상시근로자 수</td><td>직전연도 대비 증감</td><td>상시근로자 수</td><td>직전연도 대비 증감</td><td>상시근로자 수</td><td>직전연도 대비 증감</td></tr>
<tr><td>전체 9명<br>청년 5명<br>청년외 4명</td><td>전체 13명<br>청년 7명<br>청년외 6명</td><td>4명 증가<br>2명 증가<br>2명 증가</td><td>전체 13명<br>청년 6명<br>청년외 7명</td><td>증감 없음<br>1명 감소<br>1명 증가</td><td>전체 11명<br>청년 6명<br>청년외 5명</td><td>감소 2명<br>증감 없음<br>감소 2명</td></tr>
<tr><td rowspan="2">1차연도공제</td><td colspan="2">① 상황분석</td><td colspan="2">① 상황분석</td><td colspan="2">① 상황분석</td></tr>
<tr><td colspan="2">직전연도(2022년) 대비 전체 상시근로자 수 증가하였으며, 청년 및 청년외 상시근로자 수 증가하였으므로 공제를 적용함</td><td colspan="2">직전연도(2023년) 대비 전체 상시근로자 수가 증가하지 않았으므로 공제를 적용하지 않음</td><td colspan="2">직전연도(2024년) 대비 전체 상시근로자 수가 증가하지 않았고, 청년 등 상시근로자 수는 증감 변동 없고, 청년외 상시근로자 수가 감소하였으므로(증가하지 않았으므로) 공제를 적용하지 않음</td></tr>
<tr><td rowspan="2">2차연도공제</td><td colspan="2" rowspan="2"></td><td colspan="2">① 상황분석</td><td colspan="2">① 상황분석</td></tr>
<tr><td colspan="2">최초공제연도(2023년) 대비 전체 상시근로자 수가 감소하지 않았지만, 청년 상시근로자 수가 감소하였으므로 청년 등에 대한 세액공제는 중단 및 추가납부를 적용하고 청년외 상시근로자 수는 감소하지 않았으므로 추가공제를 적용함</td><td colspan="2">1차연도(최초공제연도 2024년)에 공제를 적용하지 않았으므로 이후 과세연도에 추가공제 또는 추가납부를 고려하지 않음</td></tr>
<tr><td rowspan="2">3차연도공제</td><td colspan="2" rowspan="2"></td><td colspan="2" rowspan="2"></td><td colspan="2">① 상황분석</td></tr>
<tr><td colspan="2">최초공제연도(2023년) 대비 전체 상시근로자 수가 감소하였으며, 청년 등 상시근로자 수는 감소한 상황이지만 2차연도(2024년)에 추가공제를 중단하였으므로 3차연도(2025년)에 추가납부 여부만 고려하면 되며, 청년외 상시근로자 수가 최초공제연도(2023년) 대비 감소하였으므로 추가공제를 중단하고 추가납부를 적용함</td></tr>
</table>

〈분석사례 3〉

| 2022년 | 2023년 | | 2024년 | | 2025년 | |
|---|---|---|---|---|---|---|
| 상시근로자 수 | 상시근로자 수 | 직전연도 대비 증감 | 상시근로자 수 | 직전연도 대비 증감 | 상시근로자 수 | 직전연도 대비 증감 |
| 전체 9명<br>청년 5명<br>청년외 4명 | 전체 13명<br>청년 7명<br>청년외 6명 | 4명 증가<br>2명 증가<br>2명 증가 | 전체 11명<br>청년 6명<br>청년외 5명 | 2명 감소<br>1명 감소<br>1명 감소 | 전체 14명<br>청년 7명<br>청년외 7명 | 증가 3명<br>증가 1명<br>증가 2명 |
| 1차연도공제 | ① 상황분석<br>직전연도(2022년) 대비 전체 상시근로자 수 증가하였으며, 청년 및 청년외 상시근로자 수 증가하였으므로 공제를 적용함 | | ① 상황분석<br>직전연도(2023년) 대비 전체 상시근로자 수가 증가하지 않았으므로(감소하였으므로) 공제를 적용하지 않음 | | ① 상황분석<br>직전연도(2024년) 대비 전체 상시근로자 수가 증가하였고 청년 등 상시근로자 수와 청년 등외 상시근로자 수 모두 증가하였으므로 청년 등 상시근로자와 청년 등외 상시근로자에 대한 공제를 모두 적용함 | |
| 2차연도공제 | | | ① 상황분석<br>최초공제연도(2023년) 대비 전체 상시근로자 수가 감소하였으며, 청년등 상시근로자 수 및 청년등 외 상시근로자 수가 감소하였으므로 청년등 상시근로자 및 청년 등외 상시근로자에 대한 추가공제를 모두 중단하고 추가납부를 적용함 | | ① 상황분석<br>1차연도(최초연도 2024년)에 공제를 적용하지 않았으므로 이후 과세연도에 추가공제 또는 추가납부를 고려하지 않음 | |
| 3차연도공제 | | | | | ① 상황분석<br>최초공제연도(2023년) 대비 전체 상시근로자 수가 감소하지 않고 증가하였지만 최초공제연도(2023년) 대비 감소한 과세연도(2024년)부터 추가공제를 중단하였으므로 전체 상시근로자 수가 증가하여도 추가공제는 적용하지 않음 | |

최초공제 이후 상시근로자 수 감소로 인하여 추가공제를 중단한 경우에는 그 이후 과세연도에 상시근로자 수가 증가하더라도 추가공제를 재개하지 않는 점에 주의하여야 한다.

**제29조의 8【통합고용세액공제】**

③ 제1항에 따라 소득세 또는 법인세를 공제받은 내국인이 최초로 공제를 받은 과세연도의 종료일부터 2년이 되는 날이 속하는 과세연도의 종료일까지의 기간 중 전체 상시근로자의 수가 최초로 공제를 받은 과세연도에 비하여 감소한 경우에는 **감소한 과세연도부터** 제1항을 적용하지 아니하고, 청년등상시근로자의 수가 최초로 공제를 받은 과세연도에 비하여 감소한 경우에는 **감소한 과세연도부터** 제1항 제1호를 적용하지 아니한다. 이 경우 대통령령으로 정하는 바에 따라 공제받은 세액에 상당하는 금액(제1항에 따른 공제금액 중 제144조에 따라 공제받지 못하고 이월된 금액이 있는 경우에는 그 금액을 차감한 후의 금액을 말한다)을 소득세 또는 법인세로 납부하여야 한다.

## (2) 추가납부액 계산

세액공제 적용 후 2차연도 및 3차연도에 상시근로자 수 또는 청년등 상시근로자 수가 감소하는 경우 다음과 같이 추가납부세액을 계산한다.

서술 편의상 공제 1차연도와 공제 2차연도 및 공제 3차연도의 의미는 다음과 같다.

|  |  |
|---|---|
| **공제 1차연도** | 최초로 공제받는 연도 |
| **공제 2차연도** | 최초로 공제받은 과세연도의 종료일부터 1년이 되는 날이 속하는 과세연도의 종료일까지의 기간 |
| **공제 3차연도** | 최초로 공제받은 과세연도의 종료일부터 2년이 되는 날이 속하는 과세연도의 종료일까지의 기간 |

**| 공제 2차연도 및 공제 3차연도 추가납부 상황 |**

<table>
<tr><th colspan="4">추가납부의 경우</th></tr>
<tr><td colspan="2">공제 2차연도 : 최초로 공제받은 과세연도 대비 상시근로자 또는 청년 등 상시근로자 수가 감소한 경우</td><td colspan="2">공제 3차연도 : 최초로 공제받은 과세연도 대비 상시근로자 또는 청년 등 상시근로자 수가 감소한 경우</td></tr>
<tr><td rowspan="2">상시근로자 수가 감소한 경우</td><td>① 청년 등 상시근로자의 감소한 인원수가 상시근로자의 감소한 인원수 이상인 경우</td><td rowspan="2">상시근로자 수가 감소한 경우</td><td>④ 청년 등 상시근로자의 감소한 인원수가 상시근로자의 감소한 인원수 이상인 경우</td></tr>
<tr><td>② 그 밖의 경우</td><td>⑤ 그 밖의 경우</td></tr>
<tr><td>③ 상시근로자 수는 감소하지 않으면서 청년 등 상시근로자 수가 감소한 경우</td><td>–</td><td>⑥ 상시근로자 수는 감소하지 않으면서 청년 등 상시근로자 수가 감소한 경우</td><td>–</td></tr>
</table>

다음 산식에 따라 추가로 납부할 세액을 계산할 때 최초로 공제받은 과세연도에 청년 등 상시근로자에 해당한 자는 이후 과세연도에도 청년 등 상시근로자로 보아 청년 등 상시근로자 수를 계산한다(조특령 제26조의 8 제4항).

**추가납부세액의 한도(조특령 제26조의 8 제4항 제1호 · 제2호)**

| 공제 2차연도 '①, ②, ③'의 경우 | 공제 3차연도 '④, ⑤, ⑥'의 경우 |
|---|---|
| 해당 과세연도의 직전 1년 이내의 과세연도에 공제받은 세액을 한도로 한다(조특령 제26조의 8 제4항 제1호). | '공제 2차연도 ①, ②, ③'에 따라 계산한 금액이 있는 경우 그 금액을 제외하며, 해당 과세연도의 직전 2년 이내의 과세연도에 공제받은 세액의 합계액을 한도로 한다(조특령 제26조의 8 제4항 제2호). |

① 공제 2차연도 → 최초로 공제받은 과세연도 대비 상시근로자 수 감소 → 청년 등 상시근로자의 감소한 인원수가 상시근로자의 감소한 인원수 이상인 경우

| [최초로 공제받은 과세연도 대비 청년 등 상시근로자의 감소한 인원수(최초로 공제받은 과세연도에 청년 등 상시근로자의 증가한 인원수를 한도로 한다) − 상시근로자의 감소한 인원수] × (청년 등 상시근로자 1인당 공제액 − 상시근로자 1인당 공제액) + (상시근로자의 감소한 인원수 × 청년 등 상시근로자 1인당 공제액) | |
|---|---|
| 위의 산식을 간단히 정리 | [최초공제연도 대비 청년 감소 수(최초공제연도 청년 증가 인원수 한도) − 전체 감소 인원수] × (청년 1인당 공제액 − 청년외 1인당 공제액)<br>+ (전체 감소 인원수 × 청년 1인당 공제액) |

이 상황은 다음과 같이 분석할 수 있다.

**2차연도 현황 : 최초공제연도 대비**
**청년등 상시근로자 감소 인원수 ≥ 전체 상시근로자 감소 인원수**

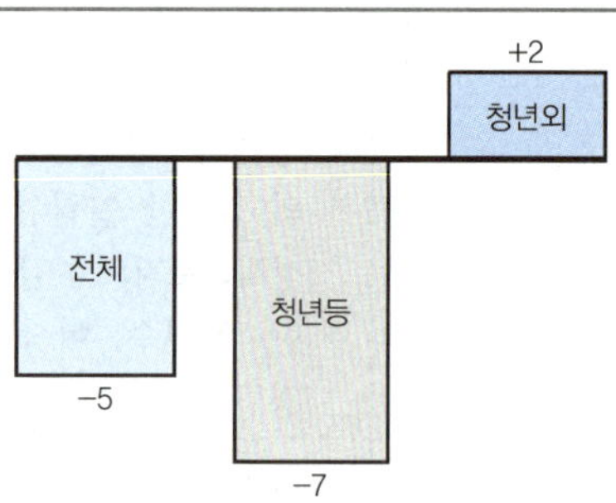


상시근로자 증감분석

| 구 분 | 2023년 | 2024년 | | | 2025년 | | |
|---|---|---|---|---|---|---|---|
| 전체 | 7명 | 16명 | 9명 | 증가 | 11명 | 5명 | 감소 |
| 청년 | 2명 | 10명 | 8명 | 증가 | 3명 | 7명 | 감소 |
| 청년외 | 5명 | 6명 | 1명 | 증가 | 8명 | 2명 | 증가 |

상황분석

① 최초공제연도(2024년) 대비 2차연도(2025년)에 전체 상시근로자 수가 감소하고 청년등 상시근로자 수 또한 감

① 2024년도(최초공제연도 1차공제연도)에 직전 과세연도인 2023년도 대비 전체 상시근로자는 9명 증가, 청년등 상시근로자는 8명 증가, 청년등외 상시근로자는 1명 증가함

소하였는데 청년등 상시근로자의 감소 인원수가 전체 상시근로자 감소 인원수보다 많아 청년등 상시근로자의 변동방향(증가 또는 감소)과 청년등외 상시근로자의 변동방향(증가 또는 감소)이 역방향이어서 증가와 감소 상쇄효과를 유발하게 된다.

② 청년등 상시근로자의 감소 수 중 전체 상시근로자 감소 수를 초과하는 부분에 대해서는 청년등 1인당 공제액과 청년등외 1인당이 공제액이 차액을 반영하여 추가납부세액을 계산하고 청년등 상시근로자 감소 수 중 전체 상시근로자 감소 수에 해당하는 부분은 순수하게 청년등 상시근로자 수가 감소한 것으로 보아 청년등 1인당 공제액을 반영하여 추가납부세액을 계산한다.

② 2025년도(2차공제연도)에는 최초공제연도(2024년) 대비 전체 상시근로자는 5명 감소, 청년등 상시근로자는 7명 감소, 청년등외 상시근로자는 2명 증가함. 청년등 감소 인원수 7명 중 청년등외 증가 인원수 2명과 상쇄되어 전체 상시근로자 수는 5명 감소로 나타남.

▶ <u>감소한 과세연도부터</u> 추가공제를 적용하지 않으므로 2025년도에는 2024년도분의 2차연도 추가공제를 배제하고 추가납부를 적용함. 이때 청년등 감소 인원수 7명 중 청년등외 증가 인원수 2명과 상쇄되는 부분의 추가납부세액은 청년등과 청년등외 1인당 공제액의 차액만 추가납부세액으로 계산하고 상쇄 후 5명 감소분에 대한 부분은 순수하게 청년등 1인당 공제액을 반영하여 추가납부세액을 산정함

▶ 수도권 소재 중소기업을 가정할 경우 추가납부세액 계산
(7명 − 5명) × (14,500,000원 − 8,500,000원)
+ (5명 × 14,500,000원)
= 12,000,000원 + 72,500,000원
= 84,500,000원

② 공제 2차연도 → 최초로 공제받은 과세연도 대비 상시근로자 수 감소 → 그 밖의 경우

[최초로 공제받은 과세연도 대비 청년 등 상시근로자의 감소한 인원수(상시근로자의 감소한 인원수를 한도로 한다) × 청년 등 상시근로자 1인당 공제액] + [최초로 공제받은 과세연도 대비 청년 등 상시근로자 외 상시근로자의 감소한 인원수(상시근로자의 감소한 인원수를 한도로 한다) × 상시근로자 1인당 공제액

| 위의 산식을 간단히 정리 | [최초공제연도 대비 청년 감소 수(전체 감소 수 한도) × 청년 1인당 공제액] + [최초공제연도 대비 청년외 감소 수(전체 감소 수 한도) × 청년외 1인당 공제액 |
|---|---|

이 상황은 다음과 같이 분석할 수 있다.

**| 2차연도 현황 : 최초공제연도 대비 청년등 상시근로자 감소 인원수 < 전체 상시근로자 감소 인원 수 |**

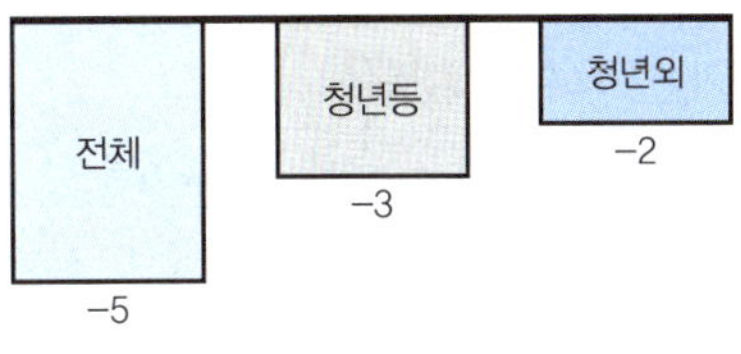


상시근로자 증감분석

| 구 분 | 2023년 | 2024년 | | | 2025년 | | |
|---|---|---|---|---|---|---|---|
| 전체 | 7명 | 16명 | 9명 | 증가 | 11명 | 5명 | 감소 |
| 청년 | 4명 | 10명 | 6명 | 증가 | 7명 | 3명 | 감소 |
| 청년외 | 3명 | 6명 | 3명 | 증가 | 4명 | 2명 | 감소 |

| 상황분석 | |
|---|---|
| 최초공제연도(2024년) 대비 2차연도(2025년)에 청년등 상시근로자와 청년등외 상시근로자 모두 감소하여 전체 상시근로자 수가 감소하는 상황이다. 위 '①'의 경우와 달리 청년등 상시근로자의 변동방향(증가 또는 감소)과 청년등외 상시근로자의 변동방향(증가 또는 감소)이 모두 동일한 순방향으로 변동하기 때문에 상쇄효과는 발생하지 않는다. 그러므로 청년등 상시근로자 감소 수에 대해서는 청년등 1인당 공제액을, 청년등외 상시근로자 감소 수에 대해서는 청년등외 1인당 공제액을 적용하여 추가납부 세액을 계산한다. | ① 2024년도(최초공제연도 1차공제연도)에 직전 과세연도인 2023년도 대비 전체 상시근로자는 9명 증가, 청년등 상시근로자는 6명 증가, 청년등외 상시근로자는 3명 증가함.<br>② 2025년도(2차공제연도)에는 최초공제연도(2024년) 대비 청년등 상시근로자는 3명 감소, 청년등외 상시근로자는 2명 감소함. 전체 상시근로자 수는 5명 감소로 나타남.<br>▶ <u>감소한 과세연도부터</u> 추가공제를 적용하지 않으므로 2025년도에는 2024년도분의 2차연도 추가공제를 배제하고 추가납부를 적용함. 청년등 상시근로자와 청년등외 상시근로자 모두 감소한 형태이므로 청년등 상시근로자 감소 인원수에는 청년등 1인당 공제액을 적용하고 청년 등외 감소 인원수에는 청년 등외 1인당 공제액을 적용하여 추가납부세액을 계산함.<br>▶ 수도권 소재 중소기업을 가정할 경우 추가납부세액 계산<br>3명 × 14,500,000원 + 2명 × 8,500,000원<br>= 43,500,000원 + 17,000,000원<br>= 60,500,000원 |

③ 공제 2차연도 → 최초로 공제받은 과세연도 대비 상시근로자 수는 감소하지 않으면서 청년 등 상시근로자 수가 감소한 경우

| 최초로 공제받은 과세연도 대비 청년 등 상시근로자의 감소한 인원수(최초로 공제받은 과세연도에 청년등 상시근로자의 증가한 인원수를 한도로 한다) × (청년 등 상시근로자 1인당 공제액 − 상시근로자 1인당 공제액) | |
|---|---|
| 위의 산식을 간단히 정리 | 최초공제연도 대비 청년 감소 수(최초공제연도 청년 증가 인원수 한도) × (청년등 1인당 공제액 − 청년외 1인당 공제액) |

이 상황은 다음과 같이 분석할 수 있다.

**2차연도 현황 : 최초공제연도 대비**
**전체 상시근로자 수 ≥ 0, 청년등 상시근로자 감소 인원수 > 0**

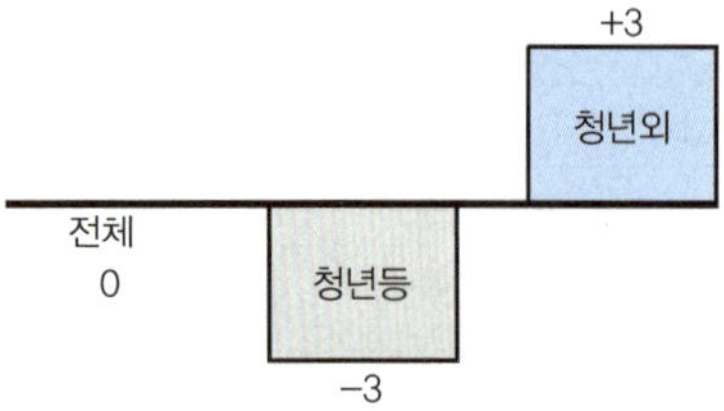


상시근로자 증감분석

| 구 분 | 2023년 | 2024년 | | | 2025년 | | |
|---|---|---|---|---|---|---|---|
| 전체 | 7명 | 16명 | 9명 | 증가 | 16명 | 증감 | 없음 |
| 청년 | 4명 | 10명 | 6명 | 증가 | 7명 | 3명 | 감소 |
| 청년외 | 3명 | 6명 | 3명 | 증가 | 9명 | 3명 | 증가 |

| 상황분석 | |
|---|---|
| ① 최초공제연도(1차연도 2024년) 대비 2차연도(2025년)에 전체 상시근로자 수는 증감 변동 없이 유지되었지만 이는 청년 등 상시근로자 수가 감소한 수만큼 청년등외 상시근로자 수 증가와 상쇄되어 전체 상시근로자 수는 증감 변동 없이 유지되는 것이다.<br>② 이 경우 전체 상시근로자 수가 최초공제연도 대비 감소하지 아니하였으므로 2차연도(2025년) 추가공제를 적용하지만 청년등 상시근로자 수가 감소하였으므로 2차연도(감소한 과세연도)부터 청년등 상시근로자에 대한 추가공제를 배제하고 추가납부하여야 한다.<br>③ 물론 청년등외 상시근로자 수는 감소하지 아니하였고 전체 상시근로자 수도 감소하지 아니하였으므로 청년등외 상시근로자에 대하여는 2차연도 추가공제를 적용한다.<br>④ 아울러 2차연도에 청년등 상시근로자 수는 감소하였으나 청년등외 상시근로자 수가 증가하여 전체 상시근로자 수가 유지(또는 증가)되는 경우 최초공제 적용 시 청년등 상시근로자 수를 청년등외 상시근로자 수로 보아 추가공제에 반영하여야 한다(기획재정부 조세특례제도과-214 2023.03.06.). | ① 2024년도(최초공제연도 1차공제연도)에 직전 과세연도인 2023년도 대비 전체 상시근로자는 9명 증가, 청년등 상시근로자는 6명 증가, 청년등외 상시근로자는 3명 증가함.<br>② 2025년도(2차공제연도)에는 최초공제연도(2024년) 대비 청년등 상시근로자는 3명 감소, 청년등외 상시근로자는 3명 증가함. 전체 상시근로자 수는 증감 변동 없이 최초공제연도(1차연도 2024년)의 전체 상시근로자 수가 유지됨.<br>▶ 전체 상시근로자 수는 감소하지 않고 유지하였지만 청년 등 상시근로자 수는 감소하였으므로 감소한 과세연도인 2024년부터 청년등 상시근로자에 대한 추가공제는 중단하고 추가납부하여야 하며, 청년등외 상시근로자 수는 유지하고 있으므로 청년등외 상시근로자에 대한 추가공제를 적용한다.<br>▶ 청년 등 상시근로자에 대한 추가납부세액<br>3명 × (14,500,000원 − 8,500,000원)<br>= 18,000,000원<br>▶ 청년등외 상시근로자에 대한 추가공제세액<br>당초분 : 3명 × 8,500,000원 = 25,500,000원<br>청년등 감소분 : 6명 × 8,500,000원 = 51,000,000원<br>합계 : 25,500,000원 + 51,000,000원 = 76,500,000원 |

④ 공제 3차연도 → 최초로 공제받은 과세연도 대비 상시근로자 수 감소 → 청년 등 상시근로자의 감소한 인원수가 상시근로자의 감소한 인원수 이상인 경우

| [최초로 공제받은 과세연도 대비 청년 등 상시근로자의 감소한 인원수(최초로 공제받은 과세연도에 청년등 상시근로자의 증가한 인원수를 한도로 한다) − 상시근로자의 감소한 인원수] × (청년 등 상시근로자 1인당 공제액 − 상시근로자 1인당 공제액) × 직전 2년 이내의 과세연도에 공제받은 횟수 + (상시근로자의 감소한 인원수 × 청년 등 상시근로자 1인당 공제액 × 직전 2년 이내의 과세연도에 공제받은 횟수) | |
|---|---|
| 위의 산식을 간단히 정리 | [최초공제연도 대비 청년 감소 수(최초공제연도 청년 증가 인원수 한도) − 전체 감소 인원수] × (청년 1인당 공제액 − 청년외 1인당 공제액) × 직전 2년 이내 공제 횟수 + (전체 감소 인원 수 × 청년 1인당 공제액 × 직전 2년 이내 공제 횟수) |

05 고용지원을 위한 조세특례

이 상황은 다음과 같이 분석할 수 있다.

**3차연도 현황 : 최초공제연도 대비**
**청년등 상시근로자 감소 인원수 ≥ 전체 상시근로자 감소 인원수**

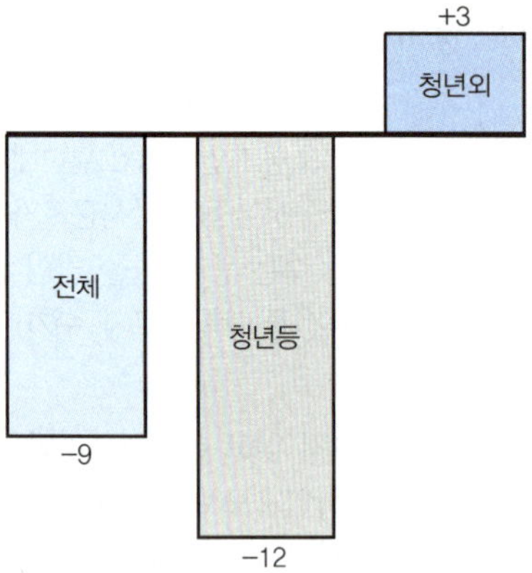


상시근로자 증감분석

| 구 분 | 2022년 | 2023년 | | 2024년 | | 2025년 | |
|---|---|---|---|---|---|---|---|
| 전체 | 18명 | 42명 | 24명 증가 | 42명 | 증감 없음 | 33명 | 9명 감소 |
| 청년 | 8명 | 20명 | 12명 증가 | 20명 | 증감 없음 | 8명 | 12명 감소 |
| 청년외 | 10명 | 22명 | 12명 증가 | 22명 | 증감 없음 | 25명 | 3명 증가 |

상황분석

※ 분석의 기본적인 틀은 앞서 설명한 공제2차연도분석 '①'과 동일하다.

① 최초공제연도(2023년)에 전체 상시근로자 수 증가, 청년등 상시근로자 수 증가, 청년등외 상시근로자 수 증가하여 세액공제를 적용한다.

② 2차연도(2024년)에 최초공제연도(2023년) 대비 전체 상시근로자 유지, 청년등 상시근로자 수 유지, 청년등외 상시근로자 수 유지되어 추가공제를 적용한다.

③ 3차연도(2025년)에 최초공제연도(2023년) 대비 전체 상시근로자 수 감소, 청년등 상시근로자 수 감소, 청년등외 상시근로자 수 감소하여 추가공제를 중단하고 추가납부한다.

① 직전과세연도(2022년) 대비 공제1차연도(2023년)에 전체 상시근로자 수 24명 증가, 청년등 상시근로자 수 12명 증가, 청년등외 상시근로자 수 12명 증가하여 다음과 같이 세액공제를 적용함.

▶ 청년등 : 12명 × 14,500,000원 = 174,000,000원
▶ 청년등외 : 12명 × 8,500,000원 = 102,000,000원

② 공제2차연도(2024년)에 최초공제연도(2023년) 대비 전체 상시근로자 수 감소하지 않고, 청년등 상시근로자 수 감소하지 않고, 청년등외 상시근로자 수 감소하지 아니하였으며 다음과 같이 추가공제를 적용함.

▶ 청년 등 : 174,000,000원
▶ 청년등외 : 102,000,000원

③ 공제3차연도(2025년)에 최초공제연도(2023년) 대비 전체 상시근로자 수 감소, 청년등 상시근로자 수 감소, 청년등외 상시근로자 수는 증가하여 추가공제를 중단하고 추가납부를 적용함.

▶ 추가납부세액
= (12명 − 9명)×(14,500,000원 − 8,500,000원)
×2회 + 9명×14,500,000원×2회
= 297,000,000원

※ 추가납부세액한도 검증
276,000,000원 + 276,000,000원 = 552,000,000원

⑤ 공제 3차연도 → 최초로 공제받은 과세연도 대비 상시근로자 수 감소 → 그 밖의 경우

> 최초로 공제받은 과세연도 대비 청년 등 상시근로자 및 청년 등 상시근로자 외 상시근로자의 감소한 인원수(상시근로자의 감소한 인원수를 한도로 한다)에 대해 직전 2년 이내의 과세연도에 공제받은 세액의 합계액

이 상황은 다음과 같이 분석할 수 있다.

**3차연도 현황 : 최초공제연도 대비**
**청년등 상시근로자 감소 인원수 < 전체 상시근로자 감소 인원수**

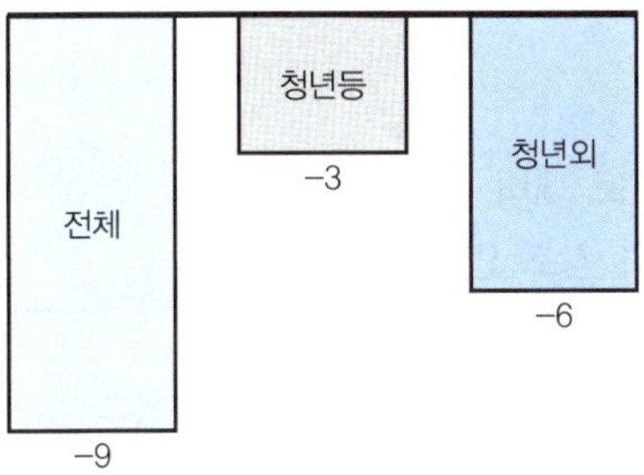


상시근로자 증감분석

| 구 분 | 2022년 | 2023년 | | 2024년 | | 2025년 | |
|---|---|---|---|---|---|---|---|
| 전체 | 18명 | 42명 | 24명 증가 | 42명 | 증감 없음 | 33명 | 9명 감소 |
| 청년 | 8명 | 20명 | 12명 증가 | 20명 | 증감 없음 | 17명 | 3명 감소 |
| 청년외 | 10명 | 22명 | 12명 증가 | 22명 | 증감 없음 | 16명 | 6명 감소 |

상황분석

※ 분석의 기본적인 틀은 앞서 설명한 공제 2차연도분석 '②'와 동일하다.

① 최초공제연도(2023년)에 전체 상시근로자 수 증가, 청년등 상시근로자 수 증가, 청년등외 상시근로자 수 증가하여 세액공제를 적용한다.

② 2차연도(2024년)에 최초공제연도(2023년) 대비 전체 상시근로자 유지, 청년등 상시근로자 수 유지, 청년등외 상시근로자 수 유지되어 추가공제를 적용한다.

③ 3차연도(2025년)에 최초공제연도(2023년) 대비 전체 상시근로자 수 감소, 청년등 상시근로자 수 감소, 청년등외 상시근로자 수 감소하여 추가공제를 중단하고 추가납부한다.

① 직전과세연도(2022년) 대비 공제1차연도(2023년)에 전체 상시근로자 수 24명 증가, 청년등 상시근로자 수 12명 증가, 청년등외 상시근로자 수 12명 증가하여 다음과 같이 세액공제를 적용함.

▶ 청년등 : 12명 × 14,500,000원 = 174,000,000원
▶ 청년등외 : 12명 × 8,500,000원 = 102,000,000원

② 공제2차연도(2024년)에 최초공제연도(2023년) 대비 전체 상시근로자 수 감소하지 않고, 청년등 상시근로자 수 감소하지 않고, 청년등외 상시근로자 수 감소하지 아니하였으며 다음과 같이 추가공제를 적용함.

▶ 청년 등 : 174,000,000원
▶ 청년등외 :102,000,000원

③ 공제3차연도(2025년)에 최초공제연도(2023년) 대비 전체 상시근로자 수 감소, 청년등 상시근로자 수 감소, 청년등외 상시근로자 수 감소하여 추가공제를 중단하고 추가납부를 적용함.

▶ 추가납부세액
= 3명×14,500,000원×2회
+ 6명×8,500,000×2회

= 189,000,000원

※ 추가납부세액한도 검증
276,000,000원 + 276,000,000원 = 552,000,000원

⑥ 공제 3차연도 → 최초로 공제받은 과세연도 대비 상시근로자 수는 감소하지 않으면서 청년 등 상시근로자 수가 감소한 경우

> 최초로 공제받은 과세연도 대비 청년등 상시근로자의 감소한 인원수(최초로 공제받은 과세연도에 청년등 상시근로자의 증가한 인원수를 한도로 한다) × (청년 등 상시근로자 1인당 공제액 − 상시근로자 1인당 공제액) × 직전 2년 이내의 과세연도에 공제받은 횟수

이 상황은 다음과 같이 분석할 수 있다.

**3차연도 현황 : 최초공제연도 대비**
**전체 상시근로자 수≥ 0, 청년등 상시근로자 감소 인원수 > 0**

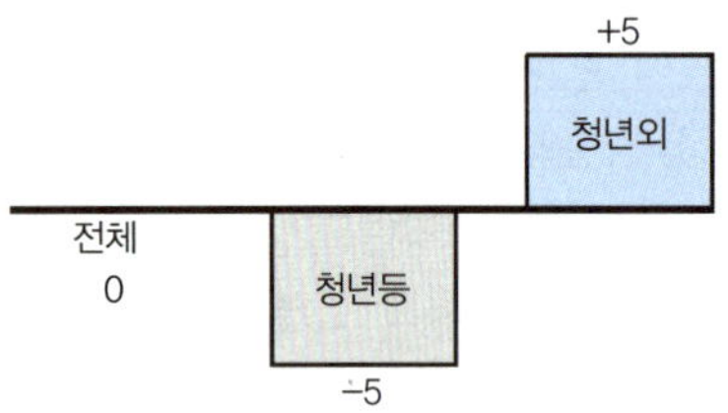


상시근로자 증감분석

| 구 분 | 2022년 | 2023년 | | 2024년 | | 2025년 | |
|---|---|---|---|---|---|---|---|
| 전체 | 18명 | 42명 | 24명 증가 | 42명 | 증감 없음 | 42명 | 증감 없음 |
| 청년 | 8명 | 20명 | 12명 증가 | 20명 | 증감 없음 | 15명 | 5명 감소 |
| 청년외 | 10명 | 22명 | 12명 증가 | 22명 | 증감 없음 | 27명 | 5명 증가 |

상황분석

※ 분석의 기본적인 틀은 앞서 설명한 공제 2차연도분석 '③'과 동일하다.

① 최초공제연도(2023년)에 전체 상시근로자 수 증가, 청년등 상시근로자 수 증가, 청년등외 상시근로자 수 증가하여 세액공제를 적용한다.

② 2차연도(2024년)에 최초공제연도(2023년) 대비 전체 상시근로자 유지, 청년등 상시근로자 수 유지, 청년등외 상시근로자 수 유지되어 추가공제를 적용한다.

③ 3차연도(2025년)에 최초공제연도(2023년) 대비 전체 상시근로자 수는 감소하

① 직전과세연도(2022년) 대비 공제1차연도(2023년)에 전체 상시근로자 수 24명 증가, 청년등 상시근로자 수 12명 증가, 청년등외 상시근로자 수 12명 증가하여 다음과 같이 세액공제를 적용함.

▶ 청년등 : 12명 × 14,500,000원 = 174,000,000원
▶ 청년등외 : 12명 × 8,500,000원 = 102,000,000원

② 공제2차연도(2024년)에 최초공제연도(2023년) 대비 전체 상시근로자 수 감소하지 않고, 청년등 상시근로자 수 감소하지 않고, 청년등외 상시근로자 수 감소하지 아니하였으며 다음과 같이 추가공제를 적용함.

▶ 청년 등 : 174,000,000원
▶ 청년등외 : 102,000,000원

③ 공제3차연도(2025년)에 최초공제연도(2023년) 대비 전

| | |
|---|---|
| 지 않았지만, 청년등 상시근로자 수가 감소하고, 청년등외 상시근로자 수가 증가하여 전체 상시근로자 수는 유지(또는 증가)하는 경우 청년등 상시근로자에 대하여는 추가공제를 중단하고 추가납부하고 청년등외 상시근로자는 감소하지 않았으므로 추가공제를 적용한다(이 경우 최초공제 적용 시 청년등 상시근로자 수를 청년등외 상시근로자 수로 보아 추가공제에 반영하여야 한다)(기획재정부조세특례제도과-214 2023.03.06.). | 체 상시근로자 수 유지, 청년등 상시근로자 수 감소, 청년등외 상시근로자 수 증가하여 청년등 상시근로자에 대하여는 추가공제를 중단하고 추가납부를 적용하며, 청년등외 상시근로자에 대하여는 추가공제를 적용함과 동시에 청년등 상시근로자 감소 수에 대하여 청년등외 상시근로자 추가공제 시 추가로 반영함.<br>▶ 추가납부세액<br>= 5명 × (14,500,000원 − 8,500,000원) × 2회<br>= 60,000,000원<br>▶ 추가공제세액<br>당초분 : 102,000,000원<br>청년등 감소분 : 12명 × 8,500,000원<br>= 102,000,000원<br>합계 : 102,000,000원 + 102,000,000원<br>= 204,000,000원<br>※ 추가납부세액한도 검증<br>276,000,000원 + 276,000,000원 = 552,000,000원 |

### (3) 추가납부 시 이자상당액

추가납부하는 경우에도 이자상당액은 납부하지 않는다.

## Ⅱ 집행기준 기본통칙 질의회신

### 1. 질의회신

| 제 목 | 내 용 |
|---|---|
| 「조세특례제한법」 제29조의 8 제4항 제1호에 따른 육아휴직 복귀자를 복직시키는 경우 세액공제 적용 대상 요건으로 "해당기업에서 1년 이상 근무"에는 육아휴직 기간도 포함되는 것인지 여부 | 「조세특례제한법」 제29조의 8 제4항 제1호에 따른 "해당기업에서 1년 이상 근무" 기간에는 육아휴직에 따라 근로소득세 원천징수 사실이 확인되지 않는 기간은 포함되지 않는 것임<br>사전법규소득-223, 2024.6.20. |
| 고용증대세액공제 적용 후 후속연도 통합고용세액공제 적용 방법 | 중소기업인 내국법인이 2022년 12월 31일이 속하는 과세연도에 대해「조세특례제한법」 제29조의 7(고용을 증대시킨 기업에 대한 세액공제)에 따라 세액공제를 받은 경우, 2023년 12월 31일이 속하는 과세연도와 2024년 12월 31일이 속하는 과세연도까지「조세특례제한법」 제29조의 7(고용을 증대시킨 기업에 대한 세액공제) 규정을 적용하여 세액공제하는 것임<br>또한, 2023년 12월 31일(또는 2024년 12월 31일)이 속하는 과세연도(이하 '해당 과세연도')의 상시근로자 수가 직전 과세연도보다 증가하는 경우, 해당 과세연도에는「조세특례제한법」 제29조의 7(고용을 증대시킨 기업에 대한 세액공제)과 같은 법 제29조의 8(통합고용세액공제) 중 어느 하나를 선택하여 세액공제를 적용하고 이후 과세연도의 추가 공제 시에도 당초 선택한 공제방법을 적용하는 것임<br>서면법인-1263, 2023.6.8. |

## III 사례연구

### 1. 회사 정보 공통사항

#### (1) 회사 사업내용, 설립일 및 소재지 등

① ㈜나라는 LCD 모니터 제조업과 데스크톱 PC 도소매업을 영위하는 법인 사업자이다. 회사 설립일은 1997.1.7.이다. 본점은 경기도 고양시 일산서구 대화로에 소재하고 있다. 본점 소재지에는 제1공장과 사무실이 소재하고 있고, 충청남도 천안시 서북구 성환읍에 2003.9.27. 지점 사업장을 설치하고 지점 사업자등록 후 사업장을 운영하고 있으며 지점에서도 본점과 동일한 사업을 영위하고 있다.

② 2025년 사업연도의 법인의 재무상태표상 자산총액은 3,565,918,921원, 매출액은 제품매출 7,628,403,721원, 상품매출 1,839,786,400원이다.

③ 당해 법인은 다른 회사의 계열사 등은 아니다.

④ ㈜나라의 업종코드와 한국표준산업분류코드는 다음과 같다.

| 구 분 | 업종코드 | 한국표준산업분류코드 |
|---|---|---|
| LCD 모니터 제조업 | 300103 | C26322 |
| 데스크톱 PC 도소매업 | 515050 | G46510 |

⑤ 공제시한 내 이월결손금은 없으며, 2025년 사업연도에 비과세소득, 소득공제항목은 발생하지 않았다.

#### (2) 임원구성 및 주주지분

① 대표이사 김유민, 이사 강나라, 감사 한동진 모두 법인등기사항증명서상 등기 임원이다.

② 주주지분 구성내용

| 주주명 | 생년월일 | 주식 수 | 지분율 | 최대주주와의 관계 |
|---|---|---|---|---|
| 김유민 | 1976.06.03. | 9,000 | 90% | 본인 |
| 강나라 | 1980.06.11. | 500 | 5% | 배우자 |
| 김정운 | 1958.10.11. | 500 | 5% | 기타 |
| 소 계 | | 10,000 | 100% | |

### (3) 2025년 사업연도 사업장별 업종별 소득금액

㈜나라의 2025년 사업연도 소득금액은 다음과 같다.

| 구 분 | 본점 사업장 | 지점 사업장 | 합 계 |
|---|---|---|---|
| LCD 모니터 제조업 | 58,335,479 | 26,128,520 | 84,463,999 |
| 데스크톱 PC 도소매업 | 146,140,207 | 9,125,060 | 155,265,267 |
| 소 계 | 204,475,686 | 35,253,580 | 239,729,266 |

## 2. 근무자 현황

㈜나라의 2025년도 근무자 현황은 다음과 같다.

| 성 명 | 생년월일 | 입사일 | 성 명 | 생년월일 | 입사일 |
|---|---|---|---|---|---|
| 김유민 | 1976.06.03. | 2008.10.08 | 이용은 | 1972.10.19. | 2005.10.03. |
| 강나라 | 1980.06.11. | 2010.02.01. | 한동진 | 1958.10.11. | 2004.01.05. |
| 장미리 | 1981.03.12. | 2010.03.01. | Jack Smith | 1968.11.13. | 2008.10.08. |
| 김형신 | 1963.12.01. | 2004.04.04. | Tom Smith | 1982.11.16. | 2018.10.01. |
| 김정운 | 1975.12.15. | 2007.01.05. | 한마음 | 1998.12.02. | 2025.04.01. |
| 고민해 | 1969.08.12. | 2006.05.01 | 김재연 | 1984.05.07. | 2025.07.01. |
| 이로운 | 1985.07.10. | 2019.09.12. | – | – | – |

**(1)** ㈜나라의 근무자의 1주 소정근로시간은 모두 주5일 40시간이며, 근로계약서는 모두 작성하였다.

**(2)** 2025년 사업연도 입사자 중 한마음, 김재연 모두 여성근로자로 고양시 소재 본점 사업장에 입사하여 근무하고 있으며, 김재연 근무자는 종전의 회사에서 2014년 1월부터 근무하다가 출산 및 육아를 사유로 2020년 7월 31일 퇴사 후 2025년 7월에 ㈜나라에 입사하였다.

## 3. 요구사항

㈜나라의 2025년 사업연도 통합고용세액공제 규정 적용여부를 판단하고 공제세액과 농어촌특별세 과세대상인 경우 부담할 농어촌특별세액을 계산하시오.

### 풀이

1. 기본검토사항

<table>
<tr><th colspan="2">구 분</th><th colspan="2">검토요건 또는 확인사항</th></tr>
<tr><td rowspan="6">적용<br>여부<br>검토</td><td rowspan="3">① 당해 기업의 요건 충족 확인</td><td colspan="2">㈜나라는 경기도 고양시에 본점이 소재하는 내국법인이므로 요건충족</td></tr>
<tr><td colspan="2">업종요건 : 제조업 도소매업 영위 요건충족</td></tr>
<tr><td colspan="2">규모요건 : 제조업 매출액 7,628,403,721원, 도소매업 매출 1,839,786,400원이므로 주된 사업은 제조업으로 판단. 중소기업기본법 시행령 별표 1의 한국표준산업분류코드 C26에 따른 매출액 1,000억원 이하 요건충족<br>독립성요건 : 다른 기업의 계열사 등은 아니므로 요건충족<br>졸업요건 : 당해 사업연도 자산총액 3,565,918,921원이므로 요건충족<br>∴ 조세특례제한법의 중소기업에 해당함</td></tr>
<tr><td>② 각 조항별 적용시한 확인</td><td colspan="2">상시근로자 증가분 충족</td></tr>
<tr><td>③ 각 조항별 규정 업종의 요건충족 확인</td><td colspan="2">㈜나라는 제조업과 도소매업을 경영하므로 요건충족</td></tr>
<tr><td>④ 본점 및 사업장 소재지 등 확인</td><td>상시근로자 증가</td><td>증가인원 모두 수도권 소재 본점에서 근무하며, 청년 근무자 한마음, 경력단절여성 근무자 김재연에 대한 1인당 공제액은 중소기업의 수도권 내 기준을 적용</td></tr>
<tr><td></td><td>⑤ 감면/공제 적용의 배제</td><td colspan="2">소득금액추계결정 시 적용배제</td></tr>
</table>

<table>
<tr><th colspan="2">구 분</th><th>검토요건 또는 확인사항</th></tr>
<tr><td rowspan="4">적용 시 검토</td><td>⑥ 감면/공제 중복적용 확인</td><td>㈜나라는 1997년에 설립된 법인이므로 제6조(창업중소기업 등에 대한 세액감면) 제6항(고용증가 추가감면) 규정은 적용되지 않으며, 주주 모두 내국인이므로 제121조의2(외국인투자에 대한 조세감면) 적용 시 내국인 지분율에 대한 해당하는 부분과 중복적용 불가 규정을 고려하지 않음</td></tr>
<tr><td>⑦ 최저한세 적용대상 확인</td><td>최저한세 규정 적용</td></tr>
<tr><td>⑧ 이월적용 여부 확인</td><td>10년간 이월공제 적용</td></tr>
<tr><td>⑨ 농어촌특별세 비과세 확인</td><td>농어촌특별세 과세</td></tr>
<tr><td>사후 관리</td><td>⑩ 공제감면 후 사후관리규정</td><td>2025년 사업연도 최초 적용이므로 차기 사업연도부터 고용인원 증감에 따른 사후관리 필요</td></tr>
</table>

2. 공제세액의 계산

(1) 상시근로자 수 증감변동 내역

㈜나라의 2024년과 2025년 상시근로자 수 증감변동 내역을 계산하면 다음과 같다.

| 연도 | 1월 | 2월 | 3월 | 4월 | 5월 | 6월 | 7월 | 8월 | 9월 | 10월 | 11월 | 12월 | 합계 | 평균 |
|---|---|---|---|---|---|---|---|---|---|---|---|---|---|---|
| 24년 | 8 | 8 | 8 | 8 | 8 | 8 | 8 | 8 | 8 | 8 | 8 | 8 | 96 | 8.00 |
| 25년 | 8 | 8 | 8 | 9 | 9 | 9 | 10 | 10 | 10 | 10 | 10 | 10 | 111 | 9.25 |
| 증감 | – | – | – | 1 | 1 | 1 | 2 | 2 | 2 | 2 | 2 | 2 | 15 | 1.25 |

대표이사 김유민, 이사 강나라, 감사 한동민은 상시근로자 수 계산에서 제외한다.

(2) 청년 등 상시근로자 수 증감변동 내역

2025.4.1. 입사자 한마음은 청년 근로자에 해당하고, 2025.7.1. 입사자 김재연은 경력단절근로자에 해당하므로 2명 모두 청년 등 상시근로자에 포함된다.

| 연도 | 1월 | 2월 | 3월 | 4월 | 5월 | 6월 | 7월 | 8월 | 9월 | 10월 | 11월 | 12월 | 합계 | 평균 |
|---|---|---|---|---|---|---|---|---|---|---|---|---|---|---|
| 24년 | – | – | – | – | – | – | – | – | – | – | – | – | – | – |
| 25년 | – | – | – | 1 | 1 | 1 | 2 | 2 | 2 | 2 | 2 | 2 | 15 | 1.25 |
| 증감 | – | – | – | 1 | 1 | 1 | 2 | 2 | 2 | 2 | 2 | 2 | 15 | 1.25 |

(3) 공제세액의 계산

① 상시근로자 증가분

| 청년 등 상시근로자 수 증가분 | 청년 등 외 상시근로자 수 증가분 | 합계액 |
|---|---|---|
| 1.25 × 14,500,000<br>= 18,125,000 | 0 × 8,500,000<br>= 0 | 18,125,000 + 0<br>=18,125,000 |

② 세액공제액 합계

상시근로자 증가분 = 18,125,000

(4) 법인세 산출세액 비교

① ㈜나라의 2025년 사업연도 법인세 산출세액

= 200,000,000 × 9% + (239,729,266 - 200,000,000) × 19%

= 18,000,000 + 7,548,560

= 25,548,560

② 최저한세

= 16,781,048(= 239,729,266 × 7%)

차감세액 7,423,560원(=25,548,560 - 18,125,000), 최저한세 16,781,048원이므로 9,357,488원을 적용배제 하고 이월한다.

(5) 농어촌특별세액 계산

= 8,767,512 × 20% = 1,753,502

[별지 제10호의 9 서식] (2025.6.30. 개정) (3쪽 중 제1쪽)

# 통합고용세액공제 공제세액계산서

| | | |
|---|---|---|
| ① 신청인 | ① 상호 또는 법인명 : ㈜나라 | ② 사업자등록번호 : 203-81-63108 |
| | ③ 대표자 성명 : 김 유 민 | ④ 생년월일 : 1973년 04월 12일 |
| | ⑤ 주소 또는 본점소재지 : 경기도 고양시 일산서구 대화로37번길 102-30(법곶동)<br>(전화번호 : 031-2231-7027) | |

| | |
|---|---|
| ② 과세연도 | 2025년 1월 1일부터 2025년 12월 31일까지 |

③ 상시근로자 현황 (작성방법 2,3번을 참고하시기 바랍니다.)

| 구분 | 직전전 과세연도 | 직전 과세연도 | 해당 과세연도 |
|---|---|---|---|
| ⑥ 상시근로자 수(⑦+⑧) | | 8.00 | 9.25 |
| ⑦ 청년등상시근로자 수 | | 0.00 | 1.25 |
| ⑧ 청년등상시근로자를 제외한 상시근로자 수 | | | |
| ⑨ 정규직 전환 근로자 수 | - | | |
| ⑩ 육아휴직 복귀자 수 | | | - |

④ 기본공제 공제세액 계산내용

가. 1차년도 세제지원 요건 : ⑬ > 0

1. 상시근로자 증가 인원

| ⑪ 해당 과세연도 상시근로자 수 | ⑫ 직전 과세연도 상시근로자 수 | ⑬ 상시근로자 증가 인원 수 (⑪-⑫) |
|---|---|---|
| 9.25 | 8.00 | 1.25 |

2. 청년등상시근로자 증가 인원

| ⑭ 해당 과세연도 청년등상시근로자 수 | ⑮ 직전 과세연도 청년등상시근로자 수 | ⑯ 청년등상시근로자 증가 인원 수 (⑭-⑮) |
|---|---|---|
| 1.25 | 0.00 | 1.25 |

3. 청년등상시근로자를 제외한 상시근로자 증가 인원

| ⑰ 해당 과세연도 청년등상시근로자를 제외한 상시근로자 수 | ⑱ 직전 과세연도 청년등상시근로자를 제외한 상시근로자 수 | ⑲ 청년등상시근로자를 제외한 상시근로자 증가 인원 수(⑰-⑱) |
|---|---|---|
| - | - | - |

(3쪽 중 제2쪽)

4. 1차년도 세액공제액 계산

| 구분 | 구분 | | 직전 과세연도 대비 상시근로자 증가 인원 수 (⑬상시근로자 증가 인원 수를 한도로 함) | 1인당 공제금액 | ⑳ 1차년도 세액공제액 |
|---|---|---|---|---|---|
| 중소기업 | 수도권 내 | 청년등 | 1.25 | 1천4백5십만원 | 18,125,000 |
| | | 청년등 외 | | 8백5십만원 | |
| | 수도권 밖 | 청년등 | | 1천5백5십만원 | |
| | | 청년등 외 | | 9백5십만원 | |
| | 계 | | 1.25 | | 18,125,000 |
| 중견기업 | 청년등 | | | 8백만원 | |
| | 청년등 외 | | | 4백5십만원 | |
| | 계 | | | | |
| 일반기업 | 청년등 | | | 4백만원 | |
| | 청년등 외 | | | | |
| | 계 | | | | |

나. 2차년도 세제지원 요건 : ㉓ ≥ 0

1. 상시근로자 증가 인원

| ㉑ 2차년도(해당 과세연도) 상시근로자 수 | ㉒ 1차년도(직전 과세연도) 상시근로자 수 | ㉓ 상시근로자 증가 인원 수(㉑-㉒) |
|---|---|---|
| | | |

2. 2차년도 세액공제액 계산(상시근로자 감소여부)

| 1차년도 (직전 과세연도) 대비 상시근로자 감소여부 | 1차년도 (직전 과세연도) 대비 청년등상시근로자 수 감소여부 | ㉔ 1차년도 (직전 과세연도) 청년등상시근로자 증가 세액공제액 | ㉕ 1차년도 (직전 과세연도) 청년등 외 상시근로자 증가 세액공제액 | ㉖ 2차년도 세액공제액 |
|---|---|---|---|---|
| **부** | **부** | | | |
| | 여 | | | |
| 여 | | | | |

다. 3차년도 세제지원 요건(중소 · 중견기업만 해당) : ㉙ ≥ 0

1. 상시근로자 증가 인원

| ㉗ 3차년도(해당 과세연도) 상시근로자 수 | ㉘ 1차년도(직전전 과세연도) 상시근로자 수 | ㉙ 상시근로자 증가 인원(㉗-㉘) |
|---|---|---|
| | | |

2. 3차년도 세액공제액 계산(상시근로자 감소여부)

| 1차년도 (직전전 과세연도) 대비 상시근로자 감소여부 | 1차년도 (직전전 과세연도) 대비 청년등상시근로자 수 감소여부 | ㉚ 1차년도 (직전전 과세연도) 청년등 상시근로자 증가 세액공제액 | ㉛ 1차년도 (전전 과세연도) 청년등 외 상시근로자 증가 세액공제액 | ㉜ 3차년도 세액공제액 |
|---|---|---|---|---|
| 부 | 부 | | | |
| | 여 | | | |
| 여 | | | | |

❺ 추가공제 공제세액 계산내용

가. 세제지원 요건 : ㉟ ≥ 0

| ㉝ 해당 과세연도 상시근로자 수 | ㉞ 직전 과세연도 상시근로자 수 | ㉟ 상시근로자 증가 인원 수 (㉝-㉞) |
|---|---|---|
| | | |

나. 세액공제액 계산

| 구분 | 구분 | 인원 수 | 1인당 공제금액 | ㊱ 추가공제 세액공제액 |
|---|---|---|---|---|
| 중소기업 | 정규직 전환자 | | 1천3백만원 | |
| | 육아휴직 복귀자 | | | |
| | 계 | | | |
| 중견기업 | 정규직 전환자 | | 9백만원 | |
| | 육아휴직 복귀자 | | | |
| | 계 | | | |

| ⑥ 세액공제액 : ⑳ 1차년도 세액공제액 + ㉖ 2차년도 세액공제액 + ㉜ 3차년도 세액공제액 + ㊱ 추가공제 세액공제액 | 18,125,000 |
|---|---|

「조세특례제한법 시행령」 제26조의8 제11항에 따라 위와 같이 공제세액계산서를 제출합니다.

2026년 3월 31일

신청인 ㈜나라 김 유 민 (서명 또는 인)

**고양 세무서장** 귀하

작 성 방 법

1. 근로자 수는 다음과 같이 계산하되, 100분의 1 미만의 부분은 없는 것으로 합니다.
 가. 상시근로자 수: 매월 말 현재 상시근로자 수의 합 / 과세연도의 개월 수
 나. 청년등상시근로자 수: 매월 말 현재 청년등상시근로자 수의 합 / 과세연도의 개월 수
 다. 청년등상시근로자 외 상시근로자 수: 매월 말 현재 청년등상시근로자 외 상시근로자 수의 합 / 과세연도의 개월 수
2. ⑥란의 상시근로자란 「근로기준법」에 따라 근로계약을 체결한 내국인 근로자로서 다음의 어느 하나에 해당하는 사람을 제외한 근로자를 말합니다.
 가. 근로계약기간이 1년 미만인 근로자. 다만, 근로계약의 연속된 갱신으로 인하여 그 근로계약의 총 기간이 1년 이상인 근로자는 상시근로자로 봅니다.
 나. 「근로기준법」 제2조제1항제9호에 따른 단시간근로자. 다만, 1개월간의 소정근로시간이 60시간 이상인 근로자는 상시근로자로 봅니다.
 다. 「법인세법 시행령」 제40조제1항 각 호의 어느 하나에 해당하는 임원
 라. 해당 기업의 최대주주 또는 최대출자자(개인사업자의 경우에는 대표자를 말합니다)와 그 배우자
 마. 라목에 해당하는 자의 직계존비속(그 배우자를 포함합니다) 및 「국세기본법 시행령」 제1조의2제1항에 따른 친족관계인 사람
 바. 「소득세법 시행령」 제196조에 따른 근로소득원천징수부에 의하여 근로소득세를 원천징수한 사실이 확인되지 않고, 「국민연금법」 제3조제1항제11호 및 제12호에 따른 부담금 및 기여금 또는 「국민건강보험법」 제69조에 따른 직장가입자의 보험료에 해당하는 금액의 납부사실도 확인되지 않는 자
3. ⑦란 등의 청년등상시근로자란 상시근로자 중 15세 이상 34세 이하인 사람으로서 다음 각 목의 어느 하나에 해당하는 사람을 제외한 사람(해당 근로자가 병역을 이행한 경우에는 6년을 한도로 병역을 이행한 기간을 현재 연령에서 빼고 계산한 연령이 34세 이하인 사람을 포함)과 「장애인복지법」의 적용을 받는 장애인, 「국가유공자 등 예우 및 지원에 관한 법률」에 따른 상이자,「5ㆍ18민주유공자예우 및 단체설립에 관한 법률」 제4조제2호에 따른 5ㆍ18민주화운동부상자와 「고엽제후유의증 등 환자지원 및 단체설립에 관한 법률」 제2조제3호에 따른 고엽제후유의증환자로서 장애등급 판정을 받은 사람, 근로계약 체결일 현재 연령이 60세 이상인 사람,「조세특례제한법」 제29조의3제1항에 따른 경력단절 여성을 말합니다.
 가. 「기간제 및 단시간근로자 보호 등에 관한 법률」에 따른 기간제근로자 및 단시간근로자
 나. 「파견근로자보호 등에 관한 법률」에 따른 파견근로자
 다. 「청소년 보호법」 제2조제5호 각 목에 따른 업소에 근무하는 같은 조 제1호에 따른 청소년
4. 청년등 외 상시근로자란 상시근로자 중 청년등상시근로자가 아닌 상시근로자를 말합니다.
5. ⑳, ㉖, ㉜ 계산 시 각 공제금액(청년/청년 외)은 전체 상시근로자 수 증가분을 한도로 합니다.
6. ㉝, ㉞란의 상시근로자 수는 「근로기준법」 제74조에 따른 출산전후휴가를 사용 중인 상시근로자를 대체하는 상시근로자가 있는 경우 해당 출산전후휴가를 사용 중인 상시근로자를 제외하고 계산한 상시근로자 수를 말합니다.
7. 해당 과세연도의 상시근로자 수가 전년 대비 증가하여 「조세특례제한법」제29조의8의 통합고용세액공제 1차년도 공제를 신청할 경우 「조세특례제한법」 제29조의7의 고용 증대 기업에 대한 세액공제 1차년도 공제를 중복하여 신청할 수 없습니다.

210mm×297mm[백상지 80g/㎡]

# SECTION 06 고용을 증대시킨 기업에 대한 세액공제 및 중소기업 사회보험료 세액공제 VS 통합고용세액공제

## I 조문내용해설

저자주 2023년 과세연도부터 제29조의 8【통합고용세액공제】 적용가능하면서 제29조의 7 규정과 제30조의 4 규정을 적용하는 것보다 유리한 경우가 발생한 측면과 2024.12.31.일자로 제29조의 7 규정과 제30조의 4 규정의 적용시한이 만료되므로 3개 조항의 비교는 큰 의미는 없지만 학습에 여유가 있는 독자의 경우 차이점을 검토하는 의미로 부담없이 학습하길 바란다. 사례의 연도는 적용시한 등을 고려하여 모두 현 시점에서는 과거연도임과 아울러 경력단절근로자 규정도 2024년까지는 경력단절여성 근로자를 대상으로 하였기에 이 또한 2024년 과세연도 기준임을 미리 밝혀둔다. 초심자의 경우라면 해당 내용은 학습하지 않아도 전체 내용을 이해하는 데에는 문제없으니 부담 갖지 않기를 바란다.

내국인이 세액공제 규정을 적용받을 때 제29조의 7【고용을 증대시킨 기업에 대한 세액공제】 규정과 제30조의 4【중소기업 사회보험료 세액공제】 규정은 중복으로 적용이 가능하지만 제29조의 8【통합고용세액공제】 제1항 규정을 적용할 때는 제29조의 7 또는 제30조의 4 규정과 중복적용할 수 없으며. 그 외 3가지 세액공제 규정은 모두 직전 과세연도 대비 당해 과세연도에 상시근로자 수가 증가하는 경우를 전제로 하는 공통된 특징이 있지만 실무 적용 시 적용요건에 있어서 차이가 있으므로 주의를 요한다.

### 1. 상시근로자에서 제외되는 자

상시근로자의 범위에 있어서 제외되는 자들의 범위에 차이가 있음은 앞서 서술한 바와 같다. 이를 다시 정리하면 다음과 같다.

| 구 분 | | 제29조의 7<br>【고용을 증대시킨 기업에 대한 세액공제】 | 제30조의 4<br>【중소기업 사회보험료 세액공제】 | 제29조의 8<br>【통합고용세액공제】 제1항 |
|---|---|---|---|---|
| ① | 근로계약기간 1년 미만 | 근로계약기간이 1년 미만인 근로자(근로계약의 연속된 갱신으로 인하여 그 근로계약의 총 기간이 1년 이상인 근로자는 제외한다) | | |
| ② | 단시간근로자 | 「근로기준법」 제2조 제1항 제9호에 따른 단시간근로자. 다만, 1개월간의 소정근로시간이 60시간 이상인 근로자는 상시근로자로 본다. | | |

05 고용지원을 위한 조세특례

| 구 분 | 제29조의 7<br>【고용을 증대시킨 기업에 대한 세액공제】 | 제30조의 4<br>【중소기업 사회보험료 세액공제】 | 제29조의 8<br>【통합고용세액공제】 제1항 |
|---|---|---|---|
| ③ 임원 | 「법인세법 시행령」 제40조 제1항 각 호의 어느 하나에 해당하는 임원<br>다음 각 호의 어느 하나에 해당하는 직무에 종사하는 자<br>1. 법인의 회장, 사장, 부사장, 이사장, 대표이사, 전무이사 및 상무이사 등 이사회의 구성원 전원과 청산인<br>2. 합명회사, 합자회사 및 유한회사의 업무집행사원 또는 이사<br>3. 유한책임회사의 업무집행자<br>4. 감사<br>5. 그 밖에 제1호부터 제4호까지의 규정에 준하는 직무에 종사하는 자 | | |
| ④ 최대주주 등 | 해당 기업의 최대주주 또는 최대출자자(개인사업자의 경우에는 대표자를 말한다)와 그 배우자 | | |
| ⑤ 직계존비속, 친족 | '④'에 해당하는 자의 직계존비속(그 배우자를 포함한다) 및 「국세기본법 시행령」 제1조의 2 제1항에 따른 친족관계인 사람 | | |
| ⑥ 원천징수(×) 국민연금 등 사회보험(×) | 「소득세법 시행령」 제196조에 따른 근로소득원천징수부에 의하여 근로소득세를 원천징수한 사실이 확인되지 아니하고, 어느 하나에 해당하는 금액의 납부사실도 확인되지 아니하는 자<br>㉠ 「국민연금법」 제3조 제1항 제11호 및 제12호에 따른 부담금 및 기여금<br>㉡ 「국민건강보험법」 제69조에 따른 직장가입자의 보험료 | • 「소득세법 시행령」 제196조에 따른 근로소득원천징수부에 의하여 근로소득세를 원천징수한 사실이 확인되지 아니하는 사람<br>• 법 제30조의 4 제4항에 따른 사회보험에 대하여 사용자가 부담하여야 하는 부담금 또는 보험료의 납부 사실이 확인되지 아니하는 근로자 | 「소득세법 시행령」 제196조에 따른 근로소득원천징수부에 의하여 근로소득세를 원천징수한 사실이 확인되지 아니하고, 어느 하나에 해당하는 금액의 납부사실도 확인되지 아니하는 자<br>㉠ 「국민연금법」 제3조 제1항 제11호 및 제12호에 따른 부담금 및 기여금<br>㉡ 「국민건강보험법」 제69조에 따른 직장가입자의 보험료 |

저자주 제30조의 4 규정은 사회보험 중 일부만 가입·납부한 경우 상시근로자에서 제외된다.

표에 정리된 바와 같이 제29조의 7【고용을 증대시킨 기업에 대한 세액공제】과 제29조의 8【통합고용세액공제】 제1항의 상시근로자 증가에 대한 세액공제를 적용할 경우 상시근로자에서 제외되는 자의 범위가 동일하지만 제30조의 4【중소기업 사회보험료 세액공제】 규정의 경우 일부 차이가 있다. 실무자의 경우 상시근로자에서 제외되는 자의 범위가 다르므로 각 규정을 적용할 때 상시근로자의 수 산정 시 주의하여야 한다.

## 2. 청년 판정 시 나이

3가지 규정 모두 청년 정규직 근로자를 규정하고 있는데 청년의 나이가 달리 적용되므로 주의하여야 한다. 각 조항에서 규정하는 청년의 나이는 다음과 같다.

| 구 분 | 제29조의 7<br>【고용을 증대시킨 기업에 대한 세액공제】 | 제30조의 4<br>【중소기업 사회보험료 세액공제】 | 제29조의 8<br>【통합고용세액공제】<br>제1항 |
|---|---|---|---|
| 청년의 나이 | 근로계약 체결일 현재 15세 이상 29세 이하 | | 근로계약 체결일 현재<br>15세 이상 34세 이하 |

## 3. 청년 등 상시근로자의 범위

제29조의 7【고용을 증대시킨 기업에 대한 세액공제】과 제30조의 4【중소기업 사회보험료 세액공제】 및 제29조의 8【통합고용세액공제】 제1항 규정에서는 상시근로자를 청년 등 상시근로자와 청년 등외 상시근로자로 구분하여 세액공제액을 차등적용하고 있다. 청년 등 상시근로자의 구분이 3가지 규정 모두 차이가 있으므로 이를 주의하여야 한다. 설명의 편의상 상시근로자를 청년 근로자, 장애인 근로자, 60세 이상 근로자, 경력단절여성 근로자, 그 외 근로자로 분류하여 차이점을 살펴보면 다음과 같다.

| 구 분 | 제29조의 7<br>【고용을 증대시킨 기업에 대한 세액공제】 | 제30조의 4<br>【중소기업 사회보험료 세액공제】 | 제29조의 8<br>【통합고용세액공제】<br>제1항 |
|---|---|---|---|
| 청년 등 상시근로자 | 청년 근로자<br>장애인 근로자<br>60세 이상 근로자 | 청년 근로자<br>경력단절 여성 근로자 | 청년 근로자<br>장애인 근로자<br>60세 이상 근로자<br>경력단절 여성 근로자 |
| 청년 등 외<br>상시근로자 | 경력단절 여성 근로자<br>그 외 근로자 | 장애인 근로자<br>60세 이상 근로자<br>그 외 근로자 | 그 외 근로자 |

## 4. 적용대상 기업의 범위

제29조의 7【고용을 증대시킨 기업에 대한 세액공제】과 제30조의 4【중소기업 사회보험료 세액공제】 및 제29조의 8【통합고용세액공제】 제1항 규정 적용 시 세액공제를 적용받을 수 있는 기업의 범위에 있어서 다음과 같은 차이점이 있다.

| 구 분 | 제29조의 7<br>【고용을 증대시킨 기업에 대한 세액공제】 | 제30조의 4<br>【중소기업 사회보험료 세액공제】 | 제29조의 8<br>【통합고용세액공제】 제1항 |
|---|---|---|---|
| 적용대상 기업의 범위 | 내국인(소비성서비스업 경영하는 내국인은 제외) | 중소기업 | 내국인(소비성서비스업 경영하는 내국인은 제외) |
| | 업종제한은 결과적으로 소비성 서비스업을 제외하는 것은 모두 동일하지만 기업의 규모에 있어서 제29조의 7 규정과 제29조의 8 제1항 규정은 중소기업, 중견기업, 그 외 기업을 모두 대상으로 하고 있고, 제30조의 4 규정은 중소기업만을 적용대상으로 한정하고 있음 | | |

## 5. 1차연도 공제 적용 후 추가공제 및 사후관리 적용기간

제29조의 7【고용을 증대시킨 기업에 대한 세액공제】과 제30조의 4【중소기업 사회보험료 세액공제】 및 제29조의 8【통합고용세액공제】 제1항에서는 직전 과세연도 대비 상시근로자 수가 증가할 경우 각 규정에 따라 세액공제를 적용한다. 당해 연도 세액공제 적용 후 상시근로자 수가 감소하지 않으면 추가공제를 적용하는데 추가공제 적용기간에 있어 차이가 있다.

| 구 분 | 제29조의 7<br>【고용을 증대시킨 기업에 대한 세액공제】 | 제30조의 4<br>【중소기업 사회보험료 세액공제】 | 제29조의 8<br>【통합고용세액공제】 제1항 |
|---|---|---|---|
| 1차연도 공제 후 추가공제 적용 기간 | 해당 과세연도와 해당 과세연도의 종료일부터 1년(중소기업 및 중견기업의 경우에는 2년)이 되는 날이 속하는 과세연도까지 적용 | 해당 과세연도와 해당 과세연도의 종료일부터 1년이 되는 날이 속하는 과세연도까지 | 해당 과세연도와 해당 과세연도의 종료일부터 1년(중소기업 및 중견기업의 경우에는 2년)이 되는 날이 속하는 과세연도까지 적용 |
| 1차연도 공제 후 사후관리 기간 | 최초로 공제를 받은 과세연도의 종료일부터 2년이 되는 날이 속하는 과세연도의 종료일까지의 기간까지 상시근로자 수 감소여부 확인 | 최초로 공제를 받은 과세연도의 종료일부터 1년이 되는 날이 속하는 과세연도의 종료일까지의 기간까지 상시근로자 수 감소여부 확인 | 최초로 공제를 받은 과세연도의 종료일부터 2년이 되는 날이 속하는 과세연도의 종료일까지의 기간까지 상시근로자 수 감소여부 확인 |

저자주 제30조의 4【중소기업 사회보험료 세액공제】 규정은 2022년 귀속 세액공제 적용분부터 공제적용 후 다음 과세연도에 공제받은 과세연도 대비 상시근로자 수 감소 시 추가공제를 배제하고 추가납부를 적용함

지금까지 살펴본 각 조항의 세부내용의 차이점을 고려하여 다음의 사례를 검토하여 보자.

사례

## 1. 회사 정보 공통사항

### (1) 회사 사업내용, 설립일 및 소재지 등

① ㈜나라는 LCD 모니터 제조업과 데스크톱 PC 도소매업을 영위하는 법인 사업자이다. 회사 설립일은 1997.1.7.이다. 본점은 경기도 고양시 일산서구 대화로에 소재하고 있다. 본점 소재지에는 제1공장과 사무실이 소재하고 있고, 충청남도 천안시 서북구 성환읍에 2003.9.27. 지점 사업장을 설치하고 지점 사업자등록 후 사업장을 운영하고 있으며 지점에서도 본점과 동일한 사업을 영위하고 있다.

② 2024년 사업연도의 법인의 재무상태표상 자산총액은 3,565,918,921원, 매출액은 제품매출 7,628,403,721원, 상품매출 1,839,786,400원이다.

③ 당해 법인은 다른 회사의 계열사 등은 아니다.

④ ㈜나라의 업종코드와 한국표준산업분류코드는 다음과 같다.

| 구 분 | 업종코드 | 한국표준산업분류코드 |
|---|---|---|
| LCD 모니터 제조업 | 300103 | C26322 |
| 데스크톱 PC 도소매업 | 515050 | G46510 |

⑤ 공제시한 내 이월결손금은 없으며, 2024년 사업연도에 비과세소득, 소득공제항목은 발생하지 않았다.

### (2) 임원구성 및 주주지분

① 대표이사 김유민, 이사 강나라, 감사 한동진 모두 법인등기사항증명서상 등기 임원이다.

② 주주지분 구성내용

| 주주명 | 생년월일 | 주식 수 | 지분율 | 최대주주와의 관계 |
|---|---|---|---|---|
| 김유민 | 1976.06.03 | 9,000 | 90% | 본인 |
| 강나라 | 1980.06.11 | 500 | 5% | 배우자 |
| 김정운 | 1958.10.11 | 500 | 5% | 기타 |
| 소 계 | | 10,000 | 100% | |

(3) 2024년 사업연도 사업장별 업종별 소득금액

㈜나라의 2024년 사업연도 소득금액은 다음과 같다.

| 구 분 | 본점 사업장 | 지점 사업장 | 합 계 |
|---|---|---|---|
| LCD 모니터 제조업 | 58,335,479 | 26,128,520 | 84,463,999 |
| 데스크톱 PC 도소매업 | 146,140,207 | 89,125,060 | 235,265,267 |
| 소 계 | 204,475,686 | 115,253,580 | 319,729,266 |

## 2. 근무자 현황 및 사회보험료율

㈜나라의 2023년도 및 2024년도 근무자 현황은 다음과 같다. 2019년 사업연도 이후 2024년 사업연도 신규 입사자 외에 근무자의 중도입사나 중도퇴사는 발생하지 않았다.

| 성 명 | 생년월일 | 입사일 | 성 명 | 생년월일 | 입사일 |
|---|---|---|---|---|---|
| 김유민 | 1976.06.03. | 2008.10.08. | 이용은 | 1972.10.19. | 2005.10.03. |
| 강나라 | 1980.06.11. | 2010.02.01. | 한동진 | 1958.10.11. | 2004.01.05. |
| 장미리 | 1981.03.12. | 2010.03.01. | Jack Smith | 1968.11.13. | 2008.10.08. |
| 김형신 | 1963.12.01. | 2004.04.04. | Tom Smith | 1982.11.16. | 2018.10.01. |
| 김정운 | 1975.12.15. | 2007.01.05. | 한마음 | 1998.12.02. | 2024.04.01. |
| 고민해 | 1969.08.12. | 2006.05.01 | 김재연 | 1984.05.07. | 2024.07.01. |
| 이로운 | 1992.03.21. | 2024.05.09. | – | – | – |

(1) ㈜나라의 근무자의 1주 소정근로시간은 모두 주5일 40시간이며, 근로계약서는 모두 작성하였다. Jack Smith와 Tom Smith는 미국 국적이며 국내에 주소를 두고 있다. 그 외 근무자는 모두 한국 국적이며, 회사 근처에 거주하고 있다.

(2) 2024년 사업연도 입사자 특이사항

① 이로운과 한마음 근무자는 남성근무자이고, 김재연 근무자는 여성근로자로 3명 모두 고양시 소재 본점 사업장에 입사하여 근무하고 있다.

② 김재연 근무자는 종전의 회사에서 2014년 1월부터 근무하다가 출산 및 육아를 사유로 2019년 7월 31일 퇴사 후 2024년 7월에 ㈜나라에 입사하였다. 종전 근무지는 ㈜나라와 같은 단지 내에서 동일 품목을 생산 판매하는 법인이다.

(3) 급여자료

- 한마음 22,590,000원, 김재연 16,800,000원
- 김유민, 강나라, 한동진의 급여를 제외한 다른 근무자 급여 합계액 195,250,000원

(4) 일자리안정자금, 두루누리 지원액 등 신규입사자에 대한 지원금 수령액은 없다.

(5) 사회보험료율

| 국민건강보험 | 장기요양보험 | 국민연금 | 고용보험 | 산업재해보상보험 | 계 |
|---|---|---|---|---|---|
| 3.4950000% | 0.4591% | 4.5000000% | 1.1500000% | 0.6000000% | 10.2041% |

## 3. 요구사항

(1) ㈜나라의 2023년 사업연도 법인세 신고 시 제29조의 7【고용을 증대시킨 기업에 대한 세액공제】와 제30조의 4【중소기업 사회보험료 세액공제】 및 제29조의 8【통합고용세액공제】 제1항 적용여부를 결정하고 공제세액과 농어촌특별세 과세대상인 경우 부담할 농어촌특별세액을 계산하시오.

저자주 제29조의 7과 제30조의 4 규정의 경우 중복적용이 가능하지만 제29조의 8 규정과는 중복적용 할 수 없는데 고용인원 증감에 대한 효과만 분석하기 위해 다른 공제는 고려하지 않기로 한다.

### 풀이

1. 기본검토사항

| 구 분 | | 검토요건 또는 확인사항 |
|---|---|---|
| 적용 여부 검토 | ① 당해 법인의 중소기업요건 충족 확인 | 업종요건 : 제조업 도소매업 영위 요건충족<br>규모요건 : 제조업 매출액 7,628,403,721원, 도소매업 매출 1,839,786,400원이므로 주된 사업은 제조업으로 판단. 중소기업기본법 시행령 별표 1의 한국표준산업분류코드 C26에 따른 매출액 1,000억원 이하 요건 충족<br>독립성요건 : 다른 기업의 계열사 등은 아니므로 요건충족<br>졸업요건 : 당해 사업연도 자산총액 3,565,918,921원이므로 요건충족<br>∴ 조세특례제한법의 중소기업에 해당함 |

| 구 분 | | 검토요건 또는 확인사항 | |
|---|---|---|---|
| | ② 각 조항별 적용시한 확인 | 제29조의 7 | 2024.12.31. 속하는 과세연도까지 |
| | | 제30조의 4 | 2024.12.31. 속하는 과세연도까지 |
| | | 제29조의 8 | 2025.12.31. 속하는 과세연도까지 |
| | ③ 각 조항별 규정 업종의 요건 충족 확인 | 제29조의 7 | 제조업 도소매업 경영 요건충족 |
| | | 제30조의 4 | 제조업 도소매업 경영 요건충족 |
| | | 제29조의 8 | 제조업 도소매업 경영 요건충족 |
| | ④ 본점 및 사업장 소재지 등 확인 | 제29조의 7 | 중소기업이며 증가인원 모두 수도권 근무, 중소기업으로서 수도권 내 증가에 대한 1인당 공제액 적용 |
| | | 제30조의 4 | 본점 및 사업장 소재지 차등적용 없음 |
| | | 제29조의 8 | 제1항(상시근로자 증가분) : 중소기업이며 증가인원 모두 수도권 근무, 중소기업으로서 수도권 내 증가에 대한 1인당 공제액 적용 |
| | ⑤ 감면/공제 적용의 배제 | 소득금액 추계결정 시 적용배제 | |
| 적용 시 검토 | ⑥ 감면/공제 중복적용 확인 | 제7조【중소기업에 대한 특별세액감면】 규정은 제30조의 4【중소기업 사회보험료 세액공제】 규정과 중복적용 가능 | |
| | | 제29조의 8【통합고용세액공제】 제1항(상시근로자 증가분) 규정은 제29조의 7【고용을 증대시킨 기업에 대한 세액공제】 또는 제30조의 4【중소기업 사회보험료 세액공제】 규정과 중복적용불가 | |
| | | 제121조의 2【외국인투자에 대한 조세 감면】 또는 제121조의 4【증자의 조세감면】 규정에 의한 세액감면 적용이 없으므로 중복적용 배제 해당사항 없음 | |
| | ⑦ 최저한세 적용대상 확인 | 제29조의 7 | 최저한세 적용대상임 |
| | | 제30조의 4 | |
| | | 제29조의 8 | |
| | ⑧ 이월적용 여부 확인 | 10년간 이월공제 적용 | |
| | ⑨ 농어촌특별세 비과세 확인 | 제29조의 7 | 농어촌특별세 과세 |
| | | 제30조의 4 | 농어촌특별세 비과세 |
| | | 제29조의 8 | 농어촌특별세 과세 |

| 구 분 | | 검토요건 또는 확인사항 | |
|---|---|---|---|
| 사후관리 | ⑩ 공제감면 후 사후관리규정 | 제29조의 7 | 최초 공제 적용 후 2년 이내 고용인원 감소 시 공제세액을 납부. 이자상당액 추가 납부 규정은 없음 |
| | | 제30조의 4 | 최초 공제 적용 후 1년 이내 고용인원 감소 시 공제세액을 납부. 이자상당액 추가 납부 규정은 없음 |
| | | 제29조의 8 | 제1항(상시근로자 증가분)에 대해서는 최초 공제 적용 후 2년 이내 고용인원 감소 시 공제세액을 납부. 이자상당액 추가 납부 규정은 없음 |
| | | | 제3항(정규직 근로자 전환)에 대해서는 정규직전환일로부터 2년 경과 전에 해당근로자 근로관계 종료 시 공제세액 납부. 이자상당액 추가 납부 규정은 없음. |
| | | | 제4항(육아휴직 복귀자)에 대해서는 육아휴직 복직일로부터 2년 경과 전에 해당근로자 근로관계 종료 시 공제세액 납부. 이자상당액 추가 납부 규정은 없음. |

## 2. 산출세액의 계산 등

### (1) 산출세액의 계산

① ㈜나라의 2023년 사업연도 법인세 산출세액

= 200,000,000 × 9% + (319,729,266 - 200,000,000) × 19%

= 40,748,560

## 3. 공제세액의 계산

### (1) 상시근로자 파악

| 성 명 | 생년월일 | 입사일 | 상시근로자 제외 여부 | 제외 사유 | 상시근로자 특성 | | | | | | | | | | | |
|---|---|---|---|---|---|---|---|---|---|---|---|---|---|---|---|---|
| | | | | | 청년 | | 장애인 | 60세 이상 | 경력단절 여성 | 그 외 상시 근로자 | 제29조의 7 | | 제30조의 4 | | 제29조의 8 | |
| | | | | | 제29조의 7 제30조의 4<br>15세 이상 29세 이하 | 재29조의 8<br>15세 이상 34세 이하 | | | | | 청년 | 청년 외 | 청년 | 청년 외 | 청년 | 청년 외 |
| 김유민 | 1976.06.03. | 2008.10.08 | 제외 | 임원 | 제외 | 제외 | 제외 | 제외 | 제외 | 제외 | 제외 | 제외 | 제외 | 제외 | 제외 | 제외 |
| 강나라 | 1980.06.11. | 2010.02.01. | 제외 | 배우자 | 제외 | 제외 | 제외 | 제외 | 제외 | 제외 | 제외 | 제외 | 제외 | 제외 | 제외 | 제외 |
| 장미리 | 1981.03.12. | 2010.03.01. | 포함 | 없음 | × | × | × | × | × | ○ | × | ○ | × | ○ | × | ○ |
| 김형신 | 1963.12.01. | 2004.04.04. | 포함 | 없음 | × | × | × | × | × | ○ | × | ○ | × | ○ | × | ○ |
| 김정운 | 1975.12.15. | 2007.01.05. | 포함 | 없음 | × | × | × | × | × | ○ | × | ○ | × | ○ | × | ○ |
| 고민해 | 1969.08.12. | 2006.05.01 | 포함 | 없음 | × | × | × | × | × | ○ | × | ○ | × | ○ | × | ○ |
| 이용은 | 1972.10.19. | 2005.10.03. | 포함 | 없음 | × | × | × | × | × | ○ | × | ○ | × | ○ | × | ○ |
| 한동진 | 1958.10.11. | 2004.01.05. | 제외 | 임원 | 제외 | 제외 | 제외 | 제외 | 제외 | 제외 | 제외 | 제외 | 제외 | 제외 | 제외 | 제외 |
| Jack Smith | 1968.11.13. | 2008.10.08. | 포함 | 없음 | × | × | × | × | × | ○ | × | ○ | × | ○ | × | ○ |
| Tom Smith | 1982.11.16. | 2018.10.01. | 포함 | 없음 | × | × | × | × | × | ○ | × | ○ | × | ○ | × | ○ |
| 한마음 | 1998.12.02. | 2024.04.01. | 포함 | 없음 | ○ | ○ | × | × | × | × | ○ | × | ○ | × | ○ | × |
| 이로운 | 1992.03.21. | 2024.05.09. | 포함 | 없음 | × | ○ | × | × | × | × | × | ○ | × | ○ | ○ | × |
| 김재연 | 1984.05.07. | 2024.07.01. | 포함 | 없음 | × | × | × | × | × | × | × | ○ | ○ | × | ○ | × |

### (2) 상시근로자 수 계산

① 제29조의 7【고용을 증대시킨 기업에 대한 세액공제】

| 상시근로자 구분 | 과세연도 | 상시근로자 수 계산 | | | | | | | | | | | | | | |
|---|---|---|---|---|---|---|---|---|---|---|---|---|---|---|---|---|
| | | 1월 | 2월 | 3월 | 4월 | 5월 | 6월 | 7월 | 8월 | 9월 | 10월 | 11월 | 12월 | 소계 | 평균 | 상시근로자 수 |
| 전체 상시근로자 | 당해연도(2024년) | 7.00 | 7.00 | 7.00 | 8.00 | 9.00 | 9.00 | 10.00 | 10.00 | 10.00 | 10.00 | 10.00 | 10.00 | 107.00 | 8.9167 | 8.91 |
| | 직전연도(2023년) | 7.00 | 7.00 | 7.00 | 7.00 | 7.00 | 7.00 | 7.00 | 7.00 | 7.00 | 7.00 | 7.00 | 7.00 | 84.00 | 7.00 | 7.00 |
| | **증감(당해 - 직전)** | **0.00** | **0.00** | **0.00** | **1.00** | **2.00** | **2.00** | **3.00** | **3.00** | **3.00** | **3.00** | **3.00** | **3.00** | **23.00** | **–** | **1.91** |
| 청년 등 상시근로자 | 당해연도(2024년) | 0.00 | 0.00 | 0.00 | 1.00 | 1.00 | 1.00 | 1.00 | 1.00 | 1.00 | 1.00 | 1.00 | 1.00 | 9.00 | 0.7500 | 0.75 |
| | 직전연도(2023년) | 0.00 | 0.00 | 0.00 | 0.00 | 0.00 | 0.00 | 0.00 | 0.00 | 0.00 | 0.00 | 0.00 | 0.00 | 0.00 | 0.0000 | 0.00 |
| | **증감(당해 - 직전)** | **0.00** | **0.00** | **0.00** | **1.00** | **1.00** | **1.00** | **1.00** | **1.00** | **1.00** | **1.00** | **1.00** | **1.00** | **9.00** | **–** | **0.75** |
| 청년 등 외 상시근로자 | 당해연도(2024년) | 7.00 | 7.00 | 7.00 | 7.00 | 8.00 | 8.00 | 9.00 | 9.00 | 9.00 | 9.00 | 9.00 | 9.00 | 98.00 | 8.167 | 8.16 |
| | 직전연도(2023년) | 7.00 | 7.00 | 7.00 | 7.00 | 7.00 | 7.00 | 7.00 | 7.00 | 7.00 | 7.00 | 7.00 | 7.00 | 84.00 | 7.000 | 7.00 |
| | **증감(당해 - 직전)** | **0.00** | **0.00** | **0.00** | **0.00** | **1.00** | **1.00** | **2.00** | **2.00** | **2.00** | **2.00** | **2.00** | **2.00** | **14.00** | **1.167** | **1.16** |
| 검 산 | 전체증감<br>– 청년 증감<br>– 청년 외 증감 | 0.00 | 0.00 | 0.00 | 0.00 | 0.00 | 0.00 | 0.00 | 0.00 | 0.00 | 0.00 | 0.00 | 0.00 | 0.00 | – | 0.00 |

② 제30조의 4【중소기업 사회보험료 세액공제】

| 상시근로자 구분 | 과세연도 | 상시근로자 수 계산 | | | | | | | | | | | | | | |
|---|---|---|---|---|---|---|---|---|---|---|---|---|---|---|---|---|
| | | 1월 | 2월 | 3월 | 4월 | 5월 | 6월 | 7월 | 8월 | 9월 | 10월 | 11월 | 12월 | 소계 | 평균 | 상시근로자 수 |
| 전체 상시근로자 | 당해연도(2024년) | 7.00 | 7.00 | 7.00 | 8.00 | 9.00 | 9.00 | 10.00 | 10.00 | 10.00 | 10.00 | 10.00 | 10.00 | 107.00 | 8.9167 | 8.91 |
| | 직전연도(2023년) | 7.00 | 7.00 | 7.00 | 7.00 | 7.00 | 7.00 | 7.00 | 7.00 | 7.00 | 7.00 | 7.00 | 7.00 | 84.00 | 7.00 | 7.00 |
| | **증감(당해 - 직전)** | **0.00** | **0.00** | **0.00** | **1.00** | **2.00** | **2.00** | **3.00** | **3.00** | **3.00** | **3.00** | **3.00** | **3.00** | **23.00** | **—** | **1.91** |
| 청년 등 상시근로자 | 당해연도(2024년) | 0.00 | 0.00 | 0.00 | 1.00 | 1.00 | 1.00 | 2.00 | 2.00 | 2.00 | 2.00 | 2.00 | 2.00 | 15.00 | 1.2500 | 1.25 |
| | 직전연도(2023년) | 0.00 | 0.00 | 0.00 | 0.00 | 0.00 | 0.00 | 0.00 | 0.00 | 0.00 | 0.00 | 0.00 | 0.00 | 0.00 | 0.0000 | 0.00 |
| | **증감(당해 - 직전)** | **0.00** | **0.00** | **0.00** | **1.00** | **1.00** | **1.00** | **2.00** | **2.00** | **2.00** | **2.00** | **2.00** | **2.00** | **15.00** | **—** | **1.25** |
| 청년 등 외 상시근로자 | 당해연도(2024년) | 7.00 | 7.00 | 7.00 | 7.00 | 8.00 | 8.00 | 8.00 | 8.00 | 8.00 | 8.00 | 8.00 | 8.00 | 92.00 | 7.667 | 7.66 |
| | 직전연도(2023년) | 7.00 | 7.00 | 7.00 | 7.00 | 7.00 | 7.00 | 7.00 | 7.00 | 7.00 | 7.00 | 7.00 | 7.00 | 84.00 | 7.000 | 7.00 |
| | **증감(당해 - 직전)** | **0.00** | **0.00** | **0.00** | **0.00** | **1.00** | **1.00** | **1.00** | **1.00** | **1.00** | **1.00** | **1.00** | **1.00** | **8.00** | **0.667** | **0.66** |
| 검 산 | 전체증감<br>- 청년 증감<br>- 청년 외 증감 | 0.00 | 0.00 | 0.00 | 0.00 | 0.00 | 0.00 | 0.00 | 0.00 | 0.00 | 0.00 | 0.00 | 0.00 | 0.00 | — | 0.00 |

③ 제29조의 8【통합고용세액공제】

| 상시근로자 구분 | 과세연도 | 상시근로자 수 계산 | | | | | | | | | | | | | | |
|---|---|---|---|---|---|---|---|---|---|---|---|---|---|---|---|---|
| | | 1월 | 2월 | 3월 | 4월 | 5월 | 6월 | 7월 | 8월 | 9월 | 10월 | 11월 | 12월 | 소계 | 평균 | 상시근로자 수 |
| 전체 상시근로자 | 당해연도(2024년) | 7.00 | 7.00 | 7.00 | 8.00 | 9.00 | 9.00 | 10.00 | 10.00 | 10.00 | 10.00 | 10.00 | 10.00 | 107.00 | 8.9167 | 8.91 |
| | 직전연도(2023년) | 7.00 | 7.00 | 7.00 | 7.00 | 7.00 | 7.00 | 7.00 | 7.00 | 7.00 | 7.00 | 7.00 | 7.00 | 84.00 | 7.00 | 7.00 |
| | **증감(당해 - 직전)** | **0.00** | **0.00** | **0.00** | **1.00** | **2.00** | **2.00** | **3.00** | **3.00** | **3.00** | **3.00** | **3.00** | **3.00** | **23.00** | **—** | **1.91** |
| 청년 등 상시근로자 | 당해연도(2024년) | 0.00 | 0.00 | 0.00 | 1.00 | 2.00 | 2.00 | 3.00 | 3.00 | 3.00 | 3.00 | 3.00 | 3.00 | 23.00 | 1.9167 | 1.91 |
| | 직전연도(20223) | 0.00 | 0.00 | 0.00 | 0.00 | 0.00 | 0.00 | 0.00 | 0.00 | 0.00 | 0.00 | 0.00 | 0.00 | 0.00 | 0.0000 | 0.00 |
| | **증감(당해 - 직전)** | **0.00** | **0.00** | **0.00** | **1.00** | **2.00** | **2.00** | **3.00** | **3.00** | **3.00** | **3.00** | **3.00** | **3.00** | **23.00** | **—** | **1.91** |
| 청년 등 외 상시근로자 | 당해연도(2024년) | 7.00 | 7.00 | 7.00 | 7.00 | 7.00 | 7.00 | 7.00 | 7.00 | 7.00 | 7.00 | 7.00 | 7.00 | 84.00 | 7.000 | 7.00 |
| | 직전연도(2023년) | 7.00 | 7.00 | 7.00 | 7.00 | 7.00 | 7.00 | 7.00 | 7.00 | 7.00 | 7.00 | 7.00 | 7.00 | 84.00 | 7.000 | 7.00 |
| | **증감(당해 - 직전)** | **0.00** | **0.00** | **0.00** | **0.00** | **0.00** | **0.00** | **0.00** | **0.00** | **0.00** | **0.00** | **0.00** | **0.00** | **0.00** | **0.000** | **0.00** |
| 검 산 | 전체증감<br>- 청년 증감<br>- 청년 외 증감 | 0.00 | 0.00 | 0.00 | 0.00 | 0.00 | 0.00 | 0.00 | 0.00 | 0.00 | 0.00 | 0.00 | 0.00 | 0.00 | — | 0.00 |

### (3) 공제세액의 계산

① 제29조의 7【고용을 증대시킨 기업에 대한 세액공제】

0.75명 × 11,000,000원 + 1.16명 × 7,000,000원

= 8,250,000원 + 8,120,000원

= 16,370,000원

② 제30조의 4【중소기업 사회보험료 세액공제】

39,390,000원/1.25명 × 10.2041% × 1.25명 × 100%

+ 195,250,000/7.66명 × 10.2041% × 0.66명 × 50%

= 4,019,394원 + 858,323원

= 4,877,717원

③ 제29조의 8【통합고용세액공제】

1.91명 × 14,500,000원

= 27,695,000원

④ 공제조합의 선택

| 제29조의 7 + 제30조의 4 | | 제29조의 8 | |
|---|---|---|---|
| 공제액 | 16,370,000원 + 4,877,717원<br>= 21,247,717원 | 공제액 | 27,695,000원 |

⑤ 농어촌특별세

제29조의 7 + 제30조의 4 = (16,370,000원 + 0원) × 20% = 4,246,650

제29조의 8 = 27,695,000원 × 20% = 5,539,000원

저자주 공제세액은 제29조의 8 규정을 선택하는 것이 유리하지만 앞서 살펴본 바와 같이 여러 요건들이 변한다면 결과는 달라질 수 있다. 그러므로 실무에서 세액공제 조합을 선택할 때 절대적으로 유리한 조합이 존재하는 것은 아니며, 회사의 특성과 상시근로자의 연령, 총급여 등을 고려하여 모의 계산을 통해 검증을 거친 후에 선택하여야 하는 점을 주의하기 바란다.

# SECTION 07 세액공제 적용 후 사후관리 분석

고용관련 세액공제 규정의 경우 최초 공제 적용 후 사후관리 기간 내에 최초로 공제받은 과세연도 대비 상시근로자 수에 변동이 생기는 경우 추가공제 배제와 추가납부 규정을 적용하는데 이에 대한 사례는 여러 경우의 수를 고려할 수 있지만 가장 대표적인 사례로 최초 공제연도(1차연도)부터 최종 공제연도(3차연도)까지의 사후관리 사례를 살펴보고자 한다.

## I 사후관리 분석

### 1. 고용관련 세액공제 사후관리 검토

제29조의 8【통합고용세액공제】 제3항 사후관리 규정에 초점을 맞추어 다양한 사례를 검토해보기로 한다.

상시근로자 수 증가로 세액공제 적용 후 2차연도 3차연도에 상시근로자 수 증감 변동에 따른 사후관리는 주의를 요하는 부분이 있으므로 실무자는 공제 적용 후 2차연도와 3차연도의 사후관리에 대한 면밀한 검토를 하여야 한다.

다음의 경우의 수는 제29조의 8【통합고용세액공제】 제1항(상시근로자 수 증가분에 대한 세액공제) 또는 제29조의 7【고용을 증대시킨 기업에 대한 세액공제】를 1차연도에 적용 후 2차연도와 3차연도 적용 시 대표적인 경우를 정리한 것이며, 이 경우의 수 외에도 다양한 경우의 수는 나타날 수 있으므로 이 도표를 1차연도, 2차연도, 3차연도 적용의 가이드라인 삼아 실무에서 적용해보길 권한다. 이하 공제금액의 계산은 제29조의 8【통합고용세액공제】규정을 기준으로 계산하였으며, 기존의 제29조의 7【고용을 증대시킨 기업에 대한 세액공제】규정을 검토하여야 할 독자라면 1인당 공제액의 차이만 있을 뿐 분석논리는 동일하므로 사후관리 논리 파악에 주력하면 될 것이다.

| 제29조의 8 【통합고용세액공제】의 사후관리 경우의 수 정리 |

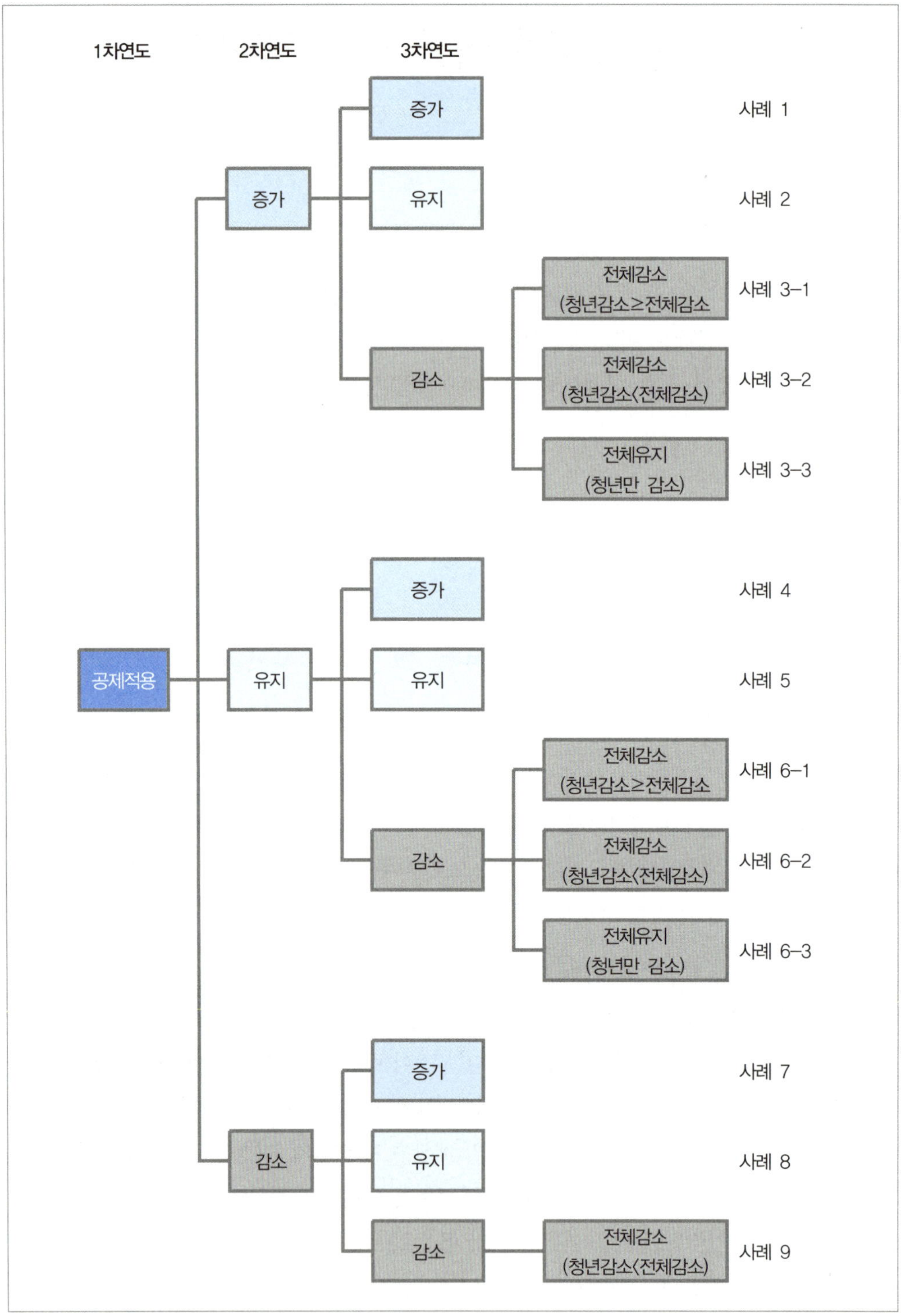

〈사례1〉

| 2022년 | 2023년 | | 2024년 | | 2025년 | |
|---|---|---|---|---|---|---|
| 근무인원현황 | 근무인원현황 | 증감현황 | 근무인원현황 | 증감현황 | 근무인원현황 | 증감현황 |
| 전체 7명<br>청년 3명<br>청년외 4명 | 전체 11명<br>청년 5명<br>청년외 6명 | 4명 증가<br>2명 증가<br>2명 증가 | 전체 15명<br>청년 6명<br>청년외 9명 | 4명 증가<br>1명 증가<br>3명 증가 | 전체 17명<br>청년 7명<br>청년외 10명 | 2명 증가<br>1명 증가<br>1명 증가 |
| 1차연도공제 | ① 상황분석<br>직전연도(2022년) 대비 전체 상시근로자 수 증가(청년 증가, 청년외 증가) ⇒ 공제적용<br>② 공제세액계산<br>청년 : 2×14,500,000 = 29,000,000<br>청년외 : 2×8,500,000 = 17,000,000<br>합계 : 46,000,000 | | ① 상황분석<br>직전연도(2023년) 대비 전체 상시근로자 수 증가(청년 증가, 청년외 증가) ⇒ 공제적용<br>② 공제세액계산<br>청년 : 1×14,500,000 = 14,500,000<br>청년외 : 3×8,500,000 = 25,500,000<br>합계 : 40,000,000 | | ① 상황분석<br>직전연도(2024년) 대비 전체 상시근로자 수 증가(청년 증가, 청년외 증가) ⇒ 공제적용<br>② 공제세액계산<br>청년 : 1×14,500,000 = 14,500,000<br>청년외 : 1×8,500,000 = 8,500,000<br>합계 : 23,000,000 | |
| 2차연도공제 | | | ① 상황분석<br>최초공제연도(2023년) 대비 전체 상시근로자 수 감소하지 않았음(청년 증가, 청년외 증가) ⇒ 추가공제 적용<br>② 추가공제세액계산<br>청년 : 29,000,000<br>청년외 : 17,000,000<br>합계 : 46,000,000 | | ① 상황분석<br>최초공제연도(2024년) 대비 전체 상시근로자 수 감소하지 않았음(청년 증가, 청년외 증가) ⇒ 추가공제 적용<br>② 추가공제세액계산<br>청년 : 14,500,000<br>청년외 : 25,500,000<br>합계 : 40,000,0000 | |
| 3차연도공제 | | | | | ① 상황분석<br>최초공제연도(2023년) 대비 전체 상시근로자 수 감소하지 않았음(청년 증가, 청년외 증가) ⇒ 추가공제 적용<br>② 추가공제세액계산<br>청년 : 29,000,000<br>청년외 : 17,000,000<br>합계 : 46,000,000 | |

〈사례 2〉

<table>
<tr><th>2022년</th><th colspan="2">2023년</th><th colspan="2">2024년</th><th colspan="2">2025년</th></tr>
<tr><td>근무인원현황</td><td>근무인원현황</td><td>증감현황</td><td>근무인원현황</td><td>증감현황</td><td>근무인원현황</td><td>증감현황</td></tr>
<tr><td>전체 7명<br>청년 3명<br>청년외 4명</td><td>전체 11명<br>청년 5명<br>청년외 6명</td><td>4명 증가<br>2명 증가<br>2명 증가</td><td>전체 15명<br>청년 6명<br>청년외 9명</td><td>4명 증가<br>1명 증가<br>3명 증가</td><td>전체 15명<br>청년 6명<br>청년외 9명</td><td>증감 없음<br>증감 없음<br>증감 없음</td></tr>
<tr><td rowspan="4">1차연도공제</td><td colspan="2">① 상황분석</td><td colspan="2">① 상황분석</td><td colspan="2">① 상황분석</td></tr>
<tr><td colspan="2">직전연도(2022년) 대비 전체 상시근로자 수 증가(청년 증가, 청년외 증가) ⇒ 공제적용</td><td colspan="2">직전연도(2023년) 대비 전체 상시근로자 수 증가(청년 증가, 청년외 증가) ⇒ 공제적용</td><td colspan="2">직전연도(2024년) 대비 전체 상시근로자 수 증가하지 않음(청년 증감 없음, 청년외 증감 없음) ⇒ 공제적용 없음</td></tr>
<tr><td colspan="2">② 공제세액계산</td><td colspan="2">② 공제세액계산</td><td colspan="2">② 공제세액계산</td></tr>
<tr><td colspan="2">청년 : 2×14,500,000<br>= 29,000,000<br>청년외 : 2×8,500,000<br>= 17,000,000<br>합계 : 46,000,000</td><td colspan="2">청년 : 1×14,500,000<br>= 14,500,000<br>청년외 : 3×8,500,000<br>= 25,500,000<br>합계 : 40,000,000</td><td colspan="2">청년 : 0×14,500,000<br>청년외 : 0×8,500,000<br>합계 : 0</td></tr>
<tr><td rowspan="4">2차연도공제</td><td colspan="2" rowspan="4"></td><td colspan="2">① 상황분석</td><td colspan="2">① 상황분석</td></tr>
<tr><td colspan="2">최초공제연도(2023년) 대비 전체 상시근로자 수 감소하지 않았음(청년 증가, 청년외 증가) ⇒ 추가공제 적용</td><td colspan="2">최초공제연도(2024년) 대비 전체 상시근로자 수 감소하지 않았음(청년 증감 없음, 청년외 증감 없음) ⇒ 추가공제 적용</td></tr>
<tr><td colspan="2">② 추가공제세액계산</td><td colspan="2">② 추가공제세액계산</td></tr>
<tr><td colspan="2">청년 : 29,000,000<br>청년외 : 17,000,000<br>합계 : 46,000,000</td><td colspan="2">청년 : 14,500,000<br>청년외 : 25,500,000<br>합계 : 40,000,0000</td></tr>
<tr><td rowspan="4">3차연도공제</td><td colspan="2" rowspan="4"></td><td colspan="2" rowspan="4"></td><td colspan="2">① 상황분석</td></tr>
<tr><td colspan="2">최초공제연도(2023년) 대비 전체 상시근로자 수 감소하지 않았음(청년 증감 없음, 청년외 증감 없음) ⇒ 추가공제 적용</td></tr>
<tr><td colspan="2">② 추가공제세액계산</td></tr>
<tr><td colspan="2">청년 : 29,000,000<br>청년외 : 17,000,000<br>합계 : 46,000,00</td></tr>
</table>

〈사례 3-1〉

| 2022년 | 2023년 | | 2024년 | | 2025년 | |
|---|---|---|---|---|---|---|
| 근무인원현황 | 근무인원현황 | 증감현황 | 근무인원현황 | 증감현황 | 근무인원현황 | 증감현황 |
| 전체 7명<br>청년 3명<br>청년외 4명 | 전체 11명<br>청년 5명<br>청년외 6명 | 4명 증가<br>2명 증가<br>2명 증가 | 전체 18명<br>청년 9명<br>청년외 9명 | 7명 증가<br>4명 증가<br>3명 증가 | 전체 15명<br>청년 5명<br>청년외 10명 | 3명 감소<br>4명 감소<br>1명 증가 |
| 1차연도공제 | ① 상황분석 | | ① 상황분석 | | ① 상황분석 | |
| | 직전연도(2022년) 대비 전체 상시근로자 수 증가(청년 증가, 청년외 증가) ⇒ 공제적용 | | 직전연도(2023년) 대비 전체 상시근로자 수 증가(청년 증가, 청년외 증가) ⇒ 공제적용 | | 직전연도(2024년) 대비 전체 상시근로자 수 증가하지 않음(청년 감소, 청년외 증가) ⇒ 공제적용 없음 | |
| | ② 공제세액계산 | | ② 공제세액계산 | | ② 공제세액계산 | |
| | 청년 : 2×14,500,000<br>= 29,000,000<br>청년외 : 2×8,500,000<br>= 17,000,000<br>합계 : 46,000,000 | | 청년 : 4×14,500,000<br>= 58,000,000<br>청년외 : 3×8,500,000<br>= 25,500,000<br>합계 : 83,500,000 | | 청년 : 0×14,500,000<br>= 0<br>청년외 : 0×8,500,000<br>= 0<br>합계 : 0 | |
| 2차연도공제 | | | ① 상황분석 | | ① 상황분석 | |
| | | | 최초공제연도(2023년) 대비 전체 상시근로자 수 감소하지 않았음(청년 증가, 청년외 증가) ⇒ 추가공제 적용 | | 최초공제연도(2024년) 대비 전체상시근로자 수 감소(청년 감소, 청년외 증가) ⇒ 추가공제 중단, 추가납부 적용 | |
| | | | ② 추가공제세액계산 | | ② 추가납부세액계산 | |
| | | | 청년 : 29,000,000<br>청년외 : 17,000,000<br>합계 : 46,000,000 | | (4−3)×(14,500,000−8,500,000)+3×14,500,000<br>= 6,000,000+43,500,000<br>= 49,500,000 | |
| 3차연도공제 | | | | | ① 상황분석 | |
| | | | | | 최초공제연도(2023년) 대비 전체 상시근로자 수 감소하지 않음(청년 증감 없음, 청년외 증가) ⇒ 추가공제 적용 | |
| | | | | | ② 추가공제세액계산 | |
| | | | | | 청년 : 29,000,000<br>청년외 : 17,000,000<br>합계 : 46,000,000 | |

〈사례 3-2〉

| 2022년 | 2023년 | | 2024년 | | 2025년 | |
|---|---|---|---|---|---|---|
| 근무인원현황 | 근무인원현황 | 증감현황 | 근무인원현황 | 증감현황 | 근무인원현황 | 증감현황 |
| 전체 7명<br>청년 3명<br>청년외 4명 | 전체 11명<br>청년 5명<br>청년외 6명 | 4명 증가<br>2명 증가<br>2명 증가 | 전체 18명<br>청년 9명<br>청년외 9명 | 7명 증가<br>4명 증가<br>3명 증가 | 전체 13명<br>청년 7명<br>청년외 6명 | 5명 감소<br>2명 감소<br>3명 감소 |
| 1차연도공제 | ① 상황분석<br>직전연도(2022년) 대비 전체 상시근로자 수 증가(청년 증가, 청년외 증가) ⇒ 공제적용<br>② 공제세액계산<br>청년 : 2×14,500,000 = 29,000,000<br>청년외 : 2×8,500,000 = 17,000,000<br>합계 : 46,000,000 | | ① 상황분석<br>직전연도(2023년) 대비 전체상시근로자 수 증가(청년 증가, 청년외 증가) ⇒ 공제적용<br>② 공제세액계산<br>청년 : 4×14,500,000 = 58,000,000<br>청년외 : 3×8,500,000 = 25,500,000<br>합계 : 83,500,000 | | ① 상황분석<br>직전연도(2024년) 대비 전체 상시근로자 수 증가하지 않음(청년 감소, 청년외 감소) ⇒ 공제적용 없음<br>② 공제세액계산<br>청년 : 0×14,500,000 = 0<br>청년외 : 0×8,500,000 = 0<br>합계 : 0 | |
| 2차연도공제 | | | ① 상황분석<br>최초공제연도(2023년) 대비 전체 상시근로자 수 감소하지 않았음(청년 증가, 청년외 증가) ⇒ 추가공제 적용<br>② 추가공제세액계산<br>청년 : 29,000,000<br>청년외 : 17,000,000<br>합계 : 46,000,000 | | ① 상황분석<br>최초공제연도(2024년) 대비 전체상시근로자 수 감소(청년 감소, 청년외 감소) ⇒ 전체 추가공제 중단, 추가납부 적용<br>② 추가납부세액계산<br>추가납부<br>2×14,500,000+3×8,500,000<br>= 29,000,000+25,500,000<br>= 54,500,000<br>추가납부한도 : 83,500,000 | |
| 3차연도공제 | | | | | ① 상황분석<br>최초공제연도(2023년) 대비 전체 상시근로자 수 감소하지 않았음(청년 증가, 청년외 유지) ⇒ 추가공제 적용<br>② 추가공제세액계산<br>청년 : 29,000,000<br>청년외 : 17,000,000<br>합계 : 46,000,000 | |

〈사례 3-3〉

<table>
<tr><th>2022년</th><th colspan="2">2023년</th><th colspan="2">2024년</th><th colspan="2">2025년</th></tr>
<tr><td>근무인원현황</td><td>근무인원현황</td><td>증감현황</td><td>근무인원현황</td><td>증감현황</td><td>근무인원현황</td><td>증감현황</td></tr>
<tr><td>전체 7명<br>청년 3명<br>청년외 4명</td><td>전체 11명<br>청년 5명<br>청년외 6명</td><td>4명 증가<br>2명 증가<br>2명 증가</td><td>전체 18명<br>청년 9명<br>청년외 9명</td><td>7명 증가<br>4명 증가<br>3명 증가</td><td>전체 18명<br>청년 7명<br>청년외 11명</td><td>증감 없음<br>2명 감소<br>2명 증가</td></tr>
<tr><td rowspan="4">1차연도공제</td><td colspan="2">① 상황분석</td><td colspan="2">① 상황분석</td><td colspan="2">① 상황분석</td></tr>
<tr><td colspan="2">직전연도(2022년) 대비 전체 상시근로자 수 증가(청년 증가, 청년외 증가) ⇒ 공제적용</td><td colspan="2">직전연도(2023년) 대비 전체 상시근로자 수 증가(청년 증가, 청년외 증가) ⇒ 공제적용</td><td colspan="2">직전연도(2024년) 대비 전체 상시근로자 수 증가하지 않음(청년 감소, 청년외 증가) ⇒ 공제적용 없음</td></tr>
<tr><td colspan="2">② 공제세액계산</td><td colspan="2">② 공제세액계산</td><td colspan="2">② 공제세액계산</td></tr>
<tr><td colspan="2">청년 : 2×14,500,000<br>= 29,000,000<br>청년외 : 2×8,500,000<br>= 17,000,000<br>합계 : 46,000,000</td><td colspan="2">청년 : 4×14,500,000<br>= 58,000,000<br>청년외 : 3×8,500,000<br>= 25,500,000<br>합계 : 83,500,000</td><td colspan="2">청년 : 0×14,500,000<br>= 0<br>청년외 : 0×8,500,000<br>= 0<br>합계 : 0</td></tr>
<tr><td rowspan="4">2차연도공제</td><td colspan="2" rowspan="4"></td><td colspan="2">① 상황분석</td><td colspan="2">① 상황분석</td></tr>
<tr><td colspan="2">최초공제연도(2023년) 대비 전체 상시근로자 수 감소하지 않았음(청년 증가, 청년외 증가) ⇒ 추가공제 적용</td><td colspan="2">최초공제연도(2024년) 대비 전체상시근로자 수 감소하지 않음(청년 감소, 청년외 증가) ⇒ 청년 추가공제 중단, 추가납부 적용 / 청년외 추가공제 적용</td></tr>
<tr><td colspan="2">② 추가공제세액계산</td><td colspan="2">② 추가납부/추가공제 세액계산</td></tr>
<tr><td colspan="2">청년 : 29,000,000<br>청년외 : 17,000,000<br>합계 : 46,000,000</td><td colspan="2">청년 추가납부<br>2×(14,500,000−8,500,000)<br>= 12,000,000<br>청년외 추가공제<br>㉠ 당초 : 25,500,000<br>㉡ 청년 감소 시 청년외 적용<br>: 4×8,500,000<br>= 34,000,000<br>㉢ 합계 : 59,500,000</td></tr>
<tr><td rowspan="4">3차연도공제</td><td colspan="2" rowspan="4"></td><td colspan="2" rowspan="4"></td><td colspan="2">① 상황분석</td></tr>
<tr><td colspan="2">최초공제연도(2023년) 대비 전체 상시근로자 수 감소하지 않았음(청년 증가, 청년외 증가) ⇒ 추가공제 적용</td></tr>
<tr><td colspan="2">② 추가공제세액계산</td></tr>
<tr><td colspan="2">청년 : 29,000,000<br>청년외 : 17,000,000<br>합계 : 46,000,000</td></tr>
</table>

〈사례 4〉

<table>
<tr><th>2022년</th><th colspan="2">2023년</th><th colspan="2">2024년</th><th colspan="2">2025년</th></tr>
<tr><td>근무인원현황</td><td>근무인원현황</td><td>증감현황</td><td>근무인원현황</td><td>증감현황</td><td>근무인원현황</td><td>증감현황</td></tr>
<tr><td>전체 7명<br>청년 3명<br>청년외 4명</td><td>전체 15명<br>청년 9명<br>청년외 6명</td><td>8명 증가<br>6명 증가<br>2명 증가</td><td>전체 15명<br>청년 9명<br>청년외 6명</td><td>증감 없음<br>증감 없음<br>증감 없음</td><td>전체 18명<br>청년 10명<br>청년외 8명</td><td>3명 증가<br>1명 증가<br>2명 증가</td></tr>
<tr><td rowspan="4">1차연도공제</td><td colspan="2">① 상황분석</td><td colspan="2">① 상황분석</td><td colspan="2">① 상황분석</td></tr>
<tr><td colspan="2">직전연도(2022년) 대비 전체 상시근로자 수 증가(청년 증가, 청년외 증가) ⇒ 공제적용</td><td colspan="2">직전연도(2023년) 대비 전체 상시근로자 수 증가하지 않음(청년 증감 없음, 청년외 증감 없음) ⇒ 공제적용 없음</td><td colspan="2">직전연도(2024년) 대비 전체 상시근로자 수 증가(청년 증가, 청년외 증가) ⇒ 공제적용</td></tr>
<tr><td colspan="2">② 공제세액계산</td><td colspan="2">② 공제세액계산</td><td colspan="2">② 공제세액계산</td></tr>
<tr><td colspan="2">청년 : 6×14,500,000<br>= 87,000,000<br>청년외 : 2×8,500,000<br>= 17,000,000<br>합계 : 104,000,000</td><td colspan="2">청년 : 0×14,500,000<br>= 0<br>청년외 : 0×8,500,000<br>= 0<br>합계 : 0</td><td colspan="2">청년 : 1×14,500,000<br>= 14,500,000<br>청년외 : 2×8,500,000<br>= 17,000,000<br>합계 : 31,500,000</td></tr>
<tr><td rowspan="4">2차연도공제</td><td colspan="2" rowspan="4"></td><td colspan="2">① 상황분석</td><td colspan="2">① 상황분석</td></tr>
<tr><td colspan="2">최초공제연도(2023년) 대비 전체 상시근로자 수 감소하지 않았음(청년 증감 없음, 청년외 증감 없음) ⇒ 추가공제 적용</td><td colspan="2">1차연도 공제 적용하지 않았으므로 추가공제/추가납부 고려 없음</td></tr>
<tr><td colspan="2">② 추가공제세액계산</td><td colspan="2">② 추가납부/추가공제 세액계산</td></tr>
<tr><td colspan="2">청년 : 87,000,000<br>청년외 : 17,000,000<br>합계 : 104,000,000</td><td colspan="2">청년 : 0<br>청년외 : 0<br>합계 : 0</td></tr>
<tr><td rowspan="4">3차연도공제</td><td colspan="2" rowspan="4"></td><td colspan="2" rowspan="4"></td><td colspan="2">① 상황분석</td></tr>
<tr><td colspan="2">최초공제연도(2023년) 대비 전체 상시근로자 수 감소하지 않았음(청년 증가, 청년외 증가) ⇒ 추가공제 적용</td></tr>
<tr><td colspan="2">② 추가공제세액계산</td></tr>
<tr><td colspan="2">청년 : 87,000,000<br>청년외 : 17,000,000<br>합계 : 104,000,000</td></tr>
</table>

〈사례 5〉

<table>
<tr><th>2022년</th><th colspan="2">2023년</th><th colspan="2">2024년</th><th colspan="2">2025년</th></tr>
<tr><td>근무인원현황</td><td>근무인원현황</td><td>증감현황</td><td>근무인원현황</td><td>증감현황</td><td>근무인원현황</td><td>증감현황</td></tr>
<tr><td>전체 7명<br>청년 3명<br>청년외 4명</td><td>전체 15명<br>청년 9명<br>청년외 6명</td><td>8명 증가<br>6명 증가<br>2명 증가</td><td>전체 15명<br>청년 9명<br>청년외 6명</td><td>증감 없음<br>증감 없음<br>증감 없음</td><td>전체 15명<br>청년 9명<br>청년외 6명</td><td>증감 없음<br>증감 없음<br>증감 없음</td></tr>
<tr><td rowspan="4">1차연도공제</td><td colspan="2">① 상황분석</td><td colspan="2">① 상황분석</td><td colspan="2">① 상황분석</td></tr>
<tr><td colspan="2">직전연도(2022년) 대비 전체 상시근로자 수 증가(청년 증가, 청년외 증가) ⇒ 공제적용</td><td colspan="2">직전연도(2023년) 대비 전체상시근로자 수 증가하지 않음(청년 증감 없음, 청년외 증감 없음) ⇒ 공제적용 없음</td><td colspan="2">직전연도(2024년) 대비 전체상시근로자 수 증가하지 않음(청년 증감 없음, 청년외 증감 없음) ⇒ 공제적용 없음</td></tr>
<tr><td colspan="2">② 공제세액계산</td><td colspan="2">② 공제세액계산</td><td colspan="2">② 공제세액계산</td></tr>
<tr><td colspan="2">청년 : 6×14,500,000<br>= 87,000,000<br>청년외 : 2×8,500,000<br>= 17,000,000<br>합계 : 104,000,000</td><td colspan="2">청년 : 0×14,500,000<br>= 0<br>청년외 : 0×8,500,000<br>= 0<br>합계 : 0</td><td colspan="2">청년 : 0×14,500,000<br>= 0<br>청년외 : 0×8,500,000<br>= 0<br>합계 : 0</td></tr>
<tr><td rowspan="4">2차연도공제</td><td colspan="2" rowspan="4"></td><td colspan="2">① 상황분석</td><td colspan="2">① 상황분석</td></tr>
<tr><td colspan="2">최초공제연도(2023년) 대비 전체 상시근로자 수 감소하지 않았음(청년 증감 없음, 청년외 증감 없음) ⇒ 추가공제 적용</td><td colspan="2">1차연도 공제 적용하지 않았으므로 추가공제/추가납부 고려 없음</td></tr>
<tr><td colspan="2">② 추가공제세액계산</td><td colspan="2">② 추가납부/추가공제 세액계산</td></tr>
<tr><td colspan="2">청년 : 87,000,000<br>청년외 : 17,000,000<br>합계 : 104,000,000</td><td colspan="2">청년 : 0<br>청년외 : 0<br>합계 : 0</td></tr>
<tr><td rowspan="4">3차연도공제</td><td colspan="2" rowspan="4"></td><td colspan="2" rowspan="4"></td><td colspan="2">① 상황분석</td></tr>
<tr><td colspan="2">최초공제연도(2023년) 대비 전체 상시근로자 수 감소하지 않았음(청년 증감 없음, 청년외 증감 없음) ⇒ 추가공제 적용</td></tr>
<tr><td colspan="2">② 추가공제세액계산</td></tr>
<tr><td colspan="2">청년 : 87,000,000<br>청년외 : 17,000,000<br>합계 : 104,000,000</td></tr>
</table>

〈사례 6-1〉

<table>
<tr><th>2022년</th><th colspan="2">2023년</th><th colspan="2">2024년</th><th colspan="2">2025년</th></tr>
<tr><td>근무인원현황</td><td>근무인원현황</td><td>증감현황</td><td>근무인원현황</td><td>증감현황</td><td>근무인원현황</td><td>증감현황</td></tr>
<tr><td>전체 7명<br>청년 3명<br>청년외 4명</td><td>전체 15명<br>청년 9명<br>청년외 6명</td><td>8명 증가<br>6명 증가<br>2명 증가</td><td>전체 15명<br>청년 9명<br>청년외 6명</td><td>증감 없음<br>증감 없음<br>증감 없음</td><td>전체 12명<br>청년 5명<br>청년외 7명</td><td>3명 감소<br>4명 감소<br>1명 증가</td></tr>
<tr><td rowspan="4">1차연도공제</td><td colspan="2">① 상황분석</td><td colspan="2">① 상황분석</td><td colspan="2">① 상황분석</td></tr>
<tr><td colspan="2">직전연도(2022년) 대비 전체 상시근로자 수 증가(청년 증가, 청년외 증가) ⇒ 공제적용</td><td colspan="2">직전연도(2023년) 대비 전체상시근로자 수 증가하지 않음(청년 증감 없음, 청년외 증감 없음) ⇒ 공제적용 없음</td><td colspan="2">직전연도(2024년) 대비 전체 상시근로자 수 증가하지 않음(청년 감소, 청년외 증가) ⇒ 공제적용 없음</td></tr>
<tr><td colspan="2">② 공제세액계산</td><td colspan="2">② 공제세액계산</td><td colspan="2">② 공제세액계산</td></tr>
<tr><td colspan="2">청년 : 6×14,500,000<br>= 87,000,000<br>청년외 : 2×8,500,000<br>= 17,000,000<br>합계 : 104,000,000</td><td colspan="2">청년 : 0×14,500,000<br>= 0<br>청년외 : 0×8,500,000<br>= 0<br>합계 : 0</td><td colspan="2">청년 : 0×14,500,000<br>= 0<br>청년외 : 0×8,500,000<br>= 0<br>합계 : 0</td></tr>
<tr><td rowspan="4">2차연도공제</td><td colspan="2" rowspan="4"></td><td colspan="2">① 상황분석</td><td colspan="2">① 상황분석</td></tr>
<tr><td colspan="2">최초공제연도(2023년) 대비 전체 상시근로자 수 감소하지 않았음(청년 증감 없음, 청년외 증감 없음) ⇒ 추가공제 적용</td><td colspan="2">1차연도 공제 적용하지 않았으므로 추가공제/추가납부 고려 없음</td></tr>
<tr><td colspan="2">② 추가공제세액계산</td><td colspan="2">② 추가납부/추가공제 세액계산</td></tr>
<tr><td colspan="2">청년 : 87,000,000<br>청년외 : 17,000,000<br>합계 : 104,000,000</td><td colspan="2">청년 : 0<br>청년외 : 0<br>합계 : 0</td></tr>
<tr><td rowspan="4">3차연도공제</td><td colspan="2" rowspan="4"></td><td colspan="2" rowspan="4"></td><td colspan="2">① 상황분석</td></tr>
<tr><td colspan="2">최초공제연도(2023년) 대비 전체상시근로자 수 감소(청년 감소, 청년외 증가) ⇒ 전체 추가공제 중단, 추가납부 적용</td></tr>
<tr><td colspan="2">② 추가납부세액</td></tr>
<tr><td colspan="2">(4-3)×(14,500,000-8,500,000)×2회 +3×14,500,000×2회<br>=1×6,000,000×2회<br>+3×14,500,000×2회<br>= 99,000,000<br>추가납부한도<br>: 104,000,000+104,000,000<br>= 208,000,000</td></tr>
</table>

〈사례 6-2〉

<table>
<tr><th>2022년</th><th colspan="2">2023년</th><th colspan="2">2024년</th><th colspan="2">2025년</th></tr>
<tr><td>근무인원현황</td><td>근무인원현황</td><td>증감현황</td><td>근무인원현황</td><td>증감현황</td><td>근무인원현황</td><td>증감현황</td></tr>
<tr><td>전체 7명<br>청년 3명<br>청년외 4명</td><td>전체 15명<br>청년 9명<br>청년외 6명</td><td>8명 증가<br>6명 증가<br>2명 증가</td><td>전체 15명<br>청년 9명<br>청년외 6명</td><td>증감 없음<br>증감 없음<br>증감 없음</td><td>전체 11명<br>청년 6명<br>청년외 5명</td><td>4명 감소<br>3명 감소<br>1명 감소</td></tr>
<tr><td rowspan="4">1차연도공제</td><td colspan="2">① 상황분석</td><td colspan="2">① 상황분석</td><td colspan="2">① 상황분석</td></tr>
<tr><td colspan="2">직전연도(2022년) 대비 전체 상시근로자 수 증가(청년 증가, 청년외 증가) ⇒ 공제적용</td><td colspan="2">직전연도(2023년) 대비 전체상시근로자 수 증가하지 않음(청년 증감 없음, 청년외 증감 없음) ⇒ 공제적용 없음</td><td colspan="2">직전연도(2024년) 대비 전체 상시근로자 수 증가하지 않음(청년 감소, 청년외 감소) ⇒ 공제적용 없음</td></tr>
<tr><td colspan="2">② 공제세액계산</td><td colspan="2">② 공제세액계산</td><td colspan="2">② 공제세액계산</td></tr>
<tr><td colspan="2">청년 : 6×14,500,000<br>= 87,000,000<br>청년외 : 2×8,500,000<br>= 17,000,000<br>합계 : 104,000,000</td><td colspan="2">청년 : 0×14,500,000<br>= 0<br>청년외 : 0×8,500,000<br>= 0<br>합계 : 0</td><td colspan="2">청년 : 0×14,500,000<br>= 0<br>청년외 : 0×8,500,000<br>= 0<br>합계 : 0</td></tr>
<tr><td rowspan="4">2차연도공제</td><td colspan="2" rowspan="4"></td><td colspan="2">① 상황분석</td><td colspan="2">① 상황분석</td></tr>
<tr><td colspan="2">최초공제연도(2023년) 대비 전체 상시근로자 수 감소하지 않았음(청년 증감 없음, 청년외 증감 없음) ⇒ 추가공제 적용</td><td colspan="2">1차연도 공제 적용하지 않았으므로 추가공제/추가납부 고려 없음</td></tr>
<tr><td colspan="2">② 추가공제세액계산</td><td colspan="2">② 추가납부/추가공제 세액계산</td></tr>
<tr><td colspan="2">청년 : 87,000,000<br>청년외 : 17,000,000<br>합계 : 104,000,000</td><td colspan="2">청년 : 0<br>청년외 :0<br>합계 : 0</td></tr>
<tr><td rowspan="4">3차연도공제</td><td colspan="2" rowspan="4"></td><td colspan="2" rowspan="4"></td><td colspan="2">① 상황분석</td></tr>
<tr><td colspan="2">최초공제연도(2023년) 대비 전체 상시근로자 수 감소(청년 감소, 청년외 감소) ⇒ 전체 추가공제 중단, 추가납부 적용</td></tr>
<tr><td colspan="2">② 추가납부세액</td></tr>
<tr><td colspan="2">3×14,500,000×2회<br>+1×8,500,000×2회<br>=87,000,000+17,000,000<br>= 104,000,000<br>추가납부한도<br>: 104,000,000+104,000,000<br>=208,000,000</td></tr>
</table>

〈사례 6-3〉

<table>
<tr><th>2022년</th><th colspan="2">2023년</th><th colspan="2">2024년</th><th colspan="2">2025년</th></tr>
<tr><th>근무인원현황</th><th>근무인원현황</th><th>증감현황</th><th>근무인원현황</th><th>증감현황</th><th>근무인원현황</th><th>증감현황</th></tr>
<tr><td>전체 7명<br>청년 3명<br>청년외 4명</td><td>전체 15명<br>청년 9명<br>청년외 6명</td><td>8명 증가<br>6명 증가<br>2명 증가</td><td>전체 15명<br>청년 9명<br>청년외 6명</td><td>증감 없음<br>증감 없음<br>증감 없음</td><td>전체 15명<br>청년 7명<br>청년외 8명</td><td>증감 없음<br>2명 감소<br>2명 증가</td></tr>
<tr><td rowspan="4">1차연도공제</td><td colspan="2">① 상황분석</td><td colspan="2">① 상황분석</td><td colspan="2">① 상황분석</td></tr>
<tr><td colspan="2">직전연도(2022년) 대비 전체 상시근로자 수 증가(청년 증가, 청년외 증가) ⇒ 공제적용</td><td colspan="2">직전연도(2023년) 대비 전체상시근로자 수 증가하지 않음(청년 증감 없음, 청년외 증감 없음) ⇒ 공제적용 없음</td><td colspan="2">직전연도(2024년) 대비 전체 상시근로자 수 증가하지 않음(청년 감소, 청년외 증가) ⇒ 공제적용 없음</td></tr>
<tr><td colspan="2">② 공제세액계산</td><td colspan="2">② 공제세액계산</td><td colspan="2">② 공제세액계산</td></tr>
<tr><td colspan="2">청년 : 6×14,500,000<br>= 87,000,000<br>청년외 : 2×8,500,000<br>= 17,000,000<br>합계 : 104,000,000</td><td colspan="2">청년 : 0×14,500,000<br>= 0<br>청년외 : 0×8,500,000<br>= 0<br>합계 : 0</td><td colspan="2">청년 : 0×14,500,000<br>= 0<br>청년외 : 0×8,500,000<br>= 0<br>합계 : 0</td></tr>
<tr><td rowspan="4">2차연도공제</td><td colspan="2" rowspan="4"></td><td colspan="2">① 상황분석</td><td colspan="2">① 상황분석</td></tr>
<tr><td colspan="2">최초공제연도(2023년) 대비 전체 상시근로자 수 감소하지 않았음(청년 증감 없음, 청년외 증감 없음) ⇒ 추가공제 적용</td><td colspan="2">1차연도 공제 적용하지 않았으므로 추가공제/추가납부 고려 없음</td></tr>
<tr><td colspan="2">② 추가공제세액계산</td><td colspan="2">② 추가납부/추가공제 세액계산</td></tr>
<tr><td colspan="2">청년 : 87,000,000<br>청년외 : 17,000,000<br>합계 : 104,000,000</td><td colspan="2">청년 : 0<br>청년외 :0<br>합계 : 0</td></tr>
<tr><td rowspan="4">3차연도공제</td><td colspan="2" rowspan="4"></td><td colspan="2" rowspan="4"></td><td colspan="2">① 상황분석</td></tr>
<tr><td colspan="2">최초공제연도(2023년) 대비 전체 상시근로자 수 감소하지 않음(청년 감소, 청년외 증가) ⇒ 청년 추가공제 중단, 추가납부 / 청년외 추가공제</td></tr>
<tr><td colspan="2">② 추가납부/공제세액</td></tr>
<tr><td colspan="2">추가납부 : 2×(14,500,000−8,500,000)×2회=24,000,000<br>추가납부한도 : 104,000,000+104,000,000=208,000,000<br>추가공제<br>㉠ 당초 : 17,000,000<br>㉡ 청년 감소 시 청년외 적용<br>6×8,500,000=51,000,000<br>㉢ 합계 ; 68,000,000</td></tr>
</table>

〈사례 7〉

<table>
<tr><th>2022년</th><th colspan="2">2023년</th><th colspan="2">2024년</th><th colspan="2">2025년</th></tr>
<tr><td>근무인원현황</td><td>근무인원현황</td><td>증감현황</td><td>근무인원현황</td><td>증감현황</td><td>근무인원현황</td><td>증감현황</td></tr>
<tr><td>전체 7명<br>청년 3명<br>청년외 4명</td><td>전체 23명<br>청년 10명<br>청년외 13명</td><td>16명 증가<br>7명 증가<br>9명 증가</td><td>전체 20명<br>청년 6명<br>청년외 14명</td><td>3명 감소<br>4명 감소<br>1명 증가</td><td>전체 25명<br>청년 10명<br>청년외 15명</td><td>5명 증가<br>4명 증가<br>1명 증가</td></tr>
<tr><td rowspan="4">1차연도공제</td><td colspan="2">① 상황분석</td><td colspan="2">① 상황분석</td><td colspan="2">① 상황분석</td></tr>
<tr><td colspan="2">직전연도(2022년) 대비 전체 상시근로자 수 증가(청년 증가, 청년외 증가) ⇒ 공제적용</td><td colspan="2">직전연도(2023년) 대비 전체상시근로자 수 증가하지 않음(청년 감소, 청년외 증가)<br>⇒ 공제적용 없음</td><td colspan="2">직전연도(2024년) 대비 전체상시근로자 수 증가(청년 증가, 청년외 증가) ⇒ 공제적용</td></tr>
<tr><td colspan="2">② 공제세액계산</td><td colspan="2">② 공제세액계산</td><td colspan="2">② 공제세액계산</td></tr>
<tr><td colspan="2">청년 : 7×14,500,000<br>= 101,500,000<br>청년외 : 9×8,500,000<br>= 76,500,000<br>합계 : 178,000,000</td><td colspan="2">청년 : 0×14,500,000<br>= 0<br>청년외 : 0×8,500,000<br>= 0<br>합계 : 0</td><td colspan="2">청년 : 4×14,500,000<br>= 58,000,000<br>청년외 : 1×8,500,000<br>= 8,500,000<br>합계 : 66,500,000</td></tr>
<tr><td rowspan="4">2차연도공제</td><td colspan="2" rowspan="4"></td><td colspan="2">① 상황분석</td><td colspan="2">① 상황분석</td></tr>
<tr><td colspan="2">최초공제연도(2023년) 대비 전체 상시근로자 수 감소(청년 감소, 청년외 증가) ⇒ 전체 추가공제 중단, 추가납부</td><td colspan="2">1차연도 공제 적용하지 않았으므로 추가공제/추가납부 고려 없음</td></tr>
<tr><td colspan="2">② 추가납부세액계산</td><td colspan="2">② 추가납부/추가공제 세액계산</td></tr>
<tr><td colspan="2">(4−3)×(14,500,000−8,500,000)+3×14,500,000<br>= 6,000,000+43,500,000<br>= 49,500,000</td><td colspan="2">청년 : 0<br>청년외 : 0<br>합계 : 0</td></tr>
<tr><td rowspan="4">3차연도공제</td><td colspan="2" rowspan="4"></td><td colspan="2" rowspan="4"></td><td colspan="2">① 상황분석</td></tr>
<tr><td colspan="2">2차연도(2024년)에 이미 추가공제중단, 추가납부 적용하였으며, 3차연도에 다시 상시근로자 수 증가하여 최초공제연도 수준으로 회복하여도 추가공제를 적용하지 않음에 주의할 것</td></tr>
<tr><td colspan="2">② 추가납부세액</td></tr>
<tr><td colspan="2">2차연도(2024년)에 추가납부세액 적용하였으며, 3차연도(2025년)에 추가납부세액으로 적용할 금액은 없음</td></tr>
</table>

〈사례 8〉

<table>
<tr><th>2022년</th><th colspan="2">2023년</th><th colspan="2">2024년</th><th colspan="2">2025년</th></tr>
<tr><td>근무인원현황</td><td>근무인원현황</td><td>증감현황</td><td>근무인원현황</td><td>증감현황</td><td>근무인원현황</td><td>증감현황</td></tr>
<tr><td>전체 7명<br>청년 3명<br>청년외 4명</td><td>전체 23명<br>청년 10명<br>청년외 13명</td><td>16명 증가<br>7명 증가<br>9명 증가</td><td>전체 20명<br>청년 6명<br>청년외 14명</td><td>3명 감소<br>4명 감소<br>1명 증가</td><td>전체 20명<br>청년 6명<br>청년외 14명</td><td>증감 없음<br>증감 없음<br>증감 없음</td></tr>
<tr><td rowspan="4">1차연도공제</td><td colspan="2">① 상황분석</td><td colspan="2">① 상황분석</td><td colspan="2">① 상황분석</td></tr>
<tr><td colspan="2">직전연도(2022년) 대비 전체 상시근로자 수 증가(청년 증가, 청년외 증가) ⇒ 공제적용</td><td colspan="2">직전연도(2023년) 대비 전체상시근로자 수 증가하지 않음(청년 감소, 청년외 증가)<br>⇒ 공제적용 없음</td><td colspan="2">직전연도(2024년) 대비 전체상시근로자 수 증가하지 않음(청년 증감 없음, 청년외 증감 없음) ⇒ 공제적용 없음</td></tr>
<tr><td colspan="2">② 공제세액계산</td><td colspan="2">② 공제세액계산</td><td colspan="2">② 공제세액계산</td></tr>
<tr><td colspan="2">청년 : 7×14,500,000<br>= 101,500,000<br>청년외 : 9×8,500,000<br>= 76,500,000<br>합계 : 178,000,000</td><td colspan="2">청년 : 0×14,500,000<br>= 0<br>청년외 : 0×8,500,000<br>= 0<br>합계 : 0</td><td colspan="2">청년 : 0×14,500,000<br>= 0<br>청년외 : 0×8,500,000<br>= 0<br>합계 : 0</td></tr>
<tr><td rowspan="4">2차연도공제</td><td colspan="2" rowspan="4"></td><td colspan="2">① 상황분석</td><td colspan="2">① 상황분석</td></tr>
<tr><td colspan="2">최초공제연도(2023년) 대비 전체 상시근로자 수 감소(청년 감소, 청년외 증가) ⇒ 전체 추가공제 중단, 추가납부</td><td colspan="2">1차연도 공제 적용하지 않았으므로 추가공제/추가납부 고려 없음</td></tr>
<tr><td colspan="2">② 추가납부세액계산</td><td colspan="2">② 추가납부/추가공제 세액계산</td></tr>
<tr><td colspan="2">(4−3)×(14,500,000−8,500,000)+3×14,500,000<br>= 6,000,000+43,500,000<br>= 49,500,000</td><td colspan="2">청년 : 0<br>청년외 : 0<br>합계 : 0</td></tr>
<tr><td rowspan="4">3차연도공제</td><td colspan="2" rowspan="4"></td><td colspan="2" rowspan="4"></td><td colspan="2">① 상황분석</td></tr>
<tr><td colspan="2">최초공제연도(2023년) 대비 전체 상시근로자 수 감소(청년 감소, 청년외 감소) ⇒ 전년도에 이미 추가공제중단, 추가납부적용하였으며, 3차연도에 다시 상시근로자 수 감소하였으므로 추가납부 적용 검토</td></tr>
<tr><td colspan="2">② 추가납부세액</td></tr>
<tr><td colspan="2">(4−3)×(14,500,000−8,500,000)<br>+3×14,500,000<br>−49,500,000<br>= 6,000,000+43,500,000<br>−49,500,000= 0</td></tr>
</table>

〈사례 9〉

<table>
<tr><th>2022년</th><th colspan="2">2023년</th><th colspan="2">2024년</th><th colspan="2">2025년</th></tr>
<tr><td>근무인원현황</td><td>근무인원현황</td><td>증감현황</td><td>근무인원현황</td><td>증감현황</td><td>근무인원현황</td><td>증감현황</td></tr>
<tr><td>전체 7명<br>청년 3명<br>청년외 4명</td><td>전체 23명<br>청년 10명<br>청년외 13명</td><td>16명 증가<br>7명 증가<br>9명 증가</td><td>전체 20명<br>청년 6명<br>청년외 14명</td><td>3명 감소<br>4명 감소<br>1명 증가</td><td>전체 12명<br>청년 3명<br>청년외 9명</td><td>8명 감소<br>3명 감소<br>5명 감소</td></tr>
<tr><td rowspan="4">1차연도공제</td><td colspan="2">① 상황분석</td><td colspan="2">① 상황분석</td><td colspan="2">① 상황분석</td></tr>
<tr><td colspan="2">직전연도(2022년) 대비 전체 상시근로자 수 증가(청년 증가, 청년외 증가) ⇒ 공제적용</td><td colspan="2">직전연도(2023년) 대비 전체상시근로자 수 증가하지 않음(청년 감소, 청년외 증가)<br>⇒ 공제적용 없음</td><td colspan="2">직전연도(2024년) 대비 전체상시근로자 수 증가하지 않음(청년 증감 없음, 청년외 증감 없음) ⇒ 공제적용 없음</td></tr>
<tr><td colspan="2">② 공제세액계산</td><td colspan="2">② 공제세액계산</td><td colspan="2">② 공제세액계산</td></tr>
<tr><td colspan="2">청년 : 7×14,500,000<br>= 101,500,000<br>청년외 : 9×8,500,000<br>= 76,500,000<br>합계 : 178,000,000</td><td colspan="2">청년 : 0×14,500,000<br>= 0<br>청년외 : 0×8,500,000<br>= 0<br>합계 : 0</td><td colspan="2">청년 : 0×14,500,000<br>= 0<br>청년외 : 0×8,500,000<br>= 0<br>합계 : 0</td></tr>
<tr><td rowspan="4">2차연도공제</td><td colspan="2" rowspan="4"></td><td colspan="2">① 상황분석</td><td colspan="2">① 상황분석</td></tr>
<tr><td colspan="2">최초공제연도(2023년) 대비 전체 상시근로자 수 감소(청년 감소, 청년외 증가) ⇒ 전체 추가공제 중단, 추가납부</td><td colspan="2">1차연도 공제 적용하지 않았으므로 추가공제/추가납부 고려 없음</td></tr>
<tr><td colspan="2">② 추가납부세액계산</td><td colspan="2">② 추가납부/추가공제 세액계산</td></tr>
<tr><td colspan="2">(4−3)×(14,500,000−8,500,000)+3×14,500,000<br>= 6,000,000+43,500,000<br>= 49,500,000</td><td colspan="2">청년 : 0<br>청년외 : 0<br>합계 : 0</td></tr>
<tr><td rowspan="4">3차연도공제</td><td colspan="2" rowspan="4"></td><td colspan="2" rowspan="4"></td><td colspan="2">① 상황분석</td></tr>
<tr><td colspan="2">최초공제연도(2023년) 대비 전체 상시근로자 수 감소(청년 감소, 청년외 감소) ⇒ 전년도에 이미 추가공제중단, 추가납부적용하였으며, 3차연도에 다시 상시근로자 수 감소하였으므로 추가납부 적용 검토</td></tr>
<tr><td colspan="2">② 추가납부세액</td></tr>
<tr><td colspan="2">7×14,500,000+4×8,500,000<br>−49,500,000<br>= 101,500,000+34,000,000<br>−49,500,000= 86,000,000<br>추가납부세액한도<br>=178,000,000−49,500,000<br>=128,500,000</td></tr>
</table>

실무자를 위해 엄선한 조특법 핵심 해설서

# CHAPTER 06 지역 간의 균형발전을 위한 조세특례

국가의 균형발전을 위해서는 기업과 인구 등이 특정지역에 편중되는 현상을 최대한 완화하여 지역경제의 활성화를 이루는 것이 매우 중요하다. 산업시설이나 인구가 특정 지역에 밀집하게 되면 여러 사회적 비용이 증가하는 것은 물론 국가경제 발전의 걸림돌이 될 수 있다. 우리나라의 경우에도 수도권 지역에 인구 및 기업의 밀집도가 상당히 높아 다른 지역경제와 균형감 있는 발전을 기대하기가 쉽지 않다.

**| 지역별 인구현황* |**

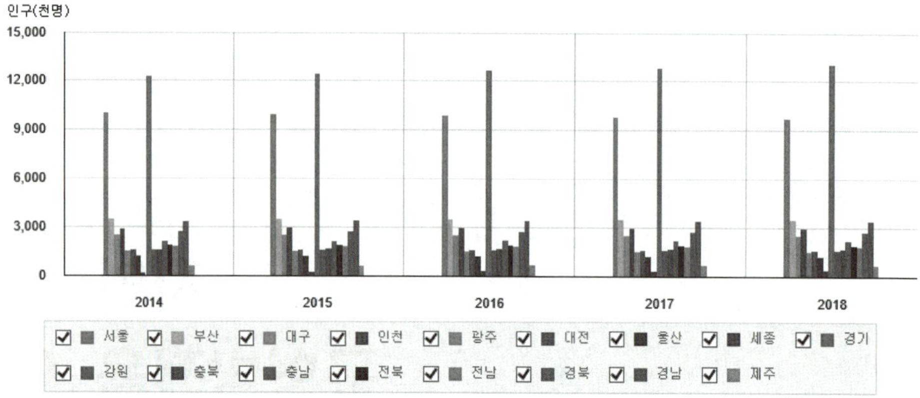


정책적으로도 지원제도를 시행하고 있으며, 조세특례제한법에서도 기업의 수도권 외의 지역 이전 등에 대하여 세제상 감면 등의 혜택을 주고 있는데 제60조【공장의 대도시 밖 이전에 대한 법인세 과세특례】, 제61조【법인 본사를 수도권과밀억제권역 밖으로 이전하는 데 따른 양도차익에 대한 법인세 과세특례】, 제63조【수도권과밀억제권역 밖으로 이전하는 중소기업에 대한 세액감면】, 제63조의 2【법인의 공장 및 본사를 수도권 밖으로 이전하는 경우 법인세 등 감면】, 제64조【농공단지 입주기업 등에 대한 세액감면】, 제66조【영농조합법인 등에 대한 법인세의 면제 등】, 제67조【영어조합법인 등에 대한 법인세의 면제 등】, 제68조【농업회사법인에 대한 법인세의 면제 등】, 제69조【자경농지에 대한 양도소득세의 감면】, 제69조의 2【축사용지에 대한 양도소득세의 감면】, 제69조의 3【어업용 토지등에 대한 양도소득세의 감면】, 제69조의 4【자경산지에 대한 양도소득세의 감면】, 제70조【농지대토에 대한 양도소득세 감면】, 제70조의 2【경영회생 지원을 위한 농지 매매 등에 대한 양도소득세 과세특례】, 제71조【영농자녀등이 증여받는 농지 등에 대한 증여세의 감면】 등의 지원규정을 두고 있다.

본장에서는 제60조【공장의 대도시 밖 이전에 대한 법인세 과세특례】, 제61조【법인 본사를 수도권과밀억제권역 밖으로 이전하는 데 따른 양도차익에 대한 법인세 과세특례】, 제63조【수도권 밖으로 공장을 이전하는 기업에 대한 세액감면 등】, 제63조의 2【수도권 밖으로 본사를 이전하는 법인에 대한 세액감면 등】, 제66조【영농조합법인 등에 대한 법인세의 면제 등】, 제68조【농업회사법인에 대한 법인세의 면제 등】 규정에 대하여 살펴보기로 한다.

---

* e-나라지표, 지역별 인구 및 인구밀도

SECTION 01

# 제60조 【공장의 대도시 밖 이전에 대한 법인세 과세특례】

## I 조문내용해설

### 1. 기본검토사항

| 구 분 | | 검토요건 또는 확인사항 |
|---|---|---|
| 적용 여부 검토 | ① 당해 법인의 중소기업요건 충족 확인 | 대도시에서 공장시설을 갖추고 사업을 하는 내국법인 |
| | ② 각 조항별 적용시한 확인 | 공장의 대지와 건물을 2025년 12월 31일까지 양도한 경우 적용 |
| | ③ 각 조항별 규정 업종의 요건 충족 확인 | 이전 전과 이전 후의 업종이 한국표준산업분류 세분류 기준에 따라 동일하여야 함 |
| | ④ 본점 및 사업장 소재지 등 확인 | 대도시 소재 공장의 대도시 밖으로 이전이 적용대상이며, 본점의 소재지에 따른 차등 적용은 없음 |
| | ⑤ 감면/공제 적용의 배제 | 양도차익의 과세이연 규정이므로 별도의 적용배제 규정은 없음 |
| 적용 시 검토 | ⑥ 감면/공제 중복적용 확인 | 중복적용 배제규정 없음 |
| | ⑦ 최저한세 적용대상 확인 | 최저한세 적용대상임 |
| | ⑧ 이월적용 여부 확인 | 이월적용 규정 없음 |
| | ⑨ 농어촌특별세 비과세 확인 | 농어촌특별세 적용대상 아님 |
| 사후 관리 | ⑩ 공제감면 후 사후관리 규정 | 양도차익 과세이연 후 익금산입 완료 전 폐업 등의 경우 익금에 산입하지 않은 잔액을 사유 발생 사업연도에 익금산입함 |

## 2. 적용여부 검토 세부내용

### (1) 당해 법인의 요건 충족 확인(조특법 제60조 제2항)

① 다음의 대도시(이하 "대도시"라 한다)에서 공장시설을 갖추고 사업을 하는 내국법인이어야 한다(조특법 제60조 제2항 제5항, 조특령 제56조 제2항).

> ㉠ 수도권과밀억제권역
>
> ㉡ 부산광역시(기장군을 제외한다)·대구광역시(달성군 및 군위군을 제외한다)·광주광역시·대전광역시 및 울산광역시의 관할구역. 다만, 「산업입지 및 개발에 관한 법률」에 의하여 지정된 산업단지를 제외한다(산업입지 및 개발에 관한 법률」에 따라 산업단지로 지정되기 전부터 해당 지역에서 공장시설을 갖추고 사업을 하는 내국법인이 그 공장을 지방으로 이전하기 위하여 해당 공장의 대지와 건물을 양도하는 경우에는 해당 지역을 대도시로 본다).

② 대도시 공장 이전의 범위

㉠ 대도시공장의 지방이전은 다음 어느 하나에 해당하는 경우로 한다. 다만, 대도시공장 또는 지방공장의 대지가 공장입지기준면적을 초과하는 경우 그 초과하는 부분에 대하여는 양도차익 과세이연 규정을 적용하지 아니한다(조특령 제56조 제1항).

|  |  |
|---|---|
| 선이전 후양도의 경우 | ⓐ 지방으로 공장을 이전하여 사업을 개시한 날부터 2년 이내에 대도시공장을 양도하는 경우 |
| 선양도 후이전의 경우 | ⓑ 대도시공장을 양도한 날부터 1년 이내에 지방에서 기존공장을 취득하여 사업을 개시하는 경우<br>ⓒ 대도시공장을 양도한 날부터 3년 이내에 지방공장을 준공하여 사업을 개시하는 경우 |

㉡ 공장입지기준면적이란 다음을 말한다(조특칙 제23조).

ⓐ 제조공장의 경우에는 「지방세법 시행규칙」 별표 3에 따른 공장입지기준면적

저자주 조특칙 제23조 제1호에서는 "「지방세법 시행규칙」 별표 3"을 규정하고 있으나 "「지방세법 시행규칙」 별표 6"에 규정되어 있음

[별표 6] (2016.12.30. 개정)

> 공장입지기준면적(제50조 관련)
>
> 1. 공장입지기준면적 = 공장건축물 연면적 × $\frac{100}{\text{업종별 기준공장 면적률}}$
>
> 2. 공장입지기준면적의 산출기준
>
> 가. 공장건축물 연면적 : 해당 공장의 경계구역 안에 있는 모든 공장용 건축물 연면적(종업원의 후생복지시설 등 각종 부대시설의 연면적을 포함하되, 무허가 건축물 및 위법시공 건축물 연면적은 제외한다)과 옥외에 있는 기계장치 또는 저장시설의 수평투영면적을 합한 면적을 말한다.
>
> 나. 업종별 기준공장면적률 : 「산업집적활성화 및 공장설립에 관한 법률」 제8조에 따라 산업통상자원부장관이 고시하는 "업종별 기준공장면적률"에 따른다. (2013.3.23. 직제개정)

다. 1개의 단위 공장에 2개 이상의 업종을 영위하는 경우에는 각 업종별 공장입지기준면적을 산출하여 합한 면적을 공장입지기준면적으로 보며, 명확한 업종구분이 불가능한 경우에는 매출액이 가장 많은 업종의 기준공장면적률을 적용하여 산출한다.

3. 공장입지기준면적의 추가 인정기준

가. 제1호 및 제2호에 따라 산출된 면적을 초과하는 토지 중 다음의 어느 하나에 해당하는 토지는 공장입지기준면적에 포함되는 것으로 한다.

1) 「산업집적활성화 및 공장설립에 관한 법률」 제20조 제1항 본문에 따라 공장의 신설 등이 제한되는 지역에 소재하는 공장의 경우에는 제1호 및 제2호에 따라 산출된 면적의 100분의 10 이내의 토지(그 면적이 3,000제곱미터를 초과하지 아니하는 부분에 한정한다)

2) 1)에 규정된 지역 외의 지역에 소재하는 공장의 경우에는 제1호 및 제2호에 따라 산출된 면적의 100분의 20 이내의 토지

나. 도시관리계획상의 녹지지역, 활주로, 철로, 6미터 이상의 도로 및 접도구역은 공장입지기준면적에 포함되는 것으로 한다.

다. 생산공정의 특성상 대규모 저수지 또는 침전지로 사용되는 토지는 공장입지기준면적에 포함되는 것으로 한다.

라. 공장용으로 사용하는 것이 적합하지 아니한 경사도가 30도 이상인 사면용지는 공장입지기준면적에 포함되는 것으로 한다.

마. 공장의 가동으로 인하여 소음 · 분진 · 악취 등 생활환경의 오염피해가 발생하게 되는 토지로서 해당 공장과 인접한 토지를 그 토지 소유자의 요구에 따라 취득하는 경우에는 공장경계구역 안에 있는 공장의 면적과 합한 면적을 해당 공장의 부속토지로 보아 공장입지기준면적을 산정한다.

바. 공장입지기준면적을 산출할 때 다음 표의 기준면적에 해당하는 종업원용 체육시설용지(공장입지기준면적의 100분의 10 이내에 해당하는 토지에 한정한다)는 공장입지기준면적에 포함되는 것으로 한다.

(단위 : 제곱미터)

| 구 분 | | 종업원<br>100명 이하 | 종업원<br>500명 이하 | 종업원<br>2,000명 이하 | 종업원<br>10,000명 이하 | 종업원<br>10,000명 초과 |
|---|---|---|---|---|---|---|
| 실외<br>체육<br>시설 | 운동장 | 1,000 | 1,000제곱미터<br>+ (100명 초과<br>종업원 수×<br>9제곱미터) | 4,600제곱미터<br>+ (500명 초과<br>종업원 수×<br>3제곱미터) | 9,100제곱미터<br>+ (2,000명<br>초과 종업원<br>수×1제곱미터) | 17,100 |
| | 테니스 또는<br>정구코트 | 970 | 970 | 1,940 | 2,910 | 2,910 |
| 실내체육시설 | | 150 | 300 | 450 | 900 | 900 |

※ 비고

1. 적용요건

운동장과 코트에는 축구 · 배구 · 테니스 등 운동경기가 가능한 시설이 있어야 하고, 실내체육시설은 영구적인 시설물이어야 하며, 탁구대 2면 이상을 둘 수 있어야 한다.

2. 적용요령

가. 종업원 수는 그 사업장에 근무하는 종업원을 기준으로 한다.

나. 종업원이 50명 이하인 법인의 경우에는 코트면적만을 기준면적으로 한다.

다. 실내체육시설의 건축물바닥면적이 기준면적 이하인 경우에는 그 건축물 바닥면적을 그 기준면적으로 한다.

라. 종업원용 실내체육시설이 있는 경우에는 그 실내체육시설의 기준면적에 영 제101조 제2항의 용도지역별 적용배율을 곱하여 산출한 면적을 합한 면적을 기준면적으로 한다.

ⓑ 자동차정비공장의 경우에는 건축물의 바닥면적(시설물의 경우에는 그 수평투영면적)에 「지방세법 시행령」 제101조 제2항에 따른 용도지역별 적용배율을 곱하여 산정한 면적과 당해 사업의 등록 당시의 관계법령에 의한 최소기준면적의 1.5배에 해당하는 면적 중 큰 면적

**「지방세법 시행령」 제101조 제2항에 따른 용도지역별 적용배율**

| 용도지역 | | 적용배율 |
|---|---|---|
| 도시지역 | 1. 전용주거지역 | 5배 |
| | 2. 준주거지역 · 상업지역 | 3배 |
| | 3. 일반주거지역 · 공업지역 | 4배 |
| | 4. 녹지지역 | 7배 |
| | 5. 미계획지역 | 4배 |
| 도시지역 외 용도지역 | | 7배 |

## (2) 조항별 적용시한 확인

대도시에 있는 공장★을 대도시 밖(이하 "지방"이라 한다)으로 이전(수도권 밖에 있는 공장을 수도권으로 이전하는 경우는 제외한다)하기 위하여 해당 공장의 대지와 건물을 2025년 12월 31일까지 양도하여야 한다(조특법 제60조 제2항).

본 조항에서 규정하는 공장의 범위는 다음과 같다.

**★ 공장의 범위(조특령 제54조 제1항, 조특칙 제22조)**

㉠ "공장"이란 각각 제조장 또는 다음의 자동차정비공장으로서 제조 또는 사업단위로 독립된 것을 말한다.

자동차 정비공장이란 「자동차관리법 시행규칙」 제131조의 규정에 의한 자동차종합정비업 또는 소형자동차정비업의 사업장을 말한다.

**자동차관리법 시행규칙 제131조【자동차정비업의 작업범위】**

① 영 제12조 제1항 각 호의 자동차정비업(이하 "정비업"이라 한다)의 종류별 정비작업범위는 다음 각 호와 같다.

1. 자동차종합정비업 : 모든 종류의 자동차에 대한 점검 · 정비 및 튜닝작업
2. 소형자동차종합정비업 : 승용자동차 · 경형 및 소형의 승합 · 화물 · 특수자동차에 대한 점검 · 정비 및 튜닝작업
3. 자동차전문정비업 : 별표 26에 따른 자동차전문정비업의 작업제한범위에 속하지 아니하는 구조 · 장치에 대한 점검 · 정비 및 튜닝
4. 원동기전문정비업 : 자동차원동기의 재생정비 및 튜닝

㉡ 제조 또는 사업단위로 독립된 것이란 다음을 말한다(조특통칙 60-54…1【독립된 제조장의 범위】).

① 영 제54조 제1항에서 "제조 또는 사업단위로 독립된 것"이라 함은 동일부지 내에 원재료투입공정으로부터 제품생산공정까지 일관된 작업을 할 수 있는 제조설비를 갖춘 장소(생산에 직접 공여되는 공장구내창고, 사무실, 종업원을 위한 기숙사, 식당 및 사내훈련시설 등을 포함한다 이하 같다)와 그 부속토지로 한다.

② 두 가지 이상의 제품(제조공정이 서로 무관한 제품에 한한다)을 생산하는 내국인이 동일부지 내에 각 제품별로 제조설비 및 공장건물을 별도로 설치하고 있는 경우에는 각 제품별 제조설비를 갖춘 장소와 그 부속토지를 각각 독립된 제조장단위로 한다. 이 경우 부속토지 중 각 제품의 생산에 공통적으로 사용됨으로써 구분할 수 없는 경우에는 각 제품의 생산에 직접적으로 사용되는 토지의 면적에 비례하여 계산된 각각의 면적을 각 제품제조설비의 부속토지로 한다.

### (3) 조항별 규정 업종의 요건 충족 확인

이전 전과 이전 후의 업종이 한국표준산업분류 세분류 기준에 따라 동일하여야 한다(조특법 제60조 제3항, 조특령 제54조 제2항).

### (4) 본점 및 사업장 소재지 등 확인

대도시 소재 공장의 대도시 밖으로의 이전(수도권 밖에 있는 공장을 수도권으로 이전하는 경우는 제외)이 적용대상이며, 본점의 소재지에 따른 차등 적용은 없다(조특법 제60조 제2항).

### (5) 양도차익 과세이연 적용의 배제

양도차익의 과세이연 규정이므로 별도의 적용배제 규정은 없다.

## 3. 양도차익 과세이연 세부내용

### (1) 과세이연

해당 공장의 대지와 건물을 2025년 12월 31일까지 양도함으로써 발생하는 양도차익에 대해서는 해당 양도차익에 대하여 과세이연 규정을 적용한다(조특법 제60조 제2항).

### (2) 대상금액

과세이연 양도차익은 다음의 금액으로 한다(조특령 제56조 제3항).

양도차익 = (㉠ − ㉡) × ㉢

㉠ 대도시 공장의 양도가액 - 당해 공장의 장부가액

※기본통칙 60-56…4【장부가액의 범위】

"장부가액"이라 함은 당해 과세연도의 감가상각을 한 후의 장부가액으로서 취득가액과 자본적지출의 합계액에서 감가상각누계액을 차감한 금액을 말한다. 이 경우 감가상각누계액에는 공사부담금, 보험차익 또는 국고보조금으로 취득한 고정자산의 일시상각충당금을 포함하는 것으로 한다.

㉡ 양도일이 속하는 사업연도의 직전사업연도종료일 현재 「법인세법」 제13조 제1항 제1호에 따른 이월결손금

「법인세법」 제13조 제1항 제1호에 따른 이월결손금

1. 제14조 제3항의 이월결손금 중 다음 각 목의 요건을 모두 갖춘 금액
   가. 각 사업연도의 개시일 전 15년 이내에 개시한 사업연도에서 발생한 결손금일 것
   나. 제60조에 따라 신고하거나 제66조에 따라 결정·경정되거나 「국세기본법」 제45조에 따라 수정신고한 과세표준에 포함된 결손금일 것

㉢ 양도가액 중 이전비용 비율 = Min(ⓐ, ⓑ)

$$ⓐ \ \frac{\text{대도시공장시설의 이전비용 + 이전한 공장건물 및 그 부속토지와 기계장치의 취득·개체·증축 및 증설에 소요된 금액의 합계액}}{\text{공장의 양도가액}}$$

ⓑ 100%

양도차익 등의 가액을 산정함에 있어 "선양도 후이전 ⓑ, ⓒ"의 경우에는 ⓑ 또는 ⓒ의 규정에 의한 공장의 사업개시일까지는 이전계획서상의 예정가액에 의한다(조특령 제56조 제4항).

### (3) 분할익금산입

위 '(2) 대상금액'은 양도일이 속하는 사업연도의 소득금액을 계산할 때 익금에 산입하지 아니할 수 있다. 이 경우 해당 금액은 양도일이 속하는 사업연도 종료일 이후 5년이 되는 날이 속하는 사업연도부터 5개 사업연도의 기간 동안 균분한 금액 이상을 익금에 산입하여야 한다(조특법 제60조 제2항 후단).

### (4) 토지 등 양도차익명세서의 제출

대도시공장의 양도일이 속하는 과세연도의 과세표준신고와 함께 토지등양도차익명세서에 다음의 서류를 첨부하여 납세지 관할 세무서장에게 제출하여야 한다(조특법 제60조 제6항, 조특령 제56조 제7항).

① "선이전 후양도 ⓐ"에 해당하는 경우에는 이전완료보고서

② "선양도 후이전 ⓑ 또는 ⓒ"에 해당하는 경우에는 이전계획서. 이 경우 "선양도 후이전

ⓑ 또는 ⓒ"에 의하여 사업을 개시한 때에는 그 사업개시일이 속하는 과세연도의 과세표준신고와 함께 이전완료보고서를 제출하여야 한다.

## 4. 적용 시 검토 세부내용

### (1) 감면/공제 중복적용 확인(조특법 제127조)

양도차익의 과세이연 규정이므로 별도의 중복적용배제 규정은 없다.

### (2) 최저한세 적용대상 확인(조특법 제132조 제1항 제2호)

양도차익의 과세이연 익금불산입분에 대하여는 최저한세 규정을 적용한다.

### (3) 이월적용 여부 확인(조특법 제144조)

양도차익 과세이연 규정이므로 이월적용 규정은 없다.

### (4) 농어촌특별세 비과세 확인(농특법 제3조)

양도차익 과세이연 규정이므로 농어촌특별세 적용대상이 아니다.

## 5. 사후관리 검토

양도차익 과세이연을 적용받는 내국법인이 해당 익금불산입액 전액을 익금에 산입하기 전에 과세이연 중단사유 발생 시 그 사유가 발생한 날이 속하는 사업연도의 소득금액을 계산할 때 익금에 산입하지 아니한 금액을 익금에 산입한다(조특법 제60조 제4항).

### (1) 과세이연 중단사유

다음 어느 하나에 해당하는 경우 과세이연을 중단한다(조특령 제56조 제5항).

① 다음에 따라 사업을 개시하지 아니한 경우

| | |
|---|---|
| 선이전 후양도의 경우 | ⓐ 지방으로 공장을 이전하여 사업을 개시한 날부터 2년 이내에 대도시공장을 양도하는 경우 |
| 선양도 후이전의 경우 | ⓑ 대도시공장을 양도한 날부터 1년 이내에 지방에서 기존공장을 취득하여 사업을 개시하는 경우 |

| | ⓒ 대도시공장을 양도한 날부터 3년 이내에 지방공장을 준공하여 사업을 개시하는 경우 |
|---|---|

② 사업을 폐지 또는 해산한 경우

③ 양도차익 등의 가액을 산정함에 있어 “선이전 후양도 ⓑ, ⓒ”의 규정에 의한 공장의 사업개시일까지 이전계획서상의 예정가액에 의한 과세이연 양도차익 가액이 실제가액에 따라 계산한 금액을 초과하는 경우

### (2) 익금에 산입할 양도차익 과세이연금액

과세이연 중단 시 익금에 산입할 금액은 다음과 같다(조특령 제56조 제6항).

| 과세이연 중단사유 | 익금에 산입할 금액 |
|---|---|
| ① 양도차익을 익금에 산입하지 아니한 내국법인이 “선양도 후이전 ⓑ, ⓒ”의 규정에 적합하게 사업을 개시하지 아니한 때 | 그 익금에 산입하지 아니한 금액 |
| ② “선양도 후이전 ⓑ, ⓒ”의 규정에 의한 예정가액에 의하여 익금에 산입하지 아니한 금액이 실제가액에 따라 계산한 금액을 초과하는 때 | 그 초과금액 |
| ③ 익금에 산입하지 아니한 금액을 전액 익금에 산입하기 전에 사업을 폐지 또는 해산한 때 | 사업의 폐지 또는 해산 당시 익금에 산입하지 아니한 금액 |

### (3) 이자상당액의 가산

과세이연 중단사유 발생으로 과세이연된 금액을 익금산입할 경우 다음의 이자상당액을 가산하여 납부하여야 한다. 다만, 합병 또는 분할 및 분할합병에 의하여 사업을 폐업하거나 해산함으로써 익금에 산입한 금액에 대하여는 이자상당가산액을 가산하지 아니한다(조특법 제60조 제4항 후단 ⇒ 조특법 제33조 제3항 후단, 조특령 제30조 제9항).

이자상당액 = 법인세 차액 × 기간 × 22 / 100,000(1일)

| | |
|---|---|
| 법인세 차액 | 양도차익을 익금에 산입하지 아니한 사업연도에 익금에 산입하지 않음에 따라 발생한 법인세액의 차액 |
| 기간 | 양도차익을 익금에 산입하지 아니한 사업연도 종료일의 다음 날부터 익금에 산입하는 사업연도의 종료일까지의 기간 |

## Ⅱ 집행기준 기본통칙 질의회신

### 1. 집행기준

| 제 목 | 내 용 |
| --- | --- |
| 60-54-1【공장양도차익에 대한 과세특례가 적용되는 공장의 범위】 | ① 공장양도차익에 대한 과세특례가 적용되는 "공장"은 제조장 또는 자동차 정비공장(「자동차관리법 시행규칙」 제131조에 따른 자동차종합정비업 또는 소형 자동차정비업의 사업장)으로서 제조 또는 사업단위로 독립된 것을 말한다.<br>② 제1항에서 "제조 또는 사업단위로 독립된 것"이라 함은 동일부지 내에 원재료투입공정으로부터 제품생산공정까지 일관된 작업을 할 수 있는 제조설비를 갖춘 장소(생산에 직접 공여되는 공장구내창고, 사무실, 종업원을 위한 기숙사, 식당 및 사내훈련시설 등을 포함한다. 이하 같다)와 그 부속토지로 한다.<br>③ 두 가지 이상의 제품(제조공정이 서로 무관한 제품에 한한다)을 생산하는 내국인이 동일부지 내에 각 제품별로 제조설비 및 공장건물을 별도로 설치하고 있는 경우에는 각 제품별 제조설비를 갖춘 장소와 그 부속토지를 각각 독립된 제조장단위로 한다. 이 경우 부속토지 중 각 제품의 생산에 공통적으로 사용됨으로서 구분할 수 없는 경우에는 각 제품의 생산에 직접적으로 사용되는 토지의 면적에 비례하여 계산된 각각의 면적을 각 제품제조설비의 부속토지로 한다.<br>④ 다음 각 호의 어느 하나에 해당하는 경우에는 공장양도차익에 대한 과세특례를 적용하지 아니한다.<br>1. 휴업 중이던 공장을 지방으로 이전하는 경우<br>2. 타인에게 임대하던 공장을 지방으로 이전하는 경우<br>3. 이전 전의 대도시공장을 양도하기 전에 이전 후의 지방공장을 양도 또는 임대한 경우<br>4. 이전 전의 공장건물을 철거하고 그 부지 위에 건물을 신축하여 양도하는 경우<br>5. 이전 후 공장의 사업이 이전 전 공장의 사업과 다른 경우. 다만, 한국표준산업분류상의 세분류가 동일한 경우를 제외한다.<br>6. 이전 후 이전 전의 대도시공장을 증·개축하여 임대하다 양도하는 경우 |
| 60-56-1【공장의 대도시 밖 이전에 대한 법인세 과세특례】 | 본문 서술내용 참고 |
| 60-56-2【지방공장가액의 범위】 | 집행기준 60-56-1에서 이전한 공장건물 및 그 부속토지와 기계장치의 취득·개체·증축 및 증설에 소요된 금액의 합계액(이하 "지방공장의 가액"이라 한다)에는 다음 각 호의 금액을 포함한다. |

| 제 목 | 내 용 |
|---|---|
| 60-56-2【지방공장가액의 범위】 | 1. 대도시 안의 구공장을 여러 개의 지방공장으로 분할이전하여 사업을 개시하고 대도시공장을 양도한 경우에는 그 지방공장 중 대도시공장 양도일로부터 소급하여 2년 이내에 이전하여 사업을 개시한 모든 지방공장의 가액(선이전 후양도)<br>2. 대도시 안의 구공장을 양도한 후 여러 개의 지방공장으로 분할이전하여 사업을 개시한 경우에는 그 지방공장 중 대도시공장을 양도한 날부터 영 제56조 제1항 제2호 및 제3호의 기간 내에 이전하여 사업을 개시한 모든 지방공장의 가액(선양도 후이전)<br>3. 대도시공장을 여러 개의 지방공장으로 이전하되 일부 지방공장은 대도시공장 양도 전에 취득 또는 준공하여 사업을 개시하고 나머지 지방공장은 대도시공장 양도 후 취득 또는 준공하여 사업을 개시한 경우에는 대도시공장 양도일로부터 소급하여 2년 이내에 취득 또는 준공하여 사업을 개시한 지방공장의 가액과 대도시공장 양도일로부터 영 제56조 제1항 제2호 및 제3호의 기간 내에 취득 또는 준공하여 사업을 개시한 지방공장의 가액을 합하여 계산한 금액(선이전 후양도, 선양도 후이전) |
| 60-56-3【공장양도차익 과세특례에 대한 사후관리】 | ① 지방이전에 따른 공장양도차익에 대한 과세특례를 적용받는 내국법인이 해당 익금불산입액 전액을 익금에 산입하기 전에 지방 공장을 취득하여 사업을 개시하지 아니하거나 사업을 폐업 또는 해산하는 경우에는 그 사유가 발생한 날이 속하는 사업연도의 소득금액을 계산할 때 익금에 산입하지 아니한 금액 중 다음 각 호의 어느 하나에 따라 계산한 금액을 익금에 산입한다.<br>1. 선양도 후이전의 규정에 적합하게 사업을 개시하지 아니한 때 : 그 익금에 산입하지 아니한 금액<br>2. 예정가액에 의하여 익금에 산입하지 아니한 금액이 확정계산금액을 초과하는 때 : 그 초과금액<br>3. 사업의 폐지 또는 해산한 때 : 사업의 폐지 또는 해산 당시 익금에 산입하지 아니한 금액<br>② 제1항과 같이 일시익금산입 사유가 발생하여 익금에 산입한 금액에 대해서는 이자상당가산액을 추가로 납부하여야 한다. 다만, 합병 또는 분할 및 분할합병에 의하여 사업을 폐업하거나 해산함으로써 익금에 산입한 금액은 제외한다.<br>③ 제2항에 따른 이자상당가산액은 제1호의 금액에 제2호에 따른 기간과 제3호에 따른 율을 곱하여 계산한다.<br>1. 제1항에서 익금에 산입할 금액을 익금불산입한 사업연도의 과세표준에 포함하여 계산한 법인세액과 익금불산입한 사업연도의 법인세액과의 차액<br>2. 양도차익을 익금에 산입하지 아니한 사업연도 종료일의 다음 날부터 익금에 산입하는 사업연도의 종료일까지의 기간<br>3. 1일 10만분의 22 |

## 2. 기본통칙

| 제 목 | 내 용 |
|---|---|
| 60-0…1【공장양도차익에 대한 법인세 과세특례의 범위】 | 다음 각 호의 1에 해당하는 경우에는 법 제60조 제2항의 규정에 의한 법인세의 과세특례를 적용하지 아니한다.<br>1. 휴업 중이던 공장을 지방으로 이전하는 경우<br>2. 타인에게 임대하던 공장을 지방으로 이전하는 경우<br>3. 이전 전의 대도시공장을 양도하기 전에 이전 후의 지방공장을 양도 또는 임대한 경우<br>4. 이전 전의 공장건물을 철거하고 그 부지 위에 건물을 신축하여 양도하는 경우<br>5. 이전 후 공장의 사업이 이전 전 공장의 사업과 다른 경우. 다만, 한국표준산업분류상의 세분류가 동일한 경우를 제외한다.<br>6. 이전 후 이전 전의 대도시공장을 증·개축하여 임대하다 양도하는 경우 |
| 60-54…1【독립된 제조장의 범위】 | ① 영 제54조 제1항에서 "제조 또는 사업단위로 독립된 것"이라 함은 동일부지 내에 원재료투입공정으로부터 제품생산공정까지 일관된 작업을 할 수 있는 제조설비를 갖춘 장소(생산에 직접 공여되는 공장구내창고, 사무실, 종업원을 위한 기숙사, 식당 및 사내훈련시설 등을 포함한다. 이하 같다)와 그 부속토지로 한다.<br>② 두 가지 이상의 제품(제조공정이 서로 무관한 제품에 한한다)을 생산하는 내국인이 동일부지 내에 각 제품별로 제조설비 및 공장건물을 별도로 설치하고 있는 경우에는 각 제품별 제조설비를 갖춘 장소와 그 부속토지를 각각 독립된 제조장단위로 한다. 이 경우 부속토지 중 각 제품의 생산에 공통적으로 사용됨으로써 구분할 수 없는 경우에는 각 제품의 생산에 직접적으로 사용되는 토지의 면적에 비례하여 계산된 각각의 면적을 각 제품제조설비의 부속토지로 한다. |
| 60-56…1【사업개시일의 정의】 | 영 제56조 제1항 제1호에서 "사업을 개시한 날"이라 함은 신공장 시설을 이용하여 정상상품으로 판매할 수 있는 완성품제조를 개시한 날을 말한다. |
| 60-56…2【준공일의 판정기준】 | 영 제56조 제1항 제3호에서 "준공"이라 함은 사용의 허가·인가 또는 검사 등의 완료와 관계없이 공장건설과 기계장치를 완비하여 사실상 사업의 목적에 공할 수 있는 상태에 있게 된 날을 말한다. 이 경우 그 시기를 판단하기 어려운 때에는 사용의 허가, 인가 또는 검사일을 준공일로 본다. |
| 60-56…3【종전공장을 일시 다른 용도로 사용할 때 과세특례】 | 영 제56조 제1항 제1호의 규정을 적용함에 있어서 공장을 양도하는 경우에는 공장용도 외의 다른 용도로 일시 사용 후 양도하는 경우를 포함한다. |
| 60-56…4【장부가액의 범위】 | 영 제56조 제3항 및 영 제57조 제4항에서 "장부가액"이라 함은 당해 과세연도의 감가상각을 한 후의 장부가액으로서 취득가액과 자본적지출의 합계액에서 감가상각누계액을 차감한 금액을 말한다. 이 경우 감가상각 |

| 제 목 | 내 용 |
| --- | --- |
| | 누계액에는 공사부담금, 보험차익 또는 국고보조금으로 취득한 고정자산의 일시상각충당금을 포함하는 것으로 한다. |
| 60-56…5【지방공장가액의 범위】 | 영 제56조 제3항 제3호의 규정을 적용함에 있어서 이전한 공장건물 및 그 부속토지와 기계장치의 가액(이하 "지방공장의 가액"이라 한다)에는 다음 각 호의 금액을 포함한다.<br>1. 대도시 안의 구공장을 여러 개의 지방공장으로 분할이전하여 사업을 개시하고 대도시공장을 양도한 경우에는 그 지방공장 중 대도시공장 양도일로부터 소급하여 2년 이내에 이전하여 사업을 개시한 모든 지방공장의 가액(선이전 후양도)<br>2. 대도시 안의 구공장을 양도한 후 여러 개의 지방공장으로 분할이전하여 사업을 개시한 경우에는 그 지방공장 중 대도시공장을 양도한 날부터 영 제56조 제1항 제2호 및 제3호의 기간 내에 이전하여 사업을 개시한 모든 지방공장의 가액(선양도 후이전)<br>3. 대도시공장을 여러 개의 지방공장으로 이전하되 일부 지방공장은 대도시공장 양도 전에 취득 또는 준공하여 사업을 개시하고 나머지 지방공장은 대도시공장 양도 후 취득 또는 준공하여 사업을 개시한 경우에는 대도시공장 양도일로부터 소급하여 2년 이내에 취득 또는 준공하여 사업을 개시한 지방공장의 가액과 대도시공장 양도일로부터 영 제56조 제1항 제2호 및 제3호의 기간 내에 취득 또는 준공하여 사업을 개시한 지방공장의 가액을 합하여 계산한 금액(선이전 후양도, 선양도 후이전) |
| 60-56…6【증설의 범위】 | 영 제56조 제3항 제3호에 따른 증설에는 기존설비를 생산능력이 큰 설비로 개체하거나 생산능력이 현저히 증가되도록 기존설비를 확장하는 것을 포함하고 원상의 회복을 위한 부품의 개체는 제외한다. |

## 3. 질의회신

| 제 목 | 내 용 |
| --- | --- |
| 공장의 대도시 밖 이전 시 사업개시일의 정의 | 「조세특례제한법」 제60조 및 같은 령 제56조 공장의 대도시 밖 이전에 대한 법인세 과세특례를 적용함에 있어서 '사업 개시일'이라 함은 대도시 밖 공장에서 정상 제품으로 판매할 수 있는 완성품의 제조를 개시한 날이며, 귀 질의의 경우 이 시점이 언제인지는 구체적인 사실관계에 따라 판단할 사항임.<br>조특, 서면-2023-법인-2785[법인세과-1518], 2023.10.6. |
| 공장의 대도시 밖 이전에 대한 법인세 과세특례 대상 범위 | 기존 보유 부지에 공장을 준공하여 이전하는 경우 새로이 취득하는 지방공장의 가액은 대도시공장 양도일로부터 사업개시일까지 기간 중에 동일한 업종을 영위하기 위해 취득·증설에 소요된 금액을 포함하되 기존 |

| 제 목 | 내 용 |
|---|---|
| | 에 보유하고 있던 토지가액은 제외하는 것임.<br><br>조특, 서면-2016-법인-4409[법인세과-2516], 2017.9.18. |
| 대도시 공장이전 시 이전계획과 다르게 이전한 경우 법인세 추징 여부 | 내국법인이 복수의 제품을 생산하다 공장을 지방이전한 경우로, 이전기한 내에 복수의 제품 중 세분류가 동일한 제품 중 일부에 대해 완성품 제조를 개시하였다면 '사업의 개시'로 보는 것임.<br><br>조특, 법인세과-737, 2011.10.10. |
| '사업개시일의 의미' | 「조세특례제한법」 제60조 및 같은 영 제56조 공장의 대도시 밖 이전에 대한 법인세 과세특례를 적용함에 있어서 '사업 개시일'이라 함은 대도시 밖 공장에서 정상 제품으로 판매할 수 있는 완성품의 제조를 개시한 날이며, 귀 질의의 경우 이 시점이 언제인지는 구체적인 사실관계에 따라 판단할 사항임.<br><br>서면법인-2785, 2023.10.6. |
| 본사와 공장이 수도권과밀억제권역 내 동일 소재지에 있는 법인이 공장만 수도권 밖으로 이전하는 경우 적용가능 여부 | 수도권과밀억제권역에서 공장시설을 갖추고 사업을 하고 있는 내국법인이 수도권과밀억제권역에 있는 공장을 수도권 밖으로 이전하는 경우 「조세특례제한법」 제60조에 따른 과세특례를 적용받을 수 있는 것이며, 또한 같은 법 제63조의 2를 적용함에 있어 같은 조 제1항의 요건을 충족한 경우 이전 후 공장에서 발생하는 소득은 법인세를 감면받을 수 있는 것임.<br><br>서면법인-1608, 2020.7.29. |
| '공장'의 범위 | 공장의 대도시 밖 이전에 대한 법인세 과세특례 적용 시 "공장"이란 독립된 제조장으로서 동일부지내에 원재료투입공정으로부터 제품생산공정까지 일관된 작업을 할 수 있는 제조설비를 갖춘 장소와 부속토지로 하는 것임<br><br>법인세과-737, 2011.10.10. |

## Ⅲ 사례연구

### 1. 회사 정보 공통사항

#### (1) 회사 사업내용, 설립일 및 소재지 등

① ㈜나라는 LCD 모니터 제조업을 영위하는 법인 사업자이다. 회사 설립일은 1997.1.7.이다. 본점은 이전 전에는 경기도 고양시 일산서구 대화로에 소재하고 있다. 본점 소재지에는 공장과 사무실이 소재하고 있다.

② 2025년 사업연도에 자재수급과 제품배송의 효율성을 위하여 세운 이전계획이 조기에 완료되어 2025년 11월 15일 기존공장과 부속토지를 양도하고 충청남도 천안시 서북구 성환읍 소재지로 이전하였다.

③ 충청남도 천안시 소재 신공장으로 이전을 위하여 기존 생산설비를 이전 설치하여 2025년 12월 1일부터 제조공정을 정상적으로 가동하고 있다.

④ ㈜나라의 업종코드와 한국표준산업분류코드는 다음과 같다(이전 전 · 후 동일).

| 구 분 | 업종코드 | 한국표준산업분류코드 |
|---|---|---|
| LCD 모니터 제조업 | 300103 | C26322 |

**(2)** 이전 전 · 후 공장의 취득가액, 감가상각누계액, 양도가액 등 자료는 다음과 같다.

① 이전 전 고양시 소재 공장 및 부속토지

| 구 분 | 공장건물 | 부속토지 | 소 계 |
|---|---|---|---|
| 취득가액 | 1,950,000,000 | 2,200,000,000 | 4,150,000,000 |
| 감가상각누계액 | (731,250,000) | – | (731,250,000) |
| 장부가액 | 1,218,750,000 | 2,200,000,000 | 3,418,750,000 |
| 양도가액 | 1,100,000,000 | 3,152,000,000 | 4,252,000,000 |
| 처분손익 | −118,750,000 | 952,000,000 | 833,250,000 |

② 이전 후 천안시 소재 공장 및 부속토지

| 구 분 | 공장건물 | 이전설치비용 | 부속토지 | 소 계 |
|---|---|---|---|---|
| 취득가액 | 1,200,000,000 | 357,000,000 | 2,000,000,000 | 3,557,000,000 |

③ 이전 전·후 공장 연면적 및 부속토지의 면적

| 구 분 | 이전 전 : 경기도 고양시 | 이전 후 : 충청남도 천안시 |
|---|---|---|
| 공장연면적 | 1,600㎡ | 2,150㎡ |
| 부속토지 | 4,875㎡ | 11,310㎡ |

모니터 제조업(C26322)의 업종별 기준공장 면적률은 12%이다.

## 2. 이월결손금 내역

2023년 사업연도에 352,168,199원이 발생하였고 2024년 사업연도에 174,252,233원이 과세표준 계산상 공제되었으며 177,915,966원이 2025년 사업연도로 이월되었다.

## 3. 요구사항

㈜나라의 2025년 사업연도 공장이전에 대한 과세특례 적용여부를 판단하고 분할 익금산입할 총액과 각 과세연도별 분할익금산입할 금액을 구하시오.

### 풀이

1. 기본검토사항

| 구 분 | | 검토요건 또는 확인사항 |
|---|---|---|
| 적용 여부 검토 | ① 당해 법인의 중소기업 요건 충족 확인 | 수도권과밀억제권역(경기도 고양시)에서 공장시설을 갖추고 사업을 하는 내국법인이므로 요건충족 |
| | ② 각 조항별 적용시한 확인 | 공장의 대지와 건물을 2025년 11월 15일까지 양도하였으므로 요건충족 |
| | ③ 각 조항별 규정 업종의 요건 충족 확인 | 이전 전과 이전 후의 업종이 한국표준산업분류와 동일(C26322)하므로 요건충족 |
| | ④ 본점 및 사업장 소재지 등 확인 | 대도시 소재 공장의 대도시 밖으로 이전이 적용대상이며, 본점의 소재지에 따른 차등 적용은 없음 |
| | ⑤ 감면/공제 적용의 배제 | 양도차익의 과세이연 규정이므로 별도의 적용배제 규정은 없음 |
| 적용 시 검토 | ⑥ 감면/공제 중복적용 확인 | 중복적용 배제규정 없음 |
| | ⑦ 최저한세 적용대상 확인 | 최저한세 적용대상임 |
| | ⑧ 이월적용 여부 확인 | 이월적용 규정 없음 |
| | ⑨ 농어촌특별세 비과세 확인 | 농어촌특별세 적용대상 아님 |
| 사후 관리 | ⑩ 공제감면 후 사후관리 규정 | 양도차익 과세이연 후 익금산입 완료 전 폐업 등의 경우 익금에 산입하지 않은 잔액을 사유 발생 사업연도에 익금산입함 |

## 2. 과세이연 양도차익 및 분할익금산입

### (1) 과세이연 양도차익의 계산

① 과세이연을 적용할 양도차익의 계산은 다음과 같다.
과세이연 양도차익 = (㉠ − ㉡) × ㉢ = 548,217,220원

> 과세이연 양도차익 = (㉠ − ㉡) × ㉢
> = (833,250,000 - 177,915,966) × 83.65%
> ≒ 548,186,919
>
> ㉠ 대도시 공장의 양도가액 - 당해 공장의 장부가액
> = 4,252,000,000 − (1,950,000,000 + 2,200,000,000 - 731,250,000)
> = 833,250,000
>
> ㉡ 양도일이 속하는 사업연도의 직전사업연도종료일 현재「법인세법」제13조 제1항 제1호에 따른 이월결손금
> = 352,168,199 - 174,252,233 = 177,915,966
>
> ㉢ Min(ⓐ, ⓑ) = 83.65%
> ⓐ (대도시공장시설의 이전비용 + 이전한 공장건물 및 그 부속토지와 기계장치의 취득 · 개체 · 증축 및 증설에 소요된 금액의 합계액) / 공장의 양도가액
> = (1,200,000,000 + 357,000,000 + 2,000,000,000) / 4,252,000,000
> ≒ 83.65%
> ⓑ 100%

② 공장입지기준면적 검토

| 구 분 | 경기도 고양시 | 충청남도 천안시 |
|---|---|---|
| 공장연면적 | 1,600 | 2,150 |
| 업종별 기준공장 면적률 | 12% | 12% |
| 공장입지기준면적 | 1,600 × 100 / 12 ≒ 13,333.33 | 2,150 × 100 / 12 ≒ 17,916.66 |
| 초과여부 | 부 | 부 |

∴ 공장의 부속토지가 공장입지기준면적 이내이므로 양도차익 전액에 대하여 과세이연을 적용한다.

### (2) 분할익금산입

양도일이 속하는 사업연도 종료일 이후 5년이 되는 날이 속하는 사업연도부터 5개 사업연도 기간 동안 균분한 금액 이상을 익금산입한다.

| 구 분 | 2030년 | 2031년 | 2032년 | 2033년 | 2034년 | 소 계 |
|---|---|---|---|---|---|---|
| 분할익금산입액 | 109,637,384 | 109,637,384 | 109,637,384 | 109,637,384 | 109,637,383 | 548,186,919 |

■ 조세특례제한법 시행규칙 [별지 제45호의 2 서식] (2013.2.23. 개정)

# 토지등 양도차익명세서

| 대상법인 | ① 상호 또는 법인명 ㈜나라 | ② 사업자등록번호 203-81-63108 |
|---|---|---|
| | ③ 대표자 성명 김 유 민 | ④ 생년월일 1976년 04월 12일 |
| | ⑤ 주소 또는 본점소재지 충청남도 천안시 서북구 성환읍 (전화번호 : 041-989-1111) | |

| 과세연도 | 2025년 01월 01일부터 2025년 12월 31일까지 |
|---|---|

자산양도 및 자산취득(예정)내역

| 구분 | ⑥ 자산명 | ⑦ 소재지 | ⑧ 면적 | ⑨ 양도가액 | ⑩ 취득(예정)가액 |
|---|---|---|---|---|---|
| 양도자산 | 모니터 제조공장 | 경기도 고양시 일산서구 대화로37번길 | 1,600.000 | 1,100,000,000 | |
| | 토 지 | 경기도 고양시 일산서구 대화로37번길 | 4,875.000 | 3,152,000,000 | |
| | | | | | |
| 취득(예정)자산 | 모니터 제조공장 | 충청남도 천안시 서북구 성환읍 | 2,150.000 | | 1,200,000,000 |
| | 토 지 | 충청남도 천안시 서북구 성환읍 | 11,310.000 | | 2,000,000,000 |
| | | | | | |

익금불산입 금액

| ⑪ 양도가액 | ⑫ 장부가액 | ⑬ 이월결손금 | ⑭ 이전비용 | ⑮ 취득가액 등 | ⑯ 비율 (⑭+⑮)/⑪ | ⑰ 익금불산입금액 (⑪-⑫-⑬)×⑯ |
|---|---|---|---|---|---|---|
| 4,252,000,000 | 3,418,750,000 | 177,915,966 | 357,000,000 | 3,200,000,000 | 83.65 | 548,186,919 |

「조세특례제한법 시행령」 [☑ 제56조 제7항 / □ 제57조 제11항 / □ 제58조 제4항] 에 따라 토지등 양도차익명세서를 제출합니다.

2026년 03월 31일

신청인 ㈜나라 김유민 (서명 또는 인)

천안 **세무서장** 귀하

| 첨부서류 | 해당 과세이연 관련「조세특례제한법 시행령」및 같은 법 시행규칙에 규정된 제출서류 각 1부<br>1.「조세특례제한법 시행령」제56조 제7항 관련 제출서류<br>가. 지방으로 공장을 이전하여 사업을 개시한 날부터 2년 이내에 대도시공장을 양도하는 경우 : 이전완료보고서<br>나. 대도시공장을 양도한 날부터 1년 이내에 지방에서 기존공장을 취득하여 사업을 개시하는 경우 및 대도시공장을 양도한 날부터 3년 이내에 지방공장을 준공하여 사업을 개시하는 경우 : 이전계획서<br>2.「조세특례제한법 시행령」제57조 제11항 관련 제출서류<br>가. 수도권 과밀억제권역외의 지역으로 수도권과밀억제권역 내 본사를 이전한 날부터 2년 이내에 수도권 과밀억제권역내 본사의 대지와 건물을 양도하는 경우 : 이전완료보고서 및 처분대금사용계획서<br>나. 수도권 과밀억제권역내 본사의 대지와 건물을 양도한 날부터 3년 이내에 수도권 과밀억제권역외의 지역으로 본점 또는 주사무소를 이전하는 경우 : 이전계획서 및 처분대금사용계획서<br>3.「조세특례제한법 시행령」제58조 제4항 관련 제출서류<br>가. 혁신도시로 수도권 내 본사를 이전한 날부터 2년 이내에 수도권 내 본사의 대지와 건물을 양도하는 경우 : 이전완료보고서 및 처분대금사용계획서<br>나. 수도권 내 본사의 대지와 건물을 양도한 날부터 3년 이내에 혁신도시로 본점 또는 주사무소를 이전하는 경우 : 이전계획서 및 처분대금사용계획서 | 수수료 없음 |
|---|---|---|

210mm×297mm[백상지 80g/㎡ 또는 중질지 80g/㎡]

(뒤 쪽)

작 성 방 법

1. 양도자산 및 취득자산의 내역이 많은 경우에는 별지로 작성합니다.
2. ⑨란에는 수도권과밀억제권역 내(「조세특례제한법 시행령」 제58조를 적용받는 공공기관의 경우 수도권역내를 말합니다) 본사 또는 대도시내 공장의 실지거래가액을 적습니다.
3. ⑩란은 지방이전 후 취득(예정)자산의 취득(예정)가액을 적습니다.
4. ⑪란은 ⑨란의 양도가액 금액을 적습니다.
5. ⑫란에는 양도자산의 세무상 장부가액을 적습니다.
6. ⑬란은 양도일이 속하는 사업연도의 직전 사업연도 종료일 현재 「법인세법」 제13조 제1호에 따른 이월결손금을 적습니다.
7. ⑭란은 수도권과밀억제권역 내(「조세특례제한법 시행령」 제58조를 적용받는 공공기관의 경우 수도권역내를 말합니다) 본사 또는 대도시내 공장시설의 이전비용을 적습니다.
8. ⑮란은 「조세특례제한법 시행령」 제56조 제3항 제3호 또는 제57조 제4항 제3호에 따른 취득가액 등을 적습니다.
9. ⑯란은 수도권과밀억제권역 내(「조세특례제한법 시행령」 제58조를 적용받는 공공기관의 경우 수도권역내를 말합니다) 본사 또는 대도시 내 공장의 양도가액에서 이전비용 및 취득가액 등의 합계액이 차지하는 비율을 100분의 100을 한도로 적습니다.

# SECTION 02 제61조【법인 본사를 수도권과밀억제권역 밖으로 이전하는 데 따른 양도차익에 대한 법인세 과세특례】

## I 조문내용해설

### 1. 기본검토사항

| 구 분 | | 검토요건 또는 확인사항 |
|---|---|---|
| 적용 여부 검토 | ① 당해 법인의 요건 충족 확인 | 수도권과밀억제권역에 본점이나 주사무소를 둔 내국법인 |
| | ② 각 조항별 적용시한 확인 | 본점 또는 주사무소의 대지와 건물을 2025년 12월 31일까지 양도한 경우 적용 |
| | ③ 각 조항별 규정 업종의 요건 충족 확인 | 이전 전과 이전 후의 업종이 한국표준산업분류 세분류 기준에 따라 동일하여야 함 |
| | ④ 본점 및 사업장 소재지 등 확인 | 본점 또는 주사무소를 수도권과밀억제권역에서 수도권과밀억제권역 밖으로 이전하여야 함 |
| | ⑤ 감면/공제 적용의 배제 | 양도차익의 과세이연 규정이므로 별도의 적용배제 규정은 없음 |
| 적용 시 검토 | ⑥ 감면/공제 중복적용 확인 | 중복적용 배제규정 없음 |
| | ⑦ 최저한세 적용대상 확인 | 최저한세 적용대상임 |
| | ⑧ 이월적용 여부 확인 | 이월적용 규정 없음 |
| | ⑨ 농어촌특별세 비과세 확인 | 농어촌특별세 적용대상 아님 |
| 사후 관리 | ⑩ 공제감면 후 사후관리 규정 | 양도차익 과세이연 후 익금산입 완료 전 폐업 등의 경우 익금에 산입하지 않은 산액을 사유 발생 사업연도에 익금산입함 |

## 2. 적용여부 검토 세부내용

### (1) 당해 법인의 요건 충족 확인(조특법 제61조 제3항)

① 수도권과밀억제권역에 본점이나 주사무소를 둔 내국법인이어야 한다.

② 본점 또는 주사무소 이전의 범위

본점 또는 주사무소의 수도권과밀억제권역 밖 이전은 다음 어느 하나에 해당하는 경우로 한다(조특령 제57조 제2항).

| | |
|---|---|
| 선이전 후양도의 경우 | 수도권과밀억제권역 외의 지역으로 수도권과밀억제권역 안의 본점 또는 주사무소(이하 "수도권과밀억제권역 내 본사"라 한다)를 이전한 날부터 2년 이내에 수도권과밀억제권역 내 본사의 대지와 건물을 양도하는 경우 |
| 선양도 후이전의 경우 | 수도권과밀억제권역 내 본사의 대지와 건물을 양도한 날부터 3년 이내에 수도권과밀억제권역 외의 지역으로 본점 또는 주사무소를 이전하는 경우 |

### (2) 조항별 적용시한 확인

수도권과밀억제권역 내 본사의 대지와 건물을 수도권과밀억제권역 밖으로 이전하기 위하여 해당 본사의 대지와 건물을 2025년 12월 31일까지 양도하여야 한다(조특법 제61조 제3항).

### (3) 조항별 규정 업종의 요건 충족 확인

이전 전과 이전 후의 업종이 한국표준산업분류 세분류 기준에 따라 동일하여야 한다(조특법 제61조 제4항, 조특령 제57조 제12항).

### (4) 본점 및 사업장 소재지 등 확인

수도권과밀억제권역 내 본사의 수도권과밀억제권역 밖으로 이전이 적용대상이므로, 이전 후 본사는 수도권과밀억제권역 밖에 소재하여야 한다(조특법 제61조 제3항).

### (5) 양도차익 과세이연 적용의 배제

양도차익의 과세이연 규정이므로 별도의 적용배제 규정은 없다.

## 3. 양도차익 과세이연 세부내용

### (1) 과세이연

수도권과밀억제권역 내 본사의 대지와 건물을 2025년 12월 31일까지 양도함으로써 발생하는 양도차익에 대해서는 해당 양도차익에 대하여 과세이연 규정을 적용한다(조특법 제61조 제3항).

### (2) 대상금액

① 과세이연 양도차익은 다음의 금액으로 한다(조특령 제57조 제4항).

양도차익 = (㉠ − ㉡) × ㉢

㉠ 본사의 양도가액 - 본사의 장부가액

※기본통칙 60-56…4【장부가액의 범위】

"장부가액"이라 함은 당해 과세연도의 감가상각을 한 후의 장부가액으로서 취득가액과 자본적 지출의 합계액에서 감가상각누계액을 차감한 금액을 말한다. 이 경우 감가상각누계액에는 공사부담금, 보험차익 또는 국고보조금으로 취득한 고정자산의 일시상각충당금을 포함하는 것으로 한다.

㉡ 양도일이 속하는 사업연도의 직전사업연도종료일 현재「법인세법」제13조 제1항 제1호에 따른 이월결손금

「법인세법」제13조 제1항 제1호에 따른 이월결손금

1. 제14조 제3항의 이월결손금 중 다음 각 목의 요건을 모두 갖춘 금액
   가. 각 사업연도의 개시일 전 15년 이내에 개시한 사업연도에서 발생한 결손금일 것
   나. 제60조에 따라 신고하거나 제66조에 따라 결정 · 경정되거나「국세기본법」제45조에 따라 수정신고한 과세표준에 포함된 결손금일 것

㉢ 양도가액 중 이전비용비율 = Min(ⓐ, ⓑ)

ⓐ $\dfrac{\text{본사의 대지와 건물의 취득가액 또는 임차보증금}^{주1)}+\text{본사 사업용고정자산}^{주2)}\text{(대지와 건물을 제외)의 취득가액}+\text{본사의 이전비용}^{주3)}}{\text{본사의 양도가액}}$

ⓑ 100%

▎본사 건물의 취득가액 등▕

| | |
|---|---|
| 주1) 본사의 대지와 건물의 취득가액 또는 임차보증금 | 수도권과밀억제권역 외의 지역에 소재하는 법인의 본사 또는 주사무소의 대지와 건물의 취득가액 또는 임차보증금(전세금을 포함). 다만, 당해 건물 중 당해 법인이 직접 사용하지 아니하는 부분이 있는 경우에는 취득가액 또는 임차보증금에 당해 법인이 직접 사용하는 면적이 건물연면적에서 차지하는 비율을 곱하여 계산한 금액으로 한다. |
| 주2) 본사 사업용고정자산(대지와 건물을 제외)의 취득가액 | 수도권과밀억제권역 내 본사의 양도일부터 1년 이내에 수도권과밀억제권역 외의 법인의 본사 또는 주사무소의 사업용고정자산(본사의 대지와 건물을 제외)의 취득가액 |
| 주3) 본사의 이전비용 | 수도권과밀억제권역 내 본사의 이전비용 |

양도차익 등의 가액을 산정함에 있어 "선양도 후이전 ㉡"의 경우 및 본사 사업용고정자산(대지와 건물을 제외)의 취득가액은 이전완료 또는 사용완료 시까지 이전계획서 또는 처분대금사용계획서상의 예정가액에 의한다(조특령 제57조 제6항).

② 수도권과밀억제권역 내 본사 건물의 일부만 사용한 경우

수도권과밀억제권역 내 본사 건물의 일부를 해당 법인이 직접 업무용으로 사용하고, 나머지 일부를 다른 사람이 사용하는 경우에는 해당 건물의 연면적 중 해당 법인이 양도일("선이전 후양도 ㉠" 경우에는 수도권과밀억제권역 내 본사를 이전한 날을 말한다)부터 소급하여 2년 이상 업무용으로 직접 사용한 면적이 차지하는 비율에 따라 계산한 부분에 대하여 양도차익 과세이연 규정을 적용한다(조특령 제57조 제5항).

### (3) 분할익금산입

위 '(2) 대상금액'은 양도일이 속하는 사업연도의 소득금액을 계산할 때 익금에 산입하지 아니할 수 있다. 이 경우 해당 금액은 양도일이 속하는 사업연도 종료일 이후 5년이 되는 날이 속하는 사업연도부터 5개 사업연도의 기간 동안 균분한 금액 이상을 익금에 산입하여야 한다(조특법 제61조 제3항 후단).

### (4) 토지 등 양도차익명세서의 제출

수도권과밀억제권역 내 본사의 양도일이 속하는 과세연도의 과세표준신고와 함께 토지등양도차익명세서에 다음의 서류를 첨부하여 납세지 관할 세무서장에게 제출하여야 한다(조특법 제61조 제6항, 조특령 제57조 제11항).

① "선이전 후양도 "에 해당하는 경우에는 이전완료보고서 및 처분대금사용계획서 이 경우 수도권과밀억제권역 외의 본사의 사업용 고정자산을 취득한 경우에는 그 취득일이 속하는 과세연도의 과세표준신고와 함께 처분대금사용명세서를 제출하여야 한다.

② "선양도 후이전 "에 해당하는 경우에는 이전계획서 및 처분대금사용계획서. 이 경우 "선양도 후이전 "에 의하여 수도권과밀억제권역 외의 지역으로 본점 또는 주사무소를 이전한 때에는 이전일이 속하는 과세연도의 과세표준신고와 함께 이전완료보고서 및 처분대금사용명세서를 제출하여야 한다.

## 4. 적용 시 검토 세부내용

### (1) 감면/공제 중복적용 확인(조특법 제128조)

양도차익의 과세이연 규정이므로 별도의 중복적용배제 규정은 없다.

### (2) 최저한세 적용대상 확인(조특법 제132조 제1항 제2호)

양도차익의 과세이연 익금불산입분에 대하여는 최저한세 규정을 적용한다.

### (3) 이월적용 여부 확인(조특법 제144조)

양도차익 과세이연 규정이므로 이월적용 규정은 없다.

### (4) 농어촌특별세 비과세 확인(농특법 제3조)

양도차익 과세이연 규정이므로 농어촌특별세 적용대상이 아니다.

## 5. 사후관리 검토

양도차익 과세이연을 적용받는 내국법인이 해당 익금불산입액 전액을 익금에 산입하기 전에 과세이연 중단사유 발생 시 그 사유가 발생한 날이 속하는 사업연도의 소득금액을 계산할 때 익금에 산입하지 아니한 금액을 익금에 산입한다(조특법 제61조 제5항).

### (1) 과세이연 중단사유

다음 어느 하나에 해당하는 경우 과세이연을 중단한다(조특법 제61조 제5항).

① 다음에 따라 본점 또는 주사무소를 수도권과밀억제권역 밖으로 이전한 경우에 해당하지 아니하는 경우(조특령 제57조 제7항)

| | |
|---|---|
| 선이전 후양도의 경우 | 수도권과밀억제권역 외의 지역으로 수도권과밀억제권역 안의 본점 또는 주사무소(이하 "수도권과밀억제권역 내 본사"라 한다)를 이전한 날부터 2년 이내에 수도권과밀억제권역 내 본사의 대지와 건물을 양도하는 경우 |
| 선양도 후이전의 경우 | 수도권과밀억제권역 내 본사의 대지와 건물을 양도한 날부터 3년 이내에 수도권과밀억제권역 외의 지역으로 본점 또는 주사무소를 이전하는 경우 |

② 수도권과밀억제권역에 다음 기준 이상의 사무소를 둔 경우(조특령 제57조 제8항)

수도권과밀억제권역 밖으로 수도권과밀억제권역 내 본사를 이전한 날부터 3년이 되는 날이 속하는 과세연도가 지난 후 수도권과밀억제권역 안의 사무소에서 본사업무에 종사하는 연평균 상시근무인원(해당 과세연도의 매월 말일 현재의 인원을 합하고 이를 해당 월수로 나누어 계산한 인원을 말한다)이 본사업무에 종사하는 연평균 상시근무인원의 100분의 50 이상인 경우를 말한다.

③ 수도권과밀억제권역의 본점 또는 주사무소의 대지와 건물을 처분한 대금을 다음의 어느 하나의 용도가 아닌 다른 용도로 사용한 경우(조특령 제57조 제9항)

㉠ 선양도 후이전의 경우 이전일로부터 2년 선이전 후양도의 경우 양도일로부터 3년 내에 수도권과밀억제권역 외의 본사의 대지와 건물을 취득 또는 임차한 때
㉡ 수도권과밀억제권역 내 본사 양도일부터 1년 이내에 수도권과밀억제권역 외의 본사의 사업용고정자산('㉠' 대지와 건물을 제외한다)을 취득한 때

이 경우 '㉠' 규정을 적용함에 있어서 수도권과밀억제권역 외의 본사의 대지와 건물을 당해 법인이 직접 사용하지 아니하는 부분이 있는 때에는 그 부분은 이를 용도 외에 사용한 것으로 본다.

④ 해당 사업을 폐업하거나 법인이 해산한 경우

### (2) 익금에 산입할 양도차익 과세이연금액

과세이연 중단 시 익금에 산입할 금액은 다음과 같다(조특령 제57조 제10항).

| 과세이연중단사유 등 | 익금산입할 금액 |
|---|---|
| 중단사유 '① 및 ②'에 해당하는 경우 | 당해 사유발생일 현재 익금에 산입하지 아니한 금액 |
| 중단사유 '③' 또는 과세이연 양도차익을 예정가액에 의하여 계산한 경우 | 익금에 산입하지 아니한 금액 - 실제가액에 의한 양도차익 익금불산입액 |
| 익금에 산입하지 아니한 금액을 전액 익금에 산입하기 전에 사업을 폐지 또는 해산한 때 | 사업의 폐지 또는 해산 당시 익금에 산입하지 아니한 금액 |

### (3) 이자상당액의 가산

과세이연 중단사유 발생으로 과세이연된 금액을 익금산입할 경우 다음의 이자상당액을 가산하여 납부하여야 한다. 다만, 합병 또는 분할 및 분할합병에 의하여 사업을 폐업하거나 해산함으로써 익금에 산입한 금액에 대하여는 이자상당가산액을 가산하지 아니한다(조특법 제61조 제5항 ⇒ 조특법 제33조 제3항 후단, 조특령 제30조 제9항).

이자상당액 = 법인세 차액 × 기간 × 22 / 100,000(1일)

| | |
|---|---|
| 법인세차액 | 양도차익을 익금에 산입하지 아니한 사업연도에 익금에 산입하지 않음에 따라 발생한 법인세액의 차액 |
| 기간 | 양도차익을 익금에 산입하지 아니한 사업연도 종료일의 다음 날부터 익금에 산입하는 사업연도의 종료일까지의 기간 |

# Ⅱ 집행기준 기본통칙 질의회신

## 1. 집행기준

없음

## 2. 기본통칙

| 제 목 | 내 용 |
|---|---|
| 61-57…1【법인본사의 이전한 날】 | 영 제57조 제2항 제1호에서 "수도권 과밀억제권역 외의 지역으로 수도권 과밀억제권역 안의 본점 또는 주사무소를 이전한 날"이라 함은 본점 또는 주사무소의 이전등기일로 한다. 다만, 이전등기일 이후에 실제로 이전한 경우에는 실제로 이전한 날로 한다. |

## Ⅲ 사례연구

### 1. 회사 정보 공통사항

#### (1) 회사 사업내용, 설립일 및 소재지 등

① ㈜나라는 LCD 모니터 제조업을 영위하는 법인 사업자이다. 회사 설립일은 1997.1.7.이다. 본사는 이전 전에는 경기도 고양시 일산서구 대화로에 소재하고 있다. 본사 소재지에는 공장과 사무실이 소재하고 있다.

② 2025년 사업연도에 자재수급과 제품배송의 효율성을 위하여 세운 이전계획이 조기에 완료되어 2025년 11월 15일 기존 본사(공장포함)건물과 부속토지를 양도하고 충청남도 천안시 서북구 성환읍 소재지로 이전하였다.

③ 충청남도 천안시 소재 본사 사업장으로 이전을 위하여 기존 생산설비를 이전 설치하여 2025년 12월 1일 본점 이전등기를 완료하였고 같은 날부터 제조공정을 정상적으로 가동하고 있다.

④ ㈜나라의 업종코드와 한국표준산업분류코드는 다음과 같다(이전 전·후 동일).

| 구 분 | 업종코드 | 한국표준산업분류코드 |
|---|---|---|
| LCD 모니터 제조업 | 300103 | C26322 |

#### (2) 이전 전·후 본사의 취득가액, 감가상각누계액, 양도가액 등 자료는 다음과 같다.

① 이전 전 고양시 소재 공장 및 부속토지

| 구 분 | 본사(공장포함)건물 | 부속토지 | 소 계 |
|---|---|---|---|
| 취득가액 | 1,950,000,000 | 2,200,000,000 | 4,150,000,000 |
| 감가상각누계액 | (731,250,000) | – | (731,250,000) |
| 장부가액 | 1,218,750,000 | 2,200,000,000 | 3,418,750,000 |
| 양도가액 | 1,100,000,000 | 3,152,000,000 | 4,252,000,000 |
| 처분손익 | −118,750,000 | 952,000,000 | 833,250,000 |

② 이전 후 천안시 소재 본사 및 부속토지

| 구 분 | 본사건물 | 이전설치비용 | 부속토지 | 소 계 |
|---|---|---|---|---|
| 취득가액 | 1,200,000,000 | 357,000,000 | 2,000,000,000 | 3,557,000,000 |

③ 이전 전·후 본사 연면적 및 부속토지의 면적

| 구 분 | 이전 전 : 경기도 고양시 | 이전 후 : 충청남도 천안시 |
|---|---|---|
| 본사 연면적 | 1,600㎡ | 2,150㎡ |
| 부속토지 | 4,875㎡ | 11,310㎡ |

모니터 제조업(C26322)의 업종별 기준공장 면적률은 12%이다.

## 2. 이월결손금 내역

2023년 사업연도에 352,168,199원이 발생하였고 2024년 사업연도에 174,252,233원이 과세표준 계산상 공제되었으며 177,915,966원이 2025년 사업연도로 이월되었다.

## 3. 요구사항

㈜나라의 2025년 사업연도 본사이전에 대한 과세특례 적용여부를 판단하고 분할 익금산입할 총액과 각 과세연도별 분할익금산입할 금액을 구하시오.

**풀이**

1. 기본검토사항

| 구 분 | | 검토요건 또는 확인사항 |
|---|---|---|
| 적용 여부 검토 | ① 당해 법인의 요건 충족 확인 | 수도권과밀억제권역(경기도 고양시)에 본점을 둔 내국법인이므로 요건충족 |
| | ② 각 조항별 적용시한 확인 | 본점의 대지와 건물을 2025년 11월 15일 양도하였으므로 요건충족 |
| | ③ 각 조항별 규정 업종의 요건 충족 확인 | 이전 전과 이전 후의 업종이 한국표준산업분류와 동일(C26322)하므로 요건충족 |
| | ④ 본점 및 사업장 소재지 등 확인 | 본점을 수도권과밀억제권역에서 수도권과밀억제권역 밖으로 이전하였으므로 요건충족 |
| | ⑤ 감면/공제 적용의 배제 | 양도차익의 과세이연 규정이므로 별도의 적용배제 규정은 없음 |
| 적용 시 검토 | ⑥ 감면/공제 중복적용 확인 | 중복적용 배제규정 없음 |
| | ⑦ 최저한세 적용대상 확인 | 최저한세 적용대상임 |
| | ⑧ 이월적용 여부 확인 | 이월적용 규정 없음 |
| | ⑨ 농어촌특별세 비과세 확인 | 농어촌특별세 적용대상 아님 |

| 구 분 | | 검토요건 또는 확인사항 |
|---|---|---|
| 사후 관리 | ⑩ 공제감면 후 사후관리 규정 | 양도차익 과세이연 후 익금산입 완료 전 폐업 등의 경우 익금에 산입하지 않은 잔액을 사유 발생 사업연도에 익금산입함 |

## 2. 과세이연 양도차익 및 분할익금산입

### (1) 과세이연 양도차익의 계산

① 과세이연을 적용할 양도차익의 계산은 다음과 같다.

과세이연 양도차익 = (㉠ − ㉡) × ㉢ = 548,217,220원

과세이연 양도차익 = (㉠ − ㉡) × ㉢
= (833,250,000 - 177,915,966) × 83.65%
≒ 548,186,919

㉠ 본사의 양도가액 - 본사의 장부가액
= 4,252,000,000 − (1,950,000,000 + 2,200,000,000 - 731,250,000)
= 833,250,000

㉡ 양도일이 속하는 사업연도의 직전사업연도종료일 현재 「법인세법」 제13조 제1항 제1호에 따른 이월결손금
= 352,168,199 - 174,252,233 = 177,915,966

㉢ 양도가액 중 이전비용 비율 = Min(ⓐ, ⓑ) = 83.65%

ⓐ (본사의 대지와 건물의 취득가액 또는 임차보증금 + 본사 사업용고정자산(대지와 건물을 제외)의 취득가액 + 본사의 이전비용) / 본사의 양도가액
= (1,200,000,000 + 357,000,000 + 2,000,000,000) / 4,252,000,000
≒ 83.65%

ⓑ 100%

### (2) 분할익금산입

양도일이 속하는 사업연도 종료일 이후 5년이 되는 날이 속하는 사업연도부터 5개 사업연도 기간 동안 균분한 금액 이상을 익금산입한다.

| 구 분 | 2030년 | 2031년 | 2032년 | 2033년 | 2034년 | 소 계 |
|---|---|---|---|---|---|---|
| 분할익금산입액 | 109,637,384 | 109,637,384 | 109,637,384 | 109,637,384 | 109,637,383 | 548,186,919 |

■ 조세특례제한법 시행규칙 [별지 제45호의 2 서식] (2013.2.23. 개정)

# 토 지 등 양 도 차 익 명 세 서

| 대상법인 | ① 상호 또는 법인명 ㈜나라 | ② 사업자등록번호 203-81-63108 |
|---|---|---|
| | ③ 대표자 성명 김 유 민 | ④ 생년월일 1976년 04월 12일 |
| | ⑤ 주소 또는 본점소재지 충청남도 천안시 서북구 성환읍<br>(전화번호 : 041-989-1111) | |

| 과세연도 | 2025년 01월 01일부터 2025년 12월 31일까지 |
|---|---|

자산양도 및 자산취득(예정)내역

| 구분 | ⑥ 자산명 | ⑦ 소재지 | ⑧ 면적 | ⑨ 양도가액 | ⑩ 취득(예정)가액 |
|---|---|---|---|---|---|
| 양도자산 | 모니터 제조공장 | 경기도 고양시 일산서구 대화로37번길 | 1,600,000 | 1,100,000,000 | |
| | 토 지 | 경기도 고양시 일산서구 대화로37번길 | 4,875,000 | 3,152,000,000 | |
| | | | | | |
| 취득(예정)자산 | 모니터 제조공장 | 충청남도 천안시 서북구 성환읍 | 2,150,000 | | 1,200,000,000 |
| | 토 지 | 충청남도 천안시 서북구 성환읍 | 11,310,000 | | 2,000,000,000 |
| | | | | | |

익금불산입 금액

| ⑪ 양도가액 | ⑫ 장부가액 | ⑬ 이월결손금 | ⑭ 이전비용 | ⑮ 취득가액 등 | ⑯ 비율 (⑭+⑮)/⑪ | ⑰ 익금불산입금액 (⑪-⑫-⑬)×⑯ |
|---|---|---|---|---|---|---|
| 4,252,000,000 | 3,418,750,000 | 177,915,966 | 357,000,000 | 3,200,000,000 | 83.65 | 548,186,919 |

「조세특례제한법 시행령」 [ □ 제56조 제7항 / ☑ 제57조 제11항 / □ 제58조 제4항 ] 에 따라 토지등 양도차익명세서를 제출합니다.

2026년 03월 31일

신청인 ㈜나라 김유민 (서명 또는 인)

천안 **세무서장** 귀하

| 첨부서류 | 해당 과세이연 관련 「조세특례제한법 시행령」 및 같은 법 시행규칙에 규정된 제출서류 각 1부<br>1. 「조세특례제한법 시행령」 제56조 제7항 관련 제출서류<br>가. 지방으로 공장을 이전하여 사업을 개시한 날부터 2년 이내에 대도시공장을 양도하는 경우 : 이전완료보고서<br>나. 대도시공장을 양도한 날부터 1년 이내에 지방에서 기존공장을 취득하여 사업을 개시하는 경우 및 대도시공장을 양도한 날부터 3년 이내에 지방공장을 준공하여 사업을 개시하는 경우 : 이전계획서<br>2. 「조세특례제한법 시행령」 제57조 제11항 관련 제출서류<br>가. 수도권 과밀억제권역외의 지역으로 수도권과밀억제권역 내 본사를 이전한 날부터 2년 이내에 수도권 과밀억제권역내 본사의 대지와 건물을 양도하는 경우 : 이전완료보고서 및 처분대금사용계획서<br>나. 수도권 과밀억제권역내 본사의 대지와 건물을 양도한 날부터 3년 이내에 수도권 과밀억제권역외의 지역으로 본점 또는 주사무소를 이전하는 경우 : 이전계획서 및 처분대금사용계획서<br>3. 「조세특례제한법 시행령」 제58조 제4항 관련 제출서류<br>가. 혁신도시로 수도권 내 본사를 이전한 날부터 2년 이내에 수도권 내 본사의 대지와 건물을 양도하는 경우 : 이전완료보고서 및 처분대금사용계획서<br>나. 수도권 내 본사의 대지와 건물을 양도한 날부터 3년 이내에 혁신도시로 본점 또는 주사무소를 이전하는 경우 : 이전계획서 및 처분대금사용계획서 | 수수료 없음 |
|---|---|---|

210mm×297mm[백상지 80g/㎡ 또는 중질지 80g/㎡]

(뒤 쪽)

작 성 방 법

1. 양도자산 및 취득자산의 내역이 많은 경우에는 별지로 작성합니다.
2. ⑨란에는 수도권과밀억제권역 내(「조세특례제한법 시행령」 제58조를 적용받는 공공기관의 경우 수도권역내를 말합니다) 본사 또는 대도시내 공장의 실지거래가액을 적습니다.
3. ⑩란은 지방이전 후 취득(예정)자산의 취득(예정)가액을 적습니다.
4. ⑪란은 ⑨란의 양도가액 금액을 적습니다.
5. ⑫란에는 양도자산의 세무상 장부가액을 적습니다.
6. ⑬란은 양도일이 속하는 사업연도의 직전 사업연도 종료일 현재 「법인세법」 제13조 제1호에 따른 이월결손금을 적습니다.
7. ⑭란은 수도권과밀억제권역 내(「조세특례제한법 시행령」 제58조를 적용받는 공공기관의 경우 수도권역내를 말합니다) 본사 또는 대도시내 공장시설의 이전비용을 적습니다.
8. ⑮란은 「조세특례제한법 시행령」 제56조 제3항 제3호 또는 제57조 제4항 제3호에 따른 취득가액 등을 적습니다.
9. ⑯란은 수도권과밀억제권역 내(「조세특례제한법 시행령」 제58조를 적용받는 공공기관의 경우 수도권역내를 말합니다) 본사 또는 대도시내 공장의 양도가액에서 이전비용 및 취득가액 등의 합계액이 차지하는 비율을 100분의 100을 한도로 적습니다.

SECTION 03

# 제63조 【수도권 밖으로 공장을 이전하는 기업에 대한 세액감면 등】

## I 조문내용해설

### 1. 기본검토사항

<table>
<tr><th colspan="2">구 분</th><th colspan="2">검토요건 또는 확인사항</th></tr>
<tr><td rowspan="5">적용 여부 검토</td><td>① 당해 법인의 중소기업 요건 충족 확인</td><td colspan="2">수도권과밀억제권역에서 3년(2년) 이상 계속하여 공장시설을 갖추고 사업을 계속한 내국인</td></tr>
<tr><td>② 각 조항별 적용시한 확인</td><td colspan="2">공장시설 이전하여 2025.12.31.(공장부지 보유 시 2028.12.31.)까지 사업을 개시</td></tr>
<tr><td>③ 각 조항별 규정 업종의 요건 충족 확인</td><td colspan="2">이전 전과 이전 후의 업종이 한국표준산업분류 세분류 기준에 따라 동일하여야 함</td></tr>
<tr><td>④ 본점 및 사업장 소재지 등 확인</td><td colspan="2">수도권과밀억제권역에서 수도권 밖(중소기업은 수도권 밖 또는 수도권의 인구감소지역)으로 이전하여야 함</td></tr>
<tr><td>⑤ 감면/공제 적용의 배제</td><td colspan="2">과세표준 무신고, 과세표준의 경정 등의 경우 과소신고분, 사업용계좌 미신고, 현금영수증 가입의무 미가입 등의 경우 적용배제</td></tr>
<tr><td rowspan="5">적용 시 검토</td><td>⑥ 감면/공제 중복적용 확인</td><td colspan="2">세액공제와 중복적용 배제, 세액감면과 중복적용 배제</td></tr>
<tr><td rowspan="2">⑦ 최저한세 적용대상 확인</td><td>원칙</td><td>최저한세 적용</td></tr>
<tr><td>예외</td><td>수도권 밖으로 이전하는 경우 적용배제</td></tr>
<tr><td>⑧ 이월적용 여부 확인</td><td colspan="2">이월적용 규정 없음</td></tr>
<tr><td>⑨ 농어촌특별세 비과세 확인</td><td colspan="2">농어촌특별세 비과세</td></tr>
<tr><td rowspan="2">사후 관리</td><td rowspan="2">⑩ 공제감면 후 사후관리 규정</td><td>법인세<br>소득세</td><td>공장이전 사업개시 후 3년 이내 폐업 등의 경우 추징</td></tr>
<tr><td>재산세<br>종합부동산세</td><td>공장이전 사업개시 후 3년 이내 폐업 등의 경우 추징</td></tr>
</table>

## 2. 적용여부 검토 세부내용

### (1) 당해 사업자의 요건 충족 확인

다음의 요건을 모두 충족한 내국인(이하 "공장이전기업"이라 한다)이어야 한다(조특법 제63조 제1항).

1) 수도권과밀억제권역에 3년(중소기업은 2년) 이상 계속하여 공장시설을 갖추고 사업을 한 기업일 것(조특법 제63조 제1항 가목)

> **계속공장시설을 갖추고 사업을 한 기업의 판단(조특령 제60조 제2항)**
> 수도권과밀억제권역 안에 소재하는 공장시설을 수도권 밖(중소기업의 경우 수도권 밖 또는 수도권의 인구감소지역)으로 이전하기 위하여 조업을 중단한 날부터 소급하여 3년(중소기업의 경우 2년) 이상 계속 조업(「대기환경보전법」, 「물환경보전법」 또는 「소음 · 진동관리법」에 따라 배출시설이나 오염물질배출방지시설의 개선 · 이전 또는 조업정지명령을 받아 조업을 중단한 기간은 이를 조업한 것으로 본다)한 실적이 있을 것을 말한다.

2) 공장시설의 전부를 수도권 밖(중소기업은 수도권 밖 또는 수도권의 인구감소지역)으로 다음 하나의 요건을 갖추어 이전할 것, 이 경우 공장이전 기업 중 법인(공장이전법인)이 공장을 수도권 밖으로 이전할 때에는 법 제63조 제4항(공장 양도차익 분할익금산입)을 적용함에 있어서 수도권과밀억제권역 안의 공장을 양도하는 경우로 한정한다(조특법 제63조 제1항 제1호 나목 · 제4항, 조특령 제60조 제3항).

| | |
|---|---|
| ① 선이전 후양도(폐쇄) | 수도권 밖(중소기업은 수도권 밖 또는 수도권의 인구감소지역)으로 공장을 이전하여 사업을 개시한 날부터 2년 이내에 수도권과밀억제권역 안의 공장을 양도하거나 수도권과밀억제권역 안에 남아 있는 공장시설의 전부를 철거 또는 폐쇄하여 해당 공장시설에 의한 조업이 불가능한 상태일 것 |
| ② 선양도(폐쇄) 후이전 | 수도권과밀억제권역 안의 공장을 양도 또는 폐쇄한 날(공장의 대지 또는 건물을 임차하여 자기공장시설을 갖추고 있는 경우에는 공장이전을 위하여 조업을 중단한 날을 말한다. 이하 이 호에서 같다)부터 2년 이내에 수도권 밖(중소기업은 수도권 밖 또는 수도권의 인구감소지역)에서 사업을 개시할 것. 다만, 공장을 신축하여 이전하는 경우에는 수도권과밀억제권역 안의 공장을 양도 또는 폐쇄한 날부터 3년 이내에 사업을 개시해야 한다. |

3) 다음의 어느 하나에 해당하는 경우 다음의 구분에 따른 요건을 갖출 것(조특법 제63조 제1항 제1호 다목)

① 중소기업이 공장시설을 수도권의 인구감소지역으로 이전하는 경우로서 본점이나 주사무소(이하 "본사"라 한다)가 수도권과밀억제권역에 있는 경우 : 해당 본사도 공장시설과 함께 이전할 것

② 중소기업이 아닌 기업이 광역시로 이전하는 경우 : 「산업입지 및 개발에 관한 법률」 제2조 제8호에 따른 산업단지로 이전할 것

「산업입지 및 개발에 관한 법률」 제2조 제8호

| | |
|---|---|
| 가. 국가산업단지 | 국가기간산업, 첨단과학기술산업 등을 육성하거나 개발 촉진이 필요한 낙후지역이나 둘 이상의 특별시 · 광역시 · 특별자치시 또는 도에 걸쳐 있는 지역을 산업단지로 개발하기 위하여 제6조에 따라 지정된 산업단지 |
| 나. 일반산업단지 | 산업의 적정한 지방 분산을 촉진하고 지역경제의 활성화를 위하여 제7조에 따라 지정된 산업단지 |
| 다. 도시첨단산업단지 | 지식산업 · 문화산업 · 정보통신산업, 그 밖의 첨단산업의 육성과 개발 촉진을 위하여 「국토의 계획 및 이용에 관한 법률」에 따른 도시지역에 제7조의 2에 따라 지정된 산업단지 |
| 라. 농공단지 | 대통령령으로 정하는 농어촌지역에 농어민의 소득 증대를 위한 산업을 유치 · 육성하기 위하여 제8조에 따라 지정된 산업단지 |

4) 공장시설을 이전하기 위하여 조업을 중단한 날이 속하는 과세연도 개시일부터 소급하여 10년 이내에 동일한 공장에 대하여 이 조에 따른 감면을 적용받은 기업은 제외한다(조특법 제63조 제1항 제1호 가목 단서).

### (2) 조항별 적용시한 확인(조특법 제63조 제1항)

① 공장을 이전하여 2025년 12월 31일까지 사업을 개시하여야 한다.

② 공장을 신축하는 경우로서 공장의 부지를 2025년 12월 31일까지 보유하고 2025년 12월 31일이 속하는 과세연도의 과세표준 신고를 할 때 이전계획서를 제출하는 경우에는 2028년 12월 31일까지 이전하여 사업을 개시하여야 한다.

### (3) 조항별 규정 업종의 요건 충족 확인(조특법 제63조 제1항, 조특령 제60조 제1항)

① 이전 전 · 후 동일업종 영위(조특법 제63조 제7항, 조특령 제60조 제12항)

공장이전기업은 한국표준산업분류상의 세분류를 기준으로 이전 전의 공장에서 공장시설을 이전하기 위하여 조업을 중단한 날부터 소급하여 2년(중소기업은 1년) 이상 계속 영위하던 업종과 이전 후의 공장에서 영위하는 업종이 같아야 한다.

② 적용배제업종

저자주 다음의 적용배제업종은 세법개정으로 인하여 2025.1.1. 이후부터는 적용배제업종 규정은 적용되지 않는다.

2025.1.1. 전에 공장을 이전한 경우에 다음의 업종을 영위하는 법인의 경우에는 감면적용을 배제한다. 다만, 「혁신도시 조성 및 발전에 관한 특별법」 제2조 제2호의 "이전공공기관"주)은 예외로 한다.

주) 「혁신도시 조성 및 발전에 관한 특별법」 제2조 제2호의 이전공공기관

> 「혁신도시 조성 및 발전에 관한 특별법」 제2조【정의】
> 제2호. "이전공공기관"이라 함은 수도권에서 수도권이 아닌 지역으로 이전하는 공공기관(제29조 제1항 단서의 규정에 따라 개별이전하는 공공기관을 포함한다)으로서 대통령령으로 정하는 기관을 말한다.
> "대통령령이 정하는 기관"이란 법 제2조 제1호의 공공기관 중 다음 각 호의 어느 하나에 해당하는 공공기관을 말한다. 다만, 「신행정수도 후속대책을 위한 연기 · 공주지역 행정중심복합도시 건설을 위한 특별법」 제16조에 따른 이전계획에 따라 행정중심복합도시로 이전하는 중앙행정기관 등은 제외한다.
> 1. 「국가균형발전 특별법」 제18조에 따라 수도권에서 수도권이 아닌 지역으로 이전하는 공공기관
> 2. 국무회의의 심의를 거쳐 혁신도시로 이전하는 중앙행정기관
> 3. 법 제29조 단서에 따라 개별이전이 인정된 중앙행정기관

㉠ 부동산임대업

㉡ 부동산중개업

㉢ 「소득세법 시행령」 제122조 제1항에 따른 부동산매매업

> **제122조【부동산매매업자에 대한 세액계산의 특례】**
> ① 법 제64조 제1항 각 호 외의 부분에서 "대통령령으로 정하는 부동산매매업"이란 한국표준산업분류에 따른 비주거용 건물건설업(건물을 자영건설하여 판매하는 경우만 해당한다)과 부동산 개발 및 공급업을 말한다. 다만, 한국표준산업분류에 따른 주거용 건물 개발 및 공급업(구입한 주거용 건물을 재판매하는 경우는 제외한다. 이하 "주거용 건물 개발 및 공급업"이라 한다)은 제외한다.

㉣ 건설업[한국표준산업분류에 따른 주거용 건물 개발 및 공급업(구입한 주거용 건물을 재판매하는 경우는 제외한다)을 포함한다]

㉤ 소비성서비스업

㉥ 「유통산업발전법」 제2조 제9호에 따른 무점포판매에 해당하는 사업

> **「유통산업발전법」 제2조【정의】**
> 제9호. "무점포판매"란 상시 운영되는 매장을 가진 점포를 두지 아니하고 상품을 판매하는 것으로서 유통산업발전법 시행규칙 제2조【무점포판매의 유형】으로 정하는 것을 말한다.
> 1. 방문판매 및 가정 내 진열판매
> 2. 다단계판매
> 3. 전화권유판매
> 4. 카탈로그판매
> 5. 텔레비전홈쇼핑
> 5의 2. 인터넷 멀티미디어 방송(IPTV)을 통한 상거래
> 6. 인터넷쇼핑몰 또는 사이버몰 등 전자상거래
> 6의 2. 온라인 오픈마켓 등 전자상거래중개

7. 이동통신기기를 이용한 판매
8. 자동판매기를 통한 판매

ⓢ 「해운법」 제2조 제5호에 따른 해운중개업

해운법 제2조【정의】
제5호 "해운중개업"이란 해상화물운송의 중개, 선박의 대여 · 용대선 또는 매매를 중개하는 사업을 말한다.

### (4) 본점 및 사업장 소재지 등 확인(조특법 제63조 제1항 제1호 다목)

① 중소기업의 경우 수도권과밀억제권역에서 수도권 밖 또는 수도권 인구감소지역으로 이전하는 경우에 적용한다.

저자주 이전 후 지역에 관하여 세법개정으로 종전에는 중소기업의 경우 수도권과밀억제권역 밖으로 이전을 요건으로 하였지만 2025.1.1. 이후 이전의 경우에는 수도권 밖 또는 수도권의 인구감소지역으로 이전한 경우에 감면을 적용한다.

② 중소기업이 공장시설을 수도권의 인구감소지역으로 이전하는 경우로서 본점이나 주사무소(이하 제63조 및 제63조의 2에서 "본사"라 한다)가 수도권과밀억제권역에 있는 경우에는 해당 본사도 공장시설과 함께 이전하여야 한다.

③ 중소기업 외의 기업은 수도권과밀억제권역에서 수도권 밖으로 이전하는 경우에 적용하며, 광역시로 이전하는 경우에는 광역시 내 산업단지로 이전하는 경우에만 적용한다.

### (5) 감면적용의 배제

① 과세표준 무신고 시 적용배제(조특법 제128조 제2항)

「소득세법」 제80조 제1항(과세표준 무신고 시 결정), 「법인세법」 제66조 제1항(과세표준 무신고 시 결정)에 따라 내국인의 과세표준을 결정하는 경우와 「국세기본법」 제45조의 3(기한 후 신고)에 따라 과세표준을 기한 후 신고를 하는 경우에는 적용을 배제한다.

② 과세표준의 경정 등의 경우 적용배제(조특법 제128조 제3항)

「소득세법」 제80조 【결정과 경정】 제2항 또는 「법인세법」 제66조【결정 및 경정】 제2항에 따라 신고한 과세표준에 오류 또는 누락으로 과세표준을 경정하는 경우(아래 '③ 세법상 협력의무 불이행 등 적용배제' 사유로 인한 경정의 경우 제외)와 과세표준 수정신고서를 제출한 과세표준과 세액을 경정할 것을 미리 알고 제출한 경우에는 과소신고금액에 대하여 적용을 배제한다.

③ 세법상 협력의무 불이행 등 적용배제(조특법 제128조 제4항)

사업자가 사업용 계좌의 미신고, 현금영수증 가입의무 사업자의 미가입 등의 사유가 있는 경우에는 법인세 감면을 적용배제 한다.

## 3. 세액감면의 세부내용

본 조항은 이전 후 기업의 과세소득에 대한 법인세 또는 소득세 감면과 이전을 위하여 공장을 양도함으로써 발행한 양도차익에 대한 과세이연, 재산세 과세 시 공장부속토지의 분리과세대상 토지의제, 종합부동산세의 합산배제(비과세)의 형태로 조세특례를 적용한다.

### (1) 법인세 · 소득세

① 감면대상소득(조특법 제63제 제1항)

이전 후의 공장에서 발생하는 소득(공장이전기업이 이전 후 합병 · 분할 · 현물출자 또는 사업의 양수를 통하여 사업을 승계하는 경우 승계한 사업장에서 발생한 소득은 제외한다)을 감면대상으로 한다.

② 이전 지역별, 감면기간별 감면율(조특법 제63조 제1항 제2호 가목 · 나목, 조특령 제60조 제4항 제5항)

다음의 구분에 따라 소득세 또는 법인세에 감면율을 적용한다.

<table>
<tr><th rowspan="2">이전 전 지역</th><th rowspan="2" colspan="2">이전 후 지역</th><th rowspan="2">지역특성</th><th colspan="4">감면기간 및 감면율</th></tr>
<tr><th>전기</th><th>감면율</th><th>후기</th><th>감면율</th></tr>
<tr><td rowspan="3">수도권 과밀 억제 권역</td><td>① 수도권 밖의 지역 및 인구감소지역</td><td>㉠ 당진시, 아산시, 원주시, 음성군, 진천군, 천안시, 춘천시, 충주시, 홍천군(내면은 제외한다) 및 횡성군의 관할구역<br>㉡ ★ 수도권의 인구감소지역 (중소기업의 경우에만 가능)</td><td>해당사항 없음</td><td>5년</td><td>100%</td><td>2년</td><td>50%</td></tr>
<tr><td rowspan="2">② 수도권 밖의 광역시 등 지역</td><td rowspan="2">㉠ 수도권 밖 광역시 관할구역<br>㉡ 구미시, 김해시, 전주시, 제주시, 진주시, 창원시, 청주시 및 포항시의 관할구역</td><td>위기지역<br>성장촉진지역<br>인구감소지역</td><td>7년</td><td rowspan="2">100%</td><td>3년</td><td rowspan="2">50%</td></tr>
<tr><td>그 외 지역</td><td>5년</td><td>2년</td></tr>
</table>

| 이전 전 지역 | 이전 후 지역 | | 지역특성 | 감면기간 및 감면율 | | | |
|---|---|---|---|---|---|---|---|
| | | | | 전기 | 감면율 | 후기 | 감면율 |
| | ① 및 ② 외의 지역 | 위의 지역 외의 지역 | 위기지역<br>성장촉진지역<br>인구감소지역 | 10년 | 100% | 2년 | 50% |
| | | | 그 외 지역 | 7년 | | 3년 | |

저자주 위의 표에서 감면기간 중 전기와 후기의 의미는 다음과 같다.
공장 이전일 이후 해당 공장에서 최초로 소득이 발생한 과세연도(공장 이전일부터 5년이 되는 날이 속하는 과세연도까지 소득이 발생하지 아니한 경우에는 이전일부터 5년이 되는 날이 속하는 과세연도)의 개시일부터 위의 전기에 해당하는 기간 이내에 끝나는 과세연도까지는 전기의 감면율을 적용하고 이 기간이 종료한 과세연도 이후 과세연도부터 후기에 해당하는 기간 이내에 끝나는 과세연도까지는 후기의 감면율을 적용한다는 의미이다.

㉠ 위기지역

위기지역이란 다음의 지역을 말한다(조특법 제30조의 3 제5항).

| 고용위기지역 | 「고용정책 기본법」 제32조 제1항에 따라 지원할 수 있는 지역으로서 「고용정책 기본법 시행령」 제29조에 따라 고용노동부장관이 지정 · 고시하는 지역 |
|---|---|
| 고용재난지역 | 「고용정책 기본법」 제32조의 2 제2항에 따라 선포하는 지역 |
| 산업위기대응특별지역 | 「지역 산업위기 대응 및 지역경제 회복을 위한 특별법」 제10조 제1항에 따라 지정하는 지역 |

㉡ 성장촉진지역(지방자치분권 및 지역균형발전에 관한 특별법 제2조 제9호)

"성장촉진지역"이란 생활환경이 열악하고 개발수준이 현저하게 저조하여 해당 지역의 경제적 · 사회적 성장을 촉진하기 위하여 필요한 도로, 상수도 등의 지역사회기반시설의 구축 등에 국가와 지방자치단체의 특별한 배려가 필요한 지역으로서 소득, 인구, 재정상태 등을 고려하여 대통령령으로 정하는 지역을 말한다.

㉢ 인구감소지역(조특법 제2조 제1항 10호의 2, 지방자치분권 및 지역균형발전에 관한 특별법 제2조 제12호)

"인구감소지역"이란 인구감소로 인한 지역소멸이 우려되는 시(특별시는 제외하고 광역시, 특별자치시 및 「제주특별자치도 설치 및 국제자유도시 조성을 위한 특별법」 제10조 제2항에 따른 행정시는 포함한다) · 군 · 구를 대상으로 출생률, 65세 이상 고령인구, 14세 이하 유소년인구 또는 생산가능인구의 수 등을 고려하여 대통령령으로 정하는 지역을 말한다.

저자주 위기지역, 성장촉진지역, 인구감소지역에 관한 상세한 내용은 후술하는 보론을 참고하기 바람

③ 세액감면의 신청(조특령 제60조 제9항)

과세표준신고와 함께 세액감면신청서를 납세지 관할 세무서장에게 제출하여야 한다.

④ 감면기간 중 중소기업에 해당하지 아니하게 된 경우

감면을 적용받은 중소기업이 수도권 안으로 이전한 경우로서 감면기간 중 다음의 사유로 중소기업에 해당하지 아니하게 된 경우에는 해당 사유발생일이 속하는 과세연도부터 감면하지 아니한다(조특법 제63조 제8항, 조특령 제60조 제13항 ⇒ 조특령 제2조 제2항).

㉠ 「중소기업기본법」의 규정에 의한 중소기업 외의 기업과 합병하는 경우
㉡ 유예기간 중에 있는 기업과 합병하는 경우
㉢ 실질적 독립성(「중소기업기본법 시행령」 제3조 제1항 제2호 다목의 규정은 제외한다)의 요건을 갖추지 못하게 되는 경우
㉣ 창업일이 속하는 과세연도종료일부터 2년 이내의 과세연도종료일 현재 중소기업기준을 초과하는 경우

## (2) 재산세(조특법 제63조 제5항)

공장을 수도권 밖으로 이전한 공장이전법인이 소유(합병 · 분할 또는 분할합병으로 소유권이 이전된 경우를 포함한다)하는 이전 전 공장용 건축물의 부속토지로서 공장 이전일 현재 「지방세법」 제106조 제1항 제3호 가목이 적용되는 토지는 공장을 전부 이전한 날부터 5년간 「지방세법」 제106조 제1항 제3호 가목을 적용하는 토지로 본다. 다만, 공장을 이전하여 사업을 개시한 후 그 사업을 폐업한 이후에는 그러하지 아니하다.

지방세법 제106조【과세대상의 구분 등】제1항 제3호

3. 분리과세대상 : 과세기준일 현재 납세의무자가 소유하고 있는 토지 중 국가의 보호 · 지원 또는 중과가 필요한 토지로서 다음 각 목의 어느 하나에 해당하는 토지
   가. 공장용지 · 전 · 답 · 과수원 및 목장용지로서 대통령령으로 정하는 토지

주) 대통령령으로 정하는 토지(지방세법 시행령 제102조)
읍 · 면지역, 「산업입지 및 개발에 관한 법률」에 따라 지정된 산업단지, 「국토의 계획 및 이용에 관한 법률」에 따라 지정된 공업지역에 있는 공장용 건축물의 부속토지(건축 중인 경우를 포함하되, 과세기준일 현재 정당한 사유 없이 6개월 이상 공사가 중단된 경우는 제외한다)로서 행정안전부령으로 정하는 공장입지기준면적 범위의 토지

[별표 6] (2016.12.30. 개정)

공장입지기준면적(제50조 관련)

1. 공장입지기준면적 = 공장건축물 연면적 × $\frac{100}{\text{업종별 기준공장 면적률}}$
2. 공장입지기준면적의 산출기준
   가. 공장건축물 연면적 : 해당 공장의 경계구역 안에 있는 모든 공장용 건축물 연면적(종업원의 후생복지시설 등

각종 부대시설의 연면적을 포함하되, 무허가 건축물 및 위법시공 건축물 연면적은 제외한다)과 옥외에 있는 기계장치 또는 저장시설의 수평투영면적을 합한 면적을 말한다.

나. 업종별 기준공장면적률 : 「산업집적활성화 및 공장설립에 관한 법률」 제8조에 따라 산업통상자원부장관이 고시하는 "업종별 기준공장면적률"에 따른다. (2013.3.23. 직제개정)

다. 1개의 단위 공장에 2개 이상의 업종을 영위하는 경우에는 각 업종별 공장입지기준면적을 산출하여 합한 면적을 공장입지기준면적으로 보며, 명확한 업종구분이 불가능한 경우에는 매출액이 가장 많은 업종의 기준공장면적률을 적용하여 산출한다.

3. 공장입지기준면적의 추가 인정기준

가. 제1호 및 제2호에 따라 산출된 면적을 초과하는 토지 중 다음의 어느 하나에 해당하는 토지는 공장입지기준면적에 포함되는 것으로 한다.

1) 「산업집적활성화 및 공장설립에 관한 법률」 제20조 제1항 본문에 따라 공장의 신설 등이 제한되는 지역에 소재하는 공장의 경우에는 제1호 및 제2호에 따라 산출된 면적의 100분의 10 이내의 토지(그 면적이 3,000제곱미터를 초과하지 아니하는 부분에 한정한다)

2) 1)에 규정된 지역 외의 지역에 소재하는 공장의 경우에는 제1호 및 제2호 따라 산출된 면적의 100분의 20 이내의 토지

나. 도시관리계획상의 녹지지역, 활주로, 철로, 6미터 이상의 도로 및 접도구역은 공장입지기준면적에 포함되는 것으로 한다.

다. 생산공정의 특성상 대규모 저수지 또는 침전지로 사용되는 토지는 공장입지기준면적에 포함되는 것으로 한다.

라. 공장용으로 사용하는 것이 적합하지 아니한 경사도가 30도 이상인 사면용지는 공장입지기준면적에 포함되는 것으로 한다.

마. 공장의 가동으로 인하여 소음 · 분진 · 악취 등 생활환경의 오염피해가 발생하게 되는 토지로서 해당 공장과 인접한 토지를 그 토지 소유자의 요구에 따라 취득하는 경우에는 공장경계구역 안에 있는 공장의 면적과 합한 면적을 해당 공장의 부속토지로 보아 공장입지기준면적을 산정한다.

바. 공장입지기준면적을 산출할 때 다음 표의 기준면적에 해당하는 종업원용 체육시설용지(공장입지기준면적의 100분의 10 이내에 해당하는 토지에 한정한다)는 공장입지기준면적에 포함되는 것으로 한다.

(단위 : 제곱미터)

| 구 분 | | 종업원 100명 이하 | 종업원 500명 이하 | 종업원 2,000명 이하 | 종업원 10,000명 이하 | 종업원 10,000명 초과 |
|---|---|---|---|---|---|---|
| 실외 체육 시설 | 운동장 | 1,000 | 1,000제곱미터 + (100명 초과 종업원 수× 9제곱미터) | 4,600제곱미터 + (500명 초과 종업원 수× 3제곱미터) | 9,100제곱미터 + (2,000명 초과 종업원 수× 1제곱미터) | 17,100 |
| | 테니스 또는 정구코트 | 970 | 970 | 1,940 | 2,910 | 2,910 |
| 실내체육시설 | | 150 | 300 | 450 | 900 | 900 |

비고 1. 적용요건

운동장과 코트에는 축구 · 배구 · 테니스 등 운동경기가 가능한 시설이 있어야 하고, 실내체육시설은 영구적인 시설물이어야 하며, 탁구대 2면 이상을 둘 수 있어야 한다.

2. 적용요령

가. 종업원 수는 그 사업장에 근무하는 종업원을 기준으로 한다.

나. 종업원이 50명 이하인 법인의 경우에는 코트면적만을 기준면적으로 한다.

다. 실내체육시설의 건축물바닥면적이 기준면적 이하인 경우에는 그 건축물 바닥면적을 그 기준면적으로 한다.

라. 종업원용 실내체육시설이 있는 경우에는 그 실내체육시설의 기준면적에 영 제101조 제2항의 용도지역별 적용배율을 곱하여 산출한 면적을 합한 면적을 기준면적으로 한다.

### (3) 종합부동산세 과세특례(공장이전의 경우에만 해당)(조특법 제63조 제5항)

종합부동산세 토지분에 대한 납세의무자는 다음과 같다.

**종합부동산세법 제12조 【납세의무자】**

① 과세기준일 현재 토지분 재산세의 납세의무자로서 다음 각 호의 어느 하나에 해당하는 자는 해당 토지에 대한 종합부동산세를 납부할 의무가 있다.

1. 종합합산과세대상인 경우에는 국내에 소재하는 해당 과세대상토지의 공시가격을 합한 금액이 5억원을 초과하는 자
2. 별도합산과세대상인 경우에는 국내에 소재하는 해당 과세대상토지의 공시가격을 합한 금액이 80억원을 초과하는 자

② 수탁자의 명의로 등기 또는 등록된 신탁재산으로서 토지(이하 "신탁토지"라 한다)의 경우에는 제1항에도 불구하고 위탁자가 종합부동산세를 납부할 의무가 있다. 이 경우 위탁자가 신탁토지를 소유한 것으로 본다.

종합부동산세의 토지분에 대하여는 재산세 과세대상 토지 중 종합합산과세대상과 별도합산과세대상만을 규정하고 있으므로 위 '(2) 재산세 과세특례(공장이전의 경우에만 해당)'에 따라 지방이전법인이 소유(합병 · 분할 또는 분할합병으로 인하여 소유권이 이전된 경우를 포함)한 이전 전 공장용 건축물의 부속토지로서 「지방세법」상 토지분 재산세 중 분리과세대상으로 의제된 토지에 대하여는 종합부동산세는 부과되지 않는다.

### (4) 양도차익 과세이연

공장이전기업 중 법인(이하 "공장이전법인"이라 한다)이 공장을 수도권 밖으로 이전한 경우에는 수도권과밀억제권역에 있는 공장을 양도함으로써 발생한 양도차익에 대한 법인세에 관하여는 제60조【공장의 대도시 밖 이전에 대한 법인세 과세특례】 제2항, 제4항 및 제6항을 준용한다(조특법 제63조 제4항).

## 4. 적용 시 검토 세부내용

### (1) 감면 및 공제 중복적용 확인(조특법 제127조 제4항 · 제5항)

세액공제와 중복적용 및 다른 세액감면과 중복적용을 배제한다.

### (2) 최저한세 적용대상 확인(조특법 제132조 제1항 제2호 제4호 · 제2항 제4호)

최저한세 규정을 적용한다. 다만, 수도권 밖으로 이전하는 경우에는 최저한세 규정을 적용하지 않는다.

### (3) 이월적용 여부 확인

세액감면에 대해서는 이월적용을 하지 않는다.

### (4) 농어촌특별세 비과세 확인(농특법 제4조 제12호, 농특령 제4조 제7항 제1호)

농어촌특별세를 비과세한다.

## 5. 사후관리 검토

### (1) 법인세 · 소득세

#### 1) 폐업 등의 경우 감면세액의 납부

① 납부사유

감면을 적용받은 공장이전기업이 다음 어느 하나에 해당하는 경우에는 그 사유가 발생한 과세연도의 과세표준신고를 할 때 납부사유별로 계산한 세액을 소득세 및 법인세로 납부하여야 한다(조특법 제63조 제2항, 조특령 제60조 제6항 · 제7항).

㉠ 공장을 이전하여 사업을 개시한 날부터 3년 이내에 그 사업을 폐업하거나 법인이 해산한 경우. 다만, 합병 · 분할 또는 분할합병으로 인한 경우에는 그러하지 아니하다.

㉡ 다음의 각 요건을 갖추어 공장을 수도권 밖(중소기업은 수도권 밖 또는 수도권 인구감소지역)으로 이전하여 사업을 개시하지 아니한 경우

ⓐ 수도권 밖(★중소기업은 수도권 밖 또는 수도권 인구감소지역)으로 공장을 이전하여 사업을 개시한 날부터 2년 이내에 수도권과밀억제권역 안의 공장을 양도하거나 수도권과밀억제권역 안에 남아 있는 공장시설의 전부를 철거 또는 폐쇄하여 해당 공장시설에 의한 조업이 불가능한 상태일 것

ⓑ 수도권과밀억제권역 안의 공장을 양도 또는 폐쇄한 날(공장의 대지 또는 건물을 임차하여 자기공장시설을 갖추고 있는 경우에는 공장이전을 위하여 조업을 중단한 날을 말한다. 이하 이 호에서 같다)부터 2년 이내에 수도권 밖(중소기업은 수도권 밖 또는 수도권 인구감소지역)에서 사업을 개시할 것. 다만, 공장을 신축하여 이전하는 경우에는 수도권과밀억제권역 안의 공장을 양도 또는 폐쇄한 날부터 3년 이내에 사업을 개시해야 한다.

㉢ 수도권(★★중소기업은 수도권 중 인구감소지역을 제외한 지역)에 이전한 공장에서 생산하는 제품과 같은 제품을 생산하는 공장(중소기업이 수도권 안의 인구감소지역으로 이전한 경우에는 공장 또는 본사)을 설치한 경우

저자주 ★ 이전 후 지역에 관하여 세법개정으로 종전에는 중소기업의 경우 수도권과밀억제권역 밖으로 이전을 요건으로 하였지만 2025.1.1. 이후 이전의 경우에는 수도권 밖 또는 수도권의 인구감소지역으로 이전한 경우에 감면을 적용한다.

★★ 종전에는 2024.12.31. 이전 감면을 적용받아 오는 경우에는 수도권과밀억제권역으로 2025.1.1. 이후 감면규정을 처음으로 적용할 경우에는 수도권 중 인구감소지역으로 판단한다.

② 납부세액의 계산

사유별 납부세액은 다음과 같다(조특령 제60조 제6항).

| 사 유 | 납부세액 |
|---|---|
| '① 납부사유 ㉠'의 경우 | 폐업일 또는 법인해산일부터 소급하여 3년 이내에 감면된 세액 |
| '① 납부사유 ㉡'의 경우 | '① 납부사유 ㉡'의 ⓐ, ⓑ 각 요건을 갖추지 못하게 된 날부터 소급하여 5년 이내에 감면된 세액 |
| '① 납부사유 ㉢'의 경우 | 공장설치일[중소기업이 '2. 적용여부 검토 세부내용 (1) 당해 사업자 요건 충족 확인 3) ①'에 따라 본점이나 주사무소를 이전한 경우에는 본점 또는 주사무소 설치일을 포함한다]부터 소급하여 5년 이내에 감면된 세액. 이 경우 이전한 공장이 둘 이상이고 해당 공장에서 서로 다른 제품을 생산하는 경우에는 수도권(중소기업의 경우 수도권과밀억제권역) 안의 공장에서 생산하는 제품과 동일한 제품을 생산하는 공장의 이전으로 인하여 감면받은 분에 한정한다. |

## 2) 이자상당가산액의 계산

다음 산식에 따라 계산한 금액으로 한다(조특령 제60조 제8항).

각 감면기간별 감면세액 × 기간[주)] × 1일 22 / 100,000

주) 기간 : 감면을 받은 과세연도의 종료일 다음 날부터 추가납부 사유가 발생한 과세연도의 종료일까지의 기간

# (2) 재산세 · 종합부동산세

## 1) 폐업 등의 경우 감면세액의 납부(조특법 제63조 제6항, 조특령 제60조 제10항)

① 납부사유

이전한 날부터 5년간 이전 전 공장용 건축물의 부속토지에 대하여 「지방세법」 제106조 제1항 제3호 가목(재산세 분리과세 적용 공장용지)을 적용받은 공장이전법인이 위 '(1) 법인세 · 소득세 ① 납부사유 ㉠, ㉡, ㉢' 어느 하나에 해당하는 경우에는 재산세액 및 종합부동산세액과 이자상당가산액을 추징한다.

② 추징세액의 계산

추징사유별 추징세액은 다음과 같이 계산한다.

| 추징사유 | 추징세액 | |
|---|---|---|
| | 재산세 | 종합부동산세 |
| ㉠ 공장을 이전하여 사업을 개시한 날부터 3년 이내에 그 사업을 폐업하거나 법인이 해산한 경우. 다만, 합병·분할 또는 분할합병으로 인한 경우에는 그러하지 아니하다. | 폐업일 또는 법인 해산일부터 소급하여 3년 이내 추징세액<br>= ⓐ − ⓑ<br>ⓐ 지방세법 제106조(종합합산과세대상 토지, 별도합산과세대상 토지) 적용 시재산세<br>ⓑ 지방세법 제106조(분리과세대상토지) 적용 시 재산세 | 폐업일 또는 법인해산일부터 소급하여 3년 이내 기간에 지방세법 제106조(종합합산과세대상 토지, 별도합산과세대상 토지) 적용 시 납부할 종합부동산세액 |
| ㉡ 다음의 각 요건을 갖추어 공장을 수도권 밖(★중소기업은 수도권 밖 또는 수도권 인구감소지역)으로 이전하여 사업을 개시하지 아니한 경우<br>ⓐ 수도권 밖으로 공장을 이전하여 사업을 개시한 날부터 2년 이내에 수도권과밀억제권역 안의 공장을 양도하거나 수도권과밀억제권역 안에 남아 있는 공장시설의 전부를 철거 또는 폐쇄하여 해당 공장시설에 의한 조업이 불가능한 상태일 것<br>ⓑ 수도권과밀억제권역 안의 공장을 양도 또는 폐쇄한 날(공장의 대지 또는 건물을 임차하여 자기공장시설을 갖추고 있는 경우에는 공장이전을 위하여 조업을 중단한 날을 말한다. 이하 이 호에서 같다)부터 2년 이내에 수도권 밖에서 사업을 개시할 것. 다만, 공장을 신축하여 이전하는 경우에는 수도권과밀억제권역 안의 공장을 양도 또는 폐쇄한 날부터 3년 이내에 사업을 개시해야 한다. | 요건을 갖추지 못한 날부터 소급하여 5년 이내 추징세액<br>= ⓐ − ⓑ<br>ⓐ 지방세법 제106조(종합합산과세대상 토지, 별도합산과세대상 토지) 적용 시재산세<br>ⓑ 지방세법 제106조(분리과세대상토지) 적용 시 재산세 | '㉡'의 각 요건을 갖추지 못한 날부터 소급하여 5년 이내 기간에 (지방세법 제106조 종합합산과세대상 토지, 별도합산과세대상 토지) 적용 시 납부할 종합부동산세액 |
| ㉢ 수도권(★중소기업은 수도권 인구감소지역을 제외한 지역)에 이전한 공장에서 생산하는 제품과 같은 제품을 생산하는 공장(★★중소기업이 수도권 안의 인구감소지역으로 이전한 경우에는 공장 또는 본사)을 설치한 경우 | 공장설치일부터 소급하여 5년 이내 추징세액<br>= ⓐ − ⓑ<br>ⓐ 지방세법 제106조(종합합산과세대상 토지, 별도합산과세대상 토지) 적용 시재산세<br>ⓑ 지방세법 제106조(분리과세대상토지) 적용 시 재산세 | 공장설치일부터 소급하여 5년 이내 기간에 (지방세법 제106조 종합합산과세대상 토지, 별도합산과세대상 토지) 적용 시 납부할 종합부동산세액 |

저자주 ★ 이전 후 지역에 관하여 세법개정으로 종전에는 중소기업의 경우 수도권과밀억제권역 밖으로 이전을 요건으로 하였지만 2025.1.1. 이후 이전의 경우에는 수도권 밖 또는 수도권의 인구감소지역으로 이전한 경우에 감면을 적용한다.

★★ 종전에는 2024.12.31. 이전 감면을 적용받아 오는 경우에는 수도권과밀억제권역으로 2025.1.1. 이후 감면규정을 처음으로 적용할 경우에는 수도권 중 인구감소지역으로 판단한다.

#### 2) 이자상당가산액의 계산

다음 산식에 따라 계산한 금액으로 한다(조특령 제60조 제11항).

(추징대상재산세액 + 추징대상종합부동산세액) × 기간[주)] × 1일 22 / 100,000

주) 기간 : 감면을 적용받은 과세연도의 납부기한의 다음 날부터 추징할 세액의 고지일까지 기간

### (3) 양도차익 과세이연분

양도차익 과세이연분의 사후관리는 제60조【공장의 대도시 밖 이전에 대한 법인세 과세특례】 제2항, 제4항, 제6항을 준용한다(조특법 제63조 제4항).

## 보 론

조세특례제한법 제63조 및 제63조의 2 규정의 위기지역, 성장촉진지역, 인구감소지역에 대하여 구체적으로 살펴보면 다음과 같다.

### 1. 위기지역

조세특례제한법 제30조의 3【고용유지중소기업 등에 대한 과세특례】제5항에서 규정하고 있으며 다음의 지역으로 구분된다.

#### (1) 위기지역의 구분

① 고용위기지역

㉠「고용정책 기본법」제32조 제1항에 따라 지원할 수 있는 지역으로서「고용정책 기본법 시행령」제29조에 따라 고용노동부장관이 지정·고시하는 지역을 말한다.

| 고용정책 기본법 | 고용정책 기본법 시행령 |
|---|---|
| 제32조【업종별·지역별 고용조정의 지원 등】<br>① 고용노동부장관은 국내외 경제사정의 변화 등으로 고용사정이 급격히 악화되거나 악화될 우려가 있는 업종 또는 지역에 대하여 다음 각 호의 사항을 지원할 수 있다.<br>1. 사업주의 고용조정<br>2. 근로자의 실업 예방<br>3. 실업자의 재취업 촉진<br>4. 그 밖에 고용안정과 실업자의 생활안정을 위하여 필요한 지원<br>② 제1항에 해당하는 업종 중에서 급격한 고용감소 등으로 특별한 지원이 필요하다고 인정되는 업종에 속하는 사업주나 사업주단체·근로자단체 또는 그 단체의 연합체 등은 해당 업종을 특별고용지원업종으로 지정하여 줄 것을 고용노동부장관에게 신청할 수 있다.<br>③ 제1항에 해당하는 지역 중에서 급격한 고용감소 등으로 특별한 지원이 필요하다고 인정되는 지역의 지방자치단체의 장은 해당 | 제29조【지원대상 업종 및 지역 등】<br>① 법 제32조 제1항에 따라 고용조정 지원 등이 필요한 업종 또는 지역은 다음 각 호의 업종 또는 지역 중에서 고용노동부장관이 정하여 고시한 기준에 따라 지정·고시하는 업종 또는 지역으로 한다.<br>1. 사업의 전환이나 사업의 축소·정지·폐업으로 인하여 고용량이 현저히 감소하거나 감소할 우려가 있는 업종<br>2. 제1호의 업종이 특정 지역에 밀집되어 그 지역의 고용사정이 현저히 악화되거나 악화될 우려가 있는 지역으로서 그 지역 근로자의 실업 예방 및 재취업 촉진 등의 조치가 필요하다고 인정되는 지역<br>3. 많은 구직자가 다른 지역으로 이동하거나 구직자의 수에 비하여 고용기회가 현저히 부족한 지역으로서 그 지역의 고용 개발을 위한 조치가 필요하다고 인정되는 지역<br>② 법 제32조 제3항에 따라 고용위기지역의 |

| 고용정책 기본법 | 고용정책 기본법 시행령 |
|---|---|
| 지역을 고용위기지역으로 지정하여 줄 것을 고용노동부장관에게 신청할 수 있다.<br>④ 고용노동부장관은 제2항 및 제3항에 따른 신청을 받은 경우 정책심의회의 심의를 거쳐 해당 업종 또는 지역을 기간을 정하여 특별고용지원업종 또는 고용위기지역으로 지정할 수 있다.<br>⑤ 고용노동부장관은 제4항에 따른 지정기간 중이더라도 고용사정이 호전되는 등 특별한 지원의 필요성이 없어진 때에는 정책심의회의 심의를 거쳐 그 지정을 해제할 수 있다.<br>⑥ 제1항부터 제4항까지에 따른 지원 조치, 지정기간 및 지정기간의 연장 등에 필요한 사항은 대통령령으로 정한다. | 지정을 신청하려는 지방자치단체의 장은 미리 신청 지역을 관할하는 직업안정기관의 장과 협의를 하고 지역고용심의회의 심의를 거쳐야 한다. 다만, 법 제10조 제1항 후단에 따라 「노사관계 발전 지원에 관한 법률」 제3조 제1항에 따른 지역 노사민정 간 협력 활성화를 위한 협의체를 거친 경우에는 지역고용심의회 심의를 거친 것으로 본다.<br>③ 고용노동부장관이 제1항에 따라 업종이나 지역을 지정 · 고시하는 경우에는 그 업종 또는 지역에 대한 고용조정 지원 등을 하는 기간을 함께 고시하여야 한다.<br>④ 고용노동부장관이 제1항에 따라 업종이나 지역을 지정 · 고시할 때에는 미리 관계 중앙행정기관의 장과 협의한 후 정책심의회의 심의를 거쳐야 한다. |

㉡ 지정절차*

고용위기지역은 다음의 절차에 따라 지정된다.

자치단체(시 · 군 · 구)와 관할 지방고용노동관서 협의 → 지역고용심의회(또는 광역단위 지역 노사민정협의회) 심의 · 의결 → 자치단체의 신청 → 전문가 조사단의 현지조사 → 고용정책심의회 심의 · 의결 → 지정 고시

㉢ 지원내용

고용위기지역으로 지정될 경우 지원내용은 요약하면 다음과 같다.

| 구 분 | 지원내용 |
|---|---|
| 고용안정·직업능력개발 | • 고용유지를 위한 특별지원<br>• 사업주의 고용유지조치에 대한 지원수준 확대<br>• 「고용보험법」에 따른 고용안정 · 직업능력개발사업<br>• 고용정책심의회의 심의 · 의결을 거쳐 특별연장급여 지급 가능(60일) |
| 지역고용촉진 | • 지역맞춤형일자리창출지원, 사회적일자리 및 고용안정 · 직업능력개발 등 일자리 관련 사업비 우선 지원<br>• 「고용보험법」에 따른 지역고용촉진지원금 지원 |

* 고용위기지역 지원제도(고용지원 및 지역경제 지원방안), 2019.4. 노동부, pp.3~4

| 구 분 | 지원내용 |
|---|---|
| 종합취업 지원대책 | • 실업자 심리상담, 재취업 지원서비스 제공, 직업능력개발 훈련지원 및 전직 · 창업지원 등을 포함하는 종합취업지원 |
| 중소기업 지원 | • 중소기업창업 및 진흥기금 우선 지원 요청 |

㉣ 지정기간

고용위기지역 지정은 최초 1회 1년이며, 고용정책심의회 심의를 거쳐 1년의 범위에서 연장 가능하고 지정 기간 중이라도 지역의 고용상황이 개선되는 등 지정 필요성이 없어진 경우 지정해제를 할 수 있다.

㉤ 지정현황

2024.7.1. 이후 현재 고용위기지역으로 지정고시된 지역은 없다(2024.6.30.까지 경상남도 거제시 1개 지역이었음).

**고용위기지역 지정고시(2023.6.11. 현재)**

| 고시번호 | 고시일자 | 지원기간/ 폐지 | 지정고시 /일부개정 | 고시지역 |
|---|---|---|---|---|
| 고용노동부고시 제2018-29호 | 2018-04-05 | 2018-04-05 ~2019-04-04 | 지정고시 | 울산광역시 동구, 전라북도 군산시, 경상남도 창원시 진해구, 경상남도 거제시, 경상남도 통영시, 경상남도 고성군 |
| 고용노동부 고시 제2018-36호 | 2018-05-04 | 2018-05-04 ~2019-05-03 | 지정고시 | 전라남도 목포시, 전라남도 영암군 |
| 고용노동부 고시 제2018-104호 | 2018-12-28 | 2018-04-05 ~2019-04-04 | 고시 일부개정 | 울산광역시 동구, 전라북도 군산시, 경상남도 창원시 진해구 경상남도 거제시, 경상남도 통영시, 경상남도 고성군 |
| 고용노동부 고시 제2018-105호 | 2018-12-28 | 2018-05-04 2019-05-03 | 고시 일부개정 | 전라남도 목포시, 전라남도 영암군 |
| 고용노동부 고시 제2019-22호 | 2019-04-04 | 2019-04-05 2020-04-04 | 고시 일부개정 | 울산광역시 동구, 전라북도 군산시, 경상남도 창원시 진해구 경상남도 거제시, 경상남도 통영시, 경상남도 고성군 |
| 고용노동부 고시 제2019-23호 | 2019-04-04 | 2019-05-04 2020-05-03 | 고시 일부개정 | 전라남도 목포시, 전라남도 영암군 |

| 고시번호 | 고시일자 | 지원기간/ 폐지 | 지정고시 /일부개정 | 고시지역 |
|---|---|---|---|---|
| 고용노동부 고시 제2020-72호 | 2020-03-16 | 2020-04-05 ~2020-12-31 | 고시 일부개정 | 울산광역시 동구, 전라북도 군산시, 경상남도 창원시 진해구 경상남도 거제시, 경상남도 통영시, 경상남도 고성군 |
| 고용노동부 고시 제2020-73호 | 2020-03-16 | 2020-05-04 ~2020-12-31 | 고시 일부개정 | 전라남도 목포시, 전라남도 영암군 |
| 고용노동부 고시 2020-169호 | 2020-12-29 | 2021-01-01 2021-12-31 | 고시 일부개정 | 울산광역시 동구, 전라북도 군산시, 경상남도 창원시 진해구 경상남도 거제시, 경상남도 통영시, 경상남도 고성군 |
| 고용노동부 고시 제2020-170호 | 2020-12-29 | 2021-01-01 2021-12-31 | 고시 일부개정 | 전라남도 목포시, 전라남도 영암군 |
| 고용노동부 고시 제2021-11호 | 2021-01-20 | 2021-01-01 2021-12-31 | 지정 고시 | 울산광역시 동구, 전라북도 군산시, 경상남도 창원시 진해구 경상남도 거제시, 경상남도 통영시, 경상남도 고성군 |
| 고용노동부 고시 제2021-12호 | 2021-01-20 | 2021-01-01 2021-12-31 | 지정 고시 | 전라남도 목포시, 전라남도 영암군 |
| 고용노동부 고시 2021-115호 | 2021-12-28 | 2022-01-01 ~2022-12-31 | 고시 일부개정 | 울산광역시 동구, 전라북도 군산시, 경상남도 창원시 진해구 경상남도 거제시, 경상남도 통영시, 경상남도 고성군 |
| 고용노동부 고시 제2021-116호 | 2021-12-28 | 2022-01-01 ~2022-12-31 | 고시 일부개정 | 전라남도 목포시, 전라남도 영암군 |
| 고용노동부 고시 제2022-127호 | 2022-12-29 | 2023-01-01 ~2023-12-31 | 지정 고시 | 경상남도 거제시 |
| 고용노동부 고시 제2022-130호 | | 2023-01-01 ~현재 | 2021-115호 폐지고시 | 다음의 지역을 고용위기지역 지정고시 폐지함 울산광역시 동구, 전라북도 군산시, 경상남도 창원시 진해구 경상남도 거제시, 경상남도 통영시, 경상남도 고성군 |
| 고용노동부 고시 제2022-131호 | | 2023-01-01 ~현재 | 2021-116호 폐지고시 | 다음의 지역을 고용위기지역 지정고시 폐지함 전라남도 목포시, 전라남도 영암군 |

| 고시번호 | 고시일자 | 지원기간/ 폐지 | 지정고시 /일부개정 | 고시지역 |
|---|---|---|---|---|
| 고용노동부 고시 제2023-92호 | 2023-12-29 | 2023.1.1.~ 2024.06.30. | | 경상남도 거제시 |

② 고용재난지역

㉠ 「고용정책 기본법」 제32조의 2 제2항에 따라 선포된 고용재난지역을 말한다.

| 고용정책 기본법 | 고용정책 기본법 시행령 |
|---|---|
| 제32조의 2【고용재난지역의 선포 및 지원 등】<br>① 고용노동부장관은 대규모로 기업이 도산하거나 구조조정 등으로 지역의 고용안정에 중대한 문제가 발생하여 특별한 조치가 필요하다고 인정되는 지역에 대하여 고용재난지역으로 선포할 것을 대통령에게 건의할 수 있다.<br>② 제1항에 따라 고용재난지역의 선포를 건의받은 대통령은 국무회의 심의를 거쳐 해당 지역을 고용재난지역으로 선포할 수 있다.<br>③ 고용노동부장관은 제1항에 따라 고용재난지역으로 선포할 것을 대통령에게 건의하기 전에 관계중앙행정기관의 장과 합동으로 고용재난조사단을 구성하여 실업 등 피해상황을 조사할 수 있다.<br>④ 제2항에 따라 고용재난지역으로 선포하는 경우 정부는 행정상 · 재정상 · 금융상의 특별지원이 포함된 종합대책을 수립 · 시행할 수 있다.<br>⑤ 제3항에 따른 고용재난조사단의 구성 · 운영 및 조사에 필요한 사항과 제4항에 따른 지원의 내용은 대통령령으로 정한다. | 제30조의 3【고용재난조사단 구성 및 운영 등】<br>① 법 제32조의 2 제3항에 따른 고용재난조사단(이하 "고용재난조사단"이라 한다)은 단장 1명을 포함하여 15명 이하의 단원으로 구성한다.<br>② 단장은 고용노동부 소속의 고위공무원단에 속하는 공무원으로 하고, 단원은 고용노동부 및 관계 중앙행정기관의 소속 공무원과 고용 · 노동 등의 분야에 관한 전문지식과 경험이 풍부한 민간 전문가로서 고용노동부장관이 지명하는 사람으로 한다.<br>③ 고용재난조사단은 실업 등 피해의 규모 및 실태, 필요한 지원의 내용 등에 관하여 조사한 후 고용노동부장관 및 관계 중앙행정기관의 장에게 그 결과를 보고하여야 한다.<br>④ 고용재난조사단은 실업 등 피해상황 조사에 필요한 경우 도산 · 실업 등이 발생한 사업의 사업주, 관계 중앙행정기관의 장 및 지방자치단체의 장 등에게 관련 자료의 제출을 요청할 수 있다. 이 경우 자료의 제출을 요청받은 사업주 등은 특별한 사유가 없으면 그 요청에 따라야 한다.<br>⑤ 제1항부터 제4항까지에서 규정한 사항 외에 고용재난조사단의 구성 및 운영에 필요한 사항은 고용노동부장관이 관계 중앙행정기관의 장과 협의하여 정한다. |

③ 산업위기대응특별지역

㉠ 「지역 산업위기 대응 및 지역경제 회복을 위한 특별법」 제10조 제1항에 따라 지정된 산업위기대응특별지역을 말한다.

| 지역 산업위기 대응 및 지역경제 회복을 위한 특별법 | 지역 산업위기 대응 및 지역경제 회복을 위한 특별법 시행령 |
|---|---|
| 제10조 【산업위기대응특별지역의 지정 등】<br>① 산업통상자원부장관은 제9조에 따라 산업위기대응특별지역의 지정 신청을 받은 경우에는 관계 중앙행정기관의 장과의 협의 및 위원회의 심의를 거쳐 산업위기지역계획을 승인하고 산업위기대응특별지역을 지정할 수 있다.<br>② 산업통상자원부장관은 제1항에 따라 산업위기대응특별지역을 지정하려는 경우 다음 각 호의 사항을 종합적으로 검토하여 지정 여부를 결정하여야 한다.<br>1. 해당 지역의 경기침체가 일반적인 경기순환 또는 전국적 경제여건 악화에 따른 경기침체가 아닌 특수한 상황에 해당하는지 여부<br>2. 국가의 적극적인 지원이 필요한지 여부<br>3. 산업위기지역계획이 타당한지 및 이행가능한지 여부<br>4. 그 밖에 해당 지역에 대한 산업위기대응특별지역 지정의 필요성을 판단하기 위하여 대통령령으로 정하는 사항<br>③ 산업통상자원부장관은 산업위기대응특별지역의 지정 여부를 검토하기 위하여 산업위기대응특별지역의 지정을 신청한 지역에 대하여 현지실사 및 자료 수집을 할 수 있다.<br>④ 산업통상자원부장관 및 관계 중앙행정기관의 장은 제1항에 따라 지정된 산업위기대응특별지역의 주된 산업 및 지역경제의 회복을 위하여 필요한 시책을 수립하여야 한다.<br>⑤ 산업위기대응특별지역의 지정기간은 2년의 범위에서 정한다. | 제8조 【산업위기대응특별지역의 지정 등】<br>① 법 제10조 제4항에 따라 산업위기대응특별지역의 주된 산업 및 지역경제의 회복을 위하여 수립되는 시책에는 다음 각 호의 사항이 포함되어야 한다.<br>1. 기업 및 소상공인에 대한 자금의 보조, 융자, 출연 등 금융 및 재정 지원<br>2. 기업에 대한 연구개발 활동 지원 및 연구개발 성과의 사업화 지원<br>3. 기업에 대한 국내 판매와 수출 지원 및 경영 · 기술 · 회계 관련 자문 지원<br>4. 근로자의 능력개발을 위한 교육, 실직자 및 퇴직자의 재취업을 위한 교육 등 고용안정을 위한 지원<br>5. 새로운 산업의 육성을 위한 기반시설의 확충과 투자유치를 위한 지원<br>6. 그 밖에 산업위기대응특별지역의 경제회복을 위한 지원 등 산업통상자원부장관이 필요하다고 인정하는 지원<br>② 법 제10조 제6항에 따라 산업위기대응특별지역 지정기간을 연장받으려는 시 · 도지사는 지정기간 연장에 관한 다음 각 호의 사항이 포함된 신청서를 산업통상자원부장관에게 제출해야 한다.<br>1. 지역의 주된 산업의 회복 여부<br>2. 지역의 경제 회복 여부<br>3. 산업위기지역계획의 이행 실적<br>4. 추가 지원 필요성 및 기대효과<br>③ 제2항에 따른 지정기간 연장 기준에 적합한지 여부를 판단하는 세부적인 기준은 산업통상자원부장관이 정하여 고시한다.<br>④ 제2항에 따라 신청서를 제출받은 산업통상자원부장관은 제2항 각 호의 사항을 검 |

| 지역 산업위기 대응 및 지역경제 회복을 위한 특별법 | 지역 산업위기 대응 및 지역경제 회복을 위한 특별법 시행령 |
|---|---|
| ⑥ 산업통상자원부장관은 대통령령으로 정하는 바에 따라 산업위기대응특별지역으로 지정된 지역의 산업·경제 회복 정도 등을 평가하여 2년의 범위에서 지정기간을 연장할 수 있다. 다만, 전체 지정기간은 5년을 초과할 수 없다.<br>⑦ 산업통상자원부장관은 산업위기대응특별지역의 지정기간이 만료(지정기간이 연장된 이후 만료된 경우를 포함한다)된 지역에 지역경제 회복을 위하여 추가적인 지원의 필요성이 인정되는 경우 제7조에 따른 지원을 할 수 있다.<br>⑧ 제1항에 따라 지정된 산업위기대응특별지역을 관할하는 시·도지사는 6개월마다 해당 산업위기대응특별지역의 운영 현황과 이 법에 따른 지원의 효과 및 실적 등에 관한 보고서(이하 "운영보고서"라 한다)를 대통령령으로 정하는 바에 따라 작성하여 산업통상자원부장관에게 제출하여야 한다.<br>⑨ 그 밖에 산업위기대응특별지역의 지정 및 연장 절차, 지원 등에 필요한 사항은 대통령령으로 정한다. | 토한 후 그 검토결과를 종합적으로 고려하여 산업위기대응특별지역 지정기간의 연장 여부를 결정해야 한다.<br>⑤ 법 제10조 제8항에 따른 운영보고서에는 다음 각 호의 사항이 포함되어야 한다.<br>1. 지역의 주된 산업 동향 및 경제상황<br>2. 산업위기지역계획 이행 실적<br>3. 법 제10조 제4항에 따른 시책에 따른 지원 실적 및 효과<br>4. 해당 지역 관할 지방자치단체의 지원 실적 및 효과<br>⑥ 제5항에 따른 운영보고서의 세부적인 작성 방법 등은 산업통상자원부장관이 정하여 고시한다. |

㉡ 지정현황

2023.6.18. 현재 지정연장공고 기간 종료 후 추가로 지정된 지역은 없다.

<table>
<tr>
<td>
산업통상자원부 공고 제2018-204호<br>
산업위기대응특별지역 지정 공고<br>
산업통상자원부장관은 「국가균형발전특별법」 제17조에 의하여 군산시를 산업위기대응특별지역으로 지정하기로 결정함에 따라 지정여부, 지정기간, 지원내용을 다음과 같이 공고합니다.<br>
2018. 4. 10.<br>
산업통상자원부장관<br>
□ 주요내용<br>
ㅇ 지정대상 : 군산시<br>
ㅇ 지정기간 : 2018년 4월 5일 ~ 2020년 4월 4일(2년)<br>
* 지정기간 이내라도 지역경제상황이 호전된 경우 지정해제 가능(국가균형발전특별법 제17조의 3)
</td>
<td>
산업통상자원부 공고 제2018-336호<br>
산업위기대응특별지역 지정 공고<br>
산업통상자원부장관은 「국가균형발전특별법」 제17조에 의하여 울산광역시 동구, 경상남도 거제시, 통영시 · 고성군, 창원시 진해구, 전라남도 목포시 · 영암군 · 해남군을 산업위기대응특별지역으로 지정하기로 결정함에 따라 지정여부, 지정기간, 지원내용을 다음과 같이 공고합니다.<br>
2018. 6. 12.<br>
산업통상자원부장관<br>
□ 주요내용<br>
ㅇ 지정대상 : 울산광역시 동구, 경상남도 거제시, 통영시 · 고성군, 창원시 진해구, 전라남도 목포시 · 영암군 · 해남군<br>
ㅇ 지정기간 : 2018년 5월 29일 ~ 2019년 5월 28일(1년)<br>
* 지정기간 이내라도 지역경제상황이 호전된 경우 지정해제 가능(국가균형발전특별법 제17조의 3)
</td>
</tr>
<tr>
<td>
산업통상자원부 공고 제2019-271호<br>
산업위기대응특별지역 지정연장 공고<br>
「국가균형발전특별법」 시행령 제15조의 3 제2항에 따라 울산광역시 동구, 경상남도 거제시, 통영시 · 고성군, 창원시 진해구, 전라남도 목포시 · 영암군 · 해남군의 산업위기대응특별지역 지정 기간을 연장합니다.<br>
2019. 5. 3.<br>
산업통상자원부 장관<br>
□ 주요내용<br>
ㅇ 대상지역 : 울산광역시 동구, 경상남도 거제시, 통영시 · 고성군, 창원시 진해구, 전라남도 목포시 · 영암군 · 해남군<br>
ㅇ 연장기간 : 2019년 5월 29일 ~ 2021년 5월 28일(2년)<br>
* 지정기간 이내라도 지역경제상황이 호전된 경우 지정해제 가능(국가균형발전특별법 제17조의 3)
</td>
<td>
산업통상자원부 공고 제2020-173호<br>
산업위기대응특별지역 지정연장 공고<br>
「국가균형발전 특별법」 시행령 제15조의 3 제2항에 따라 전라북도 군산시의 산업위기대응특별지역 지정 기간을 연장합니다.<br>
2020. 3. 20.<br>
산업통상자원부 장관<br>
□ 주요내용<br>
ㅇ 대상지역 : 전라북도 군산시<br>
ㅇ 연장기간 : 2020년 4월 5일 ~ 2022년 4월 4일(2년)<br>
* 지정기간 이내라도 지역경제상황이 호전된 경우 지정해제 가능(국가균형발전특별법 제17조의 3)
</td>
</tr>
</table>

| 산업통상자원부 공고 제2021-442호<br>산업위기대응특별지역 지정연장 공고<br>「국가균형발전 특별법」 제17조 및 동법 시행령 제15조의 12에 따라 울산광역시 동구, 경상남도 거제시, 경상남도 창원시 진해구, 경상남도 통영시 · 고성군, 전라남도 목포시 · 영암군 · 해남군 등 5개 지역에 대한 산업위기대응특별지역의 지정 기간을 2년간 연장합니다.<br>2021. 5. 28.<br>산업통상자원부 장관<br><br>□ 주요내용<br>ㅇ 대상지역 : 울산광역시 동구, 경상남도 거제시, 경상남도 창원시 진해구, 경상남도 통영시 · 고성군, 전라남도 목포시 · 영암군 · 해남군<br>ㅇ 연장기간 : 2021년 5월 29일 ~ 2023년 5월 28일(2년간) | 산업통상자원부 공고 제2022-328호<br>산업위기대응특별지역 지정연장 공고<br>「지역 산업위기 대응 및 지역경제 회복을 위한 특별법」 제10조 및 동법 시행령 제8조에 따라 전라북도 군산시에 대한 산업위기대응특별지역의 지정 기간을 1년간 연장합니다.<br>2022. 3. 31.<br>산업통상자원부 장관<br><br>□ 주요내용<br>ㅇ 대상지역 : 전라북도 군산시<br>ㅇ 연장기간 : 2022년 4월 5일 ~ 2023년 4월 4일(1년간) |
|---|---|

**산업위기대응특별지역 예시***

* 국가균형발전위원회(www.nabis.go.kr) 》 NABIS소개 》 교육 》 정책용어사전

## 2. 성장촉진지역

### (1) 개 요

① 생활환경 · 개발수준이 저조한 지역으로 기반시설 구축 등에 국가 · 지자체의 특별한 배려가 필요한 지역으로 시 · 군 대상으로 연평균 인구변화율, 소득수준 등을 종합평가하여 행안부 · 국토부 장관이 공동 지정 · 고시하는 지역을 의미하며, 지정기준은 인구 · 소득 · 재정 · 지역 접근성 등을 합산, 종합점수가 낮은 순으로 70개 시 · 군을 성장촉진지역으로 지정한다(접경지역은 제외).*

② 조세특례제한법 제63조【수도권 밖으로 공장을 이전하는 기업에 대한 세액감면 등】와 제63조의 2【수도권 밖으로 본사를 이전하는 법인에 대한 세액감면 등】에서 규정하고 있는 성장촉진지역은 국가균형발전 특별법에 따른 지역을 말한다.

### (2) 관련 법령

| 지방자치분권 및 지역균형발전에 관한 특별법 | 지방자치분권 및 지역균형발전에 관한 특별법 시행령 |
|---|---|
| 제2조【정의】<br>1. "지방자치분권"이란 국가 및 지방자치단체의 권한과 책임을 합리적으로 배분하거나 행정수요 및 지역 특성에 따라 지방행정체제를 개편함으로가 및 지방자치단체의 기능이 서로 조화를 이루도록 하고, 지방자치단체의 정책결정 및 집행과정에 주민의 직접적 참여를 확대하는 것을 말한다.<br>2. "지역균형발전"이란 지역 간 발전 격차를 줄이고 지역의 자립적 발전역량을 증진함으로써 삶의 질을 향상하고 지속가능한 발전을 도모하여 전국이 개성 있게 골고루 잘 사는 사회를 구현하는 것을 말한다.<br>3. "지역혁신"이란 지역의 인적 · 물적 자원개발과 과학기술 · 산업생산 · 기업지원 · 문화 · 금융 등의 분야에서 지역별 여건과 특성에 따라 지역의 발전역량을 창출 · 활용 · 확산시키는 것을 말한다. | 제2조【성장촉진지역의 지정 등】<br>① 「지방자치분권 및 지역균형발전에 관한 특별법」(이하 "법"이라 한다) 제2조 제9호에서 "대통령령으로 정하는 지역"이란 「지방자치법」 제2조 제1항 제2호에 따른 시(「제주특별자치도 설치 및 국제자유도시 조성을 위한 특별법」 제10조 제2항에 따른 행정시를 포함한다. 이하 같다) · 군(광역시의 군을 포함한다. 이하 같다) · 구(자치구를 말한다. 이하 같다) 중 시 · 군을 대상으로 연평균 인구변화율, 소득수준, 재정 상황 및 지역 접근성 등을 법 제62조에 따른 지방시대위원회(이하 "지방시대위원회"라 한다)가 5년마다 종합평가한 결과 지역사회기반시설의 구축 등에 국가와 지방자치단체의 특별한 배려가 필요하다고 인정되는 지역 중에서 지방시대위원회의 심의 · 의결을 거쳐 국토교통부장관이 지정 · 고시하는 지역을 말한다.<br>② 국토교통부장관은 제1항에 따라 성장촉진지역 |

* 국토교통부 》 국민참여 》 전문가제언 》 e-국토교통모니터단 》 자유게시판 》 국토교통상식

| 지방자치분권 및 지역균형발전에 관한 특별법 | 지방자치분권 및 지역균형발전에 관한 특별법 시행령 |
|---|---|
| 4. "기초생활권"이란 지역 주민의 삶의 질 향상에 필요한 일자리 및 교육·문화·복지·주거·안전·환경 등의 생활기반을 확충하기 위하여 시(특별시, 광역시, 특별자치시 및 「제주특별자치도 설치 및 국제자유도시 조성을 위한 특별법」 제10조제2항에 따른 행정시를 포함한다. 이하 이 호에서 같다)·군(광역시의 군을 포함한다. 이하 같다)·구(자치구를 말한다. 이하 같다)가 인근 시·군·구와 협의하여 설정한 권역을 말한다.<br>5. "수도권"이란 「수도권정비계획법」 제2조 제1호에 따른 수도권을 말한다.<br>6. "지역특화산업"이란 지역의 특성과 여건을 활용하여 추진하는 특별시·광역시·특별자치시 및 도·특별자치도(이하 "시·도"라 한다)의 산업으로서 제14조 제1항에 따라 선정된 산업을 말한다.<br>7. "초광역권"이란 지역의 경제 및 생활권역의 발전에 필요한 연계·협력사업 추진을 위하여 2개 이상의 지방자치단체가 상호 협의하여 설정하거나 「지방자치법」 제199조에 따른 특별지방자치단체가 설정한 권역으로서 시·도의 행정구역을 넘어서는 권역을 말한다.<br>8. "초광역권산업"이란 지역균형발전 및 국가경쟁력 향상에 기여도가 높고 지역경제·산업발전을 촉진할 초광역권의 협력산업으로서 제14조 제2항에 따라 선정된 산업을 말한다.<br>9. "성장촉진지역"이란 생활환경이 열악하고 개발수준이 현저하게 저조하여 해당 지역의 경제적·사회적 성장을 촉진하기 위하여 필요한 도로, 상수도 등의 지역사회기반시설의 구축 등에 국가와 지방자치단체의 특별한 배려가 필요한 지역으로서 소득, 인구, 재정상태 등을 고려하여 대통령령으로 정하는 지역을 말한다.<br>10. "특수상황지역"이란 남북의 분단 상황 또는 지리적·사회적 요인으로 불리한 환경에 놓이게 되어 일정기간 동안 관계 중앙행정기관 | 을 지정하려는 경우에는 관계 중앙행정기관의 장 및 관계 특별시장·광역시장·특별자치시장·도지사·특별자치도지사(이하 "시·도지사"라 한다)와 협의해야 한다.<br>③ 시·도지사는 제2항에 따른 협의를 위하여 의견을 제출하려는 경우에는 미리 해당 특별시·광역시·특별자치시·도·특별자치도(이하 "시·도"라 한다)에 속한 시·군·구의 장의 의견을 들어야 한다.<br>④ 제1항에 따라 성장촉진지역으로 지정된 시·군의 장은 도로 및 상수도 등 경제적·사회적 성장촉진에 필요한 사회기반시설을 구축하려는 경우에는 이에 관한 사업계획을 수립하고, 이를 국토교통부장관에게 제출해야 한다. 사업계획을 변경하려는 경우에도 또한 같다.<br><br>**제3조【인구감소지역의 지정 등】**<br>① 법 제2조 제12호에서 "대통령령으로 정하는 지역"이란 광역시, 특별자치시 및 시·군·구 중에서 65세 이상 고령인구, 14세 이하 유소년인구 또는 생산가능인구의 수, 인구감소율, 출생률, 인구감소의 지속성, 인구의 이동 추이 및 재정여건 등을 고려하여 지방시대위원회의 심의·의결을 거쳐 행정안전부장관이 지정·고시하는 지역을 말한다.<br>② 행정안전부장관은 제1항에 따라 인구감소지역을 지정하려는 경우에는 관계 중앙행정기관의 장 및 관계 시·도지사와 협의해야 한다.<br>③ 시·도지사는 제2항에 따른 협의를 위하여 의견을 제출하려는 경우에는 미리 해당 시·도에 속한 시·군·구의 장의 의견을 들어야 한다.<br><br>**제23조【기회발전특구의 지정 및 지원】**<br>① 시·도지사는 법 제23조 제1항에 따라 기회발전특구의 지정을 신청하는 경우에는 다음 각 호의 사항이 포함된 계획(이하 "기회발전특구계 |

| 지방자치분권 및 지역균형발전에 관한 특별법 | 지방자치분권 및 지역균형발전에 관한 특별법 시행령 |
| --- | --- |
| 에 의한 행정지원 등 특수한 지원 조치가 필요한 지역으로서 다음 각 목의 어느 하나에 해당하는 지역을 말한다.<br>가. 「접경지역 지원 특별법」 제2조 제1호에 따른 접경지역<br>나. 「섬 발전 촉진법」 제4조 제1항에 따른 개발대상섬. 다만, 성장촉진지역에 해당하는 섬은 제외한다.<br>다. 「새만금사업 추진 및 지원에 관한 특별법」 제2조 제1호에 따른 새만금사업지역<br>라. 그 밖에 가목부터 다목까지에 따른 지역에 준하는 지역으로서 대통령령으로 정하는 지역<br>11. "농산어촌"이란 「농업·농촌 및 식품산업 기본법」 제3조 제5호에 따른 농촌, 「산림기본법」 제3조 제2호에 따른 산촌 및 「수산업·어촌 발전 기본법」 제3조 제6호에 따른 어촌을 말한다.<br>12. "인구감소지역"이란 인구감소로 인한 지역소멸이 우려되는 시(특별시는 제외하고 광역시, 특별자치시 및 「제주특별자치도 설치 및 국제자유도시 조성을 위한 특별법」 제10조 제2항에 따른 행정시는 포함한다)·군·구를 대상으로 출생률, 65세 이상 고령인구, 14세 이하 유소년인구 또는 생산가능인구의 수 등을 고려하여 대통령령으로 정하는 지역을 말한다.<br>12의 2. "인구감소관심지역"이란 인구감소지역을 제외한 시(특별시는 제외하고 광역시, 특별자치시 및 「제주특별자치도 설치 및 국제자유도시 조성을 위한 특별법」 제10조 제2항에 따른 행정시는 포함한다)·군·구 중 장래 인구감소로 인한 지역소멸이 우려되는 지역으로서 출생률, 65세 이상 고령인구, 14세 이하 유소년인구 또는 생산가능인구의 수 등을 고려하여 인구감소지역 수의 100분의 20 이내의 범위에서 대통령령으로 정하는 지역을 말한다.<br>13. "기회발전특구"란 개인 또는 법인의 대규모 | 획"이라 한다)을 작성하여 산업통상자원부장관에게 제출해야 한다.<br>1. 기회발전특구의 목적, 명칭, 위치 및 범위<br>2. 기회발전특구의 지정에 따른 비용 및 효과<br>3. 기회발전특구의 개발 및 관리 방법<br>4. 기회발전특구 내 산업의 육성 전략<br>5. 기회발전특구에 대한 지원계획<br>6. 기회발전특구 투자 등에 필요한 규제특례에 관한 사항<br>7. 그 밖에 기회발전특구의 육성을 위하여 필요한 사항으로서 산업통상자원부장관이 정하여 고시하는 사항<br>② 산업통상자원부장관은 법 제23조 제2항에 따라 기회발전특구를 지정하려는 경우에는 미리 관계 중앙행정기관의 장과 협의해야 한다.<br>③ 산업통상자원부장관은 법 제23조 제2항 전단에 따라 기회발전특구를 지정한 경우에는 그 사실을 관보에 고시하고, 지체 없이 이를 관할 시·도지사에게 통보해야 한다.<br>④ 법 제23조 제2항 후단에서 "기업의 투자계획, 집적 가능성 등 대통령령으로 정하는 사항"이란 다음 각 호의 사항을 말한다.<br>1. 충분한 국내외 기업의 입주수요 확보 가능성<br>2. 근로자 등의 정주(定住) 환경의 확보 또는 연계 가능성<br>3. 기회발전특구의 개발에 필요한 부지와 광역교통망·정보통신망·용수(用水)·전력 등 기반시설의 확보 가능성<br>4. 기회발전특구 개발의 경제성<br>5. 기회발전특구가 있는 지역의 주요 산업과 연계발전 가능성<br>6. 그 밖에 기회발전특구의 지정에 필요한 사항으로서 산업통상자원부장관이 정하여 고시하는 사항<br>⑤ 제4항 각 호에 따른 고려사항의 세부기준은 산업통상자원부장관이 정하여 고시한다. |

| 지방자치분권 및 지역균형발전에 관한 특별법 | 지방자치분권 및 지역균형발전에 관한 특별법 시행령 |
|---|---|
| 투자를 유치하기 위하여 관계 중앙행정기관과 지방자치단체의 지원이 필요한 곳으로 제23조에 따라 지정 · 고시되는 지역을 말한다.<br>14. "공공기관"이란 다음 각 목의 어느 하나에 해당하는 기관을 말한다.<br>가. 중앙행정기관과 그 소속 기관<br>나. 「공공기관의 운영에 관한 법률」 제4조에 따른 기관<br>다. 그 밖의 공공단체 중 대통령령으로 정하는 기관<br>15. "지역혁신융복합단지"란 물적 · 인적 인프라가 갖추어진 기존의 구역 · 지구 · 단지 · 특구를 활용하여 새로운 경제적 · 산업적 상승효과의 발생을 촉진하고, 지역균형발전 및 지역경제 활성화에 이바지하는 성장거점으로서 제27조에 따라 지정 · 고시되는 지역을 말한다.<br>16. "지방행정체제"란 지방자치 및 지방행정의 계층구조, 지방자치단체의 관할 구역, 특별시 · 광역시 · 도와 시 · 군 · 구 간의 기능배분 등과 관련한 일련의 체제를 말한다.<br>17. "지방자치단체의 통합"이란 「지방자치법」 제2조 제1항 제2호에서 정한 지방자치단체 중에서 2개 이상의 지방자치단체가 통합하여 새로운 지방자치단체를 설치하는 것을 말한다.<br>18. "통합 지방자치단체"란 「지방자치법」 제2조 제1항 제2호에서 정한 지방자치단체 중에서 2개 이상의 지방자치단체가 통합하여 설치된 지방자치단체를 말한다.<br><br>제23조【기회발전특구의 지정 및 지원】<br>① 수도권이 아닌 지역의 시 · 도지사는 관할 행정구역의 일부를 기회발전특구로 지정받으려는 경우 산업통상자원부장관에게 기회발전특구의 지정을 신청하여야 한다. 다만, 수도권 내 인구감소지역 또는 「접경지역 지원 특별법」 제2조 제1호에 따른 접경지역으로서 지방시대위 | |

| 지방자치분권 및 지역균형발전에 관한 특별법 | 지방자치분권 및 지역균형발전에 관한 특별법 시행령 |
|---|---|
| 원회가 정하는 지역의 시 · 도지사는 기회발전특구의 지정을 신청할 수 있다.<br>② 산업통상자원부장관은 제1항에 따른 지정 신청을 받은 경우 지방시대위원회의 심의 · 의결을 거쳐 기회발전특구를 지정한다. 이 경우 지방시대위원회는 기업의 투자계획, 집적 가능성 등 대통령령으로 정하는 사항을 고려하여야 한다.<br>③ 산업통상자원부장관은 기회발전특구 지정 목적의 달성이 불가능하거나 지정 내용의 변경이 불가피한 경우에는 지방시대위원회의 심의 · 의결을 거쳐 기회발전특구의 지정을 변경하거나 해제할 수 있다.<br>④ 국가와 지방자치단체는 기회발전특구에 투자하는 개인 또는 법인에 대하여 행정적 · 재정적 지원을 할 수 있다.<br>⑤ 국가와 지방자치단체는 기회발전특구에 투자하는 개인 또는 법인에 대하여 「조세특례제한법」, 「지방세특례제한법」, 그 밖의 조세 관계 법률에서 정하는 바에 따라 국세 또는 지방세를 감면할 수 있다.<br>⑥ 제1항부터 제5항까지에서 규정한 사항 외에 기회발전특구의 지정 신청, 지정, 지정 변경 · 해제의 절차 · 방식 등에 관하여 필요한 사항은 대통령령으로 정한다. | |

### (3) 성장촉진지역 지정현황

❙ 국토교통부고시(재지정고시) 제2024-594호(2024.11.6.) ❙

| 시 · 도 | 성장촉진지역시 · 군 |
|---|---|
| 강원(8) | 태백시, 삼척시, 홍천군, 횡성군, 영월군, 평창군, 정선군, 양양군 |
| 충북(6) | 제천시, 보은군, 옥천군, 영동군, 괴산군, 단양군 |
| 충남(6) | 보령시, 금산군, 부여군, 서천군, 청양군, 태안군 |
| 전북(9) | 정읍시, 남원시, 진안군, 무주군, 장수군, 임실군, 순창군, 고창군, 부안군 |
| 전남(14) | 곡성군, 구례군, 고흥군, 보성군, 화순군, 장흥군, 강진군, 해남군, 함평군, 영광군, 장성군, 완도군, 진도군, 신안군 |
| 경북(15) | 안동시, 영주시, 영천시, 상주시, 문경시, 의성군, 청송군, 영양군, 영덕군, 청도군, 고령군, 성주군, 봉화군, 울진군, 울릉군 |
| 경남(11) | 통영시, 밀양시, 의령군, 창녕군, 고성군, 남해군, 하동군, 산청군, 함양군, 거창군, 합천군 |
| 대구(1) | 군위군 |
| 합 계 | 70개 시 · 군 |

## 3. 인구감소지역

### (1) 개 요

인구감소로 인한 지역소멸이 우려되는 지역으로 「지방자치분권 및 지역균형발전에 관한 특별법」에서 규정하고 있다.

### (2) 관련법령

전술 내용 참조

### (3) 지정현황 등

(지정 절차) 인구감소지역 지정안 마련(행안부) → 관계기관 협의(중앙행정기관, 시 · 도지사 등)
→ 국가균형발전위원회 심의 → 지정 · 고시(행안부 장관)

(지정 주기) 5년 단위 지정하되, 첫 시행주기(2021~2026)에는 2년 후(2023) 타당성 검토

(인구감소지역 지정 변경 기준일 : 2023년 7월 1일)

**행정안전부고시 제2024-15호**(2024.2.27.)

| 구 분 | 인구감소지역(89개) |
|---|---|
| 부산<br>(총 3개) | 동구, 서구, 영도구 |
| 대구<br>(총 3개) | 남구, 서구, 군위군 |
| 인천<br>(총 2개) | 강화군, 옹진군 |
| 경기<br>(총 2개) | 가평군, 연천군 |
| 강원<br>(총 12개) | 고성군, 삼척시, 양구군, 양양군, 영월군, 정선군, 철원군, 태백시, 평창시, 홍천군, 화천군, 횡성군 |
| 충북<br>(총 6개) | 괴산군, 단양군, 보은군, 영동군, 옥천군, 제천시 |
| 충남<br>(총 9개) | 공주시, 금산군, 논산시, 보령시, 부여군, 서천군, 예산군, 청양군, 태안군 |
| 전북<br>(총 10개) | 고창군, 김제시, 남원시, 무주군, 부안군, 순창군, 임실군, 장수군, 정읍시, 진안군 |
| 전남<br>(총 16개) | 강진군, 고흥군, 곡성군, 구례군, 담양군, 보성군, 신안군, 영광군, 영암군, 완도군, 장성군, 장흥군, 진도군, 함평군, 해남군, 화순군 |
| 경북<br>(총 15개) | 고령군, 문경시, 봉화군, 상주시, 성주군, 안동시, 영덕군, 영양군, 영주시, 영천시, 울릉군, 울진군, 의성군, 청도군, 청송군 |
| 경남<br>(총 11개) | 거창군, 고성군, 남해군, 밀양시, 산청군, 의령군, 창녕군, 하동군, 함안군, 함양군, 합천군 |

**인구감소지수 지표(8개)**

| | |
|---|---|
| ① 연평균인구증감률 | 20년, 5년간의 인구증감률 변화를 통해 인구감소 지속성과 최근 인구감소추세 판단, 지역의 인구활력 및 행정수요 반영 |
| ② 인구밀도 | 최근 5년간 행정구역면적당 인구변화를 통해 지역의 상대적 인구규모(밀집도) 변화 및 공간상 집적된 경제활동의 수준 반영 |
| ③ 청년순이동률 | 최근 5년간 청년(19~34세)* 연앙인구 대비 청년 순이동자수 변화를 통해 지역 인구의 사회적 이동 추이 반영<br>* 청년기본법 제2조 제1항에 근거 |
| ④ 주간인구 | 2020년 국가교통DB에서 추출된 지역의 주간인구 규모를 통해 지역의 활력(소비 및 경제활동) 반영 |
| ⑤ 고령화 비율 | 최근 5년간 총인구 대비 65세 이상 고령인구* 변화를 통해 지역의 복지수요 가중 및 생산성 저하 정도 반영<br>* 고령화인구 65세 이상(국가균형발전특별법 제2조 제9호) |
| ⑥ 유소년 비율 | 최근 5년간 총인구 대비 14세 이하 유소년 인구* 변화를 통해 향후 지역 노동시장의 변화와 지역침체도 반영<br>* 유소년 인구 14세 이하(국가균형발전특별법 제2조 제9호) |
| ⑦ 조출생률 | 최근 5년간 연앙인구 대비 출생아수 변화를 통해 지역 인구의 자연적 증감 추이 반영<br>※ 연앙인구(年央人口) : 출생률과 사망률을 산출할 때 한 해의 중간인 7월 1일을 기준으로 하여 산출한 인구 |
| ⑧ 재정자립도 | 최근 5년간 지자체 일반회계 규모 대비 자체수입 변화를 통해 지방재정의 여건 반영(재정부문 범용적 지표 활용) |

## Ⅱ 집행기준 기본통칙 질의회신

### 1. 집행기준

| 제 목 | 내 용 |
|---|---|
| 63-60-1【수도권 밖으로 공장을 이전하는 기업에 대한 세액감면】 | 다음의 요건을 모두 갖춘 내국인(이하 이 조에서 "공장이전기업"이라 한다)이 공장을 이전하여 2022년 12월 31일(공장을 신축하는 경우로서 공장의 부지를 2022년 12월 31일까지 보유하고 2022년 12월 31일이 속하는 과세연도의 과세표준 신고를 할 때 이전계획서를 제출하는 경우에는 2025년 12월 31일)까지 사업을 개시하는 경우에는 이전 후의 공장에서 발생하는 소득(공장이전기업이 이전 후 합병·분할·현물출자 또는 사업의 양수를 통하여 사업을 승계하는 경우 승계한 사업장에서 발생한 소득은 제외한다)에 대하여 일정금액의 소득세 또는 법인세를 감면한다.<br>① 세액감면 요건<br>가. 수도권과밀억제권역에 3년(중소기업은 2년) 이상 계속하여 공장시설을 갖추고 사업을 한 기업일 것<br>나. 공장시설의 전부를 수도권(중소기업은 수도권과밀억제권역) 밖으로 대통령령으로 정하는 바에 따라 이전할 것<br>다. 다음의 어느 하나에 해당하는 경우 다음의 구분에 따른 요건을 갖출 것<br>1) 중소기업이 공장시설을 수도권 안(수도권과밀억제권역은 제외한다)으로 이전하는 경우로서 본점이나 주사무소(이하 이 조 및 제63조의2에서 "본사"라 한다)가 수도권과밀억제권역에 있는 경우: 해당 본사도 공장시설과 함께 이전할 것<br>2) 중소기업이 아닌 기업이 광역시로 이전하는 경우: 「산업입지 및 개발에 관한 법률」 제2조 제8호에 따른 산업단지로 이전할 것 |
| 63-60-2【수도권 밖으로 공장을 이전하는 기업에 대한 세액감면 요건】 | ① 집행기준 63-60-1 ① 가에 따른 요건이란 수도권과밀억제권역 안에 소재하는 공장시설을 수도권 밖(중소기업의 경우 수도권과밀억제권역 밖을 말한다. 이하 이 조에서 같다)으로 이전하기 위하여 조업을 중단한 날부터 소급하여 3년(중소기업의 경우 2년) 이상 계속 조업(「대기환경보전법」, 「물환경보전법」 또는 「소음·진동관리법」에 따라 배출시설이나 오염물질배출방지시설의 개선·이전 또는 조업정지명령을 받아 조업을 중단한 기간은 이를 조업한 것으로 본다)한 실적이 있을 것을 말한다.<br>② 집행기준 63-60-1 ① 나에서 "공장시설의 전부를 수도권 밖으로 대통령령으로 정하는 바에 따라 이전할 것"이란 다음 각 호의 어느 하나의 요건을 갖춘 것을 말한다. 이 경우 법 제63조 제4항을 적용할 때에는 수도권과밀억제권역 안의 공장을 양도하는 경우로 한정한다. |

| 제 목 | 내 용 |
|---|---|
| 63-60-2【수도권 밖으로 공장을 이전하는 기업에 대한 세액감면 요건】 | 1. 수도권 밖으로 공장을 이전하여 사업을 개시한 날부터 2년 이내에 수도권과밀억제권역 안의 공장을 양도하거나 수도권과밀억제권역 안에 남아 있는 공장시설의 전부를 철거 또는 폐쇄하여 해당 공장시설에 의한 조업이 불가능한 상태일 것<br>2. 수도권과밀억제권역 안의 공장을 양도 또는 폐쇄한 날(공장의 대지 또는 건물을 임차하여 자기공장시설을 갖추고 있는 경우에는 공장이전을 위하여 조업을 중단한 날을 말한다. 이하 이 호에서 같다)부터 2년 이내에 수도권 밖에서 사업을 개시할 것. 다만, 공장을 신축하여 이전하는 경우에는 수도권과밀억제권역 안의 공장을 양도 또는 폐쇄한 날부터 3년 이내에 사업을 개시해야 한다. |

## 2. 기본통칙

| 제 목 | 내 용 |
|---|---|
| 63-0…1【공장시설 전부이전의 범위】 | 법 제63조 및 제63조의 2 제1항 제2호에서 "공장시설의 전부이전"은 서로 다른 여러 종류의 제품 중 한 제품만을 생산하는 독립된 공장시설을 완전히 이전하고 당해 공장건물을 사무실이나 창고 등으로 사용하는 경우에는 동 부분에 한하여 공장시설을 전부 이전한 것으로 본다. |
| 63-60…1【2년 이상 계속 조업한 실적이 있는 공장의 범위】 | ① 영 제60조 제1항에서 "2년 이상 계속 조업한 실적이 있는 공장"이라 함은 제조장 단위별로 2년 이상 조업한 경우를 말하며, 제조시설 중 일부가 2년 미만 조업한 경우에도 당해 제조장을 2년 이상 조업한 경우에는 2년 이상 조업한 것으로 본다.<br>② 제1항의 규정을 적용함에 있어서 개인사업자가 대도시 안에서 영위하던 사업을 법 제32조의 규정에 의하여 법인으로 전환하고 당해 공장시설을 지방으로 이전하는 경우에는 당해 개인사업자가 조업한 기간을 합산한다. |
| 63-60…2【공장 이전 후 추가 업종에서 발생한 소득의 세액감면 적용여부】 | 수도권 과밀억제권역에서 공장시설을 갖추고 제조업을 영위하던 법인이 당해 공장시설과 수도권 과밀억제권역 안에 소재하던 본점을 수도권 과밀억제권역 밖으로 함께 이전한 후 한국표준산업분류상의 세분류를 기준으로 이전전의 업종과 다른 새로운 업종을 추가한 경우, 그 추가한 업종에서 발생한 소득에 대하여는 법 제63조 규정의 수도권 과밀억제권역 밖으로 이전하는 중소기업에 대한 세액감면을 적용하지 아니한다. |

## 3. 질의회신

| 제 목 | 내 용 |
|---|---|
| 임대인의 공장시설 미철거시 지방이전 세액감면 적용여부 | 「조세특례제한법 시행령」 제60조 제3항 제1호에서 철거 · 폐쇄 대상이 되는 공장시설이란 영업을 목적으로 물품의 제조, 가공, 수선 등의 목적에 사용할 수 있도록 한 공장의 생산시설과 설비를 의미하는 것이며 일부 자산을 임차한 경우도 감면 대상에 포함되지만, 해당 자산을 포함하여 전부 이전하는 경우에 감면 요건을 충족하는 것임<br><br>기획재정부 조세특례제도과-555, 2024.6.27. |
| 수도권 밖으로 공장을 이전하는 기업에 대한 세액 감면 여부 | 수도권과밀억제권역 안에 소재하는 공장시설을 수도권 밖으로 이전하기 위하여 조업을 중단한 날부터 소급하여 2년 이상 계속 조업한 실적이 있는 중소기업이 선이전 후양도 방식으로 공장시설을 수도권 밖으로 이전하는 경우 공장이전일 이후 해당 공장에서 최초로 소득이 발생하는 과세연도부터 같은 법 제63조에 따른 감면이 적용되는 것임<br><br>조특, 서면-2021-법인-0102 [법인세과-539], 2021.3.5. |
| 이전계획서만 제출 시 감면 적용 대상 여부 및 재이전 시 감면 유지 여부 | 건물을 완공하여 이전하기 전 이전계획서만 제출한 경우에는 감면 대상이 아니며, 「조세특례제한법」 제63조 규정에 따라 수도권 과밀억제권역 밖 이전 중소기업에 대한 세액감면을 적용받던 중 수도권 과밀억제권역 밖 지역으로 재이전 시 당초 세액감면 적용대상 과세기간에 발생한 법인세에 대하여는 세액감면을 적용함<br><br>조특, 서면-2020-법인-3497 [법인세과-3802], 2020.10.27. |
| 본점의 일부 인력이 수도권과밀억제권역 내 잔류시 「조세특례제한법」 제63조 적용가능 여부 | 본점(주사무소)은 사업수행에 필요한 중요한 관리 및 결정이 이루어지는 장소를 의미하고, 본점의 이전여부는 제반사항을 종합적으로 고려하여 구체적 사안에 따라 개별 판단해야 하는 것임<br><br>조특, 서면-2018-법인-3162 [법인세과-1717], 2019.7.2. |
| 중소기업이 본사 등을 지방으로 이전함에 있어 기업부설연구소를 제외하거나 수도권 내 구공장을 임대 또는 아파트형 공장으로 신축하여 분양 · 매각 · 임대 시 지방이전중소기업 세액감면 적용 여부 | 수도권과밀억제권역 안에서 2년 이상 계속하여 공장시설을 갖추고 사업을 영위하는 중소기업이 기업부설연구소를 제외하고 수도권과밀억제권역 외의 지역으로 본사 및 공장을 함께 이전하는 경우로서 구공장의 시설 전부를 철거 또는 폐쇄하여 수도권과밀억제권역 밖으로 이전함으로써 수도권 내 기존 공장시설에 의한 조업이 불가능한 상태에서 잔여시설 또는 토지를 임대하거나 구공장을 철거 후 아파트형공장을 신축하여 분양 · 매각 · 임대하는 경우에는 이전 후의 공장에서 발생하는 소득에 대하여 「조세특례제한법」 제63조 제1항의 규정에 의하여 세액감면을 받을 수 있는 것임.<br><br>법인세과-850, 2009.7.22. |
| 수도권과밀억제권역 밖 이전 후 구공장을 임대 | 수도권과밀억제권역에서 공장시설을 갖추고 2년 이상 계속하여 조업한 중소기업이 수도권과밀억제권역 밖으로 공장시설을 전부 이전한 후 이전일로 |

| 제 목 | 내 용 |
|---|---|
| 하는 경우 세액감면 해당 여부 외 | 부터 1년 이내에 구공장의 공장시설 전부를 철거 또는 폐쇄하여 당해 공장시설에 의한 조업이 불가능한 상태에 있는 구공장을 임대한 경우에도 적용하는 것임.<br><br>조특, 서면-2017-법인-3079 [법인세과-414], 2018.2.20. |
| A공장의 갑 제품 생산라인 5기를 이전하면서 노후화된 생산라인 1기를 폐기하고 대체 투자하는 경우 대체라인으로부터 발생하는 소득의 감면여부와 한국표준산업분류상 이전되는 A공장 생산라인과 세분류가 동일한 병 제품을 생산하는 생산라인을 신규로 D공장에 설치하는 경우 신규라인에서 발생한 소득의 감면 대상 여부 | ① 수도권과밀억제권역 안에서 3년 이상 공장시설을 갖추고 사업을 영위하는 법인이 노후한 생산라인 1기를 폐기하고 신규라인을 수도권 밖의 이전한 공장에 설치하여 이전 전과 동일한 제품을 생산하는 경우 동 라인에서 발생한 소득은 「조세특례제한법」 제63조의 2 규정을 적용받을 수 있는 것임.<br>② 이전한 수도권 밖 공장에서 이전 전에 생산하던 제품과 한국표준산업분류표상 세분류를 기준으로 동일한 제품을 생산하는 신규라인을 설치한 경우로서 사실상 동 라인이 이전한 공장의 사업을 확장한 것으로 볼 수 있는 경우에는 동 라인에서 발생한 소득은 같은 법 제63조의 2 규정을 적용받을 수 있는 것임.<br><br>법인세과-1009, 2010.10.29. |
| 구 공장을 공장용도로 사용하지 않고 연구동과 전시실로 임대한 경우 조특법 제63조에 따른 세액감면을 적용받을 수 있는지 여부 | • 수도권과밀억제권역에서 2년 이상 계속하여 공장시설을 갖추고 사업을 하는 중소기업이 수도권과밀억제권역 밖으로 그 공장시설을 전부 이전하여 사업을 개시한 경우로서 이전일부터 1년 이내에 수도권과밀억제권역 안에 소재하는 구공장에 남아 있는 공장시설의 전부를 철거 또는 폐쇄하고 공장용도가 아닌 연구동과 전시실로 임대하는 경우 「조세특례제한법」 제63조에 따른 세액감면 대상에 해당하는지 여부는 기존 회신사례(서면2팀-904, 2005.6.24.)를 참고하기 바람.<br><br>법인세과-366, 2013.7.17.<br><br>◈ 서면2팀-904, 2005.6.24.<br>「조세특례제한법」 제63조의 규정을 적용함에 있어 수도권과밀억제권역 안에서 2년 이상 계속하여 공장시설을 갖추고 사업을 영위하는 중소기업이 수도권 과밀억제권역 외의 지역으로 공장시설을 전부 이전하고 이전일로부터 1년 이내에 구공장에 남아 있는 공장시설의 전부를 철거 또는 폐쇄하여 당초의 사업을 할 수 없는 상태에서 양도하거나 공장용이 아닌 다른 용도로 임대하는 경우에는 같은 법에 의한 감면을 받을 수 있으나 공장 용도로 임대하는 경우에는 감면을 받을 수 없음.<br>따라서 사무실 또는 실험실로 임대를 주는 경우 감면을 받을 수 있음. |
| 수도권과밀권역 안에서 2년 이상 공장시설을 갖추고 제조업을 하다가 수도권과밀권역 이외의 지역에 공장을 임차하여 이전 | 「조세특례제한법」 제63조의 규정을 적용함에 있어 수도권과밀억제권역 안에서 2년 이상 계속하여 공장시설을 갖추고 사업을 영위하는 중소기업이 수도권과밀억제권역 외의 지역으로 공장시설을 전부 이전하고 이전일로부터 1년 이내에 구공장에 남아 있는 공장시설의 전부를 철거 또는 폐쇄하여 당초의 사업을 할 수 없는 상태에서 양도하거나 공장용이 아닌 다른 용도로 |

| 제 목 | 내 용 |
|---|---|
| 하고 구공장의 제조시설을 철거한 후 특수관계법인에게 사무실이나 실험실 용도로 임대 후 매각하는 경우 「조세특례제한법」 제63조 규정에 의한 수도권과밀억제권역 외 지역 이전 중소기업에 대한 세액감면을 적용 받을 수 있는지 여부 | 임대하는 경우에는 같은 법에 의한 감면을 받을 수 있으나 공장 용도로 임대하는 경우에는 감면을 받을 수 없음. 따라서 사무실 또는 실험실로 임대를 주는 경우 감면을 받을 수 있음.<br><br>서면인터넷방문상담2팀-904, 2005.6.24. |
| 수도권과밀억제권역 안에서 2년 이상 공장시설을 갖추고 사업을 영위하는 중소기업이 공장건물을 타인에게 양도하는 경우 및 양도 후 양수자가 공장 용도로 사용하는 경우에도 조세특례제한법 제63조의 규정을 적용받을 수 있는지 여부 | 수도권과밀억제권역 안에서 2년 이상 계속하여 공장시설을 갖추고 사업을 영위하는 중소기업인 내국법인이 「조세특례제한법 시행령」 제60조 제1항 제1호의 규정에 의하여 수도권과밀억제권역 외의 지역으로 그 공장시설을 전부 이전하는 경우에 구공장 양수자가 어떤 업종을 영위하는지 여부는 같은 법 제63조의 세액감면 적용에 영향이 없음.<br><br>서면인터넷방문상담2팀-2363, 2006.11.17. |
| 중소기업이 수도권과밀억제권역 외의 지역으로 공장시설을 전부 이전하여 주된 업무를 담당하는 등 인적·물적시설을 전부 이전하였으나, 본점은 수도권과밀억제권역 안에서 명목상(등기부상) 존재하는 경우에도 조세특례제한법 제63조의 규정을 적용받을 수 있는지 여부 | 중소기업인 내국법인 「조세특례제한법」 제63조 제1항의 규정에 의하여 수도권과밀억제권역 외의 지역으로 그 공장시설을 전부 이전하였으나, 수도권과밀억제권역 안에 등기부등본상 본점이 소재하는 경우에는 같은 법 제63조의 규정에 의한 세액감면을 적용 받을 수 없는 것임.<br><br>서면인터넷방문상담2팀-2610, 2006.12.15.<br><br>저자주 실질과세원칙에 따라 감면을 인정한 사례(조심2009중2030, 2009.8.28.)가 있으니 판단 시 주의할 것 |
| 공장시설을 갖추고 제조업 및 도매업을 경영하는 거주자가 공장시설을 전부 이전하여 이전 후 사업장에서도 이전 전과 동일하게 제조업과 도매업을 겸업하게 될 경우 조세특례제한법 제63조에 따른 '수도권과밀억제권 밖으로 이전하는 중소기업에 대한 세액감면' 가능여부 | 수도권과밀억제권역 안에서 2년 이상 공장시설을 갖추고 제조업과 도매업을 겸업하는 중소기업을 경영하는 거주자가 수도권과밀억제권역 외의 지역으로 그 공장시설의 전부를 이전하여 제조업과 도매업을 겸영하는 경우, 이전 후 공장에서 발생하는 소득(제조업에서 발생하는 소득에 한함)에 대해서는 「조세특례제한법」 제63조의 세액감면을 적용하는 것임.<br><br>소득세과-1097, 2010.10.22. |

| 제 목 | 내 용 |
|---|---|
| 수도권 밖 공장이전 감면 시 감면을 적용하는 시기 | 수도권과밀억제권역 안에 소재하는 공장시설을 수도권 밖으로 이전하기 위하여 조업을 중단한 날부터 소급하여 2년 이상 계속 조업한 실적이 있는 중소기업이 「조세특례제한법시행령」 제60조 제3항 제1호의 방식으로 공장시설을 수도권 밖으로 이전하는 경우 공장이전일(수도권과밀억제권역 안에 소재하는 공장시설을 수도권 밖으로 전부 이전하여 이전 후의 공장에서 제조를 개시한 날) 이후 해당 공장에서 최초로 소득이 발생하는 과세연도부터 같은 법 제63조에 따른 감면이 적용되는 것임.<br>서면-2021-법인-0102, 2021.3.5. |
| 「조세특례제한법」 제63조에 따라 수도권과밀억제권역 밖 지역이전 중소기업에 대한 세액감면을 적용받던 중 공장을 일부 임대하거나 동일한 수도권과밀억제권역 밖 지역으로 이전 시 당초 감면받은 세액을 추가납부하여야 하는지 여부 | 「조세특례제한법」 제63조 규정에 따라 수도권과밀억제권역 밖 이전 중소기업에 대한 세액감면을 적용 받던 중 수도권과밀억제권역 밖 지역으로 재이전하거나 이전한 공장 중 일부를 임대하는 경우에도 당초 세액감면 적용대상 과세기간에 발생한 법인세에 대하여는 세액감면을 받을 수 있는 것임. 다만, 감면을 받는 기간 중에 한국표준산업분류상의 세분류를 기준으로 이전 전의 업종과 다른 새로운 업종을 추가한 경우에는 같은 법 제63조 제1항에 따라 감면이 배제되는 것임.<br>서면-2017-법인-0903, 2017.12.8. |
| 과세연도 중 이전한 중소기업의 세액감면 적용 | 중소기업이 과세연도 중에 수도권과밀억제권역 외 지역으로 공장을 이전한 경우에 이전 전의 소득은 중소기업특별세액감면을 적용하고, 이전 후 소득은 수도권과밀억제권역 외 지역이전 중소기업세액감면을 각각 적용할 수 있는 것임.<br>재정경제부 조세지출예산과-241, 2006.4.24. |

## Ⅲ 사례연구

### 1. 회사 정보 공통사항

#### (1) 회사 사업내용, 설립일 및 소재지 등

① ㈜나라는 LCD 모니터 제조업과 데스크톱 PC 도소매업을 영위하는 법인 사업자이다. 당해법인은 1997.1.7. 회사 설립 이후 계속하여 경기도 고양시 일산서구 대화로 소재 사업장에서 사업을 하던 중 공장부지 확충과 사업장의 확충을 위하여 이전을 결정하여 충청남도 천안시 서북구 성환읍으로 공장을 2025년 7월 21일에 이전 완료하여 사업을 개시하였고, 대전광역시 서구 탄방동에 지점을 설치하여 데스크톱 PC 도소매업을 영위하고 있다. 경기도 고양시 일산서구 대화로 소재 공장시설은 2025년 12월 11일에 모두 다른 사업자에게 양도하였다.

② 사업연도는 매년 1.1.~12.31.이며, 2025년 사업연도의 법인의 재무상태표상 자산총액은 3,565,918,921원, 매출액은 제품매출 7,628,403,721원, 상품매출 1,839,786,400원이다.

③ 당해 법인은 다른 회사의 계열사 등은 아니다.

④ ㈜나라의 업종코드와 한국표준산업분류코드는 다음과 같다(공장 이전 전과 후 모두 동일).

| 구 분 | 업종코드 | 한국표준산업분류코드 |
|---|---|---|
| LCD 모니터 제조업 | 300103 | C26322 |
| 데스크톱 PC 도소매업 | 515050 | G46510 |

⑤ 공제시한 내 이월결손금은 없으며, 2025년 사업연도에 비과세소득, 소득공제항목은 발생하지 않았다.

#### (2) 근무자 현황

㈜나라의 2025년도 근무자 현황은 다음과 같다. 2019년 사업연도 이후 2024년 사업연도 신규 입사자 외에 근무자의 중도입사나 중도퇴사는 발생하지 않았다.

| 구 분 | 해당(직전) 과세연도의 매월 말 현재 상시근로자 수 | | | | | | | | | | | | 합계 |
|---|---|---|---|---|---|---|---|---|---|---|---|---|---|
| | 1월 | 2월 | 3월 | 4월 | 5월 | 6월 | 7월 | 8월 | 9월 | 10월 | 11월 | 12월 | |
| 2025년 | 8 | 8 | 8 | 8 | 8 | 8 | 8 | 8 | 8 | 8 | 8 | 8 | 96 |
| 2024년 | 7 | 7 | 7 | 7 | 7 | 7 | 7 | 7 | 7 | 7 | 7 | 7 | 84 |

## 2. 2025년 사업연도 사업장별 업종별 소득금액

㈜나라의 2025년 사업연도의 본사 및 공장 이전 전과 이전 후의 소득금액은 다음과 같다.

| 구 분 | 소득금액 | | |
|---|---|---|---|
| | 이전 전 | 이전 후 | 소 계 |
| LCD 모니터 제조업 | 102,652,010 | 132,613,257 | 235,265,267 |
| 데스크톱 PC 도소매업 | 37,562,140 | 46,901,859 | 84,463,999 |
| 소 계 | 140,214,150 | 179,515,116 | 319,729,266 |

## 3. 요구사항

㈜나라의 2025년 사업연도 수도권 밖으로 공장을 이전하는 기업에 대한 세액감면 규정 적용여부를 판단하고 감면세액(법인세 감면액에 한정하고 재산세와 종합부동산세 과세특례 및 공장이전 양도차익에 관한 과세특례는 고려하지 않기로 함)과 농어촌특별세 과세대상인 경우 부담할 농어촌특별세액을 계산하시오.

**풀이**

1. 기본검토사항

| 구 분 | | 검토요건 또는 확인사항 |
|---|---|---|
| 적용 여부 검토 | ① 당해 법인의 중소기업요건 충족 확인 | 경기도 고양시 소재지에서 1997년 회사 설립 이후 계속하여 공장시설을 갖추고 사업을 계속한 내국법인이므로 요건 충족 |
| | | 업종요건 : 제조업 도소매업 영위 요건충족<br>규모요건 : 제조업 매출액 7,628,403,721원, 도소매업 매출 1,839,786,400원이므로 주된 사업은 제조업으로 판단. 중소기업기본법 시행령 별표1의 한국표준산업분류코드 C26에 따른 매출액 1,000억원 이하 요건 충족<br>독립성요건 : 다른 기업의 계열사 등이 아니므로 요건 충족<br>졸업요건 : 당해 사업연도 자산총액 3,565,918,921원이므로 요건충족<br>∴ 조세특례제한법의 중소기업에 해당함 |
| | ② 각 조항별 적용시한 확인 | 공장시설 이전하여 2025.7.21. 사업을 개시하였으므로 요건 충족 |

<table>
<tr><th colspan="2">구 분</th><th colspan="2">검토요건 또는 확인사항</th></tr>
<tr><td rowspan="4"></td><td rowspan="2">③ 각 조항별 규정 업종의 요건 충족 확인</td><td colspan="2">제조업과 도소매업을 영위하므로 요건 충족</td></tr>
<tr><td colspan="2">업종이 한국표준산업분류 세분류 기준에 따른 이전 전과 이전 후 동일하므로 요건 충족</td></tr>
<tr><td>④ 본점 및 사업장 소재지 등 확인</td><td colspan="2">중소기업으로서 수도권과밀억제권역(경기도 고양시)에서 수도권 밖(충청남도 천안시)으로 공장을 이전하였으므로 요건충족</td></tr>
<tr><td>⑤ 감면/공제 적용의 배제</td><td colspan="2">과세표준 무신고, 과세표준의 경정 등의 경우 과소신고분, 사업용계좌 미신고, 현금영수증 가입의무 미가입 등의 경우 적용배제</td></tr>
<tr><td rowspan="4">적용 시 검토</td><td>⑥ 감면/공제 중복적용 확인</td><td colspan="2">세액공제와 중복적용 배제. 세액감면과 중복적용 배제</td></tr>
<tr><td>⑦ 최저한세 적용대상 확인</td><td colspan="2">수도권과밀억제권역(경기도 고양시)에서 수도권 밖(충청남도 천안시)으로의 이전이므로 최저한세 적용하지 않음</td></tr>
<tr><td>⑧ 이월적용 여부 확인</td><td colspan="2">세액감면이므로 이월적용 규정 없음</td></tr>
<tr><td>⑨ 농어촌특별세 비과세 확인</td><td colspan="2">농어촌특별세 비과세</td></tr>
<tr><td rowspan="2">사후 관리</td><td rowspan="2">⑩ 공제감면 후 사후관리규정</td><td>법인세<br>소득세</td><td>공장이전 사업개시 후 3년 이내 폐업 등의 경우 추징</td></tr>
<tr><td>재산세<br>종합부동산세</td><td>공장이전 사업개시 후 3년 이내 폐업 등의 경우 추징</td></tr>
</table>

## 2. 감면세액의 계산

### (1) 감면대상소득의 감면세액의 계산

본 사례에서 ㈜나라는 제조업이 주된 사업으로 영위하고 있으며, 소기업 기준을 충족하고 있다.

감면규정 적용 시 주의할 사항은 단일 공장의 소득을 이전 전과 후로 구분하여 소득금액을 구분경리하여야 하는 것과 세액감면 간 중복지원배제 규정(동일한 사업장에 대하여 동일한 과세연도에 감면 규정 중복 시 중복불가) 적용 시 이전 전 사업장인 고양시 소재 사업장과 이전 후 사업장인 천안시 소재 사업장에 대하여 이전 전 사업장의 소득에 대하여는 제7조【중소기업에 대한 특별세액감면】규정을 적용하고 이전 후 사업장의 소득에 대하여는 제63조【수도권 밖으로 공장을 이전하는 기업에 대한 세액감면 등】을 적용한다는 점이다. 즉, 제조업 소득에 대하여 이전 전의 소득은 제7조 감면규정을 이전 후의 소득에 대하여는 제63조의 규정을 적용하고 도소매업 소득은 이전 전과 후의 소득 모두 제7조 감면규정을 적용한다.

① ㈜나라의 2023년 사업연도 법인세 산출세액

= 200,000,000 × 9% + (319,729,266 − 200,000,000) × 19%

= 40,748,560원

② 제조업(이전 후 공장)에서 발생한 소득에 대한 감면세액(제63조)

= 40,748,560 × 132,613,257 / 319,729,266 × 100%

= 16,901,171원

③ 제조업(이전 전 공장)에서 발생한 소득과 도소매업 소득에 대한 감면세액(제7조)

= 40,748,560 × 102,652,010 / 319,729,266 × 20% + 40,748,560 × 84,463,999 / 319,729,266 × 10%

= 2,616,539 + 1,076,468

= 3,693,007원

④ 감면세액 합계

= 16,901,171 + 3,693,007

= 20,594,178원

(2) 최저한세 적용여부

수도권 밖 공장이전의 경우 최저한세 규정을 적용하지 않는다.

(3) 농어촌특별세액의 계산

감면세액 전액 농어촌특별세 비과세 대상이므로 부담할 농어촌특별세는 없다.

[별지 제46호의 2 서식] (2025.3.21. 개정)

# 공장 및 본사를 수도권 밖으로 이전하는 기업에 대한 감면세액계산서

※ 뒤쪽의 작성방법을 읽고 작성하여 주시기 바랍니다. (앞쪽)

| 접수번호 | 접수일 | 처리기간 | 즉시 |
|---|---|---|---|

| 신청인 | ① 상호 또는 법인명 : ㈜나라 | ② 사업자등록번호 : 203-81-63108 |
|---|---|---|
| | ③ 대표자 성명 : 김 유 민 | ④ 생년월일 : 1973년 04월 12일 |
| | ⑤ 주소 또는 본점 소재지 : 충청남도 천안시 서북구 성환읍 성환리 (044-2234-7027) | |

| 과세연도 | 2025년 01월 01일부터 2025년 12월 31일까지 |
|---|---|

**감면세액계산내용**

| 구분 | | 항목 | 내용 | 항목 | 내용 |
|---|---|---|---|---|---|
| 공장 이전의 경우 | 일반사항 | ⑥ 전체 공장 현황 | 공장명: ㈜나라LCD 모니터제조공장 | 사업자등록번호: 203-81-63108 | 소재지(주소): 충남 천안 서북 성환 성환 |
| | | ⑦ 이전 전 공장의 소재지 | 경기 고양 일산서 법곳 | ⑧ 이전 전 공장의 사업자등록번호 | 203-81-63108 |
| | | ⑨ 이전 전 공장의 업종·업태 | 제조업 / 도소매업<br>LCD 모니터 제조 / 데스크톱PC 판매 | ⑩ 이전 전 공장의 조업 개시일 | 1997.01.07. |
| | | ⑪ 이전 전 공장의 양도·폐쇄·철거일 | 2025.12.11. | ⑫ 이전 후 공장의 소재지 | 충남 천안 서북 성환 성환 |
| | | ⑬ 이전 후 공장의 조업 개시일 | 2025.07.21. | ⑭ 이전 후 추가한 업종·업태 | |
| | 계산내용 | ⑮ 감면대상소득: 이전 후의 공장에서 발생한 소득 | | | |
| | | ⑯ 감면대상세액 | 산출세액 ( 40,748,560 ) × 감면대상소득 ( 132,613,257 ) / 과세표준 ( 319,729,266 ) × 감면비율 (100%) | | 16,901,171 |
| | | ⑰ 최저한세 적용대상 감면세액(중소기업이 공장을 수도권 인구감소지역으로 이전하는 경우) | | | |
| | | ⑱ 최저한세 적용제외 감면세액(공장을 수도권 밖으로 이전하는 경우) | | | 16,901,171 |
| 본사 이전의 경우 | 일반사항 | ⑲ 이전 전 본사의 소재지 | | ⑳ 이전 전 본사의 양도일·본사 외 용도로의 전환일 | |
| | | ㉑ 이전 전 본사의 사업영위기간 | 년 월 일부터<br>년 월 일까지 | ㉒ 본사 이전등기일 | |
| | | ㉓ 이전 전 본사의 업종·업태 | | ㉔ 이전 후 추가한 업종·업태 | |
| | | ㉕ 이전본사 투자금액 | | ㉖ 이전본사 근무인원 | |
| | 계산내용 | ㉗ 해당 과세연도의 과세표준에서 토지·건물 및 부동산을 취득할 수 있는 권리의 양도차익 및 아래의 금액*을 차감한 금액<br>* 고정자산처분익, 유가증권처분익, 수입이자, 수입배당금 및 자산수증익을 합한 금액에서 고정자산처분손, 유가증권처분손 및 지급이자를 합한 금액을 뺀 금액(그 수가 음수이면 0으로 봄) | | | |
| | | 법인 전체 근무인원 | ㉘ 연평균 인원 ( )명 | | |
| | | 이전본사 근무인원 | ㉙ 연평균 인원 ( )명 | | |
| | | 위탁가공무역외 매출비율 | ㉚ 위탁가공무역을 제외한 매출액 ( )<br>㉛ 총 매출액 ( ) | | |
| | | ㉜ 감면대상 소득 | ㉗ × (㉙ ÷ ㉘) × (㉚ ÷ ㉛) | | |
| | | ㉝ 감면세액 | 산출세액 ( ) × 감면대상소득 ( ) / 과세표준 ( ) × 감면비율 (100%, 50%) | | |
| ㉞ 공장과 본사를 함께 이전하는 경우 감면세액 합계 | | | 산출세액 ( ) × 감면대상소득 ( ) / 과세표준 ( ) × 감면비율 (100%, 50%) | | |

210mm×297mm[백상지 80g/㎡ 또는 중질지 80g/㎡]

(뒤쪽)

「조세특례제한법 시행령」 제60조 제8항 및 제60조의2 제16항에 따라 위와 같이 기업의 공장 및 본사를 수도권 밖으로 이전하는 기업에 대한 감면세액계산서를 제출합니다.

2026년 03월 31일

신청인 ㈜나라 김 유 민 (서명 또는 인)

**천안 세무서장** 귀하

작 성 방 법

1. ⑥ 전체 공장 현황란에는 회사가 해당 과세연도 종료일 현재 보유하고 있는 전체 공장의 공장명, 사업자등록번호, 소재지(시/도 + 시/군/구 + 읍/면 + 도로명)를 적습니다.
2. ⑭ 이전 후 추가한 업종 · 업태란에는 이전 전의 공장에서 영위하던 업종 · 업태 이외에 이전 후에 추가된 업종 · 업태를 적습니다.
3. ⑰ 최저한세 적용대상 감면세액란에는 중소기업이 공장을 수도권 안으로 이전하는 경우에 해당 공장 이전에 따른 감면대상 세액을 적습니다.
4. ⑱ 최저한세 적용제외 감면세액란에는 공장을 수도권 밖으로 이전하는 경우에 해당 공장 이전에 따른 감면대상세액을 적습니다.
5. ㉔ 이전 후 추가한 업종 · 업태란에는 이전 전의 본사에서 영위하던 업종 · 업태 이외에 이전 후에 추가된 업종 · 업태를 적습니다.
6. ㉕ 이전본사 투자금액란에는 사업용자산에 대한 투자합계액(본사 이전등기일부터 소급하여 2년이 되는 날이 속하는 과세연도부터 법인세를 감면받는 해당 과세연도까지 투자한 금액의 합계액)에서 중도 처분한 사업용자산의 취득 당시 가액을 차감한 금액을 적습니다.
7. ㉘ 연평균 인원란에는 법인 전체의 상시 근무인원*의 연평균 인원(매월 말 현재의 인원을 합하고 이를 해당 월수로 나누어 계산한 인원을 말합니다)을 적습니다.
   * 상시 근무인원 : 근로계약을 체결한 내국인 근로자, 상시 근무하는 사용자 및 임원 포함, 기간제 · 단기간 근로자, 서류상 근로사실이 확인되지 않는 자는 제외
8. ㉖ 이전본사 근무인원란, ㉙ 연평균 인원란에는 수도권 밖으로 이전한 본사(이전본사)에서 본사업무에 종사하는 상시 근무인원의 연평균 인원(매월 말 현재의 인원을 합하고 이를 해당 월수로 나누어 계산한 인원을 말하며, 이전등기일부터 소급하여 2년이 되는 날이 속하는 과세연도 이후 수도권 밖의 지역에서 본사업무에 종사하는 근무인원이 이전본사로 이전한 근무인원을 제외합니다)에서 이전등기일부터 소급하여 3년이 되는 날이 속하는 과세연도에 이전본사에서 본사업무에 종사하던 상시근무인원의 연평균 인원을 뺀 인원을 적습니다.
9. ㉝ 감면세액란의 감면대상소득은 「법인세법 시행령」 제96조를 적용한 후의 소득으로서 해당 과세연도의 과세표준(「법인세법」 제13조에 따른 과세표준을 말합니다)을 한도로 합니다.
10. ㉞ 공장과 본사를 함께 이전하는 경우 감면세액 합계란의 감면대상소득은 해당 과세연도의 소득금액 및 과세표준(「법인세법」 제13조에 따른 과세표준을 말합니다)을 한도로 합니다.

210mm×297mm[백상지 80g/㎡ 또는 중질지 80g/㎡]

[별지 제8호 서식 부표 2] (2021.3.16. 개정) (앞쪽)

| 사 업<br>연 도 | 2025.1.1.<br>~<br>2025.12.31. | 공제감면세액계산서(2) | 법인명 | ㈜나라 |
|---|---|---|---|---|
| | | | 사업자등록번호 | 203-81-63108 |

| ① 구 분 | | 근거법 조 항 | ② 계산명세 | ③ 감면대상 세액 | ④ 최저한세 적용감면 배제금액 | ⑤ 감면세액 (③-④) | ⑥ 적용사유 발생일 |
|---|---|---|---|---|---|---|---|
| 조세특례제한법 | 공장의수도권밖이전에 대한세액감면 | 법 제63조 | 40,748,560×132,613,257/ 319,729,266×100/100 | 16,901,171 | | 16,901,171 | 2025-12-31 |
| | 중소기업특별 세액감면 | 법 제7조 | 40,748,560×102,652,010/ 319,729,266×20/100 | 2,616,539 | | 2,616,539 | 2025-12-31 |
| | 중소기업특별 세액감면 | 법 제7조 | 40,748,560×84,463,999/ 319,729,266×10/100 | 1,076,468 | | 1,076,468 | 2025-12-31 |
| | | | | | | | |
| | | | | | | | |
| | | | | | | | |
| | | | | | | | |
| | | | | | | | |
| | | | | | | | |
| | | | | | | | |
| | | | | | | | |
| | | | | | | | |
| | | | | | | | |
| | | | | | | | |
| | | | | | | | |
| | | | | | | | |
| 합 계 | | | | 20,594,178 | ※ | 20,594,178 | |

210mm×297mm[백상지 80g/㎡ 또는 중질지 80g/㎡]

# SECTION 04 제63조의 2 【수도권 밖으로 본사를 이전하는 법인에 대한 세액감면 등】

## I 조문내용해설

### 1. 기본검토사항

| 구 분 | | 검토요건 또는 확인사항 | |
|---|---|---|---|
| 적용 여부 검토 | ① 당해 법인의 요건 충족 확인 | 수도권과밀억제권역에 3년 이상 계속하여 본사를 둔 법인이 본사를 양도 또는 본사외의 용도로 전환한 경우의 법인 | |
| | ② 각 조항별 적용시한 확인 | 이전개시 | 2025.12.31.까지 |
| | | 신축개시 | 2028.12.31.까지 |
| | ③ 각 조항별 규정 업종의 요건 충족 확인 | 부동산임대업, 부동산중개업 등 규정된 업종의 경우 적용배제 | |
| | | 이전 전의 본사에서 영위하던 업종과 이전 후의 본사에서 영위하는 업종이 동일하여야 함 | |
| | ④ 본점 및 사업장 소재지 등 확인 | 본사를 수도권과밀억제권역에서 수도권 밖으로 이전한 경우 적용 | |
| | ⑤ 감면/공제 적용의 배제 | 과세표준 무신고 시, 과세표준 경정 시, 현금영수증 가입의무 사업자의 미가입의 경우 적용배제 | |
| 적용 시 검토 | ⑥ 감면/공제 중복적용 확인 | 세액공제와 중복적용 배제, 세액감면간 중복적용 배제 | |
| | ⑦ 최저한세 적용대상 확인 | 원칙 | 최저한세 적용배제 |
| | | 예외 | 양도차익 과세이연분 대해서는 적용 |
| | ⑧ 이월적용 여부 확인 | 세액감면이므로 이월적용 해당사항 없음 | |
| | ⑨ 농어촌특별세 비과세 확인 | 농어촌특별세 비과세 | |
| 사후 관리 | ⑩ 감면 적용 후 3년 이내 사업폐지 등의 경우 | 이전하여 사업 개시 후 3년 이내 폐업 또는 해산의 경우, 수도권 밖으로 이전하여 사업개시 하지 아니하는 경우 등 감면세액 추징 | |

## 2. 적용여부 검토 세부내용

### (1) 당해 법인의 요건 충족 확인

다음의 요건을 모두 갖춘 이전법인이어야 한다(조특법 제63조의 2 제1항).

① 수도권과밀억제권역에 3년 이상 계속하여 본점 또는 주사무소를 둔 법인일 것(가목)

> 3년 이상 계속하여 본점 또는 주사무소를 둔 경우(조특령 제60조의 2 제2항)
> 본점 또는 주사무소(이하 "본사"라 한다)의 이전등기일부터 소급하여 3년 이상 계속하여 수도권과밀억제권역 안에 본사를 두고 사업을 경영한 실적이 있을 것을 말한다.

② 본사를 수도권 밖으로 다음 어느 하나의 요건을 갖추어 이전할 것(나목)

이 경우 법 제63조의 2 제4항(본사 양도차익 분할익금산입)을 적용할 때에는 수도권과밀억제권역 안의 본사를 양도하는 경우로 한정한다(조특령 제60조의 2 제3항).

> ㉠ 수도권 밖으로 본사를 이전하여 사업을 개시한 날부터 2년 이내에 수도권과밀억제권역 안의 본사를 양도하거나 본사 외의 용도(본사를 수도권 밖으로 이전한 날부터 3년이 되는 날이 속하는 과세연도가 지난 후 본사업무에 종사하는 총 상시 근무인원의 연평균 인원 중 수도권 안의 사무소에서 본사업무에 종사하는 상시 근무인원의 연평균 인원의 비율이 100분의 50 미만인 경우를 포함)로 전환할 것
> ㉡ 수도권과밀억제권역 안의 본사를 양도하거나 본사 외의 용도로 전환한 날부터 2년 이내에 수도권 밖에서 사업을 개시할 것. 다만, 본사를 신축하여 이전하는 경우에는 수도권과밀억제권역 안의 본사를 양도하거나 본사 외의 용도로 전환한 날부터 3년 이내에 사업을 개시해야 한다.

③ 투자금액과 이전인원이 다음의 기준을 충족할 것(다목)

㉠ 투자금액 요건(조특령 제60조의 2 제4항 제1호, 조특칙 제24조 제2항)

수도권 밖으로 이전한 본점 또는 주사무소(이하 이전본사)에 소재하거나 이전본사에서 주로 사용하는 사업용 유형자산과 이전본사에 소재하거나 이전본사에서 주로 사용하기 위해 건설 중인 자산에 대한 누적투자금액이 다음의 산식에 의한 금액으로 10억원 이상일 것

> 투자금액 = ⓐ − ⓑ
>
> ⓐ 이전본사의 이전등기일부터 소급하여 2년이 되는 날이 속하는 과세연도부터 법인세를 감면받는 과세연도까지 위의 자산에 투자한 금액의 합계액
> ⓑ 위'ⓐ' 기간 중 투자한 ㉠의 자산을 처분한 경우 해당 자산의 취득 당시 가액
> '처분한 경우'란 임대한 경우를 포함하며, 다음의 어느 하나에 해당하는 경우는 제외한다(조특령 137조 제1항).

1. 현물출자, 합병, 분할, 분할합병, 「법인세법」 제50조의 적용을 받는 교환, 통합, 사업전환 또는 사업의 승계로 인하여 당해 자산의 소유권이 이전되는 경우
2. 내용연수가 경과된 자산을 처분하는 경우
3. 국가 · 지방자치단체 또는 「법인세법 시행령」 제39조 제1항 제1호 나목에 따른 학교(「영유아보육법」에 따른 어린이집) 등에 기부하고 그 자산을 사용하는 경우

㉡ 이전 인원 요건(조특령 제60조의 2 제4항 제2호)

이전한 본사의 근무인원이 20명 이상일 것

④ 본사의 이전등기일이 속하는 과세연도 개시일부터 소급하여 10년 이내에 이 조에 따라 감면받은 법인은 제외한다(조특법 제63조의 2 제1항 제1호 가목 단서).

### (2) 조항별 적용시한 확인(조특법 제63조의 2 제1항)

① 이전개시의 경우

수도권 밖으로 2025년 12월 31일까지 이전하여야 한다.

② 신축개시의 경우

㉠ 수도권 밖에 2028년 12월 31일까지 본사를 신축하여 사업을 개시하여야 한다.

㉡ 본사의 부지를 2025년 12월 31일까지 보유하고 2025년 12월 31일이 속하는 과세연도의 과세표준신고를 할 때 이전계획서를 제출하는 경우만 해당한다.

### (3) 조항별 규정 업종의 요건 충족 확인

① 적용배제업종(조특법 제63조의 2 제1항, 조특령 제60조의 2 제1항)

다음의 업종을 영위하는 법인의 경우에는 적용을 배제한다. 다만, 「혁신도시 조성 및 발전에 관한 특별법」 제2조 제2호의 "이전공공기관"주)은 예외로 한다.

주) 「혁신도시 조성 및 발전에 관한 특별법」 제2조 제2호의 이전공공기관

「혁신도시 조성 및 발전에 관한 특별법」 제2조 【정의】
제2호. "이전공공기관"이라 함은 수도권에서 수도권이 아닌 지역으로 이전하는 공공기관(제29조 제1항 단서의 규정에 따라 개별이전하는 공공기관을 포함한다)으로서 대통령령으로 정하는 기관을 말한다.

「혁신도시 조성 및 발전에 관한 특별법 시행령」 제2조 【이전공공기관】
「혁신도시 조성 및 발전에 관한 특별법」(이하 "법"이라 한다) 제2조제2호에서 "대통령령이 정하는 기관"이란 법 제2조제1호의 공공기관 중 다음 각 호의 어느 하나에 해당하는 공공기관을 말한다. 다만, 「신행정수도 후속대책을 위한 연기 · 공주지역 행정중심복합도시 건설을 위한 특별법」 제16조에 따른 이전계획에 따라 행정중심복합도시로 이전하는 중앙행정기관등은 제외한다.
1. 「국가균형발전 특별법」 제18조에 따라 수도권에서 수도권이 아닌 지역으로 이전하는 공공기관
2. 국무회의의 심의를 거쳐 혁신도시로 이전하는 중앙행정기관
3. 법 제29조 단서에 따라 개별이전이 인정된 중앙행정기관

㉠ 건설업

㉡ 부동산임대업

㉢ 주거용 건물 개발 및 공급업(구입한 주거용 건물을 재판매하는 경우는 제외한다)

㉣ 부동산 중개 및 대리업

㉤ 소비성서비스업

㉥「소득세법 시행령」 제122조 제1항에 따른 부동산매매업

**제122조【부동산매매업자에 대한 세액계산의 특례】**

① 법 제64조 제1항 각 호 외의 부분에서 "대통령령으로 정하는 부동산매매업"이란 한국표준산업분류에 따른 비주거용 건물건설업(건물을 자영건설하여 판매하는 경우만 해당한다)과 부동산 개발 및 공급업을 말한다. 다만, 한국표준산업분류에 따른 주거용 건물 개발 및 공급업(구입한 주거용 건물을 재판매하는 경우는 제외한다. 이하 "주거용 건물 개발 및 공급업"이라 한다)은 제외한다.

㉦「유통산업발전법」 제2조 제9호에 따른 무점포판매에 해당하는 사업

**「유통산업발전법」 제2조【정의】**

제9호. "무점포판매"란 상시 운영되는 매장을 가진 점포를 두지 아니하고 상품을 판매하는 것으로서 유통산업발전법 시행규칙 제2조【무점포판매의 유형】으로 정하는 것을 말한다.

1. 방문판매 및 가정 내 진열판매
2. 다단계판매
3. 전화권유판매
4. 카탈로그판매
5. 텔레비전홈쇼핑

5의 2. 인터넷 멀티미디어 방송(IPTV)을 통한 상거래

6. 인터넷쇼핑몰 또는 사이버몰 등 전자상거래

6의 2. 온라인 오픈마켓 등 전자상거래중개

7. 이동통신기기를 이용한 판매
8. 자동판매기를 통한 판매

㉦「해운법」 제2조 제5호에 따른 해운중개업

**해운법 제2조【정의】**

제5호 "해운중개업"이란 해상화물운송의 중개, 선박의 대여 · 용대선 또는 매매를 중개하는 사업을 말한다.

② 이전 전 후 동일업종 영위(조특법 제63조의 2 제5항, 조특령 제60조의 2 제17항)

한국표준산업분류상의 세분류를 기준으로 이전 전의 본사에서 본사의 이전등기일부터 소급하여 2년 이상 영위하던 업종과 이전 후의 본사에서 영위하는 업종이 같아야 한다.

### (4) 본점 및 사업장 소재지 등 확인(조특법 제63조의 2 제1항)

수도권과밀억제권역에서 수도권 밖으로 이전하는 경우에 적용한다.

### (5) 감면 적용의 배제

① 과세표준 무신고 시 적용배제(조특법 제128조 제2항)

「법인세법」 제66조【결정 및 경정】 제1항에 따라 법인의 과세표준을 결정하는 경우와 「국세기본법」 제45조의 3【기한 후 신고】에 따라 과세표준을 기한 후 신고를 하는 경우에는 적용을 배제한다.

② 과세표준의 경정 등의 경우 적용배제(조특법 제128조 제3항)

「법인세법」 제66조【결정 및 경정】 제2항에 따라 신고한 과세표준에 오류 또는 누락으로 과세표준을 경정하는 경우(아래 '③ 세법상 협력의무 불이행 등 적용배제 사유'로 인한 경정의 경우 제외)와 과세표준 수정신고서를 제출한 과세표준과 세액을 경정할 것을 미리 알고 제출한 경우에는 과소신고금액에 대하여 적용을 배제한다.

③ 세법상 협력의무 불이행 등 적용배제(조특법 제128조 제4항)

사업자가 사업용 계좌의 미신고, 현금영수증 가입의무 사업자의 미가입 등의 사유가 있는 경우에는 세액감면적용을 배제한다.

## 3. 법인세 등 감면의 세부내용

### (1) 이전 후 발생한 소득에 대한 법인세 감면(조특법 제63조의 2 제1항, 조특령 제60조의 2 제3항)

지방이전법인의 감면대상소득은 이전 사업연도부터 발생한 감면대상 소득의 법인세액에 감면율을 적용한 금액을 감면한다.

감면세액 = 감면대상소득의 법인세액 × 감면율

① 감면대상소득의 계산

㉠ 감면대상소득 산정 시 지방이전 후 합병 · 분할 · 현물출자 또는 사업의 양수를 통하여 사업을 승계하는 경우 승계한 사업장에서 발생한 소득은 제외하고 다음의 소득을 감면대상소득으로 한다.

㉡ 공장과 본사를 함께 이전하는 경우에는 감면대상소득과 제63조【수도권 밖으로 공장을 이전하는 기업에 대한 세액감면 등】제1항에 따라 이전한 공장에서 발생하는 소득을 합하여 산출한 금액에 상당하는 소득을 감면대상소득으로 한다. 다만, 해당 과세연도의 소득금액을 한도로 한다(조특법 제63조의 2 제6항).

**과세연도별로 다음 산식에 의한 소득**

**(조특법 제63조의 2 제1항 제2호, 조특령 제60조의 2 제5항 · 제6항)**

감면대상소득 = ⓐ × ⓑ × ⓒ

ⓐ 해당 과세연도의 과세표준 − 토지 · 건물 및 부동산을 취득할 수 있는 권리의 양도차익 − 대통령령으로 정하는 소득주1)

ⓑ $\dfrac{\text{해당 과세연도의 수도권 밖으로 이전한 본사(이전본사) 근무인원}^{주2)}}{\text{법인전체 근무인원}^{주3)}}$

ⓒ $\dfrac{\text{(해당 과세연도의 전체 매출액} - \text{위탁가공무역}^{주4)}\text{ 매출액)}}{\text{해당 과세연도의 전체 매출액}}$

주1) 대통령령으로 정하는 소득(조특령 제60조의 2 제5항)

| Max (㉮ − ㉯, 0) | |
|---|---|
| ㉮ | 고정자산처분익, 유가증권처분익, 수입이자, 수입배당금 및 자산수증익을 합한 금액 |
| | 다만, 금융 및 보험업을 영위하는 법인(「금융지주회사법」에 따른 금융지주회사는 제외한다)의 경우에는 기업회계기준에 따라 영업수익에 해당하는 유가증권처분익, 수입이자 및 수입배당금은 제외한다. |
| ㉯ | 고정자산처분손, 유가증권처분손 및 지급이자를 합한 금액 |
| | 다만, 금융 및 보험업을 영위하는 법인(「금융지주회사법」에 따른 금융지주회사는 제외한다)의 경우에는 기업회계기준에 따라 영업비용에 해당하는 유가증권처분손 및 지급이자는 제외한다. |

주2) 이전본사 근무인원이란 수도권 밖으로 이전한 본사에서 근무하는 인원을 말한다(조특령 제60조의 2 제6항).

| 이전본사 근무인원 = ㉮ − ㉯ | |
|---|---|
| ㉮ | 이전본사에서 본사 업무에 종사하는 상시 근무인원의 연평균 인원(이전일부터 소급하여 2년이 되는 날이 속하는 과세연도 이후 수도권 외의 지역에서 본사업무에 종사하는 근무인원이 이전본사로 이전한 경우는 제외한다) |
| ㉯ | 이전일부터 소급하여 3년이 되는 날이 속하는 과세연도에 이전본사에서 본사 업무에 종사하던 상시 근무인원의 연평균 인원 |
| 연평균 인원 = 매월 말 현재 인원의 합 / 해당 개월 수 | |

주3) 법인전체 근무인원이란 법인 전체의 상시근무인원의 연평균 인원을 말한다.
상시근무인원은 「근로기준법」 제2조 제1항 제2호에 따른 사용자 중 상시 근무하는 자 및 같은 법에 따라 근로계약을 체결한 내국인 근로자로 한다. 다만, 다음 어느 하나에 해당하는 사람은 제외한다(조특령 제60조의 2 제7항).

㉮ 근로계약기간이 1년 미만인 근로자(근로계약의 연속된 갱신으로 인하여 그 근로계약의 총 기간이 1년 이상인 근로자는 제외한다)

㉯「근로기준법」 제2조 제1항 제9호에 따른 단시간근로자. 다만, 1개월간의 소정근로시간이 60시간 이상인 근로자는 상시근로자로 본다.

> **근로기준법 제2조【정의】**
> 9. "단시간근로자"란 1주 동안의 소정근로시간이 그 사업장에서 같은 종류의 업무에 종사하는 통상 근로자의 1주 동안의 소정근로시간에 비하여 짧은 근로자를 말한다.

**주3)** ㉰「법인세법 시행령」 제40조 제1항 각 호의 어느 하나에 해당하는 임원 중 상시 근무하지 않는 자

> **「법인세법 시행령」 제40조【기업업무추진비의 범위】**
> ① 주주 또는 출자자(이하 "주주등"이라 한다)나 다음 각 호의 어느 하나에 해당하는 직무에 종사하는 자(이하 "임원"이라 한다) 또는 직원이 부담하여야 할 성질의 기업업무추진비를 법인이 지출한 것은 이를 기업업무추진비로 보지 아니한다.
> 1. 법인의 회장, 사장, 부사장, 이사장, 대표이사, 전무이사 및 상무이사 등 이사회의 구성원 전원과 청산인
> 2. 합명회사, 합자회사 및 유한회사의 업무집행사원 또는 이사
> 3. 유한책임회사의 업무집행자
> 4. 감사
> 5. 그 밖에 제1호부터 제4호까지의 규정에 준하는 직무에 종사하는 자

㉱「소득세법 시행령」 제196조에 따른 근로소득원천징수부에 따라 근로소득세를 원천징수한 사실이 확인되지 않고, 다음 어느 하나에 해당하는 금액의 납부사실도 확인되지 않는 자

> •「국민연금법」 제3조 제1항 제11호 및 제12호에 따른 부담금 및 기여금
> •「국민건강보험법」 제69조에 따른 직장가입자의 보험료

**주4)** 위탁가공무역(조특령 제60조의 2 제8항 · 제9항)

가공임(加工賃)을 지급하는 조건으로 외국에서 가공(제조, 조립, 재생 및 개조를 포함)할 원료의 전부 또는 일부를 거래 상대방에게 수출하거나 외국에서 조달하여 가공한 후 가공물품 등을 수입하거나 외국으로 인도하는 것을 말하며, 위탁가공무역에서 발생한 매출액은 다른 매출액과 구분경리하여야 한다.

### ② 감면율의 적용(조특법 제63조의 2 제1항 ⇒ 조특령 제60조 제4항)

이전지역에 따라 감면기간과 감면율을 달리 적용한다.

| 이전 전 지역 | 이전 후 지역 | | 지역특성 | 감면기간 및 감면율 | | | |
|---|---|---|---|---|---|---|---|
| | | | | 전기 | 감면율 | 후기 | 감면율 |
| 수도권 과밀억제권역 | ① 수도권 밖의 지역 등 | 당진시, 아산시, 원주시, 음성군, 진천군, 천안시, 춘천시, 충주시, 홍천군(내면은 제외한다) 및 횡성군의 관할구역 | 해당사항 없음 | 5년 | 100% | 2년 | 50% |
| | ② 수도권 밖의 광역시 등 지역 | ㉠ 수도권 밖 광역시 관할구역<br>㉡ 구미시, 김해시, 전주 | 위기지역<br>성장촉진지역<br>인구감소지역 | 7년 | 100% | 3년 | 50% |

<table>
<tr><th rowspan="2">이전 전 지역</th><th colspan="2" rowspan="2">이전 후 지역</th><th rowspan="2">지역특성</th><th colspan="4">감면기간 및 감면율</th></tr>
<tr><th>전기</th><th>감면율</th><th>후기</th><th>감면율</th></tr>
<tr><td rowspan="3">수도권 과밀억제권역</td><td></td><td>시, 제주시, 진주시, 창원시, 청주시 및 포항시의 관할구역</td><td>그외 지역</td><td>5년</td><td></td><td>2년</td><td></td></tr>
<tr><td rowspan="2">① 및 ② 외의 지역</td><td rowspan="2">위의 지역 외의 수도권 밖 지역</td><td>위기지역<br>성장촉진지역<br>인구감소지역</td><td>10년</td><td rowspan="2">100%</td><td>2년</td><td rowspan="2">50%</td></tr>
<tr><td>그외 지역</td><td>7년</td><td>3년</td></tr>
</table>

저자주 위의 표에서 감면기간 중 전기와 후기의 의미는 다음과 같다.
공장 이전일 이후 해당 공장에서 최초로 소득이 발생한 과세연도(공장 이전일부터 5년이 되는 날이 속하는 과세연도까지 소득이 발생하지 아니한 경우에는 이전일부터 5년이 되는 날이 속하는 과세연도)의 개시일부터 위의 전기에 해당하는 기간 이내에 끝나는 과세연도까지는 전기의 감면율을 적용하고 이 기간이 종료한 과세연도 이후 과세연도부터 후기에 해당하는 기간 이내에 끝나는 과세연도까지는 후기의 감면율을 적용한다는 의미이다.

㉠ 위기지역

위기지역이란 다음의 지역을 말한다(조특법 제30조의 3 제5항).

| | |
|---|---|
| **고용위기지역** | 「고용정책 기본법」 제32조 제1항에 따라 지원할 수 있는 지역으로서 「고용정책 기본법 시행령」 제29조에 따라 고용노동부장관이 지정 · 고시하는 지역 |
| **고용재난지역** | 「고용정책 기본법」 제32조의 2 제2항에 따라 선포하는 지역 |
| **산업위기대응특별지역** | 「지역 산업위기 대응 및 지역경제 회복을 위한 특별법」 제10조 제1항에 따라 지정하는 지역 |

㉡ 성장촉진지역(지방자치분권 및 지역균형발전에 관한 특별법 제2조 제9호)

"성장촉진지역"이란 생활환경이 열악하고 개발수준이 현저하게 저조하여 해당 지역의 경제적 · 사회적 성장을 촉진하기 위하여 필요한 도로, 상수도 등의 지역사회기반시설의 구축 등에 국가와 지방자치단체의 특별한 배려가 필요한 지역으로서 소득, 인구, 재정상태 등을 고려하여 대통령령으로 정하는 지역을 말한다.

㉢ 인구감소지역(조특법 제2조 제1항 제10의 2, 지방자치분권 및 지역균형발전에 관한 특별법 제2조 제12호)

"인구감소지역"이란 인구감소로 인한 지역소멸이 우려되는 시(특별시는 제외하고 광역시, 특별자치시 및 「제주특별자치도 설치 및 국제자유도시 조성을 위한 특별법」 제10조 제2항에 따른 행정시는 포함한다) · 군 · 구를 대상으로 출생률, 65세 이상 고령인구, 14세 이하 유소년인구 또는 생산가능인구의 수 등을 고려하여 대통령령으로 정하는 지역을 말한다.

저자주 위기지역, 성장촉진지역, 인구감소지역에 관한 상세한 내용은 제63조【수도권 밖으로 공장을 이전하는 기업에 대한 세액감면 등】 보론을 참고하기 바람

### (2) 양도차익의 과세이연

본사이전법인이 수도권과밀억제권역에 있는 본사를 양도함으로써 발생한 양도차익에 대한 법인세에 관하여는 제61조【법인 본사를 수도권과밀억제권역 밖으로 이전하는 데 따른 양도차익에 대한 법인세 과세특례】 제3항, 제5항, 제6항(양도차익의 분할익금산입 규정)을 준용한다(조특법 제63조의 2 제4항).

## 4. 적용 시 검토 세부내용

### (1) 감면/공제 중복적용 확인(조특법 제127조 제4항 · 제5항)

① 세액공제와의 중복적용 배제

내국인이 동일한 과세연도에 세액공제를 동시에 적용받을 수 있는 경우에는 중복적용을 배제한다.

② 세액감면과의 중복적용 배제

내국인이 동일한 사업장에 대하여 동일한 과세연도에 2개 이상의 감면규정을 동시에 적용받을 수 있는 경우 중복적용을 배제한다.

### (2) 최저한세 적용대상 확인(조특법 제132조 제1항 제2호)

원칙적으로 최저한세 규정을 적용하지 않지만 공장과 본사의 양도차익의 과세이연 익금불산입분에 대하여는 최저한세 규정을 적용한다.

### (3) 이월적용 여부 확인

세액감면에 대해서는 이월적용을 하지 않는다.

### (4) 농어촌특별세 비과세 확인(농특법 제4조 제12호, 농특령 제4조 제7항 제1호)

농어촌특별세를 비과세한다.

## 5. 사후관리 검토

### (1) 법인세 감면의 중단(조특령 제60조의 2 제15항)

다음의 어느 하나에 해당하는 경우 해당사유가 발생한 과세연도부터 법인세를 감면받을 수 없다.

① 해당 과세연도에 수도권 밖으로 이전한 본사의 근무인원이 20명 미만일 경우

② 감면기간에 임원(상시 근무하지 아니하는 임원을 제외) 중 이전본사 근무 임원 수가 수도권의 본사 근무 임원과 이전본사 근무 임원의 합계 인원에서 차지하는 비율이 50%에 미달하게 되는 경우

> 임원(「법인세법 시행령」 제40조 제1항 각 호의 어느 하나에 해당하는 자)
> 1. 법인의 회장, 사장, 부사장, 이사장, 대표이사, 전무이사 및 상무이사 등 이사회의 구성원 전원과 청산인
> 2. 합명회사, 합자회사 및 유한회사의 업무집행사원 또는 이사
> 3. 유한책임회사의 업무집행자
> 4. 감사
> 5. 그 밖에 제1호부터 제4호까지의 규정에 준하는 직무에 종사하는 자

### (2) 법인세 감면세액의 추가납부

법인세를 감면받은 지방이전법인이 다음 어느 하나에 해당하는 경우에는 그 사유가 발생한 과세연도의 과세표준신고를 할 때 다음 '② 추가 납부할 세액의 계산'에 따라 계산한 세액을 법인세로 납부하여야 한다.

① 감면세액의 추가납부 사유(조특법 제63조의 2 제2항, 조특령 제60조의 2 제11항)

㉠ 본사를 이전하여 사업을 개시한 날부터 3년 이내에 그 사업을 폐업하거나 법인이 해산한 경우. 다만, 합병 · 분할 또는 분할합병으로 인한 경우에는 그러하지 아니하다.

㉡ 다음에 어느 하나 정하는 바에 따라 본사를 수도권 밖으로 이전하여 사업을 개시하지 아니한 경우

> ⓐ 수도권 밖으로 본사를 이전하여 사업을 개시한 날부터 2년 이내에 수도권과밀억제권역 안의 본사를 양도하거나 본사 외의 용도("㉢"에서 정하는 기준 미만의 사무소로 사용하는 경우를 포함한다. 이하 이 조에서 같다)로 전환할 것
> ⓑ 수도권과밀억제권역 안의 본사를 양도하거나 본사 외의 용도로 전환한 날부터 2년 이내에 수도권 밖에서 사업을 개시할 것. 다만, 본사를 신축하여 이전하는 경우에는 수도권과밀억제권역 안의 본사를 양도하거나 본사 외의 용도로 전환한 날부터 3년 이내에 사업을 개시해야 한다.

㉢ 수도권에 본사를 두거나 수도권에 다음에 정하는 기준 이상의 사무소를 둔 경우

> 본사를 수도권 밖으로 이전한 날부터 3년이 되는 날이 속하는 과세연도가 지난 후 본사업무에 종사하는 총 상시 근무인원의 연평균 인원 중 수도권 안의 사무소에서 본사업무에 종사하는 상시 근무인원의 연평균 인원의 비율이 100분의 50 이상인 경우를 말한다(조특령 제60조의 2 제13항).

㉣ 감면기간에 임원(상시 근무하지 아니하는 임원을 제외) 중 이전본사 근무 임원 수가 수도권의 본사 근무 임원과 이전본사 근무 임원의 합계 인원에서 차지하는 비율이 50%에 미달하게 되는 경우

② 추가 납부할 세액의 계산

각 추가납부 사유별로 다음의 금액과 이자상당가산액을 납부하여야 한다.

| 사 유 | 납부할 세액 |
|---|---|
| ㉠ | 폐업일 또는 법인해산일부터 소급하여 3년 이내에 감면된 세액 |
| ㉡ | '추가납부사유 ㉡' 요건을 갖추지 못하게 된 날부터 소급하여 5년 이내에 감면된 세액 |
| ㉢ | 본사 설치일 또는 '추가납부사유 ㉢'에 규정한 규정하는 기준 이상의 사무소를 둔 날부터 소급하여 5년 이내에 감면된 세액 |
| ㉣ | '추가납부사유 ㉣' 이 발생한 날부터 소급하여 5년 이내에 감면된 세액 |

이자상당가산액의 계산은 다음에 의한다(조특법 제63조의 2 제3항⇒조특법 제63조 제3항).

> 각 사유별 추가 납부할 세액 × 감면을 받은 과세연도의 종료일 다음 날부터 사유가 발생한 과세연도의 종료일까지의 기간 × 1일 22/100,000

### (3) 양도차익 과세이연분

양도차익 과세이연분의 사후관리는 제61조【법인 본사를 수도권과밀억제권역 밖으로 이전하는 데 따른 양도차익에 대한 법인세 과세특례】제3항, 제5항, 제6항을 준용한다(조특법 제63조의 2 제4항).

# Ⅱ 집행기준 기본통칙 질의회신

## 1. 집행기준

| 제 목 | 내 용 |
|---|---|
| 63의 2-60의 2-1<br>【수도권 밖으로 본사를 이전하는 법인에 대한 감면 요건】 | ① 수도권과밀억제권역에 3년 이상 계속하여 본점 또는 주사무소(이하 "본사")의 이전등기일부터 소급하여 3년 이상 계속하여 수도권과밀억제권역 안에 본사를 두고 사업을 경영한 실적이 있는 법인일 것<br>② 다음 어느 하나의 요건을 갖추어 본사를 수도권 밖으로 이전할 것, 단 법 제63조의 2 제4항을 적용할 때에는 수도권과밀억제권역 안의 본사를 양도하는 경우로 한정한다.<br>1. 수도권 밖으로 본사를 이전하여 사업을 개시한 날부터 2년 이내에 수도권과밀억제권역 안의 본사를 양도하거나 본사 외의 용도(제12항에서 정하는 기준 미만의 사무소로 사용하는 경우를 포함한다. 이하 이 조에서 같다)로 전환할 것<br>2. 수도권과밀억제권역 안의 본사를 양도하거나 본사 외의 용도로 전환한 날부터 2년 이내에 수도권 밖에서 사업을 개시할 것. 다만, 본사를 신축하여 이전하는 경우에는 수도권과밀억제권역 안의 본사를 양도하거나 본사 외의 용도로 전환한 날부터 3년 이내에 사업을 개시해야 함<br>③ 이전본사에 대한 투자금액 및 이전본사의 근무인원이 지역경제에 미치는 영향 등을 고려하여 다음의 기준을 충족할 것<br>1. 투자금액 : 기획재정부령으로 정하는 사업용자산에 대한 누적 투자액으로서 기획재정부령으로 정하는 바에 따라 계산한 금액이 10억원 이상일 것<br>2. 근무인원 : 해당 과세연도에 수도권 밖으로 이전한 본사(이하 이 조에서 "이전본사"라 한다)의 근무인원이 20명 이상일 것<br>④ 본사이전법인은 이전 전의 본사에서 영위하던 업종과 이전 후의 본사에서 영위하는 업종이 같아야 한다.<br>⑤ 위탁가공무역에서 발생한 매출액은 다른 매출액과 구분하여 경리해야 한다. |
| 63의 2-60의 2-2<br>【수도권 밖으로 본사를 이전하는 법인의 감면대상소득】 | 다음 ①의 금액에 ②와 ③의 비율을 곱하여 산출한 금액<br>① 해당 과세연도의 과세표준에서 토지 · 건물 및 부동산을 취득할 수 있는 권리의 양도차익 및 대통령령으로 정하는 소득을 뺀 금액<br>② 해당 과세연도의 이전본사의 근무인원이 법인전체 근무인원에서 차지하는 비율<br>③ 해당 과세연도의 전체 매출액에서 대통령령으로 정하는 위탁가공무역에서 발생하는 매출액을 뺀 금액이 해당 과세연도의 전체 매출액에서 차지하는 비율 |

## 2. 기본통칙

| 제 목 | 내 용 |
|---|---|
| 63의 2-0…1【수도권 생활지역 외의 지역으로 이전시 감면소득의 계산】 | 법 제63조의 2 제2항을 적용함에 있어서 수도권 밖으로 이전 후 이전한 기계장치 등의 매각으로 발생한 고정자산처분이익은 해당 공장에서 발생한 소득에는 포함하지 아니한다. |
| 63의 2-0…2【본사 근무인원의 범위】 | 법 제63조의 2 제2항을 적용함에 있어서 일용근로자 및 기업부설연구소의 연구전담요원과 「증권거래법」에 의해 선임된 사외이사는 본사근무인원에 포함하지 아니한다. |
| 63의 2-60의 2…1【이전 본사인원 및 급여액 계산방법】 | ① 법 제63조의 2 제2항 제2호 다목의 근무인원에 대한 비율 계산은 소숫점 이하를 절사 또는 반올림하지 아니하고 산출된 비율을 그대로 적용한다.<br>② 법 제63조의 2 제2항 제2호 다목의 근무인원에 대한 비율 계산은 소숫점 이하를 절사 또는 반올림하지 아니하고 산출된 비율을 그대로 적용한다. |

## 3. 질의회신

| 제 목 | 내 용 |
|---|---|
| 감면대상 소득 산정 시 비감면사업의 근무인원 및 급여총액 등의 포함 여부 | 감면대상소득 계산 및 사후관리 여부 판단 시 비감면사업의 인원 등을 제외하여 계산함<br>사전, 서면-2024-법규법인-0994 [법규과-533], 2025.3.18.<br>◈ 관련 해석사례(법인세과-76, 2010.1.27.)<br>「조세특례제한법」 제63조의 2에 따라 본사를 수도권과밀억제권역 밖으로 이전하여 세액감면을 적용받아 오던 건설업 영위법인이 2004.1.1. 이후 동일업종의 다른 건설업 법인을 합병한 경우에 있어서, 피합병법인의 사업부문에서 발생한 소득은 동 조항의 감면소득에 해당하지 아니하므로 같은 법 제143조의 규정에 따라 구분경리를 하여야 하며, 같은 조 제2항 제2호에 따른 감면소득 계산 시에도 합병으로 승계한 인원 및 급여를 제외하여 계산하는 것임 |
| 위탁가공무역에서 발생하는 매출액에 해당하는지 여부 | 외국에서 가공한 가공물품 등을 가공임(加工賃)을 지급한 법인이 수입한 후 국내에서 창고시설 등 유통산업합리화시설 또는 물적 · 인적시설을 별도로 갖춘 매장을 통해 판매한 매출액은 「조세특례제한법」 제63조의 2 제1항 제2호 다목에 따라 전체 매출액에서 제외하는 '위탁가공무역에서 발생하는 매출액'에 해당하지 않는 것임<br>기획재정부 조세특례제도과-1093, 2024.12.16. |
| 수도권 밖의 모법인으로부터 도매사업 인수 및 영업사원 승계 후 3년 내에 수도권 밖으로 이전 시, 감면대상소득 산정방법 | 수도권 밖의 모법인으로부터 도매사업 및 주요 거래처를 인수하면서 그 영업사원을 승계한 후 3년 내에 본사를 수도권 밖으로 이전 시 해당 도매사업에서 발생한 소득은 감면대상소득의 과세표준에 불포함되며, 해당 영업사원도 이전본사근무인원에서 제외됨<br>법인, 서면-2020-법령해석법인-3826 [법령해석과-852], 2021.3.11. |

| 제 목 | 내 용 |
|---|---|
| 수도권 밖의 모법인으로부터 도매사업 인수 및 영업사원 승계 후 3년 내에 수도권 밖으로 이전 시, 감면대상소득 산정방법 | 수도권 밖의 모법인으로부터 도매사업 및 주요 거래처를 인수하면서 그 영업사원을 승계한 후 3년 내에 본사를 수도권 밖으로 이전 시 해당 도매사업에서 발생한 소득은 감면대상소득의 과세표준에 불포함되며, 해당 영업사원도 이전본사근무인원에서 제외됨.<br><br>법인, 서면-2020-법령해석법인-3826 [법령해석과-852], 2021.3.11. |
| 기금계정이 본사 지방이전 감면 대상에 해당하는지 여부 | AA공사의 인적 · 물적 설비로 관리 · 운용되는 BB기금은 해당 기금의 업무를 전담하고 있는 이전본사 근무인원을 산정할 수 없어 「조세특례제한법」 제63조의 2 규정에 따른 법인세를 감면받을 수 없는 것임.<br><br>조특, 서면-2019-법인-0090 [법인세과-3350], 2020.9.18. |
| 본사를 지방으로 이전한 후 업종이 추가된 경우감면 중복지원 배제 여부 | 본사 지방이전 후 기존 업종과 추가된 업종에 대해 구분경리 하는 경우, 기존 업종에 대해 조세특례제한법 제63조의 2에 따른 본사의 지방이전 감면과 추가된 업종에 대해 조세특례제한법 제7조에 따른 중소기업 특별세액감면은 중복지원이 아니므로 각각 적용할 수 있음.<br><br>조특, 서면-2020-법인-2686 [법인세과-2447], 2020.7.10. |
| 본사를 지방으로 이전한 후 업종이 추가된 경우 감면 적용 여부(1) | [ 요 지 ]<br>본사를 지방으로 이전 후 업종이 변경된 경우 2016.1.1. 이후 개시하는 사업연도부터 추가된 업종에서 발생한 소득에 대해서는 감면 대상이 아님<br><br>1. 질의내용<br>○ 법인이 본사를 지방으로 이전한 후 업종을 추가한 경우 추가한 업종에서 발생한 소득에 대해 구 조세특례제한법 제63조의 2에 따른 법인세를 감면받을 수 있는지 여부<br><br>2. 사실관계<br>○ A법인은 2015년 10월 본사를 서울 00구에서 충북 00군으로 이전하고, 폴리우레탄, 화학제품 등 도소매업* 에 대해 조세특례제한법 제63조의 2 규정에 의해 본사의 지방이전감면을 적용받았음<br>* 한국표준산업분류코드번호 세분류 4679<br>○ 질의법인은 본사의 지방 이전 후 제조업* 을 추가하였으나, 추가 업종에 대해서는 감면을 적용하지 아니하였음<br>* 한국표준산업분류코드번호 세분류 2012<br><br>[ 회 신 ]<br>수도권과밀권역에 본사를 두고 3년 이상 도소매업을 영위하던 법인이 본사를 지방으로 이전한 후 제조업을 추가 영위하는 경우, 이전 후 추가한 제조업에서 발생하는 소득은 「조세특례제한법」(2015.12.15. 법률 13560호로 일부 개정된 것) 제63조의 2【법인의 공장 및 본사를 수도권 밖으로 이전하는 경우 법인세 등 감면】에 따라 2016.1.1. 이후 개시하는 사업연도부터 감면대상소득에 해당하지 아니하는 것입니다.<br><br>조특, 서면-2020-법인-0298 [법인세과-696], 2020.3.9. |

| 제 목 | 내 용 |
|---|---|
| 본사를 지방으로 이전한 후 업종이 추가된 경우 감면 적용 여부(2) | [ 요 지 ]<br>본사를 지방으로 이전 후 업종이 변경된 경우 2016.1.1. 이후 개시하는 사업연도부터 추가된 업종에서 발생한 소득에 대해서는 감면 대상이 아님.<br><br>1. 질의내용<br>○ 법인이 본사를 지방으로 이전한 후 업종을 추가한 경우 추가한 업종에서 발생한 소득에 대해 구 조세특례제한법 제63조의 2에 따른 법인세를 감면받을 수 있는지 여부<br><br>2. 사실관계<br>○ A법인은 2014년 11월 본사를 경기도 00에서 충주로 이전하고, 향초 등 도소매업* 에 대해 조세특례제한법 제63조의 2 규정에 의해 본사의 지방이전감면을 적용하였음<br>* 한국표준산업분류코드번호 세분류 4649, 4759<br>○ 질의법인은 본사의 지방이전 후 제조업을 추가하였으나, 추가 업종에 대해서는 감면을 적용하지 아니하였으며,<br>– 최근에 추가로 화장품 등 도소매업* 사업을 신설하였음<br>* 한국표준산업분류코드번호 세분류 4644, 4781<br><br>[ 회 신 ]<br>수도권과밀권역에 본사를 두고 3년 이상 도소매업을 영위하던 법인이 본사를 지방으로 이전한 후 제조업을 추가 영위하는 경우, 이전 후 추가한 제조업에서 발생하는 소득은 「조세특례제한법」(2015.12.15. 법률 13560호로 일부 개정된 것) 제63조의 2【법인의 공장 및 본사를 수도권 밖으로 이전하는 경우 법인세 등 감면】에 따라 2016.1.1. 이후 개시하는 사업연도부터 감면대상소득에 해당하지 아니하는 것입니다.<br><br>조특, 서면-2019-법인-2005 [법인세과-579], 2020.2.27. |
| 조세특례제한법 제63조의 2 적용 시 기술도입계약, 시장조사, 기술개발, 정보수집 활동 등 사실상 휴업기간 없이 정상적인 영업활동(준비기간을 포함)을 한 경우 사업을 영위한 기간에 포함여부 | 수도권과밀억제권역 안에 3년 이상 계속하여 본사를 둔 법인이 조세특례제한법 제63조의 2의 임시특별세액감면을 적용함에 있어서, 운영사업에 대한 기술도입계약, 시장조사, 기술개발, 정보수집 활동 등 사실상 휴업기간 없이 정상적인 영업활동(준비기간을 포함)을 한 경우 '사업을 영위한 기간'에 포함하는 것임.<br><br>서면인터넷방문상담2팀-2323, 2007.12.21. |
| 휴업 등 정상적인 사업활동을 영위하지 못한 기간은 사업영위기간에서 제외되는 것으로 이에 해당하는지 여부 | 조세특례제한법시행령 제60조의 2 제2항 제2호의 본사의 이전 등기일부터 소급하여 5년 이상 계속하여 당해 감면대상 사업을 영위한 실적 여부 판단 시 휴업 등 정상적인 사업활동을 영위하지 못한 기간은 사업영위기간에서 제외되는 것임.<br><br>서이46012-11819, 2003.10.21. |
| 수도권 외의 지역으로 이전하면서 3년 이상된 업종은 폐업하고 3년 미만 업종만 이전하는 등 실질적으로 수 | 「조세특례제한법」 제63조의 2 제1항 제1호의 "수도권과밀억제권역 안에 3년 이상 계속하여 본점을 둔 법인"이란 같은 법 시행령 제60조의 2 제2항 제2호의 규정에 의하여 "본사의 이전등기일부터 소급하여 3년 이상 계속하여 수도권과밀억제권역 안에 본사를 두고 사업을 영위한 실적이 있는 법 |

| 제 목 | 내 용 |
|---|---|
| 도권외 지역으로 이전한 법인의 영위업종이 3년 미만인 경우 감면대상 여부 | 인"을 말하는 것으로, 동 3년의 기간 중에 당해 법인의 업종이 축소되거나 확대된 경우에도 수도권과밀억제권역 안에 본사를 두고 사업을 영위한 기간이 3년 이상 된 법인의 경우에는 동조의 감면대상이 되는 것이나, 다만, 수도권 외의 지역으로 이전하면서 3년 이상 된 업종은 폐업하고 3년 미만 업종만 이전하는 등 실질적으로 당해 수도권 외 지역으로 이전한 법인의 영위업종이 주로 3년 미만인 경우에는 동조의 감면대상에 해당되지 아니하는 것임.<br>서면인터넷방문상담2팀-1886, 2006.9.21. |
| 조세특례제한법 제63조의 2를 적용함에 있어 물적분할에 의해 신설된 경우 분할신설법인의 사업영위기간 기산일을 분할등기일로 보아야 하는지, 혹은 분할 전 분할법인의 해당사업 개시일로 보아야 하는지 여부 | 3년 이상 사업을 영위한 법인이 「조세특례제한법」 제63조의 2를 적용함에 있어서 수도권 외의 지역으로 이전 전에 분할하는 경우에도 분할신설법인의 사업영위기간(「조세특례제한법」 제63조의 2 제1항 제1호에 따라 사업을 영위하거나 본점 또는 주사무소를 둔 기간을 말함)은 분할 전 분할법인의 사업기간을 포함하여 계산하는 것임.<br>법인세과-907, 2009.3.5. |
| 조세특례제한법 제63조의 2에 의한 임시특별세액감면 대상 법인이 본사 이전 완료 후 수도권 생활지역 외 지역에서 물적분할함에 따라 설립된 분할신설법인이 승계 받은 기존 사업을 계속 영위할 경우, 잔존 감면기간에 대해 임시특별세액감면을 적용할 수 있는지 여부 | 조세특례제한법 제63조의 2(법인의 공장 및 본사의 수도권 외의 지역으로 이전에 대한 임시특별세액감면)를 적용함에 있어 내국법인이 수도권 외의 지역으로 이전 후 분할하는 경우에는 법인세법 시행령 제96조 제2항 제1호에 따라 분할신설법인이 승계받은 사업에서 발생한 소득에 대하여 분할 당시의 잔존감면기간 내에 종료하는 각 사업연도분까지 그 감면을 적용 받을 수 있음. 이 경우 분할신설법인의 사업영위기간(조세특례제한법 제63조의2 제1항 제1호에 따라 사업을 영위하거나 본점 또는 주사무소를 둔 기간을 말함)은 분할 전 분할법인의 사업기간을 포함하여 계산함.<br>기획재정부 조세지출예산과-366, 2007.5.25. |
| 내국법인이 본사를 수도권과밀억제권역 밖으로 이전한 후 행정구역이 변경되는 경우 종전에 적용받던 감면을 계속 적용받을 수 있는지 여부 | 조세특례제한법 제63조의 2에 따른 법인의 공장 및 본사를 수도권 밖으로 이전하는 경우 법인세 등 감면("지방이전감면")을 적용할 때, 본사 이전 당시에는 이전한 지역이 같은 법 시행령 제60조 제2항에 따른 지역("해당지역")에 해당하지 않았으나 이후 행정구역의 개편으로 해당지역이 된 경우에는 이전 당시의 행정구역을 기준으로 하여 지방이전감면을 적용하는 것임.<br>서면법규과-820, 2013.7.7. |
| 내국법인이 수도권과밀억제권역 안에 소재하던 본사를 수도권 외의 지역으로 단계적으로 이전하면서 본사 이전등기일 이후에 본사 이전을 완료한 경우 본사 이전일의 판단 | 「조세특례제한법」 제63조의 2의 규정(이하 "해당 세액감면"이라 함)을 적용할 때 본점 또는 주사무소(이하 "본사"라 함)를 이전한 날은 본사 이전등기일로 하는 것이나, 내국법인이 수도권과밀억제권역 안에 소재하던 본사를 수도권 외의 지역으로 단계적으로 이전하면서 본사 이전등기일 이후에 본사 이전을 완료한 경우에는 실제 이전한 날(본사 이전을 완료한 날)을 본사 이전일로 보아 해당 세액감면을 적용하는 것이며, 사실상 본사의 역할을 하는 사 |

| 제 목 | 내 용 |
|---|---|
| | 무소가 이전 당시 수도권과밀억제권역 안에 소재하는 경우에는 해당 세액감면 규정을 적용받을 수 없는 것임. 다만, 실제 이전한 날이 언제인지 여부 및 사실상 본사업무의 수행 여부 등은 본사 조직과 임직원 구성내역, 본사 부서별 기능, 본사 이전절차 및 업무 수행내역 등을 종합적으로 고려하여 사실판단할 사항임.<br><br>사전-2015-법령해석법인-22489, 2015.4.7. |
| 법인이 본사이전에 대한 세액감면을 적용함에 있어서 이전본사 근무인원 및 법인전체 근무인원의 판정방법 | 「조세특례제한법」 제63조의 2 제2항 제2호에 따라 법인이 본사이전에 대한 세액감면을 적용함에 있어서 "이전본사 근무인원"에는 근무지를 기준으로 수도권과밀억제권역 안의 본사업무에 종사하는 영업소 및 서울본사직원은 해당되나 연구소 직원, 용역회사직원 및 계약직 직원과 수도권과밀억제권역 밖의 공장 및 영업소 직원은 해당되지 않는 것이며, "법인전체 근무인원"은 계약직 직원과 용역회사 직원을 제외한 전체인원을 말하는 것임.<br><br>법인세과-926, 2009.8.27. |
| 제약회사가 공장을 이전할 경우 의약품 특성상 약사법의 '우수의약품제조 및 품질관리기준'에 의해 제형별(예: 정제, 약제 등)로 Validation(제조공정 적합성 평가) 실시 및 의약품 동등성 시험을 하여 식약청에 KGMP 평가신청을 하여야 하고 국가기관인 식약청의 승인을 받지 못한 경우 의약품 제조 및 판매를 할 수 없는 경우 다음 중 '사업개시일'이라 함은 어디에 해당하는지?<br>갑) Validation 및 의약품 동등성 시험을 위해 시제품 생산을 개시한 날 : 2009.9월<br>을) 국가기관(식약청)에서 KGMP 승인을 하는 날 : 2010.1월<br>병) 신공장에서 판매목적으로 제품 양산을 개시하는 날 : 2010.2월 | 「조세특례제한법」 제63조의 2 제1항 제2호의 규정을 적용함에 있어 '사업개시일'이라 함은 수도권 외의 신공장에서 정상 제품으로 판매할 수 있는 완성품 제조를 개시한 날을 말하는 것임.<br><br>법인세과-1082, 2009.9.30. |

## Ⅲ 사례연구

### 1. 회사 정보 공통사항

#### (1) 회사 사업내용, 설립일 및 소재지 등

① ㈜나라는 LCD 모니터 제조업과 데스크톱 PC 도소매업을 영위하는 법인 사업자이다. 당해법인은 1997.1.7. 회사 설립 이후 계속하여 경기도 고양시 일산서구 대화로 소재 사업장에서 사업을 하던 중 사업 규모의 확대를 위해 충청남도 천안시로 본사 이전과 제2공장 신설을 이사회 결의로 확정하여 충청남도 천안시 서북구 성환읍으로 본사를 2025년 7월 21일에 이전 완료하였으며 사업을 개시하였다. 경기도 고양시 일산서구 대화로 소재 기존의 본사 건물의 임대차 계약은 종료와 동시에 일부 공간만을 재임차하여 공장 관리 근무자의 숙직실 및 휴게실로 이용하고 공장건물은 계속하여 보유 중이며, 부수토지 중 일부는 매각하였다. 고양시 소재 공장에서 모니터 제조는 계속하여 이루어지고 있다. 본사 이전 후의 공장부지에 생산설비 구축작업은 2025년 8월 현재 진행 중이며, 2025년 11월 중에 완공 예정이다. 천안 공장 완공 후에는 기존의 LCD 모니터 외에 키보드와 마우스 등 컴퓨터 주변기기 생산을 추가하게 된다.

② 사업연도는 매년 1.1.~12.31.이며, 2025년 사업연도의 법인의 재무상태표상 자산총액은 3,565,918,921원, 매출액은 제품매출 7,628,403,721원, 상품매출 1,839,786,400원이다.

③ 당해 법인은 다른 회사의 계열사 등은 아니다.

④ ㈜나라의 업종코드와 한국표준산업분류코드는 다음과 같다(공장 이전 전과 후 모두 동일).

| 구 분 | 업종코드 | 한국표준산업분류코드 |
|---|---|---|
| LCD 모니터 제조업 | 300103 | C26322 |
| 데스크톱 PC 도소매업 | 515050 | G46510 |

⑤ 2025년 사업연도 소득금액은 319,729,266원이며, 공제시한 내 이월결손금은 없으며, 2025년 사업연도에 비과세소득, 소득공제항목은 발생하지 않았다.

**(2)** ㈜나라의 2025년 사업연도의 본사 및 공장 이전 전과 이전 후의 소득금액은 다음과 같다.

| 구 분 | 소득금액 | | |
|---|---|---|---|
| | 이전 전 | 이전 후 | 소 계 |
| LCD 모니터 제조업 | 102,652,010 | 0 | 102,652,010 |
| 데스크톱 PC 도소매업 | 37,562,140 | 179,515,116 | 217,077,256 |
| 소 계 | 140,214,150 | 179,515,116 | 319,729,266 |

### (3) 법인의 소득금액 관련 추가사항

① 이전 시 비품을 처분하는 과정에서 처분손실 1,315,947원이 발생하였고, 공장부지 일부 양도 시 양도차익 89,562,000원이 발생하였다.

② 이자수익 3,750,000원과 이자비용 7,931,179원이 발생하였다.

③ 매출액은 모두 내수판매액이며 수출액 등은 없다.

### (4) 본사 이전에 따른 시설투자 현황

본사 이전 시 공장시설의 신설과 본사사옥 및 부수토지 취득금액은 다음과 같다.

① 본사사옥, 공장건물 및 부수토지 취득 1,100,000,000원

② 천안공장생산시설 구축 1,135,690,000원

### (5) 근무자 현황

㈜나라의 2024년도 및 2025년도 근무자 현황은 다음과 같다. 2019년 사업연도 이후 2025년 사업연도 신규 입사자 외에 근무자의 중도입사나 중도퇴사는 발생하지 않았다.

| 성 명 | 생년월일 | 입사일 | 성 명 | 생년월일 | 입사일 |
|---|---|---|---|---|---|
| 김유민 | 1976.06.03. | 2008.10.08. | 이용은 | 1972.10.19. | 2005.10.03. |
| 강나라 | 1980.06.11. | 2010.02.01. | 한동진 | 1958.10.11. | 2004.01.05. |
| 강나은 | 1979.01.15. | 2010.02.03. | 곽영찬 | 1969.11.12. | 2005.01.09. |
| 이장호 | 1979.01.12. | 2010.02.03. | 안혜진 | 1989.05.12. | 2005.03.02. |
| 이선진 | 1980.09.11. | 2010.02.19. | 이병훈 | 1990.03.21. | 2006.05.11. |
| 장우진 | 1980.11.15. | 2010.02.23. | 박민지 | 1990.09.29. | 2006.07.03. |
| 박용민 | 1981.01.31. | 2010.02.27. | 강찬우 | 1991.04.13. | 2006.08.01. |
| 김영운 | 1981.02.11. | 2010.03.01. | 한은미 | 1991.06.11. | 2006.09.15. |
| 김철민 | 1981.03.03. | 2010.03.15. | 이유미 | 1992.03.08. | 2007.04.11. |

| 성 명 | 생년월일 | 입사일 | 성 명 | 생년월일 | 입사일 |
|---|---|---|---|---|---|
| 장미리 | 1981.03.12. | 2010.03.27. | Jack Smith | 1968.11.13. | 2008.10.08. |
| 정유정 | 1988.11.30. | 2006.06.21. | 채미나 | 1988.08.03. | 2009.05.09. |
| 김형신 | 1963.12.01. | 2004.04.04. | Tom Smith | 1982.11.16. | 2018.10.01. |
| 김정운 | 1975.12.15. | 2007.01.05. | 한마음 | 1997.12.02. | 2025.04.01. |
| 고민해 | 1969.08.12. | 2006.05.01 | 김재연 | 1983.05.07. | 2025.07.01. |

① ㈜나라의 근무자의 1주 소정근로시간은 모두 주5일 40시간이며, 근로계약서는 모두 작성하였다.

② 2025년 사업연도 입사자 중 한마음, 김재연 모두 여성근로자로 본점 사업장에 입사하여 근무하고 있다.

③ 위의 근무자 중 김유민은 대표이사이고, 강나라는 상무이사, 한동훈은 감사이다. 이들 임원은 모두 상근 임원이다.

④ 2025년 이전을 진행하면서 기존 공장의 관리를 위해 상무이사 강나라와 강나은, 이장호, 이선진, 장우진 근무자는 고양시 사업장에서 계속하여 근무하고 그 외 근무인원은 이전하기로 한 계획대로 월별로 순차적으로 진행하여 2025년 7월 21일 현재 천안 본사 사업장에서 근무 중이다.

⑤ 2024년 사업연도 상시근로자 및 2025년 사업연도 상시근로자 인원수는 다음과 같다.

| 구 분 | 해당(직전) 과세연도의 매월 말 현재 상시근로자 수 | | | | | | | | | | | | 합계 |
|---|---|---|---|---|---|---|---|---|---|---|---|---|---|
| | 1월 | 2월 | 3월 | 4월 | 5월 | 6월 | 7월 | 8월 | 9월 | 10월 | 11월 | 12월 | |
| 2025년 | 26 | 26 | 26 | 27 | 27 | 27 | 28 | 28 | 28 | 28 | 28 | 28 | 327 |
| 2024년 | 26 | 26 | 26 | 26 | 26 | 26 | 26 | 26 | 26 | 26 | 26 | 26 | 312 |

## 2. 요구사항

㈜나라의 2025년 사업연도 감면세액(법인세 감면액에 한정하고 재산세와 종합부동산세 과세특례 및 공장이전 양도차익에 관한 과세특례는 고려하지 않기로 함)과 농어촌특별세 과세대상인 경우 부담할 농어촌특별세액을 계산하시오.

## 풀이

### 1. 기본검토사항

| 구 분 | | 검토요건 또는 확인사항 |
|---|---|---|
| 적용 여부 검토 | ① 당해 법인의 요건 충족 확인 | 경기도 고양시 소재지에서 1997년 회사 설립 이후 계속하여 공장시설을 갖추고 사업을 계속한 내국법인이므로 요건 충족 |
| | | • 업종요건 : 제조업 도소매업 영위 요건충족<br>• 규모요건 : 제조업 매출액 7,628,403,721원, 도소매업 매출 1,839,786,400원이므로 주된 사업은 제조업으로 판단. 중소기업기본법 시행령 별표 1의 한국표준산업분류코드 C26에 따른 매출액 1,000억원 이하 요건 충족<br>• 독립성요건 : 다른 기업의 계열사 등이 아니므로 요건 충족<br>• 졸업요건 : 당해 사업연도 자산총액 3,565,918,921원이므로 요건충족<br>∴ 조세특례제한법의 중소기업에 해당함 |
| | ② 각 조항별 적용시한 확인 | 본사 및 공장시설 이전하여 2025.7.21. 사업을 개시하였으므로 요건 충족 |
| | ③ 각 조항별 규정 업종의 요건 충족 확인 | 제조업과 도소매업을 영위하므로 요건 충족 |
| | | 업종이 한국표준산업분류 세분류 기준에 따른 이전 전과 이전 후 동일하므로 요건 충족 |
| | ④ 본점 및 사업장 소재지 등 확인 | 중소기업으로서 수도권과밀억제권역(경기도 고양시)에서 수도권 밖(충청남도 천안시)으로 본사를 이전하였으므로 요건충족 |
| | ⑤ 감면/공제 적용의 배제 | 과세표준 무신고 시, 과세표준 경정 등의 경우, 현금영수증 가입의무 사업자의 미가입의 경우 적용배제 |
| 적용 시 검토 | ⑥ 감면/공제 중복적용 확인 | 세액공제와 중복적용 배제, 세액감면 간 중복적용 배제 |
| | ⑦ 최저한세 적용대상 확인 | 원칙: 최저한세 적용배제 |
| | | 예외: 양도차익 과세이연분에 대해서는 적용 |
| | ⑧ 이월적용 여부 확인 | 세액감면이므로 이월적용 해당사항 없음 |
| | ⑨ 농어촌특별세 비과세 확인 | 농어촌특별세 비과세 |
| 사후 관리 | ⑩ 공제감면 후 사후관리 규정 | 이전하여 사업 개시 후 3년 이내 폐업 또는 해산의 경우, 수도권 밖으로 이선하여 사업개시 하지 아니하는 경우 등 감면세액 추징 |

## 2. 감면세액의 계산

### (1) 감면대상소득의 감면세액의 계산

① ㈜나라의 2025년 사업연도 법인세 산출세액

= 200,000,000 × 9% + (319,729,266 − 200,000,000) × 19%

= 40,748,560원

② 감면대상소득의 산정

<table>
<tr><td colspan="2">감면대상소득 = (㉠ − ㉡ − ㉢) × ㉣ × ㉤ = 177,376,608</td></tr>
<tr><td>㉠ 2025년 과세표준</td><td>319,729,266</td></tr>
<tr><td>㉡ 공장부지 양도차익</td><td>89,562,000</td></tr>
<tr><td>㉢ 고정자산처분손익 및 이자수익과 이자비용 반영 금액</td><td><table>
<tr><td colspan="2">Max (㉮ − ㉯, 0) = 0</td></tr>
<tr><td rowspan="2">㉮</td><td>고정자산처분익, 유가증권처분익, 수입이자, 수입배당금 및 자산수증익을 합한 금액</td></tr>
<tr><td>3,750,000</td></tr>
<tr><td rowspan="2">㉯</td><td>고정자산처분손, 유가증권처분손 및 지급이자를 합한 금액</td></tr>
<tr><td>1,315,947 + 7,931,179 = 9,247,126</td></tr>
</table></td></tr>
<tr><td>㉣ 이전인원 비율</td><td><table>
<tr><td rowspan="2">구 분</td><td colspan="12">해당(직전) 과세연도의 매월 말 현재 상시근로자 수</td><td rowspan="2">합계</td><td rowspan="2">평균</td></tr>
<tr><td>1월</td><td>2월</td><td>3월</td><td>4월</td><td>5월</td><td>6월</td><td>7월</td><td>8월</td><td>9월</td><td>10월</td><td>11월</td><td>12월</td></tr>
<tr><td>법인전체</td><td>26</td><td>26</td><td>26</td><td>27</td><td>27</td><td>27</td><td>28</td><td>28</td><td>28</td><td>28</td><td>28</td><td>28</td><td>327</td><td>27.25</td></tr>
<tr><td>본사이전</td><td>21</td><td>21</td><td>21</td><td>21</td><td>21</td><td>21</td><td>21</td><td>21</td><td>21</td><td>21</td><td>21</td><td>21</td><td>252</td><td>21.00</td></tr>
</table>
인원 이전 비율 = 21.00 / 27.25<br>
저자주 인원 이전 비율 산정 시 소수점 이하를 절사 또는 반올림하지 않고 산출된 비율을 그대로 적용한다(조특통 63의2-60의 2…1).</td></tr>
<tr><td>㉤ 매출액비율</td><td>(7,628,403,721 + 1,839,786,400 − 0) / (7,628,403,721 + 1,839,786,400) = 100%</td></tr>
</table>

③ 감면세액

= 40,748,560 × 177,376,608 / 319,729,266 × 100%

= 22,606,130원

### (2) 농어촌특별세액의 계산

감면세액 전액 농어촌특별세 비과세 대상이므로 부담할 농어촌특별세는 없다.

[별지 제46호의 2 서식] (2025.3.21. 개정)

# 공장 및 본사를 수도권 밖으로 이전하는 기업에 대한 감면세액계산서

※ 뒤쪽의 작성방법을 읽고 작성하여 주시기 바랍니다. (앞쪽)

| 접수번호 | 접수일 | 처리기간 즉시 |
|---|---|---|

| 신청인 | ① 상호 또는 법인명 : ㈜나라 | ② 사업자등록번호 : 203-81-63108 |
|---|---|---|
| | ③ 대표자 성명 : 김 유 민 | ④ 생년월일 : 1973년 04월 12일 |
| | ⑤ 주소 또는 본점 소재지 : 충청남도 천안시 서북구 성환읍 성환리 (044-2234-7027) | |

| 과세연도 | 2025년 01월 01일부터 2025년 12월 31일까지 |
|---|---|

**감면세액계산내용**

| 구분 | | 항목 | 공장명 | 사업자등록번호 | 소재지(주소) |
|---|---|---|---|---|---|
| 공장 이전의 경우 | 일반사항 | ⑥ 전체 공장 현황 | | | |
| | | ⑦ 이전 전 공장의 소재지 | | ⑧ 이전 전 공장의 사업자등록번호 | |
| | | ⑨ 이전 전 공장의 업종 · 업태 | | ⑩ 이전 전 공장의 조업 개시일 | |
| | | ⑪ 이전 전 공장의 양도 · 폐쇄 · 철거일 | | ⑫ 이전 후 공장의 소재지 | |
| | | ⑬ 이전 후 공장의 조업 개시일 | | ⑭ 이전 후 추가한 업종 · 업태 | |
| | 계산내용 | ⑮ 감면대상소득: 이전 후의 공장에서 발생한 소득 | | | |
| | | ⑯ 감면대상세액 | 산출세액 (   ) × 감면대상소득 (   ) / 과세표준 (   ) × 감면비율 (100%) | | |
| | | ⑰ 최저한세 적용대상 감면세액(중소기업이 공장을 수도권 인구감소지역으로 이전하는 경우) | | | |
| | | ⑱ 최저한세 적용제외 감면세액(공장을 수도권 밖으로 이전하는 경우) | | | |

|  | |  |  |  |  |
|---|---|---|---|---|---|
| 본사 이전의 경우 | 일반사항 | ⑲ 이전 전 본사의 소재지 | 경기 고양 일산서 법곳 | ⑳ 이전 전 본사의 양도일 · 본사 외 용도로의 전환일 | 2025.07.21. |
| | | ㉑ 이전 전 본사의 사업영위기간 | 1997년 01월 07일부터 2025년 07월 21일까지 | ㉒ 본사 이전등기일 | 2025.07.21. |
| | | ㉓ 이전 전 본사의 업종 · 업태 | 제조업 / 도소매업<br>LCD 모니터 제조 / 데스크톱PC 판매 | ㉔ 이전 후 추가한 업종 · 업태 | |
| | | ㉕ 이전본사 투자금액 | 1,135,690,000 | ㉖ 이전본사 근무인원 | 23명 |
| | 계산내용 | ㉗ 해당 과세연도의 과세표준에서 토지 · 건물 및 부동산을 취득할 수 있는 권리의 양도차익 및 아래의 금액*을 차감한 금액<br>* 고정자산처분익, 유가증권처분익, 수입이자, 수입배당금 및 자산수증익을 합한 금액에서 고정자산처분손, 유가증권처분손 및 지급이자를 합한 금액을 뺀 금액(그 수가 음수이면 0으로 봄) | | | 230,167,266 |
| | | 법인 전체 근무인원 | ㉘ 연평균 인원 ( 27.25 )명 | | |
| | | 이전본사 근무인원 | ㉙ 연평균 인원 ( 21.00 )명 | | |
| | | 위탁가공무역외 매출비율 | ㉚ 위탁가공무역을 제외한 매출액 ( 9,468,190,121 )<br>㉛ 총 매출액 ( 9,468,190,121 ) | | |
| | | ㉜ 감면대상 소득 | ㉗ × (㉙ ÷ ㉘) × (㉚ ÷ ㉛) | | |
| | | ㉝ 감면세액 | 산출세액 ( 40,748,560 ) × 감면대상소득 ( 177,376,608 ) / 과세표준 ( 319,729,266 ) × 감면비율 (100%) | | 22,606,130 |
| ㉞ 공장과 본사를 함께 이전하는 경우 감면세액 합계 | | | 산출세액 (   ) × 감면대상소득 (   ) / 과세표준 (   ) × 감면비율 (100%, 50%) | | |

210mm×297mm[백상지 80g/㎡ 또는 중질지 80g/㎡]

(뒤쪽)

「조세특례제한법 시행령」 제60조제8항 및 제60조의2제16항에 따라 위와 같이 기업의 공장 및 본사를 수도권 밖으로 이전하는 기업에 대한 감면세액계산서를 제출합니다.

2026년 03월 31일

신청인 ㈜나라 김 유 민 (서명 또는 인)

**천안 세무서장** 귀하

작 성 방 법

1. ⑥ 전체 공장 현황란에는 회사가 해당 과세연도 종료일 현재 보유하고 있는 전체 공장의 공장명, 사업자등록번호, 소재지(시/도 + 시/군/구 + 읍/면 + 도로명)를 적습니다.
2. ⑭ 이전 후 추가한 업종 · 업태란에는 이전 전의 공장에서 영위하던 업종 · 업태 이외에 이전 후에 추가된 업종 · 업태를 적습니다.
3. ⑰ 최저한세 적용대상 감면세액란에는 중소기업이 공장을 수도권 안으로 이전하는 경우에 해당 공장 이전에 따른 감면대상세액을 적습니다.
4. ⑱ 최저한세 적용제외 감면세액란에는 공장을 수도권 밖으로 이전하는 경우에 해당 공장 이전에 따른 감면대상세액을 적습니다.
5. ㉔ 이전 후 추가한 업종 · 업태란에는 이전 전의 본사에서 영위하던 업종 · 업태 이외에 이전 후에 추가된 업종 · 업태를 적습니다.
6. ㉕ 이전본사 투자금액란에는 사업용자산에 대한 투자합계액(본사 이전등기일부터 소급하여 2년이 되는 날이 속하는 과세연도부터 법인세를 감면받는 해당 과세연도까지 투자한 금액의 합계액)에서 중도 처분한 사업용자산의 취득 당시 가액을 차감한 금액을 적습니다.
7. ㉘ 연평균 인원란에는 법인 전체의 상시 근무인원*의 연평균 인원(매월 말 현재의 인원을 합하고 이를 해당 월수로 나누어 계산한 인원을 말합니다)을 적습니다.
   * 상시 근무인원 : 근로계약을 체결한 내국인 근로자, 상시 근무하는 사용자 및 임원 포함, 기간제 · 단기간 근로자, 서류상 근로사실이 확인되지 않는 자는 제외
8. ㉖ 이전본사 근무인원란, ㉙ 연평균 인원란에는 수도권 밖으로 이전한 본사(이전본사)에서 본사업무에 종사하는 상시 근무인원의 연평균 인원(매월 말 현재의 인원을 합하고 이를 해당 월수로 나누어 계산한 인원을 말하며, 이전등기일부터 소급하여 2년이 되는 날이 속하는 과세연도 이후 수도권 밖의 지역에서 본사업무에 종사하는 근무인원이 이전본사로 이전한 근무인원을 제외합니다)에서 이전등기일부터 소급하여 3년이 되는 날이 속하는 과세연도에 이전본사에서 본사업무에 종사하던 상시근무인원의 연평균 인원을 뺀 인원을 적습니다.
9. ㉝ 감면세액란의 감면대상소득은 「법인세법 시행령」 제96조를 적용한 후의 소득으로서 해당 과세연도의 과세표준(「법인세법」 제13조에 따른 과세표준을 말합니다)을 한도로 합니다.
10. ㉞ 공장과 본사를 함께 이전하는 경우 감면세액 합계란의 감면대상소득은 해당 과세연도의 소득금액 및 과세표준(「법인세법」 제13조에 따른 과세표준을 말합니다)을 한도로 합니다.

210mm×297mm[백상지 80g/㎡ 또는 중질지 80g/㎡]

■ 조세특례제한법 시행규칙 [별지 제46호의 2 서식 부표] (2022.3.18. 개정)

# 이전본사 근무인원 명세

| 과 세 연 도 | | 2024.1.1.~2024.12.31. | |
|---|---|---|---|
| 법 인 명 | ㈜나라 | 사업자등록번호 | 203-81-63108 |

| 일련번호 | ① 이름 | ② 생년월일 | ③ 근무부서 | ④ 주소지 | ⑤ 거주지 | ⑥ 임원여부 |
|---|---|---|---|---|---|---|
| 1 | 김유민 | 1976.06.03. | 총괄 | 충남 천안시 서북구 천안대로 1843 | 충남 천안시 서북구 천안대로 1843 | 임원 |
| 2 | 장미리 | 1981.03.12. | 연구 | 충남 천안시 서북구 천안대로 1843 | 충남 천안시 서북구 천안대로 1843 | 부 |
| 3 | 김형신 | 1963.12.01. | 연구 | 충남 천안시 서북구 천안대로 1843 | 충남 천안시 서북구 천안대로 1843 | 부 |
| 4 | 김정운 | 1975.12.15. | 제조 | 충남 천안시 서북구 천안대로 1843 | 충남 천안시 서북구 천안대로 1843 | 부 |
| 5 | 고민해 | 1969.08.12 | 제조 | 충남 천안시 서북구 천안대로 1843 | 충남 천안시 서북구 천안대로 1843 | 부 |
| 6 | 이용은 | 1972.10.19. | 제조 | 충남 천안시 서북구 천안대로 1843 | 충남 천안시 서북구 천안대로 1843 | 부 |
| 7 | 한동진 | 1958.10.11. | 관리 | 충남 천안시 서북구 천안대로 1843 | 충남 천안시 서북구 천안대로 1843 | 임원 |
| 8 | Jack Smith | 1968.11.13 | 제조 | 충남 천안시 서북구 천안대로 1843 | 충남 천안시 서북구 천안대로 1843 | 부 |
| 9 | Tom Smith | 1982.11.16 | 제조 | 충남 천안시 서북구 천안대로 1843 | 충남 천안시 서북구 천안대로 1843 | 부 |
| 10 | 한마음 | 1995.12.02 | 관리 | 충남 천안시 서북구 천안대로 1843 | 충남 천안시 서북구 천안대로 1843 | 부 |
| 11 | 김재연 | 1981.05.07 | 관리 | 충남 천안시 서북구 천안대로 1843 | 충남 천안시 서북구 천안대로 1843 | 부 |
| 12 | 박용민 | 1981.01.31. | 시설 | 충남 천안시 서북구 천안대로 1843 | 충남 천안시 서북구 천안대로 1843 | 부 |
| 13 | 김영운 | 1981.02.11. | 제조 | 충남 천안시 서북구 천안대로 1843 | 충남 천안시 서북구 천안대로 1843 | 부 |
| 14 | 김철민 | 1981.03.03. | 제조 | 충남 천안시 서북구 천안대로 1843 | 충남 천안시 서북구 천안대로 1843 | 부 |
| 15 | 정유정 | 1988.11.30. | 시설 | 충남 천안시 서북구 천안대로 1843 | 충남 천안시 서북구 천안대로 1843 | 부 |
| 16 | 곽영찬 | 1969.11.12. | 제조 | 충남 천안시 서북구 천안대로 1843 | 충남 천안시 서북구 천안대로 1843 | 부 |
| 17 | 안혜진 | 1989.05.12 | 관리 | 충남 천안시 서북구 천안대로 1843 | 충남 천안시 서북구 천안대로 1843 | 부 |
| 18 | 이병훈 | 1990.03.21. | 제조 | 충남 천안시 서북구 천안대로 1843 | 충남 천안시 서북구 천안대로 1843 | 부 |
| 19 | 박민지 | 1990.09.29. | 제조 | 충남 천안시 서북구 천안대로 1843 | 충남 천안시 서북구 천안대로 1843 | 부 |
| 20 | 강찬우 | 1991.04.13. | 제조 | 충남 천안시 서북구 천안대로 1843 | 충남 천안시 서북구 천안대로 1843 | 부 |
| 21 | 한은미 | 1991.04.13 | 제조 | 충남 천안시 서북구 천안대로 1843 | 충남 천안시 서북구 천안대로 1843 | 부 |
| 22 | 이유미 | 1992.03.08. | 제조 | 충남 천안시 서북구 천안대로 1843 | 충남 천안시 서북구 천안대로 1843 | 부 |
| 23 | 채미나 | 1988.08.03. | 시설 | 충남 천안시 서북구 천안대로 1843 | 충남 천안시 서북구 천안대로 1843 | 부 |

작 성 방 법

1. ③ 근무부서란에는 해당 과세연도 종료일 현재 회사내에서 근무하고 있는 부서의 명칭을 적습니다.
2. ④ 주소지란에는 해당 과세연도 종료일 현재 주민등록상 주소지를 시/도 + 시/군/구 + 읍/면 + 도로명까지 적습니다.
3. ⑤ 거주지란에는 해당 과세연도 종료일 현재 거주하고 있는 곳의 소재지를 시/도 + 시/군/구 + 읍/면 + 도로명까지 적습니다.
4. ⑥ 임원여부란에는 해당 과세연도 종료일 현재 「조세특례제한법 시행령」 제60조의 2 제14항에 따른 대통령령으로 정하는 임원에 해당하는 경우에는 "임원"으로 적습니다.

210mm×297mm[백상지 80g/㎡ 또는 중질지 80g/㎡]

[별지 제8호 서식 부표 2] (2021.3.16. 개정) (앞쪽)

| 사 업 연 도 | 2025.1.1. ~ 2025.12.31. | 공제감면세액계산서(2) | 법인명 | ㈜나라 |
|---|---|---|---|---|
| | | | 사업자등록번호 | 203-81-63108 |

| ① 구 분 | | 근거법 조 항 | ② 계산명세 | ③ 감면대상 세액 | ④ 최저한세 적용감면 배제금액 | ⑤ 감면세액 (③-④) | ⑥ 적용사유 발생일 |
|---|---|---|---|---|---|---|---|
| 조세특례제한법 | 본사의 수도권 밖 이전에 대한 세액감면 | 영 제60조의2 제16항 | 40,748,560×177,376,608/319,729,266×100/100 | 22,606,130 | | 22,606,130 | 2025-12-31 |
| | | | | | | | |
| | | | | | | | |
| | | | | | | | |
| | | | | | | | |
| | | | | | | | |
| | | | | | | | |
| | | | | | | | |
| | | | | | | | |
| | | | | | | | |
| | | | | | | | |
| | | | | | | | |
| | | | | | | | |
| | | | | | | | |
| | | | | | | | |
| | | | | | | | |
| 합 계 | | | | 22,606,130 | ※ | 22,606,130 | |

210mm×297mm[백상지 80g/㎡ 또는 중질지 80g/㎡]

# SECTION 05 제66조 【영농조합법인 등에 대한 법인세의 면제 등】

## I 조문내용해설

### 1. 기본검토사항

| 구 분 | | 검토요건 또는 확인사항 |
|---|---|---|
| 적용 여부 검토 | ① 당해 법인 등의 요건 충족 확인 | 「농어업경영체 육성 및 지원에 관한 법률」 제4조에 따라 농어업경영정보를 등록한 영농조합법인 |
| | | 「농업 · 농촌 및 식품산업 기본법」 제3조 제2호에 다른 농업인 |
| | ② 각 조항별 적용시한 확인 | 2026년 12월 31일까지 |
| | ③ 각 조항별 규정 업종의 요건 충족 확인 | 업종에 관한 별도의 규정 없음 |
| | ④ 본점 및 사업장 소재지 등 확인 | 본점 및 사업장 소재지에 따른 차등적용 및 적용배제 규정 없음 |
| | ⑤ 감면/공제 적용의 배제 | • 과세표준 무신고 및 경정 등의 경우와 세법상 협력 의무 불이행의 경우 적용배제<br>• 매매계약서 허위작성의 경우 비과세 감면 적용배제 |
| 적용 시 검토 | ⑥ 감면/공제 중복적용 확인 | 세액공제와 중복적용 배제 |
| | ⑦ 최저한세 적용대상 확인 | 최저한세 적용대상 아님 |
| | ⑧ 이월적용 여부 확인 | 영농조합법인의 법인세의 면제와 조합원의 양도소득의 면제 배당소득의 저율분리과세 등에 관한 규정으로 이월적용대상 아님 |
| | ⑨ 농어촌특별세 비과세 확인 | 농어촌특별세 비과세 |
| 사후 관리 | ⑩ 농지 등의 현물출자 양도소득 및 취득주식의 3년 이내 처분 등의 경우 | 농지 등의 현물출자로 취득한 주식을 3년 이내 양도 등의 경우 면제세액과 이자상당액을 납부 |

## 2. 적용여부 검토 세부내용

### (1) 당해 법인 등의 요건 충족 확인

① **영농조합법인**(조특법 제66조 제1항)

「농어업경영체 육성 및 지원에 관한 법률」 제4조에 따라 농어업경영정보를 등록한 영농조합법인이어야 한다.

② **농업인**(조특법 제66조 제4항, 조특령 제63조 제4항)

「농업 · 농촌 및 식품산업 기본법」 제3조 제2호에 따른 농업인이어야 한다.

농어업경영체 육성 및 지원에 관한 법률

제2조 【정의】

이 법에서 사용하는 용어의 뜻은 다음과 같다.

1. "농업인"이란 「농업 · 농촌 및 식품산업 기본법」 제3조 제2호에 따른 농업인을 말한다.
2. "농업법인"이란 제16조에 따른 영농조합법인과 제19조에 따른 농업회사법인을 말한다.
3. "농업경영체"란 농업인과 농업법인을 말한다.
4. "어업인"이란 「수산업 · 어촌 발전 기본법」 제3조 제3호에 따른 어업인을 말한다.
5. "어업법인"이란 제16조에 따른 영어조합법인과 제19조에 따른 어업회사법인을 말한다.
6. "어업경영체"란 어업인과 어업법인을 말한다.
7. "농어업경영체"란 농업경영체와 어업경영체를 말한다.
8. "농어촌 관광휴양사업"이란 「농어촌정비법」 제2조 제16호 가목부터 다목까지의 사업을 말한다.

제4조 【농어업경영정보의 등록】

① 농어업 · 농어촌에 관련된 융자 · 보조금 등을 지원받으려는 농어업경영체는 다음 각 호의 사항(이하 "농어업경영정보"라 한다)을 등록하여야 한다. 등록한 사항 중 대통령령으로 정하는 중요한 사항이 변경된 경우에도 또한 같다.
   1. 농업경영체: 「농업 · 농촌 및 식품산업 기본법」 제40조에 따른 농지 · 축사 · 임야 · 원예시설 등 생산수단, 생산농산물, 생산방법 및 가축사육 마릿수 등 농업경영 관련 정보 및 융자 · 보조금 등의 수령정보로서 대통령령으로 정하는 것(이하 "농업경영정보"라 한다)
   2. 어업경영체: 「수산업 · 어촌 발전 기본법」 제27조에 따른 어선 · 양식시설 등 생산수단, 생산수산물, 생산방법 및 어업생산규모 등 어업경영 관련 정보 및 융자 · 보조금 등의 수령정보로서 대통령령으로 정하는 것

② 농어업경영정보의 등록 또는 변경등록의 유효기간은 등록 또는 변경한 날부터 3년으로 한다.

③ 농어업경영정보의 등록기준은 대통령령으로 정한다.

④ 제1항 및 제2항에 따른 농어업경영정보의 등록 및 변경 절차와 농어업경영정보 등록부의 작성 · 관리 등에 필요한 사항은 농림축산식품부령 또는 해양수산부령으로 정한다.

제16조 【영농조합법인 및 영어조합법인의 설립신고 등】

① 협업적 농업경영을 통하여 생산성을 높이고 농산물의 출하 · 유통 · 가공 · 수출 및 농어촌 관광

휴양사업 등을 공동으로 하려는 농업인 또는 「농업 · 농촌 및 식품산업 기본법」 제3조 제4호에 따른 농업 관련 생산자단체(이하 "농업생산자단체"라 한다)는 5인 이상을 조합원으로 하여 영농조합법인(營農組合法人)을 설립할 수 있다.

② 협업적 수산업경영을 통하여 생산성을 높이고 수산물의 출하 · 유통 · 가공 · 수출 및 농어촌 관광휴양사업 등을 공동으로 하려는 어업인 또는 「수산업 · 어촌 발전 기본법」 제3조 제5호에 따른 어업 관련 생산자단체(이하 "어업생산자단체"라 한다)는 5인 이상을 조합원으로 하여 영어조합법인(營漁組合法人)을 설립할 수 있다.

③ 영농조합법인 및 영어조합법인을 설립하려는 자는 대통령령으로 정하는 바에 따라 주된 사무소의 소재지를 관할하는 시장(특별자치도의 경우에는 특별자치도지사를, 특별자치시의 경우 특별자치시장을 말한다. 이하 같다) · 군수 · 구청장(자치구의 구청장을 말한다. 이하 같다)에게 신고하여야 한다. 신고한 사항 중 대통령령으로 정하는 중요한 사항이 변경되는 경우 또는 해산하는 경우에도 같은 방법으로 변경신고 또는 해산신고를 하여야 한다.

④ 시장 · 군수 · 구청장은 제3항에 따른 설립신고, 변경신고 또는 해산신고를 받은 날부터 20일 이내에 설립신고수리, 변경신고수리 또는 해산신고수리 여부를 신고인에게 통지하여야 한다.

⑤ 시장 · 군수 · 구청장이 제4항에서 정한 기간 내에 설립신고수리, 변경신고수리 또는 해산신고수리 여부나 민원 처리 관련 법령에 따른 처리기간의 연장을 신고인에게 통지하지 아니하면 그 기간(민원 처리 관련 법령에 따라 처리기간이 연장 또는 재연장된 경우에는 해당 처리기간을 말한다)이 끝난 날의 다음 날에 설립신고수리, 변경신고수리 또는 해산신고수리를 한 것으로 본다.

⑥ 시장 · 군수 · 구청장은 제3항에 따라 영농조합법인 및 영어조합법인의 설립신고를 받은 때에는 농림축산식품부장관 또는 해양수산부장관에게 그 사실을 통보하여야 한다.

⑦ 영농조합법인 및 영어조합법인의 출자, 정관 기재사항 및 해산 등에 필요한 사항과 제3항부터 제6항까지에서 규정한 사항 외에 영농조합법인 및 영어조합법인의 설립신고, 변경신고, 해산신고, 신고의 반려 또는 보완 등에 필요한 사항은 대통령령으로 정한다.

⑧ 영농조합법인 및 영어조합법인에 관하여 이 법에서 규정한 사항 외에는 「민법」 중 조합에 관한 규정을 준용한다.

농업 · 농촌 및 식품산업 기본법

제3조【정의】

2. "농업인"이란 농업을 경영하거나 이에 종사하는 자로서 대통령령으로 정하는 기준에 해당하는 자를 말한다.
4. "생산자단체"란 농업 생산력의 증진과 농업인의 권익보호를 위한 농업인의 자주적인 조직으로서 대통령령으로 정하는 단체를 말한다.

농업 · 농촌 및 식품산업 기본법 시행령(농업식품기본법시행령)

제3조【농업인의 기준】

① 법 제3조 제2호에서 "대통령령으로 정하는 기준에 해당하는 자"란 다음 각 호의 어느 하나에 해당하는 사람을 말한다.

1. 1천 제곱미터 이상의 농지(「농어촌정비법」 제98조에 따라 비농업인이 분양받거나 임대받은 농어촌

주택 등에 부속된 농지는 제외한다)를 경영하거나 경작하는 사람
2. 농업경영을 통한 농산물의 연간 판매액이 120만원 이상인 사람
3. 1년 중 90일 이상 농업에 종사하는 사람
4. 「농어업경영체 육성 및 지원에 관한 법률」 제16조 제1항에 따라 설립된 영농조합법인의 농산물 출하 · 유통 · 가공 · 수출활동에 1년 이상 계속하여 고용된 사람
5. 「농어업경영체 육성 및 지원에 관한 법률」 제19조 제1항에 따라 설립된 농업회사법인의 농산물 유통 · 가공 · 판매활동에 1년 이상 계속하여 고용된 사람

② 삭제
③ 제1항에 따른 농업인의 확인 방법 등에 관하여 필요한 사항은 농림축산식품부장관이 정하여 고시한다.

### (2) 조항별 적용시한 확인

① 영농조합법인의 소득(조특법 제66조 제1항)

2026년 12월 31일 이전에 끝나는 과세연도까지 적용한다.

② 조합원의 배당소득(조특법 제66조 제2항)

2026년 12월 31일까지 받는 배당소득에 대하여 적용한다.

③ 현물출자 양도소득(조특법 제66조 제4항 · 제7항)

2026년 12월 31일 이전에 현물출자함으로써 발생하는 소득에 대하여 적용한다.

### (3) 조항별 규정 업종의 요건 충족 확인

업종에 관한 별도의 규정은 없다.

### (4) 본점 및 사업장 소재지 등 확인

본점 및 사업장 소재지에 따른 차등적용 및 적용배제 규정은 없다.

### (5) 감면/공제 적용의 배제

① 과세표준 무신고 시 적용배제(조특법 제128조 제2항)

「법인세법」 제66조【결정 및 경정】 제1항에 따라 내국인의 과세표준을 결정하는 경우와 「국세기본법」 제45조의 3에 따라 과세표준을 기한 후 신고를 하는 경우에는 조세특례 적용을 배제한다.

② 과세표준의 경정 등의 경우 적용배제(조특법 제128조 제3항)

「법인세법」 제66조【결정 및 경정】 제2항에 따라 신고한 과세표준에 오류 또는 누락으로 과세표준을 경정하는 경우(아래 '③ 세법상 협력의무 불이행 등 적용배제 사유'로 인한 경정의 경우 제외)와 과세표준 수정신고서를 제출한 과세표준과 세액을 경정할 것을 미리 알고 제출한 경우에는 과소신고금액에 대하여 조세특례 적용을 배제한다.

③ 세법상 협력의무 불이행 등 적용배제(조특법 제128조 제4항)

사업자가 사업용 계좌의 미신고, 현금영수증 가입의무 사업자의 미가입 등의 사유가 있는 경우에는 조세특례를 적용하지 아니한다.

④ 매매계약서 허위작성의 경우 적용배제(조특법 제129조 제1항 · 제2항, 소법 제94조 제1항)

㉠ 토지[「공간정보의 구축 및 관리 등에 관한 법률」에 따라 지적공부(地籍公簿)에 등록하여야 할 지목에 해당하는 것을 말한다] 또는 건물(건물에 부속된 시설물과 구축물을 포함) 부동산을 취득할 수 있는 권리(건물이 완성되는 때에 그 건물과 이에 딸린 토지를 취득할 수 있는 권리를 포함), 지상권, 전세권과 등기된 부동산임차권을 매매하는 거래당사자가 매매계약서의 거래가액을 실지거래가액과 다르게 적은 경우에는 해당 자산에 대하여 「소득세법」 제91조【양도소득세 비과세 또는 감면의 배제 등】 제2항에 따라 이 법에 따른 양도소득세의 비과세 및 감면을 제한한다.

㉡ "㉠"에서 규정하는 자산의 미등기 양도하는 경우 양도소득세의 비과세 및 감면에 관한 규정을 적용하지 아니한다.

## 3. 법인세 면제 등의 세부내용

### (1) 영농조합법인의 법인세 면제

「농어업경영체 육성 및 지원에 관한 법률」 제4조에 따라 농어업경영정보를 등록한 영농조합법인(이하 "영농조합법인")에 대해서는 곡물 및 기타 식량작물재배업에서 발생하는 소득(이하 "식량작물재배업소득") 전액과 식량작물재배업소득 외의 소득 중 다음에 정하는 범위의 금액에 대하여 법인세를 면제한다(조특법 제66조 제1항, 조특령 제63조 제1항).

「농어업경영체 육성 및 지원에 관한 법률 시행령」 제20조의 5 제1항에 따른 영농조합법인의 사업에서 발생한 소득으로서 다음 어느 하나에 해당하는 소득금액을 말한다.

① 곡물 및 기타 식량작물재배업(이하 "식량작물재배업") 외의 작물재배업에서 발생하는 소득금액으로서 각 사업연도별로 다음의 계산식에 따라 계산한 금액 이하의 금액

$$\text{조합원수} \times 6\text{억원} \times \frac{\text{사업연도월수}}{12} \times \frac{\text{식량작물재배업 외의 작물재배업에서 발생하는 소득금액}}{\text{식량작물재배업 외의 작물재배업에서 발생하는 수입금액}}$$

② 작물재배업에서 발생하는 소득을 제외한 소득금액으로서 각 사업연도별로 다음의 계산식에 따라 계산한 금액 이하의 금액

$$\text{조합원수} \times 12{,}000{,}000\text{원} \times \frac{\text{사업연도월수}}{12}$$

**농어업경영체 육성 및 지원에 관한 법률 시행령**

**제20조의 5【농업법인 및 어업법인의 사업범위】**

① 법 제19조의 4 제1항에서 "농업의 경영, 농산물의 공동 출하 · 유통 · 가공 등 대통령령으로 정하는 사업"이란 다음 각 호의 사업을 말한다.

1. 농업의 경영
2. 농산물의 출하 · 유통 · 가공 · 판매 및 수출
3. 농작업의 대행
4. 농어촌관광휴양사업
5. 「농촌융복합산업 육성 및 지원에 관한 법률」에 따른 농촌융복합산업(농촌융복합산업 사업자로서 수행하는 경우만 해당한다)
6. 다음 각 목의 부대 사업
   가. 영농에 필요한 자재의 생산 및 공급사업
   나. 영농에 필요한 종자생산 및 종균배양사업
   다. 농산물의 구매 및 비축사업
   라. 농업기계나 그 밖의 장비의 임대 · 수리 및 보관사업
   마. 소규모 관개시설(灌漑施設)의 수탁 및 관리사업
   바. 농업과 관련된 공동이용시설의 설치 · 운영

② 법 제19조의 4 제2항에서 "수산업의 경영, 수산물의 공동 출하 · 유통 · 가공 등 대통령령으로 정하는 사업"이란 다음 각 호의 사업을 말한다(2023.1.10. 개정).

1. 어업 · 양식업의 경영
2. 수산물의 출하 · 유통 · 가공 · 판매 및 수출
3. 어작업의 대행
4. 농어촌관광휴양사업
5. 「낚시 관리 및 육성법」에 따른 낚시터업
6. 「수산업법」 제62조 제1항에 따른 유어장의 운영(영어조합법인만 해당한다)
7. 「어촌 · 어항법」에 따른 어촌어항재생사업(영어조합법인만 해당한다)
8. 다음 각 목의 부대 사업
   가. 영어에 필요한 자재의 생산 및 공급사업
   나. 영어에 필요한 수산종자 생산업
   다. 수산물의 구매 및 비축사업

라. 수산장비 등의 임대 · 수리 및 보관사업

마. 수산업과 관련된 공동이용시설의 설치 · 운영

**저자주** 영농조합법인의 소득 중 감면대상소득과 대상금액 및 감면율을 요약하면 다음과 같다.

<table>
<tr><th colspan="3">법인세 면제 대상 소득</th><th>면제대상 소득금액</th><th>감면율</th></tr>
<tr><td rowspan="3">영농 조합 법인 소득</td><td rowspan="2">작물 재배업 소득</td><td>식량작물 재배업 소득</td><td>발생소득 전액</td><td rowspan="3">100%</td></tr>
<tr><td>식량작물 재배업 외 작물 재배업 소득</td><td>다음 산식에 의한 금액 이하 금액<br>$조합원수 \times 6억원 \times \frac{사업연도월수}{12} \times \frac{식량작물재배업\ 외의\ 작물재배업에서\ 발생하는\ 소득금액}{식량작물재배업\ 외의\ 작물재배업에서\ 발생하는\ 수입금액}$</td></tr>
<tr><td colspan="2">작물재배업 외의 소득</td><td>다음 산식에 의한 금액 이하 금액<br>$조합원수 \times 12,000,000원 \times \frac{사업연도월수}{12}$</td></tr>
</table>

한국표준산업분류에 따른 작물재배업을 구분하면 다음과 같다.

<table>
<tr><th>대분류</th><th>중분류</th><th>소분류</th><th>세분류</th><th>세세분류</th></tr>
<tr><td rowspan="18">농업, 임업 및 어업</td><td rowspan="16">농업</td><td rowspan="12">작물재배업</td><td>곡물 및 기타 식량 작물재배업</td><td>곡물 및 기타 식량 작물 재배업</td></tr>
<tr><td rowspan="3">채소, 화훼작물 및 종묘 재배업</td><td>채소작물 재배업</td></tr>
<tr><td>화훼작물 재배업</td></tr>
<tr><td>종자 및 묘목 생산업</td></tr>
<tr><td rowspan="2">과실, 음료용 및 향신용 작물 재배업</td><td>과실작물 재배업</td></tr>
<tr><td>음료용 및 향신용 작물 재배업</td></tr>
<tr><td>기타 작물 재배업</td><td>기타작물 재배업</td></tr>
<tr><td rowspan="2">시설작물 재배업</td><td>채소, 화훼 및 과실 작물 시설 재배업</td></tr>
<tr><td>기타 시설작물 재배업</td></tr>
<tr><td>축산업</td><td colspan="2" rowspan="4">-생 략-</td></tr>
<tr><td>작물재배 및 축산 복합농업</td></tr>
<tr><td>작물재배 및 축산 관련 서비스업</td></tr>
<tr><td>수렵 및 관련 서비스업</td></tr>
<tr><td>임업</td><td colspan="3" rowspan="2">-생 략-</td></tr>
<tr><td>어업</td></tr>
</table>

① 곡물 및 기타 식량작물재배업(세세분류기준)

| 한국표준산업분류코드 | A01110 |
|---|---|
| 분류명 | 곡물 및 기타 식량작물재배업 |
| 설 명 | 곡물작물, 식량용 뿌리작물, 콩과 작물 및 기타 식량작물을 재배하는 산업활동을 말한다. |
| 예 시 | • 벼, 보리, 밀, 수수 재배 • 감자, 고구마 재배<br>• 메밀 재배 • 옥수수, 콩, 녹두 재배 |

② 채소작물 재배업(세세분류기준)

| 한국표준산업분류코드 | A01121 |
|---|---|
| 분류명 | 채소작물 재배업 |
| 설 명 | 노지에서 각종 채소작물을 재배하는 산업활동을 말한다. 노지에서 깻잎 등과 같이 채소로 사용하기 위하여 각종 작물을 재배하는 경우에도 여기에 분류된다. |
| 예 시 | • 풋마늘, 마늘 및 풋고추 재배 • 파 및 양파 재배<br>• 아스파라거스 재배 • 잎채소 재배<br>• 참외, 수박 및 멜론, 딸기, 토마토 등 과일채소 재배 |

③ 화훼작물 재배업(세세분류기준)

| 한국표준산업분류코드 | A01122 |
|---|---|
| 분류명 | 화훼작물 재배업 |
| 설 명 | 노지에서 화초, 잔디, 관상수 등과 같은 장식, 관상, 조원 및 조경용의 수목 · 꽃 · 풀 등을 재배하는 산업활동을 말한다. |
| 예 시 | • 정원수 재배 • 조원용 풀 재배<br>• 절화용 화초 재배 • 분재 재배 |

④ 종자 및 묘목 생산업(세세분류기준)

| 한국표준산업분류코드 | A01123 |
|---|---|
| 분류명 | 종자 및 묘목 생산업 |
| 설 명 | 노지 또는 시설에서 각종 농작물의 종자, 버섯 종균, 묘목 등을 생산하는 산업활동을 말한다. |
| 예 시 | • 채소, 화초, 과수 종자 생산 • 채소, 화초, 과수 묘목 생산<br>• 화초 종근 생산 • 벼 모판 생산<br>• 버섯 종균 생산 · 접수 및 삽수 묘목 생산 |

⑤ 과실작물 재배업(세세분류기준)

| 한국표준산업분류코드 | A01131 | |
|---|---|---|
| 분류명 | 과실작물 재배업 | |
| 설 명 | 노지에서 견과(땅콩 제외)를 포함한 각종 과실작물을 재배하는 산업활동을 말한다. | |
| 예 시 | • 밤, 호두 및 대추 재배<br>• 바나나 재배<br>• 무화과 재배 | • 복숭아, 포도 및 감귤 재배<br>• 키위 및 망고스틴 재배 |

⑥ 음료용 및 향신용 작물 재배업

| 한국표준산업분류코드 | A01132 | |
|---|---|---|
| 분류명 | 음료용 및 향신용 작물 재배업 | |
| 설 명 | 노지에서 음료용 또는 향신용 작물을 재배하는 산업활동을 말한다. | |
| 예 시 | • 고추(풋고추 제외) 재배<br>• 정향 재배<br>• 커피 재배 | • 생강 재배<br>• 녹차용 작물 재배<br>• 코코아 재배 |

⑦ 기타 작물 재배업(세세분류기준)

| 한국표준산업분류코드 | A01140 | |
|---|---|---|
| 분류명 | 기타 작물 재배업 | |
| 설 명 | 노지에서 약용작물, 사료작물, 기름추출용 작물 및 공업용 원료작물 등 달리 분류되지 않은 기타 작물을 재배하는 산업활동을 말한다. | |
| 예 시 | • 인삼 재배<br>• 섬유작물 재배<br>• 유지작물 재배<br>• 낙화생(땅콩) 재배 | • 호프 재배<br>• 비 및 솔 제조용 작물 재배<br>• 조물재료용 작물 재배<br>• 잎담배 재배 |

⑧ 채소, 화훼 및 과실작물 시설 재배업(세세분류기준)

| 한국표준산업분류코드 | A01152 |
|---|---|
| 분류명 | 채소, 화훼 및 과실작물 시설 재배업 |
| 설 명 | 시설 내에서 채소, 화훼 및 과실작물을 재배하는 산업활동을 말한다.<br>〈제외〉<br>• 음료용 및 향신용, 공예용 작물 시설 재배(01159) |
| 예 시 | – |

06 지역간의 균형발전을 위한 조세특례

⑨ 기타 시설작물 재배업(세세분류기준)

| 한국표준산업분류코드 | A01159 |
| --- | --- |
| 분류명 | 기타 시설작물 재배업채소, 화훼 및 과실작물 시설 재배업 |
| 설 명 | 콩나물, 채소, 화훼 및 과실작물 이외의 각종 작물을 시설 재배하는 산업활동을 말한다.<br><br>〈제외〉<br>• 화훼작물 시설 재배(01151)<br>• 노지 및 시설 내에서 종묘생산(01123) |
| 예 시 | • 콩나물 재배<br>• 작물 배양 재배<br>• 공예작물 시설재배<br>• 버섯 재배<br>• 음료용 작물 시설재배<br>• 향신용 작물 시설재 |

### (2) 조합원 배당소득 소득세 면제

① 면제한도(조특법 제66조 제2항, 조특령 제63조 제2항)

영농조합법인의 조합원이 영농조합법인으로부터 받는 배당소득 중 식량작물재배업소득에서 발생한 배당소득 전액과 식량작물재배업소득 외의 소득에서 발생한 배당소득 중 다음에 정하는 범위의 금액에 대해서는 소득세를 면제한다.

㉠ 위 '(1) 영농조합법인의 법인세 면제 ①'에 따라 법인세가 면제되는 소득에서 발생한 배당소득의 경우에는 그 배당소득 전액

㉡ 영농조합법인의 전체 소득에서 식량작물재배업에서 발생하는 소득과 위 '(1) 영농조합법인의 법인세 면제 ①'에 따라 법인세가 면제되는 소득을 제외한 소득에서 발생한 배당소득의 경우에는 그 배당소득 중 과세연도별로 1천 200만원 이하의 금액을 말한다.

② 배당소득의 계산(조특령 제63조 제3항)

식량작물재배업소득에서 발생한 배당소득과 식량작물재배업소득 외의 소득에서 발생한 배당소득의 계산은 다음과 같이 정한다.

각 배당 시마다 다음 구분에 따른 계산식에 따라 계산한 금액으로 한다. 이 경우 각 소득금액은 배당확정일이 속하는 사업연도의 직전 사업연도에 해당하는 분으로 하며, 각 소득금액이 음수(陰數)인 경우에는 영으로 본다.

㉠ 식량작물재배업소득에서 발생한 배당소득의 경우
{영농조합법인으로부터 지급받은 배당소득×(식량작물재배업에서 발생하는 소득금액÷총 소득금액)}

㉡ 위 '(1) 영농조합법인의 법인세 면제 ①'에 따라 법인세가 면제되는 소득에서 발생한 배당

소득의 경우
{영농조합법인으로부터 지급받은 배당소득×(위 '(1) 영농조합법인의 법인세 면제 ①'에 따라 법인세가 면제되는 소득금액÷총 소득금액)}

㉢ 전체소득에서 식량작물재배업소득과 위 '(1) 영농조합법인의 법인세 면제 ①'에 따라 법인세가 면제되는 소득을 제외한 소득에서 발생한 배당소득의 경우
[영농조합법인으로부터 지급받은 배당소득×{1－(식량작물재배업에서 발생하는 소득금액＋위 '(1) 영농조합법인의 법인세 면제 ①'에 따라 법인세가 면제되는 소득금액)÷총소득금액}]

**저자주** 조합원 배당소득에 대한 소득세 면제한도와 배당소득의 계산을 요약하면 다음과 같다.

| 배당소득의 구분 | 배당소득의 계산 | 소득세가 면제되는 배당소득 |
|---|---|---|
| 식량작물재배업 소득에서 발생한 배당소득 | 영농조합법인으로부터 지급받은 배당소득 × $\frac{\text{식량작물재배업에서 발생하는 소득금액}}{\text{총소득금액}}$ | 전액 |
| 식량작물재배업 외의 작물재배업 소득 중 법인세가 면제되는 소득에서 발생한 배당소득 | 영농조합법인으로부터 지급받은 배당소득 × $\frac{\text{식량작물재배업 외의 작물재배업에서 발생하는 소득금액 중 법인세가 면제되는 소득금액}}{\text{총소득금액}}$ | 전액 |
| 작물재배업 외의 소득에서 발생한 배당소득 | 영농조합법인으로부터 지급받은 배당소득 × $\left(1-\frac{\text{식량작물재배업에서 발생하는 소득금액} + \text{식량작물재배업 외의 작물재배업에서 발생하는 소득금액 중 법인세가 면제되는 소득금액}}{\text{총소득금액}}\right)$ | 과세연도별로 1천2백만원 |

### (3) 조합원 배당소득의 저율분리과세(조특법 제66조 제3항)

영농조합법인이 조합원에게 지급하는 배당소득 중 위 '(2) 조합원 배당소득 소득세 면제'에 따라 소득세가 면제되는 금액을 제외한 배당소득으로서 2026.12.31.까지 받는 배당소득에 대한 소득세의 원천징수세율은 「소득세법」 제129조에도 불구하고 5%로 하고, 그 배당소득은 「소득세법」 제14조 제2항에 따른 종합소득과세표준에 합산하지 아니한다.

소득세법 제129조【원천징수세율】 제1항 제2호
① 원천징수의무자가 제127조 제1항 각 호에 따른 소득을 지급하여 소득세를 원천징수할 때 적용하는 세율(이하 "원천징수세율"이라 한다)은 다음 각 호의 구분에 따른다.
 2. 배당소득에 대해서는 다음에 규정하는 세율
  가. 제17조 제1항 제8호에 따른 출자공동사업자의 배당소득에 대해서는 100분의 25
  나. 그 밖의 배당소득에 대해서는 100분의 14

소득세법 제14조【과세표준의 계산】
① 거주자의 종합소득 및 퇴직소득에 대한 과세표준은 각각 구분하여 계산한다.

② 종합소득에 대한 과세표준(이하 "종합소득과세표준"이라 한다)은 제16조, 제17조, 제19조, 제20조, 제20조의 3, 제21조, 제24조부터 제26조까지, 제27조부터 제29조까지, 제31조부터 제35조까지, 제37조, 제39조, 제41조부터 제46조까지, 제46조의 2, 제47조 및 제47조의 2에 따라 계산한 이자소득금액, 배당소득금액, 사업소득금액, 근로소득금액, 연금소득금액 및 기타소득금액의 합계액(이하 "종합소득금액"이라 한다)에서 제50조, 제51조, 제51조의 3, 제51조의 4 및 제52조에 따른 공제(이하 "종합소득공제"라 한다)를 적용한 금액으로 한다.

### (4) 농지와 초지 현물출자에 따른 양도소득세의 면제(조특법 제66조 제4항)

① 농업인주1)이 농지 또는 「초지법」 제5조에 따른 초지조성허가를 받은 초지(이하 "초지"라 한다)를 영농조합법인에 현물출자함으로써 발생하는 소득(현물출자와 관련하여 영농조합법인이 인수한 채무가액에 상당하는 일정소득주2)은 제외)에 대해서는 양도소득세의 100%에 상당하는 세액을 감면한다.

주1) 농업인(조특령 제63조 제4항 전단, 조특령 제63조 제14항)

「농업·농촌 및 식품산업 기본법」 제3조 제2호에 따른 농업인으로서 현물출자하는 농지·초지 또는 부동산(이하 "농지등")이 소재하는 시(특별자치시와 「제주특별자치도 설치 및 국제자유도시 조성을 위한 특별법」 제10조 제2항에 따른 행정시를 포함)·군·구(자치구인 구를 말함), 그와 연접한 시·군·구 또는 해당 농지 등으로부터 직선거리 30킬로미터 이내에 거주하면서 4년 이상 직접 경작한 자를 말한다.

경작기간 산정 시 다음의 과세기간은 해당 거주자 또는 피상속인(피상속인의 경우 그 배우자를 포함한다)이 경작한 기간에서 제외한다.

① 해당 거주자 또는 피상속인(그 배우자를 포함)의 「소득세법」 제19조【사업소득】 제2항에 따른 사업소득금액(농업·임업에서 발생하는 소득, 같은 법 제45조【결손금 및 이월결손금의 공제】 제2항에 따른 부동산임대업에서 발생하는 소득과 같은 법 시행령 제9조【농어가부업소득의 범위】에 따른 농가부업소득은 제외한다)과 같은 법 제20조【근로소득】 제2항에 따른 총급여액의 합계액이 3천700만원 이상인 과세기간. 이 경우 사업소득금액이 음수인 경우에는 해당 금액을 0으로 본다

② 해당 거주자 또는 피상속인의 「소득세법」 제24조【총수입금액의 계산】 제1항에 따른 사업소득 총수입금액(농업·임업에서 발생하는 소득, 같은 법 제45조【결손금 및 이월결손금의 공제】 제2항에 따른 부동산임대업에서 발생하는 소득 및 같은 법 시행령 제9조【농어가부업소득의 범위】에 따른 농가부업소득은 제외한다)이 같은 법 시행령 제208조【장부의 비치·기록】 제5항 제2호 각 목의 금액 이상인 과세기간

주2) 일정소득이란 다음 산식에 의한 금액을 말한다(조특령 제63조 제15항).

$$\text{「소득세법」 제95조 제1항에 따른 양도소득금액} \times \frac{\text{현물출자한 자산에 담보된 채무}}{\text{양도가액}}$$

② 해당 농지 또는 초지가 「국토의 계획 및 이용에 관한 법률」에 따른 주거지역·상업지역 및 공업지역(이하 "주거지역등"이라 한다)에 편입되거나 「도시개발법」 또는 그 밖의 법률에 따라 환지처분(換地處分) 전에 농지 또는 초지 외의 토지로 환지예정지 지정을 받은 경우에는 주거지역등에 편입되거나, 환지예정지 지정을 받은 날까지 발생한 소득으로서 일정소득주)에 대해서만 양도소득세의 100%에 상당하는 세액을 감면한다.

주) 일정소득(조특령 제63조 제16항)

「소득세법」 제95조 제1항에 따른 양도소득금액(이하 "양도소득금액") 중 다음의 계산식에 따라 계산한 금액을 말한다. 이 경우 「공익사업을 위한 토지 등의 취득 및 보상에 관한 법률」 및 그 밖의 법률에 따라 협의매수되거나 수용되는 경우에는 보상가액 산정의 기초가 되는 기준시가를 양도 당시의 기준시가로 보며, 새로운 기준시가가 고시되기 전에 취득하거나 양도한 경우 또는 「국토의 계획 및 이용에 관한 법률」에 따른 주거지역 · 상업지역 및 공업지역(이하 "주거지역등")에 편입되거나 환지예정지 지정을 받은 날이 도래하는 경우에는 직전의 기준시가를 적용한다.

$$\text{양도소득금액} \times \left( \frac{\text{주거지역등에 편입되거나 환지예정지 지정을 받은 날의 기준시가} - \text{취득 당시 기준시가}}{\text{양도 당시 기준시가} - \text{취득 당시 기준시가}} \right)$$

③ 양도소득세 감면 농지(조특령 제63조 제5항 · 제66조 제4항)

현물출자함으로써 발생한 소득에 대하여 양도소득세가 감면되는 농지는 전 · 답으로서 지적공부상의 지목에 관계없이 실제로 경작에 사용되는 토지와 그 경작에 직접 필요한 농막 · 퇴비사 · 양수장 · 지소 · 농로 · 수로 등에 사용되는 토지로 한다. 다만, 다음 어느 하나에 해당하는 농지를 제외한다.

| 감면대상 배제 농지 | 예 외(=감면대상 포함 농지) |
|---|---|
| ⓐ 양도일 현재 특별시 · 광역시(광역시에 있는 군을 제외한다) 또는 시[「지방자치법」 제3조 제4항에 따라 설치된 도농(都農) 복합형태의 시의 읍 · 면 지역 및 「제주특별자치도 설치 및 국제자유도시 조성을 위한 특별법」 제10조 제2항에 따라 설치된 행정시의 읍 · 면 지역은 제외한다]에 있는 농지 중 「국토의 계획 및 이용에 관한 법률」에 의한 주거지역 · 상업지역 및 공업지역 안에 있는 농지로서 이들 지역에 편입된 날부터 3년이 지난 농지. | ㉮ 대규모개발사업[1] 지역(사업인정고시일이 같은 하나의 사업시행지역을 말한다) 안에서 대규모개발사업의 시행으로 인하여 「국토의 계획 및 이용에 관한 법률」에 따른 주거지역 · 상업지역 또는 공업지역에 편입된 농지로서 사업시행자의 단계적 사업시행 또는 보상지연으로 이들 지역에 편입된 날부터 3년이 지난 경우<br>1) 대규모개발사업이란 사업시행지역 안의 토지소유자가 1천명 이상이거나 사업시행면적이 100만 제곱미터, 「택지개발촉진법」에 따른 택지개발사업 또는 「주택법」에 따른 대지조성사업의 경우에는 10만 제곱미터 이상인 개발사업을 말한다(조특칙 제27조 제3항).<br>㉯ 사업시행자가 국가, 지방자치단체, 그 밖의 공공기관[2]인 개발사업지역 안에서 개발사업의 시행으로 인하여 「국토의 계획 및 이용에 관한 법률」에 따른 주거지역 · 상업지역 또는 공업지역에 편입된 농지로서 부득이한 사유[3]에 해당하는 경우<br>2) 그 밖의 공공기관이란 「공공기관의 운영에 관한 법률」에 따라 지정된 공공기관과 「지방공기업법」에 따라 설립된 지방직영기업 · 지방공사 · 지방공단을 말한다(조특칙 제27조 제4항).<br>3) 부득이한 사유란 사업 또는 보상을 지연시키는 사유로서 그 책임이 사업시행자에게 있다고 인정되는 사유를 말한다(조특칙 제27조 제5항).<br>㉰ 「국토의 계획 및 이용에 관한 법률」에 따른 주거지역 · 상업지역 및 공업지역에 편입된 농지로서 편입된 후 3년 이내에 대규모개발사업이 시행되고, |

| 감면대상 배제 농지 | 예 외(=감면대상 포함 농지) |
|---|---|
| | 대규모개발사업 시행자의 단계적 사업시행 또는 보상지연으로 이들 지역에 편입된 날부터 3년이 지난 경우(대규모개발사업지역 안에 있는 경우로 한정한다) |
| ⓑ 「도시개발법」 또는 그 밖의 법률에 따라 환지처분 이전에 농지 외의 토지로 환지예정지를 지정하는 경우에는 그 환지예정지 지정일부터 3년이 지난 농지. 다만, 환지처분에 따라 교부받는 환지청산금에 해당하는 부분은 제외한다. | — |

### (5) 현물출자 양도소득 이월과세(조특법 제66조 제7항)

농업인주)이 2026.12.31. 이전에 영농조합법인에 「농업 · 농촌 및 식품산업 기본법」 제3조 제1호에 따른 농작물재배업 · 축산업 및 임업에 직접 사용되는 부동산(위 '(4) 농지와 초지 현물출자에 따른 양도소득세의 면제'에 따른 농지 및 초지는 제외)을 현물출자하는 경우에는 이월과세를 적용받을 수 있다.

주) 농업인(조특령 제63조 제4항 후단)
「농업 · 농촌 및 식품산업 기본법」 제3조 제2호에 따른 농업인으로서 현물출자하는 농지 등이 소재하는 시 · 군 · 구, 그와 연접한 시 · 군 · 구 또는 해당 농지 등으로부터 직선거리 30킬로미터 이내에 거주하면서 4년 이상 직접 경작한 자

### (6) 조세특례의 신청(조특법 제66조 제8항)

① 법인세 면제의 경우(조특령 제63조 제7항)

법인세를 면제받으려는 영농조합법인은 과세표준신고와 함께 세액면제신청서 및 면제세액계산서와 「농어업경영체 육성 및 지원에 관한 법률」 제4조에 따른 농어업경영체 등록(변경등록) 확인서(이하 "농어업경영체 등록확인서")를 납세지 관할 세무서장에게 제출하여야 한다. 다만, 납부할 법인세가 없는 경우에는 그러하지 아니하다.

② 배당소득세 면제의 경우(조특령 제63조 제8항)

배당소득에 대한 소득세를 면제받으려는 자는 해당 배당소득을 지급받는 때에 세액면제신청서를 영농조합법인에 제출하여야 한다. 이 경우 영농조합법인은 배당금을 지급한 날이 속하는 달의 다음 달 말일까지 조합원이 제출한 세액면제신청서와 해당 영농조합법인의 농어업경영체 등록확인서를 원천징수관할세무서장에게 제출하여야 한다.

③ 양도소득세 감면 및 이월과세의 경우(조특령 제63조 제10항 · 제11항)

㉠ 신청서의 제출

양도소득세를 감면받거나 이월과세를 적용받고자 하는 자는 과세표준신고와 함께 세액감면신청서 또는 이월과세적용신청서에 해당 영농조합법인의 농어업경영체 등록 확인서와 현물출자계약서 사본을 첨부하여 납세지 관할 세무서장에게 제출하여야 한다. 이 경우 이월과세적용신청서는 영농조합법인과 함께 제출하여야 한다.

㉡ 관할 세무서장의 확인

세액감면신청서 또는 이월과세적용신청서를 제출받은 납세지 관할 세무서장은 「전자정부법」 제36조 제1항에 따른 행정정보의 공동이용을 통하여 해당 농지의 토지 등기부등본을 확인하여야 한다.

## 4. 적용 시 검토 세부내용

### (1) 감면 및 공제 중복적용 확인(조특법 제127조 제4항 · 제7항, 제133조)

① 내국인이 동일한 과세연도에 세액공제를 동시에 적용받을 수 있는 경우에는 그 중 하나만을 선택하여 적용받을 수 있다.

② 거주자가 토지 등을 양도하여 둘 이상의 양도소득세 감면규정을 동시에 적용받는 경우에는 그 거주자가 선택하는 하나의 감면규정을 적용한다. 다만, 토지 등의 일부에 대하여 특정의 감면규정을 적용하는 경우에는 남은 부분에 대하여 다른 감면규정을 적용받을 수 있다.

③ 양도소득세 감면의 종합한도 적용대상이다.

### (2) 최저한세 적용대상 확인

최저한세 적용대상이 아니다.

### (3) 이월적용 확인

영농조합법인의 법인세의 면제와 조합원의 양도소득의 면제 배당소득의 저율분리과세 등에 관한 규정으로 이월적용대상 아니다.

### (4) 농어촌특별세 비과세 확인

농어촌특별세를 비과세한다(농특법 제4조 제2호, 농특령 제4조 제1항 제1호).

## 5. 사후관리 검토

### (1) 양도소득세 감면의 경우

① 출자지분 3년 이내 양도 시 감면세액 납부

㉠ 감면세액 납부사유

양도소득세를 감면받은 자가 그 출자지분을 출자일부터 3년 이내에 다른 사람에게 양도하는 경우에는 그 양도일이 속하는 과세연도의 과세표준신고를 할 때 감면받은 세액을 양도소득세로 납부하여야 한다(조특법 제66조 제5항).

㉡ 납부할 양도소득세 세액의 계산

납부는 농지를 현물출자하기 전에 자경하였던 기간과 현물출자 후 출자지분양도시까지의 기간을 합한 기간이 8년 미만인 경우에 한정한다(조특령 제63조 제6항).

$$\text{해당 농지에 대한 감면세액} \times \frac{\text{3년 이내에 양도한 출자지분}}{\text{총출자지분}}$$

㉢ 상속받은 농지의 경작기간을 계산할 때 상속인이 상속받은 농지를 1년 이상 계속하여 경작하는 경우(현물출자하는 농지 등이 소재하는 시 · 군 · 구, 그와 연접한 시 · 군 · 구 또는 해당 농지 등으로부터 직선거리 30킬로미터 이내에 거주하면서 경작하는 경우를 말한다) 다음 각 기간은 상속인이 이를 경작한 기간으로 본다(조특령 제63조 제6항 · 제14항).

ⓐ 피상속인이 취득하여 경작한 기간(직전 피상속인의 경작 기간으로 한정한다)

ⓑ 피상속인이 배우자로부터 상속받아 경작한 사실이 있는 경우에는 피상속인의 배우자가 취득하여 경작한 기간

ⓒ 경작기간 산정 시 다음의 과세기간은 해당 거주자 또는 피상속인(피상속인의 경우 그 배우자를 포함한다)이 경작한 기간에서 제외한다.

① 해당 거주자 또는 피상속인(그 배우자를 포함)의 「소득세법」 제19조【사업소득】 제2항에 따른 사업소득금액(농업 · 임업에서 발생하는 소득, 같은 법 제45조【결손금 및 이월결손금의 공제】 제2항에 따른 부동산임대업에서 발생하는 소득과 같은 법 시행령 제9조【농어가부업소득의 범위】에 따른 농가부업소득은 제외한다)과 같은 법 제20조【근로소득】 제2항에 따른 총급여액의 합계액이 3천 700만원 이상인 과세기간. 이 경우 사업소득금액이 음수인 경우에는 해당 금액을 0으로 본다.

② 해당 거주자 또는 피상속인의 「소득세법」 제24조【총수입금액의 계산】 제1항에 따른 사업소득 총수입금액(농업 · 임업에서 발생하는 소득, 같은 법 제45조【결손금 및 이월결손금의 공제】 제2항에 따른 부동산임대업에서 발생하는 소득 및 같은 법 시행령 제9조【농어가부업소득의 범위】에 따른 농가부업소득은 제외한다)이 같은 법 시행령 제208조【장부의 비치 · 기록】 제5항 제2호 각 목의 금액(1억5천만원) 이상인 과세기간

② 이자상당가산액의 계산

가산할 이자상당액은 다음과 같이 계산한다(조특령 제63조 제9항).

이자상당액 = 납부하여야 할 세액에 상당액 × 기간주) × 1일 22/100,000

주) 기간 : 당초 현물출자한 농지 등에 대한 양도소득세 예정신고 납부기한의 다음 날 ~ 세액의 납부일

### (2) 양도소득세 이월과세의 경우(조특법 제66조 제9항 · 제10항)

① 출자지분 3년 이내 처분 시 이월과세액 납부(조특법 제66조 제9항)

㉠ 이월과세액 납부사유

농업인이 현물출자로 취득한 주식 또는 출자지분의 50% 이상을 출자일부터 3년 이내에 처분하는 경우에는 처분일이 속하는 달의 말일부터 2개월 이내에 이월과세액(해당 영농조합법인이 이미 납부한 세액을 제외한 금액을 말한다)을 양도소득세로 납부하여야 한다.

㉡ 납부할 양도소득세 세액(조특령 제63조 제13항)

양도소득세는 해당 부동산을 현물출자하기 전에 직접 사용하였던 기간과 현물출자 후 주식 또는 출자지분의 처분일까지의 기간을 합한 기간이 8년 미만인 경우에 납부한다. 이 경우 상속받은 부동산의 사용기간을 계산할 때 피상속인이 사용한 기간은 상속인이 사용한 기간으로 본다.

납부하여야 하는 세액 = 이월과세액 전액

㉢ 50% 이상을 처분하는 경우의 판단기준(조특령 제63조 제12항 ⇒ 조특령 제28조 제10항)

처분은 주식 또는 출자지분의 유상이전, 무상이전, 유상감자 및 무상감자(주주 또는 출자자의 소유주식 또는 출자지분 비율에 따라 균등하게 소각하는 경우는 제외한다)를 포함한다. 다만, 다음 어느 하나에 해당하는 경우에는 그러하지 아니하다.

ⓐ 법 제31조【중소기업 간의 통합에 대한 양도소득세의 이월과세 등】제1항을 적용받은 내국인(이하 이 조에서 "해당 내국인"이라 한다)이 사망하거나 파산하여 주식 또는 출자지분을 처분하는 경우

ⓑ 해당 내국인이 「법인세법」 제44조【합병 시 피합병법인에 대한 과세】제2항에 따른 합병이나 같은 법 제46조【분할 시 분할법인등에 대한 과세】제2항에 따른 분할의 방법으로 주식 또는 출자지분을 처분하는 경우

ⓒ 해당 내국법인이 법 제38조【주식의 포괄적 교환 · 이전에 대한 과세특례】에 따른 주식의 포괄적 교환 · 이전 또는 법 제38조의 2【주식의 현물출자 등에 의한 지주회사의 설립 등에 대한 과세특례】에 따른 주식의 현물출자의 방법으로 과세특례를 적용받으

면서 주식 또는 출자지분을 처분하는 경우

ⓓ 해당 내국인이 「채무자 회생 및 파산에 관한 법률」에 따른 회생절차에 따라 법원의 허가를 받아 주식 또는 출자지분을 처분하는 경우

ⓔ 해당 내국인이 법령상 의무를 이행하기 위하여 주식 또는 출자지분을 처분하는 경우

ⓕ 해당 내국인이 가업의 승계를 목적으로 해당 가업의 주식 또는 출자지분을 증여하는 경우로서 수증자가 법 제30조의 6【가업의 승계에 대한 증여세 과세특례】에 따른 증여세 과세특례를 적용받은 경우

② 이자상당가산액의 계산

가산할 이자상당액은 다음과 같이 계산한다(조특령 제63조 제9항).

이자상당액 = 납부하여야 할 세액에 상당액 × 기간주) × 1일 22/100,000

주) 기간 : 당초 현물출자한 농지 등에 대한 양도소득세 예정신고 납부기한의 다음 날 ~ 세액의 납부일

# Ⅱ 집행기준 기본통칙 질의회신

## 1. 집행기준

없음

## 2. 기본통칙

없음

## 3. 질의회신

| 제 목 | 내 용 |
|---|---|
| 영농조합법인의 고정자산처분이익이 법인세 면제대상 소득인지 여부 | 「농어업경영체 육성 및 지원에 관한 법률」에 따른 영농조합법인이 작물재배업(부추)에 사용하던 부추 보관 창고를 양도하여 처분이익이 발생한 경우 해당 처분이익은 「조세특례제한법」 제66조 제1항에 따른 법인세 면제 대상 소득에 해당하지 않는 것임.<br>조특, 서면-2021-법인-7077 [법인세과-2052], 2021.11.24. |
| 영농조합법인에 대한 감면소득의 범위 | 조합원들이 직접 기른 한우를 판매하는 한우직매장에서 발생하는 소득은 작물재배업 외의 소득에 해당하나, 조합원들이 직접 기른 한우를 요리하여 판매하는 음식점에서 발생하는 소득은 작물재배업 외의 소득에 해당하지 않음.<br>조특, 서면-2019-법인-0672 [법인세과-1277], 2020.4.10. |
| 「조세특례제한법」 제68조 제2항에 따라 감면받은 양도소득세를 추징하는 경우 "출자일"을 언제로 보는지 | 「조세특례제한법」 제68조 제2항에 따라 양도소득세를 감면받은 자가 그 출자지분을 출자일부터 3년 이내에 다른 사람에게 양도하는 경우 감면받은 세액을 추징하는 것임.<br>양도, 서면-2019-부동산-0612 [부동산납세과-750], 2019.7.23. |
| 영농조합법인의 토지 양도소득이 농업 외 소득으로써 법인세 면제 대상 여부 | 「농어업경영체 육성 및 지원에 관한 법률」에 의한 영농조합법인의 토지 양도소득은 「조세특례제한법」 제66조의 규정에 의하여 법인세가 면제되는 소득에 해당하지 아니하는 것임.<br>조특, 서면-2015-법인-2383 [법인세과-941], 2016.4.19. |

| 제 목 | 내 용 |
| --- | --- |
| 공익사업 수용으로 인한 부동산 양도 소득금액이 조세특례제한법 제66조에 의한 법인세 면제가 가능한지 여부 등 | 영농조합법인이 부동산 수용으로 인한 보상수익은 법인세가 면제되는 식량작물재배업소득 외의 소득에 해당하지 아니함.<br>조특, 서면-2014-법인-21937 [법인세과-2640], 2015.11.26. |
| 법인세가 면제되는 영농조합법인 '농업소득 외의 소득' 범위 | 영농조합법인이 조합원 외의 농업인, 농업협동조합으로부터 구입한 산지농산물을 가공 · 유통하는 사업은 법인세가 면제되는 농업소득 외의 소득에 해당하는 것임.<br>조특, 기획재정부 법인세제과-608, 2014.8.22. |
| 영농조합법인 등에 대한 법인세 면제 등의 대상 | 영농조합법인이 조세특례제한법 제66조 제1항 및 같은 법 시행령 제63조 제1항의 법인세 감면을 적용할 수 있는지 여부에 대하여는 농업 · 농촌기본법 제15조 제3항의 규정에 의하여 조합원에 해당하는 경우에는 같은 조세특례제한법 규정에 의거 감면을 적용받을 수 있는 것이나, 준조합원인 경우에는 감면 적용을 받을 수 없는 것임.<br>서면인터넷방문상담2팀-1852, 2004.9.6. |
| 영농조합법인이 경작하던 농지가 수용되어 지방자치단체로부터 지급받은 영농손실보상금의 농업소득 해당여부 | 영농조합법인이 경작하던 농지가 수용되어 지방자치단체로부터 지급받은 영농손실보상금은 조세특례제한법 제66조에 따라 법인세가 면제되는 농업소득에 해당하는 것임.<br>기획재정부 법인세제과-335, 2014.5.20. |
| 영농조합법인이 영위하는 음식 · 숙박업에서 발생한 소득이 「농어업경영체 육성 및 지원에 관한 법률 시행령」 제11조 제1항에 따른 "그 밖에 영농조합법인의 목적을 달성하기 위하여 정관에서 정하는 사업"에서 발생한 소득으로 볼 수 있는지 여부 | 조세특례제한법」 제66조 제1항에 따라 법인세를 일부 면제하는 "작물재배업에서 발생하는 소득 외의 소득"에는 영농조합법인이 「농어업경영체 육성 및 지원에 관한 법률」에 따른 농어촌 관광휴양사업에 해당하지 않는 음식 · 숙박업을 영위하여 발생하는 소득은 포함되지 않는 것임.<br>서면-2017-법인-0255, 2017.9.18. |
| 영농조합법인이 국가 또는 지방자치단체, 제3자로부터 지급받은 보조금이 '농업 외 소득'에 해당하는지 여부 | 영농조합법인이 국가 또는 지방자치단체로부터 계란집하장 및 관리실 신축, 계란포장재 디자인 및 구입을 위해 지급받은 보조금과 제3자로부터 무상으로 받은 자산수증이익이나 기타 이자수익, 장려금, 후원금 등은 법인세가 면제되는 「조세특례제한법」 제66조 제1항의 '농업소득 외의 소득'에 해당하지 아니하는 것임<br>재법인-346, 2011.4.21. |

| 제 목 | 내 용 |
| --- | --- |
| 영농조합법인의 출자자인 조합원이 해산으로 인하여 받는 배당소득으로서 조세특례제한법 제66조에 규정하는 비과세 및 저율 분리과세를 적용 받을 수 있는지 여부 | 영농조합법인의 출자자인 조합원이 해산으로 인하여 받는 의제배당소득은 조세특례제한법 제66조의 과세특례를 적용함.<br>원천세과-116, 2009.1.9. |

## 1. 회사 정보 공통사항

나라영농조합법인은 「농어업경영체 육성 및 지원에 관한 법률」에 따른 영농조합법인이다. 사업연도는 매년 1월 1일부터 12월 31일이다. 본점은 강원도 횡성군에 소재한다.

2024년과 2025년 사업연도의 나라영농조합법인의 총매출액과 각 소득구분은 다음과 같다.

| 구 분 | | 수 익 | 비 용 | 소 득 |
|---|---|---|---|---|
| 2024년 | 벼농사 | 6,687,148,200 | 6,115,362,010 | 571,786,190 |
| | 토마토 농사 | 3,558,961,450 | 3,300,920,160 | 258,041,290 |
| | 냉장창고 운영 | 925,620,000 | 779,850,000 | 145,770,000 |
| | 한우식당 운영 | 650,000,000 | 589,520,000 | 60,480,000 |
| | 합 계 | 11,821,729,650 | 10,785,652,170 | 1,036,077,480 |
| 2025년 | 벼농사 | 7,241,170,240 | 6,562,282,260 | 678,887,980 |
| | 토마토 농사 | 3,933,742,020 | 3,618,535,180 | 315,206,840 |
| | 냉장창고 운영 | 879,500,000 | 689,952,000 | 189,548,000 |
| | 한우식당 운영 | 791,520,000 | 709,960,000 | 81,560,000 |
| | 합 계 | 12,845,932,260 | 11,580,729,440 | 1,265,202,820 |

2025년 4월 15일 조합원들에게 배당금을 지급하였으며 조합원별 배당금 내역은 다음과 같다. 조합원은 모두 「농업 · 농촌 및 식품산업 기본법」 제3조 제2호에 다른 농업인 자격을 갖추고 있다.

| 조합원 | 생년월일 | 구성지분 | 구성원별 배당금 |
|---|---|---|---|
| 김유민 | 1973.04.12. | 1/6 | 87,500,000 |
| 강나라 | 1969.11.03. | 1/6 | 87,500,000 |
| 장미리 | 1981.07.02. | 1/6 | 87,500,000 |
| 김형신 | 1991.03.15. | 1/6 | 87,500,000 |
| 김정운 | 1981.04.21. | 1/6 | 87,500,000 |
| 한동진 | 1961.11.02. | 1/6 | 87,500,000 |
| 지분합계 | | 100% | 525,000,000 |

위의 자료를 이용하여 나라영농조합법인의 2025년 법인세 납부세액 및 조합원의 배당소득에 대한 원천징수세액을 산출하시오.

**풀이**

1. 기본검토사항

<table>
<tr><th colspan="2">구 분</th><th colspan="2">검토요건 또는 확인사항</th></tr>
<tr><td rowspan="6">적용 여부 검토</td><td rowspan="2">① 당해 법인 등의 요건 충족 확인</td><td>법인세 면제 감면</td><td>「농어업경영체 육성 및 지원에 관한 법률」에 따른 영농조합법인이므로 요건충족</td></tr>
<tr><td>배당소득세 면제</td><td>「농업 · 농촌 및 식품산업 기본법」 제3조 제2호에 다른 농업인 자격을 갖춘 조합원이 배당금 수령하므로 요건충족</td></tr>
<tr><td>② 각 조항별 적용시한 확인</td><td colspan="2">2026년 12월 31일까지 적용되므로 요건 충족</td></tr>
<tr><td>③ 각 조항별 규정 업종의 요건 충족 확인</td><td colspan="2">업종에 관한 별도의 규정 없으므로 요건 충족</td></tr>
<tr><td>④ 본점 및 사업장 소재지 등 확인</td><td colspan="2">본점 및 사업장 소재지에 따른 차등적용 및 적용배제 규정 없으므로 요긴 충족</td></tr>
<tr><td>⑤ 감면/공제 적용의 배제</td><td colspan="2">영농조합법인의 과세표준 신고 등 제반 신고의무 이행하므로 적용배제되지 않음</td></tr>
<tr><td rowspan="5">적용 시 검토</td><td>⑥ 감면/공제 중복적용 확인</td><td colspan="2">영농조합법인이 법인세 감면에 대하여 세액공제를 적용받지 않으면 중복적용 배제사항은 없음</td></tr>
<tr><td>⑦ 최저한세 적용대상 확인</td><td colspan="2">최저한세 적용대상 아님</td></tr>
<tr><td rowspan="2">⑧ 이월적용 여부 확인</td><td>법인세 감면분</td><td>영농조합 법인세는 세액감면이므로 이월적용 대상 아님</td></tr>
<tr><td>배당소득세 감면분</td><td>조합원의 배당소득에 대한 세액감면이므로 이월적용 대상 아님</td></tr>
<tr><td>⑨ 농어촌특별세 비과세 확인</td><td colspan="2">농어촌특별세 비과세</td></tr>
<tr><td>사후 관리</td><td>⑩ 공제감면 후 사후관리 규정</td><td colspan="2">농지 등의 현물출자로 취득한 주식을 3년 이내 양도 등의 경우 면제세액과 이자상당액을 납부</td></tr>
</table>

2. 법인세 면제 및 감면세액의 계산

(1) 나라영농조합법인의 소득을 구분하여 보면 다음과 같다.

| 식량작물 재배소득 (벼농사) | 식량작물 외 재배소득 (토마토 농사) | 냉장창고 운영 | 한우식당 운영 | 합 계 |
|---|---|---|---|---|
| 678,887,980 | 315,206,840 | 189,548,000 | 81,560,000 | 1,265,202,820 |

① 벼농사 소득은 식량작물재배업 소득이므로 소득 678,887,980원 전액에 대하여 법인세가 면제된다.

② 토마토농사 소득은 식량작물재배업 외 작물재배업 소득으로 한도액까지의 소득에 대하여 법인세가 면제된다.

감면대상 소득

$$= \text{조합원수} \times 6\text{억원} \times \frac{\text{사업연도월수}}{12} \times \frac{\text{식량작물재배업 외의 작물재배업에서 발생하는 소득금액}}{\text{식량작물재배업 외의 작물재배업에서 발생하는 수입금액}}$$

$$= 6\text{명} \times 6\text{억원} \times \frac{12}{12} \times \frac{315,206,840}{3,933,742,020}$$

$$= 288,464,424\text{원}$$

③ 냉장창고 운영(창고업) 소득은 작물재배업 외의 소득(「농업경영체 육성 및 지원에 관한 법률」 시행령 제20조의 5 제1항 제6호 부대사업)으로서 조합원 1인당 12,000,000원까지 법인세가 면제된다.

$$\text{감면대상 소득 한도} = \text{조합원수} \times 12,000,000\text{원} \times \frac{\text{사업연도월수}}{12}$$

$$= 6\text{명} \times 12,000,000\text{원} \times \frac{12}{12} = 72,000,000\text{원}$$

∴ 감면대상 소득 = Min(189,548,000원, 72,000,000원) = 72,000,000원

④ 한우식당 운영 소득은 「농어업경영체 육성 및 지원에 관한 법률」 시행령 제20조의5 제1항 제4호 농어촌관광휴양사업으로 분류되는 소득이 아니므로 면제대상 소득이 아니다.

(2) 법인세 산출세액 및 면제세액 계산

① 법인세 산출세액

= 200,000,000원 × 9% + (1,265,202,820 − 200,000,000) × 19%

= 18,000,000원 + 1,065,202,820원 × 19%

= 18,000,000원 + 202,388,535원

= 220,388,535원

② 면제세액의 계산

㉠ 면제세액

$$\text{면제세액} = 220,388,535\text{원} \times \frac{(678,887,980 + 288,464,424 + 72,000,000)}{1,265,202,820} \times 100\%$$

$$= 181,047,141\text{원}$$

㉡ 감면세액

식량작물외 작물재배업 소득 중 면제되는 한도를 초과한 금액 26,742,416원(=315,206,840원 − 288,464,424원)과 냉장창고운영 소득 중 면제되는 한도를 초과한 금액 117,548,000원(=189,548,000원 − 72,000,000원)은 조세특례제한법 제7조【중소기업특별세액감면】 규정을 적용할 수 있으며, 제66조【영농조합법인 등에 대한 법인세의 면제 등】 규정은 다른 세액감면과 중복적용이 가능하다.

$$\text{감면세액} = 220,388,535\text{원} \times \frac{(26,742,416 + 117,548,000)}{1,265,202,820} \times 15\%$$

$$= 3,770,140\text{원}$$

∴ 면제세액 및 감면세액 합계 = 181,047,141원 + 3,770,140원

= 184,817,281원

3. 배당소득세 면제세액의 계산

(1) 배당소득의 재원별 소득구분

2025년 4월 15일에 지급한 배당소득의 지급재원별 소득구분을 위해서는 앞서 살펴본 바와 같이 법인의 소득을 다음과 같이 구분하여야 한다. 실무에서는 12월 말 결산법인의 경우 3월에 법인세 신고 시 소득구분에 따른 법인세 신고를 한 후 4월 배당금 지급 시 신고서상 소득구분의 내용에 따라 배당소득의 재원을 구분하면 된다.

| 배당소득의 재원별 구분 | 배당소득 재원별 배당소득의 구분계산 | |
|---|---|---|
| ㉠ 식량작물재배업의 배당소득 | 영농조합법인으로부터 지급받은 배당소득 $\times \dfrac{\text{식량작물재배업에서 발생하는 소득금액}}{\text{총소득금액}}$ | |
| | $87,500,000원 \times \dfrac{571,786,190원}{1,036,077,480원}$ | ≒ 48,289,141원 |
| ㉡ 식량작물재배업외 작물재배업의 배당소득 | 영농조합법인으로부터 지급받은 배당소득 $\times \dfrac{\text{식량작물재배업외 작물재배업에서 발생하는 소득금액 중 면제되는 소득금액}}{\text{총소득금액}}$ | |
| | $87,5000,000원 \times \dfrac{258,041,290원}{1,036,077,480원}$<br>2024년도 식량작물재배업 외의 작물재배업 소득의 법인세 면제 한도<br>Min(①, ②) = 258,041,290<br>① 6명×6억원×258,041,290/3,558,961,450 = 261,016,776<br>② 258,041,290 | ≒ 21,792,398원 |
| ㉢ 그 외 소득의 배당소득 | 영농조합법인으로부터 지급받은 배당소득 $\times \left(1 - \dfrac{\text{식량작물재배업에서 발생하는 소득금액 + 식량작물재배업 외의 작물재배업에서 발생하는 소득금액 중 법인세가 면제되는 소득금액}}{\text{총소득금액}}\right)$ | |
| | $87,500,000원 \times \left(1 - \dfrac{571,786,190원 + 258,041,290원}{1,036,077,480원}\right)$ | ≒17,418,460원 |

(2) 감면대상 배당소득의 계산

① 감면대상 배당소득 = ㉠ + ㉡ + Min(17,418,460원, 12,000,000원)
= 48,289,141원 + 21,792,398원 + 12,000,000원
= 82,081,539원

② 5% 저율 분리과세 배당소득 = 87,500,000원 − 82,081,539원
= 5,418,461원

(3) 원천징수세액

① 배당소득세 = 5,418,461원 × 5% = 270,920원

② 지방소득세 = 270,920원 × 10% = 27,090원

③ 합 계 = 270,920원 + 27,090원 = 298,010원

[별지 제47호 서식] (2015.3.13. 개정)

# 영농조합법인 면제세액계산서

(앞쪽)

| 제출법인 | ① 법인명 : 나라영농조합법인 | ② 사업자등록번호 : 203-81-63108 |
|---|---|---|
| | ③ 대표자 성명 : 김 유 민 | ④ 생년월일 : 1973년 04월 12일 |
| | ⑤ 주소 또는 본점 소재지 : 강원도 횡성군 강림면 태종로 (전화번호 : 033-2231-7027) | |

| 과세연도 | 2025년 01월 01일부터 2025년 12월 31일까지 |
|---|---|

| 면제세액 계산내용 | | |
|---|---|---|
| 소득금액 | ⑥ 식량작물재배업소득금액 | 678,887,980 |
| | ⑦ 식량작물재배업소득 외의 소득 중 면제대상 소득금액(⑧ + ⑨) | 504,754,840 |
| | ⑧ 식량작물재배업 외의 작물재배업에서 발생하는 소득금액 | 315,206,840 |
| | ⑨ 작물재배업에서 발생하는 소득을 제외한 소득금액 | 189,548,000 |
| | ⑩ 면제대상이 아닌 소득금액(⑥ 및 ⑦ 외의 소득) | 81,560,000 |
| | ⑪ 소득금액 계(⑥ + ⑦ + ⑩) | 1,265,202,820 |
| ⑫ 식량작물재배업 외의 작물재배업 소득(⑧) 중 면제대상 소득금액 한도액 | | $315,206,840 \times \frac{6억원 \times 조합원\ 수(4명) \times \frac{12}{12}}{3,933,742,020} = 288,464,424$ |
| ⑬ 작물재배업 외의 소득(⑨) 중 면제대상 소득금액 한도액 | | $1,200만원 \times 조합원\ 수(4명) \times \frac{12}{12} = 72,000,000$ |
| ⑭ 면제대상 소득금액 계 [⑥ + (⑧과 ⑫ 중 작은 금액) + (⑨와 ⑬ 중 작은 금액)] | | 1,039,352,404 |
| ⑮ 면제세액 $\left(법\ 제66조제1항\ 적용\ 전\ 산출세액 \times \frac{면제대상\ 소득}{과세표준}\right)$ | | 181,047,141 |

「조세특례제한법 시행령」 제63조 제7항에 따라 위와 같이 영농조합법인에 대한 법인세 면제세액계산서를 제출합니다.

2026년 3월 31일

신청인 나라영농조합법인 김 유 민 (서명 또는 인)

**원주 세무서장** 귀하

210mm×297mm[백상지 80g/㎡ 또는 중질지 80g/㎡]

[별지 제8호 서식 부표 2] (2021.3.16. 개정) (앞쪽)

| 사업연도 | 2025.1.1. ~ 2025.12.31. | 공제감면세액계산서(2) | 법인명 | ㈜나라 |
|---|---|---|---|---|
| | | | 사업자등록번호 | 203-81-63108 |

| ① 구 분 | | 근거법 조 항 | ② 계산명세 | ③ 감면대상 세액 | ④ 최저한세 적용감면 배제금액 | ⑤ 감면세액 (③-④) | ⑥ 적용사유 발생일 |
|---|---|---|---|---|---|---|---|
| 조세특례제한법 | **영농조합법인 감면** | **법 제66조** | 220,388,535 × (687,887,980 + 288,464,424 + 72,000,000) / 1,265,202,820 × 100/100 | 181,047,141 | | 181,047,141 | 2025-12-31 |
| | **중소기업에 대한특별세액 감면** | **법 제7조** | 220,338,535 × 144,290,416 / 1,265,202,820 × 15/100 | 3,770,140 | | 3,770,140 | 2025-12-31 |
| | | | | | | | |
| | | | | | | | |
| | | | | | | | |
| | | | | | | | |
| | | | | | | | |
| | | | | | | | |
| | | | | | | | |
| | | | | | | | |
| | | | | | | | |
| | | | | | | | |
| | | | | | | | |
| | | | | | | | |
| | | | | | | | |
| | | | | | | | |
| **합 계** | | | | 184,817,281 | ※ | 184,817,281 | |

210mm×297mm[백상지 80g/㎡ 또는 중질지 80g/㎡]

[별지 제23호 서식(1)] (2025.3.21. 개정)

**[✓] 이자 · 배당소득 원천징수영수증**
**[ ] 이자 · 배당소득 지 급 명 세 서**

**[✓] 소득자 보관용**
**[ ] 발행자 보관용**
**[ ] 발행자 보고용**

※ 제2쪽, 제3쪽의 작성방법을 읽고 작성하여 주시기 바라며, [ ]에는 해당되는 곳에 √표를 합니다. (4쪽 중 제1쪽)

| 접수번호 | 접수일 | 관리번호 | 처리기간 즉시 |
|---|---|---|---|

| 구분 | | | | |
|---|---|---|---|---|
| 징 수 의무자 | ① 법인명(상호)<br>나라영농조합 | ①-1 영문법인명(상호) | ② 대표자(성명)<br>김 유 민 | ③ 사업자등록번호<br>203-81-63108 |
| | ④ 주민(법인)등록번호<br>110111-******* | ⑤ 소재지 또는 주소<br>강원도 횡성군 강림면 태종로 (033-2231-7027) | | |

| 구분 | | | | | | | | |
|---|---|---|---|---|---|---|---|---|
| 소득자 | ⑥ 성명(상호)<br>김 유 민 | ⑦ 주민(사업자)등록번호<br>730412-******* | ⑦-1 비거주자 생년월일 | ⑧ 소득자구분코드<br>111 | | | | |
| | ⑨ 주 소 | ⑩ 거주구분<br>[✓] 거주자 | [ ] 비거주자 | ⑪ 거주지국<br>대한민국 | ⑪-1 거주지국코드<br>KR | ⑫ 계좌번호 (발행번호) | ⑬ 신탁 이익 여부<br>[ ] 여 | [✓ ] 부 |

지 급 명 세

| ⑭ 지급일 연 | ⑭ 지급일 월 | ⑭ 지급일 일 | ⑮ 귀속연월 연 | ⑮ 귀속연월 월 | ⑯ 과세 구분 | ⑰ 소득의 종류 | ⑱ 조세 특례 등 | ⑲ 금융 상품 코드 | ⑳ 유가증권 표준코드 (유가증권 발행사업자 등록번호) | ㉑ 채권 이자 구분 | ㉒ 지급 대상 기간 | ㉓ 이자율 등 | ㉔ 지급액 (소득금액) | ㉕ 세율 (%) | 원천징수세액 ㉖ 소득세 | ㉗ 법인세 | ㉘ 지방 소득세 | ㉙ 농어촌 특별세 | ㉚ 계 |
|---|---|---|---|---|---|---|---|---|---|---|---|---|---|---|---|---|---|---|---|
| 2025 | 4 | 15 | 2025 | 4 | E | 51 | PI | A52 | 2138163108 | | | | 82,081,539 | 0% | | | | | |
| | | | | | | | | | | | | | | | | | | | |
| | | | | | | | | | | | | | | | | | | | |
| | | | | | | | | | | | | | | | | | | | |
| | | | | | | | | | | | | | | | | | | | |
| | | | | | | | | | | | | | | | | | | | |
| | | | | | | | | | | | | | | | | | | | |
| | | | | | | | | | | | | | | | | | | | |
| | | | | | | | | | | | | | | | | | | | |

위의 원천징수세액(수입금액)을 정히 영수(지급)합니다.

2025년 4월 15일

징수(보고)의무자 나라영농조합 김 유 민 (서명 또는 인)

**원주 세무서장** 귀하

210mm×297mm[백상지80g/㎡ 또는 중질지80g/㎡]

[별지 제23호 서식(1)] (2025.3.21. 개정)

| | |
|---|---|
| [✓] 이자 · 배당소득 원천징수영수증<br>[ ] 이자 · 배당소득 지 급 명 세 서 | [✓] 소득자 보관용<br>[ ] 발행자 보관용<br>[ ] 발행자 보고용 |

※ 제2쪽, 제3쪽의 작성방법을 읽고 작성하여 주시기 바라며, [ ]에는 해당되는 곳에 √표를 합니다. (4쪽 중 제1쪽)

| 접수번호 | 접수일 | 관리번호 | 처리기간 즉시 |
|---|---|---|---|

| 구분 | | | | |
|---|---|---|---|---|
| 징 수 의무자 | ① 법인명(상호)<br>나라영농조합 | ①-1 영문법인명(상호) | ② 대표자(성명)<br>김 유 민 | ③ 사업자등록번호<br>203-81-63108 |
| | ④ 주민(법인)등록번호<br>110111-******* | ⑤ 소재지 또는 주소<br>강원도 횡성군 강림면 태종로 (033-2231-7027) | | |

| 구분 | | | | | | | | | |
|---|---|---|---|---|---|---|---|---|---|
| 소득자 | ⑥ 성명(상호)<br>김 유 민 | ⑦ 주민(사업자)등록번호<br>730412-******* | | | ⑦-1 비거주자 생년월일 | | ⑧ 소득자구분코드<br>111 | | |
| | ⑨ 주 소 | ⑩ 거주구분 | | ⑪ 거주지국 | ⑪-1 거주지국 코드 | ⑫ 계좌번호 (발행번호) | ⑬ 신탁 이익 여부 | | |
| | | [✓] 거주자 | [ ] 비거주자 | 대한민국 | KR | | [ ] 여 | [✓ ] 부 | |

지 급 명 세

| ⑭ 지급일 | | | ⑮ 귀속연월 | | ⑯ 과세 구분 | ⑰ 소득의 종류 | ⑱ 조세 특례 등 | ⑲ 금융 상품 코드 | ⑳ 유가증권 표준코드 (유가증권발 행사업자 등록번호) | ㉑ 채권 이자 구분 | ㉒ 지급 대상 기간 | ㉓ 이자율 등 | ㉔ 지급액 (소득금액) | ㉕ 세율 (%) | 원 천 징 수 세 액 | | | | |
|---|---|---|---|---|---|---|---|---|---|---|---|---|---|---|---|---|---|---|---|
| 연 | 월 | 일 | 연 | 월 | | | | | | | | | | | ㉖ 소득세 | ㉗ 법인세 | ㉘ 지방 소득세 | ㉙ 농어촌 특별세 | ㉚ 계 |
| 2025 | 4 | 15 | 2025 | 4 | L | 51 | PI | A52 | 2138163108 | | | | 5,418,461 | 5% | 270,920 | | 27,090 | | 298,010 |
| | | | | | | | | | | | | | | | | | | | |
| | | | | | | | | | | | | | | | | | | | |
| | | | | | | | | | | | | | | | | | | | |
| | | | | | | | | | | | | | | | | | | | |
| | | | | | | | | | | | | | | | | | | | |
| | | | | | | | | | | | | | | | | | | | |
| | | | | | | | | | | | | | | | | | | | |
| | | | | | | | | | | | | | | | | | | | |

위의 원천징수세액(수입금액)을 정히 영수(지급)합니다.

2025년 4월 15일

징수(보고)의무자 나라영농조합 김 유 민 (서명 또는 인)

**원주 세무서장** 귀하

210mm×297mm[백상지80g/㎡ 또는 중질지80g/㎡]

[별지 제48호 서식] (2015.3.13. 개정)

# 세액면제신청서 (영농조합법인이 지급하는 배당소득)

| 접수번호 | 접수일 | 처리기간 | 즉시 |
|---|---|---|---|

| 신청인 | ① 성명 | 김 유 민 | ② 주민등록번호 | 730412-******* |
|---|---|---|---|---|
| | ③ 주소 (전화번호 : ) | | | |
| 영농조합 | ④ 법 인 명 | 나라영농조합 | ⑤ 사업자등록번호 | 203-81-63108 |
| | ⑥ 대표자 성명 | 김 유 민 | ⑦ 법인등록번호 | 110111-******* |
| | ⑧ 주소 또는 본점 소재지 | 강원도 횡성군 강림면 태종로 (033-2231-7027) | | |

| 신 청 내 용 | | |
|---|---|---|
| ⑨ | 과세기간 | 2025년 01월 01일부터<br>2025년 12월 31일까지 |
| ⑩ | 해당 과세기간 중 영농조합법인으로부터 지급받은 배당소득 | 87,500,000 |
| ⑪ | 배당확정일이 속하는 사업연도의 직전 사업연도 총소득금액 | 1,036,077,480 |
| ⑫ | 배당확정일이 속하는 사업연도의 직전 사업연도의 식량작물재배업 소득 및 「조세특례제한법 시행령」 제63조제1항제1호에 따라 법인세가 면제되는 소득금액 | 829,827,480 |
| ⑬ | 식량작물재배업소득 및 「조세특례제한법 시행령」 제63조제1항제1호에 따라 법인세가 면제되는 소득에서 발생한 배당소득[⑩ × (⑫ ÷ ⑪)] | 70,081,539 |
| ⑭ | 감면대상배당소득 [Min(⑩−⑬, 1,200만원) + ⑬] | 82,081,539 |
| ⑮ | 원천징수대상배당소득 (⑩ − ⑭) | 5,418,461 |

「조세특례제한법 시행령」 제63조제8항에 따라 위와 같이 영농조합법인이 지급하는 배당소득에 대한 소득세 세액면제신청서를 제출합니다.

2025년 4월 15일

신청인 김 유 민 (서명 또는 인)

**원주 세 무 서 장** 귀하

210mm×297mm[백상지 80g/㎡ 또는 중질지 80g/㎡]

SECTION 06

# 제68조 【농업회사법인에 대한 법인세의 면제 등】

## I 조문내용해설

### 1. 기본검토사항

<table>
<tr><th colspan="2">구 분</th><th colspan="2">검토요건 또는 확인사항</th></tr>
<tr><td rowspan="6">적용 여부 검토</td><td rowspan="2">① 당해 법인의 중소기업요건 충족 확인</td><td colspan="2">「농어업경영체 육성 및 지원에 관한 법률」 제4조에 따라 농어업경영정보를 등록한 농업회사법인</td></tr>
<tr><td colspan="2">「농업·농촌 및 식품산업 기본법」 제3조 제2호에 따른 농업인</td></tr>
<tr><td>② 각 조항별 적용시한 확인</td><td colspan="2">2026년 12월 31일까지</td></tr>
<tr><td>③ 각 조항별 규정 업종의 요건 충족 확인</td><td colspan="2">업종에 관한 별도의 규정 없음</td></tr>
<tr><td>④ 본점 및 사업장 소재지 등 확인</td><td colspan="2">본점 및 사업장 소재지에 따른 차등적용 및 적용배제 규정 없음</td></tr>
<tr><td>⑤ 감면/공제 적용의 배제</td><td colspan="2">• 과세표준 무신고 및 경정 등의 경우와 세법상 협력의무 불이행의 경우 적용배제<br>• 매매계약서 허위작성의 경우 비과세 감면 적용배제</td></tr>
<tr><td rowspan="5">적용 시 검토</td><td>⑥ 감면/공제 중복적용 확인</td><td colspan="2">세액공제와 중복적용 배제</td></tr>
<tr><td rowspan="2">⑦ 최저한세 적용대상 확인</td><td>원칙</td><td>최저한세 적용대상</td></tr>
<tr><td>예외</td><td>작물재배업에서 발생하는 소득에 대한 법인세 면제분에 대해서는 최저한세 규정을 적용하지 않음</td></tr>
<tr><td>⑧ 이월적용 여부 확인</td><td colspan="2">농업회사법인의 법인세의 감면과 농업인의 양도소득의 면제, 출자자의 배당소득의 분리과세 등에 관한 규정으로 이월적용대상 아님</td></tr>
<tr><td>⑨ 농어촌특별세 비과세 확인</td><td colspan="2">농어촌특별세 비과세</td></tr>
</table>

| 구 분 | | 검토요건 또는 확인사항 |
|---|---|---|
| 사후 관리 | ⑩ 공제감면 후 사후관리 규정 | 농지 등의 현물출자로 취득한 주식을 3년 이내 양도 등의 경우 면제세액과 이자상당액을 납부 |

## 2. 적용여부 검토 세부내용

### (1) 당해 법인 등의 요건 충족 확인

① 영농조합법인(조특법 제68조 제1항)

「농어업경영체 육성 및 지원에 관한 법률」 제4조에 따라 농어업경영정보를 등록한 농업회사법인이어야 한다.

② 농업인(조특법 제68조 제3항, 조특령 제63조 제4항)

「농업·농촌 및 식품산업 기본법」 제3조 제2호에 따른 농업인이어야 한다.

> 농어업경영체 육성 및 지원에 관한 법률
>
> 제2조【정의】
>
> 이 법에서 사용하는 용어의 뜻은 다음과 같다.
>
> 1. "농업인"이란 「농업·농촌 및 식품산업 기본법」 제3조 제2호에 따른 농업인을 말한다.
> 2. "농업법인"이란 제16조에 따른 영농조합법인과 제19조에 따른 농업회사법인을 말한다.
> 3. "농업경영체"란 농업인과 농업법인을 말한다.
> 4. "어업인"이란 「수산업·어촌 발전 기본법」 제3조 제3호에 따른 어업인을 말한다.
> 5. "어업법인"이란 제16조에 따른 영어조합법인과 제19조에 따른 어업회사법인을 말한다.
> 6. "어업경영체"란 어업인과 어업법인을 말한다.
> 7. "농어업경영체"란 농업경영체와 어업경영체를 말한다.
> 8. "농어촌 관광휴양사업"이란 「농어촌정비법」 제2조 제16호 가목부터 다목까지의 사업을 말한다.
>
> 제4조【농어업경영정보의 등록】
>
> ① 농어업·농어촌에 관련된 융자·보조금 등을 지원받으려는 농어업경영체는 다음 각 호의 사항(이하 "농어업경영정보"라 한다)을 등록하여야 한다. 등록한 사항 중 대통령령으로 정하는 중요한 사항이 변경된 경우에도 또한 같다.
>
> 1. 농업경영체: 「농업·농촌 및 식품산업 기본법」 제40조에 따른 농지·축사·임야·원예시설 등 생산수단, 생산농산물, 생산방법 및 가축사육 마릿수 등 농업경영 관련 정보 및 융자·보조금 등의 수령정보로서 대통령령으로 정하는 것(이하 "농업경영정보"라 한다)
> 2. 어업경영체: 「수산업·어촌 발전 기본법」 제27조에 따른 어선·양식시설 등 생산수단, 생산수산물, 생산방법 및 어업생산규모 등 어업경영 관련 정보 및 융자·보조금 등의 수령정보로서 대통령령으로 정하는 것

06 지역간의 균형발전을 위한 조세특례

② 농어업경영정보의 등록 또는 변경등록의 유효기간은 등록 또는 변경한 날부터 3년으로 한다.
③ 농어업경영정보의 등록기준은 대통령령으로 정한다.
④ 제1항 및 제2항에 따른 농어업경영정보의 등록 및 변경 절차와 농어업경영정보 등록부의 작성 · 관리 등에 필요한 사항은 농림축산식품부령 또는 해양수산부령으로 정한다

제19조【농업회사법인 및 어업회사법인의 설립신고 등】
① 농업의 경영이나 농산물의 유통 · 가공 · 판매를 기업적으로 하려는 자나 농업인의 농작업을 대행하거나 농어촌 관광휴양사업을 하려는 자는 대통령령으로 정하는 바에 따라 농업회사법인(農業會社法人)을 설립할 수 있다.
② 농업회사법인을 설립할 수 있는 자는 농업인과 농업생산자단체로 하되, 농업인이나 농업생산자단체가 아닌 자도 대통령령으로 정하는 비율 또는 금액의 범위에서 농업회사법인에 출자할 수 있다.
③ 수산업의 경영이나 수산물의 유통 · 가공 · 판매를 기업적으로 하려는 자나 농어촌 관광휴양사업을 하려는 자는 대통령령으로 정하는 바에 따라 어업회사법인(漁業會社法人)을 설립할 수 있다.
④ 어업회사법인을 설립할 수 있는 자는 어업인과 어업생산자단체로 하되, 어업인이나 어업생산자단체가 아닌 자도 대통령령으로 정하는 비율 또는 금액의 범위에서 어업회사법인에 출자할 수 있다.
⑤ 농업회사법인 및 어업회사법인을 설립하려는 자는 대통령령으로 정하는 바에 따라 주된 사무소의 소재지를 관할하는 시장 · 군수 · 구청장에게 신고하여야 한다. 신고한 사항 중 대통령령으로 정하는 중요한 사항이 변경되는 경우 또는 해산하는 경우에도 같은 방법으로 변경신고 또는 해산신고를 하여야 한다.
⑥ 시장 · 군수 · 구청장은 제5항에 따른 설립신고, 변경신고 또는 해산신고를 받은 날부터 20일 이내에 설립신고수리, 변경신고수리, 해산신고수리 여부를 신고인에게 통지하여야 한다.
⑦ 시장 · 군수 · 구청장이 제6항에서 정한 기간 내에 설립신고수리, 변경신고수리 또는 해산신고수리 여부나 민원 처리 관련 법령에 따른 처리기간의 연장을 신고인에게 통지하지 아니하면 그 기간(민원 처리 관련 법령에 따라 처리기간이 연장 또는 재연장된 경우에는 해당 처리기간을 말한다)이 끝난 날의 다음 날에 설립신고수리, 변경신고수리 또는 해산신고수리를 한 것으로 본다.
⑧ 시장 · 군수 · 구청장은 제5항에 따라 농업회사법인 및 어업회사법인의 설립신고를 받은 때에는 농림축산식품부장관 또는 해양수산부장관에게 그 사실을 통보하여야 한다.
⑨ 농업회사법인 및 어업회사법인의 출자, 정관 기재사항 및 해산 등에 필요한 사항과 제5항부터 제8항까지에서 규정한 사항 외에 농업회사법인 및 어업회사법인의 설립신고, 변경신고, 해산신고, 신고의 반려 또는 보완 등에 필요한 사항은 대통령령으로 정한다.
⑩ 농업회사법인의 농업생산자단체 조합원이나 준조합원 가입에 관하여는 제17조 제4항을 준용하고 어업회사법인의 어업생산자단체 조합원이나 준조합원 가입에 관하여는 제17조 제5항과 제6항을 준용한다.

⑪ 농업회사법인 및 어업회사법인에 관하여 이 법에서 규정한 사항 외에는 「상법」 중 회사에 관한 규정을 준용한다.

### 농업 · 농촌 및 식품산업 기본법(농업식품기본법)

#### 제3조 【정의】

2. "농업인"이란 농업을 경영하거나 이에 종사하는 자로서 대통령령으로 정하는 기준에 해당하는 자를 말한다.
4. "생산자단체"란 농업 생산력의 증진과 농업인의 권익보호를 위한 농업인의 자주적인 조직으로서 대통령령으로 정하는 단체를 말한다.

### 농업 · 농촌 및 식품산업 기본법시행령(농업식품기본법시행령)

#### 제2조 【농업의 범위】

「농업 · 농촌 및 식품산업 기본법」(이하 "법"이라 한다) 제3조 제1호에 따른 농업은 다음 각 호와 같다.

1. 농작물재배업 : 식량작물 재배업, 채소작물 재배업, 과실작물 재배업, 화훼작물 재배업, 특용작물 재배업, 약용작물 재배업, 버섯 재배업, 양잠업 및 종자 · 묘목 재배업(임업용 종자 · 묘목 재배업은 제외한다)
2. 축산업 : 동물(수생동물은 제외한다)의 사육업 · 증식업 · 부화업 및 종축업(種畜業)
3. 임업: 영림업(임업용 종자 · 묘목 재배업 및 「산림문화 · 휴양에 관한 법률」과 「수목원 · 정원의 조성 및 진흥에 관한 법률」에 따른 자연휴양림, 수목원 및 정원의 조성 또는 관리 · 운영업을 포함한다) 및 임산물 생산 · 채취업

#### 제3조 【농업인의 기준】

① 법 제3조 제2호에서 "대통령령으로 정하는 기준에 해당하는 자"란 다음 각 호의 어느 하나에 해당하는 사람을 말한다.
   1. 1천 제곱미터 이상의 농지(「농어촌정비법」 제98조에 따라 비농업인이 분양받거나 임대받은 농어촌 주택 등에 부속된 농지는 제외한다)를 경영하거나 경작하는 사람
   2. 농업경영을 통한 농산물의 연간 판매액이 120만원 이상인 사람
   3. 1년 중 90일 이상 농업에 종사하는 사람
   4. 「농어업경영체 육성 및 지원에 관한 법률」 제16조 제1항에 따라 설립된 영농조합법인의 농산물 출하 · 유통 · 가공 · 수출활동에 1년 이상 계속하여 고용된 사람
   5. 「농어업경영체 육성 및 지원에 관한 법률」 제19조 제1항에 따라 설립된 농업회사법인의 농산물 유통 · 가공 · 판매활동에 1년 이상 계속하여 고용된 사람

② 삭제

③ 제1항에 따른 농업인의 확인 방법 등에 관하여 필요한 사항은 농림축산식품부장관이 정하여 고시한다.

### (2) 조항별 적용시한 확인

① 농업회사법인의 소득(조특법 제68조 제1항)

2026년 12월 31일 이전에 끝나는 과세연도까지 적용한다.

② 출자자의 배당소득(조특법 제68조 제4항)

2026년 12월 31일까지 받는 배당소득에 대하여 적용한다.

③ 현물출자 양도소득(조특법 제68조 제2항 · 제3항)

2026년 12월 31일 이전에 현물출자함으로써 발생하는 소득에 대하여 적용한다.

### (3) 조항별 규정 업종의 요건 충족 확인

업종에 관한 별도의 규정은 없다.

### (4) 본점 및 사업장 소재지 등 확인

본점 및 사업장 소재지에 따른 차등적용 및 적용배제 규정은 없다.

### (5) 감면/공제 적용의 배제

① 과세표준 무신고 시 적용배제(조특법 제128조 제2항)

「법인세법」 제66조【결정 및 경정】 제1항에 따라 내국인의 과세표준을 결정하는 경우와 「국세기본법」 제45조의 3【기한 후 신고】에 따라 과세표준을 기한 후 신고를 하는 경우에는 조세특례 적용을 배제한다.

② 과세표준의 경정 등의 경우 적용배제(조특법 제128조 제3항)

「법인세법」 제66조【결정 및 경정】 제2항에 따라 신고한 과세표준에 오류 또는 누락으로 과세표준을 경정하는 경우(아래 '③ 세법상 협력의무 불이행 등 적용배제 사유'로 인한 경정의 경우 제외)와 과세표준 수정신고서를 제출한 과세표준과 세액을 경정할 것을 미리 알고 제출한 경우에는 과소신고금액에 대하여 조세특례 적용을 배제한다.

③ 세법상 협력의무 불이행 등 적용배제(조특법 제128조 제4항)

사업자가 사업용 계좌의 미신고, 현금영수증 가입의무 사업자의 미가입 등의 사유가 있는 경우에는 조세특례를 적용하지 아니한다.

④ 매매계약서 허위작성의 경우 적용배제(조특법 제129조 제1항 · 제2항, 소법 제94조 제1항)

㉠ 토지[「공간정보의 구축 및 관리 등에 관한 법률」에 따라 지적공부(地籍公簿)에 등록하여야 할 지목

에 해당하는 것을 말한다] 또는 건물(건물에 부속된 시설물과 구축물을 포함) 부동산을 취득할 수 있는 권리(건물이 완성되는 때에 그 건물과 이에 딸린 토지를 취득할 수 있는 권리를 포함), 지상권, 전세권과 등기된 부동산임차권을 매매하는 거래당사자가 매매계약서의 거래가액을 실지거래가액과 다르게 적은 경우에는 해당 자산에 대하여 「소득세법」 제91조【양도소득세 비과세 또는 감면의 배제 등】 제2항에 따라 이 법에 따른 양도소득세의 비과세 및 감면을 제한한다.

㉡ "㉠"에서 규정하는 자산의 미등기 양도하는 경우 양도소득세의 비과세 및 감면에 관한 규정을 적용하지 아니한다.

## 3. 법인세 감면 등의 세부내용

### (1) 농업회사법인의 법인세 감면 등(조특법 제68조 제1항, 조특령 제65조 제1항 · 제2항, 조특칙 제26조 제1항 · 제2항)

농업회사법인의 법인세 감면 대상 소득 및 범위와 감면율은 다음과 같다.

| 감면대상 소득 | 소득의 범위 | 감면율 |
|---|---|---|
| 식량작물재배업소득 | 전액 | 100% 면제 |
| 식량작물재배업소득 외의 작물재배업소득 | 다음 산식에 의한 금액 이하의 금액<br>$50억원 \times \frac{사업연도\ 월수}{12} \times \frac{식량작물재배업\ 외의\ 작물재배업에서\ 발생하는\ 소득금액}{식량작물재배업\ 외의\ 작물재배업에서\ 발생하는\ 수입금액}$ | 100% 면제 |
| 작물재배업 외의 소득 | 다음 각 호의 소득(농업인이 아닌 자가 지배하는 농업회사법인[주1)]의 경우에는 소정업종[주2)]에서 발생하는 소득은 제외한다)을 말한다.<br>1. 「농업 · 농촌 및 식품산업 기본법 시행령」 제2조에 따른 축산업, 임업에서 발생한 소득<br>농업 · 농촌 및 식품산업 기본법 시행령<br>제2조(농업의 범위)<br>2. 축산업: 동물(수생동물은 제외한다)의 사육업 · 증식업 · 부화업 및 종축업(種畜業)<br>3. 임업: 영림업(임업용 종자 · 묘목 재배업 및 「산림문화 · 휴양에 관한 법률」과 「수목원 · 정원의 조성 및 진흥에 관한 법률」에 따른 자연휴양림, 수목원 및 정원의 조성 또는 관리 · 운영업을 포함한다) 및 임산물 생산 · 채취업<br>2. 「농어업경영체 육성 및 지원에 관한 법률」에 따른 농업회사법인(이하 이 조에서 "농업회사법인"이라 한다)의 갈 | 최초로 해당 소득이 발생한 과세연도(사업 개시일부터 5년이 되는 날이 속하는 과세연도까지 해당 소득이 발생하지 아니하는 경우에는 5년이 되는 날이 속하는 과세연도를 말한다)와 그 다음 과세연도의 개시일부터 4년 이내에 끝나는 과세연도까지 해당 소득에 대한 법인세의 50%를 감면한다. |

06 지역간의 균형발전을 위한 조세특례

| 감면대상 소득 | 소득의 범위 | 감면율 |
|---|---|---|
| | 은 법 시행령 제20조의 5 제1항 제6호 가목부터 마목까지의 사업에서 발생한 소득<br><br>**농어업경영체 육성 및 지원에 관한 법률 시행령**<br>제20조의 5【농업법인 및 어업법인의 사업범위】 제1항 제6호 가목부터 마목까지의 사업<br>6. 다음 각 목의 부대 사업<br>가. 영농에 필요한 자재의 생산 및 공급사업<br>나. 영농에 필요한 종자생산 및 종균배양사업<br>다. 농산물의 구매 및 비축사업<br>라. 농업기계나 그 밖의 장비의 임대 · 수리 및 보관사업<br>마. 소규모 관개시설(灌漑施設)의 수탁 및 관리사업<br>바. 농업과 관련된 공동이용시설의 설치 · 운영<br><br>3. 「농어업경영체 육성 및 지원에 관한 법률」 제19조 제1항에 따른 농산물 유통 · 가공 · 판매 및 농작업 대행에서 발생한 소득(다만, 수입 농산물의 유통 및 판매에서 발생하는 소득은 제외) | |

주1) 농업인이 아닌 자가 지배하는 농업회사법인이란 출자총액이 80억원을 초과하고 출자총액 중 「농어업경영체 육성 및 지원에 관한 법률」 제2조 제1호에 따른 농업인 및 「농업 · 농촌 및 식품산업 기본법」 제3조 제4호에 따른 농업 관련 생산자단체의 출자지분 합계의 비중이 100분의 50 미만인 농업회사법인을 말한다(조특칙 제26조 제1항).

주2) 소정업종이란 도 · 소매업 및 서비스업(작물재배 관련 서비스업은 제외)을 말한다(조특칙 제26조 제2항).

### (2) 농지와 초지 현물출자에 따른 양도소득세의 면제(조특법 제68조 제2항)

① 농업인[주1)]이 농지 또는 초지를 농업회사법인(「농지법」에 따른 농업법인의 요건을 갖춘 경우만 해당)에 현물출자함으로써 발생하는 소득(현물출자와 관련하여 농업회사법인이 인수한 채무가액에 상당하는 일정소득[주2)]은 제외)에 대해서는 양도소득세의 100분의 100에 상당하는 세액을 감면한다.

주1) 「농업 · 농촌 및 식품산업 기본법」 제3조 제2호에 따른 농업인으로서 현물출자하는 농지 · 초지 또는 부동산(이하 "농지 등")이 소재하는 시(특별자치시와 「제주특별자치도 설치 및 국제자유도시 조성을 위한 특별법」 제10조 제2항에 따른 행정시를 포함) · 군 · 구(자치구인 구를 말함), 그와 연접한 시 · 군 · 구 또는 해당 농지 등으로부터 직선거리 30킬로미터 이내에 거주하면서 4년 이상 직접 경작한 자를 말한다.
경작기간 산정 시 다음의 과세기간은 해당 거주자 또는 피상속인(피상속인의 경우 그 배우자를 포함한다)이 경작한 기간에서 제외한다.
① 해당 거주자 또는 피상속인(그 배우자를 포함)의 「소득세법」 제19조【사업소득】 제2항에 따른 사업소득금액(농업 · 임업에서 발생하는 소득, 같은 법 제45조【결손금 및 이월결손금의 공제】 제2항에 따른 부동산임대업에서 발생하는 소득과 같은 법 시행령 제9조【농어가부업소득의 범위】에 따른 농가부업소득은 제외한다)과 같은 법 제20조【근로소득】 제2항에 따른 총급여액의 합계액이 3천 700만원 이상인 과세기간. 이 경우 사업소득금액이 음수인 경우에는 해당 금액을 0으로 본다.
② 해당 거주자 또는 피상속인의 「소득세법」 제24조【총수입금액의 계산】 제1항에 따른 사업소득 총수입금액(농업 · 임업에서 발생하는 소득, 같은 법 제45조【결손금 및 이월결손금의 공제】 제2항에 따른 부동산임대업에서 발생하는

소득 및 같은 법 시행령 제9조【농어가부업소득의 범위】에 따른 농가부업소득은 제외한다)이 같은 법 시행령 제208조【장부의 비치 · 기록】 제5항 제2호 각 목의 금액 이상인 과세기간

「농지법」에 따른 농업법인의 요건을 갖춘 경우만 해당에서의 농업법인

**농지법 제2조【정의】 제3호**

3. "농업법인"이란 「농어업경영체 육성 및 지원에 관한 법률」 제16조에 따라 설립된 영농조합법인과 같은 법 제19조에 따라 설립되고 업무집행권을 가진 자 중 3분의 1 이상이 농업인인 농업회사법인을 말한다.

주2) 일정소득이란 다음 산식에 의한 금액을 말한다(조특령 제65조 제7항).

$$\text{「소득세법」 제95조 제1항에 따른 양도소득금액} \times \frac{\text{현물출자한 자산에 담보된 채무}}{\text{양도가액}}$$

② 해당 농지 또는 초지가 「국토의 계획 및 이용에 관한 법률」에 따른 주거지역 · 상업지역 및 공업지역에 편입되거나 「도시개발법」 또는 그 밖의 법률에 따라 환지처분 전에 농지 또는 초지 외의 토지로 환지예정지 지정을 받은 경우에는 주거지역등에 편입되거나, 환지예정지 지정을 받은 날까지 발생한 소득으로서 일정소득주3)에 대해서만 양도소득세의 100%에 상당하는 세액을 감면한다.

주3) 일정소득(조특령 제65조 제8항)

「소득세법」 제95조 제1항에 따른 양도소득금액(이하 "양도소득금액") 중 다음의 계산식에 따라 계산한 금액을 말한다. 이 경우 「공익사업을 위한 토지 등의 취득 및 보상에 관한 법률」 및 그 밖의 법률에 따라 협의매수되거나 수용되는 경우에는 보상가액 산정의 기초가 되는 기준시가를 양도 당시의 기준시가로 보며, 새로운 기준시가가 고시되기 전에 취득하거나 양도한 경우 또는 「국토의 계획 및 이용에 관한 법률」에 따른 주거지역 · 상업지역 및 공업지역(이하 "주거지역등")에 편입되거나 환지예정지 지정을 받은 날이 도래하는 경우에는 직전의 기준시가를 적용한다.

$$\text{양도소득금액} \times \left( \frac{\text{주거지역등에 편입되거나 환지예정지 지정을 받은 날의 기준시가} - \text{취득 당시 기준시가}}{\text{양도 당시 기준시가} - \text{취득 당시 기준시가}} \right)$$

③ 양도소득세 감면 농지(조특령 제63조 제5항, 제66조 제4항 제1호 · 제2호)

현물출자함으로써 발생한 소득에 대하여 양도소득세가 감면되는 농지는 전 · 답으로서 지적공부상의 지목에 관계없이 실제로 경작에 사용되는 토지와 그 경작에 직접 필요한 농막 · 퇴비사 · 양수장 · 지소 · 농로 · 수로 등에 사용되는 토지로 한다. 다만, 다음 어느 하나에 해당하는 농지를 제외한다.

| 감면대상 배제 농지 | 예외(=감면대상 포함 농지) |
| --- | --- |
| ⓐ 양도일 현재 특별시·광역시(광역시에 있는 군을 제외한다) 또는 시[「지방자치법」 제3조 제4항에 따라 설치된 도농(都農) 복합형태의 시의 읍·면 지역 및 「제주특별자치도 설치 및 국제자유도시 조성을 위한 특별법」 제10조 제2항에 따라 설치된 행정시의 읍·면 지역은 제외한다]에 있는 농지 중 「국토의 계획 및 이용에 관한 법률」에 의한 주거지역·상업지역 및 공업지역 안에 있는 농지로서 이들 지역에 편입된 날부터 3년이 지난 농지 | ㉮ 대규모개발사업주) 지역(사업인정고시일이 같은 하나의 사업시행지역을 말한다) 안에서 대규모개발사업의 시행으로 인하여 「국토의 계획 및 이용에 관한 법률」에 따른 주거지역·상업지역 또는 공업지역에 편입된 농지로서 사업시행자의 단계적 사업시행 또는 보상지연으로 이들 지역에 편입된 날부터 3년이 지난 경우<br>주) 대규모개발사업이란 사업시행지역 안의 토지소유자가 1천명 이상이거나 사업시행면적이 100만제곱미터. 「택지개발촉진법」에 따른 택지개발사업 또는 「주택법」에 따른 대지조성사업의 경우에는 10만제곱미터 이상인 개발사업을 말한다(조특칙 제27조 제3항). |
| | ㉯ 사업시행자가 국가, 지방자치단체, 그 밖의 공공기관주1)인 개발사업지역 안에서 개발사업의 시행으로 인하여 「국토의 계획 및 이용에 관한 법률」에 따른 주거지역·상업지역 또는 공업지역에 편입된 농지로서 부득이한 사유주2)에 해당하는 경우<br>주1) 그 밖의 공공기관이란 「공공기관의 운영에 관한 법률」에 따라 지정된 공공기관과 「지방공기업법」에 따라 설립된 지방직영기업·지방공사·지방공단을 말한다(조특칙 제27조 제4항).<br>주2) 부득이한 사유란 사업 또는 보상을 지연시키는 사유로서 그 책임이 사업시행자에게 있다고 인정되는 사유를 말한다(조특칙 제27조 제5항). |
| | ㉰ 「국토의 계획 및 이용에 관한 법률」에 따른 주거지역·상업지역 및 공업지역에 편입된 농지로서 편입된 후 3년 이내에 대규모개발사업이 시행되고, 대규모개발사업 시행자의 단계적 사업시행 또는 보상지연으로 이들 지역에 편입된 날부터 3년이 지난 경우(대규모개발사업지역 안에 있는 경우로 한정한다) |
| ⓑ 「도시개발법」 또는 그 밖의 법률에 따라 환지처분 이전에 농지 외의 토지로 환지예정지를 지정하는 경우에는 그 환지예정지 지정일부터 3년이 지난 농지. 다만, 환지처분에 따라 교부받는 환지청산금에 해당하는 부분은 제외한다. | — |

### (3) 현물출자 양도소득 이월과세(조특법 제68조 제3항 ⇒ 조특법 제66조 제9항 · 제10항)

농업인주)이 농업회사법인에 「농업 · 농촌 및 식품산업 기본법」 제3조 제1호에 따른 농작물 재배업 · 축산업 및 임업에 직접 사용되는 부동산(위 '(2) 농지와 초지 현물출자에 따른 양도소득세의 면제'에 따른 농지 및 초지는 제외)을 현물출자하는 경우에는 이월과세를 적용받을 수 있다.

주) 농업인(조특령 제63조 제4항 후단)
「농업 · 농촌 및 식품산업 기본법」 제3조 제2호에 따른 농업인으로서 현물출자하는 농지 등이 소재하는 시 · 군 · 구, 그와 연접한 시 · 군 · 구 또는 해당 농지 등으로부터 직선거리 30킬로미터 이내에 거주하면서 4년 이상 직접 경작한 자

### (4) 출자자 배당소득 소득세 면제와 분리과세

① 배당소득의 소득세 면제(조특법 제68조 제4항)
식량작물재배업소득에서 발생한 배당소득 전액에 대해서는 소득세를 면제한다.

② 배당소득의 분리과세(조특법 제68조 제4항, 조특령 제65조 제2항 · 제3항)
식량작물재배업 외 작물재배업소득과 다음의 부대사업 등 소득에서 발생한 배당소득은 「소득세법」 제14조 제2항에 따른 종합소득과세표준에 합산하지 아니한다.

**부대사업 등 소득(조특령 제65조 제2항)**

㉠ 「농업 · 농촌 및 식품산업 기본법 시행령」 제2조에 따른 축산업, 임업에서 발생한 소득
㉡ 「농어업경영체 육성 및 지원에 관한 법률」에 따른 농업회사법인(이하 이 조에서 "농업회사법인"이라 한다)의 같은 법 시행령 제20조의 5 제1항 제6호 가목부터 마목까지의 사업에서 발생한 소득

농어업경영체 육성 및 지원에 관한 법률 시행령
제20조의 5【농업법인 및 어업법인의 사업범위】 제1항 제6호 가목부터 마목까지의 사업
6. 다음 각 목의 부대 사업
가. 영농에 필요한 자재의 생산 및 공급사업
나. 영농에 필요한 종자생산 및 종균배양사업
다. 농산물의 구매 및 비축사업
라. 농업기계나 그 밖의 장비의 임대 · 수리 및 보관사업
마. 소규모 관개시설(灌漑施設)의 수탁 및 관리사업
바. 농업과 관련된 공동이용시설의 설치 · 운영

㉢ 「농어업경영체 육성 및 지원에 관한 법률」 제19조 제1항에 따른 농산물 유통 · 가공 · 판매 및 농작업 대행에서 발생한 소득(다만, 수입 농산물의 유통 및 판매에서 발생하는 소득은 제외)

「소득세법」 제14조【과세표준의 계산】
① 거주자의 종합소득 및 퇴직소득에 대한 과세표준은 각각 구분하여 계산한다.
② 종합소득에 대한 과세표준(이하 "종합소득과세표준"이라 한다)은 제16조, 제17조, 제19조, 제20조, 제20조의 3, 제21조, 제24조부터 제26조까지, 제27조부터 제29조까지, 제31

조부터 제35조까지, 제37조, 제39조, 제41조부터 제46조까지, 제46조의 2, 제47조 및 제47조의 2에 따라 계산한 이자소득금액, 배당소득금액, 사업소득금액, 근로소득금액, 연금소득금액 및 기타소득금액의 합계액(이하 "종합소득금액"이라 한다)에서 제50조, 제51조, 제51조의 3, 제51조의 4 및 제52조에 따른 공제(이하 "종합소득공제"라 한다)를 적용한 금액으로 한다.

③ 배당소득의 계산(조특령 제65조 제4항)

식량작물재배업소득에서 발생한 배당소득과 식량작물재배업소득 외의 소득에서 발생한 배당소득의 계산은 다음과 같이 정한다.

각 배당 시마다 다음 구분에 따른 계산식에 따라 계산한 금액으로 한다. 이 경우 각 소득금액은 배당확정일이 속하는 사업연도의 직전 사업연도에 해당하는 분으로 하며, 각 소득금액이 음수(陰數)인 경우에는 영으로 본다.

㉠ 식량작물재배업소득에서 발생한 배당소득의 경우

$$\text{농업회사법인으로부터 지급받은 배당소득} \times \frac{\text{식량작물재배업에서 발생하는 소득금액}}{\text{총소득금액}}$$

㉡ 부대사업등 소득 및 식량작물재배업 외의 작물재배업에서 발생하는 소득에서 발생한 배당소득의 경우

$$\text{농업회사법인으로부터 지급받은 배당소득} \times \frac{\text{부대사업등 소득금액(㉠, ㉡,㉢)+식량작물재배업 외의 작물재배업에서 발생하는 소득금액}}{\text{총소득금액}}$$

### (5) 조세특례의 신청

① 법인세 면제의 경우(조특령 제65조 제5항)

법인세를 면제받으려는 농업회사법인은 과세표준신고와 함께 세액감면신청서 및 면제세액계산서와 농어업경영체 등록확인서를 납세지 관할 세무서장에게 제출하여야 한다.

② 양도소득세 감면 및 이월과세의 경우

㉠ 신청서의 제출(조특령 제65조 제5항)

양도소득세를 감면받거나 이월과세를 적용받고자 하는 자는 과세표준신고와 함께 세액감면신청서, 면제세액계산서 또는 이월과세적용신청서와 농어업경영체 등록확인서를 납세지 관할 세무서장에게 제출하여야 한다. 이 경우 이월과세적용신청서는 농업회사법인과 함께 제출하여야 한다.

㉡ 관할 세무서장의 확인(조특령 제63조 제11항)

세액감면신청서 또는 이월과세적용신청서를 제출받은 납세지 관할 세무서장은 「전자정부법」 제36조 제1항에 따른 행정정보의 공동이용을 통하여 해당 농지의 토지 등기부등본을 확인하여야 한다.

③ 배당소득세 면제의 경우(조특령 제65조 제6항)

배당소득에 대한 소득세를 면제받으려는 자는 해당 배당소득을 지급받는 때에 세액면제신청서를 농업회사법인에 제출하여야 한다. 이 경우 농업회사법인은 배당금을 지급한 날이 속하는 달의 다음 달 말일까지 조합원이 제출한 세액면제신청서와 해당 농업회사법인의 농어업경영체 등록확인서를 원천징수관할세무서장에게 제출하여야 한다.

## 4. 적용 시 검토 세부내용

### (1) 감면 및 공제 중복적용 확인(조특법 제127조 제4항 · 제7항, 제133조)

① 내국인이 동일한 과세연도에 세액공제를 동시에 적용받을 수 있는 경우에는 그 중 하나만을 선택하여 적용받을 수 있다.

② 거주자가 토지 등을 양도하여 둘 이상의 양도소득세 감면규정을 동시에 적용받는 경우에는 그 거주자가 선택하는 하나의 감면규정을 적용한다. 다만, 토지 등의 일부에 대하여 특정의 감면규정을 적용받는 경우에는 남은 부분에 대하여 다른 감면규정을 적용받을 수 있다.

③ 양도소득세 감면의 종합한도 적용대상이다.

### (2) 최저한세 적용대상 확인

① 원 칙

최저한세 적용대상이다(조특법 제132조 제1항 제4호).

② 예 외

작물재배업에서 발생하는 소득에 대한 법인세 면제분에 대해서는 최저한세규정을 적용하지않는다(조특법 제132조 제1항 제4호 라목).

### (3) 이월적용 확인

농업회사법인의 법인세의 감면, 양도소득의 면제 및 배당소득의 면제 등에 관한 규정으로 이월적용대상이 아니다.

### (4) 농어촌특별세 비과세 확인

농어촌특별세를 비과세한다(농특법 제4조 제2호, 농특령 제4조 제1항 제1호).

## 5. 사후관리 검토

### (1) 양도소득세 감면의 경우(조특법 제68조 제6항 ⇒ 조특법 제66조 제5항 · 제6항 · 제8항)

① 출자지분 3년 이내 양도 시 감면세액 납부(조특법 제66조 제5항)

㉠ 감면세액 납부사유(조특법 제66조 제5항)

양도소득세를 감면받은 자가 그 출자지분을 출자일부터 3년 이내에 다른 사람에게 양도하는 경우에는 그 양도일이 속하는 과세연도의 과세표준신고를 할 때 감면받은 세액을 양도소득세로 납부하여야 한다.

㉡ 납부할 양도소득세 세액의 계산(조특령 제63조 제6항)

납부는 농지를 현물출자하기 전에 자경하였던 기간과 현물출자 후 출자지분양도 시까지의 기간을 합한 기간이 8년 미만인 경우에 한정한다.

$$\text{납부하여야 하는 세액} = \text{해당 농지에 대한 감면세액} \times \frac{\text{3년 이내에 양도한 출자지분}}{\text{총출자지분}}$$

㉢ 상속받은 농지의 경작기간을 계산할 때 상속인이 상속받은 농지를 1년 이상 계속하여 경작하는 경우(현물출자하는 농지 등이 소재하는 시 · 군 · 구, 그와 연접한 시 · 군 · 구 또는 해당 농지등으로부터 직선거리 30킬로미터 이내에 거주하면서 경작하는 경우를 말한다) 다음 각 기간은 상속인이 이를 경작한 기간으로 본다(조특령 제63조 제6항 · 제14항).

ⓐ 피상속인이 취득하여 경작한 기간(직전 피상속인의 경작 기간으로 한정한다)
ⓑ 피상속인이 배우자로부터 상속받아 경작한 사실이 있는 경우에는 피상속인의 배우자가 취득하여 경작한 기간
ⓒ 경작기간 산정시 다음의 과세기간은 해당 거주자 또는 피상속인(피상속인의 경우 그 배우자를 포함한다)이 경작한 기간에서 제외한다.

① 해당 거주자 또는 피상속인(그 배우자를 포함)의 「소득세법」 제19조【사업소득】 제2항에 따른 사업소득금액(농업 · 임업에서 발생하는 소득, 같은 법 제45조【결손금 및 이월결손금의 공제】 제2항에 따른 부동산임대업에서 발생하는 소득과 같은 법 시행령 제9조【농어가부업소득의 범위】에 따른 농가부업소득은 제외한다)과 같은 법 제20조【근로소득】 제2항에 따른 총급여액의 합계액이 3천 700만원 이상인 과세기간. 이 경우 사업소득금액이 음수인 경우에는 해당 금액을 0으로 본다

> ② 해당 거주자 또는 피상속인의 「소득세법」 제24조【총수입금액의 계산】 제1항에 따른 사업소득 총수입금액(농업 · 임업에서 발생하는 소득, 같은 법 제45조【결손금 및 이월결손금의 공제】 제2항에 따른 부동산임대업에서 발생하는 소득 및 같은 법 시행령 제9조【농어가부업소득의 범위】에 따른 농가부업소득은 제외한다)이 같은 법 시행령 제208조【장부의 비치 · 기록】 제5항 제2호 각 목의 금액(1억5천만원) 이상인 과세기간

② 이자상당가산액의 계산

가산할 이자상당액은 다음과 같이 계산한다(조특령 제63조 제9항).

이자상당액 = 납부하여야 할 세액에 상당액 × 기간주) × 1일 22/100,000

주) 기간 : 당초 현물출자한 농지 등에 대한 양도소득세 예정신고 납부기한의 다음 날 ~ 세액의 납부일

### (2) 양도소득세 이월과세의 경우(조특법 제68조 제3항 ⇒ 조특법 제66조 제9항 · 제10항)

① 출자지분 3년 이내 처분 시 이월과세액 납부(조특법 제66조 제9항)

㉠ 이월과세액 납부사유

농업인이 현물출자로 취득한 주식 또는 출자지분의 50% 이상을 출자일부터 3년 이내에 처분하는 경우에는 처분일이 속하는 달의 말일부터 2개월 이내에 따른 이월과세액(해당 농업회사법인이 이미 납부한 세액을 제외한 금액을 말한다)을 양도소득세로 납부하여야 한다.

㉡ 납부할 양도소득세 세액(조특령 제63조 제13항)

양도소득세는 해당 부동산을 현물출자하기 전에 직접 사용하였던 기간과 현물출자 후 주식 또는 출자지분의 처분일까지의 기간을 합한 기간이 8년 미만인 경우에 납부한다. 이 경우 상속받은 부동산의 사용기간을 계산할 때 피상속인이 사용한 기간은 상속인이 사용한 기간으로 본다.

납부하여야 하는 세액 = 이월과세액 전액

㉢ 50% 이상을 처분하는 경우의 판단기준(조특령 제63조 제12항 ⇒ 조특령 제28조 제10항)

처분은 주식 또는 출자지분의 유상이전, 무상이전, 유상감자 및 무상감자(주주 또는 출자자의 소유주식 또는 출자지분 비율에 따라 균등하게 소각하는 경우는 제외한다)를 포함한다. 다만, 다음 어느 하나에 해당하는 경우에는 그러하지 아니하다.

ⓐ 법 제31조【중소기업 간의 통합에 대한 양도소득세의 이월과세 등】 제1항을 적용받은 내국인(이하 이 조에서 "해당 내국인"이라 한다)이 사망하거나 파산하여 주식 또는 출자지

분을 처분하는 경우

ⓑ 해당 내국인이 「법인세법」 제44조【합병 시 피합병법인에 대한 과세】 제2항에 따른 합병이나 같은 법 제46조【분할 시 분할법인등에 대한 과세】 제2항에 따른 분할의 방법으로 주식 또는 출자지분을 처분하는 경우

ⓒ 해당 내국법인이 법 제38조【주식의 포괄적 교환 · 이전에 대한 과세특례】에 따른 주식의 포괄적 교환 · 이전 또는 법 제38조의 2【주식의 현물출자 등에 의한 지주회사의 설립 등에 대한 과세특례】에 따른 주식의 현물출자의 방법으로 과세특례를 적용받으면서 주식 또는 출자지분을 처분하는 경우

ⓓ 해당 내국인이 「채무자 회생 및 파산에 관한 법률」에 따른 회생절차에 따라 법원의 허가를 받아 주식 또는 출자지분을 처분하는 경우

ⓔ 해당 내국인이 법령상 의무를 이행하기 위하여 주식 또는 출자지분을 처분하는 경우

ⓕ 해당 내국인이 가업의 승계를 목적으로 해당 가업의 주식 또는 출자지분을 증여하는 경우로서 수증자가 법 제30조의 6【가업의 승계에 대한 증여세 과세특례】에 따른 증여세 과세특례를 적용받은 경우

### ② 이자상당가산액의 계산

가산할 이자상당액은 다음과 같이 계산한다(조특령 제63조 제9항).

이자상당액 = 납부하여야 할 세액에 상당액 × 기간[주)] × 1일 22/100,000

주) 기간 : 당초 현물출자한 농지 등에 대한 양도소득세 예정신고 납부기한의 다음 날 ~ 세액의 납부일

## Ⅱ 집행기준 기본통칙 질의회신

### 1. 집행기준

없음

### 2. 기본통칙

없음

### 3. 질의회신

| 제 목 | 내 용 |
|---|---|
| 농업회사법인으로 전환 후 배당 시 농업회사법인으로터 지급받은 배당소득금액의 계산 | 상법상 일반주식회사로 설립한 법인이「농어업경영체 육성 및 지원에 관한 법률」제19조에 따른 농업회사법인으로 전환한 후 사업연도 중「상법」제462조의 3에 따라 중간배당을 실시한 경우, 농업소득 및 농업외 소득에서 발생한 배당금이란 농업회사법인으로 변경한 이후에 해당 소득에서 발생한 이익잉여금을 재원으로 지급하는 배당금을 말하는 것임. 따라서「조세특례제한법 시행령」제65조 제4항에서 정하는 세액면제신청서상의 "해당 과세기간 중 농업회사법인으로부터 지급받은 배당소득금액"은 농업회사법인으로 변경한 이후에 발생한 이익잉여금을 한도로 계산하는 것임<br>조특, 서면-2023-소득-3584 , 2024.4.29. |
| 농업회사법인으로 전환한 법인의 감면대상 소득 해당 여부 | 농업회사법인이 축산물을 유통 · 가공 · 판매함으로 인해 발생하는 소득은 제68조 제1항에 따른 법인세 감면이 적용되고, 주식회사가 농업회사법인으로 전환한 경우에는 전환 후 최초로 소득이 발생한 사업연도를 기준으로 감면이 적용되는 것임<br>조특, 서면-2021-법인-3473 [법인세과-1274], 2021.6.29. |
| 감면대상 소득에 해당하는지 여부 | 계육유통에서 발생하는 소득은 2019.1.1. 이후 개시하는 사업연도부터「조세특례제한법」제68조 제1항 및 같은 법 시행령 제65조 제2항 제3호에 따른 감면소득에 해당함.<br>조특, 서면-2019-법인-2008 [법인세과-4085], 2020.11.12. |
| 축산물 유통 · 가공 · 판매에서 발생한 소득이 감면대상 소득에 해당여부 | 농업회사법인이 축산물 유통 · 가공 · 판매에서 발생하는 소득은 2019년 1월 1일 이후 개시하는 과세연도분부터「조세특례제한법」제68조 제1항 및 같은 법 시행령 제65조 제2항 제3호에서 규정한 작물재배업에서 발생하는 소득 외의 소득에 해당하는 것임. |

| 제 목 | 내 용 |
|---|---|
| | 조특, 서면-2019-법인-4085 [법인세과-4064], 2020.11.10. |
| 식육포장처리업에서 발생한 소득이 감면대상 소득에 해당여부 | 농업회사법인이 생돈을 매입하여 도축한 돼지고기를 해체 · 분할 · 포장 등의 가공 후 유통하여 발생하는 소득은 2019년 1월 1일 이후 개시하는 과세연도분부터 「조세특례제한법」 제68조 제1항 및 같은 법 시행령 제65조 제2항 제3호에서 규정한 작물재배업에서 발생하는 소득 외의 소득에 해당하는 것임.<br>조특, 서면-2019-법인-0558 [법인세과-4063], 2020.11.10. |
| 작물재배업에서 발생하는 소득 외의 소득에 해당 여부 | 농업회사법인이 육계를 매입하여 절단 · 포장 등의 가공 후 유통하여 발생하는 소득은 2019년 1월 1일 이후 개시하는 과세연도분부터 작물재배업에서 발생하는 소득 외의 소득에 해당함.<br>조특, 서면-2019-법령해석법인-2673 [법령해석과-3609], 2020.11.5. |
| 냉동과일을 수입하여 국내에서 도소매로 판매하여 발생하는 소득에 대하여 조세특례제한법 제68조【농업회사법인에 대한 법인세의 면제 등】 규정에 따른 작물재배업에서 발생하는 소득 외의 소득으로 보아 법인세 감면을 적용받을 수 있는지 여부 | 농업회사법인이 냉동과일을 수입하여 국내에서 도소매로 판매하여 얻은 소득은 「조세특례제한법」 제66조 제1항 및 동법 시행령 제65조 제2항에 따른 작물재배업에서 발생하는 소득 외의 소득에 해당하지 않는 것임.<br>서면-2018-법인-0470, 2020.9.2. |
| 농업회사법인이 농업재해로 인해 수령한 보험금이 "조세특례제한법" 제68조의 규정에 의해 법인세가 면제되는 식량작물재배업 소득에 해당하는 것인지 여부 | 농업회사법인이 「농어업재해보험법」 제4조의 농작물재재보험에 가입한 후 농업재해로 인해 발생한 식량작물재배손실에 대응하여 보상받는 보험금은 「조세특례제한법」 제68조의 규정에 의하여 법인세가 면제되는 식량작물재배업소득에 해당하는 것임.<br>기획재정부 법인세제과-692, 2020.5.28. |
| 축산업을 영위하는 자들로부터 위탁받아 축산분뇨처리를 대행 후 지급받은 소득과 분뇨처리 과정을 통해 생산되는 친환경 액비 및 퇴비를 판매하여 발생하는 소득이 작물재배업에서 발생하는 소득 외의 소득(조특법 제68조)에 포함되는지 여부 | 「농어업경영체 육성 및 지원에 관한 법률」에 따른 농업회사법인의 「조세특례제한법」 제68조 제4항 및 같은 법 시행령 제65조 제2항 제2호에 따른 감면대상소득(농업인이 아닌 자가 지배하는 「조세특례제한법 시행규칙」 제26조 제1항에 따른 농업회사법인의 경우에는 같은 조 제2항에 따른 업종에서 발생하는 소득은 제외함)의 범위에는 축산업자들로부터 위탁을 받아 가축 분뇨처리 대행을 통해 발생하는 소득은 포함되지 않은 것이나, 「비료관리법」에 따른 비료를 생산하거나 판매하여 발생한 소득은 포함되는 것임. 다만, 귀 질의가 이에 해당하는지 여부는 구체적인 사업내용에 따라 사실판단하여야 할 사항임.<br>서면-2022-법인-1041, 2022.12.6. |

| 제 목 | 내 용 |
|---|---|
| 농약, 비료 등 살포용역이 조세특례제한법 제68조 및 조특령 제65조에 따른 농작업 대행에서 발생한 소득에 해당하여, 농업회사 법인에 대한 법인세 감면을 적용받을 수 있는지 여부 | 「농어업경영체 육성 및 지원에 관한 법률」에 따른 농업회사법인이 무인항공을 이용하여 농업인에게 제공하는 농약·비료 살포용역에서 발생한 소득은 「조세특례제한법」 제68조 제1항 및 같은 법 시행령 제65조 제2항에 따른 감면소득에 해당하는 것임.<br>서면-2018-법인-3216, 2020.9.11. |
| 농장토지 등의 수용으로 발생한 고정자산 양도소득이 감면대상인 "농업소득 외의 소득"에 해당되는지 여부 | 「농업·농촌기본법」 제16조 규정에 의하여 설립된 농업회사법인이 보유하고 있는 토지, 건물, 기계장치 등 고정자산을 양도함으로 인해 발생하는 소득은 「조세특례제한법」 제68조 제1항의 규정에 의해 감면되는 "농업소득 외의 소득"에 해당되지 아니하는 것임.<br>기획재정부 법인세제과-425, 2010.6.3. |
| 농업회사법인이 수도권과밀억제권역 안으로 본점을 이전하는 경우에도 조세특례제한법 제68조 제1항에 따라 법인세를 감면받을 수 있는지 여부 | 「농어업·농어촌 및 식품산업 기본법」에 의해 설립된 농업회사법인의 경우 「조세특례제한법 시행령」 제65조 제1항에 따른 농업소득 외의 소득에 대해서는 당해 법인이 수도권과밀억제권역 내외의 소재 여부와 관계없이 「조세특례제한법」 제6조 제1항을 준용하여 계산한 세액을 같은 법 제68조 제1항을 적용하여 감면받을 수 있는 것임.<br>법인세과-845, 2009.7.22. |

# Ⅲ 사례연구

## 1. 회사 정보 공통사항

저자주 제66조【영농조합법인 등에 대한 법인세의 면제 등】 규정과 비교를 위해 소득의 종류 및 소득금액 등의 정보는 제66조의 자료와 동일하게 구성하였음

㈜나라농업회사법인은 「농어업경영체 육성 및 지원에 관한 법률」에 따른 농업회사법인이다. 사업연도는 매년 1월 1일부터 12월 31일이다. 본점은 강원도 횡성군에 소재한다.

설립일은 2022년 1월 7일이며, 2024년과 2025년 사업연도의 ㈜나라농업회사법인의 총 매출액과 각 소득구분은 다음과 같다.

| 구 분 | | 수 익 | 비 용 | 소 득 |
|---|---|---|---|---|
| 2024년 | 벼농사 | 6,687,148,200 | 6,115,362,010 | 571,786,190 |
| | 토마토 농사 | 3,558,961,450 | 3,300,920,160 | 258,041,290 |
| | 냉장창고 운영 | 925,620,000 | 779,850,000 | 145,770,000 |
| | 한우식당 운영 | 650,000,000 | 589,520,000 | 60,480,000 |
| | 합 계 | 11,821,729,650 | 10,785,652,170 | 1,036,077,480 |
| 2025년 | 벼농사 | 7,241,170,240 | 6,562,282,260 | 678,887,980 |
| | 토마토 농사 | 3,933,742,020 | 3,618,535,180 | 315,206,840 |
| | 냉장창고 운영 | 879,500,000 | 689,952,000 | 189,548,000 |
| | 한우식당 운영 | 791,520,000 | 709,960,000 | 81,560,000 |
| | 합 계 | 12,845,932,260 | 11,580,729,440 | 1,265,202,820 |

2025년 4월 15일 출자자들에게 배당금을 지급하였으며 출자자별 배당금 내역은 다음과 같다. 출자자 모두 「농업 · 농촌 및 식품산업 기본법」 제3조 제2호에 다른 농업인 자격을 갖추고 있다.

| 출자자 | 생년월일 | 구성지분 | 구성원별 배당금 |
|---|---|---|---|
| 김유민 | 1973.04.12. | 1/6 | 87,500,000 |
| 강나라 | 1969.11.03. | 1/6 | 87,500,000 |
| 장미리 | 1981.07.02. | 1/6 | 87,500,000 |
| 김형신 | 1991.03.15. | 1/6 | 87,500,000 |
| 김정운 | 1981.04.21. | 1/6 | 87,500,000 |

| 출자자 | 생년월일 | 구성지분 | 구성원별 배당금 |
|---|---|---|---|
| 한동진 | 1961.11.02. | 1/6 | 87,500,000 |
| 지분합계 | | 100% | 525,000,000 |

위의 자료를 이용하여 농업회사법인 ㈜나라의 2025년 법인세 납부세액 및 출자자의 배당소득에 대한 원천징수세액을 산출하시오.

**풀이**

1. 기본검토사항

<table>
<tr><th colspan="2">구 분</th><th colspan="2">검토요건 또는 확인사항</th></tr>
<tr><td rowspan="7">적용 여부 검토</td><td rowspan="3">① 당해 법인 등의 요건 충족 확인</td><td rowspan="2">법인세 면제감면</td><td>「농어업경영체 육성 및 지원에 관한 법률」에 따른 농업회사법인이므로 요건충족</td></tr>
<tr><td>업종, 규모, 독립성, 졸업요건 충족 중소기업</td></tr>
<tr><td>배당소득세 면제</td><td>「농업 · 농촌 및 식품산업 기본법」 제3조 제2호에 다른 농업인 자격을 갖춘 출자자가 배당금을 수령하므로 요건충족</td></tr>
<tr><td>② 각 조항별 적용시한 확인</td><td colspan="2">2026년 12월 31일까지 적용되므로 요건 충족</td></tr>
<tr><td>③ 각 조항별 규정 업종의 요건 충족 확인</td><td colspan="2">업종에 관한 별도의 규정 없으므로 요건 충족</td></tr>
<tr><td>④ 본점 및 사업장 소재지 등 확인</td><td colspan="2">본점 및 사업장 소재지에 따른 차등적용 및 적용배제 규정 없으므로 요건 충족</td></tr>
<tr><td>⑤ 감면/공제 적용의 배제</td><td colspan="2">농업회사법인의 과세표준 신고 등 제반 신고의무 이행하므로 적용배제되지 않음</td></tr>
<tr><td rowspan="6">적용 시 검토</td><td>⑥ 감면/공제 중복적용 확인</td><td colspan="2">농업회사법인이 법인세 감면에 대하여 세액공제를 적용받지 않으면 중복적용 배제사항은 없음</td></tr>
<tr><td rowspan="2">⑦ 최저한세 적용대상 확인</td><td>원칙</td><td>최저한세 적용 대상</td></tr>
<tr><td>예외</td><td>작물재배업에서 발생한 소득의 경우에는 최저한세 적용 배제</td></tr>
<tr><td rowspan="2">⑧ 이월적용 여부 확인</td><td>법인세 감면분</td><td>농업회사법인 법인세는 세액감면이므로 이월적용 대상 아님</td></tr>
<tr><td>배당소득세 감면분</td><td>출자자의 배당소득에 대한 세액감면이므로 이월적용 대상 아님</td></tr>
<tr><td>⑨ 농어촌특별세 비과세 확인</td><td colspan="2">농어촌특별세 비과세</td></tr>
<tr><td>사후관리</td><td>⑩ 공제감면 후 사후관리 규정</td><td colspan="2">농지 등의 현물출자로 취득한 주식을 3년 이내 양도 등의 경우 면제세액과 이자상당액을 납부</td></tr>
</table>

2. 법인세 면제 및 감면세액의 계산

(1) ㈜나라농협회사법인의 소득을 구분하여 보면 다음과 같다.

| 식량작물 재배소득 (벼농사) | 식량작물 외 재배소득 (토마토 농사) | 냉장창고 운영 | 한우식당 운영 | 합 계 |
|---|---|---|---|---|
| 678,887,980 | 315,206,840 | 189,548,000 | 81,560,000 | 1,265,202,820 |

① 벼농사 소득은 식량작물재배업 소득이므로 소득 678,887,980원 전액에 대하여 법인세가 면제된다.

② 토마토농사 소득은 식량작물재배업 외 작물재배업 소득으로 한도액까지의 소득에 대하여 법인세가 면제된다.

$$\text{감면대상 소득} = \text{50억원} \times \frac{\text{사업연도 월수}}{12} \times \frac{\text{식량작물재배업 외의 작물재배업에서 발생하는 소득금액}}{\text{식량작물재배업 외의 작물재배업에서 발생하는 수입금액}}$$

$$= \text{50억원} \times \frac{12}{12} \times \frac{315,206,840}{3,933,742,020}$$

$$= 400,645,032\text{원}$$

Min(① 315,206,840원, ② 400,645,032원)

∴ 식량작물재배업외 작물재재업 소득은 315,206,840원이다.

③ 작물재배업 외의 소득

냉장창고 운영소득과 한우식당 운영소득 중 감면대상이 되는 소득은 냉장창고 운영소득이다(농어업경영체 육성 및 지원에 관한 법률 시행령 제20조의 5 제1항 제6호 바목, 농업과 관련된 공동이용시설의 설치 · 운영 사업소득).

(2) 면제 및 감면세액

① 법인세 산출세액

= 200,000,000원 × 9% + (1,265,202,820 − 200,000,000) × 19%

= 18,000,000원 + 1,065,202,820원 × 19%

= 18,000,000원 + 202,388,535원

= 220,388,535원

② 면제세액의 계산

$$면제세액 = 220,388,535원 \times \frac{(678,887,980 + 315,206,840)}{1,265,202,820} \times 100\%$$
$$= 173,163,620원$$

③ 감면세액의 계산

$$감면세액 = 220,388,535원 \times \frac{189,548,000}{1,265,202,820} \times 50\%$$
$$= 16,508,896원$$

④ 면제 및 감면세액 합계

합계 = 173,163,620원 + 16,508,896원 = 189,672,516원

### 3. 배당소득세 면제세액의 계산

#### (1) 소득세 면제 및 분리과세 배당소득의 재원별 구분

① 배당소득의 면제 소득

식량작물재배업소득에서 발생한 배당소득 전액에 대해서는 소득세를 면제한다.

② 배당소득의 분리과세 소득

식량작물재배업 외 작물재배업소득과 다음의 부대사업 등에서 발생한 배당소득은 소득세법 제14조에 따른 종합소득과세표준에 합산하지 아니한다.

다음 각 호의 소득(농업인이 아닌 자가 지배하는 농업회사법인[주1)]의 경우에는 소정업종[주2)]에서 발생하는 소득은 제외한다)을 말한다.

㉠ 「농업 · 농촌 및 식품산업 기본법 시행령」 제2조에 따른 축산업, 임업에서 발생한 소득

㉡ 「농어업경영체 육성 및 지원에 관한 법률」에 따른 농업회사법인(이하 이 조에서 "농업회사법인"이라 한다)의 같은 법 시행령 제20조의5 제1항 제6호 가목부터 마목까지의 사업에서 발생한 소득

**농어업경영체 육성 및 지원에 관한 법률 시행령**

**제20조의 5【농업법인 및 어업법인의 사업범위】** 제1항 제6호 가목부터 마목까지의 사업

6. 다음 각 목의 부대 사업
   가. 영농에 필요한 자재의 생산 및 공급사업
   나. 영농에 필요한 종자생산 및 종균배양사업

다. 농산물의 구매 및 비축사업
라. 농업기계나 그 밖의 장비의 임대 · 수리 및 보관사업
마. 소규모 관개시설(灌漑施設)의 수탁 및 관리사업
바. 농업과 관련된 공동이용시설의 설치 · 운영

ⓒ 「농어업경영체 육성 및 지원에 관한 법률」 제19조 제1항에 따른 농산물 유통 · 가공 · 판매 및 농작업 대행에서 발생한 소득(다만, 수입 농산물의 유통 및 판매에서 발생하는 소득은 제외)

주1) 농업인이 아닌 자가 지배하는 농업회사법인이란 출자총액이 80억원을 초과하고 출자총액 중 「농어업경영체 육성 및 지원에 관한 법률」 제2조 제1호에 따른 농업인 및 「농업 · 농촌 및 식품산업 기본법」 제3조 제4호에 따른 농업 관련 생산자단체의 출자지분 합계의 비중이 100분의 50 미만인 농업회사법인을 말한다(조특칙 제26조 제1항).

주2) 소정업종이란 도 · 소매업 및 서비스업(작물재배 관련 서비스업은 제외)을 말한다(조특칙 제26조 제2항).

## (2) 배당소득의 재원별 소득구분

위 '(1)' 구분별 배당소득은 다음과 계산하며, 각 소득금액은 배당확정일이 속하는 직전 사업연도의 소득금액에 의한다.

| 구분 | 배당의 재원 | 면제 또는 분리과세 배당소득의 계산 |
|---|---|---|
| 면제 | 식량작물재배업 소득 | 농업회사법인으로부터 지급받은 배당소득 × (식량작물재배업에서 발생하는 소득금액 / 총 소득금액) |
| 분리과세 | 식량작물재배업 외 작물재배업소득 및 부대사업소득 | 농업회사법인으로부터 지급받은 배당소득 × (부대사업등 소득금액(㉠,㉡,㉢)+식량작물재배업 외의 작물재배업에서 발생하는 소득금액 / 총 소득금액) |

① 면제되는 배당소득

$$\text{면제되는 배당소득} = \text{농업회사법인으로부터 지급받은 배당소득} \times \frac{\text{식량작물재배업에서 발생하는 소득금액}}{\text{총소득금액}}$$

$$= 87,500,000\text{원} \times \frac{571,786,190\text{원}}{1,036,077,480\text{원}}$$

$$= 48,289,141\text{원}$$

② 분리과세되는 배당소득

$$\text{분리과세되는 배당소득} = \text{농업회사법인으로부터 지급받은 배당소득} \times \frac{\text{부대사업등 소득금액(㉠,㉡,㉢)} + \text{식량작물재배업 외의 작물재배업에서 발생하는 소득금액}}{\text{총 소득금액}}$$

$$= 87{,}500{,}000\text{원} \times \frac{145{,}770{,}000\text{원} + 258{,}041{,}290\text{원}}{1{,}036{,}077{,}480\text{원}}$$

$$= 34{,}103{,}133\text{원}$$

③ 그 외 배당소득

= 87,500,000원 − 48,289,141원 − 34,103,133원

= 5,107,726원

④ 원천징수세액

㉠ 분리과세 배당소득

원천징수세액 = 34,103,133원 × 14% = 4,774,430원

지방소득세액 = 4,774,430원 × 10% = 477,440원

합계 = 5,251,870원

㉡ 그 외 배당소득

원천징수세액 = 5,107,726원 × 14% = 715,080원

지방소득세액 = 715,080원 × 10% = 71,500원

합계 = 786,580원

㉢ 원천징수세액 합계

원천징수세액 = 4,774,430원 + 715,080원 = 5,489,510원

지방소득세액 = 477,440원 + 71,500원 = 548,940원

[별지 제50호의 2 서식] (2024.3.22. 개정)

# 농업회사법인 면제세액계산서

(앞쪽)

<table>
<tr><td rowspan="3">제출법인</td><td>① 법인명 : 농업회사법인 나라 주식회사</td><td>② 사업자등록번호 : 203-81-63108</td></tr>
<tr><td>③ 대표자 성명 : 김 유 민</td><td>④ 생년월일 : 1973년 04월 12일</td></tr>
<tr><td colspan="2">⑤ 주소 또는 본점 소재지 : 강원도 횡성군 강림면 태종로 (전화번호 : 033-2231-7027)</td></tr>
<tr><td>과세연도</td><td colspan="2">2025년 1월 1일부터 2025년 12월 31일까지</td></tr>
</table>

<table>
<tr><td colspan="3">면제세액 계산내용</td></tr>
<tr><td rowspan="6">소득금액</td><td>⑥ 식량작물재배업소득금액</td><td>678,887,980</td></tr>
<tr><td>⑦ 식량작물재배업 외의 작물재배업에서 발생하는 소득금액</td><td>315,206,840</td></tr>
<tr><td>⑧ 작물재배업 외의 소득 중 감면대상 소득금액</td><td>189,548,000</td></tr>
<tr><td>⑨ 면제(감면)대상이 아닌 소득금액(⑥, ⑦, ⑧ 제외)</td><td>81,560,000</td></tr>
<tr><td>⑩ 「조세특례제한법 시행령」 제65조제2항에 따라 감면이 배제되는 소득금액</td><td></td></tr>
<tr><td>⑪ 소득금액 계(⑥ + ⑦ + ⑧ + ⑨)</td><td>1,265,202,820</td></tr>
<tr><td rowspan="6">면제<br>·<br>감면세액</td><td>⑫ 식량작물재배업 외의 작물재배업 소득(⑦) 중 면제 대상 소득금액 한도액</td><td>식량작물재배업 외의 작물재배업 소득금액 × (50억원 × 사업연도 월수 / 12) / 식량작물재배업 외의 작물재배업에서 발생하는 수입금액 = 400,645,032</td></tr>
<tr><td>⑬ 작물재배업소득에 대한 면제대상 소득금액 계 [⑥ + (⑦과 ⑫ 중 작은 금액)]</td><td>994,094,820</td></tr>
<tr><td>⑭ 작물재배업 소득에 대한 세액면제</td><td>법 제68조 제1항 적용 전 산출세액 × 면제대상 소득 / 과세표준 = 173,163,620</td></tr>
<tr><td>⑮ 작물재배업 외의 소득 중 감면대상 소득금액 (⑧−⑩)</td><td>189,548,000</td></tr>
<tr><td>⑯ 작물재배업 외의 소득 중 감면대상 소득금액 (⑮)에 대한 세액감면</td><td>법 제68조 제1항 적용 전 산출세액 × 감면대상 소득 / 과세표준 × 감면율 (50%) = 16,508,896</td></tr>
<tr><td>⑰ 합계(⑭ + ⑯)</td><td>189,672,516</td></tr>
</table>

「조세특례제한법 시행령」 제65조제5항에 따라 농업회사법인에 대한 법인세 면제세액계산서를 제출합니다.

2026년 3월 31일

신청인 농업회사법인 주식회사 나라 (서명 또는 인)

**원주 세무서장** 귀하

210mm×297mm[백상지 80g/㎡ 또는 중질지 80g/㎡]

[별지 제8호 서식 부표 2] (2021.3.16. 개정) (앞쪽)

| 사업연도 | 2025.1.1. ~ 2025.12.31. | 공제감면세액계산서(2) | 법인명 | 농업회사법인 ㈜나라 |
|---|---|---|---|---|
| | | | 사업자등록번호 | 203-81-63108 |

| ① 구 분 | | 근거법 조 항 | ② 계산명세 | ③ 감면대상 세액 | ④ 최저한세 적용감면 배제금액 | ⑤ 감면세액 (③-④) | ⑥ 적용사유 발생일 |
|---|---|---|---|---|---|---|---|
| 조세특례제한법 | 농업회사 법인감면 | 법 제68조 | 220,388,535×994,094,820/ 1,265,202,820×100/100 | 173,163,620 | | 173,163,620 | 2025-12-31 |
| | 농업회사 법인감면 | 법 제68조 | 220,388,535×189,548,000/ 1,265,202,820×50/100 | 16,508,896 | | 16,508,896 | 2025-12-31 |
| | | | | | | | |
| | | | | | | | |
| | | | | | | | |
| | | | | | | | |
| | | | | | | | |
| | | | | | | | |
| | | | | | | | |
| | | | | | | | |
| | | | | | | | |
| | | | | | | | |
| | | | | | | | |
| | | | | | | | |
| | | | | | | | |
| | | | | | | | |
| | | | | | | | |
| 합 계 | | | | 189,672,516 | ※ | 189,672,516 | |

210mm×297mm[백상지 80g/㎡ 또는 중질지 80g/㎡]

[별지 제23호 서식(1)] (2025.3.21. 개정)

**[✓] 이자 · 배당소득 원천징수영수증**
**[ ] 이자 · 배당소득 지 급 명 세 서**

[✓] 소득자 보관용
[ ] 발행자 보관용
[ ] 발행자 보고용

※ 제2쪽, 제3쪽의 작성방법을 읽고 작성하여 주시기 바라며, [ ]에는 해당되는 곳에 √표를 합니다. (4쪽 중 제1쪽)

| 접수번호 | 접수일 | 관리번호 | 처리기간 즉시 |
|---|---|---|---|

| 징 수 의무자 | ① 법인명(상호)<br>농업회사법인 ㈜나라 | ①-1 영문법인명(상호) | ② 대표자(성명)<br>김 유 민 | ③ 사업자등록번호<br>203-81-63108 |
|---|---|---|---|---|
| | ④ 주민(법인)등록번호<br>110111-******* | ⑤ 소재지 또는 주소<br>강원도 횡성군 강림면 태종로 (033-2231-7027) | | |

| 소득자 | ⑥ 성명(상호)<br>김 유 민 | ⑦ 주민(사업자)등록번호<br>730412-******* | ⑦-1 비거주자 생년월일 | ⑧ 소득자구분코드<br>111 | | |
|---|---|---|---|---|---|---|
| | ⑨ 주 소 | ⑩ 거주구분<br>[✓] 거주자 [ ] 비거주자 | ⑪ 거주지국<br>대한민국 | ⑪-1 거주지국 코드<br>KR | ⑫ 계좌번호 (발행번호) | ⑬ 신탁이익 여부<br>[ ] 여 [✓ ] 부 |

**지 급 명 세**

| ⑭ 지급일 | | | ⑮ 귀속연월 | | ⑯ 과세구분 | ⑰ 소득의 종류 | ⑱ 조세특례 등 | ⑲ 금융상품 코드 | ⑳ 유가증권 표준코드 (유가증권발행사업자 등록번호) | ㉑ 채권이자 구분 | ㉒ 지급대상 기간 | ㉓ 이자율 등 | ㉔ 지급액 (소득금액) | ㉕ 세율 (%) | 원 천 징 수 세 액 | | | | |
|---|---|---|---|---|---|---|---|---|---|---|---|---|---|---|---|---|---|---|---|
| 연 | 월 | 일 | 연 | 월 | | | | | | | | | | | ㉖ 소득세 | ㉗ 법인세 | ㉘ 지방소득세 | ㉙ 농어촌특별세 | ㉚ 계 |
| 2025 | 4 | 15 | 2025 | 4 | E | 51 | PI | A52 | 21381<br>63108 | | | | 48,289,141 | | | | | | |

위의 원천징수세액(수입금액)을 정히 영수(지급)합니다.

2025년 4월 15일

징수(보고)의무자 농업회사법인 ㈜나라 김 유 민 (서명 또는 인)

**원주 세무서장** 귀하

210mm×297mm[백상지80g/㎡ 또는 중질지80g/㎡]

[별지 제23호 서식(1)] (2025.3.21. 개정)

# [✓] 이자 · 배당소득 원천징수영수증 / [ ] 이자 · 배당소득 지 급 명 세 서

[✓] 소득자 보관용
[ ] 발행자 보관용
[ ] 발행자 보고용

※ 제2쪽, 제3쪽의 작성방법을 읽고 작성하여 주시기 바라며, [ ]에는 해당되는 곳에 √표를 합니다. (4쪽 중 제1쪽)

| 접수번호 | 접수일 | 관리번호 | 처리기간 즉시 |
|---|---|---|---|

| 구분 | | | | |
|---|---|---|---|---|
| 징 수 의무자 | ① 법인명(상호)<br>농업회사법인 ㈜나라 | ①-1 영문법인명(상호) | ② 대표자(성명)<br>김 유 민 | ③ 사업자등록번호<br>203-81-63108 |
| | ④ 주민(법인)등록번호<br>110111-******* | ⑤ 소재지 또는 주소<br>강원도 횡성군 강림면 태종로 (033-2231-7027) | | |

| 구분 | | | | | | | | | |
|---|---|---|---|---|---|---|---|---|---|
| 소득자 | ⑥ 성명(상호)<br>김 유 민 | ⑦ 주민(사업자)등록번호<br>730412-******* | ⑦-1 비거주자 생년월일 | ⑧ 소득자구분코드<br>111 | | | | | |
| | ⑨ 주 소 | ⑩ 거주구분 | | ⑪ 거주지국 | ⑪-1 거주지국 코드 | ⑫ 계좌번호 (발행번호) | ⑬ 신탁 이익 여부 | | |
| | | [✓] 거주자 | [ ] 비거주자 | 대한민국 | KR | | [ ] 여 | [✓] 부 | |

**지 급 명 세**

| ⑭ 지급일 | | | ⑮ 귀속연월 | | ⑯ 과세 구분 | ⑰ 소득의 종류 | ⑱ 조세 특례 등 | ⑲ 금융 상품 코드 | ⑳ 유가증권 표준코드 (유가증권 발행사업자 등록번호) | ㉑ 채권 이자 구분 | ㉒ 지급 대상 기간 | ㉓ 이자율 등 | ㉔ 지급액 (소득금액) | ㉕ 세율 (%) | 원 천 징 수 세 액 | | | | |
|---|---|---|---|---|---|---|---|---|---|---|---|---|---|---|---|---|---|---|---|
| 연 | 월 | 일 | 연 | 월 | | | | | | | | | | | ㉖ 소득세 | ㉗ 법인세 | ㉘ 지방 소득세 | ㉙ 농어촌 특별세 | ㉚ 계 |
| 2025 | 4 | 15 | 2025 | 4 | 0 | 51 | PI | A52 | 21381 63108 | | | | 34,103,133 | 14% | 4,774,430 | | 477,440 | | 5,251,870 |

위의 원천징수세액(수입금액)을 정히 영수(지급)합니다.

2025년 4월 15일

징수(보고)의무자 농업회사법인 ㈜나라 김 유 민 (서명 또는 인)

**원주 세무서장** 귀하

210mm×297mm[백상지80g/㎡ 또는 중질지80g/㎡]

[별지 제23호 서식(1)] (2025.3.21. 개정)

# [✓] 이자 · 배당소득 원천징수영수증 / [ ] 이자 · 배당소득 지 급 명 세 서

[✓] 소득자 보관용
[ ] 발행자 보관용
[ ] 발행자 보고용

※ 제2쪽, 제3쪽의 작성방법을 읽고 작성하여 주시기 바라며, [ ]에는 해당되는 곳에 √표를 합니다. (4쪽 중 제1쪽)

| 접수번호 | 접수일 | 관리번호 | 처리기간 즉시 |
|---|---|---|---|

| 구분 | | | | |
|---|---|---|---|---|
| 징 수 의무자 | ① 법인명(상호)<br>농업회사법인 ㈜나라 | ①-1 영문법인명(상호) | ② 대표자(성명)<br>김 유 민 | ③ 사업자등록번호<br>203-81-63108 |
| | ④ 주민(법인)등록번호<br>110111-******* | ⑤ 소재지 또는 주소<br>강원도 횡성군 강림면 태종로 (033-2231-7027) | | |

| 구분 | | | | | | | | |
|---|---|---|---|---|---|---|---|---|
| 소득자 | ⑥ 성명(상호)<br>김 유 민 | ⑦ 주민(사업자)등록번호<br>730412-******* | ⑦-1 비거주자 생년월일 | | ⑧ 소득자구분코드<br>111 | | | |
| | ⑨ 주 소 | | ⑩ 거주구분 | | ⑪ 거주지국 | ⑪-1 거주지국코드 | ⑫ 계좌번호(발행번호) | ⑬ 신탁이익 여부 |
| | | | [✓] 거주자 | [ ] 비거주자 | 대한민국 | KR | | [ ] 여 [✓ ] 부 |

지 급 명 세

| ⑭ 지급일 | | | ⑮ 귀속연월 | | ⑯ 과세구분 | ⑰ 소득의 종류 | ⑱ 조세특례 등 | ⑲ 금융상품코드 | ⑳ 유가증권표준코드(유가증권발행사업자등록번호) | ㉑ 채권이자구분 | ㉒ 지급대상기간 | ㉓ 이자율 등 | ㉔ 지급액(소득금액) | ㉕ 세율(%) | 원천징수세액 | | | | |
|---|---|---|---|---|---|---|---|---|---|---|---|---|---|---|---|---|---|---|---|
| 연 | 월 | 일 | 연 | 월 | | | | | | | | | | | ㉖ 소득세 | ㉗ 법인세 | ㉘ 지방소득세 | ㉙ 농어촌특별세 | ㉚ 계 |
| 2025 | 4 | 15 | 2025 | 4 | G | 51 | PI | A52 | 2138163108 | | | | 5,107,726 | 14% | 715,080 | | 71,500 | | 786,580 |
| | | | | | | | | | | | | | | | | | | | |
| | | | | | | | | | | | | | | | | | | | |
| | | | | | | | | | | | | | | | | | | | |
| | | | | | | | | | | | | | | | | | | | |
| | | | | | | | | | | | | | | | | | | | |
| | | | | | | | | | | | | | | | | | | | |
| | | | | | | | | | | | | | | | | | | | |
| | | | | | | | | | | | | | | | | | | | |

위의 원천징수세액(수입금액)을 정히 영수(지급)합니다.

2025년 4월 15일

징수(보고)의무자 농업회사법인 ㈜나라 김 유 민 (서명 또는 인)

**원주 세무서장** 귀하

210mm×297mm[백상지80g/㎡ 또는 중질지80g/㎡]

# CHAPTER 07

# 조세특례의 제한

앞서 살펴본 개별조항 외에도 조세특례제한법에는 다수의 공제 · 감면 조항이 규정되어 있다. 개별조항 각각은 정책적 목적을 실현하기 위해 제정된 것이기는 하나 납세의무자별로는 다수의 조세특례가 적용될 여지도 있어 과도한 조세지원이 발생할 수 있다. 다수의 개별조항이 중복 적용되는 것을 방치하는 경우 과도한 조세지원으로 재정수입의 악화를 초래할 수 있으므로 조세지원의 체계적인 관리를 위해 조세특례제한법에서는 특례의 제한규정을 두고 있는데, 이하에서는 제127조【중복지원의 배제】, 제128조【추계과세 시 등의 감면배제】, 제130조【수도권과밀억제권역의 투자에 대한 조세감면 배제】, 제132조【최저한세액에 미달하는 세액에 대한 감면 등의 배제】 및 이와 관련한 제143조【구분경리】, 제144조【세액공제액의 이월공제】, 제146조【감면세액의 추징】 규정을 살펴보기로 한다.

7장에서 서술하고 있는 개별조항은 공제 · 감면에 대한 공통적인 규정으로 개별조문별 사례풀이는 8장에서 다루기로 한다.

# SECTION 01 제127조【중복지원의 배제】

「조세특례제한법」에서는 다수의 세액감면과 세액공제를 규정하고 있다. 내국인에게 이러한 다수의 세액감면 또는 세액공제 규정이 동시에 적용되는 경우 과도한 조세감면을 방지하기 위하여 내국인이 중복되는 세액감면 · 세액공제 규정 중 선택하여 하나의 규정만을 적용받도록 하고 있다.

## 1. 투자금액 중 국가 등 지원액 배제(제127조 제1항)

(1) 내국인이 「조세특례제한법」에 따라 투자한 자산에 대해서는 각종 투자세액공제 규정이 적용되는데 투자재원 중 국가 등으로부터 지원을 받은 부분에 대해서는 투자금액 등의 지원과 조세감면 이중 혜택을 방지하기 위해 투자세액공제 대상 금액에서 지원액 등을 차감하도록 하고 있다.

(2) 내국인이 「조세특례제한법」에 따라 투자한 자산 또는 출자로 취득한 지분에 대하여 투자세액공제를 적용받는 경우 다음의 금액을 투자금액 또는 취득금액에서 차감한다(조특법 제127조 제1항).

| 중복지원 배제 사항 | 세부 내용 |
|---|---|
| 내국인이 제8조의 3【상생협력을 위한 기금 출연 등에 대한 세액공제】제3항, 제24조【통합투자세액공제】, 제26조【고용창출투자세액공제】, 제104조의 15【해외자원개발투자에 대한 과세특례】제1항을 적용받는 경우 적용 | |
| 내국인이 자산에 대한 투자 또는 출자지분의 취득을 목적으로 다음 각 목의 어느 하나에 해당되는 국가 등(이하 이 조에서 "국가등"이라 한다)으로부터 출연금 등의 자산을 지급받아 투자 또는 출자에 지출하는 경우: 출연금 등의 자산을 투자 또는 출자에 지출한 금액에 상당하는 금액은 제외(조특령 제123조 제1항 제1호) | 국가 등이란 다음을 말한다.<br>① 국가<br>② 지방자치단체<br>③ 「공공기관의 운영에 관한 법률」에 따른 공공기관<br>④ 「지방공기업법」에 따른 지방공기업 |

| 중복지원 배제 사항 | 세부 내용 |
|---|---|
| 내국인이 자산에 대한 투자 또는 출자지분의 취득을 목적으로 「금융실명거래 및 비밀보장에 관한 법률」 제2조 제1호 각 목의 어느 하나에 해당하는 금융회사등(이하 "금융회사등")으로부터 융자를 받아 투자 또는 출자에 지출하고 금융회사등에 지급하여야 할 이자비용의 전부 또는 일부를 국가등이 내국인을 대신하여 지급했거나 지급하기로 약정한 경우 이자비용의 합계액을 세액공제 대상 투자액에서 제외(조특령 제123조 제1항 제2호) | 1. 국가 등이란 다음을 말한다.<br>① 국가<br>② 지방자치단체<br>③ 「공공기관의 운영에 관한 법률」에 따른 공공기관<br>④ 「지방공기업법」에 따른 지방공기업<br>2. 금융회사 등이란 「금융실명거래 및 비밀보장에 관한 법률」 제2조 제1호에 해당하는 다음의 회사를 말한다.<br>① 「은행법」에 따른 은행<br>② 「중소기업은행법」에 따른 중소기업은행<br>③ 「한국산업은행법」에 따른 한국산업은행<br>④ 「한국수출입은행법」에 따른 한국수출입은행<br>⑤ 「한국은행법」에 따른 한국은행<br>⑥ 「자본시장과 금융투자업에 관한 법률」에 따른 투자매매업자 · 투자중개업자 · 집합투자업자 · 신탁업자 · 증권금융회사 · 종합금융회사 및 명의개서대행회사<br>⑦ 「상호저축은행법」에 따른 상호저축은행 및 상호저축은행중앙회<br>⑧ 「농업협동조합법」에 따른 조합과 그 중앙회 및 농협은행<br>⑨ 「수산업협동조합법」에 따른 조합과 그 중앙회 및 수협은행<br>⑩ 「신용협동조합법」에 따른 신용협동조합 및 신용협동조합중앙회<br>⑪ 「새마을금고법」에 따른 금고 및 중앙회<br>⑫ 「보험업법」에 따른 보험회사<br>⑬ 「우체국예금 · 보험에 관한 법률」에 따른 체신관서<br>⑭ 「여신전문금융업법」에 따른 여신전문금융회사 및 신기술사업투자조합<br>⑮ 「기술보증기금법」에 따른 기술보증기금<br>⑯ 「대부업 등의 등록 및 금융이용자 보호에 관한 법률」 제3조에 따라 대부업 또는 대부중개업의 등록을 한 자<br>⑰ 「벤처투자 촉진에 관한 법률」 제2조 제10호 및 제11호에 따른 중소기업창업투자회사 및 벤처투자조합<br>⑱ 「신용보증기금법」에 따른 신용보증기금<br>⑲ 「산림조합법」에 따른 지역조합 · 전문조합과 그 중앙회<br>⑳ 「지역신용보증재단법」에 따른 신용보증재단<br>㉑ 「온라인투자연계금융업 및 이용자 보호에 관한 법률」 제5조에 따라 등록한 온라인투자연계금융업자<br>㉒ 「자본시장과 금융투자업에 관한 법률」에 따른 거래소(「자본시장과 금융투자업에 관한 법률」 제392조 제2항에 따라 같은 법 제391조 제2항 제1호의 신고사항과 같은 항 제3호에 따른 신고 또는 확인 요구사항에 대하여 정보의 제공을 요청하는 경우만 해당한다) |

| 중복지원 배제 사항 | 세부 내용 |
|---|---|
| | ㉓ 「한국주택금융공사법」에 따른 한국주택금융공사<br>㉔ 「외국환거래법」 제8조 제3항 제2호에 따라 등록한 소액해외송금업자<br>㉕ 그 밖에 사실상 금융거래를 하는 개인 또는 법인으로서 총리령으로 정하는 자 |
| 내국인이 자산에 대한 투자 또는 출자지분의 취득을 목적으로 국가 등으로부터 융자를 받아 투자 또는 출자에 지출하는 경우 이자지원금 상당액을 세액공제 대상 투자금액에서 제외(조특법 제127조 제1항 제3호, 조특령 제123조 제2항) | 이자지원금에 상당하는 금액=Max[①-②, 0]<br>① 융자받은 시점의 「법인세법 시행령」 제89조 제3항에 따른 이자율을 적용하여 계산한 원리금 합계액<br>② 융자받은 시점의 실제 융자받은 이자율을 적용하여 계산한 원리금 합계액 |
| 내국인이 「법인세법」 제37조 제1항 각 호의 어느 하나에 해당하는 사업에 필요한 자산에 대한 투자를 목적으로 해당 자산의 수요자 또는 편익을 받는 자로부터 같은 항에 따른 공사부담금을 제공받아 투자에 지출하는 경우 공사부담금을 투자에 지출한 금액에 상당하는 금액(조특법 제127조 제1항 제4호) | 법인세법 제37조【공사부담금으로 취득한 사업용자산가액의 손금산입】 ① 다음 각 호의 어느 하나에 해당하는 사업을 하는 내국법인이 그 사업에 필요한 시설을 하기 위하여 해당 시설의 수요자 또는 편익을 받는 자로부터 그 시설을 구성하는 토지 등 유형자산 및 무형자산(이하 이 조에서 "사업용자산"이라 한다)을 제공받은 경우 또는 금전 등(이하 이 조에서 "공사부담금"이라 한다)을 제공받아 그 제공받은 날이 속하는 사업연도의 종료일까지 사업용자산의 취득에 사용하거나 사업용자산을 취득하고 이에 대한 공사부담금을 사후에 제공받은 경우에는 해당 사업용자산의 가액(공사부담금을 제공받은 경우에는 그 사업용자산의 취득에 사용된 공사부담금 상당액)을 대통령령으로 정하는 바에 따라 그 사업연도의 소득금액을 계산할 때 손금에 산입할 수 있다.<br>1. 「전기사업법」에 따른 전기사업<br>2. 「도시가스사업법」에 따른 도시가스사업<br>3. 「액화석유가스의 안전관리 및 사업법」에 따른 액화석유가스 충전사업, 액화석유가스 집단공급사업 및 액화석유가스 판매사업<br>4. 「집단에너지사업법」 제2조 제2호에 따른 집단에너지공급사업<br>5. 「지능정보화 기본법」에 따른 초연결지능정보통신기반구축사업<br>6. 「수도법」에 의한 수도사업 |

## 2. 투자세액공제 간 중복지원 배제(제127조 제2항)

내국인이 「조세특례제한법」에 따라 투자한 자산에 대하여 다음에 해당하는 경우에는 각각 그 중 하나만을 선택하여 적용받을 수 있다.

| 중복지원 배제 대상 | 중복지원 배제 조항 |
|---|---|
| 내국인이 「조세특례제한법」에 따라 투자한 자산에 대해 동시적용 시 택일 | ① 제8조의 3【상생협력을 위한 기금 출연 등에 대한 세액공제】 제3항<br>② 제24조【통합투자세액공제】<br>③ 제26조【고용창출투자액공제】 |
| 내국인에 대하여 동일한 과세연도 동시적용 시 택일 | ① 제19조 제1항【성과공유 중소기업의 경영성과급에 대한 세액공제 등<br>② 제29조의 4【근로소득을 증대시킨 기업에 대한 세액공제】<br>③ 제26조【고용창출투자세액공제】 |
| | ① 제26조【고용창출투자세액공제】<br>② 제29조의 5【청년고용을 증대시킨 기업에 대한 세액공제】<br>③ 제30조의 4【중소기업사회보험료세액공제】 |

## 3. 외투감면 시 중복지원 배제(제127조 제3항)

### (1) 내국인 지분율에 대해 공제적용

내국인에 대하여 동일한 과세연도에 다음의 공제를 적용할 때 제121조의 2(외국인투자에 대한 조세감면) 또는 제121조의 4(증자의 조세감면)에 따라 소득세 또는 법인세를 감면하는 경우에는 해당 규정에 따라 공제할 세액에 해당 기업의 총주식 또는 총지분에 대한 내국인투자자의 소유주식 또는 지분의 비율을 곱하여 계산한 금액을 공제한다.

| 중복지원 배제 대상 | 중복지원 배제 조항 |
|---|---|
| 내국인이 동일한 과세연도에 공제 적용 시 공제액의 계산 | ① 제8조의 3【상생협력을 위한 기금 출연 등에 대한 세액공제】 제3항<br>② 제24조【통합투자액공제】<br>③ 제26조【고용창출투자액공제】<br>④ 제29조의 5【청년고용을 증대시킨 기업에 대한 세액공제】<br>⑤ 제29조의 7【고용을 증대시킨 기업에 대한 세액공제】<br>⑥ 제29조의 8【통합고용세액공제】 제1항<br>⑦ 제30조의 4【중소기업사회보험료세액공제】<br>⑧ 제104조의 14【제3자 물류비용에 대한 세액공제】<br>⑨ 제104조의 15【해외자원 개발투자에 대한 과세특례】 |

### (2) 공제금액의 계산

외투감면 시 내국인지분 상당 공제세액

$$= \text{해당 규정상 공제세액} \times \frac{\text{내국인 소유 주식 또는 지분}}{\text{총주식 또는 총지분}}$$

### (3) 구분경리 시 중복지원 여부

제143조【구분경리】에 따라 세액감면을 적용받는 사업과 그밖의 사업을 구분경리하는 경우로서 그밖의 사업에 공제규정이 적용되는 경우에는 해당 세액감면과 공제는 중복지원에 해당하지 아니한다(조특법 제127조 제10항).

## 4. 세액감면과 세액공제 중복지원 배제(제127조 제4항)

### (1) 세액감면과 세액공제 중복의 경우 선택적용

1) 내국인이 동일한 과세연도에 다음의 세액감면과 세액공제를 동시에 적용받을 수 있는 경우에는 그 중 하나만을 선택하여 적용받을 수 있다.
2) 제7조【중소기업에 대한 특별세액감면】과 제30조의 4【중소기업 사회보험료 세액공제】 규정은 2018년 세법개정으로 동시 적용이 가능하다.
3) 제6조【창업중소기업 등에 대한 세액감면】을 적용받는 경우에는 제29조의 7【고용을 증대시킨 기업에 대한 세액공제】 또는 제29조의 8【통합고용세액공제】를 동시에 적용할 수 없다.

| 세액감면과 세액공제 동시적용 배제 | |
|---|---|
| 세액감면 | 세액공제 |
| ① 제6조【창업중소기업 등에 대한 세액감면】<br>② 제7조【중소기업에 대한 특별세액감면】<br>③ 제12조의 2【연구개발특구에 입주하는 첨단기술기업 등에 대한 법인세 등의 감면】<br>④ 제31조【중소기업간의 통합에 대한 양도소득세의 이월과세등】 제4항 · 제5항<br>⑤ 제32조【법인전환에 대한 양도소득세의 이월과세】 제4항<br>⑥ 제62조【공공기관이 혁신도시 등으로 이전하는 경우 법인세 등 감면】 제4항<br>⑦ 제63조【수도권 밖으로 공장을 이전하는 기업에 대한 세액감면 등】 제1항<br>⑧ 제63조의 2【수도권 밖으로 본사를 이전하는 법인에 대한 세액감면 등】 제1항<br>⑨ 제64조【농공단지 입주기업 등에 대한 세액감면】<br>⑩ 제66조【영농조합법인 등에 대한 법인세의 면제 등】<br>⑪ 제67조【영어조합법인 등에 대한 법인세의 면제 등)<br>⑫ 제68조【농업회사법인에 대한 법인세의 면제 등】 | ① 제8조의 3【상생협력을 위한 기금 출연 등에 대한 세액공제】<br>② 제13조의 2【내국법인의 벤처기업 등에의 출자에 대한 과세특례】<br>③ 제24조【통합투자세액공제】<br>④ 제25조의 6【영상콘텐츠 제작비용에 대한 세액공제】<br>⑤ 제26조【고용창출투자세액공제】<br>⑦ 제30조의 4【중소기업 사회보험료 세액공제】<br>⑧ 제104조의 14【제3자 물류비용에 대한 세액공제】<br>⑨ 제104조의 15【해외자원 개발투자에 대한 과세특례】<br>⑩ 제104조의 22【기업의 운동경기부 설치 · 운영에 관한 과세특례】<br>⑪ 제104조의 25【석유제품 전자상거래에 대한 세액공제】<br>⑫ 제104조의 35【이스포츠대회 운영에 대한 |

<table>
<tr><th colspan="2">세액감면과 세액공제 동시적용 배제</th></tr>
<tr><th>세액감면</th><th>세액공제</th></tr>
<tr><td>⑬ 제85조의 6【사회적기업 및 장애인 표준사업장에 대한 법인세 등의 감면】제1항 · 제2항<br>⑭ 제99조의 9【위기지역 창업기업에 대한 법인세 등의 감면】제2항<br>⑮ 제99조의 11【감염병 피해에 따른 특별재난지역의 중소기업에 대한 법인세 등의 감면】제1항<br>⑯ 제104조의 24【해외진출기업의 국내복귀에 대한 세액감면】제1항<br>⑰ 제121조의 8【제주첨단과학기술단지 입주기업에 대한 법인세 등의 감면】<br>⑱ 제121조의 9【제주투자진흥지구 또는 제주자유무역지역 입주기업에 대한 법인세 등의 감면】제2항<br>⑲ 제121조의 17【기업도시개발구역 등의 창업기업 등에 대한 법인세 등의 감면】제2항<br>⑳ 제121조의 20【아시아문화중심도시 투자진흥지구 입주기업 등에 대한 법인세 등의 감면 등】제2항<br>㉑ 제121조의 21【금융중심지 창업기업 등에 대한 법인세 등의 감면 등】제2항<br>㉒ 제121조의 22【첨단의료복합단지 입주기업에 대한 법인세 등의 감면】제2항<br>㉓ 제121조의 33【기회발전특구의 창업기업 등에 대한 법인세 등의 감면】제2항</td><td>과세특례】<br>⑫ 제122조의 4【금사업자와 스크랩등사업자의 수입금액의 증가 등에 대한 세액공제】제1항<br>⑬ 제126조의 7【금 현물시장에서 거래되는 금지금에 대한 과세특례】제8항</td></tr>
</table>

### (2) 구분경리 시 중복지원 여부

제143조【구분경리】에 따라 세액감면을 적용받는 사업과 그밖의 사업을 구분경리하는 경우로서 그밖의 사업에 공제규정이 적용되는 경우에는 해당 세액감면과 공제는 중복지원에 해당하지 아니한다(조특법 제127조 제10항).

## 5. 세액공제 간 중복지원 배제(제127조 제11항)

제29조의 8【통합고용세액공제】제1항(상시근로자 증가분에 대한 세액공제)은 제29조의 7【고용을 증대시킨 기업에 대한 세액공제】또는 제30조의 4【중소기업 사회보험료 세액공제】에 따른 공제를 받지 아니한 경우에만 적용한다.

## 6. 세액감면 간 중복지원 배제(제127조 제5항)

내국인이 동일한 사업장에 대하여 동일한 과세연도에 다음의 감면규정을 둘 이상 동시에 적용받을 수 있는 경우 그 중 하나만을 선택하여 적용할 수 있다.

| 중복지원 배제 대상 | 중복지원 배제 조항 |
|---|---|
| 동일사업장 동일과세연도 감면 간 중복적용 배제 | ① 제6조【창업중소기업 등에 대한 세액감면】<br>② 제7조【중소기업에 대한 특별세액감면】<br>③ 제12조의 2【연구개발특구에 입주하는 첨단기술 기업 등에 대한 법인세 등의 감면】<br>④ 제31조【중소기업 간의 통합에 대한 양도소득세의 이월과세 등】제4항 · 제5항<br>⑤ 제32조【법인전환에 대한 양도소득세의 이월과세】제4항<br>⑥ 제62조【공공기관이 혁신도시 등으로 이전하는 경우 법인세 등 감면】제4항<br>⑦ 제63조【수도권 밖으로 공장을 이전하는 기업에 대한 세액감면 등】제1항<br>⑧ 제63조의 2【수도권 밖으로 본사를 이전하는 법인에 대한 세액감면 등】제1항<br>⑨ 제64조【농공단지 입주기업 등에 대한 세액감면】<br>⑩ 제85조의 6【사회적 기업 및 장애인 표준사업장에 대한 법인세 등의 감면】제1항 · 제2항<br>⑪ 제99조의 9【위기지역 창업기업에 대한 법인세 등의 감면】제2항<br>⑫ 제99조의 11【감염병 피해에 따른 특별재난지역의 중소기업에 대한 법인세 등의 감면】제1항<br>⑬ 제104조의 24【해외진출기업의 국내복귀에 대한 세액감면】제1항<br>⑭ 제121조의 2【외국인투자에 대한 조세감면】<br>⑮ 제121조의 4【증자의 조세감면】<br>⑯ 제121조의 8【제주첨단과학기술단지 입주기업에 대한 법인세 등의 감면】<br>⑰ 제121조의 9【제주투자진흥지구 또는 제주자유 무역지역 입주기업에 대한 법인세 등의 감면】제2항<br>⑱ 제121조의 17【기업도시개발구역 등의 창업기업 등에 대한 법인세 등의 감면】제2항<br>⑱ 제121조의 20【아시아문화중심도시 투자진흥지구 입주기업등에 대한 법인세 등의 감면 등】제2항<br>⑲ 제121조의 21【금융중심지 창업기업 등에 대한 법인세 등의 감면 등】제2항<br>⑳ 제121조의 22【첨단의료복합단지 및 국가식품클러스터 입주기업에 대한 법인세 등의 감면】제2항<br>㉑ 제121조의 33【기회발전특구의 창업기업 등에 대한 법인세 등의 감면】제2항 |

## 7. 취득세 감면 간 중복지원 배제(제127조 제6항)

내국인의 동일한 사업장에 대하여 동일한 과세연도에 제121조의 2(외국인투자에 대한 조세감면) 및 제121조의 4(증자의 조세감면)에 따른 취득세 및 재산세의 감면규정이 모두 적용될 수 있는 경우에는 그 중 하나만을 선택하여 적용받을 수 있다.

제121조의 2(외국인투자기업의 사업용 자산에 대한 취득세 · 재산세 감면)
제121조의 4(외국인투자기업이 증자분 사업용 자산에 대한 취득세 · 재산세 감면)

## 8. 양도소득세감면 간 중복지원 배제(제127조 제7항~제9항)

거주자의 양도소득세 감면에 있어서 둘 이상의 규정이 동시에 적용될 수 있는 경우에는 하나의 감면을 선택하여 적용한다.

| 중복지원 배제 사항 | 중복지원 배제 조항 |
|---|---|
| 거주자가 토지 등을 양도하여 둘 이상의 양도소득세의 감면규정을 동시에 적용받는 경우에는 그 거주자가 선택하는 하나의 감면규정만을 적용한다. 다만, 토지 등의 일부에 대하여 특정의 감면규정을 적용받는 경우에는 남은 부분에 대하여 다른 감면규정을 적용받을 수 있다. | |
| 공익사업 토지 등 양도 관련 | 제77조【공익사업용 토지 등에 대한 양소득세의 감면】 및 제85조의 7【공익사업을 위한 수용 등에 따른 공장 이전에 대한 과세특례】가 동시에 적용되는 경우에는 그 중 하나만을 선택하여 적용 |
| 미분양주택 취득 후 양도 관련 | 제98조의 2【지방 미분양주택 취득에 대한 양도소득세 등 과세특례】와 제98조의 3【미분양주택의 취득자에 대한 양도소득세의 과세특례】가 동시에 적용되는 경우에는 그 중 하나만을 선택하여 적용 |

# SECTION 02 제128조【추계과세 시 등의 감면배제】

세법에서는 세법에 규정한 의무의 성실한 이행을 담보하기 위하여 가산세 규정을 두고 있다.「조세특례제한법」또한 같은 취지로 세법에 규정한 의무를 성실히 이행한 내국인에게는 법에 규정한 세액감면 세액공제 규정을 요건 충족 시 적용하지만 과세표준 미신고, 신고누락, 제출의무의 미이행 등 의무를 성실히 이행하지 않을 경우에는 이러한 조세특례를 배제하고 있다.

## 1. 소득금액 추계결정 시 배제(조특법 제128조 제1항)

「소득세법」제80조【결정과 경정】제3항 단서(소득금액의 추계결정)와「법인세법」제66조【결정 및 경정】제3항 단서(소득금액의 추계결정)에 따라 추계하는 경우 다음의 조세특례는 적용을 배제한다.

| 조세특례 배제 사유 | 적용 배제 조항 |
|---|---|
| 내국인의 소득금액 추계결정 | ① 제7조의 2【기업의 어음제도개선을 위한 세액공제】<br>② 제7조의 4【상생결제 지급금액에 대한 세액공제】<br>③ 제8조의 3【상생협력을 위한 기금 출연 등에 대한 세액공제】제3항<br>④ 제10조【연구 · 인력개발비에 대한 세액공제】<br>⑤ 제12조【기술이전 및 기술취득 등에 대한 과세특례】제2항<br>⑥ 제12조의 3【기술혁신형 합병에 대한 세액공제】<br>⑦ 제12조의 4【기술혁신형 주식취득에 대한 세액공제】<br>⑧ 제13조의 2【내국법인의 벤처기업 등에의 출자에 대한 과세특례】<br>⑨ 제13조의 3【내국법인의 소재 · 부품 · 장비전문기업에의 출자 · 인수에 대한 과세특례】<br>⑩ 제19조【성과공유 중소기업의 경영성과급에 대한 세액공제 등】제1항<br>⑪ 제24조【통합세액공제】<br>⑫ 제25조의 6【영상콘텐츠 제작비용에 대한 세액공제】<br>⑬ 제26조【고용창출투자세액공제】<br>⑭ 제29조의 2【산업수요맞춤형고등학교등 졸업자를 병역 이행 후 복직시킨 기업에 대한 세액공제】 |

| 조세특례 배제 사유 | 적용 배제 조항 |
| --- | --- |
| 내국인의 소득금액 추계결정 | ⑮ 제29조의 3【경력단절 여성 고용 기업 등에 대한 세액공제】<br>⑯ 제29조의 4【근로소득을 증대시킨 기업에 대한 세액공제】<br>⑰ 제29조의 5【청년고용을 증대시킨 기업에 대한 세액공제】<br>⑱ 제29조의 7【고용을 증대시킨 기업에 대한 세액공제】<br>⑲ 제29조의 8【통합고용세액공제】<br>⑳ 제30조의 3【고용유지중소기업 등에 대한 과세특례】<br>㉑ 제30조의 4【중소기업 사회보험료 세액공제】<br>㉒ 제96조의 3【상가임대료를 인하한 임대사업자에 대한 세액공제】(「소득세법」 제160조에 따른 간편장부대상자는 제외한다)<br>㉓ 제99조의 12【선결제 금액에 대한 세액공제】<br>㉔ 제104조의 14【제3자 물류비용에 대한 세액공제】<br>㉕ 제104조의 15【해외자원개발투자에 대한 과세특례】<br>㉖ 제104조의 25【석유제품 전자상거래에 대한 세액공제】<br>㉗ 제104조의 30【우수 선화주기업 인증을 받은 화주 기업에 대한 세액공제】<br>㉘ 제104조의 35【이스포츠대회 운영에 대한 과세특례】<br>㉙ 제122조의 4【금사업자와 스크랩등 사업자의 수입금액의 증가 등에 대한 세액공제】 제1항<br>㉚ 제126조의 7 금 현물시장에서 거래되는 금지금에 대한 과세특례】 제8항 |
| 추계결정 시에도 적용되는 예외사항 | 소득금액을 추계로 결정하는 경우에도 제24조【통합투자세액공제】 및 제26조【고용창출투자세액공제】 규정은 투자에 관한 증거서류를 제출하는 경우 거주자에 대하여 적용한다. |

## 2. 과세표준 무신고, 기한후 신고 시 적용배제(조특법 제128조 제2항)

「소득세법」 제80조【결정과 경정】 제1항, 「법인세법」 제66조【결정 및 경정】 제1항에 따라 내국인의 과세표준을 결정하는 경우와 「국세기본법」 제45조의 3【기한 후 신고】에 따라 과세표준을 기한 후 신고를 하는 경우에는 다음의 조세특례 적용을 배제한다.

| 조세특례 배제 사유 | 적용 배제 조항 |
| --- | --- |
| 과세표준 무신고 시 결정, 과세표준의 기한 후 신고 | ① 제6조【창업중소기업 등에 대한 세액감면】<br>② 제7조【중소기업에 대한 특별세액감면】<br>③ 제12조【기술이전 및 기술취득 등에 대한 과세특례】 제1항 · 제3항<br>④ 제12조의 2【연구개발특구에 입주하는 첨단기술기업 등에 대한 법인세 등의 감면】<br>⑤ 제31조【중소기업 간의 통합에 대한 양도소득세의 이월과세 등】 제4항 · 제5항 |

| 조세특례 배제 사유 | 적용 배제 조항 |
|---|---|
| 과세표준 무신고 시 결정, 과세표준의 기한 후 신고 | ⑥ 제32조【법인전환에 대한 양도소득세의 이월과세】제4항<br>⑦ 제62조【공공기관이 혁신도시 등으로 이전하는 경우 법인세 등 감면】제4항<br>⑧ 제63조【수도권 밖으로 공장을 이전하는 기업에 대한 세액감면 등】제1항<br>⑨ 제63조의 2【수도권 밖으로 본사를 이전하는 법인에 대한 세액감면 등】제1항<br>⑩ 제64조【농공단지 입주기업 등에 대한 세액감면】<br>⑪ 제66조【영농조합법인 등에 대한 법인세의 면제 등】<br>⑫ 제67조【영어조합법인 등에 대한 법인세의 면제 등】<br>⑬ 제68조【농업회사법인에 대한 법인세의 면제 등】<br>⑭ 제85조의 6【사회적기업 및 장애인표준사업장에 대한 법인세 등의 감면】제1항 · 제2항<br>⑮ 제96조【소형주택 임대사업자에 대한 세액감면】<br>⑯ 제96조의 2【상가건물 장기 임대사업자에 대한 세액감면】<br>⑰ 제96조의 3【상가임대료를 인하한 임대사업자에 대한 세액공제】<br>⑱ 제99조의 9【위기지역 창업기업에 대한 법인세 등의 감면】제2항<br>⑲ 제99조의 11【감염병 피해에 따른 특별재난지역의 중소기업에 대한 법인세 등의 감면】제1항<br>⑳ 제99조의 12【선결제 금액에 대한 세액공제】<br>㉑ 제102조【산림개발소득에 대한 세액감면】<br>㉒ 제104조의 24【해외진출기업의 국내복귀에 대한 세액감면】제1항<br>㉓ 제121조의 8【제주첨단과학기술단지 입주기업에 대한 법인세 등의 감면】<br>㉔ 제121조의 9【제주투자진흥지구 또는 제주자유무역지역 입주기업에 대한 법인세 등의 감면】제2항<br>㉕ 제121조의 17【기업도시개발구역 등의 창업기업 등에 대한 법인세 등의 감면】제2항<br>㉖ 제121조의 20【아시아문화중심도시 투자진흥지구 입주기업 등에 대한 법인세 등의 감면 등】제2항<br>㉗ 제121조의 21【금융중심지 창업기업 등에 대한 법인세 등의 감면 등】제2항<br>㉘ 제121조의 22【첨단의료복합단지 및 국가식품클러스터입주기업에 대한 법인세 등의 감면】제2항<br>㉙ 제121조의 33【기회발전특구의 창업기업 등에 대한 법인세 등의 감면】제2항 |

### 3. 과세표준의 경정 등의 경우 적용배제(조특법 제128조 제3항)

「소득세법」 제80조【결정과 경정】 제2항 또는 「법인세법」 제66조【결정 및 경정】 제2항에 따라 신고한 과세표준에 오류 또는 누락으로 과세표준을 경정(다음 '4. 세법상 협력의무 불이행 등 적용배제'의 '조세특례 적용 배제 사유'에 해당하여 경정하는 경우는 제외)하는 경우와 과세표준 수정신고서를 제출한 과세표준과 세액을 경정할 것을 미리 알고 제출한 경우에는 과소신고금액에 대하여 다음의 조세특례 적용을 배제한다.

| 조세특례 배제 사유 | 적용 배제 조항 |
|---|---|
| 신고한 과세표준에 오류 또는 누락으로 과세표준을 경정(다음 '4. 세법상 협력의무 불이행 등 적용배제'의 '조세특례적용배제사유'에 해당하여 경정하는 경우는 제외)하는 경우와 과세표준 수정신고서를 제출한 과세표준과 세액을 경정할 것을 미리 알고 제출한 경우 | ① 제6조【창업중소기업 등에 대한 세액감면】<br>② 제7조【중소기업에 대한 특별세액감면】<br>③ 제12조【기술이전 및 기술취득 등에 대한 과세특례】 제1항 · 제3항<br>④ 제12조의 2【연구개발특구에 입주하는 첨단기술기업 등에 대한 법인세 등의 감면】<br>⑤ 제31조【중소기업 간의 통합에 대한 양도소득세의 이월과세 등】 제4항 · 제5항<br>⑥ 제32조【법인전환에 대한 양도소득세의 이월과세】 제4항<br>⑦ 제62조【공공기관이 혁신도시 등으로 이전하는 경우 법인세 등 감면】 제4항<br>⑧ 제63조【수도권 밖으로 공장을 이전하는 기업에 대한 세액감면 등】 제1항<br>⑨ 제63조의 2【수도권 밖으로 본사를 이전하는 법인에 대한 세액감면 등】 제1항<br>⑩ 제64조【농공단지 입주기업 등에 대한 세액감면】<br>⑪ 제66조【영농조합법인 등에 대한 법인세의 면제 등】<br>⑫ 제67조【영어조합법인 등에 대한 법인세의 면제 등】<br>⑬ 제68조【농업회사법인에 대한 법인세의 면제 등】<br>⑭ 제85조의 6【사회적기업 및 장애인표준사업장에 대한 법인세 등의 감면】 제1항 · 제2항<br>⑮ 제96조【소형주택 임대사업자에 대한 세액감면】<br>⑯ 제96조의 2【상가건물 장기 임대사업자에 대한 세액감면】<br>⑰ 제96조의 3【상가임대료를 인하한 임대사업자에 대한 세액공제】<br>⑱ 제99조의 9【위기지역 창업기업에 대한 법인세 등의 감면】 제2항<br>⑲ 제99조의 11【감염병 피해에 따른 특별재난지역의 중소기업에 대한 법인세 등의 감면】 제1항<br>⑳ 제99조의 12【선결제 금액에 대한 세액공제】<br>㉑ 제102조【산림개발소득에 대한 세액감면】<br>㉒ 제104조의 24【해외진출기업의 국내복귀에 대한 세액감면】 제1항<br>㉓ 제121조의 8【제주첨단과학기술단지 입주기업에 대한 법인세 등의 감면】 |

| 조세특례 배제 사유 | 적용 배제 조항 |
|---|---|
| | ㉔ 제121조의 9【제주투자진흥지구 또는 제주자유무역지구 입주기업에 대한 법인세 등의 감면】 제2항<br>㉕ 제121조의 17【기업도시개발구역 등의 창업기업 등에 대한 법인세 등의 감면】 제2항<br>㉖ 제121조의 20【아시아문화중심도시 투자진흥지구 입주기업 등에 대한 법인세 등의 감면 등】 제2항<br>㉗ 제121조의 21【금융중심지 창업기업 등에 대한 법인세 등의 감면 등】 제2항<br>㉘ 제121조의 22【첨단의료복합단지 및 국가식품클러스터 입주기업에 대한 법인세 등의 감면】 제2항<br>㉙ 제121조의 33【기회발전특구의 창업기업 등에 대한 법인세 등의 감면】 제2항 |
| 적용배제 기준 과소신고 소득금액<br>(조특령 제122조 제1항) | 과소신고소득금액이란 다음의 금액을 말한다.<br>① 법인의 경우에는「국세기본법」제47조의 3【과소신고 · 초과환급신고가산세】 제2항 제1호에 따른 부정과소신고과세표준<br>② 개인의 경우에는 위 '①'을 준용하여 계산한 금액 |

## 4. 세법상 협력의무 불이행 등 적용 배제(조특법 제128조 제4항)

사업자가 사업용 계좌의 미신고, 현금영수증 가입의무 사업자의 미가입 등의 사유가 있는 경우에는 해당과세기간의 해당 사업장에 대하여 다음의 조세특례를 적용하지 아니한다. 다만, 조세특례 적용 배제 사유 '①'과 '②'의 의무불이행에 대하여 정당한 사유가 있는 경우에는 규정된 조세특례를 적용한다.

| 조세특례 적용 배제 사유 | 적용 배제 조항 |
|---|---|
| ①「소득세법」제160조의 5【사업용계좌의 신고 · 사용의무 등】 제3항에 따라 사업용계좌를 신고하여야 할 사업자가 이를 이행하지 아니한 경우<br>②「소득세법」제162조의 3【현금영수증가맹점 가입 · 발급의무 등】 제1항 또는「법인세법」제117조의 2【현금영수증가맹점 가입 · 발급 의무 등】 제1항에 따라 현금영수증가맹점으로 가입하여야 할 사업자가 이를 이행하지 아니한 경우<br>③「소득세법」제162조의 2【신용카드가맹점 | ① 제6조【창업중소기업 등에 대한 세액감면】<br>② 제7조【중소기업에 대한 특별세액감면】<br>③ 제12조【기술이전 및 기술취득 등에 대한 과세특례】 제1항 · 제3항<br>④ 제12조의 2【연구개발특구에 입주하는 첨단기술기업 등에 대한 법인세 등의 감면】<br>⑤ 제31조【중소기업 간의 통합에 대한 양도소득세의 이월과세 등】 제4항 · 제5항<br>⑥ 제32조【법인전환에 대한 양도소득세의 이월과세】 제4항<br>⑦ 제62조【공공기관이 혁신도시 등으로 이전하는 경우 |

| 조세특례 적용 배제 사유 | 적용 배제 조항 |
| --- | --- |
| 가입 · 발급의무 등】 제2항 및 「법인세법」 제117조【신용카드가맹점 가입 · 발급 의무 등】에 따른 신용카드가맹점으로 가입한 사업자 또는 「소득세법」 제162조의 3【현금영수증가맹점 가입 · 발급의무 등】 제1항 또는 「법인세법」 제117조의 2【현금영수증가맹점 가입 · 발급 의무 등】에 따라 현금영수증가맹점으로 가입한 사업자가 신용카드에 의한 거래를 거부하거나 신용카드매출전표를 사실과 다르게 발급한 경우 또는 현금영수증의 발급요청을 거부하거나 사실과 다르게 발급한 경우로서 다음에 해당하는 경우<br><br>신용카드가맹점 또는 현금영수증가맹점으로 가입한 사업자 중 신용카드에 의한 거래 또는 현금영수증의 발급을 거부하거나 신용카드매출전표 또는 현금영수증을 사실과 다르게 발급한 것을 이유로 「소득세법」 제162조의 2 제4항 후단 · 제162조의 3 제6항 후단 · 「법인세법」 제117조 제4항 후단 및 제117조의 2 제5항에 따라 관할세무서장으로부터 신고금액을 통보받은 사업자로서 다음 각 목의 어느 하나에 해당하는 경우를 말한다(조특령 제122조 제2항).<br>㉠ 해당 과세연도(신용카드에 의한 거래 또는 현금영수증의 발급을 거부하거나 신용카드매출전표 또는 현금영수증을 사실과 다르게 발급한 날이 속하는 해당 과세연도를 말한다. 이하 이 항에서 같다)에 신고금액을 3회 이상 통보받은 경우로서 그 금액의 합계액이 100만원 이상인 경우<br>㉡ 해당 과세연도에 신고금액을 5회 이상 통보받은 경우 | 법인세 등 감면】 제4항<br>⑧ 제63조【수도권 밖으로 공장을 이전하는 기업에 대한 세액감면 등】 제1항<br>⑨ 제63조의 2【수도권 밖으로 본사를 이전하는 법인에 대한 세액감면 등】 제1항<br>⑩ 제64조【농공단지 입주기업 등에 대한 세액감면】<br>⑪ 제66조【영농조합법인 등에 대한 법인세의 면제 등】<br>⑫ 제67조【영어조합법인 등에 대한 법인세의 면제 등】<br>⑬ 제68조【농업회사법인에 대한 법인세의 면제 등】<br>⑭ 제85조의 6【사회적기업 및 장애인표준사업장에 대한 법인세 등의 감면】 제1항 · 제2항<br>⑮ 제96조【소형주택 임대사업자에 대한 세액감면】<br>⑯ 제96조의 2【상가건물 장기 임대사업자에 대한 세액감면】<br>⑰ 제96조의 3【상가임대료를 인하한 임대사업자에 대한 세액공제】<br>⑱ 제99조의 9【위기지역 창업기업에 대한 법인세 등의 감면】 제2항<br>⑲ 제99조의 11【감염병 피해에 따른 특별재난지역의 중소기업에 대한 법인세 등의 감면】 제1항<br>⑳ 제99조의 12【선결제 금액에 대한 세액공제】<br>㉑ 제102조【산림개발소득에 대한 세액감면】<br>㉒ 제104조의 24【해외진출기업의 국내복귀에 대한 세액감면】 제1항<br>㉓ 제121조의 8【제주첨단과학기술단지 입주기업에 대한 법인세 등의 감면】<br>㉔ 제121조의 9【제주투자진흥지구 또는 제주자유무역지역 입주기업에 대한 법인세 등의 감면】 제2항<br>㉕ 제121조의 17【기업도시개발구역 등의 창업기업 등에 대한 법인세 등의 감면】 제2항<br>㉖ 제121조의 20【아시아문화중심도시 투자진흥지구 입주기업 등에 대한 법인세 등의 감면 등】 제2항<br>㉗ 제121조의 21【금융중심지 창업기업 등에 대한 법인세 등의 감면 등】 제2항<br>㉘ 제121조의 22【첨단의료복합단지 및 국가식품클러스터 입주기업에 대한 법인세 등의 감면】 제2항<br>㉙ 제121조의 33【기회발전특구의 창업기업 등에 대한 법인세 등의 감면】 제2항 |

# SECTION 03 제130조 【수도권과밀억제권역의 투자에 대한 조세감면 배제】

수도권으로의 인구 집중을 완화하고 국가의 지역 간 균형발전을 위해 수도권과밀억제권역 내에서의 투자에 대해서는 일부 투자세액공제 적용을 배제한다.

## 1. 적용배제대상

### (1) 적용배제대상 사업자의 구분

1989년 12월 31일 이전 계속 사업여부, 1990년 1월 1일 이후 사업개시 또는 사업장 이전 중소기업 여부 및 중소기업이 아닌 자에 따라 수도권과밀억제권역에 있는 해당 사업장에서 사용하기 위하여 취득하는 사업용 고정자산 중 다음의 증설투자에 대해 제24조【통합투자세액공제】 규정 적용이 배제되거나 증설투자 및 대체투자 전부에 대해 적용이 배제된다(조특법 제130조 제1항 · 제2항).

| 증설투자 배제 | 증설투자 및 대체투자 배제 |
|---|---|
| ① 1989년 12월 31일 이전부터 수도권과밀억제권역에서 계속하여 사업을 경영하고 있는 내국인<br>② 1990년 1월 1일 이후 수도권과밀억제권역에서 새로 사업장을 설치하여 사업을 개시하는 중소기업(이하 "1990년 이후 중소기업 등"이라 함)<br>③ 1990년 1월 1일 이후 수도권과밀억제권역에서 종전의 사업장(1989년 12월 31일 이전에 설치한 사업장을 포함)을 이전하여 설치하는 중소기업(이하 "1990년 이후 중소기업 등"이라 함) | ① 1990년 1월 1일 이후 수도권과밀억제권역에서 새로 사업장을 설치하여 사업을 개시하는 중소기업이 아닌 자<br>② 1990년 1월 1일 이후 수도권과밀억제권역에서 종전의 사업장(1989년 12월 31일 이전에 설치한 사업장을 포함)을 이전하여 설치하는 중소기업이 아닌 자 |
| 다음의 각 경우에는 증설투자의 경우에도 제24조 통합투자세액공제를 적용한다(조특령 제124조 제2항).<br>① 수도권과밀억제권역안에 소재하는 다음의 산업단지 또는 공업지역에서 투자하는 경우<br>㉠ 「산업입지 및 개발에 관한 법률」에 의한 산업단지 | 다음의 사업용 고정자산을 취득하는 경우에는 제24조 통합투자세액공제를 적용한다(조특령 제124조 제3항, 조특칙 제54조).<br>㉠ 디지털방송을 위한 프로그램의 제작 · 편집 · 송신 등에 사용하기 위하여 취득하는 방송장비 |

| 증설투자 배제 | 증설투자 및 대체투자 배제 |
|---|---|
| ㉡「국토의 계획 및 이용에 관한 법률」 제36조 제1항 제1호의 규정에 의한 공업지역 및 동법 제51조 제3항의 지구단위계획구역 중 산업시설의 입지로 이용되는 구역<br>② 다음의 사업용 고정자산을 취득하는 경우(조특령 제124조 제3항, 조특칙 제54조)<br>㉠ 디지털방송을 위한 프로그램의 제작 · 편집 · 송신 등에 사용하기 위하여 취득하는 방송장비<br>㉡「전기통신사업 회계정리 및 보고에 관한 규정」 제8조에 따른 전기통신설비 중 같은 조 제1호부터 제3호까지 및 제5호에 따른 교환설비, 전송설비, 선로설비 및 정보처리설비<br>㉢ 조특령 제21조【통합투자세액공제】 제3항 제1호에 해당하는 자산<br>㉣ 조특칙 제13조의 10【설비투자자산의 감가상각비 손금산입 특례】 제3항 및 제4항 어느 하나에 해당하는 시설<br>㉤ 조특칙 별표 11에 따른 의약품 품질관리 개선시설 | ㉡「전기통신사업 회계정리 및 보고에 관한 규정」 제8조에 따른 전기통신설비 중 같은 조 제1호부터 제3호까지 및 제5호에 따른 교환설비, 전송설비, 선로설비 및 정보처리설비<br>㉢ 조특령 제21조【통합투자세액공제】 제3항 제1호에 해당하는 자산<br>㉣ 조특칙 제13조의 10【설비투자자산의 감가상각비 손금산입 특례】 제3항 및 제4항 어느 하나에 해당하는 시설<br>㉤ 조특칙 별표 11에 따른 의약품 품질관리 개선시설 |

### (2) 증설투자

① 증설투자란 다음 어느 하나의 구분에 따른 투자를 말한다(조특령 제124조 제1항).

| ㉠ 공장인 사업장의 경우 | ㉡ '㉠' 공장 외의 사업장인 경우 |
|---|---|
| 사업용고정자산을 새로이 설치함으로써 당해 공장의 연면적이 증가되는 투자 | 사업용고정자산을 새로이 설치함으로써 사업용고정자산의 수량 또는 사업장의 연면적이 증가되는 투자 |

② '공장' 및 '사업용고정자산의 수량 또는 해당사업장의 연면적이 증가'되는 경우란 다음을 말한다.

㉠ 공장

「산업집적활성화 및 공장설립에 관한 법률」 제2조 제1호에 의한 공장과 포함시설을 말하며, "해당 공장의 연면적"이란 공장 부지면적 또는 공장부지 안에 있는 건축물 각 층의 바닥면적을 말한다. 다만, 식당 · 휴게실 · 목욕실 · 세탁장 · 의료실 · 옥외체육시설 및 기숙사 등 종업원의 후생복지증진에 제공되는 시설의 면적과 대피소 · 무기고 · 탄약고 및 교육시설의 면적은 당해 공장의 연면적에 포함하지 않는다(조특령 제124조 제1항, 조특칙 제53조 제1항).

**산업집적활성화 및 공장설립에 관한 법률**
제2조【정의】
이 법에서 사용하는 용어의 뜻은 다음과 같다.
1. "공장"이란 건축물 또는 공작물, 물품제조공정을 형성하는 기계 · 장치 등 제조시설과 그 부대시설(이하 "제조시설등"이라 한다)을 갖추고 대통령령으로 정하는 제조업을 하기 위한 사업장으로서 대통령령으로 정하는 것을 말한다.

**산업집적활성화 및 공장설립에 관한 법률 시행령**
제2조【공장의 범위】
① 「산업집적활성화 및 공장설립에 관한 법률」(이하 "법"이라 한다) 제2조 제1호에 따른 제조업의 범위는 「통계법」 제22조에 따라 통계청장이 고시하는 표준산업분류에 따른 제조업으로 한다.
② 법 제2조 제1호에 따른 공장의 범위에 포함되는 것은 다음 각 호와 같다.
1. 제조업을 하기 위하여 필요한 제조시설(물품의 가공 · 조립 · 수리시설을 포함한다. 이하 같다) 및 시험생산시설
2. 제조업을 하는 경우 그 제조시설의 관리 · 지원, 종업원의 복지후생을 위하여 해당 공장부지 안에 설치하는 부대시설로서 산업통상자원부령으로 정하는 것
3. 제조업을 하는 경우 관계 법령에 따라 설치가 의무화된 시설
4. 제1호부터 제3호까지의 시설이 설치된 공장부지 다만, 건축물의 일부만 소유하거나 임차하여 제1호부터 제3호까지의 시설을 설치하는 경우로서 법 제16조 제2항에 따라 등록되는 공장의 경우에는 그 소유 또는 임차한 부분의 바닥면적을 공장부지로 본다.

㉡ 사업용고정자산의 수량 또는 해당사업장의 연면적이 증가되는 경우(조특령 제124조 제1항, 조특칙 제53조 제2항)

기계장치 등 사업용고정자산을 추가로 설치하는 경우를 말하며, 해당 사업장의 연면적이란 사업장 부지면적 또는 사업장 부지 안에 있는 건축물 각 층의 바닥면적을 말한다. 다만, 식당 · 휴게실 · 목욕실 · 세탁장 · 의료실 · 옥외체육시설 및 기숙사 등 종업원의 후생복지증진에 제공되는 시설의 면적과 대피소 · 무기고 · 탄약고 및 교육시설의 면적은 해당 사업장의 연면적에 포함하지 않는다.

### (3) 산업단지

산업단지는 「산업입지 및 개발에 관한 법률」 제2조【정의】에서 규정한 산업단지로서 산업시설용지와 그 관련 토지를 말한다.

<table>
<tr><th>구 분</th><th>구체적 내용</th></tr>
<tr><td>① 산업단지(산업입지 및 개발에 관한 법률 제2조 제8호)</td><td>"산업단지"란 "② 산업시설용지" 및 이와 관련된 교육 · 연구 · 업무 · 지원 · 정보처리 · 유통 시설 및 이들 시설의 기능 향상을 위하여 주거 · 문화 · 환경 · 공원녹지 · 의료 · 관광 · 체육 · 복지 시설 등을 집단적으로 설치하기 위하여 포괄적 계획에 따라 지정 · 개발되는 일단(一團)의 토지로서 다음 각 목의 것을 말한다.<br><table>
<tr><td>가. 국가산업단지</td><td>국가기간산업, 첨단과학기술산업 등을 육성하거나 개발 촉진이 필요한 낙후지역이나 둘 이상의 특별시 · 광역시 · 특별자치시 또는 도에 걸쳐 있는 지역을 산업단지로 개발하기 위하여 산업입지 및 개발에 관한 법률 제6조【국가산업단지의 지정】에 따라 지정된 산업단지</td></tr>
<tr><td>나. 일반산업단지</td><td>산업의 적정한 지방 분산을 촉진하고 지역경제의 활성화를 위하여 산업입지 및 개발에 관한 법률 제7조【일반산업단지의 지정】에 따라 지정된 산업단지</td></tr>
<tr><td>다. 도시첨단산업단지</td><td>지식산업 · 문화산업 · 정보통신산업, 그 밖의 첨단산업의 육성과 개발 촉진을 위하여 「국토의 계획 및 이용에 관한 법률」에 따른 도시지역에 산업입지 및 개발에 관한 법률 제7조의 2【도시첨단산업단지의 지정】에 따라 지정된 산업단지</td></tr>
<tr><td>라. 농공단지(農工團地)</td><td>농어촌정비법 제2조 제1호에 따른 농어촌지역에 농어민의 소득 증대를 위한 산업을 유치 · 육성하기 위하여 산업입지 및 개발에 관한 법률 제8조【농공단지의 지정】에 따라 지정된 산업단지</td></tr>
</table></td></tr>
<tr><td>② 산업시설용지(산업입지 및 개발에 관한 법률 제2조 제7호의 2)</td><td>산업시설용지란 공장, 지식산업 관련 시설, 문화산업 관련 시설, 정보통신산업 관련 시설, 재활용산업 관련 시설, 자원비축시설, 물류시설, 교육 · 연구시설 및 그 밖에 산업입지 및 개발에 관한 법률 대통령령으로 정하는 시설의 용지를 말한다.<br><br>산업입지 및 개발에 관한 법률 시행령 제1조의 2【산업시설용지】<br>「산업입지 및 개발에 관한 법률」(이하 "법"이라 한다) 제2조 제7호의 2에서 "대통령령으로 정하는 시설"이란 다음 각 호의 시설을 말한다.<br>1. 「에너지법」 제2조 제6호에 따른 에너지공급설비<br>2. 「신에너지 및 재생에너지 개발 · 이용 · 보급 촉진법」 제2조 제3호에 따른 신 · 재생에너지 설비<br>3. 「대학설립 · 운영 규정」 제2조의 7에 따라 산업단지 안으로 위치를 변경하는 대학시설<br>4. 「양식산업발전법」 제2조 제10호에 따른 양식시설(농공단지에 입주하는 경우로 한정한다)로서 다음 각 목의 요건을 모두 충족하는 시설<br>가. 정보통신기술을 기반으로 연구개발시설 · 가공시설 등과 함께 조성할 것<br>나. 양식시설이 입주하려는 농공단지가 위치하는 지역을 관할하는 특별시장 · 광역시장 · 특별자치시장 · 도지사 · 특별자치도지사(이하 "시 · 도지사"라 한다)가 해양수산부장관과 사전 협의하여 인정하는 품종을 양식할 것<br>5. 지식산업 관련 시설, 문화산업 관련 시설, 정보통신산업 관련 시설, 재활용산업 관련 시설, 자원비축시설 및 물류 시설 등과 유사한 시설로서 국토교통부장관이 인정하여 고시하는 시설</td></tr>
</table>

### (4) 공업지역

「국토의 계획 및 이용에 관한 법률」 제36조 제1항 제1호의 규정에 의한 공업지역 및 동법 제51조 제3항의 지구단위계획구역 중 산업시설의 입지로 이용되는 구역을 말한다.

| 「국토의 계획 및 이용에 관한 법률」 제36조 【용도지역의 지정】 제1항 | 「국토의 계획 및 이용에 관한 법률」 제51조 【지구단위계획구역의 지정 등】 제3항 |
|---|---|
| ① 국토교통부장관, 시·도지사 또는 대도시 시장은 다음 각 호의 어느 하나에 해당하는 용도지역의 지정 또는 변경을 도시·군관리계획으로 결정한다.<br>1. 도시지역 : 다음 각 목의 어느 하나로 구분하여 지정한다.<br>가. 주거지역 : 거주의 안녕과 건전한 생활환경의 보호를 위하여 필요한 지역<br>나. 상업지역 : 상업이나 그 밖의 업무의 편익을 증진하기 위하여 필요한 지역<br>다. 공업지역 : 공업의 편익을 증진하기 위하여 필요한 지역<br>라. 녹지지역 : 자연환경·농지 및 산림의 보호, 보건위생, 보안과 도시의 무질서한 확산을 방지하기 위하여 녹지의 보전이 필요한 지역 | ③ 도시지역 외의 지역을 지구단위계획구역으로 지정하려는 경우 다음 각 호의 어느 하나에 해당하여야 한다. (2011.4.14. 개정)<br>1. 지정하려는 구역 면적의 100분의 50 이상이 제36조에 따라 지정된 계획관리지역으로서 대통령령으로 정하는 요건에 해당하는 지역<br>2. 제37조에 따라 지정된 개발진흥지구로서 대통령령으로 정하는 요건에 해당하는 지역<br>3. 제37조에 따라 지정된 용도지구를 폐지하고 그 용도지구에서의 행위 제한 등을 지구단위계획으로 대체하려는 지역 |

### (5) 「전기통신사업 회계정리 및 보고에 관한 규정」 제8조에 따른 전기통신설비 중 같은 조 제1호부터 제3호까지 및 제5호에 따른 교환설비, 전송설비, 선로설비 및 정보처리설비

| | |
|---|---|
| 1. 교환설비 | 다수의 전기통신회선을 제어·접속하여 회선 상호간의 전기통신을 가능하게 하는 교환기와 그 부대설비 |
| 2. 전송설비 | 교환설비 및 단말장치 등으로부터 수신된 부호·문언·음향 또는 영상을 변환·재생 또는 증폭하여 유선 또는 무선으로 송신하거나 수신하는 전송단국장치, 중계장치, 다중화장치 및 분배장치 등과 그 부대설비 |
| 3. 선로설비 | 일정한 형태의 전기통신신호를 전송하기 위하여 사용하는 동선 또는 광섬유 등의 전송매체로 제작된 선조 및 케이블 등과 이를 수용 또는 접속하기 위하여 제작된 전주, 관로, 통신터널, 배관, 맨홀, 핸드홀(손이 들어갈 수 있는 구멍을 말한다) 및 배선반 등과 그 부대설비 |

| 4. 단말설비 | 전기통신망에 접속되는 단말기기와 그 부대설비 |
|---|---|
| 5. 정보처리설비 | 문자, 음향 또는 영상 등의 정보를 저장 · 처리하는 장치와 그 부대설비 |
| 6. 전원설비 | 통신용 전원을 공급하기 위한 수변전장치, 정류기, 축전기, 전원반, 예비용 발동발전기 및 배선 등의 설비 |

### (6) 조특령 제21조 제3항 제1호에 해당하는 자산

전술한 조특법 '제24조【통합투자세액공제】' 규정의 '3. 세액공제 세부내용 (5) 공제대상 자산 중 ㉡'에서 서술한 자산을 말한다.

### (7) 조특칙 제54조【수도권과밀억제권역 안의 투자에 대한 조세감면 대상 사업용 고정자산의 범위】에 해당하는 사업용 고정자산

다음의 자산을 말한다.

① 조특칙 제13조의 10 제3항 및 제4항 중 어느 하나에 해당하는 시설

> 제13조의 10【설비투자자산의 감가상각비 손금산입 특례】
> ③ 영 제25조의 3 제3항 제3호 가목에서 "기획재정부령으로 정하는 시설"이란 별표 7의 에너지절약시설을 말한다.
> ④ 영 제25조의 3 제3항 제3호 다목에서 "기획재정부령으로 정하는 시설"이란 별표 7의 2의 신에너지 및 재생에너지를 생산하기 위한 시설을 제조하는 시설을 말한다.

② 조특칙 별표 11에 따른 의약품 품질관리 개선시설

[별표 7] (2023.3.20. 개정)

**에너지절약시설(제13조의 10 제3항 관련)**

| 구분 | 시설내용 | 적용범위 |
|---|---|---|
| 1. 에너지이용 합리화 시설 | 가. 산업 · 건물 부문 에너지절약 설비 | 1) 보일러 · 요(窯) · 로(爐) 및 그 부속장치(산업 · 건물 공통)<br>가) 보일러<br>증발량이 시간당 0.5톤 이상인 것으로서 에너지사용효율을 10퍼센트 이상 향상시키거나, 석유환산기준으로 연간 100킬로리터 이상의 에너지절약을 가능하게 하는 것[기존시설을 개체(改替)하는 것으로 한정한다]<br>나) 요(窯) · 로(爐)<br>요 · 로 안의 최고 온도가 섭씨 500도 이상인 것으로서 폐열회수율이 20퍼센트 이상이거나, 석유환산기준으로 연간 100킬로리터 이상의 에너지절약을 가능하게 하는 |

| 구분 | 시설내용 | 적용범위 |
|---|---|---|
| 1. 에너지이용 합리화 시설 | 가. 산업 · 건물 부문 에너지절약 설비 | 것[기존시설을 개체(改替)하는 것으로 한정한다]<br>다) 보일러관수를 자동으로 연속하여 배출하는 장치<br>라) 초음파 스케일 방지기(보일러를 신규로 설치하는 경우는 제외한다)<br>마) 보일러 급수 처리장치(보일러를 신규로 설치하는 경우는 제외한다)<br>2) 집단에너지시설 및 열병합발전시설<br>지역냉 · 난방사업, 산업단지 집단에너지사업 및 자가열병합 발전사업에 필요한 에너지의 생산 · 수송 · 분배를 위한 에너지공급시설[기존의 집단에너지공급시설을 개체(改替)하는 것은 제외한다]<br>3) 폐기에너지회수설비(산업 · 건물 공통)<br>가) 연소폐열 · 공정폐열 및 폐가스를 이용하여 연료 및 원재료를 예열하는 설비<br>나) 연소폐열 · 공정폐열 및 폐가스를 이용하여 증기 · 온수 등 유효한 에너지를 발생시키는 설비<br>다) 그밖에 폐기되는 자원을 이용하여 열 또는 전기를 발생시키는 설비<br>라) 폐열회수형 히트펌프(공기열원은 제외한다)<br>마) 클링커 냉각기(Cross Bar Cooler)<br>4) 고효율 유체기기 및 제어장치(산업 · 건물 공통)<br>가) 원심식 다단진공펌프(실워터가 불필요하고 공기량이 자동조절되는 것으로 한정한다)<br>나) 고온응축수펌프(사용온도가 섭씨 100도 이상인 것으로 한정한다)<br>다) 에너지절약형 유체커플링(유체기기에 직접 연결하는 것으로 한정한다)<br>라) 압축기(인버터제어)<br>마) 고속 터보블로워[전동기직결형으로 1만 회전수(rpm) 이상으로 한정한다]<br>바) 고효율 변압기(「에너지이용 합리화법」 제15조에 따른 효율관리기자재로서 고효율 제품으로 한정한다)<br>사) 프리미엄급(IE3 또는 IE4) 삼상유도전동기(「에너지이용 합리화법」 제15조에 따른 효율관리기자재로서 프리미엄급 제품으로 한정한다)<br>5) 그밖에 산업용 설비<br>가) 어큐뮬레이터<br>나) 주파수 변환식 회전수 제어장치(인버터)[220킬로와트(kw) 이하는 고효율인증기자재로 한정한다]<br>다) 증기 재압축식 증발농축장치 |

| 구분 | 시설내용 | 적용범위 |
|---|---|---|
| 1. 에너지이용 합리화 시설 | 가. 산업 · 건물 부문 에너지절약 설비 | 라) 다중효용증발관(3중 이상으로 한정한다)<br>마) 산소부하시스템<br>바) 증기재압축장치<br>사) 증기터빈 구동식 동력장치<br>6) 건물에너지 절약설비<br>가) 건물자동화 제어장치(온도 · 조명 · 열원 · 풍량 · 공조 부문 중 2가지 이상을 제어하는 경우로 한정한다)<br>나) 제습공조장치(냉각코일에 의한 제습은 제외한다)<br>다) 가습공조장치(수가습 방식으로 한정한다)<br>라) 야간단열장치<br>마) 태양광차단장치<br>7) 에너지관리시스템(EMS)(「에너지이용 합리화법」 제45조에 따라 설립한 에너지관리공단의 확인을 받은 것으로 한정한다) |
| | 나. 전력수요관리 설비 | 1) 역률자동조절장치<br>2) 최대수요관리감시제어장치(최대수요전력을 제어하기 위한 것으로 한정한다)<br>3) 전기대체냉방시설(건물 각 층에 설치되는 공조기 및 냉온수배관은 제외한다)<br>가) 가스냉방시설<br>나) 축열식냉방시설<br>다) 흡수냉방시설 |
| | 다. 고효율인증 기자재 | 특정에너지사용기자재 중 「에너지이용 합리화법」 제22조에 따라 산업통상자원부장관이 고효율에너지기자재로 인증한 다음의 제품<br>1) 엘이디(LED)조명(램프 및 등기구)<br>2) 고효율인증보일러<br>3) 무정전전원장치<br>4) 직화흡수식 냉온수기<br>5) 원심식 송풍기<br>6) 항온항습기<br>7) 고기밀성 단열문<br>8) 전력저장장치(Energy storage system)<br>9) 스마트엘이디(LED) 조명시스템 |
| | 라. 대기전력저감 우수제품 | 특정에너지사용기자재 중 「에너지이용 합리화법」 제20조에 따라 산업통상자원부장관이 대기전력저감우수제품으로 인증한 자동절전제어장치 |

| 구분 | 시설내용 | 적용범위 |
|---|---|---|
| 2. 신·재생 에너지 보급시설 | 가. 신·재생 에너지생산 시설 | 「신에너지 및 재생 에너지 개발·이용·보급 촉진법」 제2조에 따른 신에너지 및 재생에너지를 이용하여 연료·열 또는 전기를 생산하는 시설 |
| | 나. 수소 생산·압축·저장시설 (2023.3.20. 개정) | 1) 수소생산시설(연료개질설비로 한정한다)<br>2) 수소압축시설<br>3) 수소저장시설(수소충전소 내 설치되는 시설로 한정한다) |
| 3. 그밖의 시설 | 그밖의 에너지 절약시설 | 에너지절감효과가 10퍼센트 이상인 에너지절약시설 중 「에너지이용 합리화법」에 따라 에너지관리공단의 이사장이 시범적으로 보급할 필요성이 있다고 인정하는 것 |

[별표 7의 2] (2021.3.16. 신설)

**신에너지 및 재생에너지를 생산하기 위한 시설을 제조하는 시설(제13조의 10 제4항 관련)**

| 구 분 | 시설내용 | 적용범위 |
|---|---|---|
| 1. 태양광설비 | 가. 태양전지용 다결정 실리콘 제조설비 | 1. 삼염화실란 생산용 염화공정 장치(Tri-chloro Silane Chlorinator Facilities)<br>2. 삼염화실란 정제 공정 장치(Tri-chloro Silane Purifier Facilities)<br>3. 폴리실리콘 생산용 화학 증착 반응 장치(Polysilicon Chemical Vapor Deposition Reactor Facilities)<br>4. 삼염화실란 폐가스 회수 장치(Tri-chloro Silane Vent Gas Recycling Facilities)<br>5. 실리콘테트라플로라이드 생산용 제조 설비($SiF_4$ Production Facilities)<br>6. 소듐알류미늄하이드라이드 생산용 제조 설비($NaAlH_4$ Production Facilities)<br>7. 모노실란 제조 설비($SiH_4$ Production Facilities)<br>8. 모노실란 고순도 정제 설비($SiH_4$ Purifier Facilities)<br>9. 폴리실리콘 생산용 화학 증착 반응 장치(Polysilicon Chemical Vapor Deposition Reactor Facilities)<br>10. 모노실란 폐가스 회수 장치($SiH_4$ Vent Gas Recycling Facilities) |
| | 나. 태양광전지용 실리콘웨이퍼 제조설비 | 1. 단결정성장로(Grower)<br>2. 다결정성장로(Multicrystalline Casting Furnace)<br>3. 크로핑소(Cropping Saw)<br>4. 면연마기(Rotary Grinding System)<br>5. 곡면 또는 평면용 면취기(R/C Grinder, R/C Cutter)<br>6. 사각기(Squaring Machine)<br>7. 와이어소(Multi Wire Sawer)<br>8. 슬러리재생설비(Slurry Recycling System)<br>9. 웨이퍼세정기(Cleaning System)<br>10. 전자수명 측정장치(Minority Carrier Lifetime Measurement System)<br>11. 웨이퍼 저항측정기(Resistivity Tester for Wafer) |
| | 다. 태양전지 제조설비 | 1. 웨이퍼 검사 장비(Wafer Inspection)<br>2. 표면 식각 장비(Texturing)<br>3. 불순물 확산 장비(Diffusion)<br>4. 산화막 제거 장비(PSG Removal)<br>5. 반사방지막 증착 장비(PECVD)<br>6. 금속전극 형성 장비(Metallization)<br>7. 전극 소성 장비(Firing)<br>8. 레이저 절연 장비(Isolation)<br>9. 셀 검사/분류 장비(Cell Tester/Sorter)<br>10. 공정 자동화 장비(Automation) |

| 구 분 | 시설내용 | 적용범위 |
|---|---|---|
| 1. 태양광설비 | 라. 태양광모듈 제조설비 | 1. 라미네이터(Laminator)<br>2. 유리세척기(Glass Washer)<br>3. 태양전지성능측정기(Cell Tester)<br>4. 스트링 · 테버장비(String & Tabber)<br>5. 레이업머신(Lay-up M/C)<br>6. 태양전지 또는 모듈성능측정기(Simulator)<br>7. 프레이밍머신(Framing M/C)<br>8. 큐어링 오븐(Curing Oven)<br>9. 내구성 시험용 오븐(Oven for Cycling Test)<br>10. 레이저 스크라이버(Laser Scriber)<br>11. 박막 실리콘 태양전지용 화학기상증착장비(Chemical Vapor Deposition)<br>12. 박막 실리콘 태양전지용 스퍼터링 장비(Sputter)<br>13. 박막 실리콘 태양전지용 글라스 반송 시스템(Glass Transfer System)<br>14. 박막 실리콘 태양전지용 에지 트리머(Edge Trimmer)<br>15. 정션박스 어셈블리 시스템(Junction Box Assembly System)<br>16. 빛조사 열화장치(Light Soaking System) |
| 2. 풍력설비 | 풍력발전용 발전기 제조설비 | 1. 풍력발전기 조립 대차(Travelling Car for Windturbine Assembly)<br>2. 동기발전기 시험기(Synchronous Generator Tester)<br>3. 풍력발전기 조립 시험기(Assembly Tester for Windturbine)<br>4. 로터허브 조립 시험기(Assembly Tester for Rotor Hub)<br>5. 레이저 트래커(3D Measurement Machine)<br>6. 피치베어링 볼트조립 로봇(Bolting Robot for Pitch Bearing) |
| 3. 수력설비 | 소수력발전용 수차 및 발전기 제조설비 | 1. 유전율 측정시험기(Insulating Diagnosis & Analysis System)<br>2. 부분방전 시험기(Partial Discharge Detector) |

조특칙 [별표 11] (2021.3.16. 개정)

**| 의약품 품질관리 개선시설(제54조 관련) |**

| 구 분 | 적용범위 |
|---|---|
| 1. 물리적 또는 화학적 방법을 이용하여 고품질의 의약품을 제조하는 데 활용되는 설비 | 가. 멸균기(고압증기멸균기, 세척멸균기, 과산화수소멸균기를 포함한다)<br>나. 건조기(동결건조기, 분말건조기를 포함한다)<br>다. 제약용수 관련 설비(정제수설비, 제조용수시스템, 순수증기제조기, 초순수제조장치, 과산화수소훈증기를 포함한다)<br>라. 냉동창고, 이동식 클린부스, 약품 이송 및 조제를 위한 탱크, 항온챔버<br>마. 타정기, 과립기(과립실로타리과립기, 과립실역회전과립기, 건식과립기를 포함한다), 코팅기, 정제기, 고속혼합기<br>바. 공조설비(배풍기, 배출닥트, 후드, 통기관, 통기밸브(Breather valve), 공조기, 공조조화기를 포함한다) |
| 2. 의약품 제조 관련 세척 및 포장을 위한 기계장치 또는 설비 | 가. 자동세척기(Container/Drum 세척기, 앰플세병기를 포함한다)<br>나. 제품 검사 및 포장 설비(자동 선별기, 씰링기, 충전기, 캡슐성형기, 캡슐세척기, 캡슐 인쇄기, 캡핑기, 자동카톤포장기를 포함한다) |

**| 수도권 과밀억제권역 내 투자 시 세액공제 적용검토 정리 |**

| 구 분 | | 1989.12.31. 이전 내국인 | | | | 1990.1.1. 이후 중소기업 | | | | 1990.1.1. 이후 중소기업 아닌 자 | | | |
|---|---|---|---|---|---|---|---|---|---|---|---|---|---|
| | | 일반지역 | | 산업단지/공업지역 | | 일반지역 | | 산업단지/공업지역 | | 일반지역 | | 산업단지/공업지역 | |
| | | 대체투자 | 증설투자 | 대체투자 | 증설투자 | 대체투자 | 증설투자 | 대체투자 | 증설투자 | 대체투자 | 증설투자 | 대체투자 | 증설투자 |
| 사업용 자산 | 디지털방송장비 | ○ | ○ | ○ | ○ | ○ | ○ | ○ | ○ | ○ | ○ | ○ | ○ |
| | 전기통신설비 | ○ | ○ | ○ | ○ | ○ | ○ | ○ | ○ | ○ | ○ | ○ | ○ |
| | 조특령 제21조 제3항 제1호 자산 | ○ | ○ | ○ | ○ | ○ | ○ | ○ | ○ | ○ | ○ | ○ | ○ |
| | 조특칙 별표 7 자산 | ○ | ○ | ○ | ○ | ○ | ○ | ○ | ○ | ○ | ○ | ○ | ○ |
| | 조특칙 별표 7의 2 자산 | ○ | ○ | ○ | ○ | ○ | ○ | ○ | ○ | ○ | ○ | ○ | ○ |
| | 조특칙 별표 11 자산 | ○ | ○ | ○ | ○ | ○ | ○ | ○ | ○ | ○ | ○ | ○ | ○ |
| | 그 외의 사업용 자산 | ○ | × | ○ | ○ | ○ | × | ○ | ○ | × | × | × | × |

SECTION 04

# 제132조 【최저한세액에 미달하는 세액에 대한 감면 등의 배제】

## 1. 최저한세의 의의와 필요성

### (1) 의 의

최저한세란 「조세특례제한법」에서 규정하고 있는 준비금의 손금산입, 소득공제, 손금산입 및 익금불산입, 비과세, 세액공제, 세액감면을 적용하되 공제 감면 등을 적용받은 후의 세액이 일정수준에 미치지 못하는 경우 그 금액에 대해서는 감면 등의 적용을 배제하는 규정이다.

### (2) 필요성

「조세특례제한법」상의 각종 감면 규정 등을 적용받는 납세자와 그렇지 않은 납세자간의 세부담의 형평성을 기하고 과도한 감면 등을 제한하기 위한 수단이 최저한세 제도이다.

## 2. 적용대상자

최저한세의 적용대상이 되는 자는 다음과 같다(조특법 제132조 제1항 · 제2항).

① 법인의 경우 내국법인과 국내사업장이 있거나 국내원천소득이 있는 외국법인을 적용대상으로 하며, 당기순이익 과세특례를 적용받은 조합법인은 제외한다.

② 개인의 경우 사업소득이 있는 거주자와 국내사업장에서 발생한 사업소득이 있는 비거주자를 대상으로 하며, 거주자의 경우 임대업에서 발생한 소득은 제외하되, 예외적으로 제16조【벤처투자조합 출자 등에 대한 소득공제】를 적용받는 경우에는 부동산임대업에서 발생한 소득을 포함한다.

## 3. 적용대상 세액

### (1) 법인세

① 내국법인(조특법 제72조【조합법인 등에 대한 법인세 과세특례】제1항을 적용받는 조합법인 등은 제외)의 각 사업연도 소득에 대한 법인세와 「법인세법」 제91조【과세표준】제1항을 적용

받는 외국법인의 각 사업연도 국내원천소득에 대한 법인세를 최저한세 대상 법인세로 한다.

② 최저한세 적용대상이 아닌 세액공제 · 세액감면 등을 적용하지 아니한 법인세에 대하여 적용한다.

③ 다음의 법인세는 최저한세 적용대상 법인세에서 제외한다.

**최저한세 산정대상 법인세에서 제외하는 세액(조특법 제132조 제1항)**

<table>
<tr><td colspan="2">㉠ 토지 등 양도소득에 대한 과세특례(법법 제55조의 2)</td></tr>
<tr><td colspan="2">㉡ 외국법인의 국내사업장에 대한 과세특례(법법 제96조)</td></tr>
<tr><td colspan="2">㉢ 투자 · 상생협력촉진을 위한 과세특례(조특법 제100조의 32)</td></tr>
<tr><td colspan="2">㉣ 가산세</td></tr>
<tr><td rowspan="2">㉤ 추징세액(조특령 제126조 제1항)</td><td>「조세특례제한법」에 의하여 각종 준비금 등을 익금산입하는 경우와 감면세액을 추징하는 경우(소득세 또는 법인세에 가산하여 자진납부하거나 부과징수하는 경우를 포함한다)에 있어서의 이자상당가산액</td></tr>
<tr><td>「조세특례제한법」 또는 「법인세법」에 의하여 소득세 또는 법인세의 감면세액을 추징하는 경우 당해 사업연도에 소득세 또는 법인세에 가산하여 자진납부하거나 부과징수하는 세액</td></tr>
</table>

### (2) 소득세

① 거주자의 사업소득에 대한 소득세와 비거주자의 국내사업장에서 발생한 소득에 대한 소득세를 적용대상으로 한다. 다만, 예외적으로 「조세특례제한법」 제16조【벤처투자조합 출자 등에 대한 소득공제】를 적용받는 경우의 해당 부동산임대업에서 발생한 소득에 대한 소득세는 포함한다.

② 최저한세 적용대상이 아닌 세액공제 · 세액감면 등을 적용하지 아니한 소득세에 대하여 적용한다.

③ 다음의 소득세는 최저한세 산정대상 소득세에서 제외한다.

**최저한세 산정대상 소득세에서 제외하는 세액(조특법 제132조 제2항)**

<table>
<tr><td colspan="2">㉠ 가산세</td></tr>
<tr><td rowspan="2">㉡ 추징세액(조특령 제126조 제2항)</td><td>「조세특례제한법」에 의하여 각종 준비금 등을 익금산입하는 경우와 감면세액을 추징하는 경우(소득세 또는 법인세에 가산하여 자진납부하거나 부과징수하는 경우를 포함한다)에 있어서의 이자상당가산액</td></tr>
<tr><td>「조세특례제한법」 또는 「법인세법」에 의하여 소득세 또는 법인세의 감면세액을 추징하는 경우 당해 사업연도에 소득세 또는 법인세에 가산하여 자진납부하거나 부과징수하는 세액</td></tr>
</table>

## 4. 최저한세가 적용되는 조세감면

법인세와 대한 최저한세 적용과 소득세에 대한 최저한세 적용 시 대상이 되는 조세감면의 종류에 차이가 있다.

**| 최저한세 적용대상 조세특례의 구분 |**

| 구 분 | | 법인세에 대한 최저한세 검토 | 소득세에 대한 최저한세 검토 |
|---|---|---|---|
| 연번 | 감면 유형 | 최저한세 대상 조세특례 | 최저한세 대상 조세특례 |
| 1 | 소득공제 등 (제2호) | 제8조【중소기업지원설비에 대한 손금산입의 특례 등】 | 제8조【중소기업지원설비에 대한 손금산입의 특례 등】 |
| 2 | | 제8조의 2【상생협력 중소기업으로부터 받은 수입배당금의 익금불산입】 | — |
| 3 | | 제10조의 2【연구개발관련 출연금 등의 과세특례】 | 제10조의 2【연구개발관련 출연금 등의 과세특례】 |
| 4 | | 제13조【벤처투자회사 등의 주식양도차익 등에 대한 비과세】 | — |
| 5 | | 제14조【창업기업 등에의 출자에 대한 과세특례】 | — |
| 6 | | — | 제16조【벤처투자조합 출자 등에 대한 소득공제】 |
| 7 | | 제28조【서비스업 감가상각비의 손금산입특례】 | 제28조【서비스업 감가상각비의 손금산입특례】 |
| 8 | | 제28조의 2【중소·중견기업 설비투자자산의 감가상각비 손금산입 특례】 | 제28조의 2【중소·중견기업 설비투자자산의 감가상각비 손금산입 특례】 |
| 9 | | 제28조의 3【설비투자자산의 감가상각비 손금산입 특례】 | 제28조의 3【설비투자자산의 감가상각비 손금산입 특례】 |
| 10 | | 제55조의 2【자기관리부동산투자회사 등에 대한 과세특례】 제4항 | — |
| 11 | | 제60조【공장의 대도시 밖 이전에 대한 법인세 과세특례】 제2항 | — |
| 12 | | 제61조【법인 본사를 수도권과밀억제권역 밖으로 이전하는 데 따른 양도차익에 대한 법인세 과세특례】제3항 | — |

| 구 분 | | 법인세에 대한 최저한세 검토 | 소득세에 대한 최저한세 검토 |
|---|---|---|---|
| 연번 | 감면 유형 | 최저한세 대상 조세특례 | 최저한세 대상 조세특례 |
| 13 | 소득공제 등 (제2호) | 제62조【공공기관이 혁신도시 등으로 이전하는 경우 법인세 등 감면】 제1항 | — |
| 14 | | 제63조【수도권 밖으로 공장을 이전하는 기업에 대한 세액감면 등】 제4항 | — |
| 15 | | 제63조의 2【수도권 밖으로 본사를 이전하는 법인에 대한 세액감면 등】 제4항 | — |
| 16 | | — | 제86조의 3【소기업 · 소상공인 공제부금에 대한 소득공제 등】 |
| 17 | | — | 제132조의 2【소득세 소득공제 등의 종합한도】 |
| 18 | 세액공제 (제3호) | 제7조의 2【기업의 어음제도 개선을 위한 세액공제】 | 제7조의 2【기업의 어음제도 개선을 위한 세액공제】 |
| 19 | | 제7조의 4【상생결제 지급금액에 대한 세액공제】 | 제7조의 4【상생결제 지급금액에 대한 세액공제】 |
| 20 | | 제8조의 3【상생협력을 위한 기금 출연 등에 대한 세액공제】 | 제8조의 3【상생협력을 위한 기금 출연 등에 대한 세액공제】 제3항 |
| 21 | | 제10조【연구 및 인력개발비에 대한 세액공제】(중소기업은 제외) | 제10조【연구 및 인력개발비에 대한 세액공제】(중소기업은 제외) |
| 22 | | 제12조【기술이전 및 기술취득 등에 대한 과세특례】 제2항 | 제12조【기술이전 및 기술취득 등에 대한 과세특례】 제2항 |
| 23 | | 제12조의 3【기술혁신형 합병에 대한 세액공제】 | — |
| 24 | | 제12조의 4【기술혁신형 주식취득에 대한 세액공제】 | — |
| 25 | | 제13조의 2【내국법인의 벤처기업 등에의 출자에 대한 과세특례】 | — |
| 26 | | 제13조의 3【내국법인의 소재 · 부품 · 장비전문기업 등에의 출자 · 인수에 대한 과세특례】 | — |
| 27 | | 제19조【성과공유 중소기업의 경영성과급에 대한 세액공제 등】 제1항 | 제19조【성과공유 중소기업의 경영성과급에 대한 세액공제 등】 제1항 |
| 28 | | 제24조【통합투자세액공제】 | 제24조【통합투자세액공제】 |
| 29 | | 제25조의 6【영상콘텐츠 제작비용에 대한 세액공제】 | 제25조의 6【영상콘텐츠 제작비용에 대한 세액공제】 |

| 구 분 | | 법인세에 대한 최저한세 검토 | 소득세에 대한 최저한세 검토 |
|---|---|---|---|
| 연번 | 감면 유형 | 최저한세 대상 조세특례 | 최저한세 대상 조세특례 |
| 30 | 세액공제 (제3호) | 제25조의 7【내국법인의 문화산업전문회사에의 출자에 대한 세액공제】 | — |
| 31 | | 제26조【고용창출투자세액공제】 | 제26조【고용창출투자세액공제】 |
| 32 | | 제29조의 2【산업수요맞춤형고등학교 등 졸업자를 병역 이행 후 복직시킨 기업에 대한 세액공제】 | 제29조의 2【산업수요맞춤형고등학교 등 졸업자를 병역 이행 후 복직시킨 기업에 대한 세액공제】 |
| 33 | | 제29조의 3【경력단절 여성 고용 기업 등에 대한 세액공제】 | 제29조의 3【경력단절 여성 고용 기업 등에 대한 세액공제】 |
| 34 | | 제29조의 4【근로소득을 증대시킨 기업에 대한 세액공제】 | 제29조의 4【근로소득을 증대시킨 기업에 대한 세액공제】 |
| 35 | | 제29조의 5【청년고용을 증대시킨 기업에 대한 세액공제】 | 제29조의 5【청년고용을 증대시킨 기업에 대한 세액공제】 |
| 36 | | 제29조의 7【고용을 증대시킨 기업에 대한 세액공제】 | 제29조의 7【고용을 증대시킨 기업에 대한 세액공제】 |
| 37 | | 제29조의 8【통합고용세액공제】 | 제29조의 8【통합고용세액공제】 |
| 38 | | 제30조의 3【고용유지중소기업 등에 대한 과세특례】 | 제30조의 3【고용유지중소기업 등에 대한 과세특례】 |
| 39 | | 제30조의 4【중소기업 사회보험료 세액공제】 | 제30조의 4【중소기업 사회보험료 세액공제】 |
| 40 | | 제31조【중소기업 간의 통합에 대한 양도소득세의 이월과세 등】 제6항 | 제31조【중소기업 간의 통합에 대한 양도소득세의 이월과세 등】 제6항 |
| 41 | | 제32조【법인전환에 대한 양도소득세의 이월과세】 제4항 | 제32조【법인전환에 대한 양도소득세의 이월과세】 제4항 |
| 42 | | 제99조의12【선결제 금액에 대한 세액공제】 | 제99조의 12【선결제 금액에 대한 세액공제】 |
| 43 | | 제104조의 8【전자신고 등에 대한 세액공제】 | 제104조의 8【전자신고 등에 대한 세액공제】 |
| 44 | | 제104조의 14【제3자 물류비용에 대한 세액공제】 | 제104조의 14【제3자 물류비용에 대한 세액공제】 |
| 45 | | 제104조의 15【해외자원개발투자에 대한 과세특례】 | 제104조의 15【해외자원개발투자에 대한 과세특례】 |
| 46 | | 제104조의 22【기업의 운동경기부 등 설치 · 운영에 대한 과세특례】 | — |

| 구 분 | | 법인세에 대한 최저한세 검토 | 소득세에 대한 최저한세 검토 |
|---|---|---|---|
| 연번 | 감면 유형 | 최저한세 대상 조세특례 | 최저한세 대상 조세특례 |
| 47 | 세액 공제 (제3호) | 제104조의 25【석유제품 전자상거래에 대한 세액공제】 | 제104조의 25【석유제품 전자상거래에 대한 세액공제】 |
| 48 | | 제104조의 30【우수 선화주기업 인증을 받은 화주기업에 대한 세액공제】 | 제104조의 30【우수 선화주기업 인증을 받은 화주기업에 대한 세액공제】 |
| 49 | | 제104조의 35【이스포츠대회 운영에 대한 과세특례】 | — |
| 50 | | — | 제122조의 3【성실사업자에 대한 의료비 등 공제】 |
| 51 | | 제122조의 4【금사업자와 스크랩사업자의 수입금액의 증가 등에 대한 세액공제】 제1항 | 제122조의 4【금사업자와 스크랩사업자의 수입금액의 증가 등에 대한 세액공제】 제1항 |
| 52 | | — | 제126조의 3【현금영수증사업자 및 현금영수증가맹점에 대한 과세특례】 제2항 |
| 53 | | 제126조의 7【금 현물시장에서 거래되는 금지금에 대한 과세특례】 제8항 | 제126조의 7【금 현물시장에서 거래되는 금지금에 대한 과세특례】 제8항 |
| 54 | 세액 감면 (제4호) | 제6조【창업중소기업 등에 대한 세액감면】 | 제6조【창업중소기업 등에 대한 세액감면】 |
| 55 | | 제7조【중소기업에 대한 특별세액감면】 | 제7조【중소기업에 대한 특별세액감면】 |
| 56 | | 제12조【기술이전 및 기술취득 등에 대한 과세특례】 제1항 · 제3항 | 제12조【기술이전 및 기술취득 등에 대한 과세특례】 제1항 · 제3항 |
| 57 | | 제12조의 2【연구개발특구에 입주하는 첨단기술기업 등에 대한 법인세 등의 감면】 | 제12조의 2【연구개발특구에 입주하는 첨단기술기업 등에 대한 법인세 등의 감면】 |
| 58 | | 제21조【국제금융거래에 따른 이자소득 등에 대한 법인세 등의 면제】 | 제21조【국제금융거래에 따른 이자소득 등에 대한 법인세 등의 면제】 |
| 59 | | 제31조【중소기업 간의 통합에 대한 양도소득세의 이월과세 등】 제4항 · 제5항 | 제31조【중소기업 간의 통합에 대한 양도소득세의 이월과세 등】 제4항 · 제5항 |
| 60 | | 제32조【법인전환에 대한 양도소득세의 이월과세】 제4항 | 제32조【법인전환에 대한 양도소득세의 이월과세】 제4항 |
| 61 | | 제62조【공공기관이 혁신도시로 이전하는 경우 법인세 등 감면】 제4항 | — |
| 62 | | 제63조【수도권 밖으로 공장을 이전하는 기업에 대한 세액감면 등】 | 제63조【수도권 밖으로 공장을 이전하는 기업에 대한 세액감면 등】 |

| 구 분 | | 법인세에 대한 최저한세 검토 | 소득세에 대한 최저한세 검토 |
|---|---|---|---|
| 연번 | 감면 유형 | 최저한세 대상 조세특례 | 최저한세 대상 조세특례 |
| 63 | | 제64조【농공단지 입주기업 등에 대한 세액감면】 | 제64조【농공단지 입주기업 등에 대한 세액감면】 |
| 64 | 세액 감면 (제4호) | 제68조【농업회사법인에 대한 법인세의 면제 등】 | — |
| 65 | | 제96조【소형주택 임대사업자에 대한 세액감면】 | 제96조【소형주택 임대사업자에 대한 세액감면】 |
| 66 | | 제96조의 2【상가건물 장기 임대사업자에 대한 세액감면】 | 제96조의 2【상가건물 장기 임대사업자에 대한 세액감면】 |
| 67 | | 제99조의 9【위기지역 창업기업에 대한 법인세 등의 감면】 | 제99조의 9【위기지역 창업기업에 대한 법인세 등의 감면】 |
| 68 | | 제102조【산림개발소득에 대한 세액감면】 | 제102조【산림개발소득에 대한 세액감면】 |
| 69 | | 제121조의 8【제주첨단과학기술단지 입주기업에 대한 법인세 등의 감면】 | 제121조의 8【제주첨단과학기술단지 입주기업에 대한 법인세 등의 감면】 |
| 70 | | 제121조의 9【제주투자진흥지구 또는 제주자유무역지역 입주기업에 대한 법인세 등의 감면】 | 제121조의 9【제주투자진흥지구 또는 제주자유무역지역 입주기업에 대한 법인세 등의 감면】 |
| 71 | | 제121조의 17【기업도시개발구역 등의 창업기업 등에 대한 법인세 등의 감면】 | 제121조의 17【기업도시개발구역 등의 창업기업 등에 대한 법인세 등의 감면】 |
| 72 | | 제121조의 20【아시아문화중심도시 투자진흥지구 입주기업 등에 대한 법인세 등의 감면 등】 | 제121조의 20【아시아문화중심도시 투자진흥지구 입주기업 등에 대한 법인세 등의 감면 등】 |
| 73 | | 제121조의 21【금융중심지 창업기업 등에 대한 법인세 등의 감면 등】 | 제121조의 21【금융중심지 창업기업 등에 대한 법인세 등의 감면 등】 |
| 74 | | 제121조의 22【첨단의료복합단지 및 국가식품클러스터 입주기업에 대한 법인세 등의 감면】 | 제121조의 22【첨단의료복합단지 및 국가식품클러스터 입주기업에 대한 법인세 등의 감면】 |
| 75 | | 제121조의 33【기회발전특구의 창업기업 등에 대한 법인세 등의 감면】 | 제121조의 33【기회발전특구의 창업기업 등에 대한 법인세 등의 감면】 |

최저한세 규정이 적용되는 세액감면 중 다음의 감면에 대하여는 최저한세 규정을 적용하지 않는다(조특법 제132조 제1항 제4호 단서, 제2항 제4호 단서).

| 법인세에 대한 감면 | 소득세에 대한 감면 |
|---|---|
| ① 다음의 규정에 따라 법인세를 100% 감면받은 과세연도의 경우<br>㉠ 제6조【창업중소기업 등에 대한 세액감면】 제1항 또는 제6항<br>㉡ 제12조의 2【연구개발특구에 입주하는 첨단기술기업 등에 대한 법인세 등의 감면】<br>㉢ 제99조의 9【위기지역 창업기업에 대한 법인세 등의 감면】<br>㉣ 제121조의 8【제주첨단과학기술단지 입주기업에 대한 법인세 등의 감면】<br>㉤ 제121조의 9【제주투자진흥지구 또는 제주자유무역지역 입주기업에 대한 법인세 등의 감면】<br>㉥ 제121조의 17【기업도시개발구역 등의 창업기업 등에 대한 법인세 등의 감면】<br>㉦ 제121조의 20【아시아문화중심도시 투자진흥지구 입주기업 등에 대한 법인세 등의 감면 등】<br>㉧ 제121조의 21【금융중심지 창업기업 등에 대한 법인세 등의 감면 등】<br>㉨ 제121조의 22【첨단의료복합단지 입주기업에 대한 법인세 등의 감면】<br>㉩ 제121조의 33【기회발전특구의 창업기업 등에 대한 법인세 등의 감면】 | ① 다음의 규정에 따라 소득세를 100% 감면받은 과세연도의 경우<br>㉠ 제6조【창업중소기업 등에 대한 세액감면】 제1항 또는 제6항<br>㉡ 제12조의 2【연구개발특구에 입주하는 첨단기술기업 등에 대한 법인세 등의 감면】<br>㉢ 제99조의 9【위기지역 창업기업에 대한 법인세 등의 감면】<br>㉣ 제121조의 8【제주첨단과학기술단지 입주기업에 대한 법인세 등의 감면】<br>㉤ 제121조의 9【제주투자진흥지구 또는 제주자유무역지역 입주기업에 대한 법인세 등의 감면】<br>㉥ 제121조의 17【기업도시개발구역 등의 창업기업 등에 대한 법인세 등의 감면】<br>㉦ 제121조의 20【아시아문화중심도시 투자진흥지구 입주기업 등에 대한 법인세 등의 감면 등】<br>㉧ 제121조의 21【금융중심지 창업기업 등에 대한 법인세 등의 감면 등】<br>㉨ 제121조의 22【첨단의료복합단지 입주기업에 대한 법인세 등의 감면】<br>㉩ 제121조의 33【기회발전특구의 창업기업 등에 대한 법인세 등의 감면】 |
| ② 제6조【창업중소기업 등에 대한 세액감면】 제7항에 따라 추가로 감면받는 부분의 경우 | ② 제6조【창업중소기업 등에 대한 세액감면】 제7항에 따라 추가로 감면받는 부분의 경우 |
| ③ 제63조【수도권 밖으로 공장을 이전하는 기업에 대한 세액감면 등】에 따라 수도권 밖으로 이전하는 경우 | ③ 제63조【수도권 밖으로 공장을 이전하는 기업에 대한 세액감면 등】에 따라 수도권 밖으로 이전하는 경우 |
| ④ 제68조【농업회사법인에 대한 법인세의 면제 등】에 따라 작물재배업에서 발생하는 소득의 경우 | — |

## 5. 최저한세의 계산

### (1) 법인세에 대한 최저한세(조특법 제132조 제1항)

① 다음의 금액 중 큰 금액이 최저한세로 산정되고 각종 감면 · 공제 등을 적용한 후의 세액이 최저한세에 미달하는 경우 최저한세와 감면 후 세액의 차액은 감면 · 공제의 적용을 배제한다.

Max [㉠, ㉡]
㉠ 최저한세 = 각종 감면 전 과세표준 × 최저한세율
㉡ 각종 감면 후 법인세액

② 각종 감면 전 과세표준

「조세특례제한법」상 열거된 최저한세 적용대상인 준비금, 소득공제, 손금산입, 익금불산입, 비과세를 적용하지 아니한 과세표준을 말한다.

각종 감면 전 과세표준 = 법인세 과세표준
+ 최저한세 적용대상 준비금
+ 최저한세 적용대상 비과세소득
+ 최저한세 적용대상 익금불산입 · 손금산입
+ 최저한세 적용대상 소득공제

③ 최저한세율

적용되는 최저한세율은 중소기업과 중소기업 외의 법인 및 과세표준 구간별로 다음과 같다.

| 과세표준 구간 | 중소기업 | 중소기업 외의 법인 |
|---|---|---|
| 100억원 이하 | 7% | 10% |
| 100억원 초과 1천억원 이하 | | 12% |
| 1천억원 초과 | | 17% |

㉠ 중소기업이 졸업요건, 규모요건, 독립성요건 중 관계기업 기준을 초과하여 중소기업에 해당하지 않게 되어 다음과 같이 유예기간을 적용받는 경우에는 유예기간 까지는 중소기업으로 보아 최저한세의 세율 7%를 적용한다(조특령 제126조 제2항).

저자주 졸업요건 등의 사유로 유예기간을 적용하는 경우에는 5개년(7개년)의 유예기간을 적용하지만 중소기업기본법 시행령의 개정으로 3개년의 유예기간을 적용함에 주의. 유예기간의 자세한 사항은 '중소기업과 중견기업 1. 중소기업 (5)유예제도, (6)중소기업기본법 시행령 개정의 경우' 내용 참고.

㉡ 중소기업 유예기간 이후에는 다음과 같이 최저한세율을 적용한다.

| 구 분 | | 적용 최저한세율 |
|---|---|---|
| 유예기간 | 사유발생연도 | 7% |
| | 사유발생 이후 5(7)개연도/3개연도 | 7% |
| 유예기간 이후 1~3년차 | | 8% |
| 유예기간 이후 4~5년차 | | 9% |
| 유예기간 이후 5년차 경과 | | 10~17%(중소기업 외의 법인과 동일) |

④ 각종 감면 후 법인세액

각종 감면 후 법인세액이란 최저한세의 적용대상인 각종 준비금, 소득공제, 손금산입, 익금불산입, 비과세, 세액감면, 세액공제 적용 후의 세액을 말한다.

각종 감면 후 법인세액 = 법인세 과세표준(과세표준 산출단계에서 각종 준비금, 소득공제, 손금산입, 익금불산입, 비과세는 이미 적용됨) × 법인세율(9%~24%)
－최저한세 세액감면
－최저한세 세액공제

### (2) 소득세에 대한 최저한세

① 다음의 금액 중 큰 금액이 최저한세로 산정되고 각종 감면 · 공제 등을 적용한 후의 세액이 최저한세에 미달하는 경우 최저한세와 감면 후 세액의 차액은 감면 · 공제의 적용을 배제한다.

Max [㉠, ㉡]
㉠ 최저한세 = 각종 감면 전 사업소득세에 대한 산출세액 × 최저한세율
㉡ 각종 감면 후 소득세액
최저한세율 : 사업소득에 대한 산출세액의 45%(산출세액이 3천만원 이하인 부분은 35% 적용)

② 각종 감면 전 사업소득에 대한 산출세액

각종 감면 전 사업소득에 대한 산출세액은 「조세특례제한법」상 열거된 최저한세 적용대상 준비금, 소득공제, 손금산입, 익금불산입, 비과세를 적용하지 아니한 사업소득에 대한 산출세액을 말한다.

각종 감면 전 사업소득 = 소득세 과세표준
+ 최저한세 적용대상 준비금
+ 최저한세 적용대상 소득공제
+ 손금산입액, 익금불산입액
+ 비과세금액

## 6. 최저한세의 구체적 적용

### (1) 조세감면 적용의 우선순위

① 최저한세 적용대상 감면 등과 최저한세 적용 대상 외 감면 등이 동시에 적용되는 경우

에는 최저한세 적용대상 감면 등을 먼저 적용한다(조특법 제132조 제3항).

② 「법인세법」 및 다른 법률을 적용할 때 법인세의 감면에 관한 규정과 세액공제에 관한 규정이 동시에 적용되는 경우의 적용순위는 별도의 규정이 있는 경우를 제외하고는 다음의 순서에 의한다(법법 제59조 제1항).

| 적용순위 | 적용 조세감면 등 |
|---|---|
| ① | 각 사업연도의 소득에 대한 세액 감면(면제 포함) |
| ② | 이월공제가 인정되지 아니하는 세액공제 |
| ③ | 이월공제가 인정되는 세액공제(해당 사업연도 중에 발생한 세액공제액과 이월된 미공제액이 함께 있을 때에는 이월된 미공제액을 먼저 공제) |
| ④ | 사실과 다른 회계처리로 인한 경정에 따른 세액공제(해당 사업연도 중에 발생한 세액공제액과 이월된 미공제액이 함께 있을 때에는 이월된 미공제액을 먼저 공제) |

### (2) 최저한세 적용으로 감면 등이 배제되는 경우

① 납세자의 선택 시

감면배제되는 항목의 선택은 원칙적으로 납세자가 선택할 수 있다(단, 위의 원칙은 준수하여야 함).

② 신고내용 경정 시(조특령 제126조 제5항)

과세관청이 신고된 법인세 또는 소득세 신고(수정신고 및 경정청구 포함)를 경정하는 경우에는 다음의 순서에 따라 최저한세 적용대상 감면 등을 배제한다. 동일 순서 내에서는 「조세특례제한법」 제132조 제1항 및 제2항 각 호의 열거된 조문순서에 의한다.

<table>
<tr><th>배제순위</th><th colspan="2">배제 조세감면 등</th></tr>
<tr><td>①</td><td>준비금의 손금산입(조특법 제132조 제1항 제1호 · 제2호)</td><td>간접감면</td></tr>
<tr><td>②</td><td>손금산입 및 익금불산입(조특법 제132조 제1항 제2호 · 제2항 제2호)</td><td rowspan="4">직접감면</td></tr>
<tr><td>③</td><td>세액공제(조특법 제132조 제1항 제3호 · 제2항 제3호)<br>* 동일 조문에 세액공제 이월액이 있는 경우 나중에 발생한 것부터 적용배제</td></tr>
<tr><td>④</td><td>법인세 또는 소득세의 면제 및 감면(조특법 제132조 제1항 제4호 · 제2항 제4호)</td></tr>
<tr><td>⑤</td><td>소득공제 및 비과세(조특법 제132조 제1항 제2호 · 제2항 제2호)</td></tr>
</table>

위의 순서는 과세관청이 경정 시 납세자에게 유리한 순서로 배제하도록 규정되어 있다.

# SECTION 05 제143조【구분경리】

## 1. 구분경리의 의의와 필요성

### (1) 의의

구분경리란 구분하여야 할 사업 또는 재산별로 자산·부채 및 손익을 각각 독립된 계정과목에 의하여 구분하여 기장하는 것을 말한다(법령 제156조 제1항).

### (2) 필요성

「법인세법」과 「조세특례제한법」에서는 소득 또는 사업별로 과세의 차등을 두고 있는데 이를 위해서는 소득 또는 사업별로 납세자의 과세소득 등이 구분되어야 가능한 것이므로 이를 위해 「법인세법」과 「조세특례제한법」에서는 구분경리를 규정하고 있다.

## 2. 구분경리의 대상과 방법

「법인세법」과 「조세특례제한법」에서는 구분경리의 대상을 다수 규정하고 있으나, 이하에서는 「조세특례제한법」상의 구분경리 대상만을 살펴본다.

### (1) 감면사업과 그 밖의 사업을 겸영하는 경우(조특법 제143조 제1항)

내국인은 「조세특례제한법」에 따라 세액감면을 적용받는 사업(감면비율이 2개 이상인 경우 각각의 사업을 말하며, 이하 "감면대상사업")과 그 밖의 사업을 겸영하는 경우에는 「법인세법」 제113조【구분경리】 규정과 「소득세법」 제19조【사업소득】 규정을 준용하여 구분경리한다.

### (2) 소비성서비스업과 그 밖의 사업을 겸영하는 경우(조특법 제143조 제2항)

소비성서비스업과 그 밖의 사업을 함께 하는 내국인은 「법인세법」 제113조【구분경리】 규정과 「소득세법」 제19조【사업소득】 규정을 준용하여 자산·부채 및 손익을 각각의 사업별로 구분하여 경리하여야 한다.

### (3) 구분경리 방법

① 구분경리는 「법인세법」 제113조【구분경리】 규정과 「소득세법」 제19조【사업소득】 규정을 준용한다(조특령 제136조 제1항 제2항).

② 감면사업과 그 밖의 사업을 겸영하는 경우 구분하여야 할 사업 또는 재산별로 자산 · 부채 및 손익을 각각 독립된 계정과목에 의하여 구분기장하고, 공통익금과 공통손금은 「법인세법」 시행규칙 제76조【비영리법인의 구분경리】 제6항과 제7항을 준용하여 기장한다.

## 3. 결손금이 있는 경우 통산방법

감면대상 사업과 그 밖의 사업을 구분하여 경리한 사업 중 결손금이 발생한 경우에는 해당 결손금의 합계액에서 소득금액이 발생한 사업의 소득금액에 비례하여 안분계산한 금액을 공제한 금액으로 한다(조특법 제143조 제3항).

## 4. 개별익금 · 손금 및 공통익금 · 손금의 구분

개별익금, 개별손금, 공통익금, 공통손금의 구분은 다음과 같이 구분한다(법기통 113-156…6).

| 구 분 | 익 금 | 손 금 |
|---|---|---|
| 개 별 | (1) 매출액 또는 수입금액은 소득구분계산의 기준으로서 이는 개별익금으로 구분한다.<br>(2) 감면사업 또는 과세사업에 직접 관련하여 발생하는 부수수익은 개별익금으로 구분한다.<br>〈예시〉<br>① 부산물 · 작업폐물의 매출액<br>② 채무면제익<br>③ 원가차익<br>④ 채권추심익<br>⑤ 지출된 손금 중 환입된 금액<br>⑥ 준비금 및 충당금의 환입액<br>(3) 영업외수익과 특별이익 중 과세사업의 개별익금으로 구분하는 것을 예시하면 다음과 같다.<br>〈예시〉<br>① 수입배당금 | (1) 감면사업 또는 과세사업에 직접 관련하여 발생한 비용은 당해 사업의 개별손금으로 구분한다.<br>〈예시〉<br>① 매출원가<br>② 특정사업에 전용되는 고정자산에 대한 제비용<br>③ 특정사업에 관련하여 손금산입하는 준비금 · 충당금전입액<br>④ 기타 귀속이 분명한 제비용<br>(2) 영업외비용과 특별손실 중 과세사업의 개별손금으로 구분하는 것을 예시하면 다음과 같다.<br>〈예시〉<br>① 유가증권 처분손<br>② 고정자산 처분손 |

| 구 분 | 익 금 | 손 금 |
|---|---|---|
| | ② 수입이자<br>③ 유가증권처분익<br>④ 수입임대료<br>⑤ 가지급금인정이자<br>⑥ 고정자산처분익<br>⑦ 수증익 | |
| 공 통 | 감면사업과 과세사업에 공통으로 발생되는 수익이나 귀속이 불분명한 부수수익은 공통익금으로 구분한다.<br>〈예시〉<br>① 귀속이 불분명한 부산물 · 작업폐물의 매출액<br>② 귀속이 불분명한 원가차익, 채무면제익<br>③ 공통손금의 환입액<br>④ 기타 개별익금으로 구분하는 것이 불합리한 수익 | 감면사업과 과세사업에 공통으로 발생되는 비용이나 귀속이 불분명한 비용은 공통손금으로 구분한다.<br>〈예시〉<br>① 사채발행비 상각<br>② 사채할인발행차금 상각<br>③ 기타 개별손금으로 구분하는 것이 불합리한 비용 |
| 지급<br>이자 | 차입금에 대한 지급이자는 그 이자의 발생장소에 따라 구분하거나 그 이자전액을 공통손금으로 구분할 수 없으며, 차입한 자금의 실제 사용용도를 기준으로 사실판단하여 과세 및 감면사업의 개별 또는 공통손금으로 구분한다. | |
| 외환차손익 | ① 감면사업 또는 과세사업에 직접 관련되는 외환차손익은 당해 사업의 개별손익으로 구분한다.<br>② 외상매출채권의 회수와 관련된 외환차손익(공사수입의 본사 송금거래로 인한 외환차손익 포함)은 외국환은행에 당해 외화를 매각할 수 있는 시점까지는 당해 외상매출채권이 발생된 사업의 개별손익으로 하고 그 이후에 발생되는 외환차손익은 과세사업의 개별손익으로 구분한다.<br>③ 외상매출채권을 제외한 기타 외화채권과 관련하여 발생하는 외환차손익은 과세사업의 개별손익으로 구분한다.<br>④ 외상매입채무의 변제와 관련된 외환차손익은 당해 외상매입 채무와 관련된 사업의 개별손익으로 구분한다.<br>⑤ 외상매입채무를 제외한 기타 외화채무와 관련하여 발생하는 외환차손익은 외화채무의 용도에 따라 감면사업 또는 과세사업의 개별손익으로 구분하고, 용도가 불분명한 경우에는 공통손익으로 구분한다.<br>⑥ 외환증서, 외화표시예금, 외화표시유가증권등과 관련하여 발생하는 외환차손익은 과세사업의 개별손익으로 구분한다.<br>⑦ 감면사업의 손익수정에 따른 외환차손익은 감면사업의 개별손익으로 구분한다. | |

# SECTION 06 제144조 【세액공제액의 이월공제】

## 1. 세액공제의 이월공제

### (1) 이월공제

「조세특례제한법」에 따른 세액공제액 중에서 결손 또는 최저한세의 적용으로 공제받지 못한 공제세액에 대해서는 원칙적으로 10년간 이월하여 법인세 또는 사업소득에 대한 소득세에서 공제한다(조특법 제144조 제1항).

### (2) 필요성

소득이 발생한 경우에 적용되는 세액감면과 달리 세액공제는 소득발생 여부와 상관없이 기업의 투자에 따라 발생하는데 투자한 과세연도에 결손 또는 최저한세 적용으로 정해진 세액공제액을 모두 적용받지 못한다면 기업의 투자유인 효과가 반감될 수 있으므로 당해 과세연도에 적용받지 못한 공제세액은 이월하여 공제를 적용할 필요가 있다.

## 2. 이월공제가 적용되는 세액공제

다음의 세액공제 중 해당 과세연도에 납부할 세액이 없거나 제132조에 따른 법인세 최저한세액 및 소득세 최저한세액에 미달하여 공제받지 못한 부분에 상당하는 금액은 해당 과세연도의 다음 과세연도 개시일부터 10년 이내에 끝나는 각 과세연도에 이월하여 그 이월된 각 과세연도의 소득세[사업소득(제96조의 3【미분양주택의 취득자에 대한 양도소득세의 과세특례】 및 제126조의 6【성실신고 확인비용에 대한 세액공제】을 적용하는 경우에는 「소득세법」 제45조【결손금 및 이월결손금의 공제】 제2항에 따른 부동산임대업에서 발생하는 소득을 포함한다)에 대한 소득세만 해당한다] 또는 법인세에서 공제한다(조특법 제144조 제1항).

| 연번 | 세액공제 항목 |
|---|---|
| 1 | 제7조의 2【기업의 어음제도 개선을 위한 세액공제】 |
| 2 | 제7조의 4【상생결제 지급금액에 대한 세액공제】 |

| 연번 | 세액공제 항목 |
|---|---|
| 3 | 제8조의 3 【상생협력을 위한 기금 출연 등에 대한 세액공제】 |
| 4 | 제10조 【연구 · 인력개발비에 대한 세액공제】 |
| 5 | 제12조 【기술이전 및 기술취득 등에 대한 과세특례】 제2항 |
| 6 | 제12조의 3 【기술혁신형 합병에 대한 세액공제】 |
| 7 | 제12조의 4 【기술혁신형 주식취득에 대한 세액공제】 |
| 8 | 제13조의 2 【내국법인의 벤처기업 등에의 출자에 대한 과세특례】 |
| 9 | 제13조의 3 【내국법인의 소재 · 부품 · 장비전문기업에의 출자 · 인수에 대한 과세특례】 |
| 10 | 제19조 【성과공유 중소기업의 경영성과급에 대한 세액공제 등】 제1항 |
| 11 | 제24조 【통합투자세액공제】 |
| 12 | 제25조의 6 【영상콘텐츠 제작비용에 대한 세액공제】 |
| 13 | 제25조의 7 【내국법인의 문화산업전문회사에의 출자에 대한 세액공제】 |
| 14 | 제26조 【고용창출투자세액공제】 |
| 15 | 제29조의 2 【산업수요맞춤형고등학교등 졸업자를 병역 이행 후 복직시킨 기업에 대한 세액공제】 |
| 16 | 제29조의 3 【경력단절 여성 고용 기업 등에 대한 세액공제】 |
| 17 | 제29조의 4 【근로소득을 증대시킨 기업에 대한 세액공제】 |
| 18 | 제29조의 5 【청년고용을 증대시킨 기업에 대한 세액공제】 |
| 19 | 제29조의 7 【고용을 증대시킨 기업에 대한 세액공제】 |
| 20 | 제29조의 8 【통합고용세액공제】 |
| 21 | 제30조의 3 【고용유지중소기업 등에 대한 과세특례】 |
| 22 | 제30조의 4 【중소기업 사회보험료 세액공제】 |
| 23 | 제96조의 3 【상가임대료를 인하한 임대사업자에 대한 세액공제】 |
| 24 | 제99조의 12 【선결제 금액에 대한 세액공제】 |
| 25 | 제104조의 5 【지급명세서등에 대한 세액공제】 |
| 26 | 제104조의 8 【전자신고 등에 대한 세액공제】 |
| 27 | 제104조의 14 【제3자 물류비용에 대한 세액공제】 |
| 28 | 제104조의 15 【해외자원개발투자에 대한 과세특례】 |
| 29 | 제104조의 22 【기업의 운동경기부 등 설치·운영에 대한 과세특례】 |
| 30 | 제104조의 25 【석유제품 전자상거래에 대한 세액공제】 |
| 31 | 제104조의 30 【우수 선화주기업 인증을 받은 화주 기업에 대한 세액공제】 |

| 연번 | 세액공제 항목 |
|---|---|
| 32 | 제104조의 32【용역제공자에 관한 과세자료의 제출에 대한 세액공제】 |
| 33 | 제104조의 35【이스포츠대회 운영에 대한 과세특례】 |
| 34 | 제122조의 4【금사업자와 스크랩 등 사업자의 수입금액 증가 등에 대한 세액공제】제1항 |
| 35 | 제126조의 6【성실신고 확인비용에 대한 세액공제】 |
| 36 | 제126조의 7【금 현물시장에서 거래되는 금지금에 대한 과세특례】제8항 |
| 37 | 구법 제37조(법률 제5584호 부칙 제12조 제2항)<br>【산업합리화에 따른 사업전환 또는 주력업종시설에 대한 투자세액공제】 |

## 3. 이월공제 적용 시 주의사항

### (1) 세액감면과 세액공제의 중복적용이 배제될 경우

① 동일 과세연도에 세액감면과 세액공제가 동시에 적용될 수 있는 상황에서 중복적용이 배제될 경우 세액감면을 선택 시 공제받지 못한 세액공제는 이월하여 공제받을 수 없다. 즉, 세액감면과 세액공제가 동시 적용되어 중복적용 배제 시 세액감면을 선택한 경우 다음 과세연도에 전년도에 공제받지 못한 세액공제액을 이월하여 공제받을 수 없는 것이다.

**이월공제 예시 1**

| 당해 과세연도 | 차후 과세연도 |
|---|---|
| 중소기업특별세액감면 6,000,000원과 통합투자세액공제 3,000,000원이 동시에 적용되는 상황에서 중복적용 배제로 인해 중소기업특별세액감면 6,000,000원을 적용하기로 결정하고 법인세 신고함. | 전년도에 중복적용 배제로 공제받지 못한 통합투자세액공제액 3,000,000원 이외에는 다른 세액감면과 세액공제가 적용될 게 없는 상황에서 전년도에 공제받지 못한 통합투자세액 공제액의 이월공제가 가능한지 여부<br>→ 전년도에 감면을 선택하고 공제를 적용하지 않은 경우 이월되지 않고 소멸되는 것이므로 적용할 수 없다. |

② 중복적용 배제는 동일 과세연도를 규정하고 있으므로 과세연도를 달리하는 경우에는 세액감면과 세액공제의 중복적용이 가능하다. 예를 들어 전년도에 최저한세 적용 등으로 이월된 세액공제액이 있는 경우 당해 과세연도에 최저한세 범위 내에서 다른 세액감면과 동시 적용이 가능하다.

**| 이월공제 예시 2 |**

| 이전 과세연도 | 당해 과세연도 |
|---|---|
| 이전 과세연도에 통합투자세액 공제액 6,000,000원 중 최저한세 적용으로 인해 4,000,000원을 공제받고 2,000,000원 이월됨 | 당해 연도에는 중소기업특별세액감면 6,000,000원이 적용가능한 상황에서 전년도에 이월된 통합투자세액 공제액 2,000,000원과 당해 연도 중소기업특별세액감면액 6,000,000원이 동시 적용가능한지 여부<br>→ 동시 적용 가능함. 중복적용 배제는 동일 과세연도를 전제로 하는 것이므로 세액공제와 세액감면 발생시기가 과세연도를 달리하므로 중복적용 배제 규정이 적용되지 않는다. |

### (2) 이월공제 시한

위 '2. 이월공제가 적용되는 세액공제' 중 해당 과세연도에 납부할 세액이 없거나 조특법 제132조【최저한세액에 미달하는 세액에 대한 감면 등의 배제】에 따른 법인세 최저한세액 및 소득세 최저한세액에 미달하여 공제받지 못한 부분에 상당하는 금액은 해당 과세연도의 다음 과세연도 개시일부터 10년 이내에 끝나는 각 과세연도에 이월하여 그 이월된 각 과세연도의 소득세[사업소득(조특법 제96조의 3【상가임대료를 인하한 임대사업자에 대한 세액공제】 및 제126조의 6【성실신고 확인비용에 대한 세액공제】를 적용하는 경우에는 「소득세법」 제45조 제2항에 따른 부동산임대업에서 발생하는 소득을 포함한다)에 대한 소득세만 해당한다] 또는 법인세에서 공제한다(조특법 제144조 제1항).

### (3) 수정신고 · 경정결정 등의 경우

당초 신고 시 최저한세 적용으로 세액공제액을 전액 공제받지 못하고 이월된 경우로서 수정신고 또는 경정결정으로 인해 당해 사업연도의 공제한도가 증가한 경우 이를 추가로 공제하여 수정신고 · 경정결정할 수 있다(조통칙 144-0…1【경정결정 시 이월공제액의 추가공제】).

### (4) 이월공제액의 적용순서

다음의 이월공제 적용 세액공제 항목의 공제 적용순서는 아래와 같다(조특법 제144조 제2항).

① 당해 과세연도의 세액공제와 이월된 미공제액이 중복된 경우에는 이월된 미공제액을 먼저 공제한다.

② 2개 과세연도 이상 계속하여 이월된 공제액이 있는 경우에는 먼저 발생한 이월공제액부

터 공제를 적용한다.

③ 적용순서 판단 시 주의사항

동일 종류 세액공제의 이월액의 적용순서를 규정한 것이므로 서로 다른 종류의 세액공제가 중복 시 적용되는 규정은 아니다(조세특례제한법 제144조 제2항의 규정은 귀속 사업연도가 상이한 동일 종류의 세액공제가 중복되는 경우에 적용하는 것이고 서로 다른 종류의 세액공제가 중복되는 경우에는 당해 규정을 적용하지 않는 것임. 서면인터넷방문상담2팀-1246, 2004.6.16.).

| 연번 | 세액공제 항목 |
|---|---|
| 1 | 제7조의 2【기업의 어음제도 개선을 위한 세액공제】 |
| 2 | 제7조의 4【상생결제 지급금액에 대한 세액공제】 |
| 3 | 제8조의 3【상생협력을 위한 기금 출연 등에 대한 세액공제】 |
| 4 | 제10조【연구 · 인력개발비에 대한 세액공제】 |
| 5 | 제12조【기술이전 및 기술취득 등에 대한 과세특례】 제2항 |
| 6 | 제12조의 3【기술혁신형 합병에 대한 세액공제】 |
| 7 | 제12조의 4【기술혁신형 주식취득에 대한 세액공제】 |
| 8 | 제13조의 2【내국법인의 벤처기업 등에의 출자에 대한 과세특례】 |
| 9 | 제13조의 3【내국법인의 소재 · 부품 · 장비전문기업에의 출자 · 인수에 대한 과세특례】 |
| 10 | 제19조【성과공유 중소기업의 경영성과급에 대한 세액공제 등】 제1항 |
| 11 | 제24조【통합투자세액공제】 |
| 12 | 제25조의 6【영상콘텐츠 제작비용에 대한 세액공제】 |
| 13 | 제25조의 7【내국법인의 문화산업전문회사에의 출자에 대한 세액공제】 |
| 14 | 제26조【고용창출투자세액공제】 |
| 15 | 제29조의 2【산업수요맞춤형고등학교등 졸업자를 병역 이행 후 복직시킨 기업에 대한 세액공제】 |
| 16 | 제29조의 3【경력단절 여성 고용 기업 등에 대한 세액공제】 |
| 17 | 제29조의 4【근로소득을 증대시킨 기업에 대한 세액공제】 |
| 18 | 제29조의 5【청년고용을 증대시킨 기업에 대한 세액공제】 |
| 19 | 제29조의 7【고용을 증대시킨 기업에 대한 세액공제】 |
| 20 | 제29조의 8【통합고용세액공제】 |
| 21 | 제30조의 3【고용유지중소기업 등에 대한 과세특례】 |
| 22 | 제30조의 4【중소기업 사회보험료 세액공제】 |
| 23 | 제96조의 3【상가임대료를 인하한 임대사업자에 대한 세액공제】 |

| 연번 | 세액공제 항목 |
|---|---|
| 24 | 제99조의 12【선결제 금액에 대한 세액공제】 |
| 25 | 제104조의 5【지급명세서등에 대한 세액공제】 |
| 26 | 제104조의 8【전자신고 등에 대한 세액공제】 |
| 27 | 제104조의 14【제3자 물류비용에 대한 세액공제】 |
| 28 | 제104조의 15【해외자원개발투자에 대한 과세특례】 |
| 29 | 제104조의 22【기업의 운동경기부 등 설치·운영에 대한 과세특례】 |
| 30 | 제104조의 25【석유제품 전자상거래에 대한 세액공제】 |
| 31 | 제104조의 30【우수 선화주기업 인증을 받은 화주 기업에 대한 세액공제】 |
| 32 | 제104조의 32【용역제공자에 관한 과세자료의 제출에 대한 세액공제】 |
| 33 | 제104조의 35【이스포츠대회 운영에 대한 과세특례】 |
| 34 | 제122조의 4【금사업자와 스크랩 등 사업자의 수입금액 증가 등에 대한 세액공제】제1항 |
| 35 | 제126조의 6【성실신고 확인비용에 대한 세액공제】 |
| 36 | 제126조의 7【금 현물시장에서 거래되는 금지금에 대한 과세특례】제8항 |
| 37 | 구법 제37조(법률 제5584호 부칙 제12조 제2항)<br>【산업합리화에 따른 사업전환 또는 주력업종시설에 대한 투자세액공제】 |

# SECTION 07 제146조 【감면세액의 추징】

투자를 촉진하기 위하여 여러 투자세액공제 제도를 위해 내국인의 세제지원을 하지만 내국인이 투자세액공제 등 조세지원을 받은 후 단기간 내에 이를 처분·임대하는 등의 조세회피 수단으로 악용되는 것을 방지하기 위하여 투자세액공제 대상이 된 자산의 처분 등의 기간에 제한을 두고 이 기간 내에 처분 등을 한 경우에는 공제받은 세액과 이자상당액을 가산하여 추징한다.

## 1. 사후관리 대상 투자세액공제 제도(조특법 제146조)

내국인이 다음의 투자세액 공제 규정에 따라 투자세액 공제를 적용받은 후 사후관리 기간 내에 자산을 처분 · 임대한 경우 추징된다.

① 제8조의 3 【상생협력을 위한 기금 출연 등에 대한 세액공제】 제3항

② 제24조 【통합투자세액공제】

③ 제26조 【고용창출투자세액공제】

④ (구법 제37조) 사업합리화에 따른 사업전환 또는 주력업종시설에 대한 투자세액공제 (법률 제5584호 조세감면규제법 개정법률 부칙 제12조 제2항)

## 2. 추징의 적용

### (1) 추징사유

세액공제받은 자산을 투자완료일부터 사후관리 기간 내에 처분 또는 임대한 경우에 추징한다(조특법 제146조).

### (2) 추징의 예외

다음의 사유로 처분 또는 임대를 하는 경우에는 추징하지 않는다(조특령 제137조 제1항, 법법령 제39조 제1항 제1호 나목).

① 현물출자, 합병, 분할, 분할합병, 「법인세법」 제50조(교환으로 인한 자산양도차익 상당액의 손금산입)의 적용을 받는 교환, 통합, 사업전환 또는 사업의 승계로 인하여 당해 자산의 소유권이 이전되는 경우

② 내용연수가 경과된 자산을 처분하는 경우

③ 국가 · 지방자치단체 또는 「영유아보육법」에 따른 어린이집 등에 기부하고 그 자산을 사용하는 경우

## 3. 사후관리기간

사후관리기간은 투자세액 공제 대상 자산별로 2년, 5년이 적용된다(조특법 제146조 제1항, 조특령 제137조 제3항, 조특칙 제59조의 3 ⇒ 조특령 제21조 제3항, 조특칙 제12조의 3).

| 구 분 | 사후관리기간 | 추징대상 투자세액 공제 |
|---|---|---|
| 원칙 | 2년 | ① 제8조의 3【상생협력을 위한 기금 출연 등에 대한 세액공제】 제3항<br>② 제24조【통합투자세액공제】<br>③ 제26조【고용창출투자세액공제】<br>④ (구법 제37조) 사업합리화에 따른 사업전환 또는 주력업종시설에 대한 투자세액공제(법률 제5584호 조세감면규제법 개정법률 부칙 제12조 제2항) |
| 예외 | 5년 | ① 조특칙 제12조 제2항 제4호에 따른 근로자복지 증진 시설<br>② 조특칙 제12조 제3항 제4호에 따른 유통산업합리화시설 중 창고시설 등<br>③ 조특칙 제12조 제3항 제6호에 따른 숙박시설, 전문휴양시설(골프장 시설은 제외한다) 및 종합유원시설업의 시설 |

조특칙 제12조 제2항 제4호에 따른 근로자복지 증진 시설은 다음과 같다.

① 무주택 종업원(출자자인 임원은 제외한다)에게 임대하기 위한 국민주택

② 종업원용 기숙사

③ 조특칙 [별표 3]에서 정하는 장애인 · 노인 · 임산부 등의 편의 증진을 위한 시설

④ 종업원용 휴게실, 체력단련실, 샤워시설 또는 목욕시설(건물 등의 구조를 변경하여 해당시설을 취득하는 경우를 포함한다)

⑤ 종업원의 건강관리를 위해 「의료법」 제35조에 따라 개설한 부속 의료기관

⑥ 「영유아보육법」 제10조 제4호에 따른 직장어린이집

조특칙 [별표 3] (2021.3.16. 개정)

**장애인 · 노인 · 임산부 등의 편의시설 등**(제12조 제2항 제4호 다목 관련)

| 구 분 | 적용범위 |
|---|---|
| 1. 장애인 · 노인 · 임산부 등을 위한 편의시설 | 가. 장애인용 승강기, 장애인용 에스컬레이터, 휠체어 리프트, 시각 및 청각 장애인 유도 · 안내설비, 점자블록, 시각 및 청각 장애인 경보 · 피난설비, 장애인용 화장실에 설치되는 장애인용 대변기 · 소변기 · 세면대, 장애인 등이 이용 가능한 접수대 · 작업대 및 장애인 등이 출입가능한 자동문<br>나. 장애인 등이 통행할 수 있는 계단 · 경사로, 장애인 등이 이용할 수 있는 객실 · 침실 및 장애인 등이 이용할 수 있는 관람석 · 열람석 |
| 2. 버스, 기차 등 교통수단에 설치하는 편의시설 | 자동안내방송장치, 전자문자안내판, 휠체어승강설비 |
| 3. 통신시설 | 점자표시전화기, 큰문자버튼전화기, 음량증폭전화기, 보청기호환성전화기, 골도전화기(청각장애인을 위해 두개골에 진동을 주는 방법으로 통화가 가능한 전화기를 말한다) |
| 4. 장애인의 직업생활을 위한 편의시설 | 가. 장애인용으로 제작된 작업대 및 작업장비(작업물 운송 및 운반장치, 특수작업의자, 휠체어용 작업테이블, 경사각작업테이블, 높낮이 조절 작업 테이블)<br>나. 장애인용으로 제작된 작업보조공학기기(청각장애인용 신호장치, 소리증폭장치, 화상전화기, 문자전화기, 보완대체의사소통장치, 특수키보드, 특수마우스, 점자정보단말기, 점자프린트, 음성지원카드, 컴퓨터 화면확대 소프트웨어, 확대독서기, 문서인식 소프트웨어, 음성메모기, 대형모니터)<br>다. 장애인근로자의 통근용 승합자동차 및 특수설비<br>라. 의무실 또는 물리 치료실 등 장애인 고용에 필요한 부대시설(장애인근로자가 10명 이상이고 전체 근로자의 100분의 30 이상일 경우에 한정한다) |

비고 1. 제1호 나목에 규정된 시설의 경우에는 장애인 등이 이용 가능하도록 건물 등의 구조를 변경함에 따라 발생하는 비용에 한정한다.
2. 장애인 · 노인 · 임산부등의 편의시설은 「장애인 · 노인 · 임산부 등의 편의증진보장에 관한 법률 시행령」 별표 1에 따른 편의시설의 구조 · 재질 등에 관한 세부기준에 적합한 것에 한정한다.



의료법 제35조【의료기관 개설 특례】

① 제33조 제1항 · 제2항 및 제8항에 따른 자 외의 자가 그 소속 직원, 종업원, 그 밖의 구성원(수용자를 포함한다)이나 그 가족의 건강관리를 위하여 부속 의료기관을 개설하려면 그 개설 장소를 관할하는 시장 · 군수 · 구청장에게 신고하여야 한다. 다만, 부속 의료기관으로 병원급 의료기관을 개설하려면 그 개설 장소를 관할하는 시 · 도지사의 허가를 받아야 한다.

② 제1항에 따른 개설 신고 및 허가에 관한 절차 · 조건, 그 밖에 필요한 사항과 그 의료기관의 운영에 필요한 사항은 보건복지부령으로 정한다.

**영유아보육법 제10조【어린이집의 종류】**

어린이집의 종류는 다음 각 호와 같다.

4. 직장어린이집 : 사업주가 사업장의 근로자를 위하여 설치 · 운영하는 어린이집(국가나 지방자치단체의 장이 소속 공무원 및 국가나 지방자치단체의 장과 근로계약을 체결한 자로서 공무원이 아닌 자를 위하여 설치 · 운영하는 어린이집을 포함한다)

조특칙 [별표 5] (2021.3.16. 개정)

**유통산업합리화시설(제12조 제3항 제4호 관련)**

| 구 분 | 적용범위 |
|---|---|
| 1. 저온보관고 | 농수산물과 그 가공품을 위한 저온보관고 |
| 2. 운반용 화물자동차 | 적재정량 1톤 이상의 상품운반화물자동차로 냉장 · 냉동 · 보냉이나 인양장비가 된 것 |
| 3. 무인반송차 | 컴퓨터시스템에 의하여 물품을 필요로 하는 위치까지 자동으로 반송하는 기능을 갖춘 무인 반송시스템 |
| 4. 창고시설 등 | 물품의 보관 · 저장 및 반출을 위한 창고로서 「건축법 시행령」 별표 1 제18호 가목의 창고(상품의 보관 · 저장 및 반출이 자동적으로 이루어질 수 있도록 시스템화된 창고시설을 포함한다) 및 물품의 보관 · 저장 및 반입 · 반출을 위한 탱크시설(지상 또는 지하에 고정설치된 것에 한정하고, 탱크시설에 필수적으로 부수되는 배관시설 등을 포함한다) |
| 5. 선반(랙) | 파렛트화물을 보관 · 저장하는 선반(랙) |
| 6. 파렛트트럭 | 파렛트화물을 창고 내 · 외에서 운반하는 전동식 파렛트트럭 |
| 7. 컨테이너와 컨테이너 하역 · 운반장비 | 물품수송에 직접 사용되는 컨테이너, 지게차, 부두 위에 설치되어 컨테이너 선박으로부터 컨테이너를 하역하거나 부두에 있는 컨테이너를 선박에 선적하는 컨테이너크레인(Container crane)과 하버크레인(Habor crane), 장치장에 운반된 컨테이너를 적재 또는 반출하는 데 사용되는 트랜스퍼크레인(Transfer crane), 부두와 장치장 사이에서 야드샤시(Yard chassis)를 견인하여 컨테이너를 운반하는 야드트랙터(Yard tractor) 및 유압식 지브크레인이 설치된 형상으로 크레인 끝에 스프레이더를 장착한 컨테이너핸들러로 컨테이너를 하역하는 리치스태커(Reach Stacker) |
| 8. 초대형 화물 하역장비 | 모듈 트레일러(Module Trailer), 트랜스포터(Transporter) |

**| 조특칙 제12조 제3항 제6호에 따른 숙박시설, 전문휴양시설(골프장 시설은 제외한다) 및 종합유원시설업의 시설 |**

관광진흥법 시행령 제2조【관광사업의 종류】

①「관광진흥법」(이하 "법"이라 한다) 제3조 제2항에 따라 관광사업의 종류를 다음 각 호와 같이 세분한다.

3. 관광객 이용시설업의 종류

가. 전문휴양업 : 관광객의 휴양이나 여가 선용을 위하여 숙박업 시설(「공중위생관리법 시행령」 제2조 제1항 제1호 및 제2호의 시설을 포함하며, 이하 "숙박시설"이라 한다)이나 「식품위생법 시행령」 제21조 제8호 가목·나목 또는 바목에 따른 휴게음식점영업, 일반음식점영업 또는 제과점영업의 신고에 필요한 시설(이하 "음식점시설"이라 한다)을 갖추고 별표 1 제4호 가목 (2) (가)부터 (거)까지의 규정에 따른 시설(이하 "전문휴양시설"이라 한다) 중 한 종류의 시설을 갖추어 관광객에게 이용하게 하는 업

5. 유원시설업(遊園施設業)의 종류

가. 종합유원시설업 : 유기시설이나 유기기구를 갖추어 관광객에게 이용하게 하는 업으로서 대규모의 대지 또는 실내에서 법 제33조에 따른 안전성검사 대상 유기시설 또는 유기기구 여섯 종류 이상을 설치하여 운영하는 업

## 4. 이자상당액의 계산

사후관리기간 중에 처분 등의 사유로 추징이 되는 경우 해당 세액은「소득세법」제76조【확정신고납부】또는「법인세법」제64조【납부】에 따라 납부하여야 할 세액으로 본다(조특법 제146조 제1항, 조특령 제137조 제2항).

이자상당액 = 공제받은 세액 × 기간 × 이자율

### (1) 기 간

공제받은 과세연도의 과세표준신고일의 다음 날부터 추징사유가 발생한 과세연도의 과세표준신고일까지의 기간을 말한다.

### (2) 이자율

1일 22/100,000를 적용한다.

## 5. 농어촌특별세의 환급

「조세특례제한법」상 공제받은 세액에 대해서는 농어촌특별세가 20% 과세되는데 공제받은 사업연도에 농어촌특별세액을 납부하였다면 추징세액에 대응하는 농어촌특별세는 환급받을 수 있다(농특법 제12조).

실무자를 위해 엄선한 조특법 핵심 해설서

# CHAPTER 08

# 공제감면 종합사례

공제 · 감면 개별조항을 적용할 때 각 개별조항만을 고려할 경우에는 최적의 선택이 공제 · 감면 규정의 조합이 중복지원배제, 최저한세, 농어촌특별세 등을 고려할 경우에는 그 선택조합이 달라질 수 있으므로 이하에서는 법인의 산출세액 결정 후 다수의 공제 · 감면 규정의 조합 중 가장 유리한 조합을 선택할 때 고려할 요소들을 사례를 통해 살펴보기로 한다.

앞서 2장부터 6장까지의 각 개별조항의 공제 및 감면 내용과 7장의 중복적용배제 및 최저한세 규정 등을 종합적으로 다룬 예제를 통해 실무에서의 조세특례제한법 규정의 적용 방법을 살펴보기로 한다.

# SECTION 01 최적공제감면 조합의 선택

㈜나라가 2025년 사업연도에 적용받을 수 있는 공제 및 감면규정을 적용하여 총부담세액을 산출하시오.

## 1. 공통사항

### (1) 회사 사업내용, 설립일 및 소재지 등

① ㈜나라는 LCD 모니터 제조업과 데스크톱 PC 도소매업을 영위하는 법인 사업자이다. 회사 설립일은 1997.1.7.이다. 본점은 경기도 고양시 일산서구 대화로에 소재하고 있다. 본점 소재지에는 제1공장과 사무실이 소재하고 있고, 충청남도 천안시 서북구 성환읍에 2003.9.27. 지점 사업장을 설치하고 지점 사업자등록 후 사업장을 운영하고 있으며 지점에서도 본점과 동일한 사업을 영위하고 있다.

② 2025년 사업연도의 법인의 재무상태표상 자산총액은 3,565,918,921원, 매출액은 제품매출 10,628,403,721원, 상품매출 3,839,786,400원이다.

③ 당해 법인은 다른 회사의 계열사 등은 아니다.

④ ㈜나라의 업종코드와 한국표준산업분류코드는 다음과 같다.

| 구 분 | 업종코드 | 한국표준산업분류코드 |
|---|---|---|
| LCD 모니터 제조업 | 300103 | C26322 |
| 데스크톱 PC 도소매업 | 515050 | G46510 |

⑤ 공제시한 내 이월결손금은 없으며, 2025년 사업연도에 비과세소득, 소득공제항목은 발생하지 않았다.

### (2) 임원구성 및 주주지분

① 대표이사 김유민, 이사 강나라, 감사 한동진 모두 법인등기사항증명서상 등기 임원이다.

② 주주지분 구성내용

| 주주명 | 생년월일 | 주식수 | 지분율 | 최대주주와의 관계 |
|---|---|---|---|---|
| 김유민 | 1976.06.03 | 9,000 | 90% | 본인 |
| 강나라 | 1980.06.11 | 500 | 5% | 배우자 |
| 김정운 | 1958.10.11 | 500 | 5% | 기타 |
| 소 계 | | 10,000 | 100% | |

### (3) 근무자 현황

① 2025년 사업연도 입사자 중 한마음, 김재연 모두 고양시 소재 본점 사업장에 입사하여 근무하고 있으며, 김재연 근무자는 종전의 회사에서 2014년 1월부터 근무하다가 출산 및 육아를 사유로 2019년 7월 31일 퇴사 후 2025년 7월에 ㈜나라에 입사하였다.

② ㈜나라의 2025년도 근무자 현황은 다음과 같다.

| 성 명 | 생년월일 | 입사일 | 성 명 | 생년월일 | 입사일 |
|---|---|---|---|---|---|
| 김유민 | 1976.06.03. | 2008.10.08. | 이용은 | 1972.10.19. | 2005.10.03. |
| 강나라 | 1980.06.11. | 2010.02.01. | 한동진 | 1958.10.11. | 2004.01.05. |
| 장미리 | 1981.03.12. | 2010.03.01. | Jack Smith | 1968.11.13. | 2008.10.08. |
| 김형신 | 1963.12.01. | 2004.04.04. | Tom Smith | 1982.11.16. | 2018.10.01. |
| 김정운 | 1975.12.15. | 2007.01.05. | 한마음 | 1998.12.02. | 2025.04.01. |
| 고민해 | 1969.08.12. | 2006.05.01 | 김재연 | 1984.05.07. | 2025.07.01. |

③ 급여자료

한마음 22,590,000원, 김재연 16,800,000원

④ 일자리안정자금, 두루누리 지원액 등 신규입사자에 대한 지원금 수령액은 없다.

⑤ 사회보험료율

| 국민건강보험 | 장기요양보험 | 국민연금 | 고용보험 | 산업재해보상보험 | 계 |
|---|---|---|---|---|---|
| 3.5450000% | 0.459% | 4.5000000% | 1.1500000% | 0.6000000% | 10.254% |

### (4) ㈜나라의 연구전담부서 현황

㈜나라는 연구전담부서를 설치하여 모니터 제조에 관한 기술을 지속적으로 연구 중이며, 연구전담부서 인정일은 2010년 2월 21일이다. 등록연구원 현황은 다음과 같다.

| 연구원 | 생년월일 | 연구전담구분 |
|---|---|---|
| 강나라 | 1980.06.11. | 연구전담요원 |
| 장미리 | 1981.03.12. | 연구전담요원 |
| 김형신 | 1963.12.01. | 연구보조요원 |

### (5) 각 연구원의 급여내역은 다음과 같다.

① 연구원 인적사항 및 급여 등 내역

| 연구원 | 생년월일 | 총급여 | 식 대 | 소 계 |
|---|---|---|---|---|
| 강나라 | 1980-06-11 | 85,500,000 | 1,200,000 | 86,700,000 |
| 장미리 | 1981-03-12 | 34,200,000 | 1,200,000 | 35,400,000 |
| 김형신 | 1963-12-01 | 62,680,000 | 1,200,000 | 63,880,000 |
| 소 계 | | 182,380,000 | 3,600,000 | 185,980,000 |

② 연구원 국민연금 등 회사부담액

| 연구원 | 국민연금 | 건강보험 | 장기요양 보험 | 고용보험 | 산재보험 | 소계 |
|---|---|---|---|---|---|---|
| 강나라 | 2,424,600 | 1,652,400 | 108,120 | - | - | 4,185,120 |
| 장미리 | 1,539,000 | 1,046,520 | 68,520 | 155568 | 66672 | 2,876,280 |
| 김형신 | 2,100,600 | 1,428,360 | 93,480 | 306040 | 131160 | 4,059,640 |
| 소 계 | 6,064,200 | 4,127,280 | 270,120 | 461,608 | 197,832 | 11,121,040 |

### (6) ㈜나라의 2025년 사업연도 자산의 취득 및 투자현황은 다음과 같다.

| 구 분 | 본점 사업장 | 지점 사업장 | 합 계 |
|---|---|---|---|
| LCD모니터 제조장비 | 745,000,000 | 260,128,520 | 1,005,128,520 |
| 시내 출장용 차량 | 26,125,000 | 19,500,000 | 45,625,000 |
| 소 계 | 771,125,000 | 279,628,520 | 1,050,753,520 |

① 투자액 지출 내역

본점 사업장 LCD 모니터 제조장비는 전액 ㈜나라의 투자금액으로 취득하였고, 지점 사업장은 중고 제조장비를 취득한 것이다. 또한 직원들의 업무편의를 위하여 본점사업장과 지점 사업장 각각 1대씩 승용차를 구매하였으며, 모두 중고자동차를 구매한 것이다.

② 직전 3개년 투자현황

㈜나라는 수년간 기존 장비의 수선 · 유지보수 외에 별도의 투자는 하지 않았으며, 본점 사업장 LCD모니터 제조장비는 2025년도에 생산효율 등을 고려하여 내용연수가 경과한 설비를 처분하고 동일한 생산능력을 갖춘 제조장비를 취득한 것이다.

## 2. 추가사항

### (1) 감면세액의 추징 등 사후관리 여부

당해법인은 기존의 투자한 자산의 처분 등 조세특례제한법 제146조【감면세액의 추징】 규정에 해당하는 사항은 발생하지 않았다.

### (2) 당해법인의 2025년 사업연도 과세표준과 산출세액은 다음과 같다.

① 각사업연도소득금액 : 409,729,266원

| 구 분 | 본점 사업장 | 지점 사업장 | 합 계 |
|---|---|---|---|
| LCD 모니터 제조업 | 158,335,479 | 96,128,520 | 254,463,999 |
| 데스크톱 PC 도소매업 | 96,140,207 | 59,125,060 | 155,265,267 |
| 소 계 | 254,475,686 | 155,253,580 | 409,729,266 |

② 과세표준 : 409,729,266원

③ 산출세액 : 57,848,560원

### (3) 2025년 사업연도 적용가능 공제감면

| 공제감면 규정 | 공제감면세액 | 농어촌특별세 |
|---|---|---|
| 제7조【중소기업에 대한 특별세액감면】 | 6,485,135 | – |
| 제10조【연구 · 인력개발비에 대한 세액공제】 | 26,553,980 | – |
| 제24조【통합투자세액공제】 | 74,500,000 | 14,900,000 |
| 제29조의8【통합고용세액공제】 | 18,125,000 | 3,625,000 |
| 소 계 | 125,664,115 | 18,525,000 |

저자주 위의 공제감면 외에 다른 공제감면규정은 적용하지 않는 것으로 가정한다. 제29조의 7【고용을 증대시킨 기업에 대한 세액공제】와 제30조의 4【중소기업 사회보험료 세액공제】를 적용하는 것보다 제29조의 8【통합고용세액공제】를 적용하는 것이 유리하므로 별도로 공제세액을 반영하지 않았다. 제24조【통합고용세액공제】의 경우 일반공제율 10%를 선택하는 것으로 가정하여 풀이하였다.

## 풀이

### 1. 당해 법인이 적용받을 수 있는 공제 및 감면규정의 확인

조세특례제한법에서는 여러 공제 및 감면 규정을 두고 있지만 조세특례제한법 제127조【중복지원의 배제】, 제130조【수도권과밀억제권역의 투자에 대한 조세감면배제】, 제132조【최저한세액에 미달하는 세액에 대한 감면】, 제143조【구분경리】, 제144조【세액공제의 이월공제】 및 농어촌특별세법 제3조【납세의무자】, 제4조【비과세】, 제5조【과세표준과 세율】 규정을 검토하여 최적의 공제감면 조합을 선택하여야 한다.

#### (1) 적용 전 기본검토사항

<table>
<tr><th colspan="2">구 분</th><th colspan="3">검토요건 또는 확인사항</th></tr>
<tr><td rowspan="10">적용<br>여부<br>검토</td><td rowspan="5">① 당해 법인의 중소기업요건 또는 청년 등 요건 충족 확인</td><td colspan="2">업종요건</td><td>제조업 도소매업 영위하므로 업종요건을 충족함</td></tr>
<tr><td colspan="2">규모요건</td><td>제조업 매출액 10,628,403,721원, 도소매업 매출액 3,839,786,400원이므로 매출액이 큰 제조업이 주업종이 되고 규모요건 판단시 매출액 합계액 14,468,190,121원이므로 제조업의 매출액 규모요건을 충족함</td></tr>
<tr><td colspan="2">독립성요건</td><td>다른 회사의 계열사 등은 아니므로 독립성요건을 충족함</td></tr>
<tr><td colspan="2">졸업요건</td><td>사업연도말 현재 자산총액 3,565,918,912원이므로 졸업요건을 충족함</td></tr>
<tr><td colspan="3">∴ 중소기업 요건의 모든 요건 충족하므로 중소기업으로 판정</td></tr>
<tr><td rowspan="4">② 각 조항별 적용시한 확인</td><td rowspan="2">청년<br>등<br>요건</td><td>한마음</td><td>생년월일 1998.12.2.이므로 청년요건 충족</td></tr>
<tr><td>김재연</td><td>출산·육아 사유로 퇴사 후 2년 이상 경과 후 취업하였으므로 경력단절여성 요건 충족</td></tr>
<tr><td colspan="2">제7조【중소기업에 대한 특별세액감면】</td><td>2025년 12월 31일 이전 끝나는 과세연도까지 적용</td></tr>
<tr><td colspan="2">제10조 【연구·인</td><td>일반연구인력개발비는 적용시한 없음</td></tr>
</table>

| 구 분 | | | 검토요건 또는 확인사항 |
|---|---|---|---|
| | | 력개발비에 대한 세액공제】 | 신성장원천기술연구개발비는 2029년 12월 31일까지 발생분에 대해서 적용 |
| | | 제24조【통합투자세액공제】 | 적용시한 제한없음, 2025년도 임시투자세액공제 선택가능(풀이에서는 일반선택) |
| | | 제29조의 8【통합고용세액공제】 | 2025.12.31. 속하는 과세연도까지 적용 |
| 적용 여부 검토 | ③ 각 조항별 규정 업종의 요건 충족 확인 | 제7조【중소기업에 대한 특별세액감면】 | 제조업과 도소매업을 영위하므로 업종 요건 충족 |
| | | 제10조【연구·인력개발비에 대한 세액공제】 | 소비성서비스업을 제외한 업종에 적용 가능하므로 요건충족 |
| | | 제24조【통합투자세액공제】 | 소비성서비스업과 부동산임대업 및 공급업을 제외한 업종에 적용가능하므로 업종요건 충족 |
| | | 제29조의 8【통합고용세액공제】 | 소비성서비스업을 제외한 업종에 적용하므로 업종 요건 충족 |
| | ④ 본점 및 사업장 소재지 등 확인 | 제7조【중소기업에 대한 특별세액감면】 | 본점 소재지가 수도권인 경우 모든 사업장의 감면율은 수도권 감면율 적용 |
| | | 제10조【연구·인력개발비에 대한 세액공제】 | 본점 소재지 등에 따른 차등적용 없음 |
| | | 제24조【통합투자세액공제】 | 본점 소재지 등에 따른 차등적용 없음 |
| | | 제29조의 8【통합고용세액공제】 | 중소기업의 경우 수도권 내와 수도권 외 지역 증가인원에 대한 1인당 공제액 차등적용 |
| | ⑤ 감면/공제 적용의 배제 | 제7조【중소기업에 대한 특별세액감면】 | 기장에 의한 정기신고이므로 적용 |
| | | 제10조【연구·인력개발비에 대한 세액공제】 | 기장에 의한 정기신고이므로 적용 |
| | | 제24조【통합투자세액공제】 | 기장에 의한 정기신고이므로 적용 |

| 구 분 | | 검토요건 또는 확인사항 | |
|---|---|---|---|
| 적용 여부 검토 | | | 수도권과밀억제권역에서 중소기업의 대체투자이므로 적용가능 |
| | | 제29조의8【통합고용 세액공제】 | 기장에 의한 정기신고이므로 적용 |
| 적용 시 검토 | ⑥ 감면/공제 중복 적용 확인 | 제7조 【중소기업에 대한 특별세액감면】 | 제24조【통합투자세액공제】와 동시적용 불가 |
| | | 제10조【연구·인력개발비에 대한 세액공제】 | 중소기업의 연구인력개발비의 경우 세액감면, 세액공제와 중복적용 가능 |
| | | 제24조【통합투자세액공제】 | 제7조 【중소기업에 대한 특별세액감면】과 동일과세연도에 중복적용 불가 |
| | | | 투자액 전액을 법인에서 하였으므로 지원액 등에 대한 중복적용 배제는 없음 |
| | | 제29조의 8【고용을 증대시킨 기업에 대한 세액공제】 | 제7조【중소기업에 대한 특별세액감면】, 제10조【연구·인력개발비에 대한 세액공제】, 제24조【통합투자세액공제】와 중복적용 가능 |
| | ⑦ 최저한세 적용 대상 확인 | 적용 | 제7조【중소기업에 대한 특별세액감면】, 제24조【통합투자세액공제】, 제29조의 8【통합고용세액공제】 |
| | | 미적용 | 제10조【연구·인력개발비에 대한 세액공제】 |
| | ⑧ 이월적용 여부 확인 | 제7조【중소기업에 대한 특별세액감면】을 제외한 제10조【연구·인력개발비에 대한 세액공제】, 제24조 【통합투자세액공제】, 제29조의 8【통합고용세액공제】 규정은 이월적용 가능 | |
| | ⑨ 농어촌특별세 비과세 확인 | 과세 | 제24조【통합투자세액공제】, 제29조의 8【통합고용세액공제】 |
| | | 비과세 | 제7조【중소기업에 대한 특별세액감면】, 제10조【연구·인력개발비에 대한 세액공제】 |
| 사후 관리 | ⑩ 공제감면 후 사후관리 규정 | 제7조【중소기업에 대한 특별세액감면】 | 별도의 사후관리 규정 없음 |
| | | 제10조 【연구·인력개발비에 대한 세액공제】 | 별도의 사후관리 규정 없음 |
| | | 제24조 【통합투자세액공제】 | 세액공제받은 자산에 대해서는 투자완료일부터 5년 이내 기간 중 2년(소정의 건물과 구축물은 5년)이 지나기 전에 다른 목적으 |

| 구 분 | | 검토요건 또는 확인사항 | |
|---|---|---|---|
| | | | 로 전용하는 경우 추징 |
| | | 제29조의 8【통합고용세액공제】 | 최초 공제 적용 후 2년 이내 고용인원 감소 시 공제세액을 납부. 이자상당액 추가 납부 규정은 없음 |

㈜나라가 2024년 사업연도에 적용가능한 조세특례제한법상 공제 감면 규정은 다음과 같다.

① 제7조【중소기업에 대한 특별세액감면】

② 제10조【연구 · 인력개발비에 대한 세액공제】

③ 제24조【통합투자세액공제】

④ 제29조의 8【통합고용세액공제】

### (2) 중복적용 배제 등 검토사항

위 '(1)'에서 적용가능한 공제감면 규정에 대하여 중복적용 배제, 최저한세, 이월공제여부, 농어촌특별세 과세 여부를 검토하면 다음과 같다.

| 공제감면 규정 | 중복적용배제 | 최저한세 | 이월공제 | 농어촌 특별세 |
|---|---|---|---|---|
| 제7조【중소기업에 대한 특별세액감면】 | 제7조【중소기업에 대한 특별세액감면】은 제24조【통합투자세액공제】와 동일한 과세연도에 동시 적용이 불가능하고 그 외의 공제감면 규정은 동시 적용이 가능함 | 적용 | 해당사항 없음 | 비과세 |
| 제10조【연구 · 인력개발비에 대한 세액공제】 | | 미적용 | 적용 | 비과세 |
| 제24조【통합투자세액공제】 | | 적용 | 적용 | 과세 |
| 제29조의 8【통합고용세액공제】 | | 적용 | 적용 | 과세 |

### (3) 공제감면 규정의 조합 및 선택

① 선택가능 공제감면 1 : 제7조 + 제10조 + 제29조의 8

공제감면세액 합계액 = 6,485,135 + 26,553,980 + 18,125,000

= 51,164,115원

② 선택가능 공제감면 2 : 제10조 + 제24조 + 제29조의 8

공제감면세액 합계액 = 26,553,980 + 74,5000,000 + 18,125,000

= 119,178,980원

∴ '공제감면 2'를 선택하는 것이 법인에게 유리하다.

### (4) 최저한세액의 계산

당해 법인은 중소기업이므로 최저한세율은 7%를 적용한다.

최저한세 = 409,729,266 × 7% = 28,681,048원

### (5) 차감세액의 계산

① 최저한세 적용 전 차감세액의 계산

최저한세 적용 전 차감세액 = 산출세액 – (통합투자세액공제 +통합고용세액공제)
= 57,848,560 – (74,500,000 + 18,125,000)
= –34,776,440원

∴ 차감세액이 음수이므로 '0'으로 판단함

② 당해법인의 차감세액은 최저한세액으로 결정

### (6) 적용배제액 및 이월공제액의 계산

① 최저한세 적용으로 인하여 적용 배제할 공제세액의 계산

적용배제액 = (통합투자세공제액 + 통합고용세액공제액) – (산출세액 - 최저한세)
= (74,500,000 + 18,125,000) – (57,848,560 - 28,681,048)
= 92,625,000 - 29,167,512
= 63,457,488원

② 적용배제할 공제항목별 금액 계산

㉠ 통합투자세액공제, 통합고용세액공제 합계액 중 일부만을 공제받고 차액은 이월공제를 적용하여야 한다.

㉡ 최저한세 적용으로 인하여 세액공제를 배제하고 이월할 경우 배제할 순서 중 세액공제 항목의 경우에는 원칙적으로 납세자 선택에 따르고 과세관청의 경정 시 조세특례제한법 세액공제에 관한 규정에 나열된 순서대로 배제항목을 결정하여야 한다.

저자주 일반적으로 납세자가 신고할 때 배제되는 공제항목을 선택할 때는 향후 농어촌특별세 과세여부, 향후 사후관리의 편의성 등을 고려하여 결정한다. 회사의 근로자의 입퇴사가 빈번하고 근로자 수의 급격한 변동이 있을 것으로 예상되는 경우라면 본 사례에서는 제24조【통합투자세액공제】를 먼저 적용하는 것이 사후관리 편의성에서 유리하다고 할 수 있다. 이하 풀이에서도 제29조의 8【통합고용세액공제】를 먼저 적용배제하는 것으로 풀이한다.

㉢ 적용배제 공제액의 이월액

| 적용배제순서 | 조 문 | 당초 공제액 | 최저한세 적용 후 공제액 | 공제배제액 (이월액) |
|---|---|---|---|---|
| 1순위 | 제29조의 8 【통합고용세액공제】 | 18,125,000 | – | 18,125,000 |
| 2순위 | 제29조의 4 【통합투자세액공제】 | 74,500,000 | 29,167,512 | 45,332,488 |
| 소 계 | | 92,625,000 | 29,167,512 | 63,457,488 |

이월된 세액공제액은 다음 사업연도부터 10년간 이월하여 공제한다.

### (7) 연구인력개발비 세액공제 적용

① 최저한세 적용 후 차감세액을 한도로 하여 연구인력개발세액공제를 적용한다.

② 당해연도 연구인력개발비 세액공제액 : 26,553,980원

③ 차감세액 : 28,681,048원

④ 연구인력개발비 세액공제액이 차감세액 범위 내이므로 전액 당해 사업연도에 공제한다.

### (8) 최종 법인세액의 계산

산출세액에서 통합투자세액공제액 일부와 연구인력개발세액공제 적용 후 당해법인이 부담하는 총부담세액은 2,127,068원이 된다.

### (9) 농어촌특별세액의 계산

① 통합투자세액 공제액 중 당해 사업연도에 공제되는 금액

= 29,167,512원

② 농어촌특별세 납부액

= 29,167,512 × 20%

= 5,833,502원

[별지 제8호의9 서식] (2025.6.30. 개정)

# 통합투자세액공제신청서

※ 뒤쪽의 작성방법을 읽고 작성해 주시기 바랍니다. (앞쪽)

| 접수번호 | 접수일 | 처리기간 즉시 |
|---|---|---|

| ① 신청인 | ① 상호 또는 법인명 : ㈜나라 | ② 사업자등록번호 : 203-81-63108 |
|---|---|---|
| | ③ 대표자 성명 : 김 유 민 | ④ 생년월일 : 1973년 04월 12일 |
| | ⑤ 주소 또는 본점소재지 : 경기도 고양시 일산서구 대화로37번길 102-30 (031-2231-7027) | |

| ② 과세연도 | 2025년 01월 01일부터 2025년 12월 31일까지 |
|---|---|

| 항목 | 여부 | 구분 | 금액 |
|---|---|---|---|
| ③ 신성장사업화시설 · 연구개발시설, 국가전략기술사업화시설 · 연구개발시설 인정 신청 여부 | 여[ ], 부[✓] | 미신청 투자금액 합계 | |
| ④ 신성장사업화시설 · 연구개발시설, 국가전략기술사업화시설 · 연구개발시설 인정 신청 인정 여부 | 여[ ], 부[✓] | 미인정 투자금액 합계 | |
| ⑤ 임시 투자 세액공제율 적용 여부 | | | 여[ ], 부[✓] |
| ⑥ 해당 과세연도 투자분에 대한 공제세액 (=㉑ + ㉖) | | | 74,500,000 |

가. 2개 이상의 과세연도에 걸쳐서 이루어지는 투자금액(=⑰)

| ⑦ 투자 종류 | ⑧ 해당기술 사용 제품 외의 제품 생산 또는 해당 기술 외에 다른 기술 연구개발에 사용 여부 (사용, 미사용) | ⑨ 총 투자 예정 금액 | ⑩ 해당 과세연도 말까지 실제 지출한 금액 | 작업진행률에 의한 투자금액 계산: ⑪ 해당 과세 연도말 총투자 누적액 | ⑫ 총 투자 예정비 | ⑬ 진행률 (⑪/⑫) | ⑭ 진행률에 의한 투자금액 (⑨×⑬) | ⑮누적투자 대상금액 (⑩와⑭ 중 큰 금액) | ⑯ 해당 과세연도 이전 과세연도 까지의 누적투자 대상금액 | ⑰ 투자 금액 (⑮-⑯) |
|---|---|---|---|---|---|---|---|---|---|---|
| | | | | | | | | | | |
| | | | | | | | | | | |
| | | | | | | | | | | |
| 계 | | | | | | | | | | |

나. 그 외 투자금액(=⑱)

| 투자종류 | | ⑱ 투자금액 |
|---|---|---|
| 일반시설 | | 745,000,000 |
| 신성장사업화시설 · 연구개발시설 | ⑧이 '여'인 시설 | |
| | ⑧이 '부'인 시설 | |
| 국가전략기술사업화시설 · 연구개발시설 | ⑧이 '여'인 시설 | |
| | ⑧이 '부'인 시설 | |
| 반도체분야 국가전략기술사업화시설 · 연구개발시설 | ⑧이 '여'인 시설 | |
| | ⑧이 '부'인 시설 | |
| 계 | | 745,000,000 |

다. 기본공제금액(=㉑)

| 투자종류 | | ⑲ 공제대상 투자금액 (=⑰+⑱) | ⑳ 공제율 | ㉑ 기본공제금액 (=⑲×⑳) |
|---|---|---|---|---|
| 일반시설 | | 745,000,000 | 10% | 74,500,000 |
| 신성장사업화시설 · 연구개발시설 | ⑧이 '여'인 시설 | | | |
| | ⑧이 '부'인 시설 | | | |
| 국가전략기술 사업화시설 | ⑧이 '여'인 시설 | | ) | |
| | ⑧이 '부'인 시설 | | | |
| 반도체분야 국가전략기술사업화시설 · 연구개발시설 | ⑧이 '여'인 시설 | | | |
| | ⑧이 '부'인 시설 | | | |
| 합계 | | | | 74,500,000 |

210mm× 297mm[백상지 80g/㎡ 또는 중질지 80g/㎡]

08 공제감면 종합사례

(뒤쪽)

라. 추가공제금액(=㉖)

| 투자종류 | | ㉒ 공제대상 투자금액 (=⑲) | ㉓ 직전 3년 연 평균 투자 또는 취득금액 | ㉔ 초과액 (=㉒-㉓) | ㉕ 공제율 | ㉖ 추가공제금액 Min[(㉔×㉕),(㉑×2)] |
|---|---|---|---|---|---|---|
| 일반시설 | | | | | 10% | |
| 신성장사업화시설 · 연구개발시설 | ⑧이 '여'인 시설 | | | | | |
| | ⑧이 '부'인 시설 | | | | | |
| 국가전략기술사업화시설 · 연구개발시설 | ⑧이 '여'인 시설 | | | | | |
| | ⑧이 '부'인 시설 | | | | | |
| 반도체분야 국가전략기술사업화시설 · 연구개발시설 | ⑧이 '여'인 시설 | | | | | |
| | ⑧이 '부'인 시설 | | | | | |
| 합계 | | | | | | |

「조세특례제한법 시행령」 제21조 제13항에 따라 위와 같이 세액공제신청서를 제출합니다.

2026년 03월 31일

신청인 ㈜나라 김 유 민 (서명 또는 인)

**고양 세무서장** 귀하

작 성 방 법

※「조세특례제한법」 제24조에 따른 통합투자세액공제는 2021.1.1. 이후 과세표준을 신고하는 분부터 적용 가능하며 해당 세액공제를 신청한 경우 구「조세특례제한법」(2021. 1. 1. 법률 제17759호로 개정되기 전의 것) 제5조, 제25조, 제25조의4, 제25조의5 및 제25조의7(이하 "종전세액공제규정"이라 한다)은 중복으로 적용받을 수 없습니다.

1. "⑤ 임시 투자 세액공제율 적용 여부"란: 「조세특례제한법」 제24조제1항3호를 적용받는 경우에는 "여", 그렇지 않은 경우에는 "부"를 적습니다.
2. "⑦ 투자종류"란: 일반시설 투자금액, 신성장사업화시설 · 연구개발시설 투자금액, 국가전략기술사업화시설 · 연구개발시설 투자금액 및 반도체분야 국가전략기술사업화시설 · 연구개발시설 투자금액으로 구분하여 작성합니다. 신성장사업화시설 · 연구개발시설은 「조세특례제한법 시행규칙」 별표 6에 따른 신성장 · 원천기술을 사업화하는 시설 및 「조세특례제한법 시행령」 제25조의3제3항제2호가목의 시설 중 신성장 · 원천기술 연구개발을 위한 연구 · 시험용 시설로서 연구개발세액공제기술심의위원회의 심의를 거쳐 기획재정부 · 산업통상자원부장관이 공동으로 인정하는 공제대상 자산을 말하고, 국가전략기술사업화시설 · 연구개발시설은 「조세특례제한법 시행규칙」 별표 6의2에 따른 국가전략기술을 사업화하는 시설 및 「조세특례제한법 시행령」 제25조의3제3항제2호가목의 시설 중 국가전략기술 연구개발을 위한 연구 · 시험용 시설로서 연구개발세액공제기술심의위원회 심의를 거쳐 기획재정부 · 산업통상자원부장관이 공동으로 인정하는 공제대상 자산을 말하며, 반도체분야 국가전략기술사업화시설 · 연구개발시설은 반도체분야의 국가전략기술에 대한 국가전략기술사업화시설 · 연구개발시설을 말합니다.
3. "⑧ 해당기술 사용 제품 외의 제품 생산 또는 해당기술 외의 다른 기술의 연구개발에 사용 여부"란: 해당시설이 해당기술을 사용하여 생산하는 제품 외에 다른 제품의 생산에도 사용되는 시설이거나 해당기술 외에 다른 기술의 연구개발에 사용되는 시설일 경우에는 "사용", 그렇지 않은 경우에는 "미사용"을 적습니다.
4. "⑬ 진행률"란: 「법인세법 시행령」 제69조제1항에 따라 해당 과세연도말까지 발생한 총투자누적액이 총투자예정비에서 차지하는 비율로 계산합니다.
5. "⑮ 누적투자 대상금액"란: ⑩란의 해당 과세연도말까지 실제 지출한 금액과 ⑭란의 진행률에 의한 투자금액 중 큰 금액을 적고, ⑯ 해당 과세연도 이전 과세연도까지의 누적투자 대상금액란은 해당 과세연도 이전 과세연도까지의 실제지출한 금액과 해당 과세연도 이전 과세연도까지의 작업진행률에 따라 계산한 투자금액 중 큰 금액을 적습니다.
6. "⑲ 공제대상 투자금액"란: ⑰ 2개 이상의 과세연도에 걸쳐서 이루어지는 투자금액과 ⑱ 그 외 투자금액의 합계액을 적습니다.
7. "⑳ 공제율"란: 일반시설란 및 신성장사업화시설 · 연구개발시설란의 괄호 안의 공제율은 2024년 12월 31일 또는 2025년 12월 31일이 속하는 과세연도에 투자한 금액에 대하여 적용되는 공제율을 말하며, 2025년 1월 1일 이후 개시하는 과세연도에 최초로 중소기업에 해당하지 아니하게 된 경우로서 해당 과세연도의 개시일부터 3년 이내에 끝나는 과세연도까지의 경우에는 일반시설은 7.5%, 신성장사업화시설 · 연구개발시설은 9%, 국가전략기술사업화시설 · 연구개발시설은 20%, 반도체 분야 국가전략기술사업화시설 · 연구개발시설은 25%의 공제율을 적습니다.
8. "㉒ 공제대상 투자금액"란: ⑲ 공제대상 투자금액란을 그대로 옮겨 적습니다.
9. "㉓ 직전 3년 연 평균 투자 또는 취득금액"란: [(해당 과세연도 개시일부터 소급하여 3년간 투자한 금액의 합계÷3) × (해당 과세연도의 개월 수÷12)]로 계산하며 투자금액이 최초로 발생한 과세연도 개시일부터 해당 과세연도 개시일까지의 기간이 36개월 미만인 경우 그 기간에 투자한 금액의 합계액을 36개월로 환산하여 계산한 금액을 적습니다.
10. ㉖ 추가공제금액의 합계는 ㉔ 초과액의 합계에 공제율(10%)를 곱한 값과 일치해야 하며, ㉑ 기본공제금액의 2배를 초과할 수 없습니다.

210mm× 297mm[백상지 80g/㎡ 또는 중질지 80g/㎡]

[별지 제10호의 9 서식] (2025.6.30. 개정) (3쪽 중 제1쪽)

# 통합고용세액공제 공제세액계산서

| ① 신청인 | ① 상호 또는 법인명 : ㈜나라 | ② 사업자등록번호 : 203-81-63108 |
|---|---|---|
| | ③ 대표자 성명 : 김 유 민 | ④ 생년월일 : 1973년 04월 12일 |
| | ⑤ 주소 또는 본점소재지 : 경기도 고양시 일산서구 대화로37번길 102-30(법곳동)<br>(전화번호 : 031-2231-7027) | |

| ② 과세연도 | 2025년 1월 1일부터 2025년 12월 31일까지 |
|---|---|

③ 상시근로자 현황 (작성방법 2,3번을 참고하시기 바랍니다.)

| 구분 | 직전전 과세연도 | 직전 과세연도 | 해당 과세연도 |
|---|---|---|---|
| ⑥ 상시근로자 수(⑦+⑧) | | 7.00 | 8.25 |
| ⑦ 청년등상시근로자 수 | | 0.00 | 1.25 |
| ⑧ 청년등상시근로자를 제외한 상시근로자 수 | | | |
| ⑨ 정규직 전환 근로자 수 | – | | |
| ⑩ 육아휴직 복귀자 수 | | | |

④ 기본공제 공제세액 계산내용

가. 1차년도 세제지원 요건 : ⑬ > 0

1. 상시근로자 증가 인원

| ⑪ 해당 과세연도 상시근로자 수 | ⑫ 직전 과세연도 상시근로자 수 | ⑬ 상시근로자 증가 인원 수 (⑪-⑫) |
|---|---|---|
| 8.25 | 7.00 | 1.25 |

2. 청년등상시근로자 증가 인원

| ⑭ 해당 과세연도 청년등상시근로자 수 | ⑮ 직전 과세연도 청년등상시근로자 수 | ⑯ 청년등상시근로자 증가 인원 수 (⑭-⑮) |
|---|---|---|
| 1.25 | 0.00 | 1.25 |

3. 청년등상시근로자를 제외한 상시근로자 증가 인원

| ⑰ 해당 과세연도 청년등상시근로자를 제외한 상시근로자 수 | ⑱ 직전 과세연도 청년등상시근로자를 제외한 상시근로자 수 | ⑲ 청년등상시근로자를 제외한 상시근로자 증가 인원 수(⑰-⑱) |
|---|---|---|
| – | – | – |

4. 1차년도 세액공제액 계산

| 구분 | 구분 | | 직전 과세연도 대비 상시근로자 증가 인원 수 (⑬상시근로자 증가 인원 수를 한도로 함) | 1인당 공제금액 | ⑳ 1차년도 세액공제액 |
|---|---|---|---|---|---|
| 중소기업 | 수도권 내 | 청년등 | 1.25 | 1천4백5십만원 | 18,125,000 |
| | | 청년등 외 | | 8백5십만원 | |
| | 수도권 밖 | 청년등 | | 1천5백5십만원 | |
| | | 청년등 외 | | 9백5십만원 | |
| | 계 | | 1.25 | | 18,125,000 |
| 중견기업 | 청년등 | | | 8백만원 | |
| | 청년등 외 | | | 4백5십만원 | |
| | 계 | | | | |
| 일반기업 | 청년등 | | | 4백만원 | |
| | 청년등 외 | | | | |
| | 계 | | | | |

나. 2차년도 세제지원 요건 : ㉓ ≥ 0

1. 상시근로자 증가 인원

| ㉑ 2차년도(해당 과세연도) 상시근로자 수 | ㉒ 1차년도(직전 과세연도) 상시근로자 수 | ㉓ 상시근로자 증가 인원 수(㉑-㉒) |
|---|---|---|
| | | |

2. 2차년도 세액공제액 계산(상시근로자 감소여부)

| 1차년도 (직전 과세연도) 대비 상시근로자 감소여부 | 1차년도 (직전 과세연도) 대비 청년등상시근로자 수 감소여부 | ㉔ 1차년도 (직전 과세연도) 청년등상시근로자 증가 세액공제액 | ㉕ 1차년도 (직전 과세연도) 청년등 외 상시근로자 증가 세액공제액 | ㉖ 2차년도 세액공제액 |
|---|---|---|---|---|
| **부** | **부** | | | |
| | 여 | | | |
| 여 | | | | |

다. 3차년도 세제지원 요건(중소 · 중견기업만 해당) : ㉙ ≥ 0

1. 상시근로자 증가 인원

| ㉗ 3차년도(해당 과세연도) 상시근로자 수 | ㉘ 1차년도(직전전 과세연도) 상시근로자 수 | ㉙ 상시근로자 증가 인원(㉗-㉘) |
|---|---|---|
| | | |

2. 3차년도 세액공제액 계산(상시근로자 감소여부)

| 1차년도 (직전전 과세연도) 대비 상시근로자 감소여부 | 1차년도 (직전전 과세연도) 대비 청년등상시근로자 수 감소여부 | ㉚ 1차년도 (직전전 과세연도) 청년등 상시근로자 증가 세액공제액 | ㉛ 1차년도 (전전 과세연도) 청년등 외 상시근로자 증가 세액공제액 | ㉜ 3차년도 세액공제액 |
|---|---|---|---|---|
| 부 | 부 | | | |
| | 여 | | | |
| 여 | | | | |

❺ 추가공제 공제세액 계산내용

가. 세제지원 요건 : ㉟ ≥ 0

| ㉝ 해당 과세연도 상시근로자 수 | ㉞ 직전 과세연도 상시근로자 수 | ㉟ 상시근로자 증가 인원 수 (㉝-㉞) |
|---|---|---|
| | | |

나. 세액공제액 계산

| 구분 | 구분 | 인원 수 | 1인당 공제금액 | ㊱ 추가공제 세액공제액 |
|---|---|---|---|---|
| 중소기업 | 정규직 전환자 | | 1천3백만원 | |
| | 육아휴직 복귀자 | | | |
| | 계 | | | |
| 중견기업 | 정규직 전환자 | | 9백만원 | |
| | 육아휴직 복귀자 | | | |
| | 계 | | | |

| ⑥ 세액공제액 : ⑳ 1차년도 세액공제액 + ㉖ 2차년도 세액공제액 + ㉜ 3차년도 세액공제액 + ㊱ 추가공제 세액공제액 | 18,125,000 |
|---|---|

「조세특례제한법 시행령」 제26조의8 제11항에 따라 위와 같이 공제세액계산서를 제출합니다.

2026년 3월 31일

신청인 ㈜나라 김 유 민 (서명 또는 인)

**고양 세무서장** 귀하

작 성 방 법

1. 근로자 수는 다음과 같이 계산하되, 100분의 1 미만의 부분은 없는 것으로 합니다.
  가. 상시근로자 수: 매월 말 현재 상시근로자 수의 합 / 과세연도의 개월 수
  나. 청년등상시근로자 수: 매월 말 현재 청년등상시근로자 수의 합 / 과세연도의 개월 수
  다. 청년등상시근로자 외 상시근로자 수: 매월 말 현재 청년등상시근로자 외 상시근로자 수의 합 / 과세연도의 개월 수
2. ⑥란의 상시근로자란 「근로기준법」에 따라 근로계약을 체결한 내국인 근로자로서 다음의 어느 하나에 해당하는 사람을 제외한 근로자를 말합니다.
  가. 근로계약기간이 1년 미만인 근로자. 다만, 근로계약의 연속된 갱신으로 인하여 그 근로계약의 총 기간이 1년 이상인 근로자는 상시근로자로 봅니다.
  나. 「근로기준법」 제2조제1항제9호에 따른 단시간근로자. 다만, 1개월간의 소정근로시간이 60시간 이상인 근로자는 상시근로자로 봅니다.
  다. 「법인세법 시행령」 제40조제1항 각 호의 어느 하나에 해당하는 임원
  라. 해당 기업의 최대주주 또는 최대출자자(개인사업자의 경우에는 대표자를 말합니다)와 그 배우자
  마. 라목에 해당하는 자의 직계존비속(그 배우자를 포함합니다) 및 「국세기본법 시행령」 제1조의2제1항에 따른 친족관계인 사람
  바. 「소득세법 시행령」 제196조에 따른 근로소득원천징수부에 의하여 근로소득세를 원천징수한 사실이 확인되지 않고, 「국민연금법」 제3조제1항제11호 및 제12호에 따른 부담금 및 기여금 또는 「국민건강보험법」 제69조에 따른 직장가입자의 보험료에 해당하는 금액의 납부사실도 확인되지 않는 자
3. ⑦란 등의 청년등상시근로자란 상시근로자 중 15세 이상 34세 이하인 사람으로서 다음 각 목의 어느 하나에 해당하는 사람을 제외한 사람(해당 근로자가 병역을 이행한 경우에는 6년을 한도로 병역을 이행한 기간을 현재 연령에서 빼고 계산한 연령이 34세 이하인 사람을 포함)과 「장애인복지법」의 적용을 받는 장애인, 「국가유공자 등 예우 및 지원에 관한 법률」에 따른 상이자, 「5 · 18민주유공자예우 및 단체설립에 관한 법률」 제4조제2호에 따른 5 · 18민주화운동부상자와 「고엽제후유의증 등 환자지원 및 단체설립에 관한 법률」 제2조제3호에 따른 고엽제후유의증환자로서 장애등급 판정을 받은 사람, 근로계약 체결일 현재 연령이 60세 이상인 사람, 「조세특례제한법」 제29조의3제1항에 따른 경력단절 여성을 말합니다.
  가. 「기간제 및 단시간근로자 보호 등에 관한 법률」에 따른 기간제근로자 및 단시간근로자
  나. 「파견근로자보호 등에 관한 법률」에 따른 파견근로자
  다. 「청소년 보호법」 제2조제5호 각 목에 따른 업소에 근무하는 같은 조 제1호에 따른 청소년
4. 청년등 외 상시근로자란 상시근로자 중 청년등상시근로자가 아닌 상시근로자를 말합니다.
5. ⑳, ㉖, ㉜ 계산 시 각 공제금액(청년/청년 외)은 전체 상시근로자 수 증가분을 한도로 합니다.
6. ㉝, ㉞란의 상시근로자 수는 「근로기준법」 제74조에 따른 출산전후휴가를 사용 중인 상시근로자를 대체하는 상시근로자가 있는 경우 해당 출산전후휴가를 사용 중인 상시근로자를 제외하고 계산한 상시근로자 수를 말합니다.
7. 해당 과세연도의 상시근로자 수가 전년 대비 증가하여 「조세특례제한법」 제29조의8의 통합고용세액공제 1차년도 공제를 신청할 경우 「조세특례제한법」 제29조의7의 고용 증대 기업에 대한 세액공제 1차년도 공제를 중복하여 신청할 수 없습니다.

210mm×297mm[백상지 80g/㎡]

[별지 제3호 서식(1)] (2025.3.21. 개정)

# 일반연구 및 인력개발비 명세서

(앞쪽)

| | | |
|---|---|---|
| ❶ 신청인 | ① 상호 또는 법인명 : ㈜나라 | ② 사업자등록번호 : 203-81-63108 |
| | ③ 대표자 성명 : 김 유 민 | ④ 생년월일 : 1976.06.03. |
| | ⑤ 주소 또는 본점 소재지 : 경기도 고양시 일산서구 대화로37번길 102-30(법곳동) (전화번호 : 031-2231-7027) | |

| | |
|---|---|
| ❷ 과세연도 | 2025년 01월 01일부터 2025년 12월 31일까지 |

❸ 해당 연도의 연구 및 인력개발비 발생 명세

| 구 분 / 계정과목 | 자체 연구개발비 | | | | | |
|---|---|---|---|---|---|---|
| | 인건비 및 사회보험료 | | 재료비 등 | | 기 타 | |
| | 인원 | ⑥ 금액 | 건수 | ⑦ 금액 | 건수 | ⑧ 금액 |
| 급여 | 2 | 106,215,920 | | | | |
| | | | | | | |
| 합 계 | | | | | | |

| 구 분 / 계정과목 | 위탁 및 공동 연구개발비 | | 인력개발비 | | ⑪ 총 계 (⑥+⑦+⑧+⑨+⑩) |
|---|---|---|---|---|---|
| | 건수 | ⑨ 금액 | 건수 | ⑩ 금액 | |
| 급여 | | | | | 106,215,920 |
| | | | | | |
| 합 계 | | | | | 106,215,920 |

연구 및 인력개발비의 증가발생액의 계산

| ⑫ 해당 과세연도 발생액(=⑪) | ⑬ 직전 4년 발생액 계 (⑭+⑮+⑯+⑰) | 2024.01.01.~2024.12.31. ⑭ (직전 1년) | 2023.01.01.~2023.12.31. ⑮ (직전 2년) | 2022.01.01.~2022.12.31. ⑯ (직전 3년) | 2021.01.01.~2021.12.31. ⑰ (직전 4년) |
|---|---|---|---|---|---|
| 106,215,920 | 406,805,660 | 82,353,840 | 54,125,820 | 95,800,000 | 174,526,000 |
| ⑱ 직전 4년간 연평균발생액(⑬/4) | 101,701,415 | ⑲ 직전 3년간 연평균발생액 [(⑭+⑮+⑯)/3] | 77,426,553 | ⑳ 직전 2년간 연평균발생액 [(⑭+⑮)/2] | 68,239,830 |
| ㉑ 증가발생액(⑫－⑭) | | | | | |

❹ 공제세액

|  | | | | | | |
|---|---|---|---|---|---|---|
| 해당 연도 총발생 금액 공제 | 중소기업 | ㉒ 대상금액(＝⑪) | ㉓ 공 제 율 | | | ㉔ 공제세액 (㉒×㉓) |
| | | 106,215,920 | 25% | | | 26,553,980 |
| | 중소기업 유예기간 종료 이후 5년 내 기업 | ㉕ 대상금액(＝⑪) | ㉖ 유예기간 종료연도 | ㉗ 유예기간 종료 이후 년차 | ㉘ 공 제 율 | ㉙ 공제세액 (㉕×㉘) |
| | | | | | 종료 이후 1~3년차 15%<br>종료 이후 4~5년차 10% | |
| | 중견기업 | ㉚ 대상금액(＝⑪) | ㉛ 공제율 | | | ㉜ 공제세액 (㉚×㉛) |
| | | | 8% | | | |
| | 일반기업 | ㉝ 대상금액(＝⑪) | 공제율: ㉞ 기본율 | ㉟ 추가 | ㊱ 계 (㉞+㉟) | ㊲ 공제세액 (㉝×㊱) |
| | | | 0% | | | |
| 증가발생금액 공제 (직전 4년간 연구·인력개발비가 발생하지 않은 경우 또는 ⑭<⑱ 경우 공제 제외) | | ㊳ 대상금액(＝㉑) | ㊴ 공제율 | ㊵ 공제세액 (㊳×㊴) | | *공제율<br>－중소기업: 50%<br>－중견기업: 40%<br>－대기업: 25% |
| | | | 50% | | | |
| ㊶ 해당 연도에 공제받을 세액 | | 중소기업 (㉔와 ㊵ 중 선택) | | | | 26,553,980 |
| | | 중소기업 유예기간 종료 이후 5년 내 기업 (㉙와 ㊵ 중 선택) | | | | |
| | | 중견기업(㉜와 ㊵ 중 선택) | | | | |
| | | 일반기업(㊲과 ㊵ 중 선택) | | | | |

210mm×297mm[백상지 80g/㎡ 또는 중질지 80g/㎡]

(뒤쪽)

❺ 출연금 등 수령명세 (「조세특례제한법 시행령」 제9조제1항 단서 관련)
= 연구 · 인력개발비용에서 제외되는 비용

| 구분 | 출연금 교부처 | 관련 법령 | 수령일 | 수령금액 | 연구개발비로 지출하는 금액 |
|---|---|---|---|---|---|
| | | | | | |
| | | | | | |
| | | | | | |
| | | | | | |

❻ 연구소/전담부서/연구개발서비스업자 현황

| 구분 | 인정일<br>(고시일) | 취소일 | 연구개발 인력 | | | | | | | |
|---|---|---|---|---|---|---|---|---|---|---|
| | | | 계 | | 연구전담요원 | | 연구보조원 | | 기 타 | |
| | | | 인원 | 금액 | 인원 | 금액 | 인원 | 금액 | 인원 | 금액 |
| ㈜나라<br>연구전담부서 | 2010-02-21 | | 2 | 106,215,920 | | | | | | |
| | | | | | | | | | | |
| | | | | | | | | | | |
| | | | 2 | 106,215,920 | | | | | | |

「조세특례제한법 시행령」 제9조제14항에 따라 위와 같이 일반연구 및 인력개발비 명세서를 제출합니다.

2026년 3월 31일

신청인 ㈜나라 김 유 민 (서명 또는 인)

**고양 세무서장** 귀하

**작 성 방 법**

※ 「조세특례제한법」 제10조제1항제3호에 따른 '일반연구 · 인력개발비'세액공제를 신청하는 경우에는 반드시 이 서식을 작성하여야 합니다.

1. "중소기업"이란 「조세특례제한법 시행령」 제2조에 따른 중소기업을 말합니다.
2. 재료비 등의 "⑦ 금액"란은 「조세특례제한법 시행령」 별표 6에 따른 자체연구개발비용 중 견본품 · 부품 · 원재료와 시약류 구입비 및 소프트웨어(문화상품제작에 한함) · 서체 · 음원 · 이미지의 대여 · 구입비를 적습니다.[별표6 제1호가목2) 항목]
3. 기타의 "⑧ 금액"란은 「조세특례제한법 시행령」 별표 6에 따른 자체연구개발비용 중 연구 · 시험용 시설 임차(이용)비용을 적습니다.[별표6 제1호가목3) 항목]
4. 인력개발비의 "⑩ 금액"란은 「조세특례제한법 시행령」 별표 6 제2호에 따른 위탁훈련비, 직업능력개발훈련 비용 등을 적습니다.
5. 공제율의 "㉟ 추가"란은 해당 과세연도의 수입금액에서 연구 · 인력개발비가 차지하는 비율에 2분의 1을 곱한 비율과 100분의 2 중 낮은 비율을 적습니다.
6. ❺, ❻의 "구분"란은 연구소 · 전담부서 또는 연구개발서비스업자를 적습니다.(연구소와 전담부서가 2개 이상인 경우 각각 구분하여 작성합니다)
7. "❺ 출연금 등 수령명세"란은 「조세특례제한법 시행령」 제9조 제1항 각 호에 따른 출연금 등의 수령명세와 연구개발비로 지출하는 금액을 적습니다.
8. "❻ 연구소/전담부서/연구개발서비스업자 현황"은 「조세특례제한법 시행규칙」 제7조 제1항에 따른 연구소 · 전담부서 또는 연구개발서비스업자의 현황과 연구 · 인력개발비 세액공제를 적용받는 인건비를 구분하여 적습니다.

210mm×297mm[백상지 80g/㎡ 또는 중질지 80g/㎡]

[별지 제3호 서식 부표(1)] (2022.3.18. 개정)

(앞쪽)

| 과 세 연 도 | 2025.1.1. ~ 2025.12.31. | 해당 연도의 일반 연구·인력개발비 발생 명세 | 법 인 명 | ㈜나라 |
|---|---|---|---|---|
| | | | 사업자등록번호 | 203-81-63108 |

1. 인건비 발생 명세

(단위: 원)

| ① 연구과제명 | ② 연구개발 인력 인건비 | | | |
|---|---|---|---|---|
| | 성명 | 생년월일 | 인건비지급액 | 연구전담 등 구분 |
| 합 계 | | | 106,215,920 | |
| 모니터제조기술상향화 | 장미리 | 1981-03-12 | 38,276,280 | [V]전담, [ ]보조, [ ]기타 |
| 모니터제조기술상향화 | 김형신 | 1963-12-01 | 67,939,640 | [V]전담, [ ]보조, [ ]기타 |
| | | | | [ ]전담, [ ]보조, [ ]기타 |
| | | | | [ ]전담, [ ]보조, [ ]기타 |
| | | | | [ ]전담, [ ]보조, [ ]기타 |

2. 재료비 등 발생 명세

(단위: 원)

| ③ 연구 과제명 | ④ 재료비 등 | | | | |
|---|---|---|---|---|---|
| | 계 | 견본품 등 (별표 6 1.가.2)) | 임차료 등 (별표 6 1.가.3)) | 위탁·공동연구비 (별표 6 1.나) | 기타 (별표 6 1.다~사) |
| 합 계 | | | | | |
| | | | | | |
| | | | | | |
| | | | | | |
| | | | | | |
| | | | | | |

3. 위탁 및 공동 연구개발비 발생 명세

(단위: 원)

| ⑤ 연구 과제명 | ⑥ 연구개발비 | | | | ⑦ 금액 | ⑧ 수탁기업 전담부서등 수행 여부 |
|---|---|---|---|---|---|---|
| | 상호 또는 성명 | 사업자번호 또는 생년월일 | 연구착수일 | 연구종료일 | | |
| 합 계 | | | | | | |
| | | | | | | |
| | | | | | | |
| | | | | | | |
| | | | | | | |
| | | | | | | |
| | | | | | | |

210mm×297mm[백상지 80g/㎡ 또는 중질지 80g/㎡]

[별지 제3호 서식 부표(3)] (2022.3.18. 개정)

| 과 세 연 도 | 2025.1.1. ~ 2025.12.31. | 연구과제 총괄표 | 법 인 명 | ㈜나라 |
|---|---|---|---|---|
| | | | 사업자등록번호 | 203-81-63108 |

| ① 연번 | ② 기술 구분코드 | ③ 연구과제명 | ④ 기술명 (신성장 · 원천기술, 국가전략기술의 경우에만 작성) |
|---|---|---|---|
| 1 | 03 | 모니터제조기술상향화 | |
| | | | |
| | | | |
| | | | |
| | | | |
| | | | |
| | | | |
| | | | |
| | | | |

**작 성 방 법**

※ 각 과세연도에 「조세특례제한법 시행령」 제9조제14항에 따라 일반연구 및 인력개발비 명세서[별지 제3호서식(1)], 신성장 · 원천기술 연구개발비 명세서[별지 제3호서식(2)], 국가전략기술 연구개발비 명세서[별지 제3호서식(3)]를 제출해야 하는 경우 반드시 이 서식을 작성해야 합니다.

※ 연구과제별로 별지 제3호의2서식에 따른 연구개발계획서, 연구개발보고서를 작성하고 보관해야 합니다.

※ 신성장 · 원천기술과 국가전략기술에 해당하는 연구과제는 연구노트를 작성하고 보관해야 합니다.

※ 작성한 연구과제는 ①과학적 또는 기술적 진전을 이루기 위한 활동 또는 ②새로운 서비스, 서비스전달체계의 개발을 위한 활동에 해당하여야 합니다.

1. "① 연번"란에는 1부터 시작하는 숫자를 순서대로 적습니다.
2. "② 기술구분 코드"란에는 다음에 해당하는 숫자를 적습니다.

| 연구개발세액공제 종류 | 신성장 · 원천기술 연구개발비 | 국가전략기술 연구개발비 | 일반 연구 · 인력개발비 |
|---|---|---|---|
| 코드번호 | 01 | 02 | 03 |

3. "③ 연구과제명"란은 기업에서 구분하여 관리하는 연구과제별 명칭을 적습니다. 연구과제의 구분은 기업에서 자율적으로 선택할 수 있으나, 해당 과제별로 연구개발계획서, 연구개발보고서, 연구노트(신성장 · 원천기술 연구개발비, 국가전략기술 연구개발비만 해당), 투입 인력 등을 구분할 수 있어야 합니다.
4. "④ 기술명"란은 신성장 · 원천기술 또는 국가전략기술 연구개발비에 해당하는 경우 해당 기술명을 적습니다. 일반 연구 및 인력개발비에 해당하는 연구과제는 동 란을 빈칸으로 남겨둡니다.

210mm×297mm[백상지 80g/㎡ 또는 중질지 80g/㎡]

[별지 제4호 서식] (2019.3.20. 개정) (앞쪽)

| 사업연도 | 2025.1.1.<br>~<br>2025.12.31. | 최저한세조정계산서 | 법인명 | ㈜나라 |
|---|---|---|---|---|
| | | | 사업자등록번호 | 203-81-63108 |

1. 최저한세 조정 계산 명세

| ① 구분 | | 코드 | ② 감면 후 세액 | ③ 최저한세 | ④ 조정감 | ⑤ 조정 후 세액 |
|---|---|---|---|---|---|---|
| (101) 결산서상 당기순이익 | | 01 | 409,729,266 | | | |
| 소득조정금액 | (102) 익금산입 | 02 | | | | |
| | (103) 손금산입 | 03 | | | | |
| (104) 조정 후 소득금액((101)+(102)−(103)) | | 04 | 409,729,266 | 409,729,266 | | 409,729,266 |
| 최저한세 적용대상 특별비용 | (105) 준비금 | 05 | | | | |
| | (106) 특별상각 및 특례자산 감가상각비 | 06 | | | | |
| (107) 특별비용 손금산입 전 소득금액((104)+(105)+(106)) | | 07 | 409,729,266 | 409,729,266 | | 409,729,266 |
| (108) 기부금 한도초과액 | | 08 | | | | |
| (109) 기부금 한도초과 이월액 손금산입 | | 09 | | | | |
| (110) 각 사업연도 소득금액((107)+(108)−(109)) | | 10 | 409,729,266 | 409,729,266 | | 409,729,266 |
| (111) 이월결손금 | | 11 | | | | |
| (112) 비과세소득 | | 12 | | | | |
| (113) 최저한세 적용대상 비과세소득 | | 13 | | | | |
| (114) 최저한세 적용대상 익금불산입·손금산입 | | 14 | | | | |
| (115) 차가감소득금액((110)−(111)−(112)+(113)+(114)) | | 15 | 409,729,266 | 409,729,266 | | 409,729,266 |
| (116) 소득공제 | | 16 | | | | |
| (117) 최저한세 적용대상 소득공제 | | 17 | | | | |
| (118) 과세표준금액((115)−(116)+(117)) | | 18 | 409,729,266 | 409,729,266 | | 409,729,266 |
| (119) 선박표준이익 | | 24 | | | | |
| (120) 과세표준금액((118)+(119)) | | 25 | 409,729,266 | 409,729,266 | | 409,729,266 |
| (121) 세율 | | 19 | 19 | 7 | | 19 |
| (122) 산출세액 | | 20 | 57,848,560 | 28,681,048 | | 57,848,560 |
| (123) 감면세액 | | 21 | | | | |
| (124) 세액공제 | | 22 | 92,625,000 | | 63,457,488 | 29,167,512 |
| (125) 차감세액((122)−(123)−(124)) | | 23 | | | | 28,681,048 |

2. 최저한세 세율 적용을 위한 구분 항목

| (126) 중소기업 유예기간 종료연월 | | (127) 유예기간 종료 후 연차 | | |
|---|---|---|---|---|

210mm×297mm[백상지 80g/㎡ 또는 중질지 80g/㎡]

[별지 제8호 서식 부표 3] (2025.7.4. 개정) (4쪽 중 제1쪽)

| 사 업<br>연 도 | 2025.1.1.~<br>2025.12.31. | 세액공제조정명세서(3) | 법인명 | ㈜나라 |
|---|---|---|---|---|
| | | | 사업자등록번호 | 203-81-63108 |

1. 공제세액계산(「조세특례제한법」)

| | ⑩ 구분 | 근거 법조항 | ⑫ 계산기준 | 코드 | ⑬ 계산 명세 | ⑭ 공제 대상 세액 |
|---|---|---|---|---|---|---|
| 조세특례제한법 | 중소기업 등 투자세액공제 | 구 제5조 | 투자금액 × 1(2,3,5,10)/100 | 131 | | |
| | 상생결제 지급금액에 대한 세액공제 | 제7조의4 | 지급기한 15일 이내: 지급 금액의 0.5%<br>지급기한 15일 ~ 30일: 지급 금액의 0.3%<br>지급기한 30일 ~ 60일: 지급 금액의 0.015% | 14Z | | |
| | 대·중소기업 상생협력을 위한 기금 출연 세액공제 | 제8조의3 제1항 | 출연금 × 10/100 | 14M | | |
| | 협력중소기업에 대한 유형고정자산 무상임대 세액공제 | 제8조의3 제2항 | 장부가액 × 3/100 | 18D | | |
| | 수탁기업에 설치하는 시설에 대한 세액공제 | 제8조의3 제3항 | 투자금액 × 1(3,7)/100 | 18L | | |
| | 교육기관에 무상 기증하는 중고자산에 대한 세액공제 | 제8조의3 제4항 | 기증자산 시가 × 10/100 | 18R | | |
| | 신성장·원천기술 연구개발비세액공제(최저한세 적용제외) | 제10조 제1항제1호 | (일반 연구·인력개발비)<br>'14.1.1.~'14.12.31.: 발생액 × 3~4(8,10,15,20,25,30)/100 또는 2년간 연평균 발생액의 초과액 × 40(50)/100<br>'15.1.1. 이후: 발생액 × 2~3(8,10,15,20,25,30)/100 또는 직전 발생액의 초과액 × 40(50)/100<br>'17.1.1. 이후: 발생액 × 1~3(8,10,15,20,25,30)/100 또는 직전 발생액의 초과액 × 30(40,50)/100<br>'18. 1. 1. 이후: 발생액 × 0~2(8,10,15,20,25,30)/100 또는 직전 발생액의 초과액 × 25(40,50)/100<br>(신성장·원천기술 연구개발비)<br>'17. 1. 1. 이후: 발생액 × 20(30)/100<br>(국가전략기술 연구개발비)<br>'21. 7. 1. 이후: 발생액 ×30(40)/100 | 16A | | |
| | 국가전략기술 연구개발비세액공제(최저한세 적용제외) | 제10조 제1항제2호 | | 10D | | |
| | 일반 연구·인력개발비세액공제(최저한세 적용제외) | 제10조 제1항제3호 | | 16B | 106,215,920 ×25/100 | 26,553,980 |
| | 신성장·원천기술 연구개발비세액공제(최저한세 적용대상) | 제10조 제1항제1호 | | 13L | | |
| | 국가전략기술 연구개발비세액공제(최저한세 적용대상) | 제10조 제1항제2호 | | 10E | | |
| | 일반 연구·인력개발비세액공제(최저한세 적용대상) | 제10조 제1항제3호 | | 13M | | |
| | 기술취득에 대한 세액공제 | 제12조제2항 | 특허권 등 취득금액 × 5(10)/100 *법인세의 10% 한도 | 176 | | |
| | 기술혁신형 합병에 대한 세액공제 | 제12조의3 | 기술가치금액 × 10/100 | 14T | | |
| | 기술혁신형 주식취득에 대한 세액공제 | 제12조의4 | 기술가치금액 × 10/100 | 14U | | |
| | 벤처기업등 출자에 대한 세액공제 | 제13조의2 | 주식등 취득가액 × 5/100 | 18E | | |
| | 성과공유 중소기업 경영성과급 세액공제 | 제19조 | '22.1.1. 이전 지급분: 근로자에 지급하는 경영성과급 × 10/100<br>'22.1.1. 이후 지급분: 근로자에 지급하는 경영성과급× 15/100 | 18H | | |
| | 연구·인력개발설비투자세액공제 | 구 제25조 제1항제1호 | '14.1.1.~'15.12.31. 투자분: 투자금액 × 3(5,10)/100<br>'16.1.1. 이후 투자분: 투자금액 × 1(3,6)/100<br>'19.1.1. 이후 투자분: 투자금액 × 1(3,7)/100 | 134 | | |
| | 에너지절약시설투자세액공제 | 구 제25조 제1항제2호 | '14.1.1.~'15.12.31. 투자분: 투자금액 × 3(5,10)/100<br>('16.1.1. 현재 투자진행 중인 경우 '16.12.31.까지 종전율 적용)<br>'16.1.1. 이후 투자개시분: 투자금액 × 1(3,10)/100<br>'19.1.1. 이후 투자분: 투자금액 × 1(3,7)/100 | 177 | | |

210mm×297mm[백상지 80g/㎡ 또는 중질지 80g/㎡]

| | | | | | | |
|---|---|---|---|---|---|---|
| 조세특례제한법 | 환경보전시설 투자세액공제 | 구 제25조 제1항제3호 | 투자금액 × 3(5,10)/100<br>'19.1.1. 이후 투자분: 투자금액 × 3(5,10)/100 | 14A | | |
| | 근로자복지증진시설투자세액공제 | 구 제25조 제1항제4호 | 투자금액 × 7(10)/100<br>'19.1.1. 이후 취득분: 취득금액 × 3(5,10)/100 | 142 | | |
| | 안전시설투자세액공제 | 구 제25조 제1항제5호 | '13.1.1.~'14.12.31. 투자분: 투자금액 × 3(7)/100<br>'15.1.1. 이후 투자분: 투자금액 × 1(3,7)/100<br>'19.1.1. 이후 투자분: 투자금액 × 1(5,10)/100 | 136 | | |
| | 생산성향상시설투자세액공제 | 구 제25조 제1항제6호 | '13.1.1.~'14.12.31. 투자분: 투자금액 × 3(7)/100<br>'15.1.1. 이후 투자분: 투자금액 × 1(3,7)/100<br>'20.1.1.~'20.12.31. 투자분: 투자금액 × 2(5,10))/100<br>'21.1.1.~'21.12.31. 투자분: 투자금액 × 1(5,10))/100<br>'21.1.1.~이후. 투자분: 투자금액 × 1(3,7))/100 | 135 | | |
| | 의약품 품질관리시설투자세액공제 | 구 제25조의4 | '14.1.1.~'16.12.31. 투자분: 투자금액 × 3(5,7)/100<br>'17.1.1. 이후 투자분: 투자금액 × 1(3,6)/100 | 14B | | |
| | 신성장기술 사업화를 위한 시설투자 세액공제 | 구 제25조의5 | 투자금액 × 5(7,10)/100 | 18B | | |
| | 영상콘텐츠 제작비용에 대한 세액공제(기본공제) | 제25조의6 | 제작비용 × 5(10,15)/100 | 18C | | |
| | 영상콘텐츠 제작비용에 대한 세액공제(추가공제) | 제25조의6 | 제작비용 × 10(15)/100 | 1B8 | | |
| | 초연결 네트워크 시설투자에 대한 세액공제 | 구 제25조의7 | 투자금액 × 2(3)/100 | 18I | | |
| | 고용창출투자세액공제 | 제26조 | '12.1.1.~12.31.: 투자금액 × {기본공제(3~4%)+추가공제(2~3%)}<br>'13.1.1.~12.31.: 투자금액 × {기본공제(2~4%)+추가공제(3%)}<br>'14.1.1. 이후: 투자금액 × {기본공제(1~4%)+추가공제(3%)}<br>(한도: 상시근로자 증가분 × 1,000만원, 1,500만원, 2,000만원)<br>'15.1.1. 이후: 투자금액 × {기본공제(0~3%)+추가공제(3~7%)}<br>'17.1.1. 이후: (한도 : 상시근로자 증가분 × 1,000(1,500)만원, 1,500(2,000)만원, 2,000(2,500)만원) | 14N | | |
| | 산업수요맞춤형고등학교등 졸업자를 병역이행 후 복직시킨 중소기업에 대한 세액공제 | 제29조의2 | 복직자에게 지급한 인건비 × 중소30(중견15)/100 | 14S | | |
| | 경력단절 여성 고용 기업 등에 대한 세액공제 | 제29조의3 제1항 | 경력단절 여성 재고용 인건비 × 중소30(중견15)/100 | 14X | | |
| | 육아휴직 후 고용유지 기업에 대한 인건비 세액공제 | 제29조의3 제2항 | 육아휴직 복귀자 인건비 × 중소30(중견15)/100 | 18J | | |
| | 근로소득을 증대시킨 기업에 대한 세액공제 | 제29조의4 | 평균 초과 임금증가분 × 5(중견10, 중소20)/100<br>정규직 전환 근로자의 임금 증가분 × 5(10,20)/100 | 14Y | | |
| | 청년고용을 증대시킨 기업에 대한 세액공제 | 제29조의5 | 청년정규직근로자 증가인원수 × 3백만원(7백만원, 1천만원) | 18A | | |
| | 고용을 증대시킨 기업에 대한 세액공제 | 제29조의7 | 직전연도 대비 상시근로자 증가수 × 4백만원(1천2백만원)<br>'21.12.31~'22.12.31.: 직전연도 대비 상시근로자 증가수 × 5백만원(1천3백만원) | 18F | | |
| | 통합고용세액공제 | 제29조의8 | 직전연도 대비 상시근로자 증가수 × 4백만원(1천4백5십만원) | 18S | 18,125,000 +0+0 | 18,125,000 |
| | 통합고용세액공제(정규직전환) | 제29조의8 | | 1B4 | | |
| | 통합고용세액공제(육아휴직복귀) | 제29조의8 | | 1B5 | | |
| | 정규직 근로자 전환 세액공제 | 제30조의2 | 전환인원수 × 중소1천만원(중견7백만원) | 14H | | |
| | 고용유지중소기업에 대한 세액공제 | 제30조의3 | 연간 임금감소 총액× 10/100 + 시간당 임금상승에 따른 보전액 × 15/100 | 18K | | |
| | 중소기업 고용증가 인원에 대한 사회보험료 세액공제 | 제30조의4 제1항 | 청년(만15~29세)근로자 등 순증인원의 사회보험료(증가분의 100%)<br>청년 및 경력단절 여성 외 근로자 순증인원의 사회보험료(증가분의 50%,75%) | 14Q | | |

210mm×297mm[백상지 80g/㎡ 또는 중질지 80g/㎡]

(4쪽 중 제3쪽)

| ⑩ 구분 | 근거 법조항 | ⑩ 계산기준 | 코드 | ⑩ 계산 명세 | ⑩ 공제 대상 세액 |
|---|---|---|---|---|---|
| 중소기업 사회보험 신규가입에 대한 사회보험료 세액공제 | 제30조의4 제3항 | '20. 12. 31.까지 사회보험 신규가입에 따른 사용자 부담액× 50% | 18G | | |
| 전자신고에 대한 세액공제(법인) | 제104조의8 제1항 | 법인세 전자신고시 2만원 | 184 | | |
| 전자신고에 대한 세액공제(세무법인 등) | 제104조의8 제3항 | 법인세·소득세 전자신고 대리건수 × 2만원<br>*한도: 연300만원(세무·회계법인 연750만원)<br>한도액계산시 부가가치세 대리신고에 따른 세액공제액 포함 | 14J | | |
| 제3자 물류비용 세액공제 | 제104조의14 | (전년대비 위탁물류비용 증가액)×3/100(중소기업은 5/100)<br>* 직전 위탁물류비 30% 미만 : (당기 위탁물류비 – 당기 전체물류비 × 30%)×3/100(중소기업은 5/100) *법인세 10% 한도 | 14E | | |
| 대학 맞춤형 교육비용 세액공제 | 구 제104조의18 제1항 | 법 제10조 연구·인력개발비세액공제 준용<br>*수도권 소재대학의 발생액은 50%만 인정 | 14I | | |
| 대학등 기부설비에 대한 세액공제 | 구 제104조의18 제2항 | 법 제11조 연구·인력개발설비투자세액공제 준용<br>*수도권 소재대학의 기부금액은 50%만 인정 | 14K | | |
| 기업의 운동경비부 설치운영 세액공제 | 제104조의22 | 설치운영비용 × 10(20)/100 | 14O | | |
| 산업수요맞춤형 고등학교 등 재학생에 대한 현장훈련수당 등 세액공제 | 구 제104조의18 제4항 | 일반 연구·인력개발비 세액공제 준용 | 14R | | |
| 석유제품 전자상거래에 대한 세액공제 | 제104조의25 | '13. 1. 1. ~ 12. 31.: 공급가액의 0.5%(산출세액의 10% 한도)<br>'14. 1. 1. ~ '16. 12. 31.: 공급가액의 0.3%(산출세액의 10% 한도)<br>'17. 1. 1. ~ '19. 12. 31.: 공급자는 공급가액의0.1%,수요자0.2%,(산출세액의 10% 한도)<br>'20.1.1.~'22.12.31.: 수요자만 공급가액의 0.2%(산출세액의 10% 한도) | 14P | | |
| 금 현물시장에서 거래되는 금지금에 대한 과세특례 | 제126조의7 제8항 | 산출세액×[(금 현물시장 이용금액 – 직전 과세연도의 금 현물시장 이용금액)/매출액] 또는 산출세액×[(금 현물시장 이용금액×5/100)/매출액] | 14V | | |
| 금사업자와 스크랩등사업자의 수입금액증가등 세액공제 | 제122조의4 | 산출세액×[(매입자납부익금및손금합계금액 – 직전 과세연도의 매입자납부익금및손금합계금액)×50/100]/익금및손금합계금액 또는 산출세액×[(매입자납부익금및손금합계금액×5/100]/익금및손금합계금액<br>*한도: 해당 과세연도 산출세액–직전 과세연도 산출세액 | 14W | | |
| 성실신고 확인비용에 대한 세액공제 | 제126조의6 | 확인비용 × 60/100 (150만원 한도) | 10A | | |
| 우수 선화주 인증받은 국제물류주선업자에 대한 세액공제 | 제104조의30 | 운송비용의 1% + 직전과세연도 대비 증가분의 3%(산출세액의 10%한도) | 18M | | |
| 용역제공자에 관한 과세자료의 제출에 대한 세액공제 | 제104조의32 | 과세자료에 기재된 용역제공자 인원수×300원(200만원 한도) | 10C | | |
| 이스포츠대회 운영에 대한 과세특례 | 제104조의35 | 이스포츠대회 운영비용 × 10/100 | 1F1 | | |
| 소재·부품·장비 수요기업 공동출자 세액공제 | 제13조의3 제1항 | 주식 또는 출자지분 취득가액 5% | 18N | | |
| 소재·부품·장비 외국법인 인수세액공제 | 제13조의3 제3항 | 주식 또는 출자지분 취득가액 5% (중견7%, 중소10%) | 18P | | |
| 상가임대료를 인하한 임대사업자에 대한 세액공제 | 제96조의3 | 임대료 인하액의 70% | 10B | | |
| 문화산업전문회사 출자에 대한 세액공제 | 제25조의 7 | 출자금액 중 영상콘텐츠제작비용의 3% | 1B7 | | |
| 선결제 금액에 대한 세액공제 | 제99조의12 | 선결제금액 × 1% | 18Q | | |
| 통합투자세액공제(일반) | 제24조 | 기본공제: 투자금액 × 1(중견5/7.5, 중소10)/100,<br>신성장·원천기술 투자금액 × 3(중견6/9,중소12)/100<br>국가전략기술 투자금액 × 15(중견15/20,중소25)/100<br>국가전략기술반도체 투자금액 × 20(중견20/25,중소30)/100<br>* 국가전략기술반도체 투자금액: '25. 1. 1. 이후 투자분부터 적용<br>추가공제: 직전 3년 연평균 투자금액 초과액 × 10/100(기본공제 200% 한도) | 13W | 745,000,000 ×10/100 | 74,500,000 |
| 임시통합투자세액공제(일반) | | | 1B1 | | |
| 통합투자세액공제(신성장·원천기술) | | | 13X | | |
| 임시통합투자세액공제(신성장·원천기술) | | | 1B2 | | |
| 통합투자세액공제(국가전략기술) | | | 13Y | | |
| 임시통합투자세액공제(국가전략기술) | | | 1B3 | | |
| 통합투자세액공제(반도체분야 국가전략기술) | | | 13Z | | |
| 임시통합투자세액공제(반도체분야 국가전략기술) | | 임시 투자 세액공제<br>기본공제: 투자금액 × 1(중견7, 중소12)/100,<br>신성장사업화시설 투자금액 × 3(중견8,중소14)/100<br>국가전략기술 투자금액 × 15(중견15/20,중소25)/100<br>국가전략기술반도체 투자금액 × 20(중견20/25,중소30)/100<br>* 국가전략기술반도체 투자금액: '25. 1. 1. 이후 투자분부터 적용<br>추가공제: 직전 3년 연평균 투자금액 초과액 × 10/100(기본공제 200% 한도) | 1B9 | | |
| 해외자원개발투자에 대한 과세특례 | 제104조의15 | 투자금액×3% | 1B6 | | |
| | | 합계 | 1A1 | | |

210mm×297mm[백상지 80g/㎡ 또는 중질지 80g/㎡]

08 공제감면 종합사례

2. 당기공제세액 및 이월액계산

| ⑩⑤ 구분 | ⑩⑥ 사업연도 | 공제 대상 세액 | | 당기 공제 대상 세액 | | | | | | ⑫⓪ 계 | ⑫① 최저한세 적용에 따른 미공제액 | ⑫② 그 밖의 사유로 인한 미공제액 | ⑫③ 공제세액 (⑫⓪-⑫①-⑫②) | ⑫④ 소멸 | ⑫⑤ 이월액 (⑩⑦+⑩⑧-⑫③-⑫④) |
|---|---|---|---|---|---|---|---|---|---|---|---|---|---|---|---|
| | | ⑩⑦ 당기분 | ⑩⑧ 이월분 | ⑩⑨ 당기분 | ⑪⓪ 1차 연도<br>⑪⑤ 6차 연도 | ⑪① 2차 연도<br>⑪⑥ 7차 연도 | ⑪② 3차 연도<br>⑪⑦ 8차 연도 | ⑪③ 4차 연도<br>⑪⑧ 9차 연도 | ⑪④ 5차 연도<br>⑪⑨ 10차 연도 | | | | | | |
| 연구 인력 개발비 세액 공제 (최저 한세 제외) | 2025 | 26,553,980 | | 26,553,980 | | | | | | 26,553,980 | - | - | 26,553,980 | - | - |
| | 소계 | 26,553,980 | | 26,553,980 | | | | | | | | | | | |
| 통합 투자 세액 공제 (일반) | 2025 | 74,500,000 | | 74,500,000 | | | | | | 74,500,000 | 45,332,488 | - | 29,167,512 | - | 45,332,488 |
| | 소계 | 74,500,000 | | 74,500,000 | | | | | | | | | | | |
| 통합 고용 세액 공제 | 2025 | 18,125,000 | | 18,125,000 | | | | | | 18,125,000 | 18,125,000 | - | - | - | 18,125,0000 |
| | 소계 | 18,125,000 | | 18,125,000 | | | | | | | | | | | |
| 합계 | | 119,178,980 | | 119,178,980 | | | | | | 119,178,980 | ※63,457,488 | - | 55,721,492 | | 63,457,488 |

**작성방법**

1. ⑩⑤ 구분란: 제1쪽의 1. 공제세액계산(「조세특례제한법」)의 코드란에 적혀 있는 코드를 적습니다.
2. ⑩⑥ 사업연도란: 이월된 공제 대상 세액이 발생한 사업연도와 종료월을 적습니다.
3. ⑩⑦ 당기분란: ⑩④ 공제 대상 세액란에 적힌 금액을 적습니다.
4. ⑩⑧ 이월분란: ⑩① 구분별, 사업연도별로 직전 사업연도의 ⑫⑤ 이월액을 적습니다.
5. ⑩⑨ 당기분란: 당기분 세액을 적습니다.
6. ⑪⓪ 1차 연도란부터 ⑪⑨ 10차 연도란까지: ⑩⑥ 사업연도란에 적힌 사업연도부터의 경과 연차에 해당하는 란에 ⑩⑧ 이월분란에 적힌 금액을 적습니다.
7. ⑫① 최저한세 적용에 따른 미공제액란: 「조세특례제한법」 제144조제2항에 규정된 순서에 따라 각 란에 조정하여 적고, 합계란(※표란)에는 "최저한세조정계산서(별지 제4호서식)"의 ⑫④ 세액공제란의 ④ 조정감란에 적힌 금액을 옮겨 적습니다.
8. 근거 법조항란 중 "구"는 2020년 12월 29일 법률 제17759호로 개정되기 전의 「조세특례제한법」을 말합니다.

210mm×297mm[백상지 80g/㎡ 또는 중질지 80g/㎡]

[별지 제8호 서식(갑)] (2025.7.4. 개정) (5쪽 중 제1쪽)

| 사 업 연 도 | 2025.1.1.~ 2025.12.31. | 공제감면세액 및 추가납부세액합계표(갑) | 법인명 | ㈜나라 |
|---|---|---|---|---|
| | | | 사업자등록번호 | 203-81-63108 |

1. 최저한세 적용제외 공제감면세액

| | ① 구분 | ② 근거 법조항 | 코드 | ③ 대상세액 | ④ 감면(공제)세액 |
|---|---|---|---|---|---|
| 세액감면 | ⑩ 창업중소기업에 대한 세액감면(최저한세 적용제외) | 「조세특례제한법」제6조제7항 외 | 110 | | |
| | ⑫ 해외자원개발투자배당 감면 | 「조세특례제한법」 제22조 | 103 | | |
| | ⑬ 수도권과밀억제권역 밖으로 이전하는 중소기업 세액감면(수도권 밖으로 이전) | 구 「조세특례제한법」 제63조 | 169 | | |
| | ⑭ 공장의 수도권 밖 이전에 대한 세액감면 | 「조세특례제한법」 제63조 | 108 | | |
| | ⑮ 본사의 수도권 밖 이전에 대한 세액감면 | 「조세특례제한법」 제63조의2 | 109 | | |
| | ⑯ 영농조합법인 감면 | 「조세특례제한법」 제66조 | 104 | | |
| | ⑰ 영어조합법인 감면 | 「조세특례제한법」 제67조 | 107 | | |
| | ⑱ 농업회사법인 감면(농업소득) | 「조세특례제한법」 제68조 | 11B | | |
| | ⑲ 행정중심복합도시 등 공장이전에 대한 조세감면 | 「조세특례제한법」 제85조의2제3항 (2019. 12. 31. 법률 제16835호로 개정되기 전의 것) | 11A | | |
| | ⑪ 위기지역 내 창업기업 세액감면(최저한세 적용제외) | 「조세특례제한법」 제99조의9 | 11N | | |
| | ⑪ 해외진출기업의 국내복귀에 대한 세액감면(철수방식) | 「조세특례제한법」 제104조의24제1항제1호 | 11F | | |
| | ⑫ 해외진출기업의 국내복귀에 대한 세액감면(유지방식) | 「조세특례제한법」 제104조의24제1항제2호 | 11H | | |
| | ⑬ 고도기술수반사업 외국인투자 세액감면 | 「조세특례제한법」 제121조의2제1항제1호 | 186 | | |
| | ⑭ 외국인투자지역내 외국인투자 세액감면 | 「조세특례제한법」 제121조의2제1항제2호 또는 제2호의5 | 187 | | |
| | ⑮ 경제자유구역내 외국인투자 세액감면 | 「조세특례제한법」 제121조의2제1항제2호의2 | 188 | | |
| | ⑯ 경제자유구역 개발사업시행자 세액감면 | 「조세특례제한법」 제121조의2제1항제2호의3 | 157 | | |
| | ⑰ 제주투자진흥기구의 개발사업시행자 세액감면 | 「조세특례제한법」 제121조의2제1항제2호의4 | 158 | | |
| | ⑱ 기업도시 개발구역내 외국인투자 세액감면 | 「조세특례제한법」 제121조의2제1항제2호의6 | 159 | | |
| | ⑲ 기업도시 개발사업의 시행자 세액감면 | 「조세특례제한법」 제121조의2제1항제2호의7 | 160 | | |
| | ⑳ 새만금사업지역내 외국인투자 세액감면 | 「조세특례제한법」 제121조의2제1항제2호의8 | 11J | | |
| | ㉑ 새만금사업 시행자 세액감면 | 「조세특례제한법」 제121조의2제1항제2호의9 | 11K | | |
| | ㉒ 기타 외국인투자유치를 위한 조세감면 | 「조세특례제한법」 제121조의2제1항제3호 | 167 | | |
| | ㉓ 외국인투자기업의 증자의 조세감면 | 「조세특례제한법」 제121조의4 | 172 | | |
| | ㉔ 기술도입대가에 대한 조세면제(국내지점 등) | 법률 제9921호 조세특례제한법 일부개정법률 부칙 제77조 | 173 | | |
| | ㉕ 제주첨단과학기술단지 입주기업 조세감면(최저한세 적용제외) | 「조세특례제한법」 제121조의8 | 181 | | |
| | ㉖ 제주투자진흥지구등 입주기업 조세감면(최저한세 적용제외) | 「조세특례제한법」 제121조의9 | 182 | | |
| | ㉗ 기업도시개발구역 창업 · 사업장신설기업에 대한 세액감면(최저한세 적용제외) | 「조세특례제한법」 제121조의17제1항제1호 | 197 | | |
| | ㉘ 기업도시개발사업 시행자에 대한 세액감면 | 「조세특례제한법」 제121조의17제1항제2호 | 198 | | |
| | ㉙ 지역개발사업구역 또는 지역활성화지역 창업 · 사업장신설기업에 대한 세액감면(최저한세 적용제외) | 「조세특례제한법」 제121조의17제1항제3호 | 1D2 | | |

210mm×297mm[백상지 80g/㎡ 또는 중질지 80g/㎡]

(5쪽 중 제2쪽)

| | | | | | |
|---|---|---|---|---|---|
| 세액감면 | ⑬⓪ 지역개발사업구역, 지역활성화지역 또는 낙후지역 사업시행자에 대한 감면 | 「조세특례제한법」 제121조의17제1항제4호 | 1D3 | | |
| | ⑬① 해양박람회특구 창업 · 사업장신설기업에 대한 감면(최저한세 적용제외) | 「조세특례제한법」 제121조의17제1항제5호 | 1D4 | | |
| | ⑬② 해양박람회특구 박람회 사후활용 사업시행자에 대한 감면 | 「조세특례제한법」 제121조의17제1항제6호 | 1D5 | | |
| | ⑬③ 새만금투자진흥지구 사업시행자에 대한 감면 | 「조세특례제한법」 제121조의17제1항제7호 | 1D7 | | |
| | ⑬④ 새만금투자진흥지구 창업 · 사업장신설기업에 대한 감면(최저한세 적용제외) | 「조세특례제한법」 제121조의17제1항제8호 | 1D6 | | |
| | ⑬⑤ 평화경제특구 창업 · 사업장신설기업에 대한 감면(최저한세 적용제외) | 「조세특례제한법」 제121조의17제1항제9호 | 1D8 | | |
| | ⑬⑥ 평화경제특구 개발사업시행자에 대한 감면 | 「조세특례제한법」 제121조의17제1항제10호 | 1D9 | | |
| | ⑬⑦ 아시아문화중심도시 투자진흥지구 입주기업 감면(최저한세 적용제외) | 「조세특례제한법」 제121조의20제1항 | 11C | | |
| | ⑬⑧ 금융중심지 창업기업에 대한 감면(최저한세 적용제외) | 「조세특례제한법」 제121조의21제1항 | 11G | | |
| | ⑬⑨ 동업기업 세액감면 배분액(최저한세 적용제외) | 「조세특례제한법」 제100조의18제4항 | 11D | | |
| | ⑭⓪ 사회적기업에 대한 감면 | 「조세특례제한법」 제85조의6 | 11L | | |
| | ⑭① 장애인 표준사업장에 대한 감면 | 「조세특례제한법」 제85조의6 | 11M | | |
| | ⑭② 첨단의료복합단지 입주기업에 대한 감면(최저한세 적용제외) | 「조세특례제한법」 제121조의22제1항1호 | 17A | | |
| | ⑭③ 국가식품클러스터 입주기업에 대한 감면(최저한세 적용제외) | 「조세특례제한법」 제121조의22제1항2호 | 17B | | |
| | ⑭④ 연구개발특구 입주기업에 대한 감면(최저한세 적용제외) | 「조세특례제한법」 제12조의2 | 17C | | |
| | ⑭⑤ 감염병 피해에 따른 특별재난지역의 중소기업에 대한 감면 | 「조세특례제한법」 제99조의11 | 17D | | |
| | ⑭⑥ 기회발전특구 창업기업 등에 대한 법인세 등의 감면(최저한세 적용제외) | 「조세특례제한법」 제121조의33 | 1D1 | | |
| | ⑭⑦ 소계 | | 170 | | |
| 세액공제 | ⑭⑧ 외국납부세액공제 | 「법인세법」 제57조 및 제57조의2 | 101 | | |
| | ⑭⑨ 재해손실세액공제 | 「법인세법」 제58조 | 102 | | |
| | ⑮⓪ 신성장 · 원천기술 연구개발비세액공제(최저한세 적용제외) | 「조세특례제한법」 제10조제1항제1호 | 16A | | |
| | ⑮① 국가전략기술 연구개발비세액공제(최저한세 적용제외) | 「조세특례제한법」 제10조제1항제2호 | 10D | | |
| | ⑮② 일반 연구 · 인력개발비세액공제(최저한세 적용제외) | 「조세특례제한법」 제10조제1항제3호 | 16B | 26,553,980 | 26,553,980 |
| | ⑮③ 동업기업 세액공제 배분액(최저한세 적용제외) | 「조세특례제한법」 제100조의18제4항 | 12D | | |
| | ⑮④ 성실신고 확인비용에 대한 세액공제 | 「조세특례제한법」 제126조의6 | 10A | | |
| | ⑮⑤ 상가임대료를 인하한 임대사업자에 대한 세액공제 | 「조세특례제한법」 제96조의3 | 10B | | |
| | ⑮⑥ 용역제공자에 관한 과세자료의 제출에 대한 세액공제 | 「조세특례제한법」 제104조의32 | 10C | | |
| | ⑮⑦ 소계 | | 180 | 26,553,980 | 26,553,980 |
| ⑮⑧ 합계(⑭⑦ + ⑮⑦) | | | 110 | 26,553,980 | 26,553,980 |

210mm×297mm[백상지 80g/㎡ 또는 중질지 80g/㎡]

2. 최저한세 적용대상 공제감면세액

| | ① 구분 | ② 근거 법조항 | 코드 | ③ 대상세액 | ④ 감면(공제)세액 |
|---|---|---|---|---|---|
| 세액감면 | ⑮⑨ 창업중소기업에 대한 세액감면(최저한세 적용대상) | 「조세특례제한법」 제6조제1항 · 제5항 · 제6항 | 111 | | |
| | ⑯⓪ 창업벤처중소기업 세액감면 | 「조세특례제한법」 제6조제2항 | 174 | | |
| | ⑯① 에너지신기술 중소기업 세액감면 | 「조세특례제한법」 제6조제4항 | 13E | | |
| | ⑯② 중소기업에 대한 특별세액감면 | 「조세특례제한법」 제7조 | 112 | | |
| | ⑯③ 연구개발특구 입주기업에 대한 세액감면(최저한세 적용대상) | 「조세특례제한법」 제12조의2 | 179 | | |
| | ⑯④ 국제금융거래이자소득 면제 | 「조세특례제한법」 제21조 | 123 | | |
| | ⑯⑤ 사업전환 중소기업에 대한 세액감면 | 구 「조세특례제한법」 제33조의2 | 192 | | |
| | ⑯⑥ 무역조정지원기업의 사업전환 세액감면 | 구 「조세특례제한법」 제33조의2 | 13A | | |
| | ⑯⑦ 기업구조조정 전문회사 주식양도차익 세액감면 | 법률 제9272호 조세특레제한법 일부개정법률 부칙 제10조 · 제40조 | 13B | | |
| | ⑯⑧ 혁신도시 이전 등 공공기관 세액감면 | 「조세특례제한법」 제62조제4항 | 13F | | |
| | ⑯⑨ 공장의 지방이전에 대한 세액감면(중소기업의 수도권 인구감소지역 안으로 이전) | 「조세특례제한법」 제63조 | 116 | | |
| | ⑰⓪ 농공단지입주기업 등 감면 | 「조세특례제한법」 제64조 | 117 | | |
| | ⑰① 농업회사법인 감면(농업소득 외의 소득) | 「조세특례제한법」 제68조 | 119 | | |
| | ⑰② 소형주택 임대사업자에 대한 세액감면 | 「조세특례제한법」 제96조 | 13I | | |
| | ⑰③ 상가건물 장기임대사업자에 대한 세액감면 | 「조세특례제한법」 제96조의2 | 13N | | |
| | ⑰④ 산림개발소득 감면 | 「조세특례제한법」 제102조 | 124 | | |
| | ⑰⑤ 동업기업 세액감면 배분액(최저한세 적용대상) | 「조세특례제한법」 제100조의18제4항 | 13D | | |
| | ⑰⑥ 첨단의료복합단지 입주기업에 대한 감면(최저한세 적용대상) | 「조세특례제한법」 제121조의22제1항 제1호 | 13H | | |
| | ⑰⑦ 기술이전에 대한 세액감면 | 「조세특례제한법」 제12조제1항 | 13J | | |
| | ⑰⑧ 기술대여에 대한 세액감면 | 「조세특례제한법」 제12조제3항 | 13K | | |
| | ⑰⑨ 제주첨단과학기술단지 입주기업 감면(최저한세 적용대상) | 「조세특례제한법」 제121조의8 | 13P | | |
| | ⑱⓪ 제주투자진흥지구등 입주기업 감면(최저한세 적용대상) | 「조세특례제한법」 제121조의9 | 13Q | | |
| | ⑱① 기업도시개발구역 창업 · 사업장신설기업에 대한 감면(최저한세 적용대상) | 「조세특례제한법」 제121조의17제1항 제1호 | 13R | | |
| | ⑱② 지역개발사업구역 또는 지역활성화지역 창업 · 사업장신설기업에 대한 감면(최저한세 적용대상) | 「조세특례제한법」 제121조의17제1항 제3호 | 1E1 | | |
| | ⑱③ 해양박람회특구 창업 · 사업장신설기업에 대한 감면(최저한세 적용대상) | 「조세특례제한법」 제121조의17제1항 제5호 | 1E2 | | |
| | ⑱④ 새만금투자진흥지구 창업 · 사업장신설기업에 대한 감면(최저한세 적용대상) | 「조세특례제한법」 제121조의17제1항 제8호 | 1E3 | | |
| | ⑱⑤ 평화경제특구 창업 · 사업장신설기업에 대한 감면(최저한세 적용대상) | 「조세특례제한법」 제121조의17제1항 제9호 | 1E4 | | |
| | ⑱⑥ 위기지역 내 창업기업 세액감면(최저한세 적용대상) | 「조세특례제한법」 제99조의9 | 13S | | |
| | ⑱⑦ 아시아문화중심도시 투자진흥지구 입주기업 감면(최저한세 적용대상) | 「조세특례제한법」 제121조의20제1항 | 13T | | |
| | ⑱⑧ 금융중심지 창업기업에 대한 감면(최저한세 적용대상) | 「조세특례제한법」 제121조의21제1항 | 13U | | |
| | ⑱⑨ 국가식품클러스터 입주기업에 대한 감면(최저한세 적용대상) | 「조세특례제한법」 제121조의22제1항 제2호 | 13V | | |
| | ⑲⓪ 기회발전특구 창업기업 등에 대한 법인세 등의 감면(최저한세 적용대상) | 「조세특례제한법」 제121조의33 | 1C1 | | |
| | ⑲① 소계 | | 130 | | |

210mm×297mm[백상지 80g/㎡ 또는 중질지 80g/㎡]

(5쪽 중 제4쪽)

| | ① 구분 | ② 근거 법조항 | 코드 | ⑤ 전기 이월액 | ⑥ 당기발생액 | ⑦ 공제세액 |
|---|---|---|---|---|---|---|
| 세액공제 | (192) 중소기업 등 투자세액공제 | 구 「조세특례제한법」 제5조 | 131 | | | |
| | (193) 상생결제 지급금액에 대한 세액공제 | 「조세특례제한법」 제7조의4 | 14Z | | | |
| | (194) 대 · 중소기업 상생협력을 위한 기금출연 세액공제 | 「조세특례제한법」 제8조의3제1항 | 14M | | | |
| | (195) 협력중소기업에 대한 유형고정자산 무상임대 세액공제 | 「조세특례제한법」 제8조의3제2항 | 18D | | | |
| | (196) 수탁기업에 설치하는 시설에 대한 세액공제 | 「조세특례제한법」 제8조의3제3항 | 18L | | | |
| | (197) 교육기관에 무상 기증하는 중고자산에 대한 세액공제 | 「조세특례제한법」 제8조의3제4항 | 18R | | | |
| | (198) 신성장 · 원천기술 연구개발비세액공제(최저한세 적용대상) | 「조세특례제한법」 제10조제1항제1호 | 13L | | | |
| | (199) 국가전략기술 연구개발비세액공제(최저한세 적용대상) | 「조세특례제한법」 제10조제1항제2호 | 10E | | | |
| | (200) 일반 연구 · 인력개발비세액공제(최저한세 적용대상) | 「조세특례제한법」 제10조제1항제3호 | 13M | | | |
| | (201) 기술취득에 대한 세액공제 | 「조세특례제한법」 제12조제2항 | 176 | | | |
| | (202) 기술혁신형 합병에 대한 세액공제 | 「조세특례제한법」 제12조의3 | 14T | | | |
| | (203) 기술혁신형 주식취득에 대한 세액공제 | 「조세특례제한법」 제12조의4 | 14U | | | |
| | (204) 벤처기업등 출자에 대한 세액공제 | 「조세특례제한법」 제13조의2 | 18E | | | |
| | (205) 성과공유 중소기업 경영성과급 세액공제 | 「조세특례제한법」 제19조 | 18H | | | |
| | (206) 연구 · 인력개발설비투자 세액공제 | 구 「조세특례제한법」 제25조제1항제1호 | 134 | | | |
| | (207) 에너지절약시설투자 세액공제 | 구 「조세특례제한법」 제25조제1항제2호 | 177 | | | |
| | (208) 환경보전시설 투자 세액공제 | 구 「조세특례제한법」 제25조제1항제3호 | 14A | | | |
| | (209) 근로자복지증진시설투자 세액공제 | 구 「조세특례제한법」 제25조제1항제4호 | 142 | | | |
| | (210) 안전시설투자 세액공제 | 구 「조세특례제한법」 제25조제1항제5호 | 136 | | | |
| | (211) 생산성향상시설투자세액공제 | 구 「조세특례제한법」 제25조제1항제6호 | 135 | | | |
| | (212) 의약품 품질관리시설투자 세액공제 | 구 「조세특례제한법」 제25조의4 | 14B | | | |
| | (213) 신성장기술 사업화를 위한 시설투자 세액공제 | 구 「조세특례제한법」 제25조의5 | 18B | | | |
| | (214) 영상콘텐츠 제작비용에 대한 세액공제(기본공제) | 「조세특례제한법」 제25조의6 | 18C | | | |
| | (215) 영상콘텐츠 제작비용에 대한 세액공제(추가공제) | 「조세특례제한법」 제25조의6 | 1B8 | | | |
| | (216) 초연결 네트워크 시설투자에 대한 세액공제 | 구 「조세특례제한법」 제25조의7 | 18I | | | |
| | (217) 고용창출투자세액공제 | 「조세특례제한법」 제26조 | 14N | | | |
| | (218) 산업수요맞춤형고등학교등 졸업자를 병역이행 후 복직시킨 중소기업에 대한 세액공제 | 「조세특례제한법」 제29조의2 | 14S | | | |
| | (219) 경력단절 여성 고용 기업 등에 대한 세액공제 | 「조세특례제한법」 제29조의3제1항 | 14X | | | |
| | (220) 육아휴직 후 고용유지 기업에 대한 인건비 세액공제 | 「조세특례제한법」 제29조의3제2항 | 18J | | | |
| | (221) 근로소득을 증대시킨 기업에 대한 세액공제 | 「조세특례제한법」 제29조의4 | 14Y | | | |
| | (222) 청년고용을 증대시킨 기업에 대한 세액공제 | 「조세특례제한법」 제29조의5 | 18A | | | |
| | (223) 고용을 증대시킨 기업에 대한 세액공제 | 「조세특례제한법」 제29조의7 | 18F | | | |
| | (224) 통합고용세액공제 | 「조세특례제한법」 제29조의8 | 18S | | 18,125,000 | |
| | (225) 통합고용세액공제(정규직 전환) | 「조세특례제한법」 제29조의8 | 1B4 | | | |
| | (226) 통합고용세액공제(육아휴직 복귀) | 「조세특례제한법」 제29조의8 | 1B5 | | | |
| | (227) 정규직근로자 전환 세액공제 | 「조세특례제한법」 제30조의2 | 14H | | | |
| | (228) 고용유지중소기업에 대한 세액공제 | 「조세특례제한법」 제30조의3 | 18K | | | |
| | (229) 중소기업 고용증가 인원에 대한 사회보험료 세액공제 | 「조세특례제한법」 제30조의4 제1항 | 14Q | | | |
| | (230) 중소기업 사회보험 신규가입에 대한 사회보험료 세액공제 | 「조세특례제한법」 제30조의4 제3항 | 18G | | | |
| | (231) 전자신고에 대한 세액공제(납세의무자) | 「조세특례제한법」 제104조의8 제1항 | 184 | | | |
| | (232) 전자신고에 대한 세액공제(세무법인 등) | 「조세특례제한법」 제104조의8 제3항 | 14J | | | |
| | (233) 제3자 물류비용 세액공제 | 「조세특례제한법」 제104조의14 | 14E | | | |
| | (234) 대학 맞춤형 교육비용 등 세액공제 | 구 「조세특례제한법」 제104조의18제1항 | 14I | | | |
| | (235) 대학등 기부설비에 대한 세액공제 | 구 「조세특례제한법」 제104조의18제2항 | 14K | | | |
| | (236) 기업의 경기부 설치운영비용 세액공제 | 「조세특례제한법」 제104조의22 | 14O | | | |
| | (237) 동업기업 세액공제 배분액(최저한세 적용대상) | 「조세특례제한법」 제100조의18제4항 | 14L | | | |
| | (238) 산업수요맞춤형 고등학교 등 재학생에 대한 현장훈련수당 등 세액공제 | 구 「조세특례제한법」 제104조의18제4항 | 14R | | | |
| | (239) 석유제품 전자상거래에 대한 세액공제 | 「조세특례제한법」 제104조의25 | 14P | | | |
| | (240) 금 현물시장에서 거래되는 금지금에 대한 과세특례 | 「조세특례제한법」 제126조의7제8항 | 14V | | | |
| | (241) 금사업자와 스크랩등사업자의 수입금액의 증가 등에 대한 세액공제 | 「조세특례제한법」 제122조의4 | 14W | | | |
| | (242) 우수 선화주 인증 국제물류주선업자 세액공제 | 「조세특례제한법」 제104조의30 | 18M | | | |

210mm×297mm[백상지 80g/㎡ 또는 중질지 80g/㎡]

| 구분 | 항목 | 근거법조항 | 코드 | | | |
|---|---|---|---|---|---|---|
| 세액공제 | (243) 이스포츠대회 운영에 대한 과세특례 | 「조세특례제한법」 제104조의35 | 1F1 | | | |
| | (244) 소재 · 부품 · 장비 수요기업 공동출자 세액공제 | 「조세특례제한법」 제13조의3제1항 | 18N | | | |
| | (245) 소재 · 부품 · 장비 외국법인 인수세액 공제 | 「조세특례제한법」 제13조의3제3항 | 18P | | | |
| | (246) 선결제 금액에 대한 세액공제 | 「조세특례제한법」 제99조의12 | 18Q | | | |
| | (247) 해외자원개발투자에 대한 과세특례 | 「조세특례제한법」 제104조의15 | 1B6 | | | |
| | (248) 통합투자세액공제(일반) | 「조세특례제한법」 제24조 | 13W | | 74,500,000 | 29,167,512 |
| | (249) 통합투자세액공제(신성장 · 원천기술) | 「조세특례제한법」 제24조 | 13X | | | |
| | (250) 통합투자세액공제(국가전략기술) | 「조세특례제한법」 제24조 | 13Y | | | |
| | (251) 통합투자세액공제(반도체분야 국가전략기술) | 「조세특례제한법」제24조 | 13Z | | | |
| | (252) 임시통합투자세액공제(일반) | 「조세특례제한법」 제24조 | 1B1 | | | |
| | (253) 임시통합투자세액공제(신성장 · 원천기술) | 「조세특례제한법」 제24조 | 1B2 | | | |
| | (254) 임시통합투자세액공제(국가전략기술) | 「조세특례제한법」 제24조 | 1B3 | | | |
| | (255) 임시통합투자세액공제(반도체분야 국가전략기술) | 「조세특례제한법」제24조 | 1B9 | | | |
| | (256) 문화산업전문회사 출자에 대한 세액공제 | 「조세특례제한법」 제25조의7 | 1B7 | | | |
| | (257) 소계 | | 149 | | | |
| | (258) 합계((191) + (257)) | | 150 | | 92,625,000 | 29,167,512 |
| | (259) 공제감면세액 총계((158) + (258)) | | 151 | | 119,178,980 | 55,721,492 |
| (260) 기술도입대가에 대한 조세면제 | | 법률 제9921호 조세특례제한법 일부개정법률 부칙 제77조 | 183 | | | |
| (261) 간주 · 간접 외국 납부세액공제 | | 「법인세법」 제57조제3항 · 제4항 · 제6항 | 189 | | | |
| (262) 간접투자회사등 외국 납부세액공제 | | 「법인세법」 제57조의2 | 1E5 | | | |

### 작성방법

1. ② 근거 법조항란 중 "구 「조세특례제한법」"은 2020년 12월 29일 법률 제17759호로 개정되기 전의 「조세특례제한법」을 말합니다.
2. ③ 대상세액란: 「법인세법」, 「조세특례제한법」 등에 따른 공제감면대상금액이 있는 경우 공제감면세액계산서(별지 제8호서식 부표 1부터 부표 5까지 및 부표 5의2부터 부표 5의5까지)에 따라 감면구분별로 적습니다.
3. ④ 감면(공제)세액란 및 ⑦ 공제세액란: 「법인세법」, 「조세특례제한법」 등에 따른 공제 또는 감면 세액은 공제감면세액계산서(별지 제8호서식 부표 1부터 부표 5까지 및 부표 5의2부터 부표 5의7까지)에 따라 계산된 공제세액 중 당기에 공제될 세액의 범위에서 「법인세법」 제59조제1항에 따른 공제순서에 따라 감면 구분별로 적습니다.
4. (148) 외국납부세액공제란: 외국납부세액과 (261) 간주 · 간접 외국 납부세액공제액 및 (262) 간접투자회사등 외국 납부세액공제액을 합하여 적습니다.
5. 「조세특례제한법」 제10조에 따른 연구 · 인력개발비세액공제 중 최저한세가 적용되는 공제세액은 (198)란, (199)란 또는 (200)란에 각각 구분하여 적고, 최저한세 적용이 제외되는 공제세액은 (150)란, (151)란 또는 (152)란에 각각 구분하여 적습니다.
6. (198)란, (199)란 또는 (200)란의 ⑤ 전기이월액란:「조세특례제한법」 제144조제1항에 따라 이월된 미공제 금액 중 해당 과세연도에 공제할 신성장 · 원천기술 연구개발비, 국가전략기술 연구개발비 또는 일반연구비 · 인력개발비를 각각 구분하여 적습니다(구 공제감면코드: 132).
7. (260) 기술도입대가에 대한 조세면제란의 ⑦ 공제세액란: 기술도입대가를 지급하는 내국법인이 별지 제8호서식 부표 9 기술도입대가에 대한 조세면제명세서의 ⑧ 면제세액란에 적힌 금액의 합계액을 적습니다. 다만, 기술을 제공하는 자가 국내에 사업장이 있고 해당 기술이 국내사업장에 실질적으로 관련되거나 귀속되는 경우에는 해당 기술을 제공하는 외국법인이 적습니다.
8. 법령의 개정에 따라 종전의 규정 또는 개정규정에 따라 공제 또는 감면받는 경우에는 비어 있는 란 등에 해당 법령의 조문 순서에 따라 별도로 적습니다.

210mm×297mm[백상지 80g/㎡ 또는 중질지 80g/㎡]

[별지 제13호 서식] (2025.7.4. 개정) (4쪽 중 제1쪽)

| 사업연도 | 2025.1.1. ~ 2025.12.31. | 농어촌특별세 과세대상 감면세액 합계표 | 법인명 | ㈜나라 |
|---|---|---|---|---|
| | | | 사업자등록번호 | 203-81-63108 |

1. 일반법인의 감면세액

| ① 구분 | ② 감면내용 | ③ 「조세특례제한법」 근거 조항 | 코드 | ④ 감면세액 (소득금액) | 비고 |
|---|---|---|---|---|---|
| ⑤ 비과세 | ⑩ 기업구조조정전문회사의 양도차익 비과세 | 법률 제9272호 부칙 제10조 · 제40조 | 604 | ( ) | 「법인세법 시행규칙」 별지 제6호서식의 ⑩란 해당 금액 |
| | ⑫ 중소기업창업투자회사 등의 소재 · 부품 · 장비전문기업 주식 양도차익 등에 대한 비과세 | 제13조의4 | 62Q | ( ) | |
| | ⑬ | | 606 | | |
| ⑥ 소득공제 | ⑭ 국민주택임대소득공제 | 제55조의2제4항 | 460 | ( ) | 「법인세법 시행규칙」 별지 제7호서식의 ⑧란 해당 금액 |
| | ⑮ 주택임대소득공제(연면적 149㎡ 이하) | 제55조의2제5항 | 463 | ( ) | |
| | ⑯ | | | ( ) | |
| | ⑰ | | 458 | | |
| ⑦ 비과세 · 소득공제분 감면세액 | | | 6A1 | | (과세표준+소득금액)×세율－산출세액 |
| ⑧ 세액감면 | ⑱ 국제금융거래이자소득 면제 | 제21조 | 123 | | 「법인세법 시행규칙」 별지 제8호서식(갑)의 ④란 해당 금액 |
| | ⑲ 해외자원개발배당 감면 | 제22조 | 103 | | |
| | ⑳ 사업전환 중소기업에 대한 세액감면 | 구 제33조의2 | 192 | | |
| | ⑪ 무역조정지원기업의 사업전환 세액감면 | 구 제33조의2 | 13A | | |
| | ⑫ 기업구조조정전문회사의 주식양도차익 감면 | 법률 제9272호 부칙 제10조 · 제40조 | 13B | | |
| | ⑬ 혁신도시 이전 공공기관 세액감면 | 제62조제4항 | 13F | | |
| | ⑭ 행정중심복합도시 등 공장이전 조세감면 | 제85조의2 ('19. 12. 31. 법률 제16835호로 개정되기 전의 것) | 11A | | |
| | ⑮ 사회적 기업에 대한 감면 | 제85조의6 | 11L | | |
| | ⑯ 장애인 표준사업장에 대한 감면 | 제85조의6 | 11M | | |
| | ⑰ 소형주택 임대사업자에 대한 세액감면 | 제96조 | 13I | | |
| | ⑱ 상가건물 장기 임대사업자에 대한 감면 | 제96조의2 | 13N | | |
| | ⑲ 제주첨단과학기술단지입주기업 조세감면(최저한세적용제외) | 제121조의8 | 181 | | |
| | ⑳ 제주투자진흥지구 등 입주기업 조세감면(최저한세적용제외) | 제121조의9 | 182 | | |
| | ㉑ 기업도시개발구역 창업 · 사업장신설기업에 대한 감면(최저한세 적용제외) | 제121조의17제1항 제1호 | 197 | | |
| | ㉒ 기업도시개발사업 시행자에 대한 감면 | 제121조의17제1항 제2호 | 198 | | |
| | ㉓ 지역개발사업구역 또는 지역활성화지역 창업 · 사업장신설기업에 대한 세액감면(최저한세 적용제외) | 제121조의17제1항 제3호 | 1D2 | | |
| | ㉔ 지역개발사업구역, 지역활성화지역 또는 낙후지역 사업시행자에 대한 감면 | 제121조의17제1항 제4호 | 1D3 | | |
| | ㉕ 해양박람회특구 창업 · 사업장신설기업에 대한 감면(최저한세 적용제외) | 제121조의17제1항 제5호 | 1D4 | | |
| | ㉖ 해양박람회특구 사후활용 사업시행자에 대한 감면 | 제121조의17제1항 제6호 | 1D5 | | |
| | ㉗ 새만금투자진흥지구 사업시행자에 대한 감면 | 제121조의17제1항 제7호 | 1D7 | | |
| | ㉘ 새만금투자진흥지구 창업 · 사업장신설기업에 대한 감면(최저한세 적용제외) | 제121조의17제1항 제8호 | 1D6 | | |
| | ㉙ 평화경제특구 창업 · 사업장신설기업에 대한 감면(최저한세 적용제외) | 제121조의17제1항 제9호 | 1D8 | | |
| | ㉚ 평화경제특구 개발사업지행자에 대한 감면 | 제121조의17제1항 제10호 | 1D9 | | |

210mm×297mm[백상지 80g/㎡ 또는 중질지 80g/㎡]

| | | | |
|---|---|---|---|
| ⑬① 아시아문화중심도시 투자진흥지구 입주기업 감면(최저한세적용제외) | 제121조의20제1항 | 11C | |
| ⑬② 금융중심지 창업기업에 대한 감면(최저한세적용제외) | 제121조의21제1항 | 11G | |
| ⑬③ 첨단의료복합단지 입주기업에 대한 감면(최저한세적용제외) | 제121조의22 | 17A | |
| ⑬④ 국가식품클러스터 입주기업에 대한 감면(최저한세적용제외) | 제121조의22 | 17B | |
| ⑬⑤ 첨단의료복합단지 입주기업에 대한 감면(최저한세적용대상) | 제121조의22 | 13H | |
| ⑬⑥ 국가식품클러스터 입주기업에 대한 감면(최저한세적용대상) | 제121조의22 | 13V | |
| ⑬⑦ 제주첨단과학기술단지입주기업 조세감면(최저한세적용대상) | 제121조의8 | 13P | |
| ⑬⑧ 제주투자진흥지구 등 입주기업 조세감면(최저한세적용대상) | 제121조의9 | 13Q | |
| ⑬⑨ 기업도시개발구역 창업 · 사업장신설기업에 대한 감면(최저한세 적용대상) | 제121조의17제1항 제1호 | 13R | |
| ⑭⓪ 지역개발사업구역 또는 지역활성화지역 창업 · 사업장신설기업에 대한 감면(최저한세 적용대상) | 제121조의17제1항 제3호 | 1E1 | |
| ⑭① 해양박람회특구 창업 · 사업장신설기업에 대한 감면(최저한세 적용대상) | 제121조의17제1항 제5호 | 1E2 | |
| ⑭② 새만금투자진흥지구 창업 · 사업장신설기업에 대한 감면(최저한세 적용대상) | 제121조의17제1항 제8호 | 1E3 | |
| ⑭③ 평화경제특구 창업 · 사업장신설기업에 대한 감면(최저한세 적용대상) | 제121조의17제1항 제9호 | 1E4 | |
| ⑭④ 금융중심지 창업기업에 대한 감면(최저한세적용대상) | 제121조의21제1항 | 13U | |
| ⑭⑤ 아시아문화중심도시 투자진흥지구 입주기업 감면(최저한세적용대상) | 제121조의20제1항 | 13T | |
| ⑭⑥ 기회발전특구 창업기업 등에 대한 법인세 등의 감면(최저한세적용제외) | 제121조의33 | 1D1 | |
| ⑭⑦ 기회발전특구 창업기업 등에 대한 법인세 등의 감면(최저한세적용대상) | 제121조의33 | 1C1 | |
| ⑭⑧ | | 164 | |

210mm×297mm[백상지 80g/㎡ 또는 중질지 80g/㎡]

(4쪽 중 제3쪽)

| ① 구분 | ② 감면내용 | ③ 「조세특례제한법」 근거 조항 | 코드 | ④ 감면세액 (소득금액) | 비고 |
|---|---|---|---|---|---|
| ⑨ 세액공제 | (149) 중소기업투자세액공제 | 구 제5조 | 131 | | 「법인세법 시행규칙」 별지 제8호서식(갑)의 ④ 감면(공제)세액란 및 ⑦ 공제세액란의 해당 금액 |
| | (150) 상생결제 지급금액에 대한 세액공제 | 제7조의4 | 14Z | | |
| | (151) 대중소기업 상생협력을 위한 기금출연 세액공제 | 제8조의3제1항 | 14M | | |
| | (152) 협력중소기업에 대한 유형고정자산 무상임대 세액공제 | 제8조의3제2항 | 18D | | |
| | (153) 수탁기업에 설치하는 시설에 대한 세액공제 | 제8조의3제3항 | 18L | | |
| | (154) 교육기관에 무상 기증하는 중고자산에 대한 세액공제 | 제8조의3제4항 | 18R | | |
| | (155) 기술혁신형 합병에 대한 세액공제 | 제12조의3 | 14T | | |
| | (156) 기술혁신형 주식취득에 대한 세액공제 | 제12조의4 | 14U | | |
| | (157) 벤처기업 등 출자에 대한 세액공제 | 제13조의2 | 18E | | |
| | (158) 성과공유 중소기업 경영성과급 세액공제 | 제19조 | 18H | | |
| | (159) 에너지절약시설투자 세액공제 | 구 제25조제1항제2호 | 177 | | |
| | (160) 환경보전시설투자 세액공제 | 구 제25조제1항제3호 | 14A | | |
| | (161) 근로자복지증진시설투자 세액공제 | 구 제25조제1항제4호 | 142 | | |
| | (162) 안전시설투자 세액공제 | 구 제25조제1항제5호 | 136 | | |
| | (163) 생산성향상시설투자세액공제 | 구 제25조제1항제6호 | 135 | | |
| | (164) 의약품 품질관리시설투자 세액공제 | 구 제25조의4 | 14B | | |
| | (165) 신성장기술 사업화를 위한 시설투자 세액공제 | 구 제25조의5 | 18B | | |
| | (166) 영상콘텐츠 제작비용에 대한 세액공제(기본공제) | 제25조의6 | 18C | | |
| | (167) 영상콘텐츠 제작비용에 대한 세액공제(추가공제) | 제25조의6 | 1B8 | | |
| | (168) 초연결 네크워크 시설투자에 대한 세액공제 | 구 제25조의7 | 18I | | |
| | (169) 고용창출투자세액공제 | 제26조 | 14N | | |
| | (170) 산업수요맞춤형고등학교등 졸업자 복직 중소기업 세액공제 | 제29조의2 | 14S | | |
| | (171) 경력단절 여성 고용 기업 등에 대한 세액공제 | 제29조의3제1항 | 14X | | |
| | (172) 육아휴직 후 고용유지 기업에 대한 인건비 세액공제 | 제29조의3제2항 | 18J | | |
| | (173) 근로소득을 증대시킨 기업에 대한 세액공제 | 제29조의4 | 14Y | | |
| | (174) 청년고용을 증대시킨 기업에 대한 세액공제 | 제29조의5 | 18A | | |
| | (175) 고용을 증대시킨 기업에 대한 세액공제 | 제29조의7 | 18F | | |
| | (176) 통합고용세액공제 | 제29조의8 | 18S | | |
| | (177) 통합고용세액공제(정규직 전환) | 제29조의8 | 1B4 | | |
| | (178) 통합고용세액공제(육아휴직복귀) | 제29조의8 | 1B5 | | |
| | (179) 제3자 물류비용 세액공제 | 제104조의14 | 14E | | |
| | (180) 대학 맞춤형 교육비용 등 세액공제 | 구 제104조의18제1항 | 14I | | |
| | (181) 대학등 기부설비에 대한 세액공제 | 구 제104조의18제2항 | 14K | | |
| | (182) 산업수요맞춤형 고등학교 등 재학생에 대한 현장훈련수당 등 세액공제 | 구 제104조의18제4항 | 14R | | |
| | (183) 기업의 경기부 설치운영비용 세액공제 | 제104조의22 | 14O | | |
| | (184) 석유제품 전자상거래에 대한 세액공제 | 제104조의25 | 14P | | |
| | (185) 금 현물시장에서 거래되는 금지금에 대한 과세특례 | 제126조의7제8항 | 14V | | |
| | (186) 금사업자와 스크랩등사업자의 수입금액의 증가 등에 대한 세액공제 | 제122조의4 | 14W | | |
| | (187) 우수 선화주 인증 국제물류주선업자 세액공제 | 제104조의30 | 18M | | |
| | (188) 용역제공자에 관한 과세자료의 제출에 대한 세액공제 | 제104조의32 | 10C | | |
| | (189) 이스포츠대회 운영에 대한 과세특례 | 제104조의35 | 1F1 | | |
| | (190) 소재 · 부품 · 장비 수요기업 공동출자 세액공제 | 제13조의3제1항 | 18N | | |
| | (191) 소재 · 부품 · 장비 외국법인 인수세액 공제 | 제13조의3제3항 | 18P | | |
| | (192) 상가임대료를 인하한 임대사업자에 대한 세액공제 | 제96조의3 | 10B | | |
| | (193) 선결제 금액에 대한 세액공제 | 제99조의12 | 18Q | | |
| | (194) 통합투자세액공제(일반) | 제24조 | 13W | 29,167,512 | |
| | (195) 임시통합투자세액공제(일반) | 제24조 | 1B1 | | |
| | (196) 통합투자세액공제(신성장 · 원천기술) | 제24조 | 13X | | |
| | (197) 임시통합투자세액공제(신성장 · 원천기술) | 제24조 | 1B2 | | |
| | (198) 통합투자세액공제(국가전략기술) | 제24조 | 13Y | | |
| | (199) 임시통합투자세액공제(국가전략기술) | 제24조 | 1B3 | | |
| | (200) 통합투자세액공제(반도체분야 국가전략기술) | 제24조 | 13Z | | |
| | (201) 임시통합투자세액공제(반도체분야 국가전략기술) | 제24조 | 1B9 | | |
| | (202) 해외자원개발투자에 대한 과세특례 | 제104조의15 | 1B6 | | |
| | (203) 문화산업전문회사 출자에 대한 세액공제 | 제25조의7 | 1B7 | | |
| | (204) | | 165 | | |
| ⑩ 감면세액 합계 | | | 1A2 | 29,167,512 | |

210mm×297mm[백상지 80g/㎡ 또는 중질지 80g/㎡]

2. 조합법인 등의 감면세액

| ① 법인세 과세표준 | ② 「조세특례제한법」 제72조 세율 | ③ 산출세액 (①×②) | ④ 과세표준 | | ⑤ 「법인세법」 제55조의 세율 | ⑥ 산출세액 | ⑦ 감면세액 (⑥-③) |
|---|---|---|---|---|---|---|---|
| | | | 구분 | 금액 | | | |
| | | | 2억원 이하<br>200억원 이하<br>3천억원 이하<br>3천억원 초과 | | | | |
| 합 계 | | | 합 계 | | | | |

3. 조합법인에 대한 공제세액

| ⑧ 공제내용 | 코드 | ⑨ 공제세액 | 비고 |
|---|---|---|---|
| 청년고용을 증대시킨 기업에 대한 세액공제 | 18A | | 「법인세법 시행규칙」 별지 제8호서식(갑)의 ⑦란 공제세액 해당 금액 |
| 고용을 증대시킨 기업에 대한 세액공제 | 18F | | 「법인세법 시행규칙」 별지 제8호서식(갑)의 ⑦란 공제세액 해당 금액 |
| 기업의 경기부 설치운영비용 세액공제 | 14O | | 「법인세법 시행규칙」 별지 제8호서식(갑)의 ⑦란 공제세액 해당 금액 |
| 상가임대료를 인하한 임대사업자에 대한 세액공제 | 10B | | 「법인세법 시행규칙」 별지 제8호서식(갑)의 ④란 감면(공제)세액 해당 금액 |
| 선결제금액에 대한 세액공제 | 18Q | | 「법인세법 시행규칙」 별지 제8호서식(갑)의 ⑦란 공제세액 해당 금액 |
| 통합고용세액공제 | 18S | | 「법인세법 시행규칙」 별지 제8호서식(갑)의 ⑦란 공제세액 해당 금액 |
| | | | |
| 합 계 | | | |

**작 성 방 법**

1. 일반법인의 감면세액 계산
   가. ⑦ 비과세 · 소득공제분 감면세액란 중 ④ 감면세액(소득금액)란의 금액은 각 사업연도 소득에 대한 법인세 과세표준[법인세 과세표준 및 세액조정계산서(별지 제3호서식)의 ⑬란의 금액을 말합니다]에 ⑤란의 비과세 소득금액과 ⑥란의 소득공제금액을 합산한 조정과세표준에 대한 산출세액에서 법인세 과세표준 및 세액조정계산서(별지 제3호서식)의 ⑮란의 산출세액의 금액을 빼서 적습니다.
   나. 그 밖에 ⑤ 비과세, ⑥ 소득공제, ⑧ 세액감면, ⑨ 세액공제의 빈 란에는 「조세특례제한법」의 개정으로 추가하여 감면세액이 발생되거나 개정 전 규정의 부칙에 따라 적용되는 감면세액이 농어촌특별세 과세대상에 해당하는 경우에 해당 감면세액을 각각 적습니다.
2. 조합법인 등의 감면세액 계산: ⑤ 「법인세법」 제55조의 세율은 다음과 같이 적용합니다.
   가. 2012년 1월 1일 이후 개시하는 사업연도

| 과세표준 | 세율 |
|---|---|
| 2억원 이하 | 과세표준의 100분의 10 |
| 2억원 초과 200억원 이하 | 2천만원 + (2억원 초과 200억원 이하 금액의 100분의 20) |
| 200억원 초과 | 39억 8천만원 + (200억원을 초과하는 금액의 100분의 22) |

   나. 2018년 1월 1일 이후 개시하는 사업연도

| 과세표준 | 세율 |
|---|---|
| 2억원 이하 | 과세표준의 100분의 10 |
| 2억원 초과 200억원 이하 | 2천만원 + (2억원 초과 200억원 이하 금액의 100분의 20) |
| 200억원 초과 3천억원 이하 | 39억8천만원 + (200억원을 초과하는 금액의 100분의 22) |
| 3천억원 초과 | 655억8천만원 + (3천억원을 초과하는 금액의 100분의 25) |

   다. 2023년 1월 1일 이후 개시하는 사업연도

| 과세표준 | 세율 |
|---|---|
| 2억원 이하 | 과세표준의 100분의 9 |
| 2억원 초과 200억원 이하 | 1천8백만원 + (2억원 초과 200억원 이하 금액의 100분의 19) |
| 200억원 초과 3천억원 이하 | 37억8천만원 + (200억원을 초과하는 금액의 100분의 21) |
| 3천억원 초과 | 625억8천만원 + (3천억원을 초과하는 금액의 100분의 24) |

3. 조합법인 등의 공제세액 계산: 「조세특례제한법」의 개정으로 조합법인 등에 추가로 공제되는 공제세액이 농어촌특별세 과세대상에 해당하는 공제세액을 적습니다.

※ 근거 법조항 중 "구"는 「조세특례제한법」(2020. 12. 29. 법률 제17759호로 개정되기 전의 것)에 따른 조항을 의미합니다.

210mm×297mm[백상지 80g/㎡ 또는 중질지 80g/㎡]

[별지 제12호 서식] (2017.3.10. 개정) (앞 쪽)

<table>
<tr><td rowspan="2">사 업<br>연 도</td><td rowspan="2">2025.1.1.<br>~<br>2025.12.31.</td><td rowspan="2">농어촌특별세과세표준 및<br>세액조정계산서</td><td>법인명</td><td>㈜나라</td></tr>
<tr><td>사업자등록번호</td><td>203-81-63108</td></tr>
</table>

**농어촌특별세 과세표준 및 세액 조정내역**

<table>
<tr><td rowspan="2">① 법 인 유 형</td><td colspan="2">②과 세 표 준</td><td rowspan="2">세 율</td><td rowspan="2">③세 액</td></tr>
<tr><td>구 분</td><td>금 액</td></tr>
<tr><td rowspan="4">④ 일 반 법 인</td><td>⑤법 인 세 감 면 세 액</td><td>29,167,512</td><td>20%</td><td>5,833,502</td></tr>
<tr><td>⑥</td><td></td><td></td><td></td></tr>
<tr><td>⑦</td><td></td><td></td><td></td></tr>
<tr><td>⑧소 계</td><td>29,167,512</td><td></td><td>5,833,502</td></tr>
<tr><td rowspan="4">⑨조 합 법 인 등</td><td>⑩법 인 세 공제 · 감 면 세 액</td><td></td><td>20%</td><td></td></tr>
<tr><td></td><td></td><td></td><td></td></tr>
<tr><td></td><td></td><td></td><td></td></tr>
<tr><td>⑫소 계</td><td></td><td></td><td></td></tr>
</table>

**작 성 방 법**

1. ②란 중 ⑤법인세감면세액란에는 농어촌특별세과세대상감면세액합계표[별지 제13호서식]상의 ⑩감면세액합계란의 금액을 옮겨 적습니다.
2. ②란 중 ⑩법인세공제 · 감면세액란에는 농어촌특별세과세대상감면세액합계표[별지 제13호서식] 2. 조합법인 등 감면세액중 ⑦감면세액란의 합계금액과 3. 조합법인 등 공제세액중 ⑨ 공제세액란 합계금액을 더하여 기입합니다.

210mm×297mm[백상지 80g/㎡ 또는 중질지 80g/㎡]

[별지 제2호 서식] (2024.3.22. 개정) (앞쪽)

# 농어촌특별세 과세표준 및 세액신고서

※ 뒤쪽의 신고안내 및 작성방법을 읽고 작성하여 주시기 바랍니다.

1. 신고인 인적사항

| ① 소 재 지 | 경기도 고양시 일산구 대화로37번길 102-30(법곳동) | | | | |
|---|---|---|---|---|---|
| ② 법 인 명 | ㈜나라 | | ③대 표 자 성 명 | 김 유 민 | |
| ④사업자등록번호 | 203-81-63108 | ⑤사 업 연 도 | 2025.1.1.<br>~2025.12.31. | ⑥전 화 번 호 | 031-2231-7027 |

2. 농어촌특별세 과세표준 및 세액 조정내역

| 구분 | | 금액 |
|---|---|---|
| ⑦과 세 표 준 | | 29,167,512 |
| ⑧산 출 세 액 | | 5,833,502 |
| (미납세액, 미납일수, 세율)<br>⑨가 산 세 액 | | ( , , 2.2/10,000) |
| ⑩총 부 담 세 액 | | 5,833,502 |
| ⑪기 납 부 세 액 | | |
| ⑫환 급 예 정 세 액 | | |
| ⑬차 감 납 부 할 세 액 | | 5,833,502 |
| ⑭분 납 할 세 액 | | |
| ⑮차 감 납 부 세 액 | | 5,833,502 |
| ⑯충 당 후 납 부 세 액 | | 5,833,502 |
| ⑰국 세 환 급 금 충 당 신 청 | 환 급 법 인 세 | |
| | 충당할 농어촌특별세 | |

신고인은 「농어촌특별세법」 제7조에 따라 위의 내용을 신고하며, 위 내용을 충분히 검토하였고 **신고인이 알고 있는 사실 그대로를 정확하게 적었음을 확인합니다.**

2026년 03월 31일

신고인(대표자) **㈜나라 김 유 민 (서명 또는 인)**

세무대리인은 조세전문자격자로서 위 신고서를 성실하고 공정하게 작성하였음을 확인합니다.

세무대리인 (서명 또는 인)

**고양 세무서장** 귀하

210mm×297mm[백상지 80g/㎡ 또는 중질지 80g/㎡]

[별지 제3호 서식] (2024.3.22. 개정) (앞쪽)

| 사업연도 | 2025.1.1. ~ 2025.12.31. | 법인세 과세표준 및 세액조정계산서 | 법인명 | ㈜나라 |
|---|---|---|---|---|
| | | | 사업자등록번호 | 203-81-63108 |

| 구분 | 항목 | 코드 | 금액 |
|---|---|---|---|
| ① 각 사업연도 소득계산 | (101) 결산서상 당기순손익 | 01 | 409 729 266 |
| | 소득조정금액 (102) 익금산입 | 02 | |
| | 소득조정금액 (103) 손금산입 | 03 | |
| | (104) 차가감소득금액 (101+102-103) | 04 | 409 729 266 |
| | (105) 기부금한도초과액 | 05 | |
| | (106) 기부금한도초과이월액 손금산입 | 54 | |
| | (107) 각사업연도소득금액 (104+105-106) | 06 | 409 729 266 |
| ② 과세표준 계산 | (108) 각사업연도소득금액 (108=107) | | 409 729 266 |
| | (109) 이월결손금 | 07 | |
| | (110) 비과세소득 | 08 | |
| | (111) 소득공제 | 09 | |
| | (112) 과세표준 (108-109-110-111) | 10 | 409 729 266 |
| | (159) 선박표준이익 | 55 | |
| ③ 산출세액 계산 | (113) 과세표준 (112+159) | 56 | 409 729 266 |
| | (114) 세율 | 11 | 19 |
| | (115) 산출세액 | 12 | 57 848 560 |
| | (116) 지점유보소득 (「법인세법」 제96조) | 13 | |
| | (117) 세율 | 14 | |
| | (118) 산출세액 | 15 | |
| | (119) 합계 (115+118) | 16 | 57 848 560 |
| ④ 납부할 세액 계산 | (120) 산출세액 (120=119) | | 57 848 560 |
| | (121) 최저한세 적용대상 공제감면세액 | 17 | 29 167 512 |
| | (122) 차감세액 | 18 | 28 681 048 |
| | (123) 최저한세 적용제외 공제감면세액 | 19 | 26 553 980 |
| | (124) 가산세액 | 20 | |
| | (125) 가감계 (122-123+124) | 21 | 2 127 068 |
| | 기납부세액 - 기한내납부세액 (126) 중간예납세액 | 22 | |
| | 기납부세액 - 기한내납부세액 (127) 수시부과세액 | 23 | |
| | 기납부세액 - 기한내납부세액 (128) 원천납부세액 | 24 | |
| | 기납부세액 - 기한내납부세액 (129) 간접투자회사등의 외국납부세액 | 25 | |
| | 기납부세액 - 기한내납부세액 (130) 소계 (126+127+128+129) | 26 | |
| | 기납부세액 (131) 신고납부전가산세액 | 27 | |
| | 기납부세액 (132) 합계 (130+131) | 28 | |
| | (133) 감면분추가납부세액 | 29 | |
| | (134) 차감납부할세액 (125-132+133) | 30 | 2 127 068 |
| ⑤ 토지등양도소득에 대한 법인세 계산 | 양도차익 (135) 등기자산 | 31 | |
| | 양도차익 (136) 미등기자산 | 32 | |
| | (137) 비과세소득 | 33 | |
| | (138) 과세표준 (135+136-137) | 34 | |
| | (139) 세율 | 35 | |
| | (140) 산출세액 | 36 | |
| | (141) 감면세액 | 37 | |
| | (142) 차감세액 (140-141) | 38 | |
| | (143) 공제세액 | 39 | |
| | (144) 동업기업 법인세 배분액 (가산세 제외) | 58 | |
| | (145) 가산세액 (동업기업 배분액 포함) | 40 | |
| | (146) 가감계 (142-143+144+145) | 41 | |
| | 기납부세액 (147) 수시부과세액 | 42 | |
| | 기납부세액 (148) (　　　) 세액 | 43 | |
| | 기납부세액 (149) 계 (147+148) | 44 | |
| | (150) 차감납부할세액 (146-149) | 45 | |
| ⑥ 미환류소득 법인세 | (160) 과세대상 미환류소득 | 59 | |
| | (161) 세율 | 60 | |
| | (162) 산출세액 | 61 | |
| | (163) 가산세액 | 62 | |
| | (164) 이자상당액 | 63 | |
| | (165) 납부할세액 (162+163+164) | 64 | |
| ⑦ 세액계 | (151) 차감납부할세액계 (134+150+165) | 46 | 2 127 068 |
| | (152) 사실과 다른 회계처리 경정 세액공제 | 57 | |
| | (153) 분납세액 계산 범위액 (151-124-133-145-152+131) | 47 | |
| | (154) 분납할세액 | 48 | |
| | (155) 차감납부세액 (151-152-154) | 49 | 2 127 068 |

210mm×297mm[백상지 80g/㎡ 또는 중질지 80g/㎡]

■ 법인세법 시행규칙 [별지 제1호 서식] (2025.3.21. 개정)　　　　홈택스(www.hometax.go.kr)에서도 신고할 수 있습니다.

# 법인세 과세표준 및 세액신고서

※ 뒤쪽의 신고안내 및 작성방법을 읽고 작성하여 주시기 바랍니다.　　　　(앞쪽)

| ①사업자등록번호 | 203-81-63108 | | ②법 인 등 록 번 호 | 110111-0000000 | |
|---|---|---|---|---|---|
| ③법 인 명 | ㈜나라 | | ④전 화 번 호 | 031-2231-7027 | |
| ⑤대 표 자 성 명 | 김 유 민 | | ⑥전자우편주소 | | |
| ⑦소 재 지 | 경기도 고양시 일산서구 대화로37번길102-30 | | | | |
| ⑧업 태 | 제조업 | ⑨종 목 | LCD 모니터 | ⑩주업종코드 | 300103 |
| ⑪사 업 연 도 | 2025.1.1.~2025.12.31. | | ⑫수시부과기간 | . . . ~ . . . | |

| ⑬법 인 구 분 | | 1. 내국 2.외국 3.외투(비율 %) | | | | | ⑭조 정 구 분 | 1. 외부 2. 자기 |
|---|---|---|---|---|---|---|---|---|
| ⑮종 류 별 구 분 | | 중소기업 | 일반: 중견기업 | 일반: 상호출자제한기업 | 일반: 그외기업 | 당기순이익과세 | ⑯외부감사대상 | 1. 해당 2. 미해당 |
| 영리법인 | 상 장 법 인 | 11 | 71 | 81 | 91 | | ⑰신 고 구 분 | 1. 정기신고 |
| 영리법인 | 코스닥상장법인 | 21 | 72 | 82 | 92 | | | 2. 수정신고(가.서면분석, 나.기타) |
| 영리법인 | 기 타 법 인 | 30 | 73 | 83 | 93 | | | 3. 기한후 신고 |
| 비 영 리 법 인 | | 60 | 74 | 84 | 94 | 50 | | 4. 중도폐업신고<br>5. 경정청구 |
| ⑱법인유형별구분 | 기타법인 | | 코드 | 100 | | | ⑲결 산 확 정 일 | 2026.03.07 |
| ⑳신 고 일 | 2026.03.31 | | | | | | ㉑납 부 일 | |
| ㉒신고기한 연장승인 | 1. 신청일 | | | | | | 2. 연장기한 | |

| 구 분 | 해당 | 미해당 | 구 분 | 해당 | 미해당 |
|---|---|---|---|---|---|
| ㉓주식변동 | 1 | 2 | ㉔장부전산화 | 1 | 2 |
| ㉕사업연도의제 | 1 | 2 | ㉖결손금소급공제 법인세환급신청 | 1 | 2 |
| ㉗감가상각방법(내용연수)신고서 제출 | 1 | 2 | ㉘재고자산등평가방법신고서 제출 | 1 | 2 |
| ㉙기능통화 채택 재무제표 작성 | 1 | 2 | ㉚과세표준 환산시 적용환율 | | |
| ㉛동업기업의 출자자(동업자) | 1 | 2 | ㉜한국채택국제회계기준(K-IFRS)적용 | 1 | 2 |
| ㉝기능통화 도입기업의 과세표준 계산방법 | | | ㉞미환류소득에 대한 법인세 신고 | 1 | 2 |
| ㉟성실신고확인서 제출 | 1 | 2 | ㊱ 부동산임대업 주업법인 | | |

| 구 분 | 법인세: 법 인 세 | 법인세: 토지 등 양도소득에 대한 법인세 | 법인세: 미환류소득에 대한 법인세 | 계 |
|---|---|---|---|---|
| ㊲수 입 금 액 | (14,468,190,121) | | | |
| ㊳과 세 표 준 | 409,729,266 | | | |
| ㊴산 출 세 액 | 57,848,560 | | | 57,848,560 |
| ㊵총 부 담 세 액 | 2,127,068 | | | 2,127,068 |
| ㊶기 납 부 세 액 | | | | |
| ㊷차 감 납 부 할 세 액 | 2,127,068 | | | 2,127,068 |
| ㊸분 납 할 세 액 | | | | |
| ㊹차 감 납 부 세 액 | | | | |

| ㊺조 정 반 번 호 | | ㊼조정자 | 성 명 | |
|---|---|---|---|---|
| ㊻조 정 자 관 리 번 호 | | | 사업자등록번호 | |
| | | | 전화번호 | |

| 국세환급금 계좌 신고<br>(환급세액 5천만원 미만인 경우) | ㊽예 입 처 | 은행 (본)지점 |
|---|---|---|
| | ㊾예 금 종 류 | |
| | ㊿계 좌 번 호 | 예금 |

신고인은 「법인세법」 제60조 및 「국세기본법」 제45조, 제45조의2, 제45조의3에 따라 위의 내용을 신고하며, 위 내용을 충분히 검토하였고 **신고인이 알고 있는 사실 그대로를 정확하게 적었음을 확인합니다.**

2026년 03월 31일

신고인(법 인) ㈜나라 ( 인 )

신고인(대표자) 김 유 민 (서명 또는 인)

세무대리인은 조세전문자격자로서 위 신고서를 성실하고 공정하게 작성하였음을 확인합니다.

세무대리인 (서명 또는 인)

**고양 세무서장** 귀하

| 첨부서류 | 1. 재무상태표 2. (포괄)손익계산서 3. 이익잉여금처분(결손금처리)계산서<br>4. 현금흐름표(「주식회사 등의 외부감사에 관한 법률」 제2조에 따른 외부감사의 대상이 되는 법인의 경우만 해당합니다). 5. 세무조정계산서 | 수수료<br>없 음 |
|---|---|---|

210mm×297mm[백상지 80g/㎡ 또는 중질지 80g/㎡]

# 2025 에센스 조세특례제한법 실무


저　　자 **김수종**
발 행 인 **서원진**
편집 · 교정 **류현수, 김영림**
편집디자인 **이은희, 이미영, 황자애**
발 행 처 **㈜조세통람**
펴 낸 날 **2021년 11월 25일 초판 발행**
**2025년 8월 20일 개정4판 발행**
주　　소 서울특별시 중구 동호로 14길 5-6(신당동)
등　　록 1976. 11. 5. 제9-81호
대표전화 02) 2231-7027
F A X 02) 2234-1754
구입문의 02) 2231-7027
I S B N 979-11-6064-361-9 13320
정　　가 **48,000원**

저자와의 협의하에 인지생략

(주)조세통람은 좋은 책을 만들기 위해 독자 여러분의 의견을 기다립니다.
• 독자 의견 및 도서 문의 메일 josetop@inaus.co.kr